BECK'S HISTORISCHE BIBLIOTHEK

BHB

ALEXANDER DEMANDT

Geschichte der Spätantike

Das Römische Reich
von Diocletian bis Justinian
284–565 n. Chr.

VERLAG C. H. BECK

Dieses Buch ist hervorgegangen aus dem Werk
Die Spätantike, 2. Auflage 2007, das Alexander Demandt im Rahmen
des Handbuchs der Altertumswissenschaft (III.6)
im Verlag C. H. Beck publiziert hat.

1. Auflage 1998
2., vollständig bearbeitete und erweiterte Auflage. 2008

3., durchgesehene Auflage. 2018

© Verlag C. H. Beck oHG, München 1998
Satz: Boer Verlagsservice, München
Druck und Bindung: Kösel, Krugzell
Umschlagabbildung: Gruppe der Tetrarchen, ca. 300–315 n. Chr.,
Höhe 130 cm, roter Porphyr, Venedig; mit freundlicher Erlaubnis
von Professor Reinhard Stupperich, Mannheim
Gedruckt auf säurefreiem, alterungsbeständigem Papier
(hergestellt aus chlorfrei gebleichtem Zellstoff)
Printed in Germany
ISBN 978 3 406 70032 3

www.chbeck.de

Inhalt

III. DIE INNEREN VERHÄLTNISSE

V. ANHANG

VI. KARTEN

Das Imperium Romanum vor der Neuordnung Diocletians
Das Römerreich zur Zeit der «Reichsteilung» (395 n. Chr.)
Das Römerreich um 454 n. Chr.

Vorwort

Muß man denn immer das schellenbehangene Narrengewand der Gelehrsamkeit mit den Nähten nach außen tragen und zeigen, wie es gemacht
ist? Mommsen meinte, das müsse nicht sein. Er bestand auf dem Recht,
ein wissenschaftliches Werk vorzulegen, ohne im einzelnen begründen zu
müssen, auf welchen Quellen, auf welchen Überlegungen es beruht. Das
war seine Römische Geschichte. Im vorliegenden Fall ist das um so eher
zu vertreten, als es sich hier um die wortgetreue Wiedergabe des Textes
meines Handbuchs handelt, das 1989 in erster und 2007 in zweiter Auflage vollständig neu bearbeitet und wesentlich erweitert erschienen ist
unter dem Titel ‹Die Spätantike. Römische Geschichte von Diocletian bis
Justinian 284 bis 565 n. Chr., Handbuch der Altertumswissenschaft III 6›
bei C. H. Beck in München. Dort sind für fachlich Interessierte in den
Fußnoten alle hier fehlenden Quellenangaben und Literaturhinweise,
ein erweiterter Anhang und ein umfängliches Schriftenverzeichnis zum
Thema geboten.

Die Spätantike, die seit Edward Gibbon 1776 als Krisenspiegel der
Gegenwart dient, hat noch immer Konjunktur. Das zeigt die Zahl der einschlägigen Werke, die zur Zeit auf dem Markt sind, zuletzt das kenntnisrei-
che, wenn auch etwas einseitig auf die Hunnen ausgerichtete Buch von Peter
Heather ‹Der Untergang des Römischen Reiches, Stuttgart 2005/2007›.
Ein unerwartet breites Interesse fand die im Sommer 2007 an drei Stand-
orten in Trier gezeigte rheinlandpfälzische Landesausstellung zu Konstan-
tin dem Großen. Der bei Philipp von Zabern in Mainz 2007 erschienene
Katalog und der Sammelband zu dem internationalen Colloquium 2005 in
Trier, unter dem Titel A. Demandt/J. Engemann (Hgg.), ‹Konstantin der
Große. Geschichte – Archäologie – Rezeption, Trier 2006› sowie die zahl-
reichen weiteren zur Zeit im Buchhandel erhältlichen neueren deutschen
Titel zu Konstantin[1] führen ein in die Geschichte der Zeit, die durch den
ersten christlichen Kaiser nachhaltig geprägt wurde.

Die Spätantike bildet den Abschluß der ersten Hochkultur Europas und
zugleich den Übergang von der griechisch-römischen Welt – einerseits zum
mittelalterlichen Reich von Byzanz, andererseits zum romanisch-germa-

[1] 1992: Leeb; 1998: Mühlenberg; 2001: Wallraff; 2003: Bleckmann; Heinze; 2007: Brandt;
Clauss; Dräger; Girardet; Herrmann-Otto; Schuller/Wolff; Schlange-Schönigen; Piepenbrink; Schmitt; Fiedrowicz u. a.

nischen Abendland. Es ist eine Brücke, auf der zwar Unendliches verloren ging, aber auch all das gerettet wurde, was den Aufstieg des Okzidents
ermöglicht hat. Wer immer die kulturellen Anfänge Europas sucht, wird
sich der Spätantike zuwenden.

Lindheim im Frühjahr 2008						*Alexander Demandt*

EINLEITUNG

Die Spätantike in der Geschichtswissenschaft

Als das historische Interesse im Humanismus wieder erwachte, richtete es sich zunächst auf die beiden klassischen Zeiten des Altertums: auf die Geschichte Roms von den Punischen Kriegen bis zu Augustus, d. h. die Zeit Ciceros, und auf die Geschichte Griechenlands zwischen den Perserkriegen und Alexander, d. h. die Zeit Platos. Die jeweils vorangegangenen Frühphasen und die folgenden Spätzeiten blieben im Schatten.

Das Desinteresse gegenüber den archaischen Perioden der Griechen und Römer war bedingt durch die als unbeholfen-ungestalt empfundenen Kunstwerke und durch die Unzuverlässigkeit der historischen Quellen. Gegen die Spätzeiten, den Hellenismus und die Kaiserzeit, sprach ästhetisch das Gefühl, es handele sich um Dekadenzperioden, politisch die Abneigung gegen den Despotismus. Es fehlte die Freiheit, wie man sie in der attischen Demokratie und in der römischen Republik verwirklicht glaubte.

Während somit die Beschäftigung mit den klassischen Epochen primär der Bewunderung für ihre archäologische und literarische Hinterlassenschaft entsprang, erwuchs die Zuwendung zu den übrigen Phasen der Alten Geschichte einem abgeleiteten, historischen Interesse. Es entstand, als man fragte, wie es zu jenen Hoch-Zeiten kommen konnte und wie und warum die antike Kultur ins «finstere Mittelalter» versunken sei. Dabei traten die beiden Folgemächte in den Blick: die katholische Kirche und die Germanen.

1440 entstand die Schrift ‹De falso credita et ementita Constantini donatione› des Laurentius Valla. In diesem Pionierwerk der historisch-kritischen Methode erwies Valla die Constantinische Schenkung als gefälscht und entzog damit dem Anspruch der Päpste auf die weltliche Herrschaft die historische Grundlage. Valla hat zwar später als päpstlicher Sekretär seine Schrift widerrufen, aber das tat der Überzeugungskraft der in ihr vorgelegten Argumente keinen Abbruch. Die Rolle der Germanen im Niedergang Roms haben Vallas Lehrer Leonardo Bruni und Flavius Blondus herausgestellt. Bruni hat in seiner Geschichte von Florenz (1429) und in seiner aus Prokop gespeisten Darstellung der Gotenkriege Justinians (1441) Ausschnitte der Spätantike behandelt, Blondus († 1463) lieferte in seinen 32 Büchern ‹Historiarum ab inclinatione Romanorum Imperii› (1483) eine Geschichte Roms seit der Eroberung durch Alarich. Das erste Werk, das die Spätantike im heute üblichen Zeitrahmen vorstellt, sind die ‹Historiae de occidentali imperio a Diocletiano ad Justiniani mortem›, die der in Modena lehrende Jurist Carolus Sigonius 1579 publizierte.

Wichtiger als diese historiographischen Versuche der Humanisten waren ihre kritischen Ausgaben der spätantiken Literatur, des Geschichtswerks von Ammianus Marcellinus, dessen Werk im Kloster Fulda überlebte (es ist der Codex Vaticanus), zuerst publiziert 1474 durch Angelus Sabinus in Rom; die Werke von Claudian, dessen _editio princeps_ aus dem Jahre 1482 stammt; von Aurelius Victor, herausgegeben von Andreas Schott 1579 in Antwerpen; von Zosimos, 1576 von Löwenklau griechisch und lateinisch ediert; und von Prokop, dessen Schriften 1531 (aed.), 1607 (bella) und 1623 (HA) zuerst erschienen. Der Speyrer Codex der für die Verfassung des spätrömischen Reiches unschätzbaren ‹Notitia Dignitatum› ging – vermutlich im Dreißigjährigen Krieg – zugrunde, nachdem der gebildete Pfalzgraf bei Rhein Ottheinrich, der Gründer der Heidelberger Bibliotheca Palatina, eine letzte Abschrift davon genommen hatte. Siegmund Gelenius hat sie 1552 in Basel publiziert.

Die Rechtsquellen fanden ihren größten Förderer in dem Hugenotten Dionysius Gothofredus (1549–1622). Er gab 1583 das ‹Corpus Iuris Civilis› heraus, das in 200 Jahren über sechzig Auflagen erlebte. Sein Sohn Jacobus Gothofredus (1587–1652) schrieb den bisher einzigen Kommentar zu dem von ihm edierten ‹Codex Theodosianus›. Auf diesem beruht das meiste dessen, was wir über die Struktur des spätrömischen Reiches wissen.

Die großen kirchengeschichtlichen Sammlungen beginnen auf protestantischer Seite mit den Magdeburger Centuriatoren, auf katholischer mit Caesar Baronius (1538–1607), Bibliothekar im Vatikan. Seine ‹Annales ecclesiastici› bieten, wenn auch unkritisch, die Überlieferung nach Jahren geordnet. Die griechischen Kirchenväter edierte Henricus Valesius (1603–1676) in Paris; er legte auch die erste – und bisher einzige – kommentierte Ammianausgabe vor. Die umfänglichsten Arbeiten zur späteren römischen Geschichte lieferte der Jansenist Sebastian Lenain de Tillemont (1637–1698) mit seiner sechzehnbändigen Kirchenhistorie der ersten sechs Jahrhunderte und der sechsbändigen Kaisergeschichte von Augustus bis Anastasius.

Auf dieser Materialbasis schuf dann Edward Gibbon (1737–1794) seine klassische ‹History of the Decline and Fall of the Roman Empire›. Gibbon kam 1764 nach Rom, wo er am 15. Oktober in der Kirche der Zoccolanti auf dem Capitol ein bekehrungsähnliches Erlebnis hatte. Wie alle Bildungsreisenden hatte er in Rom das Ewige gesucht, doch was er fand, war die Vergänglichkeit. So mischen sich bei Gibbon Klassizismus und Aufklärung mit romantischem Weltschmerz. Das ursprünglich nur bis 476 geplante, dann bis 1453 fortgeführte Werk erschien 1776 bis 1788 und hatte einen ungeheuren Erfolg. Mommsen nannte es das beste Werk, das je über die römische Geschichte geschrieben worden sei. Gibbon drängte damit nicht nur die ‹Histoire du Bas-Empire› von Ch. Lebeau (1752 ff) in den Schatten, sondern auch das gleichnamige Werk von Louis Philippe Comte de Ségur (1753–1830). Es umfaßt die Zeit von Constantin bis Justinian II. Im 19. Jahrhundert fand die Spätantike Interesse namentlich in pessimistisch gestimmten Kreisen. Man spürte eine Art Seelenverwandtschaft zu jener anderen Niedergangsperiode, die Spätantike diente als Krisenspiegel. Deutlich wird das in Jacob Burckhardts 1853 erschienenem, 1880 überarbeitet wieder aufgelegtem Buch über die ‹Zeit Constantins des Großen›. Hier wurde der Begriff «spätantik» geprägt und in den Umkreis der Metaphern des Alterns, des Welkens, des herbstlichen, abendlichen Endes gebracht. Die darin begründete Entsprechung zwischen dem ausgehenden Altertum und der eigenen Zeit ist das herrschende Paradigma im historischen Selbstverständnis für alle jene Denker geblieben, die sich dem Fortschrittsoptimismus zu entziehen wußten.

Die philologisch-kritische Arbeit an der Spätantike trat mit dem Historismus des 19. Jahrhunderts in ein neues Stadium. An ihrem Anfang steht die monumentale ‹Patrologia›, eine Edition der Kirchenväter, die Jacques Paul Migne (1800–1875) seit 1844 in einer lateinischen und seit 1857 in einer griechischen Serie herausgab. Als Ganzes ist sie nicht überholt, die griechischen Texte sind durch lateinische Übersetzungen erschlossen. Ihr zur Seite trat das durch Barthold Georg Niebuhr in Bonn seit 1828 herausgegebene ‹Corpus Scriptorum Historiae Byzantinae›, das gleichfalls für zahlreiche Autoren die noch immer maßgebliche Ausgabe bereitstellt. Auch diese Edition bringt lateinische Übersetzungen. Als dritte Reihe sind die 1877 bis 1919 edierten ‹Auctores Antiquissimi› der ‹Monumenta Germaniae Historica› zu nennen. Sie wurden bis zu seinem Tode von Theodor Mommsen (1817–1903) betreut, der mit Paul Krüger und Rudolf Schoell seit 1892 das ‹Corpus Iuris Civilis› und mit Paul Krüger und Paul M. Meyer den ‹Codex Theodosianus› herausgab. Er erschien 1904/05. Während die genannten Corpora abgeschlossen sind, ist das seit 1866 in Wien herausgegebene ‹Corpus Scriptorum Ecclesiasticorum Latinorum› noch im Erscheinen begriffen. Dasselbe gilt für die in unserem Jahrhundert begonnenen Serien der ‹Griechischen christlichen Schriftsteller der ersten (drei) Jahrhunderte› (Leipzig 1897 ff, Berlin 1953 ff), für die ‹Sources Chrétiennes› (1942 ff, zweisprachig) und das ‹Corpus Christianorum› (1953 ff). Für die Herausgabe der Akten der Reichskonzilien (Acta conciliorum oecumenicorum, 1928 ff) hat Eduard Schwartz Bahnbrechendes geleistet.

Daneben sind – von den Einzelausgaben abgesehen – zahlreiche spätantike Autoren in jenen Reihen erschienen, die dem Altertum als Ganzem gelten, in der ‹Bibliotheca Teubneriana›, der ‹Sammlung Tusculum› der ‹Bibliothek der griechischen Literatur› und der ‹Bibliothek der alten Welt›, in den ‹Serta Graeca›, den ‹Oxford Classical Texts› und der ‹Loeb Classical

Library› sowie in der ‹Collection Budé›. Eine Bibliographie der Übersetzungen altchristlicher Quellen bietet Adalbert Keller, Translationes Patristicae Graecae et Latinae 1997 ff.

Neben der philologisch-editorischen Arbeit steht die historisch-kritische Forschung, die ihren unerreichten Höhepunkt in Mommsen fand. Die in seinen ‹Gesammelten Schriften› vorliegenden juristischen, philologischen und historischen Studien sind bis heute die Grundlage zu jedweder Analyse spätantiker Probleme. Aus der Schule Mommsens ist Otto Seeck (1850 bis 1921) hervorgegangen. Seeck hat 1876 die ‹Notitia Dignitatum› und 1883 die Werke des Symmachus herausgegeben, hat 1906 die Korrespondenten des Libanios untersucht, 1919 in seinen ‹Regesten› ein nicht überholtes Nachschlagewerk für die Chronologie geschaffen und zahlreiche RE-Artikel verfaßt. Seecks sechsbändige ‹Geschichte des Untergangs der antiken Welt›, erschienen 1895 bis 1922, ist im Hinblick auf ihren Materialreichtum, insbesondere zur politischen Geschichte von 284 bis 476, von keiner späteren Gesamtdarstellung übertroffen worden. Seine chronologischen Annahmen sind jedoch bisweilen willkürlich, insbesondere hat er den überlieferten Daten der Gesetze weniger Achtung gezollt, als sie verdienen. Störend ist Seecks Manier, die handelnden Personen abzukanzeln. Darin zeigt er eine Schulmeisterei, worin er seinen Lehrer Mommsen nachahmt, ohne dessen Format zu erreichen. Ebenso ist Seecks sozialdarwinistische Grundanschauung für uns unannehmbar.

Eine ausgezeichnete Leistung, namentlich für die Verwaltungsgeschichte, ist Ernst Steins ‹Geschichte des spätrömischen Reiches I (284–476 n. Chr.)›, 1928. Sie ist nach Seeck die bisher einzige aus den Quellen gearbeitete Darstellung der Spätantike in deutscher Sprache. Ihr Nachteil liegt in einer unübersichtlichen Gliederung. Die systematischen Themen sind der chronologischen Erzählung teils vorgeschaltet, teils eingeflochten, so daß jeder, der sich etwa nur über die Provinzialverwaltung oder das Heerwesen unterrichten will, das ganze Werk lesen muß. Der zweite Teil erschien postum 1949 auf französisch.

Die Nachfolge Seecks bei den RE-Artikeln hat Wilhelm Enßlin (1885 bis 1965) angetreten. Außer zahlreichen Aufsätzen verdanken wir ihm eine Theoderich-Biographie. Für die Germanen der Völkerwanderungszeit sind die großen Darstellungen des Dresdner Bibliothekars Ludwig Schmidt (1862 bis 1944) grundlegend. Zur Stammesbildung ist Wenskus 1961 bahnbrechend. Zur neueren Germanenforschung findet sich Wesentliches in den einschlägigen Schriften von H. Beck, H. Wolfram und W. Pohl. Die Neuausgabe des ‚Reallexikons der Germanischen Altertumskunde› von Johannes Hoops ist noch nicht abgeschlossen. An breitere Leserschichten wenden sich die Bücher von Dannenbauer 1959, Vogt 1965, Maier 1968, Kornemann († 1946) 1978, Diesner 1976/81, Martin 1987/2005, Demandt 1998 (hiermit veraltet) und Brandt 1998 und 2001.

Aus der Feder des Italieners G. Ferrero besitzen wir einen soliden Überblick über den ‹Untergang der Zivilisation des Altertums› (1919/22). Eine Darstellung ‹Da Diocleziano alla caduta dell' impero d'occidente› lieferte R. Paribeni 1941 im Rahmen der monumentalen ‹Storia di Roma› (VIII). Unter den französischen Gesamtdarstellungen sind zu nennen A. Piganiol, ‹L'Empire chrétien (325–395)› von 1947, R. Rémondon ‹La crise de l'Empire Romain› 1964 sowie das dreibändige Werk von Emilienne Demougeot ‹La Formation de l'Europe et les invasions barbares› von 1969/79. Es reicht von der germanischen Frühzeit bis 476.

In englischer Sprache empfiehlt sich J. B. Bury. Er behandelt 1923 in zwei Bänden die ‹History of the Later Roman Empire from the Death of Theodosius I to the Death of Justinian›. Die ‹Cambridge Ancient History›(CAH) XII von 1939 endet 324, sie enthält, so wie die ‹Cambridge Medieval History› I von 1911, lesenswerte Aufsätze zu Einzelthemen. Die Neuausgabe der CAH periodisiert anders. Band XII (2005) reicht von 193 bis 337; Band XIII (1998) von 337 bis 425; Band IV (2000) von 425 bis 600. Der von G. W. Bowersock (u. a.) edierte Sammelband ‹Late Antiquity› behandelte zentrale Einzelthemen und enthält ein Lexikon zu wichtigen Namen und Begriffen. Eher populär sind die Darstellungen von P. Brown (1971) und M. Grant (1977).

Das wissenschaftlich beste Gesamtwerk ist Arnold Hugh Martin Jones' ‹Later Roman Empire› I–IV 1964. Es bietet eine solide chronologische Kaisergeschichte 284–602 und eine gut gegliederte und unübertroffen gehaltreiche Wiedergabe der sozialen und administrativen Struktur. Daß dieses quellensatte Werk als Ganzes irgendwann ersetzt wird, ist kaum vorstellbar. Infolge der außerordentlichen Informationsdichte ist Jones' Buch jedoch schwer lesbar. In der Menge an Einzelheiten sind die Wesenszüge der Zeit nicht leicht zu erkennen. Außerdem hat Jones die weiterführende Literatur zugunsten seiner Quellenpräsentation vernachlässigt. Er bietet eine hervorragende Grundlage, aber keinen Einstieg in die Forschung. Das Buch stiftet vornehmlich als Nachschlagewerk für alle Fragen nach Wirtschaft, Gesellschaft und Verwaltung Nutzen.

Ein unentbehrliches Hilfsmittel ist die unter der Ägide von Jones begonnene, durch Martindale fortgeführte ‹Prosopography of the Later Roman Empire› I (260–395) 1971, II (395–527) 1980, III (527–641) 1992. Die Bände enthalten Lebensabrisse von hochgestellten Persönlichkeiten, allerdings keine Geistlichen, von den Kaisern nur Eckdaten. Von der ‹Prosopographie chrétienne du Bas-Empire› liegen die Bände über Nordafrika (Mandouze 1982) und Italien (Pietri 1999/2000) vor. Unter den Nachschlagewerken ist das ‹Reallexikon für Antike und Christentum› (erschienen bis K) auf die Spätantike spezialisiert, unter den Periodica das ‹Jahrbuch für Antike und Christentum› (seit 1958), die Akten der Accademia Romanistica Costantiniana (seit 1975), Antiquité Tardive (seit 1993), Cassiodorus: Rivista di studi sulla tarda antichità (seit 1995), die ‹Zeitschrift für Antike und Christentum› (seit 1997) sowie das Millennium-Jahrbuch und die Millennium-Studien (seit 2004). In den letzten beiden Jahrzehnten haben sich die Forschungen zur Spätantike international enorm ausgeweitet, wie die Zahl der neuen Monographien und Periodica belegt.

Nachdem die Spätantike lange Zeit entweder als Ausklang des griechisch-römischen Altertums oder als Vorspiel zum romanisch-germanisch-byzantinischen Mittelalter verstanden wurde, hat sie Oswald Spengler 1917/23 in die Mitte der «magischen Kultur» des ersten Jahrtausends gestellt. Auch wenn seine Idee einer arabisch-griechischen Pseudomorphose schwer nachvollziehbar ist, hat sein Versuch, das erste nachchristliche Jahrtausend als Einheit zu sehen, doch Schule gemacht. Allmählich wurde die christliche Spätantike als eigenständiger dritter Teil der Alten Geschichte neben der griechischen und der römischen Zeit begriffen. Trotz zahlreicher Unklarheiten im einzelnen treten die allgemeinen Wesenszüge der Epoche deutlich hervor.

Die Grundlage bietet die antike Kultur, den Rahmen das Imperium Romanum, in das die germanischen Stämme eindringen, in dem sich das byzantinische Griechentum konsolidiert und der orientalische Einfluß ein neues Gewicht erhält. Der politische Zusammenhalt geht verloren, aber die religiöse Einheit wird im Christentum insoweit gewonnen, als die Autorität der Bibel nirgends in Frage gestellt wird.

Der Anfang der Spätantike liegt in den Wirren der Soldatenkaiserzeit, die hinüberführen in die von Gallienus und Aurelian begonnenen, von Diocletian und Constantin vollendeten Reformen. Mommsen spricht von der Ablösung des Principats durch den Dominat. Das 4. Jahrhundert bringt nochmals einen Aufschwung auf vielen Lebensgebieten. Ihr Ende findet die Spätantike mit der Auflösung der Reichseinheit. Dieser Prozeß wurde vorbereitet durch das Mehrkaisertum, beschleunigt durch die Völkerwanderung und abgeschlossen durch den Zerfall des Imperiums in einen byzantinischen Reststaat und mehrere germanische Nachfolgereiche. Nach dem Erlöschen des Kaisertums im Westen 476 herrschen hier germanische Könige mit Hilfe einer administrativen Substruktur römischer Tradition. Justinian, der nach der Krise des Ostens unter Zeno im späten 5. Jahrhundert den byzantinischen Staat geprägt hat, versucht nochmals, die Reichseinheit zu erneuern. Sein Scheitern setzt den Schlußpunkt hinter die römische Geschichte des Mittelmeerraumes.

Unter den Eigentümlichkeiten der spätantiken Staatsordnung steht die Vollendung des kaiserlichen Absolutismus voran. Das Kaisertum stützt sich praktisch, wie zuvor, auf das Heer, erscheint theoretisch jedoch als Gottesgnadentum mit – je nach Kaiser – charismatischen Zügen. Die Herrschaft geht «nach dem Gesetz der Natur» vom Vater auf den Sohn über.

Nach außen tritt sie durch ein bombastisches Zeremoniell orientalischen Ursprungs in Erscheinung. Seit Diocletian ist das Mehrkaisertum die Regel. Zumeist finden wir einen Kaiser im Westen und einen im Osten, entweder zwei Augusti oder einen Augustus mit einem oder mehreren Caesares als minderberechtigten Mitkaisern und Nachfolgern. Rom verliert seinen Charakter als Residenz, es wird zur symbolischen Hauptstadt. Die Kaiser residieren in Antiochia oder Konstantinopel, in Mailand, Trier oder Ravenna. Die Verwaltung wird bürokratisiert. Die Zahl der Beamten wächst, die Kompetenzen werden aufgeteilt. Die Reichspräfekten vertreten den Kaiser. Die Heeresführung wird von der Zivilverwaltung getrennt und den *magistri militum* unterstellt. Die Armee besteht mehr und mehr aus Germanen. Sie kommen in immer größeren Gruppen, ja in ganzen Stämmen unter eigenen Königen, die durch römische Amtstitel legitimiert werden.

Die sozialen Wandlungen sind gekennzeichnet durch eine hohe Mobilität im 3. und 4. Jahrhundert, die dann wieder zu erstarren scheint. Eine komplizierte Rang- und Standesordnung bezeugt den Zug zur geschlossenen Gesellschaft. Das städtische Bürgertum geht zurück, die Ratsherrenschicht der Curialen dünnt aus. Mit dem Wohlstand der Städte schwindet die politische und kulturelle Bedeutung der Bourgeoisie. Über das ganze Reich legt sich eine Schicht senatorischer, in Villen residierender Grundherren. Die Mehrzahl der Bauern lebt in einem halbfreien Kolonat. Die Patrociniumsbewegung auf dem Lande und das Gefolgschaftswesen im Heer verdrängen institutionelle durch personelle Ordnungen, staatliche durch private Schutzverhältnisse. Feudalistische Tendenzen mediatisieren die Staatshoheit.

Schon Diocletian begreift sich als Mittler zwischen Göttern und Menschen. Constantin legitimiert und fördert das Christentum, Theodosius erhebt es zur Staatsreligion. Die heidnischen Kulte werden verboten, die christlichen Sekten bekämpft. Die Ansicht setzt sich durch, daß es nur einen Gott und nur einen wahren Glauben gebe. Dieses Bedürfnis nach religiöser Einheit führt zu schweren Auseinandersetzungen. Meist geht es um Formeln und Sinnbilder, die dadurch Macht gewinnen, daß sie von Mächtigen als heilsnotwendig ausgegeben werden. So wie man glaubt, daß Gott in Christus Mensch geworden sei, erkennt man in den Heiligen, den Bischöfen, den Asketen berufene Führer. Gottesmänner beherrschen die städtischen Massen. Allmählich werden alle Lebensbereiche vom Christentum erfaßt, mit dem Heidentum verschwindet ein beträchtlicher Teil der antiken Kultur. Die Kirchenväter empfinden als «ihre Geschichte» eher die jüdisch-christliche als die griechisch-römische Tradition. Die Antike ist zur Vergangenheit geworden. Was von ihr überlebt, ist ein Schatz für die Zukunft.

I. DIE QUELLEN

Die literarischen Quellen zur Spätantike sind umfangreicher als die zur gesamten griechisch-römischen Geschichte zuvor. Das beruht in erster Linie auf den in großer Zahl erhaltenen theologischen Schriften und den juristischen Sammelwerken. Beide Quellengattungen sind für den Historiker nur teilweise von Belang und auch literarisch meist nur von geringem Reiz. Der weitaus größte Teil der historisch relevanten Texte ist griechisch oder lateinisch, doch gibt es respektable Werke auf syrisch, einige auch auf arabisch, hebräisch, armenisch und äthiopisch.

In allen Zeiten des Altertums, aus denen wir Werke der Geschichtsschreibung besitzen, gebührt diesen unter den historischen Quellen der höchste Rang. Dies beruht nicht nur darauf, daß Primärzeugnisse wie Tagebücher, Briefe und Urkunden selten überliefert sind, sondern auch darauf, daß die antike Historiographie im allgemeinen ein hohes Niveau besitzt. Stets blieb sie ihren Vorbildern, dem Erzähler Herodot und dem Forscher Thukydides, verpflichtet und wetteiferte mit ihnen in der literarischen Formgebung wie in der sachlichen Verläßlichkeit. Gewöhnlich schreiben die antiken Historiker Zeitgeschichte. Sie wollen weniger die Vergangenheit für die Gegenwart, als diese für die Zukunft retten. Durch die Einblendung von Erlebtem und Gehörtem gewinnen ihre Texte selbst den Wert von Primärdokumenten. So gilt in der Althistorie der methodische Grundsatz, daß die Aussagen der anerkannten Historiographen solange anzunehmen sind, wie keine überzeugenden Gründe dagegen sprechen. Nach der seit Niebuhr herrschenden, oft allzu kritischen Einstellung mehren sich seit zwei Generationen die Fälle, wo angezweifelte Überlieferungen rehabilitiert werden. Die Forschungstendenz ist konservativ.

In der Spätantike steht die Historiographie nicht mehr auf dem Niveau der klassischen Werke. Lediglich Ammianus Marcellinus im lateinischen und Prokop im griechischen Bereich können sich mit ihren großen Vorbildern messen. Auch sie berichten Miterlebtes in annalistischer Folge. Nicht authentisch sind im allgemeinen die eingeschobenen Reden der Kaiser und Feldherrn. Hier gilt das thukydideische Prinzip weiter (Thuk. I 22), daß der Geschichtsschreiber die Reden so niederschreiben darf, wie sie gehalten worden sein *könnten*. Für uns bieten sie Einblicke einerseits in die Gattung, andererseits in die Motive, die der Autor seinem Helden zutraut. Klassischem Beispiel entsprechen die bei Ammian und Prokop eingestreuten Vorzeichen und Exkurse. Der alte Gedanke einer fortlaufenden Geschichtsschreibung lebt in der Spätantike insofern weiter, als Ammian an Tacitus anschloß und seinerseits von Sulpicius Alexander fortgesetzt wurde, von dem wir allerdings nur kurze Stücke bei Gregor von Tours besitzen. Im griechischen Bereich setzte Eunap das Werk des Dexippos fort, die Zeit danach behandelte Olympiodor. Späteres bearbeitete Priscus, den Malchus fortführte. An Prokop schloß Agathias, an diesen Menander Protektor an. Bis Zosimos waren die bedeutenderen Historiographen Heiden, nur ausnahmsweise versuchte sich ein überzeugter Christ wie Orosius an der Geschichtsschreibung.

Eine in der Spätantike besonders beliebte Unterart der Historiographie bilden die Kurzfassungen (*breviarium, epitome*). Derartige auf Überblick angelegte Abrisse schrieben neben anderen Eutrop, Aurelius Victor und Festus, sowie die unbekannten Verfasser der ‹Epitome de Caesaribus› und der ‹Excerpta Valesiana›. Sie waren für ein Publikum gedacht, das in kurzer Zeit das Wesentliche erfahren wollte.

Anders steht es mit den Chroniken. Diese kunstlose, in älteren Zeiten weniger geschätzte Gattung erfreute sich in der Spätantike großer Beliebtheit. Das klassische Werk ist die bis 326 reichende Weltchronik Eusebs, sie hat alle älteren Ereigniskataloge überflüssig gemacht und damit dem Untergang preisgegeben. Eusebs Chronik ist nur in der von Hieronymus latinisierten und bis 378 fortgeführten Version sowie in einer armenischen Übersetzung erhalten. Hieronymus hat im 5. und 6. Jahrhundert mehrere Fortsetzer gefunden, die hinüberführen in die byzantinische Tradition. Die Auswahl des Stoffes läßt zumeist keine Tendenz erkennen, es sei denn, daß Geistliche kirchengeschichtliche Nachrichten theologisch gefärbt einflechten. Durch die Gliederung nach Konsuln, Olympiaden und Herrscherjahren leisten uns diese Tabellen treffliche Dienste. Vielfach ist sogar das Tagesdatum angegeben, das bei den stets verzeichneten Sonnen- und Mondfinsternissen willkommene Kontrollmöglichkeiten eröffnet. Die wichtigsten dieser Jahreslisten finden sich in den drei Bänden ‹Chronica Minora›, herausgegeben von Mommsen.

Hermann Strasburger hat 1977 vorgerechnet, daß von der griechischen Historiographie mehr als neun Zehntel verlorengegangen sind. Für die Spätantike ist die Bilanz nicht viel besser. Sie wäre jedenfalls noch wesentlich schlechter ohne den Sammeleifer der Humanisten Konstantinopels. Im 9. Jahrhundert hat Photios seine ‹Bibliothek›, im 10. Jahrhundert Constantinus VII Porphyrogenitus seine Exzerptsammlungen anlegen lassen; wenig später entstand die ‹Suda›, das vielbändige Reallexikon der byzantinischen Gelehrsamkeit. In diesen drei Werken sind Fragmente aus den wichtigsten spätantiken Geschichtswerken griechischer Zunge bewahrt. Carl Müller (FHG), Jacoby (FgrHist.) und Blockley (1981; 1983; 1985) haben sich um die Erschließung verdient gemacht.

Das Exzerpieren und Sammeln tritt in der spätantiken Literaturgeschichte stark in den Vordergrund. Dies gilt nicht nur für die Rechtsquellen (s. u.), sondern für alle möglichen Sektoren. Es gibt eine umfangreiche Kompendien- oder Listenliteratur: *fasti* von Herrschern und Bischöfen, von Konsuln und Beamten, Festkalender (Filocalus, Polemius Silvius) mit der Angabe von historischen Gedenktagen, Sammlungen von Vorzeichen (Obsequens), *notitiae* von Ämtern und Truppen (Notitia Dignitatum), *laterculi* von Städten (Hierokles) und Provinzen (Laterculus Veronensis), von Bauten und Straßen (Notitia Romae; Itinerarium Antoninum), von Bergen und Flüssen (Vibius Sequester), von Bischöfen (Victor Vitensis), Heiligen (Hieronymus) und Häresien (Epiphanios, Augustinus). Das bedeutsamste Werk dieser Art ist die ‹Notitia Dignitatum›. Prokop (aed. IV 4; 11) überliefert zwei Folgen von Festungen, die Justinian aufgebaut oder ausgebessert hat. Wer will, kann in diese Listenliteratur selbst den Warentarif Diocletians einordnen, ebenso die Orakelkataloge des ‹Astrampsychos› (ed. Hercher 1863; Browne 1983) und der ‹Sortes Sangallenses› (ed. Dold 1948). Ausonius beglückt uns mit Listen seiner Verwandten, berühmten Städten und schmackhaften Moselfischen in Versen. Polemius Silvius tradiert Listen von Maßen und Gewichten, Tieren und Geräuschen: *rana coaxat, populus strepit, aes tinnit* (Chron. Min. I 548). Die umfangreichste Kollektion von Auszügen, die des Johannes Stobaios aus dem 5. Jahrhundert, bietet wenig Material aus der Spätantike.

Eine Welt für sich ist die Rechtsliteratur. Auch hier dominiert das Kodifizieren und Exzerpieren. Das beginnt unter Diocletian mit den Sammlungen von Gregorius und Hermogenian, die abgelöst werden durch die Codices von Theodosius II und Justinian. Ein gigantisches Sammelwerk bilden die Digesten. Man hat geschätzt, daß sie fünf Prozent der von den Exzerptoren benutzten Texte tradieren. Die meisten Gesetze behandeln das Privatrecht, gewöhnlich geht es um Besitz. Dennoch ist die Zahl der Erlasse von historischem Interesse sehr hoch, zumal im ‹Codex Theodosianus› mit seinen Gesetzen über die Hof- und Verwaltungsämter, über Würden und Rechte, Steuern und Soldaten, Staatsbetriebe und Zünfte. Ein ganzes Buch, das letzte, betrifft Kirchensachen. Da die meisten Gesetze als Briefe an Beamte formuliert sind, unterrichten sie uns nebenher über die Amtsinhaber und über die Aufenthaltsorte der Kaiser. Kleinere Sammlungen finden sich in den ‹Fontes Iuris Romani Antejustiniani› (FIRA. I–III). Für die Staatsauffassung der Kaiser sind, soweit erhalten, die Einleitungen der Gesetze von besonderem Interesse. Die vom Gesetzgeber jeweils angenommenen Mißstände wird man im allgemeinen als historisch betrachten dürfen; ob die angeordneten Maßnahmen hingegen ausgeführt wurden, ist grundsätzlich fragwürdig, oft nachweisbar nicht der Fall. Von regionaler Bedeutung sind die ‹Tablettes Albertini› für Africa und das syrisch-römische Rechtsbuch.

Der mit Abstand größte Teil der erhaltenen spätantiken Literatur stammt von den Kirchenvätern. Für den Historiker am wichtigsten ist die Kirchengeschichte, deren «Herodot» Eusebios von Caesarea ist. Sein Werk wurde von Socrates, Rufinus, Sozomenos, Theodoret und Philostorgios fortgesetzt. Die Folgezeit ab 431 behandelt Euagrios. Diese Werke enthalten gutes Material, auch wenn sie die Kämpfe um Bischofsstühle und Glaubensformeln in den Vordergrund rücken und religiös parteiisch urteilen. Die vielfach eingestreuten Dokumente sind im allgemeinen authentisch. Ebenfalls wichtig sind zahlreiche der spätantiken Heiligenleben. Sie wurden in der Regel von Schülern der Heiligen verfaßt, so die Schriften von Athanasius (?) über Antonius, von Gerontius (?) über Melanie, von Marcus über Porphyrios, von Paulinus über Ambrosius, von Possidius über Augustin und von Eugippius über Severinus. Palladios (HL) und Theodoret (HR) haben Sammlungen von Kurzbiographien hinterlassen. Polemik und Wundersucht abgerechnet, bieten diese Texte verläßliche Fakten. Die heidnischen Parallelen sind die Philosophenviten von Eunap, Marinos und Damaskios. Eine ganz neue Literaturgattung bilden die Pilgerberichte, die ‹Itinera Hierosolymitana›. Insbesondere der Bericht der Egeria ist aufschlußreich über die Orte, die sie besucht, über das Vulgärlatein, das sie benutzt, und über die Sicht, aus der sie schreibt.

Schwer benutzbar und dennoch ergiebig sind die Beschlüsse und Protokolle der spätrömischen Konzilien. Sie informieren uns über dogmatische und organisatorische Probleme, über kirchenpolitische Parteiungen und Praktiken und bezeugen mit ihren Teilnehmerlisten vielfach sonst nicht belegbare Bistümer.

Die apologetischen Schriften, zu denen noch Augustins ‹Civitas Dei› und Salvians ‹Gubernatio Dei› gehören, verteidigen den neuen Glauben gegen die Angriffe der Heiden und nehmen dabei vielfältig Bezug auf die politische und soziale Lage. Die exegetischen Schriften, die dem Bibelverständnis dienen, und die Predigten sind meist nur durch zeitkritische Einschübe bemerkenswert, es sei denn, sie gelten überhaupt den Kalamitäten der Zeit, wie die Homilien des Johannes Chrysostomos über den Aufstand in Antiochia 387 oder diejenigen Augustins über die Goten in Rom 410. Die zu Tausenden erhaltenen Briefe der Kirchenväter dienen überwiegend der Seelsorge und erzählen nur selten historisch Verwendbares. Ergiebig sind sie für die Sozial- und Mentalitätsgeschichte.

Weniger umfangreich als die theologische ist die rhetorische Überlieferung. Die Reden der zumeist heidnischen Literaturprofessoren gelten vielfach biographischen Themen. Dazu zählen nicht nur die autobiographischen Texte und Epitaphien, sondern insbesondere die Panegyriken, etwa sechzig sind erhalten. Lobreden auf Kaiser gab es im Schnitt sechs im Jahr. Die in den ‹Panegyrici Latini› gesammelten Stücke, die Prosa-Enkomien von Symmachus und Ennodius, die metrischen von Claudian und Merobaudes, Sidonius und Priscian sowie die griechischen Kaiserreden von Julian, Themistios und Libanios repräsentieren die offizielle Sicht des Zeitgeschehens.

Vergleichsweise enttäuschend ist die profane Briefliteratur. Wir haben zwar auch hier Tausende von Briefen – insbesondere von Symmachus, Ausonius und Libanios aus dem 4. Jahrhundert und von Synesios und Sidonius aus dem 5. Jahrhundert, doch halten sie den Vergleich mit den Briefen von Cicero und Plinius nicht aus. Es sind vielfach Höflichkeitsadressen, Empfehlungsschreiben oder literarische Kunststücke. Ausonius (ep. 13) zeigt, wie man die Zahl 6 in achtzehn Versen ausdrücken kann. Ergiebige Stücke enthalten die Briefsammlungen der ‹Collectio Avellana› und der ‹Variae› Cassiodors.

Über den sonstigen historisch bedeutsamen Gedichten steht ‹De reditu suo› von Rutilius; kulturgeschichtlich interessant ist der Epigrammatiker Palladas. Unter den christlichen Poeten gebührt Prudentius die Palme. Das Christentum von Ausonius und Claudian ist zweifelhaft. Bisweilen ist die spätrömische Dichtung mehr durch die Umstände ihrer Entstehung als durch Form und Inhalt bemerkenswert, so die Verse der zehn unter dem Vandalenkönig Thrasamund in Karthago lebenden Dichter im ‹Codex Salmasianus›. Epik und Romanliteratur verarbeiten überwiegend mythologische und historische Motive; die Erzählungen spielen durchweg im vorchristlichen Milieu, so die legendären Biographien zu Äsop, Pythagoras und Alexander sowie die Troja-Geschichten des «Dictys» und des «Dares».

Bei der spätantiken Fachliteratur ist oft unklar, inwieweit sie auf Gelesenem, wie weit auf Erfahrenem beruht. Behandelt wird fast alles: Staatsrecht von Johannes Lydos, Militärwesen vom ‹Anonymus de rebus bellicis› und Vegetius, Landwirtschaft von Palladius, Geographie von Junior, Vibius Sequester und vom unbekannten Kartographen der ‹Tabula Peutingeriana›, Religionsgeschichte von Macrobius, Allgemeinbildung von Ampelius und Martianus Capella, von Cassiodor und Isidor, Astrologie von Firmicus Maternus und Johannes Lydos, Architektur von Prokop usw. Die medizinische Literatur, angeführt von Oreibasios, ist großenteils kompilatorisch; als eigene Gattung wurde daneben die Tierheilkunde, insbesondere die Pferdeheilkunde, gepflegt.

Eine unschätzbare Quellengattung, namentlich für die Sozial- und Wirtschaftsgeschichte, bilden die überwiegend aus Ägypten stammenden Papyri. Sie sind zumeist in griechischer Sprache abgefaßt. Anders als die sonstigen literarischen Dokumente – selbst die Inschriften sind von Vorlagen abgenommen – bieten sie Informationen aus erster Hand. Die meisten Papyrus-Editionen fassen den Bestand eines Fundortes (so die ‹Oxyrhynchus Papyri› von Grenfell/Hunt, seit 1898 herausgegeben) oder eine moderne Kollektion zusammen (so die ‹Aegyptischen Urkunden aus den staatlichen Museen zu Berlin› 1892–1937). Andere sind nach Sachgebieten geordnet (so die ‹Chrestomathie› von Mitteis/Wilcken 1912). Epochenspezifisch auf die Spätantike ausgerichtet sind das Isidorus-Archiv, das Stücke bis 324 enthält, die constantinische Steuerrolle aus Princeton und das Abinnaeus-

Archiv, das bis 351 reicht. Papyri verschiedener Orte informieren uns über die im 6. Jahrhundert reiche Familie der Apiones, die Hardy 1931 dargestellt hat. Papyri der Euphratgrenze bietet Feissel (1989 ff). Die wichtigsten in Bibliotheken überlieferten Papyri kommen aus dem Kirchenarchiv von Ravenna, von Tjäder 1954–1982 publiziert. Sie stammen aus der Zeit von 445 bis 700.

Zahl und Bedeutung der Inschriften gehen im Laufe der Spätantike zurück. Insbesondere die aus der Principatszeit so häufigen Ehren- und Weihinschriften nehmen ab. Ein Grund dafür dürfte der sein, daß die Soldaten, denen wir einen Großteil der Inschriften verdanken, nun oft nicht mehr lesen konnten. Die nicht immer als solche erkennbaren christlichen Grabinschriften nehmen zu, Rom liefert 45 000.

Die mit Abstand wichtigste Inschrift ist der Preisindex Diocletians (ED). Es ist neben dem ‹Monumentum Ancyranum› und der ‹Lex de imperio Vespasiani› (FIRA. I Nr. 15) die bedeutendste lateinische Inschrift überhaupt. Ein grundlegendes Zeugnis für die Umwandlung des Kaiserkultes in der christlichen Zeit bietet der inschriftlich erhaltene Brief Constantins an die Stadt Hispellum (Dessau 705). Bemerkenswert sind einige Ehreninschriften der Heermeister, für Titulatur und Kriegsgeschehen wichtig, insbesondere bei Stilicho, Fl. Constantius und Aëtius. Zahlreich sind noch die stadtrömischen Inschriften, so die des Praetextatus und die der größten Senatorenfamilie, der Anicii. Einblicke ins Sozialgefüge gestatten uns die Patronatsinschriften. Es sind Ehrungen hochgestellter Persönlichkeiten durch die Städte und Körperschaften unter ihrem Patronat; sie belegen die feudalistischen Züge der spätantiken Gesellschaft. Wichtige Inschriften liefert Kleinasien (Aphrodisias, Korykos, Orkistos). Über Neufunde berichtet regelmäßig die Année Epigraphique.

Die spätantiken Münzen verlieren an Schönheit und Aussagekraft. «Es genügt, eine Münze Konstantins neben eine Münze Hadrians zu halten, um der ganzen Größe des geistigen Verfalls inne zu werden», schrieb Beloch 1900. Diese Entwicklung setzt sich fort. Während die Goldstücke ihr Niveau lange halten können und die Silbermünzen weitgehend verschwinden, werden die Kupferprägungen klein und plump. Die Porträts sind schon seit den Tetrarchen nicht mehr identifizierbar – man kann nur noch Frauen und Männer, Langschädel (den feinsinnigen Senatorentyp) und Kurzschädel (den handfesten Soldatentyp), bärtige und bartlose, erwachsene und kindliche Köpfe unterscheiden. Die *enface*-Prägungen von Maxentius machen im Vergleich zu denen des Postumus einen beinahe affenartigen Eindruck.

Die Rückseiten verlieren ihre Vielfalt und ihren Bezug zur Tagespolitik. Immerhin läßt sich auf den Prägungen seit Constantin sehr schön die Entwicklung von heidnischen und solaren zu christlichen Emblemen erken-

nen. Magnentius hat als Heide durch flächendeckende Christogramme
Anhänger gewinnen wollen, Julian setzte den Stier als Natalicium auf seine
Kupfermünzen. Die Stadtprägungen enden unter Diocletian, es gibt hinfort nur noch Reichsmünzen. Die Germanen haben diese Typen imitiert
und barbarisiert. Historisch bedeutsam bleiben die Legenden für die Kaisertitulatur und für
die Rekonstruktion des Mehrkaisertums. Wenn im Osten Münzen auf einen
Kaiser des Westens geschlagen wurden, bedeutet dies, daß er im Osten anerkannt war. Auch alle Usurpatoren haben sofort Münzen auf ihren Namen
prägen lassen. Im 5. Jahrhundert erscheinen sogar Monogramme von Heermeistern (s. II 10). Insofern spiegeln die Münzen die Verteilung der Macht.
Eine eigene Gruppe von Prägungen bilden die Kontorniaten. Es handelt
sich nicht um Zahlungsmittel, sondern um Medaillons, die von und für
Senatoren in Rom geprägt wurden und uns wichtige Aufschlüsse über die
senatorische Mentalität liefern, so über das Fortdauern des Heidentums in
der Oberschicht. Die meisten Stücke stammen aus der Zeit von Constantius II bis Theodosius; eine Gruppe kleinerer Exemplare wurde zwischen
410 und 470 hergestellt (s. III 2 a).

Das archäologische Material ist verstreut. Es ist am besten zugänglich
in den Katalogen der Ausstellungen, die der Spätantike gewidmet sind.
Die eindrucksvollsten Leistungen der spätantiken Kunst bietet die Architektur. Unter den erhaltenen Profanbauten sind es vor allem die Diocletiansthermen und die Maxentiusbasilika in Rom, der Diocletianspalast in
Spalato, die Aula Palatina in Trier und die Villa von Piazza Armerina in
Sizilien; unter den noch sichtbaren Sakralbauten glänzen die syrischen Klöster, voran Telanissos, die justinianischen Kirchen von Konstantinopel und
Ravenna. Geringerer Wert ist jeweils auf die Fassaden und die Außenan-
sicht gelegt, die höchste Sorgfalt gilt den Innenräumen, die oft reich mit
Mosaiken ausgestattet sind. Die Rundplastik, die in der frühchristlichen
Sakralkunst verpönt ist, verliert an Qualität und Quantität. Die Idealpla-
stik läuft aus. Die Porträts werden teils primitiv, teils expressionistisch und
entbehren der früheren Naturnähe, die auch sonst aus der Kunst verschwindet. In den Reliefs des 4. Jahrhunderts gibt es eine naturnah-klassizistische
neben einer volkstümlich-primitiven Strömung. Besonders zahlreich erhalten sind Sarkophage. Militärische Themen treten nach Constantin zurück,
üblich wird die Darstellung von Kaisern und Konsuln als Spielgeber. Hohe
Leistungen vollbringen noch die Glasschleifer (Diatretgläser), die Elfenbeinschnitzer (Diptychen), die Mosaizisten (Antiochia, Nordafrika, Sizilien), die Goldschmiede (Silbergeschirr) und die Buchmaler, die eine ganz
neue Kunstgattung begründen.

Unter den geographischen Quellen zur Spätantike rangiert die ‹Tabula
Peutingeriana› obenan, an Texten besitzen wir das ‹Itinerarium Antonini›,
die ‹Expositio totius mundi›, die ‹Itinera Hierosolymitana›, den Geogra-

phen von Ravenna und Dicuil bzw. dessen Vorlagen. Hinzu kommen
die Provinzverzeichnisse, die Bistumslisten der Konzilsteilnehmer und
die Städtekataloge des Prokop (De aedificiis) und Hierokles. Die beste
moderne Kartierung liefert der ‹Barrington-Atlas of the Greek and Roman
World›, 2000. Für den Orient bietet der ‹Tübinger Atlas› das Wichtigste,
die ‹Tabula Imperii Romani› 1954 ff und die ‹Tabula Imperii Byzantini› liegen nur für einzelne Gebiete vor. Ortslexika stammen von Stillwell 1976
und Brodersen 1999.

II. DIE POLITISCHE GESCHICHTE

1. Die Reichskrise unter den Soldatenkaisern (235–284)

If a man were called to fix the period in the history of the world, during which the condition of the human race was most happy and prosperous, he would without hesitation name that, which elapsed from the death of Domitian to the accession of Commodus. Mit diesen Worten beschrieb Edward Gibbon 1776 (ch. III) die Glanzperiode der römischen Kaiserzeit. Ein blühendes Städtewesen, eine geordnete Verwaltung, eine hochgradig arbeitsteilige Wirtschaft, ein lebhafter Verkehr in dem gesamten Raum zwischen Nordsee und Rotem Meer – derartiges hatte die Alte Welt noch nicht erlebt. Die Städte standen unbefestigt im Lande, kaum ein Prozent der Reichsbevölkerung trug Waffen, das Militär lag an Rhein, Donau und Euphrat und sicherte die *Pax Romana*. Die Lobreden, die 100 n. Chr. der jüngere Plinius, ein Mann keltischer Herkunft, und 143 n. Chr. Aelius Aristeides (or. 26), ein Grieche aus Kleinasien, auf Kaiser und Reich gehalten haben, zeigen uns vielleicht nicht die Wirklichkeit, gewiß aber die Ideale eines Wohlfahrts- und Rechtsstaates, an denen das Imperium Romanum sich messen lassen konnte.

Trotz dieses glänzenden Äußeren hat die Geschichte des römischen Kaiserreiches immer weniger Interesse gefunden als die der Republik. Dies mag damit zusammenhängen, daß sie weniger Dynamik aufweist. Die Geschichte der Republik verlief dramatisch. Die Kämpfe mit den Galliern und Karthagern, den Griechen und Germanen, die Auseinandersetzungen zwischen Patriziern und Plebejern, Optimaten und Popularen stellten die Verfassung, die Macht, ja selbst den Bestand des Gemeinwesens mehrfach aufs Spiel. Dennoch ist Rom gewachsen. Die äußere Geschichte der Republik führt in einem progressiven Prozeß vom Stadtstaat über das geeinte Italien zum Weltreich, die innere Geschichte in einem zyklischen Verlauf von der Königszeit über die Patrizierherrschaft und die Ständekämpfe in fortschreitender Demokratisicrung schließlich wieder zu einer Monarchie, wobei Rom unter griechischem Einfluß einen gewaltigen kulturellen Aufschwung nahm. Dies ist ein Modell von geradezu kanonischer Geschlossenheit. So schrieb August von Platen 1829: «Wahre Geschichte, bedeutend und groß, voll strenger Entwicklung / Hatten die Römer allein unter den Völkern der Welt.»

Die Kaiserzeit hingegen erscheint als bloße Weiterführung des mit Augustus Erreichten. Hinfort mußten allenfalls einmal Barbaren an der Grenze oder im Inneren Usurpatoren abgewehrt werden. Das Bild scheint gleichförmig: überall dieselben Bäder und Tempel, Säulenstraßen und Theaterbauten, dieselben Münzen, Gesetze, Bücher, Kleider und Kochrezepte. Mommsen klagte am 4. Februar 1884 gegenüber Wilamowitz, unter den Kaisern finde er «keine Geschichte», sondern bloß «einen Sumpf, keinen Fluß». Und dennoch ist dieser Eindruck nicht ganz richtig. Auch die Kaiserzeit birgt Entwicklungen. Zu ihnen zählen der Aufstieg der Nachfolgemächte: Christentum und Germanentum, aus christlich-germanischer Sicht als Fortschritt zu verstehen, so bei Hegel. Nicht immer begrüßte Prozesse der Kaiserzeit sind die Bürokratisierung des Staates, die Ausbreitung des Städtewesens, die Hellenisierung des Ostens, die Romanisierung des Westens und eine religiöse Orientalisierung des ganzen antiken Europa.

Seit dem 3. Jahrhundert beginnt ein politischer Zerfallsprozeß, der durch Diocletian und Constantin noch einmal aufgehalten werden konnte, dann aber trotz der Bemühungen eines Julian, eines Theodosius, eines Marcian nicht mehr zum Stillstand kam. Justinians vergeblicher Versuch, das Reich wiederherzustellen, beschließt dessen Geschichte. Das Imperium Romanum, allenthalben als die letzte, ewige Weltordnung begriffen, verschwindet aus der Realität, aber dauert fort als Idee. In verwandelter Form überlebt das Imperium Romanum im Byzantinischen Reich, in der katholischen Kirche und im mittelalterlich deutschen Kaisertum.

Die römische Kaiserzeit zerfällt in zwei Phasen. Zwischen der halkyonischen Ruhe des Principats und der erneuerten Stabilität des spätantiken Dominats steht die Reichskrise des 3. Jahrhunderts mit ihren inneren und äußeren Turbulenzen. Jacob Burckhardt hat in seinen ‹Weltgeschichtlichen Betrachtungen› (1968/1955, 159) Krisen als «beschleunigte Prozesse» bestimmt, und dies trifft auch für die Zeit der Soldatenkaiser zu. Lang aufgestaute Spannungen entluden sich im Verhältnis der ethnischen und sozialen Gruppen zueinander, in der Außenpolitik und in der Religion.

Das Imperium Romanum war ein Vielvölkerstaat. Das regionale oder nationale Sonderbewußtsein wurde überlagert vom Stolz auf die Größe Roms (s. III 2 d). Politischen Widerstand finden wir allenfalls kurzfristig in den Unterschichten der palästinensischen Juden. Über Wohlstand und Bildung, über militärischen und zivilen Staatsdienst war ein sozialer Aufstieg möglich, der zugleich die Romanisierung förderte. Mit der Verleihung des römischen Bürgerrechts an die freien Bewohner des Imperiums durch die Constitutio Antoniniana des Caracalla 212 war die staatsrechtliche Homogenisierung des Reiches abgeschlossen.

Die sich ausbreitende Teilhabe an der Staatsmacht spiegelt sich in der Zusammensetzung von Heer, Beamtenschaft und Senat. Diese staatstragenden Körperschaften ergänzten sich immer stärker aus immer entfernteren Gebieten. Das läßt sich am deutlichsten an der regionalen Herkunft der Kaiser ablesen. Nachdem in den julisch-claudischen Kaisern ein stadtrömisches Geschlecht an der Spitze des Reiches gestanden hatte, übernahm mit den Flaviern 69 n. Chr. eine italische Familie die Herrschaft. Trajan und Hadrian stammten aus Spanien. Mit Septimius Severus erhielt 193 ein dunkelhäutiger Afrikaner aus Lepcis Magna die Kaiserwürde, seine Frau gehörte einer syrischen Familie an. Die Soldatenkaiser der Zeit nach 235 kamen zumeist aus den Donauprovinzen, dem «kaiserschwangeren Pannonien». Andreas Alföldi (1967, 228 ff) sprach von der «staatsrettenden Rolle der Illyrier». Mit der regionalen erweiterte sich die soziale Herkunft. Die Kaiser von Caesar bis Nero (49 v. Chr. – 68 n. Chr.) waren Patrizier, gehörten somit dem altrömischen Geburtsadel an. Die Flavier, Vespasian und seine Söhne, stammten aus dem senatorischen Amtsadel. Die Adoptivkaiser (96–180) sind ebenfalls aus dem Munizipalbürgertum in den Reichsdienst aufgestiegen; auch sie waren, so wie noch die Severer (193–235), Senatoren. In Pescennius Niger (193 n. Chr.) und Opellius Macrinus (217 n. Chr.) finden wir zum ersten Male Männer aus dem Ritterstande auf dem Thron. So erweckt die innere Geschichte des Imperiums den Eindruck eines stetigen Ausgleichs der regionalen und sozialen Differenzen, einer Entwicklung hin zu einem völkerübergreifenden Gemeinwesen.

In der Reichskrise des 3. Jahrhunderts wurde dieser Prozeß beschleunigt. Die Zahl der Kaiser nichtsenatorischer, ja einfachster Herkunft nahm zu. Durch einen Soldatenaufstand wurde Maximinus Thrax (235–238) Kaiser *ex militaribus*. Er war als thrakischer Bauernsohn im Heeresdienst aufgestiegen. Pupienus, Balbinus und die Gordiane (238–244) waren wieder Senatoren. Philippus Arabs (244–249) hatte einen Scheich vom Rande der syrischen Wüste zum Vater. Decius (249–251), Valerian (253–260) und Gallienus (260–268) waren die letzten Kaiser aus dem Senatorenstande. Die Illyrer Claudius Gothicus (268–270), Aurelian (270–275), Probus (276–282) und der Gallier Carus (282–283) kamen aus dem Militär. Diese Herkunft blieb auch für Diocletian und seine Tetrarchen bezeichnend: sie alle stammten aus unbekannten Familien, von keinem kennen wir den Vater (s. III 1a). Die Herkunft der Kaiser ist deswegen sozialgeschichtlich bedeutsam, weil sie die Verlagerung und Erweiterung der Rekrutierungsräume des Heeres erkennen läßt.

Noch auffälliger als die Öffnung des Zugangs ist die große Zahl der Kaiser und die kurze Dauer ihrer Herrschaft. Im raschen Kaiserwechsel spiegelt sich die Krise. Während der fünfzig Jahre von der Ermordung des Severus Alexander im Frühjahr 235 in Mainz bis zum Tode des Carinus im Juli 285 begegnen uns 26 Herrscher, die als legitime Augusti gelten können; 3 Caesaren, die untergeordnete Mitregenten geblieben sind, und 41 Usurpatoren von bloß regionaler Bedeutung, die sich nicht durchzusetzen vermochten, zusammen also 70 Kaiser.

Die wilde Kaiserkür der Legionen offenbart eine doppelte Strukturschwäche des Reiches: einen moralischen und einen administrativen Mißstand.

Ersterer zeigt sich in der fehlenden Treue zum jeweils herrschenden Kaiser, in dem mangelhaften Gemeinschaftsbewußtsein innerhalb des Reichsheeres und dem fehlenden Mitgefühl gegenüber den Provinzialen, namentlich den Städten, auf denen die Kosten der Thronspenden und der Bürgerkriege lasteten. Die erste Pflicht des neu erhobenen Kaisers war stets das Donativ an sein Heer.

In diesem Antagonismus zwischen der «Soldateska», die überwiegend aus ärmeren, ländlichen Gegenden kam, und der wohlhabenden Munizipalbourgeoisie erblickte Michael Rostovtzeff den eigentlichen Grund der Reichskrise. Er interpretierte sie als Klassenkampf. Daß ein solcher Gegensatz bestand und in der Plünderung römischer Städte durch römische Truppen zum Ausdruck kommt, ist nicht zu bestreiten. Doch beruht die allzu hohe Einstufung dieses Krisenfaktors auf Rostovtzeffs Erfahrungen in der Russischen Revolution und ist darum überwiegend auf Ablehnung gestoßen.

Zum anderen bezeugt die Kaisermacherei eine Schwachstelle in der Principatsverfassung. Es gab keine für die Kaisererhebung zuständige Zentralinstanz. Das letzte Wort hatten das Militär, und dieses zerfiel in mehrere Grenzarmeen – die wichtigsten standen an Rhein, Donau und Euphrat –, und die Prätorianer in Rom. Jede Heeresgruppe handelte auf eigene Faust. Der Senat, der bis in die Severerzeit die Ausrufung des neuen Kaisers legitimierte, wurde 235, wenn Eutrop recht hat, von Maximinus Thrax nicht mehr darum ersucht. Allerdings hat der Senat ihn von sich aus anerkannt, auch später noch Kaiser aufgestellt, so 238 Pupienus und Balbinus und, gemäß der problematischen Historia Augusta, 275 den Tacitus. Seine größte Bedeutungseinbuße erlitt der Senat, seitdem Gallienus die Legionskommandeure und Provinzstatthalter aus dem Ritterstande ergänzte. Erfahrung zählte nun mehr als Herkunft. Daher ist eine Aversion zwischen den traditionsbewußten Senatoren und der illyrischen Armee begreiflich.

So gewiß die sozialen Spannungen, der Mangel an Gemeinsinn und die fehlende Nachfolgeordnung wichtige Voraussetzungen für die rasche Kaiserfolge darstellen, so gewiß läßt sich diese nicht verstehen, wenn wir die im 3. Jahrhundert gewandelten Rahmenbedingungen außer Acht lassen. Die außenpolitische Lage hatte sich für Rom drastisch verschlechtert. Das Reich befand sich in einem dauernden Mehrfrontenkrieg, und jedes Krisengebiet machte die Anwesenheit eines Kaisers erforderlich. Es entstand jenes Bedürfnis nach Kaisernähe, das auch charismatische Züge zeigt.

Im allgemeinen vollzogen sich die Erhebungen so, daß ein *legatus Augusti*, wenn er über eingedrungene Barbaren siegte, daraufhin von seinen Truppen zum Kaiser ausgerufen wurde und damit zugleich den Bürgerkrieg gegen den regierenden Herrscher oder gegen andere Prätendenten führen mußte. Der Gedanke einer definitiven Aufteilung des Imperiums erscheint allerdings nirgends. Alle Usurpatoren wollten Kaiser des ganzen Reiches sein, und dies hatte den permanenten Bürgerkrieg zur Folge. Die Kaiser standen stets vor der doppelten Aufgabe, die eigene Position wahren und dazu an mehreren Krisenorten zugleich helfen zu müssen. Sie suchten das dadurch zu bewältigen, daß sie untergeordnete Mitkaiser aus der eigenen Verwandtschaft für jene Kriegsgebiete ernannten, in denen sie nicht selbst sein konnten. Diese Politik war so alt wie das Kaisertum. Augustus hatte die Kriege, die er nicht in eigener Person führte, seinen Stiefsöhnen Drusus (Maior) und Tiberius überlassen, die gewissermaßen zu Unterkaisern aufrückten. Als Tiberius Kaiser geworden war, übertrug er entsprechende Kommandos seinem Neffen und Adoptivsohn Germanicus und seinem leiblichen Sohn Drusus (Minor). Seit den Flaviern wurde diese Position durch die Titulatur eines Caesar formalisiert. Nach dem Tode des Antoninus Pius regierten dessen Adoptivsöhne Marcus Aurelius und Lucius Verus als gleichberechtigte Augusti, ersterer an der Marcomannen-, letzterer an der Partherfront. In diesem Sinne sollten dann 211 auch Caracalla den Westen, Geta den Osten regieren, ebenso 238 Balbinus und Pupienus.

Unter den Severern und Soldatenkaisern war die übliche Regelung die, daß der Kaiser seinen Sohn als Caesar auf den zweitwichtigsten Kriegsschauplatz schickte. Philippus Arabs, Decius, Valerian und Carus haben so zu regieren versucht. Doch sind diese Ansätze zur regional aufgefächerten Verantwortung gescheitert, denn zum einen war der Sohn dem Vater als Offizier gewöhnlich nicht ebenbürtig, und zum anderen war die Zahl der Kriegsschauplätze meist größer als die der verfügbaren Söhne. Pupienus und Balbinus (238) sowie Macrianus und Quietus (260/261) experimentieren mit Kollegialität ebenso erfolglos.

An allen Fronten stand Rom in der Defensive, insbesondere am Rhein, an der unteren Donau und am oberen Euphrat. Bereits seit Marc Aurel waren die Kriege gegen die Westgermanen wieder im Gang. Während im Osten der Kampf gegen die Parther tobte und die «Pest des Galen» die Truppen verminderte, brachen im Jahre 166 die Langobarden, Oben, Marcomannen, Quaden, Jazygen, Sarmaten und Victofalen über die Donau ins Reich ein. Vierzehn Jahre dauerten die Kämpfe. Dies beleuchtet die fortan veränderten Kräfteverhältnisse gegenüber den Germanen. Ihr periodischer Bevölkerungsüberschuß hatte schon zu den Wanderungen der Kimbern und Teutonen, den Staatenbildungen von Ariovist und Marbod geführt. Solange der Limes dem weiteren Vordringen der Nordvölker einen Riegel vorschob, wichen die landsuchenden Germanen in den Raum nördlich des Schwarzen Meeres und der unteren Donau aus. Von hier drückten sie auf die Marcomannen.

Nicht nur ihr Menschenreichtum, sondern auch ihr Kriegsgeist und ihre Lernfähigkeit machten die Germanen zu einer Lebensbedrohung für

Rom. Der Dienst germanischer Söldner im römischen Heer (s. III 1 d), der Waffenhandel und die Findigkeit der Germanen gerade im militärischen Bereich hatten zur Folge, daß der Vorsprung der Römer in Bewaffnung und Taktik im Verlaufe des 3. Jahrhunderts verschwand.

Damals veränderte sich die politische Landschaft bei den Westgermanen. An die Stelle der bei Tacitus beschriebenen Kleinstämme traten größere Stammesverbände. Es sind die Alamannen am Oberrhein, die Franken am Niederrhein und die Sachsen an der Nordseeküste (s. II 2). Als Grund für die Erhebung dieser Großstämme ist die Frontstellung gegenüber dem Imperium zu vermuten, obschon dem gemeinsamen Stammesnamen keine Zentralgewalt entspricht, die jeweils alle Angehörigen in den Kampf gegen Rom hätte führen können. Seit 213 griffen die damals zuerst bezeugten Alamannen den obergermanischen Limes an. Sie werden als Reiter beschrieben, die aus dem Elbgebiet nach Südwesten vorstießen. Da sie aus dem Gebiet der Semnonen kamen, die zu den Sweben gerechnet wurden, bilden diese den Kern der Kampfgemeinschaft, später wurden auch Juthungen, Quaden und Marcomannen dazugerechnet. Der Name *Svebi* erscheint in der spätantiken Literatur gleichbedeutend mit *Alamanni*. Diese Selbstbezeichnung erklärt Agathias (I 6,3) mit «Zusammengelaufene» oder «Vermischte», eben «alle Männer». Zahlreiche 233 vergrabene Münzschätze im Dekumatland zeigen, daß der Limes damals überrannt wurde. Die Alamannen unter ihren Kleinkönigen plünderten das südwestliche Gallien, während die Donaugermanen Illyrien verwüsteten. Das führte Severus Alexander 235 nach Mainz. Er bot den Alamannen Stillhaltegelder an, denn das «überzeugt die Germanen am leichtesten, weil sie geldgierig sind und den Römern immer den Frieden verkaufen». 260 beraubten die Alamannen den Raum um Neckar, Bodensee und Iller. Die meisten römischen Ortsnamen verschwanden. In den sechziger Jahren des 3. Jahrhunderts suchten Alamannen und Juthungen mehrfach Gallien, Raetien und Oberitalien heim. Das Gebiet jenseits von Mainz ging mit dem Limes verloren. Römische Siedlungen hielten sich im Breisgau.

Sichtbare Zeichen der Alamannengefahr sind die damals ummantelten Städte Verona und Mailand, namentlich aber die Aureliansmauer um Rom, die von Probus vollendet wurde, nachdem ein Alamannenheer bis in die Nähe der Stadt vorgestoßen war. Erst in diocletianischer Zeit konnte die Rheingrenze wieder gesichert werden. Zerstörungshorizonte in archäologischen Fundschichten und Münzschätze der Zeit bezeugen das Ausmaß der westgermanischen Raubzüge.

Die rechtsrheinischen Stämme gegenüber der Provinz Niedergermanien schlossen sich zu den Franken zusammen. Ihr Name wird als «die Kühnen» gedeutet. Die *Francorum gentes* umfaßten die Brukterer, Amsivarier, Chattuarier, Chamaven, Chasuarier, Bataver und weitere. Auch die Franken unterstanden Kleinkönigen, bezeugt sind solche für die Ripuarier um Köln und die Salfranken westlich davon. Die Franken werden zuerst erwähnt bei ihrem großen Einbruch von 257 (oder 259). Damals durchzogen sie Gallien, überstiegen die Pyrenäen, zerstörten Tarragona und erreichten zu Schiff die nordafrikanische Küste. Da Gallienus mit der Niederwerfung eines Gegenkaisers beschäftigt war, trat der Statthalter Postumus den Franken entgegen und ließ sich nach einem Sieg 260 selbst zum Imperator ausrufen. Er residierte in Köln und fand Anerkennung in Britannien und Spanien. Durch die traditionellen Münzlegenden (*Romae Aeternae*), durch eigene Konsuln, Prätorianer und Senatoren unterstrich er seinen Anspruch auf das Gesamtreich. Nach seiner Ermordung 269 führten Victorinus und Tetricus von Trier aus die Herrschaft fort, bis es Aurelian 274 gelang, das gallische Sonderreich wieder dem Imperium einzugliedern. Tetricus wurde begnadigt, auch Postumus entging der *damnatio memoriae*.

Die Franken blieben indessen bedrohlich, 275 eroberten sie Trier. Um 280 erhob sich in Köln Proculus, dem selbst fränkischer Ursprung nachgesagt wurde. Probus warf ihn nieder und stellte die Herrschaft Roms über das von Germanen besetzte Gallien wieder her. Ein Redner der Zeit entrüstete sich über die *incredibilis audacia et indigna felicitas* der von Probus am Schwarzen Meer angesiedelten Franken, die sich Schiffe besorgten, die Meerengen durchquerten, die Küsten Kleinasiens, Griechenlands und Africas beraubten, Syrakus plünderten und durch die Säulen des Herakles wohlbehalten in die Heimat am Rhein zurückkehrten.

An der pannonischen Donau machten die iranischen «Wohnwagenvölker» der Sarmaten, Jazygen und Roxolanen den Römern zu schaffen. Kriege gegen sie werden für Maximinus Thrax, Gordian III, Gallienus und Regalianus, Aurelian, Probus und Carus gemeldet. Diese Stämme blieben eine Gefahr für das Reich.

Nicht minder verderblich waren die Angriffe der Ostgermanen, insbesondere die der Goten. Nach ihnen heißt Osteuropa bei den Geographen *Gothia*; bis in die frühe Neuzeit wurde der Gotenname für jedwede Germanen verwendet. Ob die Gutones, die Pytheas von Massilia zur Alexanderzeit in Nordeuropa antraf, mit den Goten etwas zu tun haben, ist ungewiß. Das Ursprungsgebiet der Goten bildeten Ost- und Westgötland in Schweden und die Insel Gotland. Zur Zeit des Tacitus (Germ. 44) waren sie schon über die Ostsee ins Weichselmündungsgebiet gekommen und erreichten im 2. Jahrhundert das Schwarze Meer. Im 3. Jahrhundert kam es zur Spaltung in die östlichen Ostrogoten («glänzende» Goten) und die westlichen Visigoten («gute» Goten). Außerhalb des Imperiums wurden erstere bisweilen als Greutungen (Uferbewohner), letztere auch als Terwingen (Waldleute) bezeichnet.

Die Rom unterstehenden Griechenstädte der nördlichen Schwarzmeerküste gerieten in Abhängigkeit von den Goten und verarmten. Im Sechskaiserjahr 238 nahmen die Goten die große Stadt Istros/Histria, plünderten das Land südlich der Donaumündung und ließen sich den Frieden durch Jahrgelder abkaufen. Fortan finden sich gotische Hilfstruppen im römischen Heer. Um 245 und 248/249 folgten kleinere Raubzüge der Carpen und Goten. Philippus konnte sie nicht wirksam abwehren. Der nächste große Einfall von 250 stand unter der Führung des Gotenkönigs Kniva und traf die Provinzen Dakien, Moesien und Thrakien. Marcianopel wurde belagert, Philippopel genommen, 251 verlor Kaiser Decius bei Abrittus Schlacht und Leben.

253 begannen die Angriffe über See. Die Südküste des Schwarzen Meeres wurde verwüstet, Pityus und Trapezunt fielen. 259 durchstießen germanische Schiffe den Bosporus und plünderten die Städte Bithyniens. Noch tiefer ins Reich führten die Einfälle unter Gallienus 262 und 267/8 sowie unter Claudius 269/270. Aus Kappadokien wurden die Vorfahren des späteren Gotenbischofs Wulfila verschleppt (s. II 4). Gotische und herulische Flotten drangen in die Ägäis vor. Ilion, Lemnos und Skyros, Ephesos, Rhodos, Kreta, Cypern und Side wurden angegriffen. Zum ersten Male setzten die Germanen Belagerungsmaschinen ein. Auf dem griechischen Festland wurden Athen, Korinth, Argos, Sparta und Olympia eine Beute der Germanen. Selbst im syrischen Antiochia fürchtete man die «Skythen».

Claudius Gothicus konnte 269 bei Naïssus einen Teil der Eindringlinge vernichten, doch folgte bereits 270 ein gotischer Rachezug. Mehr als ein Dutzend überwiegend germanischer Stämme war an den Unternehmen beteiligt; deren Erfolg beweist die Ohnmacht der Römer, die durch Bürgerkriege und Seuchen zusätzlich geschwächt waren. Das römische Dakien nördlich der unteren Donau stand unter dem Druck der Carpen, Aurelian hat die Provinz 271 geräumt.

Wie im Westen und im Norden, so traten auch im Osten neue Feinde auf. Am 28. April 224 besiegte der Sassanide Artaxerxes (Ardashir) I den letzten Partherkönig, den Arsakiden Artabanos V, zog in Ktesiphon ein und ließ sich 226 dort zum König von Persien krönen. Die Sassaniden drängten die hellenistischen Traditionen zugunsten des persischen Erbes zurück. Die Religion Zarathustras organisierte sich unter einem Ober-Mobedh, der auch politischen Einfluß besaß. Die Verwaltung wurde gestrafft, das Heerwesen erneuert. Die gefährlichste Waffe der Perser bildeten Panzerreiter und berittene Bogenschützen. Nach römischen Quellen wollten sie das Achaimenidenreich erneuern, das Syrien, Kleinasien und Ägypten umfaßt hatte.

230 eröffnete Artaxerxes I den Krieg gegen das römische Mesopotamien, doch gelang es Severus Alexander, den Persern solche Verluste zuzufügen, daß sie vier Jahre lang Ruhe hielten. Als 241 Sapor (Shapur) I König geworden war, überrannte er Mesopotamien abermals. Gordian III schlug die Perser 242/3 mit gotischen und westgermanischen Hilfstruppen zurück, fiel aber 244 im Felde. Sein *praefectus praetorio* und Nachfolger Philippus Arabs erkaufte seinen Abzug aus dem persischen Gebiet durch Geld und

verzichtete auf Armenien. 253 erneuerte Sapor den Krieg, um 256 zerstörte er Dura-Europos, 253 und 260 plünderte er Antiochia. Als Valerian 260 Edessa entsetzen wollte, geriet er in persische Gewalt und starb als Gefangener. Die Perser verheerten Syrien, Kilikien und Kappadokien. Die Lage wurde wiederhergestellt durch den romtreuen König von Palmyra (Tadmor) Septimius Odainathos. Er konnte die Perser zweimal besiegen (262/3, 267/8), stieß bis Ktesiphon vor und wurde von Gallienus als *corrector totius Orientis* anerkannt. Nach seiner Ermordung begründeten seine Witwe Zenobia (268–272) als Königin und sein Sohn Vaballathos-Athenodoros das palmyrenische Sonderreich, das zeitweilig Teile von Mesopotamien, Arabien, Syrien, Kleinasien und Ägypten umfaßte. Zunächst war Zenobia auf ein Einvernehmen mit Aurelian bedacht, ihre Münzen aus Antiochia und Alexandria zeigen die Köpfe von Vaballathos und Aurelian.

272 kam es zum Bruch, Mutter und Sohn nahmen den Kaisertitel an. Darauf besetzte Aurelian die Städte Antiochia und Emesa, nahm Palmyra ein und fing die Königin auf der Flucht nach Persien. Als nach dem Abzug des Kaisers die Palmyrener sich abermals empörten, machte Aurelian kehrt und plünderte die Stadt. Sie gehört heute zu den eindrucksvollsten Ruinenstädten des Orients. Zenobia war eine hochgebildete Dame, sie sprach Syrisch, Griechisch und Lateinisch. Sie war befreundet mit dem Neuplatoniker Longinus und dem antiochenischen Bischof Paulus von Samosata, der eine dem späteren Arianismus verwandte Christologie vertrat. Zenobia wurde von Aurelian in seinem römischen Triumph mitgeführt und verbrachte ihren Lebensabend in einer Villa bei Tibur. Palmyra wurde von Diocletian befestigt. Um 400 lebten dort Judenchristen.

Im Jahr 272 starb Sapor I. Während der Regierung seiner Söhne Hormisdas I (272–273) und Varanes (Bahram) I (273–276) blieb die römisch-persische Grenze ruhig. Probus bewog die Sassaniden zu einem Frieden und nahm den Siegerbeinamen *Persicus Maximus* an. Unter Varanes II (276–293) brach der Krieg wieder aus. Carus unternahm einen Rachefeldzug, das obere Mesopotamien und Armenien gerieten in römische Gewalt.

Neben den Germanen und Persern bedrängten auch die afrikanischen Berber, die Blemmyer in Ägypten, die Isaurier in Kleinasien und die Kelten aus Schottland und Irland die römischen Provinzen. Diese Unruheherde besaßen indes nur zweitrangige Bedeutung.

Die äußere Bedrängnis des Reiches war zum geringeren Teil eine Folge der inneren Krise, zum größeren Teil hingegen deren Ursache. Denn die Bildung der westgermanischen Großstämme, die Wanderungen der Ostgermanen und die Machtergreifung der Sassaniden sind unabhängig von innerrömischen Konflikten erfolgt. Wenn letzteren gleichwohl in der Forschung der Vorrang unter den Krisenfaktoren zugemessen wird, so entspringt dies einerseits dem Wunsch, im Unglück der Römer eine höhere Gerechtigkeit zu erkennen, andererseits der Übernahme jener selbstkritischen Sicht, die schon den römischen Quellen eigen ist.

Die Einfälle der Germanen und Perser und die Bürgerkriege unter den Kaiserkandidaten bedeuteten für die Wirtschaft des Reiches eine schwere Belastung. Zahlreiche Städte wurden zerstört, das flache Land hatte vor allem in Gallien und im Donauraum, in Kleinasien und Ägypten zu leiden. Inschriften und Papyri beleuchten die Mißstände. Aushebungen und Steuerdruck, Räuber und Seuchen lasteten auf dem bäuerlichen Leben. Die Bevölkerung nahm ab.

Um dem Mangel an Bauern und Soldaten abzuhelfen, wurden in beträchtlichem Umfang Germanen auf Reichsboden angesiedelt (s. III 2 d) und ins Heer aufgenommen (s. III 1 d). Gallienus verlieh dem Herulerfürsten Naulobatus bei dessen Eintritt in den Reichsdienst die Konsularinsignien, angeblich soll der Kaiser auch eine germanische Königstochter namens Pipa als Nebenfrau angenommen haben. Persischem Vorbild folgend, schuf Gallienus eine schwere Reiterei, die militärische Bedeutung gewann. Die Offizierskarriere wurde Senatoren verschlossen und blieb den Berufssoldaten vorbehalten (s. o.).

Den finanziellen Bedürfnissen von Heer und Verwaltung entsprechend, wurden die Münzen vermehrt und damit verschlechtert. Das häufigste Nominal des 3. Jahrhunderts ist der von Caracalla eingeführte Doppeldenar («Antoninian»), der den Kaiser in der Strahlenkrone zeigt. Sein Metallwert sank unter Gallienus auf weniger als ein Prozent des alten Denars, silbern war nur noch ein dünner Überzug. Aurelian unternahm angesichts der galoppierenden Inflation 274 eine Münzreform, doch blieb ihr der Erfolg versagt. Die Provinzialprägung für den örtlichen Bedarf im Osten kam zum Erliegen. Prägten unter Septimius Severus noch etwa 250 Städte, so waren es unter Gallienus noch eben zehn. Bis 275 hielt sich Perge, Diocletian schloß die Münzstätte Alexandria.

Um den Fiskus gegen den Rücklauf des minderwertigen Geldes zu sichern, wurde das Steuerwesen zunehmend auf Naturalabgaben (*annona*) umgestellt. Aus Papyrusfunden wissen wir, daß die Löhne sich etwa ebenso vervielfacht haben wie die Preise. Insofern hat der Markt die Wirtschaft geschützt. Benachteiligt waren die Geldempfänger, d. h. die Zivilbeamten und die Grundbesitzer, die ihr Land verpachtet hatten. Beide Male handelt es sich um Angehörige des Stadtbürgertums, das ohnedies unter allen Plünderungen und Konfiskationen am stärksten zu leiden hatte. Mit jedem stürzenden Kaiser wurden auch dessen Günstlinge und Gefolgsleute enteignet, so daß in der Oberschicht ein Austausch stattfand.

Die allgemeine Bedrängnis begünstigte das, was Spengler die «zweite Religiosität» nannte. Damals breiteten sich insbesondere die orientalischen Erlösungsreligionen aus. 219 versetzte Elagabal während der Überführung des heiligen Steines von Emesa die Stadt Rom in einen religiösen Taumel. Severus Alexander richtete sich eine Hauskapelle ein, wo er angeblich auch Jesus verehrte. Nach der bei Euseb (HE. VI 34) überlieferten, von Hieronymus (chron. zu 245) und Orosius (VII 20,2) nachgesprochenen Legende soll Philippus Arabs der erste christliche Kaiser gewesen sein. Einen Anhalt dafür lieferten wohl die Briefe des alexandrinischen Kirchenvaters Origenes an ihn. Orosius begrüßte es, daß so die Tausendjahrfeier Roms 248 von einem «christlichen» Kaiser begangen werden konnte.

Als Decius 249 das zum Regierungsantritt übliche Kaiseropfer anordnete, das die Christen als Abgötterei verweigerten, kam es zur Christenverfolgung, zumal in den Großstädten Rom, Karthago und Alexandria. Im Unterschied zu den früheren, bloß örtlichen Verfolgungen war diese reichsweit angelegt, teilweise außerordentlich grausam und dauerte bis zum Tode des Kaisers. Auch Origenes hat unter ihr gelitten. Über den Vollzug des Opfers wurden Quittungen (*libelli libellaticorum*) ausgestellt, von denen sich unter den Papyri aus dem Fayyum zahlreiche Exemplare erhalten haben. 257 erließ Valerian wieder zwei Opfergebote, um die Loyalität der Bevölkerung zu sichern und die Gunst der Götter zurückzugewinnen, abermals gab es eine Christenverfolgung. Über sie berichten Dionysios von Alexandria und der karthagische Bischof und Kirchenvater Cyprian, der 258 selbst ihr Opfer wurde.

Nach der Gefangennahme seines Vaters 260 (s. o.) gestattete Gallienus den Bischöfen im ganzen Reich wieder den Gottesdienst und gab ihnen die Kirchen und Friedhöfe zurück. Damit behandelte er die Christen als rechtsfähige Körperschaft und akzeptierte ihren Glauben als *religio licita*. Aurelian bestätigte dies 272, als er auf Ersuchen der Christen von Antiochia den Streit um die dortige Kirche entschied. Die Christen blieben im ungestörten Eigentum ihrer Güter. Es folgt die für die Mission entscheidende Phase eines vierzigjährigen Kirchenfriedens. Der Philhellene Gallienus war befreundet mit Plotin, dem Begründer des Neuplatonismus. Dessen Absicht, eine Idealstadt Platonopolis zu errichten, scheiterte 268 mit dem gewaltsamen Tode des Kaisers.

Während der Neuplatonismus auf eine kleine Schicht von Gebildeten beschränkt blieb, erfreute sich die mit dem Mithraskult verbundene Sonnenverehrung großer Beliebtheit. Aurelian ließ dem *Sol Invictus* in Rom 274 einen großen Tempel bauen, dessen Reste unter der Kirche San Silvestro liegen. Der Sonnenkult zeigt durch seine orientalische Herkunft und durch seinen monotheistischen Zug eine innere Nähe zum Christentum; Constantius Chlorus und Constantin waren Sonnenverehrer, bevor die Entscheidung für das Christentum fiel (s. II 3). Aurelian weist auch darin auf die Dominatsepoche voraus, daß er den zeremoniellen Rang des Kaisertums erhöhte. Er ließ sich auf Inschriften den Titel *deus*, auf Münzen den Titel *dominus et deus* gefallen.

An den Tod des letzten Severers 235 knüpft Aurelius Victor (24,8 ff) die Betrachtung: fortan seien die Kaiser mehr darauf bedacht gewesen, gegen ihresgleichen zu kämpfen und die Römer zu berauben, als die Feinde abzuwehren. Gute und Schlechte, Vornehme und Gemeine, ja Barbaren seien an die Macht gekommen, so daß der *status Romanus* in den Abgrund gestürzt wurde. Diese moralisierende Innensicht muß ergänzt werden durch die Vorgänge im Barbaricum, wo in den Germanen und Persern dem Reich neue Bedrohungen heranwuchsen. Nicht zuletzt daraus sind die Kaiserwechsel und die Wirtschaftskrise, die Geldentwertung und die Christenverfolgung zu erklären.

Die Reichskrise der Soldatenkaiserzeit erreichte ihren Tiefpunkt unter Gallienus (260–268). Unter Claudius, Aurelian und Probus begannen sich die Verhältnisse langsam zu festigen. Im Hinblick auf die äußere Lage bildete das 3. Jahrhundert ein Vorspiel zur Völkerwanderung; die innere Situation lieferte die Voraussetzungen für die Reformen der Spätantike. Bevor dann der Sturm 376 endgültig losbrach, wurde das römische Gemeinwesen nochmals umfassend erneuert und in jene durch Christentum und Bürokratie geprägte Form gebracht, in der es für das romanisch-germanische und das byzantinisch-slawische Mittelalter bedeutsam wurde.

2. Diocletian und die Tetrarchie (284–305)

Kaiser Carus wurde bei seinem Feldzug gegen Persien im Sommer 283 vor der feindlichen Hauptstadt Ktesiphon vom Blitz erschlagen: *fulminis ictu conflagravit*. Das Heer erhob daraufhin seinen jüngeren Sohn Numerianus zum Nachfolger, doch fiel dieser auf dem Rückmarsch einem Mordanschlag zum Opfer, angeblich durch seinen Schwiegervater, den *praefectus praetorio* Aper.

Bei der Wahl des neuen Kaisers am 20. November 284 in Nikomedien ernannte der Rat der Offiziere jedoch nicht Aper, sondern Diocletian. Er stammte aus Dalmatien, mithin aus einer jener Donauprovinzen, die dem Reich während des 3. und 4. Jahrhunderts die wertvollsten Truppen stellten. Als Freigelassener oder Sohn eines unbekannten Schreibers hatte er sich im Heere hochgedient und kommandierte zuletzt eine Gardetruppe. Nach seiner Erhebung änderte er seinen Namen von Diocles in Gaius Aurelius Valerius Diocletianus.

Diocletians Sorge galt zunächst der Sicherung seiner Herrschaft. Im Angesicht der Heeresversammlung stach er Aper nieder, um Numerianus zu rächen und sich von dem gefährlichsten Mitbewerber um die Macht zu befreien. Carus hatte vor dem Zug gegen Persien seinen älteren Sohn Carinus als Caesar in Gallien zurückgelassen. Carinus mußte zunächst bei Verona den Gegenkaiser Sabinus Julianus niederwerfen, dann zog er Dio-

cletian mit Heeresmacht entgegen. Bei Margus in Moesien kam es im Juli
285 zum Kampf. Diocletian unterlag, aber Carinus wurde von seinen eigenen Offizieren umgebracht. Diocletian begnadigte die Soldaten des Carinus und beließ die Beamten im Dienst.

Angesichts der bedrohlichen Lage sowohl im Osten als auch in Gallien ernannte Diocletian am 13. Dezember 285 seinen Landsmann und
Waffengefährten Maximianus zum Caesar und nach einem Sieg über die
gallischen Bagauden (s. u.) am 1. April 286 zum Augustus, zum gleichberechtigten Mitkaiser für den Westteil des Reiches. Maximian übernahm die
Gentilnamen Diocletians und nannte sich fortan Marcus Aurelius Valerius Maximianus. Damit war er in die Kaiserfamilie eingetreten und wurde
von Diocletian als «Bruder» bezeichnet. Er stand Diocletian nur an *auctoritas* nach, insofern Diocletian der *auctor imperii* Maximians war und
zwei Konsulate voraushatte. Beide hatten das Recht zur Gesetzgebung. Der
Gedanke des regionalen Mehrkaisertums war keine Erfindung Diocletians
(s. II 1). Das Neue lag darin, einen nicht verwandten Offizier zum Kollegen zu ernennen. Diocletian hatte keinen Sohn, so mußte er die reale durch
eine fiktive Dynastie ersetzen. Die Angehörigen der Kaiser werden in offiziellen Dokumenten nicht genannt.

Die Unruhen an den Grenzen ließen auch die Zweizahl der Kaiser als
ungenügend erscheinen. Daher weitete Diocletian sie zur Viererherrschaft,
zur Tetrarchie aus: *ut duo sint in re publica maiores, qui summam rerum
teneant, item duo minores, qui sint adiumento.* Am 1. März 293 erhob Diocletian Galerius und Constantius (I Chlorus) zu untergeordneten Mitkaisern. Sie wurden adoptiert und so zugleich designierte Nachfolger. Der
Panegyriker von 298 (IX 15,2) spricht von *Imperatores et Caesares.* Die beiden neuen Caesaren waren ebenfalls illyrische Soldaten einfacher Herkunft.
Ihre Väter kennen wir ebensowenig wie die von Diocletian und Maximian.
Galerius hatte in unbekannten Stellungen unter Aurelian und Probus
gedient, Constantius stammte von der unteren Donau, aus Thrakien beziehungsweise Moesien, er war zuvor *protector, tribunus, praeses Dalmatiarum*
und wahrscheinlich *praefectus praetorio.* Er hatte sich durch einen Sieg über
die Rheingermanen ausgezeichnet und war vermutlich schon seit 289 mit
Theodora, der Stieftochter des Maximianus, verheiratet. Die vollen Namen
der Caesaren lauteten nun: Gaius Galerius Valerius Maximianus und Gaius
(oder Marcus) Flavius Valerius Constantius. Sie trugen den Titel *nobilissimus Caesar.* Galerius mußte seine Frau verstoßen und erhielt Valeria, die
Tochter Diocletians, zur Gemahlin. Das Kaiserkollegium wurde als Einheit
gesehen. Offizielle Dokumente tragen alle vier Namen, und auch wo nur
einer gemeint sein kann, werden die anderen mitgenannt.

Das ganze System empfing seine höhere Weihe schon bei der Erhebung
durch die Zuordnung von Schutzgottheiten: Diocletian erwählte sich Juppiter und nahm den Beinamen Jovius an, Maximianus erhielt Hercules

als Patron und nannte sich Herculius. Galerius und Constantius wurden den Göttern ihrer Oberkaiser unterstellt, daneben erscheinen Mars und Sol auf Münzen und Inschriften der Tetrarchen. Constantius verehrte den in seiner thrakischen Heimat populären Sonnengott, dem auch Constantin zunächst zugetan war.

Diocletian wirkte zumeist im Osten. In Nikomedien (Ismid) errichtete er sich eine Residenz mit Basiliken, Zirkus, Münzstätte, Waffenfabrik und Häusern für Frau und Tochter – er wollte die Stadt «Rom gleichmachen». Galerius stand in Illyricum, erscheint aber auch an der Perserfront und in Ägypten. Er hielt Hof seit 298 in Sirmium und in Thessalonike, wo er einen Palast, eine Rennbahn, einen «Triumphbogen» und sein Mausoleum, die heutige Kirche Haghios Georgios errichten ließ. Maximianus bekam Italien bis zur oberen Donau, Raetien, Spanien und Africa, er residierte in Mailand, Lyon und Aquileia. Die Wahl Mailands war insofern vorgeprägt, als hier eine Münzstätte bestand und bereits Gallienus hier das neugeschaffene Reiterheer stationiert hatte. Dem Caesar Constantius wurden Gallien und Britannien übertragen. Residenzen waren Trier und York. Die Aufteilung ist elastisch gehandhabt worden, grundsätzlich unterstand jedem Augustus eine ganze Reichshälfte.

Infolge dieser Umstrukturierung verlor Rom seine alte Stellung als Verwaltungszentrum. Dies trug der Verlagerung der Brennpunkte Rechnung. Immerhin wahrte die Stadt ihren alten Ehrenrang; hier wurden große Staatsfeste begangen, so der mauretanische Triumph Maximians 298 oder 299 und die Vicennalien Diocletians 303 (s. u.). Das Volk behielt seine Spiele und Lebensmittelspenden, und die staatliche Bautätigkeit ging weiter (s. III 4 a). Lactanz (MP. 7,8) bezichtigt Diocletian einer unbegrenzten Bauwut (*infinita cupiditas aedificandi*), und tatsächlich gehört er mit Augustus, Trajan, Hadrian und Justinian zu den bedeutendsten Bauherren unter den römischen Kaisern. Außer Rom und Nikomedien verschönerte er Alexandria. Dort ließ er Thermen bauen. Daneben stehen seine umfangreichen Befestigungen, namentlich an Rhein, Donau und an der Ostfront. Diocletians großartigste Bauschöpfung ist indessen sein kastellartiger Alterspalast Aspalathos-Spalatum (Split) bei Salona. Er steht an der Stelle einer älteren, den dortigen warmen Quellen gewidmeten Anlage und zählt neben den Basiliken und Thermen der Hauptstädte zu den höchsten Architekturleistungen der Spätantike.

Die Befugnisse der vier Kaiser waren im wesentlichen gleich. Sie umfaßten das oberste Heereskommando, die Finanzhoheit, das Recht der Beamtenernennung und die höchste Rechtsprechung usw. Die Ernennung der Konsuln blieb bei Diocletian, Reskripte erteilte ebenfalls Maximian, schon als Caesar. Das *ius respondendi* der Caesaren in der vollendeten Tetrarchie ist nicht ganz klar. Jeder Tetrarch, so scheint es, hatte seinen eigenen *praefectus praetorio*. Die Kaiser haben sich bisweilen getroffen, um gemeinsame

Probleme zu besprechen und Staatsfeste zu begehen, so 288 vermutlich in Raetien, 291 im «Herzen Italiens», wohl in Mailand, und bei den Vicennalien Diocletians am 20. November 303 in Rom.

Zur Sicherung ihrer Herrschaft mußten die Tetrarchen gegen äußere wie gegen innere Feinde langwierige Kriege führen. Die Situation in Gallien hatte sich verschärft, nachdem Carinus mit den gallischen Truppen gegen Diocletian nach Illyricum gezogen war. Große Banden entlaufener Soldaten und verarmter Bauern verheerten das Land. Sie wurden mit dem keltischen Wort «Bagauden» (*Bagaudae, Bacaudae*) bezeichnet, was soviel wie «Kämpfer» oder «Räuber» bedeutet (s. III 2 d). Sie standen unter der Führung von Aelianus und Amandus. Letzterer prägte Münzen mit der gewöhnlichen Kaisertitulatur. Es handelt sich mithin um einen Usurpator. Anfang 286 wurden die Empörer von Maximianus ohne große Mühe besiegt, doch ist das Bagaudenproblem im 5. Jahrhundert erneut aufgetaucht, diesmal in Spanien.

Eine ernstere Gefahr bildeten die Germanen. Fränkische und sächsische Seeräuber suchten Britannien heim. Die Sachsen (*Saxones*) erscheinen damals zum ersten Mal in den spätantiken Quellen. Sie begegnen uns noch nicht bei Tacitus, wohl aber um 150 n. Chr. bei Claudius Ptolemaeus (II 11,11) an der kimbrischen Halbinsel, d. h. in Holstein. Wenn sie 285 und sonst mit den Franken gemeinsam auftreten, sind sie wohl deren Nachbarn gewesen, hatten mithin die später ihnen zugerechneten Chauken schon damals inkorporiert. Auch weitere Altstämme gehören in der Spätantike zu den Sachsen, so daß wir hier eine Vereinigung ähnlich den Alamannen und Franken vorfinden. Den Namen der Sachsen deutete schon Justus Möser 1768 als die «Ansässigen». Das Kurzschwert Sax heißt nach ihnen, nicht umgekehrt. Der Name Saxonia wurde im 4. Jahrhundert auf das gesamte Gebiet ihrer Seeherrschaft bis auf die «Insel Thule» ausgedehnt.

Die Abwehr der germanischen Piraten übertrug Maximian dem menapischen Seemann Marcus Aurelius Mausaeus Carausius. Er vertrieb die Barbaren, wurde jedoch beschuldigt, die Beute für sich behalten zu haben. Als Maximian ihn zur Rechenschaft ziehen wollte, ließ sich Carausius Ende 286 zum Augustus ausrufen und behauptete bis 293 Britannien und den gallischen Brückenkopf Gesoriacum-Bononia (Boulogne). Dann wurde er von seinem Finanzminister (*rationalis summae rei*) Allectus beseitigt, der sich ebenfalls zum Augustus aufwarf. 296 unterlag dieser dem *praefectus praetorio* des Constantius. Der Caesar kam selbst nach Britannien, ließ Verulamium (St. Albans) wieder aufbauen und schützte die Insel gegen die Einfälle der Picten und Scoten. Damit war diese Insurrektion niedergeworfen. Beide Kanalküsten wurden durch Kastelle gesichert.

Im Bereich des Niederrheins dehnten sich die Franken aus, am 1. Januar 287 störten sie die Feier des Konsulatsantritts Maximians in Trier, wurden danach jedoch geschlagen. 294 unterwarf Constantius das von Franken und Friesen besetzte Bataverland. 295 erneuerte er den Marstempel in Bonn und die Kastelle an Rhein und oberer Donau. Der Frankenkönig Gennobaudes schloß um 288 Frieden, fränkische Wehrbauern (*laeti*) erhielten Wohnsitze an der Mosel und im Raume des späteren Burgund. Die Straße von Köln nach Boulogne wurde durch eine Kastellkette zur Militärgrenze ausgebaut. Das Kommando über den Rheinlimes erhielt ein neugeschaffener *dux*.

Im ehemaligen Decumatland hatten sich nach dem Fall des Limes die Alamannen festgesetzt und beunruhigten von hier aus, 288 gemeinsam mit den Burgunden, ihren östlichen Nachbarn, die gallisch-raetischen Provinzen. Gegen sie gingen Maximian und Diocletian gemeinsam vor. Angeblich wurden sogar die Donauquellen wieder römisch. Dem Schutz des Mittelrheins diente die neue Brücke bei Mainz. Das innere Gallien war jedoch in keiner Weise gesichert. 298 entkam Constantius nur knapp einem Überfall der Alamannen bei Lingonae-Langres, die Stadttore waren bereits geschlossen, und er mußte am Seil die Mauer hochgezogen werden. Er vermochte die Eindringlinge jedoch zu besiegen und brachte ihnen bei Vindonissa (Windisch) eine weitere Niederlage bei. Gegen die anhaltenden Angriffe der Germanen wurde der Oberrhein bis zum Bodensee durch eine Kette von Kastellen gesichert, vermutlich sind damals auch Kaiseraugst und Konstanz am Bodensee gegründet worden. Östlich anschließend entstand der strategisch ungünstige Iller-Donau-Limes. An ihm, am Rhein bis zur Nordsee und im Hinterland sicherten über hundert Kastelle die Provinzen.

Im Gebiet der mittleren Donau hören wir von Kriegen Diocletians gegen die Sarmaten (292), des Galerius gegen Sarmaten und Jazygen (294), gegen Goten, Marcomannen, Bastarnen und Carpen (295), die in Pannonien und Moesien Land erhielten. 303 übernahm er zudem ein ungenanntes, von den Goten vertriebenes Volk auf römischen Boden, aus dem sich später Maximinus Daia eine Leibwache zusammenstellte. Nach dem Zeugnis Eusebs wurden den Goten Stillhaltegelder gezahlt.

Die Lage an der persischen Front entspannte sich bei Diocletians Regierungsantritt durch einen Zwist im sassanidischen Königshaus. Varanes (Bahram) II konnte den Tod des Carus nicht ausnutzen, weil sein Bruder Hormisdas von ihm abgefallen war. 288 kam es zum Friedensschluß, der Perserkönig bestätigte die Euphratgrenze und sandte Diocletian seltene Tiere für seine Zirkusspiele. 290 mußte Diocletian einen Sarazeneneinfall abwehren. Wie am Rhein, so wurden auch an Donau und Euphrat die Kastelle verstärkt.

Als 293 Narses König von Persien geworden war, besetzte er Armenien und brachte dem «neuen Alexander» Galerius 296 bei Carrhae eine Niederlage bei. Dem gemeinsamen Angriff von Galerius und Diocletian 297 waren die Perser jedoch nicht gewachsen. Nach dem römischen Sieg, bei dem der persische Harem den Römern in die Hände fiel, kam es 298 zu einem Frieden, der beinahe vierzig Jahre gehalten hat. Die Grenze wurde über den oberen Tigris hinausgeschoben, die Stadt Nisibis (Nusaybin) geriet abermals unter die Herrschaft Roms. Sie wurde zum Handelsplatz zwischen den beiden Völkern bestimmt. Nisibis war 114 von Trajan und 162 von Lucius Verus gewonnen worden, hatte von Severus den Ehrennamen «Septimia» erhalten und war nach kurzen Zeiten der Perserherrschaft 243 von Gordian III und 262 von Odainathos für das Reich gesichert worden. Das Verhältnis zwischen Römern und Persern wurde stets überschattet vom beiderseitigen Interesse an Armenien. Keine der beiden Großmächte war stark genug, ganz Armenien zu gewinnen, und die Armenier selbst waren zu schwach, um sich zwischen den Blöcken als selbständiger Staat dauerhaft zu behaupten. Das Land blieb ein Pufferstaat, mal geteilt und mal vereinigt, bald stärker der einen, bald stärker der anderen Seite verpflichtet.

Armenien wurde regiert von einem Zweig der arsakidischen Dynastie, des parthischen Königshauses, das bis zu dessen Sturz durch die Sassaniden 226 in Persien geherrscht hatte und sich in Armenien behaupten konnte. Die armenischen Arsakiden betrachteten die Sassaniden darum stets als Usurpatoren. Als Sapor I um 253 Armenien angriff, soll der König Tiridates III zu den Römern entkommen sein und unter Kaiser Probus im Gotenkrieg gedient haben. Angeblich wurde er durch Diocletian um 290 auf den väterlichen Thron zurückgeführt. Verläßlich überliefert ist die Einsetzung von Tiridates (IV!) durch Diocletian 298. Im anschließenden Frieden (s. o.) mußte Narses Armenien und Iberien, das westliche Georgien, als römische Klientelstaaten anerkennen.

Nach armenischer Legende bekannte sich Tiridates bereits um 285 zum Christentum, wahrscheinlicher ist seine Bekehrung durch Gregor den Erleuchter um 315. Christen gab es in Armenien schon um 260. Die Mission ging aus von Melitene, Caesarea und Edessa. Sie erfaßte zunächst den Adel, auf dem Lande haben sich heidnische Bräuche lange gehalten. Die Kirchensprache war hier wie überall anfangs griechisch (oder syrisch), doch predigte Gregor armenisch. Gregor stammte wahrscheinlich aus der arsakidischen Königsfamilie, mußte vor den Persern nach Caesarea in Kappadokien fliehen und bekehrte sich dort zum neuen Glauben. Er richtete zwölf Bistümer ein, sein eigenes Amt als Katholikos blieb in seiner Familie bis 428 erblich. Der Katholikos, der jeweils in Caesarea geweiht wurde, hatte auch eine politische Funktion, er vertrat den König. Das Bischofsamt ging öfter vom Vater auf den Sohn über. Armenische Bischöfe waren 325 in Nicaea vertreten und übernahmen das dort beschlossene Bekenntnis.

Gefährliche Unruhen bedrohten Ägypten. Nachdem schon 293/294 die aufständischen Städte Busiris und Koptos hatten niedergeworfen werden müssen, erhoben sich 296 Domitius Domitianus und Achilleus. Diocletian erschien abermals und eroberte 297 Alexandria. Er baute den Ammon-Tempel von Luxor zur Festung aus und siedelte um Elephantine reichsfremde Nobaten an mit dem Auftrag des Grenzschutzes. Sie erhielten, ebenso wie die Barbaren außerhalb, Jahrgelder. 302 erschien Diocletian von Syrien aus ein drittes Mal in Alexandria, wo ihm auf dem Gelände des Serapeums die heute noch stehende 27 m hohe Porphyrsäule errichtet wurde. Im Mittelalter hielt man sie für das Grabmal des Pompeius. Wohl damals erließ Diocletian das dort ausgestellte Manichäerverbot (s. u.). Vielleicht gehört in denselben Zusammenhang der Befehl Diocletians, die alten Bücher, in denen die Gold- und Silberchemie gelehrt werde, zu verbrennen, weil die Ägypter darauf ihre Widerstandshoffnungen gründen konnten. In der arabischen Zeit gelangten diese Texte in den Westen und begründeten die Goldmacherei der europäischen Alchimisten.

Kämpfe gab es schließlich auch in Africa. Der Statthalter Mauretaniens Aurelius Litua mußte um 290 gegen mehrere Stämme streiten, darunter die Quinquegentanei, die um 297 gleichzeitig mit einem weiteren Gegenkaiser namens Julianus Rom zu schaffen machten. Ob sich der Usurpator auf die Stämme stützte oder aber zu deren Abwehr erhoben worden war, ist ungewiß. Maximian erschien persönlich, warf die Gegner 297/298 nieder, verstärkte die Limesanlagen und schmückte Karthago nebst anderen Städten mit Bauwerken. Um die Jahrhundertwende war der Frieden allenthalben hergestellt.

Ebenso umfassend wie die äußere Sicherung waren die inneren Reformen Diocletians. An die Rückgewinnung Ägyptens knüpft Eutrop (IX 23) die Bemerkung: *ordinavit provide multa et disposuit, quae ad nostram aetatem manent* – «Er ordnete mit Blick in die Zukunft viele Dinge, die bis auf unsere Zeit Bestand haben.» Am stärksten wird die Umgestaltung des Hofzeremoniells hervorgehoben. Diocletian soll danach drei Neuerungen eingeführt haben: das gold- und edelsteinbestickte Seidengewand mit den edelsteingeschmückten Schuhen, den Fußfall vor dem Kaiser (προσκύνησις, *adoratio*) und die Anrede als Herr und Gott (*dominus et deus*). Als Vorbild habe Diocletian die Hofetikette des persischen Großkönigs gedient. Möglicherweise geht auf ihn auch der Thron als Herrschaftssymbol zurück, der bislang den Göttern vorbehalten war. Diese Reformen liegen der verbreiteten Auffassung zugrunde, Diocletian habe den bürgerlich-senatorischen Principat in ein asiatisches Sultanat, eine orientalische Despotie verwandelt. Tatsächlich hat Diocletian nur längst zuvor nachweisbare Elemente institutionalisiert (s. III 1 a), so den Titel δεσπότης für *dominus* statt κύριος zuvor. Diocletian hatte nicht mehr Befugnisse als Marc Aurel oder Domitian. Er benötigte auch nicht mehr.

Eine konservative Tendenz wird in den Gesetzen Diocletians erkennbar. Sie dienten zumeist der Bekämpfung von Mißständen im Reich. Die spätrömische Gesetzgebung war überhaupt weniger initiativ als reaktiv. In der alten Spannung zwischen dem römischen Reichsrecht und den lokalen Volksrechten hat Diocletian zum letzten Male einheitlich klassizistisches Recht vertreten. Ein großer Teil seiner ungewöhnlich zahlreichen Gesetze – etwa 1300 – ist in der Form von Antwortschreiben an rechtsuchende Privatpersonen erhalten, darunter auch Frauen und Studenten, ausnahmsweise sogar Sklaven. Mit der 291 publizierten Sammlung von Kaisererlassen seit Hadrian durch Gregorius, fortgeführt mit den Reskripten von 293 und 294 durch Hermogenianus, beginnt die spätantike Rechtskodifikation.

Von bleibender Bedeutung waren die Reformen im Staatsrecht. Die Datierung der Maßnahmen ist im einzelnen umstritten, es scheint aber doch, daß sie in der Mehrzahl der Zeit Diocletians angehörten. Er hat in der Zentralverwaltung *scrinia* eingerichtet, Spezialabteilungen für einzelne Sachbereiche. Die römischen Kaiser hatten seit Claudius derartige Ressortminister, doch hat ihnen erst Diocletian ein institutionelles Gefüge verliehen. Wir finden hinfort *scrinia* für das Geld, nach Metallsorten aufgegliedert, für Eingaben und Gesuche, für das Archivwesen, etc. Die Kanzlei *ab epistulis* formulierte die kaiserlichen Erlasse.

Die Provinzialverwaltung wurde gleichfalls neu organisiert. «Er schnitt die Provinzen in Stücke, zahlreiche Statthalter und Ämter belasteten die Regionen» heißt es bei Lactanz (MP. 7,4). Diocletian strebte offenbar eine verbesserte administrative und fiskalische Erfassung durch eine differenzierte und engmaschige bürokratische Hierarchie an. Die etwa 50 überkommenen Provinzen wurden geteilt; der zu Beginn des 4. Jahrhunderts abgefaßte ‹Laterculus Veronensis› verzeichnet 95 Provinzen. Im weiteren Verlauf der Spätantike stieg ihre Zahl auf 120. Die gelegentlich vertretene Ansicht, Diocletian habe mit der Verkleinerung der Provinzen die Usurpation von Statthaltern erschweren wollen, ist deswegen unwahrscheinlich, weil man zu diesem Zweck die Heereskommanden hätte teilen müssen. Dies geschah nicht. Zwischen den Provinzen und Präfekturen erscheinen im ‹Laterculus Veronensis› als neue Einheiten zwölf Diözesen, die jeweils unter einem ritterlichen *vicarius* als Stellvertreter des *praefectus praetorio* standen. Die kleinste Einheit bildeten weiterhin die Städte, die *civitates* mit ihrer Selbstverwaltung.

Die seit Augustus bestehenden Unterschiede im Rechtsstand der Provinzen hatten sich in der Reichskrise abgeschliffen und wurden nun weitgehend aufgehoben. Man kann es als Gleichschaltung auffassen, wenn Italien das *ius Italicum,* sein Privileg der Grundsteuerfreiheit verlor und aufgeteilt wurde in die südliche *Italia suburbicaria,* von deren Abgaben die Stadt Rom zehrte, und die nördliche *Italia annonaria,* die, wie üblich, die *annona* (s. u.) leistete. Auch Ägypten verlor seinen Sonderstatus. Dort wurde nun die Konsuldatierung eingeführt. Die auf ein Siebtel reduzierte Provinz Asia und vielleicht Achaia standen weiterhin unter senatorischen Prokonsuln, die übrigen Provinzen unter *praesides*. Die alte Zweiteilung von ritterlicher und senatorischer Laufbahn verschwand, insofern die Senatoren kaum noch eine Rolle in der Verwaltung spielten. Zivildienst und Militärdienst wurden getrennt, von Krisenzonen wie Isauria und Mauretania Caesariensis abgesehen. Eine beträchtliche Vermehrung der Soldaten ist anzunehmen, der Kaiser mußte Aushebungen durchführen und in verstärktem Maße Barbaren berücksichtigen. Die *duces* ersetzten die alten *legati Augusti pro praetore*. Sie befehligten die Truppen größerer Grenzabschnitte. Diocletian hatte auch bereits ein kleines bewegliches «Begleitheer» (*comitatus*) geschaffen und die Garde der in *scholae* dienenden *protectores* ausgebaut (s. III 1 d).

Um der Münzverschlechterung und der Inflation Herr zu werden, führte Diocletian 294 eine Finanzreform durch. Der Sesterz, der gegen Ende des 3. Jahrhunderts außer Kurs gekommen war, wurde nicht weitergeprägt. Denare waren zuletzt unter Gallienus geschlagen worden, sie begegnen fortan nur noch als *denarii communes,* d. h. als abstrakte Rechnungseinheiten, so im Maximaltarif (s. u.). Der von Caracalla eingeführte «Antoninian» war zur Kupfermünze entwertet worden. Die im Osten üblichen Provinzialprägungen waren ganz heruntergekommen (s. II 1). 297 prägte nur noch Alexandria seine verkümmerten Tetradrachmen. Diocletian schaffte sie ab, und so gab es fortan nur noch eine einheitliche Reichsprägung.

Die wichtigste neue Kupfermünze war der Follis, gemeint ist damit ursprünglich ein gesiegelter «Beutel» voller Münzen. Diocletians Silber- und Goldprägungen schwankten in ihrem Wertverhältnis untereinander und zur Bronze, das Problem der Paritäten ist in der Spätantike nicht gelöst worden. Immerhin schuf Diocletians Währungsreform die Grundlage für eine Erneuerung der Geldwirtschaft, die seit Constantin auf dem Goldstandard beruhte.

Wie das Finanzwesen, so wurde auch das Steuersystem reformiert. Die wichtigste Steuer war die *annona,* eine jährlich von den Grundbesitzern, d. h. vor allem von den Curialen, zu leistende Naturalabgabe. Sie wurde ebenso von kaiserlichem Boden erhoben. Die *annona* diente der Versorgung des Heeres und unterstand dem *praefectus praetorio.* Nach der Form der Veranlagung heißt die *annona* auch *capitatio-iugatio.* Seit 297 erfaßten die Steuerlisten nicht nur den Boden, sondern ebenso die Menschen. Senatoren zahlten dazu die *collatio glebalis* und als außerordentliche Klassensteuer das *aurum oblaticum.*

Diocletian hat versucht, die Leistungen der Bürger durch Kontrollsysteme, Kollektivhaftung und Strafgesetze sicherzustellen. Möglicherweise beginnt schon unter ihm die Regelung, daß Bauern, die mit ihren Abgaben im Rückstand waren, die Scholle nicht verlassen durften. Daraus resultiert später die Bodenbindung für größere Teile der Bauernschaft (s. III 3a) und die Zwangsinnung für Bäcker, Schiffer und andere Berufe in den Großstädten. Die Zahl der Staatsbetriebe wuchs. Außer den Münzstätten, Legionsziegeleien, kaiserlichen Steinbrüchen und Bergwerken entstanden nun auch staatliche Waffen- und Textilfabriken, *fabricae* (s. III 3 b). Die Waffenarbeiter waren ihrem Status nach Soldaten, die Textilarbeiter Staatssklaven, überwiegend Frauen. Insgesamt zeigt die Wirtschaft unter Diocletian etatistische Züge. Sie sind aus der Notlage zu erklären.

Die bekannteste ökonomische Maßnahme Diocletians ist sein Ende 301 verfügter Maximaltarif. Lactanz (MP. 7,6 f) überliefert, daß der Kaiser eine *lex (de) pretiis rerum venalium* erlassen und Übertreter mit dem Tode bestraft habe. Die Folge sei gewesen, daß die Waren aus dem Angebot verschwanden. Wir kennen den Text aus Inschriften. Etwa 140 bisweilen umfangreiche Fragmente aus über vierzig Städten des Ostens erlauben, den Text weitgehend wiederherzustellen. Es handelt sich um ein *edictum ad provinciales* im Namen aller vier Kaiser. Der Text beginnt mit einer langen Titulatur, es folgt ein Vorspruch, in dem die Kaiser ihre Fürsorge für Volk und Heer betonen. Dann kommt, griechisch und lateinisch, eine Liste von Preisangaben. Die Grobgliederung entspricht der Rangordnung unter den Arbeiten, wie sie schon Cicero (off. I 150 ff) vertrat: Am vornehmsten ist die Landwirtschaft, es folgt das weniger angesehene Gewerbe und danach kommt der Handel, einschließlich der Seefrachten. Auch Dienstleistungen und Löhne sind verzeichnet, u. a. für Landarbeiter, Textilarbeiter und Lehrer. Insgesamt liefert uns der Text etwa 1400 Preise und damit wertvolle Aufschlüsse über das Angebot und die Relationen zwischen den Kosten von Waren und Diensten.

Über den Sinn des Ediktes äußert sich Diocletian in der Präambel. Er will Volk und Heer vor Preistreibern und Wucherern schützen. Es ist früh erkannt worden, daß die Preissteigerungen weniger auf die Profitgier der Händler und Erzeuger als auf die Vermehrung des umlaufenden Geldes durch den Staat selbst zurückzuführen sind. Ein Papyrus besagt, daß zum 1. September 301 die Paritäten gesetzlich geändert würden. Der Nominalwert des Silbers und Goldes wurde gegenüber dem Rechnungsdenar und gegenüber den kupfernen Folles, auf denen die Wirtschaft beruhte, bis aufs Doppelte (so beim Silber) heraufgesetzt. Das Verhältnis Gold zu Silber zu Bronze war nun 1:12:720. Es handelte sich also um eine bloß nominelle Vermehrung der Geldmenge. Dies mußte dazu führen, daß die Besitzer von Edelmetall plötzlich über eine erhöhte Kaufkraft verfügten, und demzufolge war in der Umgebung der Militärlager und der Residenzen, wo Edelmetall in Umlauf kam, mit Preissteigerungen zu rechnen. Dies sollte der Maximaltarif verhindern. Daß er völlig gescheitert sei, wie Lactanz behauptet, ist wohl übertrieben, obwohl er natürlich im Prinzip nicht gelingen konnte, weil eine Kontrolle der Preise eine undurchführbare Kontrolle der Produktion und des Konsums voraussetzt. Regionale Preisbindung hat es auch später noch gegeben.

Diocletians Preisedikt wird zuweilen als Beleg für eine absolutistisch-totalitäre Tendenz in seiner Politik angeführt, und dies gilt erst recht für seine großangelegte Christenverfolgung. Lactanz (MP. 10 ff) und Euseb (HE. VIII) haben als gut informierte Zeitgenossen, wenn auch nicht unparteiisch, darüber berichtet. Seit 260 durch Gallienus offiziell geduldet, hatte sich der neue Glaube zumal im Osten verbreitet. Es gab Christen in allen Schichten, auch am Hof, im Heer, sogar unter den Provinzialstatthaltern, durch kaiserliches Privileg vom Opfer entbunden, und allenthalben entstanden Bethäuser. Doch erhob sich Zwist unter den Gläubigen, und ihn strafte Gott gemäß Euseb durch die neue Verfolgung. Den Anstoß soll ein Staatsopfer im Orient, vielleicht 299 in Antiochia, gegeben haben, bei dem christliche Soldaten das Kreuzeszeichen auf ihre Stirn gemalt hätten. Das war nach römischem Recht ein strafbarer Fall von Zauberei (s. III 6 e). Diocletian hätte daraufhin alle Palastangehörigen zum Opfern gezwungen und die widerstrebenden aus dem Dienst entlassen. Wenig später sei die Mutter des Galerius beim Opfer von Christen belästigt worden, habe dann ihren Sohn aufgestachelt, und dieser habe den alten Kaiser zum Durchgreifen überredet. Zuvor freilich suchte Diocletian Rückendeckung bei der Curie von Nikomedien und ließ das Orakel des milesischen Apollon in Didyma befragen.

Am Terminalienfest, dem alten Jahresschluß am 23. Februar 303 erschien das erste von insgesamt vier Edikten, mit denen die Christen zum Glauben der Väter zurückgeführt werden sollten. Angesichts der Bereitschaft zahlreicher Christen zum Martyrium befahl Diocletian, es düfe kein Blut fließen. Die große, in der Nähe des Palastes stehende Kirche in Nikomedien wurde zerstört, Schrifttum verbrannt. Einzelne Widerstandsaktionen, ein zweimaliger, den Christen angelasteter Palastbrand und Usurpationsversuche in Melitene und Syrien führten zur Verschärfung der Maßnahmen. Ein allgemeines Opfergebot erging, selbst Frau und Tochter des Kaisers mußten opfern.

Auch in den Westen gelangten die Verfolgungsedikte. Maximian soll in Italien und Africa harte Prozesse geführt haben; Constantius in Gallien begnügte sich hingegen damit, die Zerstörung von Kirchen zuzulassen. Die meisten Toten hat es offenbar in Ägypten gegeben. Im Osten hat Diocletians Rücktritt die Verfolgung nicht beendet, hier ist sie erst durch das Toleranzedikt des Galerius von 311 wenigstens offiziell abgebrochen worden.

Die Motivation der Verfolgung wurzelt im religiösen Denken Diocletians. In über vierzigjährigem Religionsfrieden hatte sich der neue Glaube weithin ausgebreitet, auch unter den Soldaten, die das Waffenwerk offenbar nicht für unvereinbar mit dem Christentum erachteten. Wir hören zwar von demonstrativen Waffenniederlegungen christlicher Offiziere, aber das waren individuelle Fälle, die individuell geahndet wurden. Daß Diocletian den überlieferten Kult persönlich ernst nahm und für das Reichswohl nötig erachtete, wissen wir aus heidnischen Quellen, von christlichen Autoren

und durch die Selbstzeugnisse des Kaisers: Er hat sich und seine Mitherrscher dem Schutz des Göttervaters anvertraut, wie sein Beiname bezeugt.
Diocletian beruft sich auf die alten Götter in seinen Inschriften, Münzbil-
dern und in seinen Gesetzestexten. Er dankte ab unter einer Juppitersäule
und errichtete sich in seinem Alterspalast, genau gegenüber seinem Mausoleum, einen Juppitertempel. Ein ebensolcher stand auch im Galeriuspa-
last Romulianum, zudem gab es eine Heraklesstatue. Die Verbindung von
Grab- und Kultraum in Spalato war neu und weist voraus auf die christliche Verbindung von Mausoleum und Kirche. Fraglos authentisch ist die
bei Suidas (Delta 1156) überlieferte Ansicht Diocletians, das Christentum
sei dem Römerstaat wesensfremd.

Aufschlüsse liefert außerdem das Ehegesetz von 295. Darin begründet
Diocletian das Inzestverbot mit dem gottgefälligen Herkommen, das die
Kaiser schützen müßten, um dem Reich den Segen des Himmels zu erhal-
ten. Der Herrscher empfindet sich als Mittler zwischen Göttern und Menschen. Ähnlich steht es im Manichäerverbot von 297. Diocletian monierte
die Herkunft dieser Religion aus Persien, einem mit Rom verfeindeten
Lande – wo sie freilich auch verboten war –, und forderte die Römer auf,
bei ihren altbewährten Göttern zu bleiben und sich vor Unruhe stiftenden
Neuerungen zu hüten. Damit ist eine neue Stufe der Ablehnung erreicht.
Nero hatte die Christen als kriminelle Vereinigung verfolgt, er erklärte sie
für Brandstifter. Decius hatte die Christen aus politischen Gründen verdächtigt; wer opferte, durfte Christ bleiben. Diocletian fühlte sich im Interesse des Reiches als Hüter des echten Gottesdienstes, und damit stand er
Constantin und Theodosius näher als den Kaisern des Principats.

Epochale Bedeutung hat Diocletians Christenverfolgung insofern gewonnen, als die ägyptischen Christen die *aera Diocletiani*, später *aera martyrum*
genannt, beginnend mit dem 29. August 284, zur Jahreszählung verwendeten. Sie wurde von Kyrillos 437 für seine Ostertafeln übernommen und im
6. Jahrhundert von Dionysius Exiguus auf unsere christliche Zeitrechnung
umgestellt. In der koptischen Kirche ist die diocletianische «Gnaden-Ära»
bis in die Gegenwart gültig geblieben.

Die geistige Auseinandersetzung mit der neuen Religion ist für uns
kaum zu fassen, weil die Bücher der Heiden nahezu spurlos vernichtet worden sind. Der Kirchenvater Lactanz (inst. V 2–4), der ungeachtet seines
Glaubens von Diocletian als lateinischer Rhetor nach Nikomedien berufen worden war, spricht von zahlreichen Schriften gegen das Christentum,
kennzeichnet auch zwei Autoren, doch verschweigt er ihre Namen. Einer
von ihnen, vielleicht der *praeses Bithyniae* von 303 Hierocles, hat Apollonios von Tyana als eine Art Gegenchristus aufgestellt. Die Lebensbeschreibung dieses Gottesmannes durch Philostrat (um 200 n. Chr.) liest sich in
der Tat wie ein heidnisches Evangelium. Der bedeutendste Kopf der Gegenseite war der syrische Neuplatoniker Porphyrios (s. III 6 a).

Am 20. November 303 beging Diocletian sein zwanzigjähriges Regierungsjubiläum (*vicennalia*) gemeinsam mit Maximian durch einen Staatsbesuch in Rom. Im folgenden Jahre erkrankte Diocletian, und nach seiner Genesung legte er am 1. Mai 305 in einem Staatsakt bei Nikomedien sein Amt nieder, während zugleich Maximian, von Diocletian genötigt, in Mailand dem Purpur entsagte. Die Abdankung des Kaisers war keine spontane Reaktion angesichts seiner undurchführbaren Religionspolitik, wie Constantin und andere Christen behaupteten, sondern war Teil des diocletianischen Systems. Um die mit dem Herrscherwechsel allzuoft verbundenen Bürgerkriege zu vermeiden, erhoben die scheidenden Augusti ihre bisherigen Caesaren Galerius und Constantius Chlorus zu Augusti und stellten ihnen neue Caesaren zur Seite. Galerius erhielt als Juniorpartner seinen Schwestersohn Daia, nach der Adoption amtlich Galerius Valerius Maximinus, Constantius den bis dahin unbekannten Flavius Valerius Severus. Beide Caesaren waren wiederum Illyrier niederer Herkunft und hatten eine militärische Karriere durchlaufen. Daia war ursprünglich Hirte, hatte als *scutarius* gedient und war über den *protector* zum *tribunus* aufgestiegen, während Severus nur als Offizier und Freund des Galerius beschrieben wird. Rangältester Augustus wurde Constantius. Er behielt seinen gallischen Reichsteil. Severus bekam Italien mit Africa und Pannonien, Galerius Illyricum, Thrakien und Bithynien, während Daia den Orient übernahm. Dies war die zweite Tetrarchie.

Maximianus ging auf seine Güter nach Lukanien. Er hat 307 versucht, in die Politik zurückzukehren, doch ist ihm dies mißlungen (s. II 3). Diocletian nahm seinen alten Namen Diocles wieder an und begab sich in seinen gewaltigen, aber noch unfertigen Palast in Spalato. Die Absicht abzudanken geht mindestens zurück bis auf den Baubeginn des Palastes. Der Thronverzicht hat zu allen Zeiten Eindruck gemacht, und man erzählte, was er seinen Kollegen geantwortet haben soll, als sie ihn 308 auf der Kaiserkonferenz von Carnuntum zur Rückkehr ins Kaiseramt zu überreden versuchten: «Kommt nur nach Salona und bestaunt den Kohl, den ich dort eigenhändig züchte, dann werdet ihr mich mit einem solchen Ansinnen verschonen.» Er starb an einem 3. Dezember, wahrscheinlich 316, fand seine letzte Ruhe in dem Mausoleum, das er sich im Zentrum seines Palastes errichtet hatte, und wurde als einziger Privatmann unter die Götter erhoben.

Das Gesamturteil über die Tetrarchen ist bei den antiken Autoren durch deren religiöse Haltung geprägt. Die Kirchenväter stehen unter dem Eindruck der Christenverfolgung. Daher schneidet Constantius Chlorus am besten ab. Diocletian wird über Maximianus Herculius gestellt, während Galerius als der angebliche Anstifter der Verfolgung am ungünstigsten dasteht. Die altgläubigen Autoren entwerfen hingegen ein überwiegend positives Bild. Alle vier Kaiser erscheinen als tapfer, klug, gütig und einigermaßen großzügig. Sie hätten den Senat geehrt, das Volk geliebt, Maß und Würde gezeigt und die Religion geachtet. Vor allem wären sie – und das ist wirklich das Erstaunlichste – einmütigen Sinnes gewesen. Von Kompetenz-streitigkeiten, Gebietsproblemen und Alleinherrschaftsgelüsten hören wir nichts. Die *concordia* der Kaiser, wie die Porphyrgruppen in der Bibliothek des Vatikans und an der Marcuskirche zu Venedig und ebenso Münzen sie feiern, scheint tatsächlich bestanden zu haben, vornehmlich aufgrund des überragenden Ansehens Diocletians.

Die Quellenaussagen über Diocletians Charakter stehen bei kirchlichen Autoren unter dem Eindruck des Christenverbots. Sonst lauten sie über-wiegend positiv. Julian beschreibt in seiner Kaisersatire (315 AB), wie die Tetrarchen Hand in Hand vor Zeus treten, wie sich Diocletian weigert, einen Vorrang zu beanspruchen und die Götter sich wundern. In den genannten Porphyrgruppen der Tetrarchen ist nicht erkennbar, wer Dio-cletian, wer Maximian sein soll. Das Urteil Neuerer über Diocletian steht gewöhnlich im Kontrast zu dem über Constantin. Autoren, die Constantin hochschätzen, neigen zu einer Abwertung Diocletians. Er wird zu einem Reaktionär, der den Lauf der Geschichte vergeblich aufzuhalten versuchte und allenfalls Vorarbeiten für Constantin geleistet habe. Dagegen erscheint Diocletian positiv bei solchen Autoren, die Constantin abgeneigt sind. Von ihnen wird Diocletian als der wahre Erneuerer angesehen, und Constantin bleibt, vom Religionswechsel abgesehen, der Testamentsvollstrecker Dio-cletians.

Fraglos liegt über dem Werk Diocletians eine Tragik. Seine Maßnahmen scheinen teils von vornherein verfehlt, teils langfristig verhängnisvoll. Das Scheitern seiner Preisregulierung, seiner Christenverfolgung und seines tetrarchischen Systems hat er selbst noch erlebt. Die Ausgestaltung des Hofzeremoniells, die Bürokratisierung, die Berufsbindung, die Zulassung von Germanen zur Offizierskarriere und die Verlegung der Residenz wer-den vielfach unter die Faktoren gezählt, die den Niedergang des Reiches beschleunigt haben.

Dennoch sind all diese Maßnahmen aus der Situation heraus zu ver-stehen. Von einem Versagen der Tetrarchie können wir nur in begrenz-tem Sinne sprechen. Gewiß war es ein Irrtum zu meinen, man könne das dynastische Prinzip durch die Auswahl des «Besten» außer Kraft setzen. Zukunftweisend aber war das durch Diocletian begründete regionale Mehr-kaisertum. Es gab hinfort nur kurze Zwischenperioden, in denen das Reich bloß einen einzigen Kaiser besaß. Gewöhnlich regierten mehrere Augusti nebeneinander oder ein Augustus mit Caesaren aus derselben Familie.

Revolutionär war Diocletians Herrschaftsauffassung. Spengler (1923 I, 274) nannte ihn den «ersten Kalifen», denn er fand schon bei ihm jene spä-ter bei Christen wie Moslems selbstverständliche Idee, daß der Herrscher vom Himmel erhoben und diesem verantwortlich sei für das moralische und religiöse Leben seiner Leute. Dieses kosmische Pflichtgefühl spricht aus den Präambeln Diocletians zu seinem Preisedikt, seinem Ehe- und Manichäergesetz. Seine religiös motivierte Christenverfolgung nimmt die Überzeugung von Constantin und Theodosius vorweg, daß der Kaiser für den wahren Glauben zu sorgen habe. Die Erhöhung der Kaiserwürde diente nicht nur dem Schutz der obersten Gewalt, sondern entsprach auch einem Bedürfnis. Als Julian 362 wieder zivile, senatorische Traditionen und Umgangsformen einführte, wurde dies selbst von seinen Bewunderern als Herabsetzung der kaiserlichen Majestät mißbilligt. Von den christlichen Herrschern ist die Hoheit des Kaisers eher noch gesteigert worden. Ähnliches gilt für die Bürokratisierung. Sie diente einer notwendigen Festigung des Staatsganzen, dessen Zusammenhang sich schon bedenklich lockerte. Die Berufsbindung sollte die Versorgung einiger lebenswichtiger Bereiche sichern, die Verlagerung der Residenz gehorchte militärischen Erfordernissen, und diese bestimmten auch die fortschreitende Germanisierung des Heeres.

Schließlich ist die Regierungszeit Diocletians auch insofern epochal, als mit ihm und seinen Mitkaisern die genealogische Kontinuität des spätantiken Militäradels beginnt. Fast alle großen Heerführer und Herrscher der Folgezeit sind irgendwie miteinander verwandt oder verschwägert. Auch die germanischen Könige haben in dieses Netz eingeheiratet und stellen so die Verbindung zu den Dynastien des frühen Mittelalters her. Zur vorausgegangenen Kaiserzeit gibt es genealogische Verbindungen lediglich in einzelnen senatorischen Familien. Von keinem Herrscher der ersten Tetrarchie kennen wir den Vater. Galerius benannte seinen Alterspalast nach seiner Mutter Romula und erklärte, der Gott Mars habe ihn gezeugt.

Gibbon (ch. XIII) betrachtete Diocletian so wie Augustus als Gründer eines neuen Reiches. Mommsen (1992, 473) erklärte ihn 1886 aufgrund seiner «Neuschöpfung des aus den Fugen gegangenen Reiches» für ein «staatsmännisches Genie ersten Ranges», und ähnlich bezeichnete Finley (1968, 144) Diocletian als denjenigen, der das Römerreich gerettet und ihm, wenigstens im Osten, noch eine tausendjährige Dauer beschert habe, denn der erste byzantinische Kaiser sei eigentlich er gewesen.

3. Constantin der Große (306–337)

Der Abdankung Diocletians 305 folgten zwanzig Jahre Bürgerkrieg. Die von ihm eingerichtete zweite Tetrarchie mit Constantius Chlorus und Severus im Westen, Galerius und Maximinus Daia im Osten endete, als Constantius Chlorus bereits am 25. Juli 306 in Eboracum (York) starb. Noch am selben Tage riefen die Truppen unter der führenden Beteiligung des Alamannenkönigs Crocus den ältesten Sohn des Kaisers, Flavius Valerius Constantinus, zum Augustus aus.

Constantin war an einem 27. Februar, wahrscheinlich 272 in Naïssus geboren worden. Seine Mutter Helena war eine Stallmagd (*stabularia*) aus Bithynien und schwerlich jemals mit Constantius vermählt. Dies bezeugen selbst Kirchenväter wie Ambrosius, Hieronymus und Orosius, während die Panegyrik sie zur rechtmäßigen Gemahlin erhob. Wo sie blieb, als Constantius um 288 die Stieftochter Maximians Theodora heiratete, ist unbekannt. Um 326 finden wir Helena in der Nähe ihres Sohnes, der sie zum Christentum bekehrte und ihr für milde Werke und Kirchenbauten Geld zur Verfügung stellte. Aus dem Schweigen der Quellen ist zu schließen, daß sie nie getauft wurde. 325 ließ Constantin sie durch die Truppen zur Augusta ausrufen und Münzen mit ihrem Bilde prägen. Die Vermutung, daß die Muttersprache Helenas und Constantins das Griechische gewesen sei, wird durch die Quellen nicht bestätigt, denn der Kaiser bediente sich im Osten eines Übersetzers.

Constantin hatte als *tribunus primi ordinis* bei den Reitern des Galerius gedient und war von diesem nach dem Rücktritt Diocletians zu seinem Vater nach Britannien gesandt worden. Die Erhebung Constantins entsprach dem römischen Prinzip *exercitus facit imperatorem* und der gemeinantiken Auffassung von der dynastischen Erbfolge (s. III 1 a). Galerius indes sah darin eine Usurpation. Er bot einen Kompromiß an, er ließ Constantin als Caesar gelten – das bestätigen die Münzen –, während der bisherige Caesar, Severus, ordnungsgemäß für Constantius I zum Augustus für den Westen aufrückte. Dies war die dritte Tetrarchie.

Ihre Lebensdauer war aber noch kürzer als die der zweiten. Denn die dynastische Erbfolge setzte sich wie in Britannien so auch in Italien wieder durch. Diocletian hatte schon durch die Verlegung der Residenz die *Romani di Roma* verstimmt, und auch Galerius nahm keine Rücksicht auf die Würde Roms, das er nie besucht hat. Er verringerte die Prätorianerkohorten und plante die Abschaffung der römischen Steuerfreiheit. Daraufhin riefen die Prätorianer, der Senat unter dem Stadtpräfekten Anullinus und das Volk Ende Oktober 306 Maxentius zum Kaiser aus.

Marcus Aurelius Valerius Maxentius war der Sohn des Maximianus Herculius und der Syrerin Eutropia. Er hatte Valeria Maximilla, eine Tochter des Galerius und Enkelin Diocletians, zur Frau. Damit schien er nicht weniger gut legitimiert als Constantin. Maxentius verschaffte der Stadt Rom die letzten Jahre von einigem Glanz. Noch einmal kam es zu großen architektonischen Leistungen. Am eindruckvollsten ist die Maxentiusbasilika am Forum Romanum. Erhalten blieb nur der Nordteil, bestehend aus drei Querschiffen. Das Gewölbe des verlorenen Mittelschiffes hatte eine Höhe, die – nach Kähler – mit 48 m nur um 3 m unter der des Kölner Doms lag. Zeitgleich entstanden die sogenannte Romulus-Rotunde am Forum, vielleicht ein Penaten-Tempel, dessen originale Bronzetüren sich erhalten haben, und der Neubau des abgebrannten Tempels für Venus und Roma, den Hadrian einst entworfen hatte. An der Via Appia errichtete Maxentius für sich eine Villenanlage mit einem Zirkus und einem Mausoleum, in dem er seinen 309 verstorbenen Sohn Romulus beisetzen ließ. Die Vollendung des Baukomplexes hat Maxentius allerdings nicht mehr erlebt, doch ist er wohl gemeint, wenn der griechische Historiker Olympiodor (fr. 41 Bl.), der wahrscheinlich 425 Italien besuchte, von reichen Senatoren berichtet, die auf ihren Villen einen eigenen Hippodrom besäßen. Auf Maximian oder Maxentius geht möglicherweise auch die durch ihre Mosaiken berühmte Jagdvilla Filosofiana bei Piazza Armerina auf Sizilien zurück.

Galerius versagte Maxentius die Anerkennung und erklärte ihn zum Staatsfeind. Von Mailand aus zog Severus gegen Rom, doch mußte er noch vor dem ersten Zusammenstoß umkehren, da seine maurischen Truppen ihn verließen. Severus floh nach Ravenna, wo ihn Maximianus Herculius, der inzwischen auch wieder den Purpur genommen hatte, verhaften konnte. Severus wurde in Tres Tabernae erdrosselt.

Nun war Galerius zu fürchten. Um Constantin zu gewinnen, besuchte ihn Maximianus in Trier, der prächtig ausgebauten Hauptstadt Galliens. Constantin war nach seiner Erhebung unverzüglich nach Gallien übergesetzt, um den Reichsteil seines Vaters in Besitz zu nehmen. Er hatte den Christen, denen schon sein Vater zugetan war, wieder den seit Gallienus 260 und Aurelian 272 legitimen Gottesdienst in ihren Kirchen gestattet und sein Kaisertum durch Siege über die räuberischen Franken im Bataverland bestätigt. Er ließ ihre Könige Ascaricus und Merogaisus sowie zahlreiche Bructerer vermutlich in Trier den Zirkusbestien vorwerfen und verwüstete das Land rechts des Rheins. Die Gefangenen machte er teils zu Soldaten, teils zu Sklaven und schloß einen durch Geiseln gesicherten Frieden. Die Rheinflotte wurde verstärkt, die Kastellkette am römischen Ufer erneuert und eine Brücke von Köln nach Deutz gebaut.

Julian (287 A) deutet an, daß Constantin auch die Asche seines Vaters nach Trier mitgebracht habe. Schon Caracalla hatte die Gebeine seines Vaters Septimius Severus aus Eboracum mitgenommen und in Rom beigesetzt. Im Mittelalter stützte das Kloster Sankt Maximin seinen Anspruch gegenüber dem Symeons-Stift auf den (angeblichen?) Besitz des Grabes. In Trier gab Maximian – wie längst versprochen – Constantin Ende 307 seine Tochter Fausta zur Ehe und erhob ihn zum Augustus. Galerius erschien unterdessen selbst mit Heeresmacht vor Rom, mußte sich aber gleichfalls unverrichteter Dinge zurückziehen. Damit war die Stellung des Maxentius in Rom so gefestigt, daß der Vater neidisch wurde und wieder allein regieren wollte. Sein Versuch, seinem Sohn den Purpur zu entreißen, mißlang. Maximian begab sich abermals zu seinem Schwiegersohn Constantin nach Gallien, vermutlich im April 308.

Schon 307 war Diocletian gebeten worden, die Tetrarchie neu zu ordnen. Zwar weigerte er sich, selbst auf den Thron zurückzukehren, doch übernahm er für 308 nochmals das Konsulat – es war sein zehntes – und berief eine Kaiserkonferenz nach Carnuntum, der verkehrsgünstig gelegenen Hauptstadt von Pannonia Superior. Die von Lactanz und Zosimos bezeugte Zusammenkunft wird bestätigt durch eine in Carnuntum gefundene Inschrift für den «unbesiegten Sonnengott Mithras, den Schützer ihrer Herrschaft», gestiftet von den «allerfrömmsten Augusti und Caesares» unter dem Schutz von Juppiter und Hercules, die das Heiligtum (sacrarium) des Gottes wiederherstellen ließen. In Carnuntum bewog Diocletian seinen alten Kollegen Maximian erneut zur Abdankung. Dem Sohne Maxentius blieb jede Anerkennung versagt, und Constantin sollte sich weiterhin mit dem Caesarentitel begnügen. Anstelle des Severus wurde am 18. November 308 Licinius, ohne Caesar gewesen zu sein, zum Augustus des Westens ausgerufen. Auch er zählte zu den illyrischen Offizieren von geringer Herkunft, sein voller Name Valerius Licinianus Licinius unterstreicht wiederum die Ansippung an die Familie der Tetrarchen. Licinius erhielt als Reichsteil Raetien und Pannonien sowie die Anwartschaft auf das einstweilen noch von Maxentius beherrschte Italien mit Africa. Gewarnt durch die Mißerfolge von Severus und Galerius vor Rom und bedroht durch die Marcomannen, die 310 die Donau überquerten, verzichtete Licinius jedoch darauf, Maxentius anzugreifen.

Die 308 geschaffene Tetrarchie, Galerius mit Maximinus Daia im Osten, Licinius mit Constantin im Westen, war ebenso brüchig wie die vorangegangenen. Denn auf die Nachricht von der Erhebung des Licinius beanspruchte Daia gleichfalls den Augustus-Rang, den ja auch Constantin führte. Dieser trägt ihn auf den 309 in London, Trier, Lugdunum und Aquileia geprägten Münzen, während ihn die von Siscia und Thessalonike nur *filius Augustorum* (fil augg) nennen. Mit diesem neugeschaffenen Titel versuchte Galerius, die Caesaren zufriedenzustellen, allein vergeblich: Es blieb bei vier Augusti.

Bedrohlicher als diese Rangfragen waren die Machtansprüche der Kaiser im Westen. Während sich Maxentius in Rom behauptete, kehrte Maximian Ende 308 aus Carnuntum nach Gallien zurück. Er bereute seinen zweiten Verzicht bald ebenso wie den ersten und nahm 310 in Arles ein drittes Mal den Purpur. Constantin stand derweil wieder im Krieg mit den Franken. Als die Nachricht von der Erhebung Maximians eintraf, zog er in Eilmärschen Rhône abwärts und zwang seinen Schwiegervater in Massilia zur Kapitulation. Großmütig begnadigte er ihn, doch wenig später fand man ihn erhängt. Er soll geplant haben, per Schiff Maxentius zu erreichen, doch dies habe Constantin im letzten Moment verhindert. Die offizielle Version überliefert Lactanz (MP. 30). Danach habe Maximian, unzufrieden bloß noch Schwiegervater eines Kaisers zu sein, seine Tochter Fausta zu sich geholt, ihr den Verrat an Constantin nahegelegt, und ihr einen wür-

digeren Gatten versprochen. Er bat sie, ihr Schlafgemach offen zu lassen.
Fausta aber erzählte dies ihrem Mann. Nun wollte man Maximian in fla-
granti erwischen. Ein «wertloser Eunuch» sollte anstelle des Kaisers sterben.
Nachts erhob sich Maximian und erklärte den Wachen, er müsse seinem
Schwiegersohn einen wichtigen Traum mitteilen. So trat er an das Bett
Constantins, erschlug den Eunuchen und verkündete, der Kaiser sei tot.
Der aber trat ihm mit der Garde entgegen und, des Hochverrats überführt,
durfte Maximian seine Todesart wählen.

Constantin löste sich nun aus der dynastischen Ideologie der Herculier
und fingierte seine Abstammung von Claudius Gothicus. Die noble Filia-
tion wurde zuerst 310 durch den Panegyricus auf Constantin (VI 2,1 f)
verkündet, weil «die meisten dies vielleicht noch nicht wüßten», später
haben Inschriften und Münzen diesen Stammbaum gefeiert. Wie er im
einzelnen zu denken sei, darüber war man sich nicht einig. Seit Dessau
(1889) ist klar, daß Constantin seine Abstammung von Claudius zu Propa-
gandazwecken erfunden hat. Sein Sohn Constantin (II) erhielt das Gentilicium «Claudius».

Galerius starb Anfang Mai 311. Beigesetzt wurde er nicht in seinem
Mausoleum in Thessalonike, sondern bei seinem Alterspalast Romulianum
(Gamzigrad) neben seiner Mutter (s. II 2). Er hatte noch Ende April in Ser-
dica ein Edikt erlassen, das dem Christentum erneut Duldung gewährte.
Damit war der 260 von Gallienus geschaffene Rechtszustand auch im Osten
wieder (denuo, αὖθις) hergestellt. Der Kaiser bezeugt, daß Diocletians Ver-
such, die Christen zum Glauben der Väter zurückzuführen, gescheitert sei.
Vielmehr seien sie in einen religionslosen Zustand ausgewichen, und das
wäre noch schlimmer. Fortan dürften die Christen ihre Kirchen wieder in
Besitz nehmen, sollten sich aber aller Handlungen gegen die öffentliche
Ordnung enthalten und für das Wohl des Reiches beten.

Das durch den Tod des Galerius entstandene Vakuum wurde prompt
ausgefüllt. Seine kaiserlichen Nachbarn marschierten ein: Daia aus Syrien,
Licinius aus Pannonien. Sie begegneten sich am Marmara-Meer und vereinbarten, dieses als Grenze zu achten. Die Familie des Galerius floh vor
Licinius zu Maximinus Daia. Dieser verlobte Candidianus, einen Sohn
des Galerius, mit seiner Tochter. Daia war jetzt der rangälteste Kaiser. Die
gemeinsame Gegnerschaft zu Licinius bewog ihn, Verbindung zu Maxentius in Rom zu suchen.

Die Lage für Maxentius hatte sich inzwischen verschlechtert. Den Zwist
mit seinem Vater nahmen die africanischen Truppen mit Unwillen auf.
Maxentius forderte den Sohn des vicarius Africae Lucius Domitius Alexander als Geisel, daraufhin ließ dieser sich 308 ebenfalls zum Augustus
erheben. Im Jahre 310 gab es sieben Augusti im Reiche: Daia in Syrien,
Galerius in Thrakien, Licinius in Pannonien, Constantin und Maximian in
Gallien, Maxentius in Italien und Alexander in Africa.

Alexander suchte Anlehnung an Constantin, fand Anerkennung in Sardinien und unterband die Getreidelieferung nach Rom. Dort entstand Aufruhr. Maxentius ließ angeblich Tausende niedermachen und schrieb zur Finanzierung der Transporte die Senatoren in die Schiffergilden ein. Eine Versorgung aus Spanien war unmöglich, da Constantin 309 dort erschienen war und die seit 306 beanspruchte Diözese in Besitz genommen hatte. Deshalb mußte Maxentius die Rückeroberung Africas versuchen, und sie gelang ihm noch 310 durch seinen *praefectus praetorio* Volusianus. Alexander wurde stranguliert. Anschließend feierte Maxentius einen Triumph über «Karthago», den letzten im alten Stil.

Die Religionsfreiheit der Christen hat Maxentius bereits 306 wiederhergestellt, der römischen Gemeinde gab er 311 ihren Besitz zurück und gestattete ihr schon 308 nach fast vierjähriger Unterbrechung wieder die Wahl eines Bischofs. Es kam jedoch zum Konflikt, als Marcellus die in der diocletianischen Verfolgung Abgefallenen (*lapsi*) nicht wieder zur Kommunion zuließ. Aus einem Epigramm des Papstes Damasus geht hervor, daß zwischen den Bekennern und den Schwachgewordenen Kämpfe ausbrachen, bei denen es Tote gab. Daraufhin habe Maxentius den Bischof 309 verbannt. Seinen Nachfolger Eusebius traf 310 dasselbe Schicksal, doch konnte in Miltiades 311 ein dritter Papst bestellt werden. Maxentius ist zu Unrecht unter die Christenverfolger gerechnet worden.

Die Annäherung von Daia und Maxentius bewog Licinius, sich mit Constantin zu verbünden. Dieser verlobte ihm Ende 311 oder Anfang 312 seine Halbschwester Constantia. Maxentius hingegen ließ seinen Vater unter die Götter erheben und erklärte Constantin – schwerlich zu Unrecht – für dessen Mörder. Daß Maxentius aber Constantins Statuen gestürzt und damit den Bürgerkrieg eröffnet habe, ist wohl Propaganda Constantins, zeigt aber, daß beide Kaiser durch den Austausch von Bildern einander anerkannt hatten. Constantin stigmatisierte Maxentius überdies als Bastard Maximians, bestritt ihm damit die dynastische Legitimität und ging in die Offensive. Er überschritt mit seinen gallisch-germanischen Truppen die Alpen, besiegte die Streitkräfte des Maxentius bei Susa, Turin und Verona, sicherte Aquileia und marschierte auf Rom. Angesichts seiner geschwundenen Popularität fühlte sich Maxentius hinter den Mauern nicht mehr sicher. Verrat war zu fürchten. Er zog Constantin entgegen und verlor mit seinen Prätorianern bei Saxa Rubra, nördlich der Milvischen Brücke, am 28. Oktober 312 Schlacht und Leben.

Die Schlacht am Ponte Molle gehört zu den großen Entscheidungen der Weltgeschichte, denn die Folge war die Dominanz des Christentums. Sie hätte sich bei anderem Ausgang verzögert. Zwar waren Heer und Beamtenschaft, Literaten und gehobenes Bürgertum weiterhin ganz überwiegend heidnisch – im Westen zumal. Die Christen waren eine Minderheit, aber Geschichte wurde stets von dynamischen Minderheiten gemacht. Unter den Aberhunderten von Religionen im Reich war keine so expansiv wie das Christentum, keine so gut organisiert, keine so widerstandsfähig. Sie hat dem Machtapparat des Imperiums getrotzt und war durch ihre Literatur allen anderen Glaubensrichtungen überlegen. Aber war Constantin gläubig? Daß dieser ein lebhaftes Interesse an religiösen Fragen hatte, daß er nach seinem Sieg im Christentum die wahre Religion erblickte und glaubte, daß ihre Ausbreitung dem Reich zum Segen ausschlagen würde, erweisen die Quellen. Constantin verehrte zuvor das höchste Wesen in der Form des Sonnengottes, der, seit Aurelian, ja seit den Severern populär, gleichsam die Brücke zwischen Heidentum und Christentum darstellte. Schon Constantius war auf dem Sonnenwagen gen Himmel gefahren; das Medaillon von 313 aus Ticinum in Paris zeigt Constantin neben Sol, und noch 325 feiern Münzen den Sonnengott als Schutzherrn des Kaisers. Von einer «Bekehrung» Constantins à la Damaskus kann keine Rede sein, weil er wähnte, schon seit seiner Erhebung mit der Gottheit in Einklang zu stehen. Wohl aber gab es nun das «Bekenntnis» zum Christengott.

Unter den Beratern Constantins spielt der Bischof Ossius oder Hosius von Cordoba eine wichtige Rolle, den Constantin wohl auf seinem Zug nach Spanien 309 kennengelernt hatte und bis 326 bei sich behielt. Hosius hatte 306 oder wenig später an der Synode von Elvira teilgenommen, in der es unter anderem um die Frage ging, wie weit sich ein Christ in staatliche Angelegenheiten einlassen dürfe. Hosius vertrat eine dem Staat gegenüber freundliche Haltung. Jedenfalls ist Constantin selbst der Ansicht gewesen, daß Christentum und Staatsdienst vereinbar seien, daß eine Entscheidung für den neuen Glauben keineswegs den Rückzug aus dieser Welt erfordere.

Ein großes Thema ist Constantins Milvische Vision. Lactanz (MP. 44,5 f) berichtet um 315, der Kaiser habe nachts den Befehl erhalten, den Soldaten das Monogramm Christi (✳) auf die Schilde zu malen. Nach der von Euseb um 339 verfaßten Vita des Kaisers (I 28 f) sah Constantin indes mittags über der Sonne das Kreuz mit der Beischrift «Hierdurch siege» (τούτῳ νίκα), das Christus ihm in dem nachfolgenden Traum als Schutzemblem zu verwenden befohlen habe. Constantin hat das offenbar später selbst so dargestellt. Schon 310 soll ihm Apollo mit den Gesichtszügen Constantins erschienen sein nebst Victoria, die ihm Lorbeerkränze mit der Voraussage einer dreißigjährigen Regierung überreicht habe. Visionen gehören zur Topik guter Kaiser, auch Constantin hatte deren mehrere. Glaubwürdig ist, daß Constantin vor dem Kampf das Siegeszeichen einigen Soldaten auf die Schilde hat malen lassen. Dadurch wurde die Schlacht zu einer Theomachie, in der sich Christus zum ersten Mal als Schlachtenhelfer bewährte. Heißt es doch schon im Psalm 46, 10, daß Gott es ist, «der den Kriegen steuert in aller Welt». Der heidnische Redner Nazarius verkündete 321, die leibhaftig erschienenen himmlischen Heerscharen unter der Führung des vergöttlichten Constantius hätten dem Sohn den Sieg beschert.

Begleitet von seinen *Cornuti*, die ein Bild des *Pons Mulvius* mitführten, zog Constantin in Rom ein, verzichtete jedoch möglicherweise auf den Gang zum Capitol. Er ließ sich – trotz des besseren Rechtes Daias – vom Senat mit dem Titel eines rangältesten Augustus schmücken und verhängte die *damnatio memoriae* über Maxentius und Maximian. Schwägerin Maximilla und ihr Sohn nebst allen, die Constantin gefährlich werden konnten, wurden umgebracht. Im Zuge der Propaganda gegen Licinius 316 rehabilitierte Constantin seinen Schwiegervater. Dessen Porphyrsarkophag stand in dem von ihm errichteten Mausoleum bei San Vittore al Corpo zu Mailand. Dem Sieger stiftete der Senat einen Ehrenbogen. Er wurde beim zweiten Rombesuch des Kaisers zu seinen Decennalien 315 eingeweiht. Der plastische Schmuck des Bogens besteht großenteils aus Spolien von Denkmälern früherer Kaiser (Trajan, Hadrian, Marc Aurel), deren Köpfe durch die von Constantin und Licinius (oder Constantius Chlorus) ersetzt wurden. So erscheint Constantin ironischerweise mehrfach beim Vollzug heidnischer Opfer. Die constantinischen Reliefs, etwa das mit der Schlacht an der Milvischen Brücke, sind roh und primitiv. Diocletian verwendete noch keine Spolien, abgesehen von einigen ägyptischen Skulpturen in Split. Die Inschrift des Bogens rühmt den Sieg über den «Tyrannen», wie die Kirchenväter Christenverfolger zu nennen pflegten, und besagt, daß Constantin seinen Sieg *instinctu divinitatis* – «auf Eingebung der Gottheit» oder «seiner Göttlichkeit» errungen habe. Mit dieser neutralen Formulierung, die der Kaiser auch sonst schätzte, konnten Heiden wie Christen einverstanden sein. Eine auffällig große Zahl von Bildern auf dem Bogen verherrlicht die Sonne, die noch bis 325 auf Münzen erscheint und als Sinnbild Christi gedeutet werden konnte.

Aus der Zeit bald nach dem Sieg am Pons Mulvius stammt eine Inschrift aus Saepinum in Mittelitalien, die den «unbesiegten» (*invictus*) Kaiser als Wiederhersteller der politischen Freiheit (*publica libertas*) feiert und als «Sohn der Götter» (*dis genitus*) begrüßt. So hatten schon Vergil und Seneca die Kaiser verherrlicht. Letzterer setzte für den Vater von Prinzen die Bezeichnung «Erzeuger von Göttern» (*deos geniturus*) hinzu, Formeln, die auch für Diocletian und Maximian gebraucht wurden. So verwundert es nicht, daß der Panegyriker von 310 Constantin mit anderen Göttern vergleicht, die vom Rande der Welt kamen: Hermes von den Nilquellen und Dionysos aus Indien.

Außer dem Ehrenbogen wurde dem Kaiser in der Westapsis der wohl unvollendet vorgefundenen Maxentiusbasilika auf dem Forum ein riesiges Sitzbild gewidmet, dem Constantin selbst nachträglich das «siegbringende Heilszeichen» in die Rechte geben ließ, wie Euseb rühmt. Kopf, ein heroisch nackter Fuß und mehrere Fragmente der Statue wurden 1486 gefunden und im Hof des Konservatorenpalastes aufgestellt, ebenso die Hand mit erhobenem Zeigefinger in zweifacher Ausfertigung. Vermutlich handelt es sich um die Umarbeitung eines thronenden Juppiter. Auf dem Quirinal entstand ein letzter Thermenbau.

Vor allem aber hat Constantin in Rom und im Osten Kirchen errichten lassen und aus Staatsbesitz dotiert. Fortan fand der Typ der Markt- und Gerichtsbasilika für den Kirchenbau Verwendung. Im Westen dominierte der Langbau mit einem Zeltdach, während der Osten eine Vorliebe für die Kuppel zeigt. Glockentürme gibt es erst im merowingischen Gallien. Constantins erste Stiftung, noch 312, war die Lateranbasilika für den Bischof, die auf dem Gelände der Kasernen der *equites singulares* errichtet wurde. Das separat stehende Baptisterium wurde als Zentralbau wegweisend. Am Lateran erhielt Fausta eine *domus*, sie fiel nach ihrem Tod ebenfalls an den Papst. 324 bis 326 folgten die monumentale Petersbasilika über der Memoria des Apostelfürsten auf dem *ager Vaticanus* - ihn benennt schon Gellius (XVI 17) um 160 - und die Umgangsbasilika für Marcellinus und Petrus an der Via Labicana. Der dort angebaute «Tor Pignattara» war als Mausoleum für Constantin vorgesehen; in dem für ihn bestimmten Porphyrsarkophag mit dem Reiterrelief - heute im Vatikan - ließ er um 330 seine Mutter Helena bestatten, als er selbst seine Residenz bereits nach Konstantinopel verlegt hatte. Constantin hat Rom später noch ein drittes Mal besucht, 326 zu seinen wegen Nicaea verspäteten Vicennalien.

Die 313 fälligen Säkularspiele unterblieben. Im Februar traf sich Constantin mit Licinius in Mailand. Constantin blieb *senior Augustus*. Licinius vermählte sich mit Constantia und behielt das Gesetzgebungsrecht. Beide bestätigten im sog. Mailänder Edikt allgemeine Religionsfreiheit, namentlich für das *corpus Christianorum*, d. h. für die christliche Gemeinde, und die Rückgabe des ihr in der Verfolgung entzogenen Eigentums. Das *corpus Christianorum* wird hier zum ersten Mal so genannt, aber als bestehend vorausgesetzt. Den unter Daia Verfolgten wurde Entschädigung angeboten. Dadurch wünschten die Kaiser sich die göttliche Gnade zu erhalten. Nun wurde auch im Osten der Zustand wiederhergestellt, den Constantin und Maxentius nach dem diocletianischen Christenverbot von 303 im Westen schon 306 restituiert hatten.

Wenn Constantin 312 neben sich selbst Maximinus Daia für 313 zum Konsul hatte ausrufen lassen, so war das eine Geste der Verständigung, die er angesichts der Spannung zwischen Licinius und Daia nicht aufrechterhalten konnte. Ab Mai erscheint Licinius als Konsul anstelle von Daia in den Inschriften des Westens. Da jetzt Constantin den ursprünglich Licinius zugedachten Sprengel Italien besaß, sollte der Kollege durch das Territorium Daias entschädigt werden. Dieser hatte nach seiner Besetzung Kleinasiens 311 einen Krieg gegen die Armenier führen müssen, der indessen kaum in deren Christenglauben begründet war, wie Euseb (HE. IX 8) behauptet. Daia hat keine Religionskriege geführt, das Toleranzedikt des Galerius, in dessen Überschrift sein Name fehlt, gleichwohl übernommen.

Als daraufhin die Städte Nikomedien und Antiochien sowie die Provinzial-landtage Lykiens und Pamphyliens darum baten, der Kaiser möge die Christen aus den Städten ausweisen, genehmigte der Kaiser dies, wie Inschriften des Jahres 312 aus Tyros, Arykanda und Kolbasa belegen. Daia prägte Münzen für Juppiter und Serapis und ließ gefälschte Pilatus-Akten mit Vorwürfen gegen Jesus zum Schulunterricht verwenden. In Anlehnung an die christliche Episkopalverfassung erhielten die Provinzen und Städte Oberpriester (*sacerdotes maximi*) aus den höheren Schichten. Das greift voraus auf die Religionspolitik Julians.

Da es Ende 311 unter Daia wieder Märtyrer gegeben hatte, forderten Constantin und Licinius ihn von Mailand aus zur Toleranz auf, angesichts der veränderten Lage nicht ohne Erfolg. Zugleich aber nutzte er die Abwesenheit des Licinius in Italien dazu, Byzanz zu erobern. Licinius zog ihm entgegen und besiegte ihn am 30. April 313 auf dem Campus Ergenus süd-östlich von Adrianopel (Edirne). Lactanz (MP.46) überliefert das damals eingeführte namenlos monotheistische Heeresgebet, aber Licinius war kein Christ, seine Münzen zeigen Juppiter. Dennoch hat er am 13. Juni 313 in Nikomedien das mit Constantin abgesprochene Toleranzedikt anschlagen lassen.

Daia floh nach Kappadokien und verkündete dort abermals Glaubensfreiheit für die Christen. Sie sollten sogar ihre Kirchen zurückerhalten. Licinius verfolgte ihn, Daia aber starb unerwartet im Juli 313 in Tarsos. Er kam nicht mehr in der Genuß seines unvollendeten Alterspalastes, den er sich in der Dacia Ripensis an seinem mutmaßlichen Geburtsort Sharkamen errichtet hatte, 40 km nördlich von Gamzigrad, dem geplanten Ruhesitz seines Onkel Galerius. Auch Sharkamen war befestigt und besaß ein außerhalb der Mauern gelegenes Mausoleum für – wie Schmuckfunde nahelegen – Daias Mutter.

Nach dem Ende seines Gegners ließ der Sieger nicht nur die hohen Beamten Daias, sondern ebenso dessen Familie und die zu Daia geflohenen Angehörigen der Tetrarchen ausrotten: die Frau und die beiden Kinder, weiterhin Severianus, den Sohn seines Vorgängers Severus, und Candidianus, einen unehelichen Sohn des Galerius. 315, als er ihrer schließlich habhaft wurde, tötete Licinius zudem Valeria, die Tochter Diocletians und Witwe des Galerius, sowie deren Mutter Prisca, die Frau Diocletians, die nicht mit diesem nach Spalato gegangen war. Deren Besitz fiel an den Sieger. Über Daia wurde die *damnatio memoriae* verhängt.

In den Jahren 313 bis 324 wurde das Reich im Westen von Constantin, im Osten von Licinius regiert. Constantins Entscheidung für den Christengott verwickelte den Kaiser und seine Nachfolger in die inneren Zwiste der Kirche, alle religiösen Streitigkeiten – im Osten permanent – waren hinfort zugleich politische Konflikte. Das begann in Africa. Hier hatte sich nach der Verfolgung eine strengere Gruppe von den Katholiken abgespalten, die

Donatisten. Constantin hoffte, das Schisma zu beheben, aber weder die von ihm einberufenen Synoden, weder Geld noch Waffen vermochten die Einheit herzustellen. Es gab Märtyrer.

Die außenpolitische Lage blieb unsicher. Constantin zog nach dem Mailänder Treffen wieder an den Niederrhein, da die Franken die Küsten bis nach Spanien heimsuchten. Siege des Kaisers über mehrere Germanenstämme rechts des Rheins sicherten die Grenzen. Auch Sarmaten, Carpen und Goten an der Donau blieben weiter bedrohlich, doch kam es nicht mehr zu größeren Einfällen. Die inschriftlich bezeugten Siegerbeinamen lassen auf Erfolge an der Ostfront schließen.

Belastend dagegen wirkte das schlechte Verhältnis zwischen den beiden Kaisern. Constantin schlug Licinius vor, Italien und die von Licinius verwalteten Provinzen zwischen Bodensee und Donauknie als Pufferstaat Bassianus, dem Mann von Constantins Halbschwester Anastasia, als Caesar zu überlassen. Licinius lehnte ab, ermunterte aber angeblich Bassianus durch dessen bei ihm lebenden Bruder Senecio, sich gegen Constantin zu empören. Dies klingt nach Kriegspropaganda Constantins. Dieser reklamierte Italien für sich, exekutierte Bassianus und forderte die Auslieferung Senecios. Licinius ließ daraufhin – so heißt es – die Standbilder Constantins umstürzen. Aber plante er einen Angriff?

Im Streben nach der Weltherrschaft (*principatum totius orbis affectans*) setzte Constantin seine Armee 316 wieder in Marsch. Nach zwei Siegen Constantins bei Cibalae nahe Sirmium und bei Mardia nahe Adrianopel einigten sich die Kaiser. Licinius mußte seinen neuernannten Nebenkaiser Aurelius Valerius Valens preisgeben und behielt in Europa nur Thrakien, Moesien und Scythia minor. Damit hatte Constantin seinen Machtbereich weit nach Osten ausgedehnt. Der Absprache gemäß erhob Constantin am 1. März 317 in Serdica neue Caesaren, für den Osten Licinianus, das zweijährige Söhnchen von Licinius und Constantia; für den Westen Crispus, seinen zwölfjährigen Sohn von der früheren Konkubine Minervina, sowie Constantinus (II), seinen zweiten, wenige Tage alten, in Arles geborenen Sohn, vielleicht nicht von Fausta. Adoption nach römischem Recht im Kaiserhaus kam hinfort nicht mehr vor. Als Zeichen der Eintracht übernahmen die beiden Kaiser gemeinsam das Konsulat für 319. Constantin überließ Crispus und dessen Offizieren die Rheingrenze und bewachte selbst, meist von Sirmium oder Serdica aus, die Donaufront. 322/323 bekämpfte er die Sarmaten unter Rausimodus in Pannonien und die Goten in Thrakien. Dabei griff er zum dritten Mal auf das Gebiet des Licinius über und erneuerte so die alten Spannungen. Licinius ließ Constantins Siegesprägungen einschmelzen, die Konsuln wurden nicht mehr gemeinsam bestimmt. Licinius bedrückte die in seinem Reichsteil mit Constantin sympathisierenden Christen. Sie durften sich seit 320 nicht mehr zu Synoden versammeln, keine Bischöfe mehr weihen usw. Die Christen am Hof wurden vertrieben und schließlich aus Heer und Verwaltung entfernt. 324 griff Constantin wiederum an. Licinius führte angeblich 165 000 gegen die 130 000 Mann Constantins, wurde aber am 3. Juli bei Adrianopel geschlagen. Es gab, wie es heißt, 34 000 Tote. Crispus, von einem Sturm unterstützt, vernichtete die feindliche Flotte vor den Dardanellen. Constantin eroberte Byzanz, überschritt den Bosporus und besiegte Licinius und seine gotischen Hilfstruppen unter dem Königssohn Alica bei Chrysopolis am 18. September endgültig. Licinius wurde auf Bitten Constantias begnadigt und in Thessalonike inhaftiert. Sein kurz zuvor ernannter Mitkaiser Martinianus mußte sterben. Im folgenden Frühjahr ließ Constantin seinen dritten Schwager ebenfalls töten, nachdem die fraglos von Constantin verbreitete Nachricht, Licinius plane seine Rückkehr zur Macht, einen Tumult unter den Soldaten ausgelöst hatte. Der nun als «Tyrann» gebrandmarkte Rivale verfiel der *damnatio memoriae,* seine «rechtswidrigen» Gesetze wurden aufgehoben, doch verbergen sich hinter dem Namen Constantins einzelne Erlasse des Licinius. Mit Gütern aus dessen Reichshälfte dotierte Constantin Sankt Peter in Rom. Am 8. November 324 ernannte der Sieger seinen dritten Sohn Constantius (II), damals sieben Jahre alt, zum Caesar für den nun vakanten Orient. Crispus kehrte nach Gallien zurück. Damit war Constantin endlich Herr über das ganze Reich.

Das wichtigste Thema neben der Macht war die Religion. Zwischen Kaiser und Kirche kam es zu einer fortschreitenden Annäherung. Die pazifistische Strömung im Christentum verlor an Bedeutung, nachdem das von Constantin angeordnete Konzil von Arles 314 Wehrdienstverweigerung gegenüber einem christlichen Kaiser mit Exkommunikation bedroht hatte (s. III 6 c). Neben dem neuen Schildzeichen führte Constantin im Kampf gegen Licinius eine christliche Kaiserstandarte ein, das siegbringende Labarum. Es war ein gold- und juwelenbesetztes *vexillum,* trug ein purpurnes Tuch mit den runden Kaiserbildern an einer Querstange – schon von Minucius Felix (29, 6 f) um 200 und ebenso von Euseb als Kreuzarm gedeutet – und zeigte darüber das Christogramm in dem namengebenden Lorbeerkranz (*laurum – lavrum*). Um 327 erscheint es als Münzemblem. Das Labarum im Palast erhielt eine Ehrenwache von fünfzig Mann.

Die Christen erfuhren Vergünstigungen. Das Bischofsgericht (*episcopalis audientia*) fand seit 318 staatliche Anerkennung in Zivilsachen. Seine Entscheidungen waren unanfechtbar. «Sähe ich einen Bischof sündigen, würfe ich meinen Purpur über ihn», soll Constantin gesagt haben. 319 wurde der Klerus von allen Steuerpflichten entbunden, denen die heidnischen Priester unterlagen. 321 legte er allen Bürgern, auch (und vielleicht gerade) Nichtchristen, nahe, dem ehrwürdigen *concilium* (der katholischen Kirche)

Erbschaften zu vermachen. Sklaven konnten schon vor 316 von ihren Herren vor der Gemeinde und dem Bischof rechtsgültig freigelassen werden. Das Asylrecht für Verfolgte wurde von den Tempeln auf die Kirchen übertragen. Seit 325 erscheinen Christen in den Fasten der Stadtpräfektur, doch gab es Heiden in diesem Amt bis ins 5. Jahrhundert.

Am 3. Juli 321 erließ Constantin das Gesetz über die Sonntagsruhe. Am *dies Solis* sollte aller Streit, alle Arbeit aufhören, nur Gelübde dürften erfüllt werden. Damit war die Rechtsprechung ausgesetzt mit Ausnahme der Sklavenfreilassung. Der Kaiser verordnete für die Sonntage die Schließung der Werkstätten und die Unterbrechung städtischer Arbeiten, gestattete aber den Bauern die Einbringung der Ernte, falls das Wetter es erforderte. Die kaiserliche Kanzlei arbeitete weiterhin auch sonn- und feiertags. Ein Bezug auf das Christentum ist im Sonntagsgesetz nicht ausgesprochen. Nach Euseb (VC. IV 18 ff) feierte der Kaiser sonntags den Gottesdienst, er verfaßte für das Heer ein monotheistisches Sonntagsgebet, das den Namen Christi vermied.

Cassius Dio (37,18) berichtet zum Jahre 63 v. Chr.: die Sitte, die Tage nach den Planeten zu benennen, stamme aus Ägypten und sei nun, d. h. um 200 n. Chr. im ganzen Reich üblich. So hatte sich die Siebentagewoche, vom Orient und dem Judentum ausgehend, im Laufe der Kaiserzeit verbreitet. Manichäer brachten die Planetenwoche nach Indien und China. Gefeiert wurde am Sabbat, dem Tage Saturns. Der Vorrang des Sonntages vor den übrigen Wochentagen galt zunächst nur für die Sonnenanbeter. Seine Erhebung zum Staatsfeiertag gestattete eine christliche Deutung, weil Christus an einem Sonntag auferstanden war und darum der Ostertermin auf einen Sonntag fallen mußte. Noch im Verlaufe des 4. Jahrhunderts ist die heidnische Bezeichnung *dies Solis* verdrängt worden durch *dies dominicus*, woraus italienisch *domenica*, französisch *dimanche* usw. entstand. Zuvor jedoch war mit den germanisierten Tagesnamen der Planetenwoche die Lehnübersetzung «Sonntag» ins Germanische gedrungen.

Am Hofe Constantins wurde vermutlich auch die Feier der Geburt Jesu, das Weihnachtsfest, am Geburtstage des Sonnengottes, also am 25. Dezember, begangen. Denn Constantin ließ seinen jüngsten Sohn Constans an jenem Tag 333 zum Caesar erheben. In der römischen Bischofsliste von 336 lesen wir: *die octavo ante Kalendas Ianuarias natus Christus in Betleem Iudeae.* Die Stallgeburt wurde zu einem der beliebtesten Bildmotive der christlichen Kunst. Der Filocalus-Kalender von 354 verzeichnet zum 25. Dezember sowohl den *natalis (solis) invicti* mit dreißig statt der sonst üblichen 24 Wagenrennen zu je sieben Umläufen als auch die Geburt Christi in Bethlehem. In der Kirche fand das Weihnachtsfest nur langsam Eingang. Vermutlich von Rom ausgehend, wurde es in Konstantinopel 379, in Antiochia 386, in Alexandria 431 gefeiert. Ambrosius und Augustinus hielten am 6. Januar fest. 400 verbot Honorius Wagenrennen am Weihnachtsfest; als staatlicher Feiertag ist es zuerst 506 bei den Westgoten bezeugt. Justinian übernahm ihn 534.

So wie Constantin nach seinem Sieg über den Westen eine geteilte Kirche vorgefunden hatte, so waren auch die Christen im Osten gespalten. Während es im donatistischen Schisma um die Bischofswürde ging, stand im arianischen Streit die Natur Jesu zur Diskussion. Der alexandrinische Presbyter Arius erklärte, Jesus sei mit Gottvater nicht gleichursprünglich, sondern dessen Geschöpf; zwischen beiden bestehe keine Wesenseinheit. Diese Christologie fand Anklang im Osten, zumal in Antiochia, der geistigen Heimat des Arius; sie wurde aber von Alexander, dem Bischof Alexandrias, sowie von Athanasios, seinem Nachfolger, verworfen. Nicht zuletzt beruhte der Konflikt auf der alten Rivalität zwischen Alexandria und Antiochia, wo uns um die Zeit Zenobias in Paulus von Samosata bereits ein «arianischer» Bischof begegnet. 318 wurde Arius durch eine ägyptische Synode verdammt, es kam zu Unruhen, und so mußte Constantin eingreifen.

Im Oktober 324 sandte der Kaiser den Bischof Hosius mit Schreiben an Alexander und an Arius nach Alexandria. Er mahnte sie, ihre Spitzfindigkeiten aufzugeben. Als dies nicht gelang, berief Constantin für 325 eine allgemeine Kirchenversammlung nach Nicaea. Ein derartiges Reichskonzil hatte noch nie stattgefunden; ohne die kaiserliche Post wäre derartiges auch nicht zu organisieren gewesen. Die Mehrzahl der etwa 300 Bischöfe, Diakone, Priester und Mönche kam aus dem Osten, nur sieben erschienen aus dem lateinischen Westen. Auch Bischöfe der Goten, Perser, Armenier und Araber waren anwesend. Der hochbetagte Bischof Silvester von Rom schickte einen Vertreter. Die Päpste sind auch auf späteren Konzilien meist nur durch Gesandte vertreten gewesen. Die Geistlichen tagten im Palast. Constantin als Hausherr leitete mit einer kleinen Beratergruppe die Verhandlungen.

Ostern, das höchste Kirchenfest, wurde auf den ersten Sonntag nach Frühlingsvollmond terminiert. Ein Rundbrief des Kaisers machte dies reichsweit verbindlich. Die Voraussagen kamen fortan aus Alexandria, wo der Patriarch in seinen Osterbriefen von den Kenntnissen der Astronomen des Museion profitierte. Hinzu trat eine Bußordnung für Gläubige, die während der Verfolgungszeit ihr Christentum verleugnet hatten, und ein Regelwerk für die Priesterweihe. Ausgeschlossen davon wurden Männer, die sich, um die Lust abzutöten, selbst kastriert hatten; weiterhin neugetaufte Heiden, die erst eine besondere Prüfung ablegen mußten; sowie abhängige Personen, deren Herren die Zustimmung verweigerten. Regelwidrig Ordinierte seien in den Laienstand zurückzuversetzen. Priester sollten nicht mit Frauen zusammenwohnen, nicht umherwandern und keinen Wucher treiben. Frauen im Kirchendienst verblieben im Laienstande.

Die Bischofswahl sollte von allen Provinzbischöfen vorgenommen werden, mindestens aber von dreien unter Einschluß des Metropoliten, des

Bischofs der Provinzhauptstadt. Jede Stadt dürfe nur einen einzigen Bischof haben; Ortswechsel wurde untersagt. Der Bischof von Alexandria erhielt die Aufsicht über Ägypten, der von Rom die über *Italia suburbicaria* südlich Roms. Dem Bischof von Jerusalem wurde ein Ehrenrang neben dem regierenden Metropoliten in Antiochia zuerkannt. Die zweimal jährlich tagenden Provinzialkonzilien der Bischöfe wurden Appellationsinstanz für Exkommunizierte. Reuige Novatianer (Katharer) seien wieder aufzunehmen, Paulianisten (Anhänger des Paulus von Samosata) müßten wiedergetauft werden.

Hauptstreitpunkt war indessen das von Hosius entworfene Glaubensbekenntnis (*symbolum*). Auf Constantins Drängen unterschrieb die Mehrheit der Bischöfe am 19. Juni 325 seine Formel für das Verhältnis zwischen Gottvater und Christus. Die Annahme des schon von Clemens Alexandrinus und Origenes gebrauchten Begriffs ὁμοούσιος τῷ πατρί, «wesensgleich mit dem Vater», soll auf Constantin höchstselbst zurückgehen. Der «Teufelsdiener» Arius, der das Wort als unbiblisch ablehnte, wurde nebst zwei mit ihm einigen Bischöfe exkommuniziert und in die Verbannung geschickt. Zum Abschluß des Konzils am 25. Juli 325, dem Tage seiner Vicennalien, lud der Kaiser die Geistlichen zu einem großen Gelage und erklärte in einem Rundschreiben die Beschlüsse des Konzils für den Willen Gottes. Zwei Jahre später jedoch erachtete Constantin ein von Arius eingereichtes Bekenntnis mit dem Nicaenum vereinbar, er wurde vom Kaiser begnadigt und durch einen Synodalbeschluß, wahrscheinlich in Nikomedien, wieder in die Kirche aufgenommen. Constantin lavierte.

Nachdem am 8. Juni 328 der streitbare Athanasios auf unkanonische Weise Bischof von Alexandria geworden war, versperrte dieser Arius gleichwohl die Rückkehr. Er konnte sogar den Kaiser dazu bringen, Arius 333 abermals zu verurteilen und die Verbrennung seiner Schriften anzuordnen. Es folgten Zusammenstöße, auch mit den strenggläubigen Meletianern. Athanasios verließ sich auf seine Macht. Man traute ihm zu, wie er selber in seiner ‹Apologia contra Arianos› (9,3) berichtet, die Kornflotte in Alexandria zurückzuhalten. Das nahm der Kaiser nicht hin. Der Patriarch wurde auf drei Synoden verurteilt und schließlich 335 nach Trier verbannt. Arius wurde abermals rehabilitiert.

Constantin verstand sich nach all seinen Siegen als Günstling der *summa divinitas*, als *famulus* des höchsten Himmelsgottes und damit auch als geistliches Oberhaupt. Er formulierte seine Theologie in der Rede ‹An die Versammlung der Heiligen›, sah sich als Vollstrecker des Willens Gottes und hat bei allem demonstrierten Respekt vor den kirchlichen Würdenträgern so selbstverständlich in die Kirche hineinregiert, daß wir ihn als den ersten Vertreter des byzantinischen Caesaropapismus ansprechen können. Er wurde von Euseb als «von Gott ernannter allgemeiner Bischof» betrachtet und nannte sich selbst «Bischof der Außerkirchlichen» oder «apostelgleicher Kaiser». Als höchster Friedensrichter präsidierte er den Konzilien in Nicaea 325, Nikomedien (?) 327 und Konstantinopel 336. In Eusebios von Caesarea, dem großen Kirchenhistoriker, fand er einen Publizisten, der die Idee «Ein Gott, Ein Reich, Ein Kaiser» verkündete und den «gottgleichen Constantin» als neuen Moses, ja Stellvertreter Christi auf Erden feierte. Aus dem heidnischen «Gottkaiser» wurde ein christlicher «Kaiser von Gottes Gnaden». Freilich handelt es sich auch um einen Gott von Kaisers Gnaden. Constantins Gottesgnadentum war keine neue Idee. Schon Agamemnon verdankte sein Szepter dem Göttervater Zeus, wie Homer erzählt; David regierte als der «erstgeborene Sohn Jahwes», Darius rühmte sich der Gunst Ahuramazdas; Alexander galt als Sohn des Zeus und Augustus als Schützling Apolls. Mit dem Universalanspruch des christlichen Monotheismus indes gewann das Gottesgnadentum des Kaisers eine neue Qualität. Constantin verlieh der Verbindung von Thron und Altar bildlichen Ausdruck in einem Goldmedaillon. Es zeigt die Hand Gottes aus den Wolken, die dem Kaiser den Kranz aufsetzt, während seine Söhne von Victoria und Virtus gekrönt werden.

Nach dem Sieg über Licinius 324 folgte ein weiteres Toleranzedikt. «Gleichen Frieden und gleiche Ruhe wie die Gläubigen sollen die im Irrtum Befangenen genießen.» Trotzdem ist der Kaiser gegen christliche Sonderkirchen mit Versammlungsverboten, Enteignung, Verbannung und Bücherverbrennung vorgegangen. Zudem gab es Heidenverfolgungen. Zunächst schrieb der Kaiser an die Provinzialen, sie sollten sich bekehren. Sodann wandte er sich gegen Kulte, die er als unsittlich betrachtete, wie die mit Sakralprostitution verbundene Aphrodite-Verehrung auf dem Libanon. Der Kaiser schickte Militär und ließ den Tempel in Aphaka zerstören, ebenso den von Aigaiai in Kilikien. Die Errichtung von Götterbildern, Einholung von Orakeln und Darbringung von Opfern wurden verboten. Zum Jahr 331 bemerkt die Chronik des Hieronymus übertreibend: «Durch Edikt Constantins wurden die Tempel abgerissen.» Die Tempelschätze zog der Fiskus ein. Orosius (VII 28,28) betont, daß der Kaiser befohlen habe, Blutvergießen dabei zu vermeiden.

Dennoch haben sich heidnische Elemente lange gehalten: Constantin hat den seit Augustus mit dem Kaiseramt verbundenen Titel eines Pontifex Maximus weitergeführt. Seine Statue auf der nach ihm benannten Säule in Konstantinopel wurde vom Volk mit Helios gleichgesetzt. Auf seinen Münzen hat der Kaiser bis 326 heidnische Bilder geprägt. Christliche Münzembleme erscheinen nach dem Helmzeichen von 315 (s. o.) zögernd 320.

Heiden blieben in der Entourage Constantins gegenwärtig. In den hohen Staatsämtern finden wir neben neun Christen noch sechs Altgläubige. Dem Platoniker und Demeterpriester Nikagoras finanzierte der Kaiser eine Reise zu den Königsgräbern von Ägypten, von dem *comes* Musonianus ließ er sich die Lehren der Manichäer und anderer Sekten erklären. Unter den Vertrauten des Kaisers begegnet uns neben den Bischöfen Hosius und Eusebios auch Sopatros, nach dem Tode des Jamblichos der führende Neuplatoniker. Sopatros soll Constantins Familienmorde (s. u.) als unsühnbar bezeichnet und ihn damit den Christen in die Arme getrieben haben. Nachdem man ihn beschuldigt hatte, durch Bezauberung der Winde die Kornflotte aus Ägypten aufgehalten zu haben, ließ ihn der Kaiser hinrichten. Ein gleiches Schicksal traf den Philosophen Kanonaris. Die Schrift des Porphyrios gegen die Christen ließ Constantin verbrennen. Zwar befahl er 320 die Entsühnung von Blitzeinschlägen in öffentlichen Bauten durch die *haruspices*, doch nahm er damit nur Rücksicht auf einen verbreiteten «Aberglauben».

Die alten Staatskulte gingen weiter. Rom und Africa erhielten Kaiserpriester für die *gens Flavia*. Der Stadt Hispellum in Umbrien gestattete Constantin zur Feier des Provinziallandtags nicht nur die kurz zuvor verbotenen Gladiatorenspiele, sondern sogar den Bau eines neuen Kaisertempels und untersagte lediglich «betrügerische Handlungen ansteckenden Aberglaubens», d. h. wohl: Opfer für seinen Genius.

Constantins Hinwendung zum Christentum ist in der heidnischen Historiographie teils ignoriert, teils mit dem Familiendrama im Februar 326 verbunden worden. Dieses wiederum wird von christlichen Quellen verschwiegen, so von Euseb und Augustin. Damals, auf dem Wege zu den Feierlichkeiten zum zwanzigjährigen Regierungsjubiläum in Rom, ließ Constantin nach einer Beschwerde Faustas seinen hoffnungsvollen ältesten Sohn Crispus nach Pola in Istrien bringen und vergiften. Frau und Kind verschwinden ebenfalls. Wenig später wurde Fausta im Bade erstickt, nachdem Helena ihren Sohn von der Unschuld des Crispus überzeugt hatte. Gleichzeitig ließ Constantin seinen Neffen Licinianus, den Sohn des Licinius und seiner eigenen Schwester Constantia, sowie «zahlreiche Freunde» beseitigen. Dies deutet daraufhin, daß Constantin einen ungeduldigen Nachfolger gefürchtet hat. Diocletian hatte nach zwanzig Jahren abgedankt, und die waren bei Constantin jetzt ebenfalls vorbei. Fausta scheint Crispus verleumdet zu haben, um ihre eigenen Söhne an die Macht zu bringen. Kam dies durch Anzeige Helenas ans Licht, so war das ein Grund auch für Faustas Ende. Nun wurde ihr Ehebruch mit einem niederen Bedienten, einem *cursor* vorgeworfen. Das ersparte dem Kaiser eine Rehabilitation des Crispus. Constantin rühmte sich, Unrecht strafe er auch an seinen eigenen Gliedern.

Lebhaft war die Reaktion des Stadtvolkes von Rom auf die Hausmorde. Der Kaiser wurde durch Sprüche an seinen Statuen angegriffen. Ein solches Pasquill überliefert Sidonius (ep. V 8): *Saturni aurea saecla quis requirat?/ Sunt haec gemmea, sed Neroniana.* Und dies hat angeblich Constantins Entschluß bestärkt, der Stadt Rom, wo er im Juli 326 – wegen Nicaea verspätet – seine Vicennalien gefeiert hatte, den Rücken zu kehren und sich im

Osten eine neue Hauptstadt zu errichten. Constantin hat Rom nie wieder betreten, nicht einmal zu seinen Tricennalien. Seit Diocletian war klar, daß Rom als Residenz zu weit von den Krisenherden des Reiches ablag. Constantin hätte Diocletians Regierungssitz Nikomedien übernehmen können. Er hat ihn vermutlich verschmäht, um sich von seinen heidnischen Vorgängern abzusetzen. Zunächst dachte Constantin an Serdica, Thessalonike, Chalkedon oder Troja, die Mutterstadt Roms. Hier soll er sogar schon zu bauen begonnen haben. Dann aber entschied er sich aufgrund eines «göttlichen Traums» für Byzanz, das er 324 bei der Verfolgung des Licinius kennengelernt hatte.

Constantin benannte seine am 11. Mai 330 eingeweihte Hauptstadt in hellenistisch-altorientalischer Manier – wahrscheinlich schon am 8. November 324 – nach sich selbst, seit 326 ist der Name «Neues Rom» bezeugt. In Anlage und Verwaltung kopierte die neue Kapitale die alte, nur daß sie, wenn auch nicht *expers idolorum*, einen christlichen Charakter erhielt. Denn bei der Grundsteinlegung durch Sopatros und Praetextatus sind heidnische Rituale vollzogen und Astrologen befragt worden. Neben Kirchen und einem Mausoleum (s. u.) wurden auch Tempel und jene Säule errichtet, die den Kaiser als Sonnengott trug. Die neue Stadt wurde zur bevorzugten Residenz. Daneben gibt es natürlich auch Baumaßnahmen in anderen Städten, so in Trier, Arles und Aquileia.

Nicht nur in Rom und Konstantinopel, sondern im ganzen Reich hat der Kaiser den Kirchenbau gefördert. Er schickte diesbezügliche Rundschreiben in die Provinzen und stellte staatliche Finanzmittel dafür zur Verfügung. Darüber hinaus ließ er die biblischen Schriften von Schönschreibern für den kirchlichen Gebrauch vervielfältigen. Insbesondere im Heiligen Lande entstanden monumentale Kirchenbauten, so die Basilika von Mamre sowie die Geburtskirche in Bethlehem und die Himmelfahrtskirche auf dem Ölberg, eingeweiht von Constantins Mutter Helena. Seit dem Ende des 4. Jahrhunderts wurde ihr die im Traum offenbarte Kreuzesauffindung in Jerusalem zugeschrieben. Die Legende verbreitete Ambrosius 395 in seiner Totenrede auf Kaiser Theodosius (43 ff). Die Echtheit des Kreuzes sei durch den noch daran befindlichen Titulus (INRI) und durch Wunderheilungen bestätigt worden. Die Grabeskirche nahe der Schädelstätte wurde mit besonderem Aufwand errichtet und zu den Tricennalien des Kaisers am 17. September 335 eingeweiht.

Die von Diocletian erweiterte Hofverwaltung gewann unter Constantin ihre bleibende Gestalt. Eine wichtige Neuerung war das Amt des *magister officiorum*, ihm unterstand die Truppe (*schola*) der *agentes in rebus*, der kaiserlichen Kommissare. Im Kronrat (*consistorium*) richtete Constantin drei Rangklassen von *comites* («Begleitern») ein, als «Justizminister» bestellte er einen *quaestor sacri palatii*. Schon unter Diocletian gab es Hofeunuchen,

326 finden wir auch einen solchen als Kämmerer, den *praepositus sacri cubiculi*. Die bereits unter Diocletian gesteigerte Prachtentfaltung wurde von Constantin fortgesetzt, er trug seit 325 das edelsteingeschmückte Diadem im doppelten Perlenkranz.

Das diocletianische Mehrkaisertum wandelte sich in ein dynastisches Mitkaisertum, indem Constantin seine Söhne und Neffen zu Unterkaisern (Caesaren) beförderte. Die Sprengel waren im wesentlichen dieselben wie in der Tetrarchie. In Gallien regierte seit 318 Crispus, ab 328 Constantin II, in Thrakien und Griechenland ab 335 Dalmatius, der Neffe des Kaisers, im Orient seit 335 Constantius II und in Italien seit 335 der jüngste Caesar, Constans. Euseb vergleicht in seiner Tricennalienrede (III 4) Constantin mit dem Lenker der Sonnenquadriga, die von den vier Caesaren gezogen wird. Das endgültige Bild beschreibt Eutrop (X 6): Der römische Staat unterstand damals einem Augustus und drei Caesaren, je ein Sohn Constantins war zuständig für Gallien, den Orient und für Italien. Zosimos (II 33) behauptet, daß die später kanonischen vier Präfekturen (Galliae, Italiae, Illyricum, Oriens) durch Constantin eingerichtet worden seien. Dies läßt sich für die letzten Jahre des Kaisers bestätigen. Eine Vierteilung des Reiches verfügte Constantin in seinem Testament.

Innerhalb der Zivilverwaltung ist Constantins wichtigste Maßnahme die Neudefinition der *praefectura praetorii*. Trotz der Auflösung der Prätorianergarde 312 blieb dieses Amt erhalten, seine Inhaber stiegen auf zu den höchsten Zivilbeamten des Reiches mit dem Recht, an Kaisers Stelle zu entscheiden (*vice sacra iudicans*). Aus Gardepräfekten wurden Reichspräfekten. Einfluß auf den Militärsektor behielten sie dadurch, daß ihnen die Rekrutierung und die Verwaltung der *annona* unterstand, aus der die Truppen versorgt wurden. An die Stelle der Prätorianerkohorten trat die neue Garde der *scholae* (s. III 1 d).

Die bereits von Diocletian vorbereitete Trennung von Zivil- und Militärgewalt wurde dadurch vollendet, daß Constantin neben höchsten Zivilämtern auch eine oberste Militärbehörde schuf, die Heermeister, *magistri militum*. Wir finden einen *magister equitum* für die Reiterei und einen *magister peditum* für das Fußvolk, im Rang folgten sie den Reichspräfekten. Diese Heermeister kommandierten anstelle von militärisch nicht hinreichend fähigen Prinzen, die *magisteria militum* boten ehrgeizigen Offizieren legale Führungsstellungen. Die Neuordnung der höchsten zivilen und militärischen Befugnis hat sich in der Folgezeit als Stütze des dynastischen Prinzips bewährt. Gleichfalls constantinischen Ursprungs ist die definitive Trennung von Grenz- und Feldarmee. Die Germanisierung des Heeres machte Fortschritte.

Eine weitere Neuordnung betraf das Steuer- und Geldwesen. Die Währung wurde 309, als Constantin in Trier war, umgestellt. Der von ihm eingeführte *aureus solidus* blieb im Byzantinischen Reich bis ins 11. Jahrhundert Grundlage der Finanzen. Die erforderlichen Edelmetalle gewann Constantin zu großen Teilen aus den eingezogenen Tempelschätzen. Dies meldet der ‹Anonymus de rebus bellicis› (2,1). Firmicus Maternus empfahl in seiner Schrift gegen die Heiden (28, 6) den Söhnen Constantins, die Götzenbilder in Münzen umzuschmelzen. Um das ausgegebene Edelmetall wenigstens teilweise in staatliche Hände zurückzulenken, erhob Constantin zwei neue Steuern, die *collatio glebalis* der Senatoren und die *collatio lustralis,* alle fünf Jahre von den städtischen Händlern und Handwerkern in Gold und Silber zu zahlen (χρυσαργύριον). Davon wurden die Fünfjahresdonative für die Soldaten bestritten (s. III 1 d).

Die Menge der Gesetze, die Constantin erlassen hat, ist schon den Zeitgenossen aufgefallen: *multas leges rogavit, quasdam ex bono et aequo, plerasque superfluas, nonnullas severas,* heißt es bei Eutrop (X 8): «Viele Gesetze erließ er, einige waren gut und gerecht, die meisten aber überflüssig, einige allzu streng.» Nazarius lobte ihre erziehende Kraft, Julian tadelte ihre verwirrende Wirkung. Im Gegensatz zur klassizistischen Tendenz Diocletians begünstigte Constantin das Vulgarrecht. Humanitär motiviert war die Bestimmung, möglicherweise unschuldige Untersuchungsgefangene zu schonen und sie bei Sonnenaufgang ins Freie zu führen, ebenso das Verbot, *ad bestias* (zum Todeskampf mit wilden Tieren) oder *ad metalla* (zur Steinbruchs- oder Bergwerksarbeit) Verurteilte im Gesicht zu brandmarken. Religiösen Einfluß zeigt der Erlaß gegen die Kreuzesstrafe, doch hat Constantin in den Jahren 314 und 334 Kreuzigungen verfügt. 366 wurde ein gefangener Alamannenkönig gekreuzigt. Die Kreuzigung als Sklavenstrafe begegnet weiterhin im ‹Codex Theodosianus›, sie wurde noch unter Justinian geübt, im Osmanenreich ist sie noch aus dem 16. Jahrhundert bezeugt. Constantin hat die alt-etruskische Todesstrafe des Säckens wiedereingeführt. Der Delinquent wurde mit roten Ruten ausgepeitscht, sodann zusammen mit Schlangen, einem Hahn und einem Hund in einem ledernen Sack (*culleus*) ertränkt. Die Strafen waren vielfach brutal. Gefangene wurden den Zirkusbestien vorgeworfen, habgierigen Beamten sollten die Hände abgehackt, Denunzianten die Zunge herausgerissen werden. Für zwanzig weitere Delikte wurde die Todesstrafe eingeführt.

Größere Kriege hat Constantin nach dem Ende des Licinius nicht mehr führen müssen. 328 zog er nochmals nach Trier. Damals besiegte sein gleichnamiger Sohn die Alamannen. An der unteren Donau, die Constantin 328 nördlich von Oescus hatte überbrücken und durch Kastelle befestigen lassen, gab es eine römische Niederlage durch die Taifalen. Auf einen Hilferuf der Sarmaten gegen die Goten trat ihnen Constantin II entgegen. 100 000 Feinde sollen damals durch Kälte und Hunger umgekommen sein. 332 kam es zum Frieden, die Goten stellten angeblich 40 000 Foederaten und den Sohn ihres Königs Ariarich als Geisel. Die zuvor von Rom gezahlten Jahrgelder entfielen. Sodann ging es gegen die unzuverlässigen

Sarmaten. Dort hatten die im Krieg gegen die Goten bewaffneten Sklaven ihre Herren vertrieben, von denen 334, wie es heißt, 300 000 Aufnahme in der Romania fanden. Ein Teil blieb indes, gesondert von den nun *Limigantes* genannten ehemaligen Sklaven, jenseits der Donau. 336 überquerte Constantin selbst nochmals den Strom und besiegte die Goten. Vermutlich sind mit diesen Siegen die Gotensäule in Konstantinopel und der Siegerbeiname *Gothicus* zu verbinden. Am 25. Juli 335 feierte Constantin mit großem Gepränge sein dreißigjähriges Regierungsjubiläum, seine Tricennalien in Konstantinopel. Seit Augustus hatte das kein Kaiser mehr erlebt. Die Festrede hielt Eusebios von Caesarea.

Im folgenden Jahre besetzte der Perserkönig Sapor (Shapur) II Armenien und bedrohte das römische Mesopotamien. Möglicherweise fürchtete der Sassanide die von Constantin beanspruchte Schutzherrschaft über die persischen Christen. Der Bischof Symeon von Seleukia sympathisierte mit dem Kaiser. Constantin erhob seinen Neffen und Schwiegersohn Hannibalianus zum König Armeniens, der den Persern erfolgreich entgegentrat.

Während der Rüstungen zum Perserkrieg erkrankte Constantin. Vor seinem Ende ließ er sich durch eine Gruppe von Bischöfen, darunter der «arianische» Ortsbischof Eusebios von Nikomedien, taufen. Man glaubte, daß durch die späte Taufe die Seele von Sünden reingewaschen vor Gottes Gericht trete. Am 22. Mai 337 ist Constantin in der Kaiservilla Achyrona oder Ankyron gestorben. Beigesetzt wurde er in der von ihm als Mausoleum gedachten Apostelrotunde von Konstantinopel. Sein Sarkophag in der Mitte war umgeben von den leeren Särgen der zwölf Jünger Jesu. Damit erscheint der Kaiser geradezu als «christusgleich». Constantius errichtete daneben die erst 370 eingeweihte, von Justinian erneuerte große Apostelkirche (s. II 4 b). Seine Söhne gaben noch eine Konsekrationsmünze für ihn heraus. Es ist die letzte auf einen römischen Kaiser. Traditionell ist die Darstellung des Kaisers, wie er auf einer Quadriga gen Himmel fährt. Neu ist die Hand Gottes, die sich ihm aus den Wolken entgegenstreckt.

Constantin ist der bedeutendste, aber auch der umstrittenste Kaiser der Spätantike. In Literatur und Kunst blieb er lebendig. Die Heiden urteilten anders als die Christen, beide waren auch untereinander uneins. Die Klage über hohe Steuern ist eher topisch. Julian warf seinem Onkel Habsucht und Verschwendung zugleich vor, er hätte auf Kosten des Staates seine Freunde, die Germanen und die Christen begünstigt. Für Eunap und Zosimos war Constantin geradezu der Totengräber des Reiches.

Auf der Gegenseite steht der Heide Praxagoras aus Athen. Er schrieb um 340 und hob Constantin über alle älteren Kaiser wegen seiner Tugenden (καλοκἀγαϑία) und verlieh ihm nach dem Vorbild Alexanders den Beinamen des «Großen». Die übrigen altgläubigen Geschichtsschreiber urteilen abgewogen. Insgesamt erscheint er in günstigem Licht, getadelt werden seine Beamten. Anerkennung finden die militärischen Leistungen seiner frühen Jahre, während die innenpolitischen Maßnahmen der späteren Zeit auf Kritik stießen. Er hätte sich zum Räuber und schließlich zum Verschwender entwickelt.

In der christlichen Tradition wurde Constantins Religionspolitik als «welthistorische Wende» empfunden, zumal in Byzanz. War er doch der erste Herrscher, dem auch das Seelenheil der Menschheit am Herzen lag! Man verehrte ihn «wie einen Gott», so auf der Porphyrsäule in Konstantinopel mit Lichtern und Räucherwerk. Lactanz und Euseb erhoben ihn zum gottgesandten Menschheitsbeglücker, und in diesem Lichte sah ihn das Mittelalter. Das Reiterbild Marc Aurels in Rom blieb erhalten, weil man es mit Constantin identifizierte.

Das Verdikt des Hieronymus in seiner Chronik, durch seine arianische Ketzerei habe Constantin den Zwist in der Kirche und der ganzen Welt verschuldet, konnte den Ruhm des Kaisers nicht schmälern. Sagen umrankten ihn, unter denen die «Silvesterlegende» von der Schenkung des Westreiches an die Päpste durch das um 760 gefälschte ‹Constitutum Constantini› politische Brisanz gewonnen hat. Es wurde 1433 durch Nikolaus von Cues angefochten und durch Laurentius Valla 1440 widerlegt. In der orthodoxen Kirche wird Constantin als Heiliger verehrt, Feiertag ist der 21. Mai, der vermutete Tauftag am Vorabend seines Todes. Auch Helena, die «neue Maria», gilt in beiden Kirchen als Heilige. «Die Wolken waren verjagt und ein froher Tag begann der *civitas Dei* zu leuchten» schreibt Otto von Freising (Chron. IV 3). Dante hingegen hat Constantin wohl edle Absicht zugetraut, verurteilte aber seinen Rückzug nach Griechenland und die Übertragung des weltlichen Regiments an den Papst.

Ein Höhepunkt der Constantintradition war das Ritterbad, das Cola di Rienzo an den *feriae Augusti*, am 1. August 1347, in der grünen Basaltwanne des Lateranbaptisteriums nahm, in der Constantin von Silvester getauft und vom Aussatz befreit worden sein sollte. Der Tribunus Augustus wollte damit symbolisch Italien, verkörpert in seiner Person, von der Tyrannei reinigen und die Volkssouveränität des *populus Romanus* wiederherstellen.

Das negative Bild Constantins wurde in der Neuzeit wieder aufgenommen von den italienischen Humanisten, die ihm vorhielten, Rom verlassen und die antike Kultur aufgegeben zu haben. Er wurde somit verantwortlich gemacht für den Beginn des «finsteren Mittelalters». In den Augen der Protestanten – bei Gottfried Arnold 1699 – hatte er nicht nur die Kirche verdorben. Er habe die verhängnisvolle Verknüpfung von Staatsgewalt und Christenglauben vorgenommen, den klerikalen Staat und die politisierte Kirche geschaffen und damit das Zeitalter der Glaubenskriege und der Ketzerverfolgung eingeleitet.

Einflußreich wurde das 1853 ausgesprochene Urteil von Jacob Burckhardt über den «Egoisten im Purpurgewand». Kein Kaiser hat mit seiner Verwandtschaft so gründlich, so gnadenlos aufgeräumt wie Constantin. Auf seinem Wege zur Alleinherrschaft starben eines gewaltsamen Todes Schwiegervater Maximian, Schwager Maxentius, Schwägerin Maximilla und deren zweiter Sohn, Schwager Bassianus, Schwager Licinius und dessen Sohn, der eigene Sohn Crispus (nebst Frau und Kind?) und die Gattin Fausta. Burckhardt betrachtete Constantins Religionspolitik als bloßes Machtkalkül; diese Vorstellung von Constantin als irreligiösem «Napoleon» begegnet seitdem mehrfach, u. a. bei Grégoire 1930. Andere Forscher nehmen indessen die Frömmigkeit des Kaisers ernst. Tatsächlich bezeugen seine eigenen Äußerungen sowie christliche und heidnische Autoren, daß er an religiösen Dingen interessiert und kaum weniger abergläubisch war als seine Zeitgenossen. Ohne Frage hat sich Constantin selbst als Christ gefühlt und angesichts seiner Siege zu jeglicher Gewalttat berechtigt geglaubt.

Die religiöse Entwicklung des Kaisers führte von einem Sonnenmonotheismus zu einem «philosophischen» Christentum, zwei Haltungen, die für die Zeitgenossen nahe beieinander lagen. Ein politisches Motiv für die «Bekehrung» lag allenfalls darin, daß Constantin den Segen Gottes erhoffte, falls alle Untertanen Christen würden. Seine Einsicht in die seit Jahrhunderten fortschreitende Christianisierung des Reiches erhebt ihn über seine Rivalen, doch auch unter Maxentius und Licinius hätte sich der neue Glaube durchgesetzt, wenn auch später und langsamer.

Wie immer wir die «constantinische Frage» nach dem Glauben des Kaisers lösen, die «constantinische Wende» von 312 beurteilen: gewiß bleibt, daß sich, wie Burckhardt sagt, ein «Weltalter» in Constantin ausdrückt. Dessen weitreichende Wirkungen lassen sich nicht bestreiten, unabhängig davon, ob wir sie begrüßen oder bedauern. Schließlich begründete Constantin mit der christlichen Monarchie die bisher dauerhafteste Staatsform der europäischen Geschichte – sie reicht in Deutschland bis zu Wilhelm II, in England bis zu Elisabeth II, d(ei) g(ratia) r(egina) f(idei) d(efensatrix). Nazarius prophezeite 321: «Vergessen wird Constantin erst, wenn die Menschen ausgestorben sind.»

4. Die Söhne Constantins (337–361)

Das Scheitern der diocletianischen Tetrarchie hatte gezeigt, daß gegen die Söhne von Kaisern kein Kandidat Aussicht auf Anerkennung bei den Truppen besaß. Darum hatte Constantin früh seine Söhne zu Mitregenten bestimmt. Er hat es aber versäumt, seinen ältesten überlebenden Sohn Constantin II zum Augustus zu erheben, ihm die Hauptstadt Konstantinopel anzuvertrauen und dadurch dem Reich ein Zentrum zu geben. Die mit so viel Blut wiedergewonnene Reichseinheit stand abermals auf dem Spiel, als der Kaiser am 22. Mai 337 starb. Constantins Testament von 335 sah eine wiederum geteilte Verwaltung des Reiches vor. Geplant war offenbar: Constantinus II sollte als ältester und ranghöchster Augustus Gallien mit Britannien und Spanien behalten; Flavius Julius Constantius II, der zweitälteste, ebenfalls als Augustus, bekam den Orient mit Ägypten; der jüngste, Flavius Julius Constans, erhielt als Caesar Italien und Africa, Pannonien und Dakien; während Thrakien dem Neffen Constantins, dem Caesar Flavius Dalmatius, zufiel. Es war die erneuerte diocletianische Tetrarchie auf dynastischer Basis. Keiner der Nachfolger wagte es jedoch in den nächsten Monaten, den Augustus-Titel zu übernehmen. Constantin regierte gleichsam als Toter weiter. Die Nachfolgeregelung im Osten wurde von Constantius II und der Garnison Konstantinopels nicht anerkannt. Es kam zu einer Meuterei gegen die möglichen Konkurrenten aus den Nebenlinien. Neun Thronanwärter fanden den Tod, darunter der 335 erhobene Caesar Dalmatius und sein Bruder Hannibalianus, der 335 zum *rex regum et Ponticarum gentium,* d. h. zum römischen Klientelkönig für Armenien ernannt worden war. Die Soldaten wollten sich nach Zosimos (II 40,3) von niemandem als den Söhnen des toten Kaisers regieren lassen. Vielleicht spielte auch das Gerücht eine Rolle, Constantin sei von seinen Brüdern vergiftet worden. Zugleich mußten der Reichspräfekt Ablabius und mehrere hohe Beamte Constantins sterben. Nur zwei Kinder entgingen dem Blutbad, die beiden Söhne von Constantins Halbbruder Julius Constantius: Gallus, der spätere Caesar, und Julianus, der spätere Kaiser. Constantius zog das Vermögen der Erschlagenen ein und sanktionierte damit deren Ende. Damit trifft ihn auch ein Teil der Schuld, die ihm Julian (270 D), Libanios (or. 18,31) und Athanasios (HA. 69,1) unverkürzt zurechnen. Erst am 9. September 337 ließen sich die drei Söhne Constantins zu Augusti ausrufen.

Durch den Tod des Caesar Dalmatius war dessen Reichsteil frei geworden. Um die Zuständigkeit zu regeln, trafen sich die drei Brüder im Jahre 338 in Viminacium an der Donau. Illyricum, 338 abermals von den Sarmaten heimgesucht, wurde zwischen Constantius II als dem Kaiser des Orients und Constans als dem Kaiser in Italien geteilt. Constantius bekam Thrakien. Constantin II, der von Trier aus die gallische Präfektur regierte, ging leer aus. Er erhielt lediglich einen Ehrenvorrang und eine Art Vormundschaft über Constans, den jüngsten Bruder. Der darin angelegte Konflikt kam 340 zum Ausbruch. Während Constans in Rom weilte, zog Constantin mit Heeresmacht nach Italien. Beim Versuch, die Julischen Alpen zu überqueren, geriet er jedoch in einen Hinterhalt und fiel. Seine Leiche wurde bei Aquileia in den Fluß Alsa geworfen. So befand sich Constans unversehens im Besitz des gesamten Westens. Sein Bruder verfiel der *damnatio memoriae.*

In den folgenden Jahren finden wir Constans im unermüdlichen Abwehr-
kampf gegen die Rheingermanen. Die Salfranken, die während des Bru-
derkrieges eingedrungen waren, wurden von Trier aus in zwei Feldzügen
341 und 342 unterworfen, aber vermutlich nicht vertrieben. Seine Münzen
deuten die Ansiedlung von Barbaren an. Dagegen scheint den Alamannen
die Eroberung Straßburgs geglückt zu sein. 343 besuchte Constans Britannien. Er unterstellte den Küstenschutz einem neugeschaffenen *comes litoris
Saxonici* und reparierte die Hadriansmauer. Das war der letzte Aufenthalt
eines legitimen Kaisers auf der Insel.

Die Innenpolitik des Constans ist durch seine betont katholische Haltung geprägt. Er beschenkte die Kirche, begünstigte den Klerus und verfolgte Heiden, Juden und Donatisten in Africa. Dort hatte sich eine Gruppe
von ihnen radikalisiert, die Circumcellionen, die «um die *cellae* (Scheunen oder Kirchen) herum lebten». Sozialrevolutionäre und eschatologische
Motive verbanden sich bei ihnen, sie betrachteten sich als eine Armee von
Heiligen, ihr Kampfruf war Hallelujah. Constans verbot sie 347, ohne sein
Ziel zu erreichen.

Im Kirchenstreit stellte sich Constans auf die Seite des Athanasios und
suchte den arianischen Sympathien des Constantius entgegenzuwirken.
Das führte bis an den Rand eines Bürgerkriegs (s. u.). Durch ungeschickte
Behandlung des Militärs und durch harte Steuerpolitik, durch Verkauf von
Ämtern und durch homosexuelle Neigungen schädigte Constans indessen seinen Ruf. Am 18. Januar 350 erhob sich der fränkische Offizier Flavius Magnentius in Augustodunum (Autun). Der damals dreißigjährige
Constans wurde auf der Flucht von einem germanischen Heermeister des
neuen Kaisers erschlagen.

Magnentius gestattete wieder nächtliche Opfer, die mithin zuvor verboten worden waren. Zugleich umwarb er die Christen durch ein flächendek-
kendes Christogramm auf den Rückseiten seiner Münzen. Rasch fand er
Anerkennung im gesamten Westen. Eine auf Gladiatoren gestützte Gegen-
erhebung von Julius (*alias* Flavius Popilius) Nepotianus, dem Sohn einer
Halbschwester Constantins, scheiterte in Rom nach vier Wochen im Juni
350. Italien fiel Magnentius zu, ebenso Africa, Libyen und Numidien.
Einer weiteren Ausbreitung seiner Macht nach Osten wurde indes dadurch
ein Riegel vorgeschoben, daß sich bereits am 1. März 350 in Mursa oder
Sirmium der bejahrte illyrische Heermeister Vetranio zum Kaiser hatte ausrufen lassen. Treibende Kraft war die Augusta Constantina, die Witwe des
337 ermordeten Hannibalianus und Schwester des Constantius, der Vetranio zunächst als Augustus und Mitherrscher anerkannte und ihm, auf dessen Bitten, Geld und Truppen gegen Magnentius schickte. Nach Eutrop
(X 10) war Vetranio Analphabet.

Constantius II stand unterdessen im Perserkrieg (s. u.). Dabei stützte er sich auf ein großes Kontingent von gotischen Söldnern, die er 341 angeworben hatte. Als aber Vetranio sich dann doch mit Magnentius verständigte und sogar den Paß von Succi gegen einen Angriff von Osten befestigte, setzte sich Constantius in Marsch. Nun änderte Vetranio abermals seine Haltung und zog dem Kaiser in friedlicher Absicht entgegen. Constantius vereinigte seine Truppen mit denen des Vetranio und zwang diesen am 25. Dezember 350 in Naïssus zur Abdankung. Vetranio durfte sich nach Prusa zurückziehen und lebte hier noch sechs Jahre.

Im Hinblick auf den Entscheidungskampf ernannten Magnentius und Constantius jeweils Caesaren zum Schutze der Grenzen im Rücken. Magnentius erhob im Sommer 350 seinen Bruder Magnus Decentius zur Dekkung der Rheinfront; Constantius, der selbst keine Kinder hatte, beförderte seinen jüngeren Vetter Flavius Claudius Constantius Gallus zum Caesar für die Persergrenze. Gallus und sein Halbbruder Julian lebten zuletzt auf dem kaiserlichen Gut Macellum in Kappadokien. Gallus wurde am 15. März 351 in Sirmium zum Caesar ausgerufen, heiratete Constantina und erhielt Antiochia als Residenz zugewiesen. Angesichts der militärischen Unerfahrenheit des neuen Caesar stellte Constantius ihm einen Heermeister für den Osten zur Seite, den *magister militum per Orientem* Ursicinus. Ammian diente unter ihm als *protector domesticus* und berichtet über ihn.

Nachdem Constantius den Orient versorgt hatte, wandte er sich gegen Magnentius. Dieser war inzwischen bis Mailand vorgerückt und wollte sich mit Gallien nicht begnügen. Am 28. September 351 besiegte Constantius mit 80 000 Mann Magnentius mit 36 000 bei Mursa in Pannonien, nachdem der fränkische *tribunus* Silvanus die Seiten gewechselt hatte. In der Schlacht sollen 54 000 Mann gefallen sein, darunter der *magister equitum* Romulus, der mögliche Eigentümer des Silberschatzes aus dem spätrömischen Kastell von Kaiseraugst am Rhein. Es ist der bedeutendste Fund von spätantikem Tafelsilber. Constantius verbrachte die Zeit des Kampfes betend in einer Kapelle. Magnentius floh nach Aquileia. Durch Amnestie und Diplomatie zog Constantius zahlreiche Verbände des Usurpators auf seine Seite, so daß dieser nach Gallien zurückkehren mußte. Hier hatte sein Caesar Decentius empfindliche Niederlagen durch den Alamannenkönig Chnodomar erlitten. 353 ging der Kaiser nach Gallien und besiegte seine Gegner in den Alpen bei *Mons Seleuci* (bei Gap) abermals. Die Städte erklärten sich für ihn, die beiden Usurpatoren nahmen sich das Leben. Damit war das Reich nach sechzehn Jahren der Teilung wieder in einer einzigen Hand.

Tragisch war das Schicksal von Philippus, dem Reichspräfekten des Constantius und Konsul 348. Ihn schickte der Kaiser 351 zu Magnentius, offiziell zu politischen Verhandlungen, geheim zu Spionagezwecken. Philippus, tollkühn in der Höhle des Löwen, versuchte, die Truppen des Usurpa-

tors umzustimmen. Das mißlang. Magnentius setzte Philippus fest. Dessen
Namen mißbrauchend, erreichte Magnentius den Übergang über die Save.
Darauf betrachtete Constantius seinen Gesandten als Verräter; er starb als
Gefangener. Später erfuhr der Kaiser die Wahrheit, rehabilitierte ihn und
ließ in allen großen Städten vergoldete Statuen für ihn errichten. Ein Nach-
komme von ihm war der Kaiser Anthemius.

Nach dem Sieg über Magnentius mußte Constantius die Anhänger des
Usurpators aburteilen und die Alamannen in die Schranken weisen, die
er selbst zuvor gegen Magnentius herbeigerufen hatte. Ersteres überließ er
seinem gefürchteten *notarius* Paulus, genannt Catena, letzteres unternahm
er selbst. 354 setzte er sich von Arelate aus in Marsch und zog mit dem
Heer an der Rhône aufwärts nach Rauracum/Kaiseraugst an den Hochrhein. Die beiden alamannischen Königsbrüder Gundomad und Vadomar waren indessen gewarnt, vermutlich durch Landsleute im römischen
Dienst. Constantius überschritt den Strom auf einer Schiffsbrücke, nahm
dann aber ein Friedensangebot an, das nach germanischer Sitte (*gentium
ritu*) besiegelt wurde. Die Alamannen erhielten Subsidien und versprachen
dafür Söldner. Constantius ging zurück ins Winterlager nach Mailand. Von
hier aus unternahm der Kaiser 355 einen zweiten verlustreichen Zug gegen
die lentiensischen Alamannen im Bodenseegebiet.

Der Caesar Gallus hatte inzwischen in Antiochia ein Schreckensregi-
ment geführt. Er ging als eifernder Arianer mit harter Hand gegen Heiden
und Häretiker vor, ließ Tempel zerstören und tyrannisierte die Untertanen
mit Majestätsprozessen. Die Juden revoltierten unter ihrem «König» Patricius 351/352. Es folgten Übergriffe der isaurischen Bergbewohner in Kleinasien auf die umliegenden Städte und Straßen, die Sarazenen plünderten in
Syrien. 354 gab es in Antiochia eine Kornknappheit, daraufhin wollte Gallus die gesamte Curie hinrichten lassen. Der Caesar ermunterte das Stadtvolk zur Lynchjustiz, deren Opfer der *consularis Syriae* Theophilos wurde.
Constantius ließ Gallus zunächst überwachen, aber dieser nahm die kaiserlichen Beamten fest, einige mußten sterben. Daraufhin zitierte Constantius
seinen Caesar herbei und ließ ihn Ende 354 in Pola umbringen. Gegen die
Freunde des Gallus wurden nun ebensolche unerbittlichen Prozesse geführt
wie zuvor gegen die Anhänger des Magnentius in Gallien.

Constantius reagierte auf Usurpationsverdacht ungemein empfindlich. Mehrere seiner höchsten Beamten fielen derartigen Verdächtigungen zum Opfer. In einem Falle sah der zu Unrecht Beschuldigte keinen
Ausweg, als sich tatsächlich zum Kaiser aufzuwerfen. Es handelt sich um
den in Köln kommandierenden fränkischen Heermeister Silvanus, der bei
Mursa von Magnentius zu Constantius übergegangen war. Er erhob sich
am 11. August 355, wurde aber bereits am 7. September durch ein Kom-
mando-Unternehmen des Ursicinus beseitigt. Ammian (XV 5 f), der daran
teilnahm, berichtet darüber. Noch im gleichen Jahre wurde Köln von den

Franken geplündert. Um weiteren Erhebungen und Einfällen vorzubeugen, ernannte Constantius am 6. November 355 in Mailand seinen Vetter Julian, den Halbbruder des Gallus, zum Caesar für Gallien und verheiratete ihn mit seiner Schwester Helena. Auch Julian erhielt einen Heermeister, nicht nur zur Unterstützung, sondern auch zur Überwachung (s. II 5). Im Mai 357 beging Constantius seinen Sieg über Magnentius mit einem feierlichen Rombesuch. Er wurde mit einem triumphalen Einzug eröffnet, der Kaiser auf dem Wagen, die Truppen in Paradeuniformen. Es folgten eine Ansprache an den Senat und Lobreden auf den Kaiser in der Curie, aus der die Victoria-Statue entfernt worden war. Der Rhetor und Philosoph Themistios war eigens aus Konstantinopel angereist, um seine Festrede (or. III) zu halten. Ammian (XVI 10) erzählt von Spenden an Volk und Armee, von einem Besuch im Zirkus mit Wagenrennen und Sprechchören, einer Stadtbesichtigung und der Errichtung eines Obelisken.

Ende Mai 357 verließ Constantius Rom und begab sich nach Sirmium an die Donau. Dort hatte sich eine Kampfgemeinschaft zwischen den germanischen Quaden und den iranischen Sarmaten gebildet, die mit ihren Reiterheeren ins Reich einbrachen. Anfang 358 griff Constantius sie über eine Schiffsbrücke an, erreichte einen Friedensschluß und die Rückgabe der römischen Gefangenen. Der Kaiser setzte einen Klientelkönig über sie. Anschließend zog er gegen die Limiganten, einen Teilstamm der Sarmaten. Dieser bestand aus den ehemaligen Sklaven der Sarmaten, die sich gegen ihre Herren erhoben und sie vertrieben hatten, aber ebenso wie jene die angrenzenden Gebiete des Imperiums zu plündern pflegten. Bereits im nächsten Sommer räuberten die Barbaren wieder in den Provinzen, und Constantius mußte abermals gegen sie vorgehen.

Neben Rhein- und Donaufront blieb auch die Euphratgrenze heftig umkämpft. Sapor II hatte bereits unter Constantin die Feindseligkeiten wieder eröffnet (s. II 3). Während er die persischen Christen, die mit Rom sympathisierten, grausam verfolgte, bemühte er sich einerseits um die Rückgewinnung des oberen Mesopotamien, das die Perser an Diocletian verloren hatten (s. II 2), und andererseits um die Sicherung des persischen Einflusses auf Armenien. Der armenische Adel trat auf seine Seite. König Tigranes (VII? Tiran), seit etwa 330 römischer Klientelkönig, geriet in persische Hand und wurde geblendet. Sein Sohn Arsaces III hingegen entkam zu den Römern. Constantius verheiratete ihn mit Olympias, der Tochter des hingerichteten Reichspräfekten Ablabius, die mit Constans verlobt gewesen war. Es gelang Constantius, Arsaces III und sein Gefolge nach Armenien zurückzuführen. Die Güter, die Arsaces über Olympias im Reich erworben hatte, befreite Constantius 360 von Steuern.

Im oberen Mesopotamien verliefen die Auseinandersetzungen für Rom weniger günstig. Festus (27) spricht von neun Schlachten, bei denen

gewöhnlich römische Städte umkämpft waren. Nachdem Sapor bereits
337 die Grenzfestung Nisibis belagert hatte, die der dortige Bischof Jacobus verteidigte, nahm Constantius 341 eine ungenannte persische Stadt ein
und siedelte deren Bewohner nach Thrakien um. 344 wurde Constantius
von Sapor in einem Nachtkampf vor Singara geschlagen. In den Jahren 346
und 350 berannte Sapor II Nisibis wiederum, doch ein Einfall der Massa-
geten zwang ihn zum Frontwechsel. Ab 355 bietet Ammian eine ausführliche Chronik des Krieges im Osten, an dem er als Stabsoffizier beteiligt war.
Er schildert Spähtruppunternehmen, Überfälle, Verhandlungen, berichtet von der Flucht vornehmer Römer aus wirtschaftlichen oder politischen
Gründen zu den Persern und beschreibt die vergeblichen Friedensverhandlungen. Sie scheiterten an den Gebietsforderungen des Persers: Obwohl
seine Vorfahren – gemeint sind die Achämeniden – bis zum Strymon in
Makedonien geherrscht hätten, wolle er sich mit dem Anspruch auf Mesopotamien und Armenien begnügen. Constantius verweigerte dies im Hinblick auf den Sieg der Römer über die Makedonen, die ihrerseits Persien
besessen hätten, und Sapor marschierte abermals ein. Ammian beschreibt
die von ihm miterlebte Belagerung von Amida (Diyarbakir) am Tigris 359,
den Fall der Stadt und seine abenteuerliche Flucht. 360 eroberte der Sassanide außerdem noch Singara und Bezabde. Constantius forderte Truppen
von Julian, und dies führte zu dessen Erhebung.

In der Innenpolitik hat Constantius II den Weg seines Vaters fortgesetzt,
indem er durch eine Steigerung der kaiserlichen Autorität und durch einen
Ausbau der Verwaltung den Staat zu festigen suchte. Die Trennung von
Zivil- und Militärgewalt wurde sorgsam beachtet, am Vorrang der Reichspräfekten vor den Heermeistern nichts geändert. Dem Einfluß der Militärs trat der Kaiser entgegen. Die Germanen begünstigte er jedoch in einer
Weise, die nicht nur Julian (280 B), sondern auch Ammian (XIV 10, 8)
anstößig erschien. Die Eigenständigkeit der Reichsteile festigte sich durch
die neu eingerichteten Sprengelgenerale: Seit Ende 350 kommandierte
ein *magister militum per Orientem* an der Seite des Caesar Gallus, seit 355
ein *magister militum per Gallias* neben dem Caesar Julian und seit 359 ein
magister militum per Illyricum anstelle von Constantius selbst, der abermals
die Donaufront verlassen und in den Perserkrieg ziehen mußte.

Eine Stärkung erfuhr auch die Hofadministration. Die Höflinge nahmen
zu an Zahl wie an Rechten. Zum ersten Male finden wir in dem *praepositus sacri cubiculi* Eusebios einen Palasteunuchen in einer Schlüsselposi-
tion. Vermutlich hatte ihn bereits Constantin erhoben. Julian ließ ihn 361
hinrichten, sein Ruf war schlecht. Die Kontrolle über die Ämter suchte
Constantius dadurch zu verbessern, daß er die Kanzleivorstände (*principes officiorum*) aus der Truppe der *agentes in rebus* ergänzte, die nicht dem
jeweiligen Amtsinhaber, sondern dem *magister officiorum* unterstanden.

Mit Vorrang beförderte der Kaiser Beamte aus dem Osten, die seiner «arianischen» Glaubensrichtung nahestanden, doch lobt Ammian (XXI 16, 1) die Zurückhaltung in der Vergabe hoher Stellen.

Der Heranbildung einer neuen Elite, die unter Constantin eingesetzt hatte, diente die Erweiterung des Senats von Konstantinopel durch den 355 in das Hohe Haus berufenen Themistios. Seit 359 gab es dort anstelle der bisherigen Prokonsuln einen *praefectus urbis (Constantinopolitanae)*.

Um das Neue Rom auch kirchenpolitisch aufzuwerten, ließ Constantius 356/357 aus Achaia beziehungsweise Asia die Reliquien des Apostels Andreas, des Evangelisten Lukas und des Timotheos, des Begleiters von Paulus, in die neu erbaute Apostelkirche überführen. Dabei störte ihn sein eigenes Gesetz nicht, das Gräber unter Schutz stellte und das Wegschaffen von Leichen und Teilen derselben untersagte. Die neue Kirche schloß sich an das Mausoleum Constantins an, das baufällig war und erneuert werden mußte. Als der Patriarch deshalb den Sarkophag des Kaisers herausnehmen ließ, gab es einen Aufruhr, bei dem viel Blut floß.

Der Kurs gegen die Heiden setzte sich fort. Der Konvertit Firmicus Maternus (28, 6) forderte in seiner Schrift ‹De errore profanarum religionum› von den Kaisern die gewaltsame Ausrottung des Heidentums, die zwangsweise Bekehrung und die Konfiskation der Tempelschätze. Fünf Gesetze des Constantius bekämpften den «Wahnsinn» der Götterverehrung und drohten den Übertretern mit der *poena capitis*. Im Schutze der kaiserlichen Gunst gingen auch Kirchenmänner gegen alte Heiligtümer vor. In Heliopolis-Baalbek zerstörte ein Diakon zahlreiche Götterbilder, in Ägypten tat dies der *dux* Artemius. In Durostorum zerschlug ein Fanatiker Götteraltäre, in Arethusa ließ der Bischof einen Tempel einreißen und über den Trümmern eine Kirche errichten. Weiterhin hören wir von Tempelzerstörungen in Caesarea Cappadociae, Alexandria, Antiochia und Gaza. Gallus entweihte den Apollontempel von Daphne. In der Ämterbesetzung konnte Constantius hingegen auf Heiden nicht verzichten. Der prominenteste unter seinen altgläubigen Günstlingen war der Philosoph Themistios. Über das Nebeneinander von christlichen und heidnischen Festen der Zeit unterrichtet uns der Filocalus-Kalender von 354.

Das dominante religionspolitische Problem blieb das einheitliche Bekenntnis der Kirche. Nach dem Tode Constantins 337 durften Athanasios und die mit ihm verbannten Bischöfe in ihre Heimatgemeinden zurückkehren. Dort hatten ihre Gegner inzwischen Boden gewonnen, und es kam wieder zu Mord und Totschlag. Constantius ignorierte die Mahnung des Hosius von Cordoba, die Kirche sich selbst zu überlassen. Er begünstigte unter dem Einfluß seiner Vaterschwester Constantia, der Witwe des Licinius, die Arianer und trat auf die Seite der Gegner des Athanasios, die Konstantinopel und die meisten kleinasiatischen und syrischen Bistümer beherrschten. Der führende Kopf war Eusebios von Nikomedien, seit 338 oder 339 Bischof von Konstantinopel. Athanasios wurde durch eine Synode in Antiochia abermals abgesetzt und ging nach Rom. 339 bestieg sein Nachfolger Gregorios unter militärischem Schutz den alexandrinischen Bischofsstuhl.

Während Athanasios Ende 339 bei Julius, dem Bischof von Rom, und bei Constans Unterstützung suchte, starb in Konstantinopel Eusebios (um 341). Über seine Nachfolge kam es zum Bürgerkrieg zwischen den Orthodoxen und den von Constantius unterstützten Arianern. Der Kaiser schickte aus Antiochia seinen Heermeister Hermogenes, doch verlor dieser im Straßenkampf Anfang 342 das Leben, der Prokonsul konnte verwundet entfliehen. Constantius eilte selbst von Antiochia nach Konstantinopel und halbierte dem Volk die Brotzuteilung.

Constans hatte unterdes angeregt, für 342/343 ein gemeinsames Schlichtungskonzil nach Serdica an der Grenze der beiden Reichsteile zu berufen, und sein Bruder ging darauf ein. Die Bischöfe des Westens bestanden auf der Teilnahme des verbannten Athanasius, daraufhin verweigerten die Orientalen ihre Mitwirkung. Beide Gruppen exkommunizierten sich gegenseitig. Bei der nächstfolgenden Schlacht um den Stuhl von Konstantinopel soll es 3510 Tote gegeben haben. Constantius verhängte Exilstrafen. Constans aber unterstützte im östlichen Reichsteil die orthodoxe Partei. Er schickte den gotischen Heermeister Salia zu Constantius und drohte mit Krieg, falls die Verbannungsurteile aufrechterhalten blieben. Constantius gab nach. Die Anhänger des Athanasios und dieser selbst kehrten 346 in ihre Heimatgemeinden zurück. 348 erhielt Salia das ordentliche Konsulat.

Nach dem Sturz des Constans durch Magnentius 350 (s. o.) suchte Athanasios bei dem Usurpator Unterstützung gegen Constantius. Diese hochverräterischen Beziehungen kamen ans Licht, und der Kaiser ließ Athanasios durch zwei Synodalbeschlüsse, 353 in Arles und 355 in Mailand, zum dritten Mal absetzen. Die Freunde des Athanasios, darunter Paulinus von Trier, Lucifer von Calaris, Hilarius von Poitiers, Hosius von Cordoba und Liberius von Rom, wurden verbannt. Die spätere orthodoxe Überlieferung, Constantius habe 300 Bischöfe zur Unterschrift gezwungen, spräche eher gegen die Bischöfe als gegen den Kaiser. Constantius schickte 356 drei Legionen nach Alexandria und verhalf den Arianern zum Siege. Athanasios ging in den Untergrund und beschimpfte in seinen Pamphleten den Kaiser als Tyrannen und Antichrist. Der Patriarch organisierte aus dem Versteck den Kampf gegen seinen Nachfolger Georgios, der nach monatelangem Bürgerkrieg 358 aus Alexandria vertrieben werden konnte und erst 361 mit kaiserlicher Hilfe zurückkehrte.

Die letzten Jahre unter Constantius waren durch die Suche nach einer neuen Glaubensformel bestimmt. Der Kaiser berief 357 eine Synode nach Sirmium; deren Credo, die «dritte sirmische Formel», wurde schließlich auch von den Vorkämpfern der Orthodoxen, von Hosius und Liberius unterzeichnet. Liberius kehrte 358 nach Rom zurück und setzte sich in blutigem Bürgerkrieg gegen seinen Nachfolger Felix durch. Bis 365 gab es zwei Päpste.

359 folgte eine Doppelsynode, in Ariminum für die westlichen und in Seleukia am Kalykadnos für die östlichen Bischöfe. Beide Synoden wurden von kaiserlichen Beamten geleitet. Nur mit größter Anstrengung gelang es, die Glaubenseinheit zu erzielen. Ein abschließendes Konzil 360 in Konstantinopel bestätigte die Beschlüsse der beiden Synoden. Sowohl auf arianischer als auch auf orthodoxer Seite blieben einige Bischöfe in der Opposition. Nachdem sich die Orthodoxie dann unter Theodosius 380 durchgesetzt hatte, wurde Constantius als arianischer Ketzer verurteilt. Die Kirchenversammlungen von 359 und 360 galten später nicht als rechtgläubig.

Während die Bemühung von Constantius II um die dogmatische Einheit innerhalb des Reiches mißlang, machte die Christianisierung der Randvölker bemerkenswerte Fortschritte. Der neue Glaube faßte Fuß bei den Stämmen am Rhein und bei den Kelten in Gallien und bewog diese zu einer «friedlicheren und vernünftigeren Lebensart». Ein frühes Zeugnis für den Christenglauben der Goten ist die Teilnahme ihres Bischofs Theophilos am Konzil von Nicaea 325. Die Germanen lernten das Christentum kennen, während sie als Söldner im Reichsheere dienten oder indem sie Christen als Kriegsgefangene aus den Provinzen ins Barbaricum verschleppten, wie es in der Zeit des Gallienus geschah, als die Goten Kleinasien plünderten.

Aus einer solchen christlich-römischen Familie stammt Wulfila (Ulfilas). Er wurde um 310 im Gotenlande nördlich der unteren Donau geboren, lernte Latein und Griechisch und wurde um 341 durch Eusebios von Nikomedien, den Bischof in Konstantinopel, zum Bischof der Goten geweiht. Wulfila übernahm das damals im Osten gültige Bekenntnis, das später als «arianisch» verketzert wurde. Eine Wesensverwandtschaft zwischen Germanentum und Arianismus ist kaum anzunehmen, eher jene dogmatische Unbekümmertheit, die ebenso aus der Reise der Königin Gaatha spricht und die Prokop (BG. IV 4) von den südrussischen Goten überliefert: Diese wüßten gar nicht, welchem christlichen Bekenntnis sie eigentlich angehörten.

Wulfilas größte Leistung war die Übersetzung der Bibel ins Gotische. Sie umfaßt außer dem Neuen Testament auch Teile des Alten. Wulfila hat eigene, aus dem griechischen Alphabet abgeleitete Buchstaben dafür erfunden. Der im 6. Jahrhundert, vermutlich unter Theoderich dem Großen, in Italien geschriebene ‹Codex argenteus›, der im Dreißigjährigen Krieg aus Essen-Werden nach Uppsala entführt worden ist, enthält möglicherweise Teile dieser Übersetzung. Die neben Wulfila unter den Goten tätigen Missionare haben kaum Spuren hinterlassen.

Die Christianisierung der Goten hat sich langsam vollzogen. Noch 376 gab es zahlreiche Heiden unter ihnen. Wulfila selbst ist um 348 von einem heidnischen Gotenfürsten, vielleicht Athanarich, vertrieben worden und fand mit seiner Gemeinde Aufnahme im Reich. Hier wohnten sie später um Nikopolis ad Istrum in Niedermoesien als *Goti minores*. Von den Westgoten sind dann wohl auch die übrigen Ostgermanen zum arianischen Glauben bekehrt worden. Wulfila starb während eines Konzils in Konstantinopel, vermutlich 383 (s. II 7). Später begegnet die arianische Gotengemeinde unter Wulfilas Nachfolger Selenas in Phrygien.

Eine Mischung aus politischen, ökonomischen und religiösen Motiven ist wie in der Gotenpolitik so auch in der Mission des «Inders» Theophilos zu erkennen. Euseb (VC. IV 7; 50) berichtet von indischen Gesandten bei Constantin dem Großen, und Philostorgios (III 4–6) bestätigt, daß die Bewohner der Insel Dibous den genannten Theophilos als Knaben bei Constantin vergeiselt hätten. Jener schlug die geistliche Laufbahn ein, genoß das Vertrauen von Constantius und wurde von diesem zu den «Homeriten», den Himjariten um Saba in Südwestarabien, gesandt. Theophilos überbrachte dem Ethnarchen vom Kaiser 200 kappadokische Rosse und andere prächtige Geschenke, überwand den Widerstand der dortigen Juden durch Wundertaten, wie es heißt, und durfte an wichtigen Verkehrsknotenpunkten drei Kirchen errichten, eine davon in Tapharon, der Hauptstadt, die zweite in Aden, dem «Emporion der Römer», und die dritte in Mercium Persarum (Persepoliskon). Offenbar spielte hier die Rivalität zu den Sassaniden eine Rolle. Danach besuchte Theophilos seine Heimatinsel und regelte sodann die religiösen Verhältnisse unter den Christen in «Indien». Anschließend begab er sich zu den Aksumiten nach Äthiopien. Nachdem Theophilos seine Geschäfte dort erledigt hatte, die nicht näher beschrieben werden, sei er zu Constantius zurückgekehrt und habe den Bischofsrang erhalten, ohne bestimmten Sprengel.

Die Anfänge des Christentums in Äthiopien gehen zurück in die dreißiger Jahre des 4. Jahrhunderts. Rufinus († 410) berichtet im ersten Buch seiner Kirchengeschichte (cap. 9), das möglicherweise nur eine Übersetzung des Werks von Gelasios von Caesarea († 395) darstellt, im Gefolge des Reisephilosophen Metrodoros (s. II 3) habe der *filosofus* Meropios aus Tyros zur Zeit Constantins eine Erkundungsfahrt nach India ulterior, d. h. nach Vorderindien, durchgeführt. Auf dem Rückweg sei er bei einer Landung von Einheimischen erschlagen worden, doch seien zwei jugendliche Begleiter, Aedesius und Frumentius, als Gefangene an den Hof des Königs gelangt. Der Fortgang lehrt, daß es sich um den äthiopischen König von Axomis/Aksum gehandelt haben muß.

Die beiden Jünglinge brachten es zu Vertrauensstellungen, so daß ihnen gestattet wurde, für die römischen Kaufleute, vermutlich in Adulis, Kirchen zu bauen. Der Thronfolger hätte auch selbst den neuen Glauben zu verbreiten getrachtet. Später sei Aedesius nach Tyros heimgekehrt, wo er Rufinus (oder Gelasios?) diese Erlebnisse erzählt hätte, während Frumentius nach Alexandria ging und dort von Athanasios zum Bischof für die Barbaren geweiht wurde. Frumentius begab sich wieder nach «Indien» und predigte das Wort Gottes.

356 oder 357 hat Constantius an die «Tyrannen» (so Athanasios) von Aksum, an Aizanas und Sazanas geschrieben und verlangt, sie sollten Frumentius zu dem Patriarchen von Alexandria Georgios schicken, um die Weihe zu bestätigen. Vor Athanasios, der den Brief überliefert (apol. ad Const. 29 ff), mögen sie sich hüten. Das Interesse des Kaisers an den Anrainern des Roten Meeres spricht weiterhin aus dem Erlaß von 356, Gesandte zu den Axumiten und Homeriten dürften nicht länger als ein Jahr in Alexandria verweilen, andernfalls verlören sie die Reisespesen. Die Christianisierung von Aksum ist auch durch Inschriften und Münzen des Aizanas bezeugt. Er gilt als der «Konstantin Abessiniens».

Im 6. Jahrhundert haben aus Syrien vertriebene Mönche, die «Neun Heiligen», den Monophysitismus in Aksum eingeführt. Als Julian 362 in Konstantinopel weilte, empfing er dort Gesandtschaften der Divi aus Indien und der Serendivi aus Ceylon, die offensichtlich für Constantius bestimmt waren. Doch dieser war nicht mehr am Leben.

Im Winter 360/61 hatte Constantius zum dritten Male geheiratet. Seine neue Frau Faustina gebar ihm nach seinem Tode eine Tochter, Constantia, die 374 die Frau des Kaisers Gratian wurde und damit die constantinische und die valentinianische Dynastie verband. 361 erschien der Kaiser nochmals auf dem persischen Kriegsschauplatz, um sich dann gegen Julian zu wenden (s. II 5). Am 3. November 361 verstarb er jedoch dreiundvierzigjährig zu Mopsukrene in Kilikien. Wie sein Vater ließ er sich erst kurz vor seinem Tode taufen, beigesetzt wurde er im Mausoleum Constantins zu Konstantinopel, das allerdings nicht als Familiengrablege vorgesehen war.

Die Situation des Reiches hat sich unter den Söhnen Constantins verschlechtert. Das Nebeneinander mehrerer ranggleicher Augusti während der gemeinsamen Herrschaft der Brüder erwies sich wegen der Rivalitäten abermals als undurchführbar, und die Alleinherrschaft eines einzigen Kaisers reichte nicht aus, das Reich vor den äußeren Gegnern zu schützen. Um Usurpationen vorzubeugen, ernannte Constantius II seine Vettern Gallus und Julian nacheinander zu Caesaren (s. o.). Wenn dieser dritte Weg ebensowenig gangbar war, so lag es im Falle des Gallus an dessen Person, im Falle Julians eher an der Engherzigkeit des Constantius, der einen *junior Augustus* nicht neben sich dulden wollte (s. II 5). Hätte er Julian als solchen anerkannt, wäre ein Doppelkaisertum vorstellbar gewesen, sofern wir nicht den religionspolitischen Meinungsverschiedenheiten so viel Sprengkraft zutrauen, daß es dann doch zum Zusammenstoß gekommen wäre.

Kritisch bemerkt Ammian (XXI 16,15) über Constantius II: Gegen äußere Feinde verlor er, gegen innere gewann er. Den Zwist nutzend, griffen Franken und Alamannen über den Rhein, Quaden und Sarmaten über die Donau an, und die Perser eroberten wichtige Städte. Im Inneren schritten Bürokratisierung, Germanisierung und Christianisierung voran, letztere war verbunden mit schweren Auseinandersetzungen zwischen «arianischen» Homoiern um Constantius II und Katholiken, namentlich in Alexandria und Rom. Geistiges Haupt der Orthodoxie war Athanasios.

Abgesehen von der Christianisierung der Goten und Äthiopier sind keine weitreichenden Entscheidungen gefallen. Es gab keine herausragenden Charaktere unter den Kaisern: Constantin II und Constans bleiben im Halbdunkel einer dürftigen Überlieferung, Constantius II ist besser bezeugt, wird aber zumeist ungünstig beurteilt. Die heidnische Historiographie kritisiert ihn für seine Bevorzugung der Kirche und stellt ihn in Kontrast zu dem leuchtenden Julian. Die orthodoxe Literatur – namentlich Athanasios, Lucifer und Hilarius – prangert seinen «Arianismus» an und betrachtet ihn als Epigonen Constantins. Aber nicht allein Philostorgios, der dem Glauben des Kaisers nahestand, urteilt positiv. Der orthodoxe Gregor von Nazianz bemerkt: «Niemand hat jemals für etwas mit heißerer Liebe gewirkt als Constantius für die Ausbreitung, Ehre und Macht des Christentums.»

Constantius macht den Eindruck eines mißtrauischen und engstirnigen, aber frommen und behutsamen Regenten. Allgemein wird sein übersteigerter Begriff der Kaiserwürde, sein gnadenloses Vorgehen gegen mutmaßliche Majestätsverbrecher und seine übermäßige Hofhaltung getadelt. Immerhin hat er den Bestand des allseits bedrohten Reiches gewahrt. Doch gab es Verluste: das Vordringen der Salfranken nach Nordgallien und das der Alamannen über den Oberrhein wurde durch den Kampf gegen die Usurpation des Magnentius möglich.

Die positiven Züge an Constantius II betonten Ranke (1883, 102), der ihn «eine große Gestalt» nannte, und Mommsen (1886, 162), der meinte, Constantius sei «besser als die meisten Herrscher dieses öden Jahrhunderts gewesen». Freilich dürfte bei Mommsen dessen Antipathie gegen Constantin mitsprechen; eine ähnliche Aufwertung erwies er Tiberius gegenüber Augustus. Wir sehen Constantius vor uns nicht, wie er sich mit seinen Soldaten im Bogenschießen, Weitsprung und Wettlauf übt, sondern bei seinem feierlichen Einzug 357 in Rom auf seinem goldenen, mit Juwelen geschmückten Wagen, starr wie eine Bildsäule. Er winkt nicht, spuckt nicht, putzt sich nicht die Nase und zieht den Kopf ein, wenn er durch einen Triumphbogen fährt.

5. Julian (355–363)

Flavius Claudius Julianus wurde Ende 331 in Konstantinopel geboren. Er war ein Enkel von Constantius Chlorus und der letzte männliche Sproß der constantinischen Familie. Sein Vater Julius Constantius stammt allerdings nicht aus der Verbindung zwischen Constantius Chlorus und Helena, aus der Constantin hervorging, sondern aus der Ehe mit Theodora, der Stieftochter des Maximianus Herculius. Insofern war Julian dynastisch besser legitimiert als Constantin.

Julians Mutter Basilina war die Tochter eines *praefectus praetorio* des Licinius, sie bekannte sich zum christlichen Glauben arianischer Prägung und starb wenige Monate nach Julians Geburt. Der Vater Julians hatte aus erster Ehe den späteren Caesar Gallus sowie einen weiteren, älteren Sohn. Mit diesem zusammen wurde er ein Opfer der dynastischen Morde von 337, obschon er politisch nicht hervorgetreten war. Constantin hatte ihm lediglich einige Ehrungen zuteil werden lassen: den Titel eines Patricius, das Jahreskonsulat von 335 und den Rang eines *vir nobilissimus*. Julian entging dem Mord, weil die Soldaten mit dem sechsjährigen Knaben Mitleid verspürten (s. II 4).

Julians Erziehung lag zunächst in der Hand des Eusebios von Nikomedien. Der Bischof überließ den Prinzen einem gebildeten Eunuchen, Mardonios, der zwar Christ war, aber Julian für Homer und die alten Griechen zu begeistern verstand. Mardonios war Erzieher von Julians Mutter Basilina gewesen. Er wird als «Skythe» bezeichnet. Vermutlich war er Gote. Julians Muttersprache war Griechisch, doch verstand er auch «nicht wenig» Latein.

In den Jahren 342 bis 348 lebte Julian zusammen mit Gallus auf der kaiserlichen Domäne Macellum bei Caesarea in Kappadokien. Obwohl die Anlage mit einem prächtigen Palast, mit Bädern, Gärten und Quellen reich versehen war, empfand Julian dies als eine Art Haft. Er wurde in der Bibelkunde unterrichtet; die Überlieferung, daß er getauft worden sei, das Amt eines Lektors versehen und eine Märtyrerkapelle gestiftet habe, mag erfunden sein, um seinen späteren Abfall vom Christentum krasser hervortreten zu lassen. Julian schloß Bekanntschaft mit dem Arianer Georgios von Kappadokien, dem Bischof von Lykopolis und späteren Gegenbischof des Athanasios in Alexandria. Georg lieh Julian Bücher, und darunter befanden sich Werke von Neuplatonikern. Besonderen Eindruck machten auf Julian die Schriften des Jamblichos (s. III 6 a).

Nach sechsjährigem Aufenthalt auf dem *fundus Macelli* wurde Julian nach Konstantinopel geholt. Dort hörte er bei dem heidnischen Philosophen Nikokles, bis Constantius ihn unter die Obhut des damals christlichen Rhetors Hekebolios nach Nikomedien schickte. Hier lehrte der

Rhetor Libanios aus Antiochia, der später von Julian als väterlicher Freund betrachtet wurde. Libanios war Heide, und darum war es Julian untersagt, ihn zu hören. Doch besorgte er sich die Vorlesungsnachschriften. Erst 351, als Gallus zum Caesar des Ostens aufstieg, gewann Julian etwas Bewegungsfreiheit. Constantius hatte zwar im Anschluß an die Prinzenmorde 337 sein väterliches Vermögen eingezogen, aber Julian besaß noch Güter von seiner Mutter her. Um ihn aus der Politik herauszuhalten, gestattete ihm Constantius, seine philosophischen Studien weiterzuführen. Die folgenden vier Jahre widmete Julian der griechischen Literatur. Zu den lateinischen Autoren gewann er niemals Zugang, er sprach Latein nicht einmal vor Gericht, und seine Werke sind griechisch abgefaßt, so wie die Selbstbetrachtungen Marc Aurels, des anderen römischen Philosophenkaisers.

In den Jahren 351 bis 355 finden wir Julian als Hörer verschiedener kleinasiatischer Rhetoren. Er hörte in Pergamon den Schüler des Jamblichos Aidesios und in Ephesos dessen Schüler Maximus. Der Ruf des Maximus gründete sich weniger auf seinen Aristoteleskommentar als auf seine «Wunderkraft». Wir hören, daß er einmal das Standbild der Hekate zum Lachen und zwei Fackeln in ihren Händen zum Brennen gebracht haben soll. Maximus hat auf Julian großen Eindruck gemacht. Das bezeugt die Anekdote, wie Julian als Kaiser 362 eine Senatssitzung in Konstantinopel aussetzte, weil er hörte, daß Maximus gekommen sei. Als dieses Verhalten mit Befremden aufgenommen wurde, habe Julian den Senatoren eine Rede darüber gehalten, daß die Weisheit des Philosophen hoch über der Macht eines Kaisers stehe. Maximus ist nach Julians Tod der Zauberei angeklagt und fast zu Tode gefoltert worden. 372 wurde er hingerichtet, weil er Valens einen gewaltsamen Tod ohne Bestattung vorausgesagt haben soll.

Julian hat später seine Rückkehr zum Götterglauben ins Jahr 351 verlegt. Solange er von Constantius überwacht wurde, konnte er sich nicht an heidnischen Ritualen beteiligen. Er lebte damals, wie Libanios (or. 18,19) schreibt, als ein griechischer Löwe in einer christlichen Eselshaut. Der Glaubenswechsel hat ihm den Beinamen *Apostata*, der Abtrünnige, eingetragen, auch bei Lateinern wie Augustin.

Nachdem Constantius 354 Gallus hatte töten lassen, holte er Julian an den Hof nach Mailand, stellte ihn mehrere Monate unter strenge Bewachung und eröffnete dann auch gegen ihn einen Prozeß, wie gegen alle, die mit Gallus irgendwelche Verbindungen hatten. Durch die Fürsprache der Kaiserin Eusebia wurde Julian gerettet. Er erhielt 355 die Erlaubnis, zum Studium nach Athen zu gehen. Dort hörte er in der Akademie, vor allem bei Priscus, besuchte anscheinend auch die Schulen in Korinth und Sparta und ließ sich in die Eleusinischen Mysterien einweihen. Nach außen hin blieb Julian Christ und verkehrte mit den späteren Kirchenvätern Basilius von Caesarea und Gregor von Nazianz, die mit ihm dort studierten.

Die Zeit in Athen dauerte nicht lang. Constantius benötigte einen Regenten für Gallien. Hier hatten Franken, Alamannen und Sachsen bereits vierzig Städte genommen; der Heermeister Silvanus konnte nur unter Lebensgefahr 8000 Soldaten durch Gallien führen. Nachdem Silvanus sich im August 355 in Köln zum Gegenkaiser erhoben hatte und gestürzt worden war (s. II 4), beschloß Constantius auf Vorschlag Eusebias, Julian als Caesar nach Gallien zu senden. Am 6. November 355 erfolgte die Investitur des Vierundzwanzigjährigen in Mailand. Anschließend vermählte ihn Constantius mit seiner Schwester Helena und schickte ihn nach Gallien. Helena war Christin, sie starb 360, ohne Kinder zu hinterlassen. Begraben wurde sie mit Constantina, der Frau des Gallus, in Santa Costanza an der Via Nomentana in Rom. Ähnlich wie Gallus zuvor erhielt Julian einen Heermeister und einen kleinen Beamtenstab von Constantius ergebenen Leuten, die den Caesar unterstützen und überwachen sollten.

Am 1. Dezember 355 verließ Julian Mailand und begab sich nach Vienne. Die Franken hatten Köln geplündert und größere Teile Nordgalliens in Besitz genommen, die Alamannen besiedelten einen breiten Landstreifen links des Rheins und dehnten ihre Raubzüge bis nach Mittelgallien aus. Libanios beschreibt, wie die Provinzialen ihre Habe den Germanen hinterhertragen und ihnen als Ackersklaven dienen mußten, wie die bedrohten Bauern innerhalb der halbverlassenen Städte ihr Korn anbauten und ihr Vieh hielten. Das römische Britannien wurde unterdessen von den Scoten und Picten bedroht.

In einer Serie von Feldzügen gegen die in Gallien lebenden Alamannen bezwang Julian sowohl die Alamannen unter Chnodomar, dessen Armee er 357 mit 13 000 Mann bei Straßburg besiegte, als auch die salischen Franken, denen er Teile des linken Rheinufers (Toxiandrien) unter den Bedingungen eines *foedus* zur Siedlung überließ. Kurz zuvor hatte Constantius ihm den vollen Heeresbefehl übertragen. Dreimal stieß Julian ins rechtsrheinische Alamannenland vor, um Frieden zu erzwingen und die Rückgabe der Beute, insbesondere von 20 000 (?) versklavten Provinzialen, zu erreichen. Er sicherte 358 durch einen Frieden mit den fränkischen Chamaven für die von 200 auf 600 Schiffe vergrößerte Kanalflotte die Seeverbindung von Britannien zur Rheinmündung. Den Vorschlag seines Präfekten Florentius, die Franken mit 2000 Pfund Silber zu besänftigen, wies er zurück. So beherrschte Rom die Stromgrenze wieder in ihrer ganzen Länge. Der Eindruck, den Julian hinterließ, war so stark, daß die Germanen auch nach seinem Abzug 360 ruhig blieben und erst auf die Nachricht von seinem Tode wieder angriffen. Als erster Kaiser führte Julian inschriftlich den Siegerbeinamen FRANCICUS neben den schon zuvor bezeugten Titeln GERMA-NICUS und ALAMANNICUS, jeweils verstärkt durch MAXIMUS.

Gleichzeitig mit der Verteidigung Galliens betrieb Julian den Wiederaufbau der zerstörten Städte, die Befestigung der Grenzen, die Ausbesserung der Straßen und die Rechtspflege. In einem ungewöhnlichen Umfang hat er sich um die Nöte der Provinz gekümmert. Er ist der Korruption unter den Beamten entgegengetreten und hat durch seine arbeitsame, asketische Lebensweise und seine durchgreifende Gerechtigkeit in Gallien eine musterhafte Verwaltung aufgezogen. Die finanziellen Lasten der Provinzialen wurden reduziert, indem einerseits die Bürokratie hart angefaßt wurde und andererseits die Germanen Tribute zahlen mußten. Gegen die Britannien verwüstenden Picten und Scoten sandte Julian 360 den Heermeister Lupicinus mit germanischen Hilfstruppen.

Gegen Ende der fünfziger Jahre war die römische Herrschaft in Gallien völlig wiederhergestellt, während Constantius an der Perserfront Verluste hinnehmen mußte (s. II 4). 360 forderte Constantius erhebliche Truppenkontingente aus Gallien. Das hat den Konflikt zwischen Constantius und Julian ausgelöst. Julian schickte nur einen Teil der gewünschten Mannschaft und schrieb an Constantius seine Bedenken. Inzwischen waren die Truppen in Paris zusammengezogen worden, aber die Frauen protestierten gegen den Abmarsch ihrer Männer. Die Foederaten fürchteten um Haus und Hof, beriefen sich auf Verträge, die nur einen Dienst in Gallien vorsahen, und weigerten sich, in den Osten zu gehen.

Julian begründete gegenüber den Soldaten die Forderung Constantius' mit dessen Augustuswürde. Daraufhin riefen die Truppen Julian selbst zum Augustus aus. Dies war schon einmal versucht worden, nach dem Sieg bei Straßburg, aber jetzt war es nicht mehr abzuwenden. Im Februar oder März 360 wurde Julian nach germanischem Ritual auf den Schild gehoben und erhielt einen keltischen Wendelring (*torques*) als Diadem aufs Haupt gedrückt.

Sowohl Julian (284 B) selbst als auch Ammianus Marcellinus (XX 4) weisen die Initiative zur Usurpation dem Heere zu. Oder war das Ganze nur ein geschicktes Manöver Julians? Als gewiß darf gelten, daß Julian den Konflikt nicht wirklich scheute, aber auch keinen Bürgerkrieg plante. Vielmehr berichtete er wie zuvor als Caesar dem Constantius die Vorgänge, bat ihn um Anerkennung als *iunior Augustus* und um einen Verzicht auf die geforderten Truppen, die Julian in Gallien selbst brauchte.

Julians Gönnerin, die Kaiserin Eusebia, war um 360 gestorben, und auch Helena, Julians Frau und Schwester des Constantius, war tot. So fehlte die Vermittlung. Constantius reagierte schroff und schickte Julian einen Brief voller Vorwürfe. Julian ließ ihn vor den Truppen und Bürgern verlesen, die ihre Huldigung daraufhin wiederholten. Constantius forderte von Julian bedingungslose Unterwerfung. Dieses Risiko konnte Julian nicht eingehen, beide Augusti rüsteten zum Bürgerkrieg. Zunächst mußten allerdings die Grenzen gesichert werden. Julian griff nochmals die Franken rechts des Niederrheins an und unterwarf die links des Oberrheins in und um Kaiseraugst siedelnden Alamannen.

Im Winterlager zu Vienne feierte Julian am 6. November 360 seine Quinquennalien. Beim Epiphaniasfest 361 zeigte er sich noch als Christ, «um alle für sich zu gewinnen». Im Frühjahr 361 ging er zum letzten Mal über den Rhein gegen die Alamannen, nachdem er ihren König Vadomar bei einem Gastmahl gefangengenommen hatte. Vadomar diente später als römischer *dux* in Phönizien. Anschließend vereidigte Julian bei Basel sein Heer von 23 000 Kriegern auf seinen Namen und zog dann der Donau entlang über Sirmium nach Naïssus. Hier verfaßte er eine Reihe von Sendschreiben an den Senat von Rom, an die Spartaner, Korinther und Athener. Der Brief an die letzteren ist erhalten. Während Julian in Dakien stand und nicht weiter vorzurücken wagte, erschienen zwei gotische Reitergenerale des Constantius und meldeten, daß ihr Herr am 3. November 361 im fernen Kilikien gestorben sei und Julian zu seinem Nachfolger ernannt habe.

Julian fand sofort Anerkennung. Am 11. Dezember 361 zog er in Konstantinopel ein. Persönlich leitete er die Leichenfeier für seinen verstorbenen Vetter. Er gab ihm das Totengeleit ohne Diadem, ließ ihn im Grabbau Constantins beisetzen und gestattete dem Senat von Konstantinopel, den Toten unter die Götter zu erheben. Darin lag eine doppelte Ironie, einerseits weil Constantius als frommer Christ dies verabscheut hätte, und andererseits weil Julian sich als Philosoph über diesen Ritus lustig machte: Wie die Kinder Puppen basteln, so basteln die Senatoren Götter (332 D).

Eine Gruppe hoher Beamter des Constantius wurde zur Rechenschaft gezogen. Julian setzte einen Gerichtshof aus führenden Zivil- und Militärbeamten ein, darunter waren auch solche, die bis zuletzt zu Constantius gestanden hatten. Das Sondergericht tagte in Chalkedon und verurteilte einige der blutgierigsten Höflinge des Constantius, aber auch andere, die sich bei der Armee oder bei Julian selbst verhaßt gemacht hatten und ihr Urteil nicht verdienten. Zwölf Verfahren werden genannt, einige endeten mit Freispruch oder Verbannung.

Der Hofstaat wurde drastisch verkleinert (s. III 1 b). Julian reduzierte die unbeliebte Polizeitruppe der *agentes in rebus* und entließ den größten Teil des Palastpersonals: die Friseure, Leibköche, Eunuchen, Mundschenke usw. Ammian erscheint diese Maßnahme allzu rigoros, er benutzt jedoch die Gelegenheit zu einem Klagelied über den Luxus und die Geldgier der Höflinge.

Julians Herrscherideal knüpft an die Tradition des stoischen Bürgerkaisers an, seine Vorbilder waren Trajan und Marc Aurel. So wie dieser lebte er asketisch. Er vernachlässigte sein Äußeres, kokettierte mit den Läusen in seinem Bart und seinen tintenverschmierten Fingern. Theater und Zirkus verabscheute er und arbeitete bis in die Nacht an seinen Büchern. In Gallien lebte er in ungeheizten Räumen, hielt Maß mit Speise und Trank und schlief in seinem Bett allein. Das Hofzeremoniell wurde vereinfacht. Der

Kaiser präsentierte sich als Senator, verbot die Anrede *domine* (343 C) und erwies in republikanischer Form den Konsuln seinen Respekt. Er war für jedermann zugänglich und gab sich große Mühe mit der Rechtsprechung. Diese volksnahe, herablassende Art fand nicht allgemeine Billigung. Die Figur des Kaisers als repräsentatives Idol war bereits so verfestigt, daß ein ziviles Auftreten als affektiert empfunden wurde.

Julians innenpolitische Maßnahmen betrafen zunächst Umbesetzungen in der Zivilverwaltung. Er wandte sich gegen die alte Praxis, Kandidaten bloß aufgrund bezahlter Empfehlungen (*suffragium venale*) durch hohe Beamte zu ernennen. Daß Interessenten derartige Befürwortungen erkauften, konnte und wollte er nicht abschaffen. Er behielt sich aber die Beförderung nach der Würdigkeit vor und verbot unwürdigen Bewerbern, die durchgefallen waren, ihre Auslagen zurückzufordern.

Im Heere des Constantius scheinen dagegen keine größeren Ablösungen vorgenommen worden zu sein. Julian hat sich gelegentlich gegen die Germanisierung der Truppe ausgesprochen, doch hat er daran nichts geändert. Auch unter ihm dienten Germanen, selbst in Heermeisterstellen. Einen von ihnen, Nevitta, hat er für 362 zum Konsul erhoben. Unter den fünf von Julian neu ernannten Heermeistern finden wir zwei Germanen, einen Sarmaten und einen Perser, den Sassaniden Hormisdas. Drei von ihnen waren Christen. Julian hat den Christen im Heere im allgemeinen ebensowenig Schwierigkeiten gemacht wie sie ihm.

Große Sorgfalt widmete Julian dem Steuerwesen. Die Abgaben wurden erleichtert, die Gesamthöhe wurde um ein Fünftel verringert. Mehrere Gesetze wandten sich gegen den Mißbrauch der Staatspost, des *cursus publicus*. Insbesondere sorgte der Kaiser für die Städte. Entsprechend seiner Begeisterung für die griechische Kultur suchte er den alten Polis-Gedanken nochmals zu beleben. Er begriff das Imperium Romanum wieder als großen Städtebund. Die ausgedünnten Curien wurden aufgefüllt mit curienpflichtigen Christen, mit Nachkommen curialer Familien, nun auch von mütterlicher Seite, ja mit Personen beliebiger Herkunft, sofern sie vermögend waren. Auf der anderen Seite erleichterte Julian den Curien ihre Aufgaben dadurch, daß er kommunale Steuern zuließ. Er strich den Städten ihre Schulden und gab ihnen große Teile des in Staatseigentum übergegangenen Tempellandes zurück.

Trotz des christlichen Charakters der neuen Hauptstadt bedachte Julian auch Konstantinopel mit Gunstbeweisen. Er baute einen Hafen, der vor dem Nordwind geschützt war, und führte eine geschwungene Säulenstraße hinab. Aus Ägypten ließ er einen ca. 30 m hohen Obelisken herbeischaffen, den Theodosius dann auf dem Hippodrom aufstellte. Echt julianisch waren die Stiftung einer Bibliothek, der er auch seine eigenen Bücher einverleibte, und die Errichtung eines Sonnenheiligtums, anscheinend ein Mithraeum.

Ende 361 verkündete Julian, daß die Verehrung der Götter wieder gestattet sei. Eine Inschrift aus Numidien nennt ihn *restitutor libertatis et Romanae religionis*. Die Tempel wurden geöffnet und repariert, die Priesterstellen besetzt, Götterfeste und Opfer aufgenommen. Wir kennen Bauinschriften aus fast allen Reichsteilen, in denen die Wiederherstellung der Kultbauten durch Julian gefeiert wurde. Die Abkehr vom christlichen «Atheismus» und die Rückwendung zum alten Götterglauben feierte Himerios mit seiner im Winter 361/362 auf den Kaiser und die Stadt Konstantinopel gehaltenen Rede: Er selbst habe sich, wie der von Zeus abstammende, wie Helios leuchtende Julian in die Mysterien des Mithras einweihen lassen, nachdem die Finsternis vergangen sei und die Hände wieder zum Sonnengott erhoben werden dürften. Seine Haltung tat Julian damit kund, daß er sich einen Philosophenbart wachsen ließ, wie ihn die philhellenischen Kaiser seit Hadrian getragen hatten. Noch die Tetrarchen trugen den kurzen Soldatenbart. Erst mit Constantin ließen sich die Kaiser wieder rasieren. Die breitere Öffentlichkeit kannte Julian von seinen Münzen und Schriften: Die Vorderseiten zeigen den bärtigen Kaiser, die Rückseiten, abgesehen von konventionellen Bildern, einen Stier. An die Stelle des Labarum tat wieder der Legionsadler.

Für die Christen waren Julians Toleranzedikte nicht nur ein religiöser Greuel, sondern auch ein materieller Schaden. Denn Julian forderte alles Eigentum zurück, das die «Galiläer» aus den Heiligtümern entwendet hatten. Das war nicht immer einfach durchzusetzen, da praktisch alle in Kirchen verbauten Säulen aus demolierten Tempeln stammten. Schon 355 hatte Julian (80 C) die Plünderung der Heliostempel beklagt.

Die Privilegien des Klerus wurden aufgehoben. Die Geistlichen durften nicht länger die Staatspost benutzen, ihre Steuerfreiheit wurde kassiert, die Priesterweihe entband fortan nicht mehr von den Curialenpflichten. Trotz ihrer ursprünglich christenfeindlichen Tendenz blieb die Bestimmung nach Julians Tod im fiskalischen Interesse gültig. Nonnen durften heiraten und taten dies. Die Rechte der Bischöfe im staatlichen Gerichtswesen wurden beseitigt, die Getreidespenden an den Klerus gestrichen, nach Julians Tod allerdings erneuert.

Auf dem Wege der Toleranz verfolgte Julian nicht nur die Erneuerung der alten Kulte, sondern auch die Zersplitterung der Kirche. Die zahlreichen von Constantius ins Exil geschickten Bischöfe durften in ihre Heimatstadt zurückkehren, nicht jedoch auf ihre Bischofssitze, denn diese waren ja wieder besetzt worden. In Alexandria regierte anstelle des verbannten Athanasios der mit Julian einst befreundete Arianer Georgios von Kappadokien. Er hatte versucht, durch scharfes Vorgehen gegen die Heiden – u. a. durch Schändung eines Mithraeums – sich bei den Orthodoxen beliebt zu machen. Doch beide verbanden sich gegen ihn und die Staatsmacht. Georgios mußte weichen, glaubte aber im November 361 zurückkehren und seine Heidenverfolgung fortsetzen zu können. Als dann die Nachricht vom Tode des Constantius eintraf, erhob sich das Volk. Weihnachten 361 wurde Georgios nebst zwei anderen Heidenverfolgern massakriert, die Leichname auf Kamelen durch die Straßen geführt, verbrannt und ins Meer geworfen. Die Heiden wollten verhindern, daß Georgios als Märtyrer gefeiert würde. Nach arianischen Quellen ging der Tumult von den Anhängern des Athanasios aus. Julian strafte die Alexandriner nur durch eine väterliche Ermahnung und interessierte sich im übrigen vor allem für die Bücher, die Georgios hinterlassen hatte.

Am 21. Februar 362 kehrte Athanasios nach Alexandria zurück und versuchte darüber hinaus, den Kirchenfrieden in Antiochia wiederherzustellen, wo sich vier Gemeinden bekämpften. Auch in Alexandria selbst dauerte das Schisma an, da Georgios einen arianischen Nachfolger hatte. Julian sah ihn als rechtmäßig an und verbannte Athanasios am 24. Oktober 362 zum vierten Male. Der Patriarch floh nach Oberägypten und hielt sich später in Alexandria verborgen.

Den Zank zwischen den christlichen Sekten im Osten verfolgte Julian mit einer Mischung aus Abscheu und Behagen. Er begnügte sich bei seinen Strafmaßnahmen mit Konfiskationen von Kirchengut. Aus jenen Städten des Ostens, in denen der christliche Bildersturm besonders heftig getobt hatte, werden brutale Racheakte der Heiden an den Christen gemeldet, so aus Gaza, Askalon, Heliopolis, Arethusa, Bostra und Berytos. In Emesa, der Stadt des Sonnengottes, war die heidnische Reaktion heftiger als Julian (357 C; 361 B) es guthieß. Selbst Libanios hat sich verschiedentlich für die nun bedrängten Christen eingesetzt. Julian ließ Christen niemals um ihres Glaubens willen hinrichten, und deswegen klagten die Kirchenväter, daß der Kaiser ihnen sogar den Ruhm des Martyriums vorenthalte.

Verständlicherweise beschützte Julian die bisher unterdrückten Sonderkirchen, so die Donatisten, die ihre Güter zurückerhielten, so die Novatianer und die gnostische Sekte der Valentinianer. Zum ersten Male seit dem Tode des Severus Alexander 235 konnten auch die Juden wieder aufatmen. Julian hatte sich mit dem Judentum intensiv auseinandergesetzt. Er stellte den mosaischen Glauben unter die Lehre Platons, hielt ihn aber grundsätzlich für vereinbar mit dem theologischen Pluralismus. Aufsehen erregte seine Absicht, den Jerusalemer Tempel wieder aufzurichten, zu «Ehren des Gottes, der dort angerufen wird». Der Kaiser übertrug die Aufgabe dem Antiochener Alypios. Den Juden von Tiberias und denen in Mesopotamien erschien Julian als der Messias. Der Bau wurde allerdings wegen des Perserkrieges nicht ausgeführt. Die christliche Legende berichtet von Kreuzeserscheinungen, Feuerbällen und Erdbeben, die dem Unternehmen ein Ende gesetzt hätten.

Am 17. Juni 362 erließ Julian das vielgeschmähte Rhetorenedikt. Die Magister und Doktoren, heißt es, müßten sich in erster Linie durch vor-

bildliche Lebensführung auszeichnen, erst in zweiter Linie durch Rede-
gewandtheit. Wer sich um ein staatlich privilegiertes Lehramt bewürbe,
müsse dafür die Zustimmung der jeweiligen Curie erlangen, und dies sei
dem Kaiser vorzulegen. Der Text des Gesetzes enthält keinen Hinweis
auf Christentum oder Religion überhaupt. In dem Begleitschreiben dazu
betont Julian (ep. 36) allerdings, daß ein Lehrer nur dann ein ehrenwerter
Mann sei, wenn das, was er sage, übereinstimme mit dem, was er glaube.
Ein Lehrer, der Homer und Herodot interpretiere, obwohl er deren Götter
für Teufelsdiener halte, mache sich unglaubwürdig und solle entweder sein
Amt oder seinen Glauben ändern. Christen mögen in ihren Kirchen Matthäus und Lukas auslegen. Julian schließt mit der auch sonst ausgesproche-
nen Warnung, man solle den Christen keine Gewalt antun, sondern sie mit
Argumenten zu überzeugen suchen.

Julians Rhetorenedikt hat einen Sturm der Entrüstung ausgelöst. Selbst
ein aufgeklärter Heide und Bewunderer Julians wie Ammian hat es getadelt. Daß der Staat sich um die Religion der Lehrer und um die Stoffe
des Unterrichtes kümmerte, war neu und anstößig. Der Zorn der Christen
wird verständlich, wenn wir bedenken, daß die gesamte höhere Bildung
auf der heidnischen Literatur beruhte (s. III 5). Einzelne christliche Rhetoren wie Prohairesios in Athen legten ihr Amt nieder. Apollinaris von Laodicea brachte angeblich die Bücher Moses in Hexameter, sein gleichnamiger
Sohn das Neue Testament in platonische Dialoge, um die Bibel für den
Unterricht verwendbar zu machen. Das Griechisch der Heiligen Schrift,
die κοινή, entsprach nicht dem Standard der Spracherziehung.

Ironischerweise ist Julians Rhetorenedikt 364 zwar außer Kraft gesetzt
worden, 438 im ‹Codex Theodosianus› und 534 im ‹Codex Justinianus›
(X 53,7) als geltendes Recht aber beibehalten. Vielleicht war es Gedanken-
losigkeit der Kompilatoren, vielleicht aber wurde der Wunsch nach einer
staatlichen Überwachung des Erziehungswesens auch von christlichen
Herrschern geteilt. Der reine Gesetzestext ließ ja auch eine Kontrolle im
christlichen Sinne zu.

Julian begnügte sich nicht damit, der alten Religion ihren äußeren
Vorrang wiederzugeben. Vielmehr bemühte er sich auch um eine innere
Erneuerung. Dabei zeigte er sich in vielfältiger Weise vom christlichen Vorbild beeinflußt. Dies lehrt am deutlichsten sein fragmentarisch erhalte-
ner Hirtenbrief an einen unbekannten Priester. Als oberstes Gebot befiehlt
Julian, Philanthropie zu üben: Der Mensch sei von Natur ein Gemein-
schaftswesen, alle Menschen seien verwandt und verpflichtet, für einander zu sorgen. Schuld an der Not der Armen sei nicht der Wille der Götter,
sondern die Gier der Reichen, «Bettler und Fremde kommen von Zeus».
Wir sollten die Gefangenen betreuen; wer weiß, wer wirklich schuldig ist?
Wir sollten unsere Habe mit allen teilen, selbst mit den Feinden, denn sie
sind Menschen wie wir. Julian (363 A) bewunderte die Armenpflege der

Christen und erklärte ihre Missionserfolge aus dem sozialen Versagen der
Heiden: Als diese sich nicht um die Armen kümmerten, da veranstalteten
die Christen ihre Liebesmahle und fingen die Gläubigen, so wie Seeräuber
Kinder mit Kuchen auf ihre Schiffe locken und in die Sklaverei verkaufen
(305 C).
Das höhere Recht des alten Glaubens holt Julian aus der Geschichte.
Seit Anbeginn der Welt würden die Götter verehrt, darum wäre es ruch-
los, sie im Zuge einer Neuerung abzuschaffen, wie die Christen das wollen. Julian widerspricht den bekannten Vorwürfen der Juden und Christen
gegen den Polytheismus, indem er erklärt, daß die eigentlichen Götter die
in den Planetenschalen kreisenden Naturkräfte seien, während ihre Statuen
bloß symbolischen Wert hätten. Dies hatte auch Porphyrios vertreten. Daß
man ihre Bilder zerschlagen kann, beweise nichts gegen die Macht der Götter. Die größten Kunstwerke könnten durch den Mutwillen eines Dumm-
kopfes zerstört werden.
Die Götter benötigten auch unsere Opfer nicht. Diese seien bloß Zeichen unseres Dankes, so wie das Opfer vor der Kaiserstatue nur ein Loyali-
tätsgestus sei. An christliches Glaubensgut erinnert es, wenn Julian erklärte,
daß die Götter alles sähen, daß sie Vergeltung übten, daß sie sich über got-
tesfürchtige Menschen freuten und ihnen nach dem Tode den Olymp ver-
hießen statt des Tartaros (300 C).
Besonders hohe Anforderungen stellte er an die heidnischen Priester. Sie
müßten ein sittlich beispielhaftes Leben führen. Sie sollten ihre prächtigen
Gewänder nur bei den Gebeten und Opfern tragen. Umgang mit Schau-
spielern, Wagenlenkern und anderen sittenlosen Menschen sollten sie meiden. Der Besuch von unziemlichen Theaterstücken sei zu unterlassen, zu
Tierhetzen dürften nicht einmal die Söhne von Priestern erscheinen. Die
sittenwidrigen Dionysos-Umzüge, schreibt Julian, hätte er am liebsten
abgeschafft.
In der moralischen Tendenz war Julian mit allen Kirchenvätern einig,
ebenso in seiner Warnung vor Liebesromanen, vor Epikur, Aristophanes
und Archilochos. Ein Priester beschränke sich auf Homer, Platon und
andere seriöse Autoren. Zum Gottesdienst sollten aufrechte Männer bestellt
werden, selbst wenn sie arm seien oder aus unbekannter Familie stammten.
Priestern, die ein unsauberes Leben führten, müsse man das Amt nehmen.
Julian selbst empfand es als Auftrag, daß er durch göttliche Gunst Pontifex Maximus sei. «Ich bin dieses Amtes nicht würdig, aber ich bete darum,
es zu werden. Dreierlei tut not: Ehrfurcht vor den Göttern, Wohlwollen
gegenüber den Mitmenschen und Reinheit des eigenen Körpers.»
Julians religiöse Restauration basiert auf einer neuplatonischen Astral-
theologie, über die seine Prosahymnen Aufschluß geben. Die wichtigste
Schrift ist die über den König Helios. Die dort ausgebreiteten Vorstellungen
sind im einzelnen ebenso schwer zu verstehen wie die gleichzeitige christo-

logische Dogmatik. Deutlich ist Julians Verhältnis zur Tradition. Während die Christen ihren Glauben auf eine historisch junge Offenbarung zurückführten, beruft sich Julian auf alte, verbreitete Überlieferung. Er stützt sich dabei nicht nur auf die griechische Literatur, sondern ebenso auf orientalisches Geistesgut. Darin ist Julian ein Kind des Hellenismus. Julian kennt keinen Unterschied zwischen Philosophie und Religion. Das verbindet ihn mit den zeitgenössischen Christen, bei denen gleichfalls Kosmologie und Ethik, Mythen und Rituale, logische Argumentation und mystische Versenkung zusammengehörten. Selbst die bei den Kirchenvätern verbreitete Abneigung gegen die Naturwissenschaft findet sich bei Julian (148 B). Durch die auch in der Bibel-Exegese übliche allegorische Interpretation suchten die Neuplatoniker dem Wust der sakralen Überlieferung Einheit zu geben. Alle Mythen wurden als Symbole der Naturerkenntnis verstanden: Zeus verkörperte den Blitz, Demeter das Getreide, Aphrodite die Liebe usw.

Julian beschreibt, wie er sich als Knabe in Macellum auf einsamen Spaziergängen dem Erlebnis des nächtlichen Sternenhimmels hingegeben habe, und ohne jedes Buch sei er zum Verehrer der Sonne geworden. So wie die Sonne die Welt bescheine, so sei Julians Familie zur Herrschaft über das Reich berufen. Mit ihrem Licht ermögliche die Sonne die Erkenntnis, mit ihrer Wärme erlaube sie das Leben. Ähnlich wie später Franz von Assisi die Sonne als Geschöpf Gottes neben den Menschen und als Abbild des Höchsten neben Gott stellte, so postulierte Julian eine Trinität aus der physischen Erscheinung des Sonnenballs, dem mythischen Namen für diesen Sonnenball (griechisch Helios, persisch Mithras) und der Idee des Helios, die nach dem Vater des Helios bei Hesiod auch Hyperion, d. h. der «Darüberhinausschreitende», benannt wird. Diese höchste Idee sei mit der – Platon entlehnten – Idee des Guten identisch.

Im Weltgefüge wird Helios die Mitte zugewiesen. Julian vertritt eine religiöse Heliozentrik, die an die Mittlerfunktion Jesu im arianischen Christentum erinnert. Eine Wirkung des Helios ist die Harmonie des Weltalls. Helios wird auch als Seele des kosmischen Organismus bezeichnet. Auf eine bisweilen gekünstelte Manier sucht Julian zu beweisen, daß Helios mit Zeus, Apollon, Hades, Serapis, Dionysos, Okeanos, Asklepios, Kronos und anderen identisch sei. Die übrigen Götter seien, ebenso wie die «Sonnenengel», Emanationen oder Helfer des höchsten Gottes. Er heißt Schöpfer des Weltalls, seine Potenzen erscheinen als gleichursprünglich mit ihm. Helios ist das ewige Sein, die Erde ein ewiges Werden und Vergehen. Das höchste Fest, an dem dies zum Bewußtsein gehoben werden soll, ist der Geburtstag der Sonne an der Wintersonnenwende, das Weihnachtsfest. Alle Menschen seien Kinder des höchsten Gottes, aber die Hellenen habe er ausersehen, die Welt zu kultivieren. Die Römer seien griechischen Ursprungs (153 A) und ebenso das «Römische» Reich, die beste bisher auf Erden verwirklichte

Staatsordnung. Julian schließt mit einem Gebet um Wohlergehen für das Imperium, in dessen Dienst er sein Leben stellte.

Im Mai 362 verließ Julian Konstantinopel, um sich an die seit 337 bedrohte Perserfront zu begeben. Gallien war gesichert, die Goten an der Donau hielten Ruhe, aber im oberen Mesopotamien hatten die Sassaniden mehrere römische Städte erobert, und es bestand die Gefahr weiterer persischer Vorstöße nach Westen. Die Politik seiner Vorgänger, Frieden mit Geld zu erkaufen, lehnte Julian ab. Nur eine Demonstration militärischer Stärke schien in seinen Augen ruhmvoll und – selbst gegen den Spruch der Sibyllinen – erfolgversprechend.

Julian kam über Pessinus, wo er die Göttermutter verehrte, und Issos, wo er als «neuer Alexander» kampierte, am 18. Juli 362 nach Antiochia, um Truppen und Kriegsgerät zu sammeln. Wie üblich widmete er sich der Rechtsprechung, verurteilte einen Hochverräter, zwei Tribune und ließ den *dux Aegypti* Artemius hinrichten, den die Alexandriner verklagten, weil er Truppen gegen Heiligtümer eingesetzt hatte. Julian pflegte Umgang mit Libanios, geriet aber in Konflikt mit der Bevölkerung. Die Antiochener waren überwiegend Christen, sie spotteten über seinen Philosophenbart und über sein unkaiserliches Auftreten. Julian versuchte, durch eine Vermehrung der Curialen die Lasten des Stadtrates zu erleichtern, durch Steuernachlässe und Zusatzlieferungen die Lage der Bevölkerung zu bessern, aber die Stimmung war gegen ihn. Sein Bruder Gallus hatte das angesehene Apollonheiligtum in Daphne bei Antiochia durch die Beisetzung des Bischofs und Märtyrers Babylas christianisiert. Diese erste liturgische Umbettung eines Heiligen wurde bald nachgeahmt, obschon die Totenruhe gesetzlich geschützt war. Da das Apollonorakel damit verstummte, ließ Julian den Sarkophag wieder entfernen. Dann brannte am 22. Oktober 362 der Tempel ab, worauf Julian, der die Christen verdächtigte, die Stadtkirche schließen ließ. Die Massen verhöhnten den Kaiser durch Pasquille und Sprechchöre, Julian rächte sich durch seine Satire ‹Misopogon›, den ‹Barthasser›. Darin macht er sich in sokratischer Manier über sein Äußeres lustig und schreibt, wie ihn die reichen Grundbesitzer hassen, weil er ihnen angesichts einer Kornknappheit Lieferungen aufnötige; wie die kleinen Geschäftsleute auf ihn schimpfen, weil er die Marktpreise kontrolliere; und wie ihn die Menge im Theater verspotte, weil er nichts von warmen Bädern und öffentlichen Gelagen, nichts von Tierhetzen und Wagenrennen halte.

Am 5. März 363 brach Julian mit 65 000 Mann auf. 18 000 Mann, möglicherweise einen Teil dieses Heeres, sandte er unter dem *comes rei militaris* Procopius, dem späteren Usurpator, nördlich über Nisibis gegen Persien. Er selbst überschritt den Euphrat, brachte dem Mondgott von Karrhai ein Opfer und zog am linken Ufer stromab. Eine Flotte transportierte den

Nachschub. Je näher Julian der persischen Hauptstadt kam, desto härter wurde der Widerstand. Unter den Mauern von Ktesiphon kam es zur Schlacht, die Perser wurden besiegt. Eine Belagerung scheute Julian. Er feierte Siegesspiele und trat den Rückzug an. Julian wählte den Weg den Tigris entlang stromauf. Die Flotte, die hätte getreidelt werden müssen, ließ er verbrennen. Die Versorgungslage wurde heikel, die Scharmützel mit verfolgenden Reitertruppen lästig. Bei einem dieser Gefechte, am 26. Juni 363 bei Maranga, traf den Kaiser ein Speer. Er wurde ins Zelt getragen, versammelte seine Freunde und starb, ähnlich wie Sokrates und Seneca, während eines Gespräches über die Unsterblichkeit der Seele. Er stand im zweiunddreißigsten Jahre. Seinem Wunsch gemäß wurde er in Tarsos beigesetzt, wo auch das Grab des Maximinus Daia, des letzten Christenverfolgers, lag. Im 7. Jahrhundert wurde Julian in das von Justinian erbaute Heroon in Konstantinopel überführt.

Das Echo auf den Tod Julians läßt sich nur mit dem auf Caesars Ende vergleichen. Der Eindruck auf die Zeitgenossen war ungeheuer. Die Legendenbildung hatte bereits eingesetzt, als Sapor die Nachricht erhielt: Überläufer erzählten ihm, die Römer selbst hätten ihren Kaiser umgebracht. Diese Ansicht war später unter Heiden wie Christen verbreitet. Libanios (or. 24) war fest davon überzeugt, anders Augustin (CD. IV 29). Der heidnische *protector domesticus* Callistus, der als Teilnehmer ein Epos über den Perserkrieg schrieb, ließ Julian durch die Hand eines Dämons fallen, der christliche Chronist Johannes Malalas (p. 333 f) berichtet, der heilige Mercurius hätte auf Geheiß Christi den Apostaten erstochen, gemäß der ‹Artemii Passio› (69) schoß Christus persönlich. Bis ins hohe Mittelalter entstanden neue Varianten der Todesgeschichte. Am bekanntesten wurde das bei Theodoret (HE. III 25) überlieferte, von Ibsen aufgegriffene Bekenntnis des sterbenden Julian: «Du hast gesiegt, Galiläer.»

Während der Jubel der Christen schon an Hochverrat grenzte, war die Bestürzung der Heiden tief. Die Bewohner der Stadt Karrhai steinigten den Boten, der die Nachricht brachte; die Truppen in Reims glaubten nicht an den Tod Julians und töteten die Anhänger einer vermuteten Usurpation, darunter auch Jovians Schwiegervater. Libanios dachte an einen Mord von christlicher Hand und spielte mit Selbstmordgedanken; in drei Reden machte er seinem Kummer Luft. Der römische Senat konsekrierte Julian, ein Elfenbeindiptychon der Symmachi, heute im Britischen Museum, zeigt unten den Kaiser auf einer Elefanten-Quadriga, den Sieg über die Perser symbolisierend, in der Mitte den Scheiterhaufen mit den aufsteigenden Adlern und oben den Kaiser, von zwei Genien emporgetragen, erwartet von den früheren, bereits im Himmel befindlichen Kaisern.

Sofort begannen seine Anhänger, die literarische Hinterlassenschaft des Kaisers zu sammeln. Sie ist umfangreicher und vielseitiger als die irgendeines anderen Kaisers. Außer Cicero, Marc Aurel und Augustin kennen wir keine römische Persönlichkeit so gut wie Julian. Seine frühesten Reden sind Lobreden auf Constantius II und Eusebia. Sie stammen aus der Zeit, als er Caesar war, und bringen außer den üblichen Topoi wichtige Nachrichten über die Lage des Reiches. Die folgende Gruppe von Reden enthält Prosahymnen an Helios und an die Göttermutter von Pessinus. Ihnen gegenüber stehen die Kampfschriften gegen die Bildungsfeindlichkeit der Kyniker und gegen die «Galiläer». Diese letzte Schrift ist uns überliefert, weil Kyrillos von Alexandria um 435 eine zwanzig Bücher umfassende Widerlegung schrieb, in der er gewiß die Hälfte des julianischen Textes wörtlich zitierte. Unter den mehrfach angeordneten Bücherverbrennungen antichristlicher Schriften werden die Julians nie genannt. Geistreich ist Julians Satire über die römischen Kaiser. Zum Saturnalienfest, dem römischen Karneval, lädt Romulus die Kaiser in den Göttersaal. Silen bringt sie herein, und eine kurze Zwiesprache entscheidet darüber, ob der jeweilige Kaiser sich dazusetzen darf oder nicht. Julian charakterisiert seine Vorgänger – den Preis erhält Marc Aurel –, das ist ebenso aufschlußreich für sein Geschichtsbild wie für sein Staatsideal.

Abgesehen von der erwähnten Satire ‹Misopogon› sind Julians Briefe ergiebig. Erhalten sind drei politische Sendschreiben, eines an den Philosophen Themistios, eines an die Athener und eines an einen unbekannten Priester (s. o.). Hinzu kommen 83 Briefe an Beamte, Philosophen und Priester, auch an Priesterinnen, an christliche Bischöfe aus seiner Bekanntschaft sowie an einzelne Völker und Städte. Auch eine kleine Sammlung von Epigrammen Julians ist überliefert: darunter ein Jugendgedicht über eine Orgel, ein Spottgedicht aus Gallien, das dem barbarischen Bier den edlen Wein entgegenstellt, sowie ein stoisches Sinngedicht: «Laß dich tragen, wohin das Schicksal dich tragen will. Wenn du dich dagegen empörst, schadest du dir allein. Denn trotzdem trägt dich das Schicksal, wohin es dich tragen will.»

Unter den Staatsmännern der Spätantike ist Julian die ansprechendste Gestalt. Von hohem Schwung getragen, ist er gegen sein Jahrhundert in die Schranken getreten: gegen Germanen und Perser, gegen Absolutismus und Bürokratie, gegen den populären Kynismus, der die Kultur ablehnt, und das Christentum, das die ältesten Überlieferungen antiker Religion und die höchsten Werte des hellenischen Geistes in Frage stellte. Julian versuchte, den überlieferten Götterglauben zu einer philosophischen Sonnenreligion zu erheben, in der das Christentum geduldet wurde, ja sogar das Vorbild für Lebensführung und Liebesarbeit abgab. Auf den so erneuerten Grundlagen der Kultur sollte das wankende Imperium Romanum wieder Halt finden. In all diesen Punkten ist Julian gescheitert.

Dennoch hat er auf Mit- und Nachwelt Eindruck gemacht. Die heidnischen Zeitgenossen erblickten in ihm einen *vir egregius et rem publicam insigniter moderaturus* – «einen hervorragenden Mann, der das Reich vorzüglich verwaltete». Das Volk verehrte seine Statuen wie Götterbilder. Trotz einzelner Kritikpunkte haben ihn Ammian und Libanios, Themistios und Zosimos sowie zahlreiche weitere altgläubige Autoren hoch gepriesen. Von vielen kennen wir nur noch die Namen, denn diesem Strang der Überlieferung war das Schicksal nicht günstig. In heidnischen Kreisen wurde Julians Regierungsantritt noch im 5. Jahrhundert als Beginn einer neuen Zeitrechnung benutzt. Selbst einzelnen Christen hat Julian Respekt abgenötigt. Orosius (VII 30,2) schreibt, Julian habe die Christen mehr mit Raffinesse als mit Gewalt verfolgt; Prudentius (Apoth. 450 f) zollt Julian Anerkennung als Heerführer (*ductor fortissimus armis*), als Gesetzgeber (*conditor legum*) und Staatsmann (*consultor patriae*); Julian erscheint ihm «treulos gegen Gott, doch nicht treulos gegen das Reich». Socrates gibt ein ausgewogenes Bild, und Jordanes (Rom. 304) nennt Julian *vir egregius et rei publicae necessarius*.

Im allgemeinen freilich hat die Kirche Julian in finsteren Farben geschildet. Während seine philosophischen Freunde unter Valens wieder als Heiden verfolgt wurden, schrieben Ephraem der Syrer, Johannes Chrysostomos und Gregor von Nazianz wüste Polemiken gegen Julian den «Abtrünnigen» (ἀποστάτης) und «Meuchelmörder» des Constantius. Sozomenos (VI 2,13 ff) verzeichnet eine Liste von Naturkatastrophen, die Gottes Zorn über den Apostaten ausdrückten. Für Theodoret (HR. 2) war er ein «häßliches, stinkendes Schwein», Hieronymus (ep. 70) nannte ihn einen «wütenden Hund», dessen Tod die wohlverdiente Strafe für seine «unverschämte Zunge» gewesen sei. Julian wurde zum Satansdiener und Christenverfolger, der die Frommen in einem ehernen Stier geröstet hätte, wie einst Phalaris, auf dessen Götzenaltären Menschenopfer rauchten; damals hätten die Leichen der Christen die Flüsse gefüllt und die Brunnen verstopft.

Aus dem 6. Jahrhundert stammen zwei syrische Romane über Julian, die um 900 der persisch-arabische Gelehrte Tabari benutzt hat. In der mittelalterlichen Literatur wird Julians Untergang erbaulich dargestellt, die Legenden um den «Zauberer und Tyrannen» treiben üppige Blüten, so bei Roswitha von Gandersheim, Otto von Freising und in der ‹Kaiserchronik›, die nach syrischer Quelle von einem Teufelspakt Julians berichtet. Julian gehört somit in den Stammbaum der Faust-Gestalt.

Ansätze zu einer ausgeglichenen Bewertung zeigen sich im Humanismus. 1489 ließ Lorenzo de' Medici in Florenz ein Stück aufführen, in dem Julian außer seinen christenfeindlichen Zügen auch die Absicht zugeschrieben wird, den alten Glanz Roms zu erneuern.

Den Umschwung in der Bewertung Julians brachte das 16. Jahrhundert. Erasmus von Rotterdam und Jean Bodin äußerten sich als erste positiv. Indem Constantins Stern sank, stieg der Julians. Der Hugenotte Pierre Martini publizierte einzelne Schriften des Kaisers mit einer zunächst neutralen, dann immer positiveren Würdigung. Gerade in Frankreich gewann Julian Sympathisanten, vielleicht auch deshalb, weil er Paris in den Rang einer Residenz erhoben hat. In seinem ‹Misopogon› widmet Julian (340 f) seiner «Freundin» Lutetia eine liebevolle Beschreibung, er lobt die milden Winter auf der Seine-Insel, ihre Brücken, das klare, trinkbare Wasser, die Weingärten und Feigenkulturen. Die Biographie des Abbé de la Bletterie, der Julians Verdienste anerkannte, erschien 1735 allerdings nicht in Paris, sondern in Amsterdam.

Es ist begreiflich, daß Julian zum Liebling der Aufklärer emporstieg. Das ergab sich aus seinen philosophischen Neigungen und seiner antiklerikalen Politik. Montesquieu ging so weit, zu behaupten, es habe niemals einen Fürsten gegeben, der würdiger gewesen sei, über Menschen zu herrschen, als Julian. Voltaire und Friedrich der Große schlossen sich dieser Bewertung an, Gibbon desgleichen.

Eine schöne Würdigung Julians verdanken wir Ranke (1883,123): «Man hat von repräsentativen Menschen gesprochen; in niemand aber haben sich jemals die auseinandergehenden, einander widersprechenden Tendenzen einer Zeit stärker repräsentiert als in Julian die der seinen. Es war die Epoche des größten Umschwungs.» Entsprechend pflegt die neuere Forschung Julian als Mensch hochzuschätzen, seine Politik jedoch als aussichtslos abzutun. Von Julian selbst stammt das Wort: «Die Unfähigkeit zur Unterscheidung zwischen dem Möglichen und dem Unmöglichen ist die gefährlichste Form des Wahnsinns.» Verurteilt er sich damit nicht selbst?

Die Frage, was geschehen wäre, wenn Julian siegreich aus dem Perserkrieg heimgekehrt wäre, wurde in einem Brief bei Libanios (1220 F) erörtert und hat die Menschen seitdem immer wieder beschäftigt. Zwar gibt es auch moderne Stimmen, die das als Unglück für das Reich erachtet hätten, doch wäre Rom vermutlich auf lange Zeit vor persischen und germanischen Angriffen verschont geblieben.

Die Erfolgsaussicht von Julians Religionspolitik ist nicht mit dem Hinweis auf ein angeblich überlebtes Heidentum abgetan. Die Reaktionen in den Städten des Ostens zeigen ein durchaus gemischtes Bild. Bedenken wir, wie zäh sich der alte Glaube selbst unter Julians christlichen Nachfolgern gehalten hat, sowohl unter den Intellektuellen in Alexandria, Antiochia, Athen und Rom als auch unter den Bauern des Westens und in den Städten des Orients (s. III 6 a), dann wird man zwar keine Wiederherstellung vorconstantinischer Verhältnisse, wohl aber ein längeres Nebeneinander der beiden Religionen für möglich halten müssen. Die Weltgeschichte sähe anders aus, wenn Julian nicht bereits nach neunzehnmonatiger Regierung gefallen wäre, sondern wie Augustus oder Constantin dreißig Jahre hätte regieren können. Libanios (or. 17,3) schreibt in seiner Klage über Julian: «So wie der Tod Hektors das Ende Trojas ankündigt, so weist der Tod Julians voraus auf den Untergang Roms.»

6. Valentinian I und Valens (364–378)

Am Tage nach dem Tode Julians am 26. Juni 363 versammelten sich die Offiziere der Expeditionsarmee, um einen neuen Kaiser zu wählen. Julian hatte keinen Nachfolger bestimmt. Es bildeten sich zwei Gruppen: die Generale aus dem ehemaligen Ostheere des Constantius auf der einen, und die der Westarmee Julians auf der anderen Seite. In beiden Gruppen gaben die germanischen Heermeister den Ton an. Man einigte sich überraschenderweise auf einen Zivilbeamten, auf den *praefectus praetorio* Salutius. Er war ein enger Freund Julians und Verfasser eines neuplatonischen Katechismus, lehnte aber die Würde unter Hinweis auf sein Alter ab. Daraufhin wurde am 27. Juni 363 in tumultuarischer Form Flavius Jovianus zum Kaiser ausgerufen. Jovian war 331 in Singidunum an der Donau geboren, er hatte unter Constantius als *protector domesticus* in der Garde gedient und war von Julian zum *primicerius domesticorum* befördert worden. Für seine Wahl sprach vor allem das Ansehen, das sein Vater, der *comes Jovianorum* Varronianus, genoß. Der Grund ist nicht ungewöhnlich, der Ruf des Vaters war auch das entscheidende Argument zugunsten von Jovians Nachfolger Valentinian.

Die erste Aufgabe Jovians war es, das Heer ins Reich zurückzubringen. Die Versorgung wurde kritisch, und so ging Jovian im Juli 363 auf ein Friedensangebot Sapors ein. Eine dreißigjährige Waffenruhe wurde vereinbart, den Persern das obere Mesopotamien mit fünfzehn Festungen und den Städten Singara und Nisibis eingeräumt. Diese Zone war lange zwischen Rom und Persien umkämpft gewesen, unter Diocletian hatte Galerius sie wieder für das Reich gewonnen. Die Preisgabe dieses Territoriums erfolgte gemäß Ammian, der dabei war, ohne zwingende Notwendigkeit, und deswegen ist Jovian als «Minderer des Reiches» in der zeitgenössischen Publizistik angegriffen worden. Die Antiochener beglückwünschten sich in Pasquillen, daß der Kaiser nicht auch ihre Stadt abgetreten hätte. Insbesondere der Verlust von Nisibis schmerzte. Ammian (XXV 8,14) erzählt, wie die Einwohner Jovian baten, ihre schier uneinnehmbare Stadt *Orientis firmissimum claustrum,* auf eigene Faust gegen die Perser verteidigen zu dürfen, der Kaiser aber auf der Auslieferung bestand, um keine weiteren Feindseligkeiten hinnehmen zu müssen. Die Einwohner waren Christen und mußten die Stadt verlassen, während die persische Fahne auf dem höchsten Turm der Stadtburg aufgezogen wurde. Nisibis blieb eine christliche Stadt, diente aber als Aufmarschbasis der Perser gegen Rom, bis sie 640 von den Arabern genommen wurde. Ein noch größerer Verlust für Rom war freilich, daß Jovian auch die Vorherrschaft über Armenien aufgab. Die Münzpropaganda feierte Jovian als Sieger.

Jovian war – trotz seines Namens – orthodoxer Christ. Sobald er wieder

Reichsboden betreten hatte, erneuerte er die von Julian der Kirche abge-
nommenen Vorrechte. Die christlichen Rhetoren durften auf ihre Lehrstühle zurückkehren. Athanasios nahm seine Kathedra wieder ein. Zugleich
flammte der Kampf um Bischofsstühle und Glaubensformeln wieder auf.
Das Heidentum wurde zunächst erneut verboten, dann aber in eine allgemeine Toleranzverfügung einbegriffen; allein Zauberei und Weissagung
blieben strafbar. Die Tempelgüter wurden abermals eingezogen und die
Getreidelieferungen an die Kirche wieder aufgenommen. Während seines Aufenthaltes in Antiochia mußte Jovian den Spott des Volkes wegen
des «Schmachfriedens» ertragen. Der Tod des Apostaten wurde indes von
den Christen begrüßt. Es kam zum Sturm auf den Trajantempel, der die
umfangreiche Bibliothek Julians barg. Beides ließ Jovian abbrennen. Dann
zog er in großer Eile weiter.

In Ankyra trat Jovian am 1. Januar 364 mit Varronianus, seinem Sohne
von Charito, das Konsulat an. Auf dem Wege nach Konstantinopel ist
er jedoch am 17. Februar 364 in Dadastana mit 33 Jahren gestorben –
anscheinend an einer Kohlenmonoxydvergiftung, der auch Julian (341 D)
einmal fast erlegen wäre. Bestattet wurde er im Kaisermausoleum von Konstantinopel. Der Winterkaiser erhält ein ungünstiges Charakterbild, sein
Söhnchen verschwindet aus der Überlieferung.

Als der Thron wieder vakant geworden war, wählten die höchsten zivilen
und militärischen Amtsträger in Nicaea «auf Eingebung der himmlischen
Gottheit» Flavius Valentinianus am 23. oder 24. Februar zum Nachfolger
Jovians. Stimmführer waren wieder die germanischen und pannonischen
Offiziere, und zu ihnen gehörte auch Valentinian. Er war 321 in Cibalae
in Pannonien geboren und stammte wie Jovian aus einer illyrischen Offi-
ziersfamilie. Sein Vater Gratianus hatte sich als *comes rei militaris* in Africa
und Britannien einen Namen gemacht. Valentinian stieg unter Constantius auf zum *tribunus* und *comes* in Gallien, wurde von Julian disziplina-
risch gemaßregelt, von Jovian jedoch an den Hof geholt. Während seiner
Wahl war Valentinian abwesend in Ankyra, er kommandierte als *tribunus
scholae secundae scutariorum* eine Abteilung der Leibwache. Er gehörte also
wiederum nicht in die höchste militärische Rangklasse.

Valentinian trat sein Amt erst am übernächsten Tag an, weil der 24.
oder 25. ein Schalttag war und als Unglück verheißend galt. Auf Drängen des Heeres nach einem Mitkaiser ernannte Valentinian am 28. März
364 seinen jüngeren Bruder Flavius Valens beim Hebdomon, sieben Meilen vor Konstantinopel, zum zweiten, gleichberechtigten Augustus. Damit
lebte Diocletians Idee vom legalen Mehrkaisertum wieder auf. Auch Valens
stand im Heeresdienst, er war *protector domesticus* und wurde vor seiner
Augustusproklamation von Valentinian zum *tribunus stabuli* befördert. Im
Anschluß daran zogen die *fratres concordissimi* nach Thrakien. Im Juni 364

waren sie in Mediana bei Naïssus und teilten dort Reich und Heer. Die Grenze verlief von der Großen Syrte nordwärts zur Save an die Donau, entsprach mithin der zwischen den Reichsteilen von Constantius II und Constans. Der Teilung hat man mitunter epochalen Charakter zugesprochen, doch wurde wie in früheren Fällen dieser Art nur die Verwaltung, nicht der Staat selbst geteilt. Alle offiziellen Verlautbarungen erfolgten im Namen beider Kaiser, das zeigen die Gesetze und Münzen, Inschriften und Konsulate. Auch ein Austausch von Beamten fand weiterhin statt. Valens begleitete seinen Bruder anschließend noch bis zur Grenzstadt Sirmium. Dann kehrte er nach Konstantinopel zurück, während Valentinian nach Mailand zog.

Bis zum Sommer 365 blieb Valentinian in Mailand, dann ging er nach Gallien, wo er zunächst in Paris, später überwiegend in Trier residierte. Die Nachricht vom Tode Julians hatte die Alamannen zu Einfällen nach Gallien und Raetien verlockt. Trotzdem erschienen sie Ende 364 am Hof in Mailand, um «die üblichen Geschenke» abzuholen. Valentinian glaubte, mit billigen Gaben auszukommen. Die Alamannen empfanden das als Beleidigung. Sie rächten sich noch im selben Jahr und zu Beginn des folgenden durch Einfälle ins Reich, bei denen die ihnen entgegengeschickten Truppen unterlagen. Im Mai 366 gelang einem Heermeister des Kaisers ein verlustreicher Sieg über die Eindringlinge bei Catelauni/Châlons sur Marne. Den massenhaft verschleppten und versklavten Provinzialen sicherte der Kaiser nach der Rückkehr aus der Gefangenschaft gesetzlich die Rückgabe ihres Eigentums zu.

368 überfiel der Alamannenkönig Rando während eines christlichen Festes – vermutlich Ostern – die Stadt Mainz und führte wiederum Beute und Menschen weg. Valentinian ließ den im alamannischen Breisgau herrschenden Sohn des von Julian betrügerisch gefangenen Vadomar (s. II 5) Vithicabius durch einen gedungenen Mörder töten, ging selbst auf einer Schiffsbrücke über den Rhein und zerstörte die alamannische Höhenburg Solicinium, anscheinend den Fürstensitz Randos. 369 wandte sich der Kaiser gegen die Alamannen am Neckar und suchte vergeblich einen rechtsrheinischen Brückenkopf zu halten. Mit dem *burgus Lopodunum* (Ladenburg) und im Breisgau gelang die Sicherung eines rheinischen Vorfeldes.

Noch im gleichen Jahre schloß der Kaiser einen Pakt mit den Burgunderkönigen gegen die Alamannen. Als seine Verbündeten 370 mit angeblich 80 000 Mann erschienen, wagte der Kaiser es nicht, als schwächerer Partner mit ihnen zusammen in den Krieg zu ziehen. Im selben Jahre besiegte der Heermeister Theodosius die Alamannen in Raetien und siedelte eine größere Anzahl Gefangener als Laeten in der Po-Ebene an. Der Versuch, 372 den alamannischen Herrn des Rheingaus, Macrianus, zu fangen, mißlang; der Kaiser mußte sich 374 zu einem Friedensschluß bequemen. Der Alamanne war fortan ein verläßlicher Bundesgenosse Roms, fiel aber im Kampf gegen den ebenfalls romfreundlichen Frankenkönig Mallobaudes.

Der Norden Galliens war durch die Franken bedroht, während die Sachsen mit ihren Schiffen die Flußläufe herauffuhren und das Hinterland plünderten. Auch hier erzielte Valentinian Erfolge, teils durch seine Heermeister, teils in eigener Person.

Große Sorgfalt hat Valentinian auf die Befestigung der Grenzen verwandt, denn nach dem Abzug Julians in den Perserkrieg hatten die Barbaren auf der ganzen Westfront angegriffen. Vom Bodensee bis zum Niederrhein errichtete der Kaiser eine Kette von Posten und Kastellen, teilweise durch Brückenköpfe gesichert, und von Köln über Tongern und Tournai nach Boulogne zog er eine Postenkette entlang der Straße. Die mittlere Donau wurde auf Valentinians Anordnung von seinem Heermeister Equitius befestigt. Auch hier gab es vorgeschobene Militärstationen jenseits des Flusses. Diese Verteidigungslinie hat vierzig Jahre lang gehalten.

So wie Gallien mußte auch Britannien verteidigt werden. Außer den periodischen Angriffen der Picten, Scoten und Attacotten aus Schottland und Irland und einer *barbarica conspiratio*, die den Römern Niederlagen beibrachte, schädigten die Raubzüge der sächsischen und fränkischen Seeräuber die Küstengebiete. Hinzu kommt der Usurpationsversuch eines pannonischen Verbannten, der ebenfalls Valentinianus hieß. Der Kaiser schickte 368 den späteren *magister equitum* Theodosius, den Vater des Kaisers gleichen Namens (s. II 7), um die inneren und äußeren Gefahren zu beseitigen. Theodosius, damals noch *comes rei militaris*, verhaftete den Empörer und ließ ihn zur Aburteilung nach Gallien bringen. Dann löste er die Truppe der *Arcani* auf, die sich an den Plündereien beteiligt hatte, besserte die Hadriansmauer nochmals aus und richtete zu Ehren seines Herrn eine fünfte Provinz Valentia ein. Damit begann die letzte, bescheidene Blütephase des römischen Britannien.

Auch in Africa regten sich wieder die Barbaren. In Tripolitanien griffen die Kamelnomaden das römische Fruchtland an und belagerten sogar einzelne Städte. Die Verteidigung wurde erschwert durch einen kapitalen Fall von Korruption in der Verwaltung, der erst spät aufgedeckt und von Valentinian geahndet werden konnte. Die Stadt Lepcis Magna hatte sich 365 um Hilfe gegen die Barbaren an den *comes* Romanus gewandt, der aber verlangte eine Transportkolonne von angeblich 4000 Kamelen, die von der bedrängten Stadt nicht beizubringen waren. Das *concilium Tripolitanum* führte 366 beim Kaiser Beschwerde, die aber wirkungslos blieb, weil Romanus mit dem *magister officiorum* am Hofe befreundet war, der die Sache dem Kaiser anders darstellte. Während die Gesandtschaften hin- und hergingen, unternahmen die Berber einen Raubzug nach dem anderen.

In Mauretanien kam es 370 zur Usurpation des Firmus. Er war der Sohn des maurischen Klientelkönigs Nubel, dessen Familie im späten 4. Jahrhundert eine bedeutende Rolle spielte. Firmus hat anscheinend, ähnlich wie viele Germanenprinzen der Zeit (s. III 1 d), in einer römischen Truppe gedient, sie rief ihn zum Gegenkaiser aus. Die Unzufriedenheit mit dem *comes* Romanus verschaffte Firmus Unterstützung durch die Provinzialen, insbesondere die Donatisten. Valentinian schickte seinen Heermeister Theodosius mit gallischen Truppen, der den Aufstand 374 brutal niederschlug. Anfang 376 wurde der Heermeister allerdings seinerseits unter dem Verdacht des Hochverrats in Karthago enthauptet.

Unruhen gab es ebenfalls in Rom. Das Luxusleben der Senatoren und der Müßiggang der Zirkusmassen werden von Ammian mit bissigen Worten beschrieben. 368 bis 371 kam es zu einer Reihe von Prozessen gegen Angehörige des Senatorenstandes wegen Giftmischerei, Schwarzer Kunst und Ehebruch, eine merkwürdige, aber nicht singuläre Kombination. Der kaiserliche Kommissar griff durch. Valentinian, der Rom nie betreten hat, zeigte überhaupt wenig Sympathien für den Senatorenstand. Nur zwei Senatoren wurden von ihm mit dem Konsulat ausgezeichnet, die Reichspräfekten Probus (371) und Modestus (372). Im übrigen gewannen die Militärs, wie schon seit Julian, an Macht und Ansehen. Sieben Heermeister – darunter vier Barbaren – wurden Konsuln, die *magistri militum* insgesamt aus dem Stand von *viri clarissimi* in den von *viri illustrissimi* erhoben und den Präfekten gleichgeordnet.

Die Innenpolitik Valentinians, dokumentiert in über 500 Gesetzen, ist durch Versuche geprägt, die Mißstände in der Verwaltung abzustellen. Daß er es nicht ganz geschafft hat, lag nicht am fehlenden guten Willen, sondern an der Undurchdringlichkeit der Hierarchie. Valentinian hat seinen hohen Beamten ein großes Maß an Vertrauen entgegengebracht. Das bezeugen die langen Amtszeiten. Sobald er aber einen Korruptionsfall aufdeckte, machte er ernst.

Religionspolitisch blieb die Zeit Valentinians ruhig, wie denn die konfessionellen Streitigkeiten im Westen nie dieselbe Heftigkeit erreichten wie im Osten. 366 kam es in Rom, wie schon 355, wieder zu einer doppelten Bischofswahl und Straßenkämpfen. Die Leute des Papstes Damasus stürmten eine Kirche und brachten 137 Anhänger seines Gegners Ursinus um. Unfähig, den Streit zu beenden, verließ der *praefectus urbi* die Stadt. Ammian (XXVII 3,12 ff) meinte, daß der Kampf um den römischen Bischofsthron lohne, angesichts des fürstlichen Luxus, der seinen Inhaber erwarte. Der Kaiser ließ den Fall untersuchen und bestätigte Damasus im Amt. Die Kämpfe mit den Anhängern des Ursinus zogen sich hin bis 384.

Wie alle christlichen Kaiser im Westen war Valentinian katholisch. Keiner seiner Vorgänger und Nachfolger hat indes ein solches Maß an Toleranz gezeigt. Verboten blieben allein die Manichäer (s. III 6 a), ihre Priester wurden mit Geldstrafen bedroht, ihre Versammlungshäuser soll-

ten beschlagnahmt werden. Den Christen wurden die wichtigeren der von
Julian aufgehobenen Privilegien erneuert, die Jahreszahlungen an den Klerus in Höhe eines Drittels der alten Summen wieder aufgenommen. Die
Heiden verloren die Tempelgüter abermals an den Fiskus. Die Haruspizin
blieb statthaft, sie sollte bloß nicht als Schadenszauber mißbraucht werden.
Als gleich nach Regierungsantritt die orthodoxen Bischöfe Kleinasiens den
Kaiser baten, wieder ein ökumenisches Konzil gegen die Arianer einzube-
rufen, erklärte sich Valentinian – anders als seine christlichen Vorgänger
– für unzuständig. Das sollten die Geistlichen untereinander ausmachen.
Die Religion wurde jedem Einzelnen anheimgegeben: «Wie die zu Beginn
meiner Herrschaft erlassenen Gesetze klarstellen, darf jeder die Religion
ausüben, die ihm gefällt» – *unicuique, quod animo inbibisset, colendi libera
facultas tributa est.* Ammian (XXX 9,5) rühmt den Kaiser dafür, daß er sich
über die Religionen stellte, niemanden zwang, das anzunehmen, was er selber glaubte, sondern in diesen Dingen alles beließ, wie er es vorfand. Das
ist eine versteckte Kritik an der Religionspolitik des Theodosius, unter dem
Ammian schrieb.

Valentinian fand ein unerwartetes Ende. Anfang 375 hatten die seit 373
wiederholten Einfälle der Quaden nach Pannonien ein solches Ausmaß
angenommen, daß der Kaiser selbst gegen sie ziehen mußte. Bei einer Frie-
densverhandlung mit ihnen in Brigetio nahe dem Donauknie erlitt er einen
Wutausbruch und starb am 17. November 375 infolge eines Schlaganfalls.
382 wurde er im *sepulchrum regium,* d. h. im Constantinsmausoleum zu
Konstantinopel beigesetzt.

Bei seinem Tode war Valentinian nicht der einzige Kaiser im Westen.
Nach einer schweren Krankheit hatte er am 24. August 367 seinen ältesten,
damals achtjährigen Sohn aus erster Ehe mit Marina Severa, Flavius Gratianus, zum zweiten Augustus des Westens ausrufen lassen. Eine Ernennung
zum Caesar fand nach der Julians 355 nicht mehr statt. Gratian befand
sich beim Tod seines Vaters in Gallien, aber Valentinians zweiter Sohn, der
damals vierjährige Flavius Valentinianus (II), war mit seiner Mutter Justina
in der Nähe. Justina war die Witwe des Usurpators Magnentius, Valentinian hatte sie nach seiner Trennung von Marina Severa geheiratet.

Merobaudes und Equitius, die mächtigsten Heermeister des Kaisers, ließen Mutter und Sohn herbeiholen und letzteren am 22. November 375
in Aquincum zum Augustus ausrufen. Gratian erteilte nachträglich seine
Zustimmung. Als künftiges Gebiet für Valentinian II wurde die italische
Präfektur mit Illyricum, Italien und Africa vorgesehen, doch blieb sie praktisch vorerst bei Gratian. Die Grenzen waren dieselben wie bei den Teilrei-
chen der diocletianischen Tetrarchie.

Die Erhebung Valentinians II sicherte die Dynastie und verhinderte den
Bürgerkrieg, eröffnete aber zugleich die Reihe der spätantiken Kinderkaiser, die von ihren höchsten Beamten geleitet wurden. Der Kaisermacher

Merobaudes erhielt 377 ein erstes, 383 ein zweites Konsulat. Zunächst übte indessen Gratian eine Vormundschaft über seinen Halbbruder aus.

Die Zeit Gratians, der von 375 bis 383 meist in Trier residierte, ist außenpolitisch gekennzeichnet durch eine Fortführung der Abwehr der Germanen (s. u.), innenpolitisch vollzog sich jedoch eine Wandlung. Gratian war erzogen worden von Decimus Magnus Ausonius, dem Rhetor aus Bordeaux. Unter dessen Einfluß schlug Gratian eine senatsfreundliche Politik ein. Er ließ einige Beamten hinrichten, die unter seinem Vater allzu streng gegen Senatoren vorgegangen waren, und feierte 376 seine Decennalien in der Ewigen Stadt. Unter Gratians Einfluß amtierte Ausonius seit 375 als *quaestor sacri palatii*, 377 wurde er *praefectus praetorio* und 379 Konsul. In der Zivilverwaltung finden wir statt der Militärs aus Pannonien wieder überwiegend Senatoren, darunter vor allem Verwandte des Ausonius selbst. Kirchenpolitisch stand Gratian seit 379 unter dem Einfluß von Ambrosius und Theodosius (s. III 6c).

Während die Germanengefahr im Westen durch Valentinian und Gratian abgewendet werden konnte, hatte Valens im Osten mit inneren wie äußeren Problemen zu ringen. Die Donaufront war unter Julian ruhig geblieben, die Goten hatten ihm sogar Foederaten für den Perserzug gestellt. Dennoch hatte Julian die thrakische Grenze befestigen lassen, denn er ahnte die beginnende Unruhe. Unter seinem Nachfolger brach sie aus. Während des Aufenthaltes mit seinem Bruder im Juni 364 in Mediana bei Naïssus veranlaßte Valens abermals Grenzbefestigungen. Als er 365 auf dem Wege nach Syrien war, zwangen ihn neue Hiobsbotschaften, Truppen an die untere Donau zu senden. Sie aber kamen nie dort an. Bei ihrem «üblichen» Zweitagesaufenthalt in Konstantinopel riefen sie am 28. September 365 den *comes rei militaris* Procopius zum Gegenkaiser aus.

Procop war der letzte Angehörige der constantinischen Sippe. Julian hatte ihm angeblich bei einem Besuch des Mondtempels von Carrhae die Nachfolge versprochen, Jovian betraute ihn mit der Beisetzung Julians. Danach verschwand er und tauchte erst im Purpur wieder auf. Seine Anfangserfolge waren beträchtlich, Thrakien und Bithynien fielen ihm zu. Valentinian verweigerte dem Bruder die Hilfe, um den Alamannen keine Gelegenheit zum Einfall zu bieten. Diese seien die Feinde des Reiches, aber Procopius sei nur ein Feind der Kaiser. Die Heermeister der Orientarmee jedoch blieben Valens treu. Procopius wurde besiegt und am 27. Mai 366 enthauptet. Valens sandte den Kopf seinem Bruder nach Gallien und wütete gegen die wirklichen und vermeintlichen Anhänger des Usurpators. Die sich anschließende Erhebung seines Verwandten Marcellus in Chalkedon konnte ohne Mühe unterdrückt werden.

Procopius hatte von den Königen der Goten Unterstützung erbeten. Sie schickten 3000 Mann, doch wurden diese von Regierungstruppen abgefangen. Einer der Gotenkönige forderte die Leute vergeblich zurück. Vermutlich war es Athanarich, dessen Vater von Constantin mit einem Standbild geehrt worden war. 367 unternahm Valens einen Vergeltungszug in die Gegend des heutigen Bukarest. Im folgenden Jahre verhinderte die geschwollene Donau einen erneuten Flußübergang. 369 überschritt der Kaiser die Donaumündung, schlug erst die Ost- und dann die Westgoten in die Flucht, bekam den Feind aber nicht wirklich zu fassen. Im Herbst 369 schloß er mit Athanarich auf Schiffen im Donaustrom bei Noviodunum Frieden. Athanarich stellte Geiseln; Valens ließ die Donaugrenze befestigen.

In der Folgezeit kam es zu einer Spaltung der Westgoten. Eine christlich-römisch eingestellte Gruppe unter Fritigern löste sich von der Herrschaft Athanarichs und behauptete sich gegen diesen mit Hilfe des Kaisers. Während Athanarich die Christen in seinem Machtbereich verfolgte, ersuchte Fritigern den Kaiser um Missionare. Valens sandte anscheinend damals Wulfila zu den Goten zurück und förderte dadurch den «arianischen» Glauben. Dennoch hat es unter den Westgoten Fritigerns auch später noch Heiden gegeben.

Valens hatte sich – angeblich unter dem Einfluß seiner Frau Domnica – der homöischen Konfession zugewandt und setzte damit die Religionspolitik des Constantius fort. Er sandte Truppen nach Konstantinopel und schickte den orthodoxen Patriarchen in die Verbannung. Dessen Sache vertraten die drei kappadokischen Kirchenväter, insbesondere Basilius, der sich nicht nur für die religiösen, sondern auch für die ökonomischen Interessen seiner Provinzialen einsetzte und 372 Valens persönlich entgegentrat. Basilius stand auf seiten des Athanasios, des streitbarsten Kämpfers für die Orthodoxie. Jovian hatte ihn begnadigt, Valens schickte ihn jedoch am 5. Oktober 365 abermals in die Verbannung, es war das fünfte Exil des Patriarchen. 366 jedoch durfte er nach einem Aufruhr auf seine Kathedra in Alexandria zurückkehren und ist hier am 2. Mai 373 gestorben. Athanasios ist der erste unter den politischen Kirchenfürsten, mit ihm beginnt der Konflikt zwischen Kaiser und Kirche. Die Voraussetzung hierfür war die Popularität des Athanasios. Seine Massenbasis gestattete ihm, den Weisungen der Kaiser und den Beschlüssen von Synoden zu trotzen. Welch geringe Rolle rein dogmatische Gründe spielen, ergibt sich daraus, daß orthodoxe, arianische und heidnische Kaiser gegen ihn vorgegangen sind.

Athanasios hat eine große Zahl von theologischen Schriften hinterlassen, namentlich Polemiken gegen die von und seit ihm so genannten Arianer. Seine Dogmatik befaßt sich vorwiegend mit den Problemen der Trinität und der Christologie. Christus sei nicht das Geschöpf Gottes, sondern sei Gott in menschlicher Gestalt, habe indessen zwei Willen besessen, einen göttlichen und einen menschlichen. Einflußreich war seine ‹Vita Sancti Antonii›, sie förderte das Mönchtum. In seinem 39. Festbrief von

367 sind zum ersten Male die später als kanonisch anerkannten 27 Bücher des Neuen Testaments zusammengestellt.

Die Situation der Altgläubigen war erheblich günstiger als anschließend unter Theodosius. Valens duldete überlieferte Feste, die den Charakter von Volksbräuchen hatten. In Antiochia wurden Zeus, Demeter und Dionysos gefeiert wie unter Julian. Auf Bitten des Praetextatus, der damals *proconsul Achaiae* war, gestattete Valens nächtliche Opfer zumindest für Griechenland, weil sonst die Eleusinischen Mysterien unterbunden worden wären. Alles sollte nach den Landessitten weitergehen. In hohem Ansehen stand nach wie vor der heidnische Rhetor Themistios, der in Konstantinopel lehrte. Themistios hatte Valens sogar zum Frieden mit den Orthodoxen bewegen können. Dennoch kam es in Ägypten zu Tempelzerstörungen und Bürgerkrieg zwischen Christen und Heiden. Valens wiederholte das mit Todesstrafe verbundene Verbot für Zauberei, Weissagung und nächtliche Opfer. Wegen «Zauberei» wurden «die bekannten Philosophen» im ganzen Ostreich umgebracht, selbst solche, die keine Heiden waren. Unter anderen traf es Julians Freund Maximus aus Ephesos, den der blutgierige Prokonsul von Asien, der heidnische Historiker Festus töten ließ. Eine Kette von Majestätsprozessen, verbunden mit der Anklage wegen Wahrsagung und Giftmischerei, zeigt, daß es mit der östlichen Munizipalbourgeoisie ähnliche Auseinandersetzungen gab wie mit den römischen Senatoren. Aufsehen erregte der Prozeß gegen den aus Gallien stammenden *secundicerius notariorum* Theodorus 371 in Antiochia, der durch magische Praktiken auf den Thron zu kommen hoffte (s. III 6 e). Ammian bezeugt, daß Valens mehrfach von Verschwörern bedroht wurde.

Die außenpolitischen Spannungen im Osten hielten an. Mehrere Jahre hindurch beunruhigte Mavia, die Königswitwe der arabischen Ismaeliten, die Provinzen Palästina und Phönizien. Schließlich machte sie Frieden, vermählte ihre Tochter mit dem sarmatischen Heermeister Victor und nahm das Christentum an. Der Eremit Moses wurde in Alexandria zum Bischof der Sarazenen geweiht. Nach der Schlacht bei Adrianopel schickte Mavia Hilfstruppen, die, von der Kaiserin Domnica besoldet, den auf Konstantinopel ziehenden Goten entgegentraten und sie zur Umkehr bewogen. Ein dauernder Unruheherd war daneben Isaurien. Ammian berichtet Raubzüge zu 367/368, in denen der Philosoph Musonios, damals *vicarius Asiae,* getötet wurde. Zosimos nennt Kämpfe in den Jahren 376/377.

Dramatisch entwickelte sich die Lage in Armenien. Nach dem Tode Jovians verletzte Sapor II den Friedensvertrag. König Arsakes III, der Julian unterstützt hatte, mußte sich ohne römische Hilfe verteidigen, denn Valens war durch Procop gebunden. Entsprechend ihrem christlichen Bekenntnis standen die Armenier überwiegend auf römischer Seite. Der Katholikos

Narses hatte Schulen und Hospitäler, Witwen- und Armenhäuser eingerichtet. Armenier studierten an römischen Hochschulen und dienten in römischen Zivil- und Militärämtern. Nur eine kleine Gruppe von Adligen hielt zu Persien. Darum bemächtigte sich Sapor der Person des Arsakes durch eine List, wir hören von einem magischen Betrug, wodurch der Armenier um 368 gefangen wurde und später in der «Burg des Vergessens» endete.

Mit der Person des Arsakes hatte Sapor aber Armenien noch nicht in der Gewalt. Die Hauptstadt Artogerassa wurde von der schönen Königin Pharandzem und ihrem Sohn Papa behauptet. Gegen sie sandte Sapor zwei auf seine Seite übergetretene Armenier, Cylaces und Artabanes, die jedoch von der Königin abermals für die nationale Sache gewonnen werden konnten. Dies führte zum Untergang des persischen Expeditionsheeres. Aus Furcht vor der Rache Sapors floh Papa zu den Römern und fand bei Valens Aufnahme. Cylaces und Artabanes ersuchten den Kaiser, Papa als römischen Klientelkönig über Armenien zu schützen. Valens beauftragte daraufhin den *dux* Terentius, Papa zurückzuführen, allerdings ohne die Abzeichen der königlichen Würde, damit der Verzicht Jovians auf Armenien wenigstens äußerlich gewahrt blieb. Sapor aber erachtete den Frieden als gebrochen. Er stürmte 369 Artogerassa und ließ die Königin Pharandzem in Ktesiphon grausam hinrichten. Papa konnte mit Cylaces und Artabanes in die Berge entfliehen.

370 schickte Valens den gotischen Heermeister Arintheus nach Armenien und den *dux* Terentius mit zwölf Legionen ins nördlich angrenzende Iberien. Dort war der römerfreundliche König Sauromaces von Sapor vertrieben und durch seinen perserfreundlichen Vetter Aspacures ersetzt worden. Arintheus teilte das Land zwischen beiden. Sapors Protestgesandtschaft richtete bei Valens nichts aus, beide Seiten rüsteten im Winter 370/71 zum Kriege. Im folgenden Sommer errangen der *comes* Traianus und der ehemalige Alamannenkönig Vadomar bei Bagavan einen Sieg über die Perser.

Zwischen Römern und Armeniern entstanden jedoch Spannungen, die Sapor zu nutzen wußte. Es gelang ihm, Cylaces und Artabanes bei Papa zu verdächtigen. Dieser sandte deren Köpfe an Sapor. Anscheinend hat Papa außerdem den armenischen Katholikos umgebracht. Daraufhin wurde Papa von Valens 373 nach Tarsos berufen und hier in Ehrenhaft gehalten. Papa konnte jedoch mit 300 Gefolgsleuten ausbrechen, den Euphrat überqueren und nach Armenien zurückkehren. Die Römer fürchteten nun, er werde sich wieder an Sapor um Hilfe wenden. Im Herbst 374 wurde Papa von dem römischen Kommandeur Traianus in Armenien zu einem Gastmahl geladen und hinterhältig erschlagen.

Die diplomatischen und militärischen Auseinandersetzungen über Armenien zogen sich hin. Der von Valens gestützte König Varazdates hielt sich von 375 bis 377. Roms Position wurde durch die Vorgänge an der Donau geschwächt. Nach dem Abzug der Legionen gegen die Goten (s. u.) fielen Iberien und vier Fünftel Armeniens unter persische Hegemonie, doch ermöglichten die Wirren nach dem Tode Sapors II im Jahre 379 dem Lande eine mehrjährige Unabhängigkeit.

Die Vorgänge, durch welche die Regierungszeit des Valens weltgeschichtlich bedeutsam geworden ist, ereigneten sich an der unteren Donau: der Beginn der germanischen Völkerwanderung. Dieser Begriff ist insofern irreführend, als Wanderbewegungen aus dem germanischen Ursprungsraum schon seit dem 3. Jahrhundert v. Chr. bekannt sind, als die Bastarnen ans Schwarze Meer gelangten. Mehrfach erreichten germanische Wandergruppen seitdem die antike Oikumene: um 100 v. Chr. die Kimbern und Teutonen, seit Caesar die Sweben, unter Marcus die Marcomannen. Insofern bedeutet die «Völkerwanderung» keinesfalls die Mobilisierung bis dahin seßhafter Stämme, sondern bezeichnet lediglich das dramatische Finale der großen Bewegung. Seit der Besiedlung der Schwarzmeerküste durch die aus Schweden stammenden Goten um 200 n. Chr. war der Osten des Reiches bedroht. Unter Valerian, Gallienus und Claudius Gothicus gab es schwere Kämpfe (s. II 1). 332 kam es zu einem Bündnis zwischen Constantin und dem Gotenkönig Ariarch (s. II 3). Es folgte eine Ruhepause, deren Ende die Hunnen brachten. Die Hunnen waren mongolische Reiternomaden, als Bogenschützen gefürchtet, verwandt mit den späteren Türken, Ungarn, Avaren und Bulgaren. Möglicherweise ist ihr Name identisch mit chinesisch Hiung-Nu, der Bezeichnung für mongolische Nomaden, die seit dem 3. Jahrhundert v. Chr. das Reich der Mitte bedrohten. Der Bau der Chinesischen Mauer hat ihren Einfällen einen Riegel vorgeschoben, und es scheint, als ob sie sich seitdem stärker nach Westen ausgedehnt hätten.

Um die Mitte des 4. Jahrhunderts n. Chr. überrannten die Hunnen die Alanen, einen iranischen Nomadenstamm im Gebiet des Aralsees, überquerten den mäotischen Sumpf und griffen die Ostgoten an. König Ermanarich unterlag und nahm sich das Leben. Wie die Alanen wurden die Ostgoten den Hunnen untertan und stellten ihnen Truppen. Als nächster Gegner standen die Westgoten unter Athanarich den Hunnen gegenüber, auch er erlitt eine schwere Niederlage, so daß er sich in die Karpaten zurückzog, während der größere Teil des Volkes unter der Führung von Fritigern und Alavivus an der Donau erschien und um Aufnahme ins Römische Reich ersuchte. Eunap (fr. 42) spricht von 200 000 Personen: «die Goten fürchten die Hunnen wie die Römer die Goten.»

Die Mechanik der nach Westen weitergereichten Stöße beschreibt Ambrosius (exp. Luc. 10,10): *Chuni in Halanos, Halani in Gothos, Gothi in Taifalos et Sarmatas insurrexerunt.* Die militärische Überlegenheit der Hunnen hängt mit ihrer Zahl und ihrer Lebensart zusammen. Ammian

(XXXI 2) vermerkt: Sie kennen keine Gebäude, essen Fleisch und Pflanzen roh, haben keine Religion und keinen König und leben wie die Tiere. Durch Strapazen sind sie nicht zu brechen. An Schnelligkeit allen überlegen, kämpfen sie mit Bogen und Lasso und sind auf der Flucht gefährlich, im Angriff unberechenbar. Nach Gold sind sie gierig.

Die römischen Grenzkommandanten konnten das Aufnahmegesuch der Goten nicht entscheiden. Sie schickten die gotischen Gesandten im Frühsommer 376 zu Valens nach Antiochia. Der Kaiser wurde beglückwünscht, ohne weiteres Zutun so viele Siedler und Soldaten zu erhalten, die als Bollwerk (*quasi murus*) gegen die Hunnen dienen sollten. Dafür könne Valens von den Provinzialen anstelle wehrpflichtiger Rekruten das *aurum tironicum* verlangen, was diese sowieso zu leisten vorzögen. So habe der Kaiser hinfort ein starkes Heer und eine volle Kasse. Als weiteres Motiv für die Übernahme wird der arianische Glaube der Goten angeführt. Nach Theodoret (HE. IV 37) hat der Bischof Eudoxius von Konstantinopel die Glaubensgemeinschaft zwischen dem Kaiser und den durch Wulfila vertretenen Goten vermittelt.

Valens wies den *comes Thraciae* an, zunächst Kinder als Geiseln zu fordern und dann die Übernahme durchzuführen. So setzten im Sommer 376, wahrscheinlich bei Durostorum (Silistria), die Goten unter Alaviv und Fritigern über die Donau. Anscheinend war das Kontingent vom Kaiser begrenzt worden, denn es wurde versucht, die Herüberkommenden zu zählen. Das aber erwies sich bald als unmöglich. Während alle Völker zwischen dem Donauknie und dem Schwarzen Meer in Bewegung gerieten, drangen die Goten «wie der Aschenregen des Ätna» herein. Tag und Nacht gingen die Schiffe hin und her. Die Römer verloren die Kontrolle, und in der Gunst des Augenblicks schloß sich auch eine größere Mannschaft von Ostgoten unter Alatheus und Safrax den Eindringlingen an.

Bald stellte sich das Versorgungsproblem. Zu den technischen Schwierigkeiten kam eine korrupte Praxis: Die beiden zuständigen Beamten versuchten sich zu bereichern und verhökerten, wie Ammian (XXXI 4,11) schreibt, den hungernden Goten einen toten Hund für einen versklavten Fürstensohn. Das Mißtrauen wuchs. Den Goten wurde der Zutritt zum städtischen Markt in Marcianopel verwehrt, sie wollten ihn erzwingen, und dabei kam es zum Zusammenstoß. Der römische Befehlshaber machte Alaviv und Fritigern haftbar und lockte sie in eine Falle. Sie aber entkamen, und seitdem herrschte Kriegszustand. Die Goten schlugen den *comes Thraciae* am neunten Meilenstein vor Marcianopel und rüsteten sich mit römischen Waffen aus. Nun erhielten sie Zulauf durch gotische Hilfstruppen unter Sveridus und Colias, die schon länger in römischen Diensten gestanden hatten, weiter durch germanische Sklaven, die ihren römischen Herren massenweise entliefen, und schließlich durch die Arbeiter der thrakischen Goldbergwerke, die ihre Abgaben nicht zahlen konnten.

Die Goten zogen sengend und plündernd durch Thrakien und schlugen die Römer mehrfach aus dem Felde. Im Frühjahr 377 entschloß sich Valens, selbst einzugreifen. In diese Zeit gehört vermutlich sein Versuch, unter den Mönchen Ägyptens Truppen auszuheben. Valens sandte den Heermeister Victor zu Friedensverhandlungen in der Armenienfrage zu den Persern, verließ Antiochia und ging nach Konstantinopel, wo er am 30. Mai 378 eintraf.

Die Heermeister Profuturus und Traianus waren vorausgezogen, hatten sich mit dem von Gratian zu Hilfe gesandten Heermeister Richomeres vereinigt und lieferten den Goten 377 bei der Stadt Ad Salices eine unentschiedene Schlacht. Sodann wurden die Balkanpässe befestigt, die Römer suchten Schutz in Marcianopel. Valens entsandte weitere Truppen, während die Goten Zuzug von Hunnen und Alanen erhielten. Sie besiegten die Römer bei Dibaltum am Schwarzen Meer. Eine Abteilung Goten und Taifalen vermochte den Balkan zu überqueren, wurde jedoch von einem General Gratians besiegt und in der Po-Ebene angesiedelt.

Die Nachrichten aus dem Osten brachten auch die Alamannen wieder in Bewegung. Im Februar 378 überschritten sie den zugefrorenen Hochrhein, konnten aber aus Raetien wieder vertrieben werden. Gratian, schon auf dem Abmarsch in den Gotenkrieg, rief die nach Pannonien vorausgesandten Verbände zurück und erfocht bei Argentaria (Horburg bei Colmar) einen Sieg über 40 000 Alamannen. Ihr König Priarius fiel. Gratian verfolgte die Germanen über den Strom und bewog sie zum Frieden, sie stellten Söldner. Dies war der letzte Zug eines römischen Kaisers über den Rhein.

Inzwischen war die Lage in Thrakien ernst geworden. Gratian war bis Sirmium gekommen, die vorausgesandten Heermeister hatten Valens noch nicht erreicht, als dieser den von Fritigern geführten Goten gegenüberstand. Da die römischen Kundschafter die Zahl der germanischen Krieger nur auf Zehntausend schätzten, glaubte Valens, den Angriff wagen zu können. Tatsächlich war das westgotische Heer größer und wurde überdies verstärkt durch Hunnen, Alanen und Ostgoten unter Alatheus und Safrax. Die von Geistlichen geführten Friedensverhandlungen blieben ohne Erfolg.

Am 9. August 378 kam es nordöstlich von Adrianopel zur Schlacht. Die Römer erlitten eine vernichtende Niederlage. Valens fiel. Sein Tod wurde von den Heiden als Sühne für die Hinrichtung der Platoniker, von den Christen als Strafe für seinen Arianismus ausgelegt. Ammian verglich die Niederlage mit Cannae. Darin steckte nicht nur Realismus hinsichtlich der Verluste, sondern auch Hoffnung. Ammian glaubte, Rom werde auch diese Schlappe verkraften. Er berichtet von dem vergeblichen Versuch der siegreichen Goten, Adrianopel zu nehmen, von dem Vorstoß auf die Hauptstadt Konstantinopel, die von Domnica, der Witwe des Valens, mit sarazenischen Gardetruppen der Königin Mavia verteidigt wurde, und von der «heilsamen und raschen Maßnahme» des *magister militum per Orientem* Julius, der auf die Nachricht von der Schlacht die auf die Städte jenseits des Taurus verteilten Goten niedermetzeln ließ. Mit diesen Ereignissen beschloß Ammian sein Geschichtswerk, Hieronymus seine Chronik.

Mit Valentinian und Valens endet die stabile Phase des spätrömischen Reiches. Es folgt unter und nach Theodosius jene Zeit der Bürgerkriege und Germaneneinbrüche, die zur Auflösung des Imperiums geführt hat. Valentinian gehört zu den bedeutenden Generalen auf dem Kaiserthron. Er wird als hart und jähzornig geschildert, doch machen die Anlässe seinen Zorn in der Regel begreiflich. Das politische Ethos dieses Mannes spricht aus dem Wort, mit dem er sich weigerte, seinem Bruder Valens gegen den Usurpator Procopius zu Hilfe zu kommen, während die Germanen die Rheingrenze bedrohten: Procopius sei nur der Feind seiner Familie, die Germanen aber seien Feinde des Reiches. Sympathie verdient auch Valentinians weitgehend tolerante, geradezu friderizianische Haltung in den Glaubenskämpfen der Zeit, sie bleibt eine hohe Ausnahme in der Spätantike.

Während der Zeit Valentinians, der zumeist in Trier residierte, lag zum letzten Male das Schwergewicht des Reiches im Westen. Dank seiner rastlosen Kriegsführung genoß Gallien nochmals eine Ruhepause vor dem wachsenden Druck der Germanen. Unter ihm gab es noch feste Rheinbrücken, die dann für Jahrhunderte aus der Geschichte verschwinden.

Valens bleibt neben der imposanten Figur des Bruders blaß. In den kirchlichen Quellen wird er als «Arianer» angeschwärzt, obschon er sich für theologische und literarische Fragen nicht erwärmen konnte. Ammian (XXX 4,2) bescheinigt ihm ein *subagreste ingenium, nullis vetustatis lectionibus expolitum.* Trotz des ungünstigen Einflusses seines Präfekten Modestus bezeugt Ammian dem Kaiser eine schonungsvolle Innenpolitik. Bereits zehn Jahre nach dessen Tod galt seine Regierung bei den Provinzialen als Goldenes Zeitalter. Als höchstes Lob des Valens wertet die Überlieferung den brüderlichen Respekt gegenüber Valentinian. Münzen der *concordissimi principes* zeigen in der Umschrift *Victoria Augustorum* beide Brüder unter der Siegesgöttin friedlich nebeneinander, wie sie gemeinsam den Globus halten.

Nach dem Tode der Brüder war es mit der Eintracht vorbei. Dies war fatal durch die seit 376 veränderte Lage an der Donaufront. Die Schlacht bei Adrianopel 378 eröffnete den Zerfallsprozeß des Imperiums. Die Grenzkastelle und das Hinterland wurden niedergebrannt. Die Donau ist seitdem nie mehr wirklich unter römische Kontrolle gekommen, immer neue Barbarenschwärme brachen ins Reich ein und zerschnitten es an seiner geopolitischen «Wespentaille» (R. Syme) zwischen Donau und Adria in eine Ost- und eine Westhälfte. 396 klagte Hieronymus (ep. 60,16): «Seit mehr als zwanzig Jahren wird zwischen Konstantinopel und den Julischen Alpen täglich römisches Blut vergossen. Skythien, Thrakien, Makedonien, Thessalien, Dardanien, Dakien, Epirus, Dalmatien und ganz Pannonien werden von Goten, Sarmaten, Quaden, Alanen, Hunnen, Vandalen und Marcomannen aufs schlimmste verheert.» Daran änderte sich auch in der Folgezeit wenig. Langfristig bestätigte sich das Urteil, das ums Jahr 400 der Kirchenhistoriker Rufinus (HE. I 13) über die Schlacht gefällt hat: *quae pugna initium mali Romano imperio tunc et deinceps fuit* – «diese Schlacht war der Anfang des Übels für das römische Reich damals und für alle späteren Zeiten.»

7. Theodosius I (379–395)

Nach ihrem großen Sieg über Kaiser Valens bei Adrianopel 378 waren die Westgoten Herren über das offene Land der Balkanprovinzen. Der Widerstand war erloschen. Ein Gotenfürst wunderte sich darüber, daß die römischen Soldaten weder flöhen noch kämpften: Sie ließen sich wie Schafe abmetzeln, er selbst sei der dauernden Schlächterei allmählich überdrüssig. Nur die großen Städte vermochten sich zu halten. Adrianopel, Thessalonike, Perinth und Konstantinopel verteidigten sich erfolgreich.

Gratian, der seinem Vatersbruder zu Hilfe gezogen, aber nicht rechtzeitig eingetroffen war, stand unterdessen in Sirmium. Auf die Nachricht vom Tode des Valens gestattete er den verbannten Bischöfen die Rückkehr und wiederholte das Toleranzgesetz seines Vaters. Ausgenommen blieben außer den Manichäern die Anhänger von Photeinos und Eunomios. In Sirmium erhob er am 19. Januar 379 Flavius Theodosius zum neuen Kaiser des Ostens. Anders als seine Vorgänger stammte Theodosius nicht aus dem Donauraum und nicht aus kleinen Verhältnissen, sondern gehörte einer begüterten Familie aus Spanien an. Theodosius ist am 11. Januar 347 in Cauca, Gallaecia, geboren. Sein gleichnamiger Vater war einer der fähigsten Heermeister Valentinians gewesen, hatte 366 gegen die Franken, 368 in Britannien, 370 gegen die Alamannen gekämpft und war 373 zur Niederwerfung des Firmus-Aufstandes nach Africa geschickt worden. Auch diesen letzten Krieg hatte er mit Erfolg zu Ende geführt, doch wurde er nach dem Tode Valentinians in einen Majestätsprozeß verwickelt und Anfang 376 in Karthago enthauptet. Der Sohn rehabilitierte den Vater als *divus*.

Der jüngere Theodosius begegnet seit 368 im Gefolge seines Vaters. Als dieser nach Africa ging, erhielt der Sohn sein erstes selbständiges Truppenkommando an der Donau als *dux* in der *Moesia Prima*. Nach dem Sturz seines Vaters zog er sich nach Spanien zurück, heiratete dort eine Frau aus spanischem Provinzadel, Aelia Flaccilla, wurde aber sofort nach der Schlacht bei Adrianopel wieder in den Dienst berufen. Als Heermeister für Illyricum errang er Ende 378 einen Sieg über die Sarmaten, und daraufhin ernannte Gratian ihn zum Augustus für den Osten.

Seine erste Aufgabe war die Wiederherstellung der römischen Herrschaft auf dem Balkan. 379 und 380 residierte Theodosius zumeist in Thessalonike. 379 schickte er den Heermeister Modares, einen katholischen Goten, gegen die plündernden Germanen, im folgenden Frühjahr mußte er eine Niederlage gegen sie verwinden. Ungehindert plünderten die Goten unter Fritigern Griechenland, unter Alatheus und Safrax Pannonien. Gratian mußte abermals an der Donau erscheinen, wo er die Goten durch Geschenke zu einem Vertrag bewog. Wahrscheinlich kam es auch zu einer Ansiedlung. Im Herbst 380 trafen sich die Kaiser nochmals in Sirmium. Gratian überließ Theodosius gallische Truppen unter dem Befehl der Franken Bauto und Arbogast. Theodosius selbst war durch eine schwere Krankheit behindert, die ihn bewog, sich taufen zu lassen.

Um das Heer wieder aufzubauen, rief der Kaiser Veteranen und Soldatensöhne aus dem Zivildienst zurück, bedrohte die Grundherren, die untaugliche Rekruten stellten, und akzeptierte Selbstverstümmelung nicht mehr als Grund für Kriegsdienstbefreiung. Die neuen, noch nicht bewährten Kontingente wurden an die ruhigere Ostfront versetzt, altgediente Verbände von dort herbeigeholt. Das wirksamste Mittel waren jedoch Anwerbungen unter den Goten selbst. Um ihnen den Eintritt in die Armee zu erleichtern, gestattete Theodosius ihnen, den Dienst zu quittieren, sobald sie einen Ersatzmann stellten. Nach Zosimos (IV 30) meldeten sich mehr Germanen, als der Kaiser brauchte, und so konnte er einige Abteilungen von ihnen nach Ägypten verlegen. Trotzdem blieben die Donauprovinzen unsicher. Eine Stabilisierung trat erst ein, als die Goten durch eine Pest geschwächt wurden und sich untereinander zu bekämpfen begannen.

Theodosius zog am 24. November 380 in Konstantinopel ein. Er empfing dort am 11. Januar 381 den heidnischen Gotenkönig Athanarich, der ein Bündnis mit ihm geschlossen hatte, und bestattete ihn nach seinem plötzlichen Tode mit großem Gepränge. Am 3. Oktober 382 kam es zum Frieden mit den Westgoten. Er wurde auf römischer Seite von dem Heermeister Saturninus, auf gotischer durch einen ungenannten *rex* geschlossen, möglicherweise Fritigern. Für die römisch-germanischen Beziehungen war dieser Vertrag epochemachend: wenn auch Julian den Salfranken in Toxiandrien schon einmal ähnliche Bedingungen gewährt hatte (s. II 5), so wurde doch 382 zum ersten Male ein großes Volk auf dem Territorium des Reiches als völkerrechtliches Subjekt behandelt. Die Goten waren keine *laeti*, keine *dediticii*, sondern freie Krieger, die ein *foedus* mit dem Kaiser eingingen. Sie erhielten steuerfreien Grundbesitz, lebten nach eigenem Recht unter eigenen Fürsten, versprachen dafür dem Kaiser Truppen für den Kriegsfall, allerdings gegen Bezahlung, und kämpften in geschlossenen Verbänden unter eigenen Anführern, nicht unter römischen *praefecti*. Die Anerkennung der Reichshoheit, personifiziert im Kaiser, wird in der üblichen Formel, *ut maiestatem populi Romani comiter conservarent,* ausgedrückt worden sein. Aus römischer Perspektive waren *foederati* und *dediticii* beinahe dasselbe, aber faktisch war mit dem Vertrag von 382 ein neues Halbbürgerrecht geschaffen. So kam es zu jenem rechtlichen Schwebezustand zwischen Reichsangehörigkeit und Autonomie, der zumal für die Ostgermanen auf Reichsboden kennzeichnend ist. Das führte zu Konflikten. Sobald die römische Macht stark genug war, bevorzugte Theodosius jedoch wieder die traditionelle Ansiedlung der Germanen als reichsuntertänige Laeten. Als 386 Odotheus mit einem ostgotischen Heer erschien, brachte Theodosius ihm zunächst eine Niederlage bei und gab ihm dann in Phrygien Land. Den Sieg feierte die nach dem Vorbild der *Columna Traiana* in Rom errichtete Theodosius-Säule auf dem Forum des Kaisers. Ein ähnlicher Vorgang wiederholte sich 392, als es dem Heermeister Stilicho (s. u.) gelang, eine Gruppe von Westgoten in Thrakien zu bezwingen. In der Folgezeit beobachten wir bei den Goten eine romfreundliche (Fravitta) und eine romfeindliche (Eriulf) Richtung, so wie auch unter den Römern barbarenfeindliche (Synesios) und barbarenfreundliche (Themistios) Positionen einander gegenüberstanden.

An der Perserfront trat nach dem Tode Sapors II 379 Ruhe ein, mit Sapor III (383–388) wurden mehrere Gesandtschaften ausgetauscht, so 384, 387 und 389. Bei einer dieser Missionen begegnet uns zum ersten Male Flavius Stilicho, nach 395 der führende Kopf im Westen. Stilicho war Vandale und heiratete, vermutlich 384, Serena, die Nichte und Adoptivtochter des Theodosius. Die Friedensverhandlungen mit Sapor III führten 387 zur endgültigen Teilung Armeniens unter arsakidischen Vasallenkönigen, wobei vier Fünftel unter persischen Einfluß kamen. Im westlichen Teil regierte Papas Sohn Arsakes IV, der letzte römische Vasallenkönig Armeniens. Nach seinem Tode um 389 wurde das römische Armenien zur Diözese Pontica geschlagen und in zwei Provinzen geteilt, Armenia Prima im Norden und Armenia Secunda im Süden. Beide wurden von *praesides* regiert. Den militärischen Schutz gewährten die nach 420 ausgebaute Festung Theodosiopolis (Erzurum) und die dem *dux Armeniae* untergebenen Limitanformationen. Sie lagen in den sieben von der ‹Notitia› genannten Kastellen. Persarmenien unterstand bis 391 dem Arsakiden Chosroes, dem dann ein Sassanide folgte.

Große Aufmerksamkeit widmete Theodosius stets der Kirchenpolitik. Er stammte aus einer streng katholischen Familie und war auch persönlich sehr fromm. Als erster Kaiser hat er von Anfang an auf den Titel *pontifex maximus* verzichtet. Nach der Niederlage bei Adrianopel hatte Gratian Toleranz verheißen (s. o.). Dieses Gesetz hob er am 3. August 379 wieder auf. Statthaft sei allein die *observatio catholica*. Wie sehr das im Sinne von Theodosius war, bezeugt dessen Erlaß vom 28. Februar 380. Darin hat er alle Völker seiner Herrschaft aufgefordert, sich zum apostolischen Glauben zu bekennen, so wie er in Rom und Alexandria gelehrt würde, und definierte damit, wer als katholischer Christ und wer als Häretiker zu gelten habe. Letztere wurden für verrückt erklärt. Theodosius stellte ihnen die Rache Gottes in Aussicht sowie jene Strafen, die der Himmel ihm, dem Kaiser, eingeben werde. Theodosius war damals noch nicht getauft.

Als Theodosius in Konstantinopel einzog, war der Sieg der orthodox katholischen Partei über die Arianer entschieden. Schon zuvor hatte Gratian den Heermeister Sapor in den Osten geschickt, um die Arianer «wie wilde Tiere» aus den Kirchen zu verjagen und sie den Orthodoxen zu übereignen. In Antiochia fand er den seltsamen Zustand vor, daß dort zwei rechtgläubige, antiarianische Gemeinden miteinander wetteiferten. Beide kommunizierten mit dem Papst Damasus, aber nicht untereinander. Sapor übergab die Kirchen daraufhin einem dritten orthodoxen Bischof.

In Konstantinopel griff Theodosius durch. Es wies den arianischen Bischof Demophilos aus und erhob einen orthodoxen Gegenkandidaten, Gregor von Nazianz, unter militärischer Bedeckung auf die Kathedra der Apostelkirche. Gregor konnte sich jedoch nicht halten. Theodosius ersetzte ihn noch 381 durch einen Juristen senatorischen Standes, Nectarius, der bei seiner Wahl weder Taufe noch Priesterweihe besaß. Damit war die vierzigjährige Herrschaft der Arianer in Konstantinopel beendet. Dennoch blieben sie stark genug, um 388 nach einer Falschmeldung von der Niederlage des Kaisers gegen Maximus einen Aufruhr zu erregen und dem orthodoxen Patriarchen das Haus anzuzünden.

Am 10. Januar 381 erklärte Theodosius die *Nicaena fides* durch Staatsgesetz nochmals für verbindlich. Als *vicarius Dei* fühlte er sich für das Seelenheil seiner Untertanen verantwortlich. Um die Zustimmung der kirchlichen Autoritäten einzuholen, ordnete der Kaiser ein Konzil an, das später als «ökumenisch» betrachtet wurde. Die im Jahre 381 in Konstantinopel versammelten 150 orientalischen Bischöfe bestätigten die Maßnahmen des Kaisers und brachten das Credo in die Form des *Symbolum Nicaeno-Constantinopolitanum*. Darin ist der Heilige Geist als dritte Erscheinungsform Gottes etabliert. Kirchenpolitisch wurde der Patriarch des «neuen Rom» Konstantinopel denen von Antiochia und Alexandria übergeordnet und nur unter Rom eingestuft.

Das Jahr 381 gilt als das Jahr der Begründung der christlichen Staatsreligion. An die Stelle der Bevorzugung der Katholiken trat der Glaubenszwang. Theodosius setzte 382 gegen die Sonderkirchen *inquisitores* ein und verfügte in der Folge einen ganzen Fächer von Strafen: Verbot des Kirchenbaus, der Priesterweihen, der Lehre, ja der Diskussion über Glaubensfragen; Entzug der Kirchen und Kulträume, Versammlungsverbot, Enteignung, Verbannung, Infamie, Stockschläge, bis zur Todesstrafe in schweren Fällen. In der Regel blieb es allerdings bei der Drohung. Ein Religionsgespräch zwischen den Konfessionen 383 beendete der Kaiser mit der Erklärung, Gott selbst habe ihm die Rechtmäßigkeit des nicaenischen Glaubensbekenntnisses offenbart. Dies überliefert Socrates (V 10). Wie dessen Behauptung zu werten ist, Theodosius haben allen Konfessionen Toleranz gewährt (V 20), ist nicht klar. Der Kaiser hat die angedrohten Strafen nicht konsequent verhängt, auch finden sich noch Heiden in prominenten Positionen.

Im Westen war Gratian nach der Erhebung des Theodosius von Sirmium über Aquileia nach Mailand gezogen. In Trier mußte er sich mit den Folgen der jüngsten Germaneneinfälle befassen, der Sieg bei Argentaria hatte nicht genügt, um Gallien während seiner Abwesenheit zu schützen. Im August 380 traf er abermals Theodosius in Sirmium (s. o.). Das im September 381 nach Aquileia berufene Konzil wurde von Ambrosius als Waffe gegen die Arianer verwendet. 382 verhandelten die griechischen Bischöfe in Konstantinopel, die lateinischen in Rom über strittige Kollegen, und das führte zu Spannungen. Gratian residierte seit 381 mit Valentinian II in Mailand. Dort überließ er die Regierung seinem Reichspräfekten Petronius Probus und begünstigte in anstößigem Ausmaß eine kleine Truppe alanischer Bogenschützen, die er gegen ungeheure Goldzahlungen angeworben hatte. Gratian erschien in alanischer Tracht und brachte es im Schießen so weit, daß man sagte, seine Pfeile hätten Hirn.

Im Frühjahr 383 erhob sich in Britannien Magnus Maximus zum Kaiser, ein Offizier Valentinians I, Landsmann und Verwandter des Theodosius. Maximus setzte nach Gallien über. Gratian, der gerade wieder einen Alamanneneinfall nach Raetien hatte zurückwerfen müssen, zog ihm bis Paris entgegen, wurde aber von seinen Soldaten verlassen und floh. Ein Heermeister des Maximus verfolgte ihn, versteckt in der Sänfte von Gratians zweiter Frau Laeta, und ermordete ihn am 25. August im dreißigsten Lebensjahr bei Lyon.

Maximus «errichtete seinen Thron» in Trier. Justina, die Mutter des jungen Valentinian II in Mailand, schickte Ambrosius als Gesandten zu Maximus, um die Leiche Gratians zu erbitten, während der Heermeister Bauto die in Raetien eingefallenen Alamannen durch angeworbene Hunnen und Alanen in Schach hielt und die Alpenpässe befestigte. Außerdem nahm Justina Verbindung mit Theodosius auf. Dieser hatte mit Gratian kirchenpolitische Differenzen gehabt, und das mag seine zunächst wohlwollende Haltung gegenüber dem Usurpator erklären. Durch Errichtung von Statuen für ihn, durch CONCORDIA AUGUSTORUM – Münzen aus Konstantinopel und durch Übernahme seines Konsuls für 386 im Osten konnte sich Maximus als legitimiert erachten.

Anerkennung fand Maximus ebenso in Spanien und Africa. Er hat in den Jahren 383 bis 388 den Westen mit fester Hand regiert. Aus seiner Zeit stammen die letzten Fundmünzen von der Hadriansmauer in Britannien, danach wurde sie offenbar nicht mehr verteidigt. Sulpicius Severus beurteilt Maximus wohlwollend und meint, die Soldaten hätten ihn gegen seinen Willen zum Kaiser erhoben. Nur Habsucht rügt er an ihm, doch habe die politische Lage ihn gezwungen, alle Hilfsquellen für seine Herrschaft auszuschöpfen. Die seit 383 wieder bedrohlichen Germanen am Rhein wies Maximus zurück, nach Orosius (VII 35,4) ertrotzte er von ihnen sogar Abgaben und Kriegsdienste. Im Innern suchte er vor allem die Lage der Provinzialen zu heben. Um sich die Sympathie der Katholiken zu sichern, ließ Maximus 385/386 den spanischen Asketen Priscillianus mit seinem Gefolge hinrichten. Das war die erste Exekution von «Ketzern» durch die Staatsgewalt, der Vorwurf lautete auf Schwarze Magie. Die Sekte aber bestand weiter. Sulpicius klagte 402 über den schon fünfzehn Jahre währenden «Krieg» zwischen den Kirchenparteien im Westen.

Gleichzeitig mit dem Konflikt zwischen Kirche und Ketzerei in Gallien kam es in Italien zum Zusammenstoß zwischen Christen und Heiden. Im Jahre vor seinem Tode hatte Gratian die Einkünfte der altrömischen Priester, insbesondere der Vestalinnen kassiert, testamentarische Zuwendungen an die alten Kulte verboten und aus dem Sitzungssaal des Senates Standbild und Altar der Victoria entfernen lassen (s. III 6 a). Als Symmachus, einer der führenden Köpfe der altgläubigen Senatoren, 384 Stadtpräfekt geworden war, beantragte er bei Valentinian II die Aufhebung jener Bestimmungen. Er argumentierte in seiner berühmten dritten Relatio mit der Tradition, die Rom zur Größe geführt habe. Dieser Brief ist eines der aufschlußreichsten Zeugnisse für die Geschichtsauffassung und die politische Denkwelt der spätrömischen Senatsaristokratie, Seeck (V 196) nennt ihn den «Schwanengesang einer sterbenden Religion». Symmachus fand Unterstützung im Kronrat, unter anderem bei Bauto, scheiterte indessen am Einspruch des Ambrosius. Dieser argumentierte mit einem universalen Fortschrittsgedanken, der das Heidentum als überholt erweise, pochte auf den wahren Glauben und drohte dem Kaiser mit der Exkommunikation. Die Sorge um Kirchengemeinschaft und Seelenheil bewogen Valentinian II, das Gesuch des Symmachus abzulehnen (s. III 6 a). Auf dem kaiserlichen Globus erscheint Victoria noch im 5. Jahrhundert, doch findet sich seit etwa 384 auf Mailänder Münzen der «Reichsapfel» mit Kreuz.

Wichtiger als der Streit um den Victoria-Altar wurde der Konflikt des Jahres 385/386 um die Basilica Portiana in Mailand. Zuvor war es nur um die Rücksicht auf den Senat gegangen, diesmal aber stand die Macht des Kaisers auf dem Spiel. Zum ersten Male wurden ihr von der Kirche Grenzen gezogen. Justina, die sich wieder dem Arianismus zugewandt hatte, und ihr Sohn Valentinian II forderten eine vor den Toren gelegene Kirche für den Gottesdienst der arianischen Gemeinde am Hof. Damit respektierten sie das Gesetz vom 10. Januar 381, das innerhalb der Mauern nur katholische Gotteshäuser zuließ. Dennoch trat Ambrosius dem ketzerischen Wunsch der Kaiserin mit Nachdruck entgegen. Er hatte das Stadtvolk hinter sich, Unruhen drohten. Der Kaiser rief das bereits aufmarschierte Militär zurück und zog im August 385 mit dem Hof nach Aquileia. Am 23. Januar 386 war Valentinian II wieder in Mailand und verfügte, daß arianischer Gottesdienst hinfort statthaft sei, offenbar auch innerhalb der Mauern. Er stellte die zu erwartenden Krawalle unter Strafe und lud Ambrosius zu einem Religionsgespräch mit dem arianischen Hofbischof Mercurinus-Auxentius in den Palast. Ambrosius weigerte sich und begründete dies in einem uns erhaltenen Schreiben an den Kaiser. Dieser verlangte nun die größere *Basilica nova intramurana,* offenbar um dem Bischof wenigstens die *Basilica Portiana* abzutrotzen. Ambrosius gab nicht nach, er wußte die Bevölkerung, die Kaufleute und einzelne Hofbeamte auf seiner Seite. Geldspenden erhöhten seine Popularität. Am Palmsonntag hielt er eine Predigt gegen Auxentius, deren Text er dem Kaiser zustellte. Es kam zu Gewalttaten gegen Sachen und Personen des Hofes. Dem Anspruch des Kaisers auf die höchste Entscheidung setzte der Bischof das Bibelwort entgegen: «Gebt dem Kaiser, was des Kaisers, und Gott, was Gottes ist.» Dem Kaiser gehöre der Palast, dem Bischof die Kirche. Ambrosius hielt die umstrittenen Kirchen Tag und Nacht besetzt. Als selbst die Truppen Valentinian den Gehorsam verweigerten, gab der Kaiser nach, das Osterfest wurde in beiden Kirchen nach katholischem Ritus vollzogen. Anschließend verfaßte Ambrosius den überlieferten Bericht als Brief an seine Schwester Marcellina. Zur Einweihung der *Basilica Ambrosiana* entdeckte der Bischof am 17. Juni 386 die ihm im Traum offenbarten Gräber der Märtyrer Gervasius und Protasius, deren Gebeine Wunder wirkten, und damit war seine Macht unangreifbar geworden.

In Mailand war die Stellung Valentinians II erschüttert. Er ging Ende April 386 abermals nach Aquileia. Barbareneinfälle in Pannonien, wo seit 384 die Sarmaten bekämpft werden mußten, und ein offener Brief von Maximus, der die Kirchenpolitik Valentinians angriff, bewogen diesen, Ambrosius 386 zum zweiten Mal nach Trier zu senden. In der Folge schickte der Usurpator nicht nur Truppen, sondern erschien selbst in Italien. Da Maximus als orthodox bekannt war, konnte er in Italien auf Anhang rechnen. Valentinian II floh 387 in den Reichsteil des Theodosius, nach Thessalonike.

Während der Unruhen im Westen hatte auch Theodosius im Osten Schwierigkeiten. Die Bedürfnisse des Heeres im allgemeinen und die heranrückenden Auseinandersetzungen mit Maximus im besonderen belasteten die Kasse, und deshalb verfügte Theodosius 387 eine Sondersteuer. Dagegen kam es in Antiochia zum Aufstand. Zunächst versuchte der Stadtrat, auf friedlichem Wege eine Ermäßigung der Abgaben zu erzielen, dann übernahmen die Theaterclaquen die Führung. Es folgte ein allgemeiner Aufruhr, bei dem Amtsgebäude angezündet und Kaiserbilder geschändet wurden. Wie gewöhnlich bei derartigen Revolten dauerte die Unruhe nur kurz, doch galt die Verletzung der Statuen als Hochverrat. Die Rädelsführer wurden sofort hingerichtet, der gesamte Stadtrat gefangengesetzt und ein Sondergericht gehalten. Die zunächst verordneten Kollektivstrafen – Schließung der Theater und Thermen, Aufhebung der Getreidespenden und Degradierung der Stadt zugunsten Laodikeias – wurden zwar wieder zurückgenommen, aber die Steuer mußte gezahlt werden.

Theodosius legitimierte sich dynastisch, indem er anstelle der jüngst verstorbenen Flaccilla 387 Valentinians Schwester Galla heiratete, die er zuvor nebst ihrem Bruder zum Katholizismus bekehrt hatte. Am 19. Januar 388 feierte er seine Decennalien in Thessalonike, zu diesem Anlaß wurde das Madrider Silbermissorium angefertigt, das ihn zwischen Valentinian II und Arcadius darstellt. Die überragende Größe des Theodosius auf der Platte spiegelt das Macht-, nicht das Rangverhältnis. Valentinian zur Rechten des Theodosius kommt als *senior Augustus* nur als erstgenannter Absender in den Gesetzen zur Geltung.

Im Frühjahr 388 setzte Theodosius drei Armeen gegen Italien in Marsch. Dort hatte sich die Lage für Maximus verschlechtert. Nach seinem Abzug aus Gallien 387 griffen die Franken wieder an, und damit waren Truppen gebunden. Maximus unterstellte sie seinem 384 zum Augustus erhobenen Söhnchen Flavius Victor. Dessen Heermeister besiegten die Franken im Kohlenwalde der Ardennen, doch erlitt einer von ihnen eine schwere Niederlage rechts des Rheins. In Rom hatten die Christen die Synagoge angezündet, und als Maximus dagegen einschritt, kostete ihn das die Unterstützung der Orthodoxie. Theodosius übertrug das Regiment in Konstantinopel seinem älteren, 377 geborenen Sohn Arcadius, den er bereits zu seinen Quinquennalien, am 19. Januar 383, zum Augustus hatte ausrufen lassen, bestellte bei dem weissagenden Mönch Johannes in Ägypten eine siegverheißende Prophezeiung und besiegte mit seinem gotisch-hunnischen Heer den Usurpator bei Siscia und bei Poetovio. Maximus ergab sich vor Aquileia und wurde am 28. August (?) 388 enthauptet. Seinen Sohn Victor traf dasselbe Schicksal.

Theodosius zog nach Mailand und geriet hier 388, wie Valentinian II zuvor, in Konflikt mit Ambrosius. Den ersten Anlaß lieferte die Nachricht, daß der Bischof der Stadt Kallinikon am Euphrat die Synagoge hatte niederbrennen lassen. Als Theodosius die Schuldigen zum Schadensersatz verurteilte, schritt Ambrosius ein. Er erklärte dies für einen Eingriff in die Angelegenheiten der Kirche, drohte mit dem Aussetzen des Meßopfers und nötigte den Kaiser zur Rücknahme der Strafen. Während Valentinian II, an die Rheinfront abgeschoben, das Regiment in Trier antrat, besuchte Theodosius am 13. Juni 389 die Stadt Rom. Er hielt seinen – für Sieger im Bürgerkrieg inzwischen üblichen – triumphalen Einzug, wurde im Senat von dem Redner Pacatus gefeiert und begnadigte Symmachus, der einen Panegyricus auf den Usurpator gehalten hatte. Theodosius beseitigte einige Mißstände und reformierte den Festkalender.

Den folgenden Winter verlebte Theodosius wieder in Mailand, und hier kam es zum schwersten Zusammenstoß zwischen Kaiser und Bischof. In Thessalonike war ein homosexueller Wagenlenker verhaftet worden. Theodosius hatte am 14. Mai 390 befohlen, Päderasten öffentlich zu verbrennen. Die betroffene Zirkuspartei stürmte das Gefängnis, und unter den Opfern befand sich ein germanischer Heermeister. Daraufhin vollzog dessen Gefolge ein Strafgericht, das Tausenden das Leben gekostet haben soll. Ambrosius wies dem Kaiser die Schuld daran zu, doch war es möglicherweise ein spontaner Racheakt der gotischen Foederaten. Der Bischof verweigerte dem Kaiser wiederum die Kommunion und forderte ihn auf, öffentlich Kirchenbuße zu tun. Nach längerem Zögern demütigte sich Theodosius, indem er sich auf den Boden warf. *Ecclesiastica cohercitus disciplina,* wie Augustin (CD. V 26) vermerkt, befahl er einen dreißigtägigen Verzug für alle künftigen Blutbefehle und wurde am Christfest 391 wieder feierlich in die Gemeinde aufgenommen. Dies ist in der Literatur immer wieder mit Canossa verbunden worden. Anders als Gregor VII gegenüber Heinrich IV verband Ambrosius mit der Demütigung seines Kaisers allerdings keine politischen Absichten. 391 kehrte Theodosius nach Konstantinopel zurück.

Der Bußakt von Mailand hatte eine Verschärfung des Kampfes gegen die Heiden zur Folge. Bisher hatte Theodosius laviert. Der alte Glaube war noch durchaus lebendig. Im Offizierskorps gab es Heiden, der römische Senat war überwiegend heidnisch. Hochburgen des Heidentums waren die neuplatonischen Universitäten in Alexandria, Pergamon und Athen. Die Literatur erlebte in der theodosianischen Zeit eine heidnische Renaissance.

Während Theodosius den erneuten Wunsch nach Wiederaufstellung des Victoria-Altars abschlug, hat er es prominenten Heiden gegenüber nicht an persönlichen Gunstbezeugungen fehlen lassen. Mehrere von ihnen sind durch hohe Staatsämter ausgezeichnet worden. Dies zeigt sich an den Ämterlaufbahnen von Männern wie Tatianus, Aurelius Victor, Themistios, Richomer und Nicomachus Flavianus Vater und Sohn. Das aber ändert nichts an der Absicht des Kaisers, das Heidentum mit staatlichen Mitteln auszulöschen. Bereits vor dem Bußakt wurde Renegaten die Testierfähigkeit genommen, ihr Vermögen im Todesfall eingezogen. Blutige Opfer, Wahrsagerei und magische Praktiken wurden mit harten Strafen belegt. 391 verbot Theodosius jede Form des altgläubigen Gottesdienstes, des religiösen Tempelbesuches wie des Hauskultes. 392 wiederholte er dies. Götterkult wurde hinfort als Majestätsverbrechen und Hochverrat mit schweren Sanktionen belegt.

Diese Bestimmungen blieben nicht bloße Willenserklärungen. Rufin (HE. II 19) bemerkt: *idolorum cultus conlapsus est.* Und Augustin (CD. V 26)

bestätigt: *simulacra gentilium ubique evertenda praecepit* (sc. Theodosius).
Von Konstantinopel aus, wo er 386 den Aphroditetempel in eine Remise
verwandelt hatte, entsandte der Kaiser den *praefectus praetorio Orientis* Cynegius und dessen glaubenseifrige Frau auf Inspektionsreisen. Gestützt auf die
Machtmittel des Staates und der Kirche hat Cynegius in der Zeit zwischen
384 und 388 gründliche Arbeit geleistet. Er schloß zahlreiche Heiligtümer
in Mesopotamien, Syrien und Ägypten. Er lieh dem Bischof Marcellus von
Apameia Truppen, die den großen Zeustempel der Stadt und andere Heiligtümer demolierten; Marcellus selbst kam dabei zu Tode. Wir hören von
Mönchshorden, die das Land durchzogen und Götterbilder zerschlugen,
so der Schlaflose Alexandros mit seinen Asketen. Libanios (or. 30) verfaßte
– wahrscheinlich 386 – eine große Rede an den Kaiser zum Schutze der
Tempel, die doch zugleich die höchsten Kunstwerke der antiken Kultur enthielten.

Dennoch ließ sich der Bildersturm nicht abfangen. In Alexandria erhielt
der Bischof Theophilos von Theodosius den Auftrag, die Tempel zu zerstören. Als er daraufhin die Mysterien des Mithras und des Serapis öffentlichem Gespött preisgab, erhob sich 391 die heidnische Bevölkerung unter
der Führung des Philosophen Olympios. Es gab Tote. Theophilos forderte
Militär an. Viele Heiden flohen. Die letzten Empörer verschanzten sich
im Serapeion. Das Heiligtum wurde genommen und auf Befehl des Kaisers zerstört, die Kultstatue, wie alle anderen Bilder, zerschlagen. Libanios
hatte bereits fünf Jahre zuvor um dieses Kunstwerk gebangt. Die Tat erregte
großes Aufsehen, denn das Serapeion war nicht nur das Zentrum der Universität, sondern zugleich – wie selbst Rufinus (HE. II 23) und Theodoret (HE. V 22,3) einräumen – das schönste und berühmteste Bauwerk des
gesamten Ostens. Nur das Fundament blieb übrig, darüber wurde eine Kirche zu Ehren des Kaisers Arcadius gebaut. Nach diesen Erfolgen ließ Theophilos «alle Heiligtümer und Götterbilder Ägyptens zerstören», wie Rufin
(HE. II 29) meldet. Es folgten Straßenkämpfe um die Tempel u. a. in Petra,
Hierapolis, Raphia, Gaza, Heliopolis, Apamea und Aulon.

Altberühmte Einrichtungen des antiken Polytheismus erloschen: das
Delphische Orakel, die Eleusinischen Mysterien und wahrscheinlich auch
die Olympischen Spiele (s. III 6 a) in Griechenland; das Augurenwesen, der
Vestakult und die Victoria-Verehrung in Rom (s. III 6 a). Theodoret (HE.
V 23) schreibt: «Überall zu Wasser und zu Lande wurden die Tempel der
Dämonen zerstört.»

Das Heidentum ist nicht kampflos abgetreten. In den Jahren 392 und
394 kam es zu einer letzten heidnischen Erhebung im Westen. Theodosius
war bald nach seiner Demütigung durch Ambrosius, im Sommer 391, nach
Konstantinopel zurückgekehrt und hatte die Regierung des Westens Valentinian II überlassen. Dessen energische Mutter Justina war 388 gestorben,
kurz zuvor hatte der Franke Arbogast auf revolutionäre Weise das Heermei-

steramt seines verstorbenen Vaters Bauto übernommen: die Truppen hatten ihn dazu ausgerufen. Arbogast hatte den Feldzug gegen Maximus mitgemacht, dessen Sohn Victor getötet und Gallien für Theodosius und Valentinian II zurückgewonnen. Die Franken, die nach dem Abzug des Maximus über die Alpen 388 einen Einfall ins Reich unternommen hatten (s. o.), besiegte er im Raum zwischen Ruhr und Lippe und schloß nochmals Frieden mit ihnen. Aus dieser Zeit stammt die letzte römische Bauinschrift in Köln.

Arbogast galt als Vertrauensmann von Theodosius. Er ist der erste jener germanischen Reichsverweser, die in der Folgezeit oft anstelle der unmündigen oder unfähigen Kaiser regiert haben, dabei aber regelmäßig mit ihnen in Konflikt geraten sind. Arbogast konnte es wagen, einen Ratgeber Valentinians zu erschlagen, der unter dem Purpur des Kaisers Schutz gesucht hatte. Als Valentinian dem Heermeister seine Entlassungsurkunde überreichte, warf dieser sie ihm vor die Füße. Arbogast stellte den Kaiser unter Hausarrest, am 15. Mai 392 fand man ihn erhängt im Palast von Vienne. Bestattet wurde er, ungetauft, in Mailand.

Valentinian II war der dienstälteste Kaiser gewesen. Mit seinem Tod ging der Rang eines *senior Augustus* an Theodosius über. Fortan besaß Konstantinopel die höhere politische Würde, denn auch Arcadius und Theodosius II waren ihren westlichen Kollegen jeweils an Dienstalter überlegen. Das Neue Rom war nun auch bevorzugte Residenz; der Schwerpunkt des Reiches verschob sich nach Osten.

Arbogast beteuerte Theodosius gegenüber seine Unschuld und wartete darauf, daß Theodosius einen Kaiser in den Westen schickte. Dies unterblieb, vermutlich wollte Theodosius das Schicksal Valentinians nicht an einem seiner Söhne wiederholt sehen. Als kein Kaiser kam, ließ Arbogast am 22. August 392 den zum Hofbeamten (*magister scrinii*) aufgestiegenen Rhetor Flavius Eugenius zum Augustus des Westens erheben. Als Theodosius dies hörte, ernannte er seinen jüngeren Sohn Honorius am 23. Januar 393 zum zweiten Mitkaiser. Die Hoffnung des Eugenius auf Anerkennung war damit zunichte gemacht.

Anfang 393 besetzte er Italien; Africa hielt jedoch an Theodosius fest. Lebhafte Unterstützung fand der Usurpator im Kreise der heidnischen Senatoren. Eugenius war zwar Christ, trug aber einen Philosophenbart wie Julian, während Arbogast dem alten Glauben angehörte. Es kam nochmals zu einem Aufwallen des heidnischen Kultes in Rom. Selbst die Victoria-Statue wurde wieder in die Curia gebracht. Der führende Kopf war der ältere Nicomachus Flavianus, den Eugenius zum *praefectus praetorio* und zum Konsul für 394 ernannt hatte. Flavianus war mit Symmachus verschwägert, hatte sich in der Literatur und in der Verwaltung einen Namen gemacht und war ein entschiedener Verteidiger des alten Glaubens. Als solcher wird er ohne Namensnennung angegriffen in dem ‹Carmen contra paganos›, in dem ein christlicher Autor das religiöse Treiben unter Eugenius karikiert hat. Altrömische Kulte wurden damals ebenso gepflegt wie orientalische Mysterienreligionen für Isis, Kybele und Mithras (s. III 6 a).

Theodosius hatte das Konsulat des Eugenius 393 ignoriert. Das bedeutete Krieg. Eugenius zog an den Rhein, um fränkische und alamannische Hilfstruppen anzuwerben. Theodosius unterstellte das Ostreich seinem Sohn Arcadius und gab ihm als Regenten den *praefectus praetorio* Rufinus bei, dem es 392 gelungen war, den mächtigen Reichspräfekten Tatianus zu stürzen. Im Sommer 394 brach Theodosius abermals nach Westen auf, wiederum mit geistlichem Beistand des Eremiten Johannes. Sein Heer unter Kommando des Goten Gainas, das Armeniers Bakurios und des Alanen Saul bestand überwiegend aus Hunnen und Germanen, die großenteils von jenseits der Donau stammten. Das wichtige Kontingent der angeblich 20000 Goten wurde möglicherweise schon von Alarich geführt, der jedenfalls als Offizier teilnahm. Den Oberbefehl übertrug Theodosius den Heermeistern Timasius und Stilicho. Flavianus hatte das Bild des Hercules auf die Standarten setzen und eine Juppiter-Statue mit goldenem Blitz über dem Lager errichten lassen.

Die Entscheidungsschlacht fand statt, da wo das Flüßchen Frigidus (Wippach) aus dem Birnbaumer Wald heraustritt. Es ist jene Paßstelle in Slowenien zwischen Laibach und Görz, die das Tor Italiens von der Save-Route, d. h. von Pannonien her darstellt, und die in der Kriegsgeschichte bis zu den Isonzoschlachten des Ersten Weltkrieges immer wieder umkämpft war. Nach den antiken Berichten setzte am zweiten Kampftag, am 6. September 394, ein Sturm ein, der Theodosius den Sieg beschert habe. 10000 Krieger des Eugenius fielen. Wie in der Schlacht an der Milvischen Brücke erwies sich Christus als der stärkere Schlachtenhelfer. Die christlichen Zeitgenossen werteten den Ausgang als Gottesurteil, so Augustinus, um die ebenfalls 10000 auf der Seite des Theodosius gefallenen Goten sei es nicht weiter schade, da es Arianer waren, so Orosius und Rufinus. Flavian und Arbogast begingen Selbstmord; Eugenius ergab sich und wurde von den Soldaten des Theodosius erschlagen. Damit war die letzte Erhebung des alten Glaubens zusammengebrochen.

Nach seinem Sieg übernahm Theodosius die gefangenen Soldaten des Eugenius in sein Heer. Den prominenten Heiden gewährte er Amnestie, aber keine Toleranz. Theodosius zog über Aquileia und Mailand nach Rom und hielt im Senat eine Rede gegen das Heidentum. Inzwischen war Honorius mit seiner Stiefschwester Galla Placidia, der Tochter Gallas, nach Mailand gekommen, um die Herrschaft im Westreich zu übernehmen. Bevor Theodosius jedoch wieder in den Osten zurückkehren konnte, ist er am 17. Januar 395 nach dem Besuch der Wagenrennen zu Ehren seines Sieges in Mailand gestorben. Die Leichenpredigt hielt Ambrosius, der Sarkophag wurde nach Konstantinopel ins constantinische Mausoleum überführt. Galla hatte bereits 394 im Kindbett den Tod gefunden.

Theodosius I wird vielfach als «der Große» bezeichnet, doch trägt er diesen Beinamen weniger unbestritten als Constantin und Alexander. Als Mensch zeigt der Kaiser sympathische Züge, so wenn er die Untertanen am 22. Juni 386 aufforderte, Mißstände in der Verwaltung anzuzeigen, oder am 9. August 393 Beleidigungen seiner Person für straflos erklärte. Seine politische Aufgabe war schwer, dennoch hat er sie im wesentlichen gelöst. Das Imperium erlitt trotz der Niederlage von Adrianopel keine territorialen Einbußen.

Seine großen Kriege führte Theodosius nicht gegen die Barbaren, sondern mit barbarischen Truppen gegen die Usurpatoren des Westens. Dies beruht auf der Reichskonzeption des Kaisers, die ganz in der Tradition Constantins stand. Theodosius' Ziel war das dynastisch legitimierte Mehrkaisertum. Die von Augustin (CD. V 26) gerühmte altrömische *pietas* des Kaisers zeigt sich weniger in seiner Rücksicht auf Gratian und Valentinian II, die er als dienstältere Mitkaiser nicht ernst nahm, als in der Sorge für seine Verwandten, namentlich in der Rehabilitierung seines Vaters. Theodosius verstand sich als Kaiser des Ostens, mit der Pflicht, im Westen nur legitime Kaiser zu dulden: nach dem Sieg über Maximus hat er dort den schwachen Valentinian II installiert, nach dem Sturz des Eugenius sollte Honorius den Westen verwalten. Indem Theodosius die beiden Reichshälften 395 seinen Söhnen hinterließ, hat er keine Reichsteilung vorgenommen, sondern bloß die längst bestehende Verwaltungsteilung fortgesetzt (s. II 8). Da er die Verhältnisse im Westen zu regeln vermochte, lag unter ihm noch einmal für wenige Monate die ungeteilte Reichsgewalt in einer einzigen Hand. Es war das letzte Mal in der Geschichte Roms.

In seiner Germanenpolitik verfolgte Theodosius eine konziliante Linie. Jordanes nennt ihn *amator pacis generisque Gothorum*. Theodosius hat den «arianischen» Gotenbischof Wulfila begünstigt und den christenfeindlichen Gotenkönig Athanarich geehrt. Die Hälfte der von Theodosius neu ernannten Heermeister bestand aus Barbaren, die Truppen waren vermutlich noch stärker germanisiert. Ob diese nach dem Tode des Kaisers abgebrochene Integrationspolitik den Ruin des Imperiums hinausgeschoben oder beschleunigt hat, ist kaum zu entscheiden. Zur Ansiedlung der Goten auf dem Balkan gab es keine Alternative. Der Vertrag von 382 kaschiert mit der formellen Oberhoheit des Kaisers die faktische Selbständigkeit der eingewanderten Germanen und ist als Offenbarung der kaiserlichen Ohnmacht von Cartellieri (1927, 3) zum Wendepunkt zwischen römischer Antike und germanischem Mittelalter erhoben worden.

Geistesgeschichtlich ist die Zeit des Theodosius bedeutsam durch eine gegenläufige Bewegung. Auf der einen Seite kam es zu einer Spätblüte des Heidentums, namentlich im senatorischen «Symmachuskreis» zu Rom. Auf der anderen Seite machte die Katholisierungspolitik des Kaisers entscheidende Fortschritte. Um ihretwillen haben ihn, den *catholicae eccle-*

siae propagator, Ambrosius (De obitu Theodosii) und Paulinus von Nola, Orosius (Hist. VII 34 f) und Augustinus (CD. V 26) gepriesen: *non quievit iustissimis et misericordissimis legibus adversus impios laboranti ecclesiae subvenire* – «Er ruhte nicht, mit höchst gerechten und milden Gesetzen gegen die Gottlosen der notleidenden Kirche zu helfen.» Die griechischen Kirchenhistoriker urteilten ebenso.

Die Bischöfe des Konzils von Chalkedon 451 nannten Theodosius I als erste «den großen Theodosius», aus ihrer Sicht zu Recht. Historiker werden sich diesen Standpunkt nicht ohne weiteres zu eigen machen können. Die Verfolgung von Andersgläubigen wirft Schatten auf den Kaiser, ebenso die diplomatische Gefügigkeit gegenüber Ambrosius. Während Theodosius im Osten als unumschränkte Autorität auch in religiösen Fragen auftrat und sich dort in den byzantinischen Caesaropapismus einfügte, hat er sich im Westen der Kirche unterworfen und damit eine Haltung eingenommen, die das Amt des Kaisers als des höchsten irdischen Richters verletzte. Der Hinweis auf die Szene, wie Ambrosius seinem Herrn die Kirche verbietet, diente immer wieder zur Erhöhung der geistlichen Macht über die weltliche. Rubens und Anthonis van Dyck haben sie 1618 im Geist der Gegenreformation gemalt.

8. Die theodosianische Dynastie im Westen (395–455)

Beim Tode des Theodosius am 17. Januar 395 war Arcadius, seit 383 Augustus in Konstantinopel, siebzehn Jahre und Honorius, der als 393 ernannter Augustus nach Mailand gekommen war, zehn Jahre alt. Beide konnten zunächst nur unter der Leitung hoher Beamter oder energischer Hofdamen regieren und haben sich von ihnen nie ganz lösen können. Honorius gehorchte bis 408 Stilicho, danach in kurzem Wechsel dem *magister officiorum* Olympius, dem *praefectus praetorio* Jovius, dem *praepositus sacri cubiculi* Eusebius, dem *magister militum* Allobich, dem *patricius* Constantius und schließlich seiner Schwester Galla Placidia.

Auch die Enkel des Theodosius blieben lange unselbständig. Valentinian III stand mindestens bis zu seiner Hochzeit 437 unter der Leitung seiner Mutter Galla Placidia, Theodosius II war von wechselnden Persönlichkeiten abhängig. Alle vier Nachkommen des großen Theodosius blieben *principes pueri* oder *principes clausi*, Kinderkaiser oder Kammerkaiser. Sie zogen nicht mehr persönlich ins Feld, sondern lebten im Palast. Keiner von ihnen besaß hinreichende Autorität, um die Reichseinheit funktionsfähig zu halten, so daß Ost und West unter dem wachsenden äußeren und inneren Germanendruck zunehmend eigene Wege einschlugen. Dennoch war und blieb das Reich ein einziger Staat: *commune imperium divisis tantum sedibus,* heißt es bei Orosius, ähnlich bei Eunap (fr. 85): «Die

Kaiser regieren in zwei Körpern ein einziges Reich, wie ein stählernes Bollwerk».

Der mächtigste Mann im Westen war von 395 bis 408 der Vandale Flavius Stilicho. Er hatte von Theodosius I für seine diplomatischen und militärischen Verdienste um 391 den Rang eines *magister peditum praesentalis* erhalten. Seit etwa 384 Gatte der Kaisernichte Serena, war er mit der Dynastie eng verbunden. Theodosius hatte ihm die Sorge um Söhne und Reich anvertraut. Eine staatsrechtliche Vormundschaft für unmündige Kaiser gab es im Römischen Reich allerdings nicht.

Stilichos Stellung beruhte auf seinem Vertrauensverhältnis zum Kaiserhaus. 398 verheiratete er dem knapp vierzehnjährigen Honorius seine ältere Tochter Maria, nach deren Tod ehelichte Honorius 408 Stilichos zweite Tochter Thermantia. Beide sollen als Jungfrauen gestorben sein. Claudian feierte Stilicho als Schwiegersohn und Schwiegervater des Kaisers. Seinen – nach dem Vatersbruder von Theodosius I benannten – Sohn Eucherius verlobte Stilicho mit der Halbschwester des Honorius, mit Galla Placidia. Höhepunkte der Kaisergunst waren die beiden Konsulate Stilichos in den Jahren 400 und 405.

Ein Kennzeichen der Machtverschiebung vom Kaiser zum Regenten bilden die nach dem Tode des Theodosius aufkommenden Buccellarier, «Kommißbrotesser»: Sowohl Rufinus im Osten als auch Stilicho hielten sich private Leibgarden. Stilichos Gefolge bestand aus Hunnen, die damals zuerst im Reichsdienst auftreten. Zusätzlich stärkte Stilicho seine Position im Verlaufe seiner Amtszeit durch eine Reform der Heermeisterkanzleien. Sie lief hinaus auf die Unterordnung der Amtsvorsteher der übrigen *magistri militum* unter den *magister peditum praesentalis*, d. h. auf deren Abhängigkeit von Stilicho. Schließlich unterstand ihm die gesamte Armee außer der Reiterei des Feldheeres, so daß wir die faktische Vormacht auch rechtlich begründet sehen. Seitdem gibt es im Westen stets einen Heermeister in der Stellung des Reichsfeldherrn.

Stützte sich Stilicho somit in erster Linie auf Hof und Heer, so vernachlässigte er doch auch Senat und Kirche nicht, die beiden anderen politisch wichtigen Mächte des Westens. Die Sympathien der Senatoren sicherte er sich durch Rücksicht auf deren wirtschaftliche Interessen und ihre Rangansprüche. Die Gunst der katholischen Kirche erhielt sich Stilicho durch Erneuerung der Privilegien, durch Wiederholung der Ketzereiverbote (s. u.) und heidenfeindliche Maßnahmen. Serena beraubte das Kultbild der Magna Mater in Rom, Stilicho ließ die Sibyllinischen Bücher verbrennen.

Das zentrale Problem der Regentschaft Stilichos war die Auseinandersetzung mit den Germanen. Theodosius hatte nach dem Sieg über Eugenius den Hof in Trier wieder einrichten wollen, doch Stilicho verlegte ihn sogleich nach Mailand und zog die gallische Präfektur von Trier nach Arles zurück. Gefährlicher als die Franken war indes Alarich mit seinen Goten.

Deren Anwesenheit im Reich bildete eine dauernde Gefahr. Militärisch ließ sie sich nicht bannen, und politisch war dies nicht einmal wünschenswert angesichts der gotischen Kriegsmacht, die für den Reichsdienst gewonnen werden konnte. Als Theodosius 394 gegen Eugenius nach Italien gezogen war, hatte er teils römische, teils germanische Truppen des Ostheeres mitgebracht. Von diesen sandte Stilicho die Goten unter Alarich sofort zurück. Alarich fühlte sich indessen schlecht behandelt, weil ihm die «gewohnten Geschenke» vorenthalten wurden, und begann, die Balkanprovinzen auszurauben. Zur gleichen Zeit überschritten die Hunnen die untere, die Marcomannen die mittlere Donau und plünderten Noricum nebst Pannonien. Hier hat Stilicho dann 396 Marcomannen angesiedelt.

Als die Goten vor Konstantinopel erschienen, wurden sie vom *praefectus praetorio* Rufinus empfangen und durch heimliche Zahlungen zum Abzug nach Griechenland bestimmt. Das galt als Verrat. Stilicho war nach der Meldung vom Abfall der Goten hinter diesen hergezogen. In Thessalien standen sich die Heere gegenüber, als von Arcadius der Befehl eintraf, die dem Ostheere angehörenden Verbände sofort nach Konstantinopel zu senden. Offenbar fürchtete man dort, durch einen Sieg Stilichos unter seinen Einfluß zu geraten. Stilicho, dessen Familie sich noch in Konstantinopel befand, fügte sich, ließ aber seinen Rivalen Rufinus, der hinter jener Anordnung stand, durch die unter dem *comes* Gainas heimkehrenden Truppen am 27. November 395 erschlagen.

Nachdem die dem Osten gehörenden Verbände dorthin abgezogen waren, verfügte Stilicho nur noch über die Reste der 394 am Frigidus geschlagenen Westarmee. Um wieder Truppen zu bekommen, begab er sich an den Rhein, schloß neue Verträge mit den Germanen und übernahm eine größere Anzahl von ihnen in römische Dienste. Diese Kontingente waren indessen so unzuverlässig, daß Stilicho keine größere Schlacht mit ihnen wagen konnte. Das vor allem hinderte ihn, Alarich niederzukämpfen.

Alarich benutzte den Zwist zwischen den beiden Höfen und plünderte Griechenland. Er durchquerte die Thermopylen, belagerte Theben und Korinth, nahm Athen ein, verwüstete Eleusis und durchzog Lakonien und Arkadien. Als 397 die Goten immer noch in Griechenland ungehindert hausten und die Armeen des Ostens gegen die Hunnen am Kaukasus kämpften, unternahm Stilicho einen zweiten Zug. Er fuhr zu Schiff nach Korinth. Auf der Hochebene Pholoe in der Nähe von Olympia wurde Alarich umzingelt, doch verzichtete Stilicho wiederum auf eine Entscheidungsschlacht. Er einigte sich mit den Goten und zog wieder ab. Der Grund mag im Kräfteverhältnis, vielleicht auch darin gelegen haben, daß sich inzwischen Africa vom Westen losgesagt hatte (s. u.).

Wegen seiner Einmischung in die Angelegenheiten des Ostreichs wurde Stilicho dort zum Staatsfeind erklärt. Alarich, der vom Balkan nicht zu vertreiben war, erhielt von Arcadius eine Amtsstellung als *magister militum per*

Illyricum. Damit war er durch einen Federstrich vom Reichsfeind in einen Reichsgeneral verwandelt, eine Politik, die bald Schule machen sollte.

Stilichos Eingreifen in Illyricum war auf einen Territorialanspruch gegenüber dem Osten begründet, der von dort nicht anerkannt wurde. Um diese Einmischung zu parieren, machte Konstantinopel Stilicho in Africa Schwierigkeiten. In Karthago herrschte seit 386 Gildo, ein Sohn des romanisierten Maurenkönigs Nubel (s. II 6). Zunächst in römischer Amtsstellung als *comes Africae,* verstand es Gildo, diese Position während der Bürgerkriege des Theodosius gegen Maximus und Eugenius zu einer Hausmacht auszubauen. Daß er Theodosius unterstützte, honorierte dieser, indem er mit Gildo eine dynastische Verschwägerung einging und ihm einen außerordentlichen Heermeister-Rang zuerkannte.

Den Zwist zwischen Arcadius und Honorius nutzte so wie Alarich ebenfalls Gildo aus, indem er sich mit Konstantinopel verständigte und 397 die für Rom lebenswichtigen Kornlieferungen einstellte. Stilicho blieb nichts übrig, als Gildo den Krieg zu erklären. Die Senatoren, deren Güter in Africa lagen und denen die *plebs Romana* bei Teuerung die Häuser anzündete, erklärten Gildo *more maiorum* zum Staatsfeind, zum *hostis publicus.* Das Kommando gegen Gildo erhielt dessen Bruder Mascezel. Mit 5000 Mann gallischer Truppen wurde Gildo 398 überwunden. Er selbst und mehrere seiner Anhänger, darunter donatistische Kleriker, wurden am 31. Juli 398 hingerichtet. Für die Verwaltung des riesenhaften Grundbesitzes Gildos ernannte Honorius einen Beamten im *comes*-Rang. Mascezel, dessen Ruhm für Stilicho hätte bedenklich werden können, wurde von dessen Gefolgsleuten ertränkt. Gildos Anhänger verloren ihren Besitz und mußten zehn Jahre ins Gefängnis.

Ende 401 setzte sich Alarich wieder nach Italien in Marsch. Vandalen und Alanen waren in Noricum und Raetien eingefallen, Stilicho hatte jenseits der Alpen zu tun. Um Italien vor den Goten zu bewahren, zog er Truppen aus Britannien und vom Rhein ab. Seitdem standen dort keine nennenswerten römischen Verbände mehr. Wahrscheinlich zur selben Zeit wurde das nordgallische Vicariat mit dem südgallischen in Vienne vereinigt. Die gallische Reichspräfektur zog sich von Trier über Vienne nach Arles zurück, der Hof hatte Gallien bereits 394 verlassen. Das bedeutet die Preisgabe des Westens.

Alarich belagerte den Kaiser in Mailand, plünderte Venetien, Ligurien und Etrurien, und es wurde schon ein Marsch auf Rom befürchtet. Zu Ostern, am 6. April 402 stellte Stilicho die Goten bei Pollentia zur Schlacht. Trotz erheblicher Verluste beiderseits blieb der Ausgang unentschieden. Alarich versuchte nun, über die Alpen nach Raetien zu gelangen, doch konnte Stilicho ihn durch zwei weitere Schlachten bei Hasta und Verona noch 402 über die Julischen Alpen nach Illyricum zurückdrängen. Der Hof siedelte von Mailand in das besser zu verteidigende Ravenna über.

Am 6. Dezember 402 wurde dort die erste Kaiserurkunde ausgestellt. 404 feierten Honorius und Stilicho den Konsulatsantritt des Kaisers mit einem «Triumph» in Rom. Vermutlich 405 wurde Alarichs Stellung als *magister militum* in Pannonien nun durch Honorius legalisiert.

Ende 405 erfolgte eine neue Invasion aus Pannonien nach Italien. Diesmal waren es die Scharen des heidnischen Gotenkönigs Radagais. Stilicho rief die Sklaven zu den Fahnen, warb hunnische und alanische Reiter an, entsetzte Florenz und besiegte die Eindringlinge mit Hilfe des Hunnenkönigs Uldin und des heidnischen Gotenkönigs Sarus bei Faesulae. Augustin spricht von 100 000 gefallenen Barbaren. Die Menge der Kriegsgefangenen drückte den Sklavenpreis auf ein einziges Goldstück. 12 000 Mann übernahm Stilicho ins römische Heer, Radagais wurde am 23. August 406 hingerichtet.

Trotz dieser Erfolge Stilichos nahm der Druck der Germanen auf die Grenzen zu. Im Spätjahr 406 setzte sich ein großer Völkerzug von Vandalen, iranischen Alanen, Sweben und romanisierten Pannoniern aus dem östlichen Mitteleuropa nach Gallien in Bewegung. Die Franken als römische Foederaten vermochten nicht, ihn aufzuhalten. Silvester 406 überschritten die Germanen den Rhein und eroberten Mainz, Worms, Reims, Trier und plünderten Gallien in einem bisher unbekannten Ausmaß. Die Gegend um Worms besetzten die Burgunder.

Wenn Stilicho nicht sofort eingriff, so lag das an dem für Italien noch bedrohlicheren Aufmarsch der Goten in Illyricum. Der von dort nach Italien wandernde Flüchtlingsstrom bezeugt die Gefahr. Am 10. Dezember 408 befahl Honorius, Flüchtlinge aus Illyricum dürften nicht versklavt werden, und bestimmte, von den Barbaren verschleppte Römer freien Standes sollten von der Bevölkerung unterstützt werden. Wer einen Gefangenen freigekauft hätte, müsse diesen nach Erstattung des Kaufpreises oder nach fünf Arbeitsjahren entlassen. Verwalter und Herren, die sich dem widersetzten, würden bestraft; Priester werden zur Mithilfe aufgerufen, desgleichen die Curialen

Das römische Gallien benötigte aber einen Kaiser, und so kam es wieder zu Usurpationen. Nach zwei kurzlebigen Erhebungen in Britannien durch Marcus (406/407) und Gratianus (407) ließ sich 407 dort ein gemeiner Soldat namens (Flavius Claudius) Constantinus (III) zum Augustus proklamieren. Er ging mit 6000 Legionären nach Gallien, was sofort wieder die Sachsen nach Britannien lockte. Er hatte zwar gegen die Vandalen keinen Erfolg, schloß aber neue Verträge mit den Franken, Alamannen und Burgundern und sicherte die Rheingrenze. Constantinus nahm Residenz zunächst in Lyon, dann in Arles. Die Kelten in der Aremorica nutzten die Schwäche der Zentrale, die römischen Beamten zu vertreiben.

Die von Gallien drohende Gefahr durchkreuzte Stilichos Ostpläne. Er hatte Alarich zum General ernannt und ihn beauftragt, 407 nach Epirus vorzurücken, um Illyricum dem Westreich zu sichern. Gleichzeitig verhängte er eine Hafensperre für alle Schiffe aus dem Osten. So bestand ein latenter Kriegszustand zwischen den Reichsteilen. Da sich Stilicho wegen der gallischen Unruhen Alarich nicht anschließen und Illyricum nicht besetzen konnte, forderte dieser nach vergeblichem Warten gleichwohl die Kosten für das Unternehmen, 4000 Pfund Gold. Stilicho setzte die Forderung im Senat durch, es kam aber zum Konflikt, weil die Senatoren mehr um ihr Geld als vor Alarichs Kriegsdrohung bangten. Vermutlich hat bereits damals Honorius innerlich gegen Stilicho Partei ergriffen. Der Kaiser geriet unter den Einfluß seines germanenfeindlichen *magister officiorum* Olympius.

Zum Ausbruch kam die Spannung zwischen Kaiser und Heermeister, als die Nachricht vom Tode des Arcadius einlief, der am 1. Mai 408 gestorben war. Jeder der beiden wollte nach Konstantinopel gehen, um die Leitung des siebenjährigen Thronfolgers Theodosius II zu übernehmen. Auch hier setzte sich Stilicho noch einmal durch. Er hoffte, auf diese Weise das Reich wieder zu vereinen. Honorius sollte zusammen mit Alarich gegen Constantin III nach Gallien ziehen.

Die Truppen aber widersetzten sich. Im Sommer 408 brach im Heerlager des Honorius in Ticinum (Pavia) eine Meuterei aus. Sowohl die aus Gallien geflüchteten Beamten als auch Höflinge aus dem Freundeskreis Stilichos wurden umgebracht. Honorius selbst war zuerst auch bedroht, machte dann allerdings mit den Aufrührern gemeinsame Sache. Stilichos Leibwache wurde im Handstreich beseitigt. Stilicho selbst, der nach Ravenna gegangen war, suchte Asyl in einer Kirche und wurde am 22. August 408 durch einen Offizier namens Heraclianus erschlagen.

Die zeitgenössische Publizistik beurteilt Stilicho überwiegend negativ. Heidnische Autoren wie Rutilius (II 41 ff) und Eunapios (fr. 62 f) verübelten ihm sein durch Augustinus (ep. 97,2) wohlbezeugtes Christentum, beschuldigten ihn der Geldgier und der Bestechlichkeit. Christliche Schriftsteller wie Orosius (VII 38,1) bezichtigten ihn heidnischer Sympathien, ja einer geplanten Christenverfolgung. Aus nationalrömischer Sicht warfen ihm der Kaiser Honorius, Hieronymus und Sozomenos seine barbarische Herkunft und seine germanenfreundliche Politik vor. Sie verdächtigten ihn des Landes- und Hochverrats: er habe die Germanen über den Rhein gerufen und seinen Sohn Eucherius auf den Thron bringen wollen. Erst Olympiodor zeigt ein abgewogenes Urteil. Tatsächlich hat Stilicho nur für das Reich gelebt und gewirkt. Daß es ohne die Germanen gegen diese nicht zu halten war, hatte er besser begriffen als manche seiner Zeitgenossen. An eine Erhebung seines Sohnes zum künftigen Nachfolger des kinderlosen Honorius mag er gedacht haben.

Stilicho wurde zum Staatsfeind erklärt, er verfiel der *damnatio memoriae*. Seine Güter und die seiner Anhänger wurden eingezogen. Letztere wurden aus Rom und Ravenna verbannt, Stilichos Gläubiger mußten auf Rückforderung verzichten. Mit Stilicho starben nicht nur seine prominenten Anhänger, sondern auch sein Sohn sowie die Familien der germanischen Foederaten, die in italischen Städten einquartiert waren. 30 000 foederierte Germanen gingen zu Alarich über.

Alarich sah zunächst von einem Einmarsch ab, er mäßigte seine Geldforderung und bot Frieden an. Honorius lehnte ab. Daraufhin rückte Alarich ein und belagerte Ende 408 die Stadt Rom, deren Mauern Stilicho instandgesetzt hatte. Währenddessen ließ der Senat Serena, die Frau Stilichos, strangulieren. Ihr wurde vorgeworfen, die Goten gerufen zu haben. Nur gegen eine Brandschatzung von 5000 Pfund Gold, 30 000 Pfund Silber, 4000 Seidengewändern, 3000 Pfund Pfeffer und 3000 purpurgefärbten Pergamenten gab der Gote Ende 408 die Stadt frei, aus der außerdem angeblich 40 000 überwiegend germanische Sklaven zu ihm übergelaufen waren. Während der Belagerung waren heidnische Kulte wieder aufgelebt, angeblich mit Zustimmung des Papstes Innozenz.

Schüchterne Versuche des Honorius, Alarich militärisch zu begegnen, scheiterten. In Ravenna schlug die Stimmung wieder zugunsten der Germanen um. Honorius mußte Olympius entlassen. Im Frühjahr 409 empörten sich die um Stilicho trauernden Soldaten und erzwangen die Beseitigung von dessen Nachfolgern. Honorius machte Alarich ein Friedensangebot, aber dieses umfaßte nicht die von Alarich gewünschte Erneuerung der Heermeisterstelle und die Landzuweisung in Venetien, Noricum und Dalmatien. Während Honorius den heidnischen Germanen Generid als Heermeister über Westillyricum setzte und Verpflegung für 10 000 hunnische Söldner bestellte, erschien Alarich Ende 409 abermals vor Rom. Er sperrte die Zufuhr vom Tiber und zwang den Senat, den heidnischen Stadtpräfekten Priscus Attalus zum Gegenkaiser zu erheben. Dieser ernannte nun Alarich zum Heermeister. Attalus weigerte sich jedoch, den Goten die Provinz Africa zu überlassen, so daß Alarich ihn im Juli 410 wieder absetzte. Neue Verhandlungen mit Honorius scheiterten am eigenmächtigen Eingreifen des Goten Sarus, eines alten Feindes Alarichs.

Daraufhin marschierte Alarich zum dritten Mal nach Rom. Nach kurzer Belagerung wurde ihm am 24. August 410 von einer christlichen Senatorin die Porta Salaria geöffnet. Drei Tage plünderten die Goten die Stadt, verschonten indes auf Alarichs Anordnung die Kirchen und die dorthin Geflüchteten. Unter den Erschlagenen waren auch Senatoren, auf dem Forum und an anderen Stellen entstanden Brände. Versorgungsschwierigkeiten zwangen Alarich, schon am 27. August die Stadt wieder zu verlassen. Er zog mit unermeßlicher Beute und zahlreichen vornehmen Gefangenen ab, darunter die Halbschwester des Honorius Galla Placidia. Verhältnismäßig rasch hat sich Rom von dem Unglück erholt. Ihren alten Glanz aber gewann die Stadt nie wieder.

Die Einnahme Roms im Jahre 410 hat die Zeit bewegt wie kein anderes Ereignis. Rom galt seit der Zeit des Augustus als die Ewige Stadt, als Mittelpunkt und Sinnbild des Imperiums, das von den Zeitgenossen als Vollendung der Weltgeschichte aufgefaßt wurde. Die Polemik der Christen gegen diese Idee gründet sich auf die Erwartung des Gottesreiches, widersprach aber nicht der Annahme, daß Rom die letzte Phase der irdischen Geschichte beherrsche. Auch für die Christen war die Einnahme Roms ein Zeichen für den Anbruch der Endzeit mit all ihren Schrecknissen.

Aus dieser Haltung erklärt sich das Entsetzen bei Heiden wie Christen. «Die Stimme stockt mir, und vor Schluchzen kann ich nicht weiterdiktieren: Die Stadt Rom ist eingenommen, die zuvor die ganze Welt besiegt hatte», klagte Hieronymus. Augustin hat sich in Predigten und Briefen dazu geäußert und in den 22 Büchern ‹De Civitate Dei› die Situation des Christen in der Welt zu bestimmen versucht. Sein Angriff richtete sich gegen die These der Heiden, daß die Vernachlässigung des alten Kults den Niedergang des Reiches und den Fall Roms verschuldet habe. Augustin erinnert demgegenüber an die vor allem durch Sallust überlieferten Kalamitäten der späteren Republik, die trotz florierender Kulte eingetreten seien. Die irdischen Güter wären allemal unsicher und für einen Christen eitler Tand. Diese Lehre wolle Gott den Menschen durch die Plünderung Roms klarmachen. Tatsächlich hören wir in jener Zeit von zahlreichen Angehörigen der römischen Führungsschicht, die ihre Güter der Kirche und den Armen schenkten, ihre Ehen auflösten und ein mönchisches Leben führten. Der bekannteste Fall ist die Entsagung der heiligen Melanie.

Darüber hinaus hat Augustin den spanischen Presbyter Orosius veranlaßt, das Ereignis aus einer christlichen Geschichtsdeutung zu erklären. Orosius bestritt die Dekadenz. Er verharmloste das Geschehen seiner Zeit und malte die Vergangenheit in so düsteren Farben, daß die Gegenwart als Resultat eines durch die Christianisierung bedingten Fortschritts erscheinen konnte. Die Niederlage an der Allia, der Brand Roms unter Nero seien viel schlimmer gewesen, die Goten hätten das Asylrecht der Kirchen beachtet und im übrigen nur irdische Güter zerstört. Den heilsgeschichtlichen Sinn der Germaneneinfälle sah er darin, daß die Barbaren – so hoffte er – den Katholizismus annähmen und die Kirchen füllten. Socrates (VII 10) stellte das Ereignis in Zusammenhang mit Gewalttaten der Päpste, Sozomenos (IX 6,5) sah darin eine Strafe Gottes für die Sünden der Römer. Ähnlich dachte Theodor Mommsen. Er erkannte 1871 in der Tat Alarichs die Sühne für die «schwere Schuld» der Kaiser und die «schwerere des tief gesunkenen römischen Volks», namentlich in der Hauptstadt.

Wie der Kaiser im sicheren Ravenna auf die Nachricht von der Einnahme Roms reagiert hat, wissen wir nicht; wohl aber, wie man sich seine Reaktion gedacht hat. Honorius war ein leidenschaftlicher Hühnerzüchter und besaß auch ein Huhn namens Roma. Als ihm gemeldet wurde, mit

Roma sei es vorbei, da habe er lamentiert und sich erst wieder gefaßt, als er hörte, die Hauptstadt sei gemeint.

Nach der Niederlage bei Adrianopel 378 gilt die Einnahme Roms 410 als zweites Signal für den Zerfall des Imperiums. Die Donauprovinzen und Britannien waren bereits verloren, in Gallien und Spanien widerstanden nur noch einzelne Städte den Germanen. Alarich versuchte, über Sizilien nach Nordafrika zu kommen. Er fand aber keine Schiffe, kehrte um und starb in Süditalien an einer Krankheit. Jordanes (Get. 158) berichtet, daß Alarich bei Cosenza im abgeleiteten Flußbett des Busento beigesetzt worden sei, «allzu-früh und fern der Heimat», wie es bei August von Platen heißt.

Unterdessen konnte sich Constantin III in Gallien behaupten. Er hatte seinen Sohn Constans aus dem Kloster geholt, erhob ihn 409/410 zum Mitkaiser und übertrug ihm die Eroberung Spaniens. Vergeblich bewaff-neten Didymus und Verenianus, zwei Vettern des Honorius, in Lusitanien ihre Sklaven gegen ihn. Sie wurden 409 gefangen nach Gallien gebracht und getötet. Dies führte zum Bruch mit Honorius, der den Usurpator vorübergehend anerkannt hatte. Constantin marschierte nach Italien, kehrte aber am Po wieder um, nachdem Honorius seinen *magister equi-tum* Allobich, der die Sache Constantins in Ravenna vertrat, hatte töten lassen.

Für das Schicksal Spaniens wurde bestimmend, daß die 407 in Gal-lien eingedrungenen Völker im September 409 die Pyrenäen überschrit-ten. Mit ihnen verbündete sich Gerontius, der Heermeister Constantins. Er empörte sich noch 409 gegen seinen Herrn und ließ seinen eigenen Sohn Maximus zum Kaiser ausrufen. Damit gab es sechs Augusti: Theodo-sius II in Konstantinopel, Honorius in Ravenna, Attalus in Rom, Constan-tin III und Constans in Gallien. Gerontius tötete Constans in Vienne und belagerte in Arles Constantin, der vergeblich Franken und Alamannen um Hilfe ersucht hatte.

Der mächtigste Mann in Ravenna war nach dem Sturz der germa-nenfeindlichen Offiziere Flavius Constantius, ein römischer Offizier aus Naïssus in Dakien. Er ließ Olympius, den Anführer der antigermanischen Richtung, mit Knüppeln erschlagen. Honorius nahm auch den Mord an diesem Günstling hin, ja er betraute Flavius Constantius mit der Nach-folge Stilichos und übertrug ihm die Rückgewinnung Galliens. Der neue Generalissimus vertrieb Gerontius von Arles, und dieser wurde durch seine eigenen Leute 411 zum Selbstmord gezwungen, während sein kaiser-licher Sohn Maximus zu den Germanen nach Spanien entkam. Es gelang Constantius, Arles zu erobern. Constantin III hatte sich vor der Kapitula-tion zum Priester weihen lassen – das war etwas Neues –, wurde aber auf dem Transport nach Italien, wohl noch 411, umgebracht. Spanien teilten sich die Germanen im Losverfahren: Die Sweben und die (hasdingischen) Vandalen erhielten den Nordwesten, die Alanen die Mitte und die silingischen Vandalen den Süden. Die spanischen Städte «unterwarfen sich der Sklaverei».

Unterdes ließ sich 411 in Mainz der gallische Senator Jovinus von dem Burgunderkönig Guntiarius und dem Alanenkönig Goar zum Kaiser erheben. Jovinus wurde in Britannien anerkannt und fand zunächst Unterstützung bei den Westgoten, die Alarichs Schwager und Nachfolger Athavulf 412 über die Alpen geführt hatte. Als der *PPO Galliarum* Dardanus im Namen der Regierung in Ravenna jedoch günstigere Angebote machte, lieferte Athavulf den Jovinus und dessen zum zweiten Augustus erhobenen Bruder Sebastianus aus, beide wurden 413 getötet.

Während Flavius Constantius in Gallien gebunden war, empörte sich der zum *comes Africae* beförderte Heraclianus, der Mörder und Erbe Stilichos. Heraclianus war zwar für 413 zum Konsul erhoben worden, hatte sich indes wohl mehr erhofft. Offenbar wollte er an der Stelle des Flavius Constantius Nachfolger des Generalissimus Stilicho werden. Der Rebell erschien mit einem Heer in Italien, wurde aber 413 von den Truppen des Honorius geschlagen, bis nach Karthago verfolgt und dort am 7. März hingerichtet. Seinen Besitz überschrieb der Kaiser an Flavius Constantius, der davon die Festlichkeiten für sein Konsulat 414 bestritt. Im gleichen Jahr wurde er mit dem Rang eines Patricius ausgezeichnet. Diese von Constantin dem Großen eingeführte höchste Würde im Reich blieb fortan mit der Stellung eines Reichsfeldherren verbunden.

Athavulf nahm Südgallien in Besitz. Bei der Belagerung von Massilia wurde er vom *comes* Bonifatius (s. u.) verwundet, doch besetzte er Tolosa (Toulouse), Burdigala (Bordeaux) und Vasates (Bazas). In Narbo (Narbonne) heiratete er im Januar 414 Galla Placidia. Ende des Jahres gebar sie einen Sohn, der den Namen Theodosius erhielt. Dieser Name bestätigt das politische Programm, das Athavulf in Narbo formulierte: Er wolle nicht das Römische Reich durch ein gotisches ersetzen, sondern das Imperium Romanum mit Hilfe seiner Goten erneuern. Dies hat er dadurch bekräftigt, daß er wie Alarich zuvor seine Politik durch Schattenkaiser abzusichern suchte. Attalus war bei den Goten geblieben. Er hatte 414 das Hochzeitsgedicht verfaßt und wurde abermals zum Kaiser ausgerufen. Die Goten verließen ihn jedoch wiederum, als sie, von Flavius Constantius bedrängt, 415 nach Spanien weiterzogen. Attalus geriet in die Hand des Honorius; der führte ihn 416 im Triumph durch Ravenna, ließ ihm zwei Finger der rechten Hand abhacken und verbannte ihn nach Lipari.

415 fiel Athavulf in Barcelona einer Privatrache zum Opfer. Die Goten versuchten nun ein zweites Mal, nach Africa überzusetzen, und als dies wieder mißlang, kehrten sie ins Foederatenverhältnis zurück. König Vallia lieferte 416 gegen 600 000 Scheffel Getreide Placidia an Constantius aus. Honorius übertrug ihm ein zweites Konsulat für 417 und gestattete ihm, Placidia am 1. Januar 417 zu heiraten. Damit war Constantius, ähnlich wie

zuvor Stilicho, dynastisch mit dem Kaiserhaus verbunden. Noch 417 oder
418 gebar ihm Placidia eine Tochter, Honoria, und am 2. Juli 419 einen
Sohn, Valentinian (III).

Constantius bewog Vallia zu einem Feldzug gegen die Vandalen, Alanen
und Sweben in Spanien und wies den Westgoten 418 Siedlungsland fern
von der Mittelmeerküste in Aquitanien an. In Gallien erneuerte Constantius 418 den Provinziallandtag (*concilium septem provinciarum;* s. III 4 c).
In Rom, wo es nach dem Tode des Papstes Zosimos 418 zu einer Doppel-
wahl und Straßenkämpfen gekommen war, entschied Constantius 419 den
Streit. 420 verlieh der Kaiser seinem Patricius die beispiellose Ehre eines
dritten Konsulats und erhob ihn am 8. Februar 421 zum zweiten Augustus
des Westens. Placidia wurde Augusta. Am 2. September desselben Jahres ist
Constantius jedoch an einer Rippenfellentzündung verstorben.

Wie nach dem Tode Stilichos, so brachen auch jetzt wieder Zwistigkeiten
unter den Militärs aus. Constantius' Nachfolger Castinus entzweite sich
während eines spanischen Feldzuges 422 mit seinem Kollegen Bonifatius.
Dieser begab sich nach Africa und verwaltete es im eigenen Namen, ähnlich wie Gildo und Heraclianus zuvor. Bonifatius war ein Schützling der
Placidia, die nun, zum zweiten Male verwitwet, mit Honorius in Streit
geriet. Es folgte eine Ministerkrise in Gestalt von sehr kurzen Amtszeiten
und Doppelbesetzungen, zwischen den Garden der Geschwister brachen
Kämpfe aus. Anfang 423 suchte Galla Placidia mit ihren beiden Kindern
Schutz in Konstantinopel.

So sprunghaft Honorius in seiner Haltung gegenüber Stilicho, Alarich
und Placidia war, so konsequent war seine Religionspolitik. Hier setzte er,
zunächst gemeinsam mit Stilicho (s. o.), die Linie seines Vaters fort. Die
heidnischen Kulte wurden weiter bekämpft. 399 zerstörten die kaiserlichen
comites Gaudentius und Jovius die Tempel und die Bilder der «falschen
Götter» in Africa. Augustin berichtet über den Widerstand der Heiden.
Er suchte die Christen davon abzuhalten, die Tempel zu ihrem persönlichen Vorteil zu plündern, dabei dürfe sie allein Gottesfurcht leiten. In seinem Kampf gegen die Donatisten fand Augustin wirkungsvolle staatliche
Unterstützung, darüber hinaus bewog er den Kaiser, die Pelagianisten auf
die Ketzerliste zu setzen. 408 verfügte Honorius, daß zum Dienst im Palast
nur Katholiken zugelassen seien. Die Einkünfte der Tempel wurden der
Militärkasse überschrieben, die Bauten zur «öffentlichen Nutzung» freigegeben. 419 verbot Honorius den uralten Kult der Dendrophoren für die
Magna Mater. Ihre Güter verfielen dem Fiskus, Inhaber der Priesterwürde
wurden mit dem Tode bedroht. Um 421 erschien der *tribunus* Ursus in Karthago, zerstörte den Tempel der Dea Caelestis und verurteilte eine Gruppe
von Manichäern, die 399 und 407 erneut verboten worden waren.

Honorius starb am 27. August 423 an der Wassersucht, ohne Erben zu
hinterlassen. Damit war die Reichseinheit unter dem Ostkaiser Theodo-

sius II wiederhergestellt, doch ließ sie sich längst nicht mehr aufrechterhalten. Nach dem dynastischen Prinzip hätte der vierjährige Flavius Placidus Valentinianus III das Westreich erhalten müssen. Placidia, die sich mit ihren Kindern in Konstantinopel befand, drängte auf Rückkehr nach Ravenna, aber Theodosius II verweigerte ihr zunächst die Unterstützung.

Nach einer viermonatigen kaiserlosen Zeit erhob sich am 20. November 423 in Rom ein Zivilbeamter, der *primicerius* Johannes, zum Augustus. Die Quellen berichten über ihn nur Gutes, aber er wurde nicht anerkannt. Das Westheer unter Castinus verhielt sich abwartend, in Gallien wurde der Reichspräfekt des Johannes erschlagen, und Bonifatius in Africa erklärte sich für Placidia.

Durch diese Umstände genötigt, entschloß sich Theodosius II zum Handeln. Er verlobte den fünfjährigen Valentinian (III) mit seiner zweijährigen Tochter Licinia Eudoxia, ließ ihn am 23. Oktober 424 mit dem Cäsarenpurpur bekleiden und entsandte ihn samt Placidia unter dem Schutz eines von Ardabur und Aspar geführten Heeres nach Italien. Ravenna wurde im Handstreich genommen, Johannes im Mai 425 enthauptet. Die siegreichen Truppen plünderten Ravenna. Am 23. Oktober 425 beging Valentinian III in Rom seine Erhebung zum Augustus.

Von 425 bis 455 war Valentinian III Augustus des Westens, doch nahm er frühestens seit 437 Einfluß auf die Regierung. Bis zu seiner Hochzeit am 28. Oktober 437 mit Licinia Eudoxia – er überließ damals Illyricum dem Osten – stand er ganz unter der Obhut seiner Mutter.

Natürlich benötigte Placidia einen starken Arm, um die Herrschaft zu führen. Der bisherige Reichsfeldherr Castinus hatte sich unter dem Usurpator Johannes kompromittiert und wurde in die Verbannung geschickt. An seine Stelle trat Flavius Felix. Ihm gelang 427 die Rückgewinnung des von den Hunnen besetzten Pannonien, doch geriet er bald in Gegensatz zu Bonifatius in Africa. Bonifatius hatte – zum Kummer Augustins (ep. 220,4) – eine arianische Gotin zur Frau, duldete die Donatisten und kämpfte ohne Erfolg gegen die Mauren. Auf Betreiben von Felix zitierte Placidia Bonifatius zur Rechenschaft an den Hof. Er fürchtete die Begegnung mit Felix, und darauf setzte dieser die Kriegserklärung an Bonifatius durch. Der aber suchte Unterstützung bei den Vandalen in Spanien.

429 erschien Geiserich – der Name bedeutet der «Speergewaltige» – mit 80 000 Vandalen und Alanen, Weib und Kind inbegriffen, in Africa, allerdings nicht, um Bonifatius zu helfen. Die Barbaren rückten der Küste entlang nach Osten vor und verschonten dabei angeblich nur drei Stadtkirchen. Während der Belagerung von Hippo Regius, am 28. August 430, starb Augustin. Obwohl Bonifatius bei der Verteidigung durch den oströmischen Heermeister Aspar mit gotischen Foederaten unterstützt wurde, fiel die Stadt 431 den Vandalen in die Hände.

Inzwischen war Felix in Ravenna im Mai 430 ermordet worden. Dahinter stand Flavius Aëtius, der seitdem wichtigste Mann im Westen. Aëtius stammte aus Durostorum an der unteren Donau (Moesien), war mithin Römer. Bereits sein Vater Gaudentius (s. o.) war *magister militum* gewesen, und das hat den Aufstieg des Aëtius im Heere beschleunigt.

Im Jahre 405 wurde der junge Aëtius als Geisel zu den Westgoten geschickt und wenig später zu den Hunnen. Seitdem besaß er gute Beziehungen zu ihnen. Während Johannes 425 gegen Placidia rüstete, schickte er Aëtius zu den Hunnen, um Söldner anzuwerben. Mit 60 000 Mann kehrte er zurück, aber inzwischen war Johannes schon tot. Dennoch kam es zum Kampfe mit dem Ostheere vor Ravenna. Er endete, als Placidia die Entlöhnung der Hunnen übernahm und Aëtius mit einem Kommando nach Gallien gegen die Westgoten sandte. Dort hat er in mehreren Feldzügen die Goten zurückgedrängt und sich durch diese Kriege eine Hausmacht verschafft, die ihm – wie einst Caesar – die Grundlage für seine innenpolitische Rolle lieferte. Die Wiederherstellung der Rheingrenze 428 war freilich nicht von Dauer, die Franken setzten ihre Plünderungen ungehindert fort.

Nach dem Mord an Felix setzte Aëtius seine eigene Ernennung zum Reichsfeldherrn durch. Er bezwang 430 und 431 die Juthungen und die aufständischen Noriker und erhielt für 432 das Konsulat. Dann wurde er von Placidia zugunsten ihres Favoriten Bonifatius verabschiedet. Aëtius hat sich jedoch nicht gefügt. Als Bonifatius, der sich in Africa nicht halten konnte (s. o.), in Italien erschien, trat Aëtius ihm mit seinen Leibtruppen entgegen. Aëtius unterlag und zog sich auf seine befestigten Landsitze in Italien zurück.

Bonifatius starb noch 432 an einer Wunde, die er im Zweikampf mit Aëtius erhalten hatte. Sterbend hatte Bonifatius seiner Frau empfohlen, niemanden zum Gatten zu nehmen als Aëtius. Tatsächlich hat dieser die Witwe seines Gegners geheiratet und damit Vermögen und Leibwache von ihm übernommen. Placidia übertrug nun das höchste Militäramt Sebastianus, dem Schwiegersohn ihres toten Günstlings. Sebastianus überfiel Aëtius auf dessen Landsitz. Dieser floh zu Schiff aus Italien und begab sich zu den Hunnen unter Ruas. Sie liehen ihm wieder ein Heer, und damit erschien Aëtius 433 abermals vor den Toren Ravennas.

Zum dritten Male erzwang er seine Anerkennung. Sebastianus floh mit seinem Gefolge und einem ungenannten lateinischen Dichter 434 nach Konstantinopel, betätigte sich dort als Seeräuber im Hellespont und entwich 444 an den Hof der Westgoten in Gallien. Von dort ging er nach Barcelona. Er endete bei Geiserich, der ihn als Ratgeber schätzte, ihn erfolglos zum Arianismus zu bekehren suchte und ihn 450 umbringen ließ.

Seit 433 bekleidete Aëtius die höchste Heermeisterstelle in Italien, am 5. September 435 wurde er *patricius*. Bis 454 hat Aëtius als *patricius et magister utriusque militiae* die Geschicke des Westreiches geleitet. Es gelang ihm, in Italien und Gallien einen Kernbestand des Imperiums zu wahren. Die Außenprovinzen aber gingen verloren. Seit 429 beherrschten die Vandalen Africa. Die Regierung in Ravenna schloß am 11. Februar 435 ein *foedus* mit Geiserich. Trotzdem eroberte dieser am 19. Oktober 439 Karthago. Während der Kaiser Rom und die Küstenstädte zu befestigen befahl und den Provinzialen die militärische Selbsthilfe gestattete, erschienen die Vandalen in Sizilien. Abermals kam Byzanz zu Hilfe, doch wurde die 441 in Sizilien gelandete Flotte zurückgerufen, als im Osten Hunnen und Perser zugleich angriffen. So mußte Valentinian 442 Geiserich anerkennen und ihm die besten africanischen Provinzen abtreten. Hunerich, Geiserichs ältester Sohn, kam als Geisel nach Ravenna. Er hatte seine Frau, die Tochter des Westgotenkönigs Theoderich I, verstümmelt, ohne Nase und Ohren zurückgeschickt und verlobte sich nun mit der jüngeren Eudocia, der Tochter Valentinians III. Rom erhielt wieder africanisches Getreide. Geiserich prägte Münzen auf seinen eigenen Namen und herrschte wie ein souveräner König. Seinen Kriegern hatte er die besten Güter der Proconsularis zugeteilt, die bisherigen Eigentümer mußten auswandern oder als Kolonen auf ihren eigenen Ländereien arbeiten. Auf den *sortes Vandalorum* wurde katholischer Gottesdienst untersagt, der Widerstand hiergegen führte zu harten Maßnahmen der Vandalen.

In Spanien beschränkte sich die Autorität des Kaisers auf die Städte im Osten. Auf dem flachen Lande finden wir einerseits die Bagauden, die 443 durch den dichtenden Heermeister Flavius Merobaudes und 454 durch den gotisch-römischen Heermeister Fredericus besiegt wurden, andererseits die Germanen. Im Nordwesten saßen die Sweben, sie eroberten unter ihrem König Rechila 439 Emerita (Merida) und beherrschten die Provinzen Baetica und Carthaginiensis. Im Osten operierten die Westgoten, die ihr Reich von Tolosa (Toulouse) aus über die Pyrenäen nach Süden und bis zur Mittelmeerküste ausdehnen wollten.

In Britannien ist die römische Herrschaft in der ersten Hälfte des 5. Jahrhunderts nach und nach erloschen. Während die Iren von Westen, die Scoten und Picten von Norden und die Sachsen von der See her angriffen, gab es im Inneren Unruhen, die mit der Bagaudenbewegung verglichen worden sind. Maximus hatte 383 (s. II 7), Stilicho 401 und Constantin III im Jahre 407 Truppen aus Britannien aufs Festland abgezogen, so daß die Bewohner gegen die Barbaren zur Selbsthilfe greifen mußten. Honorius schrieb ihnen 410, er könne ihnen keine Truppen schicken. Nach Prokop endete damals das Regiment Roms auf der Insel.

429 kamen auf Geheiß des Papstes Coelestinus die Bischöfe Germanus von Auxerre und Lupus von Troyes nach Britannien, um dem Pelagianismus (s. III 6d) entgegenzutreten. Germanus, der vor seiner Weihe Offizier gewesen war, organisierte den Widerstand gegen Sachsen und Picten und

gewann den «Hallelujah-Sieg». Später, vielleicht noch vor 437, besuchte
der Heilige die Insel ein zweites Mal. An die Stelle der römischen Herrschaft traten gentile Gewalten: Vortigern, nach Gildas ein Titel mit der
Bedeutung *superbus tyrannus*, erscheint als König von Wales, der auch in
Kent einflußreich war. Er soll 428 oder 449 die Sachsen unter Hengist und
Horsa ins Land gerufen haben, doch hatte die germanische Landnahme
wohl schon vorher begonnen. Zu 441/442 bemerkt eine gallische Chronik:
Britanniae ... in dicionem Saxonum rediguntur. 446 schickten die Briten
nach Gildas ein letztes Hilfegesuch an Aëtius, doch ist von einer Antwort
nichts bekannt. Die Insel geriet gänzlich unter barbarische Herrschaft,
selbst das Christentum erlosch und wurde später von Irland aus wieder verbreitet. Die Mission des Germanus war von dem Diakon Possidius angeregt worden, der 431 als erster Bischof für die christlichen Scoten in Irland
eingesetzt wurde. Die Nachrichten über ihn verschmolzen später mit denen
über den heiligen Patrick, der im 6. Jahrhundert predigte.

Gallien bot ein ähnliches Bild. Wie in Spanien hielt sich das Römertum
vor allem in den Städten. Im Südwesten siedelten die Westgoten. Sie standen nach dem Tode Vallias unter dem König Theoderich I (418–451). Er
versuchte 425 und 430 Arles zu nehmen, doch konnte Aëtius das beide
Male verhindern. 436 rettete der heidnische Heermeister Litorius mit hunnischen Foederaten die von den Goten bestürmte Stadt Narbonne, wurde
aber 439 vor Toulouse von Theoderich I getötet. Den anschließenden Frieden vermittelte der spätere Kaiser Avitus. Vermutlich heiratete damals
Aëtius eine Tochter von Theoderich I und verstärkte damit die dynastischen Verbindungen zwischen dem Hof und den Germanenfürsten.

Die Aremorica, die spätere Bretagne, hatte sich 435 selbständig gemacht,
offenbar im Zusammenhang mit der Bagaudenbewegung unter Tibatto,
der 437 (und 448?) niedergeworfen werden mußte. Die Franken eroberten Köln, plünderten zum vierten Male Trier und schoben ihr Wohngebiet
nach Südwesten vor. Die 413 in der Gegend um Worms seßhaft gewordenen Burgunder griffen die Provinz Belgica an, worauf Aëtius sie 436 durch
hunnische Foederaten niederwerfen und 20 000 von ihnen umbringen
ließ. Dies ist der historische Kern der Nibelungensage. 443 wies er den Alanen Land um Arausio und den überlebenden Burgundern Wohnsitze in
der Sapaudia an. Die Burgunder gehorchten – wahrscheinlich immer, spätestens aber wieder seit 456 – ihren eigenen Königen.

Durch geschickte Diplomatie verstand es Aëtius, einigermaßen stabile
Verhältnisse zu erhalten. Diese Politik versagte nur gegenüber seinen alten
Freunden, den Hunnen, obschon er ihnen einen Teil Pannoniens überlassen hatte. Sie standen spätestens seit 440 unter der Herrschaft Attilas.
Er vereinte außerdem Teile der Gepiden, Ostgoten, Marcomannen, Sweben, Quaden, Heruler, Rugier, Skiren, Thüringer und später auch Franken
unter seiner Führung. Nachdem die Hunnen die Donauprovinzen kahlge-

plündert hatten, wandten sie sich 451, als Marcian die Tribute aus Konstantinopel einstellte, nach Gallien. Attila, der möglicherweise durch den 448 zu ihm geflohenen Bagaudenführer, den Arzt Eudoxius, aufgestachelt wurde und mit gleichzeitigen Angriffen Geiserichs auf Italien rechnete, hatte einen kuriosen Vorwand. Die Schwester Valentinians III, Honoria, sollte zum Ruhme des Hofes ihre Jungfräulichkeit wahren. Darauf schickte sie Attila ihren Ring mit der Bitte um Hilfe. Der Hunnenkönig betrachtete sich jetzt als Schwager des Kaisers und forderte als Morgengabe die Hälfte des Westreiches. Unmittelbarer Anlaß für den Einmarsch war dann ein Erbzwist um das Königtum der Franken. Der ältere Bruder bat Attila, der jüngere Aëtius um Beistand.

Während Attila mit angeblich einer halben Million hunnischer Reiter und germanischer Hilfstruppen in Gallien einbrach, sammelte Aëtius ein Heer und trat den Hunnen 451 auf den Katalaunischen Gefilden zwischen Metz und Châlons-sur-Marne entgegen. Römische Truppen standen auf dem linken Flügel, das Zentrum bildeten barbarische Bundesgenossen, den Hauptstoß führten die Westgoten unter ihrem König Theoderich I auf dem rechten Flügel. Die Schlacht brachte keinen entscheidenden Sieg, doch zogen die Hunnen wieder ab. Am 18. Juli 452 plünderten sie Aquileia, dann Ticinum (Pavia) und Mailand. Ihren Vorstoß nach Rom soll Papst Leo der Große durch eine Bittgesandtschaft abgewandt haben. Aquileia hat sich wieder erholt, später nahm Venedig seine Stelle ein.

Attila zog mit reicher Beute zurück in die Theiß-Ebene. 453 jedoch wurde er nach der Hochzeitsnacht mit einer gotischen Prinzessin tot vor seinem Bett aufgefunden. Sein Staat zerfiel, als sich die germanischen Verbündeten unter der Führung des Gepidenkönigs Ardarich gegen Attilas Söhne erhoben und diese 454 am Nedao, irgendwo in Pannonien, besiegten. Die Goten Valamirs scheinen, so sie überhaupt beteiligt waren, auf hunnischer Seite gekämpft zu haben, da Jordanes keine Heldentaten von ihnen hervorhebt. Die Gepiden besetzten das Gebiet der Hunnen in ganz Dakien, verlangten und erhielten Jahrgelder aus Byzanz.

Aëtius hatte während seiner außenpolitischen Tätigkeiten auch seine Stellung im Inneren zu festigen versucht. 437 wurde er mit einem zweiten, 446 mit einem dritten Konsulat ausgezeichnet. Eine solche Ehre blieb sonst Angehörigen des Kaiserhauses vorbehalten. Aëtius pflegte seine Beziehungen zum Senat durch Vergabe der höchsten Zivilposten an dessen reiche Mitglieder, er stellte sich mit der Kirche gut, indem er den Vorrang des Bischofs von Rom stützte.

Nach der Überwindung der Hunnen 451 glaubte Aëtius die Zeit reif für den letzten Schritt: für die Verschwägerung mit dem Kaiserhause. Gleiches unternahmen vor ihm Stilicho und Flavius Constantius, nach ihm Rikimer und Aspar. Aëtius verlobte 454 seinen Sohn Gaudentius mit der Kaisertochter Placidia. Damals wurden zwischen ihm und dem jungen Kaiser

Treueide ausgetauscht, *promissae invicem fidei sacramenta*. Dies zeigt, wie wenig Aëtius noch als Beamter zu verstehen ist, wie weit er bereits den Typus des vom Kaiser unabhängigen Großen verkörpert.

Damit aber hatte Aëtius seinen Kredit überzogen. Attila war tot, der Kaiser glaubte jetzt, auf seinen selbstherrlichen Patricius verzichten zu können. Der Konflikt zwischen Kaiser und Heermeister, den wir von Valentinian II und Arbogast 392, von Honorius und Stilicho 408 her kennen, wiederholte sich ein drittes Mal. Unter dem Einfluß seines Obereunuchen, des *primicerius sacri cubiculi* Heraclius, und des *princeps senatus* Petronius Maximus hat Valentinian III, der *semivir amens*, Aëtius am 21. September 454 auf dem Palatin höchstpersönlich ermordet. An seiner Seite fiel der mit ihm befreundete Reichspräfekt Boëthius, der Großvater des gleichnamigen Philosophen. Prokop bemerkt, der Kaiser habe damals mit seiner linken Hand seine rechte abgehauen, und Marcellinus Comes schreibt: mit Aëtius fiel das *Hesperium regnum*.

Valentinian schickte nach dem Tode seines Generalissimus Gesandte zu den Barbaren, mit denen dieser Verträge geschlossen hatte, um sich zu rechtfertigen. Das hat aber wenig genutzt. Selbst die römischen Truppen Dalmatiens unter Marcellinus sagten sich vom Kaiser los. Petronius Maximus, der die Stellung des gestürzten Heermeisters gerne geerbt hätte, wurde vom Kaiser enttäuscht. Daraufhin ermunterte der Senator die Gefolgsleute des Aëtius zur Rache. Bei einer Truppenschau «bei den zwei Lorbeerbäumen» an der Via Labicana wurden Valentinian III und Heraclius am 16. März 455 von dem Schwiegersohn des Aëtius und einem weiteren Gefolgsmann erschlagen. Aus der gesamten Mannschaft erhob niemand die Hand für den Kaiser und seinen höchsten Beamten. Beigesetzt wurde der Kaiser vermutlich im Mausoleum bei Alt Sankt Peter.

Die Geschichte des Westreiches unter Honorius und Valentinian III ist gekennzeichnet durch die fortgesetzte Einwanderung germanischer Stämme und durch die wachsende Bedeutung der Reichsfeldherren. Die 382 legalisierte Herrschaft der Westgoten über die Donauprovinzen hat zum einen stets neuen germanischen Einwanderern die Grenzen geöffnet, zum andern dem Reich seinen wichtigsten Rekrutierungsraum, nämlich Illyricum genommen. Es gab weder im Osten noch im Westen eine Reichsarmee, den Goten gewachsen war. Als die Senatoren Alarich damit drohten, die Bevölkerung Roms zu bewaffnen, bemerkte der Gote: Je dichter das Gras, desto leichter das Mähen.

Daß Honorius 395 in Mailand blieb und nicht nach Trier ging, läßt sich aus der von Illyricum her drohenden Gotengefahr rechtfertigen. Dennoch provozierte dies neue Usurpationen und Germanenangriffe in Gallien. Der große Germaneneinbruch am Mittelrhein 407 beendete die römische Herrschaft über das nördliche und mittlere Gallien; Britannien war prak-

tisch verloren, Südwestgallien geriet unter gotische, Spanien unter gotisch-
swebische Kontrolle, in Africa breiteten sich die Vandalen aus. Zwar haben
die Römer keine großen Niederlagen im Felde erlitten, doch blieben auch
alle Siege wirkungslos. Rom hat sich an den Germanen zu Tode gesiegt.

Angesichts der außenpolitischen Notlage und der persönlichen Schwäche von Honorius und Valentinian III ging das Regiment an die Reichs-
feldherren über. Dieser Herrschaftswechsel hatte sich bereits unter den
Kinderkaisern des späten 4. Jahrhunderts angekündigt: in der Stellung
eines Merobaudes neben Gratian, eines Bauto und eines Arbogast neben
Valentinian II. Wenn der Kaiser ein Knabe war, brauchte er einen tüchti-
gen Feldherrn, der dann leicht Einfluß auf die Politik gewann. Unter den
Kaisern der theodosianischen Dynastie im Westen haben Stilicho, Flavius
Constantius und Aëtius das Regiment geführt. Dieses Nebeneinander von
Kaiser und Generalissimus schuf Reibungen. So wie im Osten zuvor Gai-
nas und Fravitta (s. I 9), hernach Aspar und Ardabur (s. II 11), sind im
Westen Stilicho und Aëtius von ihren kaiserlichen Herren gestürzt worden.
Man benutzte die germanischen Reichsretter, solange man sie brauchte,
und beseitigte sie, sobald man konnte.

Die Herrschaft der hohen Beamten in beiden Reichsteilen hat die Ent-
zweiung zwischen Ravenna und Konstantinopel gefördert. Im 4. Jahrhundert hatte das Mehrkaisertum immer dann funktioniert, wenn einer der
beiden Kaiser ein Übergewicht besaß. Dies war nun nicht mehr gegeben.
Hinzu kam die durch die Balkangermanen unterbrochene Landroute nach
Italien und die akute Bedrängnis des gesamten Westens. Der Osten hat
zwar mehrfach Hilfe gesandt, doch sie reichte nicht aus, um die Germanen
abzuwehren. So war mit dem Ende des «letzten Römers» Aëtius der Zusammenbruch absehbar.

In jenen Jahren schrieb Salvian von Massilia (GD. VII 49): «Was Gott
aber einerseits über uns, andererseits über Goten und Vandalen beschlossen hat, das zeigt die Lage. Jene wachsen täglich, wir aber schrumpfen. Mit
jenen geht es voran, wir aber werden erniedrigt. Jene blühen, wir welken.»

9. Die theodosianische Dynastie im Osten (395–450)

Als Theodosius im Mai 394 nach Italien zog, um die Erhebung des Eugenius niederzuwerfen, hatte er seinen ältesten Sohn Arcadius als Kaiser in
Konstantinopel zurückgelassen. Mit dem Tode des Vaters am 17. Januar
395 in Mailand wurde Arcadius *senior Augustus* und Herrscher des Ostens.
Arcadius war damals siebzehn Jahre alt und bedurfte eines Regenten. Als
solchen hatte noch Theodosius den Gallier Rufinus ausersehen. Rufinus
war seit 388 *magister officiorum* und soll 390 das Massaker von Thessalonike angestiftet haben (s. II 7). 392 war er Konsul und *praefectus praeto-*

rio per Orientem geworden. 395 hatte er gegenüber Arcadius eine ähnliche
Stellung wie Stilicho gegenüber Honorius. Rufinus nötigte Stilicho, die
von Theodosius in den Westen geführten Verbände zurückzugeben und
den Kampf gegen Alarich einzustellen, wurde aber von der heimgekehr-
ten Truppe am 27. November 395 erschlagen. Seinen Kopf und eine Hand
trug man im Triumph durch die Stadt.

Rufinus wollte seine Macht dadurch festigen, daß er, ähnlich wie Stilicho,
seine Tochter mit dem Kaiser vermählte. Dies wurde durch dessen Kämmerer Eutropius vereitelt. Eutrop überredete Arcadius, stattdessen Aelia
Eudoxia, die Tochter des fränkischen Heermeisters Bauto, zu heiraten. Die
Hochzeit fand statt am 27. April 395. Eudoxia wird als Schönheit gerühmt,
war anders als ihr kaiserlicher Gemahl eine energische Person und hat sich
namentlich um die Kirchenpolitik gekümmert. Am 9. Januar 400 erhielt sie
den Titel einer Augusta. Sie gebar fünf Kinder, starb jedoch bereits 404.

Nachfolger des Rufinus in der Leitung des Kaisers wurde der genannte
Eutrop. Er stammte aus dem östlichen Kleinasien, war als Kind kastriert
worden und als Sklave mehrfach verkauft worden. Nach seiner Freilassung
trat er in den Hofdienst und beklcidete 395 die Stelle eines *praepositus sacri
cubiculi*. Er erbte das Vermögen des gestürzten Rufinus und verstand es,
den Einfluß der Heermeister bei Hofe zurückzudrängen. Zweien von ihnen
wurde der Prozeß gemacht, und auch deren Besitz kam an den Eunuchen.
Er hatte zunächst mit Stilicho gegen Rufinus konspiriert, wandte sich dann
gegen Stilicho und setzte dessen Verurteilung *in absentia* durch. 397 übernahm Eutrop einen Feldzug gegen die Hunnen (s. u.) und wurde darum
399 zum Konsul und *patricius* ernannt. Er blieb der einzige jemals zum
Konsul erhobene Eunuche.

Im gleichen Jahre wurde er jedoch gestürzt. Eutrop hatte das Asylrecht
der Kirchen aufheben lassen, Ausschreitungen von Mönchen im Osten
geahndet und war dadurch in Gegensatz zu Klerus und Kaiserin geraten.
Entscheidend aber wurde sein Konflikt mit dem Militär. Ein ostgotischer
Heerführer, Tribigild, der den Hunnenfeldzug mitgemacht hatte, sagte sich
399 vom Reiche los und plünderte Kleinasien. Arcadius setzte gegen ihn
einen anderen Goten, den Heermeister Gainas, ein, der sich vom gemeinen Soldaten bis in den höchsten Offiziersrang emporgedient hatte. Gainas forderte zuvor die Absetzung Eutrops. Arcadius wandte sich an Stilicho
um Hilfe, aber auch er bestand auf der Entlassung des Eunuchen. Als noch
ein Volksaufstand in Konstantinopel gegen Eutrop ausbrach, ließ Arcadius
ihn fallen. Er wurde noch 399 aller Ehren beraubt, verbannt und bald darauf hingerichtet.

Der Soldatenaufstand Tribigilds in Phrygien war damit jedoch nicht
behoben. Gainas machte nämlich mit Tribigild gemeinsame Sache und
zwang den Kaiser zu Verhandlungen. In einer Kirche bei Chalkedon mußte
Arcadius den Konsul Aurelianus und die übrigen Anführer der germanen-

feindlichen Hofpartei ausliefern und dem *comes* Gainas selbst eine Position als oberster Heerführer einräumen. Gainas zog in Konstantinopel ein. Hier forderte er eine Kirche für den arianischen Gottesdienst. Dagegen brachte Johannes Chrysostomos, seit 398 Bischof von Konstantinopel, die Bevölkerung auf, und diese massakrierte die gotische Besatzung von über 7000 Mann am 12. Juli 400. Gainas selbst entkam und plünderte Thrakien. Darauf rief Arcadius wiederum einen Goten, Flavius Fravitta, zur Hilfe, dem er die Stelle des Gainas gab. Gainas verlor viele Leute bei dem Versuch, über den Hellespont nach Kleinasien zu gelangen, zog nach Thrakien und kam im Kampf mit den Hunnen unter Uldin um. Am 3. Januar 401 wurde sein Kopf auf einem Speer nach Konstantinopel gebracht. Arcadius hatte für dieses Jahr Fravitta mit dem Konsulat belohnt, obschon er Heide war. Doch schon im folgenden Jahre wurde auch Fravitta auf Befehl des Kaisers getötet.

Die germanenfeindliche Richtung hatte sich im Osten damit durchgesetzt. Wir verfügen über ein wertvolles Dokument für den national-römischen Patriotismus in der Rede, die der Neuplatoniker und spätere Bischof von Ptolemais Synesios von Kyrene 399 vor Arcadius gehalten hat. Synesios, der mit dem *praefectus praetorio* Aurelianus, dem Nachfolger Eutrops als Regent, befreundet war, forderte die Entfernung der Germanen aus dem Reichsdienst: Sie ließen sich doch nicht zivilisieren und spotteten bloß über die römische Toga, die das Ziehen des Schwertes verhindere. Synesios war sich klar, daß dies nur durch Bereitschaft aller zum Kriegsdienst zu erreichen wäre. Wie illusorisch dieser Plan war, erhellt schon aus der Zumutung des Redners an den Kaiser, den Palast mit dem Heerlager zu vertauschen. Der Freimut des Synesios-Textes gab Anlaß zum Zweifel daran, daß die Rede wirklich gehalten wurde. Immerhin hatten die Ereignisse um den Gainas-Aufstand das Ergebnis, daß die Germanen vorübergehend aus den Heermeisterstellen verschwanden. Das machten sich die Feinde des Reiches zunutze, und in den späteren Jahren des Arcadius hören wir nicht nur von Angriffen der africanischen und syrischen Barbaren, von Kämpfen mit Goten und Hunnen in Thrakien (s. u.), sondern auch von schweren Isaurier-Unruhen in Kleinasien.

Religionspolitisch setzte Arcadius die harte orthodoxe Linie seines Vaters Theodosius fort. Während der katholische Klerus aufs reichste beschenkt wurde, ging die Verfolgung von Andersgläubigen weiter. 395 wurden die heidnischen Feiertage gestrichen und die Maßnahmen des Theodosius gegen Göttergläubige und Häretiker erneuert. Den Beamten, die sie nicht durchführten, drohte die Todesstrafe. 396 widerrief Arcadius die Privilegien der heidnischen Priester und schränkte das Erbrecht von Apostaten ein. 399 verfügte er den Abbruch der Tempel außerhalb der Städte.

Besonders fest verwurzelt war der alte Glaube im palästinensischen Gaza. Dort wurde Marnas, der Herr des Regens, verehrt, den man mit

Zeus gleichsetzte. 399 schickte Porphyrios, der Bischof der kleinen christlichen Stadtgemeinde, seinen Diakon und späteren Biographen Marcus
nach Konstantinopel mit der Bitte, einen Zerstörungsbefehl für die Tempel zu erwirken. Arcadius sandte einen *agens in rebus,* der die drei Ratsvor-
steher von Gaza verhaftete, die sieben kleineren Tempel schloß und die
Statuen stürzte. Das Marneion selbst verschonte er jedoch, «wofür er sich
große Summen zahlen ließ». Daraufhin begab sich Porphyrios 401 selbst in
die Hauptstadt. Arcadius weigerte sich zunächst, einen neuen Zerstörungsbefehl auszustellen, weil die Stadt ihre Steuern immer pünktlich bezahlt
habe. Porphyrios brachte indes die fromme Kaiserin auf seine Seite. Arcadius wurde durch eine geschickt angelegte Massenszene bei der Taufe seines Söhnchens Theodosius (II) genötigt, den Göttersturz zu befehlen. Er
schickte im Jahre 402 Truppen unter dem *comes* Cynegius, der mit dem
Heidentum in mehrtägigen Kämpfen aufräumte. Hieronymus (ep. 107,2)
frohlockte: *Marnas Gazae luget inclusus et eversionem templi iugiter pertre-
mescit.* Gaza erhielt eine Besatzung, und über den Trümmern des Marnei-
ons errichtete man eine Kirche. Ein letzter Aufstand der Heiden wurde
durch ein großes Truppenaufgebot niedergeworfen.

Der hohe Beamtenstab des Arcadius bestand nahezu ausschließlich aus
Orthodoxen. Würdenträger, die «nur zum Scheine Christen» waren, wurden entlassen, an Gut und Körper bestraft. Arianer mußte man unter den
germanischen Heermeistern dulden. 406 wurden Hof, Senat und Beamtenschaft zum ersten Mal zu einer kirchlichen Zeremonie abgeordnet, zur
Überführung der Reliquien des heiligen Samuel in die Sophienkirche.

Die innerkirchlichen Spannungen blieben bestimmt durch den Gegensatz zwischen den Patriarchen von Konstantinopel und Alexandria. Unter
dem Einfluß des Eutropius hatte Arcadius am 26. Februar 398 zum Nachfolger des Nektarios den Antiochener Johannes Chrysostomos bestellt.
Dieser war Schüler des Libanios, hatte dann als Asket gelebt und später in
Antiochia als Prediger großen Ruhm gewonnen. Ähnlich wie zuvor Ambrosius in Mailand hat Johannes in die Politik eingegriffen, zunächst durch
den Widerstand gegen Gainas, weiter durch rigorose Sittenzucht gegenüber dem Klerus und die Absetzung von dreizehn «unwürdigen» Bischöfen. Dann ermunterte er seine Gemeinde zum Kampf gegen die Arianer,
es gab Tote. Fatal wurden endlich seine Angriffe auf die Kaiserin Eudoxia.
401 hielt er ihr die rechtswidrige Beschlagnahme eines Grundstücks vor.
Im folgenden Jahre erschien Theophilos von Alexandria, der Zerstörer des
Serapeions (s. II 7), in Konstantinopel, um die Exkommunizierung einiger
von Johannes beschützter Mönche durchzusetzen. Theophilos, von Eudoxia begünstigt, versammelte die kaisertreuen Bischöfe zur sogenannten
Eichensynode und setzte Johannes ab. Der Kaiser sprach die Verbannung
aus, hob sie aber wieder auf, nachdem es einen Aufruhr gegeben hatte. Die
Unruhen hielten an, Militär griff ein, es gab Tote und Feuer in der Stadt,

die Sophienkirche brannte ab. Am 20. Juni 404 wurde Johannes in die Verbannung nach Armenien gebracht, wo er am 14. September 407 starb. Dennoch hielt sich eine Gemeinde von Johanniten. Sie galten bis 438 als Häretiker, dann wurden sie wieder für rechtgläubig befunden. Die Gebeine des nun zum Heiligen erhobenen Johannes wurden mit großem Pomp eingeholt. Die erhaltenen Schriften des Chrysostomos sind umfangreicher als die jedes anderen griechischen Autors.

Arcadius starb am 1. Mai 408, Eudoxia war ihm am 6. Oktober 404 vorausgegangen. Beide wurden im Constantinsmausoleum beigesetzt. Dem Kaiser folgte sein erst siebenjähriger Sohn Theodosius II auf den Thron, der schon bei seinem ersten Geburtstag am 10. Januar 402 zum Augustus ausgerufen worden war. Theodosius II erhielt eine umfassende Bildung, hat sich auch später viel mit Büchern beschäftigt und war, wie sein Vater, als Kalligraph tätig. Daneben ging er gern auf die Jagd. Theodosius war überaus fromm, begann den Tag mit Hymnengesang und fastete zweimal wöchentlich. Der Palast glich einem Kloster. In die Politik mischte sich der Kaiser nur selten ein, er unterschrieb angeblich alles, was man ihm vorlegte, mit Ausnahme von Todesurteilen.

Theodosius stand zunächst unter dem Einfluß seiner älteren Schwester Pulcheria. Sie wurde am 4. Juli 414 mit fünfzehn Jahren Augusta und kümmerte sich lebhaft um Personalpolitik, Kirchenangelegenheiten und Fragen des Rituals. Auch ihr wird Frömmigkeit nachgerühmt, sie gelobte öffentlich ewige Jungfräulichkeit und bewog ihre beiden Schwestern, dasselbe zu tun. Während der ganzen Regierungszeit ihres Bruders spielte sie eine wichtige Rolle am Hofe.

Pulcheria war es dann auch, die ihrem kaiserlichen Bruder eine passende Braut gesucht hat: die schöne und hochgebildete Athenais. Sie stammte aus Athen, war die Tochter des Redners und Philosophen Leontios und kam, so ihre romanhafte Biographie, nach dem Tod ihres Vaters in die Hauptstadt, um einen Erbanspruch gegen ihre Brüder zu verfechten. Hier wurde sie bei einer Audienz von Pulcheria für ihren Bruder entdeckt, erhielt bei ihrer Taufe den Namen Aelia Eudokia und heiratete Theodosius II am 7. Juni 421. Zwei Jahre später wurde sie zur Augusta erhoben. Sie gebar drei Kinder, darunter Licinia Eudoxia, die spätere Frau Valentinians III (s. II 8). Athenais hat politische und theologische Gedichte geschrieben, von denen einige erhalten sind. Ihr Verhältnis zu Pulcheria trübte sich später, 441 ging Athenais ein erstes Mal nach Jerusalem, 443 nahm sie dort ihren Wohnsitz.

Die politische Macht lag unter Theodosius II in den Händen von wechselnden, zuweilen auch konkurrierenden Zivilbeamten. 405 bis 414 führte der Reichspräfekt und Patricius Anthemius die Geschäfte. Unter den späteren Stadt- und Reichspräfekten ist der ursprünglich heidnische Ägypter

Kyros zu nennen. Er amtierte in den Jahren 426 bis 441, war wie Anthemius Patricius und in seinem letzten Jahr Konsul. Wegen seiner Dichtungen und literarischen Interessen genoß er die Gunst von Athenais. Unter
ihm wurde das Griechische als Gerichtssprache statthaft, doch hat sich dies
allgemein erst unter Justinian im Osten durchgesetzt (s. II 12). Kyros ist als
Bauherr von Bädern und Kirchen hervorgetreten, er hat Konstantinopel
mit einer Straßenbeleuchtung versehen, wie sie im 4. Jahrhundert bereits
Antiochia besaß. Dies machte ihn so populär, daß der besorgte Kaiser ihn
verbannte. Kyros wurde Bischof in Kotyaeion.

In der Reihe der *magistri officiorum* besaß Helion eine Vertrauensstel-
lung bei Hofe. Dies zeigt seine ungewöhnlich lange Amtszeit von 414 bis
427 und sein Patricius-Titel. 422 handelte er den Frieden mit den Persern
aus (s. u.), 424 überbrachte er Valentinian III den Caesarenpurpur nach
Thessalonike, 425 das Augustus-Diadem nach Rom (s. II 8). Ein späterer
magister officiorum in der Position eines Regenten war Nomos (443–446),
ebenfalls *patricius* und Konsul (445). Er ist als Gesandter an Attila und als
Initiator der «Räubersynode» von Ephesos (s. u.) hervorgetreten.

Eine hervorragende Rolle spielten die Eunuchen. Johannes Antiochenus
(fr. 191; 194) spricht geradezu von einer Eunuchenherrschaft am Hofe. Sie
nahm, wie zumeist, für die Betroffenen ein böses Ende. Arcadius hatte den
praepositus sacri cubiculi und späteren Patricius Antiochos, einen gebürtigen
Perser, zum Tutor für Theodosius II ausersehen. 421 wurde er gestürzt, enteignet und in ein Kloster gebracht. Von 441 bis zu seinem Tode stand der
Kaiser unter dem Einfluß des Eunuchen Chrysaphios *qui et* Zummas. Er
wird teils als Kämmerer (*cubicularius*), teils als Kommandant der Leibgarde
(*spatharius*) bezeichnet. Chrysaphios hat mögliche oder wirkliche Konkurrenten vertreiben oder ermorden lassen, er verdrängte Pulcheria zeitweise und Athenais dauerhaft vom Hofe. Sein Schicksal erfüllte sich 450
(s. II 11).

Die hohen Militärs haben in Konstantinopel niemals jene dominante
Stellung besessen, die sie im Westen innehatten. Dennoch sind auch sie
vielfach mit Konsulaten und Patricius-Rängen ausgezeichnet worden. Die
unter Arcadius herrschende germanenfeindliche Stimmung hat sich unter
Theodosius II wieder gelegt. Etwa die Hälfte der Heermeister war barbarischen Ursprungs, eine führende Position nahm die alanisch-gotische Familie von Plintha (cos. 419), Ardabur (cos. 427) und Aspar (cos. 434) ein.
Der Einfluß dieser Männer war weniger durch ihre barbarische Herkunft
als durch ihr arianisches Bekenntnis beschränkt. Dies hat auch ihre Verschwägerung mit dem Kaiserhause erschwert. Seit 440 etwa treten die Isaurier stärker in Erscheinung, sie waren orthodox.

Zukunftweisende Bedeutung besaß der Ausbau der Hauptstadt. Durch
die vom *praefectus praetorio Orientis* Anthemius 413 erweiterten Stadtmauern wurde Konstantinopel zur stärksten Festung der damaligen Welt. Neue

Kirchen, Bäder und Zisternen bereicherten die Stadt, über ihre Bauten im einzelnen unterrichtet uns die unter Theodosius II verfaßte ‹Notitia Urbis Constantinopolitanae› (s. III 4 b). 425 wurde die Universität reorganisiert (s. III 5). Ebenso folgenreich war die Sammlung der Gesetze im ‹Codex Theodosianus›. Seine Veröffentlichung erfüllte ein schon von Pompeius und Caesar empfundenes Desiderat. In der Kaiserzeit bestand die Gesetzgebung überwiegend in Antwortbriefen des Kaisers an einzelne Beamte, und daher heißen die Gesetze auch Reskripte. Diese waren zwar meist auf einen bestimmten Fall zugeschnitten, wurden jedoch Grundlage für die Regelung ähnlicher Fälle. Die wachsende Zahl kaiserlicher Erlasse hatte unter Diocletian die Rechtsgelehrten Gregorius und Hermogenianus bewogen, Sammlungen anzulegen (s. II 2). Bereits ihre Codices waren nach Sachtiteln gegliedert, innerhalb deren die Gesetze chronologisch angeordnet waren. Unter Constantin und Valentinian erschienen erweiterte Ausgaben.

Sowohl die Menge der Erlasse als auch die Unsicherheit, die durch Widersprüche, rechtswidrig erschlichene Privilegien und gefälschte Reskripte entstand, veranlaßten Placidia bereits 426 zu einer umfassenden Regelung der Rechtsquellen und dem sogenannten Zitiergesetz. Es besagt, daß die Schriften bestimmter Rechtsgelehrter maßgeblich seien und bei Stimmengleichheit die Meinung Papinians gelte. Am 26. März 429 setzte Theodosius eine erste, 435 eine zweite Kommission ein, die alle seit 312 erlassenen Gesetze sammeln und dadurch den Anschluß an die beiden älteren Kodifikationen herstellen sollte. Neun Jahre ist diese Kommission herumgereist und hat die Statthalterarchive in den Provinzen ausgekämmt. Der größere Teil der über 2500 Gesetze, aufgeteilt in ungefähr 3250 Fragmente fand sich im Westen, meist in Rom und Karthago.

Die Gesetze wurden um die Einleitung und den Schlußgruß gekürzt und gegebenenfalls nach Sachbezügen auseinandergeschnitten. Jedes Fragment erhielt jedoch die Namen der zuständigen Kaiser, Name und Amt des Adressaten und ein Datum: Ort und Tag der Ausstellung (*datum*), der Entgegennahme (*acceptum*) oder der Veröffentlichung durch Aushang (*propositum*). Diese Texte wurden dann, chronologisch geordnet, auf sechzehn nach rund vierhundert Sachtiteln gegliederte Bücher verteilt. Über die Hälfte enthält öffentliches Recht. Am 15. Februar 438 wurde das Werk in Konstantinopel verabschiedet, am 25. Dezember in Rom dem Senat vorgelegt und in Kraft gesetzt. Ob damit die herrschende Rechtsunsicherheit behoben war, ist allerdings zweifelhaft. Denn abgesehen von mehreren, 438 längst gegenstandslosen Bestimmungen enthält das Werk Verordnungen, die durch spätere, ebenfalls aufgeführte Erlasse abgeändert oder außer Kraft gesetzt waren und daher den antiken Richter verwirren mußten. Erlasse der späteren Kaiser wurden als «Novellen» gesammelt, sie reichen bis Anthemius 468.

Diese Kodifikation hat Nachahmung gefunden. Die Westgoten veranlaßten zwei Sammlungen, den ‹Codex Euricianus› um 465, das ‹Breviarium Alaricianum› oder die ‹Lex Romana Visigothorum› 506. Theoderich der Große stellte im ‹Edictum Theoderici› die für sein Ostgotenreich wichtigen Gesetze zusammen, und dasselbe taten die Burgunderkönige. In dieselbe Zeit fällt die Aufzeichnung des Avesta, des heiligen Buches der Perser, und der Abschluß des babylonischen Talmud, der umfangreichen Kodifikation der jüdischen Satzungen. Der klassische Rechtskodex wurde dann aber das ‹Corpus Iuris Civilis›, das Justinian 534 anlegen ließ (s. II 12).

In der Religionspolitik hielt die seit Theodosius I und Arcadius herrschende Tendenz an. In seiner dritten Novelle erklärte Theodosius II, die Sorge um die wahre Religion sei die vornehmste Aufgabe der *imperatoria maiestas,* denn von Reinheit und Einheit des Glaubens hingen Wohl und Wehe der Welt ab. 415 wurde nochmals den Heiden der Staatsdienst verwehrt, lediglich gegenüber den Militärs ließ sich das nicht erzwingen. 431 verlieh der Kaiser der Kirche das Asylrecht. Die mehrfach wiederholten Opferverbote und die Anordnung, die Tempel zu zerstören, zeigen, daß die Katholisierung langsamer als erwünscht voranschritt. Auf die Dauer hatte sie jedoch Erfolg. Theodoret (HE. V 38) berichtet, der Kaiser habe die letzten Götzentempel zerstören lassen, damit die Nachwelt keine Zeugnisse der früheren Irrlehren mehr vorfände.

Mehrfach begegnet das Problem der Häretiker in den Gesetzen. Das Ketzergesetz von 428 führt 23 Splitterkirchen auf; besonders harte Strafen werden den Manichäern angedroht. In einer späteren Fassung desselben Gesetzes ist die Zahl der verbotenen Glaubensrichtungen auf 34 gestiegen. Ketzer wurden von Staatsämtern ausgeschlossen, doch mußten sie «Ehren» übernehmen, die finanzielle Verpflichtungen mit sich brachten, insbesondere die Curialität. Wie unsicher die Regierung in Ketzerfragen war, zeigt, daß sie gegen den Pelagianismus nicht vorging, offenbar weil dessen «Irrigkeit» noch nicht festgestellt war. Die Anhänger des bis 431 vom Hof unterstützten Patriarchen Nestorius wurden 436 zu Häretikern erklärt, während die Johanniten 438 wieder als orthodox anerkannt wurden.

Die größten kirchenpolitischen Schwierigkeiten ergaben sich in Ägypten. 412 hatte Kyrill als Neffe und Erbe des Theophilos das Patriarchat von Alexandria übernommen und regierte recht eigenmächtig. Zunächst enteignete er die Novatianer, sodann terrorisierte er die Juden. Der *praefectus Augustalis* Orestes gewährte ihnen Schutz, doch Kyrill beherrschte mit Hunderten von Krankenträgern und Mönchen die Straße. Tatkräftige Unterstützung fand er bei dem Abt des Weißen Klosters Schenute von Atripe, dem Schöpfer der koptischen Literatur. Die Juden wurden 415 aus Alexandria geprügelt (s. III 6 b). Auch in Edessa wurde den Juden damals die Synagoge genommen; der mit Kyrill sympathisierende Bischof Rabbula (411–436) verwandelte sie in eine Kirche und zerstörte vier Tempel.

Nach seinem Triumph über die Novatianer und die Juden wandte sich Kyrill gegen die Heiden, die in der Universität von Alexandria noch eine starke Stellung innehatten. Hohes Ansehen genoß die Philosophin Hypatia. Sie hatte als Tochter des Astronomen und Mathematikers Theon dessen Lehrstuhl übernommen und übertraf alle Gelehrten ihrer Zeit. Sie dozierte vor allem platonische Philosophie. Ihr bekanntester Schüler war Synesios, von dem wir sieben Briefe an sie besitzen. Sie sind ebenso voller Hochachtung wie das Epigramm des Palladas auf sie, der sie als den Stern der Weisheit und Bildung preist. Kyrill schwärzte Hypatia bei seiner Gemeinde als Hexe an, ihre Freundschaft mit Orestes konnte sie nicht retten. Im März 415, während der österlichen Fastenzeit, wurde Hypatia vom christlichen Stadtpöbel auf bestialische Weise umgebracht.

Die alte Rivalität zwischen Konstantinopel und Alexandria brach wieder auf, nachdem 428 der Hof als neuen Patriarchen einen gebürtigen Perser, Nestorios, aus Antiocheia nach Konstantinopel berufen hatte. Dieser verfeindete sich mit Pulcheria, deren Jungfräulichkeit er anzweifelte, und mit dem Papst Coelestin, indem er dessen Jurisdiktion über Ostillyricum bestritt und die aus dem Westen geflohenen Pelagianer in Schutz nahm. Nestorios trennte die beiden Naturen in Jesus (Dyophysitismus) und vertrat einen streng vaterrechtlichen Monotheismus. Er erklärte, Maria habe nur die menschliche Natur Jesu, nicht seine göttliche Natur geboren und könne darum zwar Mutter Christi (χριστοτόκος), nicht aber Mutter Gottes (θεοτόκος) heißen. Diese Lehre widersprach dem altmediterranen Bedürfnis nach einem Mutterkult, das seinen wechselnden Ausdruck in der Verehrung von Astarte und Kybele, Tanit und Demeter, Isis und Artemis gefunden hatte. Später übertrug er sich auf den wachsenden Mariendienst, zu dessen Anwalt Kyrill sich erklärte.

Da auch Papst Coelestin die Sache Kyrills guthieß, berief der Kaiser zum 7. Juni 431 eine Kirchenversammlung nach Ephesos. Es war das später so genannte Dritte Ökumenische Konzil. Die Anhänger von Kyrill und Nestorios tagten getrennt, beide verurteilten sich gegenseitig. Der Kaiser setzte daraufhin beide Bischöfe ab und stellte sie unter Bewachung. Kyrill gelang jedoch die Flucht, er wurde von seiner Gemeinde in Alexandria jubelnd empfangen. Um seine Rückkehr zu legalisieren, inszenierte er den größten Bestechungsskandal der römischen Geschichte. Wie wir aus den Geschenklisten wissen, hat Kyrill alle irgendwie einflußreichen Persönlichkeiten beschenkt: Der wichtigste Palasteunuche erhielt 200 Pfund, d. h. 14 400 Goldstücke, die Beträge sanken dann bis zu 100 Goldstücken für die weniger bedeutenden Meinungsmacher. Das Barvermögen der alexandrinischen Kirche reichte nicht, es entstand noch eine Schuld von 1500 Goldpfund. Aber die Aktion hatte Erfolg. Kyrill wurde vom Kaiser als Patriarch von Alexandria, Maria als Gottesmutter bestätigt. Die christologische Formel hieß: «Einigung zweier Naturen in Christus ohne Vermengung.»

Nestorios mußte in sein Kloster bei Antiochia zurückkehren und wurde später in die Wüste deportiert. Seine Anhänger wurden als Ketzer verfolgt, seine Schriften verboten und aufgrund des kaiserlichen Erlasses vom 16. Februar 438 verbrannt. Dennoch hat sich eine Gemeinde von Nestorianern in Edessa gehalten. Sie stieg um 485 zur anerkannten Kirche im Perserreich auf, entfaltete eine große Missionstätigkeit in Indien und China. Aus Sianfu stammt eine nestorianische Inschrift von 781, die eine Glaubenslehre und einen Missionsbericht auf chinesisch und eine Liste von Klerikern in syrischer Schrift enthält.

Um die Reste des Nestorianismus zu tilgen, kam es 449 zur sogenannten Räubersynode (*latrocinium*) von Ephesos. Abermals verbarg sich hinter dem dogmatischen Streit der Zwist zwischen dem Patriarchat von Konstantinopel, vertreten durch Flavianus, und dem von Alexandria, vertreten durch Dioskoros. Es ging um die Vorherrschaft über das Patriarchat Antiochia. Dioskoros hatte sich mit dem mächtigen Hofeunuchen Chrysaphios verbündet, und so gelang, wenn auch in tumultuarischer Form, die Verurteilung des Flavian. Er starb auf dem Wege in die Verbannung. Die Intervention von Papst Leo zugunsten Flavians war erfolglos. Zum dritten Mal siegte Alexandria. Dioskoros vertrat eine Theologie, die später als Monophysitismus bezeichnet und für heterodox erklärt wurde. Sie besagt, daß die göttliche Natur Jesu dessen menschliche Natur in sich aufgenommen habe, so daß nur noch eine, eben die göttliche, übriggeblieben sei (s. III 6 d).

Die religiösen Streitpunkte waren die wichtigste, nicht aber die einzige Ursache für innere Unruhen. Wir hören von Aufständen kleinasiatischer Bergvölker: der Tzani (Makrones) und immer wieder der Isaurier. Sie verunsicherten unter Arcadius den Osten zwischen Trapezunt und Jerusalem und plünderten sogar Antiochia. Zudem gab es eine Erhebung in Palästina, Revolten wegen Steuerdruck und Kornknappheit und Straßenkämpfe der Zirkusparteien in der Hauptstadt.

Außenpolitisch hatte Ostrom unter den Nachfahren von Theodosius I namentlich mit drei Gegnern zu tun: mit den Wüstenvölkern im Hinterland der Kyrenaika, mit den Persern am Euphrat und den Hunnen einerseits am Kaukasus, andererseits in Thrakien.

Über die Einfälle der Austurianer in der Pentapolis berichtet Synesios. Zunächst gelang es dem *dux Libyarum* Anysios um 410, mit einer kleinen Truppe von hunnischen und marcomannischen Foederaten die eingefallenen Reiter zurückzuwerfen. Dann begannen die Nomaden, in größerem Umfange die Habe der Provinzialen und diese selbst wegzuschleppen. Synesios berichtet, wie er als Bischof Wachdienste auf den Mauern der belagerten Stadt Ptolemais getan habe.

Die Beziehungen zu Persien unter Arcadius waren freundlich. Über 2000 gefangene Römer, welche die Perser den Hunnen abgenommen hatten (s. u.), durften zurückkehren. 395 kam der mesopotamische Bischof Maruthas nach Konstantinopel, um für die persischen Christen Unterstützung zu erbitten. Arcadius schickte Maruthas als Gesandten zu Isdigerdes (Jezdegerd) I «dem Sünder», der 399 auf den Thron von Ktesiphon gekommen war. Durch ein Heilwunder erlangte der Bischof die Gunst des Königs, der den persischen Christen eine Synode und die Wahl eines Katholikos gestattete. Arcadius soll dem Perser 1000 Pfund Gold geschenkt und ihn testamentarisch zum Vormund seines Sohnes Theodosius II bestimmt haben. Auch der Handel florierte, auf römischer Seite wurde Kallinikon, auf persischer Nisibis als Markt festgesetzt.

Nach dem Herrschaftsantritt von Theodosius II erschien Maruthas 410 abermals in Byzanz, der Kaiser machte der Kirche von Seleukia am Tigris reiche Geschenke. Unmittelbar zuvor hatte sich die persische Kirche nach römischem Vorbild auf einer Synode in Seleukia konstituiert und das Glaubensbekenntnis von Nicaea übernommen. Der Missionseifer jedoch belastete das gute Verhältnis. Als der persische Bischof Abdas einen Feuertempel zerstörte und sich trotz dem Geheiß des Königs standhaft weigerte, ihn wieder aufbauen zu lassen, kam es 419/420 zu einer Christenhetze und zur Flucht zahlreicher persischer Christen ins Römische Reich. Varanes V (Bahram Gor), der Sohn und seit 420 Nachfolger Isdigerds, forderte die Rückgabe der Flüchtlinge, und als sie abgelehnt wurde, gab es eine neue Verfolgung und einen Krieg mit Rom. Der König bestürmte Theodosiopolis (Erzurum), das von Bischof Eunomios erfolgreich mit Wurfgeschützen verteidigt wurde. Die Belagerung des persischen Nisibis durch den Heermeister Ardabur scheiterte umgekehrt ebenso.

422 wurde ein «hundertjähriger» Friede geschlossen. Anscheinend war er mit Zahlungen Roms verbunden, denn deren Ausbleiben war der Grund für Isdigerdes II (438–457), den Sohn und Nachfolger des Varanes, 440 wiederum ins Reich einzufallen. Der Friede konnte jedoch durch Anatolius, den *magister militum per Orientem,* 441 erneuert werden. 443 verbot Theodosius den Sarazenen und sonstigen Foederaten, über die festgesetzten Subsidien hinausgehende Forderungen einzutreiben, und befahl eine Erneuerung der Kastelle und Flotten an allen Militärgrenzen. Eine Kette von Lagern, 10 bis 20 Meilen auseinander, diente dem Schutz vor den Persern.

Strittig blieb das persische Armenien. Die Bewohner standen seit der Absetzung ihres letzten Königs 428 unter verstärktem religiösen Druck der Sassaniden. 439 verfolgte Isdigerdes die Christen. Der Fürst Vardan Mamigonian wandte sich an Theodosius um Hilfe, erhielt mit einem Heermeistertitel ehrenhalber wohl auch finanzielle Unterstützung, wurde aber von den Persern besiegt.

Die Auseinandersetzungen mit den Hunnen begannen gleichfalls im Osten. 395 waren die Weißen Hunnen (Hephthaliten), die «Wölfe des Nor-

dens» über den Kaukasus in Syrien eingebrochen und bis Antiochia vorgestoßen. Ihre Verwüstungen beklagt der syrische Dichter Cyrillonas, zumal
Dürre, Erdbeben und Heuschrecken die Not vergrößerten. Die Hunnen
wurden durch die Perser und den damaligen Regenten des Ostens Eutropius (s. o.) 398 zum Rückzug gezwungen. Die westlichen Hunnen standen
seit etwa 400 unter der Herrschaft Uldins. Er besiegte den abtrünnigen
Heermeister Gainas und plünderte 404/405 und 408 Thrakien, obschon
er zwischendurch auch einmal für Rom gekämpft hatte (s. II 8). Er mußte
sich jedoch über die Donau zurückziehen, nachdem ein Teil seiner Leute
zu den Römern übergegangen war. Die Skiren aus seinem Gefolge wurden
409 in Bithynien angesiedelt.

Der Einfall von 422 stand möglicherweise schon unter der Herrschaft
von Ruas (Rugila), der 425 Aëtius Truppen für Johannes lieh (s. II 8). 434
forderte Ruas die Rückgabe von Hunnen, die sich dem Kaiser unterstellt
hatten, starb jedoch, bevor er seine Kriegsdrohung wahrmachen konnte.
Nachfolger wurden seine Neffen Bleda und Attila. Um den Krieg abzuwehren, suchte Rom den Frieden zu erkaufen. Die Jahrgelder betrugen seit 431
zunächst 350 Pfund Gold. Wenig später erhöhte Attila die Forderungen.
Auf der anschließenden Konferenz von Margus verpflichtete sich Byzanz,
künftig 700 Goldpfund (50 400 *solidi*) jährlich zu zahlen, alle ins Reich
geflohenen Hunnen zurückzuschicken; selbst die römischen Gefangenen,
denen die Heimkehr geglückt war, mußten wieder ausgeliefert oder mit
acht Goldstücken losgekauft werden. Außerdem durfte Rom sich mit keinem Volk verbünden, das mit den Hunnen verfeindet war.

440 erklärten die Hunnen die Römer für vertragsbrüchig, fielen ins Reich
ein und eroberten Viminacium. 441 nahmen sie Sirmium, Singidunum und
Naïssus. 442 drangen sie vor bis zum Hellespont, nachdem sie Philippopolis
und Arcadiopolis geplündert und ein kaiserliches Heer geschlagen hatten.

445 brachte Attila seinen älteren Bruder und Mitkönig Bleda um und
erschien 447 wieder im Reich. Er besiegte den Heermeister Arnegisel und
erstürmte siebzig Städte, darunter Serdica und Marcianopel. Eine Schar
drang vor bis zu den Thermopylen, eine andere durchbrach die Langen
Mauern, die Konstantinopel schützen sollten, plünderte die thrakische
Chersonnes und ritt auf die Hauptstadt zu. Abermals mußte Theodosius
die Friedensbedingungen der Hunnen annehmen, er verpflichtete sich 447
zu einer Kriegsentschädigung von 6000 Pfund Gold und einem verdrei-
fachten Jahrestribut von 2100 Goldpfund. Römer, die aus hunnischer Haft
geflohen waren, mußten jetzt mit zwölf *solidi* freigekauft, alle hunnischen
Überläufer weiterhin ausgeliefert werden. Da Attila diese nach ihrer Rückkehr zu kreuzigen drohte, ließen sich viele lieber von den Römern niedermachen. Auf eigene Faust verteidigte sich damals – ähnlich wie um 380
Nikopolis in Thrakien gegen die Goten – die feste Stadt Asemous und weigerte sich erfolgreich, Flüchtlinge auszuliefern.

Gefolgsleute, die Attila reich machen wollte, schickte er als Boten nach Byzanz, von wo sie stets üppig beschenkt heimkehrten. Bisweilen ersann der Hunne auch Forderungen, die er gleich wieder fallen ließ, so die nach einem fünf Tagesmärsche breiten Ödlandstreifen südlich der Donau. Um die Zahlungen an Attila zu beschönigen, ernannte Theodosius ihn zum römischen Heermeister «ehrenhalber». 448 faßte der Kaiser auf Anraten des Chrysaphios den Plan, den Hunnen durch Gesandte ermorden zu lassen. Der Historiker Priscus (fr. 7 f), der an diesen Gesandtschaften teilnahm und sie mit allen Einzelheiten schildert, berichtet, wie das Komplott aufgedeckt wurde. Nur durch enorme Geschenke und das persönliche Erscheinen zweier Gesandter im *patricius*-Rang konnte der Zorn Attilas beschwichtigt werden. Wenn er nicht sofort wieder ins Reich einfiel, ist dies wohl auf den Regierungswechsel in Konstantinopel zurückzuführen. Theodosius war am 28. Juli 450 beim Jagen vom Pferd gestürzt und gestorben. Er fand seine letzte Ruhe in der südlichen Stoa der Apostelkirche.

Die Regierungszeit der Söhne und Enkel von Theodosius I ist in beiden Hälften des Reiches gekennzeichnet durch ein schwaches Kaisertum. Kinderkaiser sitzen auf den Thronen, die Macht liegt in den Händen der kaiserlichen Damen und der Hofbeamten: Galla Placidia und die Heermeister regieren im Westen: Eudoxia, Pulcheria und Athenais nebst den hohen Zivilbeamten im Osten.

Wie der Westen, so hatte auch der Osten an allen Grenzen Feinde abzuwehren. Die schwerste Belastung bildeten die Hunnen an der Donau, die Thrakien wiederholt heimsuchten und Beschwichtigungsgelder erpreßten, wie sie römische Kaiser nie zuvor gezahlt hatten. In geringerem Umfang kassierten auch die anderen Nachbarvölker derartige Subsidien. Der Ausbau Konstantinopels in diesen Jahren schuf den dauerhaften Kern des Byzantinischen Reiches.

Die schwerste innere Belastung bildete im Osten der Kirchenstreit. In den Großstädten herrschte latenter Bürgerkrieg, der mehrfach zum Ausbruch kam: am schlimmsten waren Konstantinopel und Alexandria betroffen, aber auch in anderen Städten kam es zu Ausschreitungen, so in Ephesos, Milet, Sardes und Edessa. Die Spannungen zwischen den Patriarchen von Konstantinopel und Alexandria haben dreimal zum Sieg der Ägypter geführt: 404 über Johannes Chrysostomos, 431 über Nestorios, 449 über Flavian. Dem Kaiser war dieser Ausgang nicht unsympathisch, weil ein übermächtiger Hofbischof ein unbequemer Nachbar sein konnte.

Das Verhältnis zwischen den beiden Reichshälften war unter Stilicho gespannt, hat sich nach dessen Tod 408 jedoch gebessert. Der Osten hat 410 ein Hilfsheer gegen die Goten gesandt, hat 425 den Usurpator Johannes niedergeworfen und zweimal (431 und 441) Truppen gegen Geiserich und seine Vandalen geschickt, beide Male allerdings erfolglos. Der Besuch

Valentinians III 437 in Konstantinopel und die Publikation des ‹Codex Theodosianus› im Westen 438 demonstrierten nochmals die Einheit des Reiches. Im Befehl zur Herstellung des Codex 429 sprach Theodosius von den beiden Teilen des *coniunctissimum imperium*. Wenn die Reichseinheit in den folgenden Jahren zerbrach, so resultiert dies aus den beiden wichtigsten Belastungsfaktoren: im Westen waren es die Germanenkriege und im Osten die kirchlichen Auseinandersetzungen.

10. Das Ende des Westreiches (455–493)

In den beiden letzten Jahrzehnten des Westreiches überstürzten sich die Ereignisse. Die Rächer des Aëtius gingen straflos aus. Sie überbrachten Pferd und Diadem des toten Kaisers dem Senator Petronius Maximus. Am folgenden Tage, am 17. März 455, wurde er zum Kaiser ausgerufen. Petronius Maximus stammte aus einer altsenatorischen Familie und war einer der reichsten Männer seiner Zeit. Für die Festlichkeiten bei der Prätur seines Sohnes soll er 4000 Pfund Gold ausgegeben haben. Der neue Kaiser hatte eine lange Zivilkarriere hinter sich: zweimal war er Stadtpräfekt, zweimal Reichspräfekt, zweimal Konsul (433 und 443) und seit 445 Patricius. Daß er bei der Beseitigung sowohl von Aëtius als auch von Valentinian III beteiligt war, wie die Überlieferung will (s. II 8), ist vorstellbar.

Die Stellung des Petronius Maximus war schwach. Ihm fehlten das Militär und die dynastische Legitimation. Darum zwang er die Witwe des Kaisers, Licinia Eudoxia, ihn zu heiraten. Deren Tochter Eudocia war 442 (s. II 8) mit Geiserichs ältestem Sohn Hunerich verlobt worden und mußte nun den Sohn des Kaisers, den Caesaren Palladius, ehelichen. Die beiden Frauen wandten sich an Geiserich um Hilfe. Er erschien mit seiner Flotte, der Kaiser war wehrlos. Am 31. Mai wurde er auf der Flucht durch einen Steinwurf getötet, durch die Stadt geschleift und in den Tiber geworfen. Sein Sohn verschwindet zugleich aus der Überlieferung. Geiserich nahm die Kaiserwitwe und ihre beiden Töchter sowie Gaudentius, den Sohn des Aëtius, gefangen, um sie mit der Beute und den Gefangenen nach Karthago zu bringen, und plünderte Rom vierzehn Tage lang. Für das, was Prokop (BV. I 5) darüber berichtet, hat das 18. Jahrhundert den Begriff Vandalismus geprägt. Nach den Ereignissen von 378 und 410 war dies das dritte Signal des nahen Endes. Anschließend bemächtigte sich Geiserich des noch römischen Teils Africas und der Inseln Sardinien, Sizilien, Korsika und der Balearen.

Petronius Maximus hatte angesichts der Alamannengefahr einen neuen Heermeister ernannt, Flavius Eparchius Avitus. Er stammte aus dem gallorömischen Senatsadel und war in der Auvergne begütert. Unter Aëtius diente er als *comes rei militaris*. Wenn er trotz seiner militärischen Laufbahn 439 die gallische Reichspräfektur erhalten hatte, so zeigt dies, wie weit inzwischen lokale Machtpositionen die Laufbahnregeln durchlöchern konnten. Die Hausmacht des Avitus beruhte auf seinem Besitz, seinen Familienverbindungen und seinen guten Beziehungen zu den Westgoten. Er hatte 451 Theoderich I bewogen, mit Aëtius gegen die Hunnen zu ziehen, und damit auf diplomatischem Wege den Sieg auf den Katalaunischen Feldern ermöglicht. 455 erwirkte er die Anerkennung des Petronius Maximus durch Theoderich II (453–466) und ließ sich nun von ihm dazu bestimmen, selbst die Nachfolge des gestürzten Kaisers anzutreten. Am 9. Juli 455 wurde Avitus in Arles vom gallischen Provinzkonzil zum Kaiser ausgerufen.

Avitus zog nach Pannonien, um dort Roms Macht zur Geltung zu bringen, und trat am 1. Januar 456 in Rom sein Kaiserkonsulat an. Zu diesem Fest hielt ihm sein Schwiegersohn Sidonius Apollinaris (carm. VI f) eine Lobrede in Hexametern. Sidonius stammt ebenfalls aus dem senatorischen Adel Südgalliens, sein literarisches Werk ist eine der wichtigsten Quellen seiner Zeit. 468 wurde er *praefectus urbi* in Rom und 470 Bischof der Arverner und damit zugleich Stadtherr im heutigen Clermont-Ferrand. Er versuchte, seiner Stadt die Unabhängigkeit zwischen Burgundern und Westgoten zu erhalten, hat sie mehrfach gegen die Westgoten verteidigt, konnte aber nicht verhindern, daß sie 475 an deren König Eurich fiel.

Während Avitus 456 in Italien auf seine Anerkennung durch Ostrom wartete, mußte er Angriffe der Vandalenflotte abwehren. Denn Jahr für Jahr plünderte Geiserich die Küsten von Sizilien und Italien unter dem Vorwand, daß ihm das Erbe Valentinians III und des Aëtius vorenthalten werde. Er beanspruchte beides, weil er Frau und Töchter des Kaisers sowie den Sohn des Heermeisters in Gewahrsam hielt. Aus diesem Grunde blieben auch die zahlreichen Gesandtschaften, die aus Konstantinopel und Rom nach Karthago geschickt wurden, ohne Erfolg.

Bei den Kämpfen mit den Vandalen in Sizilien 456 zeichnete sich jener Mann aus, der die von Stilicho und Aëtius eröffnete Reihe der Reichsfeldherrn fortsetzen sollte: Flavius Rikimer. Sein Vater war ein swebischer Prinz, seine Mutter die Tochter des Westgotenkönigs Vallia. Rikimer errang Seesiege bei Agrigent und bei Korsika und wurde daraufhin von Avitus zum *magister militum praesentalis* berufen.

Die Lage verschlechterte sich für Avitus, als der Hunger die Römer auf die Straße trieb, so daß der Kaiser sein gotisches Gefolge entlassen mußte. Der senatorische Adel Italiens zeigte dem Gallier die kalte Schulter, und die Anerkennung aus Byzanz blieb aus. Rikimer wandte sich daraufhin gegen ihn und besiegte ihn am 17. Oktober 456 bei Placentia. Avitus entging dem Henker, indem er sich zum Bischof der Stadt weihen ließ. Dennoch ist er kurz darauf umgekommen. Sein Leichnam wurde zu Brioude in der Auvergne beigesetzt.

Der Sturz des Avitus führte zu einem doppelten Interregnum, weil auch die gallische Reichspräfektur unbesetzt war. In dieser Situation übernahm der reiche und populäre Paeonius eigenmächtig die Zivilverwaltung als *praefectus praetorio* in Arelate und propagierte die Thronkandidatur des *comes* Marcellinus in Dalmatien. Rikimer entschied jedoch anders.

Zum Lohn für seinen Sieg erhielt Rikimer im Februar 457 den Rang eines *patricius,* wahrscheinlich vom Ostkaiser Leo. Damit wurde zum ersten Male der Versuch unternommen, den Westen nicht durch den Kaiser, sondern nur durch einen Reichsfeldherrn verwalten zu lassen, angesichts der Kurzlebigkeit der Westkaiser ein verständliches Unterfangen. Dennoch ließ Rikimer wieder einen Augustus ausrufen. Er wählte Flavius Julianus Maiorianus, einen Offizier aus Illyricum, der am gleichen Tage mit ihm zum zweiten Heermeister des Westens erhoben worden war und im Tessin einen Sieg über 900 Alamannen erfochten hatte. Maiorian ward am 28. Dezember 457 in Ravenna zum Kaiser ausgerufen. Er übernahm das Konsulat für 458 und führte in seiner Regierungserklärung vom 11. Januar seine Erhebung zurück auf die Wahl durch den Senat und die Ernennung durch das Heer. Maiorian eröffnete seine Regierung mit einer energischen Reformpolitik. Seine zumeist in Ravenna ausgestellten Gesetze liefern tiefe Einblicke in die Lage des Westens und in das Verhältnis zwischen Kaiser und Heermeister. Rikimer erscheint als *parens* und *patricius* Maiorians. Leo hat Maiorian allerdings nie anerkannt.

Nach der Niederwerfung von Revolten unter den Söldnern mußte Maiorian zunächst Gallien sichern. Er verständigte sich mit den Burgundern und Westgoten und gewann 459 Arles zurück. Maiorian erhob Aegidius zum Heermeister für Gallien (s. u.) und zog 460 nach Spanien, wo die Westgoten unter Theoderich II sich auf Kosten der Sweben ausgebreitet hatten. Das war der letzte von einem römischen Kaiser geführte Feldzug und zugleich der letzte Besuch eines römischen Kaisers in Spanien. Da die Vandalen Rom weiterhin das Korn sperrten, suchte Maiorian mit germanischen Foederaten und 300 Schiffen Africa zu erreichen. Geiserich vermochte jedoch die Landung der römischen Flotte zu verhindern, es kam zu einem wenig rühmlichen Frieden. Das kostete Maiorian die Treue Rikimers. Dieser überwältigte den Kaiser, nahm ihm Purpur und Diadem und ließ ihn am 7. Juli 461 zu Dertona in Ligurien auf altrömische Art stäupen und köpfen.

Als Rikimer wieder allein in Italien herrschte, hat er zwar nicht die Kaiserwürde, wohl aber einige Vorrechte derselben usurpiert. Er prägte während der folgenden Interregnen Münzen auf seinen Namen und erscheint in Inschriften an der Stelle des Kaisers. Am 19. November 461 erhob er in Ravenna wieder einen Augustus, Libius Severus. Dieser gehörte wie Petronius Maximus der italischen Senatorenschicht an, ließ seine Ernennung vom *amplissimus ordo* bestätigen, hat aber anscheinend nie regiert. Die

Macht lag weiterhin bei Rikimer. Als der zweite westliche Heermeister Marcellinus 461 in Sizilien gegen Geiserich operierte, warb Rikimer ihm seine «skythischen» Söldner ab und zwang ihn zur Flucht nach Dalmatien. Angesichts dessen suchte Geiserich Kontakt zu Byzanz. Er gab Licinia Eudoxia, die Witwe Valentinians III, und ihre jüngere Tochter Placidia frei, nachdem er die ältere, Eudocia, 456 mit seinem Sohn Hunerich vermählt hatte. 464 konnte Rikimer die über die Alpen eingedrungenen Alanen unter ihrem König Beorgor bei Bergomum besiegen. Am 14. November 465 starb Libius Severus, angeblich von Rikimer vergiftet, im römischen Palast.

Wieder folgte ein Interregnum, während dessen Rikimer als *patricius* in Mailand regierte. Mit seiner Zustimmung schickte der Senat eine Gesandtschaft nach Konstantinopel und bat um einen neuen Kaiser. Leo wählte Procopius Anthemius, den als Heermeister bewährten Schwiegersohn des verstorbenen Ostkaisers Marcian. Anthemius wurde in Konstantinopel zum Caesar erhoben und am 12. April 467 vor Rom zum Augustus ausgerufen. Seine literarische Bildung ließ Sympathien für die Altgläubigen erwarten. Heiden und Häretiker hatten nochmals Hoffnung. Um den Einfluß Rikimers abzuschwächen, übertrug Anthemius im Einvernehmen mit Leo die zweite Heermeisterstelle dem in Dalmatien mächtigen Marcellinus, dem letzten (heimlichen?) Heiden in einer solchen Stellung. Rikimer erhielt dafür Alypia, die Tochter des Anthemius, zur Frau. Hatten Heermeister wie Stilicho und Aëtius ein Interesse daran, sich mit dem Kaiserhaus zu verschwägern, so liegt jetzt das Bestreben umgekehrt beim Kaiser, sich seinen Generalissimus zu verpflichten.

Während die römischen Gallier am Rhein und die Noriker an der Donau sich selbst gegen ihre germanischen Nachbarn helfen mußten, wandte sich Anthemius dem Vandalenproblem zu. Rom konnte ohne das africanische Getreide kaum leben, darum versuchten beide Kaiser 468 abermals, Geiserich zu überwinden. Die oströmischen Verbände unterstanden Basiliskos, dem Heermeister und Schwager des Kaisers Leo, die weströmischen Truppen befehligte Marcellinus. Die beiden Generalissimi, Rikimer und Aspar, hatten sich jedoch gegen das Unternehmen ausgesprochen und behielten Recht. Denn Geiserich setzte die Flotte in Brand, der letzte von beiden Reichshälften gemeinsam geführte Krieg nahm ein trauriges Ende. Marcellinus wurde in Sizilien umgebracht, Basiliskos fand Asyl in einer Kirche in Konstantinopel (s. II 11). Die Stellung des Anthemius geriet ins Wanken.

Auch in Gallien verlor Anthemius an Einfluß. Die dort mit Ehrenrängen bedachten Großen stützten ihn nicht. Die Franken unter Childerich am Niederrhein, die Burgunder unter Gundowech an der oberen Rhône und die Westgoten unter Eurich in Aquitanien suchten ihre Macht zu erweitern. Eurich marschierte 468 in Spanien ein. Über die Aremorica regierte der vor den Sachsen aus Britannien geflüchtete *rex* Riothamus, den Anthemius erfolglos gegen Eurich auszuspielen suchte. In der Provence behauptete sich die gallisch-römische Senatorenschicht. Zu ihr zählt Arvandus. Er war 464 und 468 *praefectus praetorio* in Gallien, das erste Mal *cum magna popularitate,* das zweite Mal *cum maxima populatione,* d. h. erst populär, dann pekuniär ambitioniert. Er geriet in Schulden und suchte bei dem Westgotenkönig Eurich Unterstützung gegen den abschätzig *Graecus imperator* genannten Anthemius. Auf dem Provinzialkonzil angeklagt, wurde er nach Rom zur Untersuchung gebracht, auf der Tiberinsel inhaftiert, zum Tode verurteilt, aber schließlich zur Verbannung begnadigt.

470 kam es zu Spannungen zwischen Anthemius und Rikimer, als sich der *magister officiorum* Romanus zum Gegenkaiser ausrufen lassen wollte. Eine durch Bischof Epiphanius von Pavia vermittelte Versöhnung im Jahr 471 hatte keinen Bestand. 472 brach der Bürgerkrieg aus. Der Heermeister belagerte seinen Kaiser mehrere Monate in Rom. Am 11. Juli 472 wurde Anthemius von Gundobad, dem Neffen Rikimers, getötet. Rom erlitt nach 410 und 455 die dritte Plünderung. Noch während des Bürgerkrieges hatte Leo den Senator Anicius Olybrius als Vermittler zwischen Anthemius und Rikimer nach Rom gesandt. Er stammte aus der reichsten und vornehmsten Familie der Stadt und hatte Placidia, die Tochter Valentinians III, zur Frau, deren Schwester Eudocia seit 456 mit Geiserichs Sohn Hunerich vermählt war. Olybrius war 455 nach Konstantinopel geflohen, galt aber gleichwohl als Kandidat Geiserichs. Im April erhob Rikimer ihn zum Gegenkaiser. Am 2. November 472 ist Olybrius jedoch bereits gestorben.

Das einzig bemerkenswerte Ereignis aus seiner Herrschaft ist der Tod Rikimers am 19. August 472. Er ist der Prototypus der germanischen Kaisermacher und Hausmeier, ein Mann, der durchweg negativ beurteilt wird, weil er auf die Kaiser keine Rücksicht nahm, wie das Stilicho und selbst Aëtius noch in gewisser Weise getan hatten. Trotzdem ist das politische Konzept Rikimers begreiflich. Er suchte Italien zu halten und wollte die noch verfügbaren Reserven an Geld und Mannschaften nicht für aussichtslose Rückeroberungen vergeuden. So hat er alle Unternehmen gegen Geiserich hintertrieben. Rikimer stützte seine Macht auf sein Ansehen beim Heer, auf seine Leibwache und ein kolossales Vermögen, das er in kritischen Momenten einzusetzen wußte. Er stiftete die Kirche Sant' Agata dei Goti in der Subura Roms.

Seitdem die Position der Reichsgenerale weniger auf Kaisergunst als auf Hausmacht beruhte, zeigen sich Tendenzen zur Erblichkeit des Amtes. Der erste Fall war die Nachfolge Bautos durch Arbogast 386 oder 387 (s. II 7), ein zweiter die Sukzession von Bonifatius zu Sebastianus (s. II 8). Als Nachfolger Rikimers finden wir demgemäß dessen Schwestersohn Gundobad, einen burgundischen Königssohn. Dieser verwaltete als Reichsfeldherr das Westreich zunächst ohne Kaiser und erhob dann am 3. März 473 in Ravenna den *comes domesticorum* Glycerius zum Augustus.

Glycerius fand nicht die Anerkennung Konstantinopels, vielmehr unterstützte Leo den *patricius* und *magister militum Dalmatiae* Julius Nepos. Er war der Schwestersohn des Marcellinus (s. o.) und hatte eine Nichte der Kaiserin Verina zur Frau. Im Juni 474 landete er in Portus und wurde in Rom zum Augustus erhoben. Glycerius floh, ließ sich zum Bischof von Salona weihen und fand Schonung. Gundobad ging zurück nach Gallien, wo er seinem Vater auf den burgundischen Thron folgte.

Eine Entlastung brachte der Frieden, den Leo 474 mit Geiserich schloß, nachdem letzterer kurz zuvor in Griechenland Nikopolis geplündert hatte. Die Vandalen stellten ihre Raubzüge ein und fanden dafür in Byzanz Anerkennung. Ihr Reich umfaßte außer Nordafrika auch die Inseln des westlichen Mittelmeeres. In Gallien regierte weiterhin der Westgotenkönig Eurich, er brach 475 das Bündnis. Um gegen ihn die römische Autorität zu erneuern, ernannte Nepos zunächst Ecdicius, den Sohn von Kaiser Avitus, zum Heermeister. Dennoch ging die Auvergne an Eurich verloren. Darauf übertrug Nepos das gallische Kommando mit der Würde eines Reichsfeldherrn im Patricius-Rang Orestes, einem Pannonier. Dieser aber revoltierte. Am 28. August 475 floh der letzte legitime Westkaiser aus Rom nach Dalmatien.

Orestes suchte Anerkennung bei dem oströmischen Usurpator Basiliskos, auf den er Münzen prägen ließ, und erhob am 31. Oktober 475 sein Söhnchen Romulus zum Kaiser, den die Zeitgenossen Augustulus, das «Kaiserlein», nannten. Auch Orestes hat sich indessen nicht halten können. Im Sommer 476 verweigerte er den barbarischen Foederaten ihre Forderung nach «einem Drittel». An die Spitze der Erhebung trat Flavius Odovacar, der nächste unter den großen Militärs.

Odovacar, ein arianischer Christ, war der Sohn eines Thüringers namens Edeco und einer Skirin. Aus diesem Grunde wird er in den Quellen bisweilen selbst als Skire bezeichnet. Die Thüringer unterstanden Attila, an seinem Hofe diente Edeco als Logade, als «auserlesener» Gefolgsmann. Um 465 erscheint Odovacar an der Spitze einer Schar sächsischer Seeräuber, mit denen er die Loire aufwärts bis Andecavi (Angers) vorstieß und dort verlustreich mit den Franken unter Childerich kämpfte. Danach hören wir von einem gemeinsamen Krieg Odovacars und Childerichs gegen die Alamannen, die Italien durchzogen hatten.

Um 470 begegnete Odovacar in Noricum dem heiligen Severinus. Dieser lebte als angesehener Gottesmann in seiner Klause zu Favianis (Mautern), er predigte, heilte, tat Wunder und wirkte als Ratgeber in religiösen, wirtschaftlichen und politischen Fragen. Die keltisch-romanischen Provinzialen wurden von den benachbarten Germanen geplagt, insbesondere durch die Raubzüge der am nördlichen Ufer der Donau lebenden Rugier unter ihrem König Feletheus alias Feva, aber auch durch die nordwestlich von ihnen wohnenden Thüringer und Alamannen, sowie die östlich

angrenzenden Goten und Heruler. Die wirtschaftliche Lage der Römer war
trübe, die geringen Besatzungstruppen erwiesen sich den Germanen gegenüber als wehrlos, die Soldzahlungen stockten. Severinus prophezeite Odovacar eine große Zukunft.

Wenig später tauchte Odovacar als kaiserlicher Leibwächter in Italien auf
und unterstützte dort Rikimer im Kampf gegen Anthemius. Die Forderung
des «Drittels» von 476 wurde namentlich von Herulern, Skiren und «Tur-
kilingen» d. h. Thüringern vertreten. Sie erhoben Odovacar am 23. August
476 zum König. Er besiegte und tötete am 28. August Orestes bei Placentia, nahm am 4. September Ravenna und setzte Romulus Augustulus
ab. Aus Mitleid mit dem schönen Knaben wies Odovacar ihm und seinen
Angehörigen (*parentes*) die Villa des Lucullus auf dem Pizzo Falcone bei
Neapel an nebst einer Jahresrente (*reditus*) von 6000 Goldstücken. Theoderich hat ihm und seiner Mutter Barbaria später nochmals Schutz gewährt.
Barbaria hatte für die Beisetzung Severins auf dem Lucullanum gesorgt, wo
Eugipp 511 die Vita des Heiligen schrieb und als erster das Ende der römi-
schen Herrschaft im Westen mit dem Jahre 476 verband.

Die Absetzung des letzten in Italien amtierenden Westkaisers ist als epochal für den Auflösungsprozeß des Römischen Reiches empfunden worden. Wenn irgendwo, dann wäre hier der Schlußpunkt unter die römische
Geschichte und damit unter die Antike zu setzen (s. IV 2). Inwiefern diese
Auffassung begründet ist, läßt sich nur entscheiden, indem wir einen Blick
auf die folgenden Ereignisse werfen.

Die Einheit des Reiches war allmählich verlorengegangen, die Hoheit
des Kaisers aber erlosch nicht plötzlich. In Dalmatien regierte der 475 dorthin geflohene Nepos, bis er 480 im Diocletianspalast umgebracht wurde.
Malchus nennt als Anstifter den Vorgänger Glycerius, damals Bischof von
Salona, den Nepos seinerseits 474 vom Throne gestoßen hatte.

Odovacar erstrebte eine Stellung wie Rikimer, Aëtius und Stilicho sie
zuvor besessen hatten. So sandte er eine Abordnung des Senats nach Konstantinopel, die den Kaiserornat dorthin überbrachte und erklärte, man
benötige im Westen keinen Kaiser mehr. Zeno möge Odovacar den Patricius-Rang verleihen. In seiner Antwort verwies Zenon Odovacar an den in
Dalmatien lebenden Westkaiser Nepos, titulierte ihn aber bereits als Patricius. Ob Odovacar später den Titel geführt hat, ist nicht bekannt.

Odovacars Herrschaft in Italien beruhte auf einer Mischung von germanischen und römischen Elementen. Germanisch war der Königstitel.
Er unterscheidet sich von dem anderer Könige der Völkerwanderungszeit
darin, daß er nicht durch ein Staatsvolk, sondern durch ein Land definiert
wurde. Odovacars Gefolgschaft bestand aus einem solchen Völkergemisch,
daß er als *rex gentium* oder *rex Italiae* bezeichnet wurde. Anders als Theoderich später hat Odovacar den Purpur nicht getragen. Aber wie jener hat er

einerseits in seiner Münzprägung den Kaiser anerkannt, bis 480 Nepos, bis 490 Zeno, andererseits selbständig regiert. Der Hofstaat bestand fort. Es gab unter Odovacar Reichs- und Stadtpräfekten, Heermeister und *magistri officiorum, quaestores sacri palatii* und *praepositi sacri cubiculi, comites sacrarum largitionum* und *comites rei privatae.*

Das Einvernehmen mit der Kirche war gut. 483 erhob Odovacar einen neuen Papst, Felix III, und nahm keinen Anstoß daran, daß dieser, wie schon sein verstorbener Vorgänger Simplicius, Zeno als den Kaiser des gesamten Reiches betrachtete. Ebenso war das Verhältnis zum Senat anscheinend ungetrübt. Wohl mit Rücksicht auf Nepos verzichtete Odovacar zunächst auf die Ernennung westlicher Konsuln. Als er für 480 wieder einen solchen ernannte, fand dieser die Anerkennung Zenos, obschon Nepos erst im Laufe dieses Jahres starb. Zeno unterstützte Odovacar sogar – wenigstens diplomatisch – gegen die Gallier. In seinen letzten Jahren erhob Odovacar seinen Sohn Thela zum Caesar. Anscheinend hat er mit dem Gedanken gespielt, das Westkaisertum zu erneuern.

Nachdem Odovacar 477 seinen Widersacher, den *comes* Brachila, umgebracht hatte, gab es für ihn in Italien keine Probleme mehr. Gegen einen Jahrestribut hatte Geiserich ihm 476 Sizilien überlassen. Die Ausdehnung der Westgoten bis zur Rhônemündung mußte er jedoch anerkennen. Nach dem Tode des heiligen Severin am 8. Januar 482 plünderten die nördlich von Wien lebenden Rugier Noricum, doch wehrte sie Odovacar 487/488 in zwei Feldzügen ab. Ihr König Feletheus geriet in Odovacars Hand. Rugiland wurde daraufhin von den Langobarden besetzt. Da eine Verteidigung der Donaugrenze auf die Dauer nicht möglich war, ließ Odovacar die römische Bevölkerung 488 durch seinen Bruder Hunwulf nach Italien umsiedeln. Der Sarg des Heiligen kam nach Neapel, wo Eugipp 511 die Vita des Severinus schrieb. Fredericus, der Sohn des Feletheus, floh nach Novae zu Theoderich.

In Gallien hatten die Aremorica und die von den Alamannen besetzten Gebiete im Alpenvorland keine Verbindung mehr zum Reich. Die Burgunderkönige führten zeitweise noch den Titel eines gallischen Heermeisters. Eurich und die Westgoten standen den Kaisern nach Avitus feindlich gegenüber. In Nordgallien erweiterten die Merowinger das fränkische Herrschaftsgebiet. 456 fiel Trier, 459 Köln. Der *comes* Arbogast, der um 475 in Trier residierte, war christlicher Franke und lokaler Machthaber, doch wissen wir nicht, ob er ein römischer oder ein fränkischer Beamter war.

Die beiden letzten römischen Gebiete zwischen den Westgoten, den Burgundern und den Franken waren einerseits Mittelgallien um Soissons und andererseits die Provence um Arles. Hier behauptete sich das Römertum, getragen von den Städten, der katholischen Kirche und dem senatorischen Adel. Aus ihm gingen einerseits die als Stadtherren wichtigen Bischöfe, andererseits die letzten römischen Beamten hervor. Zweimal wurde der Versuch unternommen, Gallien unter Reichspräfekten selbständig zu verwalten (s. o.), dreimal finden wir derartiges bei gallischen Heermeistern (s. u.). Der rasche Kaiserwechsel machte die Legitimität der Beamten illusorisch, und so waren diese immer mehr auf ihre Hausmacht angewiesen.

Seit 457 amtierte der Gallier Aegidius als *magister militum per Gallias*. Er stand im Bunde mit dem Merowinger Childerich, konnte das von den Burgundern besetzte Lyon zurückgewinnen und Arles gegen die Westgoten behaupten. Er starb 464 oder 465. Ihm folgte, nach einem Zwischenspiel unter dem *comes* Paulus (469?), sein Sohn Syagrius. Von Aegidius und Syagrius überliefert Gregor von Tours, daß sie von den Franken als Könige betrachtet wurden, und dies beleuchtet den Mischcharakter der Rechtsvorstellungen: Hatten bisher die germanischen Fürsten Wert auf römische Amtstitel gelegt, so begegnen uns jetzt auch umgekehrt römische Beamte in germanischer Titulatur.

Syagrius hat Odovacar nicht anerkannt, schickte vielmehr eine Gesandtschaft zu Zeno und bat, freilich vergebens, um Hilfe. 486 wurde Syagrius durch den salfränkischen König Chlodwig, den seit 482 regierenden Sohn Childerichs, bei Soissons geschlagen. Er floh zu den Westgoten, wurde jedoch ausgeliefert und von Chlodwig umgebracht. Die Fränkische Völkertafel vermerkt, mit Syagrius habe Rom die Herrschaft in Gallien verloren. Die romanischen Christen akzeptierten den noch heidnischen Chlodwig als den Nachfolger der Reichsgewalt, so Bischof Remigius in seinem Schreiben an den König.

Odovacars Herrschaft in Italien war weder durch die Italiker noch durch den Kaiser, weder durch den Senat noch durch die Kirche bedroht. In Gefahr geriet sie, als Theoderich der Große mit seinen Ostgoten in Thrakien nicht mehr genügend Lebensmittel fand und im Einvernehmen mit Kaiser Zeno 488 nach Italien aufbrach. Am 28. August besiegte er Odovacar am Isonzo, im September bei Verona. Nach dieser Stadt heißt Theoderich in der deutschen Sage Dietrich von «Bern». Das Kriegsglück schwankte. Odovacar belagerte Theoderich in Ticinum (Pavia), doch wurde er von westgotischen Truppen Alarichs II entsetzt. Theoderich errang seinen entscheidenden Sieg an der Adda am 11. August 490.

Es folgte eine dreijährige Belagerung Odovacars in Ravenna. Aus dieser Zeit stammen die Münzen Odovacars. Durch Vermittlung des Bischofs Johannes vereinbarten die beiden Könige schließlich, Italien gemeinsam zu regieren. Odovacar überließ seinen zum Caesar erhobenen Sohn Thela dem Gegner als Geisel. Theoderich zog am 5. März 493 in Ravenna ein. Wenige Tage danach hat er den damals sechzigjährigen Odovacar beim Mahle im Palast eigenhändig erschlagen. Theoderich ließ den in eine Kirche geflohenen Bruder Odovacars erschießen, seine Gemahlin Sunigilda im Kerker verhungern und seinen nach Gallien verschleppten Sohn Thela nach einem Fluchtversuch töten. Odovacar wurde in einem Steinsarkophag bei der

Synagoge bestattet. Seine engeren Anhänger mußten sterben. Damit war Theoderich Herr in Italien. Er wurde zum dritten Male von seinen Leuten zum König ausgerufen, regierte als *custos libertatis et propagator Romani nominis* und bescherte Italien einen dreißigjährigen Frieden.

In den Jahren 450 bis 493 ist der Westen des Römischen Reiches vollends unter germanische Herrschaft geraten. Schon in der ersten Hälfte des 5. Jahrhunderts waren wesentliche Teile verlorengegangen. In Nordgallien breiteten sich die Franken aus, vom Oberrhein her stießen die Alamannen vor, an der Rhône saßen die Burgunder, in Aquitanien wohnten die Westgoten und griffen um sich. Spanien wurde von den Westgoten und den Sweben beherrscht, die Vandalen hatten Africa, die Goten und Hunnen Pannonien erobert. Römisch waren um die Jahrhundertmitte nur noch Italien, Mittelgallien, die Provence und Dalmatien.

Solange die theodosianische Dynastie in beiden Reichshälften regierte, bestand noch eine Klammer; ähnlich wie zuvor das Geschlecht Valentinians, davor das Haus Constantins und davor die fiktive Dynastie der Tetrarchen die Einheit des Kaisertums wenigstens in der Kaiserfamilie bewahrt hatten. Damit war es vorbei, als 450 Theodosius II in Konstantinopel und 455 Valentinian III in Rom gestorben waren. Weder im Westen noch im Osten hat sich eine neue Dynastie, geschweige denn eine gemeinsame herausbilden können.

Im Westen begannen sich die Ereignisse nach 454 zu überschlagen. Die Kaiser wechselten rasch; von den letzten zehn ist, soweit wir wissen, nur Olybrius eines natürlichen Todes im Amt gestorben, und auch das nur, weil sein früher Tod möglichen Mördern zuvorkam. Die Germanen betrachteten die mit Aëtius geschlossenen Verträge nach seinem Tode als hinfällig und griffen an allen Fronten wieder an. Auch Italien selbst kam unter germanische Herrschaft.

Der seit Merobaudes, Bauto und Arbogast schwelende Konflikt zwischen der germanisch-feudalen Militärführung und der römisch-bürokratischen Zivilgewalt hatte im Sturz von Arbogast, Stilicho und Aëtius nochmals zum Sieg der Antike über das Mittelalter geführt. Dieses Verhältnis kehrte sich nun um. Die Kaiser setzten nicht mehr die Heermeister ein und ab, sondern diese jene. Die fehlende Legitimität lieferte der gentile Königstitel. Er war auch im 4. Jahrhundert schon, bei Crocus, Mallobaudes und Bacurius, mit einem römischen Offizierspatent vereinbar, gewann jetzt aber neues Gewicht.

Die Machtübernahme erfolgte in drei Etappen. Rikimer und Gundobad regierten, obwohl sie königlichen Geblüts waren, nominell als Reichsfeldherren für einen westlichen Schattenkaiser, faktisch freilich mit ihrem Gefolge. Den zweiten Schritt tat Odovacar. Er verzichtete auf den Schattenkaiser, ließ sich selbst 476 in Italien zum König ausrufen und diese Stellung nachträglich durch einen Patricius-Rang legitimieren. Für die germanischen Krieger war ihr König oberster Feldherr, nicht der Kaiser, darum konnte es neben Odovacar, seit er König und Oberbefehlshaber der Truppen war, keinen römischen Imperator mehr geben. Dennoch hat Odovacar noch in imperialen Kategorien gedacht, als er seinen Sohn Thela zum Caesar erhob. Die dritte Stufe der Germanisierung brachte dann Theoderich, der nicht nur *patricius* und Heerkönig, sondern darüber hinaus als Amaler und Sohn seines Vaters erblicher Stammeskönig der Goten war. Er führte, anders als Odovacar, ein eigenes Volk und besaß in ihm eine von Rom unabhängige Macht.

11. Die Krise im Ostreich (450–518)

Im Osten war die theodosianische Dynastie 450 mit dem Tode von Theodosius II erloschen. Am 25. August 450 bestieg in Konstantinopel Marcian den Thron. Er war der Sohn eines thrakischen Soldaten, hatte sich als *protector* in der Garde bis zum Militärtribunen hochgedient und besaß das Vertrauen Aspars. Dieser spielte als Kaisermacher eine ähnliche Rolle wie Rikimer im Westen, doch sprachen in Byzanz noch andere Mächte mit: der Senat, der Patriarch, die Zirkusparteien und vor allem die Schwester des verstorbenen Kaisers, die fromme Pulcheria. Sie hatte den allmächtigen Obereunuchen Chrysaphios nach dem Ende ihres Bruders zu Tode prügeln lassen und bot nun Marcian die Hand zu einer Josephsehe, um ihn damit zu legitimieren. Der Westkaiser Valentinian III, dem die Ernennung des Nachfolgers eigentlich zugekommen wäre, und Papst Leo (ep. 73) erhielten eine Anzeige der Thronbesteigung.

Marcian verzichtete auf die bestehenden Steuerschulden und erleichterte die finanziellen Lasten der Senatoren, indem er die Abgabe des *follis* aufhob und die Zahl der Zirkusspiele herabsetzte. Anstelle der Neujahrsspenden ans Volk übertrug Marcian den Konsuln die Reparatur der Wasserleitungen.

Das dominante innere Problem blieb die Glaubensfrage. Marcian bestätigte der Kirche ihre Privilegien, bedrohte heidnische Kulthandlungen mit dem Tode und Provinzstatthalter, die das nicht meldeten, mit einer Geldstrafe von 1000 Pfund Gold, wovon die Hälfte das Amt zu zahlen hatte. Zur Regelung des Streites zwischen Konstantinopel und Alexandria bestellte der Kaiser auf Betreiben Pulcherias für den 8. Oktober 451 eine allgemeine Kirchenversammlung nach Chalkedon, das später kanonisierte 4. ökumenische Konzil. Es stand unter der Leitung kaiserlicher Beamter, die Beschlüsse erhielten Gesetzeskraft. Der päpstliche Legat hatte den Vorsitz. Der Patriarch von Alexandria Dioskoros, der Sieger in der Räubersynode von Ephesos 449, wurde abgesetzt; seine Lehre, geprägt durch ihren Gegensatz zur nestorianischen Zweinaturenlehre, als monophysitische Ketzerei verdammt. Marcian fand im *Symbolum Chalcedonense* eine Formel, die zwischen der Zwei- und Einnaturenlehre vermittelte. Um das aufsässige Mönchtum zu disziplinieren, unterstellten es die Konzilsväter der bischöflichen Aufsicht. Gegen den Protest von Alexandria und Rom wurde mit dem 28. Kanon das Patriarchat der Kaiserstadt Konstantinopel dem von Rom praktisch gleichgeordnet und Ostillyricum ihm zugeschlagen. Damit war zugleich entschieden, daß die Slawenmission später nicht lateinisch-katholisch, sondern byzantinisch-orthodox geprägt sein würde.

Die Reaktionen auf das Konzil waren katastrophal. Die Einheit der Kirche zerbrach. Die kirchenpolitische Spaltung zwischen Rom und Konstantinopel war programmiert, die dogmatische Trennung vom Osten vollzogen. Man glaubte, das Bekenntnis von Nicaea sei in Chalkedon verfälscht worden. In Alexandria brachen im Jahr 453 Straßenkämpfe aus, die Kaiser verloren den Einfluß auf die Besetzung des Patriarchats. Monophysitisch eingestellte, von Athenais begünstigte Mönche eroberten Jerusalem und mußten durch Truppen unter dem *comes* Dorotheus herausgeschlagen werden. In der Folgezeit vertiefte sich die dogmatische Spaltung zwischen der monophysitischen Kirche des Ostens und der Orthodoxie in Konstantinopel und Rom.

Wie im Inneren, so zeigte Marcian auch nach außen Tatkraft. Er verweigerte den Hunnen die Tribute; sie zogen nach Westen, wurden aber durch Aëtius auf den Katalaunischen Gefilden 451 zum Stehen gebracht. Da Attila gleich nach seiner Rückkehr 453 starb, blieb die Donaufront vorerst ruhig (s. II 8). Marcian besiedelte die entblößten Donauprovinzen mit Ostgoten, Rugiern, Skiren, Alanen, Hunnen und Sarmaten.

Angriffe der Sarazenen in Palästina bekämpfte Dorotheus, solche im Umland von Damaskus der Heermeister des Ostens Ardabur. Die seit Diocletian Subsidien beziehenden Nobaten und Blemmyer in Oberägypten plünderten Reichsgebiet und mußten von dem Statthalter Florus vertrieben werden. Florus verband damals die zivile Gewalt des *praefectus Augustalis* mit der militärischen des *comes Aegypti,* ein Zeichen für den Ernst der Lage. Der Friedensschluß, an dem der Historiker Priscus mitwirkte, garantierte den Stämmen auch weiterhin den Zugang zum Isistempel auf der Nil-Insel Philae. Wenig später griffen die Völker trotzdem wieder an. Noch Anastasius hatte mit ihnen zu tun.

Mit Vandalen und Persern hielt Marcian Frieden, organisierte jedoch das zwischen Persien und Rom weiterhin umstrittene Land Lazika, das alte Kolchis am Ostufer des Schwarzen Meeres, unter dem Sohn des Königs Gubazes als Klientelkönigtum. Um das Verhältnis zu Persien nicht zu belasten, verweigerte der Kaiser den Armeniern die Unterstützung, als sie sich gegen den Sassaniden Isdegerdes II erhoben. Pulcheria starb 453, Marcian am 27. Januar 457. Nach den Kinderkaisern der theodosianischen Dynastie war er wieder eine energische und sympathische Gestalt. Vermutlich stellt ihn der «Koloß von Barletta» dar.

Nach dem Tode Marcians bot der Senat von Konstantinopel Aspar den Purpur an. Aspar lehnte ab mit den Worten: *timeo, ne per me consuetudo in regno nascatur.* Er fürchtete eine neue Sitte in der Kaiserfolge – die Berücksichtigung von Fremden. Die barbarische Herkunft, der arianische Glaube hätten ihm das Amt schwer gemacht. Zudem besaß er als Reichsfeldherr eine Macht, die es gar nicht unbedingt wünschenswert erscheinen ließ, Kaiser zu werden.

Aspar überging Anthemius, den Schwiegersohn Marcians, und schlug als neuen Kaiser den orthodoxen Thraker Leo vor, einen Offizier einfacher Herkunft aus seinem Gefolge. Leo wurde nach germanischem Brauch am 7. Februar 457 auf den Schild gehoben und anschließend als erster byzantinischer Kaiser durch den Patriarchen von Konstantinopel gekrönt. Dies ist wohl eine Folge seiner Rangerhöhung durch das Konzil von Chalkedon. Seitdem erhielten fast alle byzantinischen Kaiser ihr Diadem durch den Bischof der Hauptstadt. Als Papst Leo III Karl den Großen krönte, führte er diese Sitte im Abendland ein.

Die Perserfront blieb unter Leo verhältnismäßig ruhig, weil König Perozes (459–484) in schwere Kämpfe mit den hunnischen Kidariten verwickelt war. Perozes hatte ihnen die Subsidien verweigert, die von den Persern wie von den Römern an ihre barbarischen Nachbarn gezahlt wurden. Um 464 schickte er eine Beschwerde nach Byzanz, weil der Feuerkult in Kappadokien unterdrückt würde (s. III 6 a) und forderte einen Beitrag zur Sperrung der Kaspischen Tore gegen die für beide Reiche gleichermaßen bedrohlichen Hunnen. Leo zögerte und erfüllte auch später diese Bitte nicht. Perozes fiel 484 im Kampf gegen die damals erschienenen Weißen Hunnen, die Hephthaliten im Raum des Aralsees.

Durch die fortschreitende Christianisierung wuchs der Einfluß Konstantinopels auf die Kaukasusvölker. Der Lazenkönig Gubazes erschien in Byzanz zwar in persischer Tracht, aber mit christlichen Symbolen. Um 466 sandte Leo ihm Hilfstruppen. Ebenso nahm er den Araber Amorkesos (Amir-al-Kais), der Christ geworden und nach Konstantinopel gekommen war, unter den Schutz des Reiches. Auf diese Weise stärkte Leo die Stellung Ostroms am Pontos, in Arabia Petraea und am Roten Meer. Freilich war das für Byzanz wieder mit Zahlungen verbunden.

Die Lage auf dem Balkan blieb unübersichtlich und unkontrollierbar. Zahlreiche Barbarengruppen rangen um die Macht. In der Regel waren es nicht geschlossene Stämme, sondern gemischte Gefolgschaften einzelner Fürsten, die vom Kaiser wechselweise gegen hohe Zahlungen in Dienst genommen oder mit geringem Erfolg bekämpft wurden. Der Einfluß der Hunnen allerdings sank weiter. Unter Attilas Söhnen war Dengizich der bedeutendste. Er forderte von Leo vergeblich Tribut und erhielt nicht einmal das Marktrecht. 469 wurde Dengizich von den gotischen Foederaten unter dem *magister militum per Thracias* Anagast besiegt und getötet.

Die stärkste Macht im Donauraum bildeten die in mehrere Gruppen gespaltenen Ostgoten. Sie besaßen seit 454 Pannonien zwischen Sirmium und Vindobona. Aus der Nachricht, daß Marcian den Goten die Landnahme bestätigte (s. o.), ergibt sich, daß er Pannonien zum Ostreich rechnete. Um 460 verschafften die amalischen Goten ihrem Anspruch auf Subsidien (*annua sollemnia*) – 300 Goldpfund im Jahre – durch einen Raubzug nach Ostillyrien erfolgreich Nachdruck. Leo schloß mit dem aus dem Amalerhause stammenden König Valamer 461 ein Bündnis. Dessen jüngerer Bruder und Mitkönig Thiudimer mußte seinen achtjährigen Sohn Theoderich, den späteren «Großen», nach Konstantinopel vergeiseln.

Um 468 bekämpften die Goten die Skiren, die Sadagen im inneren Pannonien und andere Nachbarn ringsum. Sie schlugen den Swebenkönig Hunimund am Plattensee, der von einem Raubzug nach Dalmatien in die Heimat nördlich der Donau zurückkehren wollte. Hunimund brachte daraufhin eine Koalition von Sweben, Sarmaten, Hunnen, Gepiden, Rugiern und anderen (*ceteris hinc inde collectis*) zusammen, wurde jedoch 469 (?) von den Goten unter Thiudimer an der Bolia in Pannonien geschlagen. Wenig später ging Thiudimer über die gefrorene Donau und verwüstete das Swebenland. Bei dieser Gelegenheit werden zum ersten Mal die Baiern genannt, als östliche Nachbarn der Sweben.

Um sich der amalischen Goten zu versichern, schickte Kaiser Leo 471 den nach Konstantinopel vergeiselten Königssohn Theoderich zurück. Dieser bekämpfte «ohne Wissen seines Vaters» die Sarmaten und eroberte Singidunum (Belgrad). Daraufhin rief ihn sein Gefolge zum König aus. Inzwischen hatten die kriegsgewohnten Goten nicht nur die Vorräte in Pannonien, sondern auch die in den umliegenden Landen verzehrt und forderten *cum magno clamore* von König Thiudimer den Weitermarsch. Ähnlich wie bei der Aufteilung Spaniens (s. II 8) wurde durch Los bestimmt, daß Vidimer nach Italien, Thiudimer mit seinem Sohn hingegen nach Thrakien ziehen sollte. 473 verließen die Goten Pannonien und plünderten die Städte bis Thessalonike. Noch 474 scheint Thiudimer gestorben zu sein. Nach den Goten besetzten die Heruler das Land im Donauknie, um 480 eroberten sie Joviacum (westlich von Linz). Das südliche Gotenland um Sirmium besiedelten die Gepiden. Die Donau verlor ihre Grenzfunktion, bei vielen Vorgängen in diesem Raume wissen wir nicht, auf welcher Seite des Flusses sie stattgefunden haben.

Mit den freien Goten sympathisierten die germanischen Heermeister in Konstantinopel. An ihrer Spitze stand weiterhin Aspar, der Sohn Ardaburs. Er suchte seine Stellung durch eine planmäßige Familienpolitik zu sichern. Ein Neffe seiner dritten Frau war der Ostgotenkönig Theoderich Strabo; Aspars ältester Sohn, der jüngere Ardabur, der schon 447 Konsul gewesen war, bekleidete das *magisterium militum per Orientem*, sein zweiter Sohn Patricius war Konsul 459, der gotische Gemahl seiner Enkelin namens

Dagalaifus wurde Konsul 461, sein dritter Sohn Herminerich (Ermanarich) Konsul 465.

466 veränderte sich die Lage, denn damals kam der Isaurierfürst Tarasis, Sohn des Kodissos, alias Tarasikodissa mit großem Gefolge nach Konstantinopel. Schon seit 447, als der ältere Zeno mit seinen Isauriern Konstantinopel gegen Attila verteidigte, besaßen diese Leute eine starke Stellung am Hofe. Leo baute die «inneren Barbaren» als Gegengewicht zu den gotischen «äußeren Barbaren» auf, indem er die neugeschaffene Wache der *excubitores* u. a. mit Isauriern besetzte. Tarasis, der sich fortan ebenfalls Zeno nannte, erhob Anklage gegen Ardabur wegen landesverräterischer Beziehungen zu Persien. Leo schenkte dem Gehör und machte Zeno zum *comes domesticorum*. Um 467 gab der Kaiser dem Isaurier seine ältere Tochter Ariadne zur Frau.

Im gleichen Jahr plünderte Geiserich die Küsten Griechenlands. Man fürchtete ihn in Alexandria. Daraufhin veranlaßte Leo 468 gemeinsam mit Anthemius, den er 466 zum Kaiser für den Westen bestimmt hatte, den erwähnten Feldzug gegen Geiserich (s. II 10). Das Kommando über die byzantinischen Kontingente erhielt Basiliskos, der Bruder von Leos Frau Verina. Trotz ungeheurer Rüstungen ist das Unternehmen kläglich gescheitert. Nach Theophanes (5961) hat sich Basiliskos von Geiserich bestechen lassen, die Summe wird auf 2000 Goldpfund beziffert. Damit war die Position der Vandalen abermals gestärkt.

In Konstantinopel kam der Mißerfolg des Basiliskos dem Ansehen Aspars zugute. Er hatte sich, ebenso wie Rikimer im Westen, gegen den Zug ausgesprochen. Schon bei seiner Erhebung hatte Leo anscheinend Aspar in Aussicht gestellt, dessen Sohn Patricius zum Caesar zu ernennen. Dies geschah nun und wurde 470 durch die Heirat des Patricius mit Leos jüngerer Tochter Leontia besiegelt. Damit waren Zeno und Aspar in Machtpositionen aufgestiegen, zwischen denen eine Entscheidung unausweichlich war.

Die Stimmung in der Hauptstadt, repräsentiert durch den von Leo verehrten heiligen Daniel auf seiner Säule, wandte sich gegen die arianischen Barbaren. Leo neigte zur isaurischen Seite. Bereits 469 hatte er Zeno zum Konsul und *patricius* befördert. 471 verschworen sich Leo, Basiliskos und Zeno, die alanisch-ostgotischen Heermeister zu stürzen. Diese wurden zu einem großen Essen geladen, von den Palasteunuchen überfallen und niedergemacht. Als Grund wurde ausgegeben, Aspar habe den Kaiser töten wollen. Die Politik, der Stilicho und Aëtius im Westen zum Opfer gefallen waren, brachte nun Aspar und Ardabur zur Strecke.

Die Konsequenzen waren ähnlich. Aspars Gefolgschaft griff den Palast an, ihr Führer Ostrys rettete das Leibroß und die Geliebte Aspars, brach aus der Hauptstadt aus und schlug sich nach Thrakien durch. Hier fanden Aspars Leute Aufnahme bei Theoderich Strabo. Dieser vertrat nun die Sache seines gestürzten Onkels. Er marschierte auf Konstantinopel und erzwang vom Kaiser seine Beförderung zum Heermeister mit dem Kommando über Aspars Truppen und einem Jahresgehalt von 2000 Pfund Gold. Der Mord an Aspar konnte die Herrschaft der Germanen über die Balkanprovinzen nicht beseitigen.

In Konstantinopel übernahm Zeno die Position Aspars als Generalissimus. Leo, der für seinen Mord den Beinamen *macelles,* der Schlächter, erhielt, konnte Ende 473 noch Nepos zum Kaiser für den Westen bestimmen, starb aber am 18. Januar 474. Nachfolger wurde sein gleichnamiger Enkel, das Söhnchen von Zeno und Ariadne. Es lebte aber nur bis November 474. Daraufhin wurde Zeno Alleinherrscher, nachdem er durch Senatsbeschluß am 9. Februar 474 Augustus neben seinem Sohn geworden war.

Den Thronwechsel in Konstantinopel nutzte Geiserich zu einem Raubzug nach Griechenland. Nikopolis fiel (s. II 10). Zeno schickte 476 einen Gesandten nach Karthago, der einen Teil der Gefangenen zurückkaufte und einen Frieden schloß. Die bedrückte katholische Geistlichkeit konnte aufatmen. Geiserichs Sohn und Nachfolger Hunerich erreichte 477 gegen das Zugeständnis, einen katholischen Bischof in Karthago zu akzeptieren, die Duldung der Arianer und des germanischen Gottesdienstes in Konstantinopel und dem ganzen Osten.

Die Regierungszeit Zenos (474–491) ist charakterisiert durch langjährigen Bürgerkrieg um den Thron von Byzanz. Die Stimmung im Volk wandte sich gegen die Isaurier. Dies nutzten die möglicherweise skirischen «Barbaren» unter der Führung des Heermeisters Basiliskos. Er wurde unterstützt durch seine Schwester Verina, die Witwe Kaiser Leos, weiterhin durch ihren Schwager Zuzos, ihren Neffen Armatus, von Leo zum Heermeister für Thrakien ernannt, und Verinas Schwiegersohn Marcianus, den Sohn des Anthemius. Basiliskos gelang es, sowohl die Goten unter Theoderich Strabo, den er als Heermeister anerkannte, als auch Zenos eigenen Mutterbruder, den Isaurier Illus, für seine Sache zu gewinnen. Es gab ein großes Gemetzel unter den Isauriern in Konstantinopel. Am 9. Januar 475 mußte Zeno nach Isaurien fliehen, am 12. Januar wurde Basiliskos gekrönt. Er fand Anerkennung in Italien und erhob seinen Sohn Marcus zum Mitkaiser.

Doch nur knapp zwei Jahre konnte sich Basiliskos behaupten. Er schwächte seine Stellung dadurch, daß er, als Gegner des Chalcedonense, ja als Monophysit verschrien, die Kirche schröpfte und die Nestorianer begünstigte. Das führte zu Raub und Totschlag. Basiliskos mußte von Februar bis Juli 476 aus der Stadt fliehen und sich im Palast Hebdomon gegen die von dem Patriarchen Akakios und dem heiligen Daniel geführten Massen verteidigen. Außerdem scheiterte er mit seiner Personalpolitik. Verinas Gunst verlor er, als er ihren Liebhaber töten ließ, den sie auf dem Thron sehen wollte. Theoderich Strabo wandte sich von Basiliskos ab, weil dieser nicht ihn, sondern Armatus, den Günstling seiner eigenen Frau, zum präsentalischen Heermeister und Konsul für 476 bestimmte.

Zeno fand Unterstützung bei Strabos Rivalen Theoderich dem Großen, der 474 die Nachfolge seines Vaters Thiudimer übernommen hatte, doch bleiben die Einzelheiten unklar. Um Zeno niederzuwerfen, schickte Basiliskos Illus und Armatus nach Isaurien. Beide aber wechselten abermals die Seite und führten Zeno Ende August 476 nach Konstantinopel zurück. Basiliskos suchte in einer Kirche Asyl, wurde jedoch vom orthodoxen Patriarchen ausgeliefert und mußte mit seiner Familie sterben. Zeno belohnte seine Retter. Illus wurde *magister officiorum* und *patricius*, Armatus behielt seine ihm von Basiliskos übertragene Würde. Darüber hinaus erhob Zeno Basiliskos (*qui et* Leo), den Sohn des Armatus, zum Caesar und Mitkaiser. Sobald Zeno aber an der Macht war, gewann er Hunwulf, den Bruder von Odovacar, dafür, Armatus 477 umzubringen. Basiliskos (*qui et* Leo) wurde zum Priester ordiniert und hat es später noch zum Bischof gebracht.

Die Lage Zenos blieb weiterhin bedroht durch die Spannungen gegenüber und unter den beiden Ostgotenheeren in Thrakien. Zeno suchte Theoderich den Großen gegen dessen Onkel Theoderich Strabo auszuspielen, indem er ihn zum *patricius* beförderte und ihn nach germanischer Sitte als Waffensohn annahm. Bis 481 operierten beide Gotenfürsten selten neben-, oft gegeneinander in den Donauprovinzen. Das Land wurde verwüstet, mehrfach war Konstantinopel selbst bedroht. Nur durch ungeheure Summen konnte sich der Kaiser immer wieder freikaufen. Einmal wollte Zeno selbst gegen die Goten ziehen, gab das aber sofort wieder auf; vermutlich fürchtete er, Konstantinopel zu verlieren. Sabinianus, seinen fähigsten Heermeister, ließ er 481 umbringen. Ihn traf das Schicksal von Stilicho, Aëtius und Aspar. Im gleichen Jahr starb Strabo, und damit war Theoderich der Große als *rex Gothorum* der mächtigste Mann auf dem Balkan. Er kämpfte bald für, bald gegen den Kaiser. 484 erhob ihn dieser zum Konsul, um ihn zum Bundesgenossen gegen Illus zu gewinnen (s. u.).

Die bedrohliche Situation auf dem Balkan ließ es Zeno geraten erscheinen, mit den Persern Frieden zu halten. Diese standen ihrerseits unter einem doppelten Druck: durch die Hephthaliten, die immer wieder über den Oxus kamen, und durch die Hunnen, die über den Kaukasus einbrachen. Schon dem Kaiser Leo hatten die Sassaniden vorgeschlagen, im gemeinsamen Interesse beider Reiche die «Kaspischen Tore» zu befestigen. Zeno schloß mit Perozes einen Vertrag zur gegenseitigen Unterstützung und zahlte Subsidien, die, wie Josua Stylites betonte, kein Tribut gewesen seien. Nach dem Tode des Perozes 484 stellte Zeno die Zahlungen ein. Ohnedies war er stets in Geldnot. Die von ihm ernannten Ehrenkonsuln hatten je hundert Goldpfund zu entrichten, sein Reichspräfekt und Mitregent Sebastianus war verschrien, weil er die Ämter verkaufte.

Der Friede mit Persien war um so wichtiger, als auch in Kleinasien die Kriege andauerten. 479 hatte sich der Heermeister Flavius Marcianus, der Sohn des Westkaisers Anthemius, gegen die Isaurierherrschaft erhoben. Marcianus war 469 und 472 Konsul, hatte nach dem Sturz der Sippe Aspars die jüngere Tochter Leos, Leontia, geheiratet und genoß die Gunst Verinas. Es gelang ihm, mit Hilfe der Goten Strabos Konstantinopel zu gewinnen, doch unterlag er Illus, wurde geschoren, zum Priester geweiht und nach Kappadokien verbannt. Nach einem Fluchtversuch ließ Zeno ihn in Tarsos oder auf der Burg Papyrion in Isaurien festsetzen.

Zenos nächstes Problem war der Religionsstreit mit Papst Felix III. Unter dem Einfluß des Patriarchen Akakios versuchte der Kaiser, die Monophysiten in Syrien und Ägypten unter dem alexandrinischen Patriarchen Petros Mongos für die Orthodoxie zurückzugewinnen. Ihnen kam er 482 mit der neuen «Einheitsformel», dem Henotikon, entgegen, die aber den Orientalen nicht genügte und den Okzident, wo man an der Formel von Chalkedon festhielt, verstimmte. Die Glaubenseinheit mit den Monophysiten wurde nicht erreicht, stattdessen folgte das akakianische Schisma mit Rom, das von 484 bis 519 währte.

484 brachen auch die Thronkriege im Osten wieder aus. Nachdem Illus den Kaiser 479 ein zweites Mal gerettet hatte, war er von diesem 481 zum *magister militum per Orientem* mit Sitz in Antiochia erhoben worden. In der Folge wechselseitiger Verdächtigungen jedoch sagte sich Illus 484 von Zeno los, ohne jedoch den Purpur zu beanspruchen. Illus befreite Marcian in Papyrion und schickte ihn als Boten zu Odovacar. Zeno hetzte angeblich die Rugier gegen Odovacar, die dieser jedoch besiegen konnte. Den Krieg gegen Illus übertrug Zeno seinem Landsmann Leontios, doch verstand es Illus, ihn auf seine Seite zu ziehen, indem er Leontios selbst durch Verina am 18. Juli 484 in Tarsos zum Gegenkaiser Zenos ausrufen ließ. Illus schickte Geld nach Persien und bat um Hilfe, darauf sandte Zeno Truppen unter Johannes Skytha und Theoderich dem Großen in den Osten. 488 wurden Leontios und Illus in der Burg Papyrion überwunden und getötet, ihre Anhänger verstümmelt. Verina war damals bereits tot. Illus und Leontios standen unter dem Einfluß des «Zauberers» Pamprepios, der den alten Glauben wiederbeleben wollte und ebenfalls hingerichtet wurde.

Nachdem Zeno somit im Osten wieder Meister war, suchte er auch das Problem auf dem Balkan zu lösen. Theoderich, der vorzeitig aus dem Krieg gegen Illus abberufen worden war, plünderte Thrakien und bedrohte sogar Konstantinopel. Um ihn loszuwerden, versprach ihm Zeno die Herrschaft über Italien, falls es ihm gelänge, Odovacar zu überwinden. 488 brach Theoderich mit seiner Wagenkolonne von Novae an der Donau auf. Er eroberte Sirmium, wo die Gepiden saßen, und erreichte 489 Italien. 493 gehörte ihm Ravenna. Fortan herrschte er als *Gothorum Romanorumque regnator*.

Während der Kämpfe zwischen Theoderich und Odovacar war Zeno am
9. April 491 in Konstantinopel an der Ruhr gestorben. Auf Vorschlag der
Kaiserwitwe Ariadne wurde am 11. April der damals sechzigjährige Anastasius durch den Senat und die Truppen der Hauptstadt zum Nachfolger
erkoren. Er stammte aus Dyrrhachium in Epirus und hatte eine Stellung als
decurio silentiariorum inne, in der er weniger durch seinen Rang als durch
seine Kaisernähe Einfluß besaß. Anastasius mußte seine Rechtgläubigkeit
erklären, wurde vom Patriarchen gekrönt und am 20. Mai von Ariadne
geheiratet. Damit war der neue Kaiser dynastisch legitimiert.

Das erste Problem stellten die Isaurier, die gerne Zenos Bruder Flavius
Longinus auf dem Thron gesehen hätten. Longinus war 475 von Illus in
Isaurien festgesetzt und erst 485 freigelassen worden. Zeno erhob ihn zum
Heermeister und zweimal zum Konsul, 486 und 490. Als seine Landsleute
gegen den neuen Kaiser demonstrierten, ließ dieser Longinus verhaften
und nach Ägypten verbannen, wo er verhungerte.

Zugleich vertrieb Anastasius einen zweiten Longinus, den *magister
officiorum* Zenos, zu seinen Landsleuten nach Isaurien. Nun gab es einen
Aufstand, die Rebellen marschierten auf Konstantinopel. Anastasius warf
ihnen seine germanischen und hunnischen Foederaten entgegen und
siegte 492 bei Kotyaion. Es folgte ein siebenjähriger Kleinkrieg, bis die
letzte Festung gestürmt war. Tausende von Isauriern wurden nach Thrakien
deportiert. Damit war die Isaurierfrage gelöst. Die 5000 Goldpfund Jahrestribut, die der Kaiser den isaurischen Barbaren zuvor gezahlt hatte, blieben in der Staatskasse.

Umstritten war nach wie vor der Donauraum. 493 erschienen die Bulgaren, ein mongolisch-turanisches Nomadenvolk aus Zentralasien. Schon
in den achtziger Jahren hatte Theoderich einen vermutlich im Solde Zenos
stehenden Bulgarenfürsten besiegt. Nun kamen sie in großer Zahl. Die
Bulgaren nahmen die Reste der Hunnen auf, überquerten die Donau und
besiegten im Bunde mit den slawischen Anten und weiteren Völkern die
oströmischen Truppen 493, 499 und 502. Im Jahre 517 kamen sie bis zu
den Thermopylen. Der Kaiser kaufte für 1000 Pfund Gefangene zurück,
die übrigen wurden verbrannt. Anastasius, der auch die Grenzfestungen
erneuern ließ, baute die Lange Mauer (μακρὸν τεῖχος) aus, den Limes von
Meer zu Meer, 60 km westlich von Konstantinopel. Größere Kontingente
von Bulgaren finden wir später in byzantinischem Solde. Die Bulgaren sind
im 9. Jahrhundert slawisiert worden, so daß die vorslawischen Bulgaren
zuweilen als Proto-Bulgaren bezeichnet werden.

Die härtesten Schläge erlitt Ostrom an der Perserfront. 488 war Kabades
(Kavadh) Großkönig von Persien geworden, hatte aber zunächst mit Mazdak zu tun, einem Propheten, der die reine Lehre Zarathustras wiederherstellen wollte. Zugleich predigte Mazdak, Ursache allen Übels in der Welt
sei das Eigentum; Besitz- und Weibergemeinschaft müßten eingeführt wer-

den. Kabades machte sich dieses sozialrevolutionäre Programm zu eigen, wurde aber vom Adel vertrieben und mußte zu den Weißen Hunnen in der Gegend von Samarkand fliehen. Hier heiratete er eine Tochter des Königs, die zugleich seine eigene Nichte war, und kehrte mit hunnischer Hilfe 498 auf den Thron zurück. Um die Hunnen zu bezahlen, bat Kabades den Kaiser um Geld. Dafür wollte er ihm eine Kaukasusfestung einräumen. Zeno hatte die Jahrgelder an die Perser 484 eingestellt, und Anastasius weigerte sich ebenfalls, zu zahlen. Der Kaiser verzichtete allerdings auch darauf, die Persien unterstehenden Armenier zu unterstützen, die während der mazdakitischen Unruhen Feuertempel zerstört, Magier getötet und eine persische Armee besiegt hatten.

Nachdem Kabades Armenien wieder unterworfen hatte, eröffnete er 502 den Krieg gegen Byzanz. Er eroberte mit seinen hunnischen und arabischen Bundesgenossen unter anderem Theodosiopolis (Erzurum) und Amida (Diyarbakir) und ließ sich von weiteren Städten Brandschatzung zahlen. Anastasius entsandte vier Feldherren, darunter seinen Neffen Hypatius und Areobindus, den Urenkel Aspars, an der Spitze einer gotischen Soldateska von 15 000 Mann. Der *magister officiorum* Celer stieß vor bis zur Eisernen Brücke, die bei Ktesiphon den Euphrat überspannte. Über die grauenvollen Einzelheiten des Krieges im oberen Mesopotamien berichten Zacharias und der Säulenheilige Josua aus Edessa. 506 wurde Friede geschlossen. Anastasius kaufte Amida für 1000 Pfund Gold zurück und verpflichtete sich zu sieben Jahrestributen zu 550 Pfund Gold. Während des folgenden siebenjährigen Friedens ließ er gegenüber Nisibis als Sitz des *dux Mesopotamiae* die Festung Daras (Anastasiupolis) errichten und Theodosiopolis ausbauen.

Mit dem Verlust des Westens hat sich Anastasius offenbar abgefunden. Er pflegte zu den Germanenkönigen im allgemeinen gute Beziehungen, und diese respektierten ihn als den Ranghöheren. Der Burgunderkönig Gundobad hatte zwar während des Krieges zwischen Theoderich und Odovacar Oberitalien geplündert, betrachtete sich aber als *miles* des Kaisers. Sein Sohn und Nachfolger Sigismund (516–523) erhielt den Rang eines *patricius* und schrieb im byzantinischen Kanzleistil an Anastasius: «Euer Volk ist mein Volk, und es ist für mich eine größere Ehre, Euch untertan zu sein, als über die Burgunder zu herrschen.»

Die stärkste Macht in Gallien war das merowingische Frankenreich, nachdem Childerichs Sohn Chlodwig (482 bis 511) im Jahr 507 bei Vouillé (Département Vienne) die Westgoten unter Alarich II besiegt und über die Pyrenäen gedrängt hatte. 508 übersandte Anastasius dem Frankenkönig nach Tours eine Ernennung zum Ehrenkonsul und Patricius. Chlodwig prägte Goldmünzen mit dem Bilde des Anastasius. Während über die Beziehungen zwischen Byzanz und den Westgoten nichts verlautet, scheint mit dem Vandalenkönig Thrasamund (496 bis 523) ein gutes Einvernehmen bestanden zu haben.

Die Herrschaft Theoderichs in Italien hat Anastasius 497 legalisiert, indem er dem Goten, der 490 vergeblich die *vestis regia* erbeten hatte, die von Odovacar nach Byzanz geschickten *ornamenta palatii* zurücksandte. Theoderich trug den Purpur. Dennoch kam es zu Spannungen, als Theoderich den Hunnen (oder Gepiden) Mundo unterstützte, der sich als *rex* eines gemischten Gefolges eine Herrschaft am Margus aufgebaut hatte. Nach dem Sieg über den Gepidenkönig Thrasarich besetzte Theoderich 504 Sirmium, sein *comes* Pitzias brachte zudem den bulgarischen Foederaten des Kaisers um 505 eine empfindliche Niederlage bei. Anastasius ließ daraufhin um 507 durch die byzantinische Flotte die unteritalische Küste plündern. Vermutlich 510 übereignete Anastasius den Goten die Stadt Sirmium. Da Theoderich auf dem Balkan gebunden war, mußte er 507 die Westgoten ihrem Schicksal überlassen (s. o.), konnte seine Macht indessen auf die Alamannen ausdehnen.

Goten und Byzantiner suchten durch ausgedehnte diplomatische Tätigkeit sich gegenseitig zu schwächen. Anastasius wollte durch Bündnisse mit Franken und Burgundern Theoderich in die Zange nehmen. Dagegen vertraute dieser auf seine umfassende Heiratspolitik: *sibi per circuitum placavit omnes gentes*, schreibt der Anonymus Valesianus (70). Aus erster Ehe (?) hatte er zwei Töchter, die eine mit Namen Areagne, die er dem burgundischen Thronfolger Sigismund vermählte, die andere mit Namen Theodegotha, die er dem Westgotenkönig Alarich II zur Frau gab. Er selbst nahm als zweite Frau Audefleda, die Tochter oder Schwester des Frankenkönigs Chlodwig, gab seine verwitwete Schwester Amalafrida dem Vandalenkönig Thrasamund und seine Nichte Amalaberga dem Thüringerkönig Herminefrid in die Ehe. Den Herulerkönig Rodulf nahm er zum Waffensohn.

Theoderich sicherte nicht nur seine Herrschaft über Italien, sondern machte Anastasius auch in Thrakien zu schaffen, wo er 513 die Revolte des Vitalianus unterstützte. Dieser gotische Foederatenführer erhob sich wegen mangelhafter Versorgung seiner Truppen und zog mit 60 000 Mann vor Konstantinopel. Der Kaiser erfüllte die Forderungen, schickte dann aber zwei Heere hinter Vitalianus her, die allerdings beide versagten. Vitalianus nahm Hypatius, den gegen ihn kommandierenden Neffen des Kaisers, gefangen und erschien 514 ein zweites Mal vor der Hauptstadt, diesmal mit einer Flotte. Er war für den Kaiser nicht nur eine militärische Bedrohung, sondern auch deswegen gefährlich, weil er sich zum Anwalt der Orthodoxie gegenüber den monophysitischen Tendenzen des Kaisers machte. Dies sicherte Vitalianus Sympathien in Konstantinopel. Anastasius mußte nachgeben. Er löste die Gefangenen mit 5000 Pfund Gold aus und ernannte Vitalianus zum Heermeister für Thrakien. Als der Kaiser aber das versprochene Konzil nicht berief, erschien Vitalianus 515 ein drittes Mal vor Konstantinopel. Diesmal wurden seine Schiffe mit Hilfe des «griechischen Feuers» verbrannt, und damit war der Gote für drei Jahre unschädlich gemacht.

Die kirchenpolitischen Spannungen im Ostreich dauerten unvermindert fort. Der Kaiser neigte dem Henotikon zu, das vom Papst als monophysitisch betrachtet wurde, nicht ganz zu Unrecht, denn es ging um die Einigung mit dem monophysitischen Osten. 511 kam es zum Bruch mit Makedonios, dem orthodoxen Patriarchen von Konstantinopel. Dieser zog die Rechtgläubigkeit des Kaisers in Zweifel, und es gelang Anastasius nur mit knapper Not, ihn abzusetzen. Als der neue Patriarch 512 eine monophysitische Änderung der Liturgie einführte («Für uns gekreuzigt»), brach ein Aufstand aus. Das Volk unter der Führung der Zirkusparteien proklamierte als Gegenkaiser den Heermeister Areobindus, einen Urenkel Aspars, der mit einer Urenkelin von Theodosius II verheiratet war. Areobindus verweigerte sich jedoch, und dies rettete Anastasius. Er demütigte sich vor dem Volk und blieb Kaiser.

Unter den innenpolitischen Maßnahmen des Kaisers sind das Verbot von Tierhetzen und mimischem Theater zu nennen, die ausgedehnten Nutz- und Festungsbauten und die sparsame Finanzpolitik. Durch eine Steuer- und Münzreform erleichterte Anastasius nicht nur die finanziellen Lasten im Reich, sondern sammelte auch den größten bis dahin bekannten Staatsschatz der römischen Geschichte in Höhe von 320 000 Pfund Gold. Dies bot Justinian später die Basis für seine Kriege. Nachdem Ariadne 515 gestorben war, endete Anastasius am 9. Juli 518 mit 88 Jahren, beide wurden im Kaisermausoleum Constantins bestattet.

Wie im Westen, so folgte auch im Osten dem Erlöschen der theodosianischen Dynastie eine turbulente Zeit. Die Probleme waren im Prinzip dieselben, der Unterschied liegt im Ausmaß. Als handelnde Gruppen treten einerseits religiöse Parteien, andererseits barbarische Gefolgschaften in Erscheinung. Nach bewährtem Verfahren, Barbaren gegen Barbaren einzusetzen, wurden zunächst Goten gegen Isaurier, d.h. äußere Barbaren gegen innere geschickt, dann aber umgekehrt diese gegen jene mobilisiert. Die Mehrzahl der «Römer», d.h. die halbfreie Landbevölkerung, ließ das Geschehen über sich abrollen.

Die katholische Orthodoxie hatte im Westen mit den arianischen Germanen zu ringen, im Osten zusätzlich mit dem Monophysitismus, der sich von Ägypten über Syrien nach Armenien erstreckte. Diese Glaubensspaltung war besonders gefährlich, weil sie nicht Römer von Barbaren trennte, sondern mitten durch die griechisch-römische Provinzialbevölkerung hindurchging. Aus diesem Grunde haben Zeno und Anastasius Lösungen gesucht, die beiden Bekenntnissen gerecht werden sollten, und sind damit gescheitert. Die Rechtgläubigkeit des Kaisers Anastasius war und blieb verdächtig. Sein Vermittlungsversuch überzeugte die Monophysiten nicht und entfremdete ihm die Katholiken. Das akakianische Schisma belastete seine Stellung in der Hauptstadt. Erst sein Nachfolger Justin schuf hier wieder klare Verhältnisse.

Die für den Westen unüberwindbare Germanengefahr bedrohte in der zweiten Hälfte des 5. Jahrhunderts ebenso den Osten. Auch hier waren die gotischen Bundesgenossen kurz davor, die Herrschaft an sich zu reißen. Dies aber konnte verhindert werden, indem mit Hilfe der Isaurier die Heermeisterfamilie Aspars gestürzt wurde. Die auf dem Balkan dominierenden Goten waren uneins, ließen sich gegeneinander ausspielen und konnten schließlich unter Theoderich dem Großen nach Italien abgeschoben werden. In gewisser Weise verdankt der Osten sein Überleben der Tatsache, daß er den Westen geopfert hat.

12. Die Zeit Justinians (518/527–565)

Anastasius hinterließ keinen Sohn, aber drei Neffen. Der bedeutendste unter ihnen war Flavius Hypatius, der im Jahre 500 das Konsulat bekleidet und mehrfach als Heermeister kommandiert hatte. Sein Ansehen war jedoch in den Auseinandersetzungen mit Vitalianus gesunken. Dieser selbst besaß als Gote wenig Aussicht auf den Thron. So kam es zu einem kurzen heftigen Ringen zwischen dem Anführer der Garde und dem der Leibwache, d. h. zwischen dem *magister officiorum* Celer und dem *comes excubitorum* Justinus. Dieser hatte seine Leute besser in der Hand und sicherte sich den Zugriff zur Staatskasse, aus der die Donative zum Regierungsantritt gezahlt wurden. Am 9. oder 10. Juli 518 rief der Senat Justinus zum Kaiser aus. Im Hippodrom wurde er von dem gotischen Exerziermeister (*campidoctor*) Godilas mit dem Wendelring gekrönt und auf den Schild gehoben. Vom Patriarchen erhielt er das Diadem.

Justin, damals etwa 65 Jahre alt, war als Sohn eines armen Bauern aus Bederiana bei Naïssus (Nišsch) einst mittellos und hoffnungsvoll mit zwei Freunden nach Konstantinopel gekommen, war in die Palastwache eingereiht worden, hatte an mehreren Feldzügen teilgenommen und es bis zum *comes excubitorum,* zum Kommandeur dieser wichtigen Truppe, gebracht. Er war – unerhört! – Analphabet und unterschrieb mit einer Schablone.

Das erste Problem bildete der Heermeister Vitalian mit seinen Foederaten in Thrakien. Da er wie Justin die orthodoxe Linie vertrat, schloß der Kaiser mit ihm Frieden. Es wurden Eide ausgetauscht. Vitalianus erhielt noch 518 den Rang eines *magister militum praesentalis* und *patricius,* 520 wurde er *consul ordinarius.* Im Juli dieses Jahres ließ ihn der Kaiser im Palast ermorden, angeblich um einem Anschlag des Goten zuvorzukommen.

Justin stammte aus lateinisch sprechender, überwiegend orthodoxer Umgebung. Das erklärt seine westlich ausgerichtete Kirchenpolitik. Die Versöhnungsangebote gegenüber dem monophysitischen Osten hörten auf. Seine hinsichtlich ihrer Rechtgläubigkeit verdächtigen Vorgänger Anastasius und Zeno strich Justin aus den Kaiserdiptychen, d. h., sie wurden aus der Fürbitte ausgeschlossen. Die Kirchenunion mit Papst Hormisdas wurde wiederhergestellt, mehrere monophysitische Bischöfe in Syrien mußten abtreten. Es kam zu Gewalttakten – Johannes von Ephesos führt laut Klage –, und darüber ging die Kommunion mit Alexandria und Ägypten endgültig verloren. Auch mit Antiochia kam es zum Zwist, als Zirkusunruhen der Blauen den Kaiser bewogen, die beliebten (is)olympischen Spiele dort zu verbieten.

Um die Unterstützung Theoderichs zu gewinnen, akzeptierte der Kaiser das Konsulat von dessen Schwiegersohn Eutharich 519. Dieser wurde sogar von Justin, so wie Theoderich einst von Zeno, als Waffensohn adoptiert. Das gute Einvernehmen Justins mit Kirche und Senat in Rom schwächte jedoch Theoderichs Stellung, die senatorische Opposition gegen die Goten konnte nun mit Rückendeckung aus Byzanz rechnen. Um diese Konspiration abzuwehren, ließ Theoderich 524 den Philosophen Boëthius hinrichten. 525 mußte auch Boëthius' Schwiegervater Symmachus, das «Haupt des Senates», sterben. Die ‹Consolatio Philosophiae›, die Boëthius im Gefängnis schrieb, ist die größte Trostschrift der Weltliteratur. Dante (par. X 123 ff) hat ihn in den Vierten Himmel erhoben.

Denkbar ist ein Zusammenhang des Boethius-Prozesses mit Arianerverfolgungen, denen damals zumal die Goten im Osten ausgesetzt waren. Um dagegen zu protestieren, entsandte Theoderich den Papst Johannes I im Jahre 525 nach Konstantinopel. Der aber brachte durch die abermalige Krönung Justins 526 Roms Loyalität gegenüber Byzanz demonstrativ zum Ausdruck. Das war die erste päpstliche Kaiserkrönung. Nach seiner Rückkehr ließ Theoderich den Papst in Haft nehmen, dort starb er. Theoderich erhob in Felix IV wieder einen gotenfreundlichen Nachfolger Petri.

In Africa folgte auf Thrasamund 523 Hilderich, der Enkel Geiserichs und Sohn der 455 aus Rom entführten Eudocia, der Tochter Valentinians III. Unter dem Einfluß seiner Mutter begünstigte Hilderich die Katholiken und sympathisierte mit Byzanz. Er prägte sogar Silbermünzen mit dem Bilde Justins und ließ unter den opponierenden Goten aus dem Gefolge Amalafridas und unter gotenfreundlichen Vandalen ein Blutbad anrichten. Noch ehe Theoderich hier eingreifen konnte, ist er am 30. August 526 in Ravenna gestorben. Das Grabmal, das er sich einrichten ließ, gehört zu den eindrucksvollsten Bauwerken der Zeit.

Das Verhältnis zu Persien blieb unter Justin zunächst gut. Kabades (Kavadh) bat den Kaiser sogar, seinen dritten Sohn Chosroes zu adoptieren, um ihm Rückendeckung für die persische Thronfolge zu sichern. Da jedoch die römischen Juristen entdeckten, daß daraus unter Umständen auch ein persischer Anspruch auf den Kaiserthron abzuleiten sei, verweigerte Justin dem Sassaniden seinen Wunsch.

Es kam zu Spannungen, und sie verstärkten sich durch den Streit um Lazika. Als sich um 522 der christliche Lazenkönig Tzath nach Byzanz begab, eine Römerin zur Frau nahm und die Herrschaftsinsignien aus der Hand des Kaisers empfing, protestierte Kabades. Er suchte die östlichen Nachbarn der Lazen, die christlichen Iberer (Georgier) und die persischen Armenier, zur Religion Zarathustras zu bekehren und schickte Truppen. Justin tat dasselbe und ließ die Festung Petra am Schwarzen Meer errichten. Ebenso unterstützte er die Christen von Axum in Äthiopien. Ihr König Elesbaas (Ella Alzbeha) hatte 525 den Jemen für das monophysitische Christentum gewonnen, doch hatten die dem Judentum angehörigen arabischen Homeriten unter den Christen, die den Übertritt zum Judentum ablehnten, ein Massaker veranstaltet.

Die rechte Hand Justins war während seiner ganzen Regierungszeit sein Schwestersohn Petrus Sabbatius, der sich, nach seiner Adoption durch den Kaiser, Flavius Petrus Sabbatius Justinianus nannte. Justinian war um 482 in Taurisium bei Scupi geboren. Dieses Städtchen hat er später unter dem Namen Justiniana Prima prächtig ausbauen lassen und seinen Bischof über den *metropolitanus* zum *archiepiscopus* erhoben, doch verlor es während der Slaweneinfälle nach seinem Tod jegliche Bedeutung.

Auch Justinian kam aus dem lateinisch sprechenden Teil des Ostreiches und stand fest in der orthodoxen Tradition. Über sein Elternhaus wissen wir nichts außer dem thrakischen Namen seines Vaters Sabbatius. In Byzanz hat Justinian eine gute Bildung erhalten. Beim Tode des Anastasius diente er in den Gardetruppen der *scholares,* er wurde schon damals unter den Kaiserkandidaten genannt, doch verzichtete er zugunsten seines Onkels. Dieser erhob ihn 519 zum *comes,* 520 zum präsentalischen Heermeister und 521 zum Konsul. Damals hat Justinian die aufwendigsten Schauspiele seit Menschengedenken gegeben: 288 000 Goldstücke (4000 Pfund) für das Volk und die *spectacula,* zwanzig Löwen, dreißig Panther und viele andere Tiere, dazu die Wagenrennen. Das Volk tobte. Wenig später wurde Justinian *patricius* und *vir nobilissimus.* Schon während seiner letzten Krankheit ließ Justin den Neffen am 1. April 527 zum zweiten Augustus ausrufen, nach dem Tode Justins am 1. August 527 übernahm er unangefochten die Herrschaft. Justinian feierte seinen Regierungsantritt dann zu Neujahr 528 mit konsularischen Spielen, die jene von 521 und alle bisherigen konstantinopolitanischen überhaupt in den Schatten stellten.

Justinian war verheiratet mit Theodora, einer der großen Frauen der Spätantike. Sie war die Tochter eines thrakischen Bärenführers und hatte als Schauspielerin Justinians Aufmerksamkeit erregt. Ob ihr Vorleben so skandalös war, wie Prokop in seiner Geheimgeschichte behauptet, ist unklar, weil wir keine Parallelberichte dazu haben. Justinian bewog seinen Onkel Justin, der selbst in Lupicina alias Euphemia eine freigelassene Bar-

barin zur Frau hatte, das in einer Lex Julia festgeschriebene, 454 wiederholte Eheverbot zwischen Senatoren und Schauspielerinnen aufzuheben. In adelsbewußten Senatskreisen ist dies auf Widerstand gestoßen, sie haben Theodora innerlich nie anerkannt. Trotzdem hat Justinian sie 525 geheiratet und sie gleichzeitig mit sich selbst am 1. April 527 zur Augusta ausrufen lassen. Justinian nennt sie mehrfach «seine ihm von Gott gegebene Beraterin» und betrachtete sie als *consors imperii*. Zonaras (XIV 6,1) spricht geradezu von einer Zweiherrschaft. Die Beamten wurden auch auf Theodoras Namen vereidigt. Sie verhandelte mit auswärtigen Gesandten, forderte die Proskynese, wie sie nur dem Kaiser zustand, sogar von Senatoren und hat sich namentlich um die Personal- und die Kirchenpolitik gekümmert. Aus ihrem riesenhaften Vermögen ließ sie zahlreiche Kirchen und Krankenhäuser errichten. Im Gegensatz zu ihrem orthodoxen Gemahl begünstigte sie die Monophysiten, so daß beide Konfessionen am Hofe ein offenes Ohr fanden. Im Hormisdas-Palast stiftete sie den Monophysiten ein Kloster. Sie hielt die Hand über Jakob Baradaios alias Zanzalos, den Namenspatron der syrischen Jakobiten (s. III 6 d).

Im Januar 532 unterdrückte der Stadtpräfekt einen Zirkusaufstand und provozierte dadurch die gemeinsame Erhebung beider Parteien, der Grünen und der Blauen, den nach seiner Parole «Sieg!» benannten Nika-Aufstand. Justinian erfüllte zwar die Forderung der Empörer, seine beiden wichtigsten Ratgeber zu entlassen, doch legte sich die Unruhe nicht. Ein großer Teil der Stadt ging in Flammen auf, und schließlich erhoben die Massen Flavius Hypatius (s. o.) zum Gegenkaiser. Justinian dachte an Flucht, Theodora aber erklärte, der Purpur sei das schönste Totengewand und bewog ihren Mann zum Durchhalten. Auch die Palastwache meuterte, jedoch die beiden Heermeister Belisar und Mundus, ein Gepide, stürmten mit 3000 Germanen den Hippodrom, und in einem Gemetzel mit angeblich 30000 Toten wurde der Aufstand niedergeworfen, Hypatius hingerichtet. Für lange Zeit gab es keine Wagenrennen mehr.

Das Kaiserpaar baute Konstantinopel wieder auf. Anstelle der abgebrannten Kirche der Heiligen Weisheit ließ Justinian durch Anthemius von Tralles und Isidor von Milet die Kirche der Heiligen Weisheit, die Hagia Sophia, errichten. Sie wurde am 27. Dezember 537 eingeweiht und nach dem Einsturz der Kuppel am 24. Dezember 562 abermals konsekriert. Die Hagia Sophia ist das eindrucksvollste Monument der spätantiken Architektur. Justinian gehört überhaupt zu den größten Bauherren der römischen Geschichte, Prokop hat seiner ruhmreichen Bautätigkeit ein eigenes Werk ‹De aedificiis› gewidmet. Unter den angeblich 96 neuen Kirchen fällt die Zahl der Maria geweihten auf. Ihr wurden im ganzen Osten Gotteshäuser errichtet, so auch am Hang des Berges Sinai, auf dem Moses die Zehn Gebote empfangen haben soll. Prokop (aed. V 8,5) äußert sich dazu vorsichtig. Die später Katharina geweihte Kirche wurde nebst dem zugehörigen Kloster mit einer Festungsmauer und einer Garnison geschützt.

Einer der drei im Nika-Aufstand vorübergehend entlassenen Beamten war der Quaestor Tribonianus, ein großer Jurist seiner Zeit. Ihm und neun weiteren Männern hatte Justinian die neue Kodifikation des Rechts übertragen. Die Arbeiten begannen 528, im Jahr darauf folgte eine erste (verlorene), 534 eine zweite (erhaltene) Publikation des ‹Codex Justinianus›. Das Material bis 437 stammt aus den drei älteren Kodifikationen von Gregorius, Hermogenianus und Theodosius II, die damit außer Kraft gesetzt wurden. Um die im ‹Codex Theodosianus› zahlreichen Wiederholungen und Widersprüche zu vermeiden, gestattete der Kaiser den Redaktoren Umformulierungen und Streichungen. Dabei kam es manchmal zu Sinnänderungen im Hinblick auf die inzwischen gültige Rechts- und Sprachordnung. Die Sammlung ist aufgebaut wie die drei abgelösten Kodifikationen: Die Kaisergesetze sind unter großen Sachtiteln thematisch gegliedert und innerhalb der Sachtitel chronologisch geordnet. Das Kirchenrecht ist allerdings vom Ende (CTh. XVI) an den Anfang (CJ. I) gerückt. Das älteste noch aufgenommene Gesetz stammt von Hadrian. Die Gesetze Justinians ab 535 und die zweier Nachfolger sind später als ‹Novellae› hinzugekommen. Sie sind griechisch abgefaßt, teilweise mit einer amtlichen lateinischen Übersetzung versehen. Das beigefügte *authenticum* ist eine private Latinisierung, die erst im Hochmittelalter verbindlich wurde. Alle nicht aufgenommenen Gesetze wurden ungültig.

Neben den Kaisergesetzen ließ Justinian unter der Aufsicht Tribonians durch die Rechtsgelehrten Dorotheos und Theophilos ein Rechtslehrbuch veröffentlichen, die ‹Institutiones›. Als weiterer Teil des großen Sammelwerkes entstanden die ebenfalls noch 533 publizierten ‹Digesten› oder ‹Pandekten› in fünfzig Büchern. Hierbei handelt es sich um Auszüge aus 231 Schriften römischer Rechtsgelehrter seit der republikanischen Zeit, von Quintus Mucius Scaevola Pontifex, Konsul 95 v. Chr., über Labeo, den augusteischen Juristen, zu Celsus, Julian und Gaius, den spätklassischen Autoren der Severer-Periode wie Paulus, Papinian, Ulpian und Modestinus. Auch die Juristen Diocletians Charisius und Hermogenian sind vertreten. So wie die Kaisergesetze besaßen die Digesten unmittelbare Rechtskraft als Entscheidungshilfen für den Richter. Justinians Gesetzgebungswerk nebst seinen Fortsetzungen trägt seit der Ausgabe durch Gothofredus 1583 den Namen ‹Corpus Iuris Civilis› und gilt als bedeutendstes Dokument der Rechtsgeschichte. Dadurch, daß es lateinisch abgefaßt ist, konnte es seit seiner Wiederbelebung durch die Rechtsschule von Bologna im 12. Jahrhundert einen bis ins 19. Jahrhundert wachsenden Einfluß auf die Rechtsentwicklung des kontinentalen Europa ausüben.

Der zweite Beamte, dessen Abberufung im Nika-Aufstand gefordert worden war, Johannes von Kappadokien, war *praefectus praetorio* und diente dem Kaiser als Ratgeber bei seinen Finanz- und Verwaltungsreformen. Johannes erfand die «Luftsteuer», um den Kaiser aus seinen Geldsorgen zu befreien. Der Ämterkauf wurde 535 durch «Ernennungsgebühren» abgelöst, nachdem es üblich geworden war, daß die Bewerber um gehobene Posten größere Summen für *suffragia* zahlten. Im fiskalischen Interesse betrieb Justinian eine monopolistische Wirtschaftspolitik nach hellenistischem Muster. Die damals aus China gekommene Seidenraupenzucht steigerte die kaiserlichen Einnahmen (s. III 3 b).

541 bekleidete der Anicier Basilius, ein weströmischer Senator, zum letzten Male das Jahreskonsulat. Angesichts der teuren Ausgaben, die der Kaiser schon 537 begrenzt hatte, und der bedenklichen Popularität der Spielgeber hat Justinian das Amt 1050 Jahre nach seiner traditionellen Einführung abgeschafft. Nur noch neu erhobene Kaiser gaben hinfort in ihrem ersten Jahr die alten konsularischen Spiele. Bereits 537 hatte Justinian angeordnet, statt nach Jahreskonsuln nach Kaiserjahren zu datieren.

Ersparnisgründe motivierten ebenfalls die Abschaffung des Amtes der *vicarii*. In gefährdeten Gebieten, so im Donauraum (*quaestura exercitus*), im späteren Marinethema, in Spanien und Italien, verband der Kaiser wieder militärische und zivile Gewalt, wie wir sie später in der Themenordnung finden. Das neue Amt des *quaesitor* diente der Kontrolle der Fremden und Arbeitslosen, die sich in der Hauptstadt sammelten. An der Ostgrenze in Theodosiopolis wurde 528 neben den *magister militum per Orientem* in Antiochia ein *magister militum per Armeniam* gestellt. Sein erster Inhaber war der Armenier Sittas alias Zeta, der Komito, die ältere Schwester Theodoras, zur Frau hatte.

Justinians intensive Religionspolitik ist geprägt durch seine Überzeugung, das höchste Gut für die Menschheit sei ihre Einheit im wahren Glauben, und alles Ungemach, insbesondere die verheerenden Seuchen und Erdbeben seiner Zeit (s. u.) entsprängen dem Zorn Gottes über Heiden und Häretiker. Da aber auch die Sünden des Kaisers dahinter vermutet wurden, sicherte dieser seine bedrohte Popularität durch barfüßige Teilnahme an Bittprozessionen, wie vor ihm schon Theodosius im Jahre 447. Justinian betrachtete sich im Sinne des Caesaropapismus als das von Gott ernannte weltliche und geistliche Haupt seiner Untertanen, verantwortlich für ihr leibliches und seelisches Heil und erklärte: «Die größten Gaben Gottes an die Menschheit sind Priestertum und Kaisertum», *sacerdotium et imperium*. Darum hat er die Verordnung vom 28. Februar 380, in der Theodosius I allen Untertanen das katholische Bekenntnis auferlegte, programmatisch an die Spitze seines ‹Codex Novus› gestellt. Seine Verlautbarungen eröffnete er mit der Formel *In nomine Domini nostri Jesu Christi*. Justinian spielte einerseits den Herrn, andererseits den Diener der Kirche. Seine Briefe an Päpste und Bischöfe, seine Kirchengesetze und dogmatischen Schriften zeigen, daß er sich auch selbst als Theologen betrachtete.

Eine der ersten Maßnahmen des Kaisers, den der Diakon Agapetos (17) als lebendes Ideal des platonischen Philosophenkaisers feierte, war die Schließung der Akademie von Athen im Jahre 529. Energischer als alle Vorgänger bekämpfte Justinian sämtliche Nichtkatholiken. Ihnen drohten Aberkennung des Testierrechts und der Rechtsfähigkeit, Enteignung, Verbannung, ja Todesstrafe. Toleriert wurden die pharisäischen Juden und die arianischen Foederaten. Der Kaiser gab den Herulern Land um Singidunum und gewann sie für das Christentum. Sie erhielten Subsidien und lieferten Söldner. Zudem bekehrte Justinian verschiedene africanische Völker zum Christentum und beseitigte den Kult für Zeus Ammon und Alexander den Großen zu Augila in der Kyrenaika. Im Kaukasus bei den Tzani führte er das Christentum ein, nachdem er sie durch seinen Heermeister Sittas hatte unterwerfen lassen. Den Isiskult von Philae in Oberägypten beendete Justinian, indem er die Tempel zerstören und die Götterbilder nach Konstantinopel bringen ließ.

Der erfolgreichste Staatsmissionar, der von Theodora protegierte Monophysit Johannes von Ephesus, hat nach 542, vornehmlich in Kleinasien, abgesehen von den zerstörten Tempeln, den umgehauenen heiligen Bäumen und den 2000 verbrannten Heidenbüchern, angeblich 70 000 Ungläubige getauft. Daß die durch Goldprämien unterstützten Bekehrungen oft nur äußerlich waren, beweist das Gesetz, in dem härteste Strafen für alle jene ausgesetzt wurden, die nach der Taufe am «hellenischen» Glauben festhielten. Die Ungetauften verloren Eigentum und Bürgerrecht. Weitere Heidenverfolgungen gab es 545/546 und 562.

Mit zahlreichen Gesetzen suchte Justinian den Verkauf der geistlichen Würden und der Kirchengüter, die Sittenlosigkeit der Mönche und andere Übel abzustellen. Die Bischöfe erhielten den Auftrag, die Amtsführung der Statthalter zu überwachen. Arianer, Samaritaner, Heiden und Manichäer wurden enteignet, teils verbannt, teils hingerichtet. Die Samaritaner erhoben sich 529 und mußten niedergekämpft werden. Von 20 000 Toten ist die Rede, Überlebende wurden christianisiert. Die Montanisten in Phrygien begingen Massenselbstmord. Sie starben in ihren Kirchen den Feuertod. Von ihren Schriften blieb nichts erhalten.

Das kirchenpolitische Hauptproblem blieb der Monophysitismus im Osten. 533 verkündete Justinian das «theopaschitische» Glaubensedikt, mit dessen Formel *unus ex trinitate crucifixus est* er vergeblich eine Brücke zu schlagen hoffte. 538 zwang er den Alexandrinern einen orthodox-kaiserlichen (melchitischen) Patriarchen auf. Dies beschleunigte die Absonderung der Kopten. Justinians Versöhnungspolitik führte 543 zum Dreikapitel-Streit. Der Kaiser verfaßte einen Traktat gegen den «Nestorianismus», forderte die Unterschrift der fünf Patriarchen und glaubte, so die Einheit erzwingen zu können. Es war ein Zwist, der 553 mit dem vom Kaiser angeordneten Fünften Ökumenischen Konzil endete, aber die Glaubensgemeinschaft mit dem Osten nicht herstellte und die mit dem Westen bedrohte. Selbst der Militäreinsatz gegen die Monophysiten blieb erfolglos.

564 bot Justinian nochmals einen Kompromiß an. Er näherte sich dem Aphthartodoketismus, jener Spielart des Monophysitismus, der Wert darauf legte, daß Jesu Leichnam unverweslich (ἄφθαρτος) gewesen sei, was die Orthodoxen – selbst in Trier – empörte. Auch das verfing nicht. Die monophysitischen Sekten beherrschten eine Zone, die von Armenien über Syrien und Ägypten bis nach Äthiopien reichte. In Nubien, dem «Goldland», entstanden zahlreiche jakobitische Klöster. Allenthalben wurden Bibel und Liturgie in die Landessprachen gebracht.

Den Papst in Rom respektierte Justinian formell als die höchste geistliche Autorität, gleichwohl hat er den Stuhl Petri mehrfach nach eigenem Ermessen umbesetzt. Den noch vom Gotenkönig Theodahat ernannten Papst Silverius, den Sohn des Papstes Hormisdas, hat Belisar 537 zugunsten des Vigilius, eines Günstlings der Theodora, entthront. Als dieser sich sträubte, den Erlaß gegen die Drei Kapitel zu unterschreiben, ließ ihn Justinian 544 verhaften, nach Konstantinopel bringen und zwang ihn zur Unterschrift. Nach dem Tode des Vigilius bestimmte der Kaiser 555 oder 556 gegen den Widerstand in Rom Pelagius zum Nachfolger, und auch später noch bedurfte der zu weihende Papst der kaiserlichen Zustimmung.

Justinians Außenpolitik war von dem Gedanken getragen, die durch die «Nachlässigkeit seiner kaiserlichen Vorgänger» verlorenen Provinzen bis zu den Grenzen der beiden Weltmeere mit Gottes Hilfe zurückzugewinnen. Bereits 528 sicherte er durch eine Land-See-Unternehmung die römische Oberhoheit auf der Krim, wo die Stadt Bosporos (Kertsch) neben Chersonesos (bei Sewastopol) wichtigster byzantinischer Stützpunkt wurde. An der Nordostküste des Pontos befestigte der Kaiser Sebastopolis (bei Dioskurias) und Pityus. Die ökonomische Bedeutung dieses Raumes lag darin, daß hier die Seidenstraße aus China endete, die das Perserreich nördlich umging (s. III 3 b). Außerdem saßen auf der Krim Goten, die dem Reich begehrte Söldner stellten. Die gotische Sprache ist auf der Krim bis ins 18. Jahrhundert bezeugt.

Um seine Kräfte auf den Westen konzentrieren zu können, schloß Justinian mit dem Perserkönig Chosroes I (531 bis 578), dem Sohn und Nachfolger des Kabades, nach vierjährigem Krieg 532/533 einen «ewigen Frieden» und zahlte den Persern dafür 11 000 Pfund Gold. Außerdem versprach er, gegebenenfalls weitere Subsidien zu schicken, die Truppen aus Daras abzuziehen und den Persern die Kaukasusfestungen zu überlassen.

Trotzdem griff Chosroes 540 wieder an. Als Vorwand dienten die römischen Kontakte zu den arabischen Lachmiden; Kabades betrachtete deren

Haupt Alamundaros als seinen eigenen Klienten. Den wirklichen Grund lieferte Justinians Verwicklung in den Gotenkrieg. Der Perser marschierte ein, erpreßte Brandschatzung und Beute in Edessa, Apamea und anderen Grenzstädten, zerstörte Antiochia und eroberte Petra, die wichtigste Festung von Lazika. Damit standen die Perser am Mittelmeer und am Schwarzen Meer.

Erst als Belisar auf dem östlichen Kriegsschauplatz erschien, zeigten sich die Perser versöhnlich. 545 gewährte Chosroes Justinian für 2000 Goldpfund einen fünfjährigen Frieden, er wurde 551 für 2600 Goldpfund erneuert. Chosroes versuchte darauf, Lazika ganz an sich zu bringen. Das Land war christlich und stand unter römischen Klientelkönigen aus einer einheimischen Familie, die aus der Hand des Kaisers ihre Insignien und – ebenso wie die benachbarten Klientelvölker – jährliche Subsidien empfingen. Es gelang den Persern nicht, Sebastopolis zu erobern und damit dauerhaft Zugang zum Pontos zu gewinnen. Im Herbst 557 wurde Friede geschlossen; jede Seite behielt, was sie erobert hatte. Im Anschluß daran kam es zu heftigen Kämpfen mit den Tzani im Hinterland von Trapezunt, die Justinian 535 als erster unterworfen zu haben beanspruchte. Sie gaben ihre Verehrung von Bäumen und Vögeln auf, wurden Christen und milderten ihre Lebensweise.

561 folgte ein fünfzigjähriger Friede mit Persien, für welchen Justinian jährlich 30000 Goldstücke – über 400 Pfund – zu zahlen versprach, davon sofort für sieben, danach für drei Jahre im voraus. Der Sassanide verpflichtete sich, in seinem Reich keine Christen zu verfolgen und die Kaukasuspässe gegen die Hunnen zu verteidigen. Chosroes «mit der unsterblichen Seele» (Anuschirwan) war eine der glänzendsten Gestalten auf dem Thron in Ktesiphon. Er gründete eine medizinische Akademie, ließ die Sagen zusammenstellen, die dann Firdusi den Stoff zu seinem Königsbuch boten, und erbaute den gewaltigen Palast in Ktesiphon, den nach ihm benannten Taq-i-Kisra (Bogen des Chosroes).

Erfolgreicher als gegen die Perser war Justinian gegenüber den arabischen Sarazenen, da es ihm nach verlustreichen Kriegen zu Beginn seiner Regierung gelang, den Ghassanidenfürsten durch Verleihung des Patricius-Ranges und durch jährliche Goldgeschenke von 100 Pfund zum Vasallen zu machen. Damit war ein Gegengewicht gegen die für Persien kämpfenden arabischen Lachmiden von Hira geschaffen. Auch sie erhielten freilich Subsidien. Der Befehlshaber von Palästina unterstellte die Insel Jotabe (Tiran) im Roten Meer byzantinischer Hoheit, die diplomatischen Kontakte zum christlichen Äthiopien blieben eng, nachdem Chosroes den äthiopischen Jemen unterworfen hatte. In Oberägypten sicherte Justinian Roms Ansehen durch Stillhaltegelder an Blemmyer und Nobaten, die diese freilich nicht von Raubzügen ins Reich abhielten.

So schwierig Justinians Stellung an der Ostgrenze war, so augenfällig waren seine Erfolge im lateinischen Westen. Der erste Angriff galt dem Vandalenreich. Hilderich, der eine probyzantinische Linie verfolgt hatte, war von den Vandalen abgesetzt worden, weil er die Angriffe der Mauren nicht abwehrte. An seiner Statt war 530 der Urenkel Geiserichs Gelimer zum Vandalenkönig erhoben worden. Justinian warf sich zum Rächer Hilderichs auf. Widerstände am Hof gegen das Unternehmen überwand er durch den Hinweis auf die gottgefällige Bekämpfung des Arianismus bei den Vandalen. Sogar Amalaswintha, die Gotenkönigin, glaubte im Sinne ihres Vaters Theoderich zu handeln, wenn sie Justinian gegen die Vandalen unterstützte.

Im Juni 533 stach Belisar mit 10 000 Mann zu Fuß, 5000 Reitern, 6000 Bundesgenossen und einer Garde von mehreren Tausendschaften in See. Prokop, der den Feldzug begleitete, hat ihn beschrieben. Gelimer war durch den Maurenkrieg geschwächt und hatte seine Flotte mit 5000 Kriegern unter dem Befehl seines Bruders Tzazo nach Sardinien gesandt, wo der Statthalter Godas auf die Seite Justinians getreten war. Belisar fuhr über Methone, Zakynthos und Syrakus nach Africa und landete bei Caput Vada (Ras Kapondia). Bei Decimum, 10 Meilen südlich von Karthago, stießen die Heere am 13. September 533 aufeinander. Die Byzantiner ergriffen schon die Flucht, da verlor Gelimer über den Tod seines Bruders Ammatas die Fassung. Nun griff Belisar nochmals an, und die Vandalen wurden geworfen. Nachdem auch seine Flotte nachgekommen war, zog Belisar in Karthago ein.

Gelimer sammelte seine Leute nochmals in Bulla Regia und gewann auch Mauren für seine Sache. Die vandalische Expeditionsarmee aus Sardinien kehrte zurück, und mit ihr zog Gelimer in Richtung Karthago. Bei Tricamarum, 30 km südlich von Karthago, kam es Mitte Dezember 533 abermals zur Schlacht. Gelimer verlor seinen zweiten Bruder nebst 800 Mann und floh. Das Lager fiel in Belisars Hand, Frauen und Kinder der Vandalen gerieten in die Sklaverei. In Hippo Regius erbeutete Belisar den Königsschatz. Gelimer verschanzte sich unterdessen auf der numidischen Bergfestung Papua. Belisar stellte ihm nicht nur Begnadigung, sondern auch die Erhebung in den Patriciat in Aussicht, falls er in den Dienst des Kaisers träte. Gelimer hingegen forderte von den Herulern, die ihn belagerten, nur ein Brot, weil ihn hungere, einen Schwamm, um seine Tränen zu trocknen, und eine Leier, um sein Unglück zu besingen.

Anfang 534 mußte er sich ergeben, wurde von Belisar nach Byzanz gebracht und mit seinen Verwandten in Galatien angesiedelt. Justinian hätte ihm auch jetzt noch den Patriciat verliehen, wenn er sich zur Orthodoxie bekehrt hätte. Mehrere tausend gefangener Vandalen wurden ins oströmische Heer eingereiht und an der Persergrenze stationiert. Wieso es den Byzantinern nach allen Mißerfolgen zuvor diesmal gelang, Africa zurückzugewinnen, hat schon die Zeitgenossen beschäftigt. Malchus (fr. 13) meinte, die Vandalen seien im angenehmen Leben der römischen Stadtkultur verweichlicht.

Für seinen Sieg erhielt Belisar vom Kaiser einen «Triumph» in Konstantinopel. Dabei zeigte er dem Volk die zurückgewonnenen Tempelschätze der Juden. Titus hatte sie nach der Eroberung Jerusalems im Jahre 70 nach Rom gebracht, sie wurden im Triumph aufgeführt und danach im Templum Pacis aufbewahrt. Die Westgoten brachten einen Teil nach Spanien, Geiserich nahm den Rest 455 mit nach Karthago. Justinian sandte ihn nach Jerusalem zurück, wo er vermutlich 614 eine Beute der Perser unter Chosroes II wurde.

Justinian hat die africanischen Provinzen minutiösen Verwaltungsvorschriften unterworfen. Er ernannte 534 für Africa einen eigenen *praefectus praetorio* und, über ihm stehend, einen *magister militum*. Die *sortes Vandalorum* wurden Fiskalbesitz, die katholische Kirche erhielt ihre Güter zurück. Donatisten, Arianer, Juden und Heiden wurden enteignet, die Stämme im Hinterland von Lepcis Magna bekehrt. Die Kämpfe mit den Mauren gingen weiter. Der Druck der wiederhergestellten römischen Steuerordnung führte nach dem Abzug Belisars noch zweimal zu größeren Aufständen, unter Stotzas und Gontharis (Guntarith), bei denen überwiegend arianische Einheiten der Byzantiner mit den restlichen Vandalen und Mauren gemeinsame Sache machten. Insbesondere die zur Beute der Soldaten gewordenen Vandalenfrauen werden von Prokop als Anstifter der Revolten genannt. Belisar hatte ihre Enteignung verfügt, die nun auch ihre neuen Männer traf. Die römischen Truppen standen zuerst unter dem Eunuchen Solomon, dann unter Germanus und Areobindus, Angehörigen des Kaiserhauses, und schließlich unter Johannes Troglyta, dem Helden des Redners Corippus. Erst 551 war Africa wieder fest in byzantinischer Hand.

Gleich nach der Unterwerfung Africas wandte sich Justinian Italien zu. Theoderich hatte sein Reich 526 seinem zehnjährigen Enkel Athalarich hinterlassen. Für ihn regierte seine hochgebildete Mutter, Theoderichs Tochter Amalaswintha. Sie ließ die Anführer der gotischen Opposition umbringen, nahm den Titel «Königin» an und suchte Unterstützung bei Justinian. Nach dem Tode Athalarichs am 2. Oktober 534 erhob sie den Sohn ihrer Vaterschwester Theodahat zum Mitregenten, doch wurde sie selbst von diesem auf der Insel Martana im Lago di Bolsano gefangengesetzt und am 30. April 535 im Bade erstickt.

Abermals konnte Justinian als Rächer auftreten. Er ließ 535 durch Mundo Dalmatien, durch Belisar Sizilien besetzen. Dann nahm Belisar Neapel und Rom. In Neapel kämpften vor allem die Juden gegen Ostrom, sie hatten sich aus Furcht vor der Katholisierungspolitik Justinians auf die Seite der toleranten Ostgoten gestellt. Theodahat leistete keinen Widerstand, sondern schickte 536 den Papst Agapetus als seinen Gesandten nach Byzanz und suchte durch Verhandlungen seinen eigenen Vorteil.

Nun erhoben die Goten an seiner Stelle 536 Witigis zum «König der Goten und Italiker», einen als Krieger ausgezeichneten Mann aus dem Volk. Er ließ Theodahat als Verräter töten, zwang Mataswintha, die Enkelin Theoderichs, zur Ehe und rief die gotischen Truppen aus Südgallien herbei, das damit an die Franken fiel. Darauf belagerte er Belisar 537/538 ein ganzes Jahr in Rom, mußte sich dann aber nach Oberitalien zurückziehen. Den gotenfreundlichen Papst Silverius ersetzte Belisar durch Vigilius; Silverius starb im Exil den Hungertod und wurde heiliggesprochen.

Witigis suchte Unterstützung bei dem Frankenkönig Theudebert. Der schickte 10 000 Burgunder, mit ihnen eroberte der Gote 539 Mailand. Die Mauern wurden zerstört, die Männer getötet, die Frauen den Burgundern überlassen. Aber auch Justinian sandte neue Truppen unter dem Befehl des armenischen Eunuchen Narses, mit dem sich Belisar jedoch entzweite. Um die Byzantiner im Osten zu binden, schickte Witigis eine Gesandtschaft nach Persien zu Chosroes I.

540 gelang es Belisar, Witigis in Ravenna einzuschließen. Während der Belagerung unterbreiteten die Goten Belisar das Angebot, ihn selbst als Oberherren Italiens anzuerkennen. Mataswintha soll damals verräterisch die Getreidespeicher von Ravenna angezündet und damit die Übergabe der Stadt beschleunigt haben. Nach dem Fall Ravennas nahm Belisar Witigis und Mataswintha gefangen, lehnte aber die ihm von den Goten angetragene Herrscherwürde ab. In Justinians Augen wäre das Hochverrat gewesen.

Damit war der Widerstand der Goten jedoch nicht erloschen. Eine Atempause verschaffte ihnen der abermals ausgebrochene Perserkrieg und die große Beulenpest, die, wie alle Seuchen aus dem Orient kommend, im Ostreich seit 542 wütete. Prokop (HA. 18, 44) meinte, die Hälfte der Menschheit sei umgekommen. 558 gab es eine zweite Epidemie, religiöse Massenhysterie und Endzeitängste folgten.

Die Goten erhoben in Ticinum (Pavia) Hildebad, den Neffen des Westgotenkönigs Theudis, zum Nachfolger des Witigis und erneuerten das Angebot an Belisar, ihn als König der Goten und Italiker anzuerkennen. Belisar lehnte abermals ab und segelte auf Geheiß des Kaisers mit seinen Gefangenen und dem gotischen Königsschatz nach Konstantinopel, um das Kommando gegen die Perser zu übernehmen. Witigis erhielt trotz seines arianischen Glaubens von Justinian den Rang eines *patricius,* seine Goten wurden ins Heer eingereiht.

Hildebad starb bereits 541 durchs Schwert, ihm folgte sein Neffe Totila, die glänzendste Gestalt unter den Gotenkönigen seit Theoderich. Totila ließ eine Flotte bauen, nahm 543 Neapel ein und belagerte Rom. Als Belisar von der Perserfront zurückkam, konnte er nicht mehr verhindern, daß Totila am 17. Dezember 546 Rom eroberte. Dieses Ereignis bildet den Höhepunkt von Felix Dahns vielgelesenem Roman ‹Ein Kampf um Rom› (1877). Die byzantinische Besatzung floh, die Zivilbevölkerung soll auf

500 Menschen gesunken sein. Nach dem Abzug der Goten erschienen die Byzantiner wieder, doch nahm Totila Rom 550 abermals, da die isaurische Besatzung, die keinen Sold erhalten hatte, die Tore öffnete.

In jenen Jahren wurden auch die merowingischen Franken zu einer Gefahr für Byzanz. Seit dem Tode Theoderichs 526 beherrschten die Söhne Chlodwigs (†511) das noch heidnische Alamannien. 531 eroberten sie Thüringen, 532 Burgund, und durch die Ehe Theudeberts mit der Langobardin Wisigarde, deren Volk das Gebiet der Rugier eingenommen hatte, geriet zudem der Ostalpenraum um 545 unter fränkische Kontrolle. Theudeberts befürchteter Versuch, gemeinsam mit den Langobarden und Gepiden auf Konstantinopel zu ziehen, endete mit dem Tode des Franken 548 auf der Auerochsenjagd.

Da Justinian den Belisar im Osten benötigte, ernannte er als neuen Heermeister für Italien Germanus (s. o.), der von väterlicher Seite mit dem Kaiserhaus verwandt war, mütterlicherseits aus dem Senatorengeschlecht der Anicier stammte und mit Mataswintha, der Enkelin Theoderichs und Witwe des Witigis, verheiratet war. Diese Verbindung hätte ihn als neuen Westkaiser und Gotenkönig zugleich legitimiert; möglicherweise hat Justinian damals eine Erneuerung des Westkaisertums beabsichtigt. Die vor den Goten nach Konstantinopel geflohenen Emigranten könnten eine derartige Hoffnung gehegt haben. Sie wurde enttäuscht, als Germanus auf dem Zug in den Westen 550 starb.

Der Sieg über die Goten gelang erst Narses. Seine Armee – die Schätzungen reichen von 15 bis 30 000 Mann – bestand zum großen Teil aus Germanen, überwiegend aus Gepiden und Herulern, daneben dienten ihm 5500 Langobarden. Diesem Stamm hatte Justinian 546 Pannonien überlassen, um dem Vorstoß der Franken nach Südost einen Riegel vorzuschieben und die um Sirmium siedelnden Gepiden zu zähmen. Am 6. Juni 552 landete Narses, von Salona kommend, in Ravenna. Totila zog ihm mit seinen 15 000 Mann von Rom aus entgegen. Bei Busta Gallorum in Umbrien kam es zur Schlacht. Sie wurde durch die Langobarden entschieden. 6000 Goten fielen, Totila starb auf der Flucht. Die überlebenden Goten und Rugier erhoben Teja zum König, er fiel am 1. Oktober 552 am Mons Lactarius (Monte Sant' Angelo?) beim Vesuv. Letzte Widerstände in Cumae, wo Tejas Bruder Aligern den gotischen Königsschatz verteidigte, in Lucca, Verona und Brescia waren 563 gebrochen.

Nachdem Narses 553 noch einen Einfall der Franken und Alamannen nach Oberitalien zurückgeschlagen hatte, ging er – meist in Rom residierend – an die Reorganisation Italiens. Gesetzliche Grundlage dafür waren die 554 von Justinian erlassenen «pragmatischen Sanktionen». Darin bestätigte er die Verordnungen von Amalaswintha, Athalarich und Theodahat, hob aber die der späteren Gotenkönige auf. Die Güter der Goten fielen an den Kaiser, das Land der arianischen Kirche kam an den Papst, den größten Grundherrn Italiens. Bezeichnend für den Übergang vom Beamtentum zur Feudalität ist die Bestimmung, daß die Provinzialstatthalter künftig im Einvernehmen mit den Bischöfen aus dem Landadel genommen werden sollten. Die von den Goten weitergeführten Hofämter des Westkaisers verschwanden, nominell wurde der *praefectus praetorio per Italiam* höchster Verwaltungsleiter, doch behielt Narses als Heermeister und *patricius* die Zügel in der Hand. Er amtierte vierzehn Jahre, bis 568.

Weniger erfolgreich war Justinians Versuch, auch Spanien wiederzugewinnen. Schon 533 besetzten seine Truppen von Africa aus die Balearen und die Meerenge von Gibraltar. Im April 534 befahl der Kaiser dem Belisar, Septem (Ceuta) zu befestigen. 551 entstand ein Zwist unter den Westgoten, der Gegenkönig Athanagild rief Justinian zu Hilfe. Der Kaiser schickte 552 ein Heer unter dem Patricius Liberius. Athanagild wandte sich indessen 554 gegen die Byzantiner, konnte aber Cordoba, Cartagena und Malaga nicht zurückgewinnen. Justinian unterstellte seine neuen Besitzungen einem *magister militum Spaniae,* der auch zivile Befugnisse besaß. Um 625 gehörte Südspanien wieder den Westgoten.

Während der Kaiser den Westteil des alten Imperiums zurückzuerobern suchte, gerieten die Donauprovinzen langsam, aber sicher unter die Herrschaft transdanubischer Völker. Lediglich kulturell blieb Byzanz einflußreich. Bulgaren und hunnische Kutriguren, Avaren und Slawen erschienen im Balkanbereich, einzelne Heere stießen vor bis an die Adria, bis zu den Thermopylen, bis unter die Mauern von Thessalonike und Konstantinopel, so 539/540 und 550. Obschon die Hauptstadt durch die von Meer zu Meer reichende Lange Mauer, entsprechend der 1877 angelegten Tschataldscha-Linie, geschützt war, mußte Justinian 559 den Schmuck aller Kirchen außerhalb Konstantinopels vor den Hunnen in Sicherheit bringen lassen. Gegen Zabergan, den Führer der Kutriguren, reaktivierte der Kaiser den alten Belisar, dem es gelang, die Hauptstadt zu retten. Dennoch war die Gefahr erst beseitigt, als der Kaiser durch Diplomatie und Subsidien die Hunnen zu spalten vermochte. Mit diesen Mitteln hat Justinian in seinen späten Jahren zunehmend das vernachlässigte Heer zu ersetzen versucht. Auch die über den Kaukasus drängenden Stämme wurden mit Geschenken zufriedengestellt.

Belisar ereilte das Geschick, das allen bedeutenden Feldherrn der Spätantike drohte. Er wurde 562 zum dritten Male einer Verschwörung verdächtigt, in Haft genommen und starb im März 565. Seine Güter wurden vom Kaiser eingezogen. Der spätere Volksroman über Belisar hat den Sturz des Generals dramatisiert. Vom Kaiser geblendet, hätte Belisar sich sein Brot in den Straßen Konstantinopels erbetteln müssen.

Am 11. November 565 ist Justinian, vermutlich im 84. Lebensjahr, gestorben. Die an Krebs erkrankte Theodora war ihm bereits am 28. Juni 548 vorausgegangen. Beide wurden in dem von Justinian errichteten Mausoleum an der erneuerten Apostelkirche bestattet. Der Grabbau Constantins war inzwischen besetzt. Die gesamte Anlage wich 1462 der Moschee Mehmeds des Eroberers, doch bietet San Marco in Venedig ein Abbild der Apostelkirche. Überlebende Kinder hatte das Kaiserpaar nicht.

Justinian hat den letzten Versuch unternommen, das Imperium Romanum wiederherzustellen. Er schmückte sich schon 533 mit den Siegerbeinamen *Alamannicus, Gothicus, Francicus, Germanicus, Anticus, Alanicus, Vandalicus* und *Africanus*. Sie verraten seinen Anspruch. Das ironische Angebot Belisars an Totila, ihm die Insel Britannien zu überlassen, zeigt, wie man allenfalls die *ultima Thula* verloren gab. Alles übrige wurde beansprucht. Wie die Spinne inmitten ihres Netzes (Rubin) hat Justinian alle Aktionen von Konstantinopel aus überwacht. Hätte er die Stadt verlassen, so hätte er den Kontakt zur gegenüberliegenden Front verloren oder gar mit einer Usurpation in der Hauptstadt rechnen müssen, wie er sie 532 trotz seiner Anwesenheit erleben mußte. Tatkräftig und umsichtig hat Justinian sein Ziel verfolgt. Gegen Ende seines Lebens hatte er das Kaisertum vom Euphrat bis zum Atlantik wieder zu Ansehen gebracht.

Dennoch war der Politik Justinians im ganzen kein Erfolg beschieden. Trotz allem Römerstolz ging die Gräzisierung des Ostreiches unaufhaltsam voran. Perser und Syrer, Goten und Franken sprachen vom «griechischen» Kaiser. Die außenpolitische Lage war weiterhin gespannt. Abgesehen von kurzfristigen Gewinnen bei Lazen und Sarazenen blieb die Perserfront unsicher. Hier hatte Justinian schwere Verluste hinnehmen müssen, und noch höhere Einbußen konnte er nur durch ungeheure Goldzahlungen an die Sassaniden abfangen. Sein Nachfolger Justin II hat diese Tribute eingestellt, die Folge waren abermalige schwere Kriege. Römer und Perser haben sich derartig gegenseitig zermürbt, daß die Araber dann leichtes Spiel hatten. 638 eroberten die Kalifen Jerusalem, 641 fiel Alexandria, 642 wurde das letzte persische Heer bei Nihavend zerschlagen.

Die Rückeroberungen im Westen waren kurzlebig. Africa hat unter und nach Justinian keinen Aufschwung mehr genommen. Es gibt noch Ölexport und Bautätigkeit, das unter den Vandalen fortbestehende literarische Leben aber erlosch. Auch hier vollzog sich die Einbeziehung in den islamischen Machtbereich ohne große Kämpfe, als die Araber 647 im Maghreb auftauchten. 695 fiel Karthago.

Italien hatte nach der *Pax Gothica* unter den Kriegern von Belisar und Narses zu leiden. Drei Jahre nach dem Tode Justinians erschien der Hauptpulk der Langobarden, verstärkt durch 20 000 Sachsen, diesmal nicht als Söldner des Kaisers, sondern unter ihrem König Alboin – angeblich durch Narses gerufen, mit dessen Regiment die Römer unzufrieden waren. Sie nahmen das Land in Besitz und teilten es in 35 Herzogtümer auf. Kulturell standen die – überwiegend arianischen – Langobarden tiefer als die

Goten. Byzanz hielt noch einige Exklaven, so Rom und Ravenna, und hier kam es zu einer kurzen kulturellen Nachblüte. In Ravenna entstanden die prachtvollen Kirchen Sant' Apollinare in Classe und San Vitale, gestiftet von dem Privatbankier (*argentarius*) Julianus, über dessen Geldquellen viel gerätselt worden ist. Die Apsismosaiken von San Vitale mit der Darstellung von Justinian und Theodora gehören zu den eindrucksvollsten Kunstwerken der Spätantike.

Justinians politische Möglichkeiten waren durch die großen, kaum steuerbaren Völkerverschiebungen seiner Zeit begrenzt. Die Landnahme der Germanen im 5. Jahrhundert, der Slawen im 6. und der Araber im 7. Jahrhundert hat das byzantinische Restreich von drei Seiten eingekeilt, so daß es nur noch eine unter mehreren Mächten des Mittelalters darstellt, ohne freilich den Traum vom *Orbis Romanus* aufzugeben. Die Abwehr der Perser im Osten und der Slawen auf dem Balkan wäre wohl erfolgreicher gewesen, hätte Justinian nicht, um seine Bauten und die Tribute bezahlen zu können, das Heer von 645 000 Mann auf 150 000 Mann verkleinert oder wenigstens seine Kräfte nicht im Westen verzettelt.

Prokop (HA. 30,34) hat den «schlaflosen» Justinian einen «mörderischen Dämon» und «Menschenfresser» genannt. Er meinte, der Kaiser habe das Reich zugrunde gerichtet, indem er dessen Kräfte überforderte. Die Krise des 7. Jahrhunderts hätte Prokop als Bestätigung empfunden. Die Kurzlebigkeit der Eroberungen spiegelt die Kurzsichtigkeit des Eroberers. Darum wird man Justinian nicht auf eine Stufe stellen können mit Alexander, der den Orient hellenisiert, oder mit Caesar, der den Okzident romanisiert hat. Justinian steht ebenso unter Augustus, der das Kaisertum begründet, und unter Constantin, der das Christentum zum Siege geführt hat. Die Zukunft gehörte nicht der justinianischen Reichsideologie, nicht dem allumspannenden römischen Weltstaat, sondern Theoderichs Konzept einer dynastischen Synthese der römisch-germanischen Völker, dem nachantiken Staatssystem Europas.

Innenpolitisch ist Justinian an der Glaubensfrage gescheitert, die ihn seit 542 zunehmend beschäftigte. Der Kaiser empfand, so wie Constantin und Theodosius zuvor, einen göttlichen Auftrag, reichsweit die Rechtgläubigkeit durchzusetzen. Die Ausbreitung des monophysitischen Christentums kann ihn kaum erfreut haben. Die Monophysiten in Ägypten, Syrien und Armenien ließen sich weder im Guten noch im Bösen zur Orthodoxie von Chalkedon bekehren, die Opposition gegen den Patriarchen von Konstantinopel war so stark, daß gegen ihn später selbst die Moslems als Bundesgenossen in Frage kamen. Das universale, katholische Prinzip der Einheit war weder politisch noch religiös durchzusetzen.

Justinians weitreichende Wirkungen liegen in seinen großen Kirchenbauten, in seiner Förderung der Seidenindustrie (s. III 3) und in der Befruchtung der Rechtswissenschaft durch das ‹Corpus Iuris Civilis›. Das freilich war im wesentlichen ein bloßes Sammelwerk. Dennoch verdankt der Kaiser dieser Tat seine Nennung in Dantes ‹Göttlicher Komödie›. Im sechsten Gesang des ‹Paradieses› wird Justinian gerühmt dafür, daß sein Gesetz die Mitte halte zwischen dem Zuviel und dem Zuwenig. Dante sieht die Geschichte des Reichs als Flug eines Adlers, der die Zeiten überspannt, der Römertum und Christenglauben zu einer einzigen Weltzeit verbindet.

III. DIE INNEREN VERHÄLTNISSE

1. Der Staat

Das spätrömische Imperium war staatsrechtlich keine Neuschöpfung. Die Zeitgenossen haben die Reformen wohl wahrgenommen, die Diocletian im Hofzeremoniell, Constantin in der Religionspolitik durchgeführt hat, doch haben sie deswegen den spätantiken Dominat nicht im Sinne Mommsens als neuartiges Staatswesen begriffen. Sie hatten auch keinen Grund dazu, denn die älteren römischen Gesetze galten weiter und wurden durch die Kodifikation Justinians sogar erneut eingeschärft. Darum kann eine Darstellung des spätrömischen Staatswesens nur die Besonderheiten hervorheben, ungeachtet der zahlreich fortbestehenden Traditionen.

Das Imperium der Kaiserzeit enthält römisch-republikanische, hellenistisch-orientalische und diverse regionale Komponenten. Die schon während des Principats geschrumpfte Bedeutung der alten republikanischen Einrichtungen ging in der Spätantike weiter zurück. Die Magistraturen wurden nach wie vor besetzt, das Konsulat stand sogar in höchstem Ansehen, doch waren es reine Ehrenämter geworden, für welche die Geehrten teure Spiele zu geben hatten. Der Senat von Rom war nun weniger für die Verfassung als für die Gesellschaft von Belang und wird hier daher unter dieser abgehandelt (s. III 2 a). Der Senat von Konstantinopel besaß indessen durch seine Nähe zum Kaiser eine gewisse Mitsprache bei den Staatsgeschäften (s. III 4 b).

Schon seit der späten Republik macht sich ein hellenistisch-orientalischer Einfluß auf die politische Kultur Roms bemerkbar. Diese Strömung hat sich im Verlauf der Kaiserzeit verstärkt. Sie kommt zum Ausdruck einerseits in der charismatischen Überhöhung des Kaisers, andererseits in der Ausbildung einer komplizierten Bürokratie, in der die Berufsbeamten gegenüber den Honoratioren an Zahl und Macht gewannen. Die diocletianisch-constantinischen Reformen bilden einen wichtigen Schritt in diesem Prozeß.

Die regionale Eigenständigkeit der Reichsteile dauert an in den Provinziallandtagen, die nach dem Vorbild der hellenistischen Konzilien ausgestaltet worden waren (s. III 4 c). Das Versagen der Zentrale aktivierte örtliche Selbsthilfe. Die Autonomie der Städte, jene glorreiche Errungenschaft der Griechen, ist niemals beseitigt worden, wenngleich der Handlungsspielraum der städtischen Behörden schrumpfte. Wo sie verschwanden, trat der kaiserliche *defensor* oder der Bischof als Stadtherr in Erscheinung (s. III 6 c).

Als Bezeichnung für den Staat verwenden die Quellen neben *imperium Romanum* (Amm. XV 8,7; 10,2) weiterhin *res publica* (Amm. XVII 13, 31), *res Romana* (Amm. XVI 12,17), *regnum* (Chron. Min. II 76; 86), *status Romanus* (Aurel. Vict. 24,9; 39,48; Salv. GD. V 23) und *status publicus* (Sidon. ep. I 11,15), während die Formel für den Souverän *Senatus populusque Romanus* (SPQR) noch auf Ziegeln des Diocletianspalastes in Spalato und auf dem Constantinsbogen (Dessau 694) begegnet. Unter Justinian werden die beiden Reichsteile unterschieden, so Marcellinus Comes zu 379 *Orientalis res publica*, zu 392 *Occidentale imperium*, zu 424 *Occidentale regnum*, zu 454 *Hesperium regnum* etc. (Chron. Min. II 60 ff).

a) Der Kaiser

Im Vorwort zu seinem 47. Nachtragsgesetz von 537 blickte Justinian zurück auf die Geschichte der *res publica Romana*. Sie sei von «König» Aeneas gestiftet worden, erneuert von dem Stadtgründer Romulus und dem Gesetzgeber Numa und zum dritten Male begründet von «Caesar dem Großen» und «Augustus dem Frommen». Weder der Anfang der Freiheit in der Republik noch der Beginn des Staatschristentums durch Constantin treten hier in Erscheinung. Das spätrömische Kaisertum begriff sich als die bruchlose Fortsetzung des Principats, der Republik und des Königtums.

Schon manche der Zeitgenossen haben indessen geglaubt, daß sich das Kaisertum in der Spätantike tiefgreifend gewandelt hätte, indem Diocletian das persische Hofzeremoniell übernahm und Constantin die altrömische Religion aufgab. Unter den neueren Forschern hat insbesondere Mommsen den Einschnitt herausgestellt. Mommsen betrachtete den Princeps als Magistrat und den Principat als Dyarchie, als konstitutionelle Zweiherrschaft von Kaiser und Senat auf der Grundlage der Volkssouveränität. Der diocletianische Dominat war für Mommsen hingegen ein orientalisches Gottkaisertum, das dann in den absolutistischen Caesaropapismus hineinführte. *Dominus est, cui est servus,* heißt es bei Isidor (etym. II 29,14). Insofern war der Übergang vom Principat zum Dominat für Mommsen ein tieferer Bruch als der von der Republik zum Kaisertum.

Diese Auffassung Mommsens hat sich nicht durchgesetzt, obschon sie forschungsgeschichtlich einflußreich war. Sie wich der Erkenntnis, daß sich der Übergang vom Principat zum Dominat in einer langen Entwicklung vollzogen hat, wobei einzelne absolutistische Elemente schon früh, einzelne republikanische Züge noch spät begegnen und der Herrschaftsstil nicht nur durch die jeweilige Epoche, sondern ebenso durch den Charakter der einzelnen Kaiser geprägt war.

Der Grundgedanke des neuzeitlichen Absolutismus, wie er etwa bei Thomas Hobbes im ‹Leviathan› (II 26) formuliert ist, stammt aus dem ‹Corpus Iuris› Justinians und geht zurück auf den Rechtsgelehrten Ulpian († 228):

princeps legibus solutus est – der Kaiser ist den Gesetzen nicht unterworfen. Unter *leges* sind hier im ursprünglichen Sinne die im Zusammenwirken von Magistrat und Volksversammlung oder Senat erlassenen *leges rogatae* gemeint. Den Anlaß für die Befreiung lieferten die Ehegesetze des Augustus. Den diskriminierenden Auflagen für kinderlose Senatoren haben sich die Kaiser, die zwar Senatoren, aber selbst oft genug kinderlos waren, natürlich nicht unterworfen. Solche Befreiungen galten bis Vespasian nur für einzelne Gesetze, wurden dann aber generalisiert. Marc Aurel und Septimius Severus schrieben oft: *licet legibus soluti sumus, attamen legibus vivimus.* Severus Alexander wiederholte dies.

In der Spätantike galt der Satz, daß der Kaiser über den Gesetzen stehe, unverändert. Dennoch stand er nicht über dem Recht, denn er ist νομοφύλαξ. Constantin verfügte: *Contra ius rescripta non valeant,* und Julian hat sich gelegentlich demonstrativ selbst eine Geldbuße auferlegt, wenn er einen Rechtsanspruch verletzt hatte. Sein heidnischer Freund Libanios vertrat die Ansicht, auch ein Kaiser sei dem Recht verpflichtet und dürfe nicht tun, was er wolle. Ebendies bestimmt auch ein Erlaß von 384, der demjenigen Strafe androht, der ein gesetzwidriges Kaiserreskript erschleicht.

429 heißt es in einem Gesetz Galla Placidias: «Es ziert den Kaiser, wenn er sich selbst durch die Gesetze gebunden erklärt, denn unsere Autorität hängt ab von der Autorität des Rechts. Die Unterwerfung unter die Gesetze ist mehr als die imperiale Gewalt des Kaisers.» Selbst der allmächtige Justinian hat zuerst die gesetzliche Grundlage geschaffen, bevor er die Schauspielerin Theodora heiratete. Gegen jeden staatlichen Beamten und jede staatliche Maßnahme war ein Einspruch des Bürgers möglich, ebenso gegen ein als rechtswidrig vermutetes Kaiserreskript. Über dessen Rechtmäßigkeit hatte dann natürlich doch der Kaiser zu befinden. Über ihm stand kein irdischer Richter.

Das Paradoxon ist klar: Wenn der Kaiser sich an die Gesetze bindet, so tut er dies nach eigenem Ermessen, aus einer moralischen Verpflichtung heraus, die nicht einklagbar ist. Um so eindringlicher wurde sie von den Lobrednern vor Augen gestellt, die bei jeder sich bietenden Gelegenheit – im Schnitt sechsmal jährlich – am Kaiser jene Eigenschaften priesen, die er habe, weil er sie haben sollte. Ammian (XXV 4) verwendet im Nekrolog auf Julian den Katalog der Kardinaltugenden *temperantia, prudentia, iustitia, fortitudo,* ergänzt durch *scientia rei militaris, felicitas atque liberalitas.* Das Idealbild des Herrschers ist das traditionelle. Stein- und Münzinschriften rühmen den Kaiser als *restitutor rei publicae,* als *conditor atque amplificator totius orbis Romani,* als *triumphator omnium gentium,* als *fundator pacis* und feiern seine *providentia,* seine *aeternitas,* seine *virtus* und seine Bildung. Die Kirchenväter rühmten unter den Herrschertugenden die rechtgläubige Frömmigkeit und die Demut gegenüber den Geistlichen.

Die Funktionen des spätrömischen Kaisers waren im wesentlichen dieselben wie zuvor. Der Kaiser verkörperte den Staat. Er war als alleiniger
imperator oberster Heerführer und beteiligte sich aktiv an Wehrübungen.
Er entschied über Krieg und Frieden, verhandelte mit fremden Fürsten
und schloß Verträge, er ernannte die Offiziere und Beamten, beantwortete
Eingaben durch *rescripta* und *responsa,* oder *libelli,* war der höchste Richter und der alleinige Gesetzgeber. Gute Kaiser wie Julian widmeten sich der
Rechtsprechung intensiv. Der Kaiser vergab an Fremde das Bürgerrecht,
an Bürger Ämter, Ränge und Würden, namentlich Konsulat und Patriciat,
setzte die Steuern fest, verteilte Spenden und Gehälter und trug für alles,
was im Reich geschah, die letzte Verantwortung. Die Führung im Felde
überließen die Kaiser nach Theodosius zumeist ihren Heermeistern; man
erzählte sich sogar, daß Theodosius dies seinen Nachfolgern gesetzlich auferlegt habe. Maiorians erfolgloser Zug nach Spanien 460 führte zum Sturz
des Kaisers durch seinen Heermeister (s. II 10).

Der Kaiser entschied über Anwendung, Auslegung und Inhalt des gelten-
den Rechts. *Quod principi placuit, legis habet vigorem,* heißt es bei Ulpian,
«was der Kaiser beschließt, hat Gesetzeskraft». Die *lex data* war ein altes
Recht des Magistrats, das nun allein dem Kaiser zustand. Ulpian leitete es
her aus der (erst später so genannten?) *lex regia,* aus den Vollmachten, die
Volk und Senat Augustus übertragen hatten, und die dann jeweils an den
neuen Kaiser weitergereicht wurden. Sie enthielten neben dem *imperium
proconsulare (maius),* der *tribunicia potestas* und den übrigen genau benannten Vollmachten eine Dispositionsklausel für besondere Fälle («und was
sonst noch zum Nutzen des Staates dient, darf er verfügen»), die schließlich alle Einzelrechte überflüssig machte.

Der kaiserliche Absolutismus ist mit dem altrömischen Prinzip der
Volkssouveränität vereinbar, insofern der Kaiser von Volk und Senat als
Träger des Imperiums und der Potestas eingesetzt worden ist. Justinian
hat diese Prinzipien in sein ‹Corpus Iuris› übernommen. Er meinte, daß
die Rechte von Senat und Volk zum Wohle des Staates an die Kaiser
gekommen seien, doch begründete er seine Stellung über den Gesetzen
zugleich mit einem hellenistisch-christlichen Gottesgnadentum, das den
Kaiser als *lex animata,* als νόμος ἔμψυχος, als lebendiges Gesetz ausgab.
Er sah darin noch nicht den Widerspruch, den das Mittelalter darin entdeckte.

Während des Principats waren die Gutachten der Rechtsgelehrten eine
eigenständige Rechtsquelle. Sie versiegte im 3. Jahrhundert und ist in der
Spätantike verschwunden. Mit Aurelius Arcadius Charisius unter Diocletian erlosch das lebendige Juristenrecht für 1000 Jahre. Die ältere Literatur wurde in Auswahl durch das Zitiergesetz und die Digestenkompilation
kanonisiert. Insofern nichts Neues mehr zuwuchs, gewann die kaiserliche
Entscheidung an Einfluß.

Nachdem sich noch Diocletian am klassischen Recht orientiert hatte, erfolgte unter Constantin der Übergang zum Vulgarrecht. Der Text der Gesetze verlor seine begriffliche Schärfe, rhetorischer Schwulst verdunkelt nun den Gedanken, moralische Ermahnungen und Drohungen treten an die Stelle exakter Regeln. Dieser Verlust an Präzision und Differenzierung wurde in Kauf genommen zugunsten breitenwirksamer Eindruckskraft, wie sie gleichfalls hinter dem aufgebauschten Zeremoniell steht. Daß die kaiserlichen Verordnungen großenteils ignoriert wurden, ergibt sich aus den zahlreichen Wiederholungen und den Bekräftigungen, daß die Gesetze zu befolgen seien.

Die Nachfolge im Kaiseramt unterlag keinen festen Regeln. Gemäß der republikanischen Tradition übertrug der Senat im Namen des Volkes dem neuen *princeps* seine magistratischen Befugnisse. Diese Legitimation hat schon im 3. Jahrhundert an Bedeutung verloren. Nur Julian hat dem Senat seine Erhebung noch angezeigt, doch blieb dies eine nostalgische Geste. In Konstantinopel spielte der Senat seit dem Ende der theodosianischen Dynastie wieder eine gewisse Rolle (s. III 2a). Nach dem Tode von Marcian 457 ernannte er den Offizier Leo, den der mächtige Heermeister Aspar vorgeschlagen hatte (s. II 11). 518, nach dem Tode des Anastasius, erreichte Justinus seine Anerkennung durch die Garnison Konstantinopels und den dortigen Senat (s. II 12). Er meldete dem Papst seine – angeblich zunächst verweigerte – Thronbesteigung, die er der heiligen Trinität, den hohen Hofbeamten, dem Senat und dem Heere verdanke – dies erscheint zuletzt. Im Westen scheint die zweite, endgültige Kaisererhebung Maiorians 457 einem Senatsbeschluß zu folgen (s. II 10). Am 11. Januar 458 richtete der Kaiser ein ehrerbietiges Schreiben an den Senat und setzte eigenhändig (*manu divina*) darunter: *optamus vos felicissimos et florentissimos per multos annos bene valere, sanctissimi ordinis patres conscripti.*

Sonst fiel dem Senat in der Bestätigung des neuen Kaisers eine eher dekorative Rolle zu. Das entscheidende Wort lag beim Heer, das der Idee nach, so wie die alten Centuriatskomitien, das Volk in Waffen darstellte. «Den Kaiser macht das Heer», heißt es in einem Brief des Hieronymus (ep. 146) aus der Zeit um 400. Diese Regel ist um 1150 ins ›Decretum Gratiani‹ (c. 24 D. 93) übernommen und damit für das mittelalterliche Kirchenrecht – freilich nicht für die Praxis – verbindlich geworden. Die Kompetenz des Heeres trat bei Vakanzen in Erscheinung, so nach dem Tode von Julian 363, von Jovian 364 und dem von Valentinian 375.

Das in der Ausrufung durch das Heer anerkannte Prinzip der Volkssouveränität wurde mit dem Gottesgnadentum (s. u.) so versöhnt, daß die Stimme des Volkes als die Stimme Gottes gedeutet wurde. Dieser Gedanke war nicht neu, er ist schon bei Homer und Hesiod bezeugt, Marc Aurel und Themistios vertraten ihn. Er ist gleichfalls ins christliche Mittelalter übergegangen.

Bei der Auswahl dynastiefremder Thronkandidaten gab niemals die soziale Herkunft den Ausschlag. Diocletian soll als Sklave geboren sein, alle seine Mitregenten stammen aus kleinsten Verhältnissen und haben sich in der Armee hochgedient. Jovian, Valentinian, Theodosius, Maximus und Maiorian im Westen waren Offiziere und meist auch Söhne von solchen. Dasselbe gilt im Osten für Marcian, Leo, Anastasius und Justin. Letzterer war als entlaufener Bauernbub nach Konstantinopel gekommen und hier in die Palastwache eingetreten. Daß ein reicher Senator wie Petronius Maximus 455 oder Anicius Olybrius 472 einmal vorübergehend Kaiser wurde, blieb selten.

Die meisten Kaiser stammten aus den Donauländern. Schon im 3. Jahrhundert spiegelt sich darin die Bedeutung des Balkanraumes für die Rekrutierung allgemein. Der Spanier Theodosius bildet eine Ausnahme. Versuche von Germanen, Kaiser zu werden, sind gescheitert, so Magnentius 353, Silvanus 355 und Johannes 425. Arbogast, Stilicho und Rikimer im Westen und Aspar im Osten haben sich mit der Position eines dynastisch gesicherten Generalissimus begnügt. Anscheinend war die Vorstellung eines Barbaren auf dem Kaiserthron unpopulär. Im Falle von Rikimer und Aspar bot auch deren arianisches Bekenntnis einen Hinderungsgrund. Mehrfach wollten diese Heermeister indessen ihre Söhne zur Thronfolge bringen, so Aspar und Odovacar. Schon Stilicho wurde das vielleicht nicht zu Unrecht nachgesagt.

Gewöhnlich wurde die Auswahl des neuen Kaisers durch den amtierenden getroffen. In der Theorie wählte dieser den tüchtigsten aller möglichen Kandidaten. Claudian (VIII 215 ff) betont stolz, daß anders als bei den Persern die dynastische Herkunft nicht das einzige Kriterium sei, die Römer forderten auch *virtus*. Wie wenig aber dieses Kriterium wog, zeigt sich darin, daß niemals ein Kaiser einen anderen Kandidaten als den eigenen Sohn, sofern er einen hatte, für den würdigsten befunden hat. Hatte er keinen, so verband er – so zuletzt Justin – Designation und Adoption. Das haben schon Caesar und Augustus getan.

Euseb (VC. I 9; 21) bezeichnete die Vererbung der Kaiserwürde als ein «Recht der Natur», Lactanz (MP. 26,6) spricht von einem *ius hereditatis*. Diese allgemein verbreitete Ansicht vertraten ebenso die Hofjuristen unter Justin und Justinian: Das Erbrecht sei bei allen Völkern anerkannt, bei Römern, Persern und Barbaren. Als Caesar wünschte Julian dem Constantius einen Thronerben; sobald er aber selbst Kaiser geworden war, lehnte er den gleichlautenden Rat seiner Freunde ab, angeblich um dem Staat degenerierte Herrscher zu ersparen.

Die Familienpolitik lag nicht nur im Interesse des jeweiligen Kaiserhauses. Auch die Truppen dachten so und fragten selbst bei einem dynastiefremden Kandidaten nach dessen Vater. Dementsprechend wurde dem Sohn des alten Kaisers stets der Vorzug vor allen anderen Kandidaten gegeben. Der Stand der Mutter spielte daneben keine Rolle, Söhne von Konkubinen wurden gleichrangig behandelt, wie die Mütter von Constantin und Crispus erweisen. Gleiches gilt für die Germanen, denken wir an Geiserichs oder Theoderichs Mutter. Das rationale Argument für die Erbfolge war die Vermeidung des Bürgerkriegs unter denjenigen Kandidaten, die sich selbst für den besten hielten. Zugleich mag ein Bedürfnis nach Sicherheit mitgesprochen haben, das in vielen anderen Lebensbereichen dem Sohn die Aufgaben des Vaters überwies. Das irrationale Motiv war der Glaube an die Erblichkeit des Glücks.

Als Diocletian das Prinzip der Vererbung der Kaiserwürde aufhob und durch die Adoption des «Tüchtigsten» ersetzte, haben die Soldaten nicht mitgemacht und statt dessen in Constantin und Maxentius die Kaisersöhne erhoben. Die Zugehörigkeit zur Dynastie war ein derart sicheres Legitimätskriterium, daß Constantin, Julian und Valentinian II Anerkennung fanden, obwohl sie ohne Zustimmung der Altkaiser ausgerufen wurden. Dies mißlang nur Maxentius und Procopius.

Während Diocletian seine Tetrarchie durch Adoptionen und Verschwägerungen als künstliche Dynastie konstruierte, wurden seit Constantin die Nachfolger wieder aus der natürlichen Familie des Kaisers genommen. Daß dies auch dem Empfinden des Heeres entsprach, ergibt sich aus dem überlieferten Motiv der dynastischen Morde nach dem Tode Constantins 337 in Konstantinopel. Sie wollten keine Kaiser außer den Söhnen Constantins.

Der Kaiser designierte normalerweise seine Söhne zu Mitkaisern und Nachfolgern, manchmal auch den Vetter (Julian, Valentinian III), den Bruder (Valens), den Schwager (Flavius Constantius) oder Schwiegersohn (Anthemius, Olybrius). Seit Gratian 367 wurden Kaisersöhne schon im Kindesalter zu *Augusti,* nicht erst zu *Caesares* ausgerufen. Die Ausbildung des Thronerben umfaßte die lateinische und griechische Literatur, Redekunst, Reiten, Waffenübung und Glaubensunterweisung. Würdevolles Auftreten verlangte mal milde, mal furchterregende Mimik, sittsames Sitzen, gravitätisches Schreiten und gebot, das Lachen zu unterdrücken.

Die dynastische Legitimation des neuen Kandidaten konnte auch darin bestehen, daß die Witwe oder Tochter des vorherigen Kaisers ihn vorschlug oder heiratete. So kam es zur Verschwägerung der spätrömischen Dynastien untereinander. Alle legitimen Kaiser von Diocletian bis zu Justinian waren irgendwie miteinander versippt. Seit Constantius Chlorus führen sie und mit ihnen Tausende von Untertanen den Gentilnamen *Flavius.* Damit löste die Erinnerung an Vespasian und Titus die an Marc Aurel ab, die in den Kaisernamen des 3. Jahrhunderts fortgeführt worden war. Das altrömische Namenssystem verschwand. Der letzte Kaiser mit gesichertem Praenomen war Marcus Aurelius Valerius Maxentius. In offiziellen Verlautbarungen nennt ein Kaiser seine Vorgänger stets *parentes nostri.* Der Rangtitel der Angehörigen des Kaiserhauses lautet *nobilissimus.*

Die Kaiserinnen kamen aus allen Schichten. Constantius Chlorus, Licinius und Constantin hatten Kinder von Konkubinen. Justinian heiratete seine «unehrliche» Frau aus der Theaterszene. Die ältere Eudoxia, Verina und Euphemia waren germanischer Abstammung. Töchter von Offizieren waren Eusebia und Domnica, aus dem Munizipalbürgertum kamen Flaccilla und Eudokia-Athenais, die Tochter eines griechischen Philosophen. Eine zunehmende Zahl von Frauen entstammte Seitenzweigen der Dynastie oder dem vorangegangenen Herrscherhaus. Valentinian ehelichte – jenseits aller *political correctness* – Justina, die Witwe des Usurpators Magnentius. Politische Heiraten gewannen an Bedeutung. Der germanische Militäradel war vielfältig mit den Kaiserfamilien verschwägert, und diese Familienbindungen bilden den eigentlichen Zusammenhalt der führenden Schicht. Die senatorischen Großgrundbesitzer spielen in ihr nur eine Nebenrolle.

Die Frauen des Kaiserhauses erhielten in der Regel durch den Kaiser den Rang einer *Augusta*. In eigenem Namen konnten sie nicht regieren, doch haben Frauen als Gattin, Schwester oder Mutter des Kaisers zuweilen entscheidende Rollen gespielt, so im 4. Jahrhundert Eusebia, Constantina und Justina, im 5. Jahrhundert Pulcheria, Athenais, Galla Placidia und Verina, im 6. Jahrhundert namentlich Theodora. Die spätrömischen Kaiserinnen besaßen eigene Domänen und Eunuchen, die als Kämmerer (*cubicularius, castrensis*) dienten, Hofdamen, ja eigene Leibwächter. Auf den Münzen erscheinen sie seltener als im Principat. Die Lobreden auf Kaiserinnen thematisieren eher das Frauenideal allgemein (s. III 2 c) als die spezifischen Tugenden der Kaiserin, so Julian in seinem Panegyricus auf die «milde» Eusebia und Gregor von Nyssa in seinen Trauerreden auf Flaccilla und ihre Tochter Pulcheria. Für den Christen standen Frömmigkeit und Fürsorge obenan.

Die spätantiken Herrscherfamilien waren kurzlebig. Im Höchstfalle folgten drei Generationen tüchtiger Kaiser aufeinander, so von Constantius Chlorus über Constantin zu dessen Söhnen und Neffen. Gewöhnlich erlahmt die Energie bereits bei den Söhnen. Seit dem späten 4. Jahrhundert führt das zum Phänomen der Kinder- und Kammerkaiser, den *principes pueri* und *principes clausi*. Es muß als eine Stärke des Systems gewertet werden, daß auch in solchen Fällen die Zentrale handlungsfähig blieb. Dann trat der Hof in Funktion, ein Heermeister oder Reichspräfekt führte die Geschäfte im Namen des Kaisers.

Seit Diocletian finden wir in der Regel mehrere Kaiser zugleich im Amt. Die Kaisermacherei des 3. Jahrhunderts wurde abgelöst durch ein legales Mehrkaisertum. Dieses erscheint in drei Varianten. Diocletian hat die sogenannte Tetrarchie eingerichtet: Das Reich wurde in einen Ost- und Westteil gegliedert, jeweils unter einem Imperator Augustus. Jeder Augustus hatte einen nachgeordneten *nobilissimus Caesar* zur Seite, der auch Inhaber eines abgegrenzten Reichsteils sein konnte.

Die zweite Spielart war die, daß ein Oberkaiser mit mehreren Unterkaisern regierte. Ranghöchster Kaiser (*senior Augustus*) war der am längsten amtierende, das Lebensalter und der Residenzort spielten keine Rolle. In der Regel spiegelt die Zahl der bekleideten Konsulate die Rangordnung. Als Augustus hat Constantin seine Söhne, Constantius II seine Vettern zu Caesaren erhoben, Theodosius seine Söhne zu *Augusti iuniores.*

Als dritte Variante begegnet schließlich die Aufteilung des Reiches unter gleichberechtigte und selbständige *Augusti.* Dies geschah 313 zwischen Constantin und Licinius, abermals 337 nach dem Tode Constantins, 364 nach der Erhebung Valentinians, 375 nach dessen Tod im Westen und endgültig 395 nach dem Ende des Theodosius.

Trotz dieses Mehrkaisertums blieb der Gedanke an die Reichseinheit herrschend. Sämtliche offiziellen Verlautbarungen, insbesondere Gesetze, Münz- und Bauinschriften erfolgten im Namen aller Kaiser, jeweils nach Dienstalter gestaffelt. Austausch von Truppen und Beamten hat es immer gegeben. Beamtenernennungen wurden gegenseitig anerkannt, wenn Amtsinhaber den Reichsteil wechselten; und die Jahreskonsuln, nach denen datiert wurde, galten im gesamten Imperium. Das Konsulat war die höchste Auszeichnung. In der Zeit des geteilten Reiches wurde gewöhnlich von jedem Augustus ein Konsul erhoben, aber jeweils der andere mitgenannt. Zwei römische Reiche nebeneinander gab es erst seit Karl dem Großen.

Das Verhältnis zwischen dem Ost- und dem Westkaiser schwankte. Unter Diocletian herrschte Eintracht. Nach seinem Tode wechselten Krieg und Frieden bis zu Constantins Sieg über Licinius. In der Zeit danach waren die Beziehungen meist dann gut, wenn auf beiden Seiten Angehörige derselben Dynastie regierten. Unter den Söhnen des Theodosius entstanden gleichwohl Spannungen, die mit dem Tode Stilichos endeten. Der Osten ist bis zur großen Vandalenexpedition 468 immer wieder dem Westen zu Hilfe gekommen, selbst die Entsendung Theoderichs gegen Odovacar 489 und die Belisars gegen Theodahat 535 lassen sich noch als Zeugnisse eines Einheitsbewußtseins auslegen.

Der Grund für die Kollegialität der Oberbeamten in der Republik war, daß ein einzelner zu stark gewesen wäre. Die Mehrzahl diente der Kontrolle. Die Ursache für die Kollegialität der spätrömischen Kaiser war hingegen, daß ein einzelner zu schwach gewesen wäre. Die Mehrzahl diente der Effizienz. In Gallien, schreibt Junior (Exp. 58), muß es immer einen Kaiser geben, die Rheingrenze erforderte einen Befehlshaber mit höchsten Kompetenzen.

Die Titulatur des spätrömischen Kaisers, wie sie uns auf Inschriften und in Gesetzesüberschriften begegnet, entspricht der Tradition: *Imperator Caesar* wird vor den Namen gestellt, *Augustus* folgt ihm. Als schmückende Beiworte zu *Augustus, imperator* und *dominus* erscheinen *pius felix, perpetuus, perennis, fortissimus, maximus, clementissimus, triumphator, victor, invictus, semper, inclytus* usw. Die erweiterte Kaisertitulatur nennt die Zahl der jährlich erneuerten *tribuniciae potestates,* der Konsulate, der Ausrufungen zum Imperator, den Ehrennamen *pater patriae,* das Amt des *proconsul* (bis Constantin) und zuweilen eine Reihe von Siegerbeinamen wie *Persicus, Britannicus* und *Germanicus.* Bis zum Jahre 379 führten die Kaiser den Rang des *pontifex maximus* weiter, bezeichneten sich außerdem als *triumphator,* als *debellator gentium barbarorum* oder als *victor omnium gentium.* Eine besonders pompöse Titulatur führten Diocletian und seine Mitkaiser im Vorspann zum Preisedikt – sie umfaßt 143 Wörter – und Justinian in seiner Konstitution ‹Tanta› von 533.

Wo der Name des Kaisers von anderen gebraucht wird, so etwa auf Münzlegenden und in Weihinschriften, wird in der Regel *dominus noster* (DN) vorangestellt. Dies ist seit Hadrian bezeugt und war seit Severus Alexander üblich. Die schon für Augustus verwendete Anrede für den Kaiser *domine* bleibt neben *imperator* erhalten. Sie begegnet indessen auch für andere hochgestellte Persönlichkeiten, so in den Akklamationen auf Stilicho. Der Kaiser wurde geduzt, einfach mit Namen angeredet, doch finden sich auch barocke Formen wie *numen vestrum, clementia vestra* oder *aeternitas vestra* etc. In Byzanz wurde der Kaiser mit βασιλεύς angeredet, bis Justinian sich δεσπότης nennen ließ. Der Kaiser sprach von sich selber im *pluralis maiestatis.* In der dritten Person lautet die Bezeichnung für den Kaiser auch weiterhin *princeps, imperator, Augustus* und *Caesar. Caesar* bleibt daneben der Rang für den Thronfolger und den minderrangigen Mitkaiser, den «Unterkaiser», doch wird seit 367 auch für diesen der Augustus-Titel verwendet. Die inoffiziellen Schmucktitel der Weihinschriften sind vielseitig. Der Kaiser heißt dort *restitutor libertatis, auctor salutis, propagator imperii, fundator securitatis* usw.

In den griechischen Quellen wird *imperator* mit αὐτοκράτωρ wiedergegeben, *Augustus* mit σεβαστός, Caesar wird Καῖσαρ. Im Munde der Untertanen heißt der Augustus gewöhnlich βασιλεύς (offiziell im Osten seit Heraclius), nicht jedoch der Caesar. Βασιλεύς heißt eigentlich «König», wird aber schon im Neuen Testament auch für den Kaiser gebraucht. Der Titel erscheint gewöhnlich – wie für den persischen Großkönig – ohne Artikel. Kirchenväter verwenden auch *rex* für den Kaiser, häufig sind *regius* oder *regalis* – kaiserlich, *regina* – Kaiserin.

Eine Reihe von Kaisertiteln weist in die sakrale Sphäre. «Als erster nach Caligula und Domitian ließ sich Diocletian wie ein Gott begrüßen.» Entsprechend wurden noch Constantin, Constantius und Theodosius als «Götter» bezeichnet. Der Astrologe Firmicus (math. II 30,4 f) zählt die Kaiser zu den Göttern, ebenso nennt der Christ Vegetius (II 5) den Kaiser «gewissermaßen einen gegenwärtigen körperlichen Gott». Auch der christliche Kaiser spricht selbst von seinem *numen*; sein Besitz ist *sacer, sacratissimus, divinus.* Seine Anordnung, verfaßt auf den *altaria,* ist ein *caeleste oraculum,* dessen Mißachtung ein *sacrilegium*. All diese Begriffe stammen aus der hellenistischen Tradition, schon Trajan und Hadrian waren *sacratissimi principes*; die Christenverfolger Decius und Diocletian waren «gottgeliebteste» Kaiser (θεοφιλέστατος). Das Totengericht des Senats entschied, ob er unter die Götter versetzt werden oder der *damnatio memoriae* verfallen sollte. Die Konsekration hört mit oder nach Gratian auf, die *damnatio memoriae* traf noch u. a. Licinius, Crispus, Fausta, Constans, Magnus Maximus und Stilicho. Heidnische wie christliche Bildpropaganda zeigt die Himmelfahrt des Kaisers im Viergespann. Priester des Kaiserkultes sind aus Rom, Hispellum und aus Africa von Constantin bis in die Vandalenzeit bezeugt.

Die Kaiser des 4. Jahrhunderts residierten und repräsentierten an wechselnden Orten (s. III 1 b). Kennzeichnend für die Zeit ist das hochentwickkelte Hofzeremoniell. Schon Eutrop (IX 26), Aurelius Victor (39,2–4), Ammian (XV 5,18) und Johannes Lydus (mag. I 4), d. h. die von der verlorenen Enmannschen Kaisergeschichte abhängigen Autoren, haben Diocletian vorgeworfen, persische Rituale eingeführt und damit das Ideal des Bürgerkaisers zugunsten eines Gottkaisers verraten zu haben. Tatsächlich hat Diocletian lediglich Elemente ausgestaltet, die auch zuvor bei römischen Kaisern schon nachzuweisen sind, ja großenteils über den Hellenismus in den Alten Orient zurückführen.

Die zeremonielle Begrüßung des Kaisers hieß *adoratio purpurae* (Anbetung des Kaisermantels) oder προσκύνησις (Anhündelung). Die Zulassung zur Proskynese war nach Rängen und Anlaß gestaffelt, ihre Form variierte zwischen Fußfall, Fußkuß und Verbeugung des vorgesetzten rechten Knies. Im Principat begrüßten den Kaiser senatorische Standespersonen mit einem Kuß auf den Mund, das war lange vorbei. Die Einführung zur Audienz oblag dem *magister admissionum*, der dem *magister officiorum* unterstand. Wer die Zulassung durch Beziehung oder Bestechung erschlichen habe, heißt es, werde mit einer Geldstrafe von fünfzig Goldstücken bestraft.

Die beiden wichtigsten Insignien des spätrömischen Kaisers waren der Purpurmantel (*vestis regia*, χλαμύς) und das Diadem (*diadema*). Der Purpurmantel, der seit Diocletian bei der Begrüßung geküßt wurde, war das alte Feldherrnkostüm. Ihn trug auch der Caesar (Unterkaiser), nicht hingegen ein Klientelkönig. Bei Theoderich gehörte der Purpur zu den Insignien, die ihn über eine solche Stellung hinaushoben. Der Purpur galt als die kaiserliche Farbe. Lactanz (inst. IV 7) vergleicht die Anlegung des Purpurs (*indumentum purpurae*) als Zeichen der kaiserlichen Würde (*insigne regiae dignitatis*) mit der Salbung der alten israelischen Könige. Porphyr, d. h. purpurfarbener Granit, wurde mit Vorliebe für kaiserliche Kunstwerke gebraucht, seit einem Gesetz Leos von 470 unterschrieben die Kaiser ihre Erlasse mit roter Tinte; Privatleuten wurde sie verboten. Privater Gebrauch des Purpurs war nicht grundsätzlich untersagt, wohl aber das Tragen von ganzflächig purpurnen Gewändern.

Das Diadem, das Constantin nach dem Sieg über Licinius 325/326 zum doppelten Perlenkranz mit Medaillon ausgestaltete, zierte allein den Augustus. Wenn es zu 383 heißt: *Arcadius ... coronatus est*, so bedeutet dies: er erhielt das Diadem, so wie Julian 360 in Paris. Der Lorbeerkranz, den noch Diocletian getragen hatte, begegnet nur noch bei den *Caesares*. Im Felde trug der Kaiser einen juwelengeschmückten Helm. Ihn zierte bei Constantin das Christogramm. Eine Krone kannten die römischen Kaiser nicht, sie kam aus dem Sassanidenreich über Byzanz zu den Germanen.

Die von Diocletian eingeführten edelsteinbestickten Schuhe blieben in Gebrauch. Das Zepter gehört seit dem späten 3. Jahrhundert zu den Insignien, nachdem es auch zuvor schon mehrfach Verwendung fand. Als σκῆπτρον wird ebenfalls das Labarum, die Kaiserstandarte, bezeichnet. Der Globus bedeutete die Himmels- oder Erdkugel, er war das alte Symbol der Weltherrschaft und wurde zu allen Zeiten wenigstens auf den Bildern von den Kaisern getragen. Meist stand auf ihm eine geflügelte Victoriola, bis Theodosius II diese durch ein Kreuz ersetzte. So wurde daraus der «Reichsapfel».

Constantin saß in Nicaea – wie sein «Juppiterbild» in der Maxentiusbasilika – auf einem goldenen Thron, der auch auf Münzen erscheint. Er ist schon für Daia in Sharkamen belegt und gehörte fortan mit Schemel zum Zeremoniell, darüber breitete sich oft ein Baldachin. Constantius II benutzte im Felde eine *sella regalis* mit goldbestickten Kissen. Profanen Blicken entzog sich der Kaiser durch einen Vorhang (*velum, aulaeum*), in der Öffentlichkeit trennten ihn kostbare hüfthohe Schranken (*cancelli*) vom Publikum.

Das Bild der Victoria als Symbol der Siegesgewißheit blieb trotz ihrer heidnischen Vergangenheit (s. II 7) in der kaiserlichen Repräsentation noch im 6. Jahrhundert in Gebrauch, ebenso der Adler Juppiters, der «römische Vogel». Er erscheint wie auf der Pariser Gemma Augustea so auf dem Trierer Ada-Kameo Constantins. Auch Legionsadler gab es nach wie vor (s. III 1 d). Victoria ließ sich als Engel deuten, der Adler als Attribut des Evangelisten Johannes.

Der Herrschaftsantritt war eine Investitur. Der neue Kaiser erschien mit Purpur und Diadem vor dem Heer, das ihn in Sprechchören zum Augustus ausrief. Diese Huldigung nahm der Kaiser auf einem Thron entgegen, der auf erhöhtem Tribunal stand. Auf die Akklamation folgte die Ansprache und die Verteilung von Geld. Seit Julian kamen auch germanische Elemente ins Spiel, so die Schilderhebung.

Eine Krönung durch einen Bischof oder gar durch den Papst hat es im weströmischen Reich nie gegeben, ein erster Fall in Byzanz begegnet bei Leo 457. Der Gedanke einer Sanktionierung weltlicher Herrschaft durch die Geistlichkeit ist wieder orientalischen Ursprungs. Wir kennen sie aus dem gleichzeitigen Sassanidenreich und aus der Geschichte des Alten Israel.

So wie Saul und David sind dann später die westgotischen und fränkischen Könige von Priestern gesalbt worden. In Byzanz gewann der Patriarch im Zuge der Verkirchlichung der Staatsfeste an Bedeutung. Hier war das Erhebungszeremoniell bereits im 5. Jahrhundert außerordentlich kompliziert, von den sonstigen Festlichkeiten bei Hofe ganz zu schweigen.

Die wichtigsten Beisetzungsorte verstorbener Kaiser und ihrer Angehörigen waren das verschwundene Doppelmausoleum S. Petronilla / S. Andreas an Alt Sankt Peter in Rom und die Mausoleen Constantins und Justinians an der Apostelkirche von Konstantinopel, überbaut von der Moschee und dem Grab Mehmeds II. Die von Herodian (IV 2) beschriebene Zwiefachbestattung des Kaisers, dessen Leiche eingesargt und dessen Wachsbild auf einem kostbaren Scheiterhaufen verbrannt wird, ist archäologisch noch für Galerius erschlossen. Für christliche Kaiser ist eine *crematio in effigie* nicht mehr anzunehmen.

Die religiösen Elemente in Titulatur und Zeremoniell entspringen der traditionellen Ideologie des Gottesgnadentums. Seit Caesar besaß das Kaisertum eine sakrale Komponente, die sich in der Vorstellung eines heroischen Gottmenschentums, eines göttlichen Genius oder einer gottgegebenen Amtshoheit des Herrschers niederschlug. Das Wort Homers (Ilias II 205), Zeus habe Agamemnon die Königsgewalt verliehen, wird noch von Kelsos zitiert. Bis zu Licinius erscheint auf den Münzen Juppiter als Garant der Macht, bei Constantin ist es bis 325 der unbesiegte Sonnengott, fortan Gottvater oder Christus.

Alle spätrömischen Kaiser glaubten an ihren göttlichen Herrschaftsauftrag. Aurelian trat damit den aufbegehrenden Soldaten entgegen: «Ihr irrt, wenn ihr meint, das Schicksal der Kaiser liege in eurer Hand. Der Gott, der mir den Purpur geschenkt hat, bestimmt auch die Dauer meiner Herrschaft.» Diocletian und seine Tetrarchen bezeugen diese Ansicht durch ihre theophoren Beinamen. Constantin erklärte, ihm habe der höchste Gott die Herrschaft über die Erde verliehen, und er übertrage nach diesem Vorbild die Ämter seinen Freunden. Er hat sich als gotterwählter Herrscher empfunden. Auf dem Münzbild krönt ihn eine Hand aus dem Himmel, während dem Julian «Zeus ein Zeichen sandte», als die Soldaten ihn zum Kaiser ausriefen. Justinian regierte *Deo auctore* und erließ seine Gesetze *In Nomine Domini Nostri Ihesu Christi*. Er bekundete den Glauben an seine göttliche Erwählung in seinen Novellen und bezeichnete sich zugleich als den «nichtswürdigsten Sklaven Gottes».

Seitdem Paulus im 13. Kapitel des Römerbriefes die kaiserliche Obrigkeit für eingesetzt von Gott erklärt hatte, war das Gottesgnadentum wie für Heiden (Themist. I 3) so für Christen selbstverständlich. Tertullian (Scap. II 7) schrieb, über dem Kaiser stehe allein Gott. Dasselbe meinte auch der christliche Militärschriftsteller Vegetius (II 5): der treue Soldat diene dem im

Namen Gottes regierenden Kaiser wie einem anwesenden und körperlichen
Gott (*tamquam praesenti et corporali Deo*). Die Ideologie des christlichen
Kaisertums hat ihre gültige Prägung gefunden in der Tricennalienrede des
Hofbischofs Eusebios von Caesarea, gehalten zum dreißigjährigen Regierungsjubiläum Constantins 335 in Konstantinopel. Wie der Logos Jesus die
Welt regiere, so herrsche sein irdischer Stellvertreter Constantin in seinem
Auftrag über das Reich. Die Monarchie sei die beste Staatsform, sie entspre-
che dem Monotheismus und garantiere den Frieden. Der gottgeliebte Kai-
ser habe die Aufrührer gegen Wahrheit und Gesetz gestürzt, die Dämonen
und ihre Spießgesellen besiegt und regiere die friedliebenden Menschen als
guter Hirte, als Vorbild und Lehrer. Wie Gott selbst wird auch der Kaiser als
Steuermann des Weltenschiffes beschrieben, das die guten Menschen in den
Hafen des Himmels führe, während die Bösen in die Hölle sänken.

Eusebs Kaiseridee unterscheidet sich von derjenigen anderer Kirchenväter eher in der Emphase als in der Substanz. Daß der Kaiser allein Gott
unterstehe, der ihn erhoben habe, meinte ebenso Optat von Mileve. Agapetos betont es mehrfach, und selbst Ambrosius, der Theodosius 390 die
Kommunion verweigerte, sah in Gott den *auctor imperii*. Fromme Kaiser
wie Constantin und Theodosius kämen in den Himmel, Renegaten wie
Julian und Usurpatoren wie Maximus oder Eugenius in die Hölle. *Dei enim
imaginem habet rex, sicut et episcopus Christi,* heißt es in den anonymen
‹Quaestiones veteris et novi testamenti›. Die Kirchenkunst hat Christus als
Imperator dargestellt. Er wird wie Gottvater und der Kaiser gewöhnlich
frontal, nicht im Profil abgebildet; er trägt wie der Kaiser den Purpur und
die Weltenkugel.

Augustinus (CD. V 24) zeichnete den christlichen Idealkaiser eher nach
traditionellem Muster. Insbesondere rühmt er, wie schon Seneca in ‹De
clementia›, die Milde als höchste Herrschertugend, die der Christ freilich
nicht um irdischen Ruhmes, sondern um der himmlischen Seligkeit willen erstrebe. Der gute Kaiser stelle seine Macht ganz in den Dienst Gottes. Gewalt brauche er nicht aus Ehrgeiz, sondern nur aus Staatsraison (*pro
necessitate regendae tuendaeque rei publicae*). Wie die Heiden und Christen
seiner Zeit, hat Augustin das Imperium Romanum als die letztgültige irdische Ordnung angesehen und ihre militärische Aufrechterhaltung bejaht.
Trotzdem war ihm das Reich nur ein Gut von dieser Welt, vergänglich und
unvollkommen wie diese.

Die religiösen Funktionen des Kaisers setzten ebenfalls eine vorchristliche Tradition fort. Als *pontifex maximus* (s. o.) besaß der Kaiser eine Mittlerfunktion zwischen der menschlichen und der göttlichen Welt. Er war
gegenüber den Göttern für das Wohlverhalten der Menschen und gegenüber diesen für das Wohlwollen der himmlischen Mächte verantwortlich.
Diese Vorstellung begegnet sowohl im Alten Testament als auch unter den
Zeitgenossen des Aristoteles. Die heidnischen Burgunder haben ihren

König abgesetzt, wenn die Ernte mißriet. Die dahinterliegende Vorstellung überliefert Ammian (XXVIII 5,14) ebenso für die Ägypter, und sie ist auch dem spätantiken Kaisertum nicht fremd. Symmachus (rel. III 15) führte die Hungersnot von 384 auf die Vernachlässigung der altrömischen Kulte durch die christlichen Kaiser zurück. Aus *religio neglecta* erwuchs stets Unheil. Theodosius II begründete umgekehrt sein Religionsgesetz von 438 mit den Strafen des Himmels für die Gottlosigkeit der Heiden, Juden und Häretiker: Der Frühling habe demzufolge seine Anmut, der Sommer seine Fruchtbarkeit, der Winter seine Milde eingebüßt.

Da der Kaiser so wie die Bischöfe sein Amt in göttlichem Auftrag versah, konnte er auch selbst als «Bischof» betrachtet werden. Euseb (VC. I 44) nannte ihn den «gemeinsamen», d. h. nicht an einen Sprengel gebundenen Bischof, Constantin selbst verstand sich bescheidener als «Bischof der Außerkirchlichen» (l. c. IV 24). In patristischen Quellen erscheint der Kaiser seit Theodosius II wieder als *pontifex,* seit Valentinian III begegnet *pontifex inclitus* als Bestandteil der Kaisertitulatur.

Als neue Aufgabe übernahm der Kaiser seit Constantin die Sorge für die Kirche. Er stiftete Gotteshäuser, unterstützte die Kirchenkasse und entschied strittige Bischofswahlen. Der Kaiser berief die ökumenischen Konzilien und verlieh ihren Beschlüssen einschließlich der ihm zusagenden Glaubensformel Gesetzeskraft. Ein Kaiser wie Theodosius fühlte sich für das Seelenheil seiner Untertanen verantwortlich. Indem er Heiden und Ketzer bekämpfte und ihre Schriften verbrennen ließ (s. III 6 a), ging er weit über die Kompetenzen eines früheren Princeps hinaus und nahm Aufgaben wahr, die später die Päpste als ihre Sache ansahen. Dieser «Cäsaropapismus» ist die wichtigste Neuerung im spätrömischen Kaisertum. Während der Kaiser mit seinen sonstigen Gesetzen meist nur bestehenden Übeln abhelfen will, also bloß reagiert, greift er in der Kirchenpolitik bewußt ins Geschehen ein.

Seit augusteischer Zeit dominierte die Vorstellung, daß Rom die Weltherrschaft zukomme. Der *orbis Romanus* wurde auf den *orbis terrarum* ausgedehnt. Vergil (Aen. I 278 f) legte die Verheißung eines *imperium sine fine* Juppiter in den Mund. Der Redner von 310 verkündete, die göttlichen Orakel hätten Constantin die *totius mundi regna* verheißen, und Euseb (VC. II 19) und Ambrosius (ob. Theod. 1) schrieben, so wie Gott die Welt, so regiere der gottgeliebte Kaiser den Erdkreis. Für den heidnischen Senator Symmachus (or. I 1; II 18) war das selbstverständlich. Themistios pries in seinen Kaiserreden von 350 und 370 als das höchste Herrscherideal die menschheitsumfassende Philanthropie. Agapetos (6) wiederholte das. Justinian (CIC. II p. 2) glaubte, Gott habe den Römern auf ewige Zeiten die Herrschaft über alle Völker verliehen, beruhend auf der Weisheit der Gesetze und auf der Macht der Waffen.

In dieser Tradition forderten senatorische Stimmen eine expansive Außenpolitik, so Festus (brev. 19; 30) gegenüber Valens und Symmachus (or. II 24; 31) gegenüber Valentinian: Das Reich müsse immerzu wachsen, um nicht zu zerfallen. Auch die Vorliebe für Trajan und andere militante Kaiser in der ‹Historia Augusta› und auf den Kontorniaten weist in diese Richtung. Gleichwohl ist kein spätrömischer Kaiser mehr auf Eroberung ausgegangen. Das Reich stand an allen Fronten in der Defensive und mußte sich mit dem Schutz der Grenzen begnügen (s. III 1 d). Hinzu kam zuweilen eine Vorfeldsicherung, so im Breisgau nach 368. Rachefeldzüge in Feindesland gab es bis 378, als Gratian die Alamannen über den Rhein verfolgte; in der Regel aber mußten die Feinde auf Reichsboden bekämpft werden. In vielen Fällen griff man römischerseits zum Mittel des Verrats und des Meuchelmords an äußeren wie inneren Gegnern. Territoriale Einbußen wurden unterschiedlich kommentiert. Der Verlust der Provinzen jenseits von Rhein und Donau im 3. Jahrhundert wird in den Quellen kaum beklagt, doch die Preisgabe des oberen Mesopotamien mit Nisibis durch Jovian 363 löste großen Unwillen aus (s. II 6). Die Landnahme der Germanen im 5. Jahrhundert verkraftete man mit der von jenen gewöhnlich anerkannten Oberhoheit des Kaisers.

Altbewährt war die Idee eines Schutzgürtels verbündeter Mächte unmittelbar jenseits der Grenzen. Trotz der erwiesenen Unzuverlässigkeit der Barbaren suchten die Kaiser mit ihnen in einen Vertragszustand zu kommen (s. III 1 d). Dabei ging es zuerst um die Wahrung des Friedens, sodann um die Rückgabe der gefangenen Provinzialen – von einer Auslieferung der Beute ist nie die Rede –, um die Gestellung von Geiseln und Söldnern durch die Barbaren und die Gewährung von «Geschenken». Zu diesem Zweck ließen die Kaiser Goldmedaillons von mehrfachem Gewicht des Aureus herstellen, die auf der Vorderseite ihr Profil, auf der Rückseite die üblichen Embleme der Münzen zeigen. 67 dieser Prunkstücke fanden sich in 35 Schatzfunden im germanischen Raum zwischen Nordsee und unterer Donau. Sie beginnen mit Gallienus und Maximianus, häufen sich unter Constantin und Valens. Vielfach tragen sie Ösen, wurden mithin als Schmuck getragen. Offenbar hat man sie auch innerhalb Germaniens weitergereicht und nachgeprägt.

Diese «Geschenke» wurden unterschiedlich interpretiert. Rhetorik und Bildpropaganda verkündeten zwar die Überlegenheit des Kaisers, doch sprechen die Folgen und Formen der Friedensschlüsse eine andere Sprache. Valens verhandelte mit den Goten zu Schiff inmitten der Donau, und Valentinian mußte sich ans rechte Rheinufer zu den Alamannen bemühen. Sie wiesen die «üblichen Gaben» entrüstet zurück, wenn sie dem erwarteten Wert nicht entsprachen. Eine zweischneidige Lösung des Barbarenproblems war die Ansiedlung auf Reichsboden. Auch die Kaiser der Spätantike haben solche immer wieder durchgeführt (s. III 2 d), doch bot man damit den Besiegten nicht eben das, was sie als Sieger begehrten?

Der Herrschaftsanspruch des Kaisers spiegelt sich in seinen bildlichen Darstellungen. Kennzeichnend sind die obligaten Kaiserinsignien (s. o.) sowie Frontalität, Betonung der Augen und Bedeutungsgröße der Herrscher. Während sich Augustus auf dem Relief der Ara Pacis, im Profil dargestellt, von den Senatoren nicht abhebt, wohl aber physiognomisch identifizierbar ist, erkennt auf dem Mosaik von San Vitale in Ravenna jedes Kind den Autokrator, aber niemand Justinian. Die individuelle Lebensähnlichkeit ging verloren, Julian beschwerte sich einmal bei einem Maler darüber. Die meisten spätantiken Kaiserportraits sind Umarbeitungen älterer Marmorköpfe.

Den Untertanen stand der Kaiser vor Augen durch die Allgegenwart seines Bildes und seines Namens. Wenn der Panegyriker Mamertinus (Paneg. XI 14,3) ausruft: «Überall seid Ihr zugleich; auch wenn Ihr im Palast sitzt, sind Länder und Meere von Eurer Göttlichkeit erfüllt», dann hat das einen konkreten Bezug. Um die Omnipräsenz Gottes zu veranschaulichen, verweist Severianus von Gabala (PG. 56, 489) um 400 auf das ubiquitäre Kaiserporträt. Es finde sich in jedem Gericht, jedem Theater, auf jedem Forum, jedem Versammlungsplatz (σύλλογος). Die Truppen führten Herrscherbilder mit sich. Bei den Prozessionen der Staatsfeste wurden sie von Kaiserpriestern herumgetragen. In den Kirchen erscheint der Kaiser auf Mosaiken, auch wenn er nicht der Stifter ist, so zu San Vitale. Kaiserbilder finden wir in den Amtsstuben, auf dem Konsularszepter, auf den Staatsgewändern, den Feldzeichen und den Schilden – in allen Größen, Techniken und Materialien. Beliebt waren Spangen und Ringe, die Bilder des Kaisers, Treuegelübde oder Segenswünsche für ihn enthielten.

Auffällig ist die Unbeweglichkeit des abgebildeten Kaisers und die Handlungsarmut der Szenen. Alles zielt auf Repräsentation. Darstellungen im Kampf oder auf der Jagd treten zurück hinter Begrüßungen und Empfängen, bei denen die Gesandten der Städte, Provinzen und Barbaren sich in demütiger Haltung dem posierenden Autokrator zur Proskynese nähern und Gaben bringen. Es sind die bei Ammian mehrfach beschriebenen Flehszenen, die u. a. auf der Basis des Theodosius-Obelisken demonstrieren, was in der Realität verlorenging.

Die Vorderseite fast aller Münzen zeigt den Kopf, den Namen und die Titel des Kaisers. Die Rückseiten feiern die Siege über die Barbaren, die Gunst des Himmels, die Eintracht unter den Herrschern, die Fruchtbarkeit der Kaiserfamilien, die Ankunft des Herrschers zu Pferde und dergleichen. Religiöse Motive sind häufig, unter den Tetrarchen erscheinen Juppiter, Hercules und Mars, Constantin prägte bis 325 *Sol invictus* (s. o.). Heidnische Isismünzen halten sich bis ins frühe 5. Jahrhundert; Victoria überdauert (s. III 6 a). Nur zögernd kommt Christliches zum Ausdruck: Christogramm, Labarum, Kreuz und die *manus divina* aus den Wolken, die den Herrscher bekränzt. Im Verhältnis zur Vielfalt und Schönheit der früheren Kaisermünzen zeigen die der Spätantike indes Dekadenzerscheinungen. Die Kupfermünzen des 5. und 6. Jahrhunderts sind von geradezu barbarischer Plumpheit, die Porträts werden schon seit Diocletian schematisch.

Die offizielle Geltung des Kaiserbildes blieb unverändert. Jeder neuernannte Kaiser schickte sofort sein Konterfei an den anderen Hof und in die Hauptstädte der Provinzen. Ihre feierliche Aufnahme bedeutete die Anerkennung des Dargestellten, ihre Zurückweisung war eine Kriegserklärung. Beschädigung eines Kaiserbildes galt als Hochverrat (*crimen laesae maiestatis*). 406 genehmigte Arcadius, daß seine Statuen zu Restaurationszwecken vorübergehend entfernt werden dürften. Jeder Aufstand begann mit einem Sturz der *imagines*. Bei der Aufstellung einer Kaiserstatue wurde diese in christlicher wie in heidnischer Zeit «konsekriert». Die Verehrung des Kaiserbildes selbst in Kirchen wurde von den Kirchenvätern nicht beanstandet. Für heidnische Tempel hatte Constantin das untersagt. 394 verfügte Theodosius, daß in der Nähe von Kaiserbildern keine Possenreißer auftreten dürften, am Eingang zum Hippodrom und im Proszenium des Theaters sei letzteres jedoch weiterhin statthaft.

Die aus dem ptolemäischen Sakralrecht stammende Asylfunktion des Kaiserbildes blieb in christlicher Zeit erhalten. Theodosius bestimmte, daß die Flüchtigen dort zehn Tage Schutz genössen, sich dann aber einem Gerichtsverfahren stellen müßten. Selbst die heidnische Verehrung der Kaiserstatuen ging weiter. Sie wurde nicht mehr als Religion, sondern als bloße Zeremonie verstanden, nicht der Person des Kaisers, sondern seinem Amt zugedacht. Erst 425 untersagte Theodosius II die Adoration von Kaiserbildern, forderte aber für die Aufstellung einen würdigen Rahmen durch Anwesenheit des Statthalters und die Wahl eines Feiertages.

Auf öffentlichem Gelände durften Bilder für verdiente Personen nur mit allerhöchster Genehmigung aufgestellt werden. Ebenso wachten die Kaiser über die Bauinschriften. Theodosius erklärte es 394 zum Staatsverbrechen, wenn ein Beamter auf ein vollendetes Bauwerk seinen eigenen Namen schriebe und nicht den des Kaisers. Vorausgesetzt ist, wie die Fassung Justinians lehrt, daß der Bau mit Staatsgeldern errichtet wurde.

Wie durch Bildnisse und Inschriften, so brachten sich die Kaiser durch die zahlreichen Staatsfeiertage in Erinnerung. Zu diesen zählten neben Neujahr (s. III 2 a) und Sieges- und Heimkehrfesten die Geburtstage und der *dies imperii* oder *natalis purpurae,* d. h. der Tag der Machtübernahme, der nach fünf Jahren in den Quinquennalien, nach zehn in den Decennalien, nach zwanzig in den Vicennalien und nach dreißig in den Tricennalien festlich begangen wurde. Damit waren Wagenrennen und andere Spiele, Lobreden und Amnestien verbunden. Die hohen Beamten wurden mit Staatsgeschenken beehrt, die Truppen erhielten Sonderzulagen (*donativum*), die Städte dagegen zahlten Zusatzabgaben (*aurum coronarium*).

Vota-Prägungen der staatlichen Münze verkündeten die Gelübde für eine glückliche Folgeperiode.

Belustigungen bildeten ebenso den wichtigsten Inhalt auf den Jahresfesten der Provinziallandtage (s. III 4 c). Als die Stadt Hispellum in Umbrien um 335 Constantin bat, den Bau eines Tempels für die Gens Flavia zu gestatten, ging es um die mit dem Kaiserkult verbundenen Theaterspiele und Gladiatorenkämpfe. Diese Lustbarkeiten blieben auch in christlicher Zeit beliebt, und ihretwegen durften die Tempel und Provinzialpriester für den Kaiserkult einstweilen bestehen bleiben.

Es versteht sich von selbst, daß es immer irgendwo Unzufriedenheit mit der Regierung gab. Das Ventil dieser Mißstimmung waren Aufstände, wie sie in den Großstädten und auf dem Lande mehrfach ausgebrochen sind. Gefährlich wurden diese Unruhen, wenn sie bei der Armee entstanden, dann drohten Usurpationen. Die Erhebung von Gegenkaisern war das wirksamste Korrektiv des römischen Kaisertums. So wie das Heer das Recht beanspruchte, den Kaiser einzusetzen, so hielt es sich auch für befugt, ihn wieder abzusetzen, indem es einen neuen, vermeintlich besseren Kandidaten erhob. Die aus dieser Einstellung mögliche Kaisermacherei, die in der Zeit der Soldatenkaiser das Reich an den Rand der Anarchie geführt hatte (s. II 1), ist durch die diocletianischen Reformen beendet worden. Dennoch hat es nicht an Empörern gefehlt, die auch weiterhin die Festigkeit der jeweiligen Herrschaft auf die Probe gestellt haben. Kaum ein anderer Mißstand hat das spätrömische Reich so belastet, wie die Kämpfe um die Kaiserwürde und die Glaubenskonflikte.

Für die Zeit zwischen 284 und 455 kennen wir fast vierzig Fälle von Hochverrat. Dabei handelt es sich allerdings um Usurpatoren von sehr unterschiedlichem Zuschnitt. Lassen wir die Eintagskaiser und die purpurtragenden Kameltreiber beiseite, so sind unter Diocletian zwei Erhebungen gefährlich geworden: Carausius und Allectus in Britannien, Domitianus und Achilleus in Ägypten. Calocaerus unter Constantin hatte keine Chance. 350 erhob sich in Gallien Magnentius, doch wurde er bereits 353 wieder gestürzt. 365/366 suchte sich Procopius in Konstantinopel erfolglos gegen Valens durchzusetzen, während Firmus in Africa 370 bis 374 kaum außerhalb auf Sieg hoffen konnte. Ernsthafter waren die Erhebungen gegen Theodosius im Westen: 383 bis 388 Magnus Maximus und 392 bis 394 Eugenius und Arbogast. Auch sie wurden niedergeworfen. Gegen Honorius erhoben sich mit kurzem Erfolg Marcus, Gratian, Attalus, Maximus, Sebastianus und Jovinus. Länger hielt sich Constantin III. 407 bis 411 beherrschte er Britannien und Gallien. Über Pirrus ist außer seinem Tod 428 nichts bekannt. Die späteren Bürgerkriege im Westen galten seltener der Kaiserwürde als der Macht im obersten Feldherrenamt, so bei Alarich, Aëtius, Rikimer, Orestes und Odovacar. Vier der letzten Westkaiser wurden vom Osten nicht anerkannt: Maiorian, Libius Severus, Glycerius und Romulus.

III. Die inneren Verhältnisse

In Byzanz bat man nicht um Zustimmung im Westen. Dort wurde nach vorangegangenen Auseinandersetzungen 471 der Heermeister Aspar gestürzt. Dann kam es in den Jahren 475 und 476 zu Kämpfen zwischen Zenon und dem Usurpator Basiliskos. 479 empörte sich Marcian, 484 bis 488 folgte der Aufstand des Heermeisters Illus, der Leontios als Gegenkaiser ausrufen ließ. Die Theoderiche kämpften um Titel und Subsidien, ebenso der Gotenfürst Vitalian 514. Justinian überwand den 532 im Nika-Aufstand erhobenen Hypatios.

Die Gründe für die Erhebungen waren vielschichtig: Unfähigkeit der Kaiser, Eigensucht des Militärs, unzureichende Grenzverteidigung kamen zusammen. Das Legitimitätsbewußtsein der herrschenden Kaiser war so empfindlich, daß sie einen dynastiefremden Usurpator nicht duldeten, auch wenn er, wie Eugenius und Johannes, eine Vakanz füllte, wie Magnentius und Maximus ein besserer Regent war als der gestürzte Kaiser oder, wie letzterer, zeitweilig anerkannt war. Für den Staat wäre es gewiß besser gewesen, die Truppen des jeweiligen Reichsteils über den Thron entscheiden zu lassen und den Bürgerkrieg zu vermeiden. Die innere Größe zu dieser Einsicht besaß nur Valentinian.

Nach dem Sturz eines «Tyrannen» – so die offizielle Bezeichnung für den Gegenkaiser seit Constantins Sieg über Maxentius – wurden im Zuge der *damnatio memoriae* dessen Bilder zerstört, seine Inschriften ausgemeißelt und seine Münzen eingezogen. In den Panegyriken erscheint ein Usurpator stets ohne Namensnennung als *latro, proditor, carnifex purpuratus* oder ähnlich. Gegen seine nächsten Angehörigen und Freunde wurden Majestätsprozesse geführt, der Besitz eines Usurpatorenbildes war todeswürdig. Soldaten und Provinzialen erhielten gewöhnlich Amnestie.

Ein Problem war, was mit den Rechtsakten geschehen solle. Die Beamtenernennungen und sonstigen Privilegierungen wurden ungültig, die Betroffenen mußten froh sein, wenn sie straflos ins Privatleben zurückkehren konnten. Im übrigen fand Constantin nach dem Sieg über Licinius die salomonische Formel: Alles was dieser rechtens angeordnet habe, bleibe gültig; alles was unrechtmäßig bestimmt worden sei, werde ungültig. Constantius II verfügte, daß die Freilassungen und Privatverträge aus der Zeit des Magnentius in Kraft blieben, und diese Regeln wurden später wiederholt. Auch die Gesetze Maiorians blieben in Kraft, obschon er vom Osten nicht anerkannt wurde.

Die Angst der Kaiser vor Usurpationen war die Ursache für die meisten Majestätsprozesse, worüber die Zeitgenossen klagen. Die Rechtsgrundlage hierfür reicht zurück in die republikanische Zeit. Seit Augustus verkörperte der Kaiser die Majestät des römischen Volkes. Wer ihn beleidigte, verletzte die *maiestas populi Romani*. Einzelne Kaiser haben in philosophischer Großmut auf dieses Instrument verzichtet. Julian beantwortete 362 die Schmähreden der Antiochener durch seine Satire ‹Misopogon›. 393 verkündete Theodosius, die Beleidigung seiner Person sei eine Dummheit, aber kein Verbrechen, doch blieb ein solches Verhalten die Ausnahme. Gewöhnlich wurde jede abfällige Äußerung über den lebenden Kaiser, jede Beschädigung seiner Bilder, jede Anmaßung von kaiserlichem Zeremonialgut, ja sogar die Schicksalsbefragung, wie lange der Kaiser regieren oder wer sein Nachfolger werde, als Majestätsverbrechen bestraft. 397 hat Arcadius dies durch die *Lex Quisquis* ausgedehnt auf den Schutz von Staats- und Palastbeamten und jede Art von Verschwörung unter Strafe gestellt. Als Majestätsverbrechen galt auch die Fälschung von Kaiserurkunden.

Constantin hatte um 321 den Sklaven die Kreuzigung angedroht, wenn sie ihre Herren anzeigten, vorher und nachher dagegen wurden ihnen dafür Belohnungen ausgesetzt, wenn es um den Schutz des Kaisers ging. Im Majestätsverfahren drohte die Folter auch Personen höherer Stände. Der Überführte wurde hingerichtet. Ammian berichtet über einige Prozeßwellen unter Constantius II und Valens, bei denen offenbar zahlreiche Unschuldige oder doch Harmlose umgekommen sind.

Das römische Kaisertum ist seit Caesar und Augustus durch das Nebeneinander zweier Herrschaftsformen geprägt. Der republikanischen Tradition, die ausgehend von der Volkssouveränität die Herrschaft aus dem Recht und der Vernunft herleitet, steht eine monokratische Vorstellung gegenüber, die ausgehend vom Gottesgnadentum die Staatsgewalt religiös und emotional begründet. Diese beiden Stränge lassen sich bei einzelnen Kaisern, etwa bei Augustus, auseinanderhalten. Er war in Rom Bürgerkaiser, im Osten dagegen Gottkaiser. Die zwei Komponenten der Monarchie befanden sich selten im Gleichgewicht. Die meisten Kaiser können der einen oder der anderen Richtung zugeordnet werden. Aufs Ganze gesehen ist eine Orientalisierung des Herrschertums nicht zu bezweifeln. Hellenistisch-orientalische Autokraten vom Typus Caligula, Domitian oder Commodus erscheinen im Principat als Ausnahme, im Dominat eher Bürgerkaiser wie Julian oder Valentinian. Für die Stimmung der Zeit ist bezeichnend, daß Julian von Ammian (XXII 7,1; 14,1) dafür getadelt wurde, die Hoheit der Kaiserwürde verletzt zu haben, indem er sich allzu weit herabließ.

Da der Stil der Herrschaft sich zur Autokratie hin entwickelt hat, fällt das Urteil der freisinnigen Nachwelt über das spätrömische Kaisertum ungünstig aus. Gesinnungsrepublikaner der senatorischen Tradition, Humanisten und Aufklärer, sozialistische und liberale Autoren haben die griechische Tyrannentopik und das Schreckbild der orientalischen Despotie über die Kaiser gestülpt. Auch Gibbon, Burckhardt und Mommsen machen hier keine Ausnahme.

Dennoch ist das Bild einer «orientalischen Zwingherrschaft», einer «first absolute autocracy», einer «Geburt des Absolutismus» schwerlich aufrechtzuerhalten. Die Kaiser des Dominats haben an Macht theoretisch nichts hinzugewonnen, aber praktisch einiges verloren. Das lehren die Reichsteilungen, die Schwächlinge und Kinder auf dem Thron, die konkurrierend zur Kaisergewalt wachsende Macht des Heeres, des Hofes und der Verwaltung, der Kirche und des Adels. Die bestimmenden Kräfte verteilen sich in einer für den Staat geradezu gefährlichen Weise. Die wirkliche Macht lag nach Theodosius im Westen dauernd, im Osten lange bei den militärischen «Kaisermachern». Das pompöse Gehabe der spätantiken Kaiser verdeckte den Schwund an Durchsetzungsvermögen durch symbolische Repräsentation.

Das spätantike Kaisertum war als Staatsform in der römischen Tradition und in der christlichen Ideologie doppelt verankert und ist darum auch von den kritischen Zeitgenossen nicht grundsätzlich in Frage gestellt worden. Für die städtischen und ländlichen Unterschichten, für das Militär und den Klerus war die Anerkennung eines höchsten Herrn selbstverständlich. Zum Kaisertum als solchem wird nirgends eine Alternative vorgeschlagen, vermutlich wäre es angesichts der großen Kommunikationsprobleme und des niedrigen Bildungsstandes im Reich auch gar nicht sinnvoll gewesen, eine reichsweite Demokratisierung anzustreben. Die Versuche Justinians und seiner Nachfolger, die Statthalter in den Provinzen wählen zu lassen, schlugen fehl. Der dabei entstehende Streit erforderte eben doch die kaiserliche Autorität.

Nur vereinzelt begegnen wir noch der Ansicht, daß mit dem Ende der Republik die Freiheit verlorengegangen und durch ein System von Despoten und Schmeichlern ersetzt worden sei. Diese aus der senatorischen Historiographie bekannte Haltung haben noch Ampelius, Claudian und Zosimos vertreten, aber auch sie deuten nirgends an, daß sie eine Abschaffung der Monarchie für möglich hielten. Ihr Republikanismus war literarisch, nicht politisch. Selbst Constantin gab dem Senat formell Rechte wieder, die dieser unter Caesar verloren hatte.

Die politische Kritik richtet sich weniger gegen das System, zu dem eine Alternative nicht sichtbar ist, als gegen unwürdige Kaiser. Kennzeichnend für das Denken der Zeit sind die Nekrologe Ammians, in denen er die guten und die schlechten Seiten der Kaiser einander gegenüberstellt. Das Herrscherideal ist dabei abgestimmt auf Gerechtigkeit, Milde, Fürsorge und die überlieferten Kardinaltugenden. Sie wurden den Kaisern durch die Panegyriker nahegebracht.

Als System war das christliche Kaisertum der Spätantike auf der Höhe der Zeit. Es hat darüber hinaus das Modell für die europäischen Monarchien des Mittelalters und der Neuzeit abgegeben. Die byzantinischen und deutschen Kaiser, die römischen Päpste und die italienischen Stadtherren haben nach spätantikem Vorbild regiert. Im Zeitalter des Absolutismus ist es zum letzten Male kopiert worden. Treffend bemerkte Châteaubriand (1831, 113) über Constantin: er sei der *véritable fondateur de la royauté moderne.*

b) Der Hof

Die Kaiser der Spätantike residierten nur noch ausnahmsweise in Rom. Die militärischen und ökonomischen Verhältnisse erforderten die Gegenwart des Herrschers an wechselnden Brennpunkten und damit eine Dezentralisierung der Residenz. Rom behielt zwar seinen ideologischen Ehrenrang (s. III 4 a), verlor aber seine administrative Bedeutung als Kaisersitz. Während des 4. Jahrhunderts war der Herrscher zumeist unterwegs, begleitet von seiner Garde und einer Wagenkolonne mit den Akten und dem Geld. Erst die Söhne des Theodosius wurden wieder seßhaft, denn die Kriegsführung lag nun bei den Heermeistern. Arcadius und seine Nachfolger saßen in Konstantinopel, das sie nicht verlassen konnten, ohne dort eine Usurpation zu befürchten. Honorius wählte Ende 402 Ravenna zur Residenz, doch kehrte Valentinian III Anfang 440 nach Rom zurück. Zahlreiche Städte besaßen einen Palast (*palatium, aula palatina, regia, templum, domus sacra divina aeternalis,* βασιλεία), so Trier, Köln, Paris, Cordoba, Mailand, Aquileia und Ravenna im Westen, im Osten Serdica, Sirmium, Thessalonike, Nikomedia, Nicaea und Antiochia.

Der Zentralbau der Paläste war jeweils ein rechteckiger Saal mit einer Apsis auf der Schmalseite für den Thron dem Eingang gegenüber, die *aula palatina* im engeren Sinn. Schloßkapellen sind nicht bekannt, obschon am Hof Gottesdienst stattfand, jedenfalls unter Constantin. Bei Kirchenfesten besuchte der Kaiser die Bischofskirche. In den Großstädten wie Rom, Konstantinopel, Antiochia, Aquileia, Sirmium, Trier und Thessalonike lag neben dem Palast der Hippodrom, wo der Herrscher in der Kaiserloge (κάθισμα) vor den Augen des Volkes die Wagenrennen eröffnete, indem er ein Tuch (*mappa*) auf die Rennbahn warf. Diese ungemein populäre Szene wurde zum beliebten Thema der Kunst. Das *palatium* des Kaisers und das *praetorium* des Statthalters sind baulich nicht immer zu unterscheiden, da – wie in Köln – die Benutzer wechselten. Neben ihren Palästen besaßen die Kaiser Villen am Stadtrand (*villa suburbana*). Die eindrucksvollsten sind die des Maxentius an der Via Appia und die Villa delle Marignane bei Aquileia.

Die Bezeichnung des spätantiken Hofes als Institution lautet *comitatus* (von *comes, coire*). Dies bedeutet «Begleitung» und erinnert daran, daß die Kaiser des 4. Jahrhunderts viel unterwegs waren und auch in kleinen Orten urkundeten. Wenn sie nicht selbst im Felde standen, hielten sie sich doch in der Nähe der Spannungsgebiete auf. Das Itinerar kennen wir namentlich aus den Absenderangaben der Gesetze.

Die Hofangehörigen insgesamt heißen *palatini*, es sind die, die Zugang zum Palast haben. Ihr Dienst galt grundsätzlich als *militia*. In Abgrenzung gegen die *militia officialis* (Verwaltung) und die *militia armata* (Heer) umfaßt der Hof die *militia palatina*. Wir können drei Gruppen von Angehörigen unterscheiden: die Mitglieder des Staatsrates, die an der Regierung mitwirkten, die Garden und Leibwachen des Kaisers sowie die persönlichen Bediensteten und sonstigen Höflinge. Die engste Umgebung des Herrschers bildete seine Familie; namentlich die kaiserlichen Frauen besaßen mitunter beträchtlichen Einfluß (s. III 1 a)

Das *consilium principis,* der Rat des Kaisers aus dem Principat, wurde ersetzt durch einen verhältnismäßig fest umrissenen Staatsrat, das *sacrum consistorium.* Der Begriff, seit Diocletian belegt, bezeichnet ursprünglich den Ort der Versammlung, den Thronsaal des Palastes, die *aula regia.* Im Laufe des 4. Jahrhunderts wurde der Begriff auf die Institution des Staatsrates übertragen.

Seine Mitglieder hießen *comites intra consistorium* oder *comites consistoriani* und waren *comites primi ordinis.* 330 hatte Constantin *comites,* gestaffelt nach drei Rängen, geschaffen. Die Unterscheidung der drei *ordines* stammt aus dem morgendlichen Begrüßungszeremoniell, darum ist auch von drei *admissiones* die Rede. Eine kleine Gruppe der *comites primi ordinis* trug das höchste Rangprädikat *vir illustris* (auch: *illustrissimus*), darunter standen die *viri spectabiles.* Diese Ränge waren nichterbliche Zusatzprädikate der erblichen Senatorenwürde, des Clarissimats (s. III 2 a). Dieses Dreistufenschema galt bis zu Justinian, der es um die Ränge von *viri gloriosi* und *viri magnifici* erweiterte, da die vermehrte Vergabe die alten Ränge abgewertet hatte. Die byzantinische Freude an Titeln zeigt sich daneben in unübersetzbaren Höflichkeitsprädikaten wie *amplissimus, devotissimus, eminentissimus, florentissimus, praecellentissimus* für bestimmte Beamte und in Anreden wie *auctoritas tua, culmen, excellentia, magnificentia* und *spectabilitas.*

Die *comites* berieten den Kaiser und bildeten den würdigen Rahmen, wenn er Gesandte und Bittsteller empfing. Der Name *silentium* für diese Versammlung ist abgeleitet vom kultischen Schweigen, das bei der Verkündung des kaiserlichen Willens herrschte. Die Zusammensetzung und Größe des Staatsrates schwankte. Wichtige Entscheidungen wurden im engsten Kreise der *proximi* getroffen, wobei unter Umständen auch die Kaiserin ein gewichtiges Wort besaß (s. III 1a). Verkündete der Kaiser das Urteil, erhob man sich. Die Verhandlungen (*acta*) und Beschlüsse wurden protokolliert. Fragmente haben sich unter den Gesetzen erhalten. Der Beglaubigung des kaiserlichen Willens diente das Siegel des Fingerringes und die eigenhändige Unterschrift, seit 470 mit Purpurtinte.

Zu feierlichen Anlässen versammelte sich der Hofstaat um den Kaiser. Als Themistios am 1. Januar 383 in Konstantinopel seine Friedensrede hielt, sprach er vor Theodosius, den Konsuln, dem Senat, den beiden präsentalischen Heermeistern, dem Reichspräfekten, dem *magister officiorum,* den beiden Finanzministern und anscheinend auch dem Quästor. Betrachten wir die Genannten nach der Rangfolge, wie sie die ‹Notitia Dignitatum› für das frühe 5. Jahrhundert spiegelt, so ist an erster Stelle der *praefectus praetorio* zu nennen. Er gehört indessen nicht eigentlich zum Hofstaat, sondern verkörpert die Spitze der zivilen Reichsverwaltung (s. III 1 c). In der Rangordnung folgen als nächste die beiden am Hof dienenden Heermeister, der *magister equitum praesentalis* und der *magister peditum praesentalis*. Auch sie haben keineswegs nur in militärischen Angelegenheiten mitberaten.

Die eigentlichen vier Hofminister sind der *magister officiorum,* der *quaestor sacri palatii* (QSP), der *comes sacrarum largitionum* (CSL) und der *comes rei privatae* (CRP). Die genaue Formulierung dieser Titel schwankt, auch in offiziellen Dokumenten regiert das Prinzip der Abwechslung. Die vier genannten Minister tragen in der ‹Notitia› den Rang von *viri illustres.*

Der ranghöchste der Genannten war der *magister officiorum,* der «Chef der großen Zentralkanzleien» (Liebs) oder «Oberhofmarschall» (Mommsen). Dieses Amt, bezeugt seit 320, darf als Schöpfung Constantins angesehen werden. Nach Lydos (mag. II 10) nahm Constantin den *praefecti praetorio* die militärische Kompetenz zugunsten der Heermeister (s. III 1 d), die Aufsicht über den Hof (*aula*) zugunsten der *magistri officiorum.* Älter sind die darin eingegliederten Abteilungen. Es handelt sich dabei um die drei aus dem Principat bekannten *scrinia* der *procuratores a memoria, ab epistulis* und *a libellis.* Diese aus der hellenistischen Privatwirtschaft stammenden, von Caesar übernommenen Sekretariate waren ursprünglich mit Freigelassenen, später mit Männern des *ordo equester* besetzt. Die ‹Notitia› nennt zudem ein *scrinium dispositionum.* Seine Funktion ist nicht klar, möglicherweise führte der Inhaber den Terminkalender des Hofes und plante die Reisen des Kaisers.

Überliefert sind die Funktionen der Vorsteher der drei ersten Abteilungen: Der *magister memoriae* schrieb die Bescheide (*adnotationes*) und versandte, auf sie gestützt, die Kabinettsorder. Der *magister epistularum* kümmerte sich um administrative Probleme und um Anfragen von Beamten. Der *magister libellorum* hatte es mit juristischen Fragen zu tun. Er betreute die Untertanen, nahm Untersuchungen vor und behandelte Gesuche. Eine scharfe Abgrenzung der Zuständigkeit ist allerdings weder aus diesen Funktionsbeschreibungen noch aus den zahlreichen Quellenzeugnissen ersichtlich. Klar ist indessen die Tätigkeit des *magister epistularum Graecarum;* er diktierte oder übersetzte die griechisch abzufassenden Briefe.

Neben diesen vier Abteilungen oblag dem *magister officiorum* die Betreuung auswärtiger Gesandtschaften. Dabei unterstützte ihn das *scrinium barbarorum,* Ressort für Außenangelegenheiten, sowie ein Dolmetscherbüro. Einen Übersetzer kennen wir mit Namen, Vigila(n)s, er sollte Attila ermorden, wurde aber verraten. Im regulären Fall ließ der *magister officiorum* die Gesandten an den Grenzen begrüßen, stellte ihnen Freifahrtscheine (*evectiones*) für die Staatspost aus, sorgte für Unterkunft und Verpflegung und regelte den Austausch der Geschenke. In ihnen spiegelte sich gewöhnlich die politische Lage. 365 erschien eine alamannische Delegation in Mailand (s. II 6). Die Geschenke, die der *magister officiorum* den Germanen überreichen ließ, erschienen diesen zu kärglich. Sie warfen sie auf den Boden, berichteten ihrem Stamm darüber, und dieser beschloß umgehend einen Einfall ins Reich. Aus späterer Zeit sind *magistri officiorum* oder Untergebene von ihnen selbst als Gesandte ins Ausland gereist, zu den Persern, Hunnen, Lazen, zu den Westgoten und Abessiniern.

Die Betreuung der Gesandten lag bei einem der Unterämter, beim *officium admissionum*. Es regelte die Audienzen im *consistorium*. Wir kennen Fälle, wo der *magister officiorum* auch in Verhandlungen mit inländischen Gesandten eingriff, indem er die jeweiligen Beschwerden abwiegelte oder unterstützte. Gelegentlich – so beim großen Aufstand in Antiochia 387 – wurde er zur Untersuchung geschickt. Als Gesandte erscheinen vorzugsweise Rhetoren, später oft Geistliche (s. III 6 c); Städte und Provinzen bürdeten ihren Boten an den Hof die Reisekosten auf (s. III 4 c).

Dem *magister officiorum* unterstanden die seit 319 bezeugten *agentes in rebus*. Sie traten an die Stelle der von Diocletian aufgehobenen *frumentarii*. Es handelt sich bei diesen «Sachbearbeitern» um Staatskommissare und nicht, wie man oft liest, um eine Geheimpolizei, denn sie trugen den römischen Militärgürtel (*cingulum*). Sie waren als *schola* militärisch organisiert und in fünf Gehalts- und Rangklassen gegliedert: *ducenarii, centenarii, biarchi, circitores* und (gewöhnliche) *equites*. 359 ließ Constantius II alle nicht standesgemäßen *agentes* entfernen und verbot unverdiente Beförderung. Die Zahl dieser *agentes* schwankt, Julian soll sie bis auf siebzehn entlassen haben; 430 betrug ihre Zahl im Osten 1174.

Diese *agentes in rebus* (auch als *magistriani* oder *veredarii* bezeichnet) unternahmen jährlich Inspektionsreisen in die Provinzen, sie dienten als Büroleiter (*principes*) verschiedener Verwaltungsstäbe im Reich und als Überwacher der Staatsbetriebe und der Staatspost. Ihre Aufgabe war es, den *magister officiorum* über Landes- und Hochverrat zu informieren, beispielshalber den Briefwechsel suspekter Beamter zu kontrollieren. Diese Agenten begegnen uns mehrfach als Zeugen in Prozessen gegen hochgestellte Persönlichkeiten, denen *laesa maiestas* vorgeworfen wurde. Die *agentes in rebus* hatten einen schlechten Ruf.

Der *magister officiorum* befehligte außer den *agentes in rebus* die Leibwache des Kaisers, die *scholae palatinae*. Sie begleiteten den Kaiser ins Feld, doch zog der *magister officiorum* gewöhnlich selbst nicht in den Krieg. Er führte das Kommando über die Leibwache nur im Frieden, sprach Beförderungen und Neueinstellungen aus und hatte die Gerichtsbarkeit über die *scholares* unter sich. Im Laufe des 5. Jahrhunderts verloren sie ihre militärische Funktion (s. III 1 d).

Zur Zeit der ‹Notitia› beaufsichtigten die *magistri officiorum* in den beiden Reichsteilen auch die Waffenfabriken, die *fabricae*. Sie waren von Diocletian eingerichtet worden und gehörten bis 388 in die Zuständigkeit der Reichspräfekten. Die ‹Notitia› nennt im Osten fünfzehn, im Westen zwanzig Fabriken, jeweils mit Standort und oft mit Angabe der hergestellten Waffen: Schilde, Speere, Pferdepanzer, Ledersättel, Pfeile, Lederzeug, Bögen, Schwerter und Ballisten.

Die Arbeiter unterstanden dem Gericht des *magister officiorum*. Sie gehörten zum Militär; wie Rekruten wurden sie am Arm gezeichnet, weil die Gefahr bestand, daß sie entflohen und sich bei den Grundherren als Landarbeiter oder Pächter niederließen. Andererseits suchten auch Curialen unerlaubterweise in den *fabricae* unterzukommen, denn deren Angehörige genossen bestimmte Privilegien. Sie waren von Einquartierung befreit, ihre Vorsteher (*primicerii*) wurden nach jeweils zwei Jahren mit dem Rang eines *protector* entlassen. Ammian nennt *tribuni fabricae,* Cassiodor den *armifactor.* Der Dienst war erblich. Die Belegschaft haftete, wie Behörden sonst, gemeinsam für die Verfehlungen der Vorsteher. Die Güter kinderlos Verstorbener fielen an das Kollegium. Die Leistungen der Arbeiter wurden im Akkord berechnet, sie durften nicht durch Geld ersetzt werden. Zuweilen hören wir von Aufständen, doch waren diese religionspolitisch motiviert. In den *fabricae* arbeiteten auch Staatssklaven, die sich nicht selten ihrer Pflicht entzogen.

Weiterhin unterstand den *magistri officiorum* verschiedenes Hofpersonal: Quartiermeister (*mensores,* s. III 3 a), Türwächter (*decani*), Lampenputzer (*lampadarii*), Laufboten (*cursores*). Nach einer Verordnung Leos von 472 gab es am Hof keine Sklaven mehr, sondern nur noch Freie und Freigelassene. Die Geschichte des *magister officiorum* zeigt seine zunehmende Wichtigkeit. Das Amt hatte zur Zeit der ‹Notitia› die Quaestur überflügelt, und seine Inhaber konkurrierten sogar mit den Reichspräfekten und Heermeistern um den entscheidenden Einfluß bei Hofe. Im 5. Jahrhundert haben die *magistri officiorum* häufig in kirchenpolitische Streitigkeiten eingegriffen, mehrfach auch die *scholae palatinae* einsetzen müssen, so daß man das Amt geradezu als Ministerium für Kirchenfragen bezeichnet hat. Wahrscheinlich unterstand dem *magister officiorum* auch der *tribunus,* später *comes sacri stabuli,* der die Pferdeknechte (*stratores*) unter sich hatte und für die Tiere Sorge trug. Sie wurden als Steuer eingezogen, sofern sie nicht aus den staatlichen Gestüten stammten.

Auf den *magister officiorum* folgt der *quaestor sacri palatii* (QSP). Dieser hat mit dem *quaestor* der Republik nur den Namen gemeinsam und ist im übrigen eine Schöpfung Constantins, vermutlich in Anlehnung an den *quaestor Augusti* des Principats, der die Reden des Kaisers im Senat zu verlesen hatte. Das Amtsbild des Quaestors in der ‹Notitia› zeigt Rollenbündel und einen Aktenschrank mit der Aufschrift *leges salutares.* Das bezeichnet die wichtigste Aufgabe des Mannes, er mußte die kaiserlichen Erlasse formulieren. Dazu waren Rechtskenntnis und Sprachschulung erforderlich, und deswegen wurde der *quaestor* gewöhnlich aus dem Kreise der Rechtsanwälte oder Redner gewählt. Insofern läßt er sich als Justizminister bezeichnen. Nur wenige Kaiser haben ihre Gesetze selbst niedergeschrieben. Prokop (HA. 14,3) bezeugt es für Justinian.

Die Sprache der Gesetze läßt häufig die sachbezogene Klarheit aus der silbernen Latinität vermissen. Seit Constantin wird der Stil bombastisch, weitschweifig und vielfach unscharf. Barocker Schwulst vernebelt nicht selten die Aussage des Textes, so daß schon die Zeitgenossen eine *interpretatio* benötigten. Constantin hatte die Juristen aus seiner Umgebung verbannt und durch Rhetoren ersetzt, die seinen Willen wortreich zu Papier brachten.

Die Mehrzahl aller kaiserlichen Entscheidungen erfolgte in Briefform. Dies gilt für die Rechtsauskünfte und Gesetze und für die Beamtenernennungen (*codicilli*). Die Gesetzgebung vollzog sich gewöhnlich so, daß ein Beamter auf einen Mißstand hinwies und einen Reformvorschlag unterbreitete, über den dann im *consistorium* beraten wurde. Die Antwort des Kaisers wurde vom Quaestor formuliert, im *consistorium* vorgelesen (*recitata in consistorio*) und veröffentlicht. Sie ging dem Betroffenen als Brief zu. Häufig führten einzelne Fälle zu Grundsatzentscheidungen. Daß auch Spezialbestimmungen generelle Bedeutung zugemessen wurde, beweist ihre Aufnahme in den Codex und die ausdrückliche Anweisung Justinians (CIC. II S. 1). Kopien wurden den verschiedenen Verwaltungszentralen zugestellt und durch Aushang in *omnibus pilis atque porticibus* bekannt gemacht. Ein Exemplar verblieb im kaiserlichen Archiv. Besonders wichtige Verordnungen wurden in Stein gemeißelt und an mehreren Stellen aufgestellt. Am weitesten verbreitet war Diocletians Preisedikt, von dem inschriftliche Fragmente aus 47 Städten bekannt sind.

Im Laufe der Zeit wurde die Menge der Gesetze unübersichtlich, unter Diocletian kam es darum zu einer privaten Kodifikation, ohne daß der Mißstand behoben wurde. Die Konfusion im Rechtswesen wird durch zwei Quellen illustriert: durch Ammians satirische Kritik an den Advokaten unter Kaiser Valens (XXX 4) und durch den Vorschlag des ‹Anonymus de rebus bellicis› (21), der Kaiser möge die unüberschaubaren und einander widersprechenden Gesetze in Ordnung bringen. Theodosius II hat dann 429 zwei Männer, einen ehemaligen und den amtierenden QSP aufgefordert, eine umfassende Kodifikation der Erlasse seit Constantin durchzuführen, und diesen Auftrag 435 in veränderter Form wiederholt. Die Kommission wurde durch einen Reichspräfekten und einen Quaestor geleitet und hat binnen dreier Jahre den ‹Codex Theodosianus› zustandegebracht. Als Justinian an sein ‹Corpus Iuris Civilis› ging, hat er wiederum die leitende Funktion seinem Quaestor übertragen. Es war der berühmteste Inhaber dieses Amtes, Tribonianus (s. II 12).

Dem Quaestor unterstand weiterhin die Ausfertigung der Ernennungsurkunden (*probatoriae*) für die Kommandanten der Grenztruppen (*tribuni* der Kohorten und *praefecti* der Alen). Die Führung der Liste, des *laterculum minus*, wurde im Westen vermutlich seit Stilicho dauernd, im Osten nur vorübergehend vom Heermeister am Hofe beansprucht.

Als dritten der vier Hofminister nennt die ‹Notitia Dignitatum› den *comes sacrarum largitionum* (CSL). Der Titel bezeichnet seine wichtigste Funktion: die *largitiones,* das kaiserliche Spendenwesen. Während der PPO für die Versorgung der Soldaten zuständig war (s. III 1 c), wurden die Prämien an sie vom CSL gezahlt. Entsprechend zeigt das Amtsbild in der ‹Notitia› Schalen und Krüge voller Geldstücke, Schnallen und Spangen. Der CSL kontrollierte die Einnahmen und Ausgaben in Edelmetall und war damit Finanzminister des Kaisers. Sein Amt setzt das des *rationalis summae rei* (*rationalis summarum*) fort, den wir aus diocletianischer Zeit kennen. Der neue Titel ist seit 345 belegt.

Dem CSL unterstanden die *comites largitionum* der Diözesen, dann die für den Außenhandel zuständigen *comites commerciorum,* weiterhin die Vorsteher der kaiserlichen Schatzhäuser in den großen Städten (*praepositi thesaurorum*) und die *procuratores monetarum,* die Chefs der Münzstätten für das Bronzegeld.

Das spätantike Geldsystem beruht auf den Reformen Diocletians und Constantins. Die im Osten geprägten Provinzialmünzen waren so heruntergekommen, daß Diocletian nur noch Reichsprägungen zuließ. Der Staat beanspruchte seitdem das Münzmonopol. Dennoch zeigen die Funde und die Gesetze, daß oft gefälscht wurde. Außer Spanien hatten alle Diözesen ihre Münzstätten. Ihre Verteilung nahm Rücksicht auf die Stationierung des Militärs. In der Präfektur Gallien prägten: Trier, Lyon, Arles, zeitweilig Amiens und London; in Italien: Rom, Ostia, Mailand, Pavia (Ticinum), Aquileia und Ravenna (unter Odovacar nur noch Rom, Mailand und Ravenna); in Africa prägte Karthago. Die wichtigsten Münzstätten der Donauprovinzen waren: Siscia, Sirmium, Serdica und Thessalonike. Natürlich bekam auch Konstantinopel eine Prägestätte, in ihrer Nähe prägten außerdem Herakleia, Kyzikos und Nikomedeia. Im Osten wurden nur in Antiochia und Alexandria Münzen geschlagen.

Jedes Stück trägt eine Herkunftsangabe, z. B. «S M Ant B», d. h. *Sacra moneta Antiochensis secunda officina.* Die Goldprägung beschränkte sich auf die Hauptstädte, sie vollzog sich unter den Augen des CSL, ihm unterstand ein *comes auri.* Die spätantiken Goldmünzen seit der Zeit Valentinians tragen die Abkürzung COM.OB. Dies dürfte als Materialgarantie gemeint sein und den *comes obryci* (*auri*) bezeichnen, den *comes* für das Feingold. *Obrussa* heißt die «Feuerprobe».

Die alten Nominale Sesterz, Denar und Antoninian (Doppeldenar) verschwanden. Die wichtigste neue Münze war der *aureus solidus,* der unter Diocletian ein Sechzigstel (5,3 g) und seit Constantin ein Zweiundsiebzigstel Pfund (4,5 g) wog. Dieses Goldstück blieb die einzige stabile Münze.

Inflation war ein Dauerproblem. Es wurde bei der Währungsreform von 301 mit maximal 1200 Rechendenaren (*denarii communes*) gleichgesetzt. Silber wurde nur vorübergehend und in geringen Mengen geprägt, im 5. Jahrhundert verschwand es praktisch aus dem Währungssystem. Der *argenteus* Diocletians galt 301 soviel wie 100 Rechendenare. Dieser in den Inschriften und auf Papyri genannte Denar ist eine abstrakte Werteinheit für Waren und Münzen. Ihr Symbol ist ein quergestrichenes X.

Für den Kleinhandel waren die Kupfer- bzw. Bronzemünzen (*pecunia*) unentbehrlich, sie schwankten nach Größe und Gewicht und in ihrem Verhältnis zueinander. Sie begegnen in drei Größen, seit dem 1. September 301 zu 25, zu 4 und zu 2 *denarii communes*. Im Laufe des 4. Jahrhunderts wurden sie immer kleiner. Seit Diocletian hieß die wichtigste Bronzemünze *nummus* oder *follis,* weil sie bei größeren Geschäften in «Säcken» gehandelt wurde. 356 verfügte Constantius II, Münzen dürften nicht eingeschmolzen werden, und kein Händler solle mehr als 1000 *folles* auf Lasttieren über Land verfrachten. Entsprechendes galt für Handelsschiffe. Offenbar gab es Gegenden, in denen der Metallwert über dem Nennwert lag. Die im selben Gesetz erwähnten Nominale *maiorinae vel centenionales* lassen sich nicht sicher zuordnen.

Das Metall für die Münzprägung bezog der Staat von den Gold- und Erzarbeitern (s. III 3 b), von den heidnischen Tempelschätzen und aus den Metallsteuern (s. u.). Ältere Münzen wurden regelmäßig eingeschmolzen und umgeprägt. Die Münzarbeiter waren an ihren Stand gebunden. Der Aufstieg ins Perfektissimat wurde ihnen 317 verboten. Aus der Zeit Aurelians ist ein großer Aufstand der römischen Münzarbeiter unter dem *rationalis* Felicissimus überliefert. Betrügereien dieser Leute beklagte der ‹Anonymus de rebus bellicis› (3) um 370. Man möge die Münzarbeiter auf einer Insel arbeiten lassen, damit sie nicht so viel heimlich beiseite brächten. Schon Julian hatte, um Kippern und Wippern entgegenzuwirken, das Amt eines *zygostates* geschaffen, der umlaufende Goldmünzen nachwog, und dies hielt sich bis in Justinians Zeit.

Aus dem umfangreichen Gesetz über die Besoldungsgruppen im Amt des CSL von 384 wissen wir, daß es Verwalter des Barrengoldes gab, unterschieden von *aurifices specierum,* die Gerät herstellten, von *aurifices solidorum,* die Münzstempel und Medaillen schnitten, von *sculptores et ceteri artifices,* Bildhauern und sonstigen Kunsthandwerkern. Dasselbe Gesetz nennt zwei Abteilungen, die das Silber verwalteten, sowie die *barbaricarii,* die Brokat herstellten oder die bronzenen Offiziersrüstungen mit Gold und Silber auszierten. Derartige Werkstätten gab es in Arles, Reims und Trier.

Die wichtigste Einnahme des Staates war zwar die in Naturalien eingezogene *annona* (s. III 1 c), doch gewannen die Goldsteuern seit dem 4. Jahrhundert wieder an Bedeutung. Constantin hatte zur Deckung seiner alle fünf Jahre fälligen Goldspenden an das Heer eine Fünfjahressteuer für die Händler und Handwerker ausgeschrieben, die *auri lustralis collatio* (χρυσάργυρον). Diese Vermögenssteuer wurde in Gold (χρυσός) und Silber (ἀργύριον), seit 373 nur noch in Gold eingenommen. 498 hat Anastasius das Chrysargyron abgeschafft und die entstehende Lücke im Haushalt aus dem Krongut geschlossen.

Ebenfalls alle fünf Jahre war das *aurum coronarium* fällig. Entsprechend einer alten persisch-hellenistischen Sitte wurden dem Herrscher beim Regierungsantritt von den Ratsherren und Grundbesitzern der Provinzen goldene Kränze überreicht, und das wiederholte sich bei den Fünfjahresjubiläen. Das Gewicht der Kränze war ins Belieben der Städte gestellt. Einzelne leutselige Kaiser wie Julian haben auf diese Steuer ganz oder teilweise verzichtet.

Die Senatoren, die davon befreit waren, zahlten statt dessen das *aurum oblaticium*. Jährlich hingegen war von ihnen die *collatio glebalis* oder der *follis* zu entrichten. Er ruhte auf dem senatorischen Grundbesitz, auch wenn dieser an Personen nichtsenatorischen Standes übergegangen war. Die senatorischen Kataster wurden von staatlichen *censuales* geführt. Marcian hob diese Steuer auf. Unregelmäßig, aber beträchtlich waren die Einnahmen des Staates aus dem *aurum tironicum*. Grundherren, denen die Gestellung von Rekruten (*tirones, iuniores*) auferlegt war, konnten seit 397 pro Mann auch 25 Goldstücke entrichten. 410 wurde die Summe auf 30 *solidi* heraufgesetzt.

Weiterhin verwaltete der CSL die Zolleinnahmen (*portorium*) des Außenhandels in Höhe von 12,5 Prozent. Im Principat hatten sie 25 Prozent betragen. Hinzu kamen die niedrigen Binnenzölle, die nach republikanischer Manier auf je drei Jahre an Meistbietende verpachtet wurden. 444 wurde eine Umsatzsteuer erlassen, das *siliquaticum*. Auf alle Verkäufe wurde eine Abgabe von einem Vierundzwanzigstel geschlagen, die auf den Märkten von Prokuratoren eingetrieben wurde. Ohne Steuerquittung war kein Kauf rechtsgültig. Schließlich flossen auch die Geldstrafen in die Kasse der *largitiones*. Die Bareinnahmen des CSL sind im Laufe der Spätantike gesunken im Vergleich zu den Steuereinnahmen des PPO, die im Italien des 6. Jahrhunderts das Zwölffache betrugen. Vielfach finden wir auch die Präfekten mit Steuersachen beschäftigt, die eigentlich dem CSL unterstanden. Die Jahreseinnahmen unter Honorius werden auf 350 000 Pfund Gold geschätzt.

Die Ausgaben des spätantiken Staates mußten vor allem die Kosten des Heeres decken. «Kriege sind die Väter der Steuern», so Gregor von Nazianz (or. 19,14). Der ‹Anonymus de rebus bellicis› (5,1) bestätigt das. Unter Justinian wird mit Einnahmen in Höhe von 7 Millionen *solidi* gerechnet, von denen 5 Millionen für die Armee ausgegeben wurden, 1 Million für die Verwaltung, 0,75 für den Hof und 0,25 als Jahrgelder an die Barbaren. Unter Anastasius betrug der Staatsschatz über 23 Millionen Goldstücke.

Der Westen war stets wesentlich ärmer; ihn trafen die Barbareneinfälle stärker.

Aus der Zuständigkeit für das Edelmetall erwuchs dem CSL die Aufsicht über den *comes metallorum per Illyricum,* dem die *procuratores metallorum,* die Leiter der Goldbergwerke auf dem Balkan, untergeben waren. Ebenfalls in seinen Amtsbereich fiel die *sacra vestis,* die Sorge für die Gewänder, die der Kaiser für den Hofstaat brauchte. Sie wurden in staatlichen Kleiderfabriken hergestellt, die in erster Linie Soldatenmäntel produzierten. Der Name *gynaeceum* verrät, daß hier überwiegend Frauen arbeiteten. Der CSL beaufsichtigte zusätzlich die staatlichen Purpurfärbereien (s. III 3 b). Zum Transport von Gold, Silber und Textilien verfügte er über ein eigenes Beförderungssystem, die *bastaga,* doch konnte er dafür auch die Staatspost benutzen. 384 wurde den *bastagarii* verboten, sich dem Dienst zu entziehen, bevor sie ihre Pflichtjahre abgeleistet hätten.

Über die Binnenstruktur des Amtes des CSL sind wir durch das erwähnte Gesetz von 384 informiert. Das Amt zerfiel in achtzehn Abteilungen (*scrinia*). Jede Abteilung besaß sieben Rang- und Gehaltsklassen, durch die ein Beamter aufstieg. Dienstzeit und Beförderungssystem waren in den Abteilungen unterschiedlich geregelt. Die Dienstzeiten schwanken zwischen zwölf und fünfzig Jahren, wobei die Schreiber kürzer dienten als die Handwerker. Am Ende jeder Laufbahn gab es eine Prämie. Die Gesamtzahl der Beamten dieses Ministeriums betrug im Osten 446, im Westen 546, so im Jahre 399. Hinzu kamen jeweils unbezahlte Anwärter.

Der vierte Hofminister, der *comes rerum privatarum* (CRP), verwaltete das kaiserliche Krongut. Sein Titel lautete unter Diocletian *magister* (oder *rationalis*) *rei privatae,* im Jahre 340 trug er den *comes*-Titel, vermutlich wurde er unter Constantin ins *consistorium* aufgenommen. Augustus unterschied zwischen dem Staatsgut (*ager publicus, fiscus*) und seinem Privatbesitz (*patrimonium*). Letzteres wurde im Laufe der Zeit zum kaiserlichen Krongut. Septimius Severus brachte, als er Kaiser wurde, seinen Besitz nicht hier ein, sondern organisierte ihn als *res privata.* Diese verschmolz dann aber mit dem *patrimonium.*

Seit Augustus war der Kaiser der reichste Grundherr im Imperium. Sein Besitz wuchs im Laufe der Zeit durch testamentarische Zuwendung – viele Reiche setzten den Kaiser als Erben ein – sowie durch den Todesfall erbenloser Eigentümer (*bona vacantia*). Eine ergiebige Quelle war die Enteignung (*bona damnatorum*) politischer Gegner auf dem Wege des Majestätsprozesses. Das bekannteste spätantike Beispiel bietet Gildo (s. II 8), dessen Besitz so umfangreich war, daß er einem eigens dafür geschaffenen Unterbeamten des CRP, dem *comes Gildoniaci patrimonii,* unterstellt wurde.

Konfisziert wurden auch die Ländereien der Tempel. Constantin begann damit, Julian machte es wieder rückgängig, doch wurde dies nach seinem Tode sofort widerrufen. Valentinian II enteignete 384 sogar die Tempel der

Stadt Rom sowie die Güter der Vestalinnen. Ausgedehntes Tempelgut lag um Komana. Es unterstand dem *comes domorum per Cappadociam*. Über den gesamten Umfang des Staatslandes besitzen wir keine Angaben, in Nordafrika könnte er zwanzig Prozent des Bodens betragen haben.

Ein Teil der kaiserlichen Güter kam durch Schenkung an Freunde und Günstlinge in Privatbesitz zurück. Vielfach galten derartige Übereignungen allerdings nur für den Betroffenen, so daß er sie nicht weitergeben oder vererben konnte. Die *patrimoniales fundi* zahlten die üblichen Steuern (*canonica et consueta*), bestehend aus Naturalien (*annona*) und Gold (*collatio glebalis*), und stellten Rekruten, waren aber von Zusatzlasten und Frondiensten befreit. Sie unterstanden nicht den städtischen Behörden.

In landschaftlich reizvollen Gegenden besaßen die Kaiser Villen, wo sie Entspannung suchten. Während der frühen und hohen Kaiserzeit lagen sie in Italien, in der Spätantike meist außerhalb, doch in erreichbarer Entfernung von den Residenzen. Constantin starb in der Kaiservilla Achyron oder Ankyron bei Nikomedien (s. I 3). Julian verlebte seine Jugend in der reich ausgestatteten Kaiservilla Macellum in Kappadokien (s. II 5); später schenkte er einen liebevoll beschriebenen Landsitz gegenüber Konstantinopel seinem Freund Euagrius. Valentinian besaß eine Jagdvilla bei Nasonacum (Nassogne) in den Ardennen, wo er auch urkundete, und die Villa Murocincta westlich von Brigetio, wo sich Justina mit ihrem Söhnchen 375 aufhielt. Arcadius suchte die Sommerfrische bei Ancyra, seine Tochter Pulcheria bewohnte die Eichenvilla Drys gegenüber Konstantinopel. Seit Trajan gehörte die Jagd zu den kaiserlichen Vergnügungen. Auch Senatoren und Offiziere schätzten sie. Viele spätantike Kaiser sind als Jäger bezeugt, Theodosius II starb 450 beim Sturz vom Pferd. Wildgehege wie das *vivarium* «Langmauer» um die Kaiservilla Welschbillig (s. III 3 a) bei Trier förderten den Erfolg. Dem Kaiser gehörten alle Elefanten und alle Löwen. Villencharakter besaßen die mit Maximianus in Verbindung gebrachte Filosofiana bei Piazza Armerina, sicher sein Landgut in Lukanien und wohl auch die Ruhesitze von Vetranio bei Prusa und von Romulus Augustulus bei Neapel. Private und kaiserliche Villen zeigen dieselbe Grundform. In einigen dieser Villen fanden auch Staatsakte statt, so in Mediana an der Donau, in Contionacum an der Mosel, in Nasonacum (s. o.) und in der Eichenvilla. Die abseits gelegenen Altersruhesitze von Diocletian in Split, von Galerius in Gamzigrad und von Daia in Sharkamen waren befestigt (s. II 2).

Der kaiserliche Grundbesitz wurde durch eine gestaffelte Verwaltung bewirtschaftet. Unter dem CRP rangierten die als *rationales* oder *procuratores* bezeichneten Aufsichtsbeamten, denen je nach der Ausdehnung des Krongutes größere oder kleinere Gebiete anvertraut waren. Innerhalb dieser waren die einzelnen Domänen (*saltus, praedia*) nochmals zu Komplexen (*regiones, tractus*) zusammengefaßt. Die Einkünfte aus ihnen flossen in die kaiserliche Hauskasse, deren Ausgaben im Westen durch einen *comes privatarum largitionum* kontrolliert wurden. Er unterstand dem CRP.

Die *rationales* und *procuratores* waren oft mächtige Männer. Sie besaßen Polizeigewalt und Zivilgerichtsbarkeit über die kaiserlichen Kolonen, mußten diese in Strafsachen jedoch den staatlichen Gerichten überantworten. Das scheinen sie nicht immer getan zu haben, selbst die privaten Pächter von Krongut (*conductores*) haben sich bisweilen Beamtenrechte ihren Leuten gegenüber angemaßt. 399 beschäftigte der CRP dreihundert *officiales*.

Eigens ausgewiesen innerhalb des Krongutes war die *domus divina,* ein Sammelname für die zum Unterhalt des Palastes bestimmten Güter, die für den Westen in Africa, für den Osten in Cappadocia lagen. Hier befanden sich auch die kaiserlichen Gestüte, die von *praepositi gregum et stabulorum* beaufsichtigt wurden. Wie die anderen Hofminister, so besaß auch der CRP einen eigenen Fuhrpark, die *bastaga privata.* In Cypern gab es kaiserliche Kamelherden unter einem *magister camelorum.* Aus Pannonien kennen wir einen *praepositus silvarum dominicarum,* einen Reichsforstmeister. Für die Bedürfnisse des Hofes sorgten schließlich noch die kaiserlichen Kaufleute, die sich nicht immer ihren Steuerpflichten unterzogen.

Im Rang unmittelbar nach den vier Hofministern nennt die ‹Notitia› zwei Offiziere: den *comes domesticorum equitum* und den *comes domesticorum peditum.* Bedeutende Inhaber des Amtes sind bekannt. Sie standen im Rang von *illustrissimi* und gehörten zum Kronrat.

Neben den in der ‹Notitia› überlieferten ordentlichen *comites consistoriani* sind uns zwanzig außerordentliche bezeugt. Sie wurden aus dem Kreise der ehemaligen Statthalter, der Senatoren und Freunde des Kaisers ausgewählt und mit entsprechenden Privilegien bedacht. Sie standen im Rang von *spectabiles.* Geistliche waren nicht darunter.

Die Inhaber der Hofministerien waren ihrer sozialen Herkunft nach vielfach Aufsteiger. Sie kamen aus kleinen, bürgerlichen Verhältnissen, überwiegend wohl aus dem Curialenstande, nicht aus der senatorischen Grundherrenschicht. Es ist denkbar, daß die Angehörigen der Aristokratie den Dienst am Hof unter ihrer Würde erachteten, es ist aber ebensowohl möglich, daß die Kaiser ihrerseits Männer bevorzugten, die aus dem gleichen Milieu stammten wie sie selbst. Sie waren in der Regel keine geborenen Senatoren.

Die Schreibarbeiten, die im Staatsrat anfielen, oblagen den Notaren. Zum Jahre 444 sind dreißig *notarii* überliefert, sie erhielten damals dieselben Vergünstigungen wie die zwanzig unspezifizierten Hofräte. Ursprünglich waren diese Notare bloß Stenographen (*exceptores*), teilweise niederster Herkunft. Libanios klagt über den Aufstieg bildungsloser Leute und über den Einfluß, den diese «Höllenhunde» aufgrund ihrer Nähe zum Kaiser ausübten. Sie konnten Gesandtschaften übernehmen und zu Hofministern befördert werden.

Im späteren 4. Jahrhundert ist das Amt des *notarius* vielfach mit dem militärischen Rang eines *tribunus* gekoppelt, und es wurde beliebt als Eingangsposition für den Hofdienst von Söhnen einflußreicher Beamter. Stilichos Sohn Eucherius war *tribunus et notarius*, und die Ernennung hierzu dürfte den Anlaß für die Herstellung des Diptychons von Monza abgegeben haben. Auch der Dichter Claudian bekleidete einen solchen Rang. Die Mehrzahl amtierte indes nur nominell, der Privilegien halber.

Der ranghöchste unter den wirklichen Notaren war der *primicerius notariorum*. Seine Aufgabe war es, Ernennungskodizille für die höchsten Staatsbeamten auszustellen und deren Liste zu führen. Eine Abschrift dieses Schematismus ist die ‹Notitia Dignitatum›. Ihr voller Name lautet: *Notitia omnium dignitatum et administrationum tam civilium quam militarium*, oder auch *Laterculum maius*. Dieses Staatshandbuch enthält eine tabellarische Beschreibung der höchsten Reichsämter von den *praefecti praetorio* bis zu den Statthaltern hinab mit deren Ämtern und Amtssymbolen. Zusätzlich findet sich eine Übersicht über die Truppen und ihre Schildzeichen. Die uns vorliegende Ausgabe ist zwischen 425 und 430 abgefaßt.

Nach dem Verwaltungsstab am Hof und der Leibwache ist nun die persönliche Dienerschaft des Kaisers zu betrachten. An ihrer Spitze stand der *praepositus sacri cubiculi* (PSC), der Oberkämmerer. Sein Amt scheint wiederum eine Einrichtung Constantins zu sein. Durch ihre persönliche Nähe zum Kaiser hatten die Kammerherren erheblichen Einfluß auf die Politik und haben ihn genutzt, um ihren Rang zu erhöhen. In der ‹Notitia› rangieren sie unter den Heermeistern, über den Hofministern. Sie waren damals *viri illustres* und seit 422 den Präfekten und Heermeistern gleichgeordnet.

Nur von einem einzigen *cubicularius* wissen wir, daß er römischer Bürger war, sonst handelt es sich um freigelassene Eunuchen. Der Ausdruck bedeutet «Betthüter» und bezeichnet den kastrierten Mann. Die Sitte des Kastrierens ist altorientalisch, wird teils aus Babylonien, teils aus Libyen hergeleitet und gilt als Begleiterscheinung der Polygamie, zumal der Könige. Man brauchte Eunuchen als Haremswächter. Im Achaimenidenreich spielten Eunuchen am Hof bereits eine Rolle. Assyrien lieferte einen Jahrestribut von 500 kastrierten Knaben, und seitdem waren sie ein fester Bestandteil der orientalischen Paläste, im Osmanischen Reich bis nach dem Ersten Weltkrieg (Kizlar Aga).

Am Hofe der spätantiken Kaiser befanden sich Eunuchen vermutlich seit 298, als Galerius den Harem des Perserkönigs erbeutete. Sie wurden in aller Regel als Sklaven aus Persien, Armenien und den Kaukasus-Ländern importiert. Die Knaben erhielten eine gute Ausbildung und konnten dann im Hofdienst aufsteigen. Ihren Sklavenstand verloren sie dabei.

Diese Eunuchen wurden teils in der Domänenverwaltung, teils im Palast eingesetzt, als Leibwächter (*spatharius*), Schatzmeister (*sacellarius*), Garderobeverwalter (*comes sacrae vestis*) und als Kammerherren (*cubicularii*) des Kaisers und der Kaiserin. Die Einzelheiten erfahren wir über den *comes castrensis*, der für die Tafel des Kaisers und der Kaiserin zu sorgen hatte. Seine Diener nennt Ammian (XXVI 8,5) die «Sklaven für Bauch und Kehle». Der *castrensis* beaufsichtigte zugleich die Schule der Hofsklaven und die Pagen (*ministeriales dominici, curae palatiorum*). Wahrscheinlich unterstanden ihm auch die Baumaßnahmen im Palastbereich. Im Unterschied zu gewöhnlichen Beamten dienten die Hofeunuchen ohne Unterbrechung auf Lebenszeit; jeweils einer von ihnen erreichte den Rang des *praepositus sacri cubiculi.* Auch die übrigen erhielten Senatorenrang, einzelne finden wir in Heereskommandos, so Eutropius und Narses.

Unsere Quellen beklagen den Einfluß, den diese Leute ausübten. Der Kämmerer Urbicius diente unter sieben Kaisern. Die Hofeunuchen hatten in der Regel das Ohr ihres Herrn, und daher wurden sie von Anwärtern, die ein Amt erstrebten, selbst von Bischöfen, die eine kirchenpolitische Entscheidung wünschten, beredet oder bestochen. In dem Bestechungsfall von 431 zahlte Kyrill von Alexandria die höchste Summe, 200 Pfund Gold, an den *praepositus sacri cubiculi* Chryscros (s. II 9). Justinian begünstigte auch das *cubiculum,* als er 535 in seiner achten Novelle für die Vergabe bestimmter Ämter feste Gebühren einführte. So kamen die Hofeunuchen zu Geld und Grundbesitz in großem Stil. Da sie keine Erben hatten, fielen ihre Güter an den Kaiser zurück, sofern sie nicht die Kirche bedachten. Ein weiterer Grund dafür, daß die Kaiser die Eunuchen derart förderten, ist wohl der, daß es sich um besonders gefügige Personen handelte: ehemaliger Sklavenstand, orientalisch-barbarische Herkunft, physischer Defekt und das Fehlen familiären Anhangs machte sie abhängig von der kaiserlichen Gunst.

Neben den Eunuchen umfaßte der Hofstaat noch zahlreiches weiteres Personal, unter dem die dreißig *silentiarii* bedeutsam geworden sind. Sie hatten für Ruhe zu sorgen. Durch die Gunst der Kaiserin ist einer von ihnen Kaiser geworden: Anastasius.

Eine hervorragende Position besaßen die kaiserlichen Leibärzte. Einige bekleideten daneben Verwaltungsämter. Caesarius, der jüngere Bruder Gregors von Nazianz, erhielt aufgrund seines Rufes als Arzt in Konstantinopel einen Senatssitz, wurde Stadtarzt, dann Leibarzt bei Constantius II und diente unter Valens als *comes thesaurorum.* Vindicianus, der väterliche Freund Augustins, war Arzt und 380 *proconsul Africae.* Marcellus, der Verfasser einer erhaltenen Schrift ‹De medicamentis›, diente unter Theodosius I als *magister officiorum.* Der berühmteste Arzt der Spätantike, Oreibasios aus der Asklepios-Stadt Pergamon, war ein Freund und Begleiter Julians, der ihn in Konstantinopel mit quaestorischem Rang in den Senat erhob. Oreibasios schrieb ein Geschichtswerk über Julians Perserzug und verfaßte Handbücher zur Heilkunst, überwiegend aus Galen und den hellenistischen Medizinern kompiliert, die in lateinischen und syrischen Übersetzungen das Mittelalter beeinflußten. 362 hat Julian die von Constantin angeordnete Befreiung aller Ärzte von Wehrdienst und Steuerpflicht wiederholt. Hofärzte erhielten öfter den *comes*-Rang, ihre Vorrechte wurden zwischen 387 und 428 mehrfach bestätigt. Cassiodor (var. VI 19) überliefert das Ernennungsformular des *comes archiatrorum*.

Die *palatini* insgesamt genossen zahlreiche Privilegien. Sie selbst, ihre Kinder und Enkel mußten weder Steuern zahlen noch Rekruten stellen. Wenn sie aus dem Curialenstand kamen, waren sie selbst sowie ihre Kinder und Enkel von städtischen Lasten befreit, sowohl von der Steuerhaftung als auch von Hand- und Spanndiensten.

Verglichen mit der Zeit des Principats fällt die institutionelle Sicherung und die eigenständige Funktionsfähigkeit des Hofes auf. Seit dem Tode Valentinians begegnet uns immer wieder das Phänomen der Kinderkaiser (*principes pueri*), deren persönliche Unfähigkeit nicht zur erfolgreichen Usurpation irgendeines Generals, sondern zur vormundschaftlichen Regierung eines hohen Beamten führte.

Im Westen stand Gratian anfangs unter dem Einfluß seines Erziehers und PPO Ausonius, doch dominieren hier in der Folgezeit die Militärs. Im Osten begann die Phase der Regentschaft mit Arcadius; anders als im Westen herrschte dort eine Konkurrenz zwischen den hohen Verwaltungsbeamten, den Höflingen, den Militärs und den Frauen. Die Regenten wechselten rascher. Aufs Ganze gesehen, war die administrative Kompetenz des Hofes eine notwendige Voraussetzung des dynastischen Prinzips und damit des Kaisertums überhaupt.

Ihre starke Stellung hat die Höflinge oft genug dazu verführt, ihre Macht zu mißbrauchen. Von Diocletian bis zu Constantius II wurden sie immer zahlreicher, immer wohlhabender. Bezeichnend ist Ammians (XXII 4) Bericht vom Einzug Julians 361 in Konstantinopel. Der Kaiser habe einen Haarschneider bestellt, und als der erschien, habe Julian ihn nach seinem prächtigen Kleide für einen hohen Beamten gehalten. Auf die Frage, was er denn hier verdiene, habe der Friseur geantwortet: zwanzig Tagesrationen (*annonae*), ebensoviele Portionen Pferdefutter (*capita*), ein schweres Bargeldgeschenk alljährlich sowie zahlreiche weitere Zuwendungen. Julian habe darauf allen Barbieren, Eunuchen, Köchen und sonstigen Lakaien fristlos gekündigt. Ammian hielt diese Maßnahme für übertrieben, sie sei eines Philosophen und eines nach Wahrheit forschenden Professors nicht würdig. Dennoch billigte er sie in der Tendenz. Denn der Hof sei eine Pflanzschule aller Laster, ein *vitiorum omnium seminarium*. Schon Licinius hatte die Hofschranzen die «Motten und Mäuse des Palastes» genannt. Nach Julian hat der Hof rasch seinen alten Umfang wiedergewonnen. Agapetos warnte Justinian vor Schmeichlern und raffgierigen Höflingen.

Schlimmer noch als die persönliche Bereicherung waren die Rivalitäten unter den Höflingen, das Geflecht von Intrige und Protektion. Wir kennen Fälle, in denen dem Kaiser bestimmte Mißstände jahrelang verheimlicht wurden. Die Kaiser wußten, daß ihre Berater sie nicht selten falsch informierten und klagten darüber. Das betraf nicht nur Sachverhalte, sondern auch die Rechtslage. Constantin verfügte 315: *contra ius rescripta non valeant, quocumque modo fuerint impetrata*, «gegen das Recht verstoßende Erlasse sind ungültig, auf welchem Wege sie auch erreicht sein mögen». Gemeint sind erschlichene Verfügungen, bei denen der Kaiser unabsichtlich bestehendes Recht verletzt hatte. Auf sie könne sich kein Richter berufen. Woher aber wußte ein Richter, welche Bestimmung auf diesem Wege entstanden war? Hier wurde an seine Einsicht appelliert, denn der Kaiser glaubte, in solchen Fällen sei zugleich das Gemeinwohl (*utilitas publica*) geschädigt, dessen Wahrung seine höchste Aufgabe war. Der Verfasser der ‹Historia Augusta› lobte den rechtskundigen Kaiser Macrinus (13,1), der befohlen habe, alle Kaisererlasse aufzuheben, *ut iure, non rescriptis ageretur.*

Der Hof des Westreiches ist nicht 476 mit dem Kaisertum erloschen. Odovacar und die Ostgotenkönige haben ihn bewahrt. Die meisten Germanenreiche der Völkerwanderungszeit hatten einen, wenn auch verkleinerten Hof in der Art des Kaisers. Zahlreiche Züge sind in die Hofhaltung der Päpste übergegangen (s. III 6 c), während in Byzanz die Tradition auch in diesem Punkte ungebrochen ins Mittelalter hinüberführt.

c) Die Verwaltung

«Auf zwei Wurzeln ruht der Staat: auf den Waffen und auf den Gesetzen; *arma et iura* haben das Imperium Romanum als ewige Weltordnung über alle Staaten erhoben.» Mit diesem Gedanken eröffnete Justinian 529 seinen ‹Codex Novus›. Ähnliches lesen wir im Publikationsprotokoll zum ‹Codex Theodosianus› von 438, und schon Claudian (XXIV 136) feierte Roma als *armorum legumque parens.*

Das Verhältnis zwischen Militär und Zivilverwaltung wurde in der Spätantike neu bestimmt. Die Provinzialverwaltung in der Republik und unter dem Principat beruhte auf dem Grundsatz, daß zivile und militärische Gewalt in der Hand des jeweiligen Statthalters zusammenliefen. Die *legati Augusti pro praetore* waren senatorischen Standes. Mit diesem Prinzip brach Gallienus, als er die Senatoren vom Militärdienst ausschloß (s. III 2 a). Die damit angebahnte Trennung von Militär- und Zivilgewalt wurde durch Diocletian und Constantin vollendet. Die Gesamtzahl der Zivilbeamten mag im 4. Jahrhundert 30 000 betragen haben.

Nach der älteren Rangordnung, wie sie noch die ‹Notitia Dignitatum› spiegelt, hatten grundsätzlich die Zivilbeamten den Vortritt vor den Militärs. Ammian (XXI 16,1 f) lobt Constantius II dafür, dies bewahrt zu haben. Valentinian bestimmte 372, die Angehörigen beider Bereiche seien gleichrangig und im Ruhestand nach dem Dienstalter einzustufen. Gratian führte als persönliches Rangkriterium Patriciat und Konsulat ein, wobei ab 443 ein *consul iterum* über dem *consul et patricius* stand. Später setzte sich im Westreich eine *praerogativa partis armatae* durch, zuerst bezeugt zu 461.

Drei Ebenen der staatlichen Zivilverwaltung lassen sich unterscheiden. Auf der höchsten Ebene stehen die *praefecti praetorio* (PPO), dann kam die etwas unklare Zwischeninstanz der *vicarii*, welche die Diözesen regierten, und darunter rangierten die Statthalter der Provinzen, unterteilt in Stadtbezirke (s. III 5). Den Reichsgrenzen vorgelagert waren verbündete Klientelstämme in einem halbautonomen Status.

Das Amt der *praefecti praetorio* war von Augustus geschaffen und mit zwei Rittern besetzt worden, denen die Kohorten des Prätoriums in Rom, d. h. die kaiserliche Garde, unterstand. Die Prätorianerpräfekten gehörten zum *consilium* des Princeps (s. III 1 b). Der ursprünglich militärische Charakter des Amtes wurde im Laufe der Zeit zunehmend um zivile Aufgabenbereiche erweitert. Die berühmten Juristen Papinianus, Paulus, Ulpianus und Hermogenianus sind zu Prätorianerpräfekten aufgestiegen.

Als Constantin die Prätorianerkohorten 312 auflöste, behielt er das Amt des PPO bei. Dieser verlor seine militärische Funktion und wurde zum höchsten Verwaltungsbeamten und Stellvertreter des Kaisers. Daher dürfen wir von Reichspräfekten sprechen. Der Jurist Charisius verglich das Verhältnis zwischen Kaiser und PPO mit dem des republikanischen Dictators zu dessen *magister equitum*. Die Urteile der Reichspräfekten waren seit dem 3. Jahrhundert mit denen des Kaisers ranggleich und letztinstanzlich. Diese Position behielten die Präfekten durch die ganze Spätantike hindurch. Dem Range nach waren sie *viri illustres*.

Zosimos (II 33) berichtet, daß Constantin das Reich in vier Präfekturen unter je einem PPO eingeteilt habe: Oriens, Illyricum, Italia und Galliae. Dies ist die spätere Ordnung der ‹Notitia Dignitatum›, sie entspricht territorial etwa der diocletianischen Tetrarchie, doch hat diese Gliederung in der Zwischenzeit nicht immer bestanden. Constantin hat anscheinend seinen zu Caesaren ernannten Söhnen jeweils einen Präfekten beigesellt; normalerweise amtierte ein solcher im Orient, in Italien und Gallien, seit 336 auch in Illyricum und zeitweilig überdies in Africa. Im späteren 4. Jahrhundert waren die Präfekturen Italien, Africa und Illyricum mehrfach in einer einzigen Hand.

Der *PPO per Orientem* residierte in Konstantinopel, der *PPO per Illyricum* war in Sirmium oder Thessalonike ansässig und hatte, fern vom Kaiser, geringeren Einfluß auf die Politik. Die Verwaltung dieses Sprengels wurde mehrfach geändert. Der *PPO per Italiam* befand sich am westlichen Kaiserhof in Mailand, Ravenna oder Rom; sein Kollege, der *PPO per Gallias*, amtierte bis um 395 in Trier, danach in Arles. Die Rückverlegung hatte militärische Gründe; die Franken machten das Moseltal unsicher. Nach dem Sieg über die Vandalen 534 schuf Justinian einen *PPO per Africam* und regelte dessen Amt bis in die letzten Einzelheiten.

Die Reichspräfekten verhandelten ihre Fälle in einem eigenen *auditorium*. Im 6. Jahrhundert trugen sie eine Purpurbinde (*infula*) und einen purpurnen Mantel. Ihre übrigen Amtsinsignien bestanden aus einem altarähnlichen Tisch mit dem Kaiserbild und brennenden Kandelabern rechts und links, einem überdimensionalen, reich verzierten silbernen Tintenfaßträger, goldenem Schreibgerät im Gewicht von 100 Pfund und einem von vier Pferden gezogenen Sesselwagen mit verstellbarer Sitzhöhe. Er wurde von einem Herold angekündigt und zog laut rasselnd durch die Stadt. Die Zahl der mit dem Konsulat beehrten Präfekten ist sehr hoch.

Inhaber und Aufgaben der Reichspräfektur sind vorwiegend den Gesetzen zu entnehmen, die überhaupt zum größten Teil an sie adressiert sind. Sie sind wohl überwiegend auf Vorschlag der Präfekten erlassen worden. Deren wichtigste Einzelbefugnis war die Steuererhebung, soweit sie in Naturalien bestand. Die Geldsteuern verwaltete der *comes sacrarum largitionum* (s. III 1 b), doch betrug deren Gesamtwert kaum mehr als fünf Prozent des Steueraufkommens der *annona*. Der Begriff *annona* bezeichnet ursprünglich den Jahresbedarf an Lebensmitteln für den einzelnen Mann; *annona militaris* ist die Naturalabgabe der Provinzen für den Unterhalt des Heeres und der Beamten. Die Geldentwertung, die unter den Severern spürbar wurde und dann im 3. Jahrhundert rapide voranschritt, zwang die Kaiser, zunehmend Naturalien einzuziehen. Die normale Entlohnung der Staatsdiener erfolgte fortan in Rationen. Geldspenden wurden nur bei besonderen Gelegenheiten verteilt (s. III 1 b). Neben die *annona* für die Beamten trat dann das Futter für ihre Pferde (*capitum*). Im späteren 4. Jahrhundert war es möglich, einen Teil der Naturalabgaben in bar zu leisten. 445 wurde eine *annona* auf vier *solidi* veranschlagt. Bei dieser *adaeratio* kam es jedoch vielfach zu Unterschlagungen und Übervorteilungen, so daß die Kaiser immer wieder Naturalleistungen vorgeschrieben haben. Seit Anastasius war die Ablösung der Naturalabgaben durch Geld so weit fortgeschritten, daß Zwangsaufkäufe nötig wurden. Mit dieser *coemptio* war oft eine Schädigung der Bauern verbunden, gegen die eingeschritten werden mußte.

Während des 3. Jahrhunderts hatte der Staat seinen Naturalbedarf durch *indictiones extraordinariae* gedeckt. Diese «außerordentlichen Ankündigungen» wurden durch Diocletian systematisiert. Der PPO berechnete jeweils den Bedarf des folgenden Jahres, der dann auf die Provinzen umgelegt wurde. Falls der Ertrag nicht reichte, wurde eine *superindictio* erlassen, die der Kaiser ebenso wie die reguläre *indictio* gegenzeichnen mußte. Aus Ägypten ist ein fünfjähriger Steuerzyklus bekannt, seit 312 erfolgte die Indiktion alle fünfzehn Jahre. Als Hilfseinheit der Jahreszählung – neben den Konsuln und den Kaiserjahren – wurde die Angabe des Indiktionsjahres 537 durch Justinian für amtliche Dokumente vorgeschrieben und blieb während des Mittelalters üblich, auch als der steuertechnische Sinn längst der Vergangenheit angehörte.

Als Verteilerschlüssel für die Steuerforderungen diente eine Veranlagung, die Diocletian in vieljähriger Arbeit erstellen ließ. Steuerschätzer (*censitores*) bereisten die Provinzen und nahmen den Grundbesitz, den Viehbestand und die Landbevölkerung auf. Der Name der Veranlagung *capitatio-iugatio* bezeichnet die Steuereinheiten. *Caput* ist die Einheit für Menschen und Vieh: ein erwachsener Mann – in Syrien zwischen 14 und 65 Jahren – zählte ein volles *caput*, eine Frau (so in Kleinasien) zählte ein halbes. 386 wurde der Satz für die ostanatolischen Provinzen ermäßigt und ein *caput* auf zwei bis drei Männer oder vier Frauen gerechnet. Vieh zählte jeweils Bruchteile eines *caput*. Zwischen freien und unfreien Landarbeitern wurde nicht unterschieden. Die *plebs urbana* war von der *capitatio* befreit.

Ein Gesetz von 393/4 unterscheidet *capitatio humana* und *iugatio terrena* (CJ. XI 52). *Iugum* ist eine Steuereinheit für die *annona* des Feldbaus. Genaue Angaben bietet das syrisch-römische Rechtsbuch. Danach entsprach ein *iugum* im Getreideanbau einer Fläche von 20 *iugera* guten oder 40 *iugera* mittleren oder 60 *iugera* schlechten Landes oder 5 *iugera* Weingärten oder einer Fläche von 220 *perticae* (Ruten) mit alten Ölbäumen oder von 450 *perticae* mit Ölbäumen im Gebirge. Die Berechnung orientierte sich an der Bodenqualität. Generell galt: *vectigal est ad modum ubertatis per singula iugera constitutum*. Lactanz (MP. 23) liefert einen anschaulichen, wenn auch gegenüber dem Christenverfolger verzerrten Bericht über die Veranlagung, die doch zumindest die Absicht einer gerechten Aufteilung der Lasten erkennen läßt. Justinian forderte dann noch eine Zusatzgabe, die Prokop (HA. 21,1 f) «Luftsteuer» nennt. Die Steuern wurden dreimal im Jahr (1. Januar; 1. Mai; 1. September) von *exactores* oder *susceptores* gegen Quittung (*securitas, apocha*) eingezogen. Diese Steuereintreiber amtierten im Auftrage der städtischen Curien, die für den Eingang hafteten.

Die unter Diocletian noch bar gezahlte *capitatio* der Bauern wurde später wie die *iugatio* auf die *annona* verrechnet. Die Steuerfreiheit Italiens und der Provinzialstädte mit *ius Italicum* entfiel. Die Veranlagung der *capitatio-iugatio* wurde auch bei der Einberufung von Rekruten zugrunde gelegt, so daß die Belastung sich gleichmäßig verteilte: Reiche Bauern mußten mehrere Rekruten stellen, ärmere dagegen nur zu dritt oder viert einen einzigen. Dementsprechend oblag dem PPO nicht nur die Versorgung der Armee, sondern ebenso die Rekrutierung.

Wie die Naturalsteuer, so unterstand auch der Frondienst in letzter Instanz dem PPO. Zu bestimmten Gelegenheiten und nach bestimmtem Schlüssel wurde die Provinzialbevölkerung zu Hand- und Spanndiensten (*munera sordida*) herangezogen: zum Getreidedreschen und Brotbacken für die Armee, für die Einquartierung von Soldaten, Gesandten und Beamten, zum Unterhalt von Pferden und Eseln für die Staatspost, zum Brennen von Kalk und Holzkohle, zum Schlagen und Bringen von Bauholz und Steinen, zum Ausbessern von Mauern und Kirchen, von Straßen und Brücken. Zu den begehrtesten, nur zögernd bewilligten Privilegien gehört die Befreiung von solchen Lasten. Sie wurde Höflingen, Standespersonen, Veteranen, Spezialisten und Arbeitern in Staatsbetrieben und auf Staatsgütern gewährt.

Diocletian und Valentinian mußten die Bauern gegen Zusatzforderungen der Beamten schützen, die Zugtiere und Arbeitskräfte beanspruchten. Dennoch finden sich in vielen Quellen Klagen über die Höhe der Steuern und die Härte, womit sie eingetrieben wurden. Heidnische Autoren und christliche Schriftsteller ergeben hier ein übereinstimmend finsteres Bild. Nicht nur die kleinen Leute, sondern sogar Standespersonen wurden rechtswidrig ausgepeitscht, damit sie zahlten.

Das Büro (*officium*) des Reichspräfekten bestand aus zwei Abteilungen. Die erste war für Verwaltungs- und Rechtsfragen zuständig. Der Chef (*princeps*) war ein ehemaliger *agens in rebus*. Zivilrechtsfälle und Strafprozesse wurden von verschiedenen Unterabteilungen behandelt. Daneben begegnen Beamte für die begehrten Postfahrscheine (*evectiones*). Die zweite Abteilung behandelte die Geld- und Steuerangelegenheiten in einzelnen *scrinia*. Darunter rangierte allerlei Hilfspersonal. Aus Justinians Zeit haben wir detaillierte Quellen über Beförderungs- und Gehaltsregelungen. Letztere umfaßten auch die Sporteln, d. h. die von den Bittstellern zu zahlenden Gebühren, die an Bedeutung gewannen.

Die Präfekturen waren unterteilt in Diözesen, und diese wiederum zerfielen in mehrere Provinzen. Die Diözesen bilden seit Diocletian die Verwaltungseinheiten der mittleren Ebene. Ihre Zahl und Abgrenzung schwankte. Im ‹Laterculus Veronensis› um 313 sind zwölf, in der ‹Notitia Dignitatum› um 420 sind vierzehn Diözesen verzeichnet. Es sind im Osten: Oriens (Hauptstadt Antiochia), Ägypten (Alexandria), Asiana (Ephesos), Pontica (Caesarea), Thracia (Heraclea), Macedonia (Thessalonike); die westlichen Diözesen heißen: Italia suburbicaria (Rom), Italia annonaria (Mailand), Illyricum (Sirmium), Africa (Karthago), Hispania (Hispalis oder Emerita), Septem Provinciae (Südgallien, damals auch für Nordgallien zuständig: Arles) und Britanniae (London). Der Begriff *dioecesis* bezeichnete im hellenistischen Osten den Gerichts- und Verwaltungssprengel, er ist nach dem Ende des Imperiums in die Kirchensprache des Ostens eingegangen für den Amtsbezirk eines Erzbischofs.

Die Diözesen – und die in ihnen zusammengefaßten Provinzen – unterstanden den Vikaren, die als Stellvertreter der Reichspräfekten (*vices agentes praefectorum praetorio* oder *vicarii*) unter Diocletian auch noch militärische Funktionen besaßen. Ihre Hauptaufgabe aber war, die Appellationsgerichtsbarkeit der Reichspräfekten zu entlasten. Die ‹Notitia› beschreibt die *officia,* die ebenfalls ein *agens in rebus* als *princeps* beaufsichtigte. Dem Rang nach sind die Vikare in der ‹Notitia› *viri spectabiles.* Zwei der östlichen Vikare sind durch Titel und Rang herausgehoben: Unter Constantin kam es öfter vor, daß die Aufgaben der Vikare von *comites provinciarum* wahrgenommen wurden, dies hat sich in einem Falle, nämlich zum *comes Orientis,* titular verfestigt. Er hatte bisweilen auch militärische Funktionen. Die ägyptischen Provinzen unterstanden dem *praefectus Augustalis,* ihn gab es seit 367. Der Titel lehnt sich an den des früheren *praefectus Aegypti* an. Die Sonderstellung Ägyptens wurde von Diocletian aufgehoben.

Die dritte, unterste Ebene der Zivilverwaltung war die der Provinzen. Ihre Zahl war von Diocletian durch Teilung erhöht worden: Der ‹Laterculus Veronensis› nennt 95, die ‹Notitia Dignitatum› 114 Provinzen. Diocletian hat ihre Verwaltung vereinheitlicht. Dennoch blieben einige Anomalien bestehen. Ausgegliedert aus dem Präfekturensystem waren die beiden Hauptstädte. Rom und Konstantinopel wurden von den Stadtpräfekten verwaltet, die im Rang unmittelbar nach den Reichspräfekten kamen (s. III 4 a, b).

Von den alten senatorischen Provinzen blieben nur noch, erheblich verkleinert, Africa mit dem Gebiet um Karthago und Asia mit dem Hinterland von Ephesos. Sie standen unter Prokonsuln; Constantin fügte auch Achaia mit dem Amtssitz Korinth wieder hinzu. Die drei Prokonsuln sind gleichfalls seit Valentinian *viri spectabiles,* rangieren in der ‹Notitia› sogar über den *vicarii,* denen sie auch administrativ nicht unterstanden. Die Prokonsuln waren, anders als in der Republik und ebensowenig wie im Principat, immer gewesene Konsuln, sondern wurden vom Kaiser aus den beiden Senaten genommen. Unter den namhaften Vertretern des spätrömischen Senatsadels haben mehrere dieses Ehrenamt bekleidet: Petronius Probus (358), die heidnischen Autoren Ampelius (364) und Symmachus (373) und der Redner Pacatus (390). Sie alle haben es später noch zu höheren Ämtern gebracht.

Die Provinzialstatthalter waren untereinander nicht ranggleich. Die Prokonsuln bildeten die höchste Gruppe. Die *consulares* standen als *viri clarissimi* (d. h. Senatoren) eine, die *praesides* als *viri perfectissimi* (d. h. Ritter) zwei Stufen tiefer. Ende des 4. Jahrhunderts wurden indes – mit einer Ausnahme – auch sie *clarissimi.* Die praetorischen Statthalter mit dem Titel *corrector* waren teils *clarissimi,* teils *perfectissimi.* Die titularen Unterschiede wurden in der Umgangssprache oft vereinheitlicht. Die Statthalter heißen da einfach *rectores, moderatores* oder *iudices.*

Damit ist ihre wichtigste Funktion bezeichnet: sie amtierten als Richter für alle Provinzialen, die nicht militärischen, geistlichen oder senatorischen Standes waren. Für weniger wichtige Fälle ernannten sie untergeordnete Richter (*iudices pedanei*). Normalerweise residierten die Statthalter im *prae-*

torium bzw. in der *regia* der Provinzhauptstadt. Leo befahl 471 (?) deren Instandsetzung, damit die Statthalter nicht bei Privatleuten logierten – und diese belästigten oder begünstigten. Es gehörte zu ihren Pflichten, die Städte ihrer Provinz zu besuchen und Streitfälle zu schlichten. Die Gerichtssitzungen waren öffentlich. Constantin gestattete 331 den Provinzialen, Klagen über Statthalter durch Akklamation zu äußern, dem werde er nachgehen und räuberischen Beamten die Hände abhacken lassen. Die Bestechlichkeit der Richter müsse aufhören.

Über die Mißstände im Rechtswesen haben die Zeitgenossen laut Klage erhoben. Mamertinus monierte, übertreibend aber nicht grundlos, daß die Rechtswissenschaft nur noch von Freigelassenen ausgeübt werde. Dem Vordringen des rohen Vulgarrechts in der Legislatur entsprach die Brutalisierung im Rechtsvollzug. Ammian mißbilligte die Härte, mit der zumal vermutete Majestätsverbrechen und Steuerunterschlagungen geahndet wurden (s. III 1 a). Im Zivil- wie im Strafprozeß spielten Folter und Verstümmelung eine erschreckende Rolle. Die Prügelstrafe war gang und gäbe. Als Motiv dieser Rohheit wird immer wieder die Habsucht der Amtsträger gebrandmarkt. Die Unkenntnis der Advokaten Antiochias karikiert Ammian in einer bissigen Satire. Libanios hat in zwei Reden (or. 33; 45) die unmenschlichen Zustände im Strafrecht Syriens bloßgestellt. Er bezeichnete die Statthalter unumwunden als Mörder, weil sie sich mehr für Spiele und Einladungen interessierten als für die Rechtspflege, so daß die Angeklagten in den überfüllten Gefängnissen dahinstürben. Libanios beschreibt eine ausgesprochene Klassenjustiz und beklagt, daß die gutgemeinten Gesetze nicht durchgeführt, die Kaiser nicht unterrichtet würden. Socrates (VI 3,2) bestätigt das.

Die Provinzstatthalter vereinigten richterliche und administrative Funktionen. Sie sammelten die Geld- und Naturalsteuern ein, sowohl vom Privatbesitz wie von den Domänen, sie beaufsichtigten die Staatspost und alle öffentlichen Arbeiten: Straßenbau, Brückenbau, Wasserleitungen. Auch die Selbstverwaltung der Städte wurde von den Statthaltern überwacht sowie alles, was die öffentliche Ordnung betraf. Damit leiteten sie praktisch alle Bereiche außer dem religiösen und dem Militärwesen, doch unterstanden ihnen zur Zeit Diocletians die Grenztruppen, während die Feldtruppen von *duces,* je einem in jeder Provinz, befehligt wurden (s. III 1d). Militärische Kompetenz findet sich nur noch bei Verwaltern unruhiger Provinzen, so in Isauria, Aegyptus, Arabia und Mauretania.

Die Statthalter korrespondierten nicht nur mit den *vicarii,* ihren unmittelbaren Vorgesetzten, sondern auch mit den Präfekten und Kaisern. Diese redeten ihre Adressaten mit Ehrentiteln an: *tua magnitudo, gravitas, sinceritas, sublimitas, auctoritas, celsitudo, magnificentia* etc. Es gab keinen sorgsam beachteten Instanzenzug. Ernannt wurden die Statthalter auf Vorschlag des PPO vom Kaiser, sie konnten im Falle von Amtsvergehen jedoch vom PPO abgesetzt werden. Die Amtsdauer betrug gewöhnlich ein bis zwei Jahre.

Wie der Kaiser, so besaß auch der Statthalter einen Kreis von Beratern (*consilium*). Er bestand aus den ranghöchsten Curialen und anderen Honoratioren der Stadt. In der Zusammenstellung dieses Gremiums war der *iudex* frei, doch durfte er keinen Berater länger als vier Monate in Anspruch nehmen.

Ausführende Aufgaben übernahm das Büro (*officium*). In den *officia* der *iudices* zeigt sich seit Diocletian wiederum eine Vereinheitlichung. Im Principat unterschieden sich die Beamten der Hof- und Finanzverwaltung von denen der Provinzialverwaltung, insofern jene überwiegend aus kaiserlichen Sklaven und Freigelassenen bestand, diese sich aber vornehmlich aus Soldaten rekrutierte. In der Spätantike begegnen beide Gruppen weiterhin, doch scheinen Sklaven und Freigelassene eher die unteren, die Militärs die höheren Büroposten besetzt zu haben. Das einzelne *officium* bestand gewöhnlich aus drei Abteilungen: einer für juristische Belange, einer für die Finanzen und einem administrativen Stab (Boten, Schreiber). Der Aufbau der *officia* höherer Beamter war komplizierter, im Einzelnen unterrichtet uns darüber die ‹Notitia Dignitatum›. Die überzähligen Angestellten (*supernumerarii*) erhielten keine Bezüge.

Einstellung und Aufstieg der Zivilbeamten zeigen manche Unterschiede zu den Verhältnissen im Principat. Die unteren Posten waren von Berufsbeamten besetzt, die sich langsam durch die Ränge hochdienen konnten. Besonders günstige Aufstiegsmöglichkeiten besaßen die *notarii*, die Sekretäre, die als Stenographen die Verhandlungen und Erlasse protokollierten. Auch Rhetoren und Bischöfe pflegten ihre Texte zu diktieren.

Die höheren Stellen (*dignitates*) wurden in der Regel nur für wenige Jahre vergeben, oft an Männer, die nicht dauernd im Staatsdienst standen, sondern zwischendurch ins Privatleben zurückkehrten. Ein Grund dafür war die Absicht der Kaiser, die mit den hohen Verwaltungsstellen verbundenen Einkünfte und Vorrechte auf möglichst viele Personen zu verteilen.

Für die Zeit unter und nach Constantin lassen sich zahlreiche Aufsteiger nachweisen. Im Principat hatte der Weg vom Handwerker oder Bauern bis zum Konsul oder Legaten gewöhnlich mehrere Generationen gedauert; nun begegnen wir häufig Kandidaten, die sich von ganz unten nach ganz oben durcharbeiteten. Die Vorstellung eines «spätantiken Kastensystems» ist mit der prosopographisch nachweisbaren sozialen Mobilität nicht zu vereinen. Dennoch versuchte seit dem Ende des 4. Jahrhunderts die neu entstandene Führungsschicht, die wichtigsten Posten den Familienangehörigen zu sichern und die niederen Ämter zu überspringen. Einzelne stadtrömische und gallische Senatorenfamilien sind in der Zivilverwaltung des 5. Jahrhunderts so oft vertreten, daß hier Ämterpatronage auf der Hand liegt.

Voraussetzung für eine Karriere im Amt war gute Schulbildung, d. h. Kenntnis von Sprache und Literatur (s. III 5), darum finden sich keine Barbaren im Zivildienst. Ein Mann wie Aurelius Victor (20,5) betont stolz, seinen Aufstieg seinen Studien zu verdanken. Fachkenntnis wurde wie im Principat in der Praxis erworben. Unter den sachfremden Beförderungskriterien spielen Beziehungen, Geld und Religion eine Rolle.

Nominell wurden alle höheren Posten vom Kaiser durch Überreichung eines *codicillus* vergeben. Wir haben zahlreiche Beispiele dafür, daß der Kaiser die Kandidaten persönlich kannte. Wenn beispielsweise Valentinian Pannonier bevorzugte, Gratian Gallier und Theodosius Spanier, so spielen landsmannschaftliche Motive mit. Auch religiöse Kriterien kamen zur Geltung: Constantin bevorzugte Katholiken, Constantius II Arianer, Julian Heiden usw. Die Mehrzahl aller Ernennungen beruhte auf Empfehlung, auf *suffragium*. Als Fürsprecher eigneten sich besonders Personen aus der Umgebung des Kaisers, die Mitglieder im *consistorium,* die Palasteunuchen und die Familienangehörigen des Kaisers.

Zu allen Zeiten haben Amtsbewerber versucht, die Fürsprache eines Höflings durch Geld zu erkaufen. Gegen solche und andere Mißstände wird in der zeitkritischen Literatur ebenso Front gemacht wie in Kaisergesetzen. Constantin ist darüber einmal außer sich geraten: *Cessent iam nunc rapaces officialium manus, cessent inquam: nam nisi moniti cessaverint gladiis praecidentur. Non sit venale iudicis velum.* – «Zurück, die Raubhände der Beamten, zurück, sage ich. Ziehen sie diese auf meine Ermahnung nicht zurück, lasse ich sie mit dem Schwerte abhauen. Der Spruch des Richters darf nicht käuflich sein.» In bestimmten Fällen hat Constantin 333 das *suffragium venale* mit der Todesstrafe belegt. Gesetze der Söhne Constantins verhängen Geldstrafen für solche, die sich durch erkaufte Ehrenämter Privilegien erschleichen. Julian versprach in seiner bei Ammian (XX 5,7) überlieferten Regierungsrede, den Ämterkauf einzustellen, doch hat er Rückforderungen der Kandidaten, die bis zu siebzig Jahre alte Zahlungen betrafen, insoweit abgewiesen, als er den Fürsprechern einen bestimmten Satz zu nehmen gestattete. Er ordnete an, daß Amtsbewerber ihre Schmiergelder nicht zurückfordern könnten, weil derartige unsaubere Geschäfte nicht rechtsfähig seien. Hier wird dem Zahlenden das Risiko aufgebürdet, die Annahme des Geldes allerdings nicht bestraft. Der Kaiser beobachtete damit den Grundsatz *in pari turpitudine melior est causa possidentis.* – «In einem schmutzigen Geschäft darf der die Sache behalten, der sie hat.»

Theodosius ging 394 einen Schritt weiter, indem er den Fürsprechern das Recht zubilligte, die versprochene Summe einzuklagen und die ihnen abgelieferten Geschenke zu behalten, auch wenn kein Schriftstück vorliege. Ein Kontrakt sei jedoch dann erforderlich, wenn der Bewerber Liegenschaften angeboten habe. Die Nachsicht der Kaiser beruht wohl auf dem Interesse ihrer hohen Funktionäre an derartigen Einnahmen. Unter Theodosius und

seinen Söhnen scheint eine solche Bestechung, trotz der Kritik der Unbe-
teiligten, geduldet worden zu sein. 439 forderte Theodosius II jedoch von
allen Statthaltern bei der Einstellung einen Eid, daß sie Bestechungsgelder
weder gezahlt noch genommen hätten, weder zahlen noch nehmen würden. Nur ehrenhafte Männer seien zu befördern, jeder Bestechungsversuch
unterliege einer Buße der vierfachen Summe. Der Erfolg dieses Gesetzes ist
mehr als zweifelhaft. Theodosius II erhob seinerseits Gebühren für Beförderung. Jedenfalls wurde dem PPO Zenos um 480 vorgeworfen, Bewerber
nur gegen Geld unterstützt zu haben. Der Preis für den Statthalterposten
von Ägypten soll damals von 50 auf 500 Pfund Gold gestiegen sein.

Als der Kaiser, der die Ämter vergab, sich an dem Geschäft beteiligte,
begann der eigentliche Ämterkauf. Zenon soll selbst einen Prozentsatz der
Summe eingestrichen haben. Dies wird durch Justinian bestätigt, der in seiner achten Novelle von 535 das *suffragium* verbot. Er gab damit zu, daß er
dem Fiskus eine Einnahmequelle versperre, doch sei das nur ein scheinba-
rer Verlust. Denn der Bewerber würde die Bestechungssumme gewöhnlich
borgen und dann aus unterschlagenen Steuergeldern oder durch Zusatzforderungen an die Provinzialen seinen Gläubigern zurückerstatten. Justinian
malt die üblen Folgen für die Provinzen aus, in denen Unschuldige enteignet, Schuldige gegen Zahlung freigelassen würden. Bauern und Grundherren, Priester und Bürger flöhen aus solchen Gegenden. Geiz sei die Mutter
allen Übels. Um dem ein Ende zu machen, fügte er eine Gebührentabelle
für alle Amtsbewerber hinzu. Sie beginnt dem Rang nach mit dem *comes
Orientis,* es folgen die einzelnen Statthalterposten bis hinab zu den *defensores civitatis.* Die Gebühren reichen von 196 bis drei Goldstücken. Gezahlt
wurde an den PPO, an den PSC und seine Eunuchen, den *primicerius notariorum* und einige andere Beamte. Prokop (HA. 21,9 ff) warf Justinian vor,
der ja schließlich selbst mit Hilfe von Spenden Kaiser geworden war, er
habe sich die Ernennungen bezahlen lassen, seine Beamten auf Kosten der
Provinzen bereichert und sie dann vor Gericht gestellt und enteignet. Häufig geschah derartiges beim Regierungswechsel. Die Günstlinge des verstorbenen Kaisers wurden gewöhnlich vom Nachfolger gestürzt.

Um zu verhindern, daß die Statthalter in ihren Provinzen persönliche
Interessen verfolgten, galt seit Marc Aurel der Grundsatz, daß niemand die-
jenige Provinz verwalten dürfe, in der er selbst zuhause sei. Dieses Gesetz
ist noch im ‹Codex Justinianus› (I 41) in Kraft, wurde aber oft mißachtet. Das lehrt der vergebliche Versuch des Synesios (ep. 57; 73), den in der
Libya superior beheimateten korrupten *praeses* Andronikos im Jahre 411
aus dem Amt zu verdrängen. Das war kein Einzelfall. Im 5. Jahrhundert
zeigt sich eine Tendenz, die im Lande jeweils Mächtigen als Verwalter einzusetzen. Die geographische Fluktuation geht zurück, die Feudalisierung
der Gewalten schreitet voran. Besonders deutlich wird das in Illyrien, Italien und Gallien.

Im Kampf gegen die Hausmacht haben die Kaiser es den Statthaltern untersagt, sich selbst oder ihre Söhne in der regierten Provinz zu verheiraten, damit die Morgengabe nicht als Bestechung mißbraucht werden konnte. Töchter konnten sie durchaus an Einheimische vermählen, doch auch das führte zu Unzuträglichkeiten. Constantin wiederholte die Bestimmung, daß Statthalter in ihren Provinzen keine Käufe tätigen dürften, damit der Verkäufer nicht erpreßt oder der Statthalter nicht bestochen würde. Dieses mehrfach erneuerte Gesetz wurde später um die Bestimmung ergänzt, daß noch fünf Jahre nach Dienstende Klage erhoben werden könne. Zeno bestimmte, jeder Statthalter müsse fünfzig Tage über seine Amtszeit hinaus in der Provinz bleiben, damit die Provinzialen gegebenenfalls gegen ihn bei seinem Nachfolger vorgehen könnten.

Für Verstöße aller Art von Amtsinhabern wurde 319 die Kollektivhaftung der Büros eingeführt. Damit erhoffte sich der Kaiser, daß ein unlauterer Bürochef von seinen Untergebenen angezeigt würde. Diese Bestimmung könnte aber auch zu einer Solidarisierung der Büros geführt haben, wenn nämlich der Chef seine Untergebenen an seinen unlauteren Gewinnen teilhaben ließ. Das ganz unklassische Prinzip der Kollektivhaftung wurde in einem Fall auf eine Provinz angewandt: Nach dem Sturz des aus Lykien stammenden Reichspräfekten Tatianus 393 blieben drei Jahre lang alle Lykier vom Staatsdienst ausgeschlossen. Bis 390 wurden die Geldstrafen immer wieder erhöht, was einerseits den Willen des Kaisers bezeugt, die Verwaltung in Schuß zu halten, andererseits die Unfähigkeit belegt, dieses zu erreichen. Etwa ein Drittel aller Gesetze im ‹Codex Theodosianus› diente der Behebung von administrativen Mängeln.

Nachteilig für die Verwaltung waren die Rivalitäten zwischen den Ämtern. Es gab Auseinandersetzungen um die Zuständigkeit für Zivilprozesse von Soldaten, um das Ressort der Kirchenfragen, um die Leitung der Waffenfabriken und dergleichen. Mißlich war weiterhin die Neigung der Statthalter, während ihrer Amtsstunden ins Theater zu gehen oder in Ferienhäusern zu wohnen. 379 wurde verfügt, daß Büroangestellte, die sich länger als vier Jahre unerlaubt von ihrem Amt entfernten, dasselbe verlören. Kürzere Privatferien wirkten sich lediglich nachteilig auf die Beförderung aus.

Eine ähnliche Wirkung wie Absenz hatte die Ämterkumulation. Sie ist mehrfach verboten, schließlich aber in besonderen Fällen gestattet worden. Verbreitet war die Verleihung von Sinekuren. Die Begünstigten bezogen die Einkünfte und genossen die Privilegien, ohne etwas dafür zu tun. Es gab kein Leistungsprinzip, wie das bürokratischem Denken ja überhaupt fernsteht, sondern ein Versorgungsprinzip im Interesse der Inhaber, die streng nach der Anciennität aufstiegen.

Ein weiterer Mißstand in der Verwaltung war die Wirkungslosigkeit der Gesetze. Sie ergibt sich bereits aus der Tatsache, daß bestimmte Befehle,

z. B. die Standesbindung der Curialen, die Dienstpflicht der Schiffer, die Schließung der Tempel, mehrfach wiederholt werden mußten. Wenn Dutzende und Aberdutzende von Malen dieselbe Anordnung getroffen wurde, wird die Schwäche der Exekutive deutlich. 407 befahl Honorius, daß die von den Statthaltern, Richtern und Curien blockierten Gesetze gegen die Häretiker endlich ausgeführt werden sollten. 438 beschwerte sich Theodosius II, daß die «unzählbaren» Gesetze, daß «tausend Strafdrohungen» gegen Ungläubige nichts bewirkt hätten, weil die Beamten sie nicht beachteten. Schon Libanios klagte, die Gesetze würden von den Beamten und Soldaten mißachtet. Eunap schrieb: Gesetze sind wie Spinnweben, die Kleinen bleiben darin hängen, die Großen zerreißen sie.

Das Imperium Romanum wurde in seinen besseren Zeiten durch einen auffallend kleinen Verwaltungsstab regiert. Dies war möglich, weil die Aufgaben der unteren administrativen Ebene von den Städten übernommen wurden. Wachsende außenpolitische Belastungen und innenpolitische Spannungen haben indes die kommunalen und privaten Leistungen zunehmend überfordert, so daß der Staat immer stärker eingreifen mußte. Die Folge war, daß die Zahl der Beamten immer größer, die Masse der Gesetze immer schwerer durchschaubar, der gesamte Apparat immer komplizierter wurde. Obwohl einzelne Kaiser wie Julian und Valentinian sich der fortschreitenden Bürokratisierung widersetzt und mit den Mißständen in der Verwaltung aufgeräumt haben, war die Zivilverwaltung groß, schwerfällig und teuer.

In den ostgermanischen Nachfolgestaaten des weströmischen Reiches ist die alte Bürokratie zwar nicht völlig beseitigt, aber doch erheblich zurückgeschnitten worden. Dennoch hat die spätrömische Hof- und Zivilverwaltung das Kanzleiwesen der mittelalterlichen Könige und Päpste geprägt. Das zeigt sich in der Organisation, im Urkundenwesen und in Rangtiteln, die es teilweise bis heute gibt, denken wir an den *advocatus* und den *notarius*, an den *referendarius* und den *assessor*, an den *moderator* und den *rector*, den *praes* und den *ministerialis*, den *decanus*, den *vicarius* und die Ränge Eminenz, Spectabilis und Magnifizenz.

d) Das Heer

Bevor Septimius Severus am 4. Februar 211 im Heerlager zu Eburacum starb, soll er seinen Söhnen Caracalla und Geta den Rat gegeben haben: «Seid einig, bereichert die Soldaten und verachtet den Rest.» Der Kaiser brachte darin die Ansicht zum Ausdruck, daß die Armee die eigentliche Machtbasis des Kaisertums sei. Dieselbe Folgerung könnte man aus den militärischen Wesenszügen des spätrömischen Staates ziehen. Der Kaiser ist zunächst *imperator* – Feldherr. Er war stets der Höchstkommandierende und – zumindest im 4. Jahrhundert – persönlich mit den Soldaten verbunden. Sie duzten ihn, er beteiligte sich an ihren sportlichen Wehrübungen. Die zeremoniale Bürgerferne im höfischen Bereich entfiel im Felde.

In der Öffentlichkeit erschien der Kaiser gerüstet. Jede Form des Dienstes war *militia:* Der Kriegsdienst wird als *militia armata* abgegrenzt gegen den Hofdienst, die *militia palatina,* und den Zivildienst, die *militia officialis.* Kennzeichen des militärischen Standes war der Gürtel, *balteus* oder *cingulum,* den auch der Kaiser selber trug. Kostbare Gürtelgarnituren aus Grabfunden spiegeln den Rang ihrer Träger. Im übertragenen Sinne wurde der Kirchendienst als *militia Christi* aufgefaßt. Auch der Mönch, als *miles Christi* und Kämpfer gegen die «Fürsten dieser Welt» und seine Dämonen, trug einen – in diesem Falle: geistlichen – Gürtel. Die Auffassung vom wesentlich militärischen Charakter des kaiserzeitlichen Imperiums findet sich u. a. bei Rostovtzeff (1929), der die drei Perioden der Kaiserzeit als Militärmonarchie, Militäranarchie und Militärdespotie bezeichnete.

Eine derartige Kennzeichnung des römischen Kaiserreiches ist deswegen schief, weil es kaum je einen Staat gegeben hat, der bis zu einem solchen Grade demilitarisiert war. Den Kern des Heeres bildeten die aus römischen Bürgern bestehenden Legionen. Nach der großen Abrüstung unter Augustus waren es noch 25. Bei einer Sollstärke von 6000 Mann sind das 150 000 Legionäre. Rechnen wir nochmals dieselbe Zahl an Hilfstruppen (*auxilia*) und die 9000 Prätorianer hinzu, so kommen wir auf gut 300 000 Waffentragende. Umgerechnet auf eine mutmaßliche Bevölkerungszahl von 50 Millionen standen jedenfalls weniger als ein Prozent der Römer unter Waffen. Die Mehrzahl der Soldaten war an Rhein, Donau und Euphrat stationiert, das Binnenland war praktisch frei von Militär. Dieser geringe Anteil der Soldaten an der Gesamtbevölkerung ist eine ökonomische Voraussetzung für die Wirtschaftsblüte des Principats, und nicht zuletzt diese erklärt den weitreichenden politischen Konsens unter den Provinzialen, auf dem die römische Herrschaft tatsächlich ruhte.

Die *Pax Romana* dauerte jedoch nur so lange, als die Truppen ausreichten, um das Reich zu schützen. Erste Probleme tauchten auf mit den Marcomannenkriegen seit 166. Unter Septimius Severus sind 33 Legionen bezeugt. Ernst wurde die Lage dann beim Beginn der sassanidischen Angriffe im Osten, der neugebildeten Stammesverbände der Alamannen und Franken am Rhein und der Goten und Heruler im Schwarzmeer-Donau-Bereich. Dies führte zur Reichskrise des 3. Jahrhunderts (s. II 1). Die augusteische Wehrverfassung genügte nicht mehr. Gallienus hat mit der Militärreform begonnen, Diocletian und Constantin haben sie vollendet. Im Ergebnis unterscheidet sich das spätantike Heerwesen von dem der hohen Kaiserzeit in wesentlichen Punkten.

Die Gesamtstärke des Heeres mußte erhöht werden. Lactanz (MP. 7,2) hat Diocletian vorgeworfen, er hätte das Heer mehr als vervierfacht. Dies ist eine schematische Übertragung des tetrarchischen Systems auf die Armee und darum unglaubhaft. Dennoch ist mit einer beträchtlichen Vergrößerung des Heeres zu rechnen. Die nun 67, vermutlich aber verkleinerten Legionen verteilten sich wie folgt: Orient 28, Donau 17, Rhein 10, Britannien 3, Spanien 1, Africa 8. Johannes Lydos (mens. I 27) meldet für Diocletian 389 704 Mann ohne die Flotte (s. u.). Die in der ‹Notitia Dignitatum› aufgeführten Verbände ergeben eine Sollstärke von 524 000 bis 600 000 Mann. Für das 6. Jahrhundert nennt Agathias (V 13,7) ein Soll von 645 000 Soldaten, doch dürfte dabei die Nominalstärke des – natürlich längst verschwundenen – Westheeres mitberechnet sein. Faktisch, so sagt er, dienten im Osten jedoch nur 150 000 Mann (V 15,2 ff). Nehmen wir an, daß sich die Heeresstärke im 4. Jahrhundert gegenüber dem Principat verdoppelt hatte, so waren das, umgerechnet auf die Reichsbevölkerung noch immer keine zwei Prozent.

Die Zweiteilung des Heeres in Legionen und Auxilien war mit der Verleihung des Bürgerrechts an alle Reichsangehörigen durch Caracalla 212 nur noch eine Sache der Tradition und der Benennung. Die Lage forderte neben den an den Grenzen aufgereihten Truppen eine Eingreifreserve, ein Marsch- oder Feldheer, mit dem man Usurpatoren und ins Reich eingedrungene Gegner bekämpfen konnte, ohne den Limes entblößen zu müssen. Die Kaiser des Principats hatten für solche Zwecke fallweise Einsatzheere zusammengestellt, deren Abteilungen (*vexillationes* unter *praepositi*) aus verschiedenen Garnisonen abgezogen und schließlich dorthin wieder zurückgeschickt wurden. Dies wurde nun, je öfter man eine bewegliche Truppe brauchte, desto umständlicher.

Constantin hat darum die seit Gallienus und Diocletian bestehenden mobilen Armeeteile erheblich verstärkt. Den Grundstock lieferte jenes Heer, mit dem er gegen Maxentius gezogen war. Es umfaßte etwa ein Viertel der Gesamtarmee. Seine Führung wurde den neugeschaffenen Heermeistern anvertraut (s. u.). Die Teile des Feldheeres, die sich beim Kaiser selbst befanden, erhielten vermutlich unter Valentinian die Bezeichnung *palatini*, und zu ihnen zählten neben den Legionen auch die *auxilia*, die germanischen Hilfstruppen, die damit in die höchste Rangklasse aufrückten. Die übrigen *legiones* und *vexillationes* des Feldheeres hießen *comitatenses*. Letztere standen im Rang tiefer, aber immer noch über den Grenzern, aus denen die unterste Gattung der Feldarmee, die *pseudocomitatenses,* gebildet waren. Zosimos (II 34) warf Constantin vor, er habe durch die Ausgliederung der Feldarmee die Grenzen geschwächt und die Barbaren ins Reich gelockt.

Die von *duces* kommandierten Kohorten und Alen der Grenztruppen lagen in den Kastellen entlang dem Limes, meist an den Flußgrenzen; darum nennt Constantin sie 325 *ripenses*. Die Bezeichnung *limitanei* ist seit 363 bezeugt. Insbesondere Diocletian, Valentinian und Justinian haben viel für die Grenzsicherung getan. Dem Schutz gegen Germanen und Sarmaten dienten die Kastelle an Rhein und Donau, der Abwehr von Arabern und Persern der Limes von Chalkis und die *strata Diocletiana* von Nordost-Arabien nach Palmyra zum Euphrat. Schon unter Diocletian waren die *limitanei* teilweise aus der Gewalt der Statthalter gelöst und unter *duces* gestellt worden. Constantin führte diese Reform zu Ende, einzelne *duces* erhielten den höheren Rang von *comites militares*. Der *comes Isauriae* hatte auch die zivile Verwaltung unter sich. Diese Anomalie erklärt sich aus der Unruhe jener Bergprovinz. Seit dem 5. Jahrhundert erhielten die Grenzsoldaten im Osten auch Land, das sie schon während der Dienstzeit steuerfrei bebauen durften. So entstanden die Anfänge des mittelalterlich-byzantinischen Wehrbauerntums.

Umgeformt wurde ebenfalls die Garde. Maxentius hatte sich vornehmlich auf die Prätorianerkohorten gestützt, die schon Diocletian vermindert hatte. Constantin löste sie nach seinem Sieg an der Milvischen Brücke 312 auf. Das Amt des *praefectus praetorio* blieb bestehen (s. III 2 c). Die Leibwache des Kaisers bildeten die *protectores domestici*, als deren Chef im Rang eines *comes* 283 Diocletian erscheint. Schon Gallienus hatte einzelne Offiziere zu *protectores divini lateris* ernannt. Die Zeremonie der Aufnahme in diese war die *adoratio sacrae purpurae,* die Zulassung zum fußfälligen Kuß des Kaisermantels. Damit waren begehrte Privilegien verbunden: ein höherer Sold und Aufstiegsmöglichkeiten in der Offizierslaufbahn. Julian beschränkte die stark angewachsene Zahl der *protectores* auf vier Einheiten (praesentalische *scholae*) zu fünfzig Mann am Hof. Einzelne dienten als Stabsoffiziere beim Praefectus Praetorio oder einem der Heermeister, so Ammian (XV 5,22) bei Ursicinus, man übertrug ihnen vielfach Sonderaufgaben: Aufsicht von Befestigungsmaßnahmen, Rekrutierung, Transportschutz, Zollüberwachung, Verhaftungen usw. Unter den *protectores* finden wir einerseits Söhne von Decurionen, Offizieren und germanischen Fürsten, andererseits langgediente Militärs, die mit dieser Würde ausgezeichnet wurden. Im späteren 5. Jahrhundert wurde der Rang auch ohne Dienst vergeben.

Die seit 346 in den Quellen erscheinenden *comites domesticorum* begleiteten den Kaiser. Der *comes domesticorum equitum* und der *comes domesticorum peditum* rangieren in der ‹Notitia Dignitatum› unmittelbar nach den vier Hofministern, sie standen damals im Rang von *illustrissimi.* Jeder führte zwei Regimenter zu 500 Mann (*scholae palatinae*). Namhafte Militärs bekleideten dieses Amt, mehrere stiegen zu Heermeistern auf.

Seit 350 hören wir von weiteren Leibwächtern, den weiß uniformierten *candidati*, unter denen zahlreiche Germanen waren. In dieser Truppe diente Justinian vor seiner Thronbesteigung. Sie unterstand dem *magister officiorum*, der ebenso die *scholae palatinae* befehligte, die Palastgarde. Zu Beginn des 5. Jahrhunderts gab es im Osten sieben, im Westen fünf *scho-*

lae zu je 500 Reitern, die von Tribunen befehligt wurden. Die *scholares* trugen besonders prächtige, teilweise vergoldete Rüstungen, erhielten einen
erhöhten Sold und genossen Privilegien. Im späten 5. Jahrhundert verloren
sie ihren militärischen Charakter und wurden zur bloßen Paradetruppe.
Um 466 stellte Leo die Palastwache der 300 *excubitores* auf, aus ihnen ging
der Kaiser Justin I hervor. Sie wurden unter Justinian auch an der Front
eingesetzt.

Unter den Waffengattungen der Kaiserzeit kam den schwerbewaffne
ten Fußkämpfern, den Legionären, die höchste Bedeutung zu. Die Leicht-
bewaffneten einschließlich der Bogenschützen und Schleuderer sowie die
Reiter spielten eine geringere Rolle. Dem Rang nach stand der *magister
peditum* in der westlichen ‹Notitia Dignitatum› (occ. V f) über dem *magister equitum*. Vegetius behandelt die schwerbewaffnete, in Vexillationen
und Alen zu 500 Mann gegliederte Reiterei. Sie erhielt allmählich ein dem
Fußvolk gleiches, später sogar überlegenes Gewicht. Ein Grund dafür liegt
darin, daß die Schlachtreihe der Fußkämpfer ihre volle, auch dem Reiter-
angriff gewachsene Stärke nur erhielt, wenn sie gut einexerziert war, und
daran haperte es in der Spätzeit. 258 schuf Gallienus eine schwere Reiterei nach persischem Vorbild, die Reiter hießen nach ihrer Panzerung *cata-
phractarii* oder *clibanarii*. Zenobia setzte sie gegen Aurelian ein. Im Kampf
suchte der Gegner sie mit der Fangschlinge vom Pferd zu ziehen.

Im Orient waren mehrere Einheiten von Kamelreitern (*dromedarii*) stationiert, doch wurde ihre Kampfkraft nicht hoch eingeschätzt. Wichtiger
war ihre Verwendung zum Transport. Kriegselefanten, von Indern gelenkt,
führten die Perser ins Feld. Vor ihnen scheuten die Pferde, die Römer
bekämpften sie mit Feuerpfeilen und mobilen Katapulten.

Die Bewaffnung der Legionäre wurde erleichtert. Schon Macrinus zu
Beginn des 3. Jahrhunderts schaffte den Schuppenpanzer und den schweren Schild ab. Im Laufe des 4. Jahrhunderts wurde – zumindest teilweise –
der eiserne durch den ledernen Helm ersetzt. Der *pilleus Pannonicus*, die
zylindrische Pelzmütze der Tetrarchen von San Marco, wurde auch von einfachen Soldaten getragen. An die Stelle des römischen Kurzschwertes (*gla-
dius*), mit dem gefochten wurde, trat das germanische Langschwert (*spatha*),
mit dem man nur noch draufhauen konnte. Das alte römische Signalsy-
stem geriet in Vergessenheit, anstelle der verschiedenen Bewegungszeichen
wurde nur noch zum Angriff geblasen und der *barritus,* das teutonische
Schlachtengebrüll, angestimmt.

Kriegsmaschinen blieben durch die gesamte Spätantike in Gebrauch.
Die wichtigsten sind die Torsionsgeschütze in ihren beiden Grundtypen:
einerseits das Katapult oder die Balliste, die Bolzen und Brandpfeile (*mal-
leolus*) in direkter Bahn schoß und auf Rädern auch taktisch zum Einsatz
kam (*carroballista*), und andererseits der Skorpion oder Onager (Wildesel),
der Steine und Kugeln auf indirekter Bahn schleuderte. Er diente primär

für Belagerungen, ebenso der Rammbock oder Widder (*aries, helepolis*), ein abgedeckter Schwingbalken zum Einrammen von Mauern. Ammian (XXIII 4) widmet diesen Maschinen einen Exkurs, Vegetius (mil. IV 1–30) behandelt sie systematisch; der ‹Anonymus de rebus bellicis› schlug in seiner um 370 abgefaßten, mit Zeichnungen versehenen Denkschrift weitere Kriegsmaschinen vor (darunter einen von Kühen mit einem Göpel angetriebenen Rad-«Dampfer»), die noch Leonardo da Vinci zu Konstruktionen anregten.

Die Waffen wurden überwiegend in den *fabricae* hergestellt; die einzelnen Fabriken waren auf bestimmte Gattungen spezialisiert (s. III 1 b). Daß es daneben auch private Waffenschmiede gab, wissen wir aus Libanios (or. 42,21) und den Grabinschriften von Korykos (s. II 3 b). 539 beschränkte Justinian die Waffenproduktion auf die *fabricenses*. Privater Waffenbesitz war nie zu unterbinden. Valentinian versuchte es 364, er verbot zugleich den kaiserlichen Schafhirten und den senatorischen Verwaltern das Reiten auf Pferden, um ihren Räubereien Einhalt zu gebieten. 391 jedoch erlaubte Theodosius den Provinzialen die bewaffnete Selbsthilfe gegen marodierende Soldaten. Ebenso sind befestigte Gutshöfe seit dem 4. Jahrhundert literarisch wie archäologisch bezeugt. 420 forderte Theodosius II die Bewohner der bedrohten Ostprovinzen dazu auf, ihre Anwesen durch Mauern zu schützen. Valentinian III und Marcian verzichteten angesichts der Germanengefahr und der unumgänglichen Selbsthilfe auf das staatliche Waffenmonopol.

Auf dem Markt waren Waffen offenbar nicht zu kaufen, der Diocletianstarif nennt die Löhne für das Schleifen und Polieren von Schwertern, Scheiden, Helmen, Beilen und Doppeläxten, nicht aber Preise für Waffen selbst. Export von Waffen war schon im Principat streng untersagt. Dasselbe bezeugt für das 4. Jahrhundert Junior (exp. 22), doch lehren die wiederholten Verbote, daß es Waffenschmuggel gab.

Die Feldzeichen (*signa*) blieben in der Spätantike zunächst die alten. Wir hören von Legionsadlern, die kultische Bedeutung hatten, und von taktisch relevanten Reiterstandarten (*vexilla*) noch während des ganzen 4. Jahrhunderts. Zunehmende Bedeutung gewann die seit dem 2. Jahrhundert aus dem Osten (Dakien?) stammende purpurne Drachenfahne, vom *draconarius* der Kohorte vorangetragen. Die in vorchristlicher Zeit von den Legionen verehrten Kaiserbilder (*imagines*) gab es noch unter Constantius II. Das Labarum, Constantins Kreuzfahne, galt als wunderwirkende Legionsstandarte. Sie repräsentierte die kaiserliche Autorität im Palast und im Felde. Honorius verfügte in Ravenna über zwei Exemplare, von denen Stilicho als Reichsfeldherr eines beanspruchte. Die Reiterfahnen (*vexilla*) konnten wegen ihrer Querstange als Kreuzeszeichen verstanden werden. In der Zeit Prokops heißt das Feldzeichen *bandon,* abgeleitet von dem germanischen Wort «Band». Der Oberbefehlshaber führte eine besondere Standarte. Die taktische Bedeutung der Feldzeichen, Hörner und Trompeten behandelt Vegetius (mil. III 5).

Insgesamt bieten die spätantiken Landstreitkräfte ein buntes Bild, vor allem wegen der zahlreichen barbarischen Einheiten. Die vielgliedrige Struktur des Heeres spiegelt sich in den Namen der Truppen, die wir aus der ‹Notitia Dignitatum› (occ.VII) kennen. Die alten Legionen führten ihre Beinamen weiter, hinzu kommen die für die übrigen Einheiten. Ein Teil von ihnen heißt nach römischen Göttern (*Jovii, Herculii, Martii, Solenses, Dianenses, Minervii*), andere nach Kaisern (*Constantiani, Valentiniani, Theodosiani*). Daneben begegnen zahlreiche Stammesnamen (*Persae, Transtigrani,* s. u.) oder allgemeine Ethnica (*Gentiles, Alpini*). Manche Namen verweisen auf die Ausrüstung (*Lancearii, Sagittarii, Funditores, Balistarii, Clibanarii, Cornuti, Cetrati, Scutarii, Tubantes, Dromedarii*), andere auf besondere Eigenschaften (*Exploratores, Defensores, Victores, Vindices, Tonantes, Feroces, Muscularii, Leones*). Jede Truppe besaß ein eigenes Schildzeichen; wie die ‹Notitia› überliefert, waren es überwiegend Farbteilungen, doch sieht man auch runenähnliche und andere germanische Symbole sowie figürliche Wappenembleme: Schlange, Wolf, Löwe, Adler und Stier, Sonne und Stern, Blumen, Victorien, Menschen, Köpfe und Zwillinge (Kaiserbilder?) usw. Auf den Schilden der Garde findet sich bis ins 6. Jahrhundert das Christogramm.

Geringere Bedeutung als in der griechischen hatte in der römischen Geschichte das Flottenwesen. Johannes Lydos (mens. I 27) überliefert für Diocletian die Zahl von 45 562 Angehörigen der kaiserlichen Marine. Unsere wichtigste Quelle ist die ‹Notitia Dignitatum›. Aus ihr ist zu entnehmen, daß in Misenum und Ravenna weiterhin Flottenverbände standen, ebenso in Aquileia. Außerdem wird eine Station in Britannien und eine an der Kanalküste genannt. Die meisten Einheiten von *barcarii* lagen an der Donau, weitere am Bodensee (in Bregenz), am Neuenburger See und am Comer See. In Gallien gab es Flottenstationen an Rhône, Saône und Seine. Julian (280 A) verfügte über eine Rheinflotte von 600 Schiffen, einige von diesen sind in Mainz ausgegraben worden. 1100 Schiffe der Euphratflotte werden im Zusammenhang mit Julians Perserzug 363 erwähnt. Die Schiffe der *classis Seleucena* unterstanden dem *comes Orientis,* sie hatten den Orontes schiffbar zu halten. Der Hafen von Seleukia wurde 346 durch Constantius II ausgebaut. Daß in Konstantinopel eine Flotte aus Liburnen lag, bezeugt Zosimos (s. u.). Seekriegsregeln überliefert Vegetius (mil. IV 31 ff).

Regelrechte Seeschlachten im altgriechischen Stil fanden nicht mehr statt. Immerhin gab es den Sieg von Crispus 324 über die Schiffe des Licinius zwischen Byzanz und Chrysopolis, wobei freilich ein Sturm das Beste tat, sowie die Vernichtung der Floße des Gainas durch die Liburnen Fravittas 400 in den Dardanellen, wiederum durch Wind begünstigt. 460 siegten die Vandalen über die Flotte Maiorians in Cartagena, und 468 scheiterte eine oströmische See-Expedition am Kap Merkurs vor Karthago (s. II 10). Bei der Verteidigung Konstantinopels gegen die Schiffe Vitalians 515 wurde das «griechische Feuer» eingesetzt. Trieren werden noch unter Justinian erwähnt.

Im römischen Heere gab es eine differenzierte Rangordnung. Unter dem Principat wurde eine niedere Laufbahn, vom Gemeinen bis zum Centurionen, unterschieden von der höheren, vom Tribunen bis zum Legaten. Erstere machten Berufssoldaten beliebiger Herkunft im Heeresdienst durch, letztere war ein Teil des *cursus honorum* von Rittern und Senatoren. Diese Zweiteilung entfiel in der Spätantike. Gallienus verschloß den Senatoren die Offizierskarriere und öffnete sie Aufsteigern. Nun galt, was der ‹Anonymus de rebus bellicis› (pr.) forderte: nicht Geburt, nicht Reichtum, nicht Amt und Redegabe solle entscheiden, sondern das Können. Erst im 5. Jahrhundert begegnen wieder Senatoren an der Spitze von Armeen.

Während seiner Dienstzeit stieg der Soldat im Rang auf: in alten Verbänden vom *tiro* zum *pedes* oder *eques,* weiter über den *semissalis* zum *decurio* oder *centurio.* In den neuen Reiterverbänden lautet die Rangfolge: *tiro, eques, circitor, biarchus, centenarius, ducenarius, senator, primicerius, tribunus.* Die Beförderung folgte gewöhnlich dem Dienstalter. Theodosius suchte stattdessen ein Leistungsprinzip einzuführen, doch machte die damit verbundene Willkür Ärger, so daß man 409 zur Anciennität zurückkehrte. Über und außer den Mannschaftsgraden rangierten die Standartenträger (*draconarius, signifer*), Exerziermeister (*campidoctor*), Truppenärzte (*medicus*), Feldmesser (*agrimensor,* s. III 3 a) und die Angehörigen des Verwaltungsstabes.

Darüber standen dann die Offiziere. Eine untere Gruppe umfaßt die *tribuni,* von denen manche auch als *praefecti* oder *praepositi* bezeichnet werden. Sie trugen den Rangtitel *vir egregius* und befehligten die unspezifisch *numeri* genannten Einheiten (*legiones, alae, auxilia, cohortes*) in der neuen Standardgröße von 500 Reitern oder 1000 Mann zu Fuß. Die Stammrolle dieser Offiziere war das *laterculum minus,* geführt vom Quaestor (s. III 1 b). Die Ernennung war im 5. Jahrhundert mit einer beträchtlichen Gebühr belastet.

Der höheren Gruppe von Offizieren gehörten die *duces, comites rei militaris* und darüber die *comites domesticorum* und die *magistri militum* an. Sie wurden im ‹Laterculum maius›, d. h. in der ‹Notitia Dignitatum› geführt. Wie in der Zivilverwaltung, so begegnen uns auch im Militär zahlreiche Aufsteiger aus kleinsten Verhältnissen. Höhere Offiziere trugen unter dem Wehrgürtel ein Purpurhemd.

Seit der Neudefinition der *praefectura praetorii* durch Constantin 312 besaß der Kaiser keinen Stellvertreter mehr als Befehlshaber des Heeres.

Dem diente die Schaffung von zwei Heermeistern als militärischen Ober-
kommandierenden, die zugleich höchste Heeresrichter waren, gegen Ende
der Regierungszeit Constantins. Ihre Titel lauteten *magister equitum* für
die Reiterei und *magister peditum* für das Fußvolk. Ohne Hinweis auf die
Waffengattung wurden sie auch *magistri militum* und später sogar *magistri
equitum et peditum* oder *magistri utriusque militiae* benannt. Im Rang standen sie den Reichs- und Stadtpräfekten gleich, waren *comites primi ordinis*
(belegt seit 344) und zunächst nur *clarissimi*, seit Valentinian *illustrissimi*.
Im Principat war das höchste Kommando dasjenige eines *legatus Augusti
pro praetore*, das nur ausnahmsweise mehr Legionen umfaßte, als in einer
einzigen Provinz standen. Nur zu besonderen Zwecken wurden weitergrei-
fende Kompetenzen vergeben, im übrigen kommandierte der Kaiser. Als
Constantin das Heermeisteramt einrichtete, könnte er damit den Zweck
verfolgt haben, seinen zu Caesaren ernannten Söhnen erfahrene Militärs
zur Seite zu stellen. Durch die Kollegialität war zudem eine Balance hergestellt. Das *magisterium militum* wurde bisweilen auch ehrenhalber vergeben.

Unter Constantius II sind neben die beiden Heermeister am Hofe, später als *magistri militum praesentales* bezeichnet, drei weitere *magistri* getreten, ein *magister militum per Orientem*, der 351 die Herrschaft des Caesar
Gallus in Antiochia unterstützen sollte, ein *magister militum per Gallias*, der
355 den Caesar Julian nach Paris begleitete, und ein *magister militum per
Illyricum*, der nach dem Abzug des Constantius in den Perserkrieg 359 den
Befehl an der Donaufront übernahm. Hinfort finden wir neben den beiden Hofgeneralen drei Regionalkommandos für die entsprechenden Präfekturen.

Vielleicht mit Ursus (338), sicher mit Salia (344) erscheinen Germanen
als Heermeister. Seitdem stellen sie die stärkste ethnische Gruppe unter den
magistri militum, doch finden sich auch einzelne Sarmaten, Perser, Iberer,
Alanen und andere Barbaren sowie Römer vorwiegend aus den Donauprovinzen. Ihrer sozialen Herkunft nach waren die Heermeister teils Soldaten,
die sich aus kleinen Verhältnissen hochgearbeitet hatten, teils Offiziers-
söhne, teils barbarische Prinzen.

Nach dem Tode Valentinians 375 traten zum ersten Mal einzelne Heermeister als Kaisermacher und Regenten hervor. Der Franke Merobaudes
erhob Valentinian II zum Augustus und spielte unter Gratian eine beherrschende Rolle. Am Hofe von Valentinian II besaß zunächst Flavius Bauto,
dann Arbogast eine beherrschende Stellung, beide waren Franken. Mit Stilicho begann die Reihe der Generalissimi. Im Westen folgten ihm Flavius
Constantius, seit dem die obersten Heerführer des Westens zugleich den
Rang von *patricii* bekleideten, so Aëtius, Rikimer und Odovacar. Im Osten
mißlang der Versuch, eine ähnliche Position aufzubauen: Gainas scheiterte
400, Aspar 471.

Eine wesentliche Voraussetzung für die Hausmacht der Heermeister bildete deren Gefolge. Seit Theodosius I sind Leibwachen für hohe Offiziere bezeugt. Olympiodor (fr. 7) überliefert, daß in der Zeit des Honorius der Begriff *buccellarius* aufgekommen sei, nicht nur für Römer, sondern auch für Goten. *Buccella* ist eine haltbare Brotsorte, die offenbar an diese Gefolgschaften ausgegeben wurde.

Unter Arcadius besaß der *praefectus praetorio* eine hunnische Garde, ebenso Stilicho. In der Folgezeit hatten anscheinend alle Heermeister eine solche Schutztruppe, so Aëtius, Aspar, Sabinianus und Belisar, der 7000 Reiter aus eigener Tasche bezahlte. Soweit die Heermeister germanische Könige waren wie Alarich und Theoderich, bestand ihr privates Gefolge aus Stammesgenossen. Die *buccellarii* waren zwar immer auch auf den Kaiser vereidigt, aber wir kennen Fälle, in denen sie gegen den Kaiser gekämpft haben. Valentinian III wurde aus Rache für den Tod des Aëtius von dessen Gefolgsleuten erschlagen. Dies sind Anzeichen für eine mediatisierte Staatsgewalt, Elemente der Feudalisierung. Bei den Goten erhielten auch die Königinnen eine Garde, so Galla Placidia und Amalafrida.

468 befahl Kaiser Leo, die privaten Schutztruppen von Buccellariern, Isauriern und bewaffneten Sklaven seien aufzulösen; wer sich weigere, zahle 100 Pfund Gold, und dieselbe Strafe treffe jene Statthalter, die das nicht durchführten. Ihre Bürochefs sollten geköpft werden. Diesen Erlaß konnte Leo nicht einmal in Konstantinopel durchsetzen, wie der Fall Aspars lehrt. Die Anwerbung von Privatsoldaten nahm zu. In Kappadokien und Ägypten hielten sich auch reiche Grundherren eigene Garden. Die Apionen bevorzugten Goten.

Die Truppenbestände wurden jährlich ergänzt, indem die Kaiser aus einzelnen Provinzen bestimmte Kontingente von Rekruten (*tirones, iuniores*) forderten. Die Rechtsgrundlage für die Rekrutierung war die allgemeine Wehrpflicht. Sie galt für alle *cives Romani*. Seit der frühen Kaiserzeit wurde davon jedoch kein Gebrauch gemacht, weil eine kleine Anzahl von Freiwilligen mit langen Dienstzeiten den Vorteil bot, daß der Kaiser über ein stehendes Heer gut ausgebildeter Soldaten verfügte und die überwältigende Mehrzahl aller Männer überhaupt nicht dienen mußte. Der Nachteil dieser Arbeitsteilung lag darin, daß im Ernstfall keine Reservisten zur Verfügung standen.

Als Diocletian den Truppenbestand erhöhen wollte, fehlte es an Freiwilligen. Darum hat er die für die Hilfstruppen auch zuvor schon übliche Konskription auf die Bürger ausgedehnt. Rekruten wurden in der jeweils festgelegten Zahl durch die *procuratores tironum* wie eine Steuer eingezogen, proportional zum Personalbestand der Landeigentümer. Zu diesem Zweck wurden wertgleiche Güterkomplexe gebildet, die einem *temonarius* unterstanden. Er trieb Geld (*temo*) ein, von dem derjenige Grundbesitzer, der den Rekruten stellte, entschädigt, oder ein Freiwilliger bezahlt wurde. In jedem Fall dienstpflichtig waren Veteranensöhne, die ja die Privilegien ihrer Väter genossen (s. u.). Unter Constantin mußten die Zwanzig- bis Fünfundzwanzigjährigen dienen, später schon die Neunzehnjährigen. Ausgeschlossen vom Dienst blieben erstens Privilegierte wie Senatoren, Professoren, Ärzte und Beamte, zweitens Dienstpflichtige wie Curialen, Fabrikarbeiter, Zunftangehörige und schollengebundene Kolonen, drittens sodann unwürdige Männer wie Sklaven und Vagabunden (*vagi*), Schankwirte und Schauspieler. Im 5. Jahrhundert kamen Aushebungen abermals außer Kurs zugunsten von Anwerbung.

Vegetius (mil. I 1 ff) empfahl, Rekruten nicht aus den Städten, sondern vom Lande zu holen, möglichst aus dem kalten Norden, die Menschen dort seien besser zum Kriegsdienst geeignet. Dahinter steht eine lange Erfahrung: Die Rekrutierungsräume haben sich im Verlaufe der römischen Geschichte immer stärker in die weniger entwickelten, rauhen Randgebiete verschoben; die alten Kulturräume Ägypten, Griechenland und Italien lieferten keinen militärischen Nachwuchs mehr, das wichtigste Soldatenland innerhalb des Reiches war Illyricum mit Thrakien. Drei Dutzend Stammesnamen aus dem Donauraum erscheinen in den Truppenbezeichnungen der ‹Notitia Dignitatum›. Über zwei Dutzend weisen in den Orient, ein gutes Dutzend kommt aus den Westprovinzen, ein halbes Dutzend aus Africa. Germanische Stämme sind am stärksten vertreten (s. u.).

Dem Rekruten wurde ein «siegbringendes» Erkennungszeichen auf den Arm tätowiert, dann wurde er in die Matrikel eingeschrieben und leistete, belegt seit dem 5. Jahrhundert, den Fahneneid (*sacramentum*) bei Gott, Christus, dem Heiligen Geist und der Majestät des Kaisers, «die nach Gott am meisten Verehrung verdient», versprach, daß er gehorchen und den Dienst nicht verlassen werde und für die *Romana res publica* zu sterben bereit sei. Daraufhin bekam er eine bleierne Erkennungsmarke (*signaculum*), die er um den Hals trug, und einen Militärpaß (*probatoria*).

Waffen, Uniform und Schuhe wurden gestellt. Der Sold bestand in einem jährlichen *stipendium* in bar. Zu besonderen Gelegenheiten wie Thronwechsel, *dies imperii,* Kaisergeburtstag, Siegesfeiern und Fünfjahresjubiläum gab es auch Gold- und Silberdonative. Prokop (HA. 24,27 f) beziffert das übliche Fünfjahresgeschenk auf fünf Goldstücke. Zusätzlich verteilten die Kaiser Gold und Silber: Tafelgeschirr, Militärgürtel, Barren, Medaillons, Zwiebelknopffibeln und Ringe, vielfach mit Inschriften, die Treuebekenntnisse oder Segenswünsche für die Kaiser enthielten. Auch kostbare Waffen und Gewänder mit dem Kaiserporträt dürften Ehrengeschenke gewesen sein. Den täglichen Unterhalt bezog der Soldat in Naturalien. Die *annona militaris* umfaßte eine Ration Brot, Wein, Öl, frisches oder gepökeltes Fleisch. Reiter erhielten zusätzlich Pferdefutter (*capitum*). Was der Soldat an Stroh, Holz, Öl usw. benötigte (*salgamum*), mußte er kaufen. Gemäß der Tafel von Brigetio aus dem Jahre 311 erhielt ein aktiver Soldat für fünf Personen Kopfsteuerfreiheit, d. h. wohl für sich selbst, seine Frau und drei Kinder. Später wurden diese Privilegien beschnitten. Soweit die höheren Ränge ein Mehrfaches an Rationen erhielten und überhaupt nicht alles verzehrt werden konnte, entstand das Bedürfnis nach Umwandlung in Geld. Die *adaeratio* wird vielfach in den Gesetzen behandelt.

Innerhalb des Reiches wurden die Soldaten auf dem Wege der Einquartierung untergebracht. Richtungweisend hierfür wurde ein Gesetz des Arcadius von 398, in dem dieses Problem unter dem beschönigenden Begriff der *hospitalitas,* Gastfreundschaft, abgehandelt wurde. Es wurde bestimmt, daß in jeder Stadt, die Truppen aufnehmen mußte, die Hausbesitzer ihr Anwesen in drei Teile teilen, von denen sie den ersten behalten, den zweiten abtreten und den dritten wieder selbst behalten durften. Diese *tertia* wurde hinfort von den Soldaten beansprucht.

Es versteht sich, daß diese Regelung, so bequem sie für das Militär war, zu Reibereien Anlaß gab, zumal die Einquartierten zusätzlich Verpflegung für sich und ihre Tiere verlangten (*salgamum*). Als die Westgoten und Burgunder sich in Gallien niederließen, haben sie nach diesem Prinzip auch den Acker in Besitz genommen; und als die Söldner Odovakars ein Drittel des italischen Landes verlangten, kam es zu jenem Konflikt, der das Ende des weströmischen Kaisertums mit sich brachte.

Die normale Dienstzeit betrug zwanzig Jahre. Es gab jedoch die Möglichkeit früheren Ausscheidens und die längeren Dienens. Inschriften bezeugen Dienstzeiten von vierzig Jahren und sechzigjährige Unteroffiziere. Urlaub (*commeatus*) zu gewähren, war das Vorrecht der *duces;* den *tribuni* und *praepositi* drohte dafür eine Geldstrafe. Anastasius begrenzte die Zahl der gleichzeitig Beurlaubten auf dreißig Mann je Einheit. Justinian verbot den Offizieren, Urlaubsscheine zu verkaufen. Dennoch gab es dabei viel Mißbrauch.

Ordnungsgemäß – auch krankheitshalber – entlassene Veteranen erhielten bei der *causaria vel honesta missio* Geld oder Land, dazu kamen Saatgut und Zugvieh, geschäftliche Konzessionen sowie Steuerfreiheit, ebenso für die Ehefrauen. Diese nach Rängen gestaffelten Privilegien, die mehrfach erneut eingeschärft werden mußten, gingen vom Vater auf den Sohn über, und darauf gründete sich die Erblichkeit des Soldatenstandes. Veteranensöhne, die nicht dienen wollten, mußten in die städtischen Curien eintreten. Der ‹Anonymus de rebus bellicis› (5) schlug vor, die Beförderung zu beschleunigen und so den Reiz für Freiwillige zu erhöhen. Die Veteranen sollten sodann an den Grenzen angesiedelt werden, um dem Staat als Steuerzahler und als Reserve zu dienen.

Die Barbarengefahr erforderte seit der Zeit des Gallienus eine Ummauerung der Städte (s. III 4 c) und eine Befestigung der Grenzen. Die zumal unter Diocletian und Valentinian entstandene Militärarchitektur zeigt im

Unterschied zu den Limeskastellen der frühen Kaiserzeit burgartigen Charakter: engräumig, turmbewehrt, auf Höhen, nicht immer streng rechteckig, sondern dem Gelände angepaßt und mit Speichern auf Belagerung gerüstet. Seit Diocletian stehen die Türme abwehrtechnisch sehr viel günstiger, nämlich außen an der Mauer. Die schon von Polybios gerühmte Sitte der Römer, befestigte Feldlager aufzuschlagen, ist auch in der Spätantike bezeugt. Das Fachbuch ‹De munitionibus castrorum› des Pseudo Hyginus Gromaticus aus dem 2. Jahrhundert (?) stand jedenfalls noch zur Verfügung. Für Schanzarbeiten waren die germanischen Hilfstruppen schwer zu gewinnen, und so erklärt sich die Klage des Vegetius, daß die Gewohnheit, Lager zu bauen, abhandenkomme. Dies mag auch mit der Zunahme der Reiterei zusammenhängen.

Wie zuvor hat man Militär weiterhin eingesetzt zum Bau von Straßen, Brücken und Kastellen, zum Holzfällen, Steinbrechen und Ziegelstreichen. Kaiser Probus wurde erschlagen von Soldaten, die er für zivile Aufgaben, zum Anlegen von Weinbergen und zum Austrocknen von Sümpfen, abkommandiert hatte. Diocletian beauftragte 500 Mann zur Ausbesserung des Hafens von Seleukia in Syrien, die Soldaten empörten sich und riefen einen gewissen Eugenius zum Gegenkaiser aus, der sich freilich nur einen Tag hielt. Julian ließ die gallischen Städte durch seine Truppen neu befestigen, doch verspürten die Soldaten, zumal die Germanen, dazu wenig Lust.

Die umfangreichsten Befestigungen (Kastelle, Villen, Klöster) – 116 sind nachgewiesen – entstanden südlich der unteren Donau in den Diözesen Dakien und Thrakien. Eine dreifache Kastellkette schützte Konstantinopel: die Donaulinie, der Balkangürtel mit dem strategisch wichtigen Paß von Succi zwischen Philippopolis und Serdica, gedeckt durch die Wehranlage Stenes, und die Lange Mauer des Anastasius (s. II 11).

Soldaten unterstanden strafrechtlich dem Militärgericht. Zivilprozesse durften vor diesem nicht abgehandelt werden. Höchster Richter war der Heermeister, unter Justinian der Kaiser selbst. Seit Septimius Severus durften Soldaten heiraten. Alle Personen militärischen Standes wurden zu den *honestiores* gerechnet.

Seit republikanischer Zeit führten die Römer ihre Erfolge im Felde auf die Gunst des Himmels und diese auf den rechten Gottesdienst zurück. Christus erwies sich als Schlachtenhelfer zum ersten Mal unter Marc Aurel im Quadenkrieg beim Regenwunder, das christliche Soldaten herbeigebetet haben sollen. Nur eine Minderheit unter den Christen verweigerte den Wehrdienst. Constantin ließ das Monogramm Christi seinen Kriegern auf die Schilde, sich selbst auf den Helm und in den Lorbeerkranz seiner Standarte setzen. In seinen späten Jahren bezeichnete er die Waffen seiner Soldaten mit dem Kreuz und zog mit einem Gebetszelt und einer Gruppe von Bischöfen und Feldpredigern in den Krieg. Stolz schrieb er dem Perserkönig von dem Zeichen Christi, das sein gottgeweihtes Heer von Sieg zu Sieg führe. Sinnentsprechend rühmt Hieronymus (ep. 107,2): *vexilla militum crucis insignia sunt.*

Constantins Siege über Maxentius und Licinius haben den Ruf Christi als Schlachtenhelfer definitiv begründet, und die Siege von Theodosius 394 über den Heiden Arbogast und von Chlodwig 496 über die ungläubigen Alamannen haben in den Augen der Zeitgenossen die Wahrheit des Christenglaubens auf dem Schlachtfeld bestätigt. Das von Constantin eingeführte Heeresgebet vermied den Namen Christi, richtete sich aber an «den einen Gott», während die Soldaten noch «die Götter» anriefen. Julians Rückwendung zum Polytheismus wurde vom Heer ebenso hingenommen wie Jovians wiederum orthodoxe Haltung. Der Fahneneid bei Vegetius (s. o.) läßt darauf schließen, daß die Armee im 5. Jahrhundert überwiegend christlich war. Dennoch gab es unter den Offizieren noch lange Heiden: so Generid, *comes* 409; Litorius, Heermeister 439, und Marcellinus, *patricius* 468. Justin und Justinian befreiten die arianischen Foederaten, vermutlich Goten, von der Pflicht zur Orthodoxie.

Anders als zu Zeiten der Republik und anders als bei den gleichzeitigen Barbaren waren Militär und Wehrdienst unbeliebt. Der Pazifismus war verbreitet. «Die Sicherheit des langen Friedens», schreibt Vegetius (mil. I 28), «hat die Menschen teils zum Genuß der Muße, teils zu rein zivilen Tätigkeiten gebracht.» Unter den Motiven der spätrömischen Kunst spielen nach den Schlachtensarkophagen des 3. Jahrhunderts Krieg und Sieg keine nennenswerte Rolle mehr.

Die Abneigung gegen die «elenden Aushebungen» ging durch alle sozialen Schichten. Man warf den Senatoren vor, daß sie lieber ihren Reichtum genießen als im Felde liegen wollten. Kriegsdienst wurde als eine Form der Sklaverei geschmäht. Vornehme Menschen, heißt es bei Mamertinus (Paneg. III 20,1), betrachteten die *militia* als schmutzig und eines freien Mannes unwürdig; erstrebenswert seien für sie nur zivile Ämter, so Vegetius (mil. I 7). «Die Vornehmen riskieren im Kriege nichts», so Eunap (fr. 87 Bl.). «Entschiede sich Rom für den Krieg statt für den Luxus, könnte es die Welt beherrschen» (fr. 55 Bl.). Die Grundbesitzer lieferten ungern Rekruten. Mehrfach gab es aus Senatorenkreisen Widerstand gegen Aushebungsbefehle, zuweilen auch Sabotage, indem der Herr untaugliche Subjekte zur Verfügung stellte: Sklaven, Zwangsarbeiter oder Angehörige unehrlicher Berufe.

Verbreitet war die Selbstverstümmelung Wehrpflichtiger. Ammian (XV 12, 3) lobt die Gallier dafür, daß es bei ihnen nicht üblich sei, sich den Daumen abzuhacken, um dem Dienst zu entgehen; und jene, die es dennoch täten, würden als Feiglinge (*murcus*) verachtet. Constantin drohte Veteranensöhnen, die sich die Finger abschnitten, mit Einweisung in die Curia. Später verfügte er, daß *murci* trotzdem einzuziehen seien. Valentinian übernahm das zunächst, kündigte den Delinquenten dann jedoch den Flammentod an. Theodosius kam wieder auf die ältere Praxis zurück, verlangte aber zwei Daumenlose anstelle eines einzigen gesunden Rekruten. Der Rhetor Chirius Fortunatianus aus dem späten 4. Jahrhundert erörtert den Fall, ob zehn Soldaten, die sich den Daumen abgeschnitten hatten, wegen *laesa maiestas* zu bestrafen seien.

Das Problem der Desertion zeigt im ‹Codex Theodosianus› (VII 18) drei Aspekte. Zum ersten gingen dem Staat ständig Soldaten verloren, zumeist neu gezogene Rekruten, zum zweiten schädigten die Deserteure vielfach als Räuber die Provinzialen, und zum dritten taten dies auch die zum Einfangen der Soldaten ausgeschickten Feldjäger. Der erste Gesichtspunkt war der wichtigste: Personen niederen Standes, die Fahnenflüchtige verbargen, wurden mit harten Strafen bedroht: Auspeitschung, Zwangsarbeit in Bergwerken und Feuertod. Auch die Pächter von Staatsgütern waren nicht ausgenommen. Grundherren, die davon wußten, sollten zunächst das halbe, später das ganze Vermögen verlieren. Als die Verschärfung der Strafe nicht wirkte, wurde sie wieder ermäßigt. 383 forderte der Kaiser für jeden versteckten Deserteur zehn Ersatzrekruten oder fünfzig Pfund Silber, 396 dagegen zwei Ersatzrekruten oder zwei Pfund Gold. Auf dem Wege zum Dienstort wurden die Rekruten mitunter nachts in den Gefängnissen einquartiert, damit sie nicht entwichen.

Sklaven, die Deserteure anzeigten, erhielten die Freiheit, andere Arme die Immunität. Steuervergünstigungen auf zwei Jahre winkten dem Eintreiber von Rekrutengeldern, der dazu einen Deserteur ablieferte. Die aushebenden Offiziere hafteten für jeden Flüchtling ein Jahr mit einem Geldbetrag. Mehrfach werden Statthalter verdächtigt. Wenn bei ihnen versteckte Rekruten gefunden würden, so sollte der Hehler degradiert und enteignet, sein Amtsvorsteher geköpft werden. Auf die Staatsbeamten war wenig Verlaß: zwei Gesetze wenden sich gegen die kaiserlichen *protectores* (400 n. Chr. in Gallien) und *tribuni* (412 n. Chr. in Africa), die, statt flüchtige Soldaten zu fangen, harmlose Provinzialen kujonierten.

Die Ohnmacht des Staates spricht zudem aus den zahlreichen Amnestien. Wer seine Desertion anzeigt, bleibt straflos – bisweilen grundsätzlich, bisweilen innerhalb einer gesetzten Frist von zwei, vier oder sechs Monaten. Die eingefangenen Deserteure werden ins Gefängnis gesperrt und den Heermeistern überlassen. Was im 4. Jahrhundert mit ihnen passierte, wissen wir nicht, vermutlich wurden sie wieder ins Heer eingestellt. Im 5. Jahrhundert kamen sie erstaunlich billig davon. 413 heißt es: wer ohne Urlaub sich ein Jahr vom Dienst entferne, werde auf der Beförderungsliste um zehn Namen zurückgestuft. Wer zwei Jahre fehle, um zwanzig, drei um dreißig. Wer vier Jahre wegbleibe, werde aus der Matrikel gestrichen. Vermutlich handelt es sich in diesem Gesetz um bereits avancierte Soldaten, nicht um Mannschaftsgrade, denn sonst könnte die Streichung doch kaum als Strafe empfunden werden. Sehr milde ist auch die Definition, daß *deser-tor* sei, wer sich «im Kriege» von den Feldzeichen entferne.

Nicht selten haben sich flüchtige Soldaten ihrer Gefangennahme mit der Waffe widersetzt. In solchen Fällen seien sie vogelfrei und als Rebel-len zu behandeln. Daß sie nicht immer mit den Bauern unter einer Decke gesteckt haben, sondern auch als Räuber und Marodeure von diesen gefürchtet wurden, bezeugt die Genehmigung der Selbsthilfe. 391 wurde den Provinzialen erlaubt, sich mit der Waffe zu verteidigen, ab 420 durften sie ihre Höfe befestigen. Die Räuber waren vielfach Barbaren. Es kam vor, daß sie ihren Hauptmann zum Kaiser ausriefen oder daß Kaiser derartige Freibeuter anwarben und zu Generalen beförderten. Auch Kriegsgefangene gelangten nicht mehr wie früher selbstverständlich auf den Sklavenmarkt, sondern wurden öfter gleich ins römische Heer eingereiht oder als Kolonen angesiedelt, so daß man sie wieder zu den Waffen rufen konnte.

Um den Mangel an Soldaten zu decken, stellten die Kaiser mehr und mehr Barbaren ein. Die dafür erforderlichen Gelder wurden als *aurum tironicum* anstelle von Wehrpflichtigen eingezogen. 375 betrug der Satz 36 *solidi*. 397 gestattete Honorius den Senatoren auf deren Protest hin, anstelle der gefor-derten Rekruten 25 Goldstücke für den einzelnen Mann zu zahlen. 410 mußte Africa Rekruten «im Werte von 30 *solidi*» liefern. Ammian, Vegetius und Synesios haben diese Ablösung der Wehrpflicht durch Geld beklagt, aber sie lag im Interesse aller Beteiligten: Die Provinzialen mußten nicht kämpfen, die Barbaren kamen gerne, und der Fiskus verdiente.

Die Anwerbung germanischer Hilfstruppen begann mit Caesar. Fremde dienten als Reiter, als Leichtbewaffnete, als Schleuderer – aber die Kern-truppe, die Legion, blieb Römern vorbehalten. Dieses Verhältnis verschob sich indessen. Marc Aurel «kaufte Germanen als Hilfstruppen gegen Ger-manen». Gordian III führte seinen Perserkrieg 243 mit gotischen und westgermanischen Hilfsvölkern, wie wir aus den ‹Res gestae Divi Sapo-ris› wissen, und Aurelian heuerte Reiter der Vandalen, Juthungen und Ala-mannen zu Tausenden an. Constantin wurde durch den alamannischen König Crocus zum Kaiser ausgerufen, die Schlacht an der Milvischen Brücke entschieden germanische *Cornuti*. Im Kampf gegen Licinius tat sich der Franke Bonitus hervor. Sein Sohn Silvanus trug bei zum Sieg von Constantius II über Magnentius 351. Seitdem gewannen die Germanen im römischen Heer mehr und mehr an Bedeutung. Theodosius verlieh angeworbenen Goten goldene Halsringe, die auch archäologisch bezeugt sind. Fast dreißig germanische Stammesnamen erscheinen in den Trup-penbezeichnungen der ‹Notitia Dignitatum›. In Ägypten stationiert waren damals Vandalen, Juthungen, Franken, Quaden, Chamaven und Alaman-nen. Es gibt von dort Reste einer «gothischen Regimentsbibel» auf Papy-rus aus dem frühen 5. Jahrhundert. Unter Honorius wurde der Begriff *foederati* für gemischte Verbände üblich, unter Justinian nannte man auch «römische» Truppen so.

Hand in Hand damit ging der Aufstieg der Germanen im spätrömischen Offizierskorps. Gallienus verlieh dem Herulerfürsten Naulobatus die Konsularinsignien. Hieronymus (chron. zu 273) nennt unter Aurelian einen Pompeianus *dux cognomento Francus.* Im Jahre 303 begegnet der Bataver Januarius als *dux Pannoniae Secundae Saviae.* Constantin erwies zahlreichen Barbaren hohe Ehren, gemäß Julian erhob er solche sogar zu Konsuln. Der erste benennbare germanische Konsul könnte der Heermeister Flavius Ursus, *cos.* 338, sein. Ihm folgte der Heermeister Flavius Salia, *cos.* 348. Unter Constantius besaßen die Germanen am Hof bereits eine solch starke Stellung, daß Ammian (XIV 10,8) schrieb, sie hielten den Staat in ihrer Rechten. Der von Julian gefangene Alamannenkönig Vadomar kommandierte später als *dux Phoenices.* Etwa ein Drittel der Heermeister des 4. Jahrhunderts war germanischer Herkunft, im 5. Jahrhundert hatten sie die Übermacht. Durch Vererbung der Führungspositionen und Verschwägerung mit dem Kaiserhaus entstand jene eigentümliche Militäraristokratie, die seit dem späten 4. Jahrhundert im Westen dauerhaft und um die Mitte des 5. Jahrhunderts im Osten zeitweilig die mächtigste Gruppe im Reich darstellte.

Ob diese Söldner das römische Bürgerrecht bekamen, ist unklar. Nicht einmal für die Veteranen und die Offiziere ist es bezeugt. Seit Constantin finden sich keine Militärdiplome mehr. Soweit die Fremden das kaiserliche *cognomen* Flavius führten, betrachtete man sie als Bürger, dennoch blieben sie in den Augen der Römer kulturell Barbaren (s. III 2 e) und religiös Ketzer. Abgesehen von Krisen wie nach dem Tode Aspars 471 und 525 während der Spannungen mit den Ostgoten in Italien wurde der Arianismus der Germanen im Heer geduldet, so durch Gesetz im Jahre 527.

Die Anwerbung germanischer Söldner erfolgte zunehmend in Gruppen. Voraussetzung dafür war ein Bündnis (*foedus*) zwischen dem Kaiser und dem Stamm. Zu allen Zeiten haben die Römer versucht, mit ihren unmittelbaren Nachbarn Bündnisverträge zu schließen. Dabei handelt es sich überwiegend, d. h. von den Persern abgesehen, um *foedera iniqua,* ungleiche Bündnisse, bei denen der jeweilige Stamm die überlegene *maiestas populi Romani* anerkannte. Auf diese Weise entstand jener Kranz von Klientelstaaten, die bisweilen – anders als im Principat – als reichszugehörig betrachtet wurden. Im Anhang zum ‹Laterculus Veronensis› aus constantinischer Zeit finden wir als Kapitel XIII eine Liste barbarischer Völker, die unter den Kaisern «aufgesprossen seien»: *gentes barbarae, quae pullulaverunt sub imperatoribus.* Es handelt sich überwiegend um germanische Stämme, doch werden auch *Scoti, Picti, Caledoni, Sarmatae, Scythae, Armenii, Osrhoeni, Palmyreni* und *Persae* genannt. Prokop (BV. I 11,3 f) beschrieb die Foederaten als gleichberechtigte Reichsangehörige, nicht mehr als bloß unterworfene Barbaren wie in früheren Zeiten. Da es kaum ein Volk im Umkreis des Imperiums gab, mit dem nicht irgendwann einmal ein Vertrag geschlossen worden war, ließ sich durch diese Betrachtungsweise der *orbis terrarum* mit dem *orbis Romanus* gleichsetzen.

Die Vertragsbedingungen schwankten. Im günstigsten Falle erschien der Vasallenkönig schutzflehend vor dem Kaiser, wurde von diesem feierlich investiert und versprach, Tribute zu zahlen und das Reichsgebiet im Vorfeld gegen Angreifer zu schützen. Vielfach mußten die Barbaren Geiseln stellen. Im ungünstigsten Fall wurde der Friede im Feindesland oder auf einem Fluß von gleich zu gleich geschlossen, der Kaiser mußte Subsidien versprechen und froh sein, wenn der neue Partner nicht mit den Barbaren im Hinterland gemeinsame Sache machte und bei der ersten Gelegenheit plündernd ins Reich einbrach. Die Vertragsdauer wird in der Regel nicht überliefert. Die Germanen erachteten ihre Bindung spätestens beim Tode des betreffenden Kaisers für gelöst und wurden dafür von den Römern als treulos erklärt.

Die alte Sitte der Römer, die Satellitenfürsten mit Geld zu unterstützen, wuchs sich aus zu einer Belastung. In der Spätantike zahlten die Kaiser – mit Unterbrechung – Jahrgelder an alle Nachbarn, an die ägyptischen Wüstenvölker, an die Sarazenen, die Perser, die Armenier, die Iberier, die Hunnen und die Germanen – so zeitweilig auch Constantin. Starke Kaiser wie Julian oder Marcian verweigerten sie. Vielfach haben die Barbarenfürsten diese *certa et praestituta munera* als Tribut betrachtet. Es waren faktisch Stillhaltegelder. Das Gold diente im *Barbaricum* jedoch nicht der Binnenwirtschaft, sondern teils der Repräsentation, teils dem Einkauf von Waffen und Nahrungsmitteln im Reich. «Tribute sind der Preis des Friedens», schrieb Orosius (V 1,10 f.). «Wir zahlen, um keinen Krieg erleiden zu müssen, darum sind unsere Zeiten glücklich.» Diese Ansicht wurde indes nicht allgemein geteilt. Ammian (XXI 6,8) und Priscus (fr. 5), Priscian (Paneg. 205) und Prokop (BP. I 19,33) betrachteten sie als schändlich und glaubten, die Barbaren nutzten dies aus, um die Kaiser zu erpressen.

Die häufigste Einzelbestimmung in den Verträgen mit den Germanen ist das *tirocinium,* die Bereitschaft, dem Kaiser Söldner zu stellen. Abgesehen von der Rückgabe der Gefangenen war nichts wichtiger. Die Zahl der Krieger, ihr Sold und die Bedingungen des Dienstes wurden ausgehandelt. Wer einen Ersatzmann stellte, konnte vorzeitig entlassen werden. Bisweilen bedangen die Germanen sich aus, nur in bestimmten Gebieten zu dienen oder gegen bestimmte Feinde nicht kämpfen zu müssen.

Seit dem späten 4. Jahrhundert standen die Foederaten in der Regel unter eigenen Anführern, die zwar ein kaiserliches Offizierspatent als *dux, comes* oder *magister militum* erhielten, gegenüber ihren Leuten aber Gefolgsherr, Fürst oder König waren. Barbarenfürsten in dieser Doppelstellung gab es seit Arminius. Aus dem 3. Jahrhundert ist der Herulerfürst Naulobatus zu

nennen (s. o.), aus dem 4. der Sassanidenprinz Hormisdas, die Söhne des
Maurenkönigs Nubel, der Ibererkönig Bacurius und immer wieder Germanen: die Alamannenherrscher Crocus, Hortarius und Vadomar, der
Frankenkönig Mallobaudes und im 5. Jahrhundert die Burgunderprinzen
Hariulf und Gundobad, der swebische Königsenkel Rikimer, der *rex Italiae*
Odovacar und die Gotenkönige von Alarich bis Theoderich.

Parallel zur Einstellung der Nordmänner ins Heer verlief ihre Ansiedlung auf Reichsboden (s. III 2 c). Die Quellen nennen sie *laeti* oder *gentiles*.
Germanische Laetentruppen werden von der ‹Notitia Dignitatum› unter
dem Befehl des *magister peditum praesentalis* aufgeführt. Sie tragen zumeist
den Stammesnamen (*laeti Batavi* usw.), unterstehen jeweils einem *praefectus* und sind stationiert im Gebiet gallischer Städte. Analog zu den germanischen Laeten nennt die ‹Notitia Dignitatum› unter dem *magister peditum*
sarmatische *gentiles* in Italien und Gallien, jeweils unter ihrem Präfekten,
in 23 Standorten. *Gentiles* unter Präfekten sind auch in Africa bezeugt. Die
Foederaten waren jetzt wichtiger als die Legionen. Unter Justinian dienten überwiegend Goten, Heruler, Langobarden, Vandalen, Hunnen, Mauren, Tzannen und Isaurier. Von «Römern» kann man kaum noch reden, der
Begriff hat nur noch politische Bedeutung.

Das Heer hatte im römischen Kaiserreich stets mehrere Funktionen. Einerseits beschützte es den römischen Wohlstand gegen den Zugriff äußerer
und innerer Gegner, andererseits regulierte es den Zugang zum Wohlstand,
indem Rekruten aus den ärmeren Reichsteilen über den Heeresdienst sozial
aufsteigen konnten. Zugleich diente die Armee dem Ausgleich der kulturellen und ethnischen Differenzen im Reich und förderte die Romanisierung von reichsfremden Einwanderern.

Alle diese Aufgaben erfüllte das Militär auch noch in der Spätantike, aber
nicht mehr in hinreichendem Umfang. Die Ursachen dafür liegen teils in
den Mißständen beim Heer, teils in der Schwäche gegenüber den Barbaren,
vor allem aber in deren sprunghaft gewachsener Zahl im Heer. Die Liste der
Übel ist lang. Die römischen Soldaten zeigten wenig Lust zum Kämpfen
und bedrückten stattdessen die Provinzialen. Sie gehorchten ihren Vorgesetzten nicht, überzogen ihren Urlaub, übten zivile Berufe aus und führten
ein luxuriöses Leben. Die Offiziere bereicherten sich, indem sie in die Militärkasse griffen, Sold für Karteileichen einstrichen und den Bauern gegen
die Steuereinnehmer Schutz gewährten. Sie ließen sich gesetzwidrig Privatbäder heizen, verkauften ihren Soldaten eigenmächtig Urlaub und entließen sie, nicht umsonst, vorzeitig als Veteranen.

Der Schutz des römischen Wohlstandes gegenüber dem Zugriff der Barbaren war nicht mehr zu gewährleisten, weil sich das militärische Kräfteverhältnis verschoben hatte. Der soziale Aufstieg über den Heeresdienst fand
nur noch begrenzt statt, seitdem die Zivilverwaltung für Personen militä-

rischen Standes verschlossen war. Die Söhne barbarischer Offiziere gingen eben nicht auf römische Schulen, sondern traten in die Fußstapfen ihrer Väter. Der römisch-zivile und der barbarisch-militärische Sektor fielen auseinander.

Die Barbarisierung des spätrömischen Heeres brachte eine Arbeitsteilung: die Römer schufteten, und die Germanen kämpften. Abgesehen von mehrfach bezeugtem Landesverrat ging das solange gut, wie die rein römischen Truppen hinreichend stark waren, um zu verhindern, daß die germanischen Söldner die Provinzialen als Feinde behandelten. Die Spannungen zwischen den römischen und den germanischen Truppen haben sich nicht selten blutig entladen, so 378 in der Julius-Vesper, 379 im lydischen Philadelphia, um 385 in Tomi, 399 im Gainas-Aufstand, 408 in der Revolte von Ticinum und 471 beim Sturz Aspars und seiner Sippe. Zunehmend kam den foederierten Germanen zum Bewußtsein, daß es in ihrem eigenen Ermessen lag, gegen wen sie kämpften. Der dauernde Wechsel zwischen Bündnis und Feindschaft ist bezeichnend für die Schwäche des Kaisers. Aus der Sicht der Provinzialen bedeutete es allerdings keinen großen Unterschied, ob die Erträge von den römischen Beamten eingezogen und an die Germanen weitergegeben oder aber von diesen selbst eingetrieben wurden.

Die Germanisierung des Heereswesens führte zu einem Niveaugewinn der germanischen, aber zu einem Niveauverlust der römischen Kriegskunst. Das Mittelalter blieb hinter dem in der Antike erreichten Stand zurück. So ist es begreiflich, wenn die Renaissance, wie auf allen Lebensgebieten, so auch auf dem Militärsektor die antiken Traditionen erneuerte. Die Heeresreform der Oranier 1590–1600, die den «Beginn des modernen Militärwesens» darstellt, hat mit der Einführung der Wehrpflicht, der systematischen Schulung von Gemeinen und Offizieren, mit der Reorganisation von Versorgung und Verwaltung, von Strategie und Taktik auf Vegetius und die übrigen antiken Militärschriftsteller zurückgegriffen. Das Lehrbuch des Vegetius wurde bis in die Zeit Napoleons geschätzt.

2. Die Gesellschaft

In seiner Auslegung der Schöpfungsgeschichte spricht Ambrosius (hex. 51 f) auch über die Vögel. Ihre Gemeinschaft gleiche dem glücklichen Urstaat der Menschen. Damals habe noch Freiheit und Gleichheit geherrscht: *communis labor, communis dignitas.* Jeder hätte denselben Anteil an der Mühe und der Würde, an den Pflichten und den Rechten besessen, reihum wechselnd hätten alle an der Herrschaft teilgehabt. *Hic erat pulcherrimus rerum status,* als noch niemand in einer festen Hierarchie dauernd oben, niemand dauernd unten stand. Erst mit der aufkommenden Machtgier sei das alles anders geworden.

Ein solches Ideal lag römischem Denken fern. Zu allen Zeiten war es in Rom selbstverständlich, daß jedem Menschen ein bestimmter Rang (*dignitas*) zukomme. Dies gilt auch für die spätantike Gesellschaft. Trotz der naturrechtlichen und religionsgesetzlichen Gleichheit aller Menschen war die Würde jedes Einzelnen auf seine Leistung und Stellung genau abgestimmt, so daß es im gesamten Reich nicht zwei Ranggleiche gab. Bei Staatsfesten waren die Tische und an ihnen die Plätze nach Rängen numeriert. *Ceteris paribus* entschied das Dienst- oder Lebensalter. Die Wirren des 3. Jahrhunderts haben zwar Hoch und Niedrig durcheinandergewirbelt, aber nichts an der Rangskala als solcher geändert. Seit constantinischer Zeit hat sie sich immer weiter verästelt, so daß die kaum übersehbare Vielzahl der Rangstufen zu einem Wesensmerkmal des Byzantinismus geworden ist. Die Kaiser haben den Rangfragen stets Aufmerksamkeit gewidmet und die Kleider-, Gruß- und Vortrittsrechte gesetzlich geregelt.

Die Quellen, die soziale Einteilungen überliefern, differenzieren diese nach Entstehungszeit und -zweck in unterschiedlichem Grade. Die einfachste Gruppierung ist die in Freie und Sklaven bei Gaius (Dig. I 5,3). Seit der Constitutio Antoniniana des Kaisers Caracalla von 212 waren alle Freien auch Bürger. Die Bürgerschaft zerfiel seit Hadrian in *honestiores* und *humiliores*. Diese Zweiteilung war für das Straf- und Steuerrecht bedeutsam. Die *honestiores* wurden bei Geldstrafen höher veranlagt, je nach Vermögen, waren aber – soweit es sich nicht um Majestätsprozesse handelte – von der Folter und der verschärften Todesstrafe befreit. Auch brauchten sie persönlich keine *munera sordida*, keine Hand- und Spanndienste leisten.

Zu den *honestiores* zählten die Angehörigen der gehobenen Berufe (Ärzte, Professoren, Architekten), die Priester, die Beamten und Soldaten sowie der Reichs- und Stadtadel. Alle anderen Untertanen waren *humiliores:* so die Masse der Stadtbewohner (*plebei*) und die Landarbeiter (*coloni*). Bisweilen werden die *humiliores* auch insgesamt als *plebei* bezeichnet und den zwei Gruppen der Oberschicht gegenübergestellt, den *honorati* (Reichsadel) und den *urbium primates* (Stadtadel), so bei Ammian (XIV 7,1) und im ‹Codex Theodosianus› (XIII 5,5).

Eine feinere Gliederung der Gesellschaft verwendet Salvianus (GD. III 10). Er stellt die *nobilitas* an die Spitze, damit meint er den senatorischen Erbadel (s. III 2 a). Diese Oberschicht, rechtlich durch den Clarissimat bestimmt, bestand aus denkbar heterogenen Gruppen: den altadligen Senatoren Roms, den neureichen Senatoren Konstantinopels, den nominellen Senatoren der Reichs- und Hofverwaltung, großenteils Aufsteiger, den aus dem Munizipalbürgertum hervorgegangenen Zivilbeamten und Ehrensenatoren, den hohen Militärs, überwiegend germanische Barbaren, und dem Klerus, der den Clarissimat gewöhnlich allerdings nicht führte. Interessengemeinschaften innerhalb dieser Schicht sind nicht erkennbar, zwischen den senatorischen und militärischen Familien bestanden kaum Heiratsverbindungen.

An zweiter Stelle nennt Salvian *militantes* und *officiales*, militärische und zivile Staatsdiener. Hierbei handelt es sich um den alten Ritterstand, die *equites Romani*. Ihnen bescheinigte Valentinian 364 den *secundus gradus* nach den *clarissimi*. Sie konnten *peregrini* sein, waren von Körperstrafen und Zusatzsteuern (*indictiones*) befreit. Der Ritterrang war nicht erblich, sondern wurde vom Kaiser verliehen, gewöhnlich in Verbindung mit einem Amt. Unter Diocletian nahm die Zahl der *equites* zu. Constantin erhob die höheren zu *clarissimi,* in der ‹Notitia Dignitatum› trägt nur noch der rangniedrigste Statthalter, der *praeses Dalmatiae,* einen Ritterrang. Der *ordo equester* war in fünf Grade eingeteilt, der höchste und wichtigste war der *perfectissimatus.* Ihn besaßen die kaiserlichen Prokuratoren, die mittleren Hofbeamten, die *agentes in rebus,* die unteren Offiziere, bis zu Valentinian einschließlich der *duces,* und seit Constantin die Angehörigen der Schiffergilden. Danach kommen bei Salvian die *curiales,* der Stadtadel (s. III 4 c), und die *negotiantes,* die Geschäftsleute (s. III 3 b). Den Beschluß bilden *abiectissimi et servi,* «verworfene» Personen und Sklaven (s. III 2 b). «Unehrliche» Gewerbe übten Schauspieler, Wagenlenker und Huren aus.

Das differenzierteste Gesellschaftsschema überliefert das Donatistengesetz von 412. Zuerst werden in absteigender Folge die Angehörigen der Reichsaristokratie genannt. Ein *vir illustris,* der die Sekte unterstützt, zahlt dem Fiskus fünfzig Pfund Gold, ein *vir spectabilis* vierzig. Es folgen die beiden Ränge der Senatsaristokratie: ein amtierender Senator zahlt dreißig, ein nomineller Senator (*vir clarissimus*) zwanzig. Die gemäß der Rangordnung anschließend zu erwartenden *viri perfectissimi* fehlen, vermutlich deshalb, weil es unter den Staatsbeamten keine Donatisten gab.

Die Munizipalaristokratie wird mit drei Strafsätzen bedacht: *sacerdotales* zahlen dreißig Pfund Gold, also zehn mehr als die *clarissimi,* die *principales* zwanzig und die gewöhnlichen Curialen fünf. Die Unterschiede innerhalb der Curie sind beträchtlich. In einem ähnlichen Gesetz von 414 hat sich der Abstand unter den Curialen weiter vergrößert: *sacerdotales* werden mit je 100 Pfund Silber zur Kasse gebeten, die *decemprimi curiales* mit fünfzig, die *decuriones* sonst mit zehn.

Die nächstuntere Klasse in dem Gesetz von 412 ist nicht mehr durch Ränge, sondern durch Berufe definiert. Wir kommen von den *honestiores* zu den *humiliores.* Die zuerst genannten Geschäftsleute (*negotiatores*) zahlen dasselbe wie die *curiales,* nämlich fünf Pfund Gold; auch die *plebei* werden mit dieser Summe veranlagt. Damit sind wohl überwiegend Handwerker gemeint. Die anschließend aufgeführten Landarbeiter, die *circumcelliones,* büßen mit zehn Pfund Silber, ebenso ihre eigens genannten Ehefrauen. Entziehen sich diese Leute der Strafe, so haften die Grundherren, bei denen sie arbeiten. An unterster Stelle kommen die *coloni* und *servi.* Sie haben nichts und sind darum durch Ermahnungen und «häufige Prügel» zum Katholizismus zu bekehren. Das Gesetz von 414 gestattet anstelle der Peitsche die Enteignung eines Drittels ihres *peculium*.

Ausgeblendet wird in den behandelten Quellen die höchste soziale Schicht im Reich, die kaiserliche Familie. Die Männer tragen den Rangtitel eines *vir nobilissimus*, die Frauen den einer *nobilissima femina*. Sie gehören kraft Standes zum *ordo senatorius* (s. III 2 a). Ebenfalls unberücksichtigt bleiben die hohen Militärs, zumal die germanischen Heerführer, deren Macht auf ihrem Gefolge beruhte und deren Verschwägerung mit den Kaisern die spätantike Militäraristokratie konstituiert (s. III 1 d). Sie bildet die eigentliche Führungsschicht im späten Imperium.

Außerhalb der weltlichen Rangskala stand der Klerus. Auch bei ihm gab es eine Hierarchie – das Wort stammt von Dionysios Areopagita und bezeichnet das Amt des geistlichen Vorgesetzten – vom kirchlichen Hilfspersonal bis hinauf zum «Papst» (s. III 6 c), doch läßt sich das Mönchtum da nicht einordnen, ganz abgesehen von einzelnen hochgerühmten Asketen. Im Selbstverständnis der Geistlichkeit rangierte sie insgesamt vor den Weltkindern. Der *minimus religiosus* sei vornehmer, *praestantior*, als der *honoratus maximus*, so schreibt Sidonius (ep. VII 12,4).

Eine Einteilung der spätantiken Gesellschaft in Ober-, Mittel- und Unterschicht ist schwierig. Daß die Senatoren zur Ober-, die Sklaven und Kolonen zur Unterschicht gehören, ist klar – alles andere bleibt willkürlich. Die Vorstellung vom Schwund der Mittelschicht stützt sich darauf, daß zahlreiche Städter in den Senatsadel aufgestiegen und noch mehr Bauern in den halbfreien Kolonenstand abgesunken sind. Dagegen stehen indessen nicht nur der weiterhin stetige Aufstieg von Freigelassenen in die Mittelschicht und die in großer Zahl angesiedelten Barbaren, sondern ebenso das Zeugnis des Johannes Chrysostomos (Matth. hom. 66,3). Er beziffert die Reichen und die Armen auf je ein Zehntel und rechnet vier Fünftel der Antiochener zum Mittelstand. Das war in anderen Städten wohl ähnlich.

Trotz ihrer komplizierten Rangordnung war die spätantike Gesellschaft sicher kein Kastensystem. Denn so gewiß die Kaiser versucht haben, die Söhne gesetzlich an den Stand ihrer Väter zu binden, so gewiß ist ihnen das mißlungen. Dies ergibt sich nicht nur aus den zahlreichen Wiederholungen einschlägiger Gesetze, sondern auch aus den übrigen Quellen. Sie bezeugen eine soziale Mobilität wie nie zuvor. Über den Wehrdienst, die Verwaltungslaufbahn und den Klerus kamen viele Männer aus einfachsten Verhältnissen nach oben, während umgekehrt durch Kinderlosigkeit, durch kriegerische und religiöse Auseinandersetzungen, durch den Steuerdruck und durch Majestätsprozesse immer wieder hochgestellte Familien ihren Stand verloren.

Die Differenzen zwischen Reich und Arm waren in der Spätantike ungeheuer, Salvian und Agapetos haben sie beklagt. Dennoch lassen sich die vielfältigen inneren Unruhen des spätrömischen Reiches nur unter grober

Verzerrung der Quellenbefunde in ein Klassenkampfschema pressen. Die Aufstände in den Städten erwuchsen aus Versorgungsdefekten oder Zirkuskrawallen (s. III 5). Die Circumcellionenkämpfe waren primär religiös, daneben ethnisch motiviert (s. III 6 d). Die Bagauden sind eine gallische Erscheinung, am ehesten mit den großen Räuberbanden der Principatszeit zu vergleichen (s. III 3 a). Ohne Frage spielen bei Circumcellionen und Bagauden die Spannungen zwischen Arm und Reich eine wichtige Rolle, doch finden sich beide Male auch Angehörige der Oberschicht unter den Aufständischen. Die Isaurier haben als Bergvolk dem Staat zu schaffen gemacht. Keine dieser Gruppen verfolgte eine Reform der Staats- und Gesellschaftsordnung. Sie fehlt ebenso bei den gefährlichsten Unruhestiftern im spätantiken Reich, bei den Glaubenskämpfern und den Barbarenheeren.

Wären die stärksten Gegensätze sozialer Natur gewesen, so wäre, analog zu modernen Revolutionen, eine Beibehaltung der Staatseinheit und eine Veränderung der Gesellschaft zu erwarten gewesen. Das Umgekehrte aber geschah. Das Reich zerfiel, und die Sozialordnung blieb bestehen. Der Grund dafür liegt in der Versäulung, der Segmentierung der spätantiken Gesellschaft. Wichtiger als die horizontalen Schichten waren die vertikalen Gruppen: das Gefolgschaftswesen der Germanenkönige, die Gemeinden der großen Heiligen (s. III 6 d), die Klientel der reichen Senatoren (s. III 2 a) und der Heermeister (s. III 1 d). Entsprechend hat das Patrozinienwesen die Landwirtschaft umgestaltet (s. III 3 a). Es entstanden personale und regionale Gruppierungen, Vorformen der Feudalgesellschaft.

Ein Merkmal der spätrömischen Gesellschaft ist das Körperschaftswesen. Alle für den Staat wichtigen Gruppen wurden als Korporationen begriffen, deren Mitglieder bestimmte Pflichten und Rechte hatten. Hierzu zählen staatliche Gruppierungen wie Beamte und Soldaten, soziale Gruppierungen wie Senatoren und Curialen, ökonomische Gruppierungen wie die Kolonen auf dem Lande, Schiffer- und Bäckergilden in den Städten und schließlich auch der Klerus. Entsprechend ihren Leistungen für den Staat und ihrem Ansehen in der Gesellschaft waren diese Körperschaften mit Privilegien ausgestattet, die sich fast immer auf die Gruppe, nur in Ausnahmefällen auf die Person bezogen (CTh. XI 1,1). Das Verhältnis zwischen Privileg und Dienstleistung war längst nicht immer ausgewogen. Wo es sich zu Ungunsten der Betroffenen verschob, versuchten diese, ihren Stand zu wechseln. In den seltensten Fällen haben die Kaiser daraufhin die Pflichten ermäßigt oder die Vergünstigungen erhöht. In der Regel verordneten sie Rückruf und Erblichkeit und drohten mit Strafen.

Über die Gesamtzahl der Bevölkerung im spätrömischen Reich gibt es keine Überlieferung. Nur für Ägypten ist in der Zeit des Augustus die Zahl von sieben Millionen bezeugt. Die Zählung nach der arabischen Eroberung ist problematisch. Italien und Griechenland scheinen im Laufe der Kaiserzeit an Bewohnern verloren zu haben, in den übrigen Provinzen könnte sie gewachsen sein. Eine Gesamtbevölkerung von fünfzig Millionen ist vorstellbar. Das Durchschnittsalter der Toten auf den untersuchten Friedhöfen pendelt zwischen 30 und 45 Jahren, Kinder unter 15 Jahren abgerechnet. Die Frauen lebten in der Regel 5 Jahre weniger als die Männer, viele starben im Kindbett.

Im folgenden werden zunächst die – über das ganze Reich verstreuten – Senatoren als die oberste und die Sklaven als die unterste Schicht besprochen, es folgen die Frauen, die Reichsvölker und die Fremden, die allen Schichten angehören. Die mit Abstand zahlenstärkste «Mittelschicht» ist in anderem Zusammenhang dargestellt: die Bauern bei der Landwirtschaft, die Handwerker und Händler beim Gewerbe (s. III 3). Die Verhältnisse in den Städten sind in den einschlägigen Abschnitten (s. III 5), die religiösen Gruppen bei den Religionen abgehandelt (s. III 6).

a) Die römischen Senatoren

Der bessere Teil der Menschheit, *pars melior humani generis,* das sind die Senatoren, schrieb Symmachus. Nicht nur er selbst und seine Standesgenossen haben sich als *nobilissimi humani generis* betrachtet, sie waren das auch in der Ansicht der Öffentlichkeit und in der Rangordnung des spätrömischen Staates. Noch Justinian wußte, daß der Aufstieg Roms der Politik des Senats zu danken war.

Dennoch war das Verhältnis zwischen Senat und Kaiser lange problematisch. «Wie selten», klagte Symmachus (or. IV 5) 376 im Senat, «werden dem Staat Kaiser beschert, die dasselbe wollen wie die Senatoren». Die Liste der Zusammenstöße ist lang. Caesar war von Senatoren ermordet worden. Augustus erstickte mehrere Senatsverschwörungen, Nero desgleichen. Domitian hat den Senatoren gegenüber tyrannische Züge gezeigt, Hadrian und Severus mußten unliebsame Senatoren ausschalten. Im 3. Jahrhundert ist die Konfrontation bei Maximinus und Gallienus zu beobachten. Jeweils steht auf Seiten des Senats das gebildete, konservative Grundbesitzertum, auf Seiten des Kaisers das Militär, das im Zuge der Barbarisierung auch innerlich vom Senat abrückte.

In diesem Prozeß verlor der Senat an Bedeutung. Seit Augustus hatte er seine Leitfunktion eingebüßt. Nicht einmal die Kommunalverwaltung Roms war ihm verblieben, seit es den *praefectus urbi* gab (s. III 4 a). Neben den Senatoren entstand aus den Angehörigen des Ritterstandes, nominell einer reinen Zensusklasse, eine zweite Schicht von Führungskräften, die im Rechtswesen, in der Finanzverwaltung und im Heer an Einfluß gewann, zumal seit Hadrian. Der Aufstieg des *ordo equester* kulminiert unter Gallienus, der um 260 den Senatoren die Offizierslaufbahn verschloß. Damit kamen sie zunächst auch nicht mehr für die größeren Statthalterschaften in Betracht. Am Hofe bevorzugten die Kaiser ohnedies Männer ihrer eigenen

Herkunft. Als Diocletian Rom den Rang einer Residenzstadt entzog, war die «Nullifizierung» (Mommsen) des Hohen Hauses perfekt. Es liegt Ironie darin, daß gerade Diocletian die 283 unter Carinus durch Brand beschädigte Senatscurie prachtvoll wieder hat herrichten lassen.

Das Ansehen des Senats besserte sich unter Constantin. Er ließ sich nach seinem Einzug in Rom 312 vom Senat zum *senior Augustus* erheben und gestattete ihm 324 die Aburteilung des Licinius. Durch die Trennung von Militär- und Zivilverwaltung waren Senatoren wieder im Reichsdienst verwendbar, wenn auch nur im Zivilbereich. Dazu zählten die ranghohen Prokonsulate von Asia (mit den ägäischen Inseln) um Ephesos, Achaia um Korinth und Africa um Karthago. Viele höhere Zivilbeamte kamen aus dem Senatorenstand, darunter die meisten Stadtpräfekten. Außerdem verlieh Constantin zahlreichen Beamten den Titel eines *vir clarissimus*, den die Senatoren seit dem 2. Jahrhundert trugen. Dazu stiftete er einen *senatus secundi ordinis* in Konstantinopel (s. III 4b). Constantius II trat 357 bei seinem *adventus* selbst mit einer Ansprache vor die römischen Senatoren. Dasselbe tat Julian in Konstantinopel. Auf die Anzeige seiner Erhebung zum Augustus hatte der Senat Roms Julian zur Reverenz gegenüber seinem *auctor imperii* aufgefordert.

Das unter der constantinischen Dynastie gute Verhältnis zwischen dem Kaiser und den Senatoren trübte sich unter Valentinian I, der aus dem illyrischen Soldatenstande aufgestiegen war und Rom nie besuchte. Valentinian gestattet zwar den Senatoren für ihre Beschwerdegesandtschaften die freie Postbenutzung, bekämpfte aber die Mißstände in den senatorischen Kreisen. Wir hören von Giftmischerei, Magie, Eheskandalen und ähnlichen Fällen, die den Kaiser zum Eingreifen bewogen. Er ließ eine Kette von Prozessen durchführen, bei denen hochangesehene Leute verurteilt wurden. Als nach Valentinians Tod 375 Gratian die Herrschaft übernahm, verbesserte sich unter dem Einfluß des Ausonius das Verhältnis zum Senat wieder.

In der Zeit von Theodosius I und seinen Mitkaisern gab es Reibereien zwischen Kaiser und Senat in Religionsfragen. Die Mehrheit der Senatoren hielt an den alten Bräuchen fest, und dies führte zum Streit um den Victoria-Altar 384 (s. III 6 a) und zur Unterstützung des Gegenkaisers Eugenius 392 bis 394 (s. II 7). Nach dessen Untergang traten die meisten Senatoren zum neuen Glauben über.

Stilicho verstimmte zwar einen Teil der konservativen Senatoren, indem er die Sibyllinischen Bücher verbrennen ließ, doch durften die Senatoren 397 Gildo in republikanischer Weise zum *hostis publicus* erklären. Streit gab es um Steuer- und Rekrutenfragen. Die Senatoren weigerten sich, die für die Germanenabwehr geforderten Mittel bereitzustellen, und das führte zum Zusammenstoß mit Stilicho. Der Senat hat den Sturz Stilichos begrüßt und auch dessen Frau hinrichten lassen.

Die Erhebung des Senators Attalus zum Kaiser 409 war nicht das Werk des Senats, sondern der Goten. Attalus besaß keine eigene Machtbasis und scheiterte ebenso wie die späteren Senatskaiser Petronius Maximus (455), Avitus (456) und Olybrius (472). Die germanischen Machthaber behandelten den Senat mit Achtung. Rikimer, Odovacar und Theoderich haben es trotz aller Bemühungen indessen nicht vermocht, die Sympathien der Senatoren zu erwerben. Der römisch-germanische Gegensatz liefert den Hintergrund für den Zusammenstoß Theoderichs mit den Senatoren um Boëthius.

Der spätrömische Senat versammelte sich an 25 Tagen im Jahr. Die ordentlichen Sitzungstage (senatus legitimus) sind verzeichnet in den Kalendern des Filocalus und des Polemius Silvius. Der Besuch war bisweilen schlecht, fünfzig Teilnehmer waren erforderlich. Über die Inhalte der Sitzungen erfahren wir wenig. Die erwähnten Fälle aus der Zeit Stilichos sind die bekanntesten. Desto genauer sind wir über die Form unterrichtet. Als am Weihnachtstage 438 der ‹Codex Theodosianus› aus Konstantinopel überbracht wurde, um auch im Westen für gültig erklärt zu werden, wurde – wie vermutlich auch sonst – ein Protokoll angefertigt. Es ist das einzige aus dem Altertum erhaltene Senatsprotokoll, denn es wurde in den Codex selbst aufgenommen. Die ‹gesta Senatus› eröffnen ihn.

Der Text beginnt mit der Nennung der beiden Jahreskonsuln, von denen einer anwesend war. Er hatte den Senat in sein Haus *Ad Palmam* geladen, das später mehrfach statt der Curie als Senatslokal diente, aber das Haus lag nur wenige Schritte entfernt. Namentlich werden der *praefectus urbi* und der *vicarius urbis* genannt. Die Senatoren versammelten sich und besprachen einiges, dann erschienen die beiden für die Ausfertigung des Codex verantwortlichen Beamten (*constitutionarii*), und der Konsul hielt eine Ansprache, in der er kurz die Entstehung des Codex darlegte. Er verlas das Gesetz von 429, das die Herstellung des Codex angeordnet hatte.

Darauf folgte eine Litanei von Sprechchören, 43 kurzen Parolen, die bis zu 28 Mal wiederholt wurden. Sie bringen die Zufriedenheit der *patres* und Segenswünsche für Kaiser und Reich zum Ausdruck. Der Konsul erklärte darauf, diese Parolen seien in den Codex aufzunehmen, worauf weitere Akklamationen folgten. Dann erörterte er die Publikationsmodalitäten, und abermals gab es Sprechchöre. Unter dem Protokoll steht die Unterschrift des Protokollanten (*exceptor*) und das Datum. Theodosius II und Valentinian III räumten dem Senat 446 Mitsprache bei der Gesetzgebung ein, doch ist unklar, ob das mehr als eine Geste war. Ein Ort, wo diskutiert und entschieden wurde, war der Senat nicht mehr. Bei allen offiziellen Gelegenheiten mußten die Senatoren die Toga anlegen, sonst hatten sie das *colobium* oder die *paenula* zu tragen; militärische Tracht war in der Stadt verboten.

Zur Zusammensetzung des Senats berichtet Nazarius in seiner Lobrede auf Constantin, daß hier die Vornehmsten aus allen Provinzen, die Blüte der ganzen Welt vereinigt sei. Rutilius schreibt 417: «Der ehrwürdige Senat öffnet sich dem lobenswerten Zuwanderer und betrachtet diejenigen, die er rechtens zu den Seinen zählt, nicht als Fremde.»

Diese Idee ist alt; stets hat der Senat sich tüchtigen Aufsteigern geöffnet. Caesar und Claudius hatten angesehene Gallier aufgenommen, später zogen Spanier, Africaner und Griechen in den Senat ein. Erst die Illyrer des 3. Jahrhunderts waren nicht mehr ihrer Bedeutung entsprechend repräsentiert, und erst recht gilt dies für die Germanen des 4. und 5. Jahrhunderts. Dies hatte zur Folge, daß der römische Senat nicht mehr die wirklichen Entscheidungsträger in sich vereinigte. Er wurde zu einem exklusiven Zirkel adliger, reicher und kultivierter Herren. Die Zahl der römischen Senatoren erhöhte Constantin von rund 600 auf über 2000. Dieselbe Zahl erreichte der Senat von Konstantinopel unter Constantius II. Später wurden es wieder weniger. Um 500 gab es nur noch 110 Senatoren in Rom.

Der weitaus größere Teil der amtierenden Senatoren besaß diese Würde durch Erbgang. Während in der Republik der Sohn eines Senators nur dem *ordo equester* angehörte, bis er selbst in den Senat eintrat, zählten unter dem Principat Söhne und Enkel von Senatoren durch Geburt bereits zum *ordo senatorius*. In der Spätantike galt das anscheinend auch für noch entferntere Abkömmlinge.

Der Ahnenstolz war unter den Senatoren verbreitet. Hieronymus (ep. 108) rühmte im Jahre 404 die *clarissima femina* Paula, die mütterlicherseits von den Gracchen und Scipionen, väterlicherseits sogar von Agamemnon abstamme. Damit konnte sich diese christliche Heilige auf Zeus zurückführen. Ihr Mann Toxotius tat es ihr gleich, er leitete sich von Caesar und Aeneas ab. Die *gens Anicia* reklamierte eine Abkunft von den republikanischen Anicii aus Praeneste; Decius, der Konsul von 486, berief sich auf die glorreiche Sippe der Decier. Derartige Stammbäume gibt es auch im Osten, wo der Philosoph Hegias von Solon, der Bischof Synesios von Herakles, der Kaiser Anastasius von Pompeius abstammen wollte. Ausonius (XIX 45) hat über diese Ahnensucht seinen Spott ausgegossen, Agapetos (c. 4) geißelte sie unter Justinian.

Die spätrömischen Senatorenfamilien waren alle irgendwie versippt. Die Heiratspolitik entsprach den materiellen Interessen und dem Standesbewußtsein dieser Leute. Frauen aus sozial tiefstehenden Familien zu heiraten, war ihnen untersagt. Sie konnten auch nachträglich die Kinder nicht legitimieren, die von solchen Frauen geboren wurden. Den Senatoren war jede Art von Geschäft, jede untergeordnete Tätigkeit verboten. Ein «sittlich unwürdiges» Leben war mit der *dignitas senatoria* unvereinbar.

Über die Aufnahme in den Senat (*adlectio*) unterrichtet uns Symmachus. Der *amplissimus ordo* kooptierte Kandidaten aufgrund von Empfehlungen, bei denen soziale Herkunft, politische Verdienste und finanzielle Lage eine Rolle spielten. Dafür wurden Zeugen aufgerufen. Ranghohe Bewerber konnten als Quereinsteiger sogleich unter die *praetorii* aufgenommen werden, die übrigen begannen als *quaestorii*. So erhielt der Sohn oder Nachkomme eines Senators seinen Sitz in der Curie wie zur Zeit der Republik mit der Bekleidung der Quaestur. Dieses Amt hatte seine alten Verwaltungsfunktionen verloren und verpflichtete nur noch zur Stiftung von Spielen und Getreide. Diese Aufwendungen waren sehr kostspielig, und darum wurden mehrfach gesetzliche Regelungen getroffen, die einerseits die Festlichkeiten gewährleisten, andererseits die Spender schonen sollten. Mehrfach wurde betont, daß auch abwesende Senatoren, die auf ihren Gütern in den Provinzen lebten, für die Spiele aufzukommen hätten. Bisweilen gewährte der Senat würdigen Bewerbern Nachlaß.

So wie die Quaestur bestanden vermutlich auch die Aedilität und das Volkstribunat als Zeremonialämter fort. Das wichtigste unter ihnen war die Praetur. Sie war das höchste Amt unter den *magistratus minores* und hatte noch gewisse schiedsrichterliche Funktionen, Hauptaufgabe war aber die Abhaltung der Spiele vom 1. bis 7. Januar. Deren Mindestkosten hatte schon Constantin hoch veranschlagt, sie wurden 384 neu festgesetzt. Die Zahl der Praetoren stieg von drei auf fünf. Die großen Familien setzten ihren Ehrgeiz daran, die praetorischen Spiele möglichst prächtig zu gestalten. Sie umfaßten Wagenrennen, Tierhetzen, Theateraufführungen und Spenden ans Volk. Zu diesem Zweck wurden besondere Medaillen (Kontorniaten) geprägt (s. u.). Symmachus beschäftigte sich in über sechzig Briefen mit den Spielvorbereitungen und gab 2000 Pfund Gold für die praetorischen Spiele seines Sohnes aus. Olympiodor nennt sogar Kosten bis zu 4000 Pfund Gold, denselben Preis, den der Sommerfeldzug Alarichs 408 gekostet hat.

Die Kandidaten für die Praetur benannte eine Senatskommission jeweils am 9. Januar zehn Jahre im voraus. Die Wahl traf der Kaiser. Wer sich weigerte, wurde mit hohen Getreidebußen belegt. Starb der Ernannte zuvor, mußte sein Sohn, ja sogar seine Tochter zahlen, obschon sie die Amtszeichen eines Praetors nicht anlegen durfte. Boëthius (CPh. III 4,15) klagte 523, früher sei die Praetur ein mächtiges Amt gewesen, jetzt aber bloß noch ein leerer Name und eine schwere Bürde für die Senatoren. Mit ihm verschwindet die Praetur im Westen, im Osten reichen die Zeugnisse bis Justinian.

Während das ordentliche Konsulat aus dem *cursus honorum* der Senatoren ausgegliedert war (s. u.), blieb das Suffektkonsulat in der Kompetenz des Senats. Die Wahl fand statt am 9. Januar, der Amtsantritt zum *natalis Urbis* am 21. April, dessen Spiele der *consul suffectus* leitete. Das Amt erlosch unter Odovacar, im Osten gab es später den Ex- und Ehrenkonsul. Gemäß einem Gesetz Zenos hatte ein *consul honorarius* 100 Pfund Gold für die Wasserleitungen der Hauptstadt zu spenden. Diese Ehre erfreute sich in Konstantinopel einer gewissen Beliebtheit. Die *adlectio inter praetorios* bzw. *consulares* durch den Kaiser war nicht mit Spielen verbunden.

Im Anschluß an die genannten Ehrenämter bekleideten Senatsangehörige dann vielfach italische Statthalterschaften im Range von *correctores* oder *consulares*. Senatorische Prokonsuln verwalteten weiterhin die Provinzen Africa, Achaia und Asia (s. III 1c). Die Prokonsuln mußten schon im Principat nicht, wie in der Republik, ordentliche Konsuln gewesen sein. Der Kaiser ernannte sie. Der Gipfel einer senatorischen Karriere war die Stadtpräfektur (s. III 4 a).

Die Senatoren trugen den seit Hadrian üblichen Ehrentitel eines *vir clarissimus*. Er wurde abgekürzt (*v. c.*) hinter dem Namen geführt. Frauen und Töchter nannten sich *clarissima femina* (*c. f.*). Der Clarissimat wurde vom Kaiser in Verbindung mit bestimmten Ämtern vergeben. Dazu zählen die meisten Provinzialstatthalterschaften, die in der ‹Notitia Dignitatum› erwähnt werden. Die *clarissimi* gehörten zu den *honorati,* dem Reichsadel. Später standen bloße *clarissimi* als titulare Senatoren unter den amtierenden.

Mit der Vermehrung der *viri clarissimi* erhob sich das Bedürfnis nach höheren Rängen. Valentinian I schuf darum zwei neue Titel. Solche Senatoren, die eine prokonsulare Statthalterschaft errungen hatten (s. III 1 c), niedere Hofbeamte, *vicarii, comites rei militares* und selbständige *duces* erhielten den Rang eines *vir spectabilis*. Die höchsten Beamten, die Reichs- und Stadtpräfekten, Heermeister und Hofminister hingegen wurden *viri illustrissimi* oder einfach *illustres*. Zur Zeit der ‹Notitia Dignitatum› hatte sich der Kreis der *illustres* bereits bis zu den *comites domesticorum* ausgeweitet, auch die Kleriker wurden ihnen jetzt gleichgestellt. Infolge der Titelinflation verlor der Clarissimat so an Bedeutung, daß seit der Mitte des 5. Jahrhunderts nur noch *viri illustrissimi* im Senat saßen. Deren Vermehrung wurde von Justinian dadurch ausgeglichen, daß er mit den *viri gloriosissimi* oder *gloriosi* abermals eine Rangklasse darübersetzte. Populär wurde diese Ehre nicht mehr. Isidor (etym. IX 4,12) unterscheidet nur die senatorischen Rangklassen: *clarissimi, spectabiles* und *illustres*.

Die höchste Rangstufe überhaupt, bezeichnet durch das Prädikat *nobilissimus,* blieb den Angehörigen des Kaiserhauses vorbehalten. Wie das Wort vermuten läßt, rechneten sich die Kaiser titular zum *ordo senatorius*. Julian begründete sein Eintreten für die Senatorenprivilegien damit, daß er selbst zu dieser Gruppe zähle. Die Inhaber der genannten Ränge waren sämtlich auch *viri clarissimi,* so daß dieser Titel neben dem jeweils höheren bisweilen noch eigens genannt wird. Die zivile Führungsschicht des spätrömischen Reiches läßt sich insofern als der erweiterte *ordo senatorius* auffassen.

Die nominellen Senatoren verdankten ihren Rang der Ernennung durch den Kaiser. Alle Ämter wurden vom Kaiser nach Gutdünken vergeben, ohne daß er viel nach der Herkunft gefragt hätte. Valentinian I schrieb an den römischen Stadtpräfekten, nichts stünde einer Verleihung der *clarissima dignitas* an Söhne von Freigelassenen entgegen. Daß die Altsenatoren derartige Neulinge ablehnten, bezeugen das Eselprodigium und das Besenportentum bei Ammian.

Die Senatswürde und die sie enthaltenden Ämter konnten auch ehrenhalber verliehen werden. So waren der antiochenische Sophist Libanios und der jüdische Patriarch Gamaliel *praefecti praetorio honoris causa,* der Rhetor Prohairesios Heermeister (oder PPO?) ehrenhalber. Theodosius II schuf fünf Ränge. An der Spitze standen die amtierenden *illustres,* ihnen folgten die ehemals am Hofe dienenden *vacantes,* an dritter Stelle standen jene, die als Abwesende den Gürtel des Illustrissimats erhalten hatten, an vierter die ehrenhalber am Hof, an fünfter die ehrenhalber auswärts diese Würde bekleidet hatten. Die vom Kaiser ernannten *viri clarissimi* waren von den Pflichten, Spiele zu stiften, entbunden. Senatoren, die ihre Spiele gegeben hatten, mußten kein zweites Mal zahlen und waren von der Präsenzpflicht in Rom befreit.

Das einzige «Amt», das die Kaiser selbst übernahmen, und die höchste Würde, die sie zu vergeben hatten, war das ordentliche Konsulat. *Nihil est altius dignitate,* heißt es in einem Gesetz von Theodosius II, und Jordanes (Get. 289) nennt es: *summum bonum primumque in mundo decus.* Der jeweilige Jahreskonsul (*consul ordinarius*) besaß vor allen anderen Bürgern den Vortritt. Seine vornehmste Aufgabe war die feierliche Eröffnung des Jahres, dem er den Namen gab, und in dieser Verewigung des eigenen Namens erblickte man die eigentliche Ehre. Üblicherweise gab es beim Konsulatsantritt am 1. Januar einen Umzug (*pompa*) und ein großes Wagenrennen, zu dem der Konsul in der purpurnen Triumphaltoga (*trabea, toga picta* oder *palmata*) erschien und mit einem Tuch, der *mappa,* das Startzeichen gab. Dazu gehörten Geldspenden ans Volk, zeremonielle Freilassungen, mit denen an die Tat des älteren Brutus erinnert werden sollte, und eine Dankesrede des Konsuls oder eines Rhetors an den Kaiser. Der Senat übersandte dem Kaiser das Neujahrsgeschenk (*strena*) in Gestalt von Schalen mit je fünf Goldstücken. Hinsichtlich der üblichen Spenden verfügte Theodosius 384, daß niemand ganzseidene Gewänder verschenken dürfe; Goldstücke und elfenbeinerne Diptychen seien den ordentlichen Konsuln vorbehalten, die übrigen Spielgeber sollten Silber verteilen. Nach Möglichkeit suchte man den Antritt in Rom und Konstantinopel zu begehen, doch ließ sich das meist nicht durchführen. Der ordentliche Konsul hielt sich mit seinen Lictoren oft beim Kaiser auf. Das Fest zum Konsulatsantritt, besonders aufwendig in Konstantinopel (s. III 4 b), feierten alle Städte im Reich.

Wenn der Kaiser nicht selbst den Wunsch hatte, Konsul zu sein, ernannte er einen verdienten Präfekten, Minister, Heermeister oder auch einen Privatmann. Trotz seines hohen Amtes als *praepositus sacri cubiculi* wurde ein Eunuch wie Eutropius im Konsulat (399) als Skandal empfunden (s. II 9). Ein Mindestalter oder ein vorausgegangener *cursus honorum* waren nicht mehr erforderlich. Die Kaiser selbst bekleideten immer das erste Konsulat ihrer Amtszeit, oft waren sie mehrfach Konsuln: Diocletian neunmal, Constantin achtmal, Theodosius II achtzehnmal. Männer außerhalb der Kaiserfamilie kamen nur ausnahmsweise zu einem zweiten Konsulat, so Merobaudes 383 und Stilicho 405; ein drittes kommt nur einmal vor, für Aëtius 446. Wachsenden Anteil erhielten die Angehörigen der senatorischen Familien: Die Decier brachten es in fünf Generationen auf vierzehn Konsuln. In den Zeiten des Doppelkaisertums ernannte der *senior Augustus* beide oder jeder Kaiser einen Konsul, der im eigenen Reichsteil an erster Stelle stand.

Schwierigkeiten ergaben sich aus den hohen Kosten des Amtes. Marcian verfügte 452, daß statt der Geldspenden 100 Goldpfund zur Ausbesserung der Wasserleitungen zu stiften seien. Dies forderte Zeno ebenso von den seit Leo bezeugten *consules honorarii,* die Zeno in größerer Anzahl ernannte. Die Spiele blieben ein teures Vergnügen. Theoderich ermunterte die Senatoren, sich zum Amt und seinen Kosten zu bekennen. Sie werden von Prokop (HA. 26,12 f) auf mindestens 2000 Pfund Gold geschätzt, doch stiftete damals den größten Teil der Kaiser. Im Westen endet die Reihe der Jahreskonsuln nach vorangegangenen Unregelmäßigkeiten unter den Ostgoten mit Flavius Decius Paulinus 534, im Osten 541 mit Flavius Anicius Faustus Albinus Basilius. Fortan übernahmen nur noch die Kaiser selbst im ersten Jahr ihrer Regierung ein Konsulat. Die Unzuträglichkeiten der Konsuldatierung, die selbst schon rechnerisch unanschaulich ist, wurde gesteigert durch zuweilen späte Ernennung, in Krisenzeiten durch fehlende Anerkennung und gewöhnlich langsames Bekanntwerden. Daher sind die meisten ägyptischen Urkunden nach den Konsuln des Vorjahres datiert (Postkonsulate).

Die Jahresbezeichnung wurde 537 umgestellt auf Regierungsjahre des Kaisers. Dazu trat im Osten die Weltära, gezählt vom ersten Schöpfungstage, den Julius Africanus auf den 1. September 5508 v. Chr. berechnet hatte, während im Westen unsere Zählung nach Christi Geburt üblich wurde, eingeführt durch den gotischen Mönch Dionysius Exiguus im 6. Jahrhundert. Beda übernahm sie in seine Schriften, seit der Zeit Karls des Großen war sie amtlich in Gebrauch. Die noch von Hieronymus in seiner Weltchronik verwendete Olympiadenrechnung verbot Theodosius II.

Nach Ablauf des Konsulats behielt der gewesene Konsul seinen hohen Rang, doch trat er hinter den je amtierenden zurück. Innerhalb der ehemaligen Konsuln genoß derjenige Vorrang, der außerdem Präfekt oder Heermeister war. Wenn mehrere diese doppelte Würde besaßen, rangierte der dienstälteste oder derjenige voran, der zudem den Titel eines *patricius* trug.

Den spätantiken Patriciat, einen persönlichen Ehrenrang, hatte Constantin gestiftet. Er wurde nur wenigen, um das Kaiserhaus besonders verdienten Personen zuteil. Seit Flavius Constantius (414) trug der jeweils

erste Heermeister im Westen den Titel *patricius*. Er bezeichnet den Reichsfeldherrn. Im Osten gab es meist mehrere *patricii* nebeneinander, zivile und
militärische Amtsträger im gleichen Verhältnis. Zeno verordnete, daß «die
Ehre des Patriciats, die über allen anderen stehe», nur solchen Männern
zuteil werden könne, die zuvor ordentliche Konsuln, Präfekten, Heermeister oder *magistri officiorum* gewesen seien. Der Patriciat blieb über die Zeit
Justinians hinaus erhalten, doch wurde der Kreis der Inhaber erweitert.

Unter den Privilegien der Senatorenklasse war wohl das wichtigste, daß ihre
Angehörigen nicht den ordentlichen Gerichten unterstanden, sondern nur
von ihresgleichen gerichtet werden durften. Alle Prozesse gegen Senatoren
im suburbikarischen Italien gehörten seit Gratian 376 vor den Stadtpräfekten und ein senatorisches Fünfmännerkollegium, ein *iudicium quinquevirale*. Sonst richtete der *praefectus praetorio* oder der Kaiser selbst. Senatoren
durften nicht in Untersuchungshaft genommen, nicht gefoltert werden,
und wenn es doch geschah, dann erhoben sich laute Proteste.

Die Senatoren zahlten außer der *annona* eine jährliche Grundsteuer (*collatio glebalis* oder *follis*), die nach Schätzklassen bemessen wurde. Constantin hatte drei, Theodosius vier von ihnen eingerichtet. Hinzu kam das
aurum oblaticium, bei Fünf- und Zehnjahresjubiläen vom Senat als Körperschaft gezahlt. Von Einquartierung waren Senatoren befreit. Für die einzelnen Provinzen waren *defensores senatus* bestellt, die dort für die Wahrung
der Privilegien der Senatoren sorgten. Wo immer ein Senator wohnte, nie
unterstand er den städtischen Behörden. Er war allein echter *civis Romanus*,
reichsunmittelbar. Aus diesem Grunde waren die Senatoren von Curialenpflichten und Frondiensten befreit.

Der Besitz der Senatoren war die Grundlage für die soziale und politische Bedeutung ihres Standes. Reichtum in der Antike war eigener Boden,
und so waren die Senatoren in erster Linie Grundbesitzer. Außer dem Kaiser und der Kirche hätte niemand solch ausgedehnte Liegenschaften, sie
reichten vom Sonnenaufgang bis zum Sonnenuntergang, schreibt Ammian
(XIV 6,10). Von mehreren Familien wissen wir, daß sie außer ihrer Stadtvilla in Rom, etwa auf dem Caelius oder dem Esquilin, zahlreiche Landgüter, *villae*, besaßen, nicht nur in Italien, sondern auch in Africa, Gallien
und anderen Provinzen.

Über das Aussehen dieser Villen unterrichten uns Sidonius Apollinaris in seinen Briefen und Gedichten sowie einige nordafrikanische Mosaiken. Zahlreiche dieser Anlagen sind ausgegraben, die eindrucksvollste ist
die *Filosofiana* bei Piazza Armerina in Sizilien. Diese Villen lagen abseits
der Straßen, fern von Häfen und Städten, besaßen prunkvolle Säulenhallen
und Speisesäle, Bäder und Bibliotheken, Tempel oder Kapellen, vielfach
reich mit Marmor und Mosaiken dekoriert. Dazu gehörten Wandelgänge,
Wildparks und Fischteiche sowie die Behausungen des Personals. Constan-

tin verbot 321, Säulen und Marmor aus den Städten aufs Land zu bringen, während derartige Transporte von Stadt zu Stadt, von Gut zu Gut erlaubt blieben. Der städtische Bauschmuck sollte nicht privatisiert werden. Seit dem 4. Jahrhundert sind diese Anlagen vielfach befestigt gewesen; mit dem 5. Jahrhundert finden sich auch Kirchen auf ihnen.

Besonders gut sind wir über den Familienbesitz der Valerii unterrichtet. Als ihre Erbtochter Melanie den Entschluß faßte, der Welt zu entsagen und ein christliches Leben zu führen, versuchte sie, ihre Güter zu veräußern, und in diesem Zusammenhang spricht ihr Biograph Gerontius von ihnen. Ihr Jahreseinkommen wird mit 120 000 *solidi* (1600 Pfund Gold) beziffert. Das Stadthaus auf dem Mons Caelius in Rom war so groß und prachtvoll, daß selbst Serena, die Frau Stilichos, es nicht bezahlen konnte. Es wurde beim Einfall Alarichs 410 zerstört. Ein Teil dieser Hausanlagen ist ausgegraben worden. Unter den Funden ist ein Silberschatz bemerkenswert, der vermutlich damals versteckt worden war, sowie eine Reihe von Bronzetafeln, die uns über die Klientel der Familie unterrichten (s. III 4 c).

Auch in der Nähe der Stadt besaß Melanie Anwesen, weitere lagen in Campanien und Apulien. Eine dieser Villen hatte ein *vivarium*, einen Park mit Hirschen, Rehen und Wildschweinen, bot Thermen, ein Schwimmbad im Freien und dazu einen Blick aufs Meer. Den Unterhalt lieferten angeblich sechzig Dörfer mit je vierhundert Landsklaven. Weitere Güter lagen in Britannien, Spanien, Mauretanien, Numidien und Africa Proconsularis. Melanies Grundbesitz in Thagaste, der Heimatstadt Augustins, war größer als das Stadtgebiet. Dazu gehörten verschiedene Metallverarbeitungsbetriebe und zwei Bischöfe, ein katholischer und ein donatistischer.

Aus Olympiodor (fr. 43 f) ersehen wir, daß es noch reichere Senatorenfamilien als die Valerier gegeben hat. Als höchste Jahreseinnahmen werden 4000 Pfund Gold (288 000 *solidi*) angegeben, ungerechnet der Naturaleinnahmen in Höhe eines weiteren Drittels der Bareinkünfte. Wir hören von Stadthäusern mit eigenem Hippodrom, eigenem Forum, eigenen Wasserleitungen, Bädern, Tempeln und Kirchen. Die reichste Familie in Ägypten waren die aus den Papyri des 6. Jahrhunderts bekannten Apiones.

Angesichts dessen kann es die Senatoren kaum ernstlich getroffen haben, wenn ihnen traditionellerweise Geldgeschäfte untersagt waren. «Den Vornehmen (*potentes*) ist nicht alles erlaubt, was man den kleinen Leuten (*humiles*) nachsieht. Einem Würdenträger steht es schlecht an, Geschäfte zu betreiben oder Kneipen zu besuchen. Es ist schändlich für Senatoren, Zinsen zu nehmen.» Das Zinsverbot ließ sich dadurch umgehen, daß die minderjährigen Senatorensöhne als Gläubiger auftraten. 405 wurde den Senatoren die Hälfte des Maximalzinses, sechs Prozent, gestattet. 408 oder 409 untersagte Honorius dem Reichsadel nochmals das Handeltreiben. Gestattet war es, derartige Geschäfte durch abhängige Kaufleute, in der Regel Freigelassene, betreiben zu lassen.

Die Forschung rechnet vielfach mit einem Anwachsen des Großgrund-besitzes. Die Liegenschaften der Symmachi, Valerii und Petronii im Westen und die Ländereien der Apiones und Eulogioi im Osten waren fraglos unge-heuer groß, aber derartiges ist auch schon unter dem Principat bezeugt. Statistische Unterlagen für Besitzkonzentration haben wir nicht, und die Klagen der Zeitgenossen über die Raffgier der Reichen lauten allzeit ähn-lich. Es könnte sein, daß das Nebeneinander von Groß- und Kleinbesitz seit der späten Republik mehr oder weniger gleich geblieben ist.

Vorsicht ist auch gegenüber der Annahme geboten, daß die Germanen in den von ihnen beherrschten Provinzen Bodenreformen durchgeführt hät-ten. Gewiß haben sie das für ihren Eigenbedarf beanspruchte Land vor-wiegend aus den Großgütern der Senatoren herausgeschnitten, und deren Widerstand dürfte den Heermeister Orestes 476 bewogen haben, den Trup-pen das geforderte Drittel zu verweigern, so daß diese Odovacar zum König erhoben (s. II 10). Die Aufteilung hat dann wohl stattgefunden, aber auch Odovacar hat einen Mann wie seinen *comes domesticorum* Pierius mit Lie-genschaften fürstlich ausgestattet, und aus dem Testament des Bertram von Cenomani kennen wir einen Typ von Großgrundbesitzer aus dem mero-wingischen Reich, der sich würdig neben den spätrömischen Landmagna-ten sehen lassen kann.

Wenn sich eine Zunahme des Großgrundbesitzes für die Spätantike nicht beweisen läßt, so gibt es doch Anzeichen dafür, daß an die Stelle des frühe-ren Streubesitzes nun regionale Besitzkonzentrationen traten. Die Verteilung des Grundeigentums auf verschiedene Provinzen diente in der Principatszeit zur Minderung des Risikos bei Trockenheit oder anderen Unbilden. Voraus-gesetzt ist dabei die Verkehrseinheit des Mittelmeerraumes. Sie ging seit dem 5. Jahrhundert verloren. Trotz wiederholter Versuche gelang es den Kaisern nicht, regionale Hausmachtbildungen zu verhindern.

In dieselbe Richtung weist die Bedeutung der Senatoren als Patrone. Das römische Klientelwesen hatte in der hohen Kaiserzeit an Bedeutung ver-loren, gewann in der Spätzeit jedoch wieder an Einfluß. Wie wir zumal aus Inschriften wissen, standen Kirchen und Körperschaften, Städte und Provinzen in der erblichen Klientel einzelner Senatoren. Von den Patro-nen wurden Stiftungen und Wohltaten erwartet, die Klienten ehrten ihre Patrone durch Standbilder.

Wie über den Besitz, so sind wir auch über den Lebensstil der spätrö-mischen Senatoren gut unterrichtet. Viele von ihnen wohnten auf ihren Gütern, es gab keine Präsenzpflicht mehr in der Hauptstadt. Ausonius (II) beschreibt in einem Gedicht seinen Tageslauf, Symmachus liefert zahlrei-che Einzelzüge, Ammian geißelt das süße Leben der Senatoren in zwei stadtrömischen Exkursen. Am politischen Leben nahmen sie kaum Anteil. Symmachus verbrachte nur drei Jahre seines langen Lebens im Staatsdienst.

Das Ideal der Senatoren war ein *otium cum dignitate*. Sie lebten im Kreise zahlreicher Diener: Leibsklaven, Pförtner, Köche, Eunuchen usw. Ging der Herr ins Bad, so begleitete ihn ein möglichst großes Gefolge, wohlgeordnet, eine regelrechte *pompa balnearis*. Abgesehen von der Überwachung ihres Personals widmeten sie sich der Unterhaltung. Winters wohnte man in der Stadt, empfing und machte Besuche, ging ins Theater, in die Arena, in den Hippodrom. Sommers lebte man auf dem Lande, unternahm Jagdausflüge und Bootsfahrten und genoß die «süße Muße in der Zurückgezogenheit der Natur, wo Unwesentliches wesentlich wird, wo dir niemand die Zeit stiehlt und du nichts tust, was du nicht magst».

Es ist begreiflich, daß an diesem Lebensstil heftige Kritik geübt wurde. Junior (Exp. 55) erzählte seinem Sohn vom Reichtum der Senatoren, die alle Staatsbeamte sein könnten, aber lieber ihre Güter genössen und die Götter verehrten. Aurelius Victor und Ammian tadeln insbesondere das Desinteresse an der Reichspolitik. Der Senator Naucellius widmete sich der Literatur und dem Landleben, und sein Freund Symmachus (ep. II 35) bemerkte: «Wir pflegen uns durch höfliche Grußformeln anzublöken (*bla-terare*) und kümmern uns nicht um die Geschicke des Staates, die *patriae negotia, quae nunc angusta vel nulla sunt.*» Zur Formulierung dieser Einsicht verwendet er ein Plinius-Zitat (ep. III 20,10 f). Symmachus hatte andere Sorgen. Ihn beschäftigten die Bären, Panther und Krokodile, die er für die Schauspiele seiner Söhne benötigte, oder er beschwerte sich bei einem Freund darüber, daß 29 kriegsgefangene Sachsen, die er für die Arena gekauft hatte, sich im Gefängnis gegenseitig umgebracht hätten, anstatt dem römischen Volk den Anblick ihres Todes zu gönnen.

Ein Vorwurf Ammians indessen ist ungerecht: die Gleichgültigkeit der Senatoren gegenüber der Literatur. Ihre Bibliotheken wären ewig verschlossen wie Gräber, der literarische Geschmack käme über Juvenal und Marius Maximus nicht hinaus. Tatsächlich stand die Literatur im «Symmachus-Kreis» hoch im Kurs. Man schrieb Briefe und Gedichte, diskutierte über kulturgeschichtliche, religionsphilosophische und literarische Fragen und bemühte sich um die Sammlung und Verbreitung der Klassiker. Viele Texte sind uns nur deswegen erhalten, weil sie im Auftrage spätrömischer Senatoren aus den Rollen in Buchform umgeschrieben wurden. Diese Seite literarischer Tätigkeit ist wichtiger als das, was die Senatoren selbst verfaßten. Dazu gehören die ‹Historia Augusta›, jene teilweise zur Hanswurstiade abgesunkene Kaisergeschichte, die ‹Ora Maritima› des Avienus, sowie die ‹Saturnalia› des Macrobius, ein antiquarischer Dialog der senatorischen Literaten.

Bis zum Ende des Eugenius 394 war der Senat überwiegend heidnisch (s. III 6 a), doch haben seine literarischen Bemühungen den Glaubenswechsel überdauert. Einen Einblick in die Denkwelt der spätrömischen Senatoren zeigen die Bildthemen der seit 358 als Neujahrsgeschenke der

Praetoren beliebten Kontorniat-Medaillons. Neben zahlreichen Symbolen der alten Mythen und Religionen begegnen uns Szenen aus dem Theater und dem Zirkus, bestimmte Kaiserporträts, darunter Nero, Trajan und Julian, Bilder aus dem Alexanderroman, der um 300 durch Julius Valerius eine Neufassung erhalten hatte, und literarische Gestalten wie Homer, Euripides und Demosthenes, Terenz, Sallust, Horaz und Apuleius.

Mehrere Angehörige des spätantiken Senatsadels lassen sich als Persönlichkeiten fassen. Zu ihnen zählt außer dem Literaten und Stadtpräfekten Symmachus, der sich 384 vergeblich um die Wiederaufstellung der Victoria in der Senatscurie bemühte (s. III 6 a), ebenso der Hauptredner bei Macrobius, Vettius Agorius Praetextatus, Stadtpräfekt 367 und 384 Reichspräfekt, Inhaber zahlreicher Priesterämter und Kenner der lateinischen und griechischen Literatur, neben seiner Frau Paulina, weiterhin Virius Nicomachus Flavianus, Konsul 394 und Anhänger des Eugenius (s. II 7). Auch sie waren Heiden.

Das bedeutendste der späten Senatorengeschlechter war die aus Africa stammende *gens Anicia*. Unter Diocletian und Constantin stellte sie wichtige Beamte, darunter Konsuln in den Jahren 298, 322, 325 und 334. Nachdem die Familie in männlicher Linie ausgestorben war, erneuerte sie der Christ Sextus Petronius Probus, *Anicianae domus culmen,* der viermal Reichspräfekt war und zu den mächtigsten Männern seiner Zeit gehörte. 371 war er Konsul. Er baute der *gens Anicia* einen Marmorpalast in Rom und das *Templum Probi,* ein Mausoleum an der Westseite von Sankt Peter. Die Anicier waren im 5. Jahrhundert mit dem Kaiserhaus verschwägert und brachten in Olybrius 472 selbst einen, wenn auch nur kurzlebigen Kaiser auf den Thron. Seine Tochter Anicia Juliana, die Enkelin Valentinians III, erbaute die Polyeuktos-Kirche, das damals prächtigste Gotteshaus in Konstantinopel. Außerdem stellten die Anicier mehrere Konsuln und Stadtpräfekten sowie zwei Päpste, Felix III und dessen Urenkel Gregor den Großen. Neben den Aniciern glänzten die Symmachi, Nicomachi, Decii, Petronii, Valerii, Ceionii und Lampadii.

In den Westprovinzen des Imperiums spielt der senatorische Adel auch noch unter germanischer Herrschaft eine Rolle. In Africa, Spanien und Gallien verkörperte er die Romanitas. Männer wie Ausonius, Rutilius und Sidonius vertraten die kulturelle Tradition in Gallien. Aus diesen Kreisen kamen Bischöfe wie Gregor von Tours, Venantius Fortunatus und Avitus von Vienne. Sie überlieferten, was an Bildungsgütern noch übrig war, ins romanische Mittelalter (s. III 5).

Während der Senat von Byzanz fortbestand, ja sogar eine gewisse politische Bedeutung gewann (s. III 4 b), verkörperte der Senat in Rom unter der Gotenherrschaft nochmals die antike Tradition, ist dann aber im 6. Jahrhundert erloschen. Die letzten bekannten Senatsbeschlüsse von 533 betref-

fen Mißstände bei der Papstwahl. Justinian nennt den Senat noch einmal
in der pragmatischen Sanktion, die er 554 nach der Niederwerfung der
Ostgoten erlassen hat. Nach dem Einbruch der Langobarden hören wir
von einer Gesandtschaft römischer Senatoren, die 579 in Konstantinopel
um Hilfe bat, doch in den Auseinandersetzungen Papst Gregors mit den
Langobarden in den Jahren danach tritt der Senat nicht mehr in Erscheinung. In seiner 593 gehaltenen 18. Predigt sagt Gregor *senatus deest, populus interiit, vacua ardet Roma*. Papst Honorius († 638) verwandelte die leere
Senatscurie in eine Kirche.

b) Die Sklaven

Servitutem mortalitati fere comparamus, heißt es bei Ulpian. Sklaverei
erschien ihm ebenso unerfreulich, ebenso unvermeidlich wie der Tod.
Nach dem *ius naturale* würden zwar alle Menschen gleich und frei geboren,
aber das *ius gentium* unterscheide Freie, Sklaven und Freigelassene. Sklaverei finden wir tatsächlich zu allen Zeiten, bei fast allen Völkern des Altertums, doch war sie nicht immer und überall gleichermaßen wichtig.

Während der späten Republik, als die Kriegsgefangenen aus dem hellenistischen Osten, aus Spanien und Gallien zu Zehntausenden eingebracht wurden, hatte die Zahl der Landsklaven erheblich zugenommen.
Mit Beginn der Kaiserzeit jedoch scheint der Anteil der Sklaven rückläufig.
Die übliche Freilassung geborener Sklaven mit dem dreißigsten Lebensjahr
oder gekaufter Sklaven durch Testament (s. u.) verminderte den Bestand,
und neue Kriegsgefangene kamen während des Kaiserfriedens kaum noch
auf den Markt. Die im 3. Jahrhundert häufigen Bürgerkriege vermehrten
die Sklavenzahlen nicht, weil nach römischem Recht ein Bürger auf Reichsboden nicht gewaltsam versklavt werden konnte und nach vorübergehen-
der Gefangenschaft bei den Barbaren seine Freiheit zurückerhielt, sobald er
wieder römischen Boden betrat (*ius postliminii*). Dies galt auch noch in der
Spätzeit, vorausgesetzt, daß der Betreffende sich den Barbaren nicht freiwillig angeschlossen hatte. War er freigekauft worden, so mußte er den Preis
erstatten oder abarbeiten.

Die Herkunft der Sklaven (*servi, mancipia*, doloi) im spätrömischen
Reich zeigt keine neuen Züge. Ein Teil bestand aus Kindern von Sklavinnen. Im Hause geborene, mithin – so die Annahme – an ihr Schicksal
gewöhnte Sklaven (*vernae*) galten als besonders verläßlich. Die Herren hatten darum ein Interesse an unfreiem Nachwuchs.

Eine zweite Quelle war der Sklavenhandel. Die Händler übernahmen
Sklaven von Herren, die sie loswerden wollten, und kauften Kinder auf.
Diese offenbar nie unterbundene Praxis galt als anstößig und wurde stets
als Zeichen größter Not gewertet. Um sie zu mildern, zahlte der Staat seit
Trajan Erziehungsbeihilfen, *alimenta*. Freigeborene Kinder – so bestimmte

Diocletian – könnten weder verkauft noch verschenkt noch verpfändet werden. Geschähe es trotzdem, so dürften die Eltern das Kind zurückkaufen oder gegen einen anderen Sklaven umtauschen, so befahl Constantin. Wer durch Maxentius seine Freiheit verloren habe, erhalte sie zurück. Theodosius befahl 391, alle in die Sklaverei verkauften Kinder bedingungslos freizulassen, die westgotische *interpretatio* fügt hinzu: nach Ableistung des Dienstes. Was damit gemeint ist, erfahren wir aus Augustin: das verkaufte Kind mußte bis zum 25. Lebensjahr dienen.

Findelkinder konnten als Sklaven behandelt werden, bis Justinian das abschaffte. Trotz der verschärften Todesstrafe, die Constantin auf Kindesentführung gesetzt hatte, belieferten immer wieder Kindesräuber den Sklavenmarkt. In den Hafenstädten wurden Kinder auf die Schiffe gelockt und entführt. Augustin beschwerte sich über die dadurch bewirkte «Entvölkerung» Africas und zitierte ein Gesetz des Honorius, das den umherziehenden galatischen Sklavenhändlern Bleipeitsche und Verbannung androhte und ihre «Ware» zugunsten des Fiskus zu beschlagnahmen befahl. Vermutlich wurden freigeborene Personen dann entlassen und unfreie in den Staatsdienst übernommen. Tribonian nennt zudem den Selbstverkauf von Personen über zwanzig Jahren in die Sklaverei. Einen Fall beschreibt Palladios (HL. 37), der Sklave bekam zwanzig Goldstücke für die Aufgabe seiner Freiheit. Daß der Sklave nicht eigentumsfähig war, wurde in solchen Fällen übersehen.

Ein großer Teil der Sklaven bestand aus gefangenen Barbaren. Nach Tribonian ist die Sklaverei entstanden, als die Feldherren dazu übergingen, die Gefangenen nicht zu töten, sondern zu verkaufen. Julian spricht von den galatischen Sklavenhändlern, die in beträchtlichem Umfange bei den Goten jenseits der Donau Menschen einzukaufen pflegten. Themistios zufolge waren die dortigen Grenzoffiziere im Nebenberuf Sklavenhändler. Offenbar haben die Germanen die in ihren Stammeskriegen gemachten Gefangenen großenteils an die Römer verkauft. Galater als Sklavenhändler kennt auch Claudian. Ammian nennt gefangene Armenier, Augustin Berber.

Gewöhnlich lieferten die Grenztruppen Sklaven aus Illyricum und Africa. Größere Mengen kamen nach dem Sieg Stilichos über Radagais 406 auf den Markt. Damals sank der Sklavenpreis auf ein Goldstück, doch hatte Stilicho zuvor 12000 Gefangene für die Übernahme in die römische Armee ausgesucht. Abgesehen von den seltenen Siegen der Römer ist diese neuartige Verwendung ein Grund dafür, daß der Sklavennachschub stockte. In der Regel wurden Gefangene als Laeten angesiedelt. Die politische Lage verbot eine Massenversklavung von Germanen. 376 schlossen sich viele, zumeist wohl germanische Sklaven den Westgoten an, und nach dem Tode Stilichos liefen angeblich 40000 zu Alarich über, wahrscheinlich vorwiegend Goten des Radagais.

Die Jahre vor 410 beleuchten die Probleme der spätantiken Sklaverei mit besonderer Schärfe. 406 rief Honorius die Sklaven zu den Waffen, er versprach ihnen die Freiheit und zwei Goldstücke pro Kopf. Die Herren wurden anscheinend gar nicht gefragt. Freigeborene, die sich zum Dienst meldeten, sollten zehn Goldstücke erhalten. 408 wurde untersagt, Flüchtlinge aus Illyricum als Sklaven zu behandeln. Die Goten haben damals in größerem Umfang den Grundherren Italiens illyrische Kriegsgefangene römischer Staatsangehörigkeit verkauft. Darum verordnete Honorius, der Herr könnte zwar den Gefangenen seinen Kaufpreis fünf Jahre lang abarbeiten lassen, dann aber sei der wieder frei. Pächter und Verwalter, die gegen diese Bestimmung verstießen, seien, je nach ihrem Personenstand, zu Zwangsarbeit oder Deportation zu verurteilen, Grundherren würden enteignet und ebenfalls deportiert. Bischöfe und Curialen sollten den Zeitsklaven Hilfe leisten; ein Statthalter, der mit den Grundherren paktierte, hatte zehn Pfund Gold, sein Amt die gleiche Strafe zu zahlen.

An Nachrichten über Sklavenpreise fehlt es nicht. Der Diocletianstarif bietet acht Preisklassen. Männer zwischen sechzehn und vierzig Jahren sollten höchstens 30 000 Rechnungsdenare kosten, halb soviel wie ein Kamel. Eine Frau im gleichen Alter wurde bis auf 25 000 geschätzt, ebenso hoch wie ein Mann von vierzig bis sechzig. Eine Frau in diesem Alter kostete 20 000, ein Knabe oder Mädchen von acht bis sechzehn Jahren dasselbe, Männer über sechzig und Knaben unter acht wurden auf 15 000, Frauen und Mädchen entsprechend auf 10 000 taxiert. Ausgebildete Sklaven konnten bis zur doppelten Summe veranschlagt werden. Eunuchen kommen in dieser Liste noch nicht vor.

Ein zweites Schema verdanken wir Justinian, das er im Jahre 530 für Sklaven aufstellte, die mehreren Herren (ursprünglich Soldaten) gemeinsam gehörten. Danach sollte ein *servus sive ancilla* ohne besondere Ausbildung mit zwanzig Goldstücken verrechnet werden. Für Kinder unter zehn Jahren verminderte sich der Wert auf zehn *solidi*. Ausgebildete Sklaven wurden auf dreißig Goldstücke taxiert. Ein gelernter *notarius,* der Kurzschrift schrieb, sollte bis zu fünfzig, ein Arzt bis sechzig *solidi* wert sein, Männer und Frauen ohne Unterschied. Kastrierte Knaben bis zu zehn Jahren kosteten dreißig *solidi*. Ungelernte Eunuchen über zehn Jahren werden mit fünfzig, handwerklich ausgebildete *artifices* mit bis zu siebzig *solidi* angesetzt. Sofern ein Teilhaber den Sklaven freilassen wollte, mußte er den oder die Miteigentümer entsprechend auszahlen. Sie konnten die Freilassung nicht verhindern. Nach Vegetius (mul. pr. 10) war ein Rennpferd teurer als ein Sklave.

Unbeschadet der Rückentwicklung der Sklaverei im allgemeinen, hat die unfreie Arbeit in der Spätantike in bestimmten Bereichen noch beträchtliche Bedeutung besessen. Der größte Sklavenbesitzer war zu allen Zeiten der Kaiser, er beschäftigte sie im Palast, in den staatlichen Textil- und Färbereibetrieben, in Steinbrüchen und Bergwerken, in der Münze, im Postwesen und vor allem auf den Domänen. Die *servi publici* oder *servi fiscales* genossen bestimmte Privilegien. Sie konnten freie Frauen heiraten (s. III 2 c), durften sich in Zünften organisieren und wurden nicht verkauft. In den Städten dienten kommunale Sklaven, die zuständig waren für die Wasserversorgung, die Brotherstellung und ähnliches. Zeno befahl, den *aquarum custodes* das Kaisermonogramm auf die Hände zu stempeln, damit sie nicht zweckwidrig eingesetzt würden. Auch sie durften Freie heiraten.

Zweitgrößter Sklavenhalter war die Kirche mit ihren gewaltigen Liegenschaften, an dritter Stelle stehen die großen senatorischen Haushalte. Nicht nur Senatoren und Curialen, sondern auch Lehrer und Ärzte, Offiziere und Beamte besaßen ihre Leibsklaven. Dasselbe gilt für die Geistlichkeit. Asketen und Eremiten werden gerühmt, wenn sie mit möglichst wenig Sklaven auskamen, der heilige Martin von Tours beschränkte sich gar auf einen einzigen. Libanios (or. 31,11) klagte, seine armen Assistenten besäßen nur zwei oder drei, überdies unverschämte Sklaven.

Große Mengen von Sklaven arbeiteten auf den Gütern der senatorischen Grundbesitzer in Italien und Spanien. Wenn die heilige Melanie auf einer einzigen *massa* in Italien in sechzig Dörfern je 400 *servi agricultores* besessen hat, beliefe sich die Gesamtzahl ihrer Sklaven auf Zehntausende. Im Jahr 408 stellten in Spanien zwei vornehme Männer aus ihren Landsklaven eine Armee auf, mit der sie den Germanen entgegentraten. Dasselbe hatte 399 ein Bürger aus Selge in Kleinasien getan. In diesen Fällen wird allerdings nicht zwischen freien und unfreien Bauern unterschieden. Außerhalb von Italien und Spanien hören wir von größeren Sklavenmengen nichts. In Ägypten ist der Quellenbefund durch die Papyri so gut, daß wir aus dem Mangel an Hinweisen auf das Fehlen von Landsklaven schließen müssen.

Für die Verwendung von Sklaven lassen sich drei Bereiche unterscheiden: Landwirtschaft (*mancipia rustica*), Gewerbe und persönliche Bedienung (*mancipia urbana*). Im Buch über die Landwirtschaft des Palladius (agr. I 6,18) spielen Sklaven keine Rolle, ganz anders als einst in Catos ‹De agri cultura›. Der Gegenbegriff zu *dominus* ist *colonus* (I 6,6). Sklaven dienten nicht nur in niederen Stellungen. Wenn sie das Vertrauen ihrer Herren genossen, konnten sie es als Verwalter (*actores, procuratores*) zu Einfluß und Wohlstand bringen. Ein großer Herr war der unfreie οἰκέτης der Apionen in Ägypten Menas, der in 37 Papyri des 6. Jahrhunderts erwähnt wird. Diocletian befahl, daß Sklaven, die in die Curie eingetreten und zum Aedilen aufgestiegen waren, auf Antrag ihren Herren wieder übereignet und bestraft werden sollten.

Die Rechtslage der Sklaven hat sich in der Spätantike nicht grundsätzlich gewandelt. Zivilrechtlich galt weiterhin: *servi pro nullis habentur*. Sklaven besaßen gegenüber ihren Herren nicht das *ius negandi*. Sie waren nicht rechtsfähig und verfügten nur über einen geliehenen Besitz (*peculium*), der indessen als hinreichend sicher angesehen wurde, so daß Selbstverkauf in die Sklaverei vorkam (s. o.). Sklaven hatten keine Erben, sie konnten keine rechtsgültige Ehe eingehen, sondern lebten allenfalls in einem *contubernium* oder *consortium* mit einer Sklavin. Die Verbindung mit einer Freien bedrohte deren Status (s. III 2 c). Auf das heimliche Konkubinat zwischen einem Sklaven und seiner Herrin setzte Constantin die verschärfte Todesstrafe. Zum Tode verurteilte Sklaven wurden lebendig verbrannt, den Bestien vorgeworfen oder gekreuzigt.

Sklaven durften «wie Steine» geprügelt werden und wurden auf der Folter verhört. Entlaufene und wieder eingefangene Sklaven erhielten ein F (*fugitivus*) in die Stirn gebrannt. Flohen sie zu den Barbaren, so sollten sie einen Fuß verlieren, zur Bergwerksarbeit abgestellt oder entsprechend scharf bestraft werden, so Constantin. Eine humanere Praxis verraten die in und bei Rom gefundenen bronzenen Halsanhänger mit Aufschriften wie: *fugi, tene me; cum revocaveris me domino meo Zonino, accipis solidum –* «Ich bin entflohen, halte mich! Wenn du mich meinem Herrn Zoninus zurückbringst, erhältst du ein Goldstück.» Manche dieser aus dem 4. und 5. Jahrhundert stammenden Anhänger mögen auch von Hunden getragen worden sein. Wer einen entlaufenen Sklaven versteckte, machte sich strafbar. Er mußte diesen und einen zweiten oder zusätzlich zwanzig Goldstücke zurückgeben. Wenn ein Sklave sich im Auftrage seines Herrn als Freier ausgab und Lohnarbeit annahm, wurde er auf der Folter verhört und dann dem Staat übereignet.

Daneben finden sich indes auch Schutzbestimmungen. Wurde ein Sklave mißhandelt, so konnte er das Asyl einer Kaiserstatue (s. III 1 a) oder der Kirche in Anspruch nehmen. Erschien er dort ohne Waffen, sollte sein Herr am folgenden Tage benachrichtigt werden und nach gewährter Verzeihung den Entlaufenen wieder mitnehmen. Bewaffnete Sklaven dürften jedoch mit Gewalt zurückgeholt werden; kämen sie dabei um, sei das kein Mord.

Insgesamt haben sich Lebensumstände und Rechtsstellung der Sklaven im Laufe der Kaiserzeit etwas verbessert. Die aus der Republik bekannte «Sklavenkaserne» (*ergastulum*) hatte schon Hadrian (SHA. 18) verboten, die Sklaven lebten im allgemeinen in ärmlicher, aber familiärer Häuslichkeit.

Anhänger der stoischen Philanthropie haben sich für eine menschenwürdige Behandlung der Sklaven eingesetzt, so Seneca und der jüngere Plinius. Diese Stimmen halten in der Spätantike an. Macrobius (I 11) legte Praetextatus, dem Kopf des «Symmachus-Kreises», eine Rede zugunsten der Sklaven in den Mund, in der alle philosophischen Argumente und historischen Beispiele dafür, daß man Sklaven als Mitmenschen achten solle, nochmals genannt werden: *servi sunt, immo homines.* In der um 400 entstandenen Komödie ‹Querolus› (III 1) entwirft der verschmitzte Sklave

Pantomalus ein geradezu idyllisches Bild von seinem Leben hinter dem Rücken seines geizigen Herrn. Die spätrömische Gesetzgebung suchte den humanitären Tendenzen der Zeit, den Bedürfnissen des Staates und den Interessen der Sklavenhalter zugleich gerecht zu werden. Dabei kamen letztere etwas zu kurz. Der Kaiser war an einer Vermehrung von Sklaven nicht interessiert, denn sie zahlten keine Steuern und leisteten keinen Wehrdienst. Die Gesetzgebung begünstigte nach dem Prinzip des *favor libertatis* die Freiheit. Constantin untersagte einen Verkauf über die Provinzgrenzen hinweg, weil das die steuerliche Erfassung behinderte. Curialen konnten ihre Sklaven nur mit amtlicher Genehmigung verkaufen. Bei der Teilung privatisierter Domänen durften Sklavenfamilien nicht auseinandergerissen werden. Hadrian (SHA. 18) hatte den Herren verboten, ihre Sklavinnen an Kuppler zu verkaufen und straffällige Sklaven zu töten, sie sollten vor Gericht gebracht werden. 319 wiederholte Constantin dies und führte dabei die üblichen Tötungsarten auf. Der Herr solle sein Recht mit Maßen handhaben, andernfalls sei er des Mordes schuldig. Schuldlos blieb der Herr freilich dann, wenn der Sklave beim Auspeitschen oder in seinen Fesseln verstorben sei, und dieses Züchtigungsrecht wurde 326 nochmals bestätigt. Daß Römer ihre Sklaven nicht einfach töten durften, betont Priscus (fr. 8) gegenüber den Hunnen, Agathias (II 7,2) gegenüber den Herulern, denen das statthaft schien.

Ein großer Teil der Sklaven wurde freigelassen. Dies geschah vor dem kaiserlichen *consilium,* vor Konsuln oder Praetoren, vor dem Statthalter oder dem Stadtrat, vor dem Bischof (s. u.) oder durch Testament. Die Aussicht auf die *manumissio* war das einfachste Mittel, den Sklaven gehorsam zu halten. Freigelassene standen in einem Pietätsverhältnis zu ihren Herren. Constantin verfügte, daß undankbaren Freigelassenen die Freiheit von ihren Herren wieder entzogen werden könne, doch ist davor eine Gerichtsentscheidung anzunehmen. Gegen ihre ehemaligen Herren durften Freigelassene nicht Anklage erheben, ebensowenig gegen deren Erben, und auch diese konnten sie in den Sklavenstand zurückversetzen lassen.

Freigelassene unterlagen Rechtsbeschränkungen. Diocletian, der ursprünglich selbst zu ihnen gehörte, befahl, daß Freigelassene nicht in die Curien aufgenommen werden dürften, sofern sie nicht den goldenen Ring des *ordo equester* trügen. 426 wurde angeordnet, daß Freigelassene nicht in den Staatsdienst eintreten, und ihre Söhne nur bis zum *protector* aufsteigen könnten. Ebenso war der Eintritt in den Klerus bestimmten Einschränkungen unterworfen (s. III 6 c). Erst Justinian hob die Rechtsnachteile der Freigelassenen auf und gab ihnen mit der *civitas Romana* die *simplex libertas*.

Constantin verlieh den Bischöfen das Recht, auf Antrag der Herren Sklaven rechtsgültig freizulassen. Freilassung von Kirchensklaven war nicht vorgesehen. Justinian bestimmte, daß kein Freier seinen Stand verlieren könne; selbst die *ad metalla* Verurteilten seien nicht als Sklaven zu betrachten. Wir kennen Fälle, wo die Sklaven ihre Freilassung selbst ablehnten, weil sie brotlos würden. Die heilige Melanie soll einmal 8000 Sklaven freigelassen haben, doch hätten andere es vorgezogen, bei ihrem Bruder weiterzuarbeiten. Auch Justinian rechnet mit solchen Weigerungen. Sklaven von Klöstern konnten durch die Äbte nicht freigelassen werden, da diese keine Eigentumsrechte besaßen.

Eine Besonderheit der spätantiken Sklaverei ist die Rolle der Eunuchen. Sie gehört zu den orientalischen Zügen der Zeit. Seit Maecenas waren Eunuchen bei der römischen Oberschicht geschätzt. Die unwürdige Verstümmelung Schuldloser und der häufig tödliche Ausgang der Operation – angeblich überlebte sie nur einer von dreißig – bewogen bereits Julius Caesar und dann die Kaiser seit Domitian, die Kastration bei Todesstrafe zu verbieten. Constantin wiederholte dies. Justinian verurteilte hiergegen verstoßende Männer wie Frauen zu lebenslänglicher Zwangsarbeit in den Steinbrüchen Ägyptens und schenkte den Opfern die Freiheit.

All dies änderte freilich nichts an der beliebten Verwendung von importierten Kastraten. Ammian und Hieronymus berichten, daß Eunuchen zum normalen Haushalt senatorischer Familien gehörten. Für die besonders geschätzten indischen Eunuchen mußte, so wie für Gewürze und Edelsteine, Einfuhrzoll entrichtet werden. Kaiser Leo verordnete um 460, daß mit Verschnittenen römischen Ursprungs, ob sie nun innerhalb oder außerhalb des Reiches kastriert worden seien, kein Handel stattfinden dürfte. Eunuchen barbarischen Ursprungs waren hingegen als Handelsgut weiterhin zugelassen. Am kaiserlichen Hofe besaßen sie einflußreiche, bisweilen beherrschende Stellungen (s. III 1 b).

Bedarf an Kastraten gab es in der Nachantike zumal für die Haremswache in den islamischen Ländern. Eine führende Rolle spielten hierbei jüdische Kaufleute, zumal aus Verdun, die im 9. Jahrhundert kastrierte Knaben aus Südrußland ins arabische Spanien exportierten. Noch im frühen 19. Jahrhundert lieferten koptische Mönche von ihnen kastrierte Schwarze zu Hunderten an den Pascha von Ägypten und den Sultan in Istanbul. In Europa benötigte die Barockoper und die päpstliche Kapelle Diskantstimmen, für die noch im 18. Jahrhundert angeblich Tausende von Knaben in Italien beschnitten wurden.

Die Kirchenväter haben sich mit dem Problem auseinandergesetzt, ob das christliche Liebesgebot mit der Sklaverei vereinbar sei, und sind zu einem positiven Resultat gelangt. Waren sie doch selber Sklavenhalter! Das Alte Testament erklärt und rechtfertigt die Sklaverei als Folge der Sünde Hams an Noah. Auch das Neue Testament nimmt die Institution hin. Im Ersten Petrusbrief (2,18 ff) werden die Sklaven bösartiger Herren aufgefordert, ihr Kreuz auf sich zu nehmen; die Herren jedoch sollten ihre Sklaven als Brüder in Christo behandeln. Der Apostel Paulus schrieb in seinem Brief an Philemon, dieser möge seinen geflüchteten Sklaven Onesimos wieder gnädig aufnehmen. Onesimos hatte seinem Herrn Schaden zugefügt – vermutlich Geld gestohlen –, war geflohen, eingefangen worden und hatte im Gefängnis zu Rom Paulus getroffen, der den Sklaven bekehrte und taufte. Philemon sollte Onesimos als Glaubensbruder behandeln, von einer Freilassung ist nicht die Rede. Onesimos ist nach späterer Überlieferung Bischof von Ephesos geworden. Im 3. Jahrhundert finden wir in Calixtus (217–222) einen ehemaligen Sklaven als Bischof von Rom.

Mehrfach kommt Augustin auf die Sklaverei zu sprechen. Ihren Ursprung sieht er im Kriege: *quia (bello) servatus est, servus est appellatus.* Der Sklavendienst sei eine Folge der Schuldhaftigkeit des Menschen, nicht natürlich. Ein christlicher Sklave diene auch einem bösen Herren willig; Christus mache nicht Sklaven zu Freien, sondern schlechte Sklaven zu guten Sklaven. Fordere der Herr Götzendienste, so wähle der Sklave das Martyrium. Ein böser Sklave werde geprügelt, in Fußschellen gelegt, in den Karzer geworfen, zum Mühlendrehen verdammt. Nach der Naturordnung herrschten Männer über Frauen, Eltern über Kinder, Herren über Sklaven: *nec omnia omnibus, sed sicut distribuit iustitia Creatoris.* Augustin meint, die Stellung des *pater familias* entspräche der Naturordnung, und wenn er zur Erhaltung von Zucht und Frieden die Sklaven mit den gesetzlichen Mitteln züchtige, geschehe dies zum Nutzen der Gezüchtigten. Der Herr müsse allerdings gerecht verfahren und dem Sklaven die nötige Seelsorge zuteil werden lassen um seines ewigen Heils willen. Als Mensch verdiene der Sklave die Liebe seines Herrn.

Am entschiedensten für die Beibehaltung der Sklaverei sprach sich Theodoret aus, ähnlich äußerte sich Basilius. Johannes Chrysostomos erklärt die Sklaverei aus der Sünde Hams (s. o.); zuvor habe es keine Unfreien gegeben, denn von Natur seien alle Menschen gleich. Darum seien Sklaven wie Brüder zu behandeln. Gleichwohl stellt der Kirchenvater keine sittlichen Forderungen an sie, überläßt ihnen das schamlose, von Frommen vermiedene Theater und die eines Freien unwürdige Arbeit. Die meisten Menschen besäßen keine Sklaven, den Reichen dienten sie oft als Statussymbol. Gregor von Nyssa mißbilligte in seiner vierten Predigt die Unfreiheit, aber ließ die Sklaverei gelten. Trost bot himmlischer Lohn für irdisches Leid. Freilassung von Kirchensklaven ist nicht belegt.

Sklaven, selbst Freigelassene, wurden in der Spätantike üblicherweise nicht zu Priestern geweiht. 398 und 452 wurde es den Sklaven verboten, Priester zu werden, das Konzil von Chalkedon 451 hat das bestätigt. Damals wurde auch die Aufnahme von Sklaven ins Kloster von der Zustimmung des Herrn abhängig gemacht. Die Gesetze von 452 und 484 wiederholten dies.

Ebensowenig wie die Kirche haben sich die Germanen grundsätzlich gegen die Sklaverei gewandt. Schon Seneca (ep. 47,10) und Tacitus (Germ. 25) erwähnen Unfreie bei den Germanen. Seit dem 3. Jahrhundert haben dann

die massenhaft ins Barbaricum verschleppten Provinzialen einen sklaven-
ähnlichen Rechtsstand besessen. Eine breite Schicht von unfreien Landarbeitern war die Voraussetzung für das Berufskriegertum der Germanen. Bei
den Vandalen und Westgoten gibt es die strafweise Versetzung in den Sklavenstand, die dem römischen Recht als eigenständige Strafe fremd ist. Die
Germanenstaaten auf Reichsboden behielten die Sklaverei bei, auf lange
Sicht setzte sich indes deren rückläufige Tendenz von der römischen in die
germanische Zeit fort. Die meisten Angehörigen der Unterschicht lebten in
einem Zustand der Halbfreiheit, der in die mittelalterliche Hörigkeit hinüberführt.

Das christliche Mittelalter nördlich der Alpen kannte Formen der Unfreiheit, doch war eigentliche Sklaverei eine abnehmende Erscheinung. Skla-
venmärkte gab es im 7. Jahrhundert in Cambrai und in Verdun, Abnehmer
waren spanisch-arabische Käufer. Der Import afrikanischer Sklaven durch
die christliche Seefahrt nach Amerika florierte vom 16. bis ins 19. Jahrhundert. Noch im 20. Jahrhundert gab es schwarze Sklaven in den islamischen
Ländern, und diese wurden nicht zuletzt von christlichen Sklavenhändlern
beliefert. Unser deutsches Wort «Sklave» stammt aus der byzantinischen
Bezeichnung für die heute «Slawen», früher in Deutschland «Wenden»
genannten Völker Osteuropas, Σκλαβηνοί. Sie dienten im Byzantinischen
Reich bis ins 15. Jahrhundert als Sklaven und spielten dort in der Landwirtschaft «eine nicht unbedeutende Rolle».

In der marxistischen Literatur wurde der Sklaverei ein entscheidender
Anteil am Niedergang Roms zugemessen. Die Sklaverei habe die Arbeit
für Freie verächtlich gemacht, habe den technischen Fortschritt behindert
und soziale Spannungen erzeugt, die zu Klassenkämpfen, ja zur «sozialen
Revolution» geführt hätten. Indizien gibt es kaum dafür. Daß unter den
Bagauden und Circumcellionen Sklaven waren, ist wahrscheinlich, doch
sind über ihren Anteil keine Vermutungen zu begründen. Die 377 zu Fritigern und 409 zu Alarich übergelaufenen Sklaven waren wohl überwiegend
germanische Kriegsgefangene. Sonst bleibt Konspiration zwischen Sklaven
und Germanen eher die Ausnahme. Im Gesamtspektrum der Dekadenz-
faktoren kann der Sklaverei nur marginale Bedeutung zugemessen werden,
ihre Höhepunkte fallen mit denen der antiken Kultur zusammen.

c) Frauen und Kinder

«Kurz, Wandrer, ist mein Spruch: halt' an und lies ihn durch./ Es deckt
der schlichte Grabstein eine schöne Frau./ Mit Namen nannten Claudia
die Eltern sie;/ mit eigener Liebe liebte sie den eignen Mann:/ Zwei Söhne
gebar sie; einen ließ auf Erden sie/ zurück, den anderen barg sie in der Erde
Schoß./ Sie war von artiger Rede und von edlem Gang,/ versah ihr Haus
und spann. Ich bin zu Ende, geh!»

Derartige Grabsprüche verkündeten das altrömische Frauenideal: *domum servavit, lanam fecit*. Dieses Muster blieb zu allen Zeiten der römischen Geschichte in Kraft, doch dürfte man es in der Kaiserzeit mehr in den Unterschichten angetroffen haben. In den Oberschichten wurden die altrömischen Traditionen durch hellenistische Einflüsse überlagert. So prangt die aus senatorischem Geschlecht stammende Fabia Aconia Paulina, die Gemahlin des Vettius Agorius Praetextatus (s. III 2 a), nicht nur mit ihren weiblichen Tugenden – sie liebte ihren Mann mehr als sich selbst, lebte rein an Körper und Geist, hilfreich für alle, namentlich als Mutter, Schwester und Tochter für ihre Familie –, sondern auch als Frau der Öffentlichkeit mit ihren zahlreichen Ämtern und Würden als Priesterin verschiedener heidnischer Kulte. In städtischen Zivilisationen, in denen Friede und Reichtum herrschen, treten Frauen gewöhnlich stärker hervor als in bäuerlichen Kriegergesellschaften. So haben sich die bürgerlichen Rechte der Frauen zunächst in den hellenistischen Reichen, dann unter den römischen Kaisern allmählich erweitert, um dann in den Germanenstaaten wieder abzuklingen.

An der Rechtsstellung der Frau hat die Spätantike nichts geändert. Der soziale Rang einer freien Frau bemaß sich bis zu ihrer Hochzeit an dem ihres Vaters, danach an dem ihres Mannes. So wie dieser gehörte sie zum Plebejerstande, zum Curialenstande oder zum Senatorenstande. Heiratete sie in zweiter Ehe einen ranghöheren oder rangtieferen Mann, so glich sich ihre Position der seinen an. Tugendhafte Senatorenfrauen trugen einen Schleier. Die schon im Hellenismus angebahnte Selbständigkeit der Frauen wird für Antiochia im 4. Jh. bezeugt.

In der Politik hatten Frauen offiziell nichts zu sagen. So wie sie keine militärischen Pflichten besaßen, hatten sie auch keine staatlichen Rechte. Staatliche Ämter und Würden blieben ihnen verschlossen. Selbst die Mütter, Schwestern und Gattinnen der Kaiser – jeweils *nobilissima femina* tituliert – konnten nur durch ihren persönlichen – mitunter indes beträchtlichen – Einfluß wirken, niemals im eigenen Namen regieren. Der Titel *Augusta*, den ihnen die Kaiser verleihen konnten (s. III 1a), brachte keine politischen Rechte.

Zivilrechtlich war die Frau dem Manne gleichgestellt. Jungen und Mädchen erbten zu gleichen Teilen. 535 dehnte Justinian dies auf das römische Armenien aus, wo die Töchter bis dahin von der Erbfolge ausgeschlossen waren. Frauen besaßen und verwalteten ihr Eigentum selbständig, wie zumal aus ihren vielfach überlieferten Schenkungen an die Kirche hervorgeht; sie konnten Berufe ausüben und Geschäfte führen. Vor Gericht waren sie zeugnisfähig. Wir besitzen eine große Anzahl von Kaiserreskripten, die sich an rechtsuchende Frauen wenden, insbesondere unter Diocletian.

Der Reichtum vieler Frauen erklärt ihre Rolle in der Kommunalpolitik. Sie wurden zu den Curienpflichten herangezogen, doch nur, wenn sie unverheiratet waren. Im griechischen Osten begegnen Frauen mit munizi-

palen Ehrentiteln, in der Regel als Dank für Stiftungen. Sitz und Stimme
in der Curie hatten sie vermutlich nicht. Als Inhaberinnen von Dienstgütern hafteten sie, so für die Pflichten der Reeder. Frauen in Kollegien finden sich von der Zeit Diocletians bis ins späte 5. Jahrhundert. In dauernder
Jungfräulichkeit lebende Frauen und bejahrte Witwen waren von der Kopfsteuer befreit.

Nach der laxen Praxis der älteren Zeit wurde das Eherecht verschärft.
Das war nicht christlich motiviert, sondern entsprach dem Zeitgeist. Vielleicht spielt die ländliche Herkunft der Kaiser eine Rolle, deren Abneigung
gegen die Sittenlosigkeit der Großstadt mitunter greifbar ist. Schon 295
forderte Diocletian unbedingte Treue und strenge Ordnung in der Ehe,
um dem Gemeinwesen den Zorn der Götter zu ersparen. Die Ehe war
grundsätzlich monogam. Wer dagegen verstieß, verfiel der Infamie. Daß
es gleichwohl Polygamie gab, bezeugen die Kirchenväter und die Inschriften. Die Ehe wurde in höheren Kreisen vielfach aus politischen und ökonomischen Gründen geschlossen, dennoch konnte – anders als im frühen
Rom und bei den Barbaren – keine Frau zu einer Ehe gezwungen werden.
409 entkräftete Honorius alle «erschlichenen» Gesetze, die Frauen unter
bestimmten Vorwänden zur Ehe nötigten, und bedrohte die Kläger mit
schweren Strafen. Einseitige Auflösung der Verlobung stellte Constantin
unter Strafe. Häufig heirateten die Mädchen unmittelbar nach der Pubertät. Die von den Germanen bekannte Raubehe wurde von Constantin mit
brutalen Strafen bedroht. Das Konzil von Chalkedon 451 ahndete Frauen-
raub bei Priestern mit Degradierung, bei Laien mit dem Anathema.

Die altrömische *manus*-Ehe, bei der die Frau der *patria potestas* ihres Gatten unterworfen blieb, war im Laufe der Kaiserzeit zugunsten einer zivil-
rechtlichen Gleichstellung verschwunden. Bei der Hochzeit (*nuptiae*)
übereignete die Frau dem Manne eine Mitgift (*dos*), die sie für den Witwen-
stand oder die schuldlose Scheidung wirtschaftlich sicherte. Vielfach erhielt
sie vor der Hochzeit eine Schenkung durch ihren Bräutigam (*donatio propter
nuptias*), die sie ihm dann als Mitgift überreichte. Entfiel beides, so bekam
sie bei der Verwitwung oder schuldlosen Scheidung ein Viertel des Vermögen ihres Mannes bis zur Sättigungsgrenze von 100 Pfund Gold.

Die Frau behielt nach der Hochzeit ihren Namen und ihr Vermögen.
Grundsätzlich war die Heirat ein weltlicher Rechtsakt, bei dem der Ehe-
vertrag (*tabula matrimonialis*) verlesen wurde. Er gestattete dem Mann, die
Frau zu schlagen, wenn sie sich ihm widersetzte. In Einzelfällen hören wir
auch von der Einsegnung Neuvermählter durch den Bischof. Augustin hat
dies abgelehnt, um bei einem Scheitern der Ehe nicht als der Schuldige
zu erscheinen. Eheverträge unter Altgläubigen unterzeichnete mitunter ein
Isispriester. Auch für Heiden besaß die Ehe eine sakrale Weihe: *fides caelo
sata*. Die Stiftung der Ehe durch eine staatliche Behörde begegnet zuerst im
ostgotischen Italien.

Das spätrömische Recht kennt eine Reihe von Ehehindernissen. Constantin verfügte 336, daß *clarissimi* und *perfectissimi* sowie die höchsten munizipalen Würdenträger keine «unehrlichen» Frauen heiraten dürften. Genannt werden Sklavinnen und deren Töchter, Freigelassene und deren Töchter, Schauspielerinnen und deren Töchter, Schankmädchen, Töchter von Schankwirten, Kupplern, Gladiatoren, Verkäuferinnen und freigeborene Dirnen. Constantin fügte noch hinzu, daß niedrige und verächtliche Frauen (*humiles abiectaeque personae*) eingeschlossen seien, doch interpretierte Marcian 454 dies so, daß arme Mädchen aus unbescholtener freier Familie durchaus von einem Senator geheiratet werden dürften. Erst Justin I hat dies auf Schauspielerinnen ausgedehnt, die ihrer *inhonesta professio* entsagen, damit Justinian Theodora ehelichen konnte. Constantin bestimmte zudem, daß eine Frau, die sich heimlich mit ihrem Sklaven einließ, zu köpfen sei, dem Sklaven drohte der Feuertod. Kinder aus solchen Verbindungen seien zwar frei, aber nicht erbberechtigt. Auf den Scheiterhaufen kam weiterhin der Entführer nebst seinem Mädchen, auf dessen Aussage vor Gericht nichts zu geben sei wegen der «altbekannten Oberflächlichkeit und Unbeständigkeit der Weiber». Habe eine Sklavin bei der Entführung geholfen, sei ihr der Mund mit flüssigem Blei zu verschließen. Die Eltern seien zu respektieren.

Verboten war weiterhin die Ehe unter nahen Verwandten (*incestus*), hier wurden die Bestimmungen schon 295 durch die Tetrarchen verschärft. Nach römischem wie nach biblischem Religionsrecht galt das als Blutschande. Valentinian untersagte Mischehen zwischen Römern und reichsfremden Barbaren, doch kennen wir bemerkenswerte Verbindungen mit reichsangehörigen Germanen. Religiöse Hinderungsgründe wurden nicht vom Staat, wohl aber von der Kirche vorgebracht. Ambrosius warnte vor Ehen mit Heiden. Theodosius untersagte 388 die Ehe mit Juden. Umgekehrt lehnten gesetzestreue Juden die Heirat mit Christen ab. Die augusteischen Benachteiligungen Ehe- und Kinderloser hob Constantin auf.

Ehescheidung (*divortium*) war in der Kaiserzeit einfach und häufig, einseitige Erklärung (*repudium*) genügte. In christlicher Zeit wurde die Scheidung mit Rücksicht auf die Kinder erschwert. Die ‹Apostolischen Konstitutionen› (VIII 42,48) ahndeten Scheidung mit Exkommunikation. Seit 331 konnte die Frau Trennung und Mitgift fordern, wenn der Mann ein Mörder, Giftmischer oder Grabräuber war, aber nicht, wenn er trank, würfelte oder hurte. Bei unbegründetem Scheidungsbegehren drohte ihr Verlust der Mitgift und Verbannung auf eine Insel. Der Mann konnte seine Frau wegen Ehebruchs, Giftmischerei oder Kuppelei verstoßen. Anderenfalls mußte er der Entlassenen ihre Mitgift herausgeben. Falls er eine andere nahm, durfte sich die grundlos Verstoßene deren Mitgift aneignen. Die Herausgabe der Mitgift forderte auch das ‹Syrisch-römische Rechtsbuch›, falls ein Mann seine Frau verstieß, weil sie vom Teufel besessen sei. Aber konnte er nicht den Exorzisten holen? Der Frau wird ein gleiches Recht nicht eingeräumt, obschon nach der Bibel auch Männer dämonisiert sein können.

Die Scheidungsgründe wurden mehrfach ergänzt und abgeändert. Hinzu kamen Kirchenraub, Betrug, Hehlerei, Mordversuch am Partner, Hoch- und Landesverrat. Als Scheidungsgrund galt weiterhin, wenn der Mann die Frau anderen verkuppeln wollte oder so verprügelt hatte, wie es einer Frei- gebornen unwürdig war, d. h. mit der Peitsche, oder wenn die Frau gegen ihn die Hand erhoben hatte. Die Frau konnte geltend machen, daß ihr Mann impotent sei oder Huren ins Haus hole; der Mann konnte anführen, daß die Frau eine Abtreibung vorgenommen habe, daß sie ohne sein Ein- verständnis fremde Männer besuche, auswärts übernachte (es sei denn bei ihren Eltern) oder gegen seinen Willen ins Männerbad, ins Theater oder in den Zirkus gehe. Der schuldige Teil mußte bis zur Wiederverheiratung fünf Jahre warten, der unschuldige eines. Letzteres wurde 497 ebenso für einver- nehmliche Trennung verfügt. Scheidung blieb immer möglich (*quidquid ligatur, solubile est*), doch bestimmte Justinian 556, daß grundlos Schei- dung Begehrende strafweise in Klöster einzuweisen seien. Für die Schei- dung gab es neben dem Reichsrecht auch örtliche Regelungen. Aus Edessa hören wir, daß eine Frau ihre Ehe annullieren konnte, wenn der Mann sie sieben Jahre ohne oder fünfzehn Jahre mit Unterhalt allein gelassen hatte.

Ehebruch war im Principat ein Kavaliersdelikt. Seneca, Martial und Juvenal bezeugen, daß derlei in den städtischen Oberschichten gang und gäbe war. Als Cassius Dio im Jahre 211 Suffektkonsul war, lagen in Rom 3000 Anzeigen wegen Ehebruchs vor. Daraufhin beschloß er, das Delikt zu ignorieren. In der Spätantike wurden die Sitten wieder strenger, selbst die Stadt Rom bekam das zu spüren (s. II 6). Auf *adulterium,* d. h. Ehe- bruch mit verheirateten Frauen, stand im 3. Jahrhundert für beide Teile die Todesstrafe. Angesichts dessen erübrigte sich eigentlich die Bestimmung, daß Ehebruch der Frau für den Mann ein Scheidungsgrund war, von 449 bis 542 auch umgekehrt. Dies kann vermögensrechtliche Gründe gehabt haben. Das Recht zur Anzeige war auf bestimmte Personen beschränkt. Wie Hochverräter, Giftmischer, Zauberer und Vatermörder waren Ehebre- cher von der (Oster-) Amnestie ausgeschlossen. Dies verfügte Constantin bereits 322. Die drakonischen Gesetze gegen Sexualdelikte blieben nicht nur Papier, wie uns Ausonius, Ammian und Hieronymus beweisen. Liba- nios berichtet von Zwangskastration für Ehebrecher. Justinian urteilte mil- der. Er verordnete für Ehebrecherinnen Prügel und zwei Jahre Klosterhaft. Danach könne der Mann sie wieder aufnehmen. Anderenfalls würde sie geschoren und bliebe lebenslänglich im Kloster.

Die vollgültige Ehe (*iustum matrimonium*) war nicht die einzige Form der Lebensgemeinschaft. Weit verbreitet war das Konkubinat, bei dem die Kinder der Frau gehörten. Das Konkubinat war eine *legitima coniunctio* und grundsätzlich monogam. Constantin erneuerte das Verbot für Ehe-

männer, neben der Ehefrau eine Konkubine zu halten. In der Regel handelt
es sich um ein Verhältnis zwischen Partnern verschiedenen Standes. Die
Frau wollte ihre senatorische oder vollfreie Würde nicht verlieren, wenn
sie einen tieferstehenden Mann förmlich heiratete, oder aber der ranghö-
here Mann scheute die Bindung an eine Freigelassene. Dennoch war letzteres rechtens.

Sklavinnen standen den Gelüsten ihres Herrn zur Verfügung, sie waren
billiger als Ehefrauen. Salvian (GD. IV 26 ff) spricht von «Scharen» unfreier
Konkubinen einzelner Reicher. Constantin erklärte die Verbindung einer
Standesperson mit einer Sklavin für unschicklich, aber statthaft. Versuchte
jedoch ein Curiale durch das Konkubinat mit der Sklavin eines Mächtigen in dessen Schutz zu fliehen und sich seinen Curienpflichten zu entziehen, so sollte er auf eine Insel verbannt, die Sklavin gar zu Bergwerksarbeit
verurteilt werden. Schwere Vermögensstrafen drohten dem Herrn, der das
zuließ.

Die Kirche hat das Konkubinat geduldet. Augustinus lebte als Rhetor mit einer Konkubine, der Mutter eines gemeinsamen Sohnes, die er
nach dreizehn Jahren gnadenlos verstieß, als er von seiner Mutter bedrängt
wurde, ein Mädchen von Stande zu heiraten. Er nahm diese dann doch
nicht und holte sich eine neue Beischläferin. Paulinus von Nola (Euch.
166 ff) erzählt aus seiner Jugend, daß er sich mit den häuslichen Sklavinnen vergnügt habe. Einmal hätte er erfahren, daß ihm ein Sohn geboren sei. Libanios lebte mit einer (ehemaligen?) Sklavin zusammen und
hatte einen Sohn von ihr, dem er Liegenschaften vererben wollte, doch
war das mit Schwierigkeiten verbunden, weil uneheliche Kinder nur von
der Mutter erbten. Kinder von freien Männern und Sklavinnen folgten
dem Stande der Mutter und konnten von ihren Vätern nicht einmal nach
Belieben beschenkt werden.

Die Ehe zwischen einer Freien und einem Sklaven war ebenfalls nicht
möglich, eine solche Verbindung (*concubinatus* oder *contubernium*) machte
sie nach einem *Senatus Consultum Claudianum* zur Mitsklavin, doch nur,
sofern der Herr des Sklaven sie zuvor dreimal vergeblich abgemahnt hatte.
Die Regel der dreimaligen Anzeige wurde anscheinend mißachtet, von
Julian jedoch wiederhergestellt. Hatte eine Frau so ihre Freiheit verloren,
gewann sie diese nach der Trennung von dem Sklaven nicht zurück, ihre
Kinder wurden Sklaven. Erst Justinian verordnete, daß die Kinder einer
freien Frau mit einem Sklaven frei seien, so wie wenn der Vater unbekannt war. Ebenso bestimmte er, daß eine freie Frau ihren Status durch
den Umgang mit einem Sklaven nicht verliere, während umgekehrt auch
die Sklaven in ihrem Stande blieben und sich auf diesem Wege die Freiheit
nicht erschleichen könnten. Constantin hatte freien Frauen eine Ehe mit
Staatssklaven gestattet, unbeschadet ihrer Freiheit; die Kinder sollten ein
vermindertes Bürgerrecht erhalten.

Prostitution wurde in Rom von Moralisten als anstößig empfunden. Gleichwohl war der Umgang mit Kurtisanen bei der Nobilität gesellschaftsfähig. Bordellbesitzer durften ihre unfreien Huren nicht mehr zur Unzucht zwingen, wenn sie ein christliches Keuschheitsgelübde abgelegt hatten. Sie konnten nur an die Kirche verkauft werden. 428 wurde zudem den Hurenwirten verboten, ihre Töchter und Sklavinnen gegen deren Willen zu vermieten. Wer das tue, sei mit Zwangsarbeit zu bestrafen, die bedrohten Frauen sollten sich an die Bischöfe wenden. Constantin stellte den zügellosen und liederlichen Geschlechtsverkehr unter Strafe und unterwarf die Huren der Gewerbesteuer, sie mußten das Chrysargyron bezahlen. 439 bewog der ausgeschiedene PPO Florentius den Kaiser Theodosius II, die – überwiegend mit Sklavinnen betriebenen – Bordelle zu schließen, indem er durch eine großzügige Landstiftung dem Staat die dadurch entfallenden Steuereinnahmen ersetzte. Endgültig wurde die Steuerbefreiung jedoch erst durch Anastasius durchgeführt. Bei Diocletian beschwerte sich ein Mann, der mit den Reizen seiner Frau Geschäfte machte, darüber daß ein Kunde den vereinbarten Preis verweigere. Der Kaiser antwortete, der Mann solle sich schämen. Im Jahre 556 wurde Beihilfe zum Ehebruch mit der Todesstrafe bedroht.

Justinian beklagte, daß Mädchenhändler die Provinzen auskämmten und die Unglücklichen dann in ihren Freudenhäusern gefangen hielten. Er verbot das Bordellwesen in der Hauptstadt überhaupt und verwandelte einen Palast auf der asiatischen Seite des Bosporus in ein Heim für gefallene Frauen, das gut ausgestattet wurde. Theodora ließ über 500 Huren einweisen, doch behagte einigen von ihnen das mönchische Leben so wenig, daß sie sich aus dem Fenster stürzten. Ein besonderes Ärgernis für die christlichen Kaiser war die heidnische Sakralprostitution. Constantin ließ den Aphroditetempel von Aphaka auf dem Libanon zerstören, wegen der dortigen «lasterhaften Ausschweifungen». Die Hierodulen von Heliopolis (Baalbek) werden jedoch noch von Junior um 360 für ihre Schönheit gepriesen.

Homosexualität unter Männern war seit Augustus verboten. Dennoch hat Juvenal Knabenliebe gepriesen, haben mehrere Kaiser bis Hadrian sie praktiziert. Unter den Severern wurde sie wiederum geahndet, und in der Spätantike verschärfte sich die Strafe. Wer sich als Frau mißbrauchen lasse, solle geköpft (342) oder öffentlich verbrannt (390) werden. Trotzdem ist die Anthologia Graeca (XII) voll von Gedichten auf schöne Knaben. Im christlichen Antiochia war nach dem Zeugnis Julians (359 D; 365 A) Knabenliebe verbreitet. Anscheinend wurde Libanios wegen anstößigen Verhaltens gegenüber seinen Schülern erst aus Konstantinopel, dann aus Nikomedien verwiesen. Er selbst beteuert indes seine Unschuld. Päderastie war insbesondere mit dem Theaterwesen verbunden. Der bekannteste Fall ist der jenes Wagenlenkers in Thessalonike, dessen Verhaftung 390 zu einem Aufstand geführt hat, worauf Theodosius das von Ambrosius dann getadelte Massaker anrichten ließ. Justinian ließ Päderasten strafweise kastrieren.

Als beinahe ebenso unanständig wie die Prostitution erschien das Schaugeschäft. Frauen, die sich – nicht selten unbekleidet – auf der Bühne zeigten, galten als unehrlich; häufig war die Schauspielerei mit gewerblicher Unzucht verbunden. Solche Frauen durften sich nur im Angesicht des Todes taufen lassen. Kamen sie dennoch lebend davon, mußten sie ihren Beruf aufgeben. Waren ihre Töchter anständige Mädchen, so dürfe man sie nicht zum Geschäft zwingen, denn dies sei nur bei liederlichen statthaft. Schauspielerinnen konnten sich durch christliches Gelübde aus ihrer Zunft lösen; wurden sie rückfällig, so sollten sie in der Branche bleiben, bis sie durch Alter und Häßlichkeit zur Tugend gezwungen würden. Theodosius verbot, Sklavinnen, die als Leierspielerinnen zu Gelagen vermietet wurden, auszubilden und zu verhandeln. 393 unterband der Kaiser das allzu auffällige Erscheinungsbild von Schauspielerinnen auf der Straße und begrenzte den Schmuck und den Kleiderluxus dieser Frauen. Der Erlaß war anscheinend so erfolgreich, daß der Kaiser im folgenden Jahr bestimmte, Frauen von der Bühne und «von's Gewerbe» dürften nicht im Habitus von Nonnen erscheinen. Auch Ammian moniert theatralische Gewänder und künstliche Locken sowie die Sitte reicher Römerinnen, sich in ihren Sänften spazieren tragen zu lassen. Er berichtet, daß ein Henker, der eine Ehebrecherin vor ihrer Hinrichtung öffentlich entblößt hatte, lebendig verbrannt wurde.

Gegen die sittenstrenge Tendenz der Gesetzgebung wandten sich einzelne Städte, und so schrieb Honorius 413 an den *tribunus voluptatum* von Karthago, die Schauspielerinnen, die durch verschiedene Gesetze von ihrem Gewerbe entbunden worden wären, seien zurückzuholen, damit den städtischen Festlichkeiten die Augenlust nicht fehle. Aus diesem Grunde war es auch verboten, städtische Schauspielerinnen zum Privatvergnügen abzuwerben.

Die Forderung nach Sittsamkeit stand dem Schulbesuch der Mädchen entgegen, den Ovid (trist. II 369 f) und Martial (VIII 3,16) bezeugen. Gleichwohl war die ideale Gattin für Augustin (sol. I 17) nicht nur schön, keusch und fügsam, sondern auch literarisch gebildet. Julians Mutter Basilina hatte mit ihrem Lehrer Mardonios Homer und Hesiod studiert. Der Pädagoge der Kaiserin Eudoxia war ein Kleriker. Maria, die Tochter Stilichos, las, so Claudian (X 232 ff), Homer, Orpheus und Sappho. Lactanz (inst. VI 3) wirft den Heiden vor, sie unterrichteten nur Knaben und Jünglinge. Die christliche, allerdings anders ausgerichtete Unterweisung erreiche dagegen jedes Geschlecht, jedes Alter. Gelehrte Frauen gab es gleichwohl ebenso in heidnischen Familien. Die Begüterten hielten vermutlich Hauslehrer für ihre Töchter.

Aus dem griechischen Osten kennen wir eine Reihe von Dichterinnen und Philosophinnen. Unter ihnen ragen hervor Hypatia, die in Alexandria den philosophisch-naturwissenschaftlichen Lehrstuhl ihres Vaters Theon übernommen hatte und 415 vom christlichen Pöbel ermordet wurde (s. II 9), weiterhin Athenais/Eudokia, Tochter des Athener Philosophen

Leontios, die Gemahlin von Theodosius II. Sie schrieb Gedichte über historische und biblische Themen. Unter den heidnischen Philosophinnen des 4. Jahrhunderts war Sosipatra berühmt, die einen Lehrstuhl in Pergamon innehatte, unter denen des 5. Jahrhunderts lassen sich noch Asklepigeneia nennen, die Lehrerin des Proklos; die Wolkenprophetin Anthusa, die den Heermeister Ardabur junior zum Manne hatte; Aidesia, die Frau des Hermeias, und Theodora, der Damaskios, das letzte Schulhaupt der Akademie, seine Lebensbeschreibung des Isidoros widmete. Sie gehören alle in den Umkreis der Neuplatoniker von Alexandria und Athen. Im Westen begegnen intellektuelle Frauen ebenfalls. In Bordeaux glänzte Eunomia, die Tochter des Rhetors Nazarius, als Rednerin und Autorin. Die römische Dame Faltonia Vetitia Proba verfaßte ein Epos auf die Schlacht bei Mursa 351 und ein Lobgedicht auf Christus, das nur aus umgestellten Vergilversen bestand. Anicia Juliana, die Tochter des Kaisers Olybrius, ließ sich die ‹Materia Medica› des Dioskurides abschreiben. Mehrfach werden in der Heilkunst bewanderte Frauen (*medicae*) erwähnt.

Das Frauenideal des spätrömischen Christentums stellte die Tugenden der Nächstenliebe, der Frömmigkeit und der Entsagung in den Vordergrund. Die Kirchenväter haben an der bestehenden Sozialordnung nicht gerüttelt. Augustinus erklärte, nach dem Gesetz der Natur herrschten die Männer über die Frauen, die Eltern über die Kinder, die Herren über die Sklaven (s. III 2 b). Bereits Paulus (Eph. 5,22 ff) hatte die Unterordnung der Frau verfügt.

Als Tugendmuster schildert Gregor von Nyssa (V Macr.) seine Schwester Macrina, Gregor von Nazianz (or. 8) seine Schwester Gorgonia. Sie war – wenn's stimmt – häuslich und fleißig, gastfrei und freigiebig, eine gute Ehefrau, Mutter und Großmutter. Sie verzichtete auf Schmuck und Körperpflege, verschleierte sich, übte sich in Schweigen und Fasten, in Psalmodieren und Niederknien. Sie schlief auf dem blanken Boden oder durchwachte die Nächte stehend im Freien bei Wind und Wetter, sie lachte nicht, weinte viel – denn wer im Diesseits lacht, wird im Jenseits weinen und umgekehrt – und ersehnte den Tod. Arnobius der Jüngere ermahnte die Senatorin Gregoria, die Launen ihres Gatten in christlicher Demut zu ertragen. Das entspreche dem Willen Gottes und öffne ihr den Himmel. Theodoret pries Aelia Flaccilla, die Gemahlin von Theodosius I. Die Kaiserin habe sich persönlich um die Kranken und Gebrechlichen gekümmert, habe sie mit eigener Hand gepflegt und verköstigt und ihren Mann ständig zur Demut ermahnt. Eine Christin verunstalte auch nicht ihr Gesicht, das Bild Gottes, durch Schminke und kleide sich nicht in bunte, goldbestickte Gewänder. Im Jahre 390 verbot Theodosius Frauen, die sich gegen göttliches und menschliches Gebot nach Männerart die Haare abschnitten, die Teilnahme am Gottesdienst. Huren trugen kurze Haare.

Viele alleinstehende Frauen hielten sich zur Kirche, zumal die begüterten. Die berühmtesten Stifterinnen waren die heilige Paula, Anicia Faltonia Proba und die ältere und die jüngere Melanie. Reiche Senatorinnen spielen in der Korrespondenz der Kirchenväter, namentlich bei Hieronymus, eine bedeutende Rolle. Zeitkritische Beobachter überliefern, wie die römischen Päpste und byzantinischen Patriarchen sich um das Erbe reicher Witwen bemüht haben. Hieronymus und Salvian haben Spenderinnen das Himmelreich in Aussicht gestellt. Die Erbschleicherei der Geistlichkeit veranlaßte Valentinian 370 zu einem Schreiben an Papst Damasus, in dem Priestern verboten wurde, die Häuser von Witwen und Waisen zu betreten. Es wurde von den Kanzeln verlesen. Die damals beschränkte Testierfreiheit zugunsten des Klerus hat Marcian 455 aufgehoben, nachdem sie zuvor durch Fideikommiß unterlaufen wurde.

Dauerthema der christlichen Literatur war der Kampf gegen die Liebeslust. Kultische Keuschheit gab es in vielen Religionen, zumeist jedoch beschränkt auf bestimmte Festzeiten wie das Eichenfest von Mamre oder auf besondere Personengruppen wie die Vestalinnen und die Kybelepriester, die *Galli*, die sich selbst entmannten. Bei Matthäus (19,12) spricht Jesus von Juden, die sich «um des Himmelreiches willen» verschnitten hätten, und bemerkt: «Verstehe es, wer's kann!» In den Paulus-Sentenzen wird mit Todesstrafe bedroht, wer einen anderen kastriert, weil dieser seinen Sexualtrieb loswerden will. Ärzten war diese Operation nur mit der Genehmigung des Statthalters erlaubt. Selbstkastration in asketischer Absicht vollzog der Kirchenvater Origenes. Auf dem Konzil von Nicaea wurde untersagt, Männern, die sich verschnitten hätten, die Weihen zu erteilen. Die Apostolischen Konstitutionen (VIII 47,22) wiederholten dies um 400, Laien wurden dafür mit dreijähriger Exkommunikation bestraft. Johannes Chrysostomos wetterte in seiner 62. Matthäuspredigt (3) dagegen, aber noch Hieronymus und Palladius berichten Fälle von Selbstentmannung.

In der frühen Orthodoxie galt Virginität schlechthin als gottgefällig. Jesus war selbst unverheiratet, aber verteidigte die Ehe als gottgewollt, ja er rettete die Ehebrecherin vor der Steinigung. Erst Paulus verabscheute jeden Geschlechtsverkehr und gestattete ihn widerwillig im Hinblick auf die «Brunst». Zu den asketischen Vorübungen auf das Reich Gottes zählte stets die Enthaltsamkeit. Unverheiratete sollten es bleiben, Verheiratete in den Stand der Josephsehe treten. War diese eine solche? Maria hatte mehrere Kinder, wurde aber bei den Kirchenvätern zur dreifachen Jungfrau, die weder vor, noch bei, noch nach der Geburt Jesu ihre Virginität eingebüßt habe. Unter den Lateinern predigten Tertullian, Ambrosius und Damasus diese Lehre. Hieronymus pries in seinem 22. Brief an Eustochium das asketische Leben einer Braut Christi. Die Jungfräulichkeit sei ein solch hohes Gut, daß nicht einmal Gott es wiederherstellen könne, sobald es einmal verloren sei. Die Frauen werden in drei Stufen der Heiligkeit eingeteilt, an erster Stelle stehen die Jungfrauen, an zweiter die Witwen, an dritter die Ehefrauen. Letztere seien nur darum zu preisen, weil sie Jungfrauen gebären können, im übrigen wäre ihr Los durch die Beschwerden von Schwangerschaft und Geburt, durch Sorgen um den Mann und das Geld beklagenswert. Eustochium solle wenig essen und keinen Wein trinken, den Umgang mit verheirateten Frauen meiden, möglichst in ihrem Kämmerlein leben und die Nächte durchwachen, weinen und beten. Der Satan dringe durch die Genitalien in die Seele ein. Der Teufel ist ein *amicus fornicationis*.

Unter den griechischen Kirchenvätern erklärten Basilius und Johannes Chrysostomos Keuschheit für heilsnotwendig, die größte Gefahr für den Mann bilde die Nähe einer Frau. Heißt es doch schon bei Jesus Sirach (25, 25): «Alle Bosheit ist harmlos, gemessen an der Bosheit des Weibes.» Natürlich hatten die Männer sich auch vor ihrem eigenen Gelüst in acht zu nehmen. Die Verschämtheit des von Athanasios (VAnt. 60) gefeierten Asketen Antonius ging so weit, daß diesen ein Engel über den Fluß trug, damit der Heilige sich nicht vor sich selbst entblößen mußte. Der Eremit Elias wurde von seinen sexuellen Wünschen befreit, indem ihn drei Engel im Traum kastrierten.

Die zahlreichen Nonnenklöster bezeugen, daß das Ideal der «gottgeweihten Jungfrau» (*monax*) eine beachtliche Breitenwirkung entfaltet hat. Daß die Entsagung nicht immer freiwillig war, lehren die heiratslustigen Nonnen unter Julian. Sein Nachfolger bedrohte deren Freier mit der Todesstrafe. Maiorian verfügte 458 in seiner sechsten Novelle, daß Eltern ihre Töchter nicht bereits als Kinder zu ewiger Jungfräulichkeit verpflichten könnten. Erst mit dem vierzigsten Lebensjahr dürften Frauen den Schleier nehmen. Der Kaiser wollte damit der Willkür der Eltern und dem Nachwuchsmangel entgegenarbeiten. Junge Witwen, die noch Kinder bekommen könnten, sollten innerhalb fünf Jahren wieder heiraten. Danach dürften sie ins Kloster gehen, doch fiele dann die Hälfte ihres Vermögens an den Fiskus. Unter den dreißig Eremiten-Viten Theodorets gibt es auch zwei von Asketinnen, «die vielleicht noch tapferer gekämpft haben» als die Männer. Arme Witwen kamen in den Genuß christlicher Liebestätigkeit.

Obschon die Lehre Jesu seit der Sünderin mit der Salbe gerade von den Frauen mit einer Bereitschaft angenommen wurde, die den Spott der Heiden erregte, konnten Frauen nur untergeordnete Kirchenämter wahrnehmen und hatten nach Paulus im Gottesdienst zu schweigen. Dies entspricht jüdischem Denken, denn bei Griechen, Römern und Germanen standen Priesterinnen in hohem Ansehen. Immerhin kennt das frühe Christentum auch Prophetinnen. Wie schon der ältere Cato haben die Kirchenväter Eitelkeit und Putzsucht der Frauen angeprangert, sie seien eine Gefahr für die Männer, ein Tor zur Hölle. Nach Tertullian war wieder Johannes Chrysostomos ein erklärter Frauenfeind. Unter diesen Voraussetzungen hat sich die freie Stellung der Frau, wie sie im klassischen römischen Recht erreicht war, nicht halten können.

Die klerikale Prüderie hat die Lust an Leib und Liebe in der spätantiken Gesellschaft nicht beseitigen können. Das beweist die erotische Literatur. Die lateinische Liebesdichtung hat in den Versen des Ausonius (IX) auf das Schwabenmädchen Bissula eine Nachblüte erlebt (s. II 6). Sein Hochzeitsgedicht (XVII) beschreibt die Entjungferung (*imminutio*) mit anzüglich zusammengestellten Vergilversen. Die christlichen Dichter benutzten ein durchweg noch heidnisches Milieu. Dies gilt für den Liebesroman ‹Aithiopika› des Heliodor aus Emesa (um 400), für das Dionysos-Epos des Nonnos von Panopolis (um 420) – beide waren (später?) Kleriker – sowie für die Gedichte aus der Zeit um 500 über Hero und Leander von Musaios und über den Raub der schönen Helena von Kolluthos. Die Anthologia Latina enthält ein Gedicht ‹De concubitu Martis et Veneris› und anderes Schlüpfrige. Aristainetos verfaßte fünfzig Briefe von und über Hetären, Paulos Silentiarios († 575) und Agathias († 582) hinterließen erotische Epigramme auf die außereheliche Liebe zu Mädchen und Knaben. Gegen Potenzstörung empfahlen Ärzte wie Theodoros Priskianos (um 380) und Aëtios von Amida (6. Jahrhundert) die Lektüre pornographischer Literatur.

Familiengröße und Kinderzahl scheinen in der Spätantike gleich geblieben zu sein. Die Kinder unterstanden der *patria potestas* des Ehemannes. Die spätrömischen Gesetze über Kinder beschränkten die väterliche Gewalt noch weiter als dies schon im Principat der Fall war. Eltern sollten gemäß Valentinian ihre Kinder maßvoll strafen und größere Untaten Heranwachsender vor Gericht bringen. Die Aussetzung von Kindern wurde 315 durch Constantin verboten und 374 von Valentinian als Kindesmord unter Todesstrafe gestellt. Ausgesetzte Kinder konnten den Zieheltern nicht wieder abgefordert werden, gleichgültig ob sie adoptiert oder als Sklaven betrachtet wurden. Armen Eltern, die ihre Kinder nicht ernähren konnten und in die Sklaverei verkaufen wollten, versprach Constantin eine staatliche Zuwendung. Erwachsenen Kindern, die ihren Eltern übel mitspielten, wurde angedroht, sie in die *patria potestas* zurückzuholen; Mord an den Eltern oder an nahen Verwandten wurde mit der Todesstrafe des Säckens bedroht. Kinder hatten später ihre Eltern zu versorgen. Undankbaren Söhnen konnte die Freiheit entzogen werden.

Die aus der früheren Kaiserzeit bekannten Unsitten beklagte noch Ambrosius (hex. 58): Die Frauen entwöhnten ihre Kinder allzurasch oder weigerten sich – in den höheren Kreisen –, sie selbst zu stillen. Arme Frauen setzten ihre Neugeborenen aus, reiche trieben die Ungeborenen ab, um das Erbe zusammenzuhalten, und nähmen ihren Kindern so das Leben, bevor sie es ihnen gegeben hätten. Auch Ammian kritisiert die Römerinnen, die schon drei Kinder hätten haben können, aber lieber ihre Eitelkeit zur Schau stellen. Reiche Römer ohne Kinder genießen die Schmeicheleien der Erbschleicher – ein Lieblingsthema nicht nur bei Juvenal.

Mehrfach befaßten sich die Kaiser mit den Rechts- und Vermögensverhältnissen von vaterlosen Kindern. Der zu ernennende Vormund mußte zuvor die Zustimmung der Mutter finden, die Erziehung blieb ihr Recht. Ob ein Waisenkind bei der Großmutter oder bei dem Vatersbruder leben darf, sollte von der jeweiligen Zuwendung abhängen. Das Sorgerecht für Kinder geschiedener Eltern konnte vom Gericht dem Vater, der Mutter oder beiden jeweils für einen Teil der Kinder zugesprochen werden. Die deutlich wachsende Zahl von Grabinschriften für Kinder in der Spätantike deutet auf christlichen Einfluß.

Die von Augustus verfügte Benachteiligung von unverheirateten und kinderlosen Männern und Frauen setzte Constantin außer Kraft. Ein Vater von fünf Kindern wurde von persönlichen Steuern befreit, doch sollten die Behörden darauf achten, daß der Betreffende auch wirklich seine eigenen und nicht geborgte Kinder vorführe. Augustus hatte das Recht, Erbschaften anzunehmen, beschränkt auf Eltern, die mindestens drei eheliche Kinder hatten. Das *ius liberorum* wurde 410 abgeschafft.

Über die christliche Kindererziehung hat Johannes Chrysostomos eine Schrift hinterlassen (De inani gloria). Eltern sollen ihren Kindern nicht die Namen ihrer Vorfahren geben, sondern solche aus der Bibel, die als Vorbild dienen können. Man dürfe die Knaben nicht zum Objekt des elterlichen Ehrgeizes machen, der κενοδοξία wird die Gottgefälligkeit gegenübergestellt. Anstelle der Ausbildung in Literatur, Rhetorik und den freien Künsten solle die Reinigung der Seele treten. Ruhm, Reichtum und Einfluß seien vor Gott keine würdigen Lebensziele, die Kinder sollten ihre Affekte beherrschen lernen, sollten wachen, fasten und beten. Zur Abhärtung gehöre der Verzicht auf weiche Kleider, Schmuck, Parfum; lange Haare seien sittenwidrig. An die Stelle von Ammenmärchen sollten moralisch verstandene biblische Geschichten treten. Strenge sei erforderlich, nicht aber dauerndes Prügeln. Belehrung und Belohnung wirkten stärker. Johannes empfiehlt, bei der Auswahl des Lehrers, des Aufsehers (παιδαγωγός) und des Dieners (ἀκόλουθος) – gewöhnlich Sklaven – auf deren Tugend zu achten. Der Knabe solle sich die Füße selber waschen, unwürdig eines Freien sei nur das Kochen (70). Nach der Pubertät sei jeder Kontakt mit Frauen, namentlich im Bade, zu meiden, außer mit der Mutter, nun habe der Bursche die Lehre von den Höllenstrafen zu lernen. Der Besuch des Theaters, wo Frauen sich entblößten und lose Reden führten, sei zu verbieten. Eine frühe Ehe verhindere die Unzucht, da leider das Mönchtum nicht allen zusage. Den Mädchen sei die Putzsucht auszutreiben. Deren Erziehungsideal war für Hieronymus (ep. 107) die Nonne. Mitunter wurden Kinder schon vor der Geburt «Gott geweiht».

Bei den gleichzeitigen Germanen entsprach die Rolle der Frau dem, was in einer patriarchalischen Kriegergesellschaft zu erwarten ist. Die Mutter waltete im Haus. Frauen, Witwen und Töchter von Fürsten besaßen bisweilen großen Einfluß, mochten als Mutter unmündiger Thronfolger, so wie Amalaswintha, auch regieren, doch ging das nicht in eigenem Namen. Zu den aus frühgermanischer Zeit bekannten Seherinnen, wie Veleda, gibt es in christlicher Zeit keine Entsprechung. Allenfalls die verwitwete Gotenfürstin Gaatha wäre zu nennen, die zwischen 383 und 392 die Gebeine von 26 gotischen Märtyrern nach Kyzikos überführte. Hieronymus und Salvian priesen die Keuschheit der Germanen.

Der schon für Josephus (BJ. II 16, 4) und Tacitus (Germ. 19) auffällige Kinderreichtum wird vom Panegyriker (IV 17) für die Franken, von Ammian für die Germanen generell (XXXI 7, 12), namentlich für die Alamannen (XXVII 10, 5) und Burgunder (XXVIII 5, 9), und von Jordanes (Get. IV 25) für die Skandinavier bestätigt. Isidor von Sevilla (etym. XIV 4, 4) leitete den Namen *Germania* von *germen* – Keim ab, wegen der Fruchtbarkeit der Frauen.

Wohlbelegt ist der kriegerische Geist der Germanenfrauen. Daß sie selbst mitgekämpft haben, wird unter Marcus und Aurelian berichtet. Synesios bezeugt es unter Arcadius. Eindrucksvoll bleibt die Nachricht Prokops über die Abwendung der Gotenfrauen von ihren feigen Männern, die sich 540 in Ravenna Belisar ergeben hatten. Politisch brisant wurde ein Fall in Africa: Nach der Wegführung der geschlagenen Vandalen wurden deren Frauen großenteils von der byzantinischen Besatzung übernommen, und als diese sich 535 gegen den Kaiser empörte, sollen die Vandalenfrauen sie dazu aufgewiegelt haben.

Über die germanische Kindererziehung wissen wir wenig. Eine von Prokop (BG. I 2) überlieferte Episode gibt wenigstens ein Stimmungsbild. Nach dem Tode Theoderichs 526 führte seine Tochter Amalaswintha die vormundschaftliche Regierung für ihren achtjährigen Sohn Athalarich. Er erhielt eine römische Schulbildung. Einmal wurde er wegen einer Unart im Frauensaal gezüchtigt und lief weinend zu den Männern. Das bewirkte einen Aufruhr. Die gotischen Adligen erschienen vor der Königin und erklärten ihr, eine Erziehung im Lesen und Schreiben führe zur Duckmäuserei, wer ein Mann werden solle, müsse den Umgang mit der Waffe üben und dürfe nicht den Schlägen eines Schulmeisters ausgesetzt werden. Auch Theoderich hätte die Gotenkinder nicht in die Schule geschickt, er selbst hätte ein großes Reich erobert und erhalten, ohne Grammatik gelernt zu haben.

d) Länder und Völker

Als Romulus die Stadt Rom gegründet hatte, suchte er sie dadurch zu bevölkern, daß er ein Asyl, eine Freistatt eröffnete, wo jeder Ankömmling, Freier wie Sklave, aufgenommen werden sollte. Diese Geschichte aus Vergil (Aen. VIII 342 f) und Livius (I 8,5 f) diente Kirchenvätern wie Augustin (CD. I 34; IV 5) und Orosius (II 4,3) dazu, die ganze römische Geschichte als Folge von Gewalttaten und Räubereien zu erweisen, da ja der historische Kern des Volkes aus entlaufenen Sklaven und Verbrechern bestehe. Umgekehrt war man römischerseits stolz auf diese völkerumfassende Staatsbildung, die teils durch Angliederung fremder Länder, teils durch Aufnahme anderer Völker aus der bewohnten Kulturwelt einen einzigen Verkehrsraum, ein organisches Ganzes gemacht hatte.

Anders als Griechen, Germanen und Juden haben die Römer sich nicht primär als Abstammungsgemeinschaft begriffen, sondern als politischen Verband, in den grundsätzlich jeder Geeignete Aufnahme finden konnte. *Dum nullum fastiditur genus, in quo eniteret virtus, crevit imperium Romanum* – «indem niemand wegen seiner Herkunft abgelehnt wurde, sofern er nur tüchtig war, wuchs das Römische Reich». Berühmte Beispiele für diese offene Politik waren die Übersiedlung der *gens Claudia* von Regillum nach Rom im Jahre 504 v. Chr. und die Verleihung des *ius honorum* an die Gallier durch Kaiser Claudius im Jahre 48. Diese Fälle blieben im Bewußtsein lebendig bis ins 4. Jahrhundert, wenn es darum ging, ob man weitere Völkerschaften ins Reich aufnehmen sollte. Themistios (or. XVI) unterstützte damit die Ansiedlung der Goten. So war das Imperium Romanum zu einem Vielvölkerstaat geworden, in dem jeder Einwohner, wie schon Cicero (leg. II 5) bemerkte, eine mehrfache Identität besaß. Ein jeder war Bürger seiner Stadt und Angehöriger seines Volkes, das sich durch Sitte, Religion und Sprache definierte. Darüber bildete das politische Römertum die Klammer, die alle Völkerschaften im Reich zusammenhielt.

Die Kultursprachen im spätrömischen Reich waren Latein und Griechisch. Die Sprachgrenze folgte ungefähr dem 20. Längengrad. Die Kyrenaika sprach griechisch, die Tripolitana lateinisch bzw. punisch (s. u.). Illyrien gehörte zum lateinischen Sprachgebiet, Lissus war die südlichste lateinische, Dyrrhachium die nördlichste griechische Küstenstadt an der Adria. Die Sprachgrenze zog sich von dort nordöstlich bis in den Süden von Naïssus und verlief dann südlich der Donau zum Pontos. Träger des Lateinischen im Donauraum waren die Grenzgarnisonen. Latein war die Sprache des Heeres und des Rechts, griechisch die Sprache der höheren Kultur, der Kaufleute und der Kirche. Erst Papst Damasus latinisierte um 380 die Liturgie in der Stadt Rom.

Im Westen wie im Osten gab es Sprachinseln. Sizilien war noch im 4. Jahrhundert zweisprachig. Das griechische Element nahm im 6. und 7. Jahrhundert sogar nochmals einen Aufschwung, als die Slaweneinwanderung und der Bildersturm zahlreiche Hellenen aus Griechenland nach Sizilien und Unteritalien trieben. Für Gallien bezeugt noch Caesarius von Arles den Gebrauch des Griechischen; das Hinterland von Massilia hieß im Mittelalter «Graecia». Die übrigen griechischen Sprachreste im Westen verschwanden allmählich. Bis in die Spätantike spielten jedoch «griechische» Seehändler aus Phönizien und Ägypten eine Rolle in den Hafenstädten des Westens. In Rom gab es eine große Anzahl von *negotiatores* oder *pantapolae Graeci*.

Im Osten sprach die 15 v. Chr. von Agrippa angelegte Veteranenkolonie Berytos lateinisch, dort war die große Rechtsschule (s. III 5). Die Gräzisierung Konstantinopels wurde dadurch verlangsamt, daß die Muttersprache der Kaiser bis zu Justinian das Lateinische blieb. Trotzdem konnte der Reichs- und Stadtpräfekt Cyrus, ein gefeierter Dichter aus Ägypten, 440 das Griechische als Verwaltungssprache zulassen. Die im ‹Codex Justinianus› publizierten Gesetze waren noch lateinisch, die Novellen seit 535 hingegen sind griechisch abgefaßt. Die Kenntnis des Lateinischen ging im Osten zurück, ebenso die Kenntnis des Griechischen im Westen.

Die politische Loyalität der Griechen im Römischen Reich steht außer Frage. Die Anerkennung der überlegenen griechischen Kultur durch die Gebildeten und die politische Liberalität der Römer ließen diese im Osten nicht als Fremdherrscher erscheinen. Das Bekenntnis eines Aelius Aristides zu Rom blieb kennzeichnend; Redner wie Themistios, Himerios und Libanios haben bei allem Hellenenstolz nie an der römischen Herrschaft gerüttelt. Daß diese Auffassung auch breitere Kreise erreichte, lehren die Akklamationen des Volkes von Oxyrhynchos. Das Christentum hat die Position des Kaisers im Osten fraglos gestärkt und den Hellenen-Namen unter den Verdacht des Heidentums gestellt. Während die byzantinischen Kaiser im Westen bisweilen in abschätzigem Sinne als Griechen bezeichnet wurden, nannten sie sich selbst stolz Rhomäer und hießen so auch bei ihrem östlichen Nachbarn.

Die Volkssprachen hatten neben den beiden Verkehrssprachen im Laufe der hohen Kaiserzeit an Bedeutung verloren, waren aber keineswegs erloschen. Erst mit der Christianisierung durchdrang das Latein im Westen, im Osten das Griechische alle Bevölkerungsschichten und brachte die kleineren Sprachen zum Verschwinden. Dagegen konnten sich jene Sprachen behaupten, die selbst zu Kirchensprachen aufstiegen, wie das Koptische in Ägypten, das Syrische und das Armenische. Auch das Hebräische überlebte als Sprache der jüdischen Religion. Die Romanisierung bzw. Gräzisierung hatte vor allem die Oberschichten erfaßt. Träger der ethnischen Traditionen in den Provinzen waren jeweils die Unterschichten. Mit dem Zusammenbruch des sozialen und administrativen Überbaus, insbesondere mit der Verkümmerung des Städtewesens, blühten die nationalen Eigenarten mancherorts wieder auf.

Die spätrömischen Provinzen haben sich zivilisatorisch einander angeglichen, gewannen jedoch angesichts der immer schwächeren Zentralmacht an Eigenleben. Italien, das Mutterland des Römischen Reiches, war im Principat keine «Provinz», sondern genoß gewisse Privilegien. Das *ius Italicum* bedeutete Grundsteuerfreiheit. Unter Diocletian verschwand dieses Vorrecht. Norditalien, *Italia annonaria,* zahlte *annona* an den PPO wie alle anderen Provinzen; Süditalien, *Italia suburbicaria,* belieferte die Stadt Rom. Wirtschaftlich hatte die Apenninenhalbinsel schon seit der ausgehenden Republik an Bedeutung verloren. Als Gründe dafür lassen sich der anwachsende Großgrundbesitz und die Konkurrenz der aufstrebenden Provinzen, namentlich Galliens, anführen. Dennoch blieb Oberitalien wohlhabend, zumal um die Residenzen Mailand und Ravenna, hierher richteten die Alamannen im 3. und die Goten im 5. Jahrhundert ihre Angriffe. Die ethnische Assimilierung der italischen Stämme und der cisalpinischen Gallier war bereits im Principat abgeschlossen, doch hielten die Griechen der Magna Graecia noch lange an ihrer Sprache (s. o.), die Etrusker noch lange an ihren alten Riten fest (s. III 6 a). Desaströs für Italien wurde der Einfall der Langobarden 568. Das Christentum in Italien wird zur Zeit Neros durch den Römerbrief des Paulus und die Annalen des Tacitus (XV 44) bezeugt, es entwickelte sich als jüdische Sekte unter den griechisch Sprechenden der Hauptstadt.

Ein kulturelles Eigenleben bewahrten sich die Kelten in Gallien. Die Verbreitung der keltischen Sprache bezeugen für das späte 4. Jahrhundert Sulpicius Severus und Hieronymus, der überliefert, daß in Ankara und Trier dasselbe Keltisch gesprochen werde. Die Gallier an der Mosel und die Galater am Halys waren seit 700 Jahren getrennt! Ecdicius, der Sohn des Kaisers Avitus, bewog vornehme gallische Familien, das rauhe Keltisch mit dem eleganten Latein zu vertauschen. Ausonius und Sidonius Apollinaris bezeugen den Stolz auf keltische Abstammung bei Zeitgenossen. Zu den keltischen Besonderheiten gehörte, daß in Gallien die Entfernung nicht nach Meilen (*milia passuum*) von 1000 Doppelschritten (1,5 km), sondern nach *leugae* (frz. *lieue*) von 1500 Doppelschritten (2,2 km) gerechnet wurde. Vorrömische Ortsnamen und Bestattungsbräuche lebten wieder auf. Es handelt sich indessen, zumal im Süden, um ein römisch gefiltertes Keltentum, das sich kulturell und politisch zum Imperium bekannte.

Die keltischen Götter wurden gemäß der *interpretatio Romana* mit römischen Gottheiten gleichgesetzt: Belenus mit Apollon, Esus mit Mars, Taranis mit Juppiter usw. Damit verloren sie allmählich ihren keltischen Charakter, so wie auch der gallische Umgangstempel nach und nach durch den griechisch-römischen Tempeltyp verdrängt wurde. Die Druiden hatte bereits Claudius verboten; daß noch Aurelian und Diocletian sie befragt hätten, wie die ‹Scriptores Historiae Augustae› behaupten, ist zweifelhaft, zumal hier von Druidinnen, wohl in Anlehnung an die germanischen Seherinnen, die Rede ist. Ausonius (V 10,27) und Ammian (XV 9,4 u. 8) hatten noch Kenntnis von den Druiden. Das Christentum fand früh Eingang nach Gallien. Unter Marc Aurel kam es 177 zu Christenverfolgungen in Lugdunum und Vienna. Metropolis war Trier, seit 314 urkundlich als Bischofssitz bezeugt, doch reicht die Bischofsliste weit ins 3. Jahrhundert zurück.

Eine Beschreibung Galliens liefert Ammian (XV 9–11). Von der Weisheit und den Gesängen der Druiden hat er eine hohe Meinung, obschon es dergleichen zu seiner Zeit wohl nicht mehr gab. Es folgt eine Darstellung der Landesnatur, der Berge, Städte und Provinzen. Die Menschen seien hochgewachsen, hellhäutig und rotblond (*candidi, rutuli*). Isidor von Sevilla (etym. XIV 4,25) leitete den Namen Gallien von griechisch γάλα – Milch ab, weil die Bewohner eine milchweiße Haut hätten. Die Sonne käme nämlich mit ihren bräunenden Strahlen nicht so recht über die Pyrenäen und die Alpen.

Anders als in Italien, schreibt Ammian (XV 12,3), würden Wehrdienstverweigerer verachtet. Den kriegerischen Charakter der Gallier bestätigen auch die ‹Expositio› (58), Julian (51 D; 56 B) und dessen Münzen zu Ehren des gallischen Heeres. Julian (359 B ff) kontrastiert die unzivilisierten aber sittenstrengen Kelten und Germanen mit den zügellosen Antiochenern. Ammian berichtet weiter, man tränke viel Wein und Bier, aber arbeite auch emsig und halte sich sauber. Eindruck haben auf Ammian die großsprecherischen Reden der Gallier gemacht, die leicht in Schlägereien ausarteten. Diese würden oft durch die Frauen entschieden. Den Fußtritten und Faustschlägen der riesigen, blauäugigen Keltenweiber sei kein Mann gewachsen. In die Charakteristik der Kelten sind Züge aufgenommen, die ebenfalls als Kennzeichen der Germanen überliefert werden. Beide Völker waren Nachbarn und Stammesverwandte.

Im Jahre 286 tauchen zum ersten Male in Gallien die Bagauden auf. Das Wort ist keltisch und wird mit «Kämpfer» übersetzt. Es handelt sich um große Räuberbanden aus verarmten Bauern, entwichenen Sklaven und ehemaligen Soldaten. Wie sich hier soziale und ethnische Motive zueinander verhalten, ist schwer auszumachen. Ein Redner lobt 289 Maximianus Herculius in Trier, weil er einen Aufstand in Gallien teils durch Härte, teils durch Milde überwunden habe, als die «unwissenden Bauern Soldaten sein wollten, die Pflüger Fußkämpfer, die Hirten Reiter und die Landbevölkerung sich wie feindliche Barbaren benahm». Zwei Jahre später liefert ein anderer Redner das Motiv: die Bauern seien aufgebracht gewesen über die Rechtsbrüche der vorangegangenen (!) Regierung. Noch Salvian (GD. V 22) betrachtete die Bagauden als Barbaren, die den Opfern der geldgierigen und gnadenlosen römischen Verwaltung Zuflucht gewährten. Von ihren Anführern Aelianus und Amandus hat sich, wie die Münzfunde erweisen, zumindest der zweite zum Gegenkaiser aufgeworfen. Sie sind noch im 7. Jahrhundert als Märtyrer verehrt worden.

Im 4. Jahrhundert hören wir nichts von den Bagauden, aber im 5. Jahrhundert treten sie wieder in Erscheinung. 409 vertrieben die Provinzialen in Britannien und Aremorica zuerst die Barbaren und dann die römischen Beamten, möglicherweise in einem Aufstand der Kolonen. In der Komödie ‹Querolus› (I 2) aus jener Zeit ist von den Räubern an der Loire die Rede, die dort in ihren «freien Wäldern» *iure gentium,* unabhängig von staatlichem Recht, leben. Als Britannien von den Angelsachsen besetzt wurde, flohen zahlreiche keltische Britannier in die Aremorica, die davon den Namen Bretagne erhielt.

435 erhoben sich die Bagauden in Gallia Ulterior abermals unter ihrem Führer Tibatto, zwei Jahre später waren sie niedergeworfen. 448 folgte ein weiterer Aufstand. Zu diesem Jahre meldet eine gallische Chronik, der Arzt Eudoxius, verstrickt in die bagaudische Bewegung, sei zu den Hunnen geflohen. Dort könnte er Attila zu seinem Gallienzug geraten haben. Die römische Regierung hat germanische Foederaten gegen die Bagauden eingesetzt, die 441 bis 454 auch die Tarraconensis in Spanien beunruhigten (s. II 8).

Der zumal im Süden Galliens begüterte senatorische Adel besetzte zahlreiche Bischofsstühle, pflegte die römische Kultur und arrangierte sich mit den gotischen, burgundischen und fränkischen Machthabern. Die Bischöfe avancierten an vielen Orten zu Herren ihrer Städte.

Im römischen Britannien wurde die keltische Kultur marginalisiert. Lediglich in den Randgebieten wurde das Keltische weiter gesprochen: in Irland und Schottland gälisch, in Wales kymrisch, Cornwall kornisch und auf der Isle of Man Manx. Das Keltische überdauerte hier allerdings sogar das Mittelalter. Britannien war seit dem 4. Jahrhundert sächsischen Seeräubern ausgesetzt, gegen die der Küstenschutz des *Litus Saxonicum* errichtet wurde, und geriet im 5. Jahrhundert unter die Herrschaft der Angeln und Sachsen aus Holstein, vor denen die *Britones* in die «Bretagne» auswichen (s. II 10).

Die erste Nachricht über den neuen Glauben betrifft das angebliche Martyrium des heiligen Albanus von Verulam, 314 gab es Bischöfe in London und York. Während die alten Kulte unter und nach Julian auf dem Lande nochmals auflebten, gelangte von Britannien aus das Christentum nach Irland (s. III 6 c). Aus Britannien stammte Pelagius, der lehrte, die Erlösung könne verdient werden. Die Predigt des heiligen Germanus von Auxerre († 448) hat diese Häresie überwunden (s. II 8). Von Irland aus wurden Angeln und Sachsen missioniert, nachdem das kirchliche Leben in Britannien mit dem Abzug der Römer weitestgehend erloschen war. Hauptquelle ist die Klage des Gildas über den kulturellen Untergang Britanniens; die Leiden des Landes glaubte er durch die sündhafte Oberschicht verschuldet.

In Spanien bewahrten die Basken (Vascones) ihre Eigenart. Der Stamm wird im 1. Jahrhundert v. Chr. zuerst genannt, die ältesten Sprachdenkmäler sind mittelalterlich. Dennoch gehört das Baskische zu den frühesten Sprachen, denn es ist neben dem Etruskischen und dem Finnisch-Ugrischen die einzige nichtindogermanische Sprache, die in Europa fortgelebt hat. Im Mittelalter scheint sich das Baskische sogar ausgedehnt zu haben, wie keltiberische Quellen aus später baskischem Gebiet vermuten lassen. Paulinus von Nola nennt die Basken Barbaren, doch hoffte er auf ihre Zivilisierung. 449 wurde das Land durch die Sweben heimgesucht.

Die Sprachen der Keltiberer und der Lusitanier sind im Laufe der Kaiserzeit verschwunden. Dasselbe gilt für die punischen und griechischen Sprachinseln. Zur Westgotenzeit sprach Spanien lateinisch, auch die Goten wurden – wie die Inschriften zeigen – sprachlich romanisiert. Der Bestand an germanischen Wörtern in der spanischen Sprache ist gering. Das spanische Rittertum hat sich dagegen stets stolz zu seiner gotischen Vergangenheit bekannt.

Christen gab es in Spanien seit dem 2. Jahrhundert. An der Synode von Elvira 306 oder später nahmen neunzehn Bischöfe teil (s. II 3), doch gab es heidnische Riten auf dem Lande noch lange (s. III 6 a). Die Bewegung Priscillians belegt die religiöse Inbrunst in Spanien (s. III 6 d). Vorrömische Traditionen haben sich im lateinischen Nordafrika besonders zäh gehalten. Junior (Exp. 60) meldet, die Mauretanier lebten nach barbarischer Weise. Die Berberstämme – deren Namen mit dem Wort *barbarus* verwandt ist – befanden sich im Prozeß der Romanisierung, wie wir an der Familie des Maurenkönigs Nubel ablesen können (s. II 6 f). Die Mauren verstanden nur ausnahmsweise Latein.

Die am weitesten verbreitete vorrömische Sprache Nordafrikas war das Punische, die Sprache der Karthager. Es handelt sich um eine semitische Sprache, die ein semitisches Alphabet benutzte, bisweilen jedoch auch griechische oder lateinische Buchstaben verwendete. Es war die Muttersprache von Septimius Severus aus Lepcis. Augustinus (ep. 66,2) berichtet, daß die einfachen Leute um Hippo zu seiner Zeit noch punisch redeten. Insbesondere für die Donatisten und Circumcellionen (s. III 6 c) gilt dies, sie lasen anscheinend zumindest die Psalmen in punischer Übersetzung. Bücher in punischer Sprache erwähnt Augustin. Inschriftlich nannten sich die punisch redenden Römer selbst «Kanaanäer». Nach Osten erstreckte sich das punische Sprachgebiet bis zu den Arae Philaenorum an der Grenze zu Kyrene. Ein später Beleg für diese Sprache aus der Zeit um 460 betrifft die Garamanten in der Kleinen Syrte, das letzte Zeugnis überliefert Prokop.

Die Kirchengeschichte Nordafrikas beginnt mit den Märtyrerakten von 180. Bereits vor Constantin hatte sich das Christentum weitgehend durchgesetzt, die erste lateinische Bibel dürfte hier entstanden sein. Die bedeutendsten lateinischen Apologeten waren Afrikaner: Tertullian, Minucius

Felix und Cyprian im 3. Jahrhundert, Lactanz im 4., Augustinus und Victor von Vita im 5. Jahrhundert. Die Eigenständigkeit des dortigen Christentums zeigt sich nicht nur in der Donatistenbewegung (s. III 6 d), sondern ebenso in den Konflikten zwischen der Metropolis Karthago und dem Papst. An der Synode 411 in Karthago nahmen 565 Bischöfe aus Nordafrika teil.

Kyrene und Ägypten sprachen griechisch. Auch aus den Dörfern, zumal in Unterägypten, gibt es griechische Papyri. Unter den Fellachen blieb das Koptische, die spätägyptische Sprache, lebendig und gewann durch die seit dem 3. Jahrhundert bezeugte koptische Bibelübersetzung an Bedeutung. Sie benutzte griechische Buchstaben. Der heilige Antonius verstand wie viele ägyptische Eremiten nur koptisch. Die 1946 entdeckten dreizehn koptischen Papyruscodices von Nag Hammadi in Oberägypten aus dem 4. Jahrhundert enthalten gnostische Apokryphen zum Neuen Testament, darunter ein Philippus- und ein Thomas-Evangelium, eine Petrus- und eine Adam-Apokalypse, ein Johannes-Apokryphon und einen Brief von Petrus an Philippus. Das Koptische erlosch im 16. Jahrhundert. Das derbe, ausdrucksstarke und farbenfrohe Kunsthandwerk der Kopten ist namentlich durch Textilfunde zu fassen.

Ammian (XXII 16,23) nennt die Ägypter zierlich, dunkelhäutig und schwarzhaarig. Sie seien rechthaberisch und streitsüchtig. Obschon seit Jahrhunderten entpolitisiert, zeigten sie sich doch widerspenstig gegen die jeweilige Obrigkeit; Ammian berichtet, daß Steuern nur durch Prügel einzutreiben seien, daß die Bauern stolz auf die dabei erhaltenen Striemen wären und daß Räuber durch keine Folter dazu gebracht werden könnten, ihren Namen zu nennen. Für den Nationalcharakter der Ägypter ist das kaum weniger aufschlußreich als für das spätrömische Staatswesen. Eunap (VS. 493) bescheinigt den Ägyptern Streitsucht und eher poetische Begabung als praktische Fähigkeiten. Alexandria war die größte und reichste Stadt im Orient, Wirtschafts- und Bildungszentrum, Sitz des *praefectus Augustalis* und der Patriarchen.

Die ökonomische Situation Ägyptens ist durch Fruchtbarkeit gekennzeichnet. Ein erheblicher Teil der Weizenernte wurde nach Konstantinopel verschifft (s. III 4 b). Die soziale Lage änderte sich, als im 6. Jahrhundert einige Grundbesitzerfamilien fürstliche Macht gewannen, voran die *Apiones*. Das Kleinbauerntum scheint zurückgegangen zu sein.

Ungewöhnlich rege war das religiöse Leben. Dies gilt wie für die alten Kulte so für den neuen Glauben. Junior (Exp. 34 ff) pries um 360 die Mysterien und Orakel, den Kult, die Tempel und die Priesterfrömmigkeit. Ägypten erschien, wie schon für Platon (Tim. 21 C ff), als Hort der ältesten Weisheit. 363 wurde wieder ein Apis-Stier entdeckt; zum letzten Mal wird er 398 erwähnt. In Alexandria wurde der alte Glaube auch durch die Zerstörung des Serapeions (s. II 7) und durch den Mord an Hypatia nicht ausgelöscht (s. II 9). Ägypten war die Heimat der Zauberer und Alchimisten. Eine Klage über das drohende Ende der Kulte, von denen nur noch die Steine berichten würden, enthalten die ‹Hermetica›. Noch im Jahre 391 wurden nach Rufinus (HE. XI 26) in Canopus Hieroglyphen gelehrt. Die letzte, in Philae gefundene Hieroglypheninschrift stammt von 394, der späteste datierte Text in demotischer Kursive von 452. Die koptische Abhandlung des Horapollon aus Nilopolis (5. Jahrhundert?) über die Hieroglyphen verrät indes nur beschränkte Kenntnisse der Schrift. Der Patriarch Kyrill von Alexandria und der Abt Schenute von Atripe bekämpften das Heidentum, doch erst Justinian beendete den Isiskult auf Philae (s. II 12).

Das Christentum ist – trotz der Markuslegende – vor 180 in Ägypten nicht zu erweisen, es tritt erst mit Clemens Alexandrinus und Origenes nebst seiner Schule ins Licht der Geschichte. Athanasius erhob Alexandria zum Zentrum des orientalischen Christentums. In Ägypten entstand das Mönchswesen, dem sich Tausende von Männern zuwandten (s. III 6 d). Zu den großen Pilgerzentren zählte das Menas-Kloster (Abu Mina) in der Natronwüste bei Alexandria. Klerus und Kirchenleben werden durch die reiche Papyrusüberlieferung in allen Einzelheiten faßbar. Ruinen der Behausungen und Funde aus ihnen machen das Leben der Anachoreten kenntlich. Die Christianisierung Ägyptens war eine Kulturrevolution. Man identifizierte sich nun mit dem Volk Gottes, den alten Israeliten, und zerstörte religiöse Monumente der Pharaonen. Im 6. Jahrhundert war Ägypten mit über einhundert Bistümern eine Hochburg des Monophysitismus (s. III 6 d). Die daraus erwachsenden Spannungen mit Konstantinopel mögen ein Grund dafür gewesen sein, daß Ägypten den Arabern keinen ernsthaften Widerstand entgegensetzte. 641 zog Omar in Alexandria ein.

Die Bevölkerung im syrischen Raum war schon in vorrömischer Zeit weitgehend hellenisiert. So wie andernorts trugen vornehmlich die Städte griechisches Gepräge, während auf dem Lande und nahe der arabischen und persischen Grenze weiterhin syrisch gesprochen wurde. Die Pilgerin Egeria (47,3 f) berichtet aus der Zeit um 400, in Jerusalem und Umgebung rede man teils syrisch, teils griechisch. Die griechische Liturgie würde *propter populum* ins Syrische übersetzt. Auch in Gaza sprach man neben dem Griechischen das Syrische. Die Zahl der syrischen Inschriften geht mit dem Fall von Palmyra 273 zurück, aber die syrische Literatur gewann an Bedeutung. Die phönizische Sprache in Berytos erlosch im 2. Jahrhundert.

Schon Ende des 2. Jahrhunderts wurde das Neue Testament ins Aramäische, d. h. die Sprache Jesu, übersetzt. Bis ins 5. Jahrhundert lag das Diatessaron, die Evangelienharmonie Tatians, dem Gottesdienst zugrunde. Werke des Aristoteles übersetzte unter Justinian der Presbyter und Arzt Sergius von Reschaïna (Theodosiopolis) ins Syrische und machte sie damit den späteren Arabern zugänglich. Geistige Zentren der syrischen Kultur waren

Edessa, Nisibis und Amida (s. III 5). Heidnisch blieben lange Apamea mit dem Zeus-Belos-Tempel und Karrhai-Harran mit dem Mondkult.

Die ältesten Stätten der Christenheit liegen in Syria Palaestina: Jerusalem (seit Hadrian: Aelia), Damaskus, Antiochia. Sitz des Metropoliten wurde Caesarea, wo auch der Statthalter residierte, doch erhielt der Bischof von Jerusalem 325 einen Ehrenrang. Eine erste Einsiedlerklause gründete nach ägyptischem Vorbild Hilarion bei Gaza. Wohlerhaltene Kirchen bietet das Kalksteinmassiv um die Klosteranlage von Telanissos (Qalaat Seman), dem Ort des Säulenheiligen Symeon (s. III 6 d). Monastische Zentren waren Jerusalem, die judäische Wüste und das Umland von Gaza. Die meisten Auseinandersetzungen der Reichsgewalt mit den überwiegend monophysitischen Syrern nach der «Katastrophe von Chalkedon» 451 (Harnack) waren religionspolitisch bedingt (s. III 6 c), doch gab es auch gefürchtete Räubernester. Durch ihre besondere Religion waren Juden und Samaritaner ein Problem für die Verwaltung des Reichs (s. III 6 b).

Im Süden und Osten der syrischen Provinzen lebten Sarazenen, d. h. Araber. Sie dienten vielfach als Hilfstruppen. Junior (Exp. 20) nennt sie räuberische Bogenschützen, die gottlos und lügnerisch seien, keine Verträge hielten und von ihren Weibern beherrscht würden. Er denkt hier vermutlich an die kriegerische Königin Mavia (s. II 6) oder an Zenobia von Palmyra (s. II 1). Gegen die mit den Persern paktierenden Lachmiden um Hira verbündete sich Ostrom mit den Ghassaniden im Hinterland von Damaskus und den Kinda in Südarabien. Die Militärgrenze bildete der «Limes von Chalkis», eine durch Straßen verbundene, tiefgestaffelte Kette von Kastellen, angelegt durch Diocletian, ausgebaut von Justinian.

Besonderes Interesse fanden seit der Palästinareise Helenas die heiligen Stätten. In Jerusalem, Bethlehem und auf dem Sinai entstanden Klöster und Eremitagen. Immer mehr Pilger besuchten auf Wallfahrten das Heilige Land; die Berichte darüber und die Reiseführer dahin bilden eine eigene Literatur, die ‹Itinera Hierosolymitana›. Das erwähnte Reisetagebuch der frommen Spanierin Egeria ist ein vulgärlateinisches Dokument naiver Volksfrömmigkeit. Sie glaubte alles, was ihr die Fremdenführer aufschwatzten.

Kleinasien unterlag seit frühgriechischer Zeit einer Hellenisierung. Sie war im 1. Jahrhundert so weit vorangeschritten, daß der Apostel Paulus an die Galater auf Griechisch schreiben konnte. Hieronymus, der 370 in Trier war, hat sich 373/374 in Galatien aufgehalten und dabei die gemeinsame Sprache der Kelten beobachtet (s. o.). Die Verwandtschaft der gallischen und der galatischen Kelten bestätigt Theodoret (HR. 9). Die Städte an der West- und Südküste zeigen im 4. Jahrhundert noch ein aktives Leben. Archäologisch am besten erforscht sind Ephesos und Aphrodisias.

Einen dauernden Krisenherd bildeten die Isaurier im rauhen Kilikien. «Sie wollen Feinde der Römer sein», heißt es bei Junior (Exp. 45), «unternehmen große Raubzüge, aber kommen doch gegen Roms Macht nicht an». *Isauri satis mali sunt et frequenter latrunculantur,* notierte Egeria in ihr Pilgertagebuch (23,4). Ammian beschreibt die Kriegszüge der Isaurier gegen die umliegenden Städte und Landschaften aus den Jahren 353, 359 und 368. Zeitweilig behelligten sie auch die Seefahrt zwischen Kilikien und Cypern. Malalas und Zosimos berichten von Erhebungen der Isaurier unter Theodosius I. Theodoret weiß von zwei Bischöfen, die sie gefangen und für 40 000 Goldstücke freigegeben hatten. Selbst die Akropolis von Antiochia fiel ihnen zum Opfer. Das vielbesuchte Pilgerheiligtum der Thekla, der legendären Begleiterin des Apostels Paulus, bei Seleukia in Isauria mußte befestigt werden. Im 5. Jahrhundert plünderten Isaurierbanden den Osten zwischen Rhodos und Cypern, von Palästina bis Pontos. 408 wurden sie von der Osteramnestie ausgeschlossen. Leo versuchte durch isaurische Truppen den Einfluß der Germanen in Konstantinopel auszugleichen. Ihr Häuptling Tarasis alias Tarasicodissa nahm den Namen Zeno an, heiratete die Kaisertochter Ariadne, wurde Heermeister und 474 Kaiser. Die Kriege gegen die Zentralgewalt endeten jedoch erst, als Anastasius große Teile der Isaurier nach Thrakien umsiedelte (s. II 11).

Die umfangreichen Schriften der kappadokischen Kirchenväter Basilius von Caesarea, Gregor von Nazianz und Gregor von Nyssa bieten neben der Theologie auch ein vielseitiges Lebensbild Zentralanatoliens um 370. Christen gab es in Kleinasien schon vor Paulus, im 4. Jahrhundert war das Land weitgehend christianisiert. Damals gab es etwa 350 Bistümer. Zentren des Heidentums waren Pergamon, Ephesos, Sardes und Aphrodisias.

Armenien, zu allen Zeiten von den Randmächten bedroht, war seit Pompeius zwischen Römern und Parthern, später den Persern umstritten. Armenia minor westlich des Euphrat blieb römisch, Armenia maior hingegen wechselte die Zugehörigkeit. Trotz des Christenglaubens der Armenier (s. II 2) gelangte der Großteil des Landes 377 unter persische Herrschaft. Sie wurde 387 festgeschrieben.

Griechenland erlebte seit dem Hellenismus einen Niedergang, der sich in der Kaiserzeit fortsetzte. Die Bevölkerung schrumpfte so weit, daß Griechenland zur Zeit Plutarchs (mor. 414 a) insgesamt nicht mehr so viele Schwerbewaffnete aufbringen konnte wie in den Perserkriegen die Stadt Megara allein, nämlich 3000.

Die Griechen im Mutterland zehrten von der einstigen Größe. *Fama manet, fortuna perit.* Die Denkmäler der klassischen Kultur, die alten Heiligtümer und Bildungsstätten genossen noch bis ins späte 5. Jahrhundert hohes Ansehen. *Disciplinarum omnium atque artium magistra Graecia,* heißt es bei Claudianus Mamertus (ep. 2) um 470. Julian (119 C) berichtet, daß die Philosophie in Athen, Sparta und Korinth floriere (s. III 5), und ein Exemplar des Sendschreibens, in dem er 361 seine Erhebung zu

rechtfertigen suchte, schickte er außer an Rom auch an die drei genannten Städte Griechenlands (s. II 5). In Athen amtierte noch der Aeropag
unter einem Archon mit begrenzter Strafgewalt. Der Sophist Plutarchos
wurde um 410 als βασιλεύς λόγων geehrt, weil er dreimal die Panathenä-
ischen Spiele für die Stadtgöttin finanziert hatte. Die Hochschule, die bis
zu ihrem Ende 529 heidnisch blieb, war weiterhin gut besucht. Das Peit-
schenfest (διαμαστίγωσις) für Artemis Orthia war im 4. Jahrhundert noch
eine Touristenattraktion.

Das Christentum kam mit dem Apostel Paulus, der in den Synagogen
missionierte. Die erste Gemeinde stiftete Paulus in Philippi, die eigentlichen Zentren aber waren die Hafen- und Handelsstädte, wo sich jüdische
Gemeinden gebildet hatten, namentlich Korinth und Thessalonike. Die
Umwandlung der großen Tempel Athens in Kirchen gehört erst ins 6. oder
gar 7. Jahrhundert, doch endet der Kult längere Zeit zuvor.

Griechenland war in der Spätantike zahlreichen Barbareneinfällen ausgesetzt. Im 5. Jahrhundert plünderten die Goten, faßten aber nicht Fuß. Im
6. Jahrhundert kamen die Slawen, 585 eroberten sie Korinth. Nur Akroko-
rinth konnte sich halten. In der Folgezeit breiteten sich die Slawen auf der
Peloponnes aus, unter Herakleios (um 620) erschienen neue Gruppen. Die
griechische Bevölkerung konzentrierte sich auf die Städte Thessalonike,
Larissa, Euripos und Athen sowie auf die entfernteren Inseln. Im 7. Jahrhundert war die slawische Landnahme abgeschlossen. Durch die spätere
militärische Eingliederung ins Byzantinische Reich und durch die orthodoxe Mission wurde Griechenland zu großen Teilen rehellenisiert.

Die These von Jakob Philipp Fallmerayer aus dem Jahre 1830, daß die
modernen Griechen überwiegend gräzisierte Slawen seien, stützte sich auf
die sogenannte Chronik von Monemvasia aus dem 10. Jahrhundert, hatte
aber eine ideologische Komponente, insofern Fallmerayer glaubte, daß der
Philhellenismus dem Panslawismus in die Hände arbeite, da die Griechen
mit den Russen nicht nur religiös, sondern auch rassisch verbunden seien.
Diese Befürchtung wurde durch jene Sowjetforscher bestätigt, die in den
Slawen das fortschrittliche Element des Byzantinischen Reiches erblickten. Ebenso erwies sich allerdings die Abwehr der Slawenthese Fallmerayers
durch den neugriechischen Nationalismus als ideologisch motiviert.

Die Donauprovinzen wurden durch die lateinisch-griechische Sprachgrenze geteilt (s. o.). Vor und neben diesen beiden Weltsprachen herrschte
im Osten das Thrakische, im Westen das Illyrische. Beide waren indoger-
manische Sprachen, doch ist keine von ihnen zur Schriftlichkeit vorgestoßen. Wir kennen jeweils nur wenige Dutzend Wörter aus Namen und aus
Glossen. Sie bezeugen, daß das Thrakische eine Satemsprache, das Illyrische eine Kentumsprache war. In Rückzugsgebieten haben sich das Thrakische und das Illyrische bis in die Spätantike gehalten, letzteres bildet die

Wurzel der albanischen Sprache, die als solche erst im 15. Jahrhundert bezeugt ist. Sie hat das Lateinische wieder verdrängt, während das Thrakische sich nicht gegen das Slawische hat halten können. Überlebt hat das Rumänische als romanische Sprache trotz der nicht einmal zweihundertjährigen Zugehörigkeit zum Imperium Romanum. Die Aromunen (Wlachen) verschwinden hingegen.

Der Donauraum, den erst Augustus erobert hatte, war für Rom wegen seiner Bodenschätze wichtig (s. III 3 b). Landwirtschaft und Städtewesen hatten sich weniger entwickelt als in anderen Provinzen, doch lieferten die Balkanländer eben deswegen die besten Soldaten. Dies spiegelt sich in der Herkunft der aus dem Offiziersstande aufgestiegenen Kaiser, die von Maximinus Thrax bis zu Justinian überwiegend aus diesem Raume stammten. Seit dem späteren 4. Jahrhundert standen die Donauländer unter dem stärksten Bevölkerungsdruck aus dem Barbaricum. Er ging aus von den Marcomannen in Böhmen und den Quaden in Mähren, von Sarmaten und Hunnen in Ungarn und von den Goten in Rumänien, die 376 als erste den Strom zu Tausenden überschritten und 378 den Sieg bei Adrianopel erfochten (s. II 6). Ein archäologischer Zerstörungshorizont und ein Netz von 116 ermittelten Befestigungen des 5. und 6. Jahrhunderts im Dreieck zwischen Viminacium, Tomi und Konstantinopel zeigen die Folgen. Ein Schlaglicht auf die Lage an der mittleren Donau um 480 wirft die Lebensbeschreibung des heiligen Severin (s. II 10) durch Eugippius. Im 6. Jahrhundert wanderten die Slawen ein, deren Sitten Prokop (BG. III 14) schildert, sowie die Bulgaren und Avaren. Sie beendeten die antike Stadtkultur drastischer als die Germanen im Westen. Nur etwa zwanzig Städte überstanden die Völkerwanderung, die alten Ortsnamen verschwanden zumeist.

Wie in der Verwaltungsgeschichte, so stießen in der Missionierung des Donauraumes lateinisch-westliche und griechisch-östliche Kräfte aufeinander. Erstere erwiesen sich kirchenpolitisch als die stärkeren. Märtyrer gab es unter Diocletian. In Nicaea 325 finden wir je einen Bischof aus Serdica und Marcianopolis. Eine Schlüsselfigur im Kompetenzstreit zwischen Rom und Byzanz ist der westlich orientierte Bischof Niceta von Remesiana um 400.

Die zahlreichen Völker, die sich unter der römischen Herrschaft zusammenfanden, unterlagen durch die Pax Romana und den engen Kontakt innerhalb der Imperiums einer Homogenisierung. Im Westen dominierte die lateinische Kultur, im Osten die griechische. Viele Traditionen verschwanden. Mit der Christianisierung ergab sich ein weiteres Band der Gemeinsamkeit, und trotzdem hat weder die Politik noch die Religion die regionalen und ethnischen Sonderinteressen beseitigen können. In der Nachantike differenzierten sich die Völker wiederum, bereichert um das zivilisatorische Erbe Roms, und boten die Basis für das neuere Europa.

e) Die Germanen

Die folgenreichste Völkerbewegung der Spätantike war die Ausbreitung der Germanen, die seit der Mitte des 1. Jahrtausends vor Christus faßbar ist. Ausgehend vom südskandinavisch-norddeutschen Kernraum sind sie nach allen Himmelsrichtungen vorgestoßen. Voraussetzung dafür war einerseits ihr Kinderreichtum, andererseits ihr Kriegsgeist. In zunehmendem Maße finden wir Fremde im Reich als Sklaven, Siedler und Söldner.

Außerhalb des Reiches sind zwei große Stammesgruppen zu unterscheiden. Jenseits des Rheines und der oberen Donau saßen Westgermanen, die seit dem 3. Jahrhundert bezeugten Franken und Alamannen, an der Nordsee die Sachsen. Links der unteren Donau und im Schwarzmeergebiet lebten die Ostgermanen, die Prokop (BV. I 2,2 ff) insgesamt den «gotischen Völkerschaften» zuzählt. Die größten seien die (Ost-)Goten, die Vandalen, die Visigoten und die Gepiden. «Sie alle haben helle Haut und blonde Haare, sind stattlich und hochgewachsen, beachten dieselben Bräuche (νόμοι) und Kulte, denn sie sind Arianer und sprechen sämtlich Gotisch» (s. II 1).

Innerhalb des Imperiums finden wir die «Reichsgermanen» schon früh im Heer. Nachdem bereits Caesar germanische Hilfstruppen angeworben, Augustus die Ubier sowie Teile der Sweben und Sugambrer auf dem linken Rheinufer angesiedelt hatte, wurden immer wieder Barbaren, überwiegend Germanen, ins Reich übernommen. Tiberius verpflanzte 40 000 von ihnen nach Gallien; Nero holte angeblich einmal 100 000 Männer aus den Ländern jenseits der Donau mit ihren Familien nach Moesien herüber. Die vielfach inschriftlich bezeugte Leibwache (*corpore custodes*) der iulisch-claudischen Kaiser bestand aus Batavern, Friesen und Angehörigen anderer Stämme (*nationes*), die im *collegium Germanorum* zusammengeschlossen waren. Marc Aurel übernahm im Marcomannenkrieg Siedler für die Donauprovinzen, Italien und Germanien mit der Pflicht zur Bodenbestellung und zum Kriegsdienst. Die Ansiedlung unter den Soldatenkaisern ist mehrfach bezeugt, im einzelnen umstritten.

Diese Maßnahmen sollten den Druck auf die Grenzen mindern, dünn besiedelte Landstriche bevölkern und dem Heer den immer schwerer zu beschaffenden Nachwuchs sichern. Die spätantiken Kaiser haben diese Politik bruchlos fortgeführt. Die Germanen wurden stets auf dem Lande seßhaft gemacht, ein Leben in Städten lehnten sie lange Zeit selbst da ab, wo sie diese als Eroberer hätten beziehen können.

Diocletian hat Marcomannen und Carpen, Bastarnen und Sarmaten über die Donau geholt und angesiedelt. Constantius Chlorus übernahm Rheingermanen nach Gallien. Constantin siedelte 334 angeblich 30 000 Sarmaten auf Reichsboden an. Julian brachte fränkische und alamannische Gefangene ins Reich und beließ 358 die nach Toxiandrien eingedrungenen Salfranken gegen Anerkennung der römischen Hoheit in ihren neuen

Wohnsitzen. Unter Valentinian wurde gefangenen Alamannen aus Raetien 370 Fruchtland in der Poebene zugewiesen. Gratian gab 377 Goten und Taifalen dort Wohnraum. 382 erhielten die Westgoten Siedlungsgebiet in Thrakien und durften unter eigenen Anführern nach heimischem Recht leben. 409 war eine größere Anzahl germanischer Skiren in oströmische Gefangenschaft geraten. Theodosius II verbot, sie als Sklaven zu behandeln. Die Eigentümer sollten sie als Landarbeiter *iure colonatus* einstellen und nach einer Übergangszeit fest ansiedeln. Sozomenos (IX 5,7) erlebte sie bei der Landarbeit in Bithynien. Im späteren 5. Jahrhundert hören wir noch von Umsiedlungen innerhalb des Reiches, kaum jedoch von Landzuweisungen an Barbaren. Die Kräfte hatten sich so verschoben, daß Germanen, Bulgaren und Slawen die Zustimmung des Kaisers zur Landnahme nicht mehr benötigten.

Die ältere, aber auch noch in der Spätantike übliche Bezeichnung für Barbaren, die sich dem Kaiser «ergeben» und dafür Wohnsitze im Reich erhalten hatten, war *dediticii*. Es handelt sich nicht um Kriegsgefangene, nicht um Sklaven, sondern um ehemalige Reichsfeinde, die sich auf Treu und Glauben an die *fides Romana* dem Kaiser unterworfen und dies durch Eid und Vertrag besiegelt hatten. Zu Zeiten Caracallas, der allein ihnen das Bürgerrecht verweigerte, war diese Gruppe nicht sehr groß, sie scheint sich auf die jeweils erste Generation der ins Reich aufgenommenen Fremden beschränkt zu haben.

Die Rechtsstellung der Fremden verbesserte sich im gleichen Maße, in dem man auf sie angewiesen war. Barbaren, die als Kolonen angesiedelt wurden, fanden Aufnahme in die Steuerlisten; solche, die Wehrdienst übernahmen, wurden in die Heeresmatrikel eingeschrieben. Ob noch eine förmliche Bürgerrechtsverleihung stattfand, wissen wir nicht. Ein Germane blieb *barbarus*, selbst wenn er das kaiserliche Gentilicium «Flavius» trug, Heermeister und *consul ordinarius* war. Justinian schaffte darum den Deditizier-Status zugleich mit dem verminderten Bürgerrecht (*libertas Latina*) ab. Faktisch war er vermutlich bereits verschwunden.

Der Fachausdruck für die im Reich geborenen Nachkommen von Deditiziern lautet in der Spätantike *laeti*. Er wird 297 zum ersten Male erwähnt, wahrscheinlich ist er germanisch und bedeutet «Leute». Bisweilen scheint er als Stammesname mißverstanden. In den frühmittelalterlichen Quellen begegnen die *laeti* als *liti*. Die Laeten waren Wehrbauern mit der erblichen Verpflichtung zum Kriegsdienst. Wir fassen hier dasselbe System, das wir von den Curialen, Bäckern, Schiffern usw. kennen: Staatsnotwendige Pflichten werden besonderen Körperschaften übertragen und erblich an bestimmte Ländereien gebunden. In diesem Sinne behandelt noch ein Gesetz des Jahres 465 die Laeten als Angehörige von Korporationen.

Die Kaiser vertrauten darauf, daß die Neusiedler die römischen Sitten annähmen und so im Laufe der Zeit eingeschmolzen würden. Anfangs gelang das. Die unter Probus um 280 in Thrakien eingebürgerten Bastarnen waren zur Zeit des Zosimos (I 71) Römer geworden; der *vicarius urbis* Maximinus (371–376) war ein Abkömmling der von Diocletian in Pannonien angesiedelten Carpen. Es war ein beliebter Topos der Kaiserpanegyrik, daß die barbarischen Randvölker die Majestät des Kaisers respektierten und dieser die Verantwortung auch für deren Gedeihen trage.

Die assimilierten Germanen hatten gute Aufstiegsmöglichkeiten. Seit constantinischer Zeit standen ihnen alle militärischen Ämter und die höchsten sozialen Würden offen (s. III 1 d). Im Zivildienst finden wir indessen nur ausnahmsweise Männer mit germanischen Namen, weil den meisten die Schulbildung fehlte. Eine solche besaßen jedoch Julians Lehrer, der «skythische» Eunuch Mardonios, der Rhetor Marcomannus sowie die fränkischen Heermeister Silvanus, Bauto und Richomeres. Seit dem 5. Jahrhundert begegnen im Osten einzelne orthodoxe Bischöfe mit gotischen Namen, der bekannteste unter ihnen ist der von Zeno zum Patriarchen von Konstantinopel erhobene Fravitta. Ebenso dürfte der «skythische» Mönch Dionysius Exiguus, der die christliche Zeitrechnung eingeführt hat, Ostgermane gewesen sein. Der erste germanische Papst war Bonifaz II (530–532).

Die Ansiedlung der Germanen hatte Eheverbindungen zur Folge. Sie waren legal. Das Heiratsverbot Valentinians von 373 betraf gemäß dem juristischen Barbarenbegriff nur Ausländer, potentielle Reichsfeinde. Römisch-germanische Ehen in der Führungsschicht kennen wir schon von den barbarischen Leibwächtern des Maximinus Daia, sie haben zugenommen und zur Herausbildung der spätrömischen Militäraristokratie geführt. Männer wie Magnentius, Stilicho, Theodosius II und Geiserich sind aus germanisch-römischen Verbindungen hervorgegangen, die Kaiser Arcadius und Honorius, Leo und Justin hatten Gemahlinnen germanischer Herkunft, Heermeister wie Germanenkönige haben sich mit den Kaiserhäusern verschwägert. Der Westgotenkönig Theudis heiratete eine reiche Spanierin, der gotische Heerführer Gento ehelichte eine Römerin aus Epirus. Der Neffe Justinians, Germanus, nahm Mataswintha, die Enkelin Theoderichs des Großen, zur Frau. Insofern hat Prudentius die Lage erfaßt, wenn er behauptet, daß es zwischen Römern und Fremden im Reich kein Ehehindernis gebe. Von Heiraten über die persische Grenze hinweg berichtet Prokop, Justinian hat sie 535 verboten. In senatorische Kreise haben Germanen indes nicht eingeheiratet.

Im Verlaufe des 4. Jahrhunderts wurden die ins Reich teils aufgenommenen, teils eingedrungenen Fremdlinge zum schwersten sozialen Problem des Reiches. Ihre Zahl wurde immer größer, ihr Verhalten immer schwerer kontrollierbar. Durch ihre wachsende Bedeutung für das Heer konnte man auf sie nicht mehr verzichten, mußte sich aber zugleich immer zahlreichere Eigenmächtigkeiten von ihnen gefallen lassen. An eine Einschmelzung war kaum noch zu denken.

Constantin drohte 323, jeden Römer lebendig zu verbrennen, der mit feindlichen Barbaren gemeinsame Sache mache, ihnen beim Rauben hülfe und sich mit ihnen die Beute teile. 357 plünderten die gallischen Laeten das Land um Lugdunum, die Stadt konnte nur mit Mühe gehalten werden. Nach dem Goteneinbruch 376 gingen die Deditizier in großen Mengen zu den Germanen über. 397 folgte ein Gesetz im Osten gegen solche, die mit Barbaren gegen Staatsbeamte paktierten. 399 klagte Honorius, viele *gentiles* seien, um das römische Glück zu genießen, ins Reich gekommen, hätten *terra laetica* erhalten und nähmen sich nun eigenmächtig mehr, als ihnen zustehe. Verzeihung erhielten seit 416 solche Provinzialen, die von den Barbaren zum Mitmachen gezwungen wurden. In drei Gesetzen verbot Honorius germanische Tracht in Rom: Hosen, Pelze, lange Haare.

Die Meinung der römischen Zeitgenossen zur Barbarenfrage steht in der Spannung zwischen einer widersprüchlichen ideologischen Tradition und einer schwankenden äußeren Lage. Drei Denkmuster konkurrierten: zum ersten der Gegensatz von Kulturmenschen und rohen Barbaren, zum zweiten die umgekehrt wertende taciteische Antithese von verdorbenem Römertum und sittenstrengen Germanen und zum dritten der stoische Gedanke einer allgemeinen Brüderlichkeit, dem die römische Theorie vom Vielvölkerstaat entsprach, dessen Aufgabe es sei, die Barbaren zur Gesittung zu erziehen. Die christliche Lehre von der Gleichheit aller Menschen vor Gott stand der stoischen Anthropologie nahe, doch wurden auch die beiden Barbarenthesen von Kirchenvätern vertreten.

Die Stellungnahmen der heidnischen Autoren im Westen sind abgewogen. Um 360 klagte Aurelius Victor (37,7), das Römerreich sei unter die Herrschaft der Militärs, ja man könnte sagen, der Barbaren gekommen. Schuld daran sind für ihn nicht zuletzt die Senatoren, die ihr luxuriöses Privatleben dem unbequemen Wehrdienst vorzögen. Ähnlich urteilte Ammian. Er verabscheute die barbarische Wildheit der germanischen Raubzüge durch die Provinzen, hatte indes von den Germanen im Reichsdienst eine hohe Meinung. Die Schuld am Aufstand der Westgoten 376 suchte er bei den römischen Behörden, hatte aber Verständnis dafür, daß nach der Schlacht bei Adrianopel die jüngst angeworbenen gotischen Hilfstruppen jenseits des Taurus an einem Tage zusammengehauen wurden.

Claudian konnte als Hofsänger Stilichos nichts gegen die Germanen sagen. Wohl aber äußerte er sich zu den Barbaren allgemein. Sie unterwürfen sich freiwillig, kämpften im Heer Schulter an Schulter mit den Römern für das Imperium, das gemeinsame Vaterland, und nähmen römische Sitten an. Wo dies nicht geschah, wo sie Barbaren blieben, trifft sie die Geringschätzung des Autors. In den Zeilen über die Schlacht bei Pollentia rühmt er sogar als doppelten Gewinn für das Reich, wenn Barbaren gegen Barbaren fallen.

Barbarenfeindliche Stimmen aus dem Westen kommen überwiegend von christlichen Autoren. Für Lactantius (inst. I 21) entbehrten Barbaren der Humanität. Ambrosius betrachtete sie als Wilde, moralisch ihren Leidenschaften verfallen, politisch Erbfeinde der Römer. Darum warnte er auch vor Heiraten mit Barbaren. Er lobte es, Barbaren gegen Barbaren zu stellen, und verglich den Kampf der Römer gegen die Goten mit dem Kampf Israels gegen Gog aus Magog. Christianisierung setzte für ihn Romanisierung voraus. In den Gesetzen wird der Begriff *gentiles* einerseits für Fremdvölker, andererseits für die Heiden verwendet.

Auch Prudentius (CSymm. II 816 f) rechnete mit einem nicht kulturfähigen Teil der Menschheit. Für die Barbaren seien ihre heidnischen Götter gerade gut genug, zwischen Barbaren und Römern klaffe ein Abgrund, so wie zwischen Menschen und Vierfüßlern. Die Leichenhaufen der Barbaren auf dem Schlachtfeld von Pollentia künden der Nachwelt den Ruhm der Römer. Orosius (VII 35,19) beglückwünschte sich zu den 10 000 Goten, die 394 im Kampf für Theodosius gefallen waren. Er sah in Stilicho nur den Barbaren (38,1) und atmete auf, als in Flavius Constantius endlich wieder ein Römer kommandierte (42,2). Sein Zeitgenosse Sulpicius Severus (chron. II 3, 6) beklagte, daß Barbaren und Juden die römischen Sitten nicht annähmen und sah in dem Zusammenleben ohne Zusammenhalt eine Bestätigung der Vision Daniels vom Koloß auf tönernen Füßen.

So wie Epiphanius, der Rikimer einen *ferocissimus, pellitus Geta* nannte, läßt auch Sidonius Apollinaris, der viel mit den Burgundern und Westgoten zu tun hatte, eine unüberwindliche Distanz zu den Germanen spüren. Bisweilen klingt eine exotische Bewunderung für sie durch, im allgemeinen aber meidet er die Begegnung. Sein Haupteinwand gegen sie ist ihre fehlende Bildung. Es sei eher zu erwarten, daß die Alten Ball spielen und die Kaufleute Kriegsdienst tun, daß die Ärzte im Bett liegen und die Kranken herumspazieren – als daß die Foederaten sich mit Literatur abgeben. Das was ihnen zur Humanität fehle, sei nicht die Bibel, sondern die Philosophie und die Dichtung. Dasselbe meinte auch Fulgentius von Ruspae (myth. I 17) um 520. Gleichwohl fehlt es nicht an Zeugnissen, daß Germanen an literarischer Bildung interessiert waren. Einzelne Angehörige der gallischen Senatsaristokratie lernten «Germanisch» und wirkten als Richter im Königsdienst. Wenn Sidonius (ep. V 5) von *sermo Germanicus* spricht, deutet dies darauf, daß Burgunder, Franken und Goten dieselbe Sprache, eben Westgermanisch, hatten.

Die Ansichten zum Germanenproblem im Osten lauten anders. Unter Theodosius, den Jordanes als *amator pacis generisque Gothorum* bezeichnete, sind germanenfeindliche Äußerungen nicht zu erwarten. Die Redner Themistios und Pacatus lobten den Versuch des Kaisers, die Germanen einzubürgern, und stellten dies in die lange Tradition der fremdenfreundlichen Maßnahmen der Römer. So wie die wilden Völker Kleinasiens und Galliens, wie Keltiberer und Illyrier eingeschmolzen werden konnten, so würden auch die Goten nun ihre Schwerter in Pflugscharen umschmieden und friedliebende Kulturmenschen werden. Dem Kaiser wird als dem Herrn des römischen Weltreichs die Aufgabe gestellt, die Barbaren nicht abzuwehren oder gar zu vernichten, sondern sie in seine Obhut zu nehmen.

Nach dem Tode des Theodosius 395 kommen dann die Gegenstimmen zu Wort. Während am Hof eine germanenfreundliche und eine germanenfeindliche Partei um den entschlußschwachen Arcadius rangen, schrieb Synesios, der spätere Bischof von Ptolemais in der Kyrenaika, dem kaiserlichen Jüngling seine berühmte Rede über das Herrschertum (De regno). Damals, um das Jahr 400, verglich Synesios die germanischen Truppen mit Wölfen, die von den Völkerhirten anstelle der Schäferhunde gebraucht würden. Arcadius solle die Kolonen zu den Waffen rufen, den Philosophen aus seiner Studierstube, den Handwerker aus seiner Werkstatt, die Großstadtmassen aus dem Theater und sich selbst an die Spitze des Volksheeres stellen. «Die blonden Sklaven, die uns die Tafeln decken, die uns das Brot backen, uns das Wasser holen und unsere Sänften tragen, sind gefährliche Diener. Und erst recht sind die Goten aus dem Senat, aus dem Heer, aus dem Palast zu entfernen, unerträglich ihr Spott über die Toga, in der man das Schwert nicht ziehen kann!» Noch als Bischof flehte Synesios (kat. 1) zu Gott, daß die «elenden und verfluchten Barbaren» untergingen, die Africa verwüsten, und bat den Kaiser, hunnische Foederaten zu schicken, um die Provinz zu retten, ein homöopathischer Vorschlag.

Im Jahre 400 brach in Kleinasien der Gainas-Aufstand aus, der nur mit germanischen Truppen niederzuwerfen war. Er hat die antigermanische Richtung nach oben gebracht, und sie griff auf den Westen über, wo 408 Stilicho fiel und die Familien der germanischen Foederaten, die in den italischen Städten lebten, abgemetzelt wurden. Der Hauptvorwurf gegen Stilicho war seine barbarische Herkunft und seine konziliante Haltung gegenüber dem Barbaren Alarich. Das spiegelt sich in einem Gesetz des Honorius und wurde von dem Heiden Rutilius ebenso empfunden wie von dem Christen Orosius. Ein ausgesprochen positives Germanenbild dagegen entwarf um die Jahrhundertmitte Salvianus von Massilia in seiner Schrift ‹De gubernatione Dei›. Er hielt den verdorbenen Römern und scheinheiligen Christen im Reich den germanischen Sittenspiegel vor.

Fragen wir nach der Einstellung der Germanen zu den Römern, so ist auch diese geteilt. Symbolisch ist das von Tacitus (ann. II 9) überlieferte Gespräch zwischen Arminius und seinem Bruder Flavus während des Feldzuges des Germanicus im Jahr 16 n. Chr. über die Weser hinweg. Die von den Germanen gegen Rom geführten Kriege und die ihnen von römischer Seite in den Mund gelegten großgermanischen Freiheitsparolen erlauben die Vermutung, daß sich in der Abgrenzung gegen Rom zumindest Ansätze einer inneren Eigenständigkeit herausgebildet haben. Zur Zeit des Valens zerfielen die Westgoten in eine antirömische Gruppe unter Athanarich und eine romfreundliche unter Fritigern (s. II 6). Eunap berichtet aus der Anfangszeit des Theodosius einen Streit zwischen Eriulf und Fravitta, zwei gotischen Fürsten, bei dem es darum ging, ob die Germanen sich als Krieger des Kaisers betrachten oder auf eigene Faust handeln sollten. Dabei wurde der Vertreter der germanischen Partei von dem der römischen erstochen.

Eine Schlüsselszene für das Selbstverständnis der Germanen im Reich überliefert Orosius (VII 43). Athavulf, der Schwager und Nachfolger Alarichs, hatte 414 in Narbonne Galla Placidia geheiratet. Ein ungenannter *vir illustris* aus dieser Stadt, der mit Athavulf viel zusammengekommen war, lebte später in Bethlehem, und ihn hörte Orosius zu Hieronymus sagen, Athavulf habe, gemäß seinen eigenen Worten, ursprünglich aus dem *Imperium Romanum* ein *Imperium Gothorum* machen und den römischen Namen der Vergessenheit anheimgeben wollen. Er selbst habe für die *Gothia* das werden wollen, was Augustus einst für die *Romania* gewesen war. Aber dann habe er, Athavulf, feststellen müssen, daß die Goten in ihrer unbändigen Art nicht bereit seien, sich Gesetzen zu unterwerfen, daß ohne Gesetze jedoch kein Staat zu regieren sei. Darum habe Athavulf beschlossen, seine und der Goten Kräfte zur Erneuerung und Erweiterung des Römischen Reiches einzusetzen, da er das Imperium nun einmal nicht umwandeln könne.

Dieses Programm entspricht dem politischen Denken der großen germanischen Heermeister der Zeit. Auf dieser Linie hätte es gelegen, daß irgendwann einmal das Kaisertum auf die Germanen übergegangen wäre. Die Versuche dazu – Proculus 280, Magnentius 350, Silvanus 355 und Johannes 425 – sind gescheitert. Die späteren Heermeister waren vorsichtiger und hofften allenfalls, ihre Söhne auf den Thron zu bringen. Die dynastischen Verbindungen und die Caesarentitel rechtfertigen den Verdacht solcher Pläne bei den Zeitgenossen. Aber weder Stilichos Sohn Eucherius († 408), noch Aspars Sohn Patricius († 471), noch Odovacars Sohn Thela († 493) haben das geschafft. Der Widerstand der Altrömer war zu stark. Theoderich der Große hat darum wieder auf die Politik Athavulfs zurückgegriffen und auf den Augustus-Titel verzichtet. Die Herrschaft über Rom im kaiserlosen Westen lag in seiner Reichweite. Erst Karl der Große konnte den Traum von einem germanischen Kaiser verwirklichen, als er sich am Weihnachtstage des Jahres 800 in Rom krönen ließ.

Das Verhältnis zwischen den reichsangehörigen Völkerschaften auf der einen Seite und den alten Kulturvölkern auf der anderen beschrieb Theodor Mommsen 1885 in einem Bilde: «Der römische Staat dieser Epoche gleicht einem gewaltigen Baum, um dessen im Absterben begriffenen Hauptstamm mächtige Nebentriebe rings emporstreben». Tatsächlich haben die ursprünglichen Zentren der antiken Kultur, Griechenland und Italien, an Bedeutung verloren zugunsten der hellenisierten und romanisierten ehemaligen Randgebiete. Die in ihnen entwickelte Zivilisation beruhte auf der Einheit des Verkehrsraumes zwischen Donau und Sahara, Atlantik und Rotem Meer. Die kulturellen Eigenarten der Völker traten zurück zugunsten eines reichsweit gleichartigen Lebensstils.

Im Verlaufe des 3. Jahrhunderts wurde die Reichseinheit jedoch bedroht. Die außenpolitischen Probleme waren von einer einzigen Zentrale aus nicht mehr zu meistern. Die Kommunikation versagte, so daß schließlich jede Region selbst zusehen mußte, wie sie fertig wurde. Einen programmatischen Separatismus hat es indessen nie und nirgends gegeben. Das Mehrkaisertum war ein Kompromiß zwischen den Regionalinteressen und der Reichseinheit. Trotzdem verlor das Geschehen in den einzelnen Provinzen den Zusammenhang. So wie Polybios einst die Vereinigung der Mittelmeerwelt beschrieben hatte, so schildert schon vor Zosimos (I 57) Ammian deren Zerfall. Mit der Zeit von Valentinian und Valens ging Ammian (XXVI 5,15) von der Reichs- zur Regionalgeschichtsschreibung über.

Bis ins 4. Jahrhundert hinein gelang es, die Einwanderer zu assimilieren, danach wurden sie zu zahlreich und zu mächtig. Wo sie herrschten, bewahrten sie ihre Sprache und ihre Sitten. Die Namengebung verdeutlicht den Machtwechsel. Germanen trugen im 4. und 5. Jahrhundert vielfach römische Namen. Das Umgekehrte kommt im 6. Jahrhundert nicht selten vor. Die Einwanderung der Germanen, Slawen und Araber hat die Länder des Mittelmeers mit einer dritten Schicht überzogen, über die griechisch-römische und die darunterliegende altmediterrane Kultur hinweg. Die ethnische Vielfalt des europäisch-orientalischen Raumes ist das Ergebnis der spätantiken Völkerwanderung.

3. Die Wirtschaft

Im Wirtschaftsleben der Spätantike gibt es weniger Neuerungen gegenüber dem Principat als in den Bereichen von Staat, Gesellschaft und Religion. Produkte und Produktionsformen sind wesentlich dieselben wie zuvor. Erkennbar ist jedoch der Versuch des Staates, regulierend einzugreifen, um die sozialen und ökonomischen Verhältnisse auf dem Lande zu stabilisieren und die bedrohte Versorgung der Großstädte und des Heeres sicherzustellen.

Für die Bauern bedeutet dies, daß die Kolonen unter ihnen nach und nach ihre Freizügigkeit verloren und an die Scholle gebunden wurden. Eine ähnliche vom Vater auf den Sohn übergehende Erbpflicht wurde den wichtigsten Versorgungsgewerben auferlegt, insbesondere den Müllerbäckern,

den Metzgern und den Reedern der beiden Hauptstädte (s. III 4 a; b). Die
Produktion von Waffen und Kleidern für Heer und Hof übernahm der Staat
in eigene Regie (s. III 1 b; d), die Arbeiter der Staatsbetriebe waren ebenfalls einer erblichen Zunftpflicht unterworfen. Die Kaiser suchten diese
Bindungen keinesfalls nur durch Strafdrohungen aufrechtzuerhalten. Sie
verliehen den Betroffenen auch Privilegien, abgestuft nach sozialem Ansehen und politischem Nutzen. Bei den Bessergestellten, so bei den Veteranen und Curialen, hafteten die Vergünstigungen an deren Besitz. Wer auf
ihn verzichtete, war auch von den Pflichten erlöst.

Die im Vergleich zu dem liberalen Principat dirigistische Wirtschaftspolitik der Spätantike hat dieser die Bezeichnung Staatskapitalismus oder
Staatssozialismus eingetragen, doch dient dies eher einer polemischen Ana-
logie als einer historischen Erkenntnis. Inwieweit die Berufsbindung durch-
griff, ist den Gesetzen nicht zu entnehmen. Theodoret (ep. 144) erweckt
den Eindruck, wie wenn das Normale doch die freie Berufswahl gewesen
wäre: «Die Natur aller Menschen ist dieselbe, aber ihre Lebensformen sind
vielfältig. Die einen wählen den Schifferberuf, die anderen den Soldatenstand; diesen gefällt ein athletisches, jenen ein bäuerliches Leben; die einen
ergreifen dieses, die anderen jenes Gewerbe.»

Verglichen mit der Zeit zuvor scheint die Produktivität in der Spätantike
gesunken zu sein. Für das 4. Jahrhundert ist noch ein beträchtlicher Wohlstand zu erkennen, im 5. beschränkt er sich auf die Magnaten und einen
geschrumpften Mittelstand. Jedenfalls haben Heer, Verwaltung und Klerus den Anteil der unproduktiven Konsumenten erhöht. Dem Barbaricum
war das Römische Reich indessen stets ökonomisch überlegen. Denn nicht
zuletzt dies lockte die Germanen ins Imperium.

a) Die Landwirtschaft

Romanorum vero populum a pastoribus esse ortum quis non dicit? Diese
rhetorische Frage Varros (rust. II 1,89) bezeugt, daß sich die Römer ihres
ländlichen Ursprungs bewußt geblieben sind. In der frühen Republik,
von Cincinnatus bis zum älteren Cato, galt die Landwirtschaft als würdiger Lebensinhalt eines römischen Bürgers; die ländlichen Wohnbezirke
(*tribus*) waren angesehener als die stadtrömischen. Während der Blütezeit der römischen Stadtkultur in der frühen Kaiserzeit stand das Landleben im verklärten Lichte der Bauern- und Hirtenpoesie eines Vergil,
eines Calpurnius Siculus, eines Anonymus Einsiedelensis. Bukolische
Themen erscheinen in allen möglichen Gattungen der Kunst. Für den
Dichter Nemesianus im 3. Jahrhundert bietet das Bauernleben das Ideal
einer heilen Welt. Noch in der Spätantike wurde das Lob der Landwirtschaft gesungen, so beim ‹Anonymus de rebus bellicis› und bei Johannes
Stobaios.

Die Landwirtschaft war zu allen Zeiten der wichtigste Zweig der römischen Nationalökonomie. Ohne Rinder, Pflüge, Saaten, Pflanzen und Herden, schrieb Libanios (or.50,33 f), gäbe es keine höhere Kultur. Darum sollten sich menschenliebende Kaiser nicht nur um die Städte kümmern, sondern ebenso um die Bauern. Auf dem Lande wohnte die Mehrzahl der Reichsangehörigen, das Land lieferte die meisten Steuern und Soldaten. In der Spätzeit gewann die Landbevölkerung militärisch und politisch wieder an Bedeutung. Die Bauernsoldaten des 3. Jahrhunderts riefen Männer aus ihren Reihen zu Kaisern aus, und so ist es kein Zufall, wenn Diocletian sich nach seiner Abdankung in Salona wieder mit dem Anbau von Gemüse beschäftigte.

Die Vermessung und Katastrierung des Bodens sowie das Setzen von Grenzsteinen war die Aufgabe der *agrimensores* oder *gromatici*, benannt nach ihrem Visiergerät, der *groma*, einem doppelten Diopter-Lineal, zur Einhaltung des rechten Winkels bei den Grundstücksgrenzen. Sie benötigten geometrische, juristische und kultische Kenntnisse, waren auch als Quartiermeister tätig und für die Anlage von Kastellen zuständig. Die einschlägige Fachliteratur seit dem 1. Jahrhundert n. Chr. wurde Ende des 5. Jahrhunderts zu einem Corpus vereinigt, das im 6. Jahrhundert erweitert wurde. Die Feldmesser bildeten eine Korporation und wurden vom Kaiser besoldet. Unter Constantin dem Großen gab es einen Amtsvorsteher, den *primicerius mensorum*, der dem *magister officiorum* unterstand. Nach zweijähriger Dienstzeit konnte er zum *agens in rebus* befördert werden.

In den landwirtschaftlichen Erzeugnissen zeigt die Spätantike wenig Veränderungen. Der Ackerbau galt in erster Linie dem Weizen als dem wichtigsten Grundnahrungsmittel. Nicht zufällig steht er im Preisedikt Diocletians an erster Stelle. Er wurde, wo es ging, zum Eigenbedarf angebaut. Die Stadt Rom bezog ihr Getreide überwiegend aus Nordafrika, Sizilien und Kalabrien. Konstantinopel lebte vom Weizen aus Ägypten. Die Rheinfront wurde von Aquitanien und Britannien aus beliefert.

Zum Mahlen des Getreides wurde die von Sklaven oder Zugtieren betriebene Göpelmühle, wie man sie aus Ostia kennt, zunehmend durch die Wassermühle ersetzt. Sie war in der Anschaffung teuer. Der Diocletiantarif (15,56 ff) taxiert die *mola aquaria* auf 2000 Rechnungsdenare, während die Pferdemühle 1500, die Eselmühle 1250 und die Handmühle – jeweils mit Stein – 250 Denare kostete. Die Wassermühle ist literarisch zuerst für ein Anwesen von Mithradates VI in Kabira bezeugt. Spätantike Belege gibt es für Antiochia, Konstantinopel, Athen (Agoragrabung) und Rom. Palladius (agr. I 41) empfahl, den Wasserausfluß von Thermen für unterschlächtige Mühlen zu nutzen. Nach Prokop (BG. I 19, 20 ff) baute Belisar 537 während der Belagerung Roms durch Witigis Schiffsmühlen an die Tiberbrücken. In Mitteleuropa verbreitete sich die Wassermühle über die Klöster.

Bei den Kelten und Donauvölkern war die als Brei genossene Hirse das Volksnahrungsmittel. Die klassischen Völker schätzten sie nicht. Auch Roggen, Gerste und Spelt galten weniger als der Weizen. Hafer diente als Viehfutter. Verbreitet war der Anbau von Erbsen, Sesam und Mohn. Die wichtigste Hülsenfrucht war die Bohne, die Eremiten in Syrien lebten vorwiegend von Linsenbrei und Feigen. Der aus Indien stammende Reis wurde im 4. Jahrhundert in der Gegend von Smyrna angebaut.

Im ganzen Reich zog man Wein, er kam in verschiedenen Qualitäten auf den Markt und wurde in allen Bevölkerungsschichten getrunken. Domitian soll angeordnet haben, die Hälfte der Weinberge in den Provinzen einzuebnen, weil die Bauern sich mehr um den Getreideanbau kümmern sollten. Er habe aber nicht auf der Durchführung des Erlasses bestanden. Dennoch wird von Probus berichtet, er habe jenes Gesetz aufgehoben und sogar Militär zur Anlage neuer Weingärten abgeordnet. Der Maximaltarif (2,1 ff) nennt zehn italische Weine, sieben gewürzte oder verarbeitete Weinsorten; in der ‹Expositio› werden vier Weinsorten Italiens aufgeführt, daneben solche aus Askalon und Gaza, aus Kilikien, Bruttien und von den Inseln Lemnos, Kreta und Sizilien. Die römische Weinkultur an Mosel und Rhein ist von den Germanen übernommen worden.

Kaiser Julian hat ein Spottgedicht auf den «Gerstenwein» gemacht und dem falschen Dionysos den echten gegenübergestellt: «Du willst Dionysos sein? Wahrhaftig, beim wirklichen Bakchos,/ fremd bist du mir, ich weiß einzig vom Sohne des Zeus./ Der aber duftet nach Nektar und du nach dem Bock. Bei den Kelten,/ wo es an Trauben gebricht, hat man aus Korn dich gebraut./ Wie man dich heiße? Dionysos nicht, Demetrios seist du,/ Weizen-, nicht Feuergeburt, Haber, nicht Laber genannt.» Trotz dieses Spottes war das Bier auch bei Völkern innerhalb des Reiches geschätzt, außer den Galliern und Germanen tranken es die Ägypter. Gewonnen wurde es aus Gerste, die Würze wechselte. Diocletian (ED. 2,11 f) unterscheidet zwei Sorten Bier. In Pannonien führten die Ostgermanen das Bier ein, Priscus trank dort Met. Isidor bezeugt *medus* und *cervisia* für Spanien. Außerdem nennt er einen Weizenschnaps.

Wie der Weinstock, so hat sich auch der Ölbaum unter der römischen Herrschaft ausgebreitet. Es gab im Reich riesige Monokulturen, so in Nordafrika, insbesondere um Thysdrus (El Djem), in Pamphylien, in Spanien und im syrischen Belus-Massiv, wo im 5. Jahrhundert eine ganz neue Stadtlandschaft entstand. Als Chosroes II im Jahre 614 Syrien eroberte, ließ er die Ölbäume abholzen; damit verlor die gesamte Landschaft ihre wirtschaftliche Grundlage.

Olivenöl ist im Edikt (3,1 ff) mit drei Sorten vertreten. Es diente nicht nur zum Kochen, sondern auch zur Beleuchtung mittels Öllämpchen und zum Salben statt Seife. Die Seife ist eine keltische oder germanische Erfindung. Ein Seifensieder (*saponarius*) begegnet 541 in den Ravenna-Papyri.

Neben dem Getreide, dem Wein und dem Öl wurden zahlreiche andere Nutzpflanzen angebaut, auch zu Exportzwecken. Nordafrika lieferte Kümmel, Feigen, Granatäpfel, Artischocken und Liebeszwiebeln, Syrien exportierte Feigen und Pistazien; Kapern kamen aus Kyrrhos, Pflaumen aus Damaskos (daher neugriechisch δαμάσκηνο), sowie kleine und größere Datteln. Letztere heißen noch bei Junior (Exp. 31) Nikolaos-Datteln nach dem Geschichtsschreiber Nikolaos von Damaskos, der den Kaiser Augustus damit zu versorgen pflegte. Aus Datteln wurde auch Sirup gewonnen (*mel Phoenicum*). Das Diocletiansedikt nennt weiterhin Zwiebeln, Rettich (*radix Syria*), Ingwer, Safran, Myrrhe, Räucher- und Galbanharz. Der Abschnitt über Obst und Gemüse (6) umfaßt 96 Nummern.

Diocletian bestimmte Höchstpreise für Petersilie aus Makedonien und Quitten aus Kreta. Das Wort *malum «Cydonium»*, Kretischer Apfel, liegt unserem Wort «Quitte» zugrunde. Der schon von Horaz geschätzte attische Honig vom Hymettos wird noch von Junior und Synesios gerühmt. Im Diocletianstarif (3,10 f) erscheinen zwei Sorten Bienenhonig. Sidonius (ep. I 10) berichtet 468 über Schiffe mit Honig auf dem Weg von Brundisium zur Tibermündung.

Die Zahl der Kulturpflanzen hat sich im Verlaufe der Antike stetig vermehrt. Der größere Teil stammt aus dem Vorderen Orient und gelangte über Syrien und Kleinasien in den Westen, darunter Zuckermelone, Aprikose, Pfirsich, Eßkastanie, Walnuß, Pistazie, Edelkirsche, die Zitrone und der Reis. Viele mediterrane Gewächse wanderten weiter über die Alpen. Dies ist an den entsprechenden Lehnwörtern abzulesen, die aus dem Lateinischen ins Deutsche gelangten. Dazu gehören nicht nur Wein und Öl, sondern auch Birne, Pflaume, Kirsche, Pfirsich, Kürbis, Gurke, Beete, Rettich, Minze, Kümmel, Lattich, Spargel, Zwiebel und Kohl.

Die Mehrzahl der zu medizinischen und kosmetischen Zwecken verwendeten Drogen kam aus dem Nahen Osten. Isaurien lieferte Styrax-Harz, Chios Mastix-Harz (Kaugummi). Ein wichtiger Abnehmer für Weihrauch war die Kirche, doch ist die kultische Verwendung vorchristlich. Diocletian (34) nennt 115 drogistische Artikel.

Unter den im Preisedikt (30) genannten Tieren finden sich Pferde, Maultiere, Maulesel, Kamele, Rinder, Schafe und Ziegen, Schweine nur bei den Transportpreisen (35, 103). Fleisch ist mit 49 Sorten verzeichnet (4). An der Spitze stehen Schwein und Rind; Ziegen, Hammel und Lämmer wurden in ärmeren Gegenden verzehrt.

An Milchprodukten rühmt die ‹Expositio› (51; 53) Käse aus Dardanien und Dalmatien. *Butyrum* wird im Maximaltarif genannt (4,50), doch könnte es sich dabei auch um Quark handeln. Butter wurde von Griechen und Römern wenig geschätzt. Plinius (NH. XXVIII 35) berichtet, sie werde von den vornehmen Barbaren gegessen; nach Sidonius (carm. XII 7) schmierten sich die Burgunder Butter, vermischt mit Essig, in die Haare. Hausgeflügel ist im Tarif (4) vertreten mit Gans, Huhn, Haustaube, Ente und Pfau. Die Gänse waren auch wegen der Daunen geschätzt (Exp.51). Das Preisedikt (18) liefert zehn Angaben für Federn.

Was wir über die Schweinezucht wissen, steht im Zusammenhang mit der Versorgung der Stadt Rom (s. III 4 a). Um die Rinderzucht hat sich Kaiser Valens gekümmert: er verbot das Schlachten von Kälbern, um den Viehbestand zu heben. Pferdezucht wurde in den kaiserlichen Gestüten in Kappadokien betrieben. Die edelsten Rassen waren die *equi Hermogeniani* und *Palmati*, jeweils zu einem Pfund Gold geschätzt. Weitere Gestüte befanden sich in Mauretanien und Spanien. Von dort kamen die berühmten Zirkuspferde. Ein Rennpferd (*equus curulis*) kostet im Diocletianstarif fast das Dreifache eines erstklassigen Militärpferdes. Auf den Pferdehandel kommt Junior immer wieder zu sprechen. Kamele waren in Africa, in Cypern und im Orient von Bedeutung.

Tierärzte gehörten zu den von staatlichen Lasten befreiten Personen. Ende des 4. Jahrhunderts schrieb Vegetius seine ‹Mulomedicina›, ein Handbuch der Tiermedizin, das sich mit Pferden und Rindern befaßt. Weitere Werke der Spätantike zur Tiermedizin verfaßten Apsyrtus, Chiron (?), Endelechius und Pelagonius. Wahrscheinlich von Palladius stammt das erst im 20. Jahrhundert aufgefundene Buch ‹De veterinaria medicina›, über die Tierheilkunde. Es ist im Mittelalter viel benutzt worden, so von Albertus Magnus. Anders als bei den Kulturpflanzen hat sich der Bestand an Nutztieren kaum vermehrt. Erwähnenswert ist lediglich der seit dem 6. Jahrhundert geschätzte Büffel und die Seidenraupe (s. III 3 b).

Die Jagd war zu allen Zeiten des Altertums beliebt und verbreitet. Sie diente der Unterhaltung und der Ertüchtigung, der Ernährung und dem Einfangen von Tieren für die Hatz im Zirkus. An eßbarem Wild nennt Diocletian: Wildschwein, Hirsch, Kaninchen, Hase, Siebenschläfer und Antilope. Man genoß wildes Geflügel wie Fasan, Rebhuhn, Haselhuhn, Schnepfe, Wachtel, Ringeltaube, Turteltaube und Singvögel wie Krammetsvogel und Star, ja sogar Stieglitze und Spatzen wurden verkauft, je zehn Stück auf einmal. Über die Vogelstellerei schreibt Paulinus von Nola.

Unter den Preisen für afrikanische Zirkustiere (ED. 32) begegnen solche für Löwen und Löwinnen, jeweils erster und zweiter Qualität, zwei Sorten Leoparden und Strauße. Africa lieferte außerdem Affen und Schlangen. An weiterem Großwild nennt Diocletian: Bären, Wildschweine, Hirsche und Wildesel. Bären wurden gefangen auf dem Ida in Kleinasien, Gallien und in den Pyrenäen. Die Herrscher von Indien, Persien und Africa haben bisweilen seltsame Tiere für die Spiele an den Hof der Kaiser gesandt.

Als Gesellschaftsspiel wurde die Jagd in gehobenen Kreisen geschätzt. Jagdmotive sind in der spätantiken Kunst häufig, so auf den Jagdsarkophagen, in den Mosaiken von Piazza Armerina (um 310) und Gamzigrad (Romulianum) sowie auf den einschlägigen Kontorniaten. Auch Kaiser wie Carinus und Numerianus, Constans, Constantius II, Valentinian, Gratian und Theodosius II gingen gern auf die Jagd. Um den Ertrag zu steigern, hielten Kaiser und Senatoren das Wild in Gehegen (*vivaria*), die den Jagdgärten (παράδεισα) der Perserkönige entsprachen. Auch in Armenien gab es solche Parks.

Das Erlegen von Löwen scheint ein kaiserliches Vorrecht gewesen zu sein, denn 414 wurde die Löwenjagd zum Schutze der Provinzialen freigegeben, das Vergnügen für den Kaiser müsse zurückstehen. Aus dem Text ergibt sich, daß die Raubwildjagd vor allem vom Militär betrieben wurde. Libanios (or. 5,20) nannte die Jagd eine «Schule des Krieges». Von einer Löwenplage in Mesopotamien berichtet Ammian (XVIII 7, 4 ff). Nach Josua Stylites (85) nahmen während des Perserkrieges 502 und 506 die menschenfressenden Tiere in Osrhoene überhand, gemeint sind vermutlich Wölfe und Hyänen. Daneben nennt er die Wildschweine (90). Die durch Grattius und Oppianus vertretene römische Jagdliteratur fand auch noch spätantike Nachfolger in Nemesianus aus Karthago, der um 284 über Jagdwesen (Kynegetika) und Fischerei (Halieutika) schrieb, in Synesios von Kyrene (ep.101) um 400 und in dem oströmischen Heermeister Urbicius Barbatus, der um 505 einen ‹Cynegeticus› publizierte.

Beliebt war das Jagen mit Falken. Die Falknerei stammt, wie Ktesias in der Zeit um 400 v. Chr. bezeugt, aus Indien. Sie hat sich dann über Persien nach Thrakien verbreitet. Unter den inschriftlich genannten Berufen des spätantiken Korykos begegnen auch Falkner (s. III 3 b). Firmicus Maternus nennt in Sizilien Züchter von «Habichten, Falken und anderen Vögeln, die man zur Vogeljagd benutzt». Sidonius berichtet, daß die gallorömische Senatsaristokratie mit Falken und Hunden zu jagen pflegte. Mehrfach wurde den Geistlichen dieses Vergnügen untersagt, so auf den Synoden von 506 zu Agde, 517 zu Epaone und 585 zu Mâcon.

Die Fischerei war ein wichtiges Gewerbe an allen Küsten und Flüssen. Ausonius (X 75 ff) beschreibt in seinem Gedicht ‹Mosella› die Moselfische, die *deliciae mensarum*. Der Fischteich (*piscina*) war ein fester Bestandteil der senatorischen Villa. Sidonius (c. XXI) übersandte einmal seine nächtliche Angelbeute mit einem Gedicht seinem Freunde. Höchstpreise für die Fische und Seeigel der kaiserlichen Tafel wurden gesetzlich festgelegt. Die besten Austern lieferte Baiae. Im Diocletiansedikt (5) finden wir unspezifiziert je zwei Qualitäten See- und Flußfische, eingesalzenen Fisch, Austern (*ostriae*), drei Arten von Seeigeln, Muscheln und Sardellen, die schon damals nach ihrem wichtigsten Fangort benannt waren (*sardae sive sardinae*). Salzfische und Fischbrühe (*garum*) wurden auch ausgeführt, insbesondere aus Spanien. Isidor erwähnt außer dem *garum* noch eine salzige Fischsoße, das *liquamen*.

Nachrichten über die spätantike Salzproduktion verdanken wir Synesios (ep. 148). In der südlichen Kyrenaika wurde unter einer dünnen Gesteinskruste Ammonsalz gebrochen. Noch Isidor (etym. XVI 2,3) erzählt davon; er meinte, es wüchse bei zunehmendem Monde. In der nitrischen Wüste «wüchse» außerdem Natron, das man als Medizin und als Waschmittel brauchte (2,7). Daneben hören wir in Italien von Salinen, wo Meersalz gewonnen wurde. Ihre Pächter waren als Korporation organisiert, besaßen ein Monopol auf den Salzhandel und hatten dafür Rom mit Brennholz für die Thermen zu versorgen. Sie arbeiteten mit Sklaven. Noch Kaiser Leo bestätigte das Salzmonopol 473, als er alle anderen Monopole verbot. Sidonius erwähnt den Salzberg bei Tarraco in Spanien. Diocletian verzeichnete Preise für einfaches und gewürztes Salz.

Die landwirtschaftlichen Erwerbsformen verbanden gewöhnlich Selbstversorgung und Geldverdienst. Zum Eigenbedarf suchte man nach Möglichkeit alles selbst zu beschaffen, um desto weniger kaufen zu müssen. Ausonius (III 1) überliefert, daß sein «Gütchen» 200 Morgen Acker, 100 Morgen Weinland, 50 Morgen Wiesen und 700 Morgen Wald umfaßte. Leute habe er genug. Hier liegt eine Form der Hauswirtschaft vor. Die Großproduktion dagegen führte zu jenen Monokulturen, wie wir sie im Weizenanbau in Ägypten und Nordafrika, in der Ölgewinnung ebenfalls für Africa und Syrien kennen. Jeweils ist ein großes Absatzgebiet erforderlich, darum waren diese auf Export berechneten Anbaumethoden auf den Kaiserfrieden angewiesen.

Die aus der früheren Zeit durch die Namen Cato, Varro und Columella bekannte wissenschaftliche Literatur zur Landwirtschaft wurde in der Spätantike fortgeführt durch das nur in Auszügen erhaltene Werk über die Landwirtschaft des Gargilius Martialis aus dem 3. Jahrhundert, durch das verlorene Buch des Vindonius Anatolius aus Berytos und durch das erhaltene *opus agriculturae* des Palladius. Anatolius war *praefectus praetorio* unter Constantius II, Palladius trägt den Titel eines *vir illustris* und dürfte um 400 gelebt haben. Er besaß Güter in Sardinien und Campanien und berichtet teilweise nach älterer Agronomie, teilweise nach eigener Erfahrung. Sein Werk ist eingeteilt nach dem Bauernkalender, das Buch über die Kunst des Pfropfens ist in Versen geschrieben.

Über die Rechtslage der spätrömischen Bauernschaft sind allgemeine Urteile schwer zu begründen. Die Zahl der freien Bauern Italiens war schon während der Gracchenzeit geschrumpft, und im 1. Jahrhundert nach Christus klagte der ältere Plinius (NH. XVIII 35) *latifundia perdidere Italiam, iam vero et provincias.* Dennoch finden sich kleine Freibauern durch die ganze Kaiserzeit bis in die Spätantike. Einblick in die Besitzverhältnisse bieten die ägäischen Zensus-Inschriften aus der Zeit Diocletians und die entsprechenden Papyri. Die wichtigste Gruppe bildeten die Wehrbauern:

die Veteranen und Grenztruppen barbarischer Herkunft. Daneben gab es jedoch auch Dörfer mit zivilen Freibauern im Landesinneren. Sie genossen den Schutz des Kaisers, indem er verbot, daß hier Ortsfremde Land erwarben. Justinian hat mehrere Gesetze gegen das Bauernlegen erlassen. Das Interesse der Kaiser, diese *metrocomiae* oder *vici publici* zu erhalten, richtete sich zugleich gegen die Neigung der Freibauern selbst, sich dem *patrocinium* mächtiger Privatleute unterzuordnen und damit vor dem Zugriff der Steuerbeamten geschützt zu sein. Vielfach haben freie Bauern zusätzlich zu ihrem Eigengut gepachtetes Land bewirtschaftet, so der Ägypter Aurelius Isidor († nach 324), dessen Leben aus zahlreichen Papyri beleuchtet wird.

Ihre persönliche Freiheit besaßen auch die landwirtschaftlichen Saisonarbeiter, die während der Erntezeit auf den großen Gütern aushalfen. Sie rekrutierten sich aus den Städten, aus dem ländlichen Proletariat, aus Mönchen und Einsiedlern. Letzteres kennen wir aus Ägypten, wo die dort zu Tausenden lebenden Eremiten auf diese Weise ihren Jahresunterhalt verdienten, während in Nordafrika die Verbindung von Gelegenheitsarbeit und religiösem Eifer zum Problem der *circumcelliones* führte (s. III 6 d). Sie spielen in den Donatistenunruhen eine wichtige Rolle. Der Maximaltarif Diocletians (7,1) nennt den neben der Kost vorgeschriebenen Tageslohn für Landarbeiter von 24 Rechnungsdenaren. Es ist das niedrigste dort genannte Entgelt. Höchstpreise für die Ware Arbeitskraft setzen einen Arbeitsmarkt voraus.

Aufs Ganze gesehen wird die spätantike Landwirtschaft indessen nicht durch die in Dörfern lebenden freien Kleinbauern, sondern durch die mit Kolonen wirtschaftenden Großgrundbesitzer bestimmt. Der größte war der Kaiser. Die *res privata* umfaßte in allen Provinzen zahlreiche Güter (*massae, saltus, fundi*), die teils von staatlichen Prokuratoren verwaltet wurden, teils an private *conductores* verpachtet waren. Der staatliche Landbesitz wuchs durch Todesfälle Erbenloser und Enteignung von Verurteilten. Im 4. Jahrhundert kamen die Tempelterritorien und ein großer Teil der städtischen Ländereien hinzu (s. III 1 a). Noch rascher vergrößerte sich der kirchliche Grundbesitz, insbesondere durch Schenkung und testamentarische Zuwendung (s. III 6 c). Große Besitzungen gehörten einzelnen Senatsfamilien (s. III 2 a), ihnen versuchten es die Curialen der Städte nachzutun (s. III 4 c). Zu den Grundeigentümern, die ihre Ländereien nicht selbst bebauten, gehörten weiterhin die *navicularii* und *pistores* der Hauptstädte sowie die Ärzte und Professoren. Reichtum hieß Grundbesitz.

Die schwierige Lage in den Städten führte dazu, daß sich zahlreiche Grundherren in ihren Villen auf dem Lande ansiedelten (s. III 2 a). Es zeigt sich eine Tendenz zur Selbstversorgung. Palladius (agr. I 6,2) empfahl, Schmiede und Schreiner, Küfer und Töpfer auf dem Gut zu halten. Die Kaiser sahen das ungern. Aus diesen Villen sind zahlreiche nachantike

Dörfer erwachsen. Das zeigen die auf *-ville* endenden oder auf Personen zurückführbaren Ortsnamen in Gallien und Italien. Selbständige Dörfer, die nicht einer städtischen Verwaltung unterstanden, gab es im Römerreich kaum.

Der Großgrundbesitz wurde in drei Formen bewirtschaftet: durch Verwalter (*procuratores, actores*), Zeitpächter (*conductores*) oder Dauerpächter (*emphyteuticarii, perpetuarii*). Die Prokuratoren waren selten Freigeborene, öfter Freigelassene der Grundherren. Angesichts der Gelder, die durch ihre Hände gingen, handelt es sich um einflußreiche Persönlichkeiten. Wenn ein Grundbesitzer mehrere Prokuratoren in einer Provinz hatte, unterstanden diese nochmals einem Oberprokurator (*magister, rationalis*). Als Prokuratoren fungierten auch Geistliche und Curialen, beides wurde als unzulässig empfunden und verboten.

Der Unterschied zwischen Verwalter und Pächter bestand darin, daß der Verwalter den gesamten Ertrag an den Eigentümer abführte und dafür von diesem ein festes Gehalt bekam, während der Pächter einen festen Betrag in Geld oder Waren an den Eigentümer zahlen mußte, dafür aber den gesamten Ertrag behalten durfte. Indem aber entweder die Bezüge des Verwalters als variabel oder aber die Einkünfte des Pächters als fix angesehen wurden, verwischte sich der Unterschied, und die Zeitpacht (*conductio*) konnte als Variante der Verwaltung (*procuratio*) angesehen werden.

Die Bedingungen der Pacht setzten sich zusammen aus Naturalabgaben, Geldzahlung und – bei Kleinpächtern – jährlichen Frondiensten von sechs bis zwölf Tagewerken, *operae* und *iuga* Hand- und Spanndienste. Die übliche Pachtzeit betrug ein Lustrum von fünf (oder vier) Jahren, sie konnte verlängert werden. Vielfach haben Staatsbeamte und Soldaten nach oder gar während ihrer Amtszeit Land gepachtet und so diese Verdienstmöglichkeiten mit ihren amtlichen Privilegien zu koppeln versucht. Dies wissen wir wieder aus den dagegen erlassenen Gesetzen. Zeitpachtverträge konnten innerhalb eines Jahres gekündigt werden, liefen mithin zunächst auf Probe. Sie wurden jeweils mit dem Meistbietenden geschlossen. Dies brachte dem Herrn eine höhere Rendite, barg aber die Gefahr, daß der Pächter das Gut herunterwirtschaftete, um einerseits die hohe Pacht aufzubringen und andererseits möglichst viel Gewinn in der kurzen Frist zu erzielen. Aus diesen Gründen war die Erbpacht für den Verpächter günstiger.

In vielen Fällen ist die Zeitpacht übergegangen in Erbpacht, die daneben auch als eigene Rechtsform auftritt. Je nach dem Zustand des Landes wurden drei Güteklassen unterschieden, die entsprechende Pachtbedingungen zur Folge hatten. Erbpächter von staatlichen oder kirchlichen Gütern brauchten ab 397 keine Rekruten mehr zu stellen. Sie waren von Zusatzsteuern und Fronarbeit befreit. Nur am Wegebau mußten sie mithelfen. Emphyteutische Pacht war ursprünglich mit der Pflicht zur Melioration verbunden. Emphyteusis bedeutet «Anpflanzung». Diese Ewigpacht unterschied sich aber später von gewöhnlicher Pacht (*ius perpetuum*) nicht mehr. Der Erbpächter übernahm mit dem Gut das Vieh, die Sklaven und Kolonen, deren Rechte und Pflichten er nicht einseitig ändern konnte. Teile seines Landes durfte der Erbpächter auf Zeit an Unterpächter weitergeben, nicht aber auf Erbpacht zweiten Grades. Wenn er das Gut einem anderen Erbpächter überließ, trat dieser in ein direktes Rechtsverhältnis zum Eigentümer. Erbpächter kaiserlicher Güter konnten nicht durch Willkürakte späterer Kaiser oder weil ein anderer Pachtwilliger höhere Abgaben versprach, von ihrem Gut vertrieben werden. Mehrfach traten die Kaiser dem Versuch entgegen, daß Erbpächter ihrer Domänen diese nach und nach als Privateigentum ansahen. Offenbar gab es eine Tendenz von der Zeitpacht über die Erbpacht zum Eigentum. Legale Wege, Krongut als Privatbesitz zu erwerben, waren Schenkung, Kauf oder Okkupation verödeten Patrimonialandes, das man wieder ertragfähig machte. Insofern war auch die Erbpacht eine der Brücken zur Grundherrschaft.

Die regelmäßige Landarbeit auf den Gütern wurde teils von Sklaven (s. III 2 b), teils von Kolonen geleistet. Einzelne Vergleichsmöglichkeiten aus Kleinasien deuten auf achtzig bis neunzig Prozent *coloni,* zwanzig bis zehn Prozent *servi.* Der Begriff *colonus* bezeichnet ursprünglich den Siedler und den Ackerbauern allgemein, im Gegensatz zum *pastor.* In den spätantiken Quellen wird der *colonus* als Pächter vom *possessor,* dem Freibauern, unterschieden. Augustin (CD. X 1) schreibt, die Kolonen verdankten ihren Stand dem Boden, auf dem sie geboren wurden und den sie für den Eigentümer bebauten; knapper ist Isidor (etym. IX 4,26), er nennt sie: *alienum agrum locatum colentes.* Diocletian ließ bei der Anlage der Steuerlisten die Namen der *coloni* aufzeichnen, und seitdem war die Freizügigkeit der Pächter eingeschränkt. Der wichtigste Grund für die Bodenbindung liegt in den immer wieder auflaufenden Pachtrückständen (*reliqua colonorum*).

Finanzielle Bedrückung war offenbar der schlimmste Mißstand bei der spätrömischen Bauernschaft. Johannes Chrysostomos und Salvian klagen darüber. Schon 332 hatte Constantin verordnet, daß fremde Kolonen ihren Herren zurückzugeben seien und die Kopfsteuer für die Zeit der Abwesenheit nachgezahlt werden müsse. Fluchtverdächtige Kolonen durften wie Sklaven in Ketten gelegt werden. Von einer allgemeinen Schollenbindung kann man damals noch nicht sprechen, in Illyricum wurde sie 371, in Palästina 386 eingeführt. In Ägypten läßt sie sich vor dem 5. Jahrhundert nicht nachweisen. Voraussetzung war jeweils, daß die Kolonen unter dem Namen ihrer Herren in die Kopfsteuerlisten eingetragen waren und nicht unter dem eigenen. Dies war von Provinz zu Provinz verschieden. 365 wurde den Kolonen verboten, ihr Eigentum ohne Zustimmung des Herrn zu verkaufen. 371 ging die Steuereintreibung von den staatlichen *exactores* auf die Herren über. Seit 396 durften die Kolonen gegen ihre Herren keine Anklage mehr erheben, außer in Fällen von Hochverrat oder finanzieller Ausbeutung (*superexactiones*). Dies letzte war der Hauptgrund für die Unzufriedenheit unter den Kolonen und ist deshalb seit Constantin 325 mehrfach untersagt worden. Noch Justinian lieferte den Kolonen Rechtsmittel dagegen.

Die Rechtsquellen seit der Severerzeit lehren, daß die Kolonen gewöhnlich auf ihren Grundstücken blieben, wenn diese den Eigentümer wechselten. Mehrfach wurde verordnet, daß jemand, der Land erwarb, die Kolonen darauf übernehmen müßte. Die Schollenbindung (*glebae adscriptio*) hatte für den Kolonen den Nachteil, daß er sein Gut nicht verlassen durfte, aber enthielt zugleich die Gewähr, daß der Herr ihn nicht vertreiben konnte. Dasselbe galt für die in den Steuerlisten geführten Landsklaven. In beiden Fällen konnte der Herr den Knecht nur mit dessen Acker freigeben.

Die Kolonenpflicht ging vom Vater oder von der Mutter auf die Kinder über, das früheste Zeugnis dafür stammt aus dem Jahre 364. Ähnlich wie bei den Curialen, Bäckern, Reedern usw. sind die jüngeren Söhne jedoch oft in andere Stellungen übergewechselt.

Ein großer Teil der *coloni* geriet somit in einen halbfreien Zustand, ähnlich der mittelalterlichen Hörigkeit. Die Quellen sprechen von *coloni originarii* der *originales* im Hinblick auf ihre *origo,* ihren Geburtsstand, oder von *censiti* oder *adscripticii* mit Verweis auf ihre Festschreibung in der Steuerliste. So wie bei den Curialen betonen die Gesetze immer wieder, daß die Kolonen ihren Beruf nicht wechseln, ihren Hof nicht verlassen dürften. Wirkungsvoller als diese Erlasse aber war wohl der Mechanismus, daß die Herren für die Steuern ihrer Hintersassen hafteten. Es scheint eine Entwicklung vom Haften über das Zahlen zum Eintreiben der Steuern durch den Herrn erkennbar. Dies ließe sich den Feudalisierungstendenzen der Spätantike zurechnen. Die Steuerhaftung war ein Druckmittel zur Erhaltung erträglicher Zustände, denn wenn der Kolone davonlief, mußte der Herr dessen Steuern selbst bezahlen. Der verbreitete Arbeitskräftemangel im Reich führte zu einer Art Wanderkolonat. Ein Kolone, der sich dreißig Jahre lang seiner Pflicht entziehen konnte, wurde förmlich von ihr entbunden, ebenso wie der, der dreißig Jahre lang gefront hatte.

Ein legaler Ausweg aus dem Kolonat war seit 370 der Heeresdienst. Eine nennenswerte Anzahl von Kolonen ist auch in den niederen Staatsdienst, in den Klerus oder ins Kloster gegangen. Alle drei Möglichkeiten wurden im 5. Jahrhundert wo nicht unterbunden, so doch untersagt. Noch vor 408 wurde bestimmt, daß Kolonen weder freiwillig noch gezwungen ins Heer eintreten dürften. 409 heißt es, ein Kolone dürfte nur mit Zustimmung seines Herrn Geistlicher werden, und wenn er das schon sei, müsse der Herr die Steuer übernehmen. 426 wurde den Kolonen jedes Staatsamt verwehrt. Justinian verordnete, daß ein Kolone oder Sklave, der sich drei Jahre in einem Kloster versteckt habe, von seinem Herrn nicht mehr zurückgefordert werden könne.

Unter Justinian befand sich der hörige Kolone so wie der Sklave in der *potestas domini*. Beider Rechtsstand wird in den Quellen als *servilis conditio* bezeichnet. Wir hören von *coloni quasi servi* wie auch von *servi quasi coloni*. Eine Annäherung des Status von Sklaven und Kolonen bestätigen die häufigen Ehen zwischen beiden Personengruppen, Kinder folgten dem Stande der Mutter. Für die Eheerlaubnis war dem Herrn eine Gebühr zu entrichten. Wenn eine Frau aus dem Kolonenstande einen freien Mann heiratete, sollten ihre Kinder gleichwohl ins Kolonat zurückkehren. Kinder von Hörigen mit freien Frauen wurden frei. Das konnte dem Herren mißfallen, daher durfte er seinen Knecht auspeitschen oder durch den Statthalter auspeitschen lassen und die Verbindung trennen. Der prinzipielle Unterschied zwischen Kolonen und Sklaven wurde allerdings nie aufgehoben.

Zu den Wesenszügen der spätantiken Landwirtschaft gehört das Patrozinienwesen. Eine große Zahl von Kolonen geriet unter die Abhängigkeit des grundbesitzenden Reichsadels. Diese Herren suchten ihren Gütern die Rechte der Domänen zu sichern, indem sie ihren Kolonen gegenüber Magistratsbefugnisse beanspruchten. Wie die kaiserlichen Prokuratoren übten sie die Patrimonialgerichtsbarkeit aus, bestimmten die Wehrpflichtigen und besaßen häufig das Vorrecht der Autopragie, d. h. das Recht, die Steuern unter Umgehung der Städte unmittelbar an den Staat abzuführen. Die Lösung von der Stadt zeigt sich auch in dem mehrfach nachweisbaren Marktrecht und in dem Bestreben, eigene Kirchen und eigene Bischöfe zu unterhalten. Die Privatisierung von staatlichen Hoheitsrechten verwandelte Grundbesitz in Grundherrschaft.

Der spätantike Begriff *patrocinium* enthält den Terminus *pater,* der die so entstehenden Einheiten als «Familien» kennzeichnet. Als *patroni* werden in der älteren römischen Geschichte die Herren von Klienten bezeichnet, und dieses Schutzverhältnis gewann in der Spätantike wieder an Bedeutung, und zwar im gleichen Maße, wie der Staat seine Schutzfunktion versäumte, ja als eine Instanz erschien, gegen welche Schutz nötig wurde.

So finden wir einflußreiche Männer als *patroni* von beliebigen schutzbedürftigen Personen und Gruppen, nicht nur von Bauern, sondern ebenso von kleineren Städten und Berufskörperschaften. Der Stadtpräfekt von 337 Aradius Proculus wurde inschriftlich geehrt als *patronus* der Schweinehändler, der Müllerbäcker und der Bewohner von Puteoli. Als *patroni* kamen alle mächtigen Personen in Frage: Militärs, Beamte und Senatoren, Geistliche, Kirchen und Klöster. Augustinus (ep. 58; 66) bezeugt, daß die Herren ihren Hintersassen das Bekenntnis vorzuschreiben suchten.

Im allgemeinen war das Verhältnis auf beiden Seiten erblich. Es wurde begründet durch einen Vertrag, den ein *tabellio* aufsetzte. Dem Inhalt nach sind zwei Formen zu unterscheiden. Bei dem älteren, im Osten bezeugten Typus verpflichtete sich der Klient zu Abgaben oder Zahlungen an den

Patron, behielt aber sein Land. Bei dem späteren, im Westen verbreiteten Typus übereignete der Klient seinen Grundbesitz dem Patron oder setzte ihn zum Erben ein. Der Patron übernahm die Interessenvertretung (*defensio*) gegenüber dem Staat und überließ dem Klienten seinen Besitz zum Nießbrauch.

Über die Funktion der *patrocinia* sind wir besonders gut durch Libanios (or. 47) und durch Salvianus (GD. V 35–46) unterrichtet. Libanios steht auf Seiten der Curie. Er beschreibt, wie sich die Bauern mit den Soldaten gutstellten und dafür von diesen gegen die curialen Steuereinnehmer beschützt würden. Die Folge wäre, daß die Curialen die Differenz aus der eigenen Schatulle aufbringen müßten. Viele Curialen gäben aus Angst vor der Bleipeitsche ihren Besitz auf, verlören so ihren Sitz und belasteten damit die verbleibenden Curialen desto mehr.

Salvian vertritt die Seite der Landleute. Er klagt, daß die armen Bauern, die den Steuerforderungen nicht mehr gewachsen seien, Schutzverträge mit den Reichen und Mächtigen abschlössen, die ihnen *patrocinium* gewährten und dafür die Güter zu eigen bekämen. So verlören die Bauern ihr Eigentum und ihre Freiheit. Es ist deutlich, wie das *patrocinium* vor allem gegen die Steuereintreiber (*exactores*) gedacht war, daneben schützte es auch vor der Strafjustiz, wenn Theodosius 392 die *patrocinia* deswegen verbot, weil sie Räuber und andere Verbrecher begünstigten. Libanios (or. 47,6) bestätigt das. Im Jahre 444 umgab sich ein zum Illustrissimat aufgestiegener Ratsherr aus Emesa mit einer großen Schar von Barbaren, erbrach die Provinzkasse und widersetzte sich mit einem *servile praesidium* der Staatsgewalt.

Der mit dem Patrocinium verbundene sozialgeschichtliche Umbruch läßt sich kaum aus der zielbewußten Politik einer Gruppe herleiten. Viel eher scheint es sich allen Beteiligten als das kleinere Übel dargestellt zu haben. So müssen es jedenfalls jene Bauern gesehen haben, die sich freiwillig einzelnen Mächtigen unterstellt haben. Den Grundherren selbst war die Entwicklung fraglos willkommen, obschon eine Schwächung der Staatsgewalt angesichts der äußeren und inneren Bedrohung nicht in ihrem wohlverstandenen Eigeninteresse gelegen haben kann.

Die kaiserliche Gesetzgebung versuchte, allen Erfordernissen gerecht zu werden. Auf der einen Seite mußte sie fürchten, daß die Zentralgewalt schwächer und schwächer wurde. Darum untersagte sie den Grundherren, Privatgefängnisse zu unterhalten. Theodosius bezeichnete das 388 als Majestätsverbrechen. Zeno wiederholte die Bestimmung 486. Justinian befahl, die Herren selbst in ihre Gefängnisse einzusperren, und zwar genau so lange, wie ihre eigenen Opfer darin gesessen hätten. Die Wiederholung des Gesetzes beweist den Mißerfolg, aus Ägypten kennen wir solche Privatkarzer.

Die Übernahme staatlicher Hoheitsrechte durch die Grundherren zeigt sich weiter in der Privatpolizei auf den großen Gütern. Die Bewaffnung von Kolonen war zunächst ein Akt der Notwehr gegen Reichsfeinde, die der Kaiser nicht abzuwehren vermochte, so in Thessalien gegen Alarich, in Pamphylien gegen Tribigild, in Spanien gegen Constantin III. In dauerhaft bedrohten Gebieten wurden die Schutztruppen der Grundherren eine stehende Einrichtung, so die Balagriten des Synesios (ep. 104; 132) in der Kyrenaika, die gotischen Buccellarier der Apionen in Ägypten (s. III 1 d) und die isaurischen Hauswachen in Kappadokien, die Leo und Justinian verboten.

Der Kampf der Kaiser seit Claudius Gothicus und Diocletian gegen die Patroziniumsbewegung war aussichtslos. Immer mehr Untertanen entzogen sich ihren Pflichten, indem sie sich «im Schatten der Mächtigen verbargen». Die Kaiser haben die Schutzverträge mehrfach für ungültig erklärt, haben die Staatspflichten der Klienten den Herren aufgebürdet, haben den *patroni* wachsende Geldstrafen, ja Enteignung und den Bauern Prügel angedroht, doch alles vergeblich. Bisweilen zeigt sich die Einsicht in die Ohnmacht der Zentrale, wenn ältere, bis zu einem bestimmten Jahre abgeschlossene Verträge anerkannt und nur jüngere und künftige untersagt wurden. Noch Justinian hat sich gegen diese Feudalisierungstendenzen gewandt und galt darum als Feind der Großgrundbesitzer.

Ebenso erfolglos wie das Verbot war der Ersatz der privaten Patrone durch staatlich bestellte *defensores plebis* oder *civitatis*. 368 schuf Valentinian dieses Amt, um die Bevölkerung, zunächst in Illyricum, vor den Mächtigen zu schützen. Diese *patroni* sollten vom Reichspräfekten aus dem Kreise des Reichsadels – nicht des Stadtadels – bestellt werden. 370 verfügte Valens entsprechende Staatspatrozinien für die Landbevölkerung im Osten. Aus den übrigen Gesetzen ergibt sich, daß die *defensores* vorrangig gegen Übergriffe bei der Steuereintreibung schützen sollten, doch wurden sie 392 auch mit der Bekämpfung des Räuberwesens beauftragt. Theodosius I beschränkte die Amtszeit auf fünf Jahre, Honorius forderte von den Defensoren Rechtgläubigkeit und gestattete den Bischöfen Mitsprache bei der Bestellung.

Die Patroziniumsbewegung erwuchs aus dem Versagen der staatlichen Schutzfunktion, nicht zuletzt gegenüber dem Räuberwesen. Es scheint, wie wenn selbst die kaiserlichen Schafhirten im Nebenberuf Räuber gewesen seien. 409 untersagte Honorius, Hirten als Zieheltern zu wählen – es war üblich, daß Bessergestellte ihre Kinder zum Aufziehen Bauern überließen –, wer das tue, mache gemeinsame Sache mit der *societas latronum*. Unter Diocletian wurde Gallien von den Bagauden heimgesucht, die nochmals im 5. Jahrhundert in Gallien und Spanien auftraten (s. III 2 d).

Seit dem 4. Jahrhundert waren die Villen vielfach umwehrt. 420 gestattete Theodosius II, private Häuser und Grundstücke mit Mauern und Türmen zu befestigen, wie das für Städte üblich war. Wie derartige Senatorenburgen (*burgi*) ausgesehen haben, beschreibt Sidonius Apollinaris. Solche Privatfestungen sind archäologisch nachgewiesen. Sie schützten nicht nur vor Banden und Barbaren, sondern auch vor der Staatsgewalt. Insofern zählen sie ebenfalls zu den feudalistischen Elementen der Spätantike.

Neben Kolonenflucht und Patrozinienbewegung lag ein weiteres Problem der spätrömischen Landwirtschaft in der Verödung, in den *agri deserti*. Bereits Pertinax hatte dazu aufgefordert, verlassene Ländereien in Italien und in den Provinzen wieder zu bebauen, und wer immer staatliches oder privates Ödland unter den Pflug nähme, sollte es als Eigentum behalten und zehn Jahre steuerfrei bewirtschaften dürfen. Aurelian hatte dann die Curien für leeres Land haftbar gemacht und Übernahmewilligen drei steuerfreie Jahre genehmigt. Constantin, der auch die verwilderten Äcker der Häduer entschuldete, und Valentinian wiederholten dies. Theodosius bestimmte, daß der alte Grundherr noch zwei Jahre lang seinen aufgegebenen Besitz zurückfordern könne, danach hätte er diesen verloren. Wer die Sklaven verlassener Domänen übernähme, müsse die Steuern für den zugehörigen Boden zahlen.

Unter Julian gab es unbestellte Ländereien unter anderem in Gallien und um Antiochia, damals waren in manchen Gegenden fünf Prozent des Bodens unbebaut, unter Valens in Asia zehn Prozent, ebensoviel Land lag um 400 in Campanien brach. Auf den africanischen Domänen in der Proconsularis und der Byzacena war 422 über die Hälfte wüst. Brachland gab es ebenso in Ägypten.

Die Verödung weiter Strecken des spätrömischen Landes beruht auf einer Mehrzahl von politischen und sozialen Faktoren. Im Hinterland von Rhein, Donau und Euphrat sowie in Nordafrika haben Barbareneinfälle eine regelmäßige Bodenbestellung unmöglich gemacht. Im Binnenland war die Steuerlast so hoch, daß die Bestellung magerer Böden zunehmend unrentabel wurde. Steigende Anforderungen bei vermutlich abnehmender Bevölkerung belasteten die Landwirtschaft stärker als zuvor.

Die Folge war ein Vordringen der Wüste in Nordafrika, wo die Bewässerungsanlagen verfielen. In Gallien, Ägypten und Syrien breitete sich das Gestrüpp auf den Äckern aus. Die Höhen verkarsteten durch Entwaldung, in den Niederungen entstanden Malariagebiete. Die zuweilen unter den Verfallsgründen der römischen Kultur hoch veranschlagte natürliche Auslaugung des Bodens ist dagegen schwer abzuschätzen, denn einerseits war die Düngung bekannt – Palladius (agr.) behandelt zwölf Arten Mist –, und andererseits begegnen uns die *agri deserti* auch in Ägypten, wo der Nilschlamm die Fruchtbarkeit regelmäßig erneuert, sofern das Wasser entsprechend genutzt wird.

Im 4. Jahrhundert zeigt die Landwirtschaft noch verbreiteten Wohlstand. Fruchtwechsel förderte die Erträge, die Zahl der angebauten Pflanzen wuchs, die Viehzucht erfreute sich kaiserlicher Fürsorge. Anzahl und Vielfalt der Eisenwerkzeuge nahmen deutlich zu. Die Lebensmittelexporte an die Barbaren (s. III 3 b) bezeugen einen Überschuß über das hinaus, was Heer und Hof, was Städte und Klöster verzehrten. Ein steigender Bedarf des Staates und eine wachsende Belastung durch äußere und innere Kriege begannen die Bauern indes seit constantinischer Zeit zu überfordern. Die mit dem Kaiserwechsel gewöhnlich verbundene Tilgung der Steuerschulden läßt vermuten, daß Rückstände normal waren.

Um die Steuerkraft der Grundbesitzer zu sichern, haben die Kaiser die Bindung der Kolonen an die Scholle verfügt. Daraus entstand das für die Spätantike kennzeichnende halbfreie Kolonat, eine Art Hörigkeit der *servi quasi coloni*. Die Bauern ihrerseits reagierten auf den Steuerdruck, indem sie sich dem *patrocinium* mächtiger Grundherren unterstellten, von denen sie sich Schutz vor der Staatsgewalt versprachen. Die Kaiser waren dieser Entwicklung gegenüber machtlos, weil sie auf ihre Beamten und Offiziere, die *patroni* also, angewiesen waren. Ähnlich wie das Gefolgschaftswesen der *buccellarii* im militärischen Bereich bezeugt die Patroziniumsbewegung in der Landwirtschaft eine Tendenz hin zur mittelalterlichen Feudalgesellschaft. Unter germanischer Herrschaft hat sich am Sozialgefüge, an der Rechtslage und an den Produktionsweisen der Bauern wenig gewandelt.

Die Lage der Landwirtschaft in der Spätantike verbindet somit Dekadenzsymptome mit Übergangserscheinungen. Insgesamt geht die Bedeutung des Städtewesens zugunsten des Landlebens zurück. Dies ist unter kulturellem Aspekt ein Verfallsmerkmal, kann aber unter sozialem Blickwinkel auch als Gesundungsprozeß aufgefaßt werden. So sah es jedenfalls Max Weber (1896). Er erblickte in der Kleinbauernfamilie und der «Düngerluft des Fronhofs» die Wurzeln der mittelalterlich-europäischen Kultur.

b) Das Gewerbe

«Unsere Städte hat der Glanz verlassen, in dem sie einstmals erstrahlten», so beklagte Kaiser Honorius im Jahre 400 die Neigung der Gewerbetreibenden, aufs Land abzuwandern. Handwerker und Händler lebten stets vorwiegend in den Städten, deren Wohlstand auf einer hochgradigen Arbeitsteilung beruhte.

Die ganze Vielfalt im Gewerbe einer spätantiken Stadt tritt uns entgegen den Sarkophag-Inschriften aus Korykos in Kilikien. Sie tragen, anders als sonst üblich, regelmäßig die Berufsbezeichnung des Verstorbenen. Angesichts des Preises, den ein Sarkophag kostete, ist es bemerkenswert, wieviele verschiedene Berufszweige sich solche leisten konnten. In den 588 Inschriften erscheinen zunächst die mit dem Hafen verbundenen Personen: Schiffseigentümer, Segelnäher, Schiffbauer, Hafenbeamte, Purpurschneckensammler, Fischer und Netzflicker. Häufig sind Weinhändler und Weinfahrer, Leinenhändler, Weber, Wollweber, Wollwäscher, Sticker und Kämmer, Walker, Töpfer mit ihren Lohnarbeitern und Schuster. Aus der Metallverarbeitung finden sich: Kupferschmiede, Goldschmiede, Messerschmiede, Waffenschmiede, Scherenschleifer und Schlosser. Aus der Lebensmittelbranche begegnen verschiedene Arten von Bäckern, Müller, Köche, Metzger, Wursthändler, Gemüsehändler, Getränke- und Imbißverkäufer, Obsthändler, Pistazien- und Olivenhändler. Wirte von Gaststätten und Herbergen sowie zahlreiche Geldwechsler versorgten die Fremden; aus dem Baufach sind Architekten, Marmorarbeiter und Steinhauer bezeugt. Das Bild wird vervollständigt durch Ärzte, Hebammen, Totengräber, Barbiere, Badbesitzer, Drechsler, Gemmenschneider, Lampenmacher, Glasbläser, Papyrusbearbeiter, Mechaniker, Gärtner, Falkner, Teppichhändler, Drogisten, Dungverkäufer und Holzhauer. Für die Kultur sorgten Sänger und Vorleser, für die Religion Mönche und Priester. Viele von diesen übten dazu einen Brotberuf aus als Obsthändler, Netzflicker, Schankwirt, Fleischer, Segelnäher, Töpfer, Gemmenschneider, Goldschmied oder Geldwechsler. Von einigen Berufszweigen werden Zünfte erwähnt, so die der Leinenhändler, Goldschmiede und Geldwechsler.

Trotz dieses differenzierten Bildes ist die Spezialisierung im Verhältnis zur hohen Kaiserzeit zurückgegangen. Im lateinischen Bereich sind in der Spätantike nur noch etwa 55 Prozent der älteren Berufsbezeichnungen nachweisbar, von einem ursprünglichen Bestand von 525 noch 287. Davon sind allerdings 53 neu.

Ihrer wirtschaftlichen Bedeutung entsprechend sind wir besonders gut unterrichtet über die Bekleidung. Zwei Grundformen sind zu unterscheiden: das Umschlagtuch, das oft durch eine Spange (*fibula*) zusammengehalten wurde (*amictus*), und das Hemd, das man über den Kopf zog (*indumentum*). Zum ersten Typ gehörten Toga, *pallium* und *paludamentum*, zum zweiten *tunica, paenula* und *mantellum*. Die Frauentracht war gewöhnlich fußlang, die der Männer reichte bis zum Knie. Als Schuhwerk dienten zumeist «Sandalen», das Wort ist aus dem Persischen über das Griechische und Lateinische zu uns gekommen.

Lange Hosen wurden zunächst als barbarisch abgelehnt. Das im Lateinischen übliche Wort *bracae* ist keltischen Ursprungs. Wie die Kelten und Parther trugen die Germanen Hosen, Lucan (I 430 f) überliefert es von den Vangionen, Agathias (II 5,3) von den Franken. Im Diocletianstarif (7,42; 46) werden Hosen und Hosenmacher aufgeführt. Severus Alexander soll weiße statt der üblichen purpurnen Hosen getragen haben. 397 verbot Honorius das Hosentragen in Rom.

Über das Aussehen spätantiker Kleidung informieren uns die Kunstgewerbe der Zeit, insbesondere die Mosaiken aus Piazza Armerina und Ravenna. Originale Textilien sind in großer Zahl in Ägypten gefunden worden, die koptischen Stoffe gestatten uns einen guten Einblick in die spätrömische Tuchherstellung. Der Maximaltarif (19; 27) nennt Preise für über hundert verschiedene Gewänder.

Das Woll- und Flachsgarn wurde überwiegend in Heimarbeit gesponnen, im Osten vielfach von Eremiten (VPach. 4), sonst kennen wir keine darauf spezialisierten Berufe. Solche gibt es erst für die verschiedenen Verarbeitungsformen, für das Weben, Nähen, Sticken, Brokatwirken, Walken und Färben. Der Diocletianstarif (12,32 ff; 20 ff) verzeichnet Stücklöhne und Gerätepreise der Textilbranche.

Der wichtigste Rohstoff für die Bekleidung war ursprünglich die Schafwolle. Schafe wurden in allen kargen Gebieten gehalten. Als Ausfuhrgebiete von Wolle werden genannt: Sizilien und Unteritalien, Zentralspanien, Anatolien und Nordgallien. Die Wollpreise im Maximaltarif (25) reichen von 25 bis 400 Rechendenare das Pfund. Stoffe aus Hasenhaaren, die auch im Edikt erscheinen (19,73 a), kamen aus Kappadokien und von der Insel Imbros.

In der Spätantike wurde mehr Leinen als Wolle getragen. Der längste Abschnitt im Preisedikt (26 f) überhaupt gilt Leinenwaren, er umfaßt über 300 Nummern und ist nicht einmal ganz erhalten. Flachs wurde angebaut im Hinterland der Leinenexport-Städte Gades in Spanien, Antinupolis in Ägypten sowie in Syrien und Cypern. Die teuersten Leinengewänder kosteten das Zwanzigfache der billigsten. Baumwolle war im Westen seit Alexanders Zeiten bekannt, im Maximaltarif (26,243; 247 a) begegnet sie als Kissenfüllung. Das Wort dafür, τύλη, kommt aus dem Sanskrit, die Pflanze aus Indien. Baumwollanbau gab es in Syrien und Cypern. Spanien exportierte Pfriemengras (*spartum*), das für Seile, Körbe, Matten, geflochtene Schuhe und dergleichen verwendet wurde.

Die wichtigste Quelle über Leder und Pelze ist wieder der Maximaltarif (8) mit 43 Nummern. Er unterscheidet gegerbte und ungegerbte Häute nach mehreren Preisklassen. Am teuersten war das babylonische Leder von Ziegen und Antilopen, es wurde oft purpurn oder weiß gefärbt und für feine Sandalen, Gürtel, Achselbänder und auch zum Bucheinbinden gebraucht. Junior nennt Caesarea Cappadociae als Handelsplatz dafür. Rindsleder brauchte man für Schuhsohlen, Riemen, Sattelzeug und dergleichen.

Weiterhin werden genannt Felle von Ziegen und Schafen für Decken und Mützen, sodann Pelze von Hyänen, Rehen, Hirschen, Wildschafen, Wölfen, Mardern, Bibern, Bären, Luchsen oder Schakalen (*lupus cervarius*), von Robben, Leoparden und Löwen. Die Beliebtheit dieser Felle wurzelt teilweise in abergläubischen Vorstellungen. Pelzkleidung galt als barbarisch und war in Rom verboten.

Anschließend erscheinen die Preise von 25 Sorten Schuhen (ED. 9): Stiefel für Bauern und Fuhrleute, genagelt und ungenagelt, vornehme Patrizierschuhe, die zur Toga getragen wurden, Senatoren- und Ritterschuhe, Frauen- und Soldatenstiefel, Sandalen und Pantoffeln in verschiedener

Ausführung. Laufboten trugen besondere Schuhe. Riemen und Sattlerwaren, mit 19 Tarifen vertreten, stehen in Verbindung mit Pferd und Wagen (10), Lederschläuche dienten zur Aufbewahrung von Wein, Öl, Käse usw. (10,13–15). Zur Herstellung von Filz verwendete man Haare von Ziegen und Kamelen (11), auch Säcke, besonders doppelte Packsäcke für Esel, wurden daraus gemacht.

Für die spätrömische Bekleidung wichtig und typisch ist die Seide. Sie stammt aus China und gelangte bereits in vorgeschichtlicher Zeit über die Seidenstraße nach dem Westen. Der antike Name für die Chinesen, Seres, stammt von dem Wort für den Seidenwurm. In Rom wurde Seide unter Augustus Mode; im Jahre 16 n. Chr. verbot der Senat Männern das Tragen von Seidengewändern, auf die Dauer ohne Erfolg. Diocletian (20) nennt Preise für Rohseide, Seidengarn, Purpurseide und halbseidene Gewänder sowie Löhne für das Zwirnen, Weben, Sticken und die Appretur von Seide. Der wichtigste Umschlagplatz bis ins 3. Jahrhundert war Palmyra, nach der Zerstörung 273 dann Batnae im nördlichen Syrien, wo auf dem Jahrmarkt Anfang September Inder und Chinesen ihre Waren feilboten. Ursprünglich, so schreibt Ammian (XXIII 6,67), konnten sich nur die Reichsten Seidenkleider leisten, nun aber trügen solche auch Angehörige der Unterschichten. Seidenwebereien für importierte Rohseide gab es in Kleinasien und Phönikien.

Seit Valens beanspruchten die römischen Kaiser für Seide ein Monopol. Justinian ließ die eingeführte Roh- oder Fadenseide durch *commerciarii*, die dem *comes commerciorum* unterstanden, aufkaufen und teils dem *comes sacrarum largitionum* für den Hofbedarf zuführen, teils an Seidenhändler weiterveräußern. Die *commerciarii* versiegelten ihre Ballen mit dem Bilde des Kaisers; Werkstätten und Lagerhäuser befanden sich in Berytos, Antiochia und Tyros.

Die vom Kaiser verordneten Höchstpreise ließen sich indes nicht halten. Das nahm er zum Anlaß, die Verarbeitung zu verstaatlichen. Die Seidenarbeiter wanderten großenteils nach Persien aus, und die Preise stiegen erst recht. Als die Kriege mit Persien die Seideneinfuhr erschwerten, suchte Justinian durch die Vermittlung von Äthiopien und Indien Seide zu erhalten, doch sperrten die Perser auch den Indischen Ozean. Erst 551 gelang es, durch indische Wandermönche Eier des Seidenspinners aus China zu beschaffen. Darauf begründete Justinian eine eigene Seidenraupenzucht, die in der späteren byzantinischen Geschichte an Bedeutung gewann.

Was wir über das Färben der Textilien wissen, bezieht sich überwiegend auf den Purpur (ED. 24). Der Farbstoff wird von der Purpurschnecke ausgeschieden und erzeugt unterschiedliche Tönungen, vor allem Violett. Die meisten Purpurfärbereien (*baphium*, gesprochen: *vaphium*) lagen an den Mittelmeerküsten: in Phönikien, dem Ursprungsland des Gewerbes, in den ionischen Städten Kleinasiens, auf Cypern, Djerba und den Balearen. In Nicaea und Galatia färbte man auch mit Scharlach, falschem Purpur (*coccum*). Die staatlichen Färbereien wurden von Prokuratoren geleitet. Die ‹Notitia Dignitatum› nennt sie im Osten (or. XIII 17) nur pauschal, führt im Westen dagegen neun geographische Kompetenzbereiche auf (occ. XI 64 ff). Die *procuratores baphiorum* unterstanden dem *comes sacrarum largitionum* (s. III 1 b).

337 wurden die Purpurschneckensammler von Staatslasten befreit. Diese Vorrechte waren so geschätzt, daß selbst Curialen sich in den Färberstand einschlichen. Die Privilegien brachten Zunftpflichten mit sich, die auf den Schwiegersohn eines Muschelsammlers und auf die Söhne seiner Töchter übergingen. Die Zweckentfremdung ihrer Schiffe und die Übernahme ziviler oder militärischer Ränge wurde untersagt, selbst der Eintritt in den Klerus verboten. Männer, die ihren Stand verlassen hatten, sollten in ihn zurückkehren; die Käufer ihrer Güter sollten diese zurückgeben oder die Zunftpflicht übernehmen.

Um 390 wurde der echte Purpur zum Staatsmonopol erklärt. Durchzusetzen war das jedoch nicht. 436 hatten die phönizischen Färber mit staatlichem Purpur 300 Pfund privater Seide gefärbt. Theodosius II beklagte, daß schon unzählige Male der Verkauf von staatlichem Purpur verboten worden sei und ordnete eine strenge Untersuchung an. Ganzfarbige Purpurgewänder aus Seide wurden 424 für das Kaiserhaus beansprucht, Justinian gestattete solche den Frauen.

In der Textilbranche lassen sich drei Produktionsformen unterscheiden: Selbstversorgung in Heimarbeit, Produktion für den Markt und staatliche Selbstversorgung in Fabriken. Die Herstellung für den Hausgebrauch ist schon in der späten Republik zurückgegangen. Die Vorliebe des Augustus für die Gewänder, die ihm die Frauen seines Hauses genäht hatten, gehört zu seinen nostalgischen Regungen. Erst in der Spätzeit gewinnt die Heimarbeit auf den großen Gütern wieder Bedeutung, setzt aber jeweils eine beträchtliche Zahl von Arbeitern voraus.

Wichtiger als die Produktion für den Eigenbedarf war die für den Markt. Bis ins 4. Jahrhundert verdienten auch einfache Leute genug, um sich ihre Kleider kaufen zu können. Der Preistarif Diocletians erwähnt billige Sklavenkleidung als Marktware. Vermutlich wurden die meisten Textilien in privaten Kleinbetrieben hergestellt, doch gab es auch Großproduzenten, etwa in Alexandria.

Da Textilien leicht und haltbar sind, eignen sie sich vorzüglich als Handelsgut. Der Maximaltarif und die ‹Expositio› bezeugen, daß unter den handwerklichen Erzeugnissen der Spätantike Stoffe und Gewänder die wichtigsten Handelsartikel darstellten. Tuchhändler (*vestiarii*) durchzogen das Reich, in allen Hafenstädten sind sie zu finden. Exportländer für Kleider waren Syrien, Galatien, Phrygien, Noricum, Spanien, Mauretanien und Ägypten. Dalmatischen Ursprungs ist die «Dalmatica» genannte Tunica der katholischen Geistlichen. Das spanische *mantum* und das cyprische *mantelium* lebt in unserem Wort «Mantel» fort. Teppiche und Decken kamen aus Africa, Ägypten, Syrien, Kappadokien, Pontus und Britannien.

Neben der privaten Herstellung für den Eigenbedarf und für den Markt stehen die staatlichen Fabriken für Woll- und Leinenwaren. Sie unterstanden dem *comes sacrarum largitionum.* Die Arbeiter erhielten Rohstoffe und ein Entgelt vom Staat und hatten eine bestimmte Menge an Militärmänteln im Monat abzuliefern. Textilfabriken gab es schon in der Zeit der Christenverfolgung, denn Constantin erlöste nach seinem Sieg über Licinius die christlichen Strafarbeiter daraus. Der Name *gynaeceum* (Weiberstube) beweist, daß diese Fabriken zuerst im Osten eingerichtet wurden und anfangs überwiegend mit Frauen betrieben wurden. In diesen *gynaecea* wurde offenbar Wolle verarbeitet, denn daneben werden *linyphia,* Leinenwebereien, genannt. Derartige Großwerkstätten sind in 22 Städten bezeugt.

Die Produktion lag bisweilen unter dem staatlichen Bedarf, dann wurden Kleiderabgaben als Naturalsteuer ausgeschrieben. Es kam auch vor, daß der Staat nicht alles brauchte, dann verkaufte er den Überschuß an Händler. Sie beschwerten sich 395 über die hohen Preise, worauf eine Untersuchung angeordnet wurde. In den *gynaecea* arbeiteten (nur?) Staatssklaven. Freie Frauen, die einen Arbeiter heirateten, wurden in denselben Stand eingeschrieben. Wie bei allen gebundenen Berufen erhob sich in den Textilfabriken das Problem der Arbeitsflucht. 372 befahl Valens, die entwichenen Arbeiter hätten zurückzukehren. Diese Bestimmung wurde 374 im Hinblick auf die Leineweberei von Skythopolis in Galilaea und generell 380 wiederholt.

Der wichtigste Bereich im antiken Handwerk neben der Bekleidung umfaßt die Metalle. Unser Wort «Metall», seit dem 13. Jahrhundert üblich, kommt vom lateinischen *metallum,* das über das griechische μεταλλεῖον vermutlich aus dem Orient stammt. Es bezeichnet zugleich das Bergwerk. Die Verurteilung *ad metalla* bedeutet Zwangsarbeit in der Erzgewinnung oder in Steinbrüchen. Seit den Flaviern gehörten Bergwerke und Steinbrüche dem Kaiser.

Das Gold kam in der Spätantike aus Asiana, Pontica, Thrakien mit dem Rhodope-Gebirge, aus Gallien, Nordwestspanien und Britannien. Die Ausbeutung der Bodenschätze wurde überwacht vom *comes metallorum per Illyricum* im Osten und vom *comes auri* im Westen. Die Verwaltung des staatlichen Edelmetalls oblag dem *comes sacrarum largitionum* (s. III 1 b). Die Aufsicht an Ort und Stelle war ehrenamtlichen Prokuratoren aus dem Curialenstande jener Städte übertragen, auf deren Gebiet das Golderz gebrochen oder gewaschen wurde.

Die *metallarii* unterlagen einer erblichen Zunftpflicht. Wenn sie entwichen und Ehen mit Privatleuten schlossen, ging die Pflicht auf die Hälfte

der Kinder, jedenfalls auf den einzigen Sohn über. Da in der Goldwäsche-
rei seit alters auch Frauen arbeiteten, wurden sie in gleicher Weise herangezogen. Verkauften *metallarii* ihren goldhaltigen Grund, so übernahm
der Nachbesitzer die Pflicht. Eine Überschreibung von Goldwäschern in
die Steuerlisten der *annona* war unstatthaft. An Goldarbeitern mangelte es.
Privatpersonen wurde 365 und 392 angeboten, in diesen Stand einzutreten. Sie hätten in Thrakien 8 Skrupel (knapp 9 Gramm), in Kleinasien 7
im Jahr abzuliefern und sollten das zusätzlich gewonnene Gold dem Fiskus
für einen festen Preis verkaufen. Dies scheint aber nicht genügend Männer
gelockt zu haben. Denn 369, 373 und 424 hieß es, flüchtige Goldsucher
seien zurückzubringen. 369 und 378 suchten sie in Sardinien Zuflucht, vermutlich durch die Silber- und Bleivorkommen dort angelockt. 376 liefen
die thrakischen Goldarbeiter in Massen zu den Westgoten über. 386 heißt
es, die Prokuratoren sollten sich nicht unter dem Vorwande feindlicher
Bedrohung ihrer Pflicht entziehen; angesichts der Goten in den Donauprovinzen war die Sorge nicht ganz grundlos.

Der Goldbedarf des Staates war enorm. Er benötigte das Gold vor allem
für die Münzprägung, die seit Constantin auf dem Goldfuß stand (s. II 3).
Goldmünzen brauchte man für den Sold der Armee und als Tribute an die
Barbaren (s. III 1 d). Gewänder mit Borten aus Goldbrokat durften nur in
staatlichen Textilfabriken hergestellt und von Privatpersonen nicht getragen werden. Justinian beschränkte dieses Verbot auf die Männer. Künstlerische Goldarbeiten wurden insbesondere für die Kirche und den Hof
gefertigt. Wie die Künstler überhaupt, so waren auch die Goldschmiede,
Vergolder und Brokatarbeiter von staatlichen Lasten befreit. Der Maximaltarif (ED. 28) nennt nach zwei Preisangaben für Barren und Blech Löhne
für acht Arten von Goldarbeitern.

Im Vergleich zum Golde tritt das Silber zurück. Wichtigster Fundort
war das Pangaion-Gebirge in Ostmakedonien. Die normale Parität von vier
Goldstücken gleich ein Pfund Silber bzw. ein Goldstück gleich 24 Silber-
stücke schwankte. Silbermünzen waren selten. Ab 372 wird das Silber in
den Gesetzen über die *lustralis collatio* nicht mehr genannt, ebenso erwähnt
das Gesetz von 430 über die Ablösbarkeit der *annona* durch Metallabgabe
Gold, Bronze und Eisen, aber kein Silber. Die Silberschmiede (*argentarii*) –
berühmt waren die von Karthago – wurden 337 von staatlichen Lasten freigestellt. Sie produzierten arbeitsteilig. Ihr Versuch, Ehrenränge als *cohortales*
in den Provinzverwaltungen zu erhalten, wurde 436 durchkreuzt. Im gleichen Maße, in dem sie sich zu Bankiers entwickelten, gelang es ihnen aber
doch, Ehrenstellen zu erringen. Dies gilt, wie die Gesetze Justinians zeigen, insbesondere für die *argentarii* Konstantinopels. Julianus Argentarius,
der nach dem Sieg über die Ostgoten in Ravenna die Kirchen San Vitale
und Sant'Apollinare in Classe vollendete, war einer der reichsten Finanz-
leute seiner Zeit.

In der aristokratischen Repräsentation spielt das Tafelsilber eine bedeutende Rolle. Prunkvolles Geschirr demonstrierte den Rang des Gastgebers und erhöhte sein Ansehen. Der Kaiser, hohe zivile und militärische Amtsträger, Senatoren und Bischöfe verfügten über silbernes Tafelgerät, wie nicht nur literarische Zeugnisse lehren, sondern insbesondere die grandiosen Schatzfunde dartun, so der von Kaiseraugst (s. II 4), der vom Esquilin, der aus Mildenhall, die Münchener Licinius-Schalen, das Theodosius-Missorium (s. II 7) und der Seuso-Schatz.

Spätrömische Fundorte für Eisen sind im Westen bezeugt in Spanien, Britannien, in Dalmatien und Noricum. Theoderich entsandte seinen *comes* Simeon, um die Eisenminen Dalmatiens zu prüfen. Das Eisen im Osten kam großenteils aus Thrakien, aus Cypern und besonders aus dem Taurosgebirge. Wie der 110. Brief von Basilius an den Präfekten Modestus von 372 nahelegt, war der Abbau des Erzes ähnlich organisiert wie die Goldgewinnung. Er oblag einer in erblicher Verpflichtung stehenden Bevölkerung, die jährlich eine gewisse Menge abzuliefern hatte. Basilius bat darum, den Taurusbewohnern ihre Pflicht zu erleichtern. Der Diocletianstarif (15,72 a) nennt alle möglichen Eisengeräte, der Materialpreis ist verloren.

Die zum Verhütten erforderliche Holzkohle wurde in der Umgebung der Waffenfabriken (s. III 1 b) als Frondienst eingezogen. Steinkohle kam aus Britannien und aus dem Ardennerwald, der Silva Carbonaria. Wichtige Nebenprodukte der Kohlenerzeugung waren Teer und Pech, die man zum Abdichten der Schiffe benötigte. Die Belieferung der Fabriken mit Geld statt mit Eisenerz wurde 388 untersagt. Die Schmiede (*ferrarii*) waren von Steuern befreit.

Die übrigen Metalle begegnen in den Quellen seltener. Kupfer, das mit Zinn zu Bronze (*aes*) und Messing (*orichalcum*) legiert wurde, kam aus Cypern – daher der Name *cuprum* – und Britannien, wo auch Zinn gegraben wurde. Der Staat benötigte es für die Prägung von Kleingeld und für die Herstellung von Rüstungen. Er zog es von den Steuerzahlern nach Gewicht ein. Statt 25 Pfund *aes*, hieß es, könne ein Goldstück geliefert werden. Das Bronzegeld wurde praktisch nach Gewicht gehandelt. Der Tarif Diocletians (15,67 a–71) nennt fünf Materialpreise und fünf verschiedene Typen von Kupferschmieden (*aerarii*); Constantin II befreite sie ebenso wie die Erzgießer (*fusores*) und Spiegelmacher (*specularii*) von Staatslasten.

Wie die Bronze war auch das Blei geschätzt wegen seiner Elastizität und seiner Wasserfestigkeit. Darum finden wir es als Dachbedeckung von Repräsentativbauten und für Wasserleitungen. Außerdem diente es zur Herstellung von Gefäßen, Siegeln, für Malerfarbe und Schminke. In den Bleigruben wurde vielfach auch Silber gewonnen. Die Bleiverarbeitung war schwierig; darum entband Constantin II 337 auch die *plumbarii* von öffentlichen Lasten. Die bis in jüngste Zeit vertretene Lehre von der grassierenden Bleivergiftung der spätrömischen Bevölkerung ist haltlos.

Aus dem Bereich der Baustoffe wissen wir am besten über den Marmor Bescheid. Seine Gewinnung war ähnlich geregelt wie die der Metalle. Freie und unfreie Arbeit liefen nebeneinander her. Noch Justinian hat todeswürdige Verbrecher zur Steinbrucharbeit auf der Prinzeninsel Prokonnesos im Marmara-Meer, dem «Marmor-Meer», und in Gypsus, Ägypten, begnadigt. Kapitelle aus prokonnesischem Marmor sind bis Spanien und bis auf die Krim verhandelt worden. Die Beliebtheit des Marmors spiegelt sich im Höchstpreisedikt (31), in dem Tarife für 19 Sorten aufgeführt werden. Auch der Lohn des *marmorarius* ist verzeichnet (7,5). Er gehört zu den 337 von Steuern befreiten Kunsthandwerkern. Zur Erleichterung der Marmorverarbeitung diente die von Ausonius (Mosella 361 ff) beschriebene wassergetriebene Steinsäge. In Ägypten wurde auch von gewöhnlichen Provinzialen in Steinbrüchen Fronarbeit geleistet. Bestimmte Dörfer hatten z. B. jeweils für drei Monate Arbeiter in die Alabasterbrüche bei Alexandria zu entsenden. In Oberägypten gab es Smaragdbrüche, die um 450 Olympiodor (fr. 37) mit kaiserlicher Erlaubnis besichtigt hat.

Ebenfalls in Oberägypten, im Hinterland von Myos Hormos am Ausgang des Roten Meeres, lag der Mons Porphyrites (Dschebel Duchan), der den in der Spätantike hochgeschätzten Porphyr lieferte. Unter Diocletian, der diesen Stein unter anderem für seinen Palast in Spalato brechen ließ, spielte hier (oder in Pannonien?) die Passion der *Quattuor Coronati*, die sich als Christen weigerten, eine Asklepiosstatue zu meißeln. Der Bruch unterstand dem *comes sacrarum largitionum* und wurde mit Sträflingen betrieben. Eine Kirchenruine bezeugt den Abbau bis etwa 350, danach lebten hier nur noch Eremiten. Der spätere Porphyrbedarf wurde aus Spolien, überwiegend von abgerissenen Tempeln, gedeckt. Die acht Porphyrsäulen der Hagia Sophia kamen aus Rom. Daß auch Privatleute Porphyr verwenden durften, bezeugt noch Sidonius (ep. II 2,7).

Grundsätzlich galt der ungebrochene Marmor so wie Gold, Silber und Edelsteine im Naturzustand als Staatseigentum. 320 gab Constantin jedoch die Brüche zur allgemeinen Nutzung frei, und 363 wiederholte Julian dies, um die Ausbeute anzureizen. 376 wurde den Senatoren der Hafenzoll dafür erlassen. Die Maßnahmen hatten Erfolg. 382 hieß es, wer auf Privatgrund Steine schneide, müßte ein Zehntel an den Grundherrn, ein weiteres an den Fiskus abtreten. 393 wurde alles widerrufen und der Staat als allein abbauberechtigt verkündet. Kalk und Backsteine bezog man gewöhnlich aus der näheren Umgebung (s. III 4 a). Ziegel wurden auch von Soldaten gebrannt (s. III 1 d). Die Kalkbrenner unterlagen der Berufsbindung.

Den Preisen für Bauholz (*materia*) widmet der Diocletianstarif (12) ein eigenes Kapitel. Genannt werden Fichten- (bzw. Pinien-), Eichen- und Eschenstämme, doch ist der Text lückenhaft. Ein wichtiges Ausfuhrgebiet war Dalmatien. Libanios besorgte sich Bauholz aus Lykien und Kilikien.

364 wurden den africanischen Schiffern, die dem Staat Holz brachten, die Privilegien erhöht. Ob das Holz aus Africa kam, ist damit jedoch nicht gesagt. Die Beschaffung von Bauholz wurde zunehmend schwierig. Die Vandalen bezogen im 5. Jahrhundert Schiffsholz aus Korsika. Justinian hatte Probleme damit, Balken für die Muttergotteskirche in Jerusalem zu finden. Papst Gregor der Große ließ sich für Bauarbeiten an Sankt Peter zwanzig Stämme aus Unteritalien liefern. Eulogios, der Patriarch von Alexandria, erhielt Bauholz von Gregor ebenfalls für einen Kirchenbau.

Der Rückgang der Wälder beruhte auf der Abholzung für den Haus- und Schiffsbau, für die Gewinnung von Brennholz, insbesondere für die Thermen, sowie für die Glas- und Keramikproduktion und die Herstellung von Holzkohle, namentlich in den Eisenerzgebieten. Das Umland der Städte wurde in konzentrischen Kreisen entlang den Verkehrswegen entwaldet, Aufforstung fand nicht statt. Sidonius (c. V 443 f) bemerkte 458, die Apenninen hätten viel Wald verloren; Kappadokien, wo die Kaiser von Konstantinopel die Sommerfrische verlebten, besaß heute verschwundene Wälder, auch das innere Griechenland und das obere Mesopotamien waren in der Spätantike noch waldreich. Die Bäume berühmter Haine in Syrien und Ägypten standen unter kaiserlichem Schutz.

Der Maximaltarif (7) bestimmt Löhne für verschiedene Bauarbeiter. Maurer, Kalkbrenner, Bauschreiner und Zimmerleute verdienten das Doppelte eines Landarbeiters. Marmorarbeiter, Mosaikleger und Weißbinder noch etwas mehr. Ziegelstreicher wurden nach Stückzahl entlohnt. Vier ganze Kapitel bringen die Preise für Holz und Holzwaren (12–15).

Töpferwaren sind im Tarif mit 14 Sorten vertreten (15,88). Westkleinasiatische Keramik wurde im ganzen Orient, nordafrikanische Red-Slip-Ware bis Köln und Britannien gehandelt. Die Terra Sigillata verschwand. Die Glasfabrikation behielt ihre Bedeutung. Das Glas stammt aus dem Orient. Seit hellenistischer Zeit waren Syrien und Ägypten Zentren der Produktion. Noch Diocletian (16) führt unter den Glasartikeln solche aus Alexandria und Judaea auf. Über Italien gelangte das Gewerbe nach Gallien, wo am Niederrhein in der Umgebung von Köln eine große Glasindustrie entstand. Voraussetzung dafür waren die vulkanischen Mineralien der Eifel. Aus dem 3. und 4. Jahrhundert stammen die Meisterwerke der römischen Glaskunst, die mehrfarbigen Schlangenfaden- und Netzgläser. Die Hersteller von Gebrauchs- und Kunstglas (*vitriarii, diatretarii*) gehörten zu den 337 von öffentlichen Lasten befreiten Handwerkern.

Unter den Franken wurde die Glasproduktion zunächst weiterbetrieben, verfiel dann aber im 6. Jahrhundert. Das grünschwarze «Waldglas» des frühen Mittelalters ist von geringer Qualität. Die spätantike Glasindustrie hat sich in Syrien jedoch halten können und unter der arabischen Herrschaft eine neue Blüte erlebt. Über Venedig gelangte die Glaskunst wieder ins Abendland. Obschon das Glas (lateinisch *vitrum*) von den Römern nach

Germanien gebracht wurde, ist das Wort germanischen Ursprungs. *Glesum* hieß nach Tacitus (Germ. 45) der Bernstein.

Im spätantiken Verkehrswesen ist zwischen staatlichen und privaten Unternehmungen zu unterscheiden. Für die Bedürfnisse des Hofes sorgte die *bastaga privata,* der kaiserliche Fuhrpark, der teils dem *comes rei privatae,* teils dem *comes sacrarum largitionum* unterstand (s. III 1 b). Die *bastagarii* hatten militärischen Status. Daneben konnten die genannten Hofminister auch die Staatspost benutzen.

Die Staatspost, der *cursus publicus,* stammt ursprünglich aus Persien. Von den Achaimeniden übernahmen die Diadochen das System, von diesen die römischen Kaiser. Der von Augustus eingerichtete Postdienst wurde im Laufe der Kaiserzeit ausgebaut. In der Spätantike begegnen uns zwei Abteilungen, die Schnellpost für Personen (*cursus velox*) und die Lastwagenpost (*cursus clabularis*). Der *cursus publicus* wurde mit Reit- und Packpferden, mit Maultieren, Ochsen und Eseln, mit leichteren und schwereren Wagen betrieben. Über die zulässige Höchstgröße der Postwagen gab es seit 356 ausführliche Bestimmungen. Das spätantike Wort für Postbegleitpferd *paraveredus* ist die Wurzel unseres Wortes «Pferd». Andere deutsche Lehnwörter aus diesem Sachbereich, teilweise über Italien vermittelt, sind «Brief» (von *breve scriptum,* kurze Mitteilung), «Straße» (von *via strata,* gepflasterter Weg), «Station» (von *statio,* die Pferdewechselstelle), «Siegel» (von *sigillum*) und «Post» selbst (von *posita mansio,* hingestellte Herberge).

Die Benutzung des *cursus publicus* war grundsätzlich beschränkt auf Staatsbeamte. Sie mußten jeweils schriftliche Genehmigungen (*evectiones*) vorweisen. Die ‹Notitia Dignitatum› gibt genau an, wieviele Postfahrscheine die einzelnen Amtsinhaber ausstellen durften. Ausgiebigen Gebrauch haben kirchliche Würdenträger von der Staatspost gemacht, auch hochgestellte Privatpersonen benutzten sie. Die meisten Fuhren transportierten jedoch militärische Güter, Baumaterialien für Staatsbauten und Naturalsteuern, die *annona.* Der Maximaltarif (15) liefert Angaben für mehrere Wagentypen, darunter für Schlafwagen (*dormitorium*), für Einzelteile von Wagen, für Wagenbauer, Wagenmiete, Wagenschmiere usw. Reiche Leute ließen sich in Sänften tragen. Sänftendecken bestanden aus Ziegenfellen (8,42).

Die Aufsicht über Straßen, Brücken und Stationen oblag den Statthaltern. 369 drohte Valentinian, Privatleute zu enteignen, die durchreisende Statthalter aufnahmen. Diese sollten die öffentlichen Herbergen (*mansiones,* πανδοχεῖα) benutzen und dabei zusehen, daß sie in Ordnung wären. Der Unterhalt war Frondienst der Provinzialbevölkerung. Die Herbergen wurden von bessergestellten Personen betrieben, nach der üblichen Fünfjahresfrist erhielten diese *mancipes* den Rang eines *vir perfectissimus.* Im Durchschnitt besaß jede Station fünf Pferde, doch spricht Prokop (HA. 30,4) auch von deren vierzig. Zum Ausbessern der Wagen gab es Zimmerleute, für die Tiere waren Tierärzte angestellt. Die Pferdeknechte waren Staatssklaven, deren Pflichten sich vom Vater auf den Sohn vererbten. Die zahlreichen Probleme des Postwesens spiegeln sich in den 66 Gesetzen des ‹Codex Theodosianus› (VIII 5). Immer wieder geht es um den Schutz der Tiere, sogar die Beschaffenheit der Peitschen war vorgeschrieben. Die Lasten und Kosten führten mehrfach zu Einschränkungen des Systems. Eunap (fr. 56) deutete die zunehmende Verwendung von Eseln statt Pferden allegorisch: Unsere ganze Zeit wird von Eseln getragen.

Über die Verteilung der *mansiones* unterrichten uns die ‹Tabula Peutingeriana› und die Itinerare (s. u.). Sie gab es in unterschiedlichen «Preisklassen». Archäologisch erforscht ist die Station Idimum im oberen Moesien zwischen Viminacium und Horreum Margi. Sie wurde nach dem Ausweis von 180 Fundmünzen unter Constantin ausgebaut und verlassen nach der Niederlage von Adrianopel 378. Kurz zuvor war sie durch eine Mauer im Geviert von etwa 100 m mit vorspringenden Ecktürmen befestigt worden. Im Inneren fanden sich ein «Prätorium», Bauten für Gäste und Tiere, Werkstätten und Bäder. Das spätantike Herbergswesen hat sich bis in islamische Zeit gehalten.

Eine staatliche Handelsflotte ist nicht bezeugt. Statt dessen verkehrten private Schiffe im Auftrag des Kaisers. Die daraus erwachsenden Unzuträglichkeiten sprechen aus dem Verbot Constantins, Schiffe, die mit Staatsgut von Spanien nach Rom fuhren, mit privaten Zusatzfrachten zu belasten. Die Reeder erhielten festes Entgelt für jede Fuhre. 439 verfügte Theodosius II, die Befreiung für Schiffe über 2000 *modii* Fassungskraft von Staatsfrachten sei erschlichen und ungültig. Seefracht war erheblich kostengünstiger als Transport zu Lande.

Die *navicularii* waren in Gilden zusammengeschlossen, ihre Landgüter genossen Immunität von allen Diensten und Lasten. Die Lage der Schifferzunft kennen wir besonders gut für die Stadt Rom (s. III 4 a). Außer den korporierten gab es auch private Seehändler, die bisweilen die Privilegien der ersteren zu erschleichen suchten. Für den Schiffsbau war die Insel Cypern berühmt: dort fänden sich alle Materialien, die man für eine *navis oneraria* benötige, vom Kiel bis zur Spitze des Segelmastes.

Der Binnenhandel zu Lande wie zu Wasser war in der Spätantike noch beträchtlich. Er beruhte weiterhin, wenn auch in abnehmendem Umfang, auf der Geldwirtschaft. Der von Constantin 310 in Trier geschaffene *solidus* behielt seinen Wert, anders als Silber- und Kupfermünzen. Das Problem der Inflation ist umstritten. Über Handel und Verkehr informiert uns das Diocletiansedikt. Es verzeichnet Fuhrlöhne für den Landverkehr von Menschen und Wagenlasten sowie Lastgebühren für Esel, Maulesel, Maultiere und Kamele. Ausführlich werden die Seetransporte geregelt, für 107 Routen zu Wasser sind die Frachtpreise angegeben. Der Seehandel zwischen der Levante und Africa einerseits und Gallien und Spanien andererseits wurde auch während der vandalischen Seeherrschaft nicht völlig unterbrochen, wie Keramikfunde beweisen. Erst ab etwa 600 ersetzt die lokale Ware das bessere Importgut, zuletzt in Hafenstädten nachgewiesen. Palladius (HL. 14) nennt einen «Spanienfahrer» aus Ägypten; ein Kaufmann aus Hierapolis in Phrygien rühmt sich, 72mal über Kap Malea nach Italien gesegelt zu sein. Die Kaufleute kamen, soweit wir wissen, ausnahmslos aus dem Osten, es waren zumeist Alexandriner, Phönizier, Juden und Syrer. Zwischen November und April wurde das Mittelmeer gemieden. Die Annahme, daß unter den Arabern der Fernhandel im 7. Jahrhundert zum Erliegen gekommen sei, hat sich nicht aufrechterhalten lassen.

Die wirtschaftsgeographischen Interessen der Zeit sprechen aus den Weltkarten der Zeit. Eumenius berichtet von einer solchen in einer Säulenhalle von Autun; Dicuil (5,4) überliefert die Eingangsverse zu einer von Theodosius (II?) veranlaßten gemalten Weltkarte; erhalten ist die ‹Tabula Peutingeriana›, deren antikes Vorbild zur selben Zeit vollendet wurde. Die Straßen, Raststätten und Entfernungsangaben bezeugen den verkehrsdienlichen Zweck der Karte. Da sie im Osten bis an die Grenzen Chinas reicht, ist an einen Fernhändler als Auftraggeber zu denken. Die um 360 abgefaßte ‹Expositio totius mundi et gentium› des «Philosophen» Junior verbindet ökonomische mit kulturgeschichtlichen Interessen. Die Itinerarien dienten militärischen Zwecken, so das unter Diocletian und Constantin überarbeitete ‹Itinerarium Antonini› und das 340 für Constantius II angelegte ‹Itinerarium Alexandri›. Die frühen Pilgerberichte ergänzen unsere Routenkenntnisse. Die Gesamtlänge der bezeugten Fernstraßen beträgt etwa 80 000 km.

Der Außenhandel war stets Beschränkungen unterworfen. Seit der Severerzeit war es verboten, den Barbaren Wetzsteine, Eisen, Weizen und Salz zu verkaufen. In der Spätantike war man bei Nahrungsmitteln großzügig, nur Valentinian untersagte um 373, Wein, Öl und andere Flüssigkeiten zu exportieren. Da die Germanen vorzugsweise mit römischen Waffen kämpften, war deren Ausfuhr verboten. Junior (Exp. 22) bezeugt das Eisenembargo für 360, Marcian wiederholte es um 456. Verboten war ebenfalls die private Ausfuhr von Gold, nicht einmal zum Einkauf barbarischer Sklaven dürfe dies verwendet werden.

Begreiflich war die Bestimmung von 419, die jedem die Todesstrafe androhte, der den Barbaren das Erbauen von Schiffen beibringe. Über die Gelehrigkeit der Germanen in technischen Dingen berichtet der ‹Anonymus de rebus bellicis› (praef.), er schreibt von Erfindungen der Barbaren, deren Kenntnis bis zu den Römern gelangte. 420 untersagte Theodosius II, den Barbarenvölkern «verbotene Waren» zuzuführen, und forderte Buchführung über den Schiffsverkehr. Was diese *merces inlicitae* waren, wird nicht angegeben, es war offenbar bekannt.

Die wichtigsten Partner im Außenhandel waren die Orientalen. Von ihnen bezog Rom zu allen Zeiten überwiegend zollpflichtige Luxusgüter: Edelsteine (Smaragde, Saphire, Hyazinthe, Karfunkelsteine, Perlen), Gewürze, Seide, Pelze, Elfenbein, Zirkustiere und Eunuchen (s. III 2 b), vergütet wohl vornehmlich in Geld. Römische Münzen sind in allen Teilen der alten Welt gefunden worden, von Skandinavien bis nach Indien und China. Die Chinesen nahmen, wie die Funde lehren, gerne Glas, das dort erst im 5. Jahrhundert hergestellt werden konnte. Die Perserkönige gestatteten fremden Kaufleuten den Handel in ihrem Reich. Als Umschlagplätze des Orienthandels werden – nach dem Untergang Palmyras 273 – Bostra, Amida, Nisibis, Edessa und Batnae genannt. Einen großen Markt für orientalische, namentlich indische Waren bot Alexandria. Am Südausgang des Roten Meeres gab es eine angeblich von Alexander dem Großen gegründete Stadt von Syrern, die mit Zimt, Gewürzen und Elfenbein handelten. Gewiß nicht ohne ökonomische Absicht reisten die Brüder Herakleios und Theodoros 284 nach China.

Weniger bedeutsam als der Orienthandel waren die Geschäfte mit den Germanen. Sie lieferten Pelze, Bernstein und Sklaven (s. III 2 b) und bezogen aus dem Reich Lebensmittel. Dies ist bezeugt für die Goten an der unteren, und die Rugier an der mittleren Donau. Die Alamannen raubten das Vieh im Reich, «weil sie hungerten».

Der Staat verlangte von den Händlern Zoll (*portorium, vectigal*). Er wurde verwaltet vom *comes sacrarum largitionum* und den ihm unterstellten *comites commerciorum* (s. III 1 b). Sie verpachteten die Einnahmen wie unter dem Principat an meistbietende *conductores* auf mindestens drei Jahre. Die alten Binnenzollregionen bestanden fort; der Außenhandel, der zur besseren Kontrolle auf vorgeschriebene Grenzstädte beschränkt war, wurde mit der *octava*, 12,5 Prozent, belastet. Zollfrei waren persönliche Habe und Arbeitsgerät, ebenso die Fuhren der staatlichen Schiffergilden. Gesandte fremder Völker mußten die Geschenke, die sie brachten, verzollen, nicht aber jene, die sie erhielten. Neben den staatlichen gab es auch städtische Zölle. Constantin verstaatlichte sie, aber Julian stellte sie wieder her. Valentinian II teilte die munizipalen Zölle so, daß zwei Drittel dem Staat, ein Drittel den Städten zukamen.

Die spätantike Ökonomie war grundsätzlich privatwirtschaftlich organisiert. Über Zahl und Größe der Betriebe, über Eigentum und Ausbildung, Arbeitsbedingungen und Arbeitszeiten wissen wir wenig. Zur Zeit von Martial (IV 8) arbeitete man in Rom bis zur sechsten Stunde, d. h. bis Mittag; ein Epigramm der ‹Anthologia Graeca› (X 43) befindet, sechs Stunden Arbeit am Tage seien genug. Planudes zur Stelle bestätigt das.

In der Spätantike konnte die römische Wirtschaft die Anforderungen der Verbraucher – zumal in den Großstädten – und die Bedürfnisse des Staates – namentlich hinsichtlich der Heeresversorgung – nicht mehr angemessen erfüllen. Letzteres erklärt den Aufbau einer staatlichen Selbstversorgung durch die Einrichtung von Fabriken für Kleider und Waffen (s. III 1 b). Ersteres zeigt sich in einer Vielzahl von Gesetzen, die zwar überwiegend auf Versorgungsprobleme in Rom und Konstantinopel reagieren, aber wohl reichsweit Geltung besaßen. Betroffen waren zumeist bestehende Organisationen.

Vereinigungen von Handwerkern und Händlern gab es schon im hellenistischen Ägypten und im republikanischen Rom. Sie trafen sich zu Festen und regelten Beisetzungen. Unter Marc Aurel wurde das Recht, Zünfte (*corpora, collegia*) zu bilden, auf bestimmte Berufe beschränkt. Offenbar fürchtete man Kartellbildung. Die Zünfte standen in der sozialen Schichtung zwischen den Curialen und der *plebs urbana*. Erst zur Zeit Isidors (etym. IX 4,29) zählen die *collegiati* zur untersten Schicht. Wie hoch der Anteil der in Zünften zusammengeschlossenen Gewerbetreibenden an deren Gesamtzahl war, wissen wir nicht.

Über die Zusammensetzung einer spätrömischen Zunft unterrichtet uns die inschriftlich erhaltene Mitgliederliste eines unbekannten Kollegiums diocletianischer Zeit aus Ravenna. Sie nennt zuerst dreizehn *patroni*. Dabei dürfte es sich um höhergestellte Persönlichkeiten handeln, die dem Staat gegenüber Leistungen der Zunft zu verantworten hatten und ihr Rechtsschutz in Streitfällen gewährten. Später übernahmen auch Männer höchsten Ranges diese Aufgabe. Der Stadtpräfekt Aradius Proculus, Konsul 340, und der Heermeister Aëtius, zum dritten Mal Konsul 446, waren Patrone der römischen Schweinehändler. In der Liste aus Ravenna folgen sodann fünf *matres*, vermutlich Witwen von Patronen oder von Meistern, die deren Güter verwalteten. In solchen Fällen konnten sogar Kinder Mitglieder von Zünften sein. Die zwölf folgenden *amatores* sind wohl so etwas wie «fördernde Mitglieder» gewesen. Sodann erscheinen zwei «Schreiber» (*scribae*), offenbar die Vorsitzenden, die sonst auch den Titel *praefectus* trugen. Dann kommt der *ordo*, bestehend aus 55 Meistern. Den Schluß bilden nochmals sieben Frauennamen, vermutlich Erbtöchter.

Normalerweise ging die Zugehörigkeit zur Zunft vom Vater auf den Sohn oder Schwiegersohn über. Innerhalb der Zünfte gab es eine Rangordnung der Mitglieder. Niemand konnte in mehreren Zünften zugleich eingeschrieben sein. Wechsel der Zunft war da erlaubt, wo es im Interesse des Staates lag. Bei Streitigkeiten wandten sich die Zünfte an den Statthalter, den Stadtpräfekten oder gleich an den Kaiser.

Die Hauptaufgabe der Zünfte betraf die Versorgung der Städte. Dazu gehörte die Preiskontrolle. In Oxyrhynchos berichteten die Zünfte zu Anfang des 4. Jahrhunderts dem *curator* der Stadt regelmäßig über die Preise, so die Bäcker, die Bierbrauer, Ölhändler, Honigverkäufer, Schweinemetzger, Fischhändler und Kupferschmiede. Mehrfach setzte der Staat auch selbst Höchstpreise fest, insbesondere für Brot. Der Maximaltarif Diocletians steht nicht isoliert.

In der Spätantike mehren sich die kaiserlichen Eingriffe. Die *collegia* dienten als Schaltstelle für die staatlichen und städtischen Leistungen (*munera*). Zu ersteren zählte die Gewerbesteuer (*collatio lustralis, chrysargyron*). Hinzu kamen wechselnde Dienste, so die Versorgung der kaiserlichen Post mit Pferden, Wagen, Betten und Personal für die Stationen. Zu den städtischen, von den Curien geregelten Aufgaben gehörten Unterhalt der Stadtmauern und Straßen, Säuberung der Kanäle, Betreuung der Nachtbeleuchtung, Feuerwehr, Bestattungswesen und dergleichen. Die Mitglieder stadtrömischer Zünfte leisteten keinen Wehrdienst.

Schon Claudius gewährte den mit der Brotversorgung Roms betrauten Gewerben Privilegien, spätere Kaiser erweiterten sie, doch ist bereits unter Hadrian von Mißbrauch die Rede. Seit dem frühen 4. Jahrhundert zeigt sich, daß die *collegiati* sich ihren Lasten zu entziehen suchten, während der Staat die Bindungen enger schnürte. 314 erscheinen die Reeder (*navicularii*), 315 die Müllerbäcker (*pistores*), 317 die Münzarbeiter als erblich an ihren Beruf gebunden. Auf der anderen Seite erhob Constantin die *navicularii* in den *ordo equester*, was ihnen Leibesstrafen ersparte. Mitunter wurden die Zunft- und Curienpflichtigen inschriftlich publiziert.

Die von den *collegiati* geforderten Pflichten (*munera*) beruhten vor allem auf deren Einkünften aus ihrem Landbesitz (*patrimonium*). Daher wurde dieser belastet. Wer ihn verlor, schied aus; wer ihn veräußerte, unterlag dem Verdacht eines Scheinverkaufs. Der Käufer von Dienstgütern hatte die Pflichten zu übernehmen, ebenso die Erben des Eigentümers. Die Verteilung der Aufgaben oblag den Kollegien. Fehlte es an Mitgliedern, konnte Zwangsrekrutierung stattfinden.

Seit dem späteren 4. Jahrhundert verdichten sich die Gesetze, die der Flucht der *collegiati* aus ihren Pflichten einen Riegel vorschieben sollten. Valentinian III verordnete 445, daß die Betreffenden weder in die Verwaltung noch ins Heer noch in den Klerus eintreten dürften, wie das offenbar in beträchtlichem Ausmaß geschah. Zahlreiche Handwerker gingen aufs Land und unterstellten sich dem Schutz (*patrocinium*) irgendeines mächtigen Patrons, heirateten vielleicht gar die Tochter eines Kolonen. All dieses wurde verboten. Im Jahre 400 hieß es, die Kinder aus Ehen zwischen Handwerkern und Bauern unterlägen zur Hälfte der Zunftpflicht, zur Hälfte der Bodenbindung. Die Flüchtigen sollten aufgespürt und zurückgebracht werden. Maiorian befahl 458, *collegiati* dürften nicht außerhalb ihres Stadtgebietes wohnen. Zumal in den Westprovinzen verschlechterte sich die Wirtschaftslage der Städte bedenklich, aufs Land zogen auch die Grundbesitzer, und das verminderte die Aufträge.

Eine unbeabsichtigte Folge der Zunftpflicht war die Herausbildung von Zunftmonopolen. Es kam zu Preisabsprachen. 473 verbot daher Leo alle

Monopole außer dem für Salz, 483 wiederholte Zeno dies und nannte besonders die Bauarbeiter und die Badewärter. Justinian übernahm die Fluchtverbote für *collegiati* allerdings nicht in seinen Codex. Anscheinend hatte sich das Problem erledigt. Im Westen bestanden die römischen *collegia* auch unter den Germanenkönigen fort. Inwieweit die mittelalterlichen Zünfte auf die römischen *collegia* zurückgehen, ist umstritten. Traditionen über Byzanz und Italien sind denkbar.

Im Unterschied zu den restriktiven Maßnahmen gegenüber denjenigen Berufen, die keine höhere Ausbildung erforderten, stehen jene gegenüber Facharbeitern und Spezialisten aller Art. Sie wurden nicht durch Druckmittel, sondern durch Belohnungen angespornt. Wer eine Kunst verstand, war vom Wehrdienst, von der Steuerpflicht und sonstigen staatlichen Lasten befreit. Von der *collatio lustralis,* der die Gewerbetreibenden unterlagen, waren sie ausgenommen.

Grundlage für diese Immunität, die schon im Principat bestimmten Berufen eingeräumt war, war ein 337 unter dem Namen des bereits verstorbenen Constantin erlassenes, im ‹Codex Justinianus› leicht abgewandeltes Gesetz, ergänzt durch zwei Zusatzbestimmungen von 344 und 374. Danach waren die *artifices* in allen Städten von öffentlichen Lasten (*munera*) befreit. In den Bereich des Bauwesens gehören die dort aufgeführten Architekten, Nivellierer, Steinmetzen, Mosaikleger, Stukkateure, Fliesenleger und die Hersteller von eingelegten Holzdecken. Aus dem Sektor der bildenden Künste werden genannt die Maler, Töpfer, Holz- und Elfenbeinschnitzer und alle Arten von Glas- und Metallarbeitern, ebenso die Wagner. Aus der Bekleidungsindustrie erscheinen die Walker, Purpurfärber, Schneider und Kürschner. Ebenfalls befreit waren Ärzte und Tierärzte; Lehrer und Professoren genossen diese Vorrechte schon länger. Als Grund der Bevorzugung wurde der Wunsch angegeben, daß die Betroffenen sich selbst in ihrer Kunst weiterbilden und auch ihre Söhne anleiten mögen. Darum hatte Constantin bereits 334 den so dringend benötigten Architekten Steuerfreiheit verheißen (s. III 5). 344 kamen noch die Ingenieure, Landvermesser und Wasserbaumeister hinzu. 374 erhielten die Kunstmaler Steuerfreiheit für sich, ihre Familie und ihre barbarischen Sklaven, dazu das Recht, ihre Ateliers in öffentlichen Gebäuden aufzuschlagen und sich den Wohnsitz auszusuchen.

Aufs Ganze gesehen vermittelt die Wirtschaft auch in der Spätantike noch ein eindrucksvolles Bild. Die Vielfalt der Berufe, die Zeichen für Wohlstand und die Qualität der Erzeugnisse gehen nur langsam zurück. Die archäologisch faßbaren Leistungen in der Metallherstellung und der Textilkunst, in der Glasbläserei und der Architektur gehören sogar zum Besten, was das Altertum uns überhaupt bietet. Eine technische Glanzleistung war die Errichtung von Obelisken aus Alexandria unter Constantius II in Rom und unter Theodosius in Konstantinopel (s. III 4 a, b). Cassiodor (inst. 30,4 f) stiftete seinem Kloster Vivarium Lampen mit Nachfüllautomatik, Sonnen- und Wasseruhren. Die Herakles-Uhr von Gaza war ein Wunderwerk der Mechanik. Im vandalischen Africa kam die archimedische Schraube für die Bewässerung zum Einsatz. Auch einzelne technische Neuerungen sind festzustellen, so die Kunst der Glasur von Keramik, die Einführung des Wendepflugs, überhaupt eine deutlich vermehrte Verwendung von Eisenwerkzeugen, die Ausnutzung der Wasserkraft für die Getreidemühle (s. III 3 a) und das Steinsägen.

Über den Lebensstandard und die Produktivität insgesamt besitzen wir keine Zahlen, hier ist allerdings mit einer Abnahme im 5. Jahrhundert zu rechnen. In den grenznahen Kriegsgebieten an Donau und Rhein beginnt der Niedergang bereits im späteren 4. Jahrhundert. Die Tendenz der Gesetzgebung zur Schollenpflicht und Zunftbindung berührt uns nicht sympathisch. Dennoch diente sie einem gutgemeinten Zweck. Über den Erfolg dieser Maßnahmen dürfen wir uns keine Illusionen machen: weder im beabsichtigten, positiven ökonomischen Sinne noch im hingenommenen, negativen sozialen Sinne.

Die Versuche, die Auflösung des Imperiums allein oder vorrangig aus der ökonomischen Dekadenz herzuleiten, sind nicht haltbar. Gewiß hat die wachsende Belastung durch die Ausgaben für Heer, Hof und Verwaltung die Wirtschaft geschädigt und Mißmut erzeugt, auch hat der Reichtum der Senatsaristokratie und der Kirche den wankenden Staat geschwächt. Dennoch lag sein ökonomisches Niveau stets weit über dem der Germanenstämme. Vermutlich hat Adam Smith recht, wenn er 1776 den Zerfall des Reiches wesentlich aus der Arbeitsteilung zwischen produzierenden Provinzialen und kämpfenden Barbaren herleitete. Sie war ökonomisch sinnvoll, aber politisch ruinös.

4. Die Städte

In seiner Lobrede auf Rom aus dem Jahre 143 n. Chr. beschrieb Aelius Aristides das Reich als einen Verband von Städten, der von der größten und schönsten unter ihnen regiert werde. Die Zahl und die Blüte der Städte erschienen ihm als der höchste Ruhmestitel des Imperiums, das gewissermaßen eine einzige riesige Stadt sei. Die Zeiten, da die Städte sich bekämpften, sei vorüber. Die Provinzen waren im Prinzip flächendeckend in Stadtgebiete (*civitates*) aufgegliedert; die auf ihren Territorien liegenden Dörfer, Villen und sonstigen Siedlungen gehörten zur jeweiligen Stadt.

In der älteren römischen Geschichte lassen sich die Städte nach ihrer Rechtsstellung unterscheiden in *coloniae* (die aus römischen Bürgern bestanden), *municipia* (die teilweise oder ganz ins Bürgerrecht aufgenommen waren) und sonstige *civitates*. Diese Differenzen verschwanden. In den spätantiken Quellen begegnen zwar die Begriffe *urbs, civitas, municipium* und *oppidum* noch immer, bezeichnen aber keine exakten Statusunterschiede. Die daneben genannten *vici* und *castella* zählen zu den außerstädtischen Territorien. Sie bleiben aufs ganze gesehen unbedeutend. Die ‹Notitia Galliarum› nennt sieben Kastelle und einen Hafen, im Osten gab es einige extraurbane Groß- und Sammeldörfer sowie Gebirgs- und Wüstenstämme. Alle diese Einheiten besaßen keinen Stadtrat (*curia*). Ausgegliedert aus dem jeweiligen Städteterritorium waren auch die kaiserlichen Liegenschaften (*tractus, saltus, regiones*), die zur *res privata*, zur *domus divina* gehörten. Ihr wurden die alten Tempelterritorien im Osten zugeschlagen (s. III 1 b).

Die spätantiken Städte sind – dem Denken der Zeit gemäß – nach ihrem Rang zu klassifizieren. Obenan stehen Rom und Konstantinopel, über die wir besonders gute Quellen besitzen. Sie genossen zahlreiche Vorrechte, unterstanden nicht der Provinzialverwaltung, sondern wurden von reichsunmittelbaren Stadtpräfekten verwaltet. Es folgen jene Provinzstädte, die einen Kaiserpalast besaßen (s. III 1 b). Danach kommen die Provinzhauptstädte (μητροπόλεις), wo die Statthalter und Erzbischöfe residierten, im Osten namentlich Ephesos, Alexandria und Edessa und endlich die übrigen, deren Stolz sich auf individuelle Vorzüge stützte, auf ihre Tradition, ihre Heiligtümer, ihre heißen Quellen, ihre Lage oder was auch immer.

a) Rom

Prima urbes inter, divum domus, aurea Roma – «Die erste unter den Städten, das Haus der Götter, das ist die goldene Roma». Mit diesem Vers beginnt Ausonius (XI 1) sein um 380 geschriebenes Kataloggedicht ‹Ordo urbium nobilium›. Darin preist der Autor die elf vornehmsten Städte des Reiches. An ihrer Spitze steht Rom, gefolgt von Konstantinopel und Karthago. Dann kommen Antiochia und Alexandria, weiter Trier, Mailand, Capua, Athen, Syrakus und Catania.

Das Lob auf die Stadt Rom ist in poetischen und prosaischen Texten oft gesungen worden. Im späten 4. und frühen 5. Jahrhundert verdichten sich die Stimmen. Wenige Jahre nach Ausonius schrieb der geborene Grieche aus Antiochia Ammianus Marcellinus sein Geschichtswerk in Rom. Trotz seiner sarkastischen Kritik an Senat und Volk empfand er der Stadt gegenüber beinahe religiöse Verehrung. Er nannte sie *urbs sacratissima, urbs venerabilis, urbs aeterna, caput mundi, templum mundi totius* und *augustissima sedes* des Kaisers. Bei der Beschreibung des Rombesuches von Constantius II 357 bricht die Begeisterung für die Architektur Roms aus Ammian heraus. Das Trajansforum und das Capitol erscheinen ihm als die erhabensten Bauwerke der Welt, in ihnen werden Staat und Reich symbolisch sichtbar.

Ähnliche Töne vernehmen wir in den Preisgedichten des Alexandriners Claudius Claudianus (XXIII 130–173), in den Abschiedsversen des ins heimische Gallien zurückkehrenden Stadtpräfekten von 414 Rutilius (I 47–164), und in den Kaisergedichten des Galliers Sidonius Apollinaris (V 13–53). Rom erscheint als eine Welt im Kleinen, als ein Abbild des Himmels, als die Mutter der Völker, die den Menschen die Waffen und die Gesetze, den Frieden und das Recht geschenkt hätte. Sie bleibe erhalten, solange die Welt stehe.

Die Verherrlichung Roms begegnet wie in literarischen, so auch noch in bildlichen Quellen, auf Reliefs und Mosaiken, in Wand- und Buchmalerei, auf Münzen und Medaillen. In der Zeit zwischen 330 und 337 gibt es nochmals Bronzemünzen mit der Legende VRBS ROMA, die statt des Kaiserkopfes die Stadtgöttin und die Wölfin mit den Zwillingen zeigen. Die Flucht des Aeneas, der Raub der Sabinerinnen, Roma und Janus finden sich auf Kontorniaten.

Rom als Idee erscheint sodann kaum verändert in der christlichen Literatur. Schon bei Lactanz (inst. VII 25,8) ist Rom das Augenlicht der Welt. Nicht allerdings Romulus und Remus, schrieb Leo der Große, sondern Petrus und Paulus seien die wahren Gründer. Ambrosius nennt Rom das «Haupt der Völker, Lehrmeisterin der Menschen». Der Papst Damasus, der Dichter Prudentius, der Bischof Paulinus von Nola – sie alle stimmen darin überein, daß Rom die vornehmste Stadt der Welt sei.

Rom verkörpert die bestehende Weltordnung; wenn Rom fällt, dann kommt das Endgericht. So erklärt sich der Aufschrei, der 410 nach dem Einbruch Alarichs in die Ewige Stadt durchs Reich gegangen ist (s. II 8). Aber auch er konnte der Romidee nichts anhaben. Sie ist ins christliche Mittelalter übernommen worden, um in der Renaissance einen neuen Höhepunkt zu erreichen.

Die Symbolfunktion, die Rom im politischen und religiösen Bewußtsein, bei Heiden und Christen, im Westen und Osten besaß, erklärt die Sonderstellung, die diese Stadt auch nach dem Abzug des Hofes noch genoß. Die Sorge für Rom ist ein kaiserliches Ruhmesblatt. Die Kaiser Galerius, Julian und Valentinian haben die Stadt anscheinend nie betreten. Seit Diocletian gibt es kaiserliche Rombesuche nur noch zu außergewöhnlichen Gelegenheiten. Zur Feier ihrer Vicennalien weilten hier Diocletian und Maximian 303, Constantin 326, Honorius 411 und Valentinian III 445. Ihre Decennalien begingen in Rom Gratian 376, Theodosius 389 und Honorius 404. Damals klagte Claudian (XXVIII 392 ff), die Kaiser kämen nach Rom nur noch, um ihre Siege im Bürgerkrieg zu feiern. Dies taten Constantin 312 nach dem Sieg über Maxentius, Constantius II 357 nach dem Sieg über Magnentius, Theodosius 389 nach dem Sieg über Maximus und 394 nach dem Sturz des Eugenius.

Erst Valentinian II war wieder häufiger in Rom, seit 450 verdichtete sich die Kaiserpräsenz bis zur Flucht des Nepos am 28. August 475 aus der

Stadt (s. II 10). Den letzten Staatsbesuch erlebte Rom im Sommer 500. Damals beging hier Theoderich der Große seine Tricennalien, ganz im Stile der Kaiserjubiläen mit triumphalem Einzug, Festgottesdienst, Zirkusspielen, Getreidespenden (120 000 Scheffel) und Baugeldern aus der Weinkasse zur Erneuerung von Palatium und Stadtmauern.

Rom war die mit Abstand größte Stadt des Reiches. Ihre ungefähre Einwohnerzahl läßt sich gewinnen aus dem Versorgungswesen und aus der Baustatistik. Augustus hatte die Zahl der Freibrotempfänger auf 200 000 festgelegt, im spätantiken Rom dürften es kaum weniger gewesen sein. Zum Jahre 419 werden 120 000 Fleischempfänger genannt. Mit den Angehörigen der Begünstigten kommen wir auf eine halbe Million. Da aber nicht alle Einwohner Staatsspenden erhielten (s. u.), handelt es sich um eine Mindestzahl. Vor dem Einfall Alarichs 410 dürfte die Bewohnerzahl beträchtlich höher gelegen haben.

Dafür sprechen die Angaben der ‹Notitia Romae›. Sie nennt 46 602 Mietshäuser (*insulae*) – seit dem 3. Jahrhundert wurden keine neuen mehr gebaut – und 1790 Einzelhäuser (*domus*) reicher Leute. Das deutet auf eine Einwohnerzahl von einer knappen Million. Im 5. Jahrhundert ist die Zahl zurückgegangen, während der Gotenkriege sank sie weiter, und das mittelalterliche Rom war nur noch in Tibernähe und um einige Kirchen herum bewohnt.

Die Struktur der Bevölkerung Roms wird von Ammian in seinen beiden Romexkursen (s. o.) auf die einfache Formel «Senat und Volk» gebracht. Die Senatoren lassen sich zweifellos als Schicht verstehen, aber das Volk erscheint als Einheit nur im Zirkus. Der von Ammian an allen Ständen gegeißelte Müßiggang war in Rom gewiß weiter verbreitet als in anderen Städten, in denen es nicht den Reichtum der Senatoren, nicht die Staatsspenden an die Bevölkerung gab. Dennoch dürfte die Masse der Einwohner nicht untätig gewesen sein. Dafür spricht, was wir von den Zünften hören, was wir an archäologischen Hinterlassenschaften vorfinden und was eine solche Stadt an Handwerk und Dienstleistung benötigt.

Stets gab es in Rom große Gruppen von Fremden. Constantius II staunte 357, welche Mengen von Menschen aus aller Welt in Rom «zusammengeflossen» wären. Als Gruppen faßbar sind die Griechen und die Juden. Ammian (XIV 6,19) beklagt die Fremdenausweisung von 384 (*sic*); Sozomenos (IX 6,5) berichtet ähnliches. Die Kleidergesetze von 382 (s. u.) rechnen mit größeren Mengen von Barbaren in der Stadt. 408 gingen «fast alle» Sklaven zu Alarich über, angeblich 40 000, offenbar überwiegend Germanen.

Als die Krise des 3. Jahrhunderts abklang, wurde in Rom die Bautätigkeit wieder aufgenommen. Um 270 begann Aurelian mit der Ummauerung, das Ergebnis war die längste und festeste Stadtmauer der damals bekannten

Welt. An der Stelle der heutigen Kirche San Silvestro am Corso ließ Aurelian seinen großen Sonnentempel errichten. 283 brannte es unter Carinus, Diocletian ließ die Schäden beseitigen. *Multae operae publicae fabricatae sunt,* heißt es im Chronographen von 354. Genannt werden unter anderem die Wiederherstellung der Senatscurie (*curia Iulia*), des Caesarforums, der *basilica Iulia,* des Pompeiustheaters, des Isis- und Serapistempels. Neu errichtet wurden das Tetrarchenmonument auf dem Forum Romanum sowie die 3000 Besucher fassenden Diocletiansthermen, gebaut zwischen 298 und 306. Es ist die größte Badeanlage der Antike.

Unter Maxentius entstand die nach ihm benannte Basilika auf dem Forum, der Höhepunkt des Gewölbebaus. Sie diente als Gerichtshalle. Aus seiner Zeit stammen die sogenannte Romulus-Rotunde, vielleicht ein Penatentempel, der Neubau des abgebrannten Venus- und Romatempels, die Thermen auf dem Palatin sowie der Komplex an der Via Appia mit einer Villa, einer Rennbahn und dem Mausoleum, das Maxentius für sich entwarf, aber nur für seinen Sohn Romulus verwenden konnte. Die Anlage ist ebensowenig vollendet worden wie die am Palatin geplanten Thermen.

Constantin erhielt einen Triumphbogen, dessen beste Werkstücke aus älteren Bauten stammen (s. II 3). Dieser zuvor nicht belegte Gebrauch von Spolien kennzeichnet die Baukunst der Spätantike überhaupt: Kostbare Teile wurden aus Gebäuden, die man aus ökonomischen Gründen nicht mehr unterhalten konnte oder aus religiösen Motiven verfallen ließ, herausgenommen und wiederverwendet. Darin spiegelt sich ein Epochenbewußtsein: die Vergangenheit als ganze ist abgetan, einzelne ihrer Leistungen aber erscheinen als musterhaft.

Auf dem Gelände des heutigen Quirinalspalastes baute Constantin eine kleine, kostbar ausgestattete Therme. Aus ihr stammen die heute dort stehenden, fälschlich Phidias und Praxiteles zugeschriebenen Dioskuren. Nach der Vollendung der Maxentiusbasilika stellte Constantin sein kolossales Sitzbild in Juppiterpose darin auf, von dem Kopf, Fuß, Knie und Hand heute im Hof des Konservatorenpalastes zu sehen sind. Außerdem ließ Constantin den Romatempel einweihen und den Circus Maximus ausschmücken. Der Palast Sessorianum unter Santa Croce in Gerusalemme wurde für seine Mutter Helena hergerichtet. Im Lateran erhielt Fausta eine Stadtvilla.

Auch Constantius II hatte bei seinem Rombesuch 357 den Wunsch, die Stadt zu schmücken. Er stiftete einen Obelisken. Es ist der größte in Rom (32,50 m), war von Constantin für Rom, den «Tempel der ganzen Welt», bestimmt und aus dem Hunderttorigen Theben nach Alexandria gebracht worden. Constantin ließ ein Schiff mit 300 Ruderern bauen, das unter seinem Sohn den Transport sicher durchführte. Der Obelisk wurde auf der Spina des Circus Maximus aufgestellt. Später ist er umgefallen und in drei Teile zerbrochen. 1587 wurde er durch Papst Sixtus V vor dem Lateran wieder aufgerichtet. Dort steht er noch. Die kaiserliche Bautätigkeit ging dann zurück. Unter Valentinian wurde der Ponte Cestio erneuert. Honorius erhielt nochmals einen Ehrenbogen, Stilicho ließ Mauern und Türme instandsetzen, Anthemius baute die *Rostra Vandalica*. Die letzten umfangreichen Baumaßnahmen veranlaßte Theoderich. Wir kennen sie aus Cassiodor und von den Ziegelstempeln des Königs. Die Phokassäule von 608 auf dem Forum ist ein Nachzügler.

Im 4. Jahrhundert gab es noch eine bemerkenswerte Bautätigkeit seitens der senatorischen Geschlechter. Sie besaßen nicht nur aufwendige, zum Teil ergrabene Stadtpaläste, insbesondere auf dem Esquilin und dem Aventin, wo Praetextatus wohnte, auf dem Caelius, wo die Valerii, die Laterani, die Symmachi und die Anicii residierten, sondern stifteten und reparierten auch öffentliche Bauten. Der letzte große Mäzen der Stadt war Boëthius.

Die alte Sitte, für Kaiser, Beamte und Literaten Ehrenstatuen und Ehreninschriften aufzustellen, blieb bis weit ins 5. Jahrhundert lebendig. Der vornehmste Ort war das Forum Romanum, gefolgt von Trajans- und Augustusforum, bisweilen auch das Capitol. Der Senat schlug vor, der Kaiser entschied. Oft wurden ältere Standbilder umgearbeitet und Postamente wiederverwendet.

Den architektonischen Bestand Roms im 4. Jahrhundert kennen wir genau durch die ‹Notitia Urbis›. Sie zählt die einzelnen Bauwerke nach den vierzehn Stadtregionen gesondert auf und endet in einer Summierung der Bauten nach Typen. Rom besaß demnach eine Stadtmauer mit 371 einfachen und 49 mehrstöckigen Türmen, mit 15 großen und ebenso vielen kleinen Toren und 6900 Zinnen. Die Stadt hatte 29 große Straßen, 8 Steinbrücken, 424 Häuserviertel (*vici*), 46 602 Mietshäuser (*insulae*) und 1790 Einzelhäuser (*domus*). Der Versorgung dienten 290 Getreidespeicher (*horrea*), 12 Märkte (*fora*), 2 Fleischmärkte (*macella*), 254 Bäckereien und 2300 Verkaufstische für Baumöl. 19 Aquädukte brachten das Wasser und speisten 11 Thermen, 856 Bäder, 15 Wasserkünste (Nymphäen), 1352 Brunnen und 144 Latrinen. 10 profane Basiliken, ebensoviele Säulenhallen (*porticus*) und 29 Bibliotheken dienten dem Rechts- und Bildungswesen. Die Stadtliste nennt 45 große Tempel, 23 Reiterstatuen, 80 Götterbilder aus Gold, 84 aus Elfenbein, 3785 sonstige Standbilder, 6 Obelisken und 36 Marmorbögen. Dem Vergnügen dienten 2 Rennbahnen (*circi*), von denen eine, der Circus Maximus (s. u.), die wohl größte bisher gebaute Schauanlage der Welt darstellte. Außerdem gab es 2 große und 4 kleine Amphitheater (*arenae, ludi*), 3 Theater, ein Odeum, ein Stadion, 2 Naumachien, in denen Seeschlachten für Zuschauer gespielt wurden, weitere 5 Parkanlagen (*horti*) und 46 Bordelle. Eine der Handschriften fügt noch 16 Friedhöfe hinzu.

Mit Constantin beginnt der Kirchenbau in Rom. Die Urchristen hatten sich zum Gottesdienst in Privathäusern versammelt. Wo Christen

unter Maxentius beteten, ist nicht bekannt. Constantin stiftete Grund und
Geld zum Bau repräsentativer Gotteshäuser. Den ersten Monumentalbau
in basilikaler Form ließ er bereits 312 auf dem Grundstück der Familie
der Laterani errichten. Die Säulen stammen, wie die fast aller frühchristlichen Kirchen, aus älteren, abgerissenen Bauten. Die Lateranbasilika ist
die Bischofskirche Roms, OMNIUM URBIS ET ORBIS ECCLESIARUM MATER
ET CAPUT. Ursprünglich dem Salvator geweiht, wurde sie später unter das
Patronat von Johannes dem Täufer und Johannes dem Evangelisten gestellt,
daher heute San Giovanni in Laterano. Hier residierten die Päpste bis zum
«Exil» in Avignon.

Um 324 stiftete Constantin dazu über dem «Petrusgrab» die fünfschiffige
Peterskirche auf dem Gelände der Vaticani. Sie wurde mit 120 m Länge
die größte Kirche Constantins. Angelehnt an die Kirche im Scheitel der
Apsis im Westen stand das *Templum Probi,* die von Petronius Probus vor
388 errichtete basilikale Grablege für sich, seine Frau Anicia Faltonia Proba
und das von ihm erneuerte Geschlecht der Anicier. Um 400 baute Honorius auf einem älteren Rundbau an der Südseite ein Mausoleum, dort wurden seine beiden Frauen und er selbst beigesetzt. Eine gleichartige, um 500
dem heiligen Andreas geweihte Rotunde erhob sich auf den Fundamenten
des nach 390 abgebrochenen Phrygianum (s. III 6 a). Auch dies dürfte ein
Mausoleum gewesen sein, für Valentinian III oder Anthemius. Die dritte
der Patriarchalbasiliken war die 384 unter Valentinian II begonnene, unter
Honorius vollendete Kirche für den Apostel Paulus an der Via Ostiense
(San Paolo fuori le Mura), die vierte Santa Maria Maggiore aus der Zeit von
Valentinian III. Mit dem 5. Jahrhundert sind nicht mehr die Kaiser, sondern die Päpste die großen Bauherren. Um 500 unterstanden ihnen 33 Kir-
chen innerhalb der Mauern.

Neben den vier Bischofskirchen entstanden in kaiserlichem Auftrage
mehrere Memorialbasiliken für Märtyrer auf den Friedhöfen an den Aus-
fallstraßen. Die Gedächtniskirchen waren vielfach mit runden Mausoleen verbunden. Constantin hat, bevor ihm durch den Sieg über Licinius
324 auch der Osten gehörte, das Mausoleum (Tor Pignattara) für sich und
seine Familie an die Kirche für Marcellinus und Petrus an der Via Labicana gebaut. Hier wurde um 330 seine Mutter Helena bestattet in einem
porphyrnen Feldherrensarkophag, der für den Kaiser selbst gearbeitet worden sein muß, aber offensichtlich zur Verfügung stand, nachdem Constantin nach Byzanz umgezogen war. Zum gleichen Kirchentypus gehören die
Basilica Apostolorum (San Sebastiano) in der Via Appia, Sanctae Agnes
et Constantia an der Via Nomentana und Sanctus Laurentius an der Via
Tiburtina.

Einen dritten Typ bilden die Titelkirchen. Sie haben ihren Namen (*titulus*) von den Vorbesitzern oder Stiftern des Grundstücks und wurden von
den Bischöfen für die Presbyter, d. h. die Vorsteher der sieben Gemeinde-

bezirke, gebaut. Aus ihnen hat sich später das Kardinalskollegium entwik-
kelt. Im 4. Jahrhundert sind 18, Ende des 5. Jahrhunderts 26 Titelkirchen
bekannt. Zu allen Kirchen gehörte nicht nur ein kostbares Inventar, sondern vor allem auch Landbesitz mit Kolonen, deren Erträge zum baulichen
und personalen Unterhalt der Kirchen bestimmt waren. Die Umwandlung
von Tempeln in Kirchen vollzog sich nur zögernd, 608 wurde das Pantheon
der Maria und allen Heiligen geweiht. Den ersten Glockenturm errichtete
Papst Stephan II 752.

Außerhalb der aurelianischen Mauern lagen auch die nach dem Flur-
namen κατὰ κύμβας («in der Senke») bei San Sebastiano benannten
Katakomben. Diese unterirdischen, teilweise «mehrstöckigen» Begräbnis-
anlagen – es sind insgesamt 56 mit Gängen von etwa 300 km Gesamtlänge – wurden notwendig, als die überirdischen Grabstätten rar und teuer
zu werden begannen. Da nach römischem Recht sich Grundeigentum auch
in die Tiefe erstreckte, waren die frühesten Katakomben zweifellos Privat-
oder Familiengräber. Indem der Besitzer die Bestattung von Glaubensgenossen zuließ, entstanden christliche Gemeindefriedhöfe, deren größte die
Callistus-Katakombe war. Hier wurden im 3. Jahrhundert die Bischöfe von
Rom beigesetzt. Die umfangreichsten Teile stammen aus dem 4. Jahrhundert. Im 5. Jahrhundert hört die Belegung auf, ein Zeichen sinkender Einwohnerzahl. Neben den christlichen gab es auch heidnische und jüdische
Katakomben (Vigna Randanini, Porta Portese). Ähnliche Nekropolen finden sich in Neapel, Syrakus, Hadrumetum und Alexandria.

356 wurden die dem Klerus zugehörigen Totengräber (*copiatae, fossores*)
von der *collatio lustralis* befreit, 360 auch von der Fronarbeit. Angesichts der
längst besetzten Grabstätten an der Via Appia und den übrigen Ausfallstra-
ßen wurden Tote nun auch innerhalb der Mauern bestattet. Dies war durch
das Zwölftafelgesetz verboten, und Gratian erneuerte diese Bestimmung
381. Sie wurde im ‹Edictum Theodorici› (CXI) ein letztes Mal wiederholt.
Gratian wies darauf hin, daß nicht einmal die Apostel- und Märtyrergräber
innerhalb der Stadt lägen. Die im 19. Jahrhundert entdeckten Massengrä-
ber auf dem Esquilin bezeugen die Übertretung des Verbotes.

Die Gemeinde war reich, Markion stiftete ihr im Jahre 140 insgesamt
200000 Sestertien. In der Mitte des 3. Jahrhunderts ernährte die stadtrömische Kirche 155 Geistliche und 1500 Arme. Die kirchenpolitische
Dominanz Roms hat eine lange Vorgeschichte. Neben der katholischen
Kirche gab es noch ein halbes Dutzend «häretische» Christengemeinden.

Erhaltung und Nutzung der öffentlichen Bauten Roms war Gegenstand
zahlreicher Kaisergesetze. Mehrfach wurde verboten, daß Beamte Neubauten errichteten, während alte und junge Ruinen das Stadtbild verschandel-
ten. Daß Beamte aus Staatsmitteln eigenmächtig neue Bauten aufführten,
wurde untersagt. Wenn schon, dann sollten sie selber zahlen. Staatliche
Bauten sollten nur den Namen des Kaisers, nicht den des Beamten tragen.

Strafbar war es, den Bauschmuck für neue aus alten Bauwerken zu nehmen. Dies war eine Praxis, die kaiserliche und päpstliche Bauherren selbst
übten. Auch die außerhalb Roms gelegenen Tempel wurden unter Staats-
schutz gestellt.

Das wichtigste Baumaterial der Kaiserzeit war der Backstein. Für die Aureliansmauer und die Curia, für die Thermen Diocletians und Constantins
waren ungeheure Mengen vonnöten. Dennoch wissen wir über die Ziege-
leien (*officinae figlinae*) der Zeit wenig. Nach dem Ausweis der Ziegelstempel
scheinen die großen Fabriken seit Diocletian in Staatsbesitz gewesen zu sein.
Die letzten gestempelten Ziegel Roms stammen von Athalarich (526–534).

Die Lieferung von Baukalk war den Eigentümern bestimmter Güter
(*praedia*) auferlegt. Solche lagen im Gebiet von Tarracina. Die Liefer-
pflicht haftete an diesen Grundstücken, gleichgültig, wem sie gehörten.
Die Kalkbrenner und Fuhrleute, die den Kalk nach Rom brachten, genossen Immunität und erhielten Vergütungen in Rindern, Wein und Gold.
Bei der Reparatur öffentlicher Bauten in Rom übernahm der Staat ein
Viertel der Materialkosten auf die Weinkasse, bis zur Höhe von 3000 Fuhren oder Goldstücken. Drei Viertel sollten die *possessores* der *praedia* zahlen. Die Hälfte des Weingeldes diente zum Unterhalt der Wasserleitungen.
900 Fuhren jährlich oblagen den etruskischen Städten zur Ausbesserung
des römischen Hafens. 324 mußten alle unerlaubt errichteten Privathäuser im Umkreis von 100 Fuß von den Getreidespeichern entfernt werden,
damit diese bei Hausbränden nicht ebenfalls in Flammen aufgingen. 397
wurde die illegale Bebauung des Marsfeldes untersagt, alle Buden und Zelte
sollten abgerissen werden.

Gegen den Mißbrauch der Wohltätigkeit wandte sich das Gesetz gegen
die Bettler von 382. Alle Bettler sollten auf ihre Arbeitsfähigkeit untersucht
werden. Wer einen gesunden Bettelsklaven bringe, der dürfe ihn behalten.
Wer einen arbeitsfähigen Freien fasse, erwerbe ihn als *colonus*. In beiden
Fällen bleiben die Rechte der bisherigen Herren erhalten, wenn sie von der
Bettelei ihrer Leute nichts wußten. Alte und Kranke durften betteln.

Aus demselben Jahre 382 stammt die Kleiderordnung für Rom. Schon
Augustus hatte die Toga in Rom wieder vorschreiben müssen, die zugunsten praktischer Kleidung außer Gebrauch zu kommen drohte. Da Militär die Stadt nicht betreten durfte, sollte keine militärische Kluft getragen
werden. Die Senatoren hatten in *colobium, paenula* oder bei offiziellen
Anlässen in der Toga zu erscheinen. Sie war auch die Amtstracht der Stadtpräfekten. Den übrigen Beamten war der Wehrgürtel vorgeschrieben.
Sklaven hatten einen Überwurf ohne oder mit Kapuze zu tragen. Geldstrafen für Übertreter kamen an den *magister census*. Hosen, Pelze und lange
Haare galten als barbarisch und waren in Rom sogar den fremden Sklaven
untersagt. Höhere Würdenträger durften in Rom bestimmte zweispännige
Wagen fahren, wie sie ursprünglich den Vestalinnen gestattet waren. Vor-

nehme Leute ließen sich in Sänften tragen. Mit dem hohen Ansehen der Stadt begründete Theodosius 390 ein verschärftes Verbot der Knabenliebe, Schuldigen drohte der Feuertod.

Die Sonderstellung Roms ist der Grund, weswegen diese Stadt anders verwaltet wurde als Städte sonst. An der Spitze stand der *praefectus Urbi,* der Stadtpräfekt. Dieses Amt hatte schon Augustus eingerichtet, um einerseits die Verwaltung im Griff zu haben und um andererseits die Konsuln ohne Rücksicht auf kommunalpolitische Erfordernisse ernennen zu können.

Die Stadtpräfekten waren *viri illustrissimi* und standen im Rang unmittelbar hinter den Reichspräfekten. Sie trugen die Toga und fuhren auf einem vierspännigen, mit Silber beschlagenen Amtswagen (s. III 4 b). Im Durchschnitt amtierten sie ein Jahr. Viele von ihnen entstammten stadtrömischen Senatsfamilien, und so kommt es, daß wir noch lange Heiden in diesem Amt finden. Als erster Christ amtierte 325 Acilius Severus. Der *praefectus Urbi* leitete den Senat, er besaß die höchste Gerichtsbarkeit in Rom und war die Appellationsinstanz bis zum 100. Meilenstein. Sein Amtslokal, die *praefectura Urbis* (*secretarium commune* oder *Tellurense*), lag zwischen dem Colosseum und San Pietro in Vincoli unter der heutigen Via della Polveriera. Publikationsorte für Kaisergesetze waren das Trajansforum, daneben auch das Pantheon und das Atrium Minervae, das westlich an die Curia anschließende, von Augustus *Chalcidicum* genannte Hofgebäude. Den Klerus betreffende Erlasse wurden von den Kanzeln verlesen, Kaiserbriefe ans Volk im Theater.

Unter der Disposition des Stadtpräfekten nennt die ‹Notitia Dignitatum› (ND. occ. IV) eine lange Liste von Unterbeamten: den *praefectus annonae,* der für die Versorgung der Stadt mit Brotgetreide und Schweinefleisch verantwortlich war; den *curator horreorum Galbanorum,* der die Lagerhallen verwaltete; den *praefectus vigilum,* der die Kohorten der Feuerwehr kommandierte; den *comes formarum* und den *consularis aquarum,* die für die Wasserleitungen zuständig waren; den *comes riparum et alvei Tiberis et cloacarum,* der die Tiberufer und die Abwässerkanäle in Ordnung zu halten hatte; den *comes portus* und den *centenarius portus,* denen Roms Häfen unterstanden; den *magister census,* der die Steuerlisten führte; den *rationalis vinorum,* der die Weinversorgung organisierte; den *tribunus fori suarii,* der den Schweinemarkt überwachte. Für die öffentlichen Bauten, Straßen und Denkmäler sorgten der *curator operum maximorum,* der *curator operum publicorum,* der *curator statuarum* und der *tribunus rerum nitentium.* Dazu kommen die zahlreichen Büroangestellten, Schreiber, Boten usw.

Diese genannten Ämter lassen sich aus anderen Quellen ergänzen um den *tribunus fori boarii,* der den Rindermarkt beaufsichtigte, das Kollegium der *archiatri,* der Stadtärzte, und den *tribunus voluptatum,* der die Theater und Bordelle kontrollierte. Eine Polizeitruppe besaß der Stadtpräfekt seit der Auflösung der Prätorianer 312 nicht mehr. Die kleine Mannschaft der Straßenaufseher (*vicomagistri*) bestand offenbar aus Privatpersonen, desgleichen die Feuerwehr der *collegiati* und des *corpus centonariorum*, das mit Schlaglappen ausgerüstet war.

Unter dem Stadtpräfekten rangierte der *vicarius Urbis*. Er war *vir spectabilis*. Ihm unterstand die Diözese *Italia suburbicaria* (Süditalien), deren Abgaben Rom zuflossen. Die Plebejer Roms blieben von Steuern befreit. Die Stadtvikare waren keine Honoratioren, sondern kaiserliche Funktionäre, die unter anderem den Stadtpräfekten kontrollierten, den sie nominell zu vertreten hatten. Der Stadtvikar residierte im gleichen Amtslokal wie der Stadtpräfekt.

Der Senat, die älteste und ehrwürdigste Körperschaft nicht nur Roms, sondern auch des Reiches, hatte in der Spätantike kaum noch Verwaltungsaufgaben. Die soziale und kulturelle Bedeutung dieser vornehmsten Schicht war größer als ihre politische. Da die *viri clarissimi* zum größten Teil nicht mehr in Rom wohnten, sind sie im Zusammenhang mit der spätantiken Gesellschaft behandelt (s. III 2 a). Der Kern des römischen Senats, insbesondere der Symmachus-Kreis (s. III 6 a), blieb bis 394 heidnisch.

Wachsenden Einfluß gewann indessen die Kirche. Schon im Laufe des 4. Jahrhunderts bekehrte sich der größere Teil der Stadtbewohner zum neuen Glauben. Die Bischöfe von Rom festigten im 4. Jahrhundert ihre Vorrangstellung innerhalb des Reichsepiskopates. Im 5. Jahrhundert entwickelte sich das Papsttum zu einer respektablen Macht, um unter Gregor dem Großen († 604) die Stadtherrschaft zu übernehmen (s. III 6 c).

Die Versorgung Roms war stets ein Problem, denn ökonomische Bedeutung besaß die Stadt kaum. Es gab dort neben einem umfangreichen Baugewerbe (s. o.) drei große exportierende Staatsbetriebe: eine Kleiderfabrik, eine – noch unter Totila prägende – Münze und ein Atelier für Marmorarbeiten. Das in Zünften organisierte Handwerk diente überwiegend städtischen Bedürfnissen. Gesetze und Inschriften bezeugen Korporationen der Bäcker, Schweinehändler, Metzger und Ölhändler; solche der Reeder, Treidler und Kaufleute; der Schneider, Filzdeckenhersteller, Walker, Färber, Schuster, Drogisten usw.

Schon in der späten Republik war die Versorgung der Stadt Rom Sache des Staates. Das gilt zunächst für das Wasser. Rom erhielt aus seinen neunzehn Aquädukten über eine Million Kubikmeter Wasser am Tag, umgerechnet auf die Einwohnerzahl war dies ein Mehrfaches von dem, was den Römern 1968 zur Verfügung stand. Die Instandhaltung der Aquädukte oblag den Besitzern der Grundstücke, durch die sie gingen. Dafür waren diese Leute von außerordentlichen Lasten befreit. 15 Fuß zu beiden Seiten durften keine Bäume stehen. Die Leitungen speisten öffentliche und private Anschlüsse, doch waren Privatanschlüsse genehmigungspflichtig.

Diese mußten von den Hauptleitungen abgezweigt werden. Eigenmächtiges Anzapfen wurde bestraft.

Seit den Gracchen gehörte es zur popularen Politik, das Stadtvolk von Rom mit billigem oder kostenlosem Weizen (*frumentum*) zu versorgen. Schon vor Caesar gab es 320 000 Kornempfänger. Zunächst wurde der Weizen in gedroschenem, später in gemahlenem Zustand verteilt, ab Aurelian gab es gebackenes Brot. Es wurde von einem *praefectus annonae Africae,* der dem Reichspräfekten unterstand, als Steuer eingezogen, an der africanischen Küste gesammelt und dann von den Hochseeschiffern nach Portus gebracht. Ostia war schon in der frühen Kaiserzeit verlandet, doch gibt es eine Bautätigkeit noch im 4. Jahrhundert. Die Reeder (*navicularii*) bildeten eine der ältesten Zünfte. Sie werden als *corpus* oder *collegium* von Gaius bezeugt, hatten damals, d. h. unter Marc Aurel, aber schon eine längere Geschichte. Ihre Angehörigen konnten aus dem Stande der *plebs* in den der *decuriones,* ja eine *potior dignitas* aufsteigen. Sie besaßen seit Constantin ritterlichen Rang und genossen Immunität. Ihre Pflicht bestand darin, innerhalb zweier Jahre eine Fahrt für die Stadt zu finanzieren, im übrigen waren sie frei. Zahlreiche Gesetze bestätigen die Steuerfreiheit der Schiffergüter, offenbar haben die Curien und die Statthalter immer wieder versucht, ihnen Lasten aufzubürden, während die Inhaber die auf den Gütern ruhende Transportpflicht abschütteln wollten.

Die Qualität des Getreides wurde beim Einladen wie beim Ausladen überprüft. Die Getreidespeicher von Portus unterstanden einzelnen *patroni,* die jährlich wechselten und Rechenschaft schuldig waren. Das Ausladen war das Vorrecht der *saccarii;* Privatunternehmern war es verboten, eigene Sackträger zu beschäftigen. Das Getreide wurde sodann von *mensores* gemessen und durch die *caudicarii* auf ochsengezogenen Lastschiffen den Tiber aufwärts nach Rom getreidelt. Hier wurde es in den *horrea* des Emporiums in der Südwestecke der Stadt gespeichert, später auch in Trastevere.

Die Menge des jährlich nach Rom gebrachten Getreides betrug vermutlich 27 Millionen *modii*. Die *mensores* und *caudicarii* mußten den Müllerbäckern (*pistores*) jährlich je 200 000 Maß guten Getreides gegen einen billigen Preis abgeben. Der Transport der Nahrungsmittel in der Stadt oblag den Eseltreibern (*catabolenses*). Sie brachten das Getreide in die Mühlen, die teilweise mit Strafgefangenen, zunehmend aber mit Wasserkraft betrieben wurden. Eine größere Anzahl von Wassermühlen lag am Osthang des Janiculum, sie nutzten das Gefälle der Aquädukte aus. Die Wassermühlen genossen staatlichen Schutz. Unterschlagung von Getreide wurde bestraft. Um 488 ließ der Stadtpräfekt am Janiculum eine Waage aufstellen, um die Betrügereien der Wassermüller (*molendinarii*) zu unterbinden. Den Schuldigen drohte er mit Geld- oder Prügelstrafe.

Die für die Brotversorgung zuständigen Gewerbe, insbesondere die *pistores,* waren in erblichen Zünften (*corpus pistorum*) zusammengefaßt. Die Pflicht zum Handwerk war gebunden an Privilegien, die auf Trajan zurückgehen, insbesondere an den Besitz von steuerfreien Landgütern. Diese Bäckergüter (*fundi dotales, praedia*) waren über das ganze Imperium verstreut. Wer sie verkaufte und den Erlös einstrich, blieb dennoch der Zunftpflicht unterworfen. Nur wer Zahlungsunfähigkeit erklärt hatte, wurde von der Zunft ausgeschlossen, er sollte sich nicht erneut einschleichen dürfen. Der Sohn oder Schwiegersohn eines Bäckers mußte mit den Gütern auch die Pflicht übernehmen. Falls der Schwiegersohn das Erbe verschleuderte oder sich scheiden ließ, blieb er gleichwohl zunftpflichtig. Auch Schauspieler und Wagenlenker verloren ihre Immunität, wenn sie eine Bäckerstochter freiten. Wer sich sträubte, dem wurden Prügel, Deportation und Enteignung angedroht. Hinterließ ein verstorbener Bäcker unmündige Kinder, so mußte die Zunft einen Vormund stellen, der mit dem Nießbrauch die Bäckerei übernehmen sollte.

Die Bäckergüter waren belastet: den Erben oder Käufern oblag die Backpflicht, auch wenn sie Freigelassene oder Schiffer waren. Senatoren und Beamte, die man nicht zum Backen heranziehen konnte, durften Bäckergüter nicht erwerben. Bäcker, die selbst in den Senatorenstand aufstiegen, mußten das Mindestvermögen für einen Nachwuchsbäcker an die Zunft abtreten. Statthaft war es für einen Bäcker, Pflicht und Gut einem Angehörigen zu überlassen.

Immer wieder haben einzelne *pistores* versucht, ihrer Pflicht zu entkommen, die Güter aber zu behalten. Dem begegnet die Bestimmung, daß Bäcker die Bäckerei nicht wechseln dürften, daß solche, die in die Kirche flöhen, trotzdem weiterbacken müßten. Auch mit Zustimmung der Zunft sei kein Bäcker aus der Pflicht zu entlassen, schon das Gesuch darum wird mit einer Geldbuße von fünf Pfund Gold bedroht. 417 heißt es, ein Beamter, der einen Bäcker ermorde, müsse zur Strafe selber backen.

Alle fünf Jahre sollten neue Bäcker aus dem Amt des *proconsul Africae* nach Rom geschickt werden. Unterblieb dies, so zahlte der Statthalter nebst seinem Amt je fünfzig Pfund Silber. Entsprechend wurden alle fünf Jahre die älteren Bäcker befreit, mußten aber Tiere, Sklaven, Mühlen und Güter mit der Werkstatt dem Nachfolger übereignen. Bei diesen Leuten handelt es sich kaum um Handwerker, sondern um Patrone. Sie trugen die Verantwortung dafür, daß gebacken wurde.

Das Staatsbrot wurde kostenlos abgegeben. Ausgeschlossen von der Verteilung waren Beamte, Angehörige von senatorischen Häusern und Unfreie. Sklaven von Senatoren, die ohne Wissen ihres Herren Staatsbrot nahmen, sollten zur Zwangsarbeit in Mühlen gefesselt werden. Wußten die Herren davon, so drohte ihnen, je nach Vermögen, Enteignung oder Mühlenarbeit. Die Schreiber (*scribae*), die den Sklaven die Teilnahme erlaubten, sollten geköpft werden.

Das Freibrot heißt in den Gesetzen *panis gradilis,* Treppenbrot, weil die Empfänger sich auf den Treppen anstellten, wo ihre Namen und die ihnen

zustehende Menge auf Bronzetafeln angeschlagen sein sollten. Jeder Empfänger besaß einen Ausweis (*tessera*), der seine Wohnung nachwies. Wer sie
aufgab, verlor den Anspruch. Dieser war nicht übertragbar, doch sind die
tesserae offenbar nicht nur vererbt, sondern auch gehandelt worden. Ein
Verkauf des Treppenbrotes war verboten. Im Jahre 369 verordnete Valentinian, statt 50 Unzen groben Brotes täglich gebe es künftig 36 Unzen fei-
nen Brotes. In Ostia wurde ermäßigtes Brot verteilt, für einen Nummus
den Laib.

Aurelian hatte die Kornversorgung Roms um eine Verteilung von Fleisch
ergänzt. Wegen der Verderblichkeit kam dafür nur die kalte Jahreszeit in
Frage. Fünf Monate sollte jeder Berechtigte monatlich auf einmal fünf
Pfund Fleisch erhalten. Die Schweine, Schafe und Rinder mußten von den
Grundbesitzern Unteritaliens als Naturalsteuer geliefert werden. Sie konnten den Viehhändlern (*susceptores*) allerdings auch Geld dafür geben, doch
durften diese nicht den höheren Marktpreis Roms verlangen, sondern nur
den gerade gültigen lokalen Wert, für den sie dann das nötige Vieh einkau-
fen konnten. Je mehr die Bauern auf dem Markt verlangten, desto mehr
mußten sie den Steuereinnehmern an Gegenwert entrichten. Die Kontrolle
wurde von den staatlichen auf die örtlichen Behörden übertragen, weil die
Angestellten der höheren Ämter den Provinzialen verderblich seien, *quia
maiorum potestatum officiales solent esse provincialibus perniciosi*.

Ein Problem war der Gewichtsverlust, den die Schweine auf dem Wege
nach Rom erlitten. Er wurde auf 20 Prozent geschätzt. Um ihn auszugleichen, stellten die Kaiser aus den Weinvorräten 25 000 Amphoren zur Verfügung, von denen die Händler zwei, die Curien der Landstädte ein Drittel
erhielten, so daß entsprechend mehr Schweine eingekauft werden konnten.
452 bewirkte Aëtius, damals Reichsmarschall und Patron der Schweinehändler in Personalunion, eine feste Umrechnung: Lucania sollte 6400,
Samnium 5400, Campania 1950 *solidi* abführen, wovon die *suarii* dann
zum Festpreis von 240 Pfund Schweinefleisch pro *solidus* das nötige Vieh
kaufen konnten. Wie hoch man in Rom das Schweinefleisch schätzte, zeigt
sich darin, daß Maiorian 458 bei seinem allgemeinen Steuererlaß nur die
suarii Roms ausschloß. Sie mußten das Fehlende liefern, um keinen Mangel aufkommen zu lassen.

Die drei *Zünfte* der Schweine-, Rinder- und Schafmetzger in Rom waren
ähnlich organisiert wie die Bäckerzunft, genossen seit Septimius Severus
ähnliche Vorrechte und hatten ähnliche Probleme. 419 wurden die Zunft-
vorsteher zu *comites* dritter Ordnung ernannt, 452 erhielt der Chef der
Schweinemetzger das *cingulum militiae*.

Septimius Severus soll dem römischen Volk freies Öl gestiftet haben.
Verläßlich ist die Nachricht für Aurelian. Das Öl kam bis ins 3. Jahrhun-
dert überwiegend aus Spanien, später aus Nordafrika. Das beweisen die
Amphorenstempel vom Monte Testaccio, jenem Scherbenberg hinter den

Speichern am Fuße des Aventin. Im Laufe der Kaiserzeit hat er eine Höhe von 30 m, einen Umfang von 1 km gewonnen.

Das Öl wurde an den Öltischen verteilt, die in der ‹Notitia Romae› erwähnt sind (s. o.). Diese Öltische durften nicht verkauft, nur vererbt werden. Starb ein Inhaber ohne Erben, so sollte der Tisch für zwanzig *folles,* nicht mehr, an einen neuen Bewerber überschrieben werden. Daraus ergibt sich, daß die Öltische ihren Inhabern Einnahmen brachten. Mehrfach untersagten die Kaiser eine Minderung der für Rom bestimmten Ölmenge. Es gab eine *arca olearia et frumentaria,* eine Öl- und Getreidekasse, deren Funktionen im einzelnen dunkel sind.

Aurelian (SHA. 48) hat dem Volk neben dem kostenlosen Fleisch anscheinend auch verbilligten Wein gestiftet. Er wurde in den Säulenhallen des von ihm errichteten Sonnentempels ausgegeben. 365 betrug der Nachlaß ein Viertel des Marktpreises auf alle Güteklassen. Der Staat bezog den Wein als Naturalsteuer aus den suburbicarischen Provinzen in Unteritalien, eine Ablösung durch Geld wurde damals untersagt. Die Weinvorräte waren im allgemeinen reichlich, denn aus ihnen wurden die Defizite der Fleischversorgung beglichen (s. o.), auch wurde verdorbener Wein manchmal kostenlos verteilt.

Aus der dem *rationalis vinorum* unterstehenden Weinkasse (*arca vinaria*) spendete Valentinian 365 eine jährliche Summe von 3000 Goldstükken für notwendige Maurerarbeiten in Rom. Theoderich stiftete jährlich 200 Pfund (Gold?) aus der Weinkasse für die Ausbesserung von Stadtmauer und Palast. Im übrigen wurden daraus die Träger, Schreiber, Wächter und die Vorkoster des Weins finanziert. Aurelian ließ dem Volk zudem Salz austeilen.

Neben den staatlichen Versorgungsbetrieben in Rom gab es auch eine große Anzahl privater Kaufleute. Sie kamen überwiegend aus dem Osten. Im Jahre 440 oder kurz zuvor hatten die römischen Kleinhändler ihre griechischen Konkurrenten vertrieben. Diese beschwerten sich beim Kaiser, und er verordnete in einem Edikt *ad populum,* daß im Interesse der Stadt Rom die vielen dort tätigen griechischen Krämer (*pantapolae*) wohnen und Handel treiben dürften. Wenn der eine oder andere von ihnen einmal die festgesetzten Preise überschritten hätte, sei das kein Grund, die gesamte Körperschaft zu verbannen. Gleichzeitig bestätigte der Kaiser, daß die Mitglieder der Zünfte in Rom vom Wehrdienst befreit seien und nur für die Verteidigung der Stadt zu sorgen hätten.

Der Mensch lebt nicht vom Brot allein, heißt es in der Bibel. Auch der Römer nicht. Er verlangte *panem et circenses.* Für alle Zusatzbedürfnisse war in Rom vorbildlich gesorgt durch die Thermen und die Spiele, durch Bildungsstätten, Tempel und Kirchen. Die öffentlichen Großbäder in Rom wurden von Arbeitern (*mancipes thermarum*) betrieben, deren Unterhalt aus den Erträgen der Salinen floß. Auch diese Leute waren als *collegium* organisiert. Eine Gilde von sechzig Schiffern lieferte das Brennholz, das von einigen Städten, darunter Tarracina, als Naturalsteuer eingezogen wurde. Über die Beliebtheit des Badens in allen Bevölkerungsschichten noch im späten 4. Jahrhundert unterrichten uns Ammian und Symmachus. Im 5. Jahrhundert dürfte die Badekultur angesichts der wachsenden Versorgungsprobleme nachgelassen haben, im 6. Jahrhundert ist sie im Westen erloschen.

Spiele gab es in Rom in drei Hauptformen: Wagenrennen im Zirkus (Hippodrom), namentlich im Circus Maximus, der nach der ‹Notitia Romae› 385 000 Menschen gefaßt haben soll, weiterhin Gladiatoren- und Tierkämpfe in der Arena (Amphitheater), insbesondere im Colosseum, für das die ‹Notitia› 87 000 Plätze angibt, und Schaustücke auf den Theaterbühnen.

Die meisten Spiele wurden anläßlich der großen Staatsfeste gegeben. Diese waren zwar ursprünglich religiös geprägt, hielten sich aber als Volksbelustigung mindestens bis ins 4. Jahrhundert, so die Spiele für die Magna Mater (3. – 10. April), für Ceres (12. – 19. April), für Flora (28. April – 3. Mai), für Apollon (6. – 13. Juli), die *ludi Romani* (4. – 19. September) und die *ludi plebei* (4. – 17. November). Dazu kamen die konsularischen und praetorischen Spiele, die Kaiserfeste und dergleichen. Die letzten Säkularfeiern scheinen für 404 bezeugt. Isaak von Antiochia hat sie miterlebt und in mehreren Dichtungen verherrlicht. Im 4. Jahrhundert gab es 176 Festtage im Jahr, von denen an 10 Tagen Gladiatorenkämpfe, an 64 Tagen Wagenrennen stattfanden und an 102 Tagen Theater gespielt wurde. Im späteren 4. Jahrhundert war der Sonntag dem Gottesdienst vorbehalten, und deswegen durften – außer an Kaisers Geburtstag – dann keine Spiele stattfinden.

Die ‹Notitia Urbis Romae› erwähnt vier Ställe der Zirkusparteien. Seit der frühen Kaiserzeit gab es die Roten, Weißen, Grünen und Blauen. Es handelt sich dabei um staatlich anerkannte Vereine, die ihre eigenen Wagenlenker und ihre eigenen Pferde hatten. Die besten Rennpferde kamen einerseits aus Spanien, andererseits aus dem kaiserlichen Gestüt Villa Palmata in Kappadokien. Das Futter hatte Capua zu liefern, 2000 Maß Bohnen für jede Partei, und durfte sich dafür Pferde für die eigenen Spiele ausborgen. So wie Diocletian Berufssportlern nach drei Siegen – darunter einer in Rom oder Griechenland – die Steuerfreiheit verlieh, so gewährte Valentinian erfolgreichen Rennpferden den Gnadenhafer. Auf Geheiß Gratians schrieb Ausonius (VI 33) ein Grabgedicht auf das Rennpferd Phosphorus. Die letzten aus Rom überlieferten Wagenrennen hat der Gotenkönig Totila nach seiner zweiten Einnahme der Stadt am 16. Januar 550 veranstaltet.

325 hat Constantin das Abhalten blutiger Spiele verboten und angeordnet, die dazu verurteilten Gladiatoren ersatzweise in die Bergwerke zu schicken. Dieses Gesetz hat er selbst mißachtet, als er um 335 der Stadt

Hispellum Spiele zu Ehren der Kaiserfamilie erlaubte. 357 hieß es, daß zu den Gladiatorenspielen keine Soldaten verwendet werden dürften und freiwillige Gladiatoren gefesselt den Heermeistern auszuliefern seien. Offenbar sollten sie ins Heer eingestellt werden. Valentinian verbot 365, Christen zum Gladiatorenkampf zu verurteilen. Senatoren durften zur öffentlichen Lustbarkeit gehaltene Gladiatoren für ihre private Sklavenschar nicht aufkaufen. Vielfach wurden gefangene Germanen in der Arena geopfert.

Zu 399 meldet die Beneventer Ostertafel: *templa idolorum demolita sunt et gladiatorum ludi tulti*. Trotzdem wurde in der Arena weitergefochten. 403 bat Prudentius am Ende seines zweiten Gedichts gegen Symmachus (1115 ff) den Kaiser, die blutigen Spiele auf das Abschlachten von Tieren zu beschränken, und dies geschah im folgenden Jahre tatsächlich aufgrund eines Zwischenfalls. Während der Spiele zu Ehren des sechsten Konsulats des (zweifellos anwesenden) Kaisers im Januar 404 (s. o.) stürzte sich der Mönch Telemachos in die Arena, um die Gladiatoren auseinanderzubringen. Der römische Mob hat den Störenfried gesteinigt, aber Honorius erließ abermals ein Verbot. Noch Augustin (conf. VI 13) und Salvian (GD. VI 60) sprechen von Gladiatorenkämpfen. Todesstrafe *ad bestias* wurde weiterhin verhängt. Tierhetzen in der Arena sind bis ins 6. Jahrhundert bezeugt.

Die Kirche hat, wie gegen die Spiele, so gegen das Theaterwesen gepredigt. *Vitanda spectacula omnia*, heißt es bei Lactanz (inst. VI 20). Tragödien und Komödien wurden kaum noch aufgeführt, der Mimus und die Posse beherrschten die Szene. Anstoß erregten hier namentlich die populären Obszönitäten und die Schaustellungen nackter Mädchen, wie sie am Florafest und beim Maiumas üblich waren (s. III 6a). Salvian klagt, daß die Christen lieber ins Theater als in die Kirche gingen (GD. VI 37). Der Schauspielerberuf galt als unehrenhaft. Eine Schauspielerin, die sich taufen ließ, mußte der Bühne entsagen. Alle Gesetze über Schauspielerinnen gehen vom lockeren Lebenswandel dieses Gewerbes aus.

Eine vergleichsweise geringe Bedeutung besaß die Musik in der Unterhaltung. Was von sich reden machte, waren Virtuosen und kolossale Instrumente. Ammian (XIV 6, 18) spricht von Lyren, groß wie Lastwagen, und von Wasserorgeln, die man zum Begleiten von Theaterstücken und von Gladiatorenkämpfen verwendete. Orgeldarstellungen gibt es auch auf Mosaikböden und auf Kontorniaten. Die Beischrift lehrt, daß damit Wettbewerbe ausgetragen wurden.

Brot und Spiele waren häufig Grund für Unruhen in Rom und anderen Großstädten. Für die zweite Hälfte des 4. Jahrhunderts sind uns siebzehn Krawalle überliefert. In der Mehrzahl der Fälle wurden sie durch Getreideknappheit ausgelöst, doch konnten auch Ölmangel oder überhöhte Weinpreise die Ursache sein. Die Unruhen begannen in der Regel im Zirkus. Hier machte sich die Stimmung durch Sprechchöre (*acclamationes*) Luft:

nescit plebs tacere. Über ihren Inhalt, die *acta populi*, mußte der Stadtpräfekt monatlich an den Hof berichten. Der Volkszorn richtete sich häufig gegen den Stadtpräfekten selbst; es kam vor, daß ihm das Haus oder das Amtslokal angezündet wurde.

384 erfolgte eine Ausweisung der Fremden, worüber sich Ammian (XIV 6,19) vor allem deswegen erregt, weil für angeblich 3000 Tänzerinnen Brot vorhanden war. Ammians Romexkurse bezeugen die Beliebtheit des Spiel- und Schauwesens in allen Schichten, und die Bildquellen bestätigen das, namentlich die Mosaiken und Kontorniaten, auf denen kein Thema öfter wiedergegeben ist als die Vergnügen von Theater, Zirkus und Arena.

Unter den Bildungseinrichtungen des spätantiken Rom sind neben den Bibliotheken die staatlichen Professoren zu nennen, die im Athenaeum und auf den Kaiserfora lehrten. Ihnen gleichgestellt waren die Ärzte. Die literarischen Interessen des Symmachus-Kreises machten Rom zu einem Zentrum des spätantiken Bildungswesens (s. III 5).

Im 4. Jahrhundert erweckt Rom noch einen imposanten Eindruck. In Baubestand und Lebensgenuß stellt die Schlußphase sogar den Höhepunkt der stadtrömischen Geschichte dar. Zwar geißelt Ammian in seinen beiden Romexkursen die Sittenlosigkeit von Senat und Volk, doch kritisiert er damit nur die Moralität, nicht die Vitalität der Stadt um 390 n. Chr. Die Lebenskrise des Reiches hat sich in der Hauptstadt erst mit dem Sacco di Roma durch Alarich 410 niedergeschlagen. Hier hat man bis zum Zusammenbruch aus dem Vollen gelebt. Man kann die parasitäre Existenz dieser Großstadt beklagen, aber sie hat auf die Zeitgenossen und die Nachwelt einen unauslöschlichen Eindruck gemacht. Schwerlich hätte eine andersartige Verteilung der in Rom verzehrten Güter die Lebensdauer des Reiches nennenswert verlängert. Gewiß aber hat der hier entfaltete Glanz die Stadt Rom zu jener Idee, zu jenem Symbol staatlicher Macht erhoben, das im Mittelalter mit Melancholie, im Humanismus mit Hoffnung betrachtet wurde. Am Anfang der Neuzeit steht die inspirierende Wirkung der Ruinen Roms.

b) Konstantinopel

Als die Griechen aus Megara, die um 660 v. Chr. Byzanz gründen wollten, beim Delphischen Orakel anfragten, wo sie die Stadt bauen sollten, antwortete Apollon: gegenüber dem Lande der Blinden. Damit waren die Bewohner von Chalkedon auf der asiatischen Seite des Bosporus gemeint, denen die so viel günstigere Lage von Byzanz entgangen war. Auch Diocletian erkannte sie nicht, als er seinen Palast in Nikomedeia errichtete. Selbst Constantin schwankte eine Weile zwischen Serdica, Thessalonike, Troja und Chalkedon. Erst als er 324 Licinius aus Byzanz vertrieb, wurde ihm die Gunst der Lage am Goldenen Horn klar. Am Ende der Via Egnatia von Apollonia bzw. Dyrrachium an der Adria zur Propontis gelegen, als Schnittpunkt des Landweges von Europa nach Asien und des Seewegs vom Mediterraneum zum Pontos, gleichweit entfernt von den bedrohten Grenzen an Donau und Euphrat, war sie das gegebene Verwaltungszentrum für die östliche Reichshälfte.

Sofort nach der Gefangennahme des Licinius begannen die Bauarbeiten. Sie wurden teils aus der Staatskasse des besiegten Mitkaisers, teils aus beschlagnahmten Tempelschätzen bezahlt. Am 26. November, so die späte Überlieferung, 328 erfolgte die Grundsteinlegung der erweiterten Landmauern, wodurch das Gebiet der griechischen Stadt um das Drei- bis Vierfache vergrößert wurde. Am 11. Mai 330 fand die feierliche Einweihung statt.

Constantin hat seine Stadt in hellenistischer Weise nach sich selbst benannt. Der alte Name Byzantium hielt sich, nicht nur bei archaisierenden Autoren wie Prokop. Die Bezeichnung «Neues Rom» findet sich 326 bei Optatianus Porfyrius (4,6; 18,33), dann bei Themistios (or. III 42 c) im Jahre 357, offiziell in den Akten des Zweiten Ökumenischen Konzils 381 (can. 3). Constantin selbst hatte, wie zuvor Diocletian in Nikomedien, die Idee, ein zweites Rom zu gründen, *velut ipsius Romae filiam*, eine «Tochter Roms». Das bestätigt die parallele Emission von Bronzemünzen mit der Legende *Constantinopolis* oder *Urbs Roma* in den Jahren 330 bis 337; dafür spricht weiterhin die schrittweise Nachahmung der alten Hauptstadt in vielen Einzelheiten: Constantin stiftete einen *senatus secundi ordinis*, seit Constantius II gab es praetorische und konsularische Spiele. So wie Rom erhielt Konstantinopel gemäß der ‹Notitia Urbis› eine Einteilung in vierzehn Regionen, ein Capitolium, einen Goldenen Meilenstein, eine Hochschule (s. III 5), eine Münze, ein Praetorium für den Stadtpräfekten und neben dem Hippodrom (s. u.) einen Palast, der seit Theodosius ständige Residenz des (Ost-) Kaisers werden sollte. Die volle rechtliche Gleichstellung mit Rom wurde allerdings erst 421 verfügt.

Die Stadt wurde im Nordosten durch das Goldene Horn begrenzt, im Süden durch das Marmara-Meer, im Westen durch die Landmauer. Sie verlief etwa 3 km westlich der alten Mauer von Byzanz und war 378 stark genug, um die Angriffe der Goten abzuwehren. Die Seemauern mit ihren 188 Türmen wurden 438 fertiggestellt. Nachdem schon Themistios (or. 18) erklärt hatte, der Platz würde zu eng, vollendete der *patricius* Anthemius im Jahre 413 eine zweite Landmauer, die das Stadtgebiet nochmals um fast 2 km nach Westen hinausschob und damit um mehr als ein Drittel erweiterte. Seitdem besaß Konstantinopel wie Rom sieben Hügel und vierzehn Regionen. Die neue Mauer war 422 fertig, damals wies der Kaiser die unteren Räume der Türme den Soldaten als Quartier an. Hinter dem *murus novus* lagen die – auch später nicht überbauten – Stadtgärten der

Senatoren. Diese beinahe 7 km lange, von zehn Toren durchbrochene, mit 96 Türmen bewehrte Mauer wurde 447 verdoppelt, die Breite der Anlage betrug 60 m, von der Grabensohle hoch zur Mauerkrone waren es 30 m. Um dem Feind das Vordringen bis zum Fuße der Mauer zu verwehren, errichtete Anastasius 60 km westlich von Konstantinopel die Lange Mauer, die parallel zum Bosporus vom Schwarzen Meer zur Propontis führte. Justinian verstärkte sie nochmals. Bis zum Jahre 1204 sind alle Angriffe auf die Stadt abgewehrt worden.

Als wirtschaftliches Zentrum diente das constantinische Forum, ein runder, mit einer doppelstöckigen Säulenhalle umgebener Platz, auf den zwei Triumphtore führten und dessen Mitte eine Säule mit dem Standbild Constantins einnahm, die heute sogenannte Verbrannte Säule (s. u.). Durch das Forum führte die Via Triumphalis, die Μέση, heute Divan Yolu. Unter Theodosius I wurde westlich an derselben Straße das größere Forum Tauri vollendet, und abermals weiter im Westen das Forum Arcadii. Für die Versorgung wichtig waren die vier Häfen der Stadt. Den von Julian angelegten ließ Anastasius 509 mit Schöpfrädern (*rotalibus machinis*) von Schlamm reinigen.

Auf der alten Agora, südlich an die Hagia Sophia anschließend, errichtete der Stadtpräfekt von 459 das Augusteum, ein Forum mit Tribunal, geschmückt mit Statuen – darunter Constantins Liburna (s. II c) – und dem Goldenen Meilenstein, dem *miliarium aureum*. An der Ostseite lag die Senatscurie, die dreischiffige Magnaura. Sie diente dem Empfang fremder Gesandtschaften noch, als Liudprand von Cremona (Antapodosis 6,5) für Otto II im Jahre 968 zur Brautwerbung nach Konstantinopel kam. Im Zentrum der Altstadt wurde der Hippodrom für 30 000 Besucher ausgebaut, der Ort aller Volksveranstaltungen, Staatsfeste, «Triumphzüge», Kaisererhebungen, Hinrichtungen usw. Hauptattraktion waren wie im römischen Circus Maximus die Wagenrennen, die bis ins 12. Jahrhundert bezeugt sind. Nachdem die Kreuzritter 1204 die Stadt erobert hatten, fanden im Hippodrom Turniere statt.

Nach den Kirchenvätern hat Constantin von Anfang an den christlichen Charakter seiner neuen Residenz betont und nichts Heidnisches in der Stadt geduldet. Dennoch hören wir von neuen Tempeln für Rhea, die Göttermutter, und für Kastor und Pollux am Hippodrom sowie vom Heiligtum der Fortuna Romana, das vielleicht mit dem *miliarium aureum* identisch ist. Auch die drei alten Tempel von Artemis, Aphrodite und Helios auf der Akropolis von Byzanz blieben bestehen. Doch ihr Kult wurde beendet, die Einkünfte kassiert. Theodosius profanierte sie: aus dem Heliostempel wurde ein Magazin für die benachbarte Hagia Sophia, aus dem Artemistempel ein Spielsalon für Brett- und Würfelspiele, aus dem Aphroditeheiligtum teils eine Remise für die Kutschen des Reichspräfekten, teils ein

Wohnhaus für verarmte Freudenmädchen. Die Constantinssäule aus Porphyr (s. II 3) mit dem Strahlendiadem wurde noch im 12. Jahrhundert als
Denkmal für Apollon-Helios aufgefaßt und erhielt Opfer. Die Byzantiner
glaubten, Constantin habe das von Aeneas aus Troja nach Rom überführte
Athenabild (Palladium) unter ihr verwahrt. Das Gegenstück bildete die auf
dem Augusteion südlich der Hagia Sophia errichtete gigantische Reitersta-
tue Justinians im «Schema Achills» auf hoher Säule, angeblich über 50 m
hoch.

   Constantins Kirchenbauten sind umstritten. Die 532 abgebrannte Kirche des himmlischen Friedens (Irene) war die ältere Bischofskirche. An
Constantins betont christliches Mausoleum (s. III 3) wurde später die 370
geweihte Apostelkirche angebaut. Das Constantinsmausoleum diente als
Grablege der Kaiser bis einschließlich Anastasius, 1204 wurde es zerstört.
Justinian baute ein zweites Mausoleum. Constantius II ließ Reliquien von
Timotheos und Andreas, Lukas und Artemios einholen, unter Theodosius wurde am 18. Februar 392 eine Wunder wirkende Reliquie, der Schä-
del Johannes des Täufers (?), aus Kilikien nach Konstantinopel überführt
und mit einer neuen – inzwischen verschwundenen – Kirche beim Heb-
domon-Palast beehrt. Constantius II vollendete den ersten Bau der Kirche
der Göttlichen Weisheit, die Hagia Sophia, Justinian hat ihn durch Isidoros von Milet und Anthemios von Tralleis von Grund auf erneuert und
zum gewaltigsten Innenraum der Antike ausgestaltet. Auf Justinian gehen
auch weitere Gotteshäuser zurück, so die Kirche für Sergios und Bakchos
und der Neubau von Apostelkirche und Irenenkirche sowie ein Dutzend
Hospitäler.

   Der Bischof von Konstantinopel war während des 4. Jahrhunderts noch
der Jurisdiktion des Bischofs von Herakleia-Perinth unterstellt, gewann
aber rasch an Bedeutung. Gegen den Widerstand vor allem des Patriarchen von Alexandria erhielt der Bischof der neuen Hauptstadt 381 auf dem
Zweiten Ökumenischen Konzil einen Rang unmittelbar nach Rom, 451
wurde dies in Chalkedon bestätigt, und während des akakianischen Schis-
mas 484 bis 519 schuf er sich eine beherrschende Stellung über den gesamten Osten.

Zum Schmuck der Stadt hat Constantin aus dem ganzen Reich Kunstwerke zusammentragen lassen. Hieronymus bemerkt in seiner Chronik
zu 330: *Dedicatur Constantinopolis omnium paene urbium nuditate.* So
wie Rom zuvor verwandelte sich nun auch Konstantinopel in ein riesiges
Museum. Die Tempelstatuen und Weihgeschenke wurden ihres religiösen
Sinnes entkleidet und dienten fortan als Zierstücke für öffentliche und private Anlagen. In den Hallen der ersten Hagia Sophia standen zahlreiche
Kunstwerke, darunter siebzig griechische Götter. Bildwerke, schön wie die
von Phidias, Lysippos und Praxiteles, schmückten die Arkadianai-Thermen.

Noch großzügiger waren die auf Septimius Severus zurückgehenden, nach Zeus Hippios benannten Zeuxippos-Bäder, die größte und schönste Thermenanlage, mit Statuen ausgeschmückt, achtzig von ihnen hat Christodoros von Koptos poetisch beschrieben. Weitere Kunstwerke, deren Herkunft Pseudo-Codinus bezeugt, zierten die Mittelmauer der Rennbahn (*spina*) im Hippodrom. Den schon von Constantius dafür vorgesehenen Obelisken ließ Julian (443 B) aus Alexandria kommen. Theodosius stellte ihn auf, die Sockelreliefs zeigen den Kaiser repräsentierend.

Die berühmteste Privatsammlung besaß der kaiserliche Kammereunuche Lausos. Sein Palast schloß nordwärts an den Hippodrom an, er enthielt unter anderem die Aphrodite des Praxiteles aus Knidos, die samische Hera des Lysippos und den Gold-Elfenbein-Zeus des Phidias aus Olympia. Außerdem hatte Lausos, wie es heißt, eine Bibliothek von 120 000 Büchern zusammengetragen, als deren merkwürdigstes die Homerischen Epen erwähnt werden, mit goldener Tinte auf eine einzige Schlangenhaut geschrieben. Bei dem großen Stadtbrand während der Kämpfe zwischen Zenon und Basiliskos 476 ist die ganze Herrlichkeit vernichtet worden. So wurde Konstantinopel zum Friedhof der antiken Kunst. Nur wenige Stücke haben an Ort und Stelle überlebt, so die Schlangensäule auf dem Hippodrom, die nach der Schlacht bei Plataiai 479 v. Chr. dem Apollon von Delphi geweiht worden war; ihre Köpfe waren bis 1700 erhalten. Gerettet wurden die 1204 nach Venedig verschleppten Kunstwerke, darunter die am Fuß einer Porphyrsäule angebrachte Tetrarchengruppe, vermutlich aus Nikomedien, und die angeblich aus Chios stammenden Pferde von San Marco.

So wie Rom war auch Konstantinopel mehrfach Gegenstand kaiserlicher Gesetze. 393 und 472 wurde verboten, Neubauten zu beginnen, solange es noch schadhafte oder unfertige Häuser gab. Zur Beschaffung von Baugelände dürften Altbauten nur dann eingeebnet werden, wenn ihr Wert fünfzig Pfund Silber nicht überschreite. Der Kaiser wünschte darüber Bericht. Private Holzeinbauten in den Säulenhallen müßten verschwinden wegen der Brandgefahr. Auch An- und Aufbauten öffentlicher Gebäude seien abzureißen, der Abstand von 15 Fuß zu ihnen sei einzuhalten. Insbesondere störten den Kaiser die Einbauten im Palastbezirk sowie die ungenierte Nutzung der «Basilika». 440 wurde verboten, daß dort Gemälde geehrter Personen aufgehängt, Geschäfte oder Werkstätten eingerichtet würden. Auch dürfe niemand mit Pferden hinein oder Hochzeiten darin feiern. Zur Errichtung einer Säulenstraße entlang den Honorius-Bädern wurden die enteigneten Grundbesitzer 412 entschädigt. Die Pacht aus den Läden an den Zeuxippos-Thermen sollte für deren Beleuchtung und Unterhalt verwendet werden. Die Nutzung der Turmräume der Landmauer wurde 413 den Grundbesitzern überlassen, die sie dafür instand zu halten hatten. Jene Kalköfen, deren Rauch die Gesundheit der Stadt bedrohte, sollten geschlossen werden.

Über den Baubestand Konstantinopels um 440 informiert uns die ‹Notitia Urbis Constantinopolitanae›. Damals gab es in Konstantinopel 5 Paläste, 14 Kirchen, 6 Häuser von adligen Damen, 3 von (sonstigen) Angehörigen des Kaiserhauses, 8 Thermen, 2 Basiliken, 4 Fora, 2 Senatshäuser, 5 Speicherhäuser (*horrea*), 2 Theater, 2 Amphitheater (*lusoria*), 4 Häfen, einen Hippodrom (*Zirkus*), 4 Zisternen, 4 Nymphäen, 322 Wohnblocks (*vici*), 4388 Häuser (*domus*), 52 Säulenhallen an den Straßen entlang, 153 Privatbäder, 20 staatliche und 120 private Bäckereien, 117 Treppenanlagen (s. u.), 5 Fleischmärkte und weitere einzeln aufgeführte Bauten.

Um seine Gründung mit Menschen zu füllen, verlieh Constantin den Bürgern der neuen Stadt das *ius Italicum,* die Grundsteuerfreiheit. Er baute einigen Senatoren aus seinem Gefolge prächtige Häuser und stiftete im Jahre 332 Korn, Wein und Öl für 80 000 Bürger (s. u.). Erst Theodosius II widerrief 438 das Gesetz Constantins, wonach Hauskäufer zusätzlich Land aus dem pontischen Patrimonialgut erhielten. Seitdem die Kaiser dauerhaft in Konstantinopel residierten, strömten die Neubürger herein. Ende des 4. Jahrhunderts ist mit 400 000, unter Justinian mit 600 000 Stadtbewohnern zu rechnen. Das Judenviertel lag nördlich der Hagia Sophia.

Konstantinopel war von Constantin als Sitz des Hofes gedacht, zugleich residierte hier der *praefectus praetorio per Orientem* als Stellvertreter des Kaisers. Die neue Hauptstadt unterstand wie Alt-Rom nicht der Provinzialverwaltung, sondern wurde zunächst durch einen *proconsul* oder ἄϱχων verwaltet. Dies erinnert an den stadtstaatlichen Status des alten Byzanz. Am 11. Dezember 359 schuf Constantius II das Amt eines *praefectus urbis Constantinopolitanae,* der in der ‹Notitia Dignitatum Orientalis› an derselben Stelle stand wie der römische Stadtpräfekt in der ‹Notitia Dignitatum Occidentalis›, d. h. zwischen den Reichspräfekten und den Heermeistern. Das Blatt ist verloren. Vermutlich entsprach das *officium* in Ausstattung und Aufgabe dem des römischen Kollegen. 386 befahl Theodosius, daß Würdenträger in der Hauptstadt nur zweispännige Wagen benutzen dürften. Vierspännige blieben den Stadtpräfekten vorbehalten. Im Unterschied zum goldbeschlagenen Kaiserwagen waren die der Beamten mit Silber verziert. Den silbernen Amtsstuhl des Stadtpräfekten Themistios von 384 erwähnt Palladas.

An untergeordneten Beamten kennen wir den *magister census,* den *comes horreorum,* den *praefectus annonae* und den *praefectus vigilum.* Die Feuerwehr bestand aus 563 *collegiati,* die, nach Stadtregionen getrennt, von den Zünften abgeordnet wurden und bestimmte Privilegien genossen. Justinian schuf einen *praetor plebis* und einen *quaesitor,* jener für Kriminaldelikte, dieser für Sittlichkeits- und Religionsvergehen zuständig. Justinian ließ außerdem die Zuwanderer streng kontrollieren. Die Beamten des *quaesitor* bewachten die Tore und verlangten von den Neuankömmlingen ein

Visum des Heimatbischofs. Arbeitslose, aber arbeitsfähige Einwohner wurden den Baumeistern, Gärtnern oder Bäckern zugewiesen. Alten und Kranken war das Betteln gestattet, selbst wenn sie von außen kamen. Hier zeigt sich christlicher Einfluß. Auch in Rom wurden gesunde Bettler zur Arbeit herangezogen (s. III 4 a), Galerius hatte sie angeblich aus Nikomedien vertrieben. Anders als in Rom stand in Konstantinopel Militär, nämlich die kaiserliche Leibwache, die auch bei Unruhen eingriff.

Der neu geschaffene Senat von Konstantinopel stand dem von Rom im Rang nach. Seine Mitglieder waren zunächst nur *viri clari*, nicht *clarissimi* und kamen nicht aus alten wohlhabenden Familien wie in Rom. Die Sitzungen wurden, wie in Rom, vom Stadtpräfekten geleitet. Die Laufbahn eines Senators begann gewöhnlich mit dem Notariat, einer Stellung als Schreiber, der die Kurzschrift (*notae*) beherrschen mußte. Wer es dann im Zivildienst bis zum Rang eines *vir clarissimus* brachte, war damit bereits titularer Senator. Hatte er hinreichend Grund und Geld, um die teuren quaestorischen und praetorischen Spiele zu zahlen, so konnte er in die höhere Kategorie der wirklichen Senatoren aufsteigen. Besonders geschätzt waren rhetorische Fähigkeiten und literarische Bildung. Sie haben den Weg zu einem Sitz im Senat bisweilen erheblich verkürzt.

Die Zusammensetzung des konstantinopolitanischen Senats unterschied sich vom westlichen dadurch, daß mehr Männer aus mittleren, ja kleinen Verhältnissen in ihm vertreten waren, so Handwerker aus Antiochia. Je nach Vermögen wurden die drei oder vier Senatorenklassen zu kommunalen Leistungen herangezogen. Themistios (or. 34,13) berichtet zum Jahre 385, daß auf seine Empfehlung hin die Zahl der Senatoren im Osten von 300 auf 2000 angewachsen sei.

Die Aufgaben des Senates von Konstantinopel waren ebenfalls überwiegend repräsentativer Art. Dennoch behielt die Körperschaft durch die Nähe zum Kaiser gewisse praktische Funktionen. 446 bestimmte Theodosius II, daß alle Gesetzentwürfe nicht nur im *consistorium,* sondern auch im Senat beraten werden müßten. Die Stimme des Senates fiel insbesondere beim Kaiserwechsel ins Gewicht, so bei Marcian, Leo, Zeno und Anastasius. Justinian verordnete noch 537, daß der Senat neben dem *consistorium* auch Gerichtsurteile zu beraten hätte, und zwar in Gegenwart der sakrosankten Evangelien. Gleichzeitig erhob er die Senatoren allesamt in den Patriciat, der seit Zeno nur solchen Senatoren verliehen worden war, die Konsul oder Präfekt gewesen waren. Die Versorgung war in Konstantinopel ähnlich geregelt wie in Rom. 332 stiftete Constantin auch hier «Stufenbrot», das in 20 staatlichen und 120 privaten Bäckereien hergestellt und auf den 117 Treppen verteilt wurde (s. o.). Constantius II hat die Rate erhöht. Die Zahl der 80 000 Empfänger erweiterte Theodosius I. Ursprünglich wurde jedem, der ein Haus baute, Freibrot gewährt, und das Brotrecht blieb, wie in Rom, mit dem Haus verbunden. Der Handel mit Brotmarken war zunächst verboten, ist aber seit dem Ende des 4. Jahrhunderts geduldet worden. Anders als in Rom waren auch *milites* empfangsberechtigt.

Der Weizen kam aus Ägypten. Dort wurde er vom *praefectus annonae Alexandrinae* eingesammelt. Die *navicularii Orientis,* die ähnlich wie die römischen Reeder von städtischen Lasten befreit waren, mußten das Getreide gegen ein festes Entgelt heranbringen. Unter Justinian, der 538/539 die Versorgung in seinem 13. Edikt neu regelte, waren es jährlich 27 Millionen *modii,* doch gab es seit dem 5. Jahrhundert noch eine Kasse zum Ankauf zusätzlichen Getreides. Um bei anhaltendem Nordwind der ägyptischen Kornflotte das Warten vor den Dardanellen zu ersparen, ließ Justinian auf Tenedos große Lagerhallen bauen, aus denen das Getreide bei günstigem Winde nach Konstantinopel gebracht wurde. Auf diese Weise konnten die alexandrinischen Schiffe zwischen der Ernte und dem Einbruch des Winters bisweilen zwei oder gar drei Fuhren schaffen. Ebenso erklären sich die in der Spätantike angelegten oder erneuerten Hafenmagazine von Andriake und Patara an der Südwestecke Kleinasiens. Wie in Rom, so kam es auch in Konstantinopel bei Kornmangel und Religionskonflikten zu Unruhen; 491 bis 565 über 30mal. Über Fleisch-, Wein- und Ölversorgung der neuen Hauptstadt ist nichts bekannt. Der Vertrieb von Obst und Gemüse lag in der Hand der Gärtnerschaft. Die Mehrzahl der Gärtner bebaute in den Vorstädten gepachteten Grund.

Weniger großzügig als in Rom geriet die Wasserversorgung der neuen Hauptstadt. Sie unterstand einem *curator (consularis) aquarum.* Der älteste, schon Hadrian zugeschriebene Aquädukt wurde 439 und 528 repariert. Constantin setzte beträchtliche Summen für die Wasserversorgung aus, unter ihm soll der Senator Philoxenos die erste unterirdische Zisterne angelegt haben. Damit könnte Binbirdirek gemeint sein, doch stammen die frühesten dort bekannt gewordenen Ziegelstempel aus dem späten 5. Jahrhundert. 368 bis 373 errichtete Valens den bis in jüngste Zeit genutzten Aquädukt, der die Senke zwischen dem dritten und vierten Stadthügel überbrückt. Vor 395 kam der *aquaeductus Theodosiacus* hinzu. Der erste offene Behälter wurde 369 durch den Präfekten Modestus angelegt. Er ist völlig verschwunden. 421 folgte die Zisterne des Stadtpräfekten Aëtios, 459 die des Heermeisters Aspar, eine vierte baute Anastasius bei der Mokioskirche. Nach dem Nika-Aufstand 532 ließ Justinian unter der «Basilika» das größte überdachte Reservoir bauen, den Yerebatan-Serail.

Mehrfach befaßt sich die Gesetzgebung mit dem Wasserproblem. 370 wurde die Zufuhr für den Daphne-Palast geregelt, da mehr abgezapft wurde, als statthaft war. Theodosius ordnete die Wasserentnahme 382 abermals, doch mußte 389 und 395 wiederum gegen Übertretungen eingeschritten werden. Zum Unterhalt der Anlagen hatte die Bevölkerung selbst beizutragen. 384 wurden alle Bürger, ungeachtet ihrer Privilegien, zur Instandsetzung der Häfen und Aquädukte herangezogen. Zu 396 erfahren wir, daß die Praetoren dafür spenden mußten. 452 forderte Marcian von den Konsuln je 100 Pfund Gold jährlich für diesen Zweck.

Der Wassermangel erschwerte die Brandbekämpfung. Keine antike Stadt hatte derart unter Feuersbrünsten zu leiden wie Konstantinopel. Die Annalen sind voll davon, einzelne Brände werden ausführlicher beschrieben. Vielfach waren sie die Folge von Erdbeben, die gleichfalls sehr häufig waren. Agathias (V 3–9) beschreibt die psychologischen Folgen des großen Bebens von 557, dem sich eine Seuche anschloß.

Zu den lebenswichtigen Dingen einer Großstadt gehört das Bestattungswesen. Constantin hatte bestimmt, daß 950 Geschäftsinhabern unter der Bedingung Steuerfreiheit gewährt werden sollte, daß sie einen Totengräber (*decanus lecticarius*) stellten. Anastasius erhöhte die Zahl um 150, verwandelte einen Teil jedoch in bare Leistungen, wovon dann auch die Klageweiber finanziert werden sollten. Das einfache Begräbnis war kostenlos. Die Friedhöfe lagen zwischen der Constantins- und der Theodosiusmauer.

Die medizinische Versorgung Konstantinopels war vermutlich ähnlich geregelt wie die in Rom (s. III 5). Der bekannteste Arzt dort war der heidnische *comes* Jakobos, der auch den Kaiser Leo behandelte. Jakobos bewog die reichen Patienten, den armen zu helfen und forderte über seine städtische Besoldung hinaus keine Honorare.

Wie die Versorgung, so war auch das Vergnügen der Bürger Konstantinopels nach dem Muster Roms geregelt. Abgesehen von den fehlenden Gladiatorenspielen, die in der griechischen Reichshälfte immer unbeliebt waren, verliefen die Belustigungen ähnlich. Die Spiele wurden vom Kaiser oder von Beamten gestiftet. Sie waren eine Pflichtleistung der zur Praetur aufsteigenden Senatoren. Seit Constantin ist mit zwei Praetoren zu rechnen. 340 sind es drei; 384 wurde die Zahl von vier auf acht erhöht, die jeweils einen schmückenden Beinamen erhielten, dem Rang nach absteigend: (*praetor*) *Constantinianus, Constantianus, Theodosianus, Arcadianus, triumphalis, Augustalis, Romanus* und *laureatus*. Sie zahlten 500 bis 125 Pfund Silber für Spiele.

Ein Höhepunkt war der Konsulatsantritt in der ersten Januarwoche. Unter Justinian fand am 1. Januar der Umzug des neuen Konsuls statt. Am 2. folgten Wagenrennen, genannt *mappae* nach den Starttüchern. Den 3. und 4. Januar wurden Tierkämpfe vorgeführt. Am 5. Januar gab es Theaterspiele mit dem vielsagenden Namen πόρναι (Huren). Den 6. Januar liefen nochmals Wagen (*mappae*), am 7. Tage legte der abgelöste Konsul sein Amt feierlich nieder.

Die Zirkustiere wurden aus den Grenzprovinzen geliefert. Wenn sie auf dem Wege nach Konstantinopel durch die Provinzen kamen, war das jeweils ein Ereignis. Theodosius II befahl 417, daß die Tiersendungen in den Städten nicht länger als sieben Tage aufgehalten werden dürften.

Von den vier alten, reichsweit verbreiteten Zirkusparteien behielten in Konstantinopel nur noch zwei Bedeutung: die Blauen und die Grünen. Die Roten und die Weißen spielten geringere Rollen. Berühmte Rennfahrer wie Porphyrios (etwa 480–540) fuhren mal für diesen, mal für jenen Demos. Die Anführer wurden von der Regierung ernannt, sie waren zugleich für die Unterhaltung öffentlicher Bauten verantwortlich und dienten als Stadtmiliz. Meist begünstigte der Kaiser die eine Partei – gewöhnlich die blaue – und drängte die andere in die Opposition. Justinian suchte sich von beiden zu lösen, darauf vereinten sie sich gegen ihn und hätten ihn im Nika-Aufstand 532 beinahe gestürzt (s. II 12). Später entzweiten sich die Fraktionen wieder, seit 547 gab es fast jedes Jahr eine Straßenschlacht.

Die Gründung Konstantinopels bezeichnet, so wie die Alexandrias, den Beginn eines Zeitalters. Die byzantinische Geschichte setzt die römische im Osten fort und endet mit der Eroberung der Stadt durch Mehmed Fatih 1453. Während das alte Rom immer mehr verkümmerte, ist Konstantinopel gewachsen und hat sich durch alle Zeitenstürme des frühen Mittelalters gehalten. Trotz des betont christlichen Charakters der Stadt ist hier viel heidnisches Schrift- und Geistesgut der Antike bewahrt worden, während die Werke der bildenden Kunst überwiegend zugrunde gingen. Nachdem der Bilderstreit überstanden war, haben Photios, der in allen Wissenschaften bewanderte Patriarch, im 9. Jahrhundert und der Kaiser Konstantinos VII Porphyrogennetos im 10. Jahrhundert große literarische Sammlungen angelegt, die Unersetzliches gerettet haben. So wurde Konstantinopel zu einer Kulturbrücke zwischen der klassischen Antike und dem neuzeitlichen Europa.

c) Die Provinzstädte

«Die Kultur des Altertums ist ihrem Wesen nach zunächst städtische Kultur», schrieb Max Weber (1896/1968, 3), und dies gilt auch noch für ihre letzte Phase, die Spätantike. Die spätrömische Stadtkultur ist das Ergebnis zweier Urbanisierungsprozesse. Der östliche, griechische Teil des Mittelmeerraumes verdankt sein städtisches Erscheinungsbild dem Hellenismus. In der Zeit unter und nach Alexander sind zahlreiche dörfliche Siedlungen zu Städten erhoben und bestehende Städte modernisiert worden. In römischer Zeit kamen hier nur wenige hinzu, abgesehen etwa von einigen frühen Militärkolonien und den Gründungen des Philhellenen Hadrian. Die Städte im lateinischen Westen hingegen gehen größtenteils auf die Urbanisierungspolitik der Kaiser zurück. Sie verfolgten damit mehrere Zwecke zugleich: einen zivilisatorischen Fortschritt, eine bessere Verwaltung und eine allmähliche Romanisierung wenigstens der Oberschichten in den Provinzen.

Dies Bestreben hält auch in der Spätantike an. Diocletian verwandelte die Gauvororte (νόμοι) Ägyptens in *civitates,* mindestens zehn Städte tragen seinen Namen oder den seines Mitkaisers Maximian. Constantin gelang mit Konstantinopel die berühmteste spätantike Stadtgründung, weitere 8 Städte sind nach seiner Dynastie benannt. Valentinian und sein Haus sind mit 3 Städten vertreten, Theodosius mit 19, Marcian mit 4, Leo mit 7, Justinian mit mindestens 19. Besondere Sorgfalt hat er seinem Geburtsort Taurisium gewidmet. Er wurde umbenannt in Justiniana Prima, so wie Karthago, Hadrumetum, Hispellum, Adrianopel in Epirus und andere Städte als Dank für Zuwendungen zeitweilig den Namen des jeweiligen Kaisers annahmen. Diese Tatsache zeigt, daß ein neuer Stadtname nicht eine Neugründung bezeichnen muß. Wirklich neue Siedlungen städtischen Charakters entstanden seit etwa 400 im syrischen Belos-Gebirge.

Über die Gründe und den Vorgang der Stadtrechtverleihung unterrichten uns zwei Inschriften aus Kleinasien. Diocletian (?) gewährte den Einwohnern von Tymandus in Pisidien ihre Bitte, selbständig zu werden, aus dem Bestreben, den Glanz seiner Regierung durch Vermehrung und Verschönerung der Städte zu erhöhen. Vorausgesetzt war dafür ein gewisser Wohlstand und eine hinreichende Zahl von Ratsherren, die der Kaiser – sein Name ist verloren – auf fünfzig bezifferte. Dazu sollten Aedilen und Quaestoren und die übrigen, vom *ius civitatis* für die Selbstverwaltung erforderten Ämter, eingerichtet werden.

Den Wunsch, die Städte zu mehren, zu verschönern und wiederherzustellen, zeigte Constantin bei dem Gesuch der Bewohner von Orkistos in Phrygien. Das ehemals Stadt gewesene Dorf liege, heißt es, an einem Straßenknoten, besitze Gasthäuser, Wasserleitung, Bäder und Kaiserstatuen und sei von Christen bewohnt. Darum sei auch ihnen Stadtrecht zu verleihen, die administrative und finanzielle Bindung an die Nachbarstadt Nakoleia wurde gelöst. Daß der Übertritt zum Christentum mit den Stadtrechten belohnt wurde, berichtet Sozomenos für Maiuma, den Hafen von Gaza.

Wie im Principat, so bestand auch im Dominat das Imperium aus einem Netz von Stadtgebieten. Jeder Reichsangehörige war einerseits *civis Romanus,* andererseits Bürger seiner Heimatstadt, genauer: jener Stadt, in der er oder sein Vater geboren war (*origo*). Ob er innerhalb der Mauern seiner Stadt oder außerhalb auf dem städtischen Umland lebte, war unerheblich. Nicht einmal sprachlich ist immer auszumachen, wann *civitas* das Stadtgebiet im weiteren Sinne und wann es die eigentliche Stadt bezeichnet. Es gab keinen rechtlichen Unterschied zwischen Stadt- und Landbewohnern. Grundsätzlich herrschte innerhalb des Reiches Freizügigkeit, doch war sie für viele Bürger durch erbliche korporative Pflichten eingeschränkt.

Die Gesamtzahl der Städte im spätrömischen Reich ist nur ungefähr zu ermitteln. Die aus der Zeit um 400 stammende ‹Notitia Galliarum› nennt

115 *civitates,* die Provinzhauptstädte eingeschlossen. Aus Nordafrika überliefert die ‹Notitia provinciarum› über 500 Bischofssitze, die sich zwar nicht alle in Städten befanden, doch gab es auch kleinere Städte ohne Bischof. Der ‹Synekdemos› des Hierokles aus der Zeit vor 535 nennt für den Osten 923 (ursprünglich 935) Städte, ist aber unvollständig. Über die anderen Provinzen gibt es keine statistische Überlieferung. Eine spätrömische Quelle nennt eine Gesamtzahl von 5627 Städten für das Reich. Wahrscheinlicher ist eine Zahl unter 2000.

Nach Größe und Funktion zeigen die spätantiken Städte erhebliche Unterschiede. Ungefähre Einwohnerzahlen lassen sich für einige Städte des 4. Jahrhunderts nennen: Alexandria bis zu 300 000; Antiochia, der *Orientis apex pulcher,* 200 000 oder 150 000. Zu den großen Städten zählten in Gallien Lyon, Bordeaux und Trier – nach Zosimos (III 7,2) die größte Stadt nördlich der Alpen, mit 285 Hektar ummauerter Fläche fast doppelt so groß wie das damalige Paris – weiterhin Köln, Arelate und Narbo, in Spanien Tarraco, Cordoba und Carthago Nova, in Africa Karthago, in Italien noch Aquileia und später Ravenna, in Illyricum Salona und Sirmium, in Griechenland Thessalonike und Korinth, in Kleinasien Ephesos und Tarsos.

Die Bevölkerung der spätrömischen Städte bietet ein buntes Bild. Die Mehrzahl der Bewohner hatte zumeist dieselbe Sprache und Religion, doch treffen wir allenthalben Minderheiten: griechische und syrische Händler im Westen, lateinisch sprechende Veteranen im Osten, kleinere oder größere Gruppen von Heiden, Häretikern und Juden (s. III 6). Die höchste soziale Schicht bildeten jeweils die ansässigen Angehörigen des Reichsadels (*honorati*), gefolgt von den grundbesitzenden Curialen, dem Ratsherrenstand. Darunter rangierten die wohl großenteils in Zünften organisierten Händler und Handwerker, und schließlich kommt die *plebs urbana,* deren Angehörige als Tagelöhner ihr Brot verdienten, und die Sklaven.

Die Funktionen der spätantiken Städte sind im wesentlichen die der Principatszeit. In jeder Stadt befand sich ein architektonisch gestalteter Markt, der von den umwohnenden Bauern und von den städtischen Handwerkern beliefert wurde. Auch in der Spätantike waren die Städte noch Mittelpunkte von Handel und Gewerbe, doch gewannen die eigenständigen Villen der Senatoren an Bedeutung.

Neben der ökonomischen ist die kulturelle Funktion der Städte zu nennen. Hier konzentrierte sich das künstlerische Schaffen, das Bildungswesen (s. III 5) und das religiöse Leben (s. III 6). Die Stadt war der Wohnort der reicheren Bürger. Im Unterschied zum Mittelalter gab es im griechisch-römischen Altertum bis ins 4. Jahrhundert keinen Landadel. Jeder Bauer, der zu Wohlstand kam, zog in die Stadt, alle wohlhabenden Stadtbürger besaßen auf dem Lande Güter und ließen dort Kolonen für sich arbeiten. In den Städten sammelte sich der Reichtum, und dies spiegelt sich in ihrem Erscheinungsbild.

Zur Versorgung der Kranken hatten die Städte Ärzte angestellt. Sie genossen ähnliche Privilegien wie die Lehrer, indem sie von Steuern und Frondiensten befreit waren. Die Zahl dieser steuerfreien Mediziner hatte schon Antoninus Pius nach der Größe der Städte festgelegt. Justinian ordnete für Karthago fünf Ärzte an. Die berühmteste medizinische Hochschule befand sich auch in der Spätantike in Alexandria, im übrigen bildeten die Ärzte Lehrlinge aus. Vielfach ging der Beruf vom Vater auf den Sohn über.

Die militärische Bedeutung der Städte war während des Kaiserfriedens zurückgegangen. Zahlreiche Städte waren vom Berg in die Ebene heruntergezogen oder hatten ihre Stadtmauern abgetragen und die Steine zu anderen Bauten wiederverwendet, so Ephesos, Milet und Pergamon. Mit den Überfällen der Goten und Heruler unter Gallienus um 260 mußten die Mauern erneuert werden. Wie Rom unter Aurelian, Athen unter Probus und Byzanz unter Constantin, so haben im Verlaufe des 3. und 4. Jahrhunderts nahezu alle Städte Mauern bekommen. Die umfangreiche Verwendung von Spolien zum Mauerbau bezeugt die Not der Zeit. Die Front verlagerte sich vom Limes an die Stadtgrenze.

Umfangreiche Maßnahmen begannen mit Diocletian. Constantius II ließ die Städte in Africa ummauern, Julian und Valentinian haben in Gallien Stadtmauern bauen lassen. 396 erging ein Gesetz an den *praefectus praetorio Orientis,* daß die Stadtmauern überall instand gesetzt würden, wofür die Kosten auf die Grundbesitzer umzulegen seien. 412 wurde Entsprechendes für Illyricum angeordnet. Justinian ließ in allen Teilen seines Reiches die Städte neu befestigen, worüber Prokop (aed. II–V) ausführlich berichtet. Die Schutzfunktion der Städte gewann wie in vorrömischer Zeit wieder an Bedeutung, aus der Polis wurde das Kastron.

Die Kaiser haben neben den Befestigungen auch den sonstigen öffentlichen Bauten ihre Sorge zugewandt. Die Initiative der lokalen Instanzen tritt zurück zugunsten der zentralen Direktiven durch den Kaiser und die Statthalter. Wie der Titel *De operibus publicis* des ‹Codex Theodosianus› (XV 1) lehrt, ging es in erster Linie um die Erhaltung des Baubestandes. Neubauten wurden untersagt, solange es noch schadhafte oder halbfertige Bauwerke gebe. Altbauten sollten nicht ihres Schmuckes beraubt werden; nur wenn sie völlig verfallen wären, dürften sie an Privatleute verkauft werden. 383 verbot Gratian den Statthaltern, zur Ausbesserung der Amtslokale die Städter zu belasten; 471 (?) befahl Kaiser Leo, die Stadtpaläste und Praetorien der Provinzstädte so weit zu erneuern, daß die Statthalter sich nicht bei Privatleuten einquartieren müßten. Immer wieder geht es um Nutzbauten. Speicher und Ställe, Straßen und Brücken, Zisternen und Wasserleitungen seien mit Vorrang zu bedenken. Das Baumaterial abgetragener Tempel sei für solche Bauten zu verwenden. Die Benutzung derartiger «Spolien» kennzeichnet die Bauweise der Spätantike.

Zu allen Zeiten entstand ein nennenswerter Teil der Bauten durch Stiftungen. In der Kaiserzeit gehen die meisten von ihnen auf den Monarchen zurück, doch fehlt es daneben nicht an Werken privater Wohltäter. Stiftungen von solchen kennen wir nicht nur aus Rom, sondern ebenso aus Antiochia (Hellebichos, Anatolius, Ardaburius), Alexandria (Tatianus), Ephesos (Scholasticia) und Athen (Theagenes). In zunehmendem Maße wandte sich das Stifterwesen kirchlichen Objekten zu, das Motiv des irdischen Ruhmes wurde verdrängt durch das des himmlischen Lohnes.

Bisweilen begannen die Gemeinden zu bauen, bis ihnen das Geld ausging, und dann wandten sie sich an die Kaiser. 374 wurde den Statthaltern erlaubt, in Notfällen ein Drittel der Bausumme aus der Kasse anderer Städte zu nehmen, 395 stiftete der Fiskus ein Drittel. Die Statthalter dürften davon nur ein Drittel auf Neubauten, müßten zwei Drittel auf Altbauten verwenden. Sofern sie ohne Genehmigung bauten, hätten sie die Kosten selbst zu tragen. Wer Staatsgelder verbaue, hafte persönlich oder durch seine Erben fünfzehn Jahre für Bauschäden, soweit sie nicht durch höhere Gewalt veranlaßt seien. Die Bauinschriften dürften nicht den Statthalter, sondern müßten den Kaiser nennen. Justinian ließ Ausnahmen zu, behielt sich selbst aber die Stiftung und Ausbesserung von Kirchen vor. Es war vorgekommen, daß Privatleute Kirchen und Klöster errichtet hatten, ohne für deren Unterhalt zu sorgen. Um die Kosten für den Klerus und die Beleuchtung sicherzustellen, wären derartige Vorhaben von den Bischöfen zu genehmigen.

Die Verbindung der griechisch-römischen Kultur mit dem Städtewesen ist der Grund dafür, daß am Prinzip der kommunalen Selbstverwaltung niemals gerüttelt worden ist. Dennoch waren Einschränkungen notwendig, sobald sich Städte in größere Gemeinwesen eingliederten. So wie die meisten hellenistischen Könige, so haben auch die römischen Kaiser die Städte im allgemeinen behutsam behandelt. Am deutlichsten wurde die Kaisermacht in den Provinzmetropolen spürbar, wo die Statthalter amtierten. Neben dem *praefectus Augustalis* in Alexandria oder dem *comes Orientis* in Antiochia besaßen die städtischen Behörden nur begrenzten Einfluß. In die kaiserliche Kompetenz fiel die Hochgerichtsbarkeit. Lediglich die niedere Gerichtsbarkeit lag bei den städtischen Organen. Die dafür zuständigen *iudices pedanei* waren unbesoldet und amtierten allgemein ein Jahr.

Die Statthalter waren nicht die einzigen Vertrauensmänner des Kaisers in den Städten. Wie wir aus dem Briefwechsel zwischen Plinius (ep. X 37 ff) und Trajan ersehen, neigten die Städte dazu, in ihrem Streben nach Glanz durch Bauten und Spiele über ihre Verhältnisse zu leben. Jede Stadt rivalisierte mit der Nachbarstadt, und alle Städte nahmen sich Rom zum Vorbild. Es kam zur Verschuldung. Um dem vorzubeugen, hat bereits Trajan in einzelne Städte Kommissare (*curatores*, λογισταί) entsandt, die deren

Finanzhaushalt überprüfen sollten. Der *curator* stand über den *duoviri*, amtierte ohne Kollegen und so lange, als es dem Kaiser gefiel. Seit Constantin scheinen alle Städte einen solchen *curator* gehabt zu haben, doch ging dieser nun aus den städtischen Honoratioren hervor. Die *curia* hat ihn vermutlich dem Kaiser zur Ernennung vorgeschlagen.

Ein weiterer kaiserlicher Stadtbeamter war der *defensor civitatis*. Das Amt hatte Richterfunktion und galt dem Schutz des kleinen Mannes, sein Inhaber heißt darum auch *defensor plebis* oder *defensor gentis*. Valentinian bestimmte 364, daß der *praefectus praetorio* dafür nur ehemalige Statthalter und andere ehrenwerte *honorati* ernennen dürfe, nicht Curialen. 387 erhielten die Curien das Vorschlagsrecht, und damit verlor der *defensor* seine frühere Schutzfunktion gegen die Macht der Curie. 392 erhielten sie den Auftrag, die Curialen gegen die Beamten zu schützen. Seit 409 wurde der *defensor* vorgeschlagen von Bischof und Klerus, den Würdenträgern (*honorati*), Grundbesitzern und Curialen. Der *praefectus praetorio* bestätigte den Erwählten. Er sollte dem Hofe alles melden, was gegen die öffentliche Ordnung und die Interessen der Grundbesitzer verstieße. 458 forderte Maiorian die Statthalter der westlichen Provinzen auf, überall für die Einsetzung von *defensores* zu sorgen, denn viele Bürger seien vor den «Übergriffen einzelner Unverschämter» aufs Land oder in die Einöde geflohen, so daß die Städte leer geworden seien. 535 erneuerte Justinian das Defensorenamt, das gegenüber den Provinzbeamten jede Bedeutung eingebüßt hatte.

Vom Einfluß der drei genannten Beamten abgesehen, waren die Städte in ihrer Selbstverwaltung frei: Die Verfassung glich im allgemeinen der des republikanischen Rom. Dementsprechend besaß jede Stadt ihre Volksversammlung, ihre Magistrate und, analog zum Senat, ihre Curie.

Die Rolle der Volksversammlung war schon in der Principatszeit wie in Rom so in den Provinzstädten zurückgegangen. Aus einem Gesetz Constantins ersehen wir jedoch, daß die Magistrate der africanischen Städte *ex consuetudine* vom Volk nominiert wurden. Dies geschah indessen wohl durch Sprechchöre im Theater. Überhaupt war das Theater in der Spätantike der Ort, wo sich die Volksstimme kundtat. Die Akklamationen drückten Loyalitätsparolen und Segenswünsche für Kaiser und Reich aus, griffen aber auch in die Kommunalpolitik ein, wenn sie Spender feierten, Ehrenzuweisungen für tüchtige Beamte forderten oder aber ihre Unzufriedenheit mit der städtischen oder staatlichen Verwaltung aussprachen. Auch in der Kirchenpolitik spielten sie eine Rolle. 331 erklärte Constantin in einem Edikt an die Provinzialen die Akklamationen zu einem verfassungsgerechten Organ: sie dürften gute Beamte loben und schlechte Beamte tadeln. Der Kaiser werde das untersuchen lassen und entsprechend belohnen oder bestrafen. Die *comites* und *praefecti* hätten darüber zu berichten.

Constantin erwähnt eine Fehlerquelle: daß die Sprechchöre gesteuert sein könnten. Derartiges bezeugt Libanios, der zugleich den Einfluß der

Theatermassen auf die Politik überliefert. Das Volk glaubte, durch seine Sprechchöre die Beamten zu beherrschen. Organisierte Claquen von einigen hundert Mann stellten sich zahlenden Hintermännern zur Verfügung, die so ihren Willen als den des Volkes ausgäben. Umgekehrt wurden kaiserliche Edikte auch im Theater verlesen.

Die Beamten der Städte arbeiteten ehrenamtlich. Wir finden Quaestoren, Aedilen, Praetoren und, statt der Konsuln, *duoviri* oder *duumviri* als die eigentliche Spitze der Stadtverwaltung. Im allgemeinen wurden sie aus dem Kreise der Curialen von ihren jeweiligen Amtsvorgängern nominiert. Nach ihrem Amtsjahr gehörten sie weiterhin der Curie an.

Ein zusammenfassendes Dokument zu den Honoratioren einer africanischen Stadt aus der Zeit Julians ist das ‹Album von Timgad›. Diese Inschrift nennt an der Spitze zehn *viri clarissimi*, Männer senatorischen Ranges. Fünf von ihnen werden als *patroni* der Stadt bezeichnet. Danach kommen zwei *viri perfectissimi*. Diese zwölf zählen zur Reichsaristokratie. Es folgt die Munizipalaristokratie mit zwei ehemaligen Provinzialpriestern (*sacerdotales*), dem *curator* und den beiden *duoviri*. Anschließend werden 32 Männer mit Priesterämtern genannt (*flamines, augures*), dann wieder amtierende Beamte, nämlich *aediles* und *quaestores,* und zum Schluß die gewesenen *duoviri, aediles* und *quaestores*. Darunter stehen die Namen der *curiales,* etwa 100.

Die *curiales* (oder *decuriones*) bildeten den Stadtrat (βουλή) und damit die wichtigste Körperschaft. Symmachus verwendet den Begriff *curia minor.* Ursprünglich bestand die *curia* aus den wohlhabendsten und angesehensten Bürgern. Der Sitz war lebenslang, neue Mitglieder kamen über die kommunale Ämterlaufbahn oder durch Zuwahl hinein. Als Zeichen ihrer Würde trugen die *curiales* die weiße Toga, verdiente Männer erhielten Ehrenstatuen und Porträtgemälde. Curialen, die alle Ämter und Aufgaben hinter sich hatten, wurden als *ex comitibus* in den Beirat des jeweiligen Statthalters aufgenommen.

Der Staat gewährte den Curialen eine Reihe von Vorrechten. Als *honestiores* waren sie und ihre Angehörigen von *munera sordida* befreit, doch mußten sie im 5. Jahrhundert an Arbeiten zur Verteidigung mitwirken. Weiterhin blieben sie von Leibesstrafen verschont, durften zwar enteignet und verbannt, nicht aber geprügelt, in die Bergwerke geschickt oder hingerichtet werden. Wir besitzen ein Protokollfragment aus dem Consistorium Diocletians, in dem die Forderung der Theatermassen einer unbekannten Stadt behandelt wurden. Die Leute verlangten, den Sohn eines Curialen den Bestien vorzuwerfen. Diocletian lehnte dies ab mit der Bemerkung: *Vanae voces populi non sunt audiendae,* auf das leere Geschrei des Volkes dürfe man nicht hören, wenn für einen Schuldigen Gnade oder für einen Unschuldigen Strafe gefordert würde.

Libanios berichtet, daß die Prügelstrafe für Ratsherren ungesetzlich, aber üblich war, und 387 wurde den Curialen von Theodosius die Bleipeitsche angedroht, sofern sie sich Unterschlagung oder Erpressung zuschulden kommen ließen. Aus dem Blickwinkel der Provinzialen waren alle Decurionen Tyrannen: *quot curiales, tot tyranni*. Sie besaßen also noch Einfluß. Insofern ist es begreiflich, wenn das Decurionat eine gewisse Anziehungskraft bewahrte. Mancherorts hielt sich sogar der alte Honoratiorenstolz. So in Gaza, wo noch um 400 Christen aus der Curie ausgeschlossen blieben, weil sie die mit den Würden verbundenen Riten verweigerten.

Schon im 4. Jahrhundert kam es zu einer Differenzierung in den Curien. So wie in den Senaten von Rom und Konstantinopel gab es Schätzklassen, deren Rechte und Pflichten nach dem Besitz der Mitglieder abgestuft waren. Für Antiochia bezeugt Libanios zum Jahre 359 drei, zu 364 vier Klassen von Buleuten. Er beklagt, daß die Angehörigen der höchsten Klasse die der niederen übermäßig belasteten.

Aus den jeweils zehn ranghöchsten Curialen bestand der Kreis der *decemprimi* (*principales, primates*). Sie trugen den Rangtitel von *viri laudabiles*, führten die Geschäfte und genossen als *excusati* Steuerprivilegien. Wenn sie ihre Pflichten erfüllt hatten, waren sie frei; ihre Amtszeit wurde 412 auf fünfzehn Jahre festgesetzt. Für die Besitzunterschiede innerhalb der Curialenschicht ist das Donatistengesetz von 412 bezeichnend. Es bemißt die Strafe für *sacerdotales* mit dreißig, für *principales* mit zwanzig und für gewöhnliche *curiales* nur mit fünf Pfund Gold.

Die Bedeutung der Curialen für die Städte und den Staat spricht aus der 7. Novelle Marcians von 458. Sie beginnt: *curiales nervos esse rei publicae ac viscera civitatum nullus ignorat.* Die Curialen waren als «Sehnen des Staates und Mark der Kommunen» für das gesamte Stadtgeschehen verantwortlich. Ihnen oblag die Verteilung der Lasten und Leistungen (*munera*) auf die Einwohner. Dazu zählten die notwendigen Bau- und Transportarbeiten, die Sorge für Sauberkeit und Ordnung, Nahrung und Vergnügen, Kult- und Bildungswesen. Grundsätzlich waren alle Bürger verpflichtet, an diesen Aufgaben mitzuwirken. Die wichtigste war die Sorge für die Lebensmittel und die Preisüberwachung. Wenn es zu Hungersnöten kam, machten Volk und Reichsgewalt die Curialen haftbar. Bei Kornknappheit wurden oft die Bäcker verdächtigt, durch Horten die Preise zu steigern. Libanios berichtet, daß der *comes Orientis* die Bäcker dann öffentlich auspeitschen und mit bloßen Rücken durch die Stadt führen ließ, um die Volkswut zu beruhigen. Die Bäcker retteten sich, indem sie für einige Zeit in die Berge flohen. Auch die Fisch-, Holz- und Ölpreise wurden bisweilen gewaltsam reguliert. Nur wenige Städte bezogen, soweit wir wissen, wie Rom und Konstantinopel Staatsgetreide: in Italien Puteoli und Tarracina, im Osten Alexandria und Athen, Antiochia und Karthago, Ephesos und Sardes. Zur Reinigung des Nils in Alexandria erhielten die dazu verpflichteten Vereine staatliche Unterstützung.

Die städtische Polizei unterstand Friedenswächtern (*irenarcha*), die Knüppelgarden kommandierten. Das Amt wurde als einjährige Liturgie (Volksdienst) von Curialen versehen, wir kennen es insbesondere aus dem Osten. Am 25. Dezember 409 erließ Theodosius II ein Gesetz, dessen Wortlaut im ‹Codex Theodosianus› die Irenarchen als gemeingefährlich überall verbot, während der Text desselben Gesetzes (!) im ‹Codex Justinianus› befahl, die Curien mögen im Einvernehmen mit den Statthaltern geeignete Irenarchen ernennen. 420 begegnet der Titel abermals, das Amt wurde mithin beibehalten.

Neben der Versorgung war auch das Vergnügen Sache der Curialen. Es gehörte zu den kommunalen Liturgien der Reichen, Wagenrennen und Tierhetzen zu stiften. Das damit verbundene Ansehen schildert Johannes Chrysostomos in seiner Schrift über den Ehrgeiz und die Kindererziehung (4 ff): Wenn der Stifter das Theater betritt, bringt ihm das Publikum stehend Ovationen und winkt ihm zu. Der Herr verneigt sich nach allen Seiten, und jeder wünscht, auch selbst einmal so gefeiert zu werden. Am Ende der Vorstellung geleitet man ihn nach Hause, es gibt ein großes Gastmahl, und all das wiederholt sich am Nachmittag zwei oder drei Tage hintereinander. «Werke des Teufels» nennt dies der Kirchenvater.

Für die Versorgung des Hippodroms mit Pferden waren große Ländereien Antiochias von staatlichen Steuern befreit. Der Zirkus war der Mittelpunkt des öffentlichen Lebens, wo immer es einen solchen gab; die Zirkusparteien hatten ihre Ableger in allen größeren Städten. Welches Interesse der Vergnügungswert der Städte besaß, lehrt Junior (Exp. 32): neben den Handelsartikeln nennt er in seiner Weltbeschreibung die Rennbahnen der Städte, die Herkunftsorte der besten Wagenlenker, Pantomimen, Chorflötisten, Schauringer, Seiltänzer und Gaukler. Libanios (or. 2,57), der als Mann von Bildung das Zirkuswesen verabscheute, bezeugt, daß es sehr reiche Rennfahrer gab, nicht nur in Konstantinopel (s. III 4 b). Viele Unruhen und Aufstände gingen vom Zirkus aus.

Das Theaterwesen und die Gladiatorenkämpfe verloren unter christlichem Einfluß an Bedeutung. In Antiochia florierten die blutigen Schauspiele noch unter Gallus 354. Anastasius verbot 498/499 die Tierhetzen in allen Amphitheatern des Reiches. Durchsetzen ließ sich das nicht. Unter Justinian gehörten sie zu den Neujahrsfeierlichkeiten. Die Thermen, deren Versorgung ebenfalls den Curialen oblag, wurden betrieben, solange sie finanziert werden konnten. Die fortschreitende Entwaldung verteuerte die Holzbeschaffung.

Ein allzeit leidiges Problem der Städte waren die kommunalen Finanzen. Private Munifizenz wurde selten, einzelne Stifter erhielten den Ehrenrang eines *pater civitatis*. Die regelmäßigen Einnahmen flossen aus Zöllen, die aber nicht so hoch sein durften, daß der Handel stockte (s. III 3 b), und aus den städtischen Liegenschaften, die großenteils über Erbgang oder Stiftungen in Gemeindebesitz gelangt waren. In der Zeit Constantins sind wohl nicht alle städtischen Einkommensquellen, sicher aber die von den Curien verwalteten Tempelgüter in die Hand des Fiskus geraten. Julian hat sie wieder an die Städte zurückgegeben, doch scheint das nicht von Dauer gewesen zu sein, da Valens 370 den Städten Asiens Einkünfte aus den Ländereien der *res privata* überschrieb. Offenbar war es ehemaliges Stadtland. Valentinian wies 375 den Städten ein Drittel ihrer alten Einkünfte zu, zwei Drittel sollten dem Staat zur Verfügung stehen. 395 wurde den Städten abermals ein Drittel ihrer Einkünfte zum Unterhalt ihrer Mauern überlassen, offenbar handelt es sich um denselben Posten. Die Zolleinnahmen von Mylasa in Karien wurden 427 zwischen der Stadt und dem Fiskus geteilt. Die staatliche Kontrolle der städtischen Finanzen verstärkte sich, doch wurde ihr Mißbrauch mehrfach untersagt.

Die Steuerpflicht der Stadtbewohner entsprach ihrem Stand. Angehörige des *ordo senatorius* zahlten die *collatio glebalis* und das *aurum oblaticium* (s. III 2 a). Die landlosen Händler und Handwerker plebejischen Standes unterlagen der *auri lustralis collatio,* die alle fünf Jahre fällig war (s. III 1 b). Von der in Naturalien (*annona*) eingezogenen *capitatio* war die *plebs urbana* befreit, sie oblag den Grundeigentümern.

Abgesehen vom kaiserlichen, kirchlichen und senatorischen Landbesitz war die Curialenschicht die landreichste Gruppe im Imperium, darum besaß sie für das Naturalaufkommen des Reiches erhebliche Bedeutung. Das, was der Staat an Geld, Waren und Rekruten brauchte, wurde von den Reichspräfekten auf die Provinzen, und von den Statthaltern auf die Städte umgelegt. Die Forderungen landeten somit schließlich in den Curien, und diese waren verantwortlich dafür, daß die Lieferung erfolgte. Das führte mitunter dazu, daß manche Curialen so lange gepeitscht wurden, bis sie, um zahlen zu können, Land verkauften, in der Folge verarmten, aus der Curie ausschieden und die übriggebliebenen Curialen desto mehr belasteten. Aus diesem Teufelskreis zeigte sich kein Ausweg. Für Steuerschulden verlassener Güter haftete nach einer dreijährigen Schonfrist die ganze Curie.

Im Verlaufe des 4. Jahrhunderts verwandelte sich die Ehre, zur Curie zu gehören, in eine Last. Das Curialenproblem entstand. Einzelfälle kennt schon Ulpian, doch wurden sie häufiger. Der Grund liegt darin, daß einerseits die kommunalen und staatlichen Forderungen stiegen und andererseits immer mehr Dienstpflichtige sich durch Erwerb von Privilegien zu entziehen wußten. Es kam zu einer regelrechten Flucht aus dem Curialenstande. Die Kaiser bestimmten, daß bei den Ratsverhandlungen (*gesta municipalia*) wenigstens drei Curialen anwesend sein müßten.

Den Pflichten der Curie entkam, wer in den Reichsdienst aufstieg. Dies waren sicher nicht wenige, denn das gebildete Stadtbürgertum stellte auch

noch in der Spätantike großenteils den Nachwuchs für Zivil- und Hofverwaltung. Wer den Perfectissimat oder die Comitiva errang, so bis etwa 350,
wer *vir clarissimus, spectabilis* oder gar *illustris* wurde, war von den Curienpflichten befreit. Dasselbe galt für Männer, die zehn, später fünf Jahre
Heeres- oder dreißig Jahre Hofdienst aufweisen konnten, für Priester und
Professoren. Da diese Würden bisweilen durch Bestechung zu haben waren,
konnten sich gerade die Reichsten den Curialenpflichten am leichtesten
entziehen. Der Anteil dieser freigestellten *honorati* nahm offenbar zu.

Neben dieser Flucht nach oben gab es dann die Flucht nach unten. Manche Curialen heirateten die Tochter eines Bauern und unterstellten sich
dem Schutz von dessen Patronus. Als Abhängige im Patrocinium waren sie
nicht mehr zu greifen (s. III 3a). Andere veräußerten ihr Gut und pachte-
ten Staatsland, um den Stand eines *colonus rei privatae* zu genießen. Wieder
andere ließen sich in die Erbzünfte der Schiffer oder Purpurschneckensammler einschreiben. Viele Curialen zogen aufs Land oder in andere
Städte, wo man ihre Besitzverhältnisse nicht kannte, und ließen sich ihre
Einkünfte dorthin nachschicken.

Libanios (or. 48,30) bezeugt, daß ein Teil der Curialen keine ehelichen
Kinder mehr haben wollte, allenfalls von Sklavinnen, so daß sich die Curialität nicht vererbte. Töchter verheiratete man nicht mehr im Curialenstande, sondern an Militärs und andere Privilegierte; auch damit entzog
man den Besitz den curialen Lasten. Als dann die Pflicht an den Grundbesitz gebunden wurde, weigerten sich Söhne des Reichsadels, Töchter von
Curialen zu heiraten.

Die Folge war eine bedrohliche Ausdünnung der Curialenschicht. Libanios beklagt den Rückgang von 600 auf 60 Curialen in Antiochia, Ammian
spricht von Städten, die nicht einmal mehr drei besäßen. 339 und 429 wird
die geschrumpfte Zahl der Curialen in Africa gesetzlich festgestellt. Kaiser
Leo rechnete damit, daß es in manchen Städten keine Magistrate mehr, nur
noch einen *defensor* gebe.

Diese Mißstände haben die Kaiser zu ebenso umfangreichen wie wir-
kungslosen Gegenmaßnahmen bewogen. Der mit Abstand längste Titel
im ‹Codex Theodosianus› (XII 1) gilt dem Curialenproblem. Rund 200
Gesetze bezeugen, daß es nicht zu meistern war. Immer wieder ging es
darum, den Ausbruch aus den Curienpflichten zu verhindern, entflo-
hene Decurionen zurückzuholen oder neue zu gewinnen. Bereits Diocletian befahl, die Curien sollten neue Mitglieder wählen, gestattete aber
den Ernannten, Berufung beim Statthalter einzulegen. Constantin erklärte
321, Männer jeder Konfession seien curienpflichtig, auch Juden. Große
Mühe gab sich Julian. Er verordnete, daß begüterte Plebejer aufzunehmen
seien, und erinnerte daran, daß sich Curialität auch über die Mutter ver-
erbe. Nach ihm suchte Theodosius die Ränge wieder zu füllen, doch wurden seine Gesetze ebenso mißachtet wie die Julians. Noch Justinian klagte

535 über die Curialenflucht und dekretierte, daß ein Curiale seinem Sohne
mit dem Sitz in der Curie einen bestimmten Teil des väterlichen Vermögens hinterlassen müßte.

Im Jahre 342 war die Curialität an einen Grundbesitz von 25 Morgen
gebunden worden. Dieses Land durfte nicht verkauft werden, offenbar weil
dies als Ausweg aus den Curienpflichten mißbraucht wurde. Die Curialität vererbte sich mit dem Land. Verließ ein Curiale seine Heimatstadt, so
sollte diese einen Ersatzkandidaten benennen, der die Güter und Pflichten
des Entwichenen zu übernehmen hätte.

Die Curienpflichten wurden festgeschrieben. Veteranensöhne, die nicht
dienen wollten, mußten Curialen werden, wenn sie ihr Erbgut behalten
wollten. Curienpflichtige sollten überhaupt nicht ins Heer aufgenommen
werden, erst wer fünf Jahre unerlaubterweise gedient habe, sei frei. Wer
in den Klerus eintrete, müsse sein Vermögen der Curie überlassen. Der
Sohn oder Enkel eines Curialen mußte mit achtzehn Jahren eintreten und
wurde erst mit siebzig befreit. Selbst Analphabeten, Blinde und Podagra-
kranke hatten sich den Curienpflichten zu unterziehen. Ehrlose, Sklaven
und Frauen sollten dagegen nicht in die Curie aufgenommen werden. 365
und 384 wurde den Reichspräfekten untersagt, Staatsbeamte, die ja von der
Curienpflicht befreit waren, strafweise in die Stadträte zu versetzen, denn
dies vertrüge sich nicht mit dem Ansehen der Körperschaft. Trotz dieser
Mißstände gab es *possessores*, d. h. eine grundbesitzende Munizipalaristokratie, solange es Städte gab.

Die zahlreichen Unzuträglichkeiten in den spätantiken Städten führten
immer wieder zu Krawallen. Versorgungsschwierigkeiten waren in allen
größeren Städten an der Tagesordnung. Bisweilen konnten auch schein-
bar harmlose Anlässe zum Aufruhr führen: die Verhaftung eines beliebten Wagenlenkers oder eine unzureichende Badeheizung. Unter Gallus 354
gab es eine Hungerrevolte in Antiochia, bei der den Reichen die Häuser in
Brand gesteckt wurden und der *consularis Syriae* umkam (s. II 4). Im großen Aufstand von Antiochia 387, der durch eine Steuererhöhung des Kaisers ausgelöst worden war, ließ Theodosius die Curialen in Ketten legen,
weil er sie insgesamt als schuldig erachtete. Libanios beklagt sich darüber,
daß in Zweifelsfällen der Statthalter gegen die Ratsherren Partei ergreife
(s. II 7). Augustinus (sermo 302) beschwichtigte einen Tumult in Hippo
gegen den Fiskus. Der meiste Streit entbrannte um Bischöfe und Glaubensfragen. Religiöser Bürgerkrieg war im Osten ein Dauerzustand (s. III 6 c).

Die vielfältigen Schwierigkeiten der spätantiken Städte waren ein Grund
für die zahlreichen Gesandtschaften, mit denen die Curien bei Hofe vor-
stellig wurden. Der Verkehr zwischen den Städten und dem Kaiser sollte
nach dem Willen Constantins über den Statthalter laufen. Dies machte
Beschwerden über ihn unmöglich, darum gestattete Constantius II den Pro-

vinzialen wieder, sich direkt an den Hof zu wenden. Nach einer mehrfach
bekräftigten Verfahrensvorschrift sollte zunächst der *praefectus praetorio* die
Gesandten verhören und dann dem Kaiser die Entscheidung überlassen.
Gemäß der ‹Notitia Dignitatum› (occ. XVII 12) empfing der *magister epi-
stolarum* die städtischen Abgesandten. Als Absender erscheinen Städte, Provinzen und Diözesen. Da von dieser Möglichkeit häufig Gebrauch gemacht
wurde, forderte der Kaiser eine schriftliche Fassung der jeweiligen Aufträge,
im Fall einzelner Städte sogar die Unterschrift sämtlicher Curialen. Die
Staatspost stand allen diesen Gesandten zu, Vertreter von Diözesen durften aber bequemer reisen als Gesandte von Provinzen. Querulanten mußten auf eigene Kosten zurückfahren.

Das schon aus der Republik bekannte Städtepatronat ist auch in der
Spätantike noch bezeugt. Zur Vertretung ihrer Interessen gegenüber dem
Staat wählten sich einzelne Gemeinden einflußreiche Patrone aus der Führungsschicht, die im Konfliktfalle für sie eintraten. Entsprechend den fünf
senatorischen *patroni* von Timgad stand Benevent in der Klientel des Symmachus und seiner Nachkommen, Zama in der des Proculus, Paestum in
der des Helpidius. Inschriften aus der jeweiligen Stadt und vom Wohnort
des Patrons geben darüber Auskunft.

Im Verkehr mit dem Kaiser dokumentiert sich das einzige Selbstverwal-
tungsorgan, das über den Rahmen der Städte hinausgriff, der Provinziallandtag (*concilium* oder *commune provinciae*). Diese im Osten seit vorrömischer
Zeit bestehende Einrichtung hat sich im Laufe der Kaiserzeit über das ganze
Imperium ausgebreitet. Ein oder zweimal im Jahr versammelten sich die
Abgeordneten der Städte in der Metropolis und begingen ein Fest zu Ehren
des Kaisers. Den Vorsitz der Spiele hatte der jährlich gewählte Provinzialpriester (ἀρχιερεύς, *sacerdos* oder *flamen provinciae*, Syriarch, Asiarch usw.).
Unter allen gewählten Beamten genoß er die höchsten Ehren und Rechte;
aber die Kosten für die Spiele machten es bisweilen schwer, einen Kandidaten zu finden. Die Kaiser trugen Sorge, daß die Ausgaben nicht zu hoch
stiegen und niemand gegen seinen Willen in das Amt genötigt würde. Constantin befreite die Kandidaten, ebenso wie die Duumvirn, von der *annona*
und von niederen Leistungen. 386 verfügte Theodosius, daß die Nachfolge in
der *archierosyne* dem zufallen solle, der den höchsten Beitrag für sein «Vaterland» (*patria*) leiste und noch dem «Tempelkult» anhänge; Christen sei dies
nicht zuzumuten. Die Synode von Elvira (um 306) hatte dies gestattet. Die
Verbindung mit dem Kaiserkult hatte sich im 4. Jahrhundert so weit gelok-
kert, daß auch christliche Herrscher keinen Anstoß an dieser Volksbelustigung nahmen. Constantin hat der Stadt Hispellum in Umbrien ein eigenes
Provinzialkonzil gestattet und nur das Kaiseropfer verboten.

Die Landtage entsandten das bei Regierungsjubiläen übliche *aurum coronarium* an den Kaiser und konnten sich bei ihm über allfällige Mißstände

beschweren. Von diesem mehrfach bestätigten Recht hat das *concilium Tripolitanae* 366 Gebrauch gemacht, als der *comes Africae* Romanus zur Reichsverteidigung von den Städten, wie es heißt, 4000 Kamele verlangte. Es kam zu einem längeren Prozeß, der mit der Hinrichtung der Gesandten endete. Wir kennen andere Beschwerden, die Erfolg gehabt haben.

Nach der Rückgewinnung Galliens durch Flavius Constantius hat Honorius 418 das vom *praefectus praetorio Galliarum* eingerichtete Diözesankonzil der sieben südgallischen Provinzen bestätigt. Jedes Jahr zwischen dem 13. August und dem 13. September sollten sich die Abgesandten der Städte (*honorati, possessores, curiales*) in Arelate treffen. Fehlende mußten eine Geldstrafe zahlen. Auch die Statthalter nahmen in späteren Jahren daran teil. Zuletzt ist es im Jahre 468 bezeugt (s. II 10).

541 und 542 erneuerte Justinian das *concilium* in der den Vandalen entrissenen Provinz Byzacena. Hier scheint der alte Provinziallandtag mit der Bischofssynode verschmolzen zu sein, wie die Nennung der Metropoliten neben den *primates* nahelegt. 554 gestattete der Kaiser den zurückgewonnenen italischen Provinzen, die Statthalter zu wählen. Zur Seite der *primates unuscuiusque regionis* tauchen hier ebenfalls die Bischöfe auf, und sie begegnen auch in dem ähnlich lautenden Gesetz von 569. Das Stadtbürgertum ist verschwunden zugunsten der feudalen Gewalten, der Grundbesitzer und der Kirchenfürsten.

Das Christentum hat sich in den spätantiken Städten seit Constantin rasch ausgebreitet. Die Popularität dogmatischer, liturgischer und religionspolitischer Fragen spricht aus den häufigen Krawallen um solche Streitpunkte. Manche Städte christianisierten sogar ihren Namen: aus Aphrodisias wurde Stauropolis, die «Kreuzstadt», aus Apollonias wurde Sozopolis, die «gerettete Stadt», aus der «Fichtenstadt» Pityus wurde Soteropolis, die «Heilandsstadt», aus der «Goldstadt» Chrysopolis wurde Christopolis. Nahezu alle Städte im griechischen Osten und die meisten im lateinischen Westen erhielten einen Bischof, die Provinzhauptstädte (Metropolen) einen Erzbischof, Landbischöfe (*chorepiskopos*) gab es daneben auch, doch blieben sie unkanonisch. Allenthalben entstanden Gotteshäuser. Baptisterien gab es teils als Anbau, teils freistehend, jedoch noch keine Glockentürme. Ungeklärt ist die Funktion der häufig zu beobachtenden Doppelkirchen, die – ähnlich im Grundriß – mehr oder weniger zeitgleich nebeneinander standen. Sie waren vermutlich jeweils verschiedenen Heiligen geweiht und besaßen daher eigene Festkalender.

Mit dem Rückgang der Curialenschicht und der bürgerlichen Selbstverwaltung gewannen die Bischöfe allmählich die Leitung in der Kommunalpolitik. So wie dies in der Stadt Rom im 5. und 6. Jahrhundert zu beobachten war, hat es sich auch in vielen anderen Städten beider Reichsteile abgespielt. Constantin hatte bereits den Bischöfen eine Sonderstellung verliehen. Sie waren nicht nur von Steuerpflichten und Wehrdienst befreit, sondern auch der weltlichen Gerichtsbarkeit entzogen. Nur der Kaiser konnte strafen, üblicherweise mit Verbannung und gelegentlicher Todesfolge. Darüber hinaus erhielten die Bischöfe selbst Urteilsbefugnis in Zivilsachen und bei Freilassungen und konnten auf kirchlichem Boden den von der Staatsgewalt Verfolgten Asyl gewähren (s. III 6 c). Die Macht beruhte auf dem Kontakt mit den Massen und wuchs mit dem Besitz der Kirche.

Besonders stark war die Stellung des Bischofs in Alexandria. Hier versorgte die Kirche die Armen und das Bestattungswesen und besaß das Monopol auf Salz, Salpeter, Papyrus und Schilfrohr. Athanasios schrieb, man traue ihm zu, die Getreideflotte für Konstantinopel zurückzuhalten. Kyrill war unangreifbarer Gewalthaber in der Stadt, was Juden, Heiden und Novatianer zu spüren bekamen. Den immensen Reichtum der alexandrinischen Kirche bezeugt die Bestechungsaffäre von 431 (s. II 9) und die Vita von Johannes dem Almosengeber um 600.

Seit etwa 500 hatten Bischöfe die erste Stimme, wenn es um die Wahl eines *defensor* oder eines *sitona* ging, dem die Getreideversorgung oblag. Seit dem 5. Jahrhundert mehren sich die Beispiele dafür, daß Stadtbischöfe sogar die Verteidigung gegen die Barbaren organisierten. Justinian unterstellte die städtischen Finanzen dem jeweiligen Bischof und drei angesehenen Bürgern. In zunehmendem Maße erscheinen Bischöfe als Bauherrn säkularer Bauwerke, von Bädern und Wasserleitungen. Auch darin kündigt sich das Mittelalter an.

Trotz aller Schwierigkeiten befand sich das Städtewesen des Imperiums im 4. Jahrhundert noch auf einem beachtlichen Niveau. Die hymnischen Worte des Kaisers Honorius 418 für Arles, der Städtekatalog des Ausonius sowie die Zeugnisse Ammians und Libanios' für Antiochia mit seinen Schulen und Spielen, seinen 18 Badeanlagen und seiner nächtlichen Straßenbeleuchtung werden durch die archäologisch nachgewiesene Bautätigkeit unterstützt. Dennoch ist die Klage des Libanios (or. 2) über die Notlage der Städte schwerlich unbegründet. Als Mitte des 4. Jahrhunderts die Grenzen allenthalben unsicher wurden und sich auf dem Lande germanische, später auch slawische und arabische Siedler niederließen, die sich der städtischen Kontrolle entzogen, da begann der Niedergang der Städte. In den Donauländern eroberten die Germanen seit 376 eine Stadt nach der anderen. Gallien litt unter beinahe alljährlichen Einfällen der Alamannen, Franken und Sachsen. Julian (279 A) berichtet, die Germanen hätten vor seiner Ankunft 45 Städte in Gallien geplündert; selbst Köln, Mainz und Straßburg fielen ihnen in die Hände. Die Lage stabilisierte sich nochmal, aber seit 407 war die Rheingrenze offen. Hieronymus (ep. 123,15) beklagt die danach von den Germanen eingenommenen Orte und bezeugt zugleich den trostlosen Zustand zahlreicher oberitalischer Städte. In Griechenland hatte der Niedergang bereits in der hohen Kaiserzeit eingesetzt, lange bevor Heruler und Goten erschienen.

Die literarischen Zeugnisse über den Verfall der Städte in den bedrohten Gebieten werden durch die archäologischen Befunde ergänzt. Die Städte gingen an Zahl und Größe, Schönheit und Bedeutung zurück. Mauern und Häuser zerfielen, ganze Stadtteile verödeten und dienten den in die Städte geflüchteten Bauern als Viehweiden. Die Wasserleitungen wurden nicht mehr ausgebessert, stattdessen Zisternen angelegt. Die Badeanlagen, für die weder Wasser noch Holz noch Personal zur Verfügung stand, wurden in Kirchen oder Wohnhäuser umgebaut, die großen Stadtvillen teilte man auf in Kleinwohnungen. Theater und Arenen verwandelten sich in Festungen. Vielfach zogen die Städte wieder auf den Berg, von dem sie einst herabgestiegen waren, als ihnen die Pax Augusta in der Ebene ein bequemeres Leben erlaubte. Die Berge waren besser zu verteidigen. Die ummauerte Wohnfläche schrumpfte, teilweise erheblich, so in Athen, Paris, Autun und Tours. Türme, Mauern und Kirchen bestimmten fortan das Stadtbild, nicht mehr Tempel, Märkte und Bäder.

Unter der Herrschaft der Barbaren setzte sich der Niedergang der Munizipien fort, wie insbesondere die Funde Britanniens zeigen. Seit dem 5. Jahrhundert wurden Theaterbauten als Steinbrüche genutzt, der Verkehr ging über gestürzte Säulen, in den Stadtvillen entstanden Elendsquartiere, und auf den Mosaikfußböden finden sich Feuerstellen. Das Landleben hingegen scheint länger floriert zu haben, wie aus den bisweilen reich ausgestatteten Villen zu ersehen ist. Die letzten Reste der römischen Zivilisation hielten sich in Rutupiae (Richborough), dem wichtigsten Kanalhafen.

Im byzantinischen Osten verkümmerte das Stadtleben trotz kurzfristiger Aufschwünge immer mehr. Stobi besaß sechs Stadtpaläste, die nach 400 ärmliche Einbauten erhielten und dann verlassen wurden. In Sirmium sind Germanengräber aus der Zeit um 500 im Stadtpalast gefunden worden, bei deren Anlage das Fußbodenmosaik durchbrochen wurde. Die Städte der Balkanprovinzen erlagen mit wenigen Ausnahmen seit dem 7. Jahrhundert den Slawen, die Syriens und Nordafrikas den Arabern, die Kleinasiens den Türken. Aphrodisias erlebte im 4. Jahrhundert einen Niedergang, erholte sich zwischen 450 und 550 nochmals, um ab 600 zu verfallen. Der größere Teil der antiken Städte im Osten ist nie wieder aufgebaut worden. Diesem Städtesterben vermochten sich nur die großen Metropolen zu entziehen.

Die Städte des Westens sind im frühen Mittelalter zwar erheblich geschrumpft, zeitweise wohl auch ganz verlassen gewesen, dann aber langsam wieder aufgeblüht. Zentren waren die Kirchen, um die herum auf dem ruinösen Stadtgelände Dörfer entstanden, so in Rom und in Trier. An die Stelle der gallorömischen Ortsnamen traten vielfach die alten Stammesnamen (*Parisii* statt *Lutetia*; *Remi/Reims* statt *Durocortorum*; *Mediomatrici/ Metz* statt *Divodurum* etc.), aber auch ein Großteil der römischen und keltischen Ortsnamen hat überlebt (Köln, Mainz, Worms). Seit dem 10. Jahrhundert wurden auch von den Deutschen nach römischem Vorbild Städte gegründet.

5. Das Bildungswesen

Nec aliqua in mundo potest esse fortuna, quam litterarum non augeat gloriosa notitia – «es ist auf der Welt kein Glück denkbar, das durch eine rühmliche Kenntnis der Literatur nicht erhöht werden könnte.» Dies Lob der Bildung, die schon Heraklit «die andere Sonne» genannt hatte, stammt von Cassiodor. Auch Kaiser dachten so: Constantius II antwortete Themistios, man müsse vor allem der Literatur die gebührende Ehre erweisen und die Philosophie leuchten lassen. Stets war das Kernstück der *eruditio* (παιδεία) die Vertrautheit mit den klassischen Autoren. «Je mehr du liest, desto deutlicher wird es dir, daß der Gebildete sich vom Bauern unterscheidet wie der Mensch vom Tier», heißt es bei Sidonius.

Nach Alter, Umfang und Ansehen stand die griechische Literatur über der lateinischen. Unter den gebildeten Griechen war die Kenntnis des Latein sehr viel seltener als umgekehrt. Dion von Prusa und Plutarch haben die lateinische Literatur ignoriert. Wenn Männer wie Themistios und Libanios kein Latein verstanden, ist das weniger verwunderlich als das Umgekehrte im Westen. Denn während des Principats war die Beherrschung des Griechischen das Merkmal für Bildung schlechthin. In der Spätantike änderte sich das. Augustins mangelhafte Griechischkenntnis war kein Einzelfall. Symmachus rühmte an Attalus, Sidonius an Mamertus die Kenntnis des «Attischen», die nicht mehr selbstverständlich war. Ausonius, selbst des Griechischen mächtig, bezeugt, daß in Bordeaux beide Sprachen unterrichtet wurden.

Studenten griechischer Zunge lernten Latein allenfalls um der Rechts- und Verwaltungslaufbahn willen. Lactanz konnte sich als lateinischer Rhetor in Nikomedien wegen fehlender Schüler ganz der Schriftstellerei widmen. Dagegen beklagte Libanios, daß ihm die Studenten wegliefen und um der Berufsaussichten willen lieber Latein als Griechisch lernten. Der *patricius* Phokas bemühte sich 532 als *praefectus praetorio* noch, Latein zu lernen.

Die Gräzisierung des Ostens und die Latinisierung des Westens wurden begleitet von einer wachsenden Übersetzungstätigkeit. Das literarische Gefälle ging dabei eindeutig aus dem Osten in den Westen. Dem vereinzelten Interesse an Eutropius im Osten steht eine lange Liste von Gegenbeispielen gegenüber: Julius Valerius übersetzte den Alexanderroman des Pseudo-Kallisthenes (um 300?) ins Lateinische, «Hegesippus» den ‹Jüdischen Krieg› des Flavius Josephus (um 370), Flavianus die Vita des Apol-

Ionios von Philostrat, Ausonius die Epitaphien der Trojaner (VI) und die pythagoreischen Eklogen (VII), Hieronymus die Weltchronik Eusebs, Rufinus dessen Kirchengeschichte, Boëthius die Werke des Aristoteles usw. Papst Damasus ließ durch Hieronymus die Bibel nach der *Vetus Latina* beziehungsweise der *Itala* nochmals ins Lateinische bringen; sie erhielt den Namen Vulgata. Cassiodor sammelte und veranlaßte Übersetzungen griechischer Kirchenväter in großem Umfang. Die Übersetzung der Bibel hat darüber hinaus den Grund gelegt für die Entwicklung weiterer Literatursprachen. Dies gilt in erster Linie für das Syrische, das in der Spätantike ein stattliches Schrifttum hervorbrachte, weiterhin für das Armenische, dessen Literatur im 5. Jahrhundert einsetzt, und das Koptische, das neben dem Griechischen in Ägypten allerdings nur eine bescheidene Bedeutung errang. Auch das Hebräische überlebte die Hellenisierung der Juden nur, weil es die Sprache der Religion blieb. Die griechischen Übersetzungen, die ‹Septuaginta›, die des Theodotion und die des Aquila, konnten die hebräische Bibel nicht verdrängen. Wulfilas Bibel erhob das Gotische allerdings nicht in den Rang einer Literatursprache, der Schriftverkehr in den Germanenstaaten vollzog sich bis ins hohe Mittelalter auf Latein. Was Wulfila versuchte, gelang erst Luther. Eine folgenreiche Umwälzung vollzog sich im Schreib- und Buchwesen. Die während der klassischen Zeit übliche Buchrolle (*volumen*) verlor seit etwa 300 n. Chr. rasch an Bedeutung zugunsten des *codex,* unserer heutigen Buchform. Sie wurde schon von Caesar benutzt, war früh im Geschäftsleben üblich und erwies sich als praktisch für Texte, in denen man Stellen nachschlagen und die man mit auf Reisen nehmen wollte. Der Codex ist widerstandsfähiger und bringt in demselben Raum das Sechsfache an Text unter. So eignete sich der Codex für Lehrbücher, für Gesetzessammlungen und für die Bibel. Bereits die Apostel benutzten statt der für die Thora üblichen Rolle Blätterbücher; fast alle erhaltenen frühchristlichen Bibeltexte sind Papyruscodices. In der Zeit nach Constantin ließen die Bischöfe von Caesarea Maritima die Papyrusrollen der großen christlichen Bibliothek auf Pergamentcodices umschreiben. Die Rolle verschwand allerdings nicht plötzlich, wie der Schulbetrieb bei Libanios und die Amtsbilder der ‹Notitia Dignitatum› lehren.

Der wichtigste Beschreibstoff der Spätantike war das Papyrus-«Papier». Es wurde aus der in Ägypten wachsenden Papyrusstaude hergestellt und über Alexandria in alle Teile des Reiches exportiert. Eine Papyrusfarm in Sizilien erwähnt Gregor d. Gr. 599 (reg. IX 171). Diocletian nennt Papyrus in vier Preisklassen, Plinius unterschied deren sieben. Neben den Papyrusbüchern gab es stets auch Pergamentbücher aus dem ursprünglich in Pergamon gefertigten Schreibleder. Ob Papyrus oder Pergament billiger war, ist unbekannt. Im Preisedikt Diocletians erscheint der Akkordlohn für den Pergamentmacher.

Weitere Beschreibstoffe waren Holztafeln (*codices* im Ursinn, so die ‹Tablettes Albertini›) und Tonscherben (ὄστρακα). Notizbücher versah man in der Spätantike oft mit kostbar geschnitzten Elfenbeindeckeln. Sie bestanden aus zwei Teilen (δίπτυχον) oder mehreren in der Art von Leporellobüchern (πολύπτυχον). Diocletian nennt Preise für Wachstafeln, Schreibrohre und in festem Zustand verkaufte Tinte. Purpurtinte war seit 470 Kaisermonopol. Das Hadern-Papier war zwar schon im Jahre 105 n. Chr. in China erfunden worden, doch gelangte die Kenntnis seiner Herstellung erst in der Nachantike über Persien in den Mittelmeerraum.

Die spätantiken Schriftformen unterscheiden sich gemäß ihrer Verwendung. Die monumentalen Inschriften auf Stein und Metall bestehen gewöhnlich aus dekorativen Blockbuchstaben (*capitalis quadrata*). Die Sauberkeit und Schönheit der älteren kaiserzeitlichen Inschriften wird nur noch selten erreicht, doch besitzen einzelne, darunter die des Papstes Damasus in Rom und die Justinians in Konstantinopel, noch hohes Niveau. Kennzeichnend sind die leichten barocken Auszierungen. Qualität zeigen ebenfalls einige sakrale Mosaikinschriften.

Die auf Pergament und Papyrus geschriebenen Schriften lehnen sich bisweilen an die Monumentalformen an, so die aus dem 4. Jahrhundert stammende griechische Unziale des Codex Sinaiticus der Bibel und die *capitalis rustica* der vatikanischen Vergilhandschrift. Sie verkürzt die Querstriche mancher Buchstaben. Die Kalligraphie ist in der Spätantike überhaupt erst entwickelt worden, sie beruht auf der Heiligkeit der ausgezierten Texte. Auch die Buchmalerei entstand als neue Kunstgattung. In absteigender Qualität folgt auf die Buchschrift die Kanzleischrift. Die kaiserliche Kanzlei verwendete andere Typen (*apices*) als die Büros der Statthalter. Als diese die Hofschrift nachahmten, entstand Verwirrung, weswegen Valentinian das untersagte: Die Provinzialverwaltung sollte gewöhnliche Buchstaben (*litterae communes*) verwenden. Die Gebrauchsschrift ist seit etwa 300 meist eine Minuskelkursive, bei der es mehr auf Schreibtempo als auf graphische Wirkung ankam. Abstände zwischen den Wörtern waren nicht üblich. Hieronymus führte Satzzeichen zur besseren Lesbarkeit ein, und Cassiodor lobte ihn darob.

Große praktische Bedeutung besaß die Kurzschrift. Zu den nach Ciceros Freigelassenem benannten tironischen Noten trat die griechische Schnellschrift des Eunomios. Die meisten Literaten der Spätantike, insonderheit die Kirchenväter, haben ihre Texte diktiert. Fast alle Büros der ‹Notitia Dignitatum› führen unter dem Büropersonal *exceptores* auf. 410 wurde ihnen der Clarissimat verliehen. Die *notarii* bildeten eine ihnen übergeordnete Klasse von Protokollanten.

Büchersammlungen besaßen die meisten senatorischen Häuser. Die ‹Notitia Urbis Romae› nennt 29 öffentliche Bibliotheken in der Ewigen

Stadt. Den Grundstock der Bibliothek von Konstantinopel legte Constantius II 356 (s. u.). Julian stiftete ihr seine Privatbücherei. Valens bestallte 372 vier Kopisten für griechische und drei für lateinische Texte. Auch einzelne Kirchenmänner besaßen große Büchersammlungen, so Georgios der Kappadoker, der sogar die Werke der heidnischen Philosophen und Historiker hatte. Hieronymus (ep. 22,30) hat sich bei seiner Abkehr von der Welt nur schwer von seinen Büchern trennen können. Die berühmteste christliche Bibliothek fand sich in Caesarea Maritima. Hier lagen die 30 000 Rollen des Origenes. Die größeren Bibliotheken waren in der Regel mit Schreibschulen verbunden, in denen die alten Texte emendiert, kopiert und vervielfältigt wurden. Constantin bestellte einmal in Caesarea fünfzig besonders schön geschriebene und gebundene Bibeln für Konstantinopel. Als «Buchreligion» war das Christentum an Büchern grundsätzlich interessiert.

Lesen und Schreiben konnte vermutlich nur eine Minderheit der Reichsbevölkerung, namentlich in den Städten. Zeugnisse für das Analphabetentum liefern die ägyptischen Papyri und ein Gesetz Diocletians, das auch Illitterate (*expertes litterarum*) zur Curialenpflicht heranzog. Gleichwohl gab es zur Zeit Ulpians Schulen auf Dörfern und Schriftlichkeit in den nichtklassischen Sprachen wie Keltisch, Punisch und anderen. Lesen konnte man beim Klerus und beim Militär lernen. Ausnahmen werden kritisch vermerkt: Der Heermeister Vetranio und der zum Kaiser aufgestiegene Gardekommandant Justinus hatten Probleme mit der Schrift.

Der Unterricht im Römischen Reich gliederte sich in drei Stufen, die ungefähr unserer Abfolge von Grundschule, Gymnasium und Universität entsprechen. Eine Fachausbildung zum Arzt, Juristen, Architekten usw. konnte folgen. Den Elementarunterricht besuchten die Kinder vom sechsten oder siebten Jahre an, *ubi legere et scribere et numerare discitur*. Die Vermögenderen beschäftigten Hauslehrer, nicht selten Sklaven. Die übrigen Familien schickten ihre Kinder auf die im ganzen Reich verbreiteten Schulen (*ludus litterarius*). Die als *litteratores* oder *ludi magistri* (γραμματεῖς) bezeichneten Elementarlehrer besaßen nur geringes Ansehen. Der Diocletianstarif (VII 66) nennt sie *magistri institutores litterarum* oder χαμαιδιδάσκαλοι, weil sie «auf dem Boden» (χαμαί) die «Unterstufe» der Bildung darstellten. Sie erhielten von den Eltern für jeden Schüler fünfzig Denare monatlich und verdienten an dreißig Schülern ungefähr so viel wie ein Handwerker. Diocletian nennt daneben noch den Turnlehrer (*ceromatita*), den Knabenführer (*paedagogus*) und den Lehrer der Buchschrift (*librarius, antiquarius*). Kurzschriftlehrer (*notarius*) und Rechenlehrer (*calculator*) durften 75 Denare verlangen. Im Unterschied zu den höheren Lehrern genossen die, *qui pueros primas litteras docent*, keine Befreiung von städtischen Lasten, doch sollten die Statthalter darauf achten, daß die Lehrer nicht überfordert würden.

Die zweite Bildungsstufe war die Grammatik. Der Abstand zwischen der ersten und den beiden folgenden Stufen war größer als der zwischen der zweiten und der dritten. Denn letztere betrafen den «wissenschaftlichen» Unterricht. Der Maximaltarif (ED. VII 70) setzt für Grammatiker der lateinischen oder griechischen Literatur sowie für die Geometrielehrer 200 Denare fest, das Vierfache des Elementarlehrersatzes. Unterrichtet wurden zunächst die Regeln der Sprache. Die lateinische Grammatik von Aelius Donatus, der unter Constantius II in Rom dozierte, war bis ins 18. Jahrhundert in Gebrauch. Von den Lehrbüchern des Priscian (um 500) haben sich über tausend mittelalterliche Handschriften erhalten. Neben der Sprachlehre behandelten die Grammatiker mit Vorrang die Dichter: Homer und Menander bei den Griechen; bei den Lateinern Horaz, Terenz und insbesondere Vergil. Wäre die Aeneis, um 400 von Servius kommentiert, verloren, so könnte man sie aus den Zitaten zusammensetzen. Ausonius bezeugt, daß auch Mädchen mitunter Grammatikunterricht erhielten. Anders als die Elementarlehrer genossen die Grammatiker Immunität. Sie waren von curialen Lasten, Einquartierung und Wehrdienst befreit.

Einblicke in das Leben eines Grammatikers bietet uns der heidnische Ägypter Palladas aus dem späten 4. Jahrhundert, von dem die ‹Anthologia Graeca› zahlreiche Epigramme überliefert. Ob es am Beruf oder am Manne lag – jedenfalls schimpft Palladas über sein Amt. Die Eltern versprächen ihm das schuldige Schulgeld in Höhe von einem Goldstück im Jahr und nähmen ihm dann im elften Monat das Kind weg; Sklaven, mit der Bezahlung betraut, wechselten den Betrag und kassierten die Differenz, so daß er Frau und Kinder und seinen Sklaven kaum ernähren könne. Auch Ausonius spricht von einem armen *grammaticus.* So verstehen wir den Stoßseufzer bei Malchus (fr. 3 Bl.): «Möchte ich doch die Zeit erleben, wo die Ausgaben für die Soldaten den Lehrern zukommen!»

In klassischer und hellenistischer Zeit war das Bildungszentrum griechischer Städte das Gymnasium. Während der Kaiserzeit verloren die Gymnasien an Bedeutung, nicht zuletzt deshalb, weil die privaten Stiftungen, von denen sie lebten, ausblieben. In Athen versiegen die Nachrichten im 3. Jahrhundert. Basilius (ep. 74) spricht 371 von den «geschlossenen Gymnasien», Salvian (GD. VII 68 ff) tadelt die Zuchtlosigkeit in den Gymnasien Karthagos, gemeint sind Bildungsstätten. Das (nackte) Turnen war längst nicht mehr üblich und überhaupt mit dem christlichen Sittenbegriff nicht zu vereinen.

Die dritte und höchste Stufe der Bildung war die Rhetorik. Sie vermittelten die als *rhetores, oratores, sophistae* oder als *professores* bezeichneten Lehrer. Diese waren zuvor meist *grammatici* gewesen. Man las und erläuterte die Prosaiker, insbesondere Thukydides und Demosthenes unter den Griechen, Sallust und Cicero unter den Lateinern. Der Lesekanon schrumpfte. Großer Wert wurde dem Auswendiglernen und der Redefertigkeit zugemessen, wie man das für Advokaten und Politiker, für Staats- und Konzertredner allenthalben benötigte.

In den Fächern des spätantiken Hochschulwesens ist zwischen freien und angewandten Künsten zu unterscheiden. Da alle Formen des Gewinnstrebens schlecht angesehen waren, rangierten die freien, genauer: die eines freien Mannes würdigen Künste höher. Zu ihnen zählten außer der Literaturkenntnis die Philosophie, die Mythologie und die Historie. Die durch Martianus Capella (s. u.) für das Mittelalter kanonisierten Sieben Freien Künste (*artes* oder *litterae liberales*) waren Grammatik, Dialektik, Rhetorik, das grundlegende sprachliche Trivium, gefolgt von den mathematischen Fächern Geometrie, Arithmetik, Astronomie und Harmonik. Die Geometrie enthält auch die Geographie. Martianus Capella fußt auf Varro, dessen Gelehrsamkeit noch Ausonius (V 20,10), Augustin (CD. III 4) und Hieronymus (ep. 33,1 f) bewunderten. Einen Versuch, das Wissen seiner Zeit zusammenzufassen, unternahm Isidor von Sevilla mit seinen ‹Etymologiae sive Origines›. Auf die kürzeste Form gebracht wurde der Stoff der ϰύϰλιος παιδεία im ‹Liber Memorialis› des Ampelius. Er beschreibt das Weltall, die Tierkreiszeichen, die Sternbilder, die Winde, die Länder, Völker und Meere, die Weltwunder, die Götter, die Weltreiche und ihre Könige, die bedeutendsten Athener und Römer, die Geschichte Roms bis zu Trajan und einige republikanische Staatseinrichtungen Roms. Dafür benötigt er nur 62 Teubner-Seiten.

Die angesehenste unter den angewandten Künsten war die Rechtswissenschaft. Sie wurde in mehreren Städten privat gelehrt, so in Salona, Narbonne, Lyon und Bordeaux, durch staatliche Professoren in Rom, in Konstantinopel und vor allem in Berytos (s. u.). Weitere juristische Lehrstühle können wir aus der *constitutio* ‹Omnem› vom 16. Dezember 533 erschließen, durch die Justinian die Rechtslehre unter anderem in Alexandria und Caesarea untersagte und auf die Universitäten von Konstantinopel, Rom und Berytos beschränkte. Namhafte Rechtsgelehrte waren die Kompilatoren Gregorius und Hermogenianus unter Diocletian sowie Charisius, vielleicht noch unter Constantin. Der führende Kopf bei Justinians Gesetzgebungswerk war Tribonian (s. II 12). Die private Jurisprudenz kam allerdings mit Constantin zum Erliegen. Nur noch kaiserliche Verlautbarungen besaßen Rechtskraft.

Neben der Jurisprudenz genoß die Medizin hohes Ansehen. Führend war Alexandria (s. u.), doch blieben auch die Asklepiosheiligtümer, insbesondere Pergamon, die Heimatstadt von Julians Leibarzt Oreibasios, berühmte Stätten der Heilkunst. Die meisten Ärzte lernten indes praxisnah bei ihresgleichen. Die von Ambrosius (ep. V 9) und Martianus Capella (III 228) genannten Ärztinnen (*medicae*) waren vielleicht Hebammen, Ausonius (IV 6) hatte eine «nach Männerart in der Medizin erfahrene» Tante (s. III 2 c). Die bedeutendsten Ärzte huldigten dem alten Glauben.

Die technischen Disziplinen traten dagegen zurück mit Ausnahme der Architektur, auf welche die Kaiser besonderen Wert legten. Diocletian setzte den Baumeistern 100 Denare monatlich für jeden Schüler aus. 334 heißt es in einem Gesetz Constantins: *architectis quam plurimis opus est.* Weil es aber an ihnen mangelte, möge der Statthalter von Africa unter den mindestens Achtzehnjährigen, die in den *artes liberales* ausgebildet seien, geeignete Studenten der Architektur zu gewinnen suchen. Sie sollten nebst ihren Eltern von personalen Lasten befreit und mit einem hinreichenden Stipendium ausgestattet werden. Religion und Theologie waren in der Spätantike keine Schulfächer. Die Glaubensunterweisung der Katechumenen wurde von Geistlichen vorgenommen, diese selbst kamen in der Regel ohne Studium zu ihren Weihen. Kirchliche Hochschulen gab es im Osten (s. u.).

Die Frage nach den Berufsaussichten der Hochschulabsolventen stellte sich in der Spätantike weniger dringlich als heute, weil die meisten Studenten aus gehobenen Kreisen kamen, wo man Liegenschaften, aber nicht unbedingt einen «Beruf» hatte. Die Honoratioren, schon auf der Ebene der Curialen, lebten von ihren Einkünften. In berufliche, aber keinesfalls ununterbrochen ausgeübte Tätigkeiten führte das Studium der praktischen Fächer. Die Absolventen der literarischen Ausbildung – sie umfaßte wohl die überwiegende Zahl der Studenten – konnten den Lehrberuf ergreifen, Wanderredner werden, in den höheren Klerus eintreten – so die drei kappadokischen Kirchenväter, Synesios und Augustin –, diplomatische Aufgaben übernehmen, vor Gericht auftreten oder die Verwaltungslaufbahn einschlagen. Ausonius (V 1) rühmt einen Kollegen, der 1000 Anwälte und 2000 Senatoren ausgebildet habe. Von mehreren Grammatikern berichtet er ihre niedere Herkunft (V 10; 21), zwei waren freigelassene Sklaven. Auch der 389 bis zum Stadtpräfekten Roms aufgestiegene Historiker Aurelius Victor (20,5) stammte von einem ungebildeten Bauern und verdankte seine Karriere den Studien. *Iter ad capessendos magistratus saepe litteris promovetur,* schrieb Symmachus. Literaten im Staatsdienst und in der Kommunalpolitik sind vielfach bezeugt.

Wie die Elementar- und Grammatiklehrer erhielten die Rhetoren von den Studenten oder deren Eltern Hörgeld. Diocletian (ED. VII 71) setzte eine monatliche Gebühr für jeden Schüler von 250 Denaren fest, den fünffachen Satz des Elementarlehrers. Üblicherweise schlossen die Eltern mit dem jeweiligen Professor einen Lehrvertrag auf ein Jahr, doch wurde der oft nicht eingehalten. So wie Palladas (s. o.) beklagten Libanios (or. 43) und Augustin (conf. V 22), daß viele Studenten nach elf Monaten, mithin kurz vor dem Zahltermin am 1. Januar, den Lehrer wechselten und so das Lehrgeld unterschlügen. Außerdem gäben die Väter ihren studierenden Söhnen zu wenig Geld für Bücher. Besonders peinlich war die schlechte Zahlungsmoral für Privatdozenten, die ausschließlich von ihren Schulgeldern lebten. Eine Zulassungsqualifikation für sie gab es anscheinend nicht, offenbar herrschte Gewerbefreiheit.

Die meisten Städte des Reiches besoldeten darüber hinaus einen oder einige Rhetoren aus dem kommunalen Säckel. In Antiochia wurden dafür Einkünfte aus städtischen Gütern bereitgestellt. Viele und bekannte Professoren zu besitzen, war rühmlich, obschon das Verhältnis unter den Rhetoren nicht immer das beste war. Wenn Libanios (or. 1,85) keine Ausnahme darstellt, dann waren die Professoren einander oft spinnefeind. Die Zahl der Hörer, die Lage des Auditoriums und die Gunst des Statthalters waren die Hauptstreitpunkte. Vielfach wurden in agonistischer Manier Redewettkämpfe durchgeführt, seine Siege kommentiert Libanios mit höchstem Stolz. Augustin (conf. IV 5) bezeugt, daß die Sieger vom Statthalter bekränzt wurden, ähnlich dem *poeta laureatus* in der Renaissance.

Die Auswahl der Kandidaten erfolgte nach Empfehlung und Probevortrag durch den Träger, d. h. durch die Curie oder den Kaiser, die auch wechselweise Kandidaten empfahlen. Vorschläge machten ebenso Reichspräfekten und Statthalter. In Athen hatten offenbar die Professoren ein Zustimmungs- und Einspruchsrecht. Julian forderte in seinem Rhetorenedikt, daß die *magistri studiorum* und *doctores* nicht nur unter fachlichen, sondern vor allem unter sittlichen Gesichtspunkten geprüft und dann von den Curien dem Kaiser zur Bestätigung vorgeschlagen werden sollten. Ihm ging es unausgesprochen darum, christliche Rhetoren an der Interpretation heidnischer Schriften zu hindern, doch haben seine Nachfolger dieses Gesetz beibehalten, um dem Staat einen Einfluß auf den höheren Unterricht zu sichern. Gleichwohl stiegen gebildete Heiden auch unter christlichen Kaisern zu Rhetoren auf, wie nicht nur Themistius, Augustinus und der Apollopriester Phoebicius dartun. Professoren konnten nach einer Bestimmung Gordians III entlassen werden, *si non se utiles studentibus praebeant.*

Literarische Bildung war ein Ruhmesblatt für Herrscher und Hof. Während die Tetrarchen noch als *semiagrestes* galten, studierte Constantin christliche wie heidnische Schriften, präsentierte sich als Redner und verkehrte mit Bischöfen und Philosophen. An seinem Hof gab es einen *magister studiorum.* Constans zog den Rhetor Prohairesios an seine Tafel, Constantius hatte literarische Interessen, und Julian schwelgte in Büchern. Valentinian glänzte als Redner und Dichter, Gratian las historische Bücher, vermittelt durch seinen Lehrer Ausonius, den auch Theodosius schätzte. Dessen gleichnamiger Enkel erfand eine Leselampe.

Die Förderung der *artes liberales* galt immer als Ehrenpflicht des Kaisers. Schon Augustus befreite Lehrer (παιδευταί), Sophisten und Ärzte von staatlichen Lasten, und noch Justinian bemühte sich darum, «die in den freien Künsten gebildete Jugend im ganzen Reich in Blüte zu halten». Antoninus Pius hatte die Zahl der Privilegierten begrenzt: die kleineren

Städte erhielten Steuerfreiheit für drei Grammatiker, drei Rhetoren und fünf Ärzte; die mittleren für je vier und sieben, die großen für je fünf und zehn. Die Anstellung war Sache der Curien. Private Stiftungen gab es wohl nicht nur in Athen. Mehrfach haben die Kaiser staatliche Mittel für Professoren bereitgestellt. Constantius Chlorus setzte 298 dem Rhetor Eumenius in dem altberühmten Studienort Augustodunum ein Jahresgehalt von 600 000 *nummi* oder 200 *aurei* aus, damit er den Jünglingen die *litterae liberales* beibrächte und sie für den Staatsdienst tauglich machte. Der Rhetor bedankte sich in einer erhaltenen Rede (Paneg. IX) und stiftete das Geld zur Förderung des Schulwesens. Eumenius erweckt den Eindruck, als ob eine staatliche Besoldung die Ausnahme gewesen wäre, zur Regel wurde sie anscheinend erst 376. Damals bestimmte Gratian unter dem Einfluß seines Lehrers Ausonius, daß in allen größeren Städten der gallischen Präfektur Rhetoren und Grammatiker für Lateinisch und Griechisch angestellt werden sollten. Rhetoren sollten aus der Staatskasse 24 *annonae* erhalten, Grammatiker deren 12, d. h. 50 *solidi*. In der Residenzstadt Trier wurde mehr gezahlt: 30 *annonae* für den Rhetor, 20 für den lateinischen und wieder 12 für den griechischen Grammatiker, «falls sich einer finden sollte».

Theodosius II verlieh 425 zwei griechischen und einem lateinischen Grammatiker, zwei Rhetoren und einem Rechtsgelehrten in Konstantinopel die *comitiva primi ordinis* im Rang eines gewesenen Vikars. Der Kaiser rühmt an ihnen zwanzigjährige Pflichterfüllung, moralische Haltung, pädagogische Leistung, subtile Interpretation und vorbildliche Redegabe. Politische Loyalität und wissenschaftliche Publikationen werden nicht genannt. Justinian regelte 534 die Einkünfte der beiden Grammatiker, der beiden Sophisten und der Ärzte von Karthago. In Rom bestätigte der Kaiser 554 die vom Gotenkönig Theoderich neu festgesetzten Professorengehälter.

Fremde Professoren der *artes liberales* und Ärzte erhielten bereits von Caesar das Bürgerrecht, sofern sie sich in Rom niederließen, und genossen mindestens seit dem 2. Jahrhundert n. Chr. Immunität (s. o.). 321 bekräftigte Constantin die Privilegien und setzte hohe Geldstrafen aus gegen solche, die Literaten belästigten. 326 wiederholte er die schon von Augustus verfügte Steuerfreiheit der Ärzte und ihrer Söhne, 333 bestätigte er dies abermals für Professoren und Ärzte, deren Frauen und Söhne. Außerdem befreite er sie von Wehrdienst und Einquartierung. Als sich jedoch curienpflichtige Städter unbefugt als Philosophen auf Wanderschaft begaben, befahl Valentinian 369, sie in ihre Heimat zurückzuschicken. Die späteren Kaiser haben diese Vorrechte regelmäßig erneuert, auch Libanios bezeugt sie. Er verteidigte sich damit gegen die Zumutung von Curienpflichten.

Neben diesen Privilegien empfingen die Professoren allerlei Auszeichnungen. Sie konnten, wenn ihre Gemeinderäte das beschlossen, Ehrenbilder erhalten, so wie der Kaiser sie verdienten Literaten schenkte, unter anderen Claudian und Sidonius. Einzelne Rhetoren wurden vom Kaiser mit dem Senatorenrang oder anderen Ehrenämtern bedacht, so Libanios mit der *quaestura* und später mit der *praefectura honoris causa,* die er ablehnte. Besondere Ehrungen erwarteten die Rhetoren in Konstantinopel (s. u.). Die akademische Laufbahn verlangte Beweglichkeit. Der Ortswechsel der Professoren ist vielfach belegt. Libanios, geboren in Antiochia, lehrte in Athen, Konstantinopel, Nicaea, Nicomedia und schließlich in seiner Heimatstadt. Augustinus unterrichtete in seiner Geburtsstadt Thagaste, dann in Karthago, in Rom und sodann in der Residenzstadt Mailand. Ein von Ausonius (V 1) gerühmter Kollege dozierte in Konstantinopel, Rom und endlich zuhause in Bordeaux. Pamprepios erhielt in Alexandria einen Ruf nach Athen, überwarf sich mit dem Archonten und ging nach Konstantinopel. Libanios bezeugt, daß zuweilen der Kaiser eine Versetzung anordnete, einen Weggang untersagte oder Urlaub gewährte. Für einen ausgeschlagenen Ruf konnte man daheim entschädigt werden. Als Themistios (or. 2) Angebote aus Ankyra und Antiochia abwies, wurde er 355 in Konstantinopel Senator.

Ähnliche Privilegien wie die Professoren genossen die Studenten. Diocletian verordnete auf die Anfrage arabischer *scholastici* aus Berytos, daß sie bis zum 25. Lebensjahr studieren dürften, ohne den Fron- und Steuerpflichten ihrer Heimatstädte zu unterliegen. Als Studenten waren sie von der *patria potestas* befreit. Ausnahmsweise begegnen auch einmal Familienväter unter den Hörenden.

Die Studenten kamen oft von weit her: nach Rom, Alexandria und Athen nicht nur aus den betreffenden Reichsteilen. Der Zustrom nach Athen aus Thrakien, Pontos und den Barbarenländern war so groß, daß die attische Sprache darunter litt. Die Neuankömmlinge mieteten sich und gegebenenfalls ihren Pädagogen bei den Bürgern ein. Die Pädagogen waren meist Sklaven, die für das leibliche Wohl und die sittliche Haltung ihrer Schützlinge verantwortlich waren.

Es scheint üblich gewesen zu sein, daß die Studenten jeweils nur bei einem einzigen Professor eingeschrieben waren und durch einen Eid in ein Loyalitätsverhältnis zu ihm traten. Die anderen Professoren hörten sie nur bei deren öffentlichen Vorträgen. So kam es unter anderem in Athen und Antiochia zu Rivalitäten zwischen den Professoren um Schüler und zu Streitigkeiten zwischen den jeweiligen Gefolgschaften. Krawalle und Schlägereien waren an der Tagesordnung. Libanios begann in Antiochia mit etwa fünfzehn Studenten, doch hatte er in Konstantinopel zuvor zeitweilig achtzig.

An hohen Feiertagen war schulfrei. Die Studienzeiten dürften den Gerichtstagen entsprochen haben. 389 setzte Theodosius die Ferien folgendermaßen fest: Frei waren der Jahresbeginn mit dem Konsulatsantritt (1. Januar), die Gründungstage der Städte Rom (21. April) und Konstantinopel (11. Mai), die Geburtstage und Regierungsantritte der Kaiser, alle Sonntage und drei Ferienperioden: die beiden Wochen um Ostern, ein Monat Sommerferien zur Getreideernte und anschließend ein Monat Herbstferien zur Weinlese. Weihnachten fehlt im Festkalender bis Justinian. Das Studienjahr begann nach der Sommerpause. Die Lehre beschränkte sich gewöhnlich auf den Vormittag. Ausonius (XVIII 13,10) spricht von sechs Schulstunden täglich. Der Rhetorikunterricht war – anders als das Jurastudium (s. u.) – nicht nach Studienjahren gestaffelt. Abschlußprüfungen kannte man nicht, wohl aber Empfehlungsschreiben der Professoren für ihre Kandidaten.

Disziplinprobleme ergaben sich aus dem Hang der jungen Männer zu «Wein, Weib und Gesang», zu Ball- und Würfelspiel, zu Pferden und Theater, zu Magie und Raufereien. Floß Blut, griff der Statthalter ein und setzte wohl auch die Professoren ab. Libanios klagt, daß viele Studenten – ähnlich wie in Karthago – lieber in den Hippodrom als ins Auditorium kämen, doch rühmt er sich, auf den Stock verzichtet zu haben. Prügelstrafe war verbreitet. Wegen schlechter Führung konnten Studenten ausgeschlossen werden, nicht aber aus mangelnder Begabung.

Zur Betreuung der Studenten besoldete die Stadt für einzelne, besonders frequentierte Rhetoren Assistenten, die als *subdoctores, proscholi* oder ὑποδιδάσκαλα bezeichnet werden. Ausonius (V 22) feiert einen solchen für seine historische Gelehrsamkeit. Libanios beschäftigte vier von ihnen und bezeugt ihre Armut: sie hätten kein Haus, könnten nicht heiraten und müßten sich mit höchstens drei Sklaven begnügen.

Das architektonische Zentrum der spätantiken Hochschulen waren Säulenhallen, Exedren und besondere Auditorien, die wohl auch zu anderen Zwecken, etwa an durchreisende Deklamatoren vergeben wurden. Hausherr war jeweils die Kommune. Libanios hielt seine Vorlesungen zu Nikomedien in den Thermen, zu Antiochia in der Curia. Den Unterricht erteilte er zuhause oder in einem ehemaligen Krämerladen am Forum. Vielfach waren die Hörsäle verbunden mit einem Heiligtum für Apollon, den Musenführer, oder für Athena, die Göttin der Weisheit. Eumenius (Paneg. IX 9) lehrte in den *scholae Maenianae* zwischen dem Apollontempel und dem Capitol von Autun. Mehrere gallische Städte besaßen ein Athenaeum nach dem Vorbild Roms.

Das spätantike Hochschulwesen ist stärker personell als institutionell geprägt. In den meisten Städten lehrten einzelne oder einige wenige Sophisten, ohne daß wir jeweils von einer Körperschaft sprechen könnten, die den Namen einer Universität verdiente. Eine solche fassen wir jedoch in der Akademie von Athen und im Museion von Alexandria, wo Lehrende und Lernende in jeweils einem Kultverein zusammengeschlossen waren. Vespasian übertrug möglicherweise das Vereinsrecht auf die Ärzte und Erzieher. Die Bildung von *collegia* und *universitates* unterlag der Aufsicht der Städte, weil sie *ad exemplum rei publicae* gebildet seien, mit gemeinsamer Kasse und gemeinsamem Vorstand. Als Universitäten sind ebenfalls die Hochschulen von Rom und Konstantinopel, Berytos und Edessa-Nisibis anzusprechen.

In Rom hatte bereits Vespasian nach alexandrinischem Vorbild lateinischen und griechischen Rhetoren ein Gehalt ausgesetzt. Hadrian stiftete im Jahr 134 *gymnasia doctoresque* nach griechischem Muster und errichtete eine Schule der freien Künste (*ludus ingenuarum artium*), die er *Athenaeum* nannte. Pertinax soll dort Dichter, Severus Alexander außerdem griechische und lateinische Rhetoren gehört haben, während Gordian III angeblich selbst Kontroversien deklamiert hat. Der Bau war in der Art eines Theaters angelegt, von Bücherschränken ist die Rede. Das Athenaeum ist vermutlich identisch mit der *scola fori Traiani,* wo Dracontius deklamierte (s. u.). Auch das *forum Martis,* das Augustusforum, wird als Lehrstätte genannt.

Die staatlichen Professoren in Rom lehrten Grammatik, lateinische und griechische Rhetorik, Philosophie, Medizin und Recht. Hieronymus nennt in seiner ‹Chronik› die berühmtesten: die aus Bordeaux berufenen Rhetoren Patera und Minervius, den Anwalt Gennadius, den Grammatiker Donatus (s. o.), bei dem Hieronymus selbst studiert hatte, sowie dessen anderen Lehrer Marius Victorinus, der eine große Zahl von philosophischen und grammatischen Schriften hinterlassen hat und im hohen Alter zum Christentum übergetreten ist. Er erhielt, ebenso wie Flavius Magnus, eine Statue in Rom. Die römischen Professoren wurden ernannt auf Vorschlag des Senates und bezahlt vom Reichspräfekten, später vom Stadtpräfekten.

Die Erwähnung von Ärzten (*medici*) im genannten Gesetz läßt vermuten, daß diese zugleich geheilt und gelehrt haben. 370 hatte Valentinian den einzelnen Regionen Roms Oberärzte zugewiesen. Sie erhielten Staatsmittel, damit sie ihre Kunst auch den Armen und nicht nur den Reichen zuwenden könnten. Privathonorare dürften nur von Geheilten kassiert werden. Wer sich um eine vakante Stelle bewarb, mußte dem Ärztekollegium ein Gutachten von sieben approbierten Ärzten vorlegen, die Stellung vergab der Kaiser aufgrund eines Vorschlages durch das Kollegium. Die spätantike Bezeichnung für den Oberarzt (*archiatrus*) ist die Wurzel des deutschen Wortes «Arzt». Ärzte genossen Immunität.

Neben den staatlich bezahlten Professoren wirkten Privatdozenten. Zu ihnen zählte 383/384 Augustinus. Er hatte 383 Karthago verlassen, begann dann in Rom zu dozieren, in seinem eigenen Hause, machte aber die Erfahrung des Palladas (s. o.), daß die Studenten kurz vor dem Zahltag die Lehrer zu wechseln pflegten. Um der finanziellen Not zu entgehen, bewarb sich Augustinus 384 um eine staatliche Rhetorikprofessur in Mailand, hielt einen Probevortrag und wurde von Symmachus, damals Stadtpräfekt, empfohlen.

Über die Praxis des Studiums in Rom unterrichtet uns ein Gesetz Valentinians von 370. Die meisten Studenten kamen damals aus den außeritalischen Provinzen, großenteils aus Africa, aber auch aus Syrien. In Rom angekommen, mußten sie sich beim *magister census,* der die Einwohnerliste führte, melden und ihren vom Statthalter der Heimatprovinz ausgefertigten Reisepaß vorlegen. Dadurch sollte verhindert werden, daß dienstpflichtige Personen sich rechtswidrig unter die Studenten mischten. Dieser Reisepaß enthielt den Namen der Heimatstadt, das Geburtsdatum und den Qualifikationsnachweis des Bewerbers. Er mußte angeben, welche Fächer er studieren wollte und wo er in Rom wohnte.

In demselben Gesetz wird dem *magister census* die Sittenaufsicht über die Studenten zugesprochen. Daß es hieran haperte, berichtet Hieronymus, der selbst alle Unsitten der römischen Studenten mitgemacht hatte. Diese sollten sich, schreibt der Kaiser, bei ihren Zusammenkünften (*conventus*) anständig benehmen, sollten sich von den halbkriminellen Verbindungen (*consociationes*) fernhalten und nicht dauernd zu den Spielen und den Gelagen gehen. Studenten, die gegen die Würde der *res liberales* verstießen, sollten öffentlich geprügelt, auf die Schiffe gesetzt und heimtransportiert werden. Anständige und fleißige Studenten dürften bis zum zwanzigsten Lebensjahr in Rom bleiben. Über die ankommenden und abreisenden Studenten sei monatlich Buch zu führen und jährlich Bericht zu erstatten, damit der Kaiser wisse, wer für die freiwerdenden Stellen zur Verfügung stehe.

Die Absolventen konnten in Rom in einer der drei Dekurien aufsteigen, der *decuria censualium,* an deren Spitze der *magister census* stand, in der *decuria fiscalium* und der *decuria librariorum.* Kanzleien dieser Art gab es auch in anderen Städten. Sie gehen anscheinend auf die republikanischen Liktoren zurück. Die meisten Studenten haben sich jedoch außerhalb Roms, im Staatsdienst oder in ihren Heimatstädten Ämter gesucht. Weniger bedeutend als das Athenaeum Roms war die hohe Schule von Karthago. Gelehrt wurde in den Säulenhallen um das Forum, wo auch die Bibliothek lag. Möglicherweise gehörte die *Aedes Memoriae* zur Universität. Bezeugt sind Professoren für lateinische und griechische Literatur sowie für Philosophie. 371 studierte Augustinus hier lateinische Rhetorik, 375 lehrte er selbst in Karthago. In seinen ‹Confessiones› (III 6; V 14) beklagt er die schlechte Zucht unter den dortigen Studenten (*apud Carthaginem foeda est et intemperans licentia scholasticorum*). Zu den Lehrern Augustins in Karthago gehört Vindicianus, er befreite den späteren Kirchenvater vom Glauben an die Astrologie (conf. IV 3,5). Vindicianus war um 380 *proconsul Africae* und ein berühmter Arzt und Medizinschriftsteller. Er widmete sein Werk Valentinian (II?). Wohl die Antwort darauf ist ein 379 an ihn gerichtetes Gesetz, das Ärzten im *comes*-Rang die Befreiung von *munera sordida* bestätigte. Zu seinen Schülern zählt Theodorus Priscianus, von dem ein Buch über Heilmittel erhalten ist.

Aus Karthago stammt der Anwalt Martianus Capella. Er verfaßte die unter dem Titel ‹Die Hochzeit Merkurs mit der Philologie› bekannte Enzyklopädie der Sieben Freien Künste (s. o.). Die allegorische Einkleidung erweist den Verfasser als Neuplatoniker, er hatte – neben Cassiodor und Isidor – großen Einfluß auf das mittelalterliche Bildungswesen. Martianus Capella schrieb vermutlich unter der Vandalenherrschaft, jedenfalls bestand die Hochschule unter germanischer Herrschaft fort. Dracontius lehrte dort um 490. Salvian (GD. VII 68) spricht von *scholae artium liberalium*, von *officinae philosophorum*, von *gymnasia linguarum et morum*. Justinian bewilligte 534 nach der Eroberung des Landes Gehälter für fünf Ärzte, zwei Grammatiker und zwei Rhetoren.

Der älteste und noch immer berühmteste Studienort war Athen. Er geht zurück auf die Akademie Platons. Nach der Zerstörung des Gartens am Kolonos Hippios durch Sulla war der Lehrbetrieb in die Stadt verlegt worden, eine Schule im älteren Sinne gab es nicht mehr. Das geistige Niveau war gesunken, wie die Klagen von Themistios, Libanios und Synesios bezeugen. Um 340 lehrten mindestens drei Sophisten zugleich in Athen, vorwiegend Philosophie, Literatur und Rhetorik. Zu den bekannteren Professoren gehören Priscus, der Freund Julians; Prohairesios, der christliche Neuplatoniker armenischen Ursprungs, und der Araber Diophantos, der Lehrer des Libanios. Zu den bedeutendsten Studenten zählten Porphyrios, Julian, Libanios, Gregor von Nazianz und Basilius. Platon galt als Wegbereiter der christlichen Lehre, Sokrates genoß hohes Ansehen.

Die Scholaren in Athen trugen, so wie die heidnischen Philosophen überhaupt, ein derbes Gewand (τρίβων), einen safranfarbigen, rotgelben Asketenmantel, der in einem Ritual verliehen wurde. Der Neuling mußte versuchen, ins öffentliche Bad zu gelangen, was mit einer Rauferei unter seinen Freunden und Gegnern verbunden war. Im Bad wurde sozusagen der alte Adam abgelegt und das Versprechen gegeben, die Schulgelder pünktlich an das jeweilige Schulhaupt (ἀκρωμίτα) zu zahlen.

Studenten wie Lehrer kamen aus dem ganzen Reich, überwiegend aus dem griechisch sprechenden Osten: aus Kleinasien, Syrien, Arabien und Ägypten. Daraus ergab sich oft eine landsmannschaftliche Verbindung innerhalb der einzelnen Schulen. Eunap berichtet von den Spannungen einerseits zwischen den Studenten und den Bürgern und andererseits zwischen den Studenten der einzelnen Professoren. Die Feindschaft zwischen *gown* und *town*, d. h. zwischen Studenten und Bürgern führte dazu, daß der Lehrbetrieb aus dem Auditorium auf der Agora verlegt wurde in die Privathäuser der Professoren. Der Kappadokier Julian besaß ein kleines theaterähnliches Auditorium in seinem Hause und stellte dort Marmorbilder seiner Schüler auf.

Eunap gibt eine Lehrer-Schüler-Folge von Plotin bis Chrysantios, dem Lehrer Julians. Nach einem Ausdünnen der Tradition wird dann als Schol-

arch der Akademie der Neuplatoniker Plutarchos bezeichnet, Enkel eines
Hierophanten in Eleusis. Er erneuerte die Platonexegese. Die mit ihm um
410 wieder faßbare Folge der Schulhäupter führt über Syrianos, Proklos,
Marinos, Isidoros zu Damaskios, dem letzten «Mystagogen» Platons. Die
auf Platon selbst zurückgeführte διαδοχή gemahnt an die apostolische Sukzession Petri in Rom.

Der 485, «im 124. Jahr nach Julians Thronbesteigung», verstorbene Proklos verstand sich als Hierophant der ganzen Welt. Er verehrte außer den
griechischen auch die orientalischen Götter und betete dreimal täglich zur
Sonne. Jeden Tag gab er fünf Lektionen und schrieb 700 Zeilen. Außerdem
betrieb er das Regenmachen, Gesundbeten und Wahrsagen. Er lebte ehelos, leidenschaftslos, fleischlos und angeblich auch schlaflos und erschien
seinen Anhängern im Glanz eines Heiligenscheines. Seine Lebensweisheit
war der Spruch: «So ist das nun mal» (ταῦτα τοιαῦτ' ἐστίν). Er soll gesagt
haben: «Hätte ich die Macht dazu, so ließe ich alle Bücher der Welt verschwinden außer dem ‹Timaios› Platons und den chaldäischen Orakeln
(λόγια). Alle anderen Texte richten bloß Schaden an.» Platon verehrte er an
dessen Grab in der Akademie.

Eine letzte Blüte begann, als Theodosius II am 7. Juni 421 Athenais, die
Tochter des Athener Philosophen Leontios, heiratete (s. II 9). Damals entstand an der Stelle des Agrippa-Odeums das durch Münzfunde datierte
prächtige Auditorium mit der Gigantenhalle auf der Agora. Außerdem
gab es Privathäuser mit Hörsälen auf dem Gelände der Akademie, am
Nordhang des Areopags und südlich des Atticus-Theaters. Durch Stiftungen wuchsen die Einnahmen der Schule im 5. Jahrhundert auf über 1000
Goldstücke im Jahr.

In derselben Zeit begannen freilich die Konflikte mit der christlichen
Staatsgewalt. Einige Professoren mußten die Stadt verlassen. Im Anschluß
an eine blutige Heidenverfolgung hat Justinian den Lehrbetrieb in Athen
529 geschlossen. Die letzten sieben Philosophen, an ihrer Spitze das Schulhaupt Damaskios, gingen nach Persien, dessen König Chosroes I als Freund
griechischer Literatur bekannt war. Als sie 532 wegen der ihnen fremden
Sitten ins Reich zurückkehren wollten, ermöglichte ihnen der Großkönig
dies, indem er in seinen Friedensvertrag mit Rom eine Klausel einfügte,
daß ihnen kein Leid geschehen dürfe. Sie ließen sich in Karrhai (Harran)
nieder, wo die Werke von Simplikios und Priskianos – zwei der Sieben –
entstanden. Justinian entzog ebenso den übrigen heidnischen Professoren
die staatlichen Gehälter und verbot ihnen jede Lehrtätigkeit.

Alexandria besaß seit Ptolemaios I das berühmte Museion. Es hatte in der
Spätantike an Ruhm verloren. Dennoch wurden dort noch alle Fächer
gelehrt. Julian (ep. 49) schrieb an den Präfekten von Ägypten, er solle sich
um die Musik kümmern und auf Staatskosten einen Knabenchor aufstel-

len, die Schüler des Musikers Dioskoros mögen sich um die Verbesserung ihrer Kunst bemühen. Der Kaiser beklagte den Rückgang des Gesangs im Bildungswesen. Die bedeutendsten Mathematiker und Astronomen im spätantiken Alexandria waren Diophantos, Theon und Pappos. Wegen der Nähe zur Astrologie war die Himmelskunde bei Christen verdächtig.

Berühmt war die medizinische Schule Alexandrias, hier wirkten Zenon von Kypros und Oreibasios von Pergamon, der Freund Julians. Eine Verbindung zwischen Medizin und Philosophie bildete die sog. Iatrosophistik. Im 5. Jahrhundert erhielt das für die Medizingeschichte grundlegende Werk des Galenos hier seine Schlußredaktion. Seine ‹Summaria Alexandrinorum› wurden ins Syrische und dann ins Arabische übertragen.

Eine zweite Bibliothek befand sich im Heiligtum des Serapis. Das Serapeion galt neben dem Capitol als das schönste Bauwerk der Welt. 391 wurde es vom christlichen Pöbel bis auf die Fundamente niedergerissen, auf den Trümmern entstand ein Kloster (s. II 7). 415 fiel die Philosophin Hypatia, die Tochter Theons, den *parabalanoi* des Bischofs zum Opfer.

Die Studenten kamen aus dem ganzen Osten, angeblich hörte der Armenier Moses von Chorene um 440 hier einen «neuen Platon». Im Zentrum der alexandrinischen Philosophie stand die Kommentierung des Aristoteles, um die sich in der Zeit um 500 namentlich der Neuplatoniker Ammonios, der Sohn des Hermeias, und seine zerstrittenen Schüler Simplikios und Johannes Philoponos verdient machten. Letzterer war Christ. Die Philoponoi wandten sich gegen das Heidentum an der Hochschule, zu ersteren zählte Zacharias Scholasticus, der 485 bis 487 hier studierte. Zu Beginn des 6. Jahrhunderts wurde die Schule von Alexandria christlich, doch lehrten einzelne Heiden noch in den späten Jahren Justinians, so Olympiodoros. Die letzten bedeutenden Ärzte waren Jakobiten. Die Erzählung von der Verbrennung der Bibliothek durch den Kalifen Omar 641 ist, wie alle älteren Brandgeschichten, übertrieben oder gar erfunden. Jedenfalls arbeitete die Universität auch unter den Moslems weiter und wurde erst um 720 nach Antiochia und von dort nach Karrhai (Harran) übertragen.

Die jüngste und dennoch größte Hochschule im Osten besaß Konstantinopel. Rhetoren gab es vermutlich schon unter Constantin, 340 lehrte hier der reich dotierte Heide Bemarchios; der bedeutendste Sophist der Stadt war Themistios. Er bewog 356 Constantius II, eine Schreibschule zum Kopieren der Klassiker und deren Kommentatoren zu errichten. Dies war der Grundstock der Bibliothek. Julian, der selbst diese Rhetorenschule besucht hatte, stiftete 362 den Bau der Bibliothek bei der «Basilika» genannten Säulenhalle, unter deren Hof Justinian eine Zisterne, den heutigen Yeri Batan Serail, anlegen ließ. Hier führten die Advokaten ihre Geschäfte. Valens beauftragte 372 den Stadtpräfekten, sieben *antiquarii* für die Erhaltung und die Vermehrung der Bücher anzustellen, vier für die griechischen, drei für die lateinischen. 475 brannte die Basilika mit 120 000 Büchern ab.

Im Jahre 425 erließ Theodosius II, vielleicht auf Anraten seiner gebildeten Frau Athenais, ein umfassendes Universitätsgesetz für die *studia liberalia* in der östlichen Hauptstadt. Private *magistri* durften fortan nicht mehr in öffentlichen Hallen, sondern nur noch in ihren Häusern unterrichten; die staatlichen Professoren hingegen mußten im *auditorium Capitolii* lehren. Hierfür waren die halbrunden Exedren einer vierseitigen Säulenhalle vorgesehen, die zugleich Garküchen aufnehmen sollten. Die Studenten dürften sich nicht gegenseitig belästigen, niemand solle sie beim Lernen stören.

Die Zahl der Professoren wurde folgendermaßen festgesetzt: drei für lateinische, fünf für griechische Rhetorik, zehn für lateinische, zehn für griechische Grammatik, einen für Philosophie, zwei für Rechtswissenschaft. Sechs namentlich genannte Professoren erhielten die *comitiva primi ordinis* im Rang eines gewesenen *vicarius:* zwei griechische und ein lateinischer Grammatiker, zwei Rhetoren und ein Jurist. Dieselben Rechte sollten alle anderen Professoren erhalten, wenn sie – nach dem Urteil des Senats – zwanzig Jahre eifrig gelehrt, sittsam gelebt und sich durch Reden und Interpretationen ausgezeichnet hätten.

Die Professoren trugen eine Amtstracht und bildeten eine Körperschaft. Ärzte werden hier nicht genannt. Doch kennen wir sie aus anderen Quellen. Der berühmteste Arzt Konstantinopels war der *comes et archiatrus* Jakobos aus der Zeit Leos. Jakobos wird auch als Philosoph bezeichnet und hing dem alten Glauben an. Die Rechtsstudien wurden 533 durch Justinian neu geregelt, unter ihm gab es weiterhin zwei Professoren der Jurisprudenz in der Hauptstadt.

Das im Bildungsprogramm trotz wiederholter Verbote noch stark vertretene Heidentum war der Grund dafür, daß die literarischen Lehrstühle unter Phokas 602 beseitigt und von Herakleios mit christlichen Rhetoren besetzt wurden. Im 9. Jahrhundert, in der Zeit des Photios, kam es zur Stiftung einer neuen Hochschule an der Magnaura. Sie wurde zum Zentrum einer ersten humanistischen Bewegung. Die Wurzeln der Renaissance liegen in Byzanz.

Eine Einrichtung eigener Art war die Rechtsschule von Berytos (Beirut). «Nährmutter der Rechte» heißt sie bei Eunap, *nutrix legum* bei Justinian. Junior (Exp. 25) erwähnt die *auditoria legum,* auf denen die römische Jurisprudenz basiere. Rechtsgelehrte gingen von dort in alle Provinzen, um die Gesetze auszulegen und anzuwenden. Der Ursprung der Schule ist unklar, die ältesten Zeugnisse verweisen aufs späte 2. Jahrhundert. Der wohl wichtigste Grund dafür, daß gerade diese Stadt Sitz einer solchen Schule werden konnte, lag darin, daß die Sprache des römischen Rechts das Lateinische war und Berytos als römische Bürgerkolonie (Colonia Augusta Iulia Felix) lateinisch sprach. Gregorios Thaumaturgos nennt sie eine «durch und durch römische Stadt». Erst zu Beginn des 5. Jahrhunderts gewann das Griechische im Unterricht Bedeutung. Die Schule florierte im 4. und 5. Jahrhundert. Ob sie irgendwann ein formelles *privilegium studii* erhalten hat, so wie die Universität Konstantinopel 425, ist nicht klar – vielleicht im Zusammenhang mit der Erhebung von Berytos zur Metropolis neben Tyros ums Jahr 449. Nach dem großen Erdbeben vom 16. Juli 551, an das sich ein viele Wochen währender Stadtbrand anschloß, wanderten die Gelehrten nach Sidon aus, bis Berytos wieder aufgebaut war.

Wie in Konstantinopel, so gab es auch in Berytos nur zwei Ordinariate. Die Namen einiger Professoren kennen wir aus den Basiliken-Kommentaren des 9. Jahrhunderts, gemäß denen sie von Juristen des 6. Jahrhunderts, darunter Thalelaios, als Autoritäten gerühmt werden. Sie trugen dort den hochtrabenden Titel von «Lehrmeistern der bewohnten Welt» (διδάσκαλοι τῆς οἰκουμένης). Unter ihnen gab es im 5. Jahrhundert noch Heiden.

Die Rechtsstudenten kamen aus dem gesamten Osten des Reiches, auch aus Arabien und Armenien; daneben kennen wir einige aus Griechenland und Illyricum. Im allgemeinen hat sich der Einzugsbereich der Universitäten im 5. Jahrhundert verkleinert. Voraussetzung waren Kenntnisse in Latein, Grammatik und Rhetorik. Das Studium begann nach den Sommerferien oder im Frühjahr. Gelehrt wurde wochentags; Samstagnachmittag und Sonntag waren frei. Die Studenten schrieben die Vorträge mit (Scholia Sinaitica) und wiederholten den Stoff zuhause.

Es gab einen fest umrissenen Lehrplan. Studenten des ersten Jahres hießen *dupondii* («Rekruten», benannt nach deren Entlöhnung), sie lernten die *institutiones*. Im zweiten Jahre hießen sie *edictales*, weil sie dann die *libri ad edictum Ulpiani* und die Digesten studierten. Im dritten Jahre nannte man sie *Papinianistae* nach dem dann zu lesenden Autor, im vierten Jahre wurden sie λύται, d. h. *solutores causarum*, weil sie nun Fälle zu «lösen» hatten, vor allem aus der Fallsammlung des Paulus. Das fünfte Studienjahr für die Constitutionen ist nicht erst unter Justinian hinzugekommen, die Studenten hießen dann *prolytae*. Abgeschlossen wurde das Studium durch eine *testificatio*, die für eine Rechts- oder Verwaltungstätigkeit gefordert wurde.

Die Studentenschaft war in *societates* gegliedert, die unter *magistri* standen. Von ihnen hören wir im Zusammenhang mit Disziplinproblemen. Ein christlicher Autor wie Zacharias Scholasticus tadelt den Hang zur Zauberei, zur Nekromantie und anderen okkulten Praktiken bei den Studenten. Justinian beanstandet den Jux, der mit den Neulingen getrieben werde, die *ludi et alia crimina vel in ipsos professores*. Der *praeses provinciae* und der *beatissimus episcopus* mögen darauf achten, daß die Studenten zur Zierde ihrer Zeit heranreiften.

Theologie wurde auf besonderen Hochschulen gelehrt. Sie lagen im Osten. Die Katechesis von Alexandria reicht zurück bis ins 2. Jahrhundert, die Sukzession beginnt mit Athenagoras und Pantainos, kulminiert in Origenes und bietet in Didymos dem Blinden († 395) nochmals einen Gelehrten von Rang. An der Schule von Antiochia wirkten Julius Africanus, der erste christliche Chronograph, und Lucianus († 311), der die Grundgedanken des «Arianismus» entwickelt haben soll. Seit dem 3. Jahrhundert florierte die Schule von Caesarea Maritima, an deren berühmter Bibliothek Origenes, Pamphilos, Eusebios und Prokop studierten.

Ein weiteres christliches Bildungszentrum befand sich in Edessa (Urfa), wo der Gnostiker Bardesanes († 222) wirkte. Seine Sekte hielt sich bis ins 8. Jahrhundert. Als Nisibis 363 an Persien fiel (s. II 6), begründeten Emigranten von dort die «Schule der Perser» in Edessa. Zu ihnen zählt der «Prophet der Syrer» Ephraim, der bis zu seinem Tode am 9. Juni 373 in Edessa lehrte. Er unterlegte den beliebten Liedmelodien des Gnostikers Harmonios religiöse Texte, die den nicänischen Glauben verkündeten. Das Kirchenlied war im Osten ein Kampfmittel der Konfessionen.

Dem bedeutenden Bischof und Theologen Rabbula (412–436) folgte Ibas († 457), der 436 Bischof in Edessa wurde und 449 bis 451 als «Nestorianer und Judenfreund» inhaftiert war. Gelehrt wurden die theologischen Fächer, wahrscheinlich auch Grammatik und Rhetorik. Schriften griechischer Philosophen und Kirchenväter wurden ins Syrische übersetzt. Dyophysitische Tendenzen und Beziehungen zu den persischen Christen erschwerten der «Schule der Perser» ihre Stellung. 449 und 457 wanderten die ersten Gelehrten aus nach Nisibis, dessen Metropolit Barsaumas die dort neu entstehende Schule förderte. In Edessa siegte der Monophysitismus. 489 überredete der Bischof Kyros – einen «tollwütigen Hund» nannten ihn die Nestorianer – den Kaiser Zeno, die Akademie endgültig zu schließen und die Professoren auszuweisen. Der bedeutendste unter ihnen war der Perser Narses, die «Zunge des Ostens, die Harfe des Heiligen Geistes». Der Bau wurde in eine Kirche umgewandelt. Erst im Jahre 609 eröffneten die Sassaniden die Schule aufs neue.

Die 489 vertriebenen Theologen fanden wiederum Aufnahme in Nisibis, sie machten aus der Stadt einen geistigen Mittelpunkt. Über die Hohe Schule von Nisibis informieren uns die Statuten, die am 21. Oktober 496 in Kraft traten und 590 ergänzt wurden. An der Spitze der Schule stand ein als «unser Meister» (Rabban) bezeichneter Prinzipal, der selbst Exegese lehrte. Unter den übrigen Professoren werden ein Lektor, ein «Forscher», ein «Meditationsmeister», ein Chorleiter und ein Schreiber genannt. Außer den theologischen Fächern wurden Grammatik und Rhetorik gelehrt, die medizinische Hochschule war von der theologischen getrennt. Den Professoren war es verboten, Nebentätigkeiten auszuüben. Sie sollten ihre Lehre nicht vernachlässigen, andernfalls würden ihnen die Rationen gekürzt.

Neben der Bibel behandelte man die Schriften des Theodoros von Mopsuhestia, des Lehrers von Nestorius. Bei Berufungen sprachen städtische Magistrate und der Bischof mit, er übte eine Art Protektorat über die mit zahlreichen Privilegien ausgestattete Anstalt aus.

Verwaltung und Disziplin unterstanden einem «Hausmeister» oder Bursarius (Rabbaita), er wurde auf je ein Jahr gewählt. Wichtige Entscheidungen fällte die Gemeinschaft, sie konnte den Bursarius relegieren, wenn er seine Vollmachten überschritt. Die Schule befand sich in einem klosterähnlichen Bau. Die Studenten kamen von weit her, sie nannten sich «Brüder». Sie wohnten in der Schule selbst und durften sich nur, wenn dort kein Platz mehr war, ein Zimmer in der Stadt nehmen. Zeitweilig studierten 800 junge Männer in Nisibis. Sie wurden einer Eingangsprüfung unterzogen, trugen eine besondere Tracht und studierten drei Jahre. Der Unterricht begann mit dem Hahnenschrei und endete mit dem Abendpsalm, die Teilnahme an den Lehrveranstaltungen war obligatorisch. Störung des Unterrichts war strafbar, das Belegen der Plätze am Vorabend unstatthaft. Die Semesterferien dauerten von August bis Oktober. In diesen Monaten durften die Studenten bezahlte Arbeit annehmen, doch nicht in Nisibis selbst. Offenbar fürchteten die Einheimischen eine billige Konkurrenz.

Die disziplinarischen Bestimmungen entsprachen im allgemeinen denen im Reich: Die Studenten sollten sich nicht mit Frauen abgeben, nicht dauernd in die Kneipe laufen und keine Gelage außerhalb der Schule abhalten. Außerdem sollten sie nicht zaubern, lästern oder lügen. Betteln war verboten; wem etwas fehle, der solle sich an den Bursarius wenden. Die Studenten lebten normalerweise von eigenem Geld, denn es wurde ihnen untersagt, Wucher zu treiben und Geschäfte zu machen. Nur in Ausnahmefällen war es gestattet, Geld durch Privatunterricht für Söhne der Stadt zu verdienen. Starb ein Student ohne Testament, so erbte die Schule. Kleidung und Haartracht (Tonsur) waren vorgeschrieben. Kranke wurden versorgt. Die Buchentleihe war streng beaufsichtigt, niemand solle seinen Namen in ein Buch der Akademie schreiben. Untersagt war ferner, flüchtige Sklaven in den Zellen zu verbergen und ungenehmigte Studien- oder Handelsreisen ins byzantinische Ausland zu unternehmen; die Grenze war nahe. Der Student unterstand der Schuldisziplin, Appellation an städtische Gerichte führte zum Ausschluß. Gewalttäter wurden – wie in Rom – öffentlich geprügelt, das erste Vergehen nach der dritten Prügelstrafe hatte die Exmatrikulation zur Folge. Ebenso mußten solche Studenten Schule und Stadt verlassen, die ausgelernt hatten.

Die Akademie von Nisibis bildete den Ausgangspunkt für die nestorianische Mission in Persien, Indien und China. Darüberhinaus besaß sie später eine Schlüsselstellung in der Vermittlung griechischen Geistesgutes an die islamischen Gelehrten, die von den syrischen Übersetzungen Gebrauch machten. Daneben hat Nisibis auch nach Westen gewirkt. Um 542 verfaßte

Junilius Africanus als *quaestor sacri palatii* in Konstantinopel eine Einführung ins Bibelstudium in Anlehnung an den griechisch schreibenden Perser Paulus, der in der syrischen Schule zu Nisibis ausgebildet worden sei. Dort werde die Theologie durch *magistri publici* gelehrt wie in Byzanz Grammatik und Rhetorik. Als Cassiodor (inst. pr.) die Schulordnung für sein Kloster Vivarium entwarf, stand ihm die «Schule der Hebräer» in Nisibis vor Augen. Er versorgte die Mönche reichlich mit geistlicher und weltlicher Lektüre, machte ihnen eifriges Kopieren zur Pflicht und schrieb noch im hohen Alter von 93 Jahren ein Werk über Orthographie.

Das Christentum war eine Buchreligion und verfügte bereits unter Constantin über eine umfangreiche Literatur, die in raschem Wachstum begriffen war. Die Bücher der Bibel, Briefe und Glaubensunterweisungen, die Märtyrerberichte und Heiligenlegenden begründeten eine völlig neue Bildungstradition. Für das antike Kulturgut erwuchs daraus eine Gefahr. Das literarische Erbe war durch den Götterglauben geprägt, und darum wundert es nicht, wenn das Hochschulwesen lange heidnisch bestimmt blieb (s. III 6 a) und den Professoren das christliche Bekenntnis vorgeschrieben werden mußte. Das gilt nicht nur für die Universitäten von Athen und Alexandria, sondern ebenso für die von Bordeaux. Ausonius, selbst ein lauer Christ, bezeugt das Heidentum mehrerer seiner Kollegen. So wird es verständlich, wenn sich zumal die Heiden um die klassische Literatur bemühten. Die alten Texte wurden kopiert, emendiert und kommentiert, insbesondere Platon und Aristoteles, Terenz und Cicero, Vergil und Juvenal.

Ein Zentrum dieser Bewegung war der stadtrömische Symmachus-Kreis in der Zeit um 400. Ein Großteil der lateinischen Literatur ist von Angehörigen oder Angestellten dieser Senatsgeschlechter gerettet worden. Praetextatus wird von seiner Frau gerühmt: *meliora reddis, quam legendo sumpseras.* Symmachus (ep. IX 13) hatte die Absicht, den ganzen Livius herauszugeben. Am Ende der Handschrift der ersten Bücher lesen wir: *Victorianus vir clarissimus emendabam domnis Symmachis.* Andere Texte bezeugen, daß die Senatoren Nicomachus Dexter und Nicomachus Flavianus in ihrer Villa bei Enna in Sizilien Abschriften hergestellt haben. Quintilians Declamationen wurden am Ende des 4. Jahrhunderts von Dracontius in der *schola* des Trajansforums emendiert; in den Handschriften des Cornelius Nepos ist ein Gedicht überliefert, das Aemilius Probus dem Kaiser Theodosius II widmete. Viele andere Werke blieben so erhalten: Persius, Martial, Juvenal und Apuleius. Nach dem Übertritt der Senatoren zum Christentum wurde diese literarische Tradition fortgeführt, wie wir am Schicksal der Handschriften von Horaz, Vergil, Pomponius Mela, Valerius Maximus, Caesar, Plautus, Terenz und Sallust ablesen können.

Die Stellung der Christen zur literarischen Tradition war gespalten. Auf der einen Seite standen die Radikalen, denen es ernst war mit dem Bibelwort: «Habt nicht lieb die Welt, noch was in der Welt ist. So jemand die Welt lieb hat, in dem ist nicht die Liebe des Vaters.» In diesem Sinne verachtete Paulus die Weisheit der Welt (σοφία τοῦ κόσμου), haben Tertullian und Lactanz die heidnische Literatur verworfen, denn sie trage nichts bei zum Heil der Seele. Augustin lobte den Nutzen der Rhetorik für die Predigt, aber brandmarkte die Forschung als fleischliche Neugier: *maior est Scripturae auctoritas quam omnis humani generis capacitas*. Den «experimentellen Beweis» lieferte Theodoret (HR. 13). Er berichtet von Leidenden, die nach Ansicht der Ärzte krank, nach der Erkenntnis der Heiligen aber besessen gewesen seien und durch Teufelsaustreibung geheilt wurden, nachdem die Medizin versagt hatte.

Seine Abkehr von der heidnischen Literatur begründete Hieronymus im Jahre 384 mit einem Traum. Nachdem er bereits auf alle irdischen Freuden verzichtet hatte außer seinen Büchern, sei er vor dem himmlischen Richter angeklagt und so lange gefoltert worden, bis er der Lektüre heidnischer Bücher abgeschworen hätte. 397 rechtfertigte er sich indes gegenüber dem römischen Rhetor Magnus dafür, daß er seine Schriften bisweilen durch den «Schmutz» von Zitaten aus heidnischen Autoren «besudele». Hieronymus erklärt, das hätte schon Paulus getan. Dieser zitiert einmal Menander. Gleichwohl sollte das Lesen nicht an heidnischen, sondern an biblischen Namen erlernt werden. Paulinus von Nola und Caesarius von Arles, Epiphanios von Salamis und Johannes Chrysostomos bekämpften die heidnische Philosophie. Die Apostolischen Constitutionen (I 6) aus der Zeit um 380 verwarfen «heidnische und teuflische Bücher» überhaupt. Dem Frommen biete die Bibel alles: «wenn dich Geschichte interessiert, lies die Königsbücher, Rhetorik findest du bei den Propheten, Lieder in den Psalmen» usw. Johannes von Salisbury schreibt, Papst Gregor der Große habe die Bibliothek auf dem Palatin verbrannt.

Auf der Gegenseite gab es eine gemäßigte Richtung, die das überlieferte Bildungserbe zu schätzen wußte. Clemens und Origenes bemühten sich, das für die christliche Erziehung verwendbare Schriftgut zu bewahren, so wie die Kinder Israel beim Auszug aus Ägyptenland die goldenen und silbernen Gefäße mitgenommen hätten, die wertlosen Töpfe aber zurückließen. Aus dieser Haltung erklärt sich die Entrüstung über Julians Rhetorenedikt von 362 (s. II 5). Überzeugte Christen studierten auch bei heidnischen Rhetoren wie Himerios und Libanios. Basilius duldete in seinen ‹Mahnworten an die Jugend über den nützlichen Gebrauch der heidnischen Literatur› in propädeutischer Absicht Homer und Hesiod, Euripides und Platon. Ebenso dachten die beiden anderen Kappadokier. Daß christliche Professoren heidnische Texte interpretierten, erweisen Marius Victorinus in Rom, Prohairesios in Athen und Claudianus Mamertus in Vienne, der dort als Presbyter römische, griechische und christliche Bücher erklärte und weiterhin Rhetorik, Dialektik, Musik, Geometrie, Poesie und Philosophie dozierte. Augustinus hat in seiner ‹Civitas Dei› 100mal Vergil und 120mal Cicero zitiert.

Christliches Bekenntnis und heidnische Bildung verbanden im 5. Jahrhundert Socrates Scholasticus, die zu Bischöfen geweihten Professoren Synesios von Kyrene und Sidonius Apollinaris, um 400 Bischof Nemesios von Emesa, der in seiner griechischen Schrift über die Natur des Menschen Physiologie und Psychologie aus biblischen, medizinischen und platonischen Quellen darstellte, weiterhin um 500 die christlichen Neuplatoniker Aeneas und Prokopios in Gaza, der wie sein Nachfolger Chorikios an der dortigen Rhetorenschule unter Justinian Redner und Priester zugleich ausbildete. Im Westen ist hier neben Cassiodor namentlich Boëthius zu nennen. Er war einer der führenden Senatoren unter Theoderich und verfaßte vier theologische Traktate, in denen er ohne Bibelstellen, rein philosophisch argumentierte. Er übersetzte und kommentierte Werke des Aristoteles und behandelte die zuerst von ihm als *Quadrivium* bezeichneten Wissenschaften Arithmetik, Musik, Geometrie und Astronomie. Die vor seinem Tode (524) im Kerker verfaßte ‹Consolatio Philosophiae› ist eine neuplatonische Trostschrift, derenthalben ihn Dante (Par. X 125) eine *anima santa* nennt.

Cassiodor versuchte nach dem Vorbild von Alexandria und Nisibis ein Studienzentrum in Rom zu schaffen. Er schlug 535 dem Papst Agapetus vor, *doctores publici* zu bestellen, die entsprechend der *saecularis eruditio* die heiligen Schriften unterrichten sollten, doch kam das wegen des «Kampfes um Rom» nicht zustande. Cassiodor gründete stattdessen das Kloster Vivarium und schrieb in seinen ‹Institutiones divinarum et saecularium litterarum› ein Lehrbuch für die Mönche mit Bibelkunde, Rhetorik, Dialektik, Arithmetik, Musik, Astronomie und Geometrie. Daneben empfahl er die landwirtschaftliche und medizinische Literatur. Cassiodors Darstellung der *artes liberales* fand Eingang in die mittelalterlichen Klosterschulen.

Die Bemühungen der senatorischen Literaten, so viel als möglich vom alten Bildungsgut zu retten, entsprangen der Einsicht in die Bedrohung der geistigen Tradition. Deren Niedergang, von Nonius Marcellus beklagt, war verknüpft mit der Machtübernahme der Germanen und dem Verfall des Städtewesens (s. III 5). Die Kriegsnöte und die Verarmung zogen den Bildungsbetrieb in Mitleidenschaft. Libanios (or. 2,26 ff) trauerte den vergangenen Zeiten nach, in denen die Städte und die Studien blühten. Die gallischen Schulen, die Symmachus einst der römischen vorgezogen hatte, waren dahin. Sidonius suchte in seinem Brief an den fränkischen (?) *comes* Arbogast in Trier 470 vergebens nach den letzten Spuren der einstmals blühenden literarischen Kultur, sein Freund Claudianus Mamertus (s. o.) rief auf zum Studium der Klassiker gegen den Bildungsverfall, und Gregor von Tours klagte zu Ende des 6. Jahrhunderts in der Praefatio zu seiner ‹Historia Francorum› über den Untergang der *liberalium cura litterarum* mit einem großen Weheruf: *Vae diebus nostris, quia periit studium litterarum a nobis.* Die letzte Schule war die von Tolosa, in der allerdings kuriose grammatische Spiele getrieben wurden.

Die Haltung der Christen zum antiken Bildungsgut war zunächst durch Abwehr, dann durch Auswahl und erst spät durch Versuche der Bewahrung geprägt. Die Fäden der Tradition sind dünn, und doch hängt an ihnen die gesamte weitere Entwicklung. Die Bedeutung des spätantiken Bildungsbetriebs für die europäische Universitätsgeschichte liegt weniger in der institutionellen Kontinuität als in der periodisch wirksamen Vorbildwirkung. Während der griechisch-orthodoxe Klerus die Wissenschaft zunehmend vernachlässigte, haben die Kloster- und Kathedralschulen im Frankenreich viel von der antik-heidnischen Literatur tradiert. In Lerinum wurden Cicero, Vergil und Xenophon gelesen; in Arles, Paris und Clermont vermutlich ebenso. Gregor von Tours (HF. V 44 f) bezeugt die gelehrten Studien des Merowingerkönigs Chilperich (um 580). Er beherrschte offenbar sogar das Griechische, aus dem er vier Buchstaben ins lateinische Alphabet übernahm und den Knaben in allen Städten beizubringen befahl. Es muß also noch Schulen gegeben haben. Seit dem 7. Jahrhundert ist die merowingische Palastschule bezeugt, die Karl der Große dann zu seiner Hofakademie erweiterte. Hier verdichtete sich die Antikenrezeption so, daß von einer ersten Renaissance im Westen gesprochen werden kann. Verstärkt wurde diese Strömung durch die spanisch-arabischen Einflüsse auf Paris, die über Cordoba und Bagdad ins spätantike Nisibis zurückführen. Auch im Bildungswesen ist die Antike die Schule Europas.

6. Die Religion

In seinem Exkurs über die römische Verfassung spricht Polybios (VI 56) auch über die Religion. In ihr findet er den größten Vorzug des römischen Gemeinwesens. Abergläubische Gottesfurcht sei bei anderen Völkern verächtlich, in Rom dagegen bilde sie die Basis der persönlichen und politischen Rechtschaffenheit. Polybios konnte sich nicht vorstellen, daß die gebildeten Römer ihre Riten wirklich ernst nahmen; er meinte, die Kultübung geschehe nur um der Masse willen, die auf diese Weise moralisch gebändigt werde. Das war wohl ein Irrtum. Seit alters glaubten die Römer, daß die irdische Wohlfahrt auf der Ehrfurcht vor den himmlischen Mächten beruhe. Der Stammvater der Römer war der *pius Aeneas.*

Religion war in Rom nie bloß Privatsache. Der Senat sorgte dafür, daß die alten Kulte versehen wurden, er wachte darüber, welche neuen Religionen in Rom Eingang fanden. Je weiter die Römer in alle Himmelsrichtungen vordrangen, je mehr Fremde sich am Tiber niederließen, desto bunter wurde das Bild der hier verehrten Götter. Die *urbs sacratissima* wurde ein *templum mundi totius.*

Die Vermehrung der Kulte schon im republikanischen Rom bedeutet nicht unbedingt eine Vertiefung der Frömmigkeit. Die griechische Philosophie brachte Skepsis mit. Männer wie Lucrez, Caesar und Cicero (nat. deor. I 71) hatten für die atavistischen Riten nur ein «Augurenlächeln» übrig. Als Augustus die Tempel erneuern ließ, geschah das eher aus nationalem Traditionsbewußtsein als aus persönlichem Glauben. Während des Principats griff die Aufklärung weiter um sich. Plinius maior verehrte als einzig wahre Gottheit die Natur: *Salve parens rerum omnium Natura!* (37,204). Für Seneca, Marc Aurel und Ammian waren die alten Götter populäre Personifikationen von Naturgewalten, für Juvenal (XIII 38ff), Lukian (Deorum concilium) und Julian (Caesares) sanken sie ab zu Gegenständen von Spott und Spiel.

Die Reichskrise unter den Soldatenkaisern brachte eine «zweite Religiosität» (Spengler). Seit Elagabal wurde der Kult wieder ernst genommen. Die Christenverfolgungen unter Decius und Valerian waren Ausdruck der religiösen Inbrunst, die durch die Nöte der Zeit gefördert wurde. Eine Tendenz zum Monotheismus zeigt sich in den verschiedensten Formen. Aurelians Sonnenkult, die Juppiterverehrung Diocletians, die Sarapismünzen des Maximinus Daia und der Mithrasglaube des Licinius bezeichnen eine religionspolitische Experimentierphase, die mit der Anerkennung und dem Sieg des Christentums endet.

Die Kaiser der Spätantike huldigten unterschiedlichen Konfessionen, persönliche Frömmigkeit ist keinem von ihnen abzusprechen. Ein 361 von Constantius und Julian erlassenes Gesetz verkündete, was die meisten ihrer Vorgänger und Nachfolger glaubten: «Freude und Ruhm suchen Wir allzeit im Glauben, denn Wir wissen wohl, daß es für den Bestand Unseres Reiches mehr auf die Religionsausübung ankommt als auf Amtspflichten, Arbeit und Schweiß.»

a) Die Heiden

«Auf einem einzigen Wege kann man nicht zu dem großen Geheimnis des Göttlichen gelangen.» *Uno itinere non potest perveniri ad tam grande secretum.* Mit diesem Satz aus seiner berühmten dritten *relatio* von 384 formuliert Symmachus das Prinzip des altgläubigen Pluralismus gegenüber dem Herrenwort: «Ich bin der Weg, die Wahrheit und das Leben. Niemand kommt zum Vater, denn durch mich.» Symmachus vertrat die Auffassung, daß sich das Göttliche in vielfältigen Erscheinungsformen im Laufe der Zeiten offenbart habe und darum alle historischen Religionen Anteil an der Wahrheit hätten.

Wenige Jahre zuvor hatte Themistios (or. 5,69 C – 70 A) die verschiedenen Glaubensrichtungen mit den Waffengattungen der Legionen verglichen: die Hellenen, die Ägypter und die Syrer (d. h. Christen), sie alle kämpften gemeinsam für das Reich. In seinem verlorenen ‹Prosphonetikos› erklärte er dem Kaiser Valens, die Vielzahl der religiösen Ansichten – allein bei den Heiden über 300 – seien zwar für die Menschen Anlaß zum Streit, aber Gott freue sich an dieser Vielfalt, die seine Majestät erst richtig heraushebe. Libanios (or. 30,34) beschwor Theodosius, die Tempel stehen zu lassen, denn alle Götter seien hilfreich.

Diese Ansicht war stets herrschende Meinung im antiken Heidentum. Mit derselben Selbstverständlichkeit, mit der Kroisos, der Lyderkönig, die Pythia in Delphi um Rat fragte, mit der Dareios, der Perserkönig, den Apollon von Klaros beschützte, hat Alexander der Große den Zeus-Ammon in der Oase Siva besucht. Der Doppelname «Zeus-Ammon» bezeugt die verbreitete Theokrasie (Göttermischung). Man glaubte, hinter den unterschiedlichen Namen stünden dieselben göttlichen Personen, so daß deren Namen übersetzbar schienen. Diese *interpretatio Graeca* hat den ägyptischen Ammon ebenso wie den jüdischen Jahwe mit dem griechischen Zeus identifiziert, während die *interpretatio Romana* den griechischen Zeus und den germanischen Donar mit dem römischen Juppiter gleichgesetzt hat. So wurden auch die in den antiken Wochentagsnamen enthaltenen Namen der Planetengötter durch *interpretatio Germanica* eingedeutscht: aus *dies Martis* wurde Ziustag, Dienstag usw. Ausonius (XIX 48) überliefert für «Dionysos» sechs gleichbedeutende Namen, Isis galt als die «tausendnamige». Unter neuplatonischem Einfluß wurden die unterschiedlichen Gottesvorstellungen auch monotheistisch als «Glieder» eines einzigen höchsten Wesens gedeutet, das unter verschiedenen Namen – den wahren wisse niemand – verehrt würde.

Die grundsätzliche Anerkennung anderer Religionen schloß das Christentum ein. Aus heidnischer Sicht war niemals der Inhalt eines Glaubens strafbar, sondern lediglich dessen Auswirkung, sobald er mit anstößigen Bräuchen, kriminellen Handlungen oder politischem Widerstand verbunden war. Dies bestätigt noch das letzte Selbstzeugnis eines Christenverfolgers, das Toleranzedikt des Galerius von 311 (s. II 3). Der Kaiser verhieß den Christen Schonung, sofern sie sich aller Gesetzesübertretungen enthielten und für den Staat beteten. Der Christengott wurde selbstverständlich als solcher anerkannt.

Auf philosophischer Ebene freilich erlebte das Christentum – wie auch andere Religionen und Philosophien – heftige Angriffe. Die Einwände des Kelsos (erhalten bei Origenes), des Porphyrios (erhalten bei Makarios Magnes und Hieronymus), des Julianus (erhalten bei Kyrillos) und des Maximus (erhalten bei Augustinus) betreffen die Unstimmigkeiten in der Bibel, das apolitische Verhalten der Christen, ihren Gottesdienst im Geheimen und die zentralen Glaubenssätze von Schöpfung und Weltende, von Auferstehung und Erlösung, von Paraklet und Satan. Der personifizierte

«Böse» fehlt in der klassisch antiken Religion. Der Teufel bei Mandäern und Manichäern stammt aus deren jüdisch-christlichem Erbe und führt letztlich zurück auf den altpersischen Ahriman. Die Gegner der Christen bekämpften schließlich den «Glauben» als solchen, der die Wissenschaft verachtet und sich auf «Offenbarung» beruft. Ein solches Verhalten schädige den Staat und die Kultur.

Von christlicher Warte sah das Verhältnis anders aus. Für den Christen gab es – so wie für den Juden – nur einen, nur seinen Gott. Was die Heiden verehrten, das waren Dämonen. *Dii enim gentium* (*sunt*) *daemonia,* schrieb Ambrosius (ep. 17,1) in Anlehnung an Psalm 95 (96) gegen Symmachus. Und Dämonen sind Trabanten des Teufels. Dieser selbst war ein von Gott abgefallener Engel, der mit seinen Unterteufeln die Menschen hinters Licht zu führen suche, so meinte Athanasios in der ‹Vita Antonii› (22). Durch ihre subtilere Körpersubstanz seien die Dämonen zu überraschend schnellen Bewegungen, Verwandlungen und allerlei Gaukelspiel befähigt (31), so daß sie auch Voraussicht in die Zukunft besäßen. Dies sei der Ursprung der heidnischen Orakel (33). Antonius hatte eine Unterredung mit Satan (41), der ihm bisweilen in Pansgestalt erschien (53). Gemäß Firmicus Maternus (De errore 21,3) war der *diabolus* zwiegestaltig und gehörnt. Dem heiligen Martin trat er abwechselnd in der Gestalt von Juppiter und Merkur, von Venus und Minerva gegenüber. Entsprechendes erlebte der heilige Benedikt mit Apoll auf dem Monte Cassino.

Unter dieser Voraussetzung war eine Duldung heidnischer Religionen im christlichen Staat nur als Übergang oder Ausnahme zu erwarten. Der einzig wahre Glaube forderte Intoleranz. Bereits die Synode von Elvira hatte um 306 den christlichen Herren befohlen, ihren Sklaven die Götterbilder zu nehmen. Christlich-heidnische Mischehen seien unstatthaft. Bald schon wurden härtere Mittel eingesetzt. Die von Constantin und seinen Söhnen, später auch von Theodosius und seinen Nachfolgern ergriffenen Maßnahmen umfassen Versammlungs- und Kultverbot, Abschaffung der Opfer und Götterfeste, Schließung und Zerstörung der Heiligtümer – Libanios (or. 30, 42) nennt sie die «Augen der Städte» –, Bücherverbrennung, Enteignung des Tempellandes, Zerschlagung der Götterbilder und Abholzung der heiligen Bäume. Den Heiden wurde die Testierfähigkeit aberkannt, so daß ihr Besitz nach ihrem Tode an den Fiskus fiel, sie wurden aus dem Staatsdienst entlassen; Renegaten und Heiden, «die mit den Göttern verkehrten», drohte sogar die Todesstrafe. Unter dem Verdacht des Majestätsverbrechens wurden unter Valens zahlreiche Philosophen zu Tode gebracht. 472 erklärte Leo die Übertretung eines Religionsgesetzes oder deren Duldung für ein Staatsverbrechen (*crimen publicum*). Die Schuldigen seien zu foltern und dann zu lebenslanger Bergwerksarbeit zu verurteilen. Justinian hat 528 einige Heiden in höchsten Staatsämtern hingerichtet oder zum Selbstmord gezwungen.

Die Motive der Heidenverfolgung waren nicht allein religiöser Natur. Moralische, politische und fiskalische Interessen kamen hinzu. Die kaiserliche Religionspolitik wandte sich zuerst gegen Kulte, die aus sittlichen Gründen angreifbar schienen. Darum ging Constantin gegen die Heiligtümer der Aphrodite in Aphaka und Heliopolis-Baalbek vor, wo Sakralprostitution getrieben wurde. In Heliopolis hielt sich die Sitte jedoch, denn Junior (Exp. 30) meldet um 360, dort gebe es auffallend schöne Frauen, die Libanitiden, die mit großem Aufwand den Dienst der Venus versähen. Es ist die *Dea Syria* (Pseudo-)Lukians. Diese Göttin wurde ebenfalls in Gaza verehrt. Als der Bischof Porphyrios 402 mit kaiserlichen Truppen einrückte, ließ er als erstes die Statue zertrümmern, die «selbst die unziemlichen Teile offen zeigte». Dabei gab es Tote. Gleichwohl blieb das Heidentum in Gaza lebendig. Unter den heidnischen Festen wurde der als unzüchtig betrachtete – und daher von Julian (362 D) und Libanios (or. 50,11) abgelehnte – *Maiumas* verboten. Selbst im christlichen Antiochia war er beliebt. 396 erlaubte Honorius ihn wieder, um den Provinzialen «ihre Freude zurückzugeben», doch wurde das *indecorum spectaculum* bereits 399 wieder untersagt. Es ist gleichwohl noch bis ins 8. Jahrhundert bezeugt. Die fiskalischen Motive der Heidenverfolgungen ergeben sich aus der Beschlagnahme von Tempelschätzen und -gütern. Von Constantin bis Theodosius wurden die teilweise sehr reichen Heiligtümer schrittweise enteignet.

Der Kampf gegen den alten Glauben begann mit einer allmählichen Verschärfung unter Constantin und seinen Söhnen. Die heidenfreundliche Politik Julians, der als *restitutor libertatis et Romanae religionis* gefeiert wurde, blieb ebenso Episode wie die tolerante Haltung Valentinians (s. II 6). Unter Theodosius erlitt die alte Religion ihre größten Einbußen. Fünf der sieben Apostatengesetze und die härtesten der 25 Heidenverbote im ‹Codex Theodosianus› stammen von ihm. Die Söhne des Kaisers setzten diese Linie fort (s. II 8f). Das letzte Gesetz des Codex, das die Vernichtung des Heidentums unter Todesstrafe befahl, stammt von Theodosius II aus dem Jahre 435. Nach Theodoret wurden damals die Tempel so gründlich zerstört, daß die Nachwelt keine Spuren jener Verirrung mehr vorfände.

Trotzdem war das Heidentum nicht tot. Wir finden während des ganzen 4. Jahrhunderts noch Altgläubige in Spitzenpositionen, wenn auch in deutlich abnehmender Zahl. Es gab weiterhin *haruspices* (Eingeweideschauer), *augures* (Vogelflugdeuter) und *pontifices* (Opferpriester) in den Städten, *sacerdotes* (ἀρχιερεῖς) als Provinzialpriester und *flamines* als städtische Priester, beide ursprünglich für den Kaiserkult zuständig. Das waren nun curiale Ehrenstellungen, die mit teuren Spielveranstaltungen verbunden waren. Theodosius reservierte 386 die *archierosyne* ausdrücklich für begüterte Heiden (s. III 4 c), die ja weiterhin hohe Ämter bekleideten. Theodosius II klagte 438, daß die «tausend Schrecken» der Heidenverbote wenig bewirkt hätten. In Nordafrika, Alexandrien und Syrien haben sich

Altgläubige zur Wehr gesetzt. Salvian (GD. VIII 9f) beschuldigte um 440 sogar die afrikanischen Christen, sie verehrten weiterhin heimlich die *Dea Caelestis*. Theodoret ist als Bischof von Kyrrhos mit Waffengewalt gegen die marcionitischen Dörfer seines Sprengels vorgegangen (HR. 21f). Justinian bekämpfte die Heiden Kleinasiens und Oberägyptens (s. II 12).

Das Schicksal der heidnischen Religionen muß im Zusammenhang mit Entwicklungen gesehen werden, die seit der frühen Kaiserzeit in Gang waren. Die Verehrung der olympischen und der kapitolinischen Götter war eine Polisreligion. Die Stadtbürgerschaft bildete die Kultgemeinde, politische und religiöse Gemeinschaft fielen zusammen. Mit dem Übergang von der Stadtstaatlichkeit zum Flächenstaat verlor sich dieser Charakter. Dennoch war der Glaube an die olympischen Gottheiten in der Kaiserzeit nicht erledigt. Diocletian hatte zu Juppiter ein persönliches Verhältnis, wie sein Beiname Jovius und der Juppitertempel gegenüber seinem Mausoleum in Spalato beweisen. Die Säulenhalle und die vergoldeten Standbilder der zwölf Götter, der *dei consentes,* am Capitol wurden 367 durch Praetextatus erneuert. Im Osten war Homer das heilige Buch der Altgläubigen, im Westen diente ihnen Vergils Aeneis als Orakelbuch.

So gewiß die olympische Religion nach dem Zeugnis der Inschriften bis weit in die christliche Zeit hinein Verehrer fand, so gewiß hat sie schon im Laufe der Kaiserzeit an Bedeutung verloren. Die Bemerkung des Plinius (ep. X 96,10) über die verödeten Tempel und die vergessenen Zeremonien, der Spott Lukians über die homerischen Götter, die Schrift Plutarchs (mor. 409 ff) über das Verstummen der Orakel zeigen das. Die altgriechischen Heiligtümer erloschen im späten 4. Jahrhundert. Im Tempelbezirk von Didyma entstanden Märtyrer-Kapellen, die Julian abzutragen befahl. Aus dem Apollonheiligtum von Delphi gibt es noch Statuen von Constantin und seinen Söhnen, von Valentinian und Valens. Als Julian den Apollontempel wieder aufbauen wollte, antwortete der Dämon, d. h. die Pythia, dem von Julian nach Delphi gesandten Oreibasios: «Sagt dem König, das reich geschmückte Haus ist zu Boden gefallen, Phoibos hat keine Hütte mehr, keinen wahrsagenden Lorbeer, keine sprechende Quelle. Sie ist versiegt.» Himerios (or. 12,6) spricht noch 382 vom Apollonkult in Delphi. Der letzte Spruch der Pythia bezeichnete den Redner Themistios (or. 23,296 A) als den weisesten Lebenden, sozusagen als den Sokrates seiner Zeit. Im 5. Jahrhundert entstand im heiligen Bezirk eine Kirche. Hierokles (643,13) nennt Delphi noch unter den Städten der Provinz Thessalien.

Die Olympischen Spiele hatten seit dem 3. Jahrhundert an Bedeutung verloren, wurden aber weiter veranstaltet. Der letzte bekannte Olympionike siegte im Jahre 385, es war der armenische Prinz Varazdates. Die Nachrichten über die Spiele enden unter Theodosius. Die Phidiaswerkstatt wurde in eine Kirche umgewandelt. Den Zeustempel ließ Theodosius II anzünden, nachdem die Gold-Elfenbein-Statue nach Konstantinopel verschleppt worden war, wo sie 476 ebenfalls verbrannte (s. III 4 b). Das Mysterienheiligtum von Eleusis fiel 395 Alarich zum Opfer. Die letzten Eingeweihten, die wir kennen, waren Eunapios und Praetextatus. In Sparta dauerte der Kult der Artemis Orthia bis ins 4. Jahrhundert. Noch Libanios (or. 1,23) besuchte dort das «Fest der Geißelung». Wie die altgriechischen, so versiegten auch die altrömischen Kulte. Der späteste Beleg für die Arvalbrüderschaft stammt von 304. Die Juppiteropfer auf dem Capitol enden mit Maxentius. Der letzte römische Augur ist aus dem Jahre 390 bezeugt, die letzte Vestalin tritt als alte Frau 394 auf. 382 hatte Gratian dem Vestatempel die Einkünfte entzogen, nachdem kurz zuvor die Vestalin Primigenia wegen Keuschheitsvergehen nach altem Recht verurteilt worden war, mit ihrem Liebhaber lebendig begraben zu werden.

Während die Polisreligion zurücktrat, gewann ein neuer Religionstyp an Bedeutung: die orientalischen Erlösungslehren. Sie waren nicht an bestimmte Stätten gebunden, sondern im ursprünglichen Sinne katholisch, d. h. universal. Durch Mission verbreiteten sie sich über das Reich und die angrenzenden Barbarenländer; in allen größeren Städten hatten sie, wie die Christen und die Juden, ihre Gemeinden. Durch asketische und rituelle Übungen wollten ihre Anhänger das Leben heiligen. Dazu gehörten wie bei den Christen Gebet, einfache Lebensführung und sexuelle Enthaltsamkeit. Es gab verschiedene Vorstellungen vom Leben nach dem Tode: Aufstieg der Seele zu den Sternen, ihre Wiedervereinigung mit der Gottheit, ihr Übergang auf die Inseln der Seligen oder das Fortleben in anderen Existenzen als Palingenesie. An eine Auferstehung des Fleisches und ein endzeitliches Weltgericht glaubten nur Christen und Juden. Anders als bei diesen vertrugen sich die antiken Kulte und orientalischen Erlösungsreligionen jedoch untereinander und erhoben keinen Anspruch auf Alleingeltung. Man konnte Mithras, Isis und Zeus nebeneinander verehren.

Der Isiskult ist ägyptischen Ursprungs. Ihn gab es schon im spätrepublikanischen Rom, oft zusammen mit der Verehrung des Osiris, der mit Dionysos gleichgesetzt wurde. Isispriesterinnen finden wir unter den Frauen senatorischen Standes bis ins späte 4. Jahrhundert, noch damals gab es Feste der Göttin und Münzen mit ihrem Bild. Isistempel standen auf dem Capitol und auf dem Marsfeld. Die Lebendigkeit des Osiris-Mythos bezeugt Synesios, der spätere Bischof von Ptolemais, mit seiner Schrift über die Vorsehung (s. II 9). Der Isistempel von Philae in Oberägypten erhielt noch im 5. Jahrhundert Inschriften; er wird 453 in einem Vertrag des Kaisers Marcian mit den Blemmyern und Nobaten genannt, die auf freiem Zugang bestanden. Der Kult wurde erst durch Justinian beendet. Isis mit ihrem Sohn Horus an der Brust (*Isis lactans*) gab das Vorbild für die ersten christlichen Darstellungen der *Madonna col bambino*.

Eng verbunden mit dem Isiskult war die Verehrung des Serapis, der unter Ptolemaios I aus Osiris, Apis und Zeus zusammengewachsen war. In Rom wurde er seit Caracalla verehrt. Der zentrale Kultort war bis 391 das Serapeion in Alexandria (s. II 7). Für die Verbreitung des Kultes zeugt die Nachricht, daß in der Schlacht bei Straßburg 357 (s. II 5) der rechte Flügel der Alamannen von dem König Serapion geführt wurde. Dieser Jüngling trug ursprünglich den germanischen Namen Agenarich, sein Vater Mederich aber hatte lange als Geisel in Gallien gelebt, war dort in griechische Geheimlehren eingeweiht worden (*doctus Graeca quaedam arcana*) und hatte seinen Sohn daraufhin umbenannt.

Ebenfalls als Variante des mediterranen Mutterkultes ist die Verehrung der phrygischen Kybele aufzufassen. Diese auch als *Mater Deum Magna Idaea* oder *Magna Mater* bezeichnete, in einem Stein aus Pessinus verehrte Göttin ist schon 204 v. Chr. in Rom zugelassen worden, obschon ihr mit Pauken, Flöten und Rasseln begangener Kult Anstoß erregte und die Selbstentmannung ihrer Priester (Galli oder Archigalli) als barbarisch empfunden wurde. Julian schrieb einen Prosahymnus auf die Göttermutter (or. 5) und beging ihr Jahresfest am 27. März 363 in Kallinikon am Euphrat. In Rom wurde dabei ihr Bild in einer Wagenprozession zum Waschen an den Almo gefahren.

Das zentrale Heiligtum der *Mater Deorum* im spätantiken Rom war das Phrygianum unter der ehemaligen Andreas-Rotunde südlich von Alt Sankt Peter. Die aus den Jahren 295 bis 390 stammenden Senatoren-Inschriften auf den Altären dort berichten von der Taufe mit Stier- und Widderblut, die eine «Wiedergeburt in Ewigkeit» verhieß. Der Tauftag wurde – ebenso wie bei den Christen – als geistiger Geburtstag (*natalicium*) betrachtet. fünfzehn dieser Marmoraltäre stammen aus der zweiten Hälfte des 4. Jahrhunderts. Ihre Aufstellung direkt neben der Peterskirche – gefunden im Campo Santo Teutonico – war eine Demonstration gegen den neuen Glauben. Auch der Kybelekult zeigt, wie der Isisglaube, Parallelen zum Christentum. Denn an Christus gemahnt Attis, der Geliebte der Kybele: Der alljährlichen Klage über seinen Tod folgte der Jubel über seine Auferstehung, er symbolisierte die sterbende und sich erneuernde Natur.

Unter den Religionen persischen Ursprungs im Reich spielten die Anhänger Zarathustras die geringste Rolle. Der bei den Sassaniden als Staatskirche organisierte Zervanismus, der Feuerkult der Magier, besaß in Kappadokien, nahe der persischen Grenze, einige Gemeinden, die unter den römischen Religionsgesetzen zu leiden hatten. Um 464 erschien eine persische Gesandtschaft in Byzanz, um sich darüber zu beschweren, daß die heiligen Feuer verboten würden. Kaiser Leo bestritt das und erklärte den Feuerkult der Magier für rechtens.

Sehr viel bedeutsamer war der aus Persien stammende Mithraskult. Die ersten Mithrasverehrer begegnen uns unter jenen kilikischen Seeräubern, die Pompeius nach seinem großen Piratenkrieg 67 v. Chr. an verschiedenen Orten angesiedelt hatte. Später verbreitete sich der Mithraskult durch seine Anhänger im Heere und in der kaiserlichen Verwaltung, selbst unter Freigelassenen und Sklaven im lateinischen Westen. Sechzehn Kulthöhlen (*spelaeum*) finden sich in Ostia, vierzehn in Rom, einige von ihnen wurden von Senatoren gestiftet. Das Kultbild zeigt Mithras mit phrygischer Freiheitsmütze, wie er den Stier tötet. Die sieben Grade der Einweihung wurden symbolisiert durch den Raben, den Bräutigam, den Soldaten, den Löwen, den Perseus, den Sonnenboten (*heliodromus*) und den *pater patrum*.

Der Mithraskult kannte ein Kultmahl und Geheimriten, er lehrte eine Kosmologie, erwartete den Weltenheiland und sah in der Sonne das Symbol des höchsten Gottes. Zahlreiche Inschriften sind dem *Sol Invictus Mithras* gewidmet; sein Geburtstag wurde, wie der Filocalus-Kalender von 354 beweist, am 25. Dezember gefeiert. Wir besitzen eine Weihinschrift für Mithras, den unbesiegten Sonnengott, von Diocletian und den Tetrarchen von 308 aus Carnuntum. Zu den Sol-Verehrern zählten zuvor die Kaiser Aurelian, hernach Constantius Chlorus, der frühe Constantin und Julian. Rhetorische Vergleiche zwischen dem Kaiser und der Sonne waren in der ganzen byzantinischen Geschichte gängig. Die Sonne verkörpert für den Neuplatonismus die Seele der Welt. Praetextatus erörtert bei Macrobius, daß fast alle Götter, jedenfalls sofern sie im Himmel wohnen, Erscheinungsformen der Sonne, des *numen multiplex*, seien, wie schon Plotin nach dem Grundsatz ἓν τὸ πᾶν (alles ist eines) gelehrt habe.

Wenn irgendeine unter den heidnischen Religionen dem Christentum nahe stand, so war es der Sonnenglaube. Er war zumal in Italien populär. Ihn vertraten der frühe Constantin und Julian; *Sol invictus* war ein Äquivalent für Mithras. Tertullian (apol. 16) schrieb, daß manche Heiden die Christen den persischen Sonnenverehrern zurechneten. Er attackierte diese heftig, zumal er sie mit dem verhaßten Zirkuswesen in Verbindung brachte. Die Wagenrennen, schrieb er, verbildlichten den Sonnenumlauf, fuhr doch auch Helios eine Quadriga! Die Farben der Wagenlenker symbolisierten die Jahreszeiten: Weiß den Winter, Grün den Frühling, Rot den Sommer und Blau den Herbst. Die Obelisken auf der Spina seien der Sonne geweiht. Tertullian hielt den Besuch von Wagenrennen für Teufelsdienst.

Im allgemeinen aber sah man das Verhältnis zwischen Sonne und Christus positiv. Die Sonnenmetapher für den Messias (Maleachi 3,20), die Feier des Sonntags (Tert. l. c.) und später das Weihnachtsfest weisen in dieselbe Richtung. Das gewaltsame Vorgehen der römischen Behörden gegen den «persischen» Mithrasdienst beginnt in den letzten Jahren Valentinians, als der römische Stadtpräfekt Gracchus vor seiner demonstrativen Taufe ein angesehenes Mithraeum mitsamt seiner Ausstattung zerstören ließ. Archäologische Zeugnisse für derartige Zerstörungen kennen wir aus Carnuntum, Saarburg und Königshofen bei Straßburg. In Sidon gibt es noch eine Weihinschrift von 389. Das letzte Opfer für Mithras ist eine Münze des Jahres 408 aus dem bayerischen Pfaffenhofen. Überregionale Bedeutung besaß auch der Kult des Juppiter Heliopolitanus in Baalbek. Erst 554 wurde der Tempel mit dem Sol-Bild zerstört.

Im Unterschied zum Mithraismus hat der Manichäismus das Altertum überdauert. Er wird der «Gnosis» zugerechnet. Dieser Sammelbegriff bezeichnet eine Gruppe von Religionen, die ein dualistisches Weltbild aus persischen und platonischen, jüdischen und christlichen Quellen vertreten, durch Askese zur Erkenntnis (γνῶσις) und durch diese zur Wiedervereinigung der Seele mit Gott führen wollen. Gnostisches Gedankengut findet sich in zahlreichen spätantiken Glaubensrichtungen, unter denen der Manichäismus die bedeutendste ist.

Gestiftet worden war diese aus der judenchristlichen Täuferbewegung hervorgegangene Religion von dem in Babylon geborenen Perser Mani (216 bis 277), der Zarathustra, Buddha, Moses und Jesus als seine Wegbereiter anerkannte. Mani lehrte in seinen teils aramäischen, teils mittelpersischen Schriften eine «Gnosis», den Kampf zwischen einem guten und einem bösen Prinzip bis zur Wiederkehr Jesu und dem nahen Weltenbrand. Der Manichäismus besaß ein Oberhaupt, den «König der Religion» und eine Kirchenordnung, forderte eine strenge Ethik und praktizierte Beichte und Absolution durch Handauflegung. Während die «Hörer» der Seelenwanderung ausgeliefert waren – deswegen tötete ein Manichäer weder eine Fliege noch eine Ameise –, wurden die «erwählten» Männer und Frauen infolge ihrer Enthaltsamkeit ins Lichtreich (Nirwana) erlöst. Die *Electi* verzichteten auf Wein, Fleisch und Geschlechtsgenuß. Die Mission reichte bis Spanien, Nordafrika, Oberägypten und Ostasien. Prominente Manichäer waren der Heermeister Sebastianus, der unter Constantius II, Julian und Valentinian gedient hat und mit Valens bei Adrianopel 378 gefallen ist, der Kirchenvater Augustin, der von 373 bis 382 dem Manichäismus huldigte und später dreizehn Polemiken gegen sie schrieb, und die Mutter des Kaisers Anastasius.

Der Manichäismus ist 302 von Diocletian verboten worden. Der Kaiser begründete das damit, daß die Götter und die Weisen altbewährte religiöse Bräuche gestiftet hätten, die durch Urheber von «Unruhen und Verbrechen» aus dem romfeindlichen Persien nicht durcheinandergebracht werden sollten. Constantin interessierte sich für die Lehre der Manichäer, dann erschienen seit 372 in dichter Folge weitere Verbote. Die durch neuere Papyrusfunde bekanntgewordenen manichäischen Gemeinden in Ägypten lebten ähnlich wie die Christen in Hinblick auf Askese und Almosengeben, wanderten dann aber nach Indien und China aus.

In Italien hielten sie sich länger. 443 stellte Papst Leo die Mitglieder der römischen Gemeinde an den Pranger und verbrannte ihre Bücher, das führte ebenfalls im Osten zu Verfolgungen. Unter der Herrschaft der arianischen Vandalen erging es den Manichäern noch schlimmer. Hunerich verurteilte viele von ihnen zum Scheiterhaufen, andere schickte er in die Verbannung. Papst Symmachus vertrieb sie um 510 abermals aus Rom. Justinian verdammte keinen Glauben härter; um 560 wurden die Manichäer in Ravenna von den Katholiken gesteinigt. Unter den kirchlichen Schriften gegen den Manichäismus sind die vier Bücher des Titus von Bostra zu nennen, die auch bald ins Syrische übersetzt wurden, und die Polemik des Neuplatonikers und späteren Bischofs von Lykopolis Alexander. In veränderter Form taucht die Lehre Manis im 11. Jahrhundert wieder auf bei den Bogomilen in Bulgarien, Italien und Südfrankreich. Eine dem Manichäismus verwandte Lehre ist die der Sabier oder Mandäer, die an Johannes den Täufer glaubten. Sie besaßen bis 1081 ein Zentrum in der «Mondstadt» Karrhai (Harran) und hielten sich im Irak bis jüngst, bis sie die US-amerikanische Invasion im zweiten Golfkrieg zur Auswanderung zwang.

Die Lehre Manis verbindet Religion und Philosophie, und eine ähnliche Zwischenstellung nimmt die in der Spätantike führende philosophische Richtung ein, der Neuplatonismus. Mit diesem Namen wird die letzte, von Plotin eingeleitete Phase der antiken Philosophiegeschichte bezeichnet. Sie enthält den Versuch einer großen, abschließenden Synthese nicht nur der Lehren von Pythagoras, Platon und Aristoteles, in gewisser Weise auch der Stoa, sondern zugleich der alten antiken und orientalischen Religionen.

Plotin wurde 204 in Ägypten geboren, sein Lehrer war Ammonios der Sackträger († 242), zu dessen Schülern auch der Kirchenvater Origenes zählte. Plotin leitete seine Schule in Rom von 244 bis 268 und starb 270 in Campanien. Seine «Theosophie» kreist um den Gottesgedanken. Alle Erscheinungen werden als Ausdrucksform des göttlichen Prinzips gedeutet. Diese Emanationen sind in einer Stufenfolge geordnet, die vom Geist, der Seele und der Idee in abnehmender Vollkommenheit herabführt zur Materie, dem bestimmungslosen, aber gestaltungsfähigen Stoff. Das Böse ist die bloß subjektive Verkennung, die individuelle Störung der kosmischen Ordnung, die durch die Prinzipien von Harmonie und Sympathie zusammengehalten wird. Die Ethik Plotins gipfelt in der Reinigung (Katharsis) der Seele. Das liebende Schauen und die mystische Versenkung sollen das Bewußtsein der Einheit erzeugen, das die höchste erreichbare Seligkeit gewähre. Eine solche Rückkehr der Seele zu Gott habe er selbst, so sagt Plotin, nur ein einziges Mal genossen. Der Volksglaube und die Mythologie wurden durch symbolische Interpretation in das Denksystem einbezogen.

Der bedeutendste Schüler Plotins war der um 304 in Rom gestorbene Syrer Porphyrios. Er versuchte, die Lehren von Platon und Aristoteles und die Schriften, die man Pythagoras zuschrieb, zu einem Lehrgebäude zu vereinen. Homer und die alte Mythologie wurden symbolisch gedeutet, wie das schon Theagenes von Rhegion im späten 6. Jahrhundert v. Chr. getan hatte: Athene verkörperte die Einsicht, Aphrodite die Begierde, Hermes die Klugheit usw. Die Götterbilder seien bloß Symbole der höheren Mächte. Erhabenster Zweck dieser heidnischen Kulturreligion war das Heil der Seele durch eine tugendsame, ja asketische Lebensführung. Porphyrios hat eine Schrift in fünfzehn Büchern gegen die Christen verfaßt, die 448 auf Befehl von Theodosius II und Valentinian III verbrannt werden sollte, nachdem ein gleicher Befehl unter Constantin mißachtet worden war. Die erhaltenen Fragmente lassen erkennen, daß Porphyrios gegen Schöpfung und Weltuntergang, gegen die Trinität, gegen die Auferstehung des Fleisches argumentierte und erklärte, das für die christliche Geschichtsdeutung grundlegende Buch Daniel stamme nicht aus der Zeit Nebukadnezars, wie der Text will, sondern sei – wie die heutige Wissenschaft bestätigt – nach dem Makkabäer-Aufstand verfaßt.

Schüler des Porphyrios wiederum war der Syrer Jamblichos aus Chalkis, dessen Blütezeit in die Regierungsperiode Constantins fällt. Jamblichos suchte die Unfehlbarkeit Platons durch die Annahme eines hintergründigen Sinnes seiner Aussagen zu erhärten, ähnlich wie die Christen die Bibel auslegten. Ebenso wie diese rechnete Jamblichos mit guten und bösen Dämonen, die durch «Theurgie» (Gotteszwang) beherrschbar seien. Volkstümliche Anschauungen, religiöse Überlieferungen und philosophische Erkenntnisse wurden zu einem Ganzen verknüpft. Auch die Naturwissenschaft fand ihren Ort in diesem System, in dem alle Mythen allegorisch als Naturvorstellungen gedeutet wurden: Juppiter erscheint als *vigor vivificus,* Merkur als *sensus velocior mundi,* Neptun als *potestas umentis substantiae* usw. So entwickelte sich der Neuplatonismus zu einer Sammlung überlieferter Weisheit, in der die Differenzen der einzelnen Schulen angesichts der gemeinsamen Gegnerschaft zum Christentum ausgeblendet wurden.

Jamblichos hat eine legendäre Biographie des hoch verehrten Pythagoras verfaßt. Sie gehört zu jenen heidnischen Evangelien, die im Umkreis der Neuplatoniker entstanden. Es handelt sich dabei um Lebensbeschreibungen von Gottesmännern und Philosophen, reich an Wundern und weisen Lehrern, die den Leser zur Läuterung seiner Seele und zur Nachfolge des großen Mannes aufrufen. Zu diesen Schriften zählen die Viten der Sophisten von Eunap, Marinos und Damaskios. Am erfolgreichsten war die vermutlich im Jahre 214 n. Chr. von Philostrat aus Lemnos verfaßte Lebensgeschichte des Apollonios von Tyana, jenes Wundermannes und Wanderpropheten aus der Zeit Domitians. Von keiner dieser Schriften wird man sagen können, daß sie ursprünglich bewußt Bezug nimmt auf das Neue Testament, aber die Parallelen in Inhalt und Absicht erweisen eine ähnliche Mentalität. So wurde es möglich, daß Hierokles, vielleicht der *praeses Bithyniae* von 303, Apollonios zu einer Art Gegenchristus erhob. Als solcher erscheint er noch bei Augustin. Der Platoniker Eunap

(VS. 454) kritisierte den Titel der Vita: Philostrat hätte sie überschreiben sollen ‹Gottes Besuch auf Erden›.

Im frühen 4. Jahrhundert wurde der Apollonios-Stoff anscheinend auch episch behandelt. Die ‹Historia Augusta› berichtet, Severus Alexander (29), jener Idealkaiser der heidnischen Senatoren der Spätantike, habe in seiner Hauskapelle Apollonios und neben diesem Christus, Abraham, Orpheus und andere verehrt. Virius Nicomachus Flavianus, das Haupt der senatorischen Partei unter Eugenius, hat die Apollonios-Vita Philostrats ins Lateinische übersetzt, eine Villa vom Esquilin zeigte ein Wandbild mit der Beischrift APOLONIUS THYANEUS; auf den Kontorniaten figuriert er unter den Helden der heidnisch-senatorischen Tradition.

Der Neuplatonismus zeigt auch in seinen Lebensregeln eine Verwandtschaft mit dem Christentum. Wir finden hier die schon von Platon (Theaitetos 176 B) empfohlene Abkehr von der Welt (s. III 6 d) und Rückzug aus dem Staat, Vertiefung in heilige Bücher und Glauben an alte Offenbarungen, Reinigung der Seele von allen Trieben, Beachtung der Keuschheit und die praktische Nächstenliebe, die sich durch die christliche *caritas* nicht beschämen lassen wollte. Wie die Christen die Gedenkstätten der Heiligen, so ehrten die Heiden an bestimmten Tagen die Gräber der Heroen, der Philosophen und insbesondere das Grab Platons in der Akademie. Die großen Theurgen und Mystagogen Athens verbrachten ihre Tage mit Beten und Fasten und lehrten ihre nach Anfängern (ἀϰροαταί) und Fortgeschrittenen (ζηλωταί) geschiedenen Schüler den Weg zur Gottesschau (ἐνθουσιασμός), ja zur «Angleichung an Gott, soweit das möglich ist» (ὁμοίωσις θεῷ ϰατὰ τὸ δυνατόν). Dämonenfurcht, Wundersucht und Ekstase waren bei Heiden und Christen gleichermaßen verbreitet (s. III 6 e), ebenso die Lehre von Lohn und Strafe im Jenseits. Im Unterschied zum Christentum galt der Platonismus als Geheimlehre, die nicht für die Massen bestimmt sei. Auch kannte man weder den Begriff der Gnade noch eine Gestalt wie den Menias oder den Teufel.

Eine Kurzform des neuplatonischen Weltbildes bietet die griechische Schrift ‹Über die Götter und den Kosmos›, verfaßt von einem Sallustios, wahrscheinlich identisch mit dem Reichspräfekten, der mit Julian 363 Konsul war. Danach sind die Götter gut, unwandelbar und körperlos, nicht an Raum und Zeit gebunden. Die über sie erzählten Mythen sind universale Allegorien: Kronos, der seine Kinder verschlingt, ist die Zeit, die sich selber gebiert und vernichtet; der goldene Apfel des Paris bedeutet die umstrittene Welt, von der Seele der Schönheit zugeteilt; Raub und Wiederkehr der Persephone, beziehungsweise Tod und Wiedergeburt des Attis, verkörpern den Jahreslauf usw. Alles Sein beruht auf einem Urprinzip (πρώτη αἰτία), das auch die Götter, d. h. die personifizierten Naturgewalten trägt. Zeus, Poseidon und Hephaistos sind die schöpferischen Kräfte; Demeter und Hera die belebenden; Apollon und Artemis Sonne und Mond usw. Die Welt als ganze ist ungeschaffen und unvergänglich, sie hat Kugelform mit der Erde als Zentrum.

Alles Geschehen gehorcht göttlicher Providenz, manches ist aus den Sternen erkennbar. Unerwartetes untersteht der Tyche, sie sollte daher von den Städten verehrt werden. Rituale sind Mimesis der Natur, Opfer Ausdruck der Dankbarkeit, beides geschehe um der Menschen willen, nicht den Göttern zuliebe. Sie sind bedürfnislos. Die Tugenden werden durch Erziehung und Staatsordnung gefördert. Die Vernunft soll die Seele regieren wie diese den Körper. Das Böse ist keine eigene Kraft, sondern bloß Abwesenheit des Guten, so wie der Schatten das Fehlen von Licht. Wer böse handelt, irrt, denn er bezweckt ein vermeintlich Gutes. Wer gut ist, zumal wer sein Leben für einen edlen Zweck einsetzt, befindet sich im Einklang mit der Weltordnung. Nur darum, dies zu können, sollte man beten. Wer sündigt, den trifft irgendwann die Strafe durch rächende Dämonen, vielleicht erst in einem späteren Leben. Seelen können nicht geschaffen werden und vergehen auch nicht, sondern leben in späteren, verwandten Wesen fort (μετεμψύχωσις). Höchster Lohn ist die Vereinigung mit der Gottheit. Wenn jüngst mancherorts Atheismus eingerissen sei – Sallustios denkt an die Christen –, so betreffe das nicht die Götter, denn Irren sei menschlich.

Fragen wir, wo sich der alte Glaube am längsten gehalten hat, so sind vor allem zu nennen: verkehrsferne Heiligtümer im Osten und ländliche Kulte im Westen sowie römische Senatoren und griechische Philosophen. Im Orient florierten der Kult für Zeus-Ammon in der Kyrenaika und der Isiskult auf der Nil-Insel Philae bis in die Zeit Justinians (s. II 12). Zudem überlebten heidnische Gemeinden in Heliopolis (Baalbek), Edessa (Urfa) und Karrhai (Harran), wo die Verehrung der Mondgöttin und der Planeten erst in islamischer Zeit erlosch. Heiden gab es am längsten unter der Landbevölkerung: Der lateinische Begriff für «Heide» *paganus* bezeichnet den Mann vom Dorfe. Das Christentum ist stärker auf Geschichte als auf Natur bezogen und fand darum auf dem Lande schwer Eingang. Vorübergehend gestärkt wurde das Heidentum bei den Bauern durch die Verordnungen, Ungläubige aus den Städten zu vertreiben. Libanios bezeugt den alten Glauben der Bauern in Syrien. Sulpicius Severus (VM. 12ff) und Gregor von Tours (HF. I 39) beschreiben, wie der heilige Martin, beschützt von bewaffneten «Engeln», durchs Land zog und gegen den erbitterten Widerstand der Bauern die heiligen Quellen und Bäume, Bilder und Bauten zerstörte. Gregor beklagt heidnische Kulte in Gallien noch zu seiner Zeit. Aus dem Trierer Umland sind über fünfzig Heiligtümer bezeugt, in denen während des ganzen 4. Jahrhunderts noch geopfert wurde.

Das Fortleben heidnischer Vorstellungen und Bräuche in Griechenland erweist Zosimos, in Attika wurden noch im frühen 5. Jahrhundert Stiere und Ziegen auf den Götteraltären geopfert. Heidentum in Italien belegen

Maximus von Turin, Cassiodor und Gregor der Große; in Sizilien und Sardinien klagten die Geistlichen, die Bauern bestächen die Behörden, damit diese die alten Feste duldeten. Die Götter in Gallien bekämpfte Martin von Tours (s. o). In Spanien wetterte Martin von Bracara noch 572 gegen den «Aberglauben» auf dem Lande, und aus Africa haben wir entsprechende Zeugnisse von Augustinus und Salvian, während aus Britannien archäologische Belege das Fortleben der alten Kulte dartun. Sie hielten sich mancherorts bis ins 7. Jahrhundert. Die antiheidnischen Gesetze griffen langsam, aber die Obrigkeit setzte sich durch. Auch bei den Germanen hatte die Mission gewöhnlich gesiegt, wenn die Fürsten und Könige gewonnen waren. Die frühen Germanenrechte haben die kaiserlichen Gesetze gegen Häretiker und Altgläubige wörtlich übernommen oder sinngemäß wiederholt. Das Christentum wurde jeweils dann zur herrschenden Lehre, wenn es zur Lehre der Herrschenden geworden war.

Heiden begegnen uns unter den Staatsbeamten Galliens bis in die achtziger Jahre des 4. Jahrhunderts, bei den hohen Hofbeamten noch unter Anthemius und Justinian (s. u.) sowie bei den führenden Militärs. Vor allem aber saßen Heiden im römischen Senat. *Vetustas quidem nobis semper, si sapimus, adoranda est*, heißt es bei Macrobius (sat. III 14,2), und die Begründung lautet: es seien jene Jahrhunderte, in denen Rom kraft seiner Tugenden wuchs und das Weltreich zustande brachte. Zwar traten schon unter Constantin einzelne Senatoren zum Christentum über, doch blieb dies die Minderheit. Die meisten römischen Stadtpräfekten waren Heiden. Tertullus brachte für die glückliche Ankunft von Getreideschiffen noch 359 den Dioskuren öffentliche Opfer dar. Das Geistesleben war geprägt durch die «heidnische Restauration» im sogenannten Symmachus-Kreis, dem Köpfe wie Praetextatus mit seinen vielen Priestertiteln und Nicomachus Flavianus, Vater und Sohn, angehörten. Sie hielten die alten Bräuche aufrecht bis zum Sieg des Theodosius 394 über Eugenius. Danach sind die meisten Senatoren zum neuen Glauben übergetreten.

Ein Symbol des heidnischen Widerstandes wurde die Victoria-Statue und der Altar zwischen den beiden Nordtüren in der Curia zu Rom. Augustus hatte nach seinem Sieg bei Actium, vermutlich am 28. August 29, die aus Tarent stammende Statue als Sinnbild der Weltherrschaft Roms in der Curia Julia geweiht. Ihr wurden Wein und Weihrauch geopfert. Constantius II ließ das Bild bei seinem Rombesuch 357 entfernen (s. II 4), doch kam es unter Julian wieder an seinen Platz. 382 befahl Gratian abermals seine Beseitigung, das Gesuch des Symmachus als Stadtpräfekt 384 wurde von Ambrosius vereitelt (s. II 7). Ebenso schlug Theodosius die 389 wiederholte Bitte um Rückgabe ab. Einer dritten Ablehnung durch Valentinian II 392 folgte der Tod des jungen Kaisers. Eugenius ließ die Victoria danach ein letztes Mal aufstellen. 394 nach dem Sieg des Theodosius mußte sie verschwinden. Ob unter Stilicho das Bild ohne den Altar in die Curia zurückkehrte, ist nicht ganz klar. Als Siegesemblem erscheint Victoria u. a. auf Münzen bis ins 6. Jahrhundert, dann wurde sie in einen Engel umgedeutet.

Einblicke in die Bemühungen um die alten Bräuche bieten uns die christlichen Polemiken gegen sie, so die beiden Gedichte gegen Symmachus von Prudentius, das anonyme ‹Carmen contra paganos›, vermutlich gegen Virius Nicomachus Flavianus, den Konsul von 394 gerichtet, und das Gedicht «an einen Senator, der von der christlichen Religion zur Sklaverei des Götzendienstes übergetreten ist». Wie zäh Senatorenkreise an den überlieferten Bräuchen festgehalten haben, lehrt das Schreiben des Papstes Gelasius gegen den christlichen Senator Andromachus, der 494 das Lupercalienfest wieder nach der alten Sitte feiern wollte, um Rom vor einer Seuche zu bewahren. Noch unter Anthemius um 470 war das Ritual begangen worden.

Aufschlußreich sind die Inschriften der letzten heidnischen Senatoren. Daraus ersehen wir, wie sie alte Heiligtümer ausgebessert und neue gestiftet haben, wie sie priesterliche Aufgaben und religiöse Rituale weiterführten. In traditioneller Weise werden die Priesterämter vor den Staatsämtern genannt. Praetextatus, der 384 «in die Hölle fuhr», war laut seiner Grabinschrift *augur, pontifex Vestae, pontifex Solis, quindecimvir, curialis Herculis, sacratus Libero et Eleusinis, hierophanta, neocorus, tauroboliatus* und *pater patrum (sc. dei Solis invicti Mithrae)*. Zu Recht nennt ihn darum Macrobius (sat. I 17,1) *sacrorum omnium praesul*. Altrömische, griechische und orientalische Funktionen stehen nebeneinander.

Ein ähnliches Bild bieten die Inschriften der Senatorenfrauen. So berichten die Steine über die Frau des Praetextatus, daß sie sich den Tempeln widmete und Freundin der Götter war, daß sie sich mit ihrem Mann in die Mysterien von Eleusis, Lerna und Ägina hat einweihen lassen, die Stierbluttaufe empfangen hat und Priesterin der Isis, der Hekate und der Ceres war.

Neben den Inschriften unterrichten uns weitere archäologische Quellen über die heidnischen Tendenzen unter den spätrömischen Senatoren. Unter den Elfenbein-Diptychen ragt jenes hervor, dessen Inschrift *Nicomachorum* und *Symmachorum* auf die Hochzeit von 393 verweist. Die Reliefs zeigen opfernde Priesterinnen mit Attributen von Ceres und Kybele sowie Dionysos und Juppiter. In denselben Umkreis gehört wohl auch das Diptychon mit der Himmelfahrt Julians und das mit Aesculap und Salus.

Als «Propagandamittel der stadtrömischen heidnischen Aristokratie in ihrem Kampf gegen das christliche Kaisertum» dienten jene Pseudomoneta (Eckhel), die wir als Kontorniaten bezeichnen: Geschenkmedaillen überwiegend aus der Zeit zwischen 360 und 410. Sie zeigen zahlreiche Motive der heidnischen Religion: Apollon, Mars, Minerva und Hercules, weiterhin Serapis und Isis, Kybele und Attis, Sol und Bacchus. Unter den Kaiser-porträts sind Nero und Julian bemerkenswert.

Die literarischen Bemühungen des Symmachus-Kreises waren wesent-lich durch das Interesse an der alten Religion bestimmt. Julius Obsequens sammelte die Vorzeichen aus dem Geschichtswerk des Livius. Crispus Sal-lustius revidierte 395 die Schrift des Apuleius über Magie. Im Jahre 384, als Symmachus sich für die Rückführung des Victoria-Altars einsetzte, war Vettius Agorius Praetextatus Reichspräfekt. Er steht im Mittelpunkt der 383 oder 384 spielenden ‹Saturnalien› des Macrobius, in denen antiquari-sche und religiöse Fragen erörtert werden. Zumeist geht es um Vergil, vom Christentum ist nirgends die Rede.

Zu den heidnisch gebliebenen Dichtern der Spätantike gehören die Epi-grammatiker Naucellius aus Spoletium, Palladas aus Alexandria und der Epiker Quintus aus Smyrna, während Nonnos aus dem ägyptischen Pano-polis nach der Abfassung seines riesigen Dionysos-Epos zum Christentum übergetreten ist. Heiden waren die Historiker Praxagoras, Eunap, Olym-piodor, Priscus, Hesychios und Zosimos unter den Griechen; Ammian, Aurelius Victor, Eutrop, Nicomachus Flavianus und der Verfasser der ‹Historia Augusta› unter den Lateinern.

Heidnisch geprägt blieb das gesamte Bildungswesen der Spätantike. Die bedeutendsten Rhetoren hielten am alten Glauben fest, so Nazarius, The-mistios, Himerios, Claudius Mamertinus, Pacatus und Libanios. Solche Männer erscheinen im Reichsdienst noch bis weit ins 5. Jahrhundert. Die Panegyrik machte von der heidnischen Götterwelt weiterhin unbefangen Gebrauch, selbst wenn der Kaiser oder auch der Redner Christ war. Mytho-logische und bukolische Motive aus der alten Literatur blieben in der Kunst beliebt. In den Schulen wurden noch immer die alten Schriftsteller gele-sen, und zwar auch von bildungswilligen Christen, während umgekehrt die Heiden kaum christliche Schriften studierten. Aus dieser Tatsache erklärt sich der allgemeine Unwille gegen Julians Rhetorenedikt von 362 (s. II 5). Eine ganze Reihe von christlichen Literaten fußte so stark auf dem heid-nisch-antiken Bildungsgut, daß ihre förmliche Zugehörigkeit zur Kirche für viele ihrer Schriften folgenlos blieb. Zu diesen Kulturchristen zählen die Literaten Ausonius und Claudian, die späteren Bischöfe Synesios und Sido-nius, die Philosophen Prohairesios und Boëthius sowie der Kaiser Anthe-mius und der patricius Illus, der während seiner Revolte gegen Zeno 484 unter dem Einfluß des Zauberers und Wahrsagers Pamprepios stand.

Hochburgen des Götterglaubens blieben Alexandria und Athen (s. III 5). Berühmte heidnische Gelehrte in Alexandria waren die Ärzte Zenon, Mag-nus, Oreibasios und Ionikos (4. Jahrhundert), die Mathematiker Dio-phantos (3. Jahrhundert), Pappos (4. Jahrhundert), Theon und seine 415 ermordete Tochter Hypatia (s. II 9). Die mit dem revoltierenden Illus sympathisierenden Philosophen erfuhren die Rache Zenos. Zu den führenden Köpfen des alten Glaubens in Athen, wo es vor 420 keine Kirche gab, gehörten der Sophist Leontios († 420?), dessen Tochter Athenais-Eudokia 421 Theodosius II heiratete, Plutarchos († 431) und seine gelehrte Tochter Asklepigeneia, Theagenes, der auch Senator in Konstantinopel war (um 450), Proklos († 485), der während einer Heidenverfolgung nach Kleinasien ausweichen mußte, Marinus, der ebenfalls vorübergehend ins Exil ging, sowie Isidoros und Damaskios, die letzten Häupter der «Akademie», die Justinian 529 schloß (s. III 5). Der letzte bedeutende Gesinnungsheide war Justinians rechtskundiger *quaestor* Tribonian.

Das antike Heidentum ist als Volksreligion in theodosianischer Zeit bis auf spärliche Reste untergegangen. Die Kultverbote, Enteignungen und Tempelzerstörungen seit Constantin nahmen an Schärfe zu. Trotzdem hat es noch einzelne Sympathisanten, vielleicht sogar Gläubige unter den Literaten bis weit in die byzantinische Zeit gegeben, doch durften sie dies nicht zeigen. Viele literarische und künstlerische Schöpfungen des Götterglaubens hingegen wurden in säkularisierter Form als Elemente der Bildung und als ästhetische Leistung weiterhin geschätzt. Formen heidnischer Frömmigkeit lebten in bisweilen nur äußerlich christianisierter Form weiter.

Vorchristliches Traditionsgut begegnet uns vielfach. Das beginnt mit der Terminologie. Aus dem profanen Griechentum stammen die Ausdrücke wie *episcopus* und *ecclesia*, Eucharistie und Liturgie, Synode und Diözese. Weltlichen Ursprungs sind ebenso *basilica* und *concilium*. Seit dem 5. Jahrhundert begegnen *ara* für Altar, *templum* für Kirche, *antistes, sacerdos* und *pontifex* für christliche Kleriker. *Sacramentum* heißt ursprünglich der militärische «Fahneneid».

Heidnischer Herkunft ist weiterhin die Verehrung heiliger Orte, an denen das Göttliche besonders wirksam erfahren wurde. Diesem Bedürfnis kam das spätere Christentum auf zwei Wegen entgegen. Der erste ist die ortsgebundene Heiligenverehrung. Seit Constantin greift der Kult der Märtyrer um sich, sie ersetzen Heroen, Nymphen und Dryaden. Hinzu kommt die christliche Übergründung altheiliger Stätten, die auf diese Weise Kultplätze blieben. Die Geburtskirche in Bethlehem steht über der Kulthöhle eines Tammuzheiligtums, die umgedeutet wurde in die «Geburtsgrotte» Jesu, entsprechend der Geburtshöhle des Zeus am Ida. Die Grabeskirche in Jerusalem erhebt sich über einer einstmals Astarte und Adonis geweihten Höhle, und die alte Himmelfahrtskirche (Eleonakirche) am Ölberg stand über einer Grotte, die ein mazdaisches Heiligtum darstellte. Das Jahresfest an der Eiche Abrahams zu Mamre begingen Juden, Heiden und Christen gemeinsam, bis Constantin den Ort durch einen Kirchenbau christianisierte.

Christlicher Siegesstolz hat die Erinnerung an die heidnischen Vorläufer bewußt gehalten. Als Zeichen des Triumphes wurde der Märtyrer Baby-

las im heiligen Hain des Apollon von Daphne bei Antiochia begraben und
verehrt, wurden der Venustempel von Heliopolis, der Tempel von Arethusa
in Makedonien und das Marnasheiligtum von Gaza christianisiert. Ebenso
machte man den Dionysostempel von Alexandria und den Augustustem-
pel von Ankara zu Gotteshäusern. Aus dem Parthenon zu Athen wurde
eine Marienkirche, aus dem Theseion eine Georgskirche, aus dem Erech-
theion eine Muttergotteskirche. Wo auf einem griechischen Berg Elias verehrt wird, darf man ein älteres Zeusheiligtum annehmen.

Im Westen sind lokale Kultkontinuitäten ebenso häufig. Beispiele aus
Rom sind die sechs oder sieben Kirchen über Mithräen, insbesondere San
Clemente und Santa Prisca, weiterhin Santa Maria sopra Minerva, das Pantheon, 609 dem Kult «aller Märtyrer» geweiht, und Santa Maria in Ara-
coeli mit dem benachbarten Franziskanerkonvent auf den Trümmern des
Tempels der Juno Moneta, wo Edward Gibbon am 15. Oktober 1764 sein
«Bekehrungserlebnis» hatte. Die Kirche übernahm für den Gottesdienst
die dorischen Tempel in Agrigent und Syrakus, den Tempel der Himmels-
göttin von Karthago sowie die Tempel von Apollo, Janus, Hercules und
Minerva in Mailand. Das Benediktinerkloster von Monte Cassino steht
an der Stelle eines Apollotempels. Keltisch-römische Heiligtümer liegen
unter den Kathedralen von Chartres, Vienne und Speyer, von Canterbury
und Westminster in London. *Ubi fana destruxerat, statim ibi aut ecclesias
aut monasteria construebat,* sagt Sulpicius Severus (VM. 13,9) vom heiligen Martin.

Antike Frömmigkeit erforderte Bilder im Kult, daher war ihre Verwendung im Gottesdienst umstritten (s. III 6 c). Für einen Christen wie Clemens Alexandrinus (Str. VII 5) war kein Menschenwerk heilig – allein die
von Gott geschaffene Natur und die von Christus gestiftete Gemeinde.
Anstößig war namentlich die heidnische Sitte, vor Bildern Wachslichter
anzuzünden. In jüdischer Tradition hat die Synode von Elvira (can. 36)
Bilder als heidnisch abgelehnt. Paulinos von Nola verweigerte die Verwendung, und Epiphanios von Salamis wurde handgreiflich. Im griechischen
Osten setzten sich dann aber gemalte Kultbilder (Ikone) durch, während
der Westen daneben plastische duldete. Der solare Nimbus des Kaisers
(*imago clipeata*) wurde zum Heiligenschein, Eroten und Victorien verwandelten sich in Engel. Aus dem gehörnten Pan wurde der Teufel, aus der *Isis
lactans* mit dem Horusknaben wurde die *Madonna col bambino,* der Halb-
mond der Artemis und der Granatapfel Heras finden sich als Attribute
Marias.

Eine theologische Rechtfertigung dieser Tradition bietet schon Augustinus (ep. 47,3), sie wurde zur missionarischen Devise bei Gregor dem Großen: Man solle die heidnischen Heiligtümer in Gotteshäuser verwandeln,
um den Ungläubigen den Übergang zum Christentum zu erleichtern: Man
könne den harten Schädeln nicht alles zugleich nehmen - *duris mentibus*

simul omnia abscidere impossibile. Dies geschah ebenso außerhalb des alten Reichsgebietes: Bonifatius erbaute aus dem Holz der Donar-Eiche die erste Petruskirche der späteren Stadt Fritzlar; über dem Ort der Irminsul auf der Eresburg errichtete Karl der Große eine Kapelle.

Gregor empfiehlt, man möge den Leuten auch ihre Festesfreuden nicht rauben. Sie sind der Grund, weswegen die spätantiken Festkalender heidnische Feiertage bewahrten, so der ‹Filocalus-Kalender› von 354 und das ‹Feriale Campanum› von 387. In der Folgezeit ist ein Teil der alten Feste verschwunden, andere blieben im Schwang trotz kirchlicher Proteste – so der Maiumas (s. o.) – oder wurden christianisiert. An die Stelle der Lupercalien am 15. Februar trat Mariae Lichtmeß, die Caristia am 22. Februar wurden durch Petri Stuhlfeier ersetzt, die Robigalia am 25. April durch die Litania maior, der Siegestag von Actium am 1. August durch Petri Kettenfeier, der Geburtstag des Sonnengottes durch Weihnachten. Hier ist das Motiv der Übertragung bezeugt. Neben den Festtagen lebten auch Festbräuche weiter. Melodien heidnischer Lieder erhielten rechtgläubige Texte.

In gewandelter Sinngebung blieben viele der griechischen Mythen lebendig. Die «Taufe» Achills durch Thetis in der Styx wurde als geheimnisvolle Parallele zur christlichen Taufe gesehen, Odysseus verkörperte mit seinen Irrfahrten die Pilgerschaft der Seele, Orpheus und Herakles wiesen durch ihre Taten und ihren Tod auf Christus voraus. Die Rolle der Dioskuren als siegmeldende Reiter übernahmen bei Theodoret (HE. V 25) Johannes und Philippus. Die Stadtgründer Romulus und Remus ersetzte Leo der Große durch Peter und Paul. Insofern gibt es auch eine *interpretatio Christiana,* die den Gestalten des heidnischen Pantheon ein Fortleben erlaubte. Die bei Heiden wie Christen gleichermaßen beliebte allegorische Auslegung ermöglichte es, die griechischen Mythen mit der biblischen Überlieferung und beide mit der Vernunft zu versöhnen. In der Literatur als gelehrte Exempla, in der bildenden Kunst als schmückende Motive, auf Mosaiken, Wandmalereien und Reliefs, an Kirchen, Bädern und Sarkophagen begegnen uns bis weit in die byzantinische Zeit heidnische Figuren, ohne daß wir deswegen schon am christlichen Bekenntnis der Auftraggeber oder der Künstler zweifeln dürfen. Darauf weist auch die Auswahl der Stoffe: Alles was in den Umkreis der konkurrierenden Erlösungsreligionen gehört, was mit Attis und Isis, mit Sabazios und Mithras zu tun hat, ist Tabu. Aber die olympischen Götter, die klassischen Mythen bleiben zitierfähig.

Viele Bräuche haben in christlichem Gewande überlebt, das reicht von Zauberei und Aberglauben über den Bilderdienst (Ikonodulie) bis hin zum Heiligenkult und zur Marienverehrung. Die theologische Rechtfertigung dafür liegt in jener seit Melito von Sardes und Clemens Alexandrinus von Origenes und Eusebios von Caesarea vertretenen Auffassung, die heidnische Welt sei nicht im feindlichen Gegensatz, sondern als Vorstufe und Vorschule des Christentums zu sehen. So ist das antike Heidentum zwar als

System verschwunden, aber nicht in seinen Elementen. In der Geschichte wird – mit Hegel zu reden – alles irgendwie «aufgehoben».

b) Die Juden

«Es steht außer Frage, daß die jüdische Religion durch kein Gesetz verboten ist» – *Judaeorum sectam nulla lege prohibitam satis constat.* Diese Formulierung des Kaisers Theodosius von 393 macht die Lage der Juden im spätantiken Reich deutlich: Der Kaiser muß in Erinnerung bringen, daß die Juden das Privileg genossen, als einzige aller nichtchristlichen Religionen im christlichen Staat erlaubt zu sein. Sie glaubten an denselben Gott wie die Christen. Dennoch wurde das Judentum von den Kaisern als Ärgernis aufgefaßt und durch allerlei Schikanen beinahe ebenso heftig angegriffen wie das Heidentum.

Seit dem Hellenismus waren die Juden über die gesamte Mittelmeerwelt verbreitet. Sie wohnten überwiegend in den Städten, zumal in den Hafenstädten bis nach Britannien. In Rom gab es bereits um die Zeitenwende eine große Gemeinde in Trastevere und um die Porta Capena. Jüdische Gräber enthalten sechs Katakomben, darunter die von San Sebastiano an der Via Appia, die an der Via Labicana bei SS. Marcellino e Pietro und die bei der Villa Torlonia an der Via Nomentana. Der Großteil der Juden lebte in Kleinasien, in Alexandria und in Palästina Prima (Judaea um Caesarea) und Secunda (Galilaea um Skythopolis). Um Bet Schearim bei Haifa wurde eine große Nekropole ergraben, die Dekoration zeigt Motive der griechischen Mythologie. Zentrum des Rabbinertums war Tiberias. Hier residierte der erbliche Patriarch als anerkannter Vorsteher des Judentums. Eine «Vertreibung» der Juden aus Palästina nach dem Jüdischen Krieg 70 n. Chr. hat nicht stattgefunden.

Verkehrs- und Schriftsprache der Juden in der Diaspora war das Griechische. Die Juden Palästinas sprachen ebenfalls griechisch oder aramäisch. Hebräische oder aramäische Inschriften sind sehr selten. Selbst in gottesdienstlichem Gebrauch trat die griechische neben die hebräische Bibel. 553 entschied Justinian einen Streit unter den Juden über die Frage, ob in der Synagoge nur die hebräische Bibel zugelassen sei oder auch Übersetzungen benutzt werden dürften. Der Kaiser gestattete die griechische ‹Septuaginta› und die Übersetzung des Aquila. Die Mischna (δευτέρωσις) verwarf er. Solchen Juden, die an der Auferstehung, der Schöpfungsgeschichte, dem Weltgericht und der Existenz der Engel zweifelten, den Nachfolgern der Sadduzäer, drohte er Verbannung an. Im übrigen hoffte er, daß sie sich doch noch zum Christentum bekehrten.

Das Verhältnis zwischen Juden und Nichtjuden im Reich war immer problematisch. Den Grund nennt Augustin (CC. 39, S. 744): «Wer weiß noch, was die Völker waren, die Rom einst unterworfen hat? Sie alle sind

426 III. Die inneren Verhältnisse

Römer geworden und heißen Römer. Einzig die Juden blieben gezeichnet; sie sind nicht so besiegt worden, daß sie von den Siegern absorbiert worden wären (*nec sic victi sunt, ut a victoribus absorberentur*). Ihr Zeichen aber ist das Zeichen Kains.»

In der Principatszeit lassen sich sowohl auf römischer als auch auf jüdischer Seite Zeugnisse für eine harte und Zeugnisse für eine versöhnliche Haltung nachweisen. Eine harte Linie verfochten jene Juden, die sich gegen die römische Herrschaft wandten und ihre Hoffnung auf ein messianisches Königreich setzten – so im Titus-Aufstand 66 bis 70 n. Chr. und im Bar Kochba-Krieg 132 bis 135. Eine harte Position auf römischer Seite ist teils die Voraussetzung, so bei Caligula, teils die Folge jener Aufstände, so bei Hadrian. Sie gipfelt in der Hellenisierung Jerusalems 135, das nun *Aelia* hieß, und einem Beschneidungsverbot, das Antoninus Pius indes wieder aufhob.

Eine versöhnliche Einstellung finden wir auf jüdischer Seite in gebildeten und hellenisierten Kreisen, so bei Philon, Josephus und dem Patriarchen Juda I; in Rom bei Kaisern wie Claudius, Titus und Trajan, denen in den «heidnischen Märtyrerakten» von alexandrinischen Griechen eine Begünstigung der Juden vorgeworfen wurde. Eine ausgesprochen judenfreundliche Politik betrieben die Severer. Sie schützten die traditionellen Privilegien der Juden: die Sabbatruhe, die Tempelsteuer, die Befreiung vom heidnischen Kult im Militär und die Selbstverwaltung. Das Opfergebot der Christenverfolger galt nicht für sie.

In der Spätantike halten die Spannungen zwischen den Juden und Nichtjuden an. Das bezeugen für den Osten Synesios (ep. 4) und im Westen Rutilius Namatianus (I 383 ff). Man warf den Juden ihre Geschäftemacherei und ihre Sondersitten vor: die Speisetabus, die Beschneidung und die Sabbatruhe. Rutilius beklagt die Unterwerfung Judäas durch Pompeius und Titus, denn die Folge sei die «pestartige Ausbreitung» der Juden, die nun als Besiegte ihre Sieger unterjochten.

Einen zusätzlichen Stimulus zum Judenhaß lieferte das Christentum. Die alte, bereits von Paulus und den Evangelisten sowohl bezeugte als auch vertretene Abneigung gewann an Tiefe. Die Judenfeindschaft der Christen zeigt sich in der patristischen Literatur bei Justin und im Barnabasbrief, bei Aphrahat (hom. 19), Eusebios von Caesarea, Ephraim dem Syrer sowie bei den Säulenheiligen Symeon und Sergius. Die acht Judenpredigten, die Johannes Chrysostomos 386/387 in Antiochia gehalten hat, bringen alle erdenklichen Vorwürfe gegen die Juden. Johannes tadelte Christen, die sich soweit vergäßen, daß sie sogar die medizinischen Kenntnisse von Rabbinern in Anspruch nähmen. Ihn verdroß das Vertrauen auf Eide, die in Synagogen geschworen wurden, die Anziehungskraft, die von jüdischen Festlichkeiten ausging, und die Bereitschaft von Christen, sich beschneiden zu lassen. Er fabelt von jüdischen Greueltaten bis zum Ritualmord an Kindern und interpretiert ein Herrenwort so um, daß geradezu eine Abschlachtung der Juden gewünscht erscheint. Judenfeindliche Äußerungen finden sich bei vielen Kirchenvätern. Gregor von Nyssa (or. 6,16;18) sah in der Demütigung der Juden eine Strafe für ihre Verstocktheit. Augustin meinte, obwohl die Juden Christus getötet hätten, sollten die Christen die Juden nicht töten: *maneat gens Iudaeorum,* damit sie in ihrer verdienten Erniedrigung durch Rom Gottes Mitleid bewiesen. Die ‹Constitutiones Apostolorum› (VIII 47, 65) untersagten den Priestern das Betreten von Synagogen. Sulpicius Severus (chron. II 3, 6) sah in der Weigerung der Juden, römische Sitten anzunehmen, ein Vorzeichen für den Zerfall des Reiches.

Für die Kaiser ergab sich ein Rollenkonflikt. Als Herrscher hatten sie über den Parteien zu stehen und auch die Minderheiten zu schützen. Als Christen hingegen fiel es ihnen nicht leicht, für die Juden einzutreten, deren Glauben sie als eine verstockte Irrlehre ansahen. In den Gesetzen heißt sie: *secta feralis, turpitudo, sacrilegium, perversitas, incredulitas, nefanda superstitio* und ähnlich. Die Maßnahmen schwanken zwischen Schutz und Schikane.

Constantin sprach in seinem Schreiben an die in Nicaea abwesenden Bischöfe über den Ostertermin von den «ruchlosen und meineidigen, vater- und gottesmörderischen» Juden, mit denen die Christen nichts, auch nicht den Passahtermin gemein haben sollten. Dennoch hat er sie glimpflich behandelt. Anscheinend erlaubte er ihnen, einmal im Jahre Jerusalem zu betreten und den Tempel zu beweinen. Mit dem Bau der Grabeskirche um 330 (s. II 3) beginnt die Geschichte des christlichen Jerusalem, das in jüdischen und heidnischen Quellen weiterhin Aelia heißt. Unter Constantius II verschlechterte sich die Lage der Juden. So kam es 351/352, als Constantius gegen Magnentius kämpfte, zu einem Judenaufstand gegen den Caesar Gallus. Der jüdische König Patricius überfiel die Besatzung von Sepphoris-Diokaisareia, gewann Tiberias und Diospolis und mußte durch den Heermeister Ursicinus niedergeworfen werden. Damals wurde Bet Schearim zerstört.

Eine Wende brachte Julian. Er schätzte an den Juden, daß sie im Gegensatz zu den Christen ihren Väterglauben bewahrten, und dies in einer Zähigkeit, die er seinen «Hellenen» zum Vorbild hinstellte (453 CD). Auch die Hilfsbereitschaft der Juden untereinander schien ihm beispielhaft (130 D). Entsprechend der *interpretatio Graeca* meinte Julian, daß die Hellenen den Gott der Juden ebenfalls verehrten, nur unter einem anderen Namen. Er bezeichnet sich selbst als einen Verehrer des Gottes Abrahams (354 B). Dennoch warf er den Juden vor, daß sie umgekehrt nicht auch die Götter der anderen Völker gelten ließen (454 A). Die Juden sähen die Sonne der Wahrheit nur durch einen Nebel (296 A).

Möglicherweise hat bei Julian neben der gemeinsamen Frontstellung gegen die Christen die Absicht mitgesprochen, vor dem Perserzug die Sympathien der babylonischen Juden zu gewinnen. Von Antiochia aus schrieb er (ep. 51) an die jüdische Gemeinde. Er bedauerte die früheren Bedrückungen, erließ ihnen Sondersteuern und forderte «seinen Bruder», den Patriarchen Julos alias Hillel II auf, das Volk von der Tempelsteuer zu befreien (396 D ff). Der Kaiser wolle aus eigenen Mitteln den Jerusalemer Tempel wiederherstellen, sobald er aus Persien zurückgekehrt sei. Dies erwartete man vom Messias, als der Julian in Mesopotamien galt. Dieselbe Absicht hat Julian auch andernorts bekundet (295 C), sie wird von Ammian (XXIII 1,2 f) und den Kirchenhistorikern bestätigt. Ammian berichtet, der Kaiser habe seinen Freund Alypius, der zuvor Britannien verwaltet hatte, damit beauftragt, der jedoch sei durch Flammenerscheinungen und Erdbeben davon abgehalten worden. In den christlichen Quellen wird dies ausgeschmückt, doch ist die emsige Mithilfe der Juden bei dem Vorhaben glaubhaft. Anscheinend hat Julian seine Sympathie für die Juden auch in seiner Münzprägung zum Ausdruck gebracht. Nach seinem Tode galt wieder die Bestimmung, daß Juden nur einmal im Jahr Jerusalem betreten und beweinen durften.

Unter Valentinian und Valens genossen Juden wie Heiden Schutz. Den jüdischen Gotteshäusern wurde Freiheit von Einquartierung, den Rabbinern die Wahrung ihrer Vorrechte zugesagt. Zaghaft blieben die Schutzmaßnahmen von Theodosius gegenüber den Juden. Den *consularis* Hesychios, der dem jüdischen Patriarchen Gamaliel Papiere entwendet hatte, ließ der Kaiser zwar hinrichten, doch beginnen unter ihm die Pogrome. Auf dem Wege von Aquileia nach Mailand 388 hörte er, daß der Bischof von Kallinikon am Euphrat die Synagoge in seiner Stadt geplündert und niedergebrannt habe. Darauf befahl der Kaiser, die gestohlenen Güter zurückzugeben und das Bethaus wieder aufzubauen. Ambrosius protestierte und verkündete, wenn in Mailand die Synagoge nicht bereits niedergebrannt wäre, würde er selbst dies veranlassen. In einer dramatischen Szene während des Gottesdienstes nötigte der Bischof den Kaiser, seinen Befehl zurückzunehmen (s. II 7). Es folgten weitere Synagogenzerstörungen und Versammlungsverbote für Juden durch lokale Machthaber. 393 erklärte Theodosius dies für ungültig; Christen, die Synagogen plünderten und zerstörten, seien zu bestrafen.

Daß die Pogrome weitergingen, belegen Gesetze von 396 und 397, damals war Illyricum betroffen. Die jüdische Sekte der Himmelsverehrer (*Caelicolae*), die im Westen verbreitet war, wurde 408 und 409 von Honorius verboten. 412 ist von einer allgemeinen Synagogenverbrennung die Rede, selbst die Wohnhäuser der Juden wurden beschädigt.

Unter Theodosius II setzt sich diese Politik fort. 414 kam es zu einer gewaltsamen Auseinandersetzung in Alexandria, wo es seit der Ptolemäerzeit eine große und reiche Judengemeinde gab. Der Streit um einen Theaterhelden, der an einem Sabbat aufgetreten war, führte – nach christlichen Quellen – zu einem Massaker, das die Juden nachts unter der christlichen Bevölkerung anrichteten. Daraufhin vertrieb der Bischof Kyrillos die Juden aus der Stadt, «die sie seit Alexander von Makedonien bewohnten»; die Christen plünderten ihre Habe. Dabei wurde der *praefectus Augustalis* Orestes verletzt. 415 empfahl Theodosius II dem jüdischen Patriarchen Gamaliel, entbehrliche Synagogen selbst einzureißen. Gamaliel verlor seine Ehrenpräfektur, weil er Neubauten von Synagogen zugelassen habe. Bürgerkriege zwischen Christen und Juden in Syrien und Palästina sind kurz vor 400 und 418 bezeugt.

423 heißt es, Synagogen dürften nicht verbrannt werden; für die bereits in Kirchen umgewandelten Gotteshäuser – eine fortlaufende Praxis – sollten die Juden durch Baugrundstücke entschädigt werden. Neubauten von Synagogen blieben freilich verboten. Für das in Kirchen geweihte Raubgut stünde den Juden ein Gegenwert zu. Die Stücke selbst blieben unantastbar, denn was einmal Gott geweiht sei, dürfe dem Gebrauch von Menschen nicht zurückgegeben werden. Dieses aus heidnischer Zeit stammende Prinzip ging ein ins ‹Corpus Iuris Canonici› (§ 1150). Das Judenschutzgesetz stieß auf heftigen Protest der Kirche. Der Einspruch des Säulenheiligen Symeon soll den Kaiser bewogen haben, es zu widerrufen. Reiches archäologisches Material belegt, daß im 5. und 6. Jahrhundert sehr wohl Synagogen errichtet oder ausgeschmückt wurden.

Die Angriffe der Christen gegen die Juden im Osten des Reiches weckten deren Sympathie für die Sassaniden, bei denen sie unter ihrem Exilarchen im allgemeinen unbeschwert lebten. In einzelnen Fällen führte dies zu Landesverrat mit fatalen Folgen. Als unter Anastasius der Perserkönig Kabades im Jahr 502 die Euphratprovinzen angriff und Constantina (Tella) belagerte, öffneten ihm die Juden heimlich die Mauer. Ihr Verrat wurde entdeckt, und das führte zu einem Massaker unter ihnen durch die Christen, die alles, was jüdisch war, ausmordeten.

Mit den Juden gleichgestellt war die aus dem Judentum hervorgegangene Glaubensgemeinschaft der Samaritaner. Sie waren die bedeutendste der zwölf von Epiphanios behandelten Judensekten. Ihre Heilige Schrift war der Pentateuch, ihr Zentralheiligtum der Jahwetempel auf dem Berge Garizim bei Neapolis/Nablus, erbaut unter Alexander dem Großen, zerstört durch Johannes Hyrkanos 120 v. Chr. Hadrian errichtete hier einen Zeustempel, der im 4. Jahrhundert abgerissen wurde. Weniger weit verbreitet als die orthodoxen Juden, fühlten sich die Samaritaner durch die Christianisierung des Heiligen Landes stärker bedroht und setzten sich zur Wehr. Sie erhoben sich 484 unter ihrem König Justasas, eroberten Neapolis-Nablus und Caesarea und ermordeten die Christen. Die Insurrektion wurde niedergeworfen, auf dem Garizim eine befestigte Marienkirche errichtet und durch eine Garnison bewacht. Ein Handstreich von Samaritanern auf die Kirche unter Anastasius wurde vereitelt.

Wie in Alexandria, so erwuchsen auch in Antiochia aus Zirkuskrawallen Glaubenskämpfe. Die Juden unterstützten die Blauen, die Christen die Grünen, diese triumphierten und gruben sogar tote Juden aus, um sie zu verbrennen. Kaiser Zeno soll gesagt haben: «Schade, daß sie nicht auch die lebenden Juden verbrannt haben.» 507 zerstörten die Grünen unter der Führung eines Wagenlenkers die Synagoge in Daphne bei Antiochia, doch stellte sich Anastasius auf Seiten der Juden und verfügte die Bestrafung der Übeltäter. Bei diesen Kämpfen ging die Innenstadt von Antiochia in Flammen auf.

529 folgte ein großer Samaritaneraufstand unter einem gewissen Julian. Kaiser Justinian warf ihn nieder, 20 000 Samaritaner, heißt es, starben. Ihre Synagogen ließ er abreißen, die Marienkirche auf dem Garizim «uneinnehmbar» ummauern. Der größte Teil der Überlebenden wurde zwangsweise christianisiert. 555 revoltierten die Samaritaner abermals, diesmal gemeinsam mit den Juden in Caesarea. Justinian ließ die Schuldigen auf barbarische Weise bestrafen. Die Juden blieben zahlreichen Bedrückungen ausgesetzt. Nach der Eroberung Africas 535 befahl Justinian, die dortigen Synagogen in Kirchen umzuwandeln, die «Spelunken» der Nichtkatholiken seien zu schließen. Wenn Passah auf das Osterfest fiel, durfte es nicht gefeiert werden; wer in der Fastenzeit Lammfleisch aß, mußte mit Strafe rechnen.

Unter den arianischen Germanenkönigen des Westens genossen die Juden Schutz. Theoderich der Große ließ den von ihm ermordeten Gegner Odovacar, der doch ein arianischer Glaubensbruder war, bei der Synagoge von Ravenna bestatten, wohl um ihn noch im Tode zu ächten, doch behandelte er die Juden sonst respektvoll. Gegenüber den Juden von Genua bemerkte er: «Wir können keine Religion befehlen, denn niemand ist durch Zwang zum Glauben zu bringen.» Er verfügte: «Auch solchen, die im Glauben irren, muß der Staat Schutz gewähren.» Im ‹Edictum Theodorici› (143) wurden den Juden ihre alten Privilegien erneuert, in Rechtsstreitigkeiten durften sie sich an ihre Gemeindevorsteher wenden. 509 gab es Unruhen in Rom. Sklaven legten Feuer in jüdischen Geschäften, in der Synagoge und erschlugen ihre Herren. Dagegen ist Theoderich eingeschritten. 519 wurden abermals in Ravenna und Rom die Synagogen angezündet, daraufhin belegte Theoderich die zuständigen Bischöfe mit Geldstrafen und befahl den Wiederaufbau. Zahlungsunwillige wurden öffentlich ausgepeitscht. Der ‹Anonymus Valesianus› (81 f) nennt das ein *factum adversus Christianos*. Anders als im Oströmischen Reich gab es unter Theoderich jüdische Advokaten. Während des Endkampfes gegen Byzanz unterstützten die Juden die Ostgoten. 536 verteidigten sie Neapel gegen Belisar. Im westgotischen Spanien waren die Juden schweren Verfolgungen ausgesetzt, nachdem die Könige 587 zum Katholizismus übergetreten waren. Erst unter den Arabern hat sich ihre Stellung wieder gebessert.

Das wichtigste Phänomen der inneren Geschichte des spätantiken Judentums ist die Entstehung des ‹Talmud›. Leben und Denken der Juden waren von jeher durch die ‹Thora› bestimmt, d. h. durch das Alte Testament, innerhalb dessen die fünf Bücher Mose (Pentateuch) besonderes Ansehen genossen. Neben diese schriftliche Überlieferung trat im Laufe der Zeit ein mündliches Gewohnheitsrecht, das um 200 in Sepphoris (Galiläa) in der ‹Mischna› gesammelt wurde. Sie bildet den Grundstock für den Talmud, der als Kommentar zur Mischna konzipiert ist. Dieser wurde in syrisch-aramäischer Sprache in zwei Fassungen angelegt. Der palästinische ‹Talmud› entstand vermutlich Ende des 5. Jahrhunderts in Tiberias und Caesarea, der babylonische wenig später im sassanidischen Mesopotamien. Wir haben hier eine ganz ähnliche Kodifikationsbewegung vor uns, wie sie das persische Awesta, das Neue Testament und das römische Recht damals erfuhr. Neben der jüdisch-orthodoxen Frömmigkeit bezeugen Papyrusfunde Neigungen zu Mystik und Magie, auf die gnostische und neuplatonische Vorstellungen und Praktiken eingewirkt haben.

In ihrer Rechtsstellung sind die Juden durch und seit Constantin derjenigen der christlichen Untertanen angeglichen worden. Dies gilt zunächst für die Curialität, die für strenggläubige Juden zuvor wegen der damit verbundenen Opfer nicht in Frage kam. 321 wurde der Stadt Köln gestattet, reiche Juden in die Curie aufzunehmen; zwei oder drei, so heißt es, dürften die Immunität behalten. Vermutlich war dabei an die Gemeindevorsteher, die Gerusiarchen, gedacht. Gratian erneuerte die Bestimmung 383. Arcadius befreite die Juden von der Curialität, Honorius aber trat dem 398 entgegen. Er befand, das Bekenntnis sei im Hinblick auf die Curienpflicht unerheblich. Als sich die in Apulien und Calabrien zahlreichen Juden auf die Bestimmung beriefen, die sie vom Curiendienst befreiten, setzte sie Honorius außer Kraft, weil sie «seinem Reichsteil verderblich» schien. Die Immunität behielten nur ihre Geistlichen.

So wie die christlichen Kleriker, so befreite Constantin auch den Patriarchen, die Presbyter und Synagogenvorsteher von persönlichen und außerordentlichen Lasten. Diese Privilegien von 330 und 331 wurden mehrfach bestätigt, zuletzt 404. Die jüdischen Patriarchen besaßen eine staatlich anerkannte Gerichtsbarkeit in religiösen Angelegenheiten. Exkommunizierte Juden durften nicht durch staatliche Stellen in ihre Gemeinden zurückgeführt werden. Dies hatte allein der Patriarch zu entscheiden. 398 erhielten die Juden das Recht, zivile Streitsachen einvernehmlich vor ihre Patriarchen und Ältesten zu bringen, deren Entscheidung sodann durch die Statthalter vollstreckt werden sollte. Daß auf diese Weise auch Prozesse zwischen Juden und Christen geführt wurden, erfahren wir, weil es 415 untersagt wurde.

Unter Theodosius I trägt der Patriarch Gamaliel den hohen imperialen Rangtitel eines *vir clarissimus et illustrissimus*. Gamaliel besaß eine Reichs-

präfektur ehrenhalber, die ihm jedoch 415 aberkannt wurde (s. o.). Die
übrigen Gemeindevorsteher tragen 404 den Titel *spectabilis*. 408 untersagte
Theodosius II den Juden, bei ihrem Purim-Fest ein Spottkreuz zu verbrennen, sicherte ihnen 409 jedoch die Sabbatruhe zu; an diesem Tage seien sie
nicht zu öffentlichen Arbeiten (*munera sordida*) heranzuziehen. Die reichen
Reeder des *Iudaeorum corpus ac Samaritanum* in Ägypten mußten Staats-
fracht befördern.

Die Finanzen der Juden beschäftigten den Kaiser mehrfach. Arcadius verbot verschuldeten Juden, vor ihren Gläubigern in Kirchen Asyl
zu suchen, gestattete ihnen aber, die Preise ihrer Waren selbst festzuset-
zen, und erklärte die ihnen auferlegten Preisbeschränkungen für ungesetzlich. Daß die Judenfeindschaft vielfach auf die Handelsgeschäfte der Juden
abzielte, erweist sich auch sonst. Julians Übernahme der Apostole auf den
Fiskus (s. o.) hat offenbar nie stattgefunden, die Abgabe wurde weiter entrichtet. Arcadius hat 399 in judenfeindlicher Absicht die Steuer abermals
abgeschafft und das bereits einkassierte Gold und Silber konfisziert. 404
hat er dieses Gesetz wieder aufgehoben. 429 verordnete Theodosius II, daß
die bisher als *aurum coronarium* durch die Patriarchen im östlichen wie im
westlichen Reichsteil von den Synagogen eingezogene Abgabe an den Fiskus abzuführen sei. Der Kaiser begründete das mit dem Ende des Patriarchats. Warum Gamaliel V/VI keinen Nachfolger erhalten hat, wissen wir
nicht. Der Titel «Patriarch» ging über auf die christlichen Metropoliten
von Alexandria, Jerusalem, Antiochia und Konstantinopel. Als Vorsteher
der Judengemeinden erscheinen die *primates* der beiden palästinensischen
Synhedrien.

Bereits auf der Synode von Elvira wurde katholischen Christen die Ehe
und Speisegemeinschaft mit Juden verboten. Theodosius erklärte 388
jüdisch-christliche Mischehen zu *adulterium* und stellte sie unter Kapital-
strafe. Schon 339 hatte Constantius II befohlen, daß Juden, die Frauen aus
den staatlichen Textilbetrieben geehelicht hatten, ihre Frauen in die Fabriken zurücksenden müßten. Verführten sie Frauen zur Teilnahme an den
jüdischen «Schandtaten», seien sie am Leben zu strafen. Beim ersten Fall
spielt offenbar ein ökonomisches Motiv mit. 393 unterwarf Theodosius
die Juden dem römischen Eherecht und verbot ihnen die vom mosaischen
Gesetz erlaubte Polygamie. Sie war längst obsolet, daher ist das Gesetz wohl
bloß schikanös.

Im Hinblick auf den Staatsdienst erging es den Juden ähnlich wie den
Heiden. 404 wurde ihnen der Dienst als *agentes in rebus* verwehrt. 418
dehnte man das auf jede *militia* aus. Die noch als *agentes* oder *palatini*
amtierenden Juden dürften ihre Dienstzeit beenden, aber Neulinge seien
nicht mehr einzustellen, und überdies müßten alle jüdischen Soldaten entlassen werden. Den Juden mit Hochschulbildung wurde indessen weiterhin
die Anwaltstätigkeit und die Curialität gestattet. Theodosius II untersagte

425 und 438 den Juden erneut Prozeßführung und Staatsdienst. Da Justinian 535 den Ausschluß der Nichtkatholiken von allen Ämtern wiederholte und ihnen nur die Lasten der *curiales* und *cohortales* beließ, scheinen die früheren Bestimmungen nicht gegriffen zu haben. Die lateinische ‹Collatio Mosaicarum et Romanarum legum› aus der Zeit um 400 stammt vermutlich von einem christlichen Verfasser. Er sucht zu beweisen, daß die Gesetze Mosis' mit denen der Römer übereinstimmten und älter seien als diese.

Seit Constantin wurde den Juden immer wieder verboten, christliche Sklaven zu kaufen, zu besitzen oder in ihrem Glauben zu belästigen. Christliche Sklaven sollten der Kirche oder dem Staat übereignet oder freigelassen werden. Zwischenzeitliche Milderungen dieser Bestimmung zeigen, daß sie nicht durchzuführen war. Todesstrafe wurde seit 339 Juden angedroht, die christliche Sklaven beschnitten. Der beschnittene Sklave wurde frei. Ab 415 fiel er an die Kirche. Gegen die Proselytenmacherei ergingen überhaupt scharfe Gesetze. Zum Judentum übergetretenen Christen drohte der Scheiterhaufen, und dieser erwartete auch Juden, die ihre Glaubensgenossen daran hinderten, sich taufen zu lassen. Es war unter den Juden Sitte, Abtrünnige zu steinigen oder doch zu enterben. Beides wurde untersagt.

Neben den zahlreichen Zeugnissen für die durch Scharfmacher gesteigerte Spannung zwischen Christen und Juden gibt es auch Belege für freundliche Beziehungen. So wissen wir, weil Johannes Chrysostomos 386/387 in seinen acht Judenpredigten dagegen wetterte, daß in Antiochia Christen die Synagoge besuchten, um das Gepränge der Zeremonien zu erleben. Die Synagoge von Sepphoris in Galiläa zeigt auf ihren Mosaiken aus dem 5. Jahrhundert neben biblischen Motiven einen Helios im Strahlenkranz auf dem Sonnenwagen, umgeben von den Tierkreiszeichen. Villen dort und in Scythopolis sind mit dionysischen Szenerien geschmückt.

Das eindrucksstärkste Zeugnis für ein mögliches friedliches Nebeneinander der Religionen ist das Jahresfest von Mamre. An der uralten Eiche Abrahams nahe Hebron versammelten sich die Umwohner aller Glaubensrichtungen und feierten gemeinsam: Juden, Christen und Heiden opferten, speisten und entzündeten Lichter. Um 324 besuchte Constantins Schwiegermutter Eutropia das Fest, berichtete dem Kaiser, der die Bischöfe maßregelte, Altar und Götterbilder zerstören und eine Basilika errichten ließ. Das Fest bestand in christlicher Form fort, wurde aber trotz Todesdrohung bis ins 5. Jahrhundert auch von Juden, Phönikern und Arabern besucht.

Große Judengemeinden lagen außerhalb des Reiches. Im sassanidischen Mesopotamien, wo die Juden seit Nebukadnezar alteingesessen waren, kann man sogar von einer Blüte des Judentums sprechen. Dort entstand der für das spätere Judentum grundlegende Babylonische Talmud (Bavli). Gemäß Faustus hat Sapor II nach dem Tode Julians Zehntausende von jüdischen und armenischen Familien aus Armenien nach Mesopotamien verschleppt.

Gleichwohl betrachtet Aphrahat ihn als Judenfreund. Die Sympathie unter den römischen Juden für Persien steigerte sich bisweilen bis zum Landesverrat, wie die Vorgänge in Tella-Constantia in Osrhoene 503 lehren. Persische Juden haben im 7. Jahrhundert den mosaischen Glauben zu dem Turkvolk der Chasaren in Südrußland gebracht, wo im 9. Jahrhundert der Adel sich zum Judentum bekannte. Unter den arabischen Stämmen hat sich das Judentum, teils durch Einwanderung, teils durch Bekehrung seit dem 1. Jahrhundert n. Chr. ausgebreitet. Es stand hier in der doppelten Konkurrenz einerseits zum altarabischen Heidentum, andererseits zu dem gleichfalls expansiven Christentum, zumal in der Form des Judenchristentums (s. III 6 d). Um 350 wurde der Nordjemen von den christlichen Königen Abessiniens unterworfen, doch setzten sich hier um 400 zum Judentum übergetretene Herrscher durch. Der jüdische Einfluß gipfelte unter dem König Dhu Nuwas, der nach Tabari zu Beginn des 6. Jahrhunderts 20 000 Christen in Negran umbringen ließ, weil sie sich nicht zum Judentum bekehren wollten. Die arabischen Christen fanden Hilfe in Byzanz. Mit der Unterstützung Justins erneuerte Elesbaas 525 die abessinisch-christliche Herrschaft im Jemen. Die folgenreichste arabisch-jüdische Kolonie bestand in Medina, wo sie im 6. Jahrhundert sogar die Macht besaß. Die Stiftung des Islam erwuchs in der Auseinandersetzung Mohammeds mit Juden und Christen. Erst als seine Predigt bei ihnen keinen Erfolg hatte, änderte er die Gebetsrichtung von Jerusalem nach Mekka, wie die zweite Sure des Koran bezeugt (2, 138 f).

Das Judentum ist die einzige unter den nichtchristlichen Religionen, die immer statthaft war und das Altertum überdauert hat. Dieses singuläre Privileg war allerdings mit endlosen Schikanen verkoppelt. Aber gegen alle Anfeindungen durch Griechen und Christen, durch Bevölkerung und Staatsorgane haben die Juden sich sowohl in der christlichen als auch in der islamischen Welt behaupten können. Der Grund liegt nicht nur in der Duldung des mosaischen Glaubens durch Rom und Mekka, sondern auch in einer Strukturverwandtschaft der Buchreligionen. Judentum, Christentum und Islam sind durch heilige Schriften und eine feste Gemeindeordnung äußerlich und durch den Glauben an einen historischen Stifter, ein Leben nach dem Tode und eine geschlossene Kosmologie auch innerlich miteinander verbunden. Die gleichartigen Ansprüche auf die absolute Wahrheit begründen dann freilich auch jene Konkurrenzsituation, die sich bis in unsere Tage immer wieder blutig entladen hat.

c) Die Reichskirche

Das Christentum hat als jüdische Sekte begonnen. Die Anhänger Jesu wurden so wie die Pharisäer und die Sadduzäer, die Essener und Täufer zunächst als Sondergemeinde des Judentums angesehen. Juden gab es im ganzen Römischen Reich, ebenso wie Syrer, Phönizier und andere Handelsvölker. Früh entstanden christliche Zirkel innerhalb der jüdischen Gemeinden. Paulus fand sie dort schon vor, als er auf seinen Missionsreisen in den Synagogen predigte. Indem er dann die Aufnahme von Nichtjuden, sogenannten Heidenchristen, durchsetzte (Apg. 15) und ihnen die Beschneidung ersparte, begann er, das Christentum von seinem jüdischen Ursprung zu lösen. Paulus wurde der Organisator des neuen Glaubens.

Die neue Lehre verbreitete sich von den Juden zu den Griechen und über diese zu den anderen Völkern. Die Kirchensprache war noch im 3. Jahrhundert das Griechische, auch im Westen. Das lehren die christlichen Grabinschriften Roms. Lateinisch sprach zuerst die africanische Kirche, hier entstand auch die erste lateinische Bibel, die seit etwa 200 n. Chr. bezeugte ‹Vetus Latina›. In Rom hat Damasus um 380 die Liturgie vollständig latinisiert. Anfangs wurde das Christentum überwiegend in den mittleren und unteren Schichten der Städte des Ostens angenommen. Die Mission ging von Osten nach Westen, von den Städten aufs Land. Wichtige Träger waren orientalische Kaufleute, sie hatten den neuen Glauben unter Marc Aurel bis Lyon gebracht.

Die frühen Missionserfolge des Christentums erklären sich aus einem Mentalitätswandel. Ihn nutzten – oder bewirkten? – die Frohe Botschaft der Ewigen Seligkeit und die Angst vor dem Weltgericht. Hinzu trat die Anziehungskraft, die das Bild von Jesus zu allen Zeiten hatte, und der sittliche Gehalt seiner Lehre, insbesondere der Bergpredigt. Die Zahl der Märtyrer, die um des Himmelreichs willen ihr Leben hingaben, machte Eindruck und diente der Kirche als Argument. Dazu kommen praktische Gründe: die Liebestätigkeit, die zumal unter der ärmeren Bevölkerung Anklang fand, der organisatorische Zusammenhalt der Gemeinde im ganzen Imperium und schließlich die schriftliche Fixierung der Lehrinhalte im Neuen Testament nebst der umfänglichen theologischen Literatur. So verbinden sich im frühen Christentum Elemente einer orientalischen Mysterienreligion mit denen einer antiken Philosophenschule. Während das Heidentum vorwiegend bestimmte Gruppen ansprach – der Götterglaube die Bauern, der Neuplatonismus die Gebildeten, Kybele und Isis die Frauen, Mithras und Mani die Männer –, hatte das Christentum jeder dieser Gruppen etwas zu bieten.

Die Einstellung der ersten Christen gegenüber dem Staat ist durch eine loyale Indifferenz geprägt. Es gab eine romfeindliche Gruppe, die sich auf die Johannes-Apokalypse berufen konnte, wo Rom als die «große Hure

Babylon» verunglimpft wird. Dagegen steht eine romfreundliche Richtung, die in der Weihnachtsgeschichte eine wunderbare Gleichzeitigkeit zwischen Jesus und Augustus, dem himmlischen und dem irdischen Friedensbringer erblickte. Das Gleichnis vom Zinsgroschen mit der Aufforderung Jesu: «Gebt dem Kaiser, was des Kaisers ist!» und das Wort des Paulus: «Seid untertan der Obrigkeit, denn sie ist von Gott eingesetzt!» bezeugen die grundsätzliche Anerkennung des Imperiums. Der erste Klemensbrief (60,4 ff) aus der Zeit um 90, Melito von Sardes um 172 und Tertullian im Jahre 197 stimmten zu. Tertullian erklärte zwar, der Staat gehe die Christen nichts an: *nobis ... nec ulla magis res aliena quam publica*, dennoch war für ihn der Kaiser der «zweite Mann nach Gott». Gregor von Nazianz (or. IV 37) und Orosius (VII 1) sahen das Reich als Werk Christi. Mit seiner Ankunft vereinten sich die Völker im Römischen Reich, wie Hieronymus (PL. 24,184) bemerkt.

Noch weniger problematisch als die Anerkennung des römischen Staates war die der Gesellschaftsordnung durch die Christen. Jesus hatte ein Liebesgebot aufgestellt, aber nicht zu sozialen Reformen aufgerufen. Angesichts des bevorstehenden Gottesgerichtes waren ihm irdische Güter wertlos: Jesus verlangte den Verzicht auf Reichtum, weil dieser die Seele korrumpiere, er verlangte nicht die Enteignung der Reichen, damit die Armen reicher würden. «Schauet die Vögel unter dem Himmel: sie säen nicht, sie ernten nicht, sie sammeln nicht in die Scheunen, und euer himmlischer Vater nähret sie doch!».

Für den Christen wurde die Nachfolge Jesu das zentrale Gebot. Das Leid galt als eine Prüfung Gottes, als eine Auszeichnung des Leidenden, insofern Gott ihn der *imitatio Christi* würdigte. Daher die Aufforderung an die Sklaven, ihren Herren gehorsam zu sein, gerade den harten Herren – freilich auch die Aufforderung an die Herren, ihre Sklaven als Brüder in Christo zu behandeln. Die Einstellung des Christentums gegenüber der bestehenden Gesellschaft war somit ähnlich derjenigen der stoischen Philosophie: humanisierend, aber nicht revolutionär.

Die Haltung der heidnischen Kaiser gegenüber dem Christentum ist zumeist durch eine mißtrauische Toleranz gekennzeichnet. Die frühen Verfolgungen waren mit angeblich kriminellen Handlungen der Christen begründet. Jesus ist als *rex Iudaeorum*, als politischer Aufrührer hingerichtet worden. Nero verfolgte die Christen Roms wegen vorgeblicher Brandstiftung im Jahre 64. Plinius betrachtete sie als potentielle Verbrecher; man warf ihnen vor, daß sie Menschenblut tränken und Inzest begingen. Die Christen beteten im Verborgenen, das war verdächtig. Der Glaube selbst war den Behörden einerlei. Das Kaiseropfer diente als Beweismittel, weil man wußte, daß wirkliche Christen dies verweigerten. Einen allgemeinen Opferzwang gab es nicht einmal im Heere, wie die Christen unter den Soldaten Marc Aurels dartun (s. u.).

Im 3. Jahrhundert, mit der decianischen Verfolgung, erschien die Verweigerung des Kaiseropfers als eine Absage an das Staatsoberhaupt und eine Beleidigung der Götter, deren Schutz man römischerseits nicht entbehren mochte. Das Motiv der Verfolger wurde wieder – wie im Jesusprozeß – politisch (s. II 1). Die Not des Reiches war so gestiegen, daß der Kaiser ein Weihrauchopfer für seinen Genius und die Götter des Staates verlangte. Aus seiner Sicht war das eine Loyalitätsgeste, die den Anhängern der übrigen Religionen im Reich nicht schwer fiel. Die Christen jedoch verstanden dies als Vergottung eines Menschen, unvereinbar mit dem Gebot: «Gebt Gott, was Gottes ist.» Viele weigerten sich, verfielen der Strafe und glaubten, als Märtyrer ins Paradies einzugehen. Erst in der dritten Phase der Verfolgung, unter Diocletian, werden religiöse Motive der Kaiser erkennbar. Die Christen sollten ihre neuartigen Vorstellungen aufgeben und zum Glauben ihrer Väter – gleichgültig welchem – zurückkehren (s. II 2).

Die Christen gliederten sich schon zur Zeit des Apostels Paulus in unterschiedliche Glaubensgemeinschaften (s. III 6 d). Unter diesen setzte die in Rom zentrierte ihren Anspruch auf die apostolische Sukzession durch und behauptete erfolgreich, katholisch (weltweit) den rechten Glauben, d. h. die Orthodoxie zu vertreten. Insofern die Kaiser mit wenigen Ausnahmen diese Gruppierung unterstützt haben, können wir sie als Reichskirche bezeichnen.

Staatliche Anerkennung erlangte sie unter Gallienus 260, bestätigt 272 durch Aurelian. Nach der diocletianischen Verfolgung legalisierte Constantin die Christen 306 in Gallien, Maxentius in Italien und Galerius 311 reichsweit (s. II 3). Die «constantinische Wende» 312 stiftete zwischen Reich und Kirche ein immer enger werdendes Bündnis. Der kaiserliche Missionseifer, die Maßnahmen gegen das Heidentum, die finanziellen Zuwendungen an die Kirche und die Begünstigung von Christen beschleunigten die Ausbreitung des neuen Glaubens. Theodosius erhob 381 das nicänische Bekenntnis zum Staatsgesetz (s. II 7); Ambrosius klagte über Konjunkturchristen, ebenso Symmachus (ep. I 51). Trotzdem verführt uns die religiöse Aktivität der Christen zu einer Überschätzung ihrer Zahl. Selbst eine Metropole des Christentums wie Antiochia war zur Zeit von Johannes Chrysostomos (PG. 50, 591) um 400 erst zur Hälfte christianisiert. Die schrittweise Entrechtung aller Nichtkatholiken gipfelt in Justinians Befehl zur Zwangstaufe. Wer sich weigerte, dem sollte das Staatsbürgerrecht entzogen werden.

Während die innere Mission energisch betrieben wurde, blieb die Verkündung außerhalb des Reiches der Initiative einzelner Bischöfe überlassen. So bemühte sich Johannes Chrysostomos um die Bekehrung der Goten. Die Missionstätigkeit unter den Dakern bei Niceta von Remesiana ist rechts der Donau anzunehmen. Vielfach herrschte die Ansicht des Ambrosius, daß unter Barbaren eine Mission erst möglich sei, wenn diese zivilisiert, d. h. romanisiert oder hellenisiert wären (s. III 2 d).

In Armenien setzte sich das Christentum durch, nachdem Gregor der Erleuchter und Tiridates III/IV als Flüchtlinge vor den Persern um 315 den neuen Glauben in Kappadokien kennengelernt hatten (s. II 2). Der zeitweilig in Konstantinopel dozierende Mesrop erfand 407 die armenische Schrift, übersetzte das Neue Testament und dann die ganze Bibel ins Armenische. Zu den Iberern im späteren Georgien (Kolchis) gelangte das Christentum durch eine aus dem Reich stammende gefangene Christin, die ein Königskind gesundbeten konnte. Das war um 330. Eine gleichartige Geschichte berichtet Victor Vitensis (I 36 ff) für die Missionierung eines Maurenstammes. Auf ähnlichem Wege kam das Christentum zu den Hunnen, nach Äthiopien (s. II 4) und Irland. Zu Anfang des 5. Jahrhunderts wurde der heilige Patrick (Patricius) aus Britannien dorthin verschleppt.

Ebenso folgenreich war die Verbreitung des Christentums unter den Goten durch christliche Kriegsgefangene aus Kleinasien. Wulfila, der «Apostel der Goten», stammte von diesen Leuten ab (s. II 4). Der Fall war nicht selten: «Verschiedene Söhne der Kirche haben als Gefangene der Feinde ihre Herren zu Gefangenen des Evangeliums Christi gemacht.» Mehrfach haben römische Bischöfe auf Nachfrage Missionare zu den Barbaren gesandt.

Das Ja des Staates zur Kirche war gebunden an das Ja der Kirche zum Staat. Indem Eusebios von Caesarea den Kaiser Constantin als Stellvertreter Gottes auf Erden feierte, ging er zwar weiter als andere Theologen, doch hat keiner von ihnen das schon für Paulus und die Evangelisten selbstverständliche Herrscheramt des Kaisers bestritten (s. III 1 a). Man kritisierte nicht die Monarchie, sondern einzelne Monarchen, und zwar aus konfessionellen, nicht aus politischen Motiven. Wenn Lucifer von Calaris, Hilarius von Poitiers und Athanasios gegen Constantius protestierten, so war dessen homöisches Bekenntnis der Grund. Eingriffe orthodoxer Kaiser, so bei Theodosius I und Justinian, selbst in theologische Angelegenheiten wurden von katholischen Bischöfen hingenommen.

Ein heikles Kapitel bildete der Wehrdienst. Tertullian, Origenes und Cyprian hielten ihn für unchristlich. Ebenso dachte der *centurio* Marcellus (Passio Marc.), der unter Diocletian die Waffen niederlegte, weil er nicht zwei Herren zugleich dienen könne, Gott und dem Kaiser. Martin von Tours legte den Waffengürtel ab und sagte: *Christi ego miles sum: pugnare mihi non licet.* Im gleichen Sinne predigte der Eremit Antonius: der wahre Kaiser sei Christus. Dies bewog eine Reihe von Soldaten, den Panzer mit der Kutte zu vertauschen. Paulinus von Nola bot Fahnenflüchtigen das Asyl der Kirche an. Valens versuchte, aus den zu Tausenden die Klöster der Natronwüste füllenden Mönchen Rekruten zu ziehen, dabei gab es Tote.

Neben dieser pazifistischen Tradition gab es jedoch die Auffassung, daß auch der Soldatenstand gottgegeben, daß auch Krieg und Frieden gottgewollt seien. Das war nicht nur aus dem Alten Testament ableitbar, sondern auch aus dem Neuen. Christus hatte den Hauptmann von Kapernaum nicht zur Fahnenflucht ermuntert, nicht den Frieden zu bringen versprochen, sondern das Schwert. Paulus billigte es der Obrigkeit ausdrücklich zu. Christen gab es schon im Heer Marc Aurels. Somit konnte die Staatskirche Waffenwerk und Christenglauben für vereinbar erklären. 314 drohten die in Arles versammelten Bischöfe, jeden Gläubigen, der einem christlichen Kaiser den Wehrdienst verweigere, zu exkommunizieren. 408 wurden die Nichtchristen aus dem Palastdienst ausgeschlossen, christliche Heilige gaben den Namen her für Befestigungswerke und Wurfgeschütze, Schlachten wurden mit Gebeten eröffnet. Seit dem 4. Jahrhundert haben einzelne Bischöfe selbst Truppen kommandiert und ihre Gemeinden gegen die Barbaren verteidigt (s. III 4 c). Persönlich Waffen zu führen, war Geistlichen allerdings verwehrt.

Nur aber diesen. Gregor von Nazianz (or. 6,20) forderte auf zum Kampf gegen die «Bosheit» mit Feuer und Schwert. Augustinus (CD. I 21; 26) erinnerte daran, daß Jesus nirgendwo den Soldatenstand als solchen angreift und daß Paulus das Schwert der Staatsgewalt für gottgegeben erklärt. Der Kirchenvater kam zu dem Schluß, daß die Liebesgebote Jesu auch eine väterliche Strenge nicht ausschlössen, daß die militärische Bezwingung der Barbaren diesen letztlich zu ihrem eigenen Vorteil gereiche, sofern die Kriege nur in christlichem Geiste geführt würden. Wer im Auftrage Gottes einen Staat regiere, einen Verbrecher hinrichte oder im Krieg einen Feind töte, handele nicht gegen Gottes Gebot. Verwerflich sei nicht die *militia*, sondern nur die *malitia* der Soldaten. Das fünfte Gebot gelte nicht, wo Gott selbst Krieg zu führen und zu töten gebiete, wie bei Abraham. Selbstmord aber sei ein Verbrechen. Ambrosius und Augustin übernahmen Ciceros Theorie vom *bellum iustum* in kaum veränderter Form. Für einen frommen Kaiser zögen die Heere der Engel in die Schlacht.

Theodoret (HE.V 41) erneuerte die alte Lehre, daß Friede schlaff mache und Krieg die Seelen stärke. Er fügte das christliche Argument hinzu, daß die Wertlosigkeit der irdischen Güter eher in Kriegs- als in Friedenszeiten erkannt würde. Bei Isidor (etym. XVIII 1,2; 2,1) wird das *bellum iustum* in altrömischer Weise gebunden an die Kriegserklärung, die Wiedergewinnung von Verlorenem und die Abwehr von Feinden. Das Völkerrecht erlaube, Gewalt mit Gewalt auszutreiben (*vim vi expellere*). Papst Gelasius (PL. 59,34) betonte sodann – und darin hätte ihm Augustin gewiß zugestimmt – die Angriffe der Barbaren seien weniger schlimm als die Versuchungen des Teufels, denn diese drohten der Seele, jene nur dem Körper. *Militia est vita hominis super terram* heißt es bei Hiob (7,1).

Das Leben und Denken der antiken Christen orientierte sich an der Bibel. Sie hat erst in der Spätantike ihre uns vorliegende Gestalt gewonnen. Für Jesus war das Alte Testament die Heilige Schrift. Die Urkirche verkündete zunächst daneben die mündliche Überlieferung von Jesus als «das Evangelium». Das Wort wurde von Paulus (Gal. 1,11) für die «Frohe Botschaft» geprägt und später für die vier Jesusbiographien der Evangelisten üblich. Von diesen ist das Markus-Evangelium kurz vor, das Matthäus-Evangelium kurz nach der Zerstörung Jerusalems durch Titus im Jahre 70 abgefaßt. Um die Mitte des 2. Jahrhunderts erlangten sie kanonische Geltung. Das Lukas-Evangelium, etwa gleichzeitig mit dem Matthäus-Evangelium entstanden, und das jüngere Johannes-Evangelium sind um 200 als verbindlich anerkannt worden.

Älter als die Evangelien sind die echten Paulusbriefe, sie stammen aus neronischer Zeit, wurden jedoch für den Gottesdienst erst nach den Evangelien kanonisch. Die vier Evangelien und die Sendschreiben des Paulus bilden den seit etwa 200 n. Chr. unveränderten Kern der Sammlung, die seit dieser Zeit als «Neues Testament» bezeichnet wird. Aus der großen Anzahl der damals im Gottesdienst benutzten Schriften haben sich die heute biblischen Texte nur allmählich herauskristallisiert. Hebräerbrief und Johannes-Apokalypse sind lange abgelehnt worden, umgekehrt wurde der ‹Hirte des Hermas› vielfach dazugezählt, im Alten Testament auch das Buch Baruch. Den Stand der Kanonbildung seiner Zeit referiert Origenes. Er unterschied nach dem Grade der Heiligkeit drei Typen: 1. sicher dazugehörige, 2. sicher nicht dazugehörige Schriften sowie 3. eine mittlere Gruppe von Apokryphen. Die später verworfenen Texte sind überwiegend verloren, ein Teil ist im oberägyptischen Nag Hammadi wiedergefunden worden.

Athanasios von Alexandria war es, der in seinem 39. Osterbrief von 367 zum ersten Male die heutigen 27 Bücher des Neuen Testaments als allein kanonisch erklärt hat. Es ging ihm darum, die vom Heiligen Geist diktierten Schriften von den untergeschobenen Apokryphen zu unterscheiden. Sein Kanon der alttestamentlichen Bücher dagegen weicht etwas von dem unseren ab. Im Osten hat sich die Zusammenstellung erst im 5. Jahrhundert durchgesetzt, im Westen gelang es rascher. Hier hat wahrscheinlich Papst Damasus auf der römischen Synode von 382 den heutigen Bibel-Kanon eingeführt. Die Verbreitung des Beschlusses gelang dadurch, daß Damasus zugleich eine Übersetzung der Bibel ins Lateinische veranlaßte. Sie wurde 405 durch Hieronymus vollendet. Die von ihm geschaffene ‹Vulgata› hat die älteren lateinischen Übersetzungen (Vetus Latina, Itala) in den folgenden Jahrhunderten verdrängt. Die Kanonbildung der Bibel fügt sich in die zeitübliche Kodifizierungstendenz (s. III 6 b). Jeweils steht ein gemeinschaftsbildender Zweck dahinter.

Der Kanon des Neuen Testaments konnte gleichwohl die Einheit des Glaubens nicht gewährleisten. Vincentius von Lerinum schrieb 434 in seinem ‹Commonitorium›: Die Heilige Schrift liegt in vollendeter Gestalt vor und genügt sich selbst in überreichem Maße. Wozu bedarf es da noch der Autorität der kirchlichen Lehre? Darum weil der Tiefsinn der Schrift nicht von allen in gleicher Weise verstanden wird! Jeder deutet ihre Worte anders. Soviel Menschen, soviel Meinungen. *Quot homines, tot sententiae* (cap. 2).

Der Ausschließlichkeitsanspruch der Lehre Jesu machte aus dem Nebeneinander der Meinungen ein Gegeneinander, einen latenten oder offenen Glaubenskrieg, den Constantin und seine Nachfolger zu beenden suchten. Es ging vorrangig um ein verbindliches Glaubensbekenntnis, um die *confessio*, das σύμβολον. Daran hing der Anspruch auf Orthodoxie (Rechtgläubigkeit) und Katholizität (Allgemeingültigkeit), das das rechtfertigte den Kampf gegen die zahlreichen «Irrlehren» und die Ausbildung einer Kirchenordnung. An allen drei Entwicklungen waren Kaiser und Reich beteiligt, so daß man von einer Verkirchlichung des Staates und einer Verstaatlichung der Kirche sprechen kann.

Das erste allgemeine Glaubensbekenntnis wurde 325 auf dem Konzil von Nicaea aufgestellt (s. II 3). Es diente der Abwehr der arianischen Christologie (s. III 6 d). Das Credo war indessen arianisch interpretierbar, und dieses Problem bestimmte die Kirchenpolitik unter Constantius II. Unter ihm und Valens herrschte im Osten eine als arianisch verketzerte Lehre, mit der erst der Spanier Theodosius Schluß machte. Gestützt auf die römisch-alexandrinische Theologie, erhob er am 28. Februar 380 die katholische Orthodoxie zur Staatsreligion (s. II 7). Auf dem Zweiten Ökumenischen Konzil zu Konstantinopel 381 wurde neben Christus der Heilige Geist als dritte Hypostase Gottes festgeschrieben.

Nachdem sich die Lehre der uneingeschränkten Göttlichkeit Christi durchgesetzt hatte, stellte sich die Frage, wie sich die menschliche Natur Jesu dazu verhalte. Gegen die strenge Zweinaturenlehre des Nestorius und gegen die Einnaturenlehre der alexandrinischen Monophysiten (s. III 6 d) wurde 451 auf dem Vierten Ökumenischen Konzil von Chalkedon das Credo von 381 bestätigt, das – abgesehen von dem erst 589 zugefügten *filioque* – bis heute in der orthodoxen, der katholischen und der evangelischen Kirche gilt. Danach besitzt Christus als wahrer Mensch und wahrer Gott beide Naturen vollkommen, untrennbar und unvermischt. Dennoch wurde der Glaubensstreit im Osten dadurch nicht überwunden. Das Henotikon von 482 war ebensowenig erfolgreich, vielmehr führte es zum akakianischen Schisma mit Rom. Justinian eröffnete seinen Codex 534 im Namen Jesu Christi mit dem Verbot, über die *summa trinitas*, die höchste Dreieinigkeit bzw. Dreifaltigkeit, öffentlich zu disputieren, und formulierte das vorgeschriebene Bekenntnis der *sancta Dei catholica atque apostolica ecclesia*, d. h. der Reichskirche.

Die frühchristliche Gemeinde lebte *in ultimis diebus* (Justinian), in der Naherwartung des Jüngsten Gerichts. Sie ist schon vor Jesus bei den Propheten und bei Johannes dem Täufer bezeugt und findet sich in den Qum-ran-Texten. Trotz der Parusieverzögerung – die Wiederkehr des Messias blieb aus – brach die Vorstellung von der angebrochenen Endzeit und dem Tausendjährigen Reich der Apokalypse (20,2 ff) immer wieder auf. Sie wurde durch theologische Spekulationen wachgehalten, die in den Nöten der Gegenwart die von den Evangelien angekündigten Geburtswehen des Neuen Aion erblickten. Die grandiose Untergangsvision der Asklepios-Apokalypse des Pseudo-Apuleius aus dem 4. Jahrhundert kennzeichnet die Zeitstimmung, nicht nur in Ägypten. Selbst Augustinus, der den Chilias-mus bekämpfte (CD. XX 7), sprach vom nahen *finis saeculi*.

Die christlichen Kirchen waren fester organisiert als die anderen Glau-bensgemeinschaften der Zeit. Sie bestanden aus Laien (von λαός – Volk) und Klerus (κλῆρος – Los, Erbteil). Beide waren wieder in sich gegliedert. Da es noch im 4. Jahrhundert nicht ungewöhnlich war, sich erst im Ange-sicht des Todes taufen zu lassen – so Constantin 337, Constantius 361 und Theodosius während seiner Krankheit 380 –, zerfiel die Gemeinde in Ungetaufte und Getaufte. Erstere durften nur bestimmte Teile des Got-tesdienstes besuchen. Bewarben sie sich um die Taufe, so wurde ihnen das Kreuzeszeichen auf die Stirn gemalt (*impressio crucis*). Damit war der Betreffende Katechumene, d. h. Glaubensschüler. Es folgte eine dreijäh-rige Lehrzeit, die mit einer Prüfung abschloß. Diese «Hörer» waren zur Predigt zugelassen. Die Taufe erfolgte nach einem Exorzismus (s. III 6 e) durch dreimaliges Untertauchen. Kindertaufe erwähnt schon Tertullian (bapt. 18). Das Abendmahl blieb den Getauften vorbehalten.

Gottesdienst (*mysterium Christianae legis*) fand so wie bei den Juden stets in geschlossenen Räumen statt und wurde sonntags begangen, unter Constantin auch am Kaiserhof. Er bestand gemäß der jeweiligen Liturgie aus dem Abendmahl (Eucharistie) für die Getauften und der öffentlichen Lesung und Auslegung der Heiligen Schrift, wobei die Predigt von den ste-henden Zuhörern auch als rhetorische Leistung gewertet wurde, so durch den noch heidnischen Augustinus bei Ambrosius. Man betete in antiker Weise mit erhobenen Händen nach Osten blickend. «Hände hoch» ist so wie Niederknien eine Gebärde der Ergebung. Beten mit gefalteten Händen bedeutet nach Plutarch Selbstfesselung.

Ambrosius führte in Mailand den Hymnengesang ein. Schon bei den christlichen Siegesfeiern nach der Niederlage des Licinius ist von Hym-nen die Rede. Auch bei Prozessionen wurde gesungen. Wenn Orosius (VII 39,9) schreibt, 410 seien Alarichs arianische Goten mit den katholi-schen Christen gemeinsam Hymnen singend durch Rom gezogen, ist das wohl nicht ganz ernst zu nehmen. Der gemeinsame Gesang stärkte gemäß Niceta von Remesiana den Zusammenhalt der Gemeinde und erinnerte an die Harmonie der Schöpfung. Zugleich war er eine Waffe im Kampf der Konfessionen, die zuerst Arius eingesetzt hat (s. III 6 d). Die Orgel spielte im Gottesdienst noch keine Rolle (s. III 4 a). Sie ist in Mitteleuropa erst im Codex Laurishamenis aus Lorsch zum Jahre 757 bezeugt. Theodosius untersagte sonntags Wagenrennen und andere Lustbarkeiten. 469 erließ Leo eine umfassende Bestimmung über Feiertags- und Sonntagsruhe, private Rechtsgeschäfte und Schauspiele wurden verboten. Die kaiserliche Verwaltung arbeitete indessen auch sonn- und feiertags, selbst Ostern, am höchsten Kirchenfest. Der noch heute gültige Termin war 325 in Nicaea festgeschrieben worden (s. II 3). Ostern war ein beliebter Tauftermin. In der vierzehntägigen Fastenzeit zuvor wurden Kriminalprozesse ausgesetzt – außer gegen räuberische Isaurier. Im Laufe des 4. Jahrhunderts gewann auch das seit Tertullian (De baptismo 19,2) bezeugte Pfingstfest an Bedeutung, das an die Ausgießung des Heiligen Geistes beim jüdischen Wochenfest erinnert. Die Geburt Christi wurde im Osten seit dem 4. Jahrhundert zu Epiphanias am 6. Januar gefeiert, 361 auch in Vienne. Zugrunde liegt die heidnische Wintersonnenwende für Sol oder Aion, für Dionysos oder Adonis. Weihnachten setzte sich erst seit der Mitte des 4. Jahrhunderts langsam durch (s. II 3), ebenso Himmelfahrt. Bei Epiphanias verblieb die Anbetung der Magier und die Jordantaufe.

Die Gläubigen versammelten sich anfangs in Privaträumen, aus denen die «Titelkirchen» hervorgingen. Kirchenbauten gibt es seit etwa 200, ebenso Altäre nach paganem Vorbild. Der Name ἐκκλησία für die Gemeinde ging auf den Versammlungsbau über. Wie die Kirche gegenüber dem Palast Diocletians in Nikomedien aussah, wissen wir nicht. Mit Constantin setzte eine rege Bautätigkeit ein (s. II 3), bevorzugt wurde der langrechteckige Typ der Basilika (s. III 4 a), seit Ende des 4. Jahrhunderts in der Regel geostet, so wie die Tempel. Aus diesen entnahm man schon unter Constantin Säulen und andere Spolien für die Kirchen. Mit dem 5. Jahrhundert treten die Bischöfe als Bauherren in den Vordergrund. Im Osten zeigt sich eine Vorliebe für Kuppeln, selbst auf Langbauten.

Nach dem Besuch der Kaiserin Helena im Heiligen Land gewann das Pilgerwesen an Bedeutung. Den Besuch geweihter Stätten, an denen die göttliche Gnade stärker wirkt als anderwärts, gab es bei den Griechen (Delphi, Epidaurus) und Juden (Jerusalem), bei Buddhisten und Moslems; er wurde seit dem 4. Jahrhundert zu einem festen Bestandteil christlicher Frömmigkeit. Die Kritik bei Augustinus und Hieronymus, bei Gregor von Nyssa und Johannes Chrysostomos an dieser unchristlichen Form von Glaubenseifer änderte nichts. Bevorzugte Orte waren zunächst Jerusalem und Bethlehem, wo Kreuzsäulen sakral signifikante Plätze bezeichneten – darüber berichten die ‹Itinera Hierosolymitana› und der ‹Breviarius de Hierosolyma› –, sowie die Kirchen des heiligen Menas in Ägypten (Abu Mina), des heiligen Symeon in Syrien (Telanissos) und der heiligen Thekla in Isaurien (bei Seleukia). Daß bei diesen Reisen auch ein touristisches Interesse mitsprach, zeigt der Streckenbericht des Jerusalempilgers von Bordeaux aus dem Jahre 333. Er notiert unterwegs Erinnerungen an Diocletian, Hannibal, Apollonios von Tyana, Euripides und Alexander den Großen. Nach Rom strömten Gläubige zum Apostelfest am 29. Juni. Paulinus von Nola besuchte es regelmäßig; Augustinus (ep. 29,10) rügt den dabei üblichen Alkoholkonsum.

Die Verehrung, die Heilige, Märtyrer und Asketen genossen, gewann im 4. Jahrhundert an Bedeutung. Dies gilt namentlich für den Kult Marias, in der sich die ostmediterrane Muttergottheit fortsetzt (s. III 6 a). Die Frage, ob Maria als Mutter Gottes, als Gottesgebärerin (ϑεοτόϰος) bezeichnet werden könne, wurde im frühen 5. Jahrhundert zum Kardinalproblem. Nestorius und die antiochenische Schule verneinten es (s. III 6 d), aber sie unterlagen gegenüber den Vertretern der Volksfrömmigkeit.

Die Kirche hat ihre Mitglieder einer strengen Aufsicht unterworfen. Auf der Synode von Elvira (306?) wurde Christen das Zinsnehmen und das Würfeln um Geld verboten, Unzucht, Ehebruch und Abtreibung untersagt. Schauspieler und Wagenlenker mußten vor der Taufe ihren Beruf aufgeben. Die Synode von Toledo 400 n. Chr. beschloß Maßnahmen gegen *potentes*, die Arme beraubten und sich weigerten, vor Gericht zu erscheinen. Die Strafe war eine sorgsam gestaffelte Exkommunikations- und Bußpraxis. Nach den ‹Constitutiones Apostolorum› (VIII 47,27) sollten Priester die Prügelstrafe nicht eigenhändig vollziehen. Dies war wohl geschehen.

Im Unterschied zum Laienpriestertum der olympischen und der kapitolinischen Religion besaßen die orientalischen Kulte, die Juden und die Christen einen festen Priesterstand, eine Hierarchie von Geistlichen. Weltliche Ämter waren mit dem Priesterstand unvereinbar. Seit Constantin waren die Kleriker von öffentlichen Leistungen befreit (s. II 3). Der Eintritt in den Klerus erfolgte durch die Priesterweihe (*ordinatio*). Der Kandidat mußte einen tadellosen Leumund aufweisen, sollte getauft sein und durfte nicht in einem Abhängigkeitsverhältnis stehen. Auf der Synode von Elvira (can. 80) war sogar Freigelassenen untersagt, zu Lebzeiten ihrer Herren Priester zu werden. Die alttestamentliche Bestimmung, daß nur solche Männer geweiht werden durften, die körperlich unversehrt waren, wurde auf den christlichen Klerus übertragen, blieb aber nicht unbestritten. Das Nicaenum verbot, Priester zu weihen, die sich selbst entmannt hatten (s. II 3). Die Apostolischen Konstitutionen wiederholten dies. Justinian forderte zudem, Priester müßten mindestens 35 Jahre alt sein, lesen und schreiben können. Er gestattete ihnen eine *uxor legitima*.

Dennoch war die Frage der Priesterehe kontrovers. Für die niedere Geistlichkeit blieb sie im Osten statthaft. Verheiratete Diakone, Presbyter und Bischöfe mußten nach dem Kanon 33 von Elvira Sexualaskese üben (*abstinere se a coniugibus suis et non generare filios*), doch wurde die Bestimmung vom Konzil zu Nicaea nicht übernommen. Die Apostolischen Konstitutionen (VIII 47,18) untersagten Priestern die Ehe mit einer Witwe, einer

Geschiedenen, einer Schauspielerin, einer Hure und einer Sklavin. Das Konzil von Toledo 400 n. Chr. verbot Priestern eine dritte, Papst Gelasius (492 bis 496) untersagte eine zweite Eheschließung. Die Kirchenväter haben das Ideal der Jungfräulichkeit immer wieder gepriesen (s. III 2 c), doch blieb man in der Praxis konziliant. War nicht selbst Petrus verheiratet gewesen? Honorius verbot Priestern, ihre Ehefrauen zu verstoßen. Im übrigen dürften sie allerdings nur mit Müttern, Töchtern und Schwestern leben. Das bei den Priestern erwünschte Zölibat war bei den Bischöfen die Norm. Nichtsdestotrotz waren Ausnahmen nicht selten, hatte doch Paulus auch ihnen die Ehe gestattet. Familie hatten im Orient Synesios, Marcellus von Apamea und Gregor d. Ä. von Nazianz, im Westen Paulinus von Nola, Bonosus von Narbonne, Eucherius von Lyon, Hilarius von Poitiers, Germanus von Auxerre, Sulpicius Severus und Sidonius Apollinaris. Mehrfach ging das Amt vom Vater auf den Sohn über.

Vermögenspolitische Gründe bewogen Justinian 528, nur solche Kandidaten als Bischöfe anzuerkennen, die weder Kinder noch Enkel besaßen. Der Kaiser befürchtete, daß der Bischof andernfalls der Versuchung ausgesetzt wäre, Teile des Kirchengutes seinen Nachkommen zu übereignen. Der Bischof solle aber nicht für seine eigene Familie sorgen, sondern Vater der ganzen Gemeinde, insbesondere der Armen und Bettler sein. Wenig später wurde den Bischöfen untersagt, nach der Weihe zu heiraten. Wieder geht es um die Kinder, die sich am Kirchengut bereichern könnten, denn es heißt, daß die von einem Bischof gezeugten Kinder rechtlich noch unterhalb der unehelichen Kinder stehen sollten und keine Geschenke annehmen dürften. Statt seiner Frau solle der Bischof die Kirche lieben.

Gemäß dem Pauluswort *mulier taceat in ecclesia* war die Priesterweihe für Frauen unzulässig. Dies galt auch für gottgeweihte Jungfrauen: *non ordinetur virgo*. Als in Unteritalien Frauen den Altardienst versahen, schritt Papst Gelasius (ep. 14,26) dagegen ein. Gegenüber den heidnischen Religionen, die Priesterinnen kannten, hatte sich die Stellung der Frau somit verschlechtert. Angesichts der Rolle der Frauen in den Evangelien verwundert dies, vermutlich machte sich jüdischer Einfluß geltend. Die im Kirchendienst tätigen, ursprünglich vor allem bei der Frauentaufe mitwirkenden Diakonissen wurden von Theodosius der Bestimmung unterworfen, daß sie, sofern sie Kinder hätten, mindestens sechzig Jahre alt sein müßten. Dies hatte bereits Paulus festgesetzt. Das Konzil von Chalkedon (can. 15) verlangte von den Diakonissen ein Mindestalter von vierzig Jahren und Ehelosigkeit. Frauen, die sich «gegen göttliches und menschliches Recht» die Haare abgeschnitten hätten, dürften keine Kirche betreten. Bischöfe, die das zuließen, seien zu exkommunizieren. Dies entspricht dem Kastrationsverbot.

Der niedere Klerus unterhalb der Bischöfe umfaßte eine große Anzahl von Ämtern (*ordines minores*). Die biblische Bezeichnung πρεσβύτερος

(Älterer) bürgerte sich im 3. Jahrhundert für den gewöhnlichen «Priester» ein, im Lateinischen wurden die heidnischen Priestertitel *sacerdos* und *pontifex* übernommen. Wichtigste Aufgabe des Priesters war die Abhaltung des Gottesdienstes, das Spenden der Sakramente und die Abnahme der Beichte. Verbreitet war eine Berufstätigkeit neben dem Priesteramt. Die Vermögensverwaltung unterstand den Diakonen, Archidiakonen und Subdiakonen, für Finanzfragen waren *oeconomici* eingesetzt. Der Schriftverkehr wurde von kirchlichen *notarii* geführt, die *defensores* (*manus ecclesiastica*) waren eine Art Kirchenpolizei. 408 wurden die Bischöfe von Honorius ermächtigt, auf diese Leute gestützt gegen Heiden und Ketzer vorzugehen. Die Pförtner (*ostiarii*) amtierten zugleich als Küster und Hausmeister. Im sakralen Bereich finden wir Vorleser, Vorsänger und Akoluthen (Gefolgsleute des Bischofs). Die Zusammensetzung des stadtrömischen Klerus um 250 überliefert Euseb (HE. VI 43,11). Demnach beschäftigte die Kirche von Rom außer dem Bischof noch 46 Priester, 7 Diakone, 7 Subdiakone, 42 Akoluthen, 52 Exorzisten (Teufelsaustreiber), mehrere Lektoren und Pförtner und unterstützte über 1500 Arme.

Eine Ämterlaufbahn (*cursus honorum*) für den Klerus hat sich nicht durchsetzen lassen. Ebenso wie die Bischöfe selbst im 4. Jahrhundert oft aus dem Laienstand genommen wurden, haben sie sich das Recht bewahrt, Ämter nach eigenem Ermessen zu verleihen. Bestechung und Patrocinium sorgten für Unregelmäßigkeiten. Ein theologisches Hochschulstudium hat es im Reich nicht gegeben. Trotz aller Zuwendung auch der christlichen Kaiser zu den Universitäten haben sie niemals Lehrstühle für Theologie eingerichtet. Zeitweilig besaß Alexandria eine Katechetenschule, doch sie ist noch vor dem Erscheinen der Araber eingegangen. Überregionalen Ruf genoß die «Schule der Perser» in Edessa bis 489 (s. III 5), als sie nach Nisibis auswandern mußte.

Die Haltung der Kaiser gegenüber dem Klerus war zweideutig. Auf der einen Seite räumten sie den Priestern beachtliche Privilegien ein, so die Freistellung von der weltlichen Gerichtsbarkeit, auf der anderen Seite drosselten sie den Zugang zum Klerus, um nicht allzu viele Steuerzahler zu verlieren. Constantin hatte 319 die Geistlichen von allen staatlichen und städtischen Pflichten entbunden. Dasselbe galt für die Frauen, Kinder und Sklaven der Priester. Constantius beschränkte die Steuerfreiheit auf das Kirchengut, ihre privaten Besitzungen mußten die Priester besteuern.

Problematisch wurde es, wenn der Priester aus dem Curialenstande kam. Constantin verbot, daß ehemalige Curialen ihren Besitz durch die Priesterweihe entlasteten. Spätere Kaiser machten Kompromisse. Amnestiert wurden solche Geistlichen, die zum Diakon oder Bischof aufgestiegen waren, sowie solche, deren Eintritt in den Klerus zehn Jahre zurücklag oder vor dem letzten Kaiserwechsel stattgefunden hatte. Andere Gesetze forderten von dem Priester den Verzicht auf ein Drittel, die Hälfte oder das Ganze seines Vermögens zugunsten der eigenen Kinder, Verwandten oder eines Ersatzmannes, der dann mit den Gütern die Pflichten übernahm.

Wenn Händler Priester werden oder Priester Handel treiben wollten, so durften sie dies steuerfrei für den Eigenbedarf oder zugunsten der Armen tun. Später folgten kirchliche und staatliche Verbote. Wohlhabenden Plebejern wurde der Übergang ins Priesteramt versagt, weil man sie als Ersatzleute für den Curialenstand und zu anderen *munera* benötigte. Die Einkommensgrenze lag bei 300 Goldstücken. Korporationspflichtige Handwerker wurden gleichfalls ausgeschlossen, namentlich die Bäcker der Stadt Rom, die Purpurschneckensammler und die Schweinemetzger. Drei Gesetze verschlossen den Kolonen und Sklaven die Weihen; ein Herr, der seinem Sklaven dies ermöglichen wollte, solle ihn zuvor freilassen. Wofern ein Sklave allerdings Presbyter oder gar Bischof geworden sei, verliere sein Herr die Rechte an ihm.

Schließlich wurden noch Beamte ausgeschlossen, die ihre Pflichten noch nicht abgeleistet hatten, sowie Staatsschuldner allgemein. Wenn ein unwürdiger Priester oder Bischof aus seinem Amt verstoßen werde, trete er wieder in seine alten Pflichten zurück. Die Kirche selbst hat diese Gesetzgebung keinesfalls bekämpft, sondern darauf geachtet, daß nicht Leute Priester würden, bloß um ihren Pflichten zu entgehen. Die Kaiser hatten den nicht unbegründeten Eindruck, daß die Zahl der dienstpflichtigen Bürger stets abnehme und die der Geistlichen ständig wachse.

Grundlage der Kirchenorganisation war der Episkopat. Bereits im Neuen Testament ist von ἐπίσκοποι, «Aufsehern» der Gemeinde, die Rede. Sie wurden überwiegend aus den Ältesten gewählt und daher ebenfalls als πρεσβύτεροι bezeichnet. Griechisch ἐπίσκοπος und lateinisch *antistes* bezeichnet das Amt; πρεσβύτερος steht für die Würde, sie stammt aus der jüdischen Sphäre. Unter den lateinischen Bischofstiteln ist *sacerdos* früh, *pontifex* seit dem späten 4. Jahrhundert üblich. Diese Titel entstammen dem Götterkult. Als Bezeichnung des römischen Bischofs begegnet *pontifex* seit Damasus 380 und Leo I 450. Der Titel *Papa* beschränkte sich nicht auf den römischen Bischof.

Im Verlaufe der ersten drei Jahrhunderte bildeten sich feste Traditionen in den Rechten und Pflichten dieser Bischöfe, in den Modalitäten ihrer Einsetzung und ihrer Stellung innerhalb des kirchlichen Gefüges. Seit dem 2. Jahrhundert war meist ein einzelner Bischof der Leiter einer Stadtgemeinde (Monepiskopat). Seine Diözese war mit dem politischen Territorium der Stadt, in der er regierte, identisch. Im Osten und in Africa hatte praktisch jede Polis ihren Bischof; im Westen waren die Sprengel größer, erst allmählich erhielten auch hier die einzelnen Städte ihre Bischöfe. Daneben gab es Landbischöfe in stadtarmen Gegenden sowie Bischöfe auf Großgütern. Das monarchische Denkmuster entsprach dem Schriftwort vom Haupt und den Gliedern und dem Tugendideal des Gehorsams. Der Wunsch, alle sollten regieren, erschien Gregor von Nazianz (or. II 4) ebenso abwegig wie das Verlangen, niemand solle herrschen.

Der Bischof amtierte lebenslänglich und besaß autokratische Vollmachten: Die niederen Kirchenämter wurden von ihm besetzt, die Verwaltung des Kirchenvermögens unterstand seiner Aufsicht. Aufnahme und Ausschluß von Gläubigen fiel in seine Kompetenz, alle vor ihn gebrachten Rechtsstreite entschied er in letzter Instanz. *Omnium rerum ecclesiasticarum curam habeat episcopus.* Mit dem 5. Jahrhundert wurde der Bischof vielerorts zum Stadtherrn.

Die Einsetzung eines Bischofs war Sache der Gemeinde, doch richtete sich ihr Einfluß stärker nach den Umständen als nach Regeln. Vielfach war die Nachfolge schon vor dem Todesfall entschieden, indem der Kaiser seinen Kandidaten durchsetzte oder der alte Bischof den neuen designierte. Dies tat Athanasios, dies erlebte Augustin. Selbst auf dem Stuhl Petri kam das 530 vor. Die Stimmung im Volk erhob Martin in Tours und Ambrosius in Mailand. In der Residenz wartete man mit der Weihe auf die Zustimmung des Kaisers, wofern dieser den Kandidaten nicht selbst nominierte. Gewöhnlich sprachen der städtische Klerus, die Nachbarbischöfe und der Bischof der Provinzhauptstadt mit, ohne daß eine klare Abgrenzung der Zuständigkeit erkennbar wäre. Die Synode von Arles 314 verlangte eine Ordination durch sieben, mindestens aber drei Bischöfe. Augustin (ep. 209) beschreibt die Metropolitanverfassung, nach der ein Bischof den Vorschlag macht, das Volk seine Zustimmung bezeugt und der Metropolit die Weihe vornimmt. Justinian beschränkte das demokratische Element auf einen Dreiervorschlag, aus dem der Metropolit den geeigneten Kandidaten auswählen sollte. Daß der Kaiser im Streitfalle zwischen mehreren Bischöfen richtete, verstand sich von selbst. Die häufigen Um-, Ab- und Doppelbesetzungen führten regelmäßig zu Mord und Totschlag. In den Städten – zumal des Ostens – war religiöser Bürgerkrieg an der Tagesordnung. Ammian (XXII 5,4) bemerkt: «Keine Bestie wütet so gegen den Menschen wie Christen gegen Christen.»

Eine theologische Vorbildung des Kandidaten wurde nicht gefordert. Ein angehender Bischof solle – so wie ein Priester (s. o.) – einen einwandfreien Lebenswandel aufweisen, einen edlen Charakter besitzen, lesen und schreiben können, Würfel und Glücksspiele meiden und wenigstens 35 Jahre alt sein.

Eine größere Anzahl gerade unter den bedeutenderen Bischöfen des 4. und 5. Jahrhunderts ist nicht aus der Priesterschaft, sondern aus dem Laienstand, aus der Senatoren-, Rhetoren- oder Curialenschicht hervorgegangen. Viele von ihnen waren Beamte oder Redner. Augustinus und Synesios waren Rhetoren, Ambrosius von Mailand und Nectarius von Konstantinopel waren Beamte. Aus dem Senatorenstande kamen die großen Kappadokier, Paulinus von Nola und Gregor von Tours. Martin von Tours und Germanus von Auxerre stammten aus der Offiziersschicht. Einige dieser Leute, so Ambrosius und Synesios, waren nicht einmal getauft. Mehrfach ging dem Eintritt in den Kirchendienst ein zeitweiliger Rückzug aus der Welt voraus, so bei Basilius und Gregor von Nazianz, bei Johannes Chrysostomos, Porphyrios von Gaza und – weniger asketisch – Augustin. Das Vorbild lieferte Jesus in der Wüste. Dort konnte man mit den Engeln reden.

Wir kennen Fälle, in denen Männer gegen ihren Willen von der Stadtbevölkerung zum Bischof erhoben worden sind. Maiorian hat das 460 gesetzlich mißbilligt. Grund für diese Aktionen war der Wunsch, einflußreiche und beliebte Männer an die Spitze der Gemeinde zu bekommen. Bisweilen spielte auch das Vermögen der Kandidaten eine Rolle, das man so dem Kirchenschatz zuführen und sozialen Zwecken dienstbar machen wollte, so anscheinend bei Porphyrios von Gaza. Johannes Chrysostomos bestätigt das.

Wie schwach die religiösen Motive bei der Bischofswahl sein konnten, lehrt der Fall des Synesios. Er wurde als platonischer Philosoph und erfolgreicher Diplomat aus begüterter Familie 410 von der Bevölkerung der Stadt Ptolemais gewählt und machte seine Zustimmung abhängig davon, daß er seine Ehe weiterführen könne und daß er vom Glauben an die christlichen Lehren über die Schöpfung des Menschen, das Ende der Welt und die Auferstehung des Fleisches entbunden werde. Synesios meinte, daß die Leute den Mythen der Bibel lieber glaubten als den Erkenntnissen der Wissenschaft; die biblischen Irrtümer machten die Gläubigen glücklich, und daran wolle er niemanden hindern.

Seit dem Konzil von Nicaea besaß der Bischof der jeweiligen Provinzhauptstadt, der μητρόπολις, einen anerkannten Vorrang vor den übrigen Bischöfen. Der Metropolit präsidierte den Provinzialkonzilien, weihte die Bischöfe, entschied Streitfälle und besaß ein Einspruchsrecht gegen Neuerungen. Die staatliche Provinzialordnung wurde damit auch kirchenrechtlich relevant, und noch lange nachdem die politische Autorität des Imperiums erloschen war, spiegelt die Einteilung der Kirchenprovinzen den Zustand der römischen Reichsprovinzen.

Zugleich ist in Nicaea noch eine weitere Differenzierung vorgenommen worden. Alexandria und Rom wurden im Rang über die Metropolitan-Episkopate herausgehoben. Der Bischof von Alexandria, der sich als Nachfolger des Evangelisten Markus betrachtete, sollte die ägyptischen Provinzen, der von Rom als Nachfolger des Apostels Petrus Italia Suburbicaria regieren. Der Bischof von Jerusalem erhielt einen Ehrenrang. Das Bistum Antiochia litt seit 361 unter dem meletianischen Schisma, im 5. Jahrhundert entwickelte es sich zu einer Hochburg der Monophysiten. Nachdem 429 das jüdische Patriarchat ausgelaufen war, ging der Titel Patriarch über auf die ranghöchsten Bischöfe des Ostens, auf die von Konstantinopel, Alexandria, Antiochia und Jerusalem, im Westen galt allein der Papst als Patriarch.

Der Anspruch des Bischofs von Rom auf den Vorrang ist alt. Er gründet sich theologisch auf die legendäre Nachfolge Petri und beruht politisch auf dem Charakter Roms als Hauptstadt. Bereits Aurelian hatte im Jahre 272, als er in der strittigen Bischofswahl von Antiochia angerufen wurde, das Urteil des Bischofs von Rom für verbindlich erklärt. Constantin hat Rom durch die prachtvollsten Kirchenbauten ausgezeichnet (s. II 5 a), und seitdem steht die kaiserliche Autorität in Kirchenfragen üblicherweise auf seiten des Papstes. Julius berief sich 341 auf eine kirchliche Norm, die jede gegen den Willen des Bischofs von Rom verstoßende Maßnahme ungültig mache. Damasus (ep. 6,11) erklärte 378 Gratian, nur der Kaiser selbst, kein Konzil könne den Papst richten. Ennodius hat das 502 bestritten: Der Papst unterstehe keinem irdischen Richter. Dennoch ging es ohne solchen nicht: das blutige Schisma zwischen Symmachus in St. Peter und Laurentius im Lateran beendete Theoderich. Der Ehrenvorrang des römischen Bischofs ist im 4. und 5. Jahrhundert mehrfach von Konzilien und Kaisern bekräftigt worden. Rom hatte im Westen keine ernsthafte Konkurrenz, während im Osten Konstantinopel, Alexandria, Antiochia und Jerusalem sich gegenseitig Schach boten. Nach Damasus haben Leo der Große und Gelasius zum Primat des Papsttums entscheidend beigetragen. Leo erwirkte 445 von Valentinian III, auch im Namen von Theodosius II, die höchste kirchliche Gerichtsbarkeit im Reich, deren Vollzug der Kaiser garantierte. Gelasius nannte sich als erster Papst 495 «Stellvertreter Christi» und vertrat gegenüber Anastasius die Zweigewaltenlehre.

Die Vorrechte des römischen Bischofs bestanden in erster Linie in der übergeordneten Gerichtsbarkeit: Der Papst nahm die Appellationen verurteilter Bischöfe entgegen und richtete über die Metropoliten. Dieser Anspruch ist im 4. Jahrhundert durch die Persönlichkeit des Ambrosius von Mailand, im 5. Jahrhundert durch Hilarius von Arles vorübergehend in Frage gestellt worden. Eine starke Stellung im Westen besaß der Bischof von Karthago. Die dort 418 bis 425 tagenden Synoden verbaten sich die Einmischung des Papstes und untersagten Appellationen an ihn. Die Position Karthagos ähnelt der von Alexandria und verlor erst durch den Vandaleneinbruch an Bedeutung.

381 erhielt der Bischof von Konstantinopel einen übergeordneten Ehrenrang im Osten. Er unterstand bisher dem Metropoliten von Herakleia und wurde nun an die zweite Stelle nach dem Papst in Rom gerückt. Der Grund hierfür war allein der Hauptstadt-Charakter, eine theologische Begründung fehlte. Seit dem Konzil von Chalkedon 451 konsekrierte der «ökumenische Patriarch» – so sein späterer Titel – die Metropoliten der europäischen und kleinasiatischen Provinzen des Ostens, gegenüber Rom stand er fortan in latentem Gegensatz, zu Alexandria in offener Rivalität.

Der Lebensstil der Bischöfe zeigt große Unterschiede. Sie bekamen zwar kein Gehalt, wie mehrfach durch Gesetze bestimmt wurde, verfügten aber in den größeren Städten über teilweise ungeheure Einnahmen. Der Metropolit von Ravenna bezog um 530 jährlich 3000 *solidi*, mehr als der *praefectus Augustalis*, dem Justinian das Gehalt auf 2880 Goldstücke aufbesserte. Am reichsten war die Kirche von Rom. Ihre von Constantin festgesetzten Einnahmen werden auf über 400 Pfund Gold, d. h. 28 800 *solidi* jährlich taxiert. Manche Bischöfe trieben einen anstößigen Pomp. Hieronymus und Sulpicius Severus monierten den Aufwand der Kleriker, Ammian tadelte den Luxus der Päpste und hielt ihnen den bescheidenen Lebenswandel der Bischöfe kleinerer Städte als Muster vor Augen. Von Praetextatus, dem Führer der stadtrömischen Heiden, überliefert Hieronymus (PL. 23, 377) das Wort: «Macht mich zum Bischof von Rom, und ich bekehre mich zum Christentum!» Das Bild eines gemäßigten Lebens entwirft Possidius (22) von Augustin: Kleider, Schuhe und Bettzeug waren bescheiden; Fleisch gab es gelegentlich, Wein immer, auf der Tafel waren nur die Löffel aus Silber.

Zur Beilegung von Streitigkeiten diente die Bischofsversammlung. Ihre griechische Bezeichnung «Synode» wurde später überwiegend für kleinere, das lateinische Wort «Konzil» zumeist für größere Versammlungen gebraucht. Das biblische Vorbild bot das Apostelkonzil: Um das Jahr 50 gingen Paulus und Barnabas nach Jerusalem und erreichten bei den Ältesten Zustimmung dafür, daß auch unbeschnittene Heidenchristen getauft werden konnten (Apg. 15). Später waren es dann Fragen des Glaubens, der Kirchenzucht, der Bischofswahl und des Ostertermins, die auf Konzilien verhandelt wurden. Seit dem 2. Jahrhundert sind sie in Kleinasien als Institution faßbar. Die Teilnahme beschränkte sich auf Bischöfe, die als kollektives Bischofsgericht fungierten. So wie die heidnischen Provinziallandtage (*concilia provinciae*) tagten auch die kirchlichen Provinzkonzilien regelmäßig, im Osten zweimal jährlich: in der 4. Woche nach Ostern und am 12. Oktober.

Neu war das von Constantin 325 in Nicaea geschaffene Ökumenische Konzil, das der Idee nach nicht nur über die Provinzgrenzen, sondern sogar über die Reichsgrenzen hinausgreifend die gesamte christliche Welt zusammenfassen sollte. Diese ökumenischen Konzilien wurden vom Kaiser einberufen, die Bischöfe durften die staatliche Post benutzen, der Kaiser bewirtete und beherbergte die Versammelten und stellte zur Durchführung ihrer Beschlüsse die Staatsgewalt zur Verfügung. Die ökumenischen Konzilien bilden das höchste Entscheidungsorgan der spätantiken Kirche, doch haben die Bischöfe von Rom an ihnen nicht teilgenommen. Dies ließ sich so auslegen, daß der Papst sich dem Konzil nicht unterwarf, doch ist der näherliegende Grund der, daß alle ökumenischen Konzilien im griechischen Osten stattfanden: 325 Nicaea, 381 Konstantinopel, 431 Ephesos, 451 Chalkedon und 553 abermals Konstantinopel.

Die versammelten Bischöfe waren nicht Abgeordnete ihrer Gemeinde, sondern unterstanden sozusagen unmittelbar dem Heiligen Geist. Konzilsentscheidungen galten als göttlich inspirierte Ansicht aller Anwesenden, gefaßt in der Gegenwart der Engel. Die Folge davon war, daß die Minderheiten sich nicht beugten, sondern auszogen und gegebenenfalls Gegenkonzilien bildeten. Wenn Synoden und Konzilien vom Kaiser berufen wurden, betrachtete dieser sie als erweiterten Kronrat, als sein *consilium* in Kirchenfragen, nicht als Instanz eigenen Rechts. 545 erklärte Justinian nochmals, daß die Beschlüsse der Reichskonzilien Gesetzeskraft besäßen. Religionspolitik wurde Sache des Kaisers.

Die Kirche war in der Spätantike nach dem Kaisertum die reichste Institution. Ihr Besitz ist sehr schnell gewachsen, namentlich durch Stiftungen von Liegenschaften. Bereits vor Constantin war die Kirche reich. Die Entwicklung des römischen Kirchengutes hat sich im ‹Liber Pontificalis› niedergeschlagen. Constantin hatte 313 für die Rückgabe des Kirchengutes auch im Osten gesorgt und 321 testamentarische Zuwendungen angeregt, so wie er selbst der Kirche beträchtliche Einnahmen an Geld und Getreide zum Unterhalt für die Geistlichkeit und zu wohltätigen Zwecken überwies. Julian hat diese Staatsspenden gestrichen, seine Nachfolger aber zahlten wieder. Vermutlich ist ein großer Teil des ehemaligen Tempellandes auf dem Umweg über den Fiskalbesitz an die Kirche gekommen.

Constantin wies auch die Provinzialstatthalter an, die Kirchen regelmäßig zu unterstützen. Nach ihm gewann das Stiftungswesen an Bedeutung. Es wurde üblich, die Kirche testamentarisch zu bedenken. Wie zuvor die Götter in ihren Tempeln erhielten nun die Heiligen in den Kirchen kostbare Gaben, teils in Erwartung künftiger Gunst, teils aus Dankbarkeit für erwiesene Wohltat. Nennenswerte Schenkungen stammten von reichen Leuten, die der Welt entsagten, insbesondere von Witwen, um deren Seelenheil sich die Priester gemäß dem Gebot des Neuen Testaments (Ep. Jac. 1,27) besonders emsig kümmerten. Die damit verbundene Erbschleicherei wurde sowohl vom Kirchenvater Hieronymus (ep. 22, 28) als auch vom Heiden Ammian (XXVII 3,14) angeprangert. Beide beschrieben die Verhältnisse unter Papst Damasus. An ihn richtete Valentinian 370 ein Gesetz, das dem Klerus den eigensüchtigen Besuch von Witwen und Waisen untersagte.

Dennoch hielt der Mißstand an. Theodosius verordnete, daß reiche Damen, die sich als Diakonissen dem Kirchendienst weihten, zuvor ihre Kinder auszusteuern hätten. Testamente zugunsten der Kirche, die ihnen von Priestern auf dem Totenbette abgenötigt wären, seien ungültig. Der Kaiser wollte damit das Erbgut senatorischer Familien gegen den Zugriff der Kirche sichern, hat aber, vermutlich auf Einspruch des Ambrosius hin, diese Bestimmung umgehend wieder gelockert. Auch der Senat in Rom ist gegen die Auflösung alter Familienvermögen durch fromme Damen eingeschritten, doch offenbar ohne Erfolg.

Salvian schrieb eine eigene Schrift (Ad ecclesiam) über die seelenverderbende Wirkung des Reichtums und forderte dazu auf, ihn der Kirche zu überlassen. Auch viele Priester und Bischöfe vermachten dieser ihr Erbe. Seit 434 überwies der Staat die Hinterlassenschaften aller ohne Testament verstorbenen Geistlichen der Kirche. Ausgenommen waren Curialengüter. Der Zehnte, die wichtigste Einnahme der Kirche im Mittelalter, wurde zwar biblisch begründet, ist aber im spätrömischen Reich nicht gezahlt worden. Er wurde zu Ende des 6. Jahrhunderts unter den Merowingern eingeführt.

Die Verwaltung des Kirchengutes unterstand den Bischöfen persönlich oder Ökonomen, die von ihnen dazu bestellt waren. Veräußerungen – auch Sklavenfreilassung – waren unstatthaft. Selbst widerrechtlich gestiftete Objekte konnten nicht zurückgefordert werden (s. III 6 b). Die Kaiser haben stets ihre schützende Hand über das Kirchengut gehalten; es war vornehmlich durch den Zugriff der hohen Beamten bedroht.

Zu den illegalen Einnahmen zählt die Simonie, der Verkauf von Priester- und Bischofsposten (Apg. 8). Bereits aus constantinischer Zeit sind solche Fälle bekannt. Im späteren 4. Jahrhundert wurde von Kandidaten die Weihe bezahlt, wenn sie dem Kriegsdienst oder den Curienpflichten entkommen wollten. Das Konzil von Chalkedon 451 verurteilte die Simonie. 469 wetterte Kaiser Leo gegen die *auri sacra fames* und verbot die Schmiergelder bei der Bischofswahl. Welches Ausmaß die Korruption trotzdem annahm, lehren die überlieferten Bestechungsgelder, die unter Odovacar und Theoderich von Anwärtern des Stuhles Petri gezahlt wurden. Justinian hat schließlich Weihegelder als Gebühren definiert und für gesetzmäßig erklärt.

Die Ausgaben der Kirche bestanden vorab in der Besoldung des niederen Klerus. Diese war gestaffelt nicht nur nach dem Platz in der Hierarchie, sondern auch nach dem Reichtum der jeweiligen Diözese. An weiteren Ausgaben ist der Neubau und die Unterhaltung der Kirchengebäude zu nennen. Waren die ältesten Gotteshäuser überwiegend Stiftungen von Privatleuten, sogenannte Titelkirchen, so hat die Kirche später auch auf eigene Rechnung gebaut. Mißbrauch gab es wie mit den Einnahmen so auch mit den Ausgaben, Kyrill von Alexandria hat 431 weit über 1500 Pfund Gold Bestechungsgelder an Höflinge in Konstantinopel gezahlt, um seinen Stuhl zu stützen.

Erhebliche Summen hat schließlich die Liebestätigkeit gekostet. Die zentrale Kulthandlung, die heute als Abendmahl (Eucharistie) fortlebt, war ursprünglich ein gemeinsames Essen. Jeder brachte mit, was er hatte,

Arme wurden bewirtet. Die darin liegende Anziehungskraft bezeugt Julian (305 C). Die Kornverteilung gehörte zu den Pflichten der Bischöfe; Athanasios wurde nachgesagt, er bedenke nur seine eigenen Leute. Porphyrios von Gaza gab jedem Bettler, fremden wie einheimischen, sechs Obolen täglich aus dem Kirchengut und beschenkte aus seinem Privatvermögen die Gläubigen nach ihrer Würdigkeit. Auch die frommen Aristokraten Roms bedachten die Armen, so Volusianus 365 und Pammachius 397. Die heilige Melanie spendete viel Geld für die Auslösung von Gefangenen. Die Kirche von Antiochia unterstützte zur Zeit des Johannes Chrysostomos 3000 Arme. Die Hilfe für Kranke, Waisen und Witwen gehörte stets zu den wichtigsten Aufgaben der Gemeinde und hat, wiederum nach dem Zeugnis Julians (ep. 22), stärker als die Predigt den Zusammenhalt der Christen bewirkt. Im 4. Jahrhundert wurden die ersten großen öffentlichen Hospitäler gebaut, sowohl für Kranke als auch für Fremde. Später entstanden Waisenhäuser und Armenhäuser.

Zur Betreuung dieser Institutionen unterhielt die Kirche ein zahlreiches Personal. Die in der doppelten Bedeutung des Wortes «Bader» erhaltene Verbindung von Badewesen und Heilkunst geht auf die römische Kaiserzeit zurück, in der die Thermen stets auch Heilanstalten waren. So dienten die Badewärter zugleich als Krankenpfleger. Die «Zeuxippitai» von Konstantinopel und die *parabalani* von Alexandria unterstanden den jeweiligen Bischöfen und wurden für ihren Dienst aus der *plebs* ausgewählt. Sie galten als Kleriker und zahlten keine Steuern. Angehörige des Curialenstandes und des Reichsadels (*honorati*) durften das Amt nicht ausüben. Daß diese Leute auch gewaltsam gegen die Heiden vorgingen, wissen wir aus dem von ihnen verübten Mord an Hypatia 415 (s. II 9). Im folgenden Jahre begrenzte Theodosios II ihre Zahl auf 500, im Jahre 416 auf 600 und verbot ihnen, sich an öffentlichen Orten zusammenzurotten. Daß es dennoch geschah und zu Unruhen führte, ersehen wir aus den Akten zum Konzil von Chalkedon 451.

Das Bestattungswesen wurde in nachconstantinischer Zeit ebenfalls von der Kirche wahrgenommen. Die früheren Begräbnisvereine (*collegia funeraticia*) verschwanden; an ihre Stelle traten Totengräber, die zum niederen Klerus gehörten (*decani, fossores copiatae*). Sie waren von Gewerbesteuern und Frondiensten freigestellt. Sowohl Wehrdienstpflichtige als auch Steuerhinterzieher tarnten sich bisweilen wegen dieser Vorrechte als Totengräber.

Erhebliche wohltätige Stiftungen erhielt die Kirche von den Kaisern selbst. Um sich von den «Galiläern» nicht beschämen zu lassen, befahl Julian (ep. 22) Arsacius, dem Provinzialpriester von Galatien, in allen Städten Hospitäler einzurichten. Zu deren Unterhalt stiftete der Kaiser 30 000 *modii* Weizen und 60 000 *sextarii* Wein. Davon sollte ein Fünftel für das Personal, der Rest für die Bedürftigen ausgegeben werden. Justinian ließ das Hospital des Samson an der Irenenkirche Konstantinopels erneuern und ausstatten, insgesamt gab es unter ihm etwa ein Dutzend Pflegeheime in der Hauptstadt. Hospitäler entstanden auf seine Kosten zudem in Antiochia und anderen Orten Kleinasiens und Syriens. Theodora wetteiferte mit Justinian darin. Aelia Flaccilla, die fromme Gattin von Theodosius I, kümmerte sich sogar persönlich um Kranke und Gebrechliche. Basilius baute in Caesarea ein ganzes caritatives Stadtviertel. Diese Einrichtungen lebten von den Bezügen aus Liegenschaften, Gütern und Dörfern, die sich über das ganze Reich verteilten. Ihrem Rechtsstand nach lassen sich selbständige Stiftungen von kirchlichen Einrichtungen unterscheiden.

Die Kirche widmete etwa ein Viertel ihrer Ausgaben sozialen Zwecken. Die Kaiser suchten durch Gesetz zu verhindern, daß zu wohltätigen Diensten gestiftete Liegenschaften entfremdet würden. Sie waren von *munera extraordinaria* befreit. Die Oberaufsicht hatten jeweils die Bischöfe. So entwickelte sich vom 4. zum 6. Jahrhundert ein über das ganze Imperium sich erstreckendes Netz von Fürsorgeanstalten, aus denen nach der Stagnation des 7. und 8. Jahrhunderts dann das Armen- und Krankenwesen des Mittelalters entstand.

Die steigende Zahl der Gläubigen, der wachsende Besitz und der fortschreitende Ausbau der Kirche als Institution hat ihr mehr und mehr weltliche Aufgaben eingebracht. Im gleichen Maße, in dem die imperialen und munizipalen Organe versagten, gewann die Reichskirche an Verwaltungs- und Herrschaftsfunktionen. Seit 318 übten die Bischöfe eine staatlich anerkannte Zivilgerichtsbarkeit aus. Die *episcopalis audientia* war, wenn die Überlieferung stimmt, seit 333 auch dann zuständig, wenn nur eine der streitenden Parteien, d. h. die christliche, sich an den Bischof wandte. Selbst laufende Prozesse konnten auf Wunsch von staatlichen auf geistliche Gerichte übertragen werden. 398 wurde die Zustimmung beider Parteien gefordert. Seit 321 durften Herren in der Kirche vor dem Bischof ihre Sklaven rechtsgültig freilassen und somit, wie ausdrücklich vermerkt wird, Reichsfremden das römische Bürgerrecht verleihen.

Die Bischöfe selbst waren der weltlichen Gerichtsbarkeit entzogen, ja mußten nicht einmal als Zeugen erscheinen. Sie unterstanden nur dem Metropoliten und einem Bischofsgericht. Die ihnen gesetzlich angedrohten Strafen für Unterschlagungen und Asylmißbrauch, für Unruhestiftung und Grabschändung waren ungewöhnlich milde. Constantin erklärte, wenn er einen Bischof beim Ehebruch erwischte, würde er ihn mit dem kaiserlichen Purpur zudecken, und Johannes Chrysostomos suchte die Priester, die nicht den Gesetzen gemäß lebten, wenigstens durch kirchendisziplinarische Maßnahmen zu bessern.

Das Asylrecht, wie es einzelne Tempel besaßen, ging auf die Kirchen über. 431 wurde es ausgedehnt auf die Nebengebäude, auf Wohnungen, Gärten, Plätze, Säulenhallen und Bäder, die auf kirchlichem Gelände standen. Die

Asylanten mußten lediglich ihre Waffen niederlegen. Daraus ergibt sich, daß wir es großenteils mit Deserteuren zu tun haben. Paulinus von Nola hat die Soldaten geradewegs zum Desertieren aufgefordert. Einschränkungen gab es jedoch für Steuerschuldner und solche, die ihren Pflichten entkommen wollten, ihnen wurde der Schutz durch die Kirche verwehrt. Dies gilt ebenso für Juden. Sklaven von Donatisten und Manichäern, die in eine Kirche flohen, erhielten die Freiheit.

Der halbstaatliche Charakter der geistlichen Gewalt in der Spätantike zeigt sich an der wachsenden Bedeutung der Bischöfe als Stadtherren (s. III 4 c), an ihren damit gelegentlich verbundenen militärischen Aufgaben und an den vielfältigen diplomatischen Verhandlungen mit fremden Machthabern und Reichsfeinden. Die Bischöfe der Landstädte sprachen unter Justinian mit bei der Wahl der Statthalter, der Patriarch von Konstantinopel krönte den Kaiser (s. III 1 a).

Das Verhältnis zwischen Staat und Kirche hat sich in den beiden Reichshälften unterschiedlich entwickelt. Im Osten blieb Konstantinopel weltliche und geistliche Hauptstadt, Kaiser und Patriarch residierten am selben Ort. Das führte zu Konflikten, sie gingen für die geistliche Gewalt gewöhnlich verloren. Im Bunde mit den Patriarchen von Alexandria und Rom haben sich jeweils die Kaiser durchgesetzt, mehrfach mußten die Bischöfe von Konstantinopel abdanken, so 379, 381, 404, 433 und 449. Der von Constantin angebahnte Caesaropapismus, die Herrschaft des Kaisers über die Kirche, ist durch Theodosius I, Marcian und Justinian so gefestigt worden, daß auch spätere Zeiten daran nichts grundsätzlich geändert haben. Dennoch hat der Osten die Monophysiten und Nestorianer nicht überwinden können und schließlich den größten Teil seiner Gläubigen an den Islam verloren.

Die westliche Entwicklung verlief anders. Hier hat bereits Ambrosius als Bischof von Mailand der kaiserlichen Gewalt erfolgreich getrotzt. Dadurch daß Rom als Kaiserresidenz an Bedeutung verlor, konnten die Päpste die ideologische und administrative Tradition der weltbeherrschenden Roma übernehmen. Wichtige Elemente des Papsttums stammen aus dem römischen Staatswesen. Seit Damasus (s. o.) und Leo I führen die Päpste den Titel *pontifex*, sie umgaben sich nach imperialem Vorbild mit einem *consistorium*, kopierten das kaiserliche Kanzlei- und Urkundenwesen, erließen *decreta* und *rescripta*, unterzeichneten mit roter Tinte wie die Kaiser und wurden nach deren Vorbild mit der Proskynese begrüßt.

Der Klerus wurde wie die spätrömische Beamtenschaft «ordiniert» und respektierte das von den Kaisern für Rom erlassene Hosenverbot. Die bischöflichen Insignien lehnten sich an die monarchische Repräsentation an, die kaiserliche Gerichtshalle wurde kirchliche Basilika, der Altar glich dem Amtstisch des Prätorianerpräfekten. Mehrere Elemente der Liturgie kommen aus dem Kaiserzeremoniell: Weihrauch, Kandelaber und Nimbus und – sehr viel später – die Orgel (s. III 4 a). Christus selber wurde als Imperator abgebildet, der Dienst an ihm war *militia Christi*; wer sich ihm weihte, der leistete den «Fahneneid», denn das bedeutet ursprünglich das Wort *sacramentum*. Bildprogramme der frühchristlichen Kunst zeigen den Papst als Vertreter der Weltherrschaft Christi.

So stellt die katholische Kirche das im kanonischen Recht fortlebende Imperium Romanum dar und konnte diesen Anspruch gegen die Reichsgewalt behaupten. Papst Gelasius formulierte 494 in einem Brief (ep. 12) an Anastasius die Lehre von den zwei irdischen Gewalten, der *auctoritas sacrata pontificum* und der *regalis potestas*, und die Ende des 8. Jahrhunderts durch die Curie ersonnene ‹Constantinische Schenkung› behauptet, Constantin habe sich aus Achtung vor den Apostelfürsten in den Osten zurückgezogen und den römischen Bischöfen *usque in finem mundi* die Herrschaft über das Westreich überlassen.

Auf diese Weise verwandelte sich die Kirche ein weiteres Mal. Zunächst war sie eine Gemeinde von Auserwählten, die auf die Wiederkehr des Herrn wartete und alle staatlichen Bindungen ablehnte. Constantin machte aus ihr eine Stütze des sich auflösenden Reiches. Dann aber verselbständigte sich die Kirche, gewann halbstaatliche Eigenständigkeit und trat als Ordnungsmacht mit eigenem Anspruch gegen den Staat auf. Sie war die einzige Institution des spätrömischen Reiches, die während des allgemeinen Niedergangs an Macht und Größe gewonnen hat. Der Staat wurde immer schwächer und ärmer, die Kirche immer mächtiger und reicher. In guten Zeiten wurde sie von den Kaisern unterstützt, in schlechten Zeiten flüchteten sich die Gläubigen in ihren Schoß.

Die Kirche hat in vielerlei Hinsicht das Erbe der antiken Kultur übernommen. Tempel und Basiliken wurden in Gotteshäuser umgewandelt; Gold- und Silberarbeiten, Elfenbeinschnitzereien und Gemmen wanderten in die Kirchenschätze. Die antike Literatur wurde in den Klosterschulen gesammelt und abgeschrieben, das Schul- und Bildungswesen kam in geistliche Hände. Ob das Christentum von der Antike mehr gerettet oder mehr zerstört hat, ist schwer zu sagen.

d) Asketen und Sektierer

Die Intensität des religiösen Lebens in der Spätantike spiegelt sich nicht nur in der wachsenden Bedeutung der Großkirche, sondern ebenso in fundamentalistischen Bewegungen, namentlich in der Verbreitung der Askese und der Entstehung von Sondergemeinden, die von der Orthodoxie als Ketzerei betrachtet wurden.

Jesus lebte arm und ehelos, wenn auch nicht eigentlich asketisch. Als der reiche Jüngling ihn fragte, wie er das ewige Leben erhalten könne, antwortete Jesus: «Verkaufe, was du hast, und gibs den Armen ... Es ist leichter, daß ein Kamel durch ein Nadelöhr gehe, als daß ein Reicher ins Himmelreich komme.» Das Ja zum Himmel erforderte das Nein zur Erde. «Alles was von Gott geboren ist, überwindet die Welt.» Der «Fürst dieser Welt» ist bei Johannes der Teufel. Schon für den Psalmisten (84,7) war die Erde ein «Jammertal». Wieder und wieder rief Jesus zur Buße «in Sack und Asche», denn das Himmelreich sei nahe.

Askese ist keine typisch christliche Lebensform. Sie findet sich bei buddhistischen Gelbmützen und brahmanischen Yogis, bei jüdischen Gottsuchern und muslimischen Fakiren. Unter den Griechen wurde sie philosophisch begründet. Platon (Phaed. 67 AB) beschränkte die Sorge um den Körper auf das Notwendigste um der «Reinheit» und der Erkenntnis willen. Kulturfeindlich waren Diogenes und die Kyniker; sie forderten Rückkehr zur Natur. Die Pythagoreer bildeten eine Art Orden, sie legten den Besitz zusammen, beachteten Speisetabus und langfristiges Schweigen und lebten in klosterähnlichen Gemeinschaften. Unter den spätantiken Neuplatonikern waren asketische Ideale verbreitet. Der Praetor Rogatianus, ein Schüler Plotins, gab all sein Eigentum auf, um sich der Philosophie zu widmen. Ähnlich dachte Julian. Heidnische Philosophen heiligten ihr Leben durch Verachtung des Körpers und Verzicht auf Lebensfreuden.

Im Orient gab es Askese auch in ärmeren Schichten. Aus dem hellenistischen Ägypten ist die Sitte der Gotteshaft in den großen Tempeln bekannt. Im Palästina der Zeit um Christi Geburt florierten die Orden der Essener und die Klostergemeinschaften von Qumran, in Ägypten die jüdischen Therapeuten, die nicht nur besitz-, sondern auch ehelos lebten. Gleiches gilt für die *Electi* der Manichäer. Vorbild der Wüstenheiligen ist der Prophet Elijahu aus Tisbe, den unter König Achab am Bach Krith die Raben Jahwes versorgten. Der berühmteste Asket in der jüdisch-christlichen Tradition ist Johannes der Täufer.

Die Besonderheit der christlichen Askese ist ihre Jenseitserwartung. Der Verzicht auf irdische Freuden in diesem Leben galt als Gewähr für den Gewinn himmlischer Seligkeit in jenem Leben, als Vorwegnahme des Todes, der zum Eintritt ins Paradies führt. Die Wiege der frühchristlichen Weltflucht ist Ägypten. Schon während der decianischen Christenverfolgung hat sich der Eremit Paulus von Theben in die Wüste zurückgezogen, und ihm folgten andere Anachoreten. Besonders einflußreich wurde Antonius von Koma, der bald nach 270 in Oberägypten zahlreiche lose zusammenhängende Eremitenzellen (*laurae*) gründete. Athanasius, der spätere Patriarch von Alexandria, hat ihn kennengelernt und sein Leben beschrieben. Antonius kam aus der Unterschicht, er sprach nur koptisch. Weltweisheit verachtete er: ein gesunder Verstand brauche keine Wissenschaft. Er lebte von Almosen, Textilarbeit und Gärtnerei, wusch sich nicht, empfahl aber – zur Reinigung seiner Seele – fleißig Tagebuch zu schreiben. Sein geistliches Leben bestand im Kampf gegen die Dämonen, die er durch Fasten und Beten, Frohlocken und Kniebeugen abwehrte. Satan und seine Trabanten erschienen ihm in der Gestalt schrecklicher Tiere und schöner Mädchen, als Riesen, Krieger, ja sogar als Mitmönche, um ihn durch Prügel und Verlockung, durch Getöse, Gestank und falsche Ratschläge vom Pfade der Frömmigkeit abzubringen. Durch Teufelsaustreibung, Heilungswunder und Predigt bekehrte Antonius Reiche zur Armut, Soldaten zum Mönchtum, Frauen zur Virginität. Körperfeindlich äußern sich die meisten Kirchenväter. Sexualaskese ist ein Dauerthema (s. III 2 c). Clemens Alexandrinus sah bereits in der Verwendung von Ohrlöffeln und Zahnstochern «schweinische Reizung» und im Gebrauch von Spiegeln «zuchtlose Hurerei».

Der Organisator des von Antonius inspirierten Mönchtums wurde Pachomios, ein ehemaliger Soldat. Um 320 gründete er in Tabennisi in der Thebais das erste Koinobion, eine straff geregelte Gemeinschaft, die ihren Lebensunterhalt durch gewerbliche und landwirtschaftliche Arbeit verdiente. Andernorts leisteten die Mönche Heimarbeit, etwa als Mattenflechter oder Saisonarbeiter auf den Gütern der Großgrundbesitzer. Pachomios verfaßte die erste, nach der Legende ihm von einem Engel überreichte Klosterregel, die den späteren Ordnungen von Basilius und Benedikt als Vorbild diente. Der Alltag der Eremiten Ägyptens ist archäologisch erschlossen worden.

Von Ägypten breitete sich die monastische Bewegung bald aus. Begeistert von Antonius bezog der Syrer Hilarion eine Klause bei Gaza und brachte so das Mönchtum nach Palästina. Auf seinen Wanderungen folgten ihm angeblich Tausende von Bettelmönchen. Seit der Mitte des 4. Jahrhunderts entstanden unter dem Einfluß des Basilius von Caesarea († 379) die ersten Klöster in Kleinasien. Er hat die später in der Ostkirche gültige Mönchsregel abgefaßt. Zum Jahre 518 hören wir von 54 Klöstern in Konstantinopel; ein Asketenzentrum war Amida am oberen Tigris. Das Hohe Lied auf die mönchische Lebensform, eine naturgemäße und gottgefällige «Philosophie», verfaßte Sozomenos (I 12 ff).

Hieronymus (ep. 22,34 ff) unterschied drei Arten von Mönchen in Ägypten. Die erste umfasse die Stadtmönche, die in kleinen Gruppen von ihrer Arbeit lebten und niemandem gehorchten. Sie trügen ihre Askese zur Schau, beschimpften die Geistlichen und lebten ständig im Streit.

Die zweite Kategorie, die Klostermönche (Coenobiten), beobachteten – so Hieronymus – strengen Gehorsam. Sie seien in Zehner- und Hundertschaften gegliedert. Bis zur neunten Stunde bliebe jeder in seiner Zelle, dann kämen sie zum Gottesdienst zusammen. Es folge das Essen in Dekurien, es gebe Brot und Grünzeug, mit Salz und Öl gewürzt, Wein nur für die Alten. Anschließend folgten Hymnengesang und Gespräch. Die praktischen Fragen löse der *oeconomicus*. An der Spitze jedes *coenobium* stehe ein *pater.* Wer ins Kloster eintrat, bekam die Haare abgeschnitten, so wie es bei der Priesterweihe üblich war. Die Klosterzucht wurde durch Prügel, Haft und Eisenstrafen aufrechterhalten.

Als dritten Asketentyp erwähnt Hieronymus die Anachoreten und Eremiten, die sich als Einsiedler (*monachi*) in die Wüste zurückzögen und dort gegen den Versucher kämpften. Schon Julian (443 B) schrieb in seinem Brief an die Alexandriner von Therapeuten, die auf (umgestürzten?) Obelisken beteten und schliefen, und Sozomenos (I 12; VI 29) spricht von 2000 Einsiedlern in der Umgebung der Stadt. Aus eigener Anschauung berichtet Palladios in seiner 420 verfaßten ‹Historia Lausiaca› über das ägyptische Mönchtum. Die Mönche, zumal in der nitrischen Wüste, zählten nach Tausenden.

Eine dominante Figur war Schenute von Atripe († 465), der koptische Archimandrit des Weißen Klosters am westlichen Nilufer bei Panopolis (Achmim) in Oberägypten. Ihm unterstanden Aberhunderte von Mönchen und Nonnen, die hier Schutz vor den Steuereinnehmern fanden, aber rigoros Gehorsam zu leisten hatten. Auch Nonnen wurden ausgepeitscht. Eunuchen fanden keine Aufnahme. Schenute hat sich als Tempelstürmer hervorgetan, als Kämpfer gegen Satan in allen Gestalten. Seine wohlerhaltene Kirche strotzt vor Spolien, die den Triumph über den Götzendienst ausstrahlen.

Auch das Eremitentum griff im 5. Jahrhundert um sich, am stärksten in Syrien. Neben der Thebais (Oberägypten) und der Natronwüste (Unterägypten) entstand eine dritte Mönchslandschaft um Antiochia. Dreißig Lebensbilder überliefert Theodoret in seiner ‹Historia Religiosa›, überwiegend aus eigener Anschauung. Die Eremiten hatten auf Eigentum, Familie und Beruf verzichtet, beteten und fasteten, wachten und weinten. Sie lebten in «Trauer und Tränen» und «kannten das Lachen nicht». Die meisten waren mit schweren Eisenketten und Ringen behangen, einige lebten immer unter freiem Himmel, andere ließen sich lebenslänglich einmauern oder schwebten gar im selbstgebauten Holzkäfig, in dem sie nicht einmal stehen konnten, an einem Galgen (HR. 27 f). Versorgt wurden sie aus den umliegenden Dörfern. Von schaulustigen Frommen umlagert, unterdrückten sie mit Gottes Hilfe ihre Verdauungsprobleme (HR. 21).

In Syrien finden wir auch die ersten Säulenheiligen (Styliten). Diese Form der Selbstpeinigung hat vermutlich heidnische Wurzeln. Aus dem 2. Jahrhundert n. Chr. stammt der unter den Werken Lukians von Samosata überlieferte Bericht (Dea Syria 29) über die «Phallosbesteiger» φαλλοβᾶται. Im Heiligtum der Juno-Atargatis zu Hierapolis-Bambyke in Syrien standen dem Dionysos geweihte Säulen, Phalloi genannt, auf welche die Gläubigen zu steigen pflegten, um sich hier oben eine Art Nest einzurichten. Sie blieben dort so viele Tage, wie sie zuvor gelobt hatten, ohne zu schlafen, und beteten für die Leute drunten. Diese – auch aus Indien bekannte –

Form der Askese dürfte das Vorbild für die christlichen Styliten abgegeben haben. Der berühmteste Säulenheilige war Symeon. Geboren um 390, begann er seine Kasteiung als dreizehnjähriger Hirtenknabe. Nachdem er wegen allzu strenger Askese das Kloster Teleda bei Antiochia hatte verlassen müssen, kettete er sich in der Nähe der Stadt Telanissos (Qalat Semaan) an einen Stein, dann stieg er für fünf Jahre hinauf, später ließ er sich eine Säule bauen, die mehrfach, bis auf 20 m (?) erhöht wurde. Insgesamt 42 Jahre hat er auf dieser Säule gelebt, gebetet und gepredigt. Er hatte großen Zulauf, selbst römische Beamte und benachbarte Fürsten baten um seinen Ratschlag. Er predigte auf Syrisch gegen Heiden, Juden und Wucherer. Tausende von arabischen Ismaeliten, heißt es, ließen sich von ihm bekehren. Nach seinem Tode am 2. September 459 wurden seine Reliquien durch den Heermeister Ardabur, den Sohn Aspars, unter dem Geleit von 6000 gotischen Foederaten, 21 Offizieren, 6 Bischöfen und dem Patriarchen nach Antiochia überführt. Die Stadt hatte den Kaiser darum ersucht, damit sie der Heilige anstelle der verfallenen Mauern gegen die Perser schütze. Wenig später entstand um die Säule herum eine große Klosteranlage.

Das Vorbild Symeons ist vielfach nachgeahmt worden; selbst im Frankenreich, in den Ardennen, hat es einen Säulenheiligen gegeben. Dem haben freilich die gallischen Bischöfe einen Riegel vorgeschoben. Symeons bekanntester Schüler war der 493 verstorbene Daniel Stylites. Er stammte ebenfalls aus Syrien. In Konstantinopel wurde er vom Bischof mißtrauisch empfangen, durfte sich dann jedoch eine Säule errichten und hatte beträchtlichen Zulauf. Auch hohe Beamte, selbst die Kaiser Leo, Zeno und Basiliskos suchten seinen Segen und seinen Rat. Daniel hat Partei ergriffen gegen die gotischen, für die isaurischen Heermeister. Säulenheilige gab es im Orient bis ins 19. Jahrhundert.

Als vierten Typus ließen sich die Wandermönche anschließen, die «umherschweifenden» Gyrovagen. Zu ihnen gehörte der «schlaflose» Alexandros Akoimetos (um 355 bis etwa 430). Er war der Sohn eines reichen Beamten in Konstantinopel, verschenkte sein Erbe und durchzog den Osten. Mitunter folgten ihm bis zu 400 Anhänger. Er predigte und psalmodierte ohne Pause, bettelte, tat Wunder und zerstörte Tempel. Nachdem er in Chalkis den späteren Bischof von Edessa Rabbula bekehrt hatte, erschien er um 425 in Konstantinopel und gründete auf der asiatischen Seite des Bosporus (bei Tschibukli) das Eirenaion, wo Tag und Nacht gemäß dem Gebot des Paulus (1. Thess. 5, 17) gesungen wurde, abwechselnd auf Griechisch, Lateinisch, Syrisch und Koptisch.

Schon seit 380 wurden die Wandermönche verketzert. Man nannte sie syrisch «Messalianer», griechisch «Euchiten», deutsch «Beter». Nach Theodoret (HE. IV 11) glaubten sie, daß die dämonische Sinnlichkeit nur durch *laus perennis* und ἄσκησις zu bändigen sei. Sie entzogen sich der bischöflichen Disziplin, werteten unter Berufung auf Jesus die Sakramente und die Arbeit ab. Gemäß der Bergpredigt ließen sie andere für ihren Lebensunterhalt sorgen, so wie die *Electi* der Manichäer (s. III 6 a). Als Pneumatiker suchten sie direkten Zugang zum Heiligen Geist. Das bedeutendste Akoimetenkloster wurde 459 von dem Konsular Studios für tausend «schlaflose» Mönche gegründet. Einen besonderen Asketentyp bildeten die «Narren in Christo». Es handelt sich um Eremiten, die in der Wüste alles irdische Begehren abgetan hatten und nun in die Welt zurückkehrten. Durch ein bewußt unkonventionelles, provozierendes Verhalten erinnern sie an die Lebensweise der Kyniker. Der erste heilige Narr, von dem eine Lebensbeschreibung überliefert ist, lebte unter Justinian, es ist Symeon Salos. Noch Benedikt (regula 1) äußert sich abfällig über diese herrenlos umherziehenden Gyrovagen.

Das orientalische Mönchtum entwickelte schon im 4. Jahrhundert eine Kraft, die weder von der Kirche noch von der Staatsgewalt zu kontrollieren war. In Syrien erhob sich unter Valens der Asket Audianos gegen den Wucher und die Hurerei in der Geistlichkeit und stiftete eine eigene Sekte. Als Verbannter missionierte er in «Skythien». In Mesopotamien gewannen die «Enthusiasten» Anhänger, doch ließ der Bischof von Melitene ihre Klöster niederbrennen, und der Bischof von Antiochia schickte orthodoxe Mönche gegen sie. Die Zeitgenossen klagen über Horden von Mönchen, die zu Hunderten durch die Lande zogen, sich in den Dörfern versorgten, heidnische Heiligtümer niederrissen, für oder gegen bestimmte Glaubensrichtungen demonstrierten, mißliebige Bischöfe vertrieben oder eigene einsetzten. Valens befahl den Curienpflichtigen unter ihnen zurückzukehren und suchte sie zum Kriegsdienst heranzuziehen. Theodosius verbot ihnen 390 den Aufenthalt in den Städten, doch wurde das zwei Jahre später wieder erlaubt. Mehrfach versuchten sie, Hinrichtungen zu verhindern; gegen diese Obstruktion wurden Gesetze erlassen. Zum Schutz der *pax publica* mußten Truppen gegen sie aufgeboten werden. Das Konzil von Chalkedon unterstellte die randalierenden Mönche der Disziplinargewalt der Bischöfe, namentlich im Hinblick auf die Turbulenzen in Konstantinopel (canones 4 und 23).

Im lateinischen Westen hat die asketisch-monastische Bewegung später Fuß gefaßt als im Osten und nie das Ausmaß, nie die Strenge angenommen wie dort. Aristokratische «Asketen» wie die jüngere Melanie oder Paulinus von Nola verzichteten zwar auf immense Besitzungen, lebten aber danach weiterhin komfortabel. Athanasios brachte die monastische Idee während seiner Verbannung 335 bis 337 nach Trier, die ersten Klöster in Gallien richtete Martin von Tours (seit 372) ein. Sein Biograph Sulpicius Severus bezeugt, mit welcher Bewunderung der Westen auf das ägyptische Mönchswesen blickte, und führt die Wundertaten und Totenerweckungen Martins als Beweis dafür an, daß man dem Osten an Frömmigkeit nicht nachstehe. Martin stiftete in Aquitanien die Klöster Marmoutier und Ligugé. Sulpicius Severus baute auf seiner Villa Primuliacum zwei Kirchen und ein Baptisterium und widmete sich als Witwer der geistlichen Kontemplation im Kreise Gleichgesinnter. Einblicke in die Mönchswelt Galliens vermittelt das ‹Leben der Juraväter› aus dem 5. Jahrhundert. Als Rutilius (I 439 ff) 417 von Rom nach Gallien segelte, begegneten ihm auf der Insel Capraria Mönche, die aus Angst vor dem Schicksal ihre Güter geopfert hätten; und auf dem Felseneiland Gorgon sah er einen Asketen, der Frau und Vermögen zurückgelassen hätte, um hier in Schmutz und Elend ein gottgefälliges Leben zu führen (515 ff).

Bedeutsam wurden die Gründungen von Honoratus auf der Insel Lerinum vor Cannes und von Johannes Cassianus in Marseille, beide um 420. Letzterer hatte durch seine Mönchsregel, erwachsen aus Erfahrungen in Ägypten, Einfluß auf die Organisation des abendländischen Mönchtums überhaupt. Das Leben der Brüder ist bis ins Kleinste geregelt. Verstöße werden mit Prügeln geahndet. Oberstes Ziel ist die Abtötung aller fleischlichen Regungen, ja des eigenen Willens, die «Zerknirschung». Die Brüder dürfen nicht miteinander sprechen, keine Briefe schreiben oder empfangen, einander nicht berühren, müssen alles Frühere vergessen, auf alle Ansprüche verzichten, ja ihre Eltern verleugnen und die höchste Tugend üben: bedingungslosen Gehorsam. Als Musterbeispiel erzählt Cassianus von der Standhaftigkeit eines Novizen, den man auf die Probe gestellt hatte, indem vor dessen Augen die Mönche seinen schuldlosen achtjährigen Sohn mißhandelten, um den Vater zum Mitleid zu verführen. Als der Abt diesem anschließend befahl, seinen Sohn in den Fluß zu werfen, «um das Opfer Abrahams zu wiederholen», bestand der Vater in «apostolischer Liebe» auch diese Prüfung und qualifizierte sich damit für die Nachfolge als Abt.

Das Klosterleben in Italien beginnt bereits mit der Gründung in Vercelli durch den Bischof Eusebius († 371). Keimzellen waren Eremitagen und freie Lebensgemeinschaften von Asketen. Einflußreich war hier Ambrosius von Mailand. Das älteste regulierte Kloster Roms entstand um 435 bei San Sebastiano *ad catacumbas* an der Via Appia; es folgen die Gründungen Leos des Großen bei St. Peter und bei San Lorenzo. Im 6. Jahrhundert stieg die Zahl der Klöster weiter, um 630 gab es siebzehn, davon acht innerhalb der Mauern.

Zum geistlichen Zentrum der Asketen entwickelte sich um 400 die Niederlassung des schwerreichen Aristokraten aus Aquitanien Paulinus von Nola in Campanien um das Grab des heiligen Felix. Es wurde neben Rom zum wichtigsten Pilgerzentrum. Die Ausstattung seines Klosters erlaubte den Mönchen, von der Arbeit ihrer Sklaven und Kolonen zu leben. Daher wird die Reform verständlich, die Benedikt von Nursia durch seine Klostergründung 529 auf dem Monte Cassino durchführte. Die (nicht authentische aber treffende) Devise des Benediktinerordens *ora et labora* wies der Handarbeit wieder einen Platz im Leben der Mönche zu. Von Benedikt stammt die im Westen erfolgreichste Klosterregel. Das Kloster wurde 577 von den Langobarden zerstört. Ebenfalls kurzlebig war die Klostergründung Vivarium durch Cassiodor, den *Praefectus Praetorio* Theoderichs 555, es wird 598 zuletzt erwähnt. Einflußreich aber wurden seine ‹Institutiones›, in denen er – neben der Handarbeit – die literarische Tätigkeit der Mönche regelte und dabei auch vorchristliche Autoren einbezog. Die Mönche sollten lesen und schreiben, denn der Teufel werde mit Tinte bekämpft. In Africa haben Augustinus und die jüngere Melanie Klöster gestiftet. Auch Augustinus legte, gemäß dem Willen des Paulus, Wert auf die Handarbeit der Mönche.

Mehrfach gab es wie im Osten so auch im Westen Konflikte zwischen asketischen Kreisen und dem Episkopat. Der bekannteste Fall ist derjenige der Priscillianisten. Priscillianus stammte aus einer reichen spanischen Familie. Unter dem Einfluß ägyptischer «Gnostiker» übte er Selbstkasteiung und sammelte gleichgesinnte Männer und Frauen um sich. Die Bewegung erfaßte größere Teile Spaniens, so daß ihr die spanischen und aquitanischen Bischöfe auf einer Synode in Caesaraugusta (Saragossa) entgegentraten. Priscillian wurde verdammt. Dennoch erhoben ihn seine Anhänger zum Bischof von Abila. Darauf wandten sich die katholischen Bischöfe an die Staatsgewalt, und Gratian ließ die Häretiker aus den Städten vertreiben. Priscillian begab sich 383 zum Papst Damasus, wurde aber nicht vorgelassen. In Mailand erfuhren Priscillian und seine Freunde durch Ambrosius dieselbe Ablehnung, erreichten aber, daß der *magister officiorum* Macedonius die Rückgabe ihrer Bistümer anordnete.

Inzwischen hatte Magnus Maximus die Kaisergewalt an sich gerissen und war in Trier eingezogen (s. II 7). Vor ihm erhoben die Katholiken Anklage, und Priscillianus wurde 385 mit mehreren seiner Anhänger wegen Zauberei und Unzucht geköpft, andere mußten in die Verbannung gehen. In der Folgezeit wurden Christen, die allzu eifrig den Büchern oder dem Fasten huldigten, verdächtigt. Während unter den Katholiken ein Streit ausbrach, ob der Einsatz des staatlichen Schwertes zu geistlichen Zwecken berechtigt war oder nicht – letzteres meinten Martin von Tours und Sulpicius Severus –, gewann die Sekte an Zulauf.

Der Tod Priscillians ist der erste Fall, in dem ein angeblicher Irrlehrer auf Betreiben der Orthodoxie vom Staat hingerichtet wurde. Im allgemeinen haben die Kaiser widerspenstige Bischöfe lediglich ins Exil geschickt. Um indes zu verhindern, daß sich gerade dadurch die falschen Lehren ausbreiteten, wurden Inseln oder solche Verbannungsorte gewählt, die von Barbaren, Juden oder hartnäckigen Heiden bewohnt waren.

Die Motive für die Weltflucht im spätantiken Christentum sind vielschichtig. Den Verzicht auf Geld und Gut erleichterte die Unsicherheit der Zeiten. Die Bedrohung durch die Barbaren ließ jeden irdischen Besitz prekär erscheinen. Hinzu kam Angst vor den Höllenqualen, die Rutilius (I 521) mit der Flucht vor den Furien verglich. Hieronymus und (Pseudo-) Victor Vitensis bezeugen diesen Beweggrund sowie die Hoffnung auf das ewige Leben im Paradies, das jedes Opfer rechtfertige. Theodoret nennt die Asketen «Leute, die sich durch Mühen den Himmel erkaufen» und die Höllenstrafen abkürzen wollen. Die «geschäftliche» Seite dieser Lebensform sprach Antonius von Koma unumwunden aus. Er erklärte, wer sich um des Himmelreichs willen selbst kasteie, der opfere eine schlechte Kupfermünze für 100 Goldstücke. Lohn im Diesseits bot das hohe Ansehen der Eremiten. Sie wurden besucht und versorgt, befragt und bewundert. Je härter sich ein Asket kasteite, desto glaubwürdiger erschien, was er sagte – auch in dogmatischen Fragen.

Trotz allen Spannungen mit Bischöfen und Behörden hat sich die asketisch-monastische Bewegung im Rahmen der Großkirche halten können. Nur solche Gruppen, die eigene Ansichten über die Gemeindeordnung oder den Glaubensinhalt entwickelten, wurden aus der Gemeinschaft ausgeschlossen.

Unterschiedliche Auffassungen über Leben und Glauben führten bereits in der Zeit des Apostels Paulus zu Abspaltungen. Er bekämpfte sie in Korinth und Ephesos: «Seid fleißig zu halten die Einigkeit im Geist!» Jede christliche Gruppe betrachtete sich selbst als Hüter der evangelischen Überlieferung und hielt den anderen Gemeinden Abweichungen vor. Die – schon um 110 von Ignatius (Smyrn. 8) so genannten – Katholiken warfen den Ketzern vor, sich einen privaten Glauben zurechtzulegen, anstatt sich dem überlieferten (apostolischen), allgemeinen (katholischen) und wahren (orthodoxen) Dogma zu beugen. Die Splittergruppen hingegen stellten die Reinheit über die Einheit und wandten sich von der Großkirche ab, die sie verweltlicht glaubten. Es ist keinesfalls ausgemacht, daß die Katholiken jeweils die Mehrheit der Christen im Reich darstellten, doch blieb das für die «Wahrheit» des Glaubens auch unerheblich.

Die älteste, bis in die Spätantike lebendige Splitterkirche bildeten die Judenchristen unter dem Sammelnamen Ebioniten. Sie glaubten an Jesus als den Messias, aber übten die Beschneidung, hielten den Sabbat und feierten Ostern unabhängig vom Wochentag am Passahfest, am 14. Nisan, daher ihr Name Quartodecimaner. Sie haben vermutlich das Denkschema orthodox-häretisch in die christliche Tradition eingeführt, um selbst dessen erstes Opfer zu werden. Die Vita des Schlaflosen Alexandros (35) meldet für die Zeit um 400, die Bewohner von Palmyra seien Juden, obschon sie selbst sich als Christen betrachteten. Ähnliches bezeugt Zacharias (IX 13, S. 185 f) für die Galater unter Justinian, die sich nach der Taufe noch beschneiden ließen. Die Gegenbewegung verkörpert Marcion, der 144 eine vom jüdischen Erbe «gereinigte» Lehre begründete und nur die Schriften des Paulus gelten ließ. Seine Gemeinde bestand im Osten bis ins 6. Jahrhundert.

Die meisten historisch bedeutsamen Abspaltungen erwuchsen während und unmittelbar nach den Christenverfolgungen. Die katholische Kirche hat Gläubige, die schwach geworden und abgefallen waren, in der Regel großmütig wieder aufgenommen. Dagegen wehrten sich Rigoristen, die selbst, wie die phrygischen Montanisten, zum Martyrium bereit waren. So hat der Gegenpapst Novatianus 251 die Wiederaufnahme der unter Decius abtrünnig gewordenen Christen abgelehnt und eine Kirche der «Reinen» gegründet. Der griechische Begriff καθαρός – «rein» liegt dem Namen der mittelalterlichen Katharer und unserem Wort «Ketzer» zugrunde. Unter Constantin vermochten die Novatianer 326 die Rückgabe ihrer Kirchen und Friedhöfe durchzusetzen, die Sekte verbreitete sich bis nach Kleinasien und bestand bis ins 7. Jahrhundert.

Einen ähnlichen Ursprung hatte die Sekte der (ägyptischen) Meletianer. Während der diocletianischen Verfolgung hielt sich Petros, der Patriarch von Alexandria, versteckt. Daraufhin beanspruchte Meletios von Lykopolis in Oberägypten dessen Würde, übernahm eigenmächtig episkopale Aufgaben, wurde verhaftet und zu Zwangsarbeit in einem palästinensischen Bergwerk verurteilt. Hier schloß er sich der «Kirche der Märtyrer» an. Als Konfessor 311 entlassen, begründete er eine selbständige Gemeinde, die keine *lapsi*, d. h. zeitweilig Abgefallene duldete. 325 besaßen die Meletianer 29 Bistümer. Auf dem Konzil von Nicaea wurde den Novatianern und den Meletianern die Rückkehr in die Großkirche angeboten, doch sollten ihre Bischöfe zugunsten der orthodoxen abdanken. Die Meletianer verschmolzen später großenteils mit den Arianern, doch hielten sich Reste bis um 450.

Das hartnäckigste Schisma (von σχίζω – spalten) stellten die Donatisten in Africa dar. Die Neigung zu strengen Lebenssitten hatte sich hier bereits im 3. Jahrhundert in den Erfolgen der aus Phrygien stammenden Sekte der Montanisten gezeigt. Ihr berühmtester Anhänger war Tertullian. Es scheint, daß die Bereitschaft zum Martyrium in Africa besonders groß war. Nach dem Ende der diocletianischen Verfolgung erhob sich ein Streit über die Frage, wie die *lapsi* zu behandeln seien, die als *traditores* die heiligen Schriften «ausgeliefert» hatten.

Während die offizielle Kirche unter der Führung des Bischofs von Karthago Caecilianus eine milde Haltung einnahm, sammelten sich die strenger Denkenden um eine reiche Matrone namens Lucilla. Sie war einmal von Caecilianus gemaßregelt worden, weil sie vor dem Abendmahl die Knochen eines von der Kirche nicht anerkannten Märtyrers zu küssen pflegte. Mit Hilfe des Geldes der Lucilla und des Einflusses des Bischofs Donatus von Casae Nigrae († 355) wurde 312 (?) die Bischofswahl des Caecilianus angefochten, weil an ihr Traditoren teilgenommen hätten, und ein «donatistischer» Gegenbischof aufgestellt. 313 erhielt Donatus selbst dieses Amt. Allenthalben wiederholte sich dies, und bald gab es in jeder africanischen Stadt zwei Bischöfe, die sich gegenseitig bekämpften. Die zum Donatismus Übergetretenen wurden wiedergetauft.

Als Constantin 313 die Rückgabe des in der Verfolgung eingezogenen Kirchengutes verfügte und den Christen Nordafrikas darüber hinaus Geld schenkte, entstand ein Streit darüber, wer die wahre Kirche vertrete. Der Kaiser überwies den Fall an eine Synode unter dem römischen Bischof Miltiades. Sie tagte im Lateranpalast der Kaiserin Fausta, der nach ihrem Tod 326 der Kirche überlassen wurde. Anfang Oktober 313 wurde Caecilianus bestätigt und Donatus exkommuniziert. Dessen Partei erhob beim Kaiser Einspruch, er berief daraufhin 314 ein Konzil nach Arles. Die dort versammelten 35 Bischöfe aus dem ganzen Westreich verdammten die Donatisten abermals. Eine dritte Verhandlung fand 315 in Karthago, eine vierte in Mailand vor dem Kaisergericht statt, das Caecilian endgültig freisprach.

Bei den anschließenden Unruhen in Africa setzte Constantin Militär ein. Es gab Märtyrer auf seiten der Donatisten, ihr Anhang wuchs. Constantin stellte die Verfolgung daraufhin ein, nahm sie aber 320 wieder auf, als herauskam, daß es sogar unter den Donatisten Traditoren gab. Deren Bereitschaft zum Martyrium steigerte sich indessen bis zum rituellen Selbstmord, so daß der Kaiser 321 resignierte. Um 336 versammelten sich 270 donatistische Bischöfe in Karthago. Die nächste Verfolgung 347 blieb ebenfalls wirkungslos, Julian genehmigte die Sekte ausdrücklich. 370 unterstützten die Donatisten die Erhebung des africanischen Prinzen Firmus und 397 die seines Bruders Gildo. 378/379 stiftete der Bischof der Donatisten in Rom Unruhe.

Die radikale Gruppe unter den Donatisten bildeten die Circumcellionen, «die um die *cellae* herumlungernden» Faulenzer, wie Augustin schreibt. Es handelt sich überwiegend um punisch sprechende Saisonarbeiter, die in Banden umherzogen und die Güter der Katholiken plünderten. Ihr Kampfruf war *Deo laudes*.

Der theologische Kampf gegen die Donatisten wurde von Optatus von Mileve und Augustinus geführt. Sie behaupteten, daß kirchliche Amtshandlungen auch dann gültig seien, wenn die Spender unwürdig wären, was auf donatistischer Seite Parmenianus († 392) und Petilianus bestritten. Augustin organisierte vom 1. bis 26. Juni 411 ein Religionsgespräch in Karthago, auf dem 286 katholische gegen 284 donatistische Bischöfe stritten. Der kaiserliche *tribunus et notarius* Marcellinus, selbst Katholik, entschied gegen die – erst drei Jahre zuvor abermals verbotenen – Donatisten und ließ Disziplinarmaßnahmen folgen. Auch kaiserliche Verbote, um die Augustin ersucht hatte, wurden erlassen. Auf die von den Donatisten geübte Wiedertaufe setzte der Kaiser eine Strafe von zehn Pfund Gold. Augustin bemerkte, es sei unvermeidlich, daß im Netz der Kirche sich gute und faule Fische zusammenfänden. Er forderte staatliche Gewalt und rechtfertigte *terror utilis* mit der liebenden Zuchtrute Gottes und mit dem Gleichnis von den Festgästen: «Nötige sie, hereinzukommen, auf daß mein Haus voll werde.» Seine eigene Stadt Hippo war komplett donatistisch, bis die Staatsgewalt die Rekatholisierung sicherte. Die Gesetzesmacht aber fand ihre Grenzen. Dies bezeugt das zur Farce entartete Verfahren gegen den donatistischen Bischof Crispinus von Calama.

Novatianer, Meletianer und Donatisten hatten eigene Auffassungen von der Kirchenzucht, nicht aber besondere Glaubenslehren. Insofern handelt es sich bei ihnen um schismatische Bewegungen, wie sie sogar innerhalb derselben Stadt vorkamen, wenn sich mehrere Bischöfe nebeneinander behaupteten. Die bedeutendste Spaltung dieser Art erlebte Antiochia, wo die orthodoxen Eustathianer seit 330 zuerst neben den Arianern und seit 360 neben den ebenfalls orthodoxen Anhängern des Meletius von Antiochia und dessen Nachfolgern herlebten. Sie vereinigten sich erst 482 wieder. Theodoret (HE. III 4) bemerkt, daß nicht das – in beiden Gemeinden nicaenische – Credo, sondern allein «Streitsucht und Liebe zu den eigenen Bischöfen» die Trennung bewirkten.

Wo die Ursache der Glaubensspaltung im Dogma liegt, sprechen wir von Häresien (αἱρέω – nehmen) oder Sekten (*sequor* – folgen). Diese Begriffe werden schon im Neuen Testament und noch im ‹Codex Theodosianus› sowohl für die Urgemeinde als auch für Abspaltungen derselben verwendet. Im späteren Sprachgebrauch bezeichnen sie Glaubensgemeinschaften, die aus römisch-katholischer Sicht Ketzerei sind. Der wichtigste Streitpunkt der altkirchlichen Dogmatik betrifft die Christologie, die Frage nach dem Wesen Christi. Nachdem schon die jüdischen Messiasvorstellungen einander widersprochen hatten, bildete Christi göttlich-menschliche Doppelnatur das Zentrum im «Labyrinth der Glaubensbekenntnisse». Die Beschreibung der Trinität durch die Begriffe Beschaffenheit (ὑπόστασις – *substantia*), Natur (φύσις), Wesen (οὐσία) und Person (*persona*) bereitete logisch unlösbare Schwierigkeiten. Hatte man sich auf eine Formel geeinigt, konnte man dem Gegner immer noch vorwerfen, sich dabei etwas anderes zu denken. Zugrunde liegt die Zweideutigkeit der Evangelien: Für die Synoptiker war der Messias Jesus ein begnadeter Mensch, der vor seiner Geburt nicht existierte, der nicht eingeweiht war in die Geheimnisse seines Vaters im Himmel und der sich vor der Kreuzigung fürchtete (26,39). Johannes hingegen betrachtet Jesus als den fleischgewordenen Logos, der von Anfang an bei Gott war und unterstreicht die Göttlichkeit Jesu: «Ich und der Vater sind eins.»

So wundert es nicht, wenn es früh verschiedene Auffassungen davon gegeben hat, wie sich Mensch und Gott in Jesus zueinander verhalten. Alle denkbaren (und undenkbaren) Spielarten begegnen. Minimal: Jesus als reiner Mensch, oder maximal: als Erscheinung Gottvaters auf Erden. Dazu kamen mehrere Misch- und Zwischenformen sowie die Deutung Jesu als purer Logos und als Geist Gottes in einem Scheinleib, der allein gekreuzigt worden sei. Wer welche Ansicht vertrat, das ist weder aus der Mentalität noch aus ökonomischen, sozialen oder politischen Interessen bestimmter Gruppen erklärbar. Stets waren es einzelne Kirchenlehrer, die sich für diese oder jene Seite entschieden und dann durch Anhänger und Freunde geringeren oder größeren Einfluß gewannen.

Solange die Christen in gemeinsamem Gegensatz zum römischen Staate standen, blieben die dogmatischen Differenzen verdeckt. Das Wort «orthodox» kommt in der Bibel nicht vor, erst um 300 wurde es populär. Der Zwist brach auf, als Constantin das Christentum zur bevorzugten Religion erhob. Indem er die Rechtgläubigkeit auf die Tagesordnung des neu geschaffenen Reichskonzils setzte, gewannen die Sondermeinungen eine Publizität und eine Aktualität wie nie zuvor. Der Presbyter Arius (Areios) von Alexandria (ca. 260–336) lehrte die bloße Gottähnlichkeit Jesu; er glaubte, daß die Gotteskindschaft auch von den anderen Menschen erreichbar sei, und behauptete, es hätte eine Zeit gegeben, da Jesus noch nicht existiert habe. Während Arius die orthodoxe Christologie des Sabellianismus verdächtigte, der die Wesenseinheit von Gottvater und Gottsohn vertrat, wurde seine eigene Lehre umgekehrt mit den Häresien des Paulus von Samosata und der ebionitischen Judenchristen verbunden. Arius wurde 319 durch eine Synode in Alexandria gegen den Widerstand der origenistischen Bischöfe exkommuniziert. Da der Streit «in allen Städten, allen Dörfern» weiterging und auch die Sendschreiben des Kaisers an die Streitenden erfolglos blieben, berief Constantin 325 das Konzil von Nicaea, das den Arianismus verwarf (s. II 3). Arius wurde exkommuniziert und nach Illyricum verbannt. Seine Schriften sollten verbrannt werden; wer sie nicht auslieferte, dem drohte die Todesstrafe. Sulpicius Severus (chron. II 40,1) bezeugt, daß man das Nicaenum arianisch interpretieren konnte. Theodoret (HE. I 14;19) sah darin eine besondere Hinterhältigkeit der Arianer. 335 hat Constantin Arius aufgrund einer Audienz begnadigt. Der Kaiser stand unter dem Einfluß des arianischen Bischofs Eusebios von Nikomedien, der ihn dann 337 getauft hat.

Indem der Arianismus die bloße Ähnlichkeit zwischen Gottvater und Gottsohn lehrte, stellte sich bald die Frage, «wie ähnlich» die beiden seien. Als Zwischenwesen zwischen Mensch und Gott konnte man Jesus bald dem einen, bald dem anderen Pol näherrücken. Als strenge Arianer behaupteten die Eunomianer die Unähnlichkeit und hießen darum auch Anhomöer. Von ihnen trennten sich die Akakianer, die Unähnlichkeit im Wesen mit Ähnlichkeit im Willen verknüpften. Die gemäßigten «Homöer» verwarfen bloß das Wort ὁμοούσιος als sabellianisch und nicht schriftgemäß. Selbst ein orthodoxer Theologe wie Gregor von Nazianz vermied es.

Zu dieser mittleren Gruppe zählten Constantius II und Valens. Sie suchten zwischen den eigentlichen Arianern und den Orthodoxen die Mitte zu finden. Zwischen den Homöern und den Katholiken standen die Semiarianer oder Homoiusianer, deren Differenz zur Orthodoxie sich auf Nuancen beschränkte, so Georg von Laodicea und Basilius von Ancyra. Das letzterem zu 358 in den Mund gelegte Wort ὁμοιούσιος kann «wesensähnlich» – so die übliche Übersetzung –, aber ebensowohl «wesensgleich» bedeuten, eine nicht hingenommene Unschärfe. Erst Theodosius, der aus dem katholischen Spanien kam, konnte der Orthodoxie im Osten den Vorrang verschaffen.

Die einzig größere Gruppe, die am homoeisch-arianischen Bekenntnis von 360 festhielt, bildeten die Germanen; ihnen gegenüber waren die Kaiser nicht stark genug, um ihren Übertritt zum Katholizismus zu erzwingen. Während die Auseinandersetzungen zwischen Arianern und Orthodoxen im 4. Jahrhundert quer durch die römische Bürgerschaft gingen, entsprechen sie im 5. Jahrhundert dem Gegensatz zwischen Römern und Germanen. Ein wesentliches Moment der Trennung war der nationalsprachliche Gottesdienst der Germanen. Johannes Chrysostomos hat den Goten Konstantinopels darum orthodoxen Gottesdienst in gotischer Sprache angeboten, doch fand dieser vielversprechende Versuch keine Nachfolge. So wurde der Vorwurf der Barbarei um den Vorwurf der Ketzerei erweitert und damit ein Aufgehen der Germanen im Reich erschwert (s. II 2 d).

Die nächste bedeutsame Häresie nach der Überwindung des homöischen Arianismus durch Theodosius I geht zurück auf den britannischen Mönch Pelagius, der um 400 in Rom lebte. Pelagius, als Asket hoch angesehen, leugnete die Erbsünde, bekämpfte die Kindertaufe und behauptete, der Mensch sei aus eigener Kraft zum Guten fähig und damit zur Erlösung berechtigt. Dadurch aber wurde die Erlösungsbedürftigkeit des Menschen durch Christus eingeschränkt. Zugleich verlor der Klerus seine Mittlerfunktion in der Verheißung der Gnade Gottes. Augustin ließ den Pelagianismus 411 auf der Synode von Karthago verurteilen, seit 418 ergingen Gesetze gegen ihn. 431 wurde die Lehre in Ephesos verdammt, dennoch hat sie sich unter den Mönchen lange gehalten. Sie vermeinten, durch Askese das Himmelreich verdienen zu können. Das aber blieb Blutzeugen vorbehalten. In Südgallien gab es einen Semipelagianismus, vertreten durch Vincentius von Lerinum. 529 wurde auf der Synode von Arausio auch diese Häresie verworfen.

Die im Westen verurteilten Pelagianer fanden vorübergehend Schutz bei Nestorios, dem Patriarchen von Konstantinopel 428 bis 431. An seinen Namen knüpft sich die nächstfolgende christologische Häresie. Nestorios vertrat die antiochenische Zweinaturenlehre in strengerer Form als die Orthodoxie. Er behauptete, Maria habe nur die menschliche, nicht die göttliche Natur Jesu geboren und könne darum nicht «Mutter Gottes» heißen (s. II. 9). Möglicherweise nahm Nestorios auch Anstoß an dem Gleichklang zwischen der christlichen Muttergottes und der phrygischen Gottesmutter, die noch unter den spätantiken Heiden Verehrer besaß (s. III 6 a). Jedenfalls trat er mit seinem Protest in Widerspruch zu der aufkommenden Marienverehrung (s. III 6 c). Auf Betreiben des Patriarchen Kyrillos von Alexandria wurde Nestorios 431 in Ephesos abgesetzt, er starb in der Verbannung. Seine Anhänger wurden als «Neujuden» verunglimpft. Die Christologie des Nestorios fand indessen Zustimmung bei den persischen Christen, die sich 485 als eigene Kirche konstituierten. Die Nestorianer haben von Nisibis aus antikes Geistesgut in syrischer Sprache an die Araber vermittelt. Sie missionierten in Indien und China, wo die syrisch-chinesische Inschrift von 781 aus Sian in Schensi von ihrer Tätigkeit berichtet.

Der Dyophysitismus des Nestorios ist durch die Patriarchen von Alexandria nicht zuletzt deswegen so heftig bekämpft worden, weil sich dort im frühen 5. Jahrhundert die Ansicht ausbreitete, daß die göttliche Natur Christi dessen menschliche Natur sozusagen aufgesogen habe. Diese (monophysitische) Einnaturenlehre geht zurück auf Apollinaris von Laodicea, der um 360, ähnlich wie die Arianer, gelehrt hatte, daß in Christus das Göttliche mit dem Menschlichen zu einer einzigen Natur verschmolzen wäre. Kyrillos von Alexandria verfocht im Kampf gegen Nestorios die Formel μία φύσις του δεοῦ λόγου σεσαρχωμένη, die «eine Natur des Logosgottes, die Fleisch geworden ist». Diese Ansicht ist kaum zu Unrecht als monophysitisch aufgefaßt worden, obschon die Orthodoxie Kyrill postum für sich beanspruchte. Die Varianten des Monophysitismus sind seit dem späten 4. Jahrhundert immer wieder verurteilt worden, definitiv in Chalkedon 451. Hier wurden die zwei Naturen Christi als unvermischt und unzertrennlich bestimmt. Im Osten galt das als Verrat an dem (monophysitisch interpretierten) Bekenntnis von Nicaea. Das hat zu blutigen Aufständen geführt. Nach dem Tode Marcians 457 wurde der kaiserlich-orthodoxe Patriarch von Alexandria umgebracht.

Den Versuch einer aristotelischen Rechtfertigung des Monophysitismus unternahm um 500 Johannes Philoponos in Alexandria, der die Trinität als drei Spezies derselben Gattung darstellt. Diese Lehre erhielt den Namen des Tritheismus. Eine weitere Abart des Monophysitismus war der Monotheletismus, der eine einzige Energie hinter den zwei Naturen Christi annahm. Zwischen den monophysitischen Häresien kam es zu erbitterten Kämpfen, seit 535 gab es in Alexandria zeitweise drei Patriarchen. Zur eigenen Bischofskirche hat wenig später der 542 Bischof von Edessa gewordene Syrer Jakob Baradaios (Burdeana «in der Pferdehaut») den Monophysitismus ausgebaut. Seine Lehre blieb in Ägypten, Nubien und Äthiopien, unter den nach ihm benannten Jakobiten Syriens und – endgültig seit 552 – in

Armenien herrschend. Der jakobitische Klerus schor sich das Haupt, daher wurden die Priester von den Orthodoxen als «Geschorene» verspottet. Die heutigen Kopten sind Monophysiten trotz einer 1974 gefundenen Kompromißformel. Die spätantiken Versuche Zenons und Justinians, eine solche zu formulieren, blieben erfolglos.

Außer den genannten Sonderkirchen gab es in der Spätantike kleinere Bewegungen in großer Zahl, insbesondere im Osten. Augustinus behandelte in seiner Schrift ‹De haeresibus› im Jahre 428 insgesamt 88 Häresien, weitere Ketzerkataloge bieten Philastrius von Brescia mit 128 Splittergruppen, sodann Epiphanios von Salamis in seinem ‹Panarion› (Arzneikasten) von 374/7, Timotheos von Konstantinopel um 600 und der letzte abendländische Kirchenvater Isidor von Sevilla um 620. Im Orient stellte Johannes von Damaskus um 700 noch hundert florierende Irrlehren zusammen, darunter nun auch den Islam. Da gab es Sektierer, die zum Abendmahl Wasser statt Wein tranken, oder solche, die zum Brot auch Käse reichten. Das waren die Aquarier und die Artotyriten. Andere verzichteten überhaupt auf Wein oder Fleisch oder pflegten allein zu essen. Die Kollyridianer opferten Maria kleine Kuchen. Einzelne Häresien übten besondere Taufrituale, feierten eigene Feste, sangen selbstgedichtete Lieder, hielten spezielle Fastengebote oder duldeten ausschließlich Gemeineigentum. Im Gegensatz zur verbreiteten Askese erklärten die Nictages, Nachtwachen seien Unfug, Gott hätte die Nacht zum Schlafen gemacht. Es gab Gruppen, die das Alte Testament, die Briefe des Paulus oder die Schriften des Johannes ablehnten. Die Ophiten verehrten die (Paradies-)Schlange, mehrere Sekten übten Engelskulte oder beteten zu Kain.

Jede mögliche Deutung Jesu kommt vor: als reiner Gott, der nicht gelitten hat und durch Maria «wie durch eine Röhre» in die Welt geschlüpft sei; oder als reiner Mensch, von Joseph gezeugt, nebst allen Zwischenformen. Maria habe ihre Jungfräulichkeit bei der Geburt Jesu eingebüßt oder doch bei der Geburt ihrer späteren Kinder verloren. Man stritt darüber, wo und wie und wann Christus erschaffen sei: im Himmel oder auf Erden? durch das Wort, durch den Geist oder durch den Samen? bei der Geburt, bei der Verkündigung oder vor aller Zeit, wie die Orthodoxie behauptete?

Eigene Auffassungen entwickelten die spätantiken Häresien ebenso gegenüber der Orthodoxie (s. III 2 c) zum Thema Sexualität. So zählten zu den verworfensten Sekten die Simonianer und die Sekundianer, die Vielweiberei oder freie Liebe zuließen. Die Adamiten zeigten sich in paradiesischer Nacktheit, gemäßigte gingen barfuß. Zum Entsetzen der Epiphanios behaupteten die Antidikomarioniten, die «Widersacher Marias», Maria habe nach der Geburt Jesu mit Joseph in ehelicher Gemeinschaft gelebt. Die Anhänger des römischen Mönches Jovinianus bestritten die Gottgefälligkeit der Virginität und des Fastens. Gegen sie erging 398 ein Verbot.

Vigilantius, Presbyter in Barcelona,, verwarf Zölibat und Nachtwachen, Reliquien- und Heiligenverehrung. Dagegen polemisierte Hieronymus. Der hoch angesehene Bischof der Novatianer Sisinnius in Konstantinopel badete täglich zweimal – unerhört aus der Sicht der Orthodoxen. Dominant waren die asketischen Sekten. Sie verwarfen die Wiederheirat der Witwe oder Ehe und Geschlechtsverkehr überhaupt, so die Eustathianer. Die Patriciani glaubten, daß der Teufel das Fleisch des Menschen geschaffen habe, die Paterniani meinten, wenigstens der Unterleib sei eine Schöpfung des Teufels. Die Valesier übten Selbstkastration, die Severianer hielten das Weib für ein Werk des Teufels. Im Thomas-Evangelium (Logion 114) erklärt Petrus, Frauen seien des ewigen Lebens nicht würdig, doch Jesus antwortet, Frauen würden als Männer ins Himmelreich eingehen. Markioniten und Quintilianer hingegen wiesen Frauen sakrale Funktionen zu, denn Christus sei auch in Frauengestalt erschienen. Da gab es Sektierer, die rechneten mit mehreren Welten, dachten sich Gott menschengestaltig, hielten das Wasser oder die Materie für vorgöttlich. Die meisten dieser Splitterchristen beriefen sich auf irgendeine Bibelstelle, so jene, die behaupteten, Gott habe das Böse nicht geschaffen, obwohl geschrieben steht: *ego Deus creans mala*, und jene, die lehrten, Gott habe auch das Böse geschaffen, obwohl die Bibel sagt: *fecit Deus omnia bona*.

Der Kampf von Staat und Kirche gegen die schismatischen und häretischen Gruppen war noch härter als der gegen Heiden und Juden. Denn bei diesen war noch auf eine Bekehrung zu hoffen, wogegen die Ketzer hoffnungslos verstockt erschienen. Die Skala umfaßte alle erdenklichen Maßnahmen: nach dem Besitz abgestufte Geldstrafen und Prügel, Beschränkung oder Entzug des Testierrechts, Enteignung, Versammlungsverbot, Bücherverbrennung, Beschlagnahme und Zerstörung der Gotteshäuser, Ausschluß aus Verwaltungs- und Heeresdienst usw. Die schärfsten der insgesamt 73 Ketzergesetze im ‹Codex Theodosianus› stammen von Theodosius I.

Die Wurzel aller Häresien findet Isidor (etym. VIII 3, 1) in der Anmaßung nicht autorisierter Einzelner, über den Glauben selbst zu befinden, anstatt sich vertrauensvoll an die Lehre der Kirche zu halten. Sie verkünde die Wahrheit: Selbst wenn ein Engel vom Himmel anders predige, träfe ihn der Bannfluch: *etiamsi angelus de caelis aliter evangelizaverit, anathema vocabitur* (3,3). Tatsächlich sind die religiösen Gruppierungen ohne Rekurs auf Klientelstrukturen nicht erklärbar. Die Autorität einzelner Führergestalten reichte hin, um ein Zusammengehörigkeitsgefühl unter den Anhängern zu schaffen oder zu stärken, das in der dogmatischen Fügsamkeit dann zum Ausdruck kam. Individuelle Glaubensentscheidung war unter monotheistischen Systemen stets eine seltene Ausnahme und wurde von den Machthabern bekämpft. Der Begriff der Häresie enthält den Vorwurf der willkürlichen Auswahl, das Wort Sekte den der abtrünnigen Gefolgschaft, der Terminus Schisma den der schuldhaften Absonderung.

Wenn Constantin geglaubt hat, durch die Christianisierung die religiöse Einheit des Reiches herzustellen, so war das ein Irrtum. An die Stelle von zahlreichen heidnischen Kulten, die einander achteten, traten kaum weniger zahlreiche christliche Gemeinden, die sich gegenseitig bekämpften. Denn darin waren sie alle einig: daß nur eine einzige Kirche die wahre sei.

Die Vielzahl der asketischen Lebensformen, der Spalt- und Splitterkirchen beweist auf der einen Seite die Schwäche der Orthodoxie in ihrem Bestreben, die Oikumene im Glauben zu einigen, bezeugt auf der anderen Seite jedoch die zündende Kraft des Evangeliums, das von den verschiedensten Denk- und Lebensweisen aufgenommen, aber unterschiedlich ausgelegt wurde. Erstaunlich genug, daß sich überhaupt eine Reichskirche hat halten können. Die wichtigsten Gründe dafür liegen in der imperialen Tradition, in die sich die Bischöfe der Hauptstädte einordneten, und in der politischen Unterstützung, die sie von den Kaisern erfuhren.

Ein Zeugnis für den Sieg der Großkirche liegt in der erfolgreichen Namengebung. Indem sich die katholisch-apostolische Orthodoxie stets als solche bezeichnete, den Splitterkirchen aber diskriminierende Namen aufzwang, die von irgendeinem Unterscheidungsmerkmal oder einem Theologen abgeleitet waren, wurden diese Bewegungen zu Abirrungen gestempelt. Diese Terminologie hat sich durchgesetzt, darum sprechen wir nicht von Athanasianismus, Homousianismus oder Chalkedonismus, sondern von Orthodoxie. Natürlich haben alle unterlegenen Gemeinden sich selbst als rechtgläubig bezeichnet und die Großkirche umbenannt. Deren Anhänger hießen bei den Monophysiten von Edessa «Melkiten» (Reichshörige), was auch die politische Distanz der Syrer zu Konstantinopel zum Ausdruck bringt. Julian nannte die Christen im Anschluß an Epiktet (diss. IV 7,6) «Galiläer», um ihnen den Ruch einer Winkelreligion anzuhängen, und bezeichnete sich selbst im religiösen Sinne als «Hellenen».

Die Frage, ob und wieweit sich in den religiösen Absonderungen nationale oder soziale Bewegungen spiegeln, ist oft gestellt, aber nie überzeugend beantwortet worden. Gewiß spielen bei den africanischen Circumcellionen Spannungen zwischen den punisch redenden Landarbeitern und den katholischen Großgrundbesitzern lateinischer Zunge eine Rolle. Augustin (ep. 66) bezeugt jedoch, daß umgekehrt donatistische *possessores* ihre katholischen *coloni* zur Wiedertaufe zwangen. Die ägyptischen und syrischen Sonderkirchen ließen politische Gegensätze zum Hof in Konstantinopel erkennen. Die Germanen schließlich mögen auf die Bibel Wulfilas stolz gewesen sein. All das reicht aber kaum hin, den jeweiligen Sekten ihre genuin religiösen Leidenschaften abzusprechen.

Das emotionale Element äußert sich nicht zuletzt in der Bedeutung der Kirchenmusik für den Zusammenhalt der Gemeinden und für deren Kampf gegen den äußeren Gegner (s. III 6 c). Bereits Arius hatte seine Lehre durch gefällige Lieder verbreitet und war so zum «Vater des christlichen Kirchen-

gesanges» geworden. Ambrosius in Mailand setzte seine Hymnen dagegen.
Als die Anhänger des Bardesanes in Edessa die von dessen Sohn Harmonios komponierten Chöre sangen, übernahm der orthodoxe Ephraëm deren Melodien und unterlegte ihnen rechtgläubige Texte. Auch Apollinarios verfaßte für seine Glaubensgemeinschaft heilige Gesänge, die von den Männern beim Umtrunk und von den Frauen in der Webstube gesungen wurden. Als Theodosius den Arianern die Kirchen in Konstantinopel nahm, zog die Gemeinde unter dem Gesang ihrer Antiphone zum Gottesdienst samstags und sonntags vor die Stadt. Die Orthodoxen, ermuntert durch Johannes Chrysostomos, konterten mit ihren eigenen Hymnen. Mit welcher Anteilnahme Glaubensfragen zumal in den Städten behandelt wurden, hat schon die Zeitgenossen verwundert. Gregor von Nyssa (PG. 46, 557 B) beschreibt, wie die Byzantiner auf der Straße über das Unbegreifliche philosophierten: «Wenn du jemanden nach dem Preise einer Ware fragst, hält er dir einen Vortrag über gezeugt und ungezeugt. Wenn du Brot kaufen willst, hörst du, der Vater sei größer als der Sohn und der Sohn sei dem Vater untergeordnet. Fragst du, ob das Bad fertig sei, so antwortet der Bademeister: Der Sohn Gottes ist aus nichts geschaffen.» Gregor von Nazianz (or. VI 11) meinte, Kampf für den wahren Glauben sei besser als ein Friede mit Sündern. Dies fand Zustimmung; zumal im griechischen Osten herrschte permanenter Bürgerkrieg zwischen den Kirchen.

Dem Schicksal des Imperiums entsprechend hat sich in der Kirche eine Entfremdung zwischen den lateinischen Katholiken und den griechischen Orthodoxen angebahnt. Justinian konnte wie im politischen so im religiösen Bereich den Zusammenhalt noch einmal notdürftig wahren, dann aber gingen die beiden Kirchen eigene Wege. Ihre Probleme lagen anders, auch im Sektenwesen.

Die Ostkirche ist mit dem Häresieproblem nicht fertig geworden. Orientalische Glaubensinbrunst und griechische Intellektualität widerstanden der Vereinheitlichung. Der Monophysitismus ließ sich nicht wieder eingliedern, der größere Teil seiner Bekenner ist nach dem Einbruch der Araber zum Islam übergetreten, dessen strenger Monotheismus eine gewisse Strukturverwandtschaft zum Monophysitismus zeigt. Unter arabischer Herrschaft haben sich die koptische und die syrische Kirche jedoch halten können. Auch die äthiopische, die nestorianische und die armenische Kirche überdauerten, während das Christentum Nubiens um 1350 dem Islam erlag. Den Verlusten im Orient stehen indes Gewinne im Donauraum gegenüber. Durch die Bulgaren- und Slawenmission seit dem 7. Jahrhundert hat das Byzantinische Reich seine bedeutendsten Erfolge in Osteuropa erzielt.

Im Westen, wo der apostolische Glaube stets «unverfälscht bewahrt» worden war, sind die Häresien bis auf geringe Reste überwunden worden.

Die Donatisten bilden seit der Zeit Augustins nur noch eine Minderheit; ganz verschwunden sind sie erst unter den Arabern. Der Rückgang des germanischen Arianismus beginnt in Nordafrika mit der Niederlage der Vandalen gegen Belisar 533, in Italien mit dem Sieg des Narses über die Ostgoten 552, in Spanien mit dem Übertritt des Westgotenkönigs Rekkared zum Katholizismus 587. Der Übergang der Burgunder vom Arianismus zum Katholizismus hat sich in der Zeit um 500 vollzogen; dem doppelten Druck seitens der romanischen Provinzialen und des Frankenkönigs Chlodwig hielt ihr arianischer Klerus nicht stand. Dasselbe gilt für den Arianismus der Langobarden, er verschwand um die Mitte des 7. Jahrhunderts unter fränkischem und italisch-romanischem Einfluß.

Die Frage, ob der Religionswechsel zum Niedergang des Römischen Reiches beigetragen habe, wurde bereits bei den Zeitgenossen diskutiert, allerdings stets unter dem Gesichtspunkt, ob die Vernachlässigung der Götterkulte dem Imperium Siege und Segen entzogen habe. Die sozialen und politischen Folgen der Christianisierung hat man eingehend erst im 18. Jahrhundert erörtert. Im Anschluß an Voltaire hat Edward Gibbon (ch.15) darauf hingewiesen, daß der Pazifismus, das Klosterleben, die Kosten der Kirche und die theologischen Streitigkeiten dem Reich geschadet hätten. Er meinte aber, daß die Empfänglichkeit für das Christentum eine Dekadenz bereits voraussetzte. Außerdem habe die von den Kanzeln gepredigte Loyalität den Staat wiederum gestärkt. Am entschiedensten hat Friedrich Nietzsche 1888 dem Christentum die Schuld am Niedergang zugeschrieben. Bedenken wir indes, daß auch die Byzantiner und Germanen Christen waren, so verliert das Argument an Gewicht. Die Christianisierung läßt sich welthistorisch weder mit Nietzsche als Dekadenzphänomen noch mit Hegel als Fortschrittselement begreifen. Die Bedeutung der Christianisierung liegt nicht auf der geschichtsphilosophischen Ebene von Dekadenz und Fortschritt. Vielmehr liefert das Evangelium selbst Kriterien, um das Auf und Ab in der Geschichte einzuschätzen.

e) Der Aberglaube

Der gesteigerten Religiosität in der Spätantike entspricht das Umsichgreifen des Aberglaubens. Schon Römer und Griechen haben zwischen *pietas* (εὐσέβεια) und *superstitio* (δεισιδαιμονία) unterschieden. Dabei wird die anerkannte Religion als Maßstab verwendet. Das Wort *superstitio* bezeichnet ursprünglich die Verehrung fremder Götter, etwa den aus römischer Sicht absurden ägyptischen Krokodilskult. Für Tacitus war der jüdische Glaube, für Constantin und die Kirchenväter die altrömische Religion eine *aliena superstitio*. Auch heterodoxes Christentum wurde von «Rechtgläubigen» als *superstitio* gebrandmarkt. Δεισιδαιμονία heißt Dämonenfurcht, wiewohl bei den frühen Griechen auch Götter als δαίμονες erscheinen.

Das Wort *superstitio* ist in seiner religiösen Verwendung ein Kampfbegriff. Sein dort perspektivischer Charakter macht ihn aber nicht wissenschaftlich untauglich. Denn er bezeichnet im weiteren Sinne eine Sphäre, die in allen Religionen und außerhalb dieser im säkularen Alltag nachzuweisen ist. Aberglaube läßt sich bestimmen als die voreilige und daher unvernünftige Annahme von Zusammenhängen zwischen Naturphänomenen und Menschenwerk sowie als Glaube an ungeprüfte Ereignisfolgeregeln, zumeist im Hinblick auf Glück und Unglück. Dabei ist Aberglaube nicht gegen Religion, sondern gegen Naturwissenschaft abgegrenzt und greift beispielsweise weit in die Volksmedizin hinein. Abstruses und Bewährtes steht da nebeneinander. Zwar wird Aberglaube von seinen Praktikanten gewöhnlich mit «Erfahrung», d. h. als vernünftig legitimiert, doch ist die Begründung nicht stichhaltig, weil die Gegenprobe fehlt. Um hier zu urteilen, müssen wir nicht unbedingt von unserem heutigen Wissen über die Naturgesetze ausgehen, sondern können uns auf kritische Zeitgenossen berufen. Schon Plinius maior (30,1 ff) hat eine fulminante Attacke gegen alle Arten von Aberglauben geritten und ihn als Mirakelsucht, als leichtfertiges Wunschdenken oder als übertriebene Furchtsamkeit durchschaut.

In diesem Sinne handelte Valentinian abergläubisch, als er sich, durch Träume gewarnt, weigerte, am Tag nach seiner Wahl zum Kaiser sein Amt sofort anzutreten, weil dies zufällig auf den 24./25. Februar, auf den Schalttag, gefallen wäre und der *bissextus*, der zweimal gezählte sechste Tag vor den Kalenden des März als Unglückstag galt. Dies glaubte er aus der Geschichte zu wissen, obschon die dafür benennbaren Beispiele keine Regel rechtfertigen konnten. Valentinian nahm in Kauf, daß sich ein anderer Prätendent, die Vakanz nutzend, zum Kaiser aufwarf, entging aber dem Vorwurf, seine Regierung stünde unter einem schlechten Vorzeichen, was die Akzeptanz seiner Herrschaft gefährdet hätte. Rücksicht auf den Aberglauben anderer ist vernünftig.

Wo die Unterscheidung zwischen allgemeingültigen Glücks- und Unglückstagen des Kalenders auf den Konstellationen der Planeten beruht, haben wir es mit Astrologie zu tun. Zumeist aber sind deren Vorhersagen an die Stunde der Geburt oder der Zeugung des Einzelnen gebunden. Auf letztere weist der Stier auf den Münzen Julians hin. Nach der Hochkonjunktur der Astrologie unter den Severern bekämpfte Plotin die Ansicht, die Sterne bestimmten unser Geschick, und erklärte, sie verkündeten es nur, so wie es die Vorsehung beschlossen habe. Die späteren Neuplatoniker schwankten zwischen diesen beiden Auffassungen, so Porphyrios und Jamblichos. Die ‹Mathesis› des späteren Christen Firmicus Maternus von 336 stellt das System dar: Die Planetengötter unterstehen einem Allgott, an sie sind Gebete zu richten. Astrologen sind Sternpriester, daher zur Sittenreinheit verpflichtet. Nur der Kaiser sei den Sternen nicht unterworfen, da er selber ein Gott sei. Die zahlreichen anderen astrologischen Schriften bis zu Johannes Lydos unter Justinian bestehen zwar nahezu komplett aus Exzerpten, bezeugen aber die Verbreitung des Sternglaubens. Der unbekannte Verfasser des Dialogs ‹Hermippos› suchte ihn mit dem Christentum zu versöhnen. Das Sammelwerk des in Konstantinopel tätigen Ägypters Rhetorios (um 500) bietet historisch ergiebige Horoskope zur Zeit des Kaisers Zeno.

Die Popularität der Astrologie in römischen Senatskreisen hat Ammian karikiert: «Viele Nobiles bestreiten das Walten himmlischer Mächte, und doch gehen sie mit sicherem Gefühl weder in die Stadt, noch zu Gast oder ins Bad, bevor sie sorgfältigst die Ephemeriden, den astrologischen Kalender, studiert haben und wissen, wo z. B. der Planet Merkur steht oder wie sich der Mond zum Sternbild des Krebses verhält.» Auch Augustinus hat zeitweilig einmal an die Astrologie geglaubt und sie zu Rate gezogen. Eine rationale Widerlegung bietet Gregor von Nyssa in seiner Schrift ‹Contra fatum› von 386; Bischof Sidonius Apollinaris (c. 22 pr.) jedoch rühmte seinen Freund Anthedius für seine astrologischen Kenntnisse, die er als seriösen Teil der Philosophie ansah.

Die Kaiser sind gegen den Sternglauben mit drakonischen Strafdrohungen ebenso nachhaltig wie erfolglos eingeschritten. Das wußte schon Tacitus (hist. I 22). Es wird bestätigt durch den Erlaß Diocletians von 294 gegen die «Chaldäer» und ihre *ars mathematica*, gefolgt von Verboten durch Constantius II, Valentinian und Valens. Ein religiös christliches Motiv liegt hier nicht erkennbar zugrunde, sondern Sorge um die öffentliche Ruhe. Wie aber konnten solche Verbote wirken, wenn selbst ein Kaiser wie Valentinian III sich mit Sterndeutern abgab?

Neben der Sterndeuterei florierten in der Spätantike noch andere Techniken der Zukunftserkundung. Da gab es weiterhin *augures*, die den Vogelflug beobachteten, es gab *harioli*, die aus Opferduft weissagten, und namentlich die etruskischen *haruspices*, die an der Leber von Opfertieren das Kommende erkannten. Diese *disciplina Etrusca* bewies ein zähes Leben. Constantin hatte Eingeweideschauer in seiner Nähe vor dem Kampf gegen Maxentius, und auch dieser ließ sich von solchen die Zukunft verkünden. Im Jahre 319 verbot Constantin den privaten Gebrauch der Haruspicin, aber befahl 320 den *haruspices*, vom Blitz getroffene Staatsbauten zu entsühnen. Dies entsprach der seit Tiberius (Suet. 63) gültigen Gesetzeslage. Junior (Exp. 56) erwähnt *haruspices* um 360, Julian nahm sie und heilige Bücher mit in den Krieg gegen Persien. Valentinian untersagte 364 Opfer und Zauberei bei Nacht und trennte 371 zwischen statthafter Haruspizin und verbotener Magie. Der heidnische Stadtpräfekt Pompeianus ließ während der Belagerung Roms durch Alarich 408 etruskische Seher aus Narni, die ihre Stadt durch Wetterzauber gerettet zu haben behaupteten, auch in Rom agieren, angeblich mit Zustimmung des Papstes Innocenz. Noch im Kampf um Rom 552 erwähnt Prokop etruskische Weissagungen.

Trotz des Spottes von Cato maior und Cicero (div. II 51 f) glaubten auch Gebildete nach wie vor an diese Technik. Cicero (div. II 110 ff) entlarvte zugleich die sibyllinischen Weissagungen als Aberglaube, weil sie dunkel und ohne Zeit- und Namensangaben seien, so daß man sie nachträglich den Ereignissen anpassen konnte. Als Stilicho die Sibyllinischen Bücher verbrennen ließ, traf ihn der Fluch der Altgläubigen. Ammian (XXI 1,6 ff) verteidigte und begründete den Charakter der *vaticinatio* als *doctrina*. Er leitete die Möglichkeit der Vorhersage aus der Güte Gottes ab, den Menschen das Kommende durch Zeichen zu künden. Diese zu deuten sei aber eine hohe Kunst. Irren könnten schließlich auch Grammatiker, Musiker und Ärzte. Aurelius Victor (38,5) hatte erklärt, es sei schwierig, das Verhängnis abzuwenden, daher wäre es überflüssig, Künftiges vorauszuwissen.

Weissagung (*divinatio*, μαντική) und Orakel über das Schicksal von Kaiser und Reich standen bereits zuvor unter Strafe, weil dadurch revolutionäre oder resignative Stimmungen in der Bevölkerung erzeugt werden konnten. Einen Fall von Zukunftsbefragung über die Kaisernachfolge mittels eines Zaubertischleins berichtet in allen technischen Einzelheiten und juristischen Folgen Ammian zum Jahr 371. Nachdem schon unter Tiberius der altadlige Scribonius Libo, durch die «leeren Versprechungen der Chaldäer» verleitet, Hochverrat begangen hatte, konnte noch in der Spätantike ein Usurpator, der seine Herrschaft auf den Willen des Schicksals gründete, mit Zulauf rechnen. Solche Delikte wurden hart geahndet. Aus dem Interesse an Mantik ist zu erklären, daß sich ein Julius Obsequens Ende des 4. Jahrhunderts der Mühe unterzog, die zahlreichen Prodigien aus den 142 Büchern des Livius zu exzerpieren und als eigene Schrift zu veröffentlichen.

Eine dritte Form der Zukunftsschau neben Astrologie und Vorzeichendeutung boten Wahrträume. Sie sind in paganer Tradition seit Homer bezeugt und in der jüdisch-christlichen Kultur durch die Bibel beglaubigt. Hier werden nicht nur rechtgläubige Personen wie Jakob und Joseph gottgesandter Träume gewürdigt, sondern auch Heiden wie Nebukadnezar und die Frau des Pilatus. Die spätantike Literatur ist reich an Traumberichten. Sie werden nur wegen ihres prophetischen Gehaltes erzählt. Vor der Schlacht an der Milvischen Brücke wurde Maxentius nachts von den Erinnyen (*ultrices*) geplagt, während Constantin die Siegesverheißung durch Christus erhielt, wie er selbst erzählte. Auch die Ortswahl von Konstantinopel soll ihm ein Traum eingegeben haben. Licinius empfing im Traum sein Heeresgebet, Helena die Nachricht über den Verbleib des Kreuzes Christi, Ambrosius die über die Gräber der Märtyrer Gervasius und Protasius (s. II 7). So wie Asklepios in Epidauros kurierte die heilige Thekla die kranken Schläfer in ihrer Kirche bei Seleukia durch Träume. Hieronymus (ep. 22) führte seine Bekehrung auf einen Traum zurück, und Justinian empfing den Plan für die Hagia Sophia im Schlaf von einem Engel.

Praktisch wird der Aberglaube durch Magie. Formen und Vorstellungen des Zauberns waren bei Heiden, Juden und Christen ähnlich. Das Bestreben, durch okkultes Wissen, d. h. mit Hilfe von Formeln, Ritualen und numinosen Objekten die höheren Mächte zu rufen und mit ihrer Hilfe den Gang der Dinge zu bestimmen oder zu erkennen, war populär, selbst bei Gebildeten.

Während das religiöse Gebet, vielleicht unterstützt durch ein Opfer, lediglich eine Bitte, einen Wunsch, eine Hoffnung ausdrückt, erfolgt eine magische Handlung in der Gewißheit, daß sie, technisch korrekt vollzogen, zum Ziele führt, die Natur bezwingt, das Unverfügbare verfügbar macht. Religiöse und magische Rituale unterscheiden sich nur durch den Grad und die Art der Erwartung und sind in einem breiten Übergangsbereich schwer zu trennen, können aber deswegen nicht gleichgesetzt werden. Frei von einer magischen Komponente ist eine religiöse Verrichtung, die den Seelenzustand des Handelnden beeinflussen soll, etwa die Bitte um Kraft oder inneren Frieden.

Drei Zwecke dominieren: eigener Vorteil (z. B. die Gunst der oder des Geliebten, auch des Kaisers), fremder Schaden (namentlich Krankheit und Tod) – beides verbunden bei der Magie im Militär – und Erkundung der Zukunft. Weiße Magie zur Abwehr von Übeln war verbreitet. *Artes magicae* gegen Krankheit und Unwetter blieben statthaft. Die anonyme ‹Medicina Plinii› aus dem 4. Jahrhundert empfiehlt magische Heilpraktiken angesichts der betrügerischen Ärzte. Fromme Christen zogen die Gebete von Heiligen den ärztlichen Maßnahmen vor. So genas die Mutter von Theodoret (HR. 9) einmal durch die Fürbitte eines Eremiten, nachdem menschliche Kunst versagt hatte. Legitim war insbesondere christlicher Gegenzauber zur Abwehr des Bösen Blicks, der impotent machte, und zur Bannung der Dämonen, so das Kreuzmal auf der Stirn, wodurch heidnische Opfer unwirksam wurden. Nach Lactanz (MP. 10,2) löste ein solcher erfolgreicher Fall die Christenverfolgung Diocletians aus. Selbst der abtrünnige Julian hat angeblich einmal selbstvergessen mit dieser Geste Plagegeister vertrieben. Das Kreuzmal wirkt somit magisch, das heißt unabhängig vom Glauben des sich Bekreuzigenden.

Krankheiten und ungewöhnliches Verhalten wurden auf Besessenheit zurückgeführt. Heiden, Juden und Christen glaubten sich imstande, Besessene durch Exorzismus zu heilen. Dies geschah durch Handauflegen. Entscheidend ist stets, in «wessen Namen» eine Beschwörung erfolgt, der Teufel ausgetrieben wird. Unterstellt wird eine Rangordnung der Geister, an deren Spitze schon im Markus-Evangelium (9,38) Gottvater steht. Ihm gehorchen nach Lukas (10,27) selbst die Teufel. Der Platoniker Theosebios heilte vom Dämon Besessene im Namen von Helios und dem Gott der Hebräer. Der heilige Arsakios, kaiserlicher Löwenwärter bei Licinius, vertrieb nicht nur Dämonen, sondern bewog durch sein Gebet auch einen feuerspeienden Drachen zum Selbstmord. Theodoret (HR. 9) berichtet von den Diskussionen, die der begnadete Petrus aus Galatien mit den Dämonen führte, ehe er diese verjagte. Daß auch Tiere in den Genuß der Teufelsbannung kamen, zeigt der Arzt Endelechius um 400, der die Rinderpest abwehrte, indem er das Vieh bekreuzigte. Exorzisten begegnen uns vielfach als engste Mitarbeiter von Bischöfen. Denn neben dem therapeutischen Exorzismus Besessener gab es den prophylaktischen für Gesunde, deren Seelen gegen den Teufel immunisiert werden sollten. Dies war ein gewöhnliches gottesdienstliches Ritual, das mit verschleiertem Kopf vollzogen wurde. Wiewohl bereits Ulpian Exorzisten als Betrüger (*impostores*) durchschaut und ihnen den Anspruch, Mediziner zu sein, verweigert hatte, behandelt das syrisch-römische Rechtsbuch Besessenheit als Tatbestand. Der Kauf eines Sklaven, dem ein Dämon oder gar der Teufel innewohnt, rechtfertigt eine Mängelrüge.

Bei Anhängern aller Religionen verbreitet war der Glaube an Amulette, lateinisch *amuletum*, griechisch φυλακτήριον – Schutzmittel oder τέλεσμα – Talisman. Es handelt sich um kleine Gegenstände, denen durch ihre Form oder ihre Inschrift, bisweilen auch nur durch ihre Herkunft, eine magische Kraft innewohnt. Man trägt sie am Hals, am Gürtel oder am Handgelenk, entweder offen oder versteckt, um sich vor bösen Geistern zu schützen. Apotropäische, d. h. Unheil abwehrende Wirkung schrieb man ebenfalls entsprechend gestalteten Schmuckstücken, Helm- und Schildzeichen zu, auch Pferde und Schiffe suchte man so zu sichern.

Besonders zahlreich sind in der Spätantike geschnittene Edelsteine mit Symbolen und Formeln, die aus gnostischen Texten bekannt sind. Am häufigsten finden sich die Abraxas- oder Abrasax-Gemmen, die den Namen des «höchsten Wesens» tragen. Auch andere Götter werden genannt, die sechs «ephesischen» Zauberworte und mitunter bizarre Figurinen.

Unter den christlichen Amuletten bilden die Pilgerampullen eine umfangreiche Gruppe: handtellergroße flache Fläschchen aus Metall oder Ton, die man aus dem Kloster des heiligen Menas in Unterägypten oder aus dem Heiligen Land mitbrachte. Sie enthielten geweihtes Öl und waren durch Umschrift und Reliefbild als Heiltum ausgewiesen. Magische Kraft besaßen auch andere Amulette, so ein Diamant, den der Physiologus (42) zur Abschreckung des Teufels empfiehlt, oder das mit Reliquien angereicherte Brustkreuz Gregors von Tours (mart. 10), mit dem der Bischof einen Hausbrand löschte – wie Mörikes Feuerreiter. Theodoret (HR. 9) wurde geheilt, als er den Gürtel eines Asketen anlegte.

Christliche Talismane waren vielgestaltig, vom Papyrus-Streifen mit frommen Sprüchen und Zeichen, über den vom Lehmklumpen, den der Fuß des Herrn berührt hatte, bis zur Kreuzespartikel. Da letztere besonders begehrt waren, achteten Diakone darauf, daß Pilger, denen in der Jerusalemer Grabeskirche das Kreuz zum Kuß gereicht wurde, sich nicht, wie geschehen, heimlich ein Stück davon abbissen. Gleichwohl wuchsen sie am Original immer wieder wunderbar nach, wie Paulinus von Nola rühmt (ep. 31,6). Ebenso erneuerte sich nach Sulpicius Severus (chron. II 33,8) die Erde, die Jesus betreten hatte. Wunderkraft vermutete man in allen Gegenständen, die durch Berührung mit Jesus heilig geworden waren. Kontaktreliquien waren Kelch, Rock, Dornenkrone usw. Dasselbe galt für die Hinterlassenschaft von Märtyrern. Schon die Überbleibsel des Polykarp, hingerichtet 156, wurden gesammelt «wie Edelsteine». Reliquien waren Amulette und darum heiß begehrt. Hauptlieferant war Ägypten, doch boten auch die Katakomben Roms Stoff. Dort waren zunächst nur Textilien (*brandeum*) sanktioniert, keine Leichenteile. Die Ausbreitung des Heils durch Reliquienhandel war anfangs umstritten.

Gräber waren nach römischem Recht unantastbar. Ein Gesetz von 386 verbot, Tote umzubetten, Leichen von Heiligen zu zerstückeln und mit den Teilen Geschäfte zu machen. Theodoret berichtet vom handgreiflichen Streit um tote Asketen. Er erzählt, wie den frommen Männern noch zu Lebzeiten von den Pilgern die Haare ausgerissen wurden. Im 6. Jahrhundert schrieb man Reliquien kriegsentscheidende Kraft zu, ebenso Ikonen, Bildern von Christus, Maria und Heiligen. Das von einigen Kirchenvätern, namentlich Epiphanius von Salamis, verfochtene mosaische Bilderverbot ließ sich nicht aufrechterhalten. Auch hier setzten sich vorchristliche Formen der Frömmigkeit gegen die jüdische Tradition durch.

Den Glauben an die Zauberkraft von heiligen Dingen, Zeichen, Gesten und Worten teilte das fromme Volk mit den Geistesgrößen der Zeit, mit Ambrosius und Augustinus, mit Athanasius, Gregor von Nyssa und Johannes Chrysostomos. Kritische Bemerkungen finden sich nur bei Vigilantius im Westen und bei Hieronymus im Osten. Constantins Überzeugung von der siegbringenden Kraft des Zeichens Christi (s. II 3) war zeitgemäß, nicht nur im Römerreich.

Talismane bei den Germanen waren die zumal in den Alamannengräbern häufigen Goldblattkreuze, weiterhin als Schwertanhänger montierte Bernstein- oder Bergkristallkugeln und Reliquienpartikel, die in einer separaten Kapsel am Hals oder im Gürtelschloß mitgeführt wurden. Die im nordischen Volksglauben bezeugte Furcht vor Wiedergängern dürfte der Grund dafür sein, daß man Toten einen «Charonspfennig» unter die Zunge legte, um den Fährmann in die Unterwelt zu bezahlen, und Netze über Gräber spannte, um die Wiederkehr der Toten zu verhindern. Hier wurden offenbar römische Vorstellungen übernommen. Römisch beeinflußt sind ebenso die als Halsschmuck getragenen Goldbrakteaten der Völkerwanderungszeit, vielfach mit glückbringenden Runen-Inschriften. Das bei Caesar und Tacitus erwähnte Runen-Orakel ist auch in der Spätantike noch bezeugt, ebenso der Glaube an weise Frauen. Der heidnische Gotenkönig Filimer soll Zauberweiber vertrieben haben. Die Übernahme der Magieverbote in den westgotischen Codex Alaricianus 506 entspricht kaiserlichen und kirchlichen Bestimmungen.

Schadenszauber (γοητεία) war seit frühester Zeit gesetzlich untersagt, doch gibt es auch generelle Magieverbote gegen die «Feinde der Menschheit», die «Verwirrer der Natur» und den Befehl, Zauberbücher vor den Augen der Bischöfe zu verbrennen. Einzelne Kaiser waren da rigoros, wie nicht nur die stadtrömische Prozeßwelle unter Valentinian, sondern bereits das Schicksal des Jamblichos-Schülers Sopatros zeigt. Als um 335 Konstantinopel hungerte, wurde der heidnische Philosoph am Hof Constantins geköpft, weil er die Winde bezaubert habe, so daß die Getreideflotte aus Ägypten nicht landen konnte. Philosophen wurden nicht zu Unrecht der Zauberei verdächtigt; δαυματουργία (Wundertätigkeit) und θεουργία (Götterzwang) gehörten zu den bei Neuplatonikern hochgeschätzten Künsten (s. III 6 a). Ob Constantin nur einen Sündenbock brauchte, um das hungernde Volk zu beruhigen, oder selbst an die Möglichkeit eines solchen Zaubers geglaubt hat, wissen wir nicht. Klar ist das später im Zaubereiverbot Kaiser Friedrichs II von Hohenstaufen. Er erklärte derartige Machenschaften für Scharlatanerie, stellte aber die böse Absicht unter Strafe.

Verbreitet war Schwarze Magie mit bleiernen Fluchtäfelchen (defixiones), mit denen zumal die Wagenlenker ihre Konkurrenten ausschalten wollten. Sie haben sich in großer Zahl im Boden der Rennbahnen gefunden und nennen die Namen der Pferde und Fahrer, die stürzen sollten. Unter Valentinian gab es in Rom mehrere Magieprozesse gegen Wagenlenker, einer endete auf dem Scheiterhaufen. Gleichwohl mußte Theodosius das Verbot erneut einschärfen. Auch Kirchenväter glaubten an die Wirksamkeit solcher Flüche. Das lehrt die von Hieronymus überlieferte Episode von dem angesehenen Einsiedler Hilarion bei Gaza (s. II 2 d). Dieser befreite einen Wagenlenker von dem Dämon, der ihn während des Rennens befallen hatte, so daß er bewegungsunfähig wurde. Die Symptome sprechen für einen «Hexenschuß». Dem Libanios versteckten einmal seine Feinde ein verstümmeltes Chamäleon im Hörsaal, worauf er selbst nach dem Prinzip des Analogiezaubers die dem Tier zugefügten Molesten erlitt. Ein Traum verriet ihm den Anschlag, doch großzügig verzichtete er auf eine Anzeige.

Ebenso streng wie die kaiserlichen Erlasse waren die kirchlichen Verdikte. Die Synode von Laodicea (um 350) verbot Geistlichen, als Zauberer, Weissager oder Astrologen tätig zu sein oder Amulette zu tragen. Einzelfälle sind bezeugt. Athanasios wurde wegen Magie verklagt, Priscillian als maleficus hingerichtet. Er habe sich nach eigenem – wie auch immer erzielten – Geständnis mit Schwarzer Kunst (obscenae doctrinae) befaßt. Fromme Christen verzichteten auf die Hilfe der Dämonen. Johannes Chrysostomos pries eine Frau als Märtyrerin, die lieber Krankheit und Tod ihrer Angehörigen in Kauf nahm, als pagane Idolatrie anzuwenden, an deren Wirksamkeit der Kirchenvater nicht zweifelte. Die Frau möge sich in den Willen Gottes schicken und das Kreuzeszeichen machen. Galla Placidia ließ einen Mann hinrichten, der versprochen hatte, die Barbaren mit magischen Praktiken zu besiegen. Das kirchliche Magieverbot gründete sich auf den Frevel, die Dämonen, d. h. die höheren Mächte des heidnischen Pantheons anzurufen. Vorgeprägt war dies in der Polemik der Kirchenväter. Deren Eskapaden waren freilich keine rationale Kritik an der Dämonomagie, denn den Dämonen als Trabanten des Teufels wurden übernatürliche Fähigkeiten keinesfalls abgesprochen. So wie der wundermächtige Petrus das Ansinnen des Simon Magus auf Teilhabe an der Kunst der Geisterbannung ablehnte und der «göttergleiche» Paulus die Zauberbücher der Ephesier verbrennen ließ, erhoben die späteren christlichen Autoritäten Anspruch auf das Mirakelmonopol. Sie erklärten, daß es allein dem Christengott und den von ihm Begnadeten zukomme, Wunder zu tun. Jesus hatte das vermocht und diese Gabe seinen Aposteln übertragen. Petrus konnte Tote erwecken, Paulus Sehende blind machen und umgekehrt. Jesus selbst wird im babylonischen Talmud als Magier bezeichnet, im Koran (5,110) betrachteten ihn «Ungläubige» als Zauberer. Wunder zu wirken ist in der Spätantike ein Vorrecht von Männern der Kirche.

Unter den christlichen Charismatikern des 3. Jahrhunderts steht Gregorios Thaumaturgos, der Wundertäter von Pontus, voran, in der Spätantike dominieren Athanasios, der seine Sehergabe nach christlicher Version der Gnade Gottes, nach heidnischer Ansicht seiner Kenntnis des Vogelflugs verdankte, weiterhin Jakobus von Nisibis zur Zeit Constantius' II, der über die apostolische Gnadengabe, Tote zu erwecken, verfügte und das persische Belagerungsheer mit Hilfe von Mückenschwärmen verjagte. Hier wäre wohl an Wespen zu denken. Hoch angesehen war sodann der ägyptische Mönch Johannes, den Theodosius vor seinen Bürgerkriegen konsultierte (s. II 7), und Daniel auf seiner Säule in Konstantinopel, den Zeno zu Rate zog (s. II 11). Der heilige Martin verkehrte sichtbarlich mit dem Teufel und mit Engeln, er erweckte Verstorbene zum Leben, rief Tote aus dem Grabe und verhandelte mit ihnen. Eine Handbewegung genügte, um den Sturz eines Baumes zu bewirken.

Magische Kräfte und prophetische Gaben finden wir ebenso auf Seiten der Heiden bei heiligen Männern. Der θεῖος ἀνήρ ist ein Phänomen heidnischer wie christlicher Religiosität. Es handelt sich um Wundermänner, die durch höheres Wissen und asketische Lebensweise Zugang zum Übersinnlichen besaßen, die Wahrträume und Visionen hatten, charismatisches Ansehen genossen und auch mehrfach in die Politik eingriffen. Schon in der frühen Kaiserzeit gab es «göttlich begnadete» Philosophen, so den von Philostrat gefeierten Apollonius von Tyana oder die von Lukian vorgeführten Pseudopropheten Peregrinus Proteus und Alexander von Abonuteichos. In der Spätantike finden wir Gurus wie Jamblichos in Apamea, der sich nach der Meinung seiner Sklaven beim Gebet in die Lüfte erhob, wie Maximos von Ephesos, der durch Fernwirkung eine Statue der Hekate zum Lachen und ihre Fackeln zum Brennen bringen konnte, und Proklos von Athen, der sich aufs Regenmachen verstand und angeblich drohende Erdbeben abzuwenden wußte. Der «als Philosoph gekleidete» Olympios in Alexandria konnte Massen mobilisieren, und der «Zauberer» Pamprepios in Isaurien wirkte als Graue Eminenz des Illus. Der erfolgreichste Grammatiker seiner Zeit war Ammonianos um 450 in Athen. Wenn er die alten Dichter erläuterte, vergaß sein Esel das Fressen, selbst wenn man diesen zuvor hatte hungern lassen.

Strikt untersagt war jede Form von Aberglauben im Judentum. Das mosaische Gesetz verdammt als Abgötterei alle geheimen Künste wie Wahrsagerei und Hellseherei, Geisterbannung und Totenbeschwörung, Zeichendeutung und Zauberei. Dennoch blühte die jüdische Magie in der Spätantike. Einblick gewähren uns hebräische und aramäische Texte aus der Synagoge von Alt-Kairo, die in der dortigen Genizah eingemauert waren. Sie stammen aus der Spätantike und dem Frühmittelalter, sind im einzelnen schwer zu datieren, repräsentieren indes Vorstellungen, die sich im Laufe der Jahrhunderte kaum gewandelt haben. Von Gebeten unterscheiden sich die Anrufungen, Beschwörungen und Zauberformeln darin, daß sie den sicheren, durch Erfahrung gewährleisteten Erfolg in Aussicht stellen und nicht an Gott, sondern an Geister gerichtet sind. Falls diese ihre Hilfe versagen, wird ihnen zuweilen gedroht: sie sollen mit eisernen Peitschen gezüchtigt und ins ewige Feuer geworfen werden.

Die Geister erscheinen als Engel aus den sieben Himmeln, genannt wird Michael, oder als Dämonen, ja als Teufel, Söhne Satans. Wer keinen vergessen will, nennt sie summarisch: alle männlichen und weiblichen, aus Feuer, Wasser, Luft oder Erde geformten Geister, namentlich jene sieben, die dem Dämonenfürsten Asmodaios unterstehen und einst Salomon belehrt haben. Salomons Siegelring, der ihm die Herrschaft über die Geister gewährte, wurde im 6. Jahrhundert als Reliquie in Jerusalem gezeigt, wie aus dem ‹Breviarius de Hierosolyma› hervorgeht. Mitunter werden in den Genizah-Texten auch Sonne und Mond, Salamander und Hermes Kriophoros in Anspruch genommen. Besonders wirksam ist die Verwendung von Geheimnamen, die in den Texten preisgegeben werden.

Die Zwecke jüdischer Magie sind vielgestaltig. Am häufigsten geht es um die Heilung von Krankheiten und um glückliche Geburt, um Liebeszauber und die Gunst der Mächtigen, aber auch um Rache. Man will ein Schiff versenken oder eine Mauer umwerfen, einen Feind vernichten, ihm den Schlaf rauben oder ihm das Haus anzünden. Ein flüchtiger Sklave soll gefangen, ein Schatz gefunden, ein Rennpferd beschleunigt werden. Magie eröffnet Zugang zu den Träumen anderer, erlaubt Gespräche mit Gestirnen und Toten, gewährt Ausblick in die Zukunft.

Die Wirksamkeit eines Zauberspruches wird erhöht, wenn er auf ein Blech (*lamella*) aus Blei, Silber oder Gold geritzt an geeigneter Stelle deponiert wird. Kraftorte sind Gräber und Richtstätten, dem Jenseits nahe. Man zaubert wie Goethes ‹Schatzgräber› in einem magischen Kreis, der die Dämonen abwehrt, des Nachts beim Schimmer einer Lampe, deren Docht aus einem Galgenstrick gedreht wurde. Weihrauch- und Myrrhenduft, Brandopfer von Balsam, Honig und kleinen Kuchen unterstützen den Wunsch. Um einen Herrscher zu beeinflussen benötigt man das Herzblut eines jungen Löwen, der mit einem Bronzemesser getötet wurde.

Der den Juden zugetraute Aberglaube spricht aus einer bei Socrates (VII 38) und Isidor (chron. 109) erwähnten Episode. Danach habe 431 ein falscher Prophet den Juden auf Kreta versprochen, sie trockenen Fußes, wie einst Moses durchs Rote Meer, nach Palästina zu führen, falls sie sich von einem hohen Felsen ins Meer stürzten. Bei dieser Aktion seien manche von christlichen Fischern gerettet worden, jedoch auch viele ertrunken, die Überlebenden hätten sich zum Christentum bekehrt. Der «vom Himmel gesandte» Pseudo-Moses aber sei plötzlich verschwunden. Socrates vermutet, es müsse ein böser (!) Dämon (δαίμων ἀλάστωρ) gewesen sein, der so die Zahl der Juden vermindert, die der Christen vermehrt habe.

Die meisten Zeugnisse für «Magie» stammen, so wie die großen Religionen, aus dem Orient. Darauf deutet bereits der Begriff, abgeleitet vom Stamm der Magier in Persien, die den Feuerkult versahen. Cicero (div. I 23) nennt sie *genus sapientium*, Ammian (XXIII 6,32) verortet sie in Medien und zitiert (Pseudo-)Platon (Axiochus 371 D), der *magia* als die «unverdorbene Götterverehrung» bezeichne. Den Nimbus uralter Weisheit trug alles Chaldäische und Ägyptische zumal. Den Ursprung der Religion überhaupt fand Ammian (XXII 16,19) in Ägypten, der Heimstatt ältester Weisheit. Diocletian verbot die dort praktizierte Alchimie des Goldmachens und untersagte die *ars mathematica*, Constantius II verfolgte und bestrafte die Besucher des Besa-Orakels in Abydos. Die Brahmanen in Alexandria, die von Datteln, Reis und Wasser lebten, konnten das Wetter beschwören. Aus Ägypten stammt der ‹Astrampsychos›, ein Orakelbuch, von dem die ‹Sortes Sangallenses› aus Südgallien abhängen. Christliches, Jüdisches und Heidnisches geht durcheinander.

Zauberbücher, *codices noxiarum artium*, sind immer wieder verboten und verbrannt worden, und dennoch hat etliches von dieser Literatur überlebt, so das ‹Schwert des Moses›, das ‹Buch der Geheimnisse›, weiterhin aus Kleinasien, der Heimat von Hekate, der Herrin der Geister, das von Heiden wie Christen geschätzte Buch über die geheimen Kräfte der Steine, und aus Palästina das ‹Testamentum Salomonis› mit seinem Katalog von Dämonen jüdisch-christlicher, ägyptischer und mesopotamischer Herkunft. Spätan-

tiken Ursprungs sind die Quellen zu Picatrix (Pseudo-Hippokrates), jener
Enzyklopädie der Geheimwissenschaft aus dem arabischen Spanien. Über
die Vermittlung der Könige von Kastilien im 13. Jahrhundert gelangte das
Geistesgut nach Mitteleuropa und entfaltete in der Humanistenzeit eine
beträchtliche Wirkung, faßbar nicht zuletzt in der Faust-Figur. Die Anbetung Satans, vorgeprägt in der Versuchung Jesu, findet sich in einem verstümmelt überlieferten christlich-syrischen Volksbuch aus der Zeit um 600
über Julian Apostata. Von dem Zauberer Magnus beraten, läßt er sich dazu
verleiten, dem Dämonenfürsten zu huldigen, der ihm Weltherrschaft ver-
spricht. Julian opfert das ungeborene Kind einer Magd, wird Kaiser, besiegt
die Barbaren und nimmt ein böses Ende. Das Motiv des Teufelspaktes ist
hier zum ersten Mal, schon vor der Theophilos-Legende greifbar. Es wurde
durch Thomas von Aquino theologisch begründet. Dies war der Kern-
gedanke des ‹Hexenhammers› von Institoris und Sprenger 1487, der die
Rechtsgrundlage für die Hexenprozesse bis ins 18. Jahrhundert darstellte.
Auch das ist ein Erbe der Antike.

IV. DIE DEUTUNG

Keine Zeit ist allein aus sich selbst zu verstehen. Es ist nicht damit getan, aufzulisten, was in ihr geleistet und gelitten wurde. Wenn wir das Geschehen nicht bloß beschreiben, sondern auch begreifen wollen, müssen wir es in den größeren Zusammenhang seiner Vor- und Nachgeschichte einordnen, müssen wir die Stellung zu bestimmen suchen, die es in der Geschichte der Menschheit einnimmt. Dies sind die Deutungsfragen.

Die Grundprobleme der Spätantike sind oft untersucht worden: der Übergang von der Antike ins Mittelalter, die Verbindung von Staat und Kirche, der Eintritt der Germanen in den Kreis der Kultur und die Auflösung des Reichsverbandes in die germanischen Königtümer des lateinischen Westens und den byzantinischen Reststaat im griechischen Osten. Auf unterschiedliche Weise hat man diese Ereignisse gewertet und erklärt, ohne daß sich allerdings Einvernehmen darüber hätte erzielen lassen, was zu diesem Umsturz geführt hat, wie und ob er zu verhindern gewesen wäre, ob er zu bedauern oder zu begrüßen ist. Es scheint, wie wenn die Klärbarkeit und das Gewicht historischer Fragen in einem umgekehrten Verhältnis zueinander stünden: Je bedeutsamer das Problem, desto schwieriger seine Lösung.

1. Die Deutungsgeschichte

Die Deutungsgeschichte der Spätantike beginnt bereits mit den Stimmen der Zeitgenossen. Sie überliefern uns nicht nur das, was wir über die Geschehnisse und die Zustände der Zeit wissen, sondern bemühen sich auch um ein historisches Selbstverständnis dieser Zeit als ganzer. Die dafür verwendeten Denkansätze sind jedoch um Jahrhunderte älter als die Ereignisse, die mit ihrer Hilfe begriffen werden sollen. Das ist nicht ungewöhnlich: Jede neue Erfahrung interpretieren wir zunächst einmal mit alten Schemata, und wenn diese verändert werden müssen, gibt es eine geistige Revolution.

In der Geschichte unseres Problems hat sich dies dreimal abgespielt: im Humanismus, der das Phänomen des Periodenwechsels in der Spätantike erkannte; in der Aufklärung, die hinter den Wechselfällen der politischen Macht die zivilisatorische Entwicklung entdeckte, und in jüngerer Zeit, seitdem die wissenschaftshistorischen und wissenschaftslogischen Bedingungen geschichtlicher Erkenntnis thematisiert werden. Der Historismus des 19. Jahrhunderts bedeutet demgegenüber bloß eine Vervielfältigung und Vertiefung bereits zuvor üblicher Ansätze, eine Verfeinerung der Kritik und eine Vermehrung des Materials. Zwischen Gibbon und Seeck liegt keine Denkwende.

Für das historische Selbstverständnis der Spätantike waren drei altüberlieferte Konzepte von besonderer Bedeutung: Das erste ist das klassische Dekadenzmodell, wonach harte Lebensumstände die inneren Kräfte entbinden, die dann zu Macht und Reichtum führen, bis das Leben im Luxus den Sittenverfall und schließlich den Zusammenbruch zur Folge hat. Das zweite Modell ist die Veranschaulichung dieses Zyklus an den Lebensaltern eines Menschen, übertragen auf das Staatsleben: Der Staat entwickelt sich wie ein Organismus, um endlich wie ein solcher zu altern und zu sterben. Das Bild einer *senectus mundi* oder *Romae* begegnet uns bei altgläubigen Autoren wie Florus (praef. 4–8), Aelian (Varia Historia VIII 11), Pausanias (VIII 2,5) und Ammian (XIV 6,3–6), bei Christen wie Lactanz (inst. VII 15,14–16) und Augustinus (sermo 81,8 f). Die dritte Vorstellung ist die Abfolge der Weltreiche, die aufgrund der eben genannten Gesetze stets nur eine vorübergehende Dauer besitzen sollen. Wie die orientalischen und griechischen Reiche versanken, so drohe, meinte man, auch den Römern der Untergang. Dieses Schema ist angedeutet bei Herodot (I 95), ausgearbeitet im Buch Daniel (2; 7 f; 11); Aemilius Sura hat es auf Rom ausgedehnt.

Mit diesen Denkbildern hat bereits Polybios (XXXVIII 22) den Verlauf der römischen Geschichte zu verstehen versucht. Er beschreibt, wie sich Scipio Africanus minor 146 v. Chr. auf den Trümmern Karthagos an das Ende Ilions erinnerte und ein solches auch für Rom voraussah. Die spätrepublikanische Historiographie, namentlich Sallust (Cat. 6–13) und Livius (praef.), haben aus einer ähnlichen Stimmung heraus hinter dem Zuwachs an Macht eine Abnahme der Vätersitte gesehen und um Roms Bestand gefürchtet. In der augusteischen Euphorie wurde diese pessimistische Sicht jedoch durch einen optimistischen Ausblick verdrängt. Die Romideologie Vergils gewann Einfluß: *Roma aeterna* und *pax Romana, orbis Romanus* und *imperium sine fine* hießen die Leitbegriffe.

In der späteren Geschichtsauffassung haben sich diese Motive vielfältig vermischt und verschlungen. Die altgläubige Geschichtsliteratur blieb durch sie geprägt, wobei einer kleineren Gruppe von pessimistischen Autoren eine größere Anzahl von Stimmen gegenübersteht, deren Klage über den Abfall von den *mores maiorum* eher Besserung bewirken als Verzweiflung ausdrücken sollte. Zu den ersteren sind Eunap (fr. 48,3 Bl.) und Libanios (or. 2,26 f.) zu zählen, weiterhin Aurelius Victor, die Historia Augusta und Zosimos, zu den letzteren der Kaiser Julian, Ammianus Marcellinus, Rutilius Namatianus und die Panegyriker. Sie teilen die Ansicht der offiziellen Ideologie, daß Rom einer steten Erneuerung fähig sei und so auch die Krise der Völkerwanderung meistern werde.

Die christlichen Autoren waren demgegenüber zunächst durch die Erwartung des nahen Weltengerichts geprägt, das mit dem Ende des Imperium Romanum stets in eins gesetzt wurde. Das war nicht nur die Auffassung des Neuen Testaments (2. Thess. 2,6), sondern wurde ebenso durch die jüdisch-christlichen Sibyllenorakel verkündet. Unter den vorconstantinischen Kirchenvätern haben Tertullian (apol. 20,2 f), Cyprian (Demetr. 3 ff) und Lactanz (inst. VII 15; 25) die zeitgenössischen Wirren als Zeichen des Endes gewertet. Unter Constantin traten diese Stimmen zurück, erhoben sich aber wieder seit dem Einbruch der Goten 376. Untergangsahnungen haben sodann Ambrosius und Hieronymus, Sulpicius Severus und Salvian ausgesprochen. Selbst Augustin (ep. 198) war nicht frei davon. Eine neue Endzeitstimmung verbreitete sich um 500.

Die offizielle Sicht Constantins und seiner Nachfolger war jedoch die «politische Theologie», die christianisierte Romidee. Sie sah eine bereits unter Augustus erreichte providenzielle Gleichzeitigkeit des himmlischen und des irdischen Friedensbringers und betrachtete das Imperium Romanum als die gottgewollte Ordnung der Menschheit. Auch diese Sicht wurzelt im Neuen Testament, wurde von Melito von Sardes und Origenes vertreten und fand dann in Eusebios von Caesarea ihren einflußreichsten Vertreter. Das darauf bauende Geschichtsbild der Romtheologie lieferte Orosius. Er gliederte die Weltgeschichte nach dem Vier-Reiche-Schema aus dem Buch Daniel und deutete die Ausbreitung des Christentums als Grund und Zeichen eines allgemeinen Fortschritts. Die gegenwärtigen Übel verstand er als Strafe der Sünder und als Mahnung an die Gerechten, und selbst der Völkerwanderung gewann er das Gute ab, daß sie die Barbaren mit dem wahren Glauben bekannt mache (hist. VII 41,8).

Die Selbsteinordnung des Mittelalters ist durch das Weltreichsschema geprägt und daher auf Kontinuität gestimmt. Das Bewußtsein vom politischen Ende Roms (s. u.) wurde im byzantinischen Selbstverständnis durch den Gedanken einer Affiliation überwunden. Der gealterten Roma im Westen stellte man die ewig junge Tochter am Goldenen Horn gegenüber. Justinian sah sich als gottgewollten Herrscher des Imperium Romanum und betrachtete es als sein Amt, die durch die Nachlässigkeit der Vorgänger verlorenen Westprovinzen zurückzuerobern. Dieselbe Vorstellung, daß Byzanz das Römerreich und dieses die letzte Ordnung vor dem Weltuntergang verkörpere, blieb das politische Axiom in Konstantinopel bis zum Fall der Stadt 1453. Das Erbe des Anspruchs übernahmen die Zaren von Moskau. Für diese Geschichtsauffassung blieben die Folgen der Völkerwanderung im Westen von bloß marginaler Bedeutung.

Die Kirche predigte zwar weiterhin den nahen Weltuntergang, zu dem die Goten- und Langobardenkriege das Vorspiel schienen, doch richtete man sich auf längere Wartezeit ein. Im selben Maß, in dem die Päpste die weltlichen Herrschaftsaufgaben des westlichen Kaisertums übernahmen, stellte sich auch bei ihnen das Gefühl einer Tradition ein, einer *translatio* der Gewalt von den Kaisern auf die Päpste. Ausdruck fand diese Theorie im ‹Constitutum Constantini›, jener Ende des 8. Jahrhunderts in der Curie gefälschten Schenkungsurkunde, wonach Constantin bei seinem Umzug nach Konstantinopel die Kaisergewalt des Westens den Päpsten übertragen habe, *usque in finem mundi* (s. II 3). Innocenz IV erklärte 1245 sogar, Christus habe die höchste weltliche Gewalt bereits Petrus verliehen, so daß Constantin den Päpsten nur zurückgegeben hätte, was ihnen eigentlich zustand.

Ebenfalls auf Kontinuität abgestellt war die historische Selbsteinschätzung der Germanen. In der Regel nahmen sie eine Fortdauer der römischen Herrschaft bei einem bloßen Wechsel der Träger an. Schon Athavulf und Odovacar, Theoderich und Chlodwig haben sich als Hüter des römischen Erbes gefühlt, das Gott ihnen anvertraut habe. Im Prolog zur ‹Lex Salica›, der aus der Kanzlei Pippins des Kurzen stammt, erscheinen die Frankenkönige als die gottgeliebten Nachfolger der christenverfolgenden Kaiser, so als ob es gar kein christliches Kaisertum im Westen gegeben hätte. Mit der Krönung Karls des Großen wurde die *translatio imperii* offenkundig, die Zäsur in der Kaiserfolge des Westens war überbrückt.

Die Ideologie des Mittelalters verlangte die Dauer des Römerreiches bis zum Jüngsten Tag. Otto von Freising, Engelbert von Admont und Dante hielten an dieser Auffassung fest. Sie war die herrschende Meinung, denn die Mächte des Mittelalters gründeten ihre Legitimität auf die imperiale Tradition: Der byzantinische Basileus, der römische Papst und der deutsche Kaiser verkörperten die Kontinuität des Reichsgedankens über die Spätantike hinweg.

Auf der anderen Seite aber waren die Ruinen Roms für jeden Besucher der Ewigen Stadt unübersehbar. In die Klage über die einstige Herrlichkeit mischt sich eine Ahnung davon, daß Rom eben doch nicht bis zum Jüngsten Tage ungeschmälert fortlebe. Alkuin, Eugenius Vulgarius und Hildebert von Lavardin verraten in ihren Gedichten ein Bewußtsein davon, daß Rom der Vergangenheit angehört. Freidanks ‹Bescheidenheit› von 1229 fragt: «Was wurde aus Rom? Auf seinen Palästen wächst Gras.» Roms Fall erscheint als Strafe Gottes für die Falschheit der Kaiser, während Johannes von Paris 1302 bemerkt: *dilatatio est causa destructionis* – Überdehnung ist der Grund für die Zerstörung des Imperiums. Die Ewige Stadt wurde zum Standardexempel der Vergänglichkeit. Einzelne Autoren wie die beiden Notker und Sigebert von Gembloux bestritten die Kontinuität des vierten Danielreiches und rechneten die *res publica Romana* der Vergangenheit zu.

Mit dem Erwachen des Humanismus setzte sich diese Ansicht durch. Für Petrarca, Leonardo Bruni und Flavius Blondus lag zwischen der römischen

Größe und der Gegenwart ein langer Verfallsprozeß, ein «finsteres Mittelalter», das es nun zu beenden gelte. Die mittelalterliche Überlieferung wurde zum Gegenstand ästhetischer, philosophischer und historischer Kritik. Die bis an die Schwelle zur eigenen Zeit ausgedehnte Spätantike erschien den Humanisten nicht mehr als Brücke zwischen der heidnischen und der christlichen Phase ein und desselben Römerstaates, sondern als Kluft zwischen der antiken Hochkultur und der Gegenwart. Diese Deutung kam verschiedenen Denkströmungen entgegen: dem heimlichen Republikanismus eines Petrarca und Machiavelli, die nun das Kaisertum mit der Verfallszeit in Verbindung brachten, dem Germanenstolz der deutschen Humanisten, die in ihren Vorfahren die Überwinder einer dekadenten Zivilisation erblickten, und der Romfeindschaft der Reformatoren, die über die constantinische Zeit zurückgreifend in der Urkirche das Wesen des Christentums unverfälscht verwirklicht glaubten. Die Spätantike wurde als Phänomen erkannt und als Problem empfunden. Mit Machiavelli und Erasmus beginnen die säkularen Erklärungsversuche für den Fall Roms. Er wurde zum Musterbeispiel für die *vicissitudo rerum,* für jene zyklische Zeitenfolge, die für das Geschichtsdenken der Humanisten bezeichnend ist. Die Antike, aus der das Modell stammt, gedieh selbst zum vornehmsten Beispiel.

In der Aufklärung dominierten lineare Vorstellungen. Den Fortschritt, den man an sich selbst erlebte, betrachtete man als das Gesetz der Geschichte. Für diese Konzeption war das Ende der antiken Kultur und das Auseinanderbrechen des Römischen Reiches eine Herausforderung, auf die in verschiedener Weise geantwortet wurde. Auf der einen Seite wollte man in praktischer Absicht aus dem Falle lernen, auf der anderen suchte man ihn in theoretischem Interesse mit dem optimistischen Weltbild in Einklang zu setzen. Der pragmatische Aspekt dominiert bei Montesquieu, dessen ‹Considérations› 1734 das klassische Dekadenzmodell an Rom exemplifizierten: Die strengen Grundsätze hätten Rom groß gemacht, aber die Größe hätte dann die Prinzipien aufgeweicht. Voltaire benannte in seinem ‹Essai› 1756 zwei individuelle Faktoren: das Christentum als innere und die Germanen als äußere Destruktionskraft. Adam Smith suchte den Schlüssel 1776 in der Arbeitsteilung: Die in der Frühzeit Roms verbundenen Berufe des Bauern und Kriegers hätten sich in der Kaiserzeit getrennt. Indem die Römer sich ganz auf die Produktion verlegten und das Waffenwerk zunehmend den Germanen überließen, seien sie in deren Abhängigkeit geraten. Sind damit nicht bereits die wesentlichen Faktoren benannt? In diesem Sinne deutete der ebenso gelehrte wie lebenskluge Ewald Friedrich von Herzberg, Minister Friedrichs des Großen, 1779 die «Völkerwanderung». Aus dem Jahre 1784 stammt die Sammlung von Niedergangsgründen bei Johann Friedrich Reitemeier, 200 Jahre vor meinem ‹Fall›.

Edward Gibbon schloß sich in seiner ‹History› (1776) Montesquieu und Voltaire an, doch tröstete er sich damit, daß die technischen Errungenschaften – wenigstens überwiegend – die Völkerwanderung überstanden hätten. Der hier wirksame Geist der Aufklärung beflügelte ebenso den Freigeist Guillaume Raynal, der 1771 das Ende des Imperiums mit der Despotie, der Naturalwirtschaft und dem Aberglauben verband. Ganz ähnlich urteilte Herder. Er begriff 1791 in seinen ‹Ideen› (Kap. XIV) den Fall Roms als Fortschritt, weil dadurch die von Rom geknechteten Völker befreit worden seien. Ebenso dachte Schlözer (1789); er begrüßte es, daß die naturverbundenen Germanen mit der dekadenten Großstadtgesellschaft und ihrem korrumpierenden Luxus aufgeräumt hätten. Der von den Humanisten in der Spätantike erkannte Kulturbruch blieb in der Aufklärung als solcher bewußt, wurde jedoch teils moralisiert, teils minimalisiert, so daß er mit einem optimistischen Geschichtsbild vereinbar schien.

Die Geschichtsphilosophen des 19. Jahrhunderts haben die älteren Deutungen zum Fall Roms teils aufgegriffen, teils abgewandelt. Eine progressistische und eine zyklische Interpretation stehen nebeneinander. Die Fortschrittstheorie fand ihren einflußreichsten Vertreter in Hegel. Er hielt wie Voltaire Christen und Germanen für die entscheidenden Faktoren, sah in ihnen aber nicht Zerstörer der Kultur, sondern Träger der Freiheit. Die auch von Hegel nicht geleugneten dunklen Seiten des Mittelalters sind für ihn bloße Bedingungen für weiteren Fortschritt der Freiheit. Eine ähnlich optimistische Sicht findet sich bei Karl Marx und Friedrich Engels. Sie sahen in der Ablösung der Sklaverei durch die Hörigkeit eine neue Entwicklungsstufe der Produktivkräfte, ohne die weder Revolution noch Kapitalismus möglich gewesen sei.

Indessen hielt sich auch eine andere Deutung. Als Beweis für eine zyklische Folge von Aufstieg und Verfall diente das Ende der Antike der kulturmorphologischen Geschichtstheorie. Spengler erblickte im Untergang der alten Welt eine quasibiologische Gesetzmäßigkeit, glaubte allerdings, daß bereits unter Augustus die antike Entwicklung zum Abschluß gekommen sei. Toynbee hielt an der herkömmlichen Auffassung fest, wonach die Spätantike die Zäsur bildet, und führte das Ende der Antike auf ein moralisches Versagen zurück, auf eine schicksalhafte Verkettung von Hybris und Nemesis. Während in den Fortschrittstheorien der Untergang Roms oft zu Unrecht verharmlost wird, um die Linearität nicht zu beeinträchtigen, wird er in den zyklischen Kulturphilosophien meist verallgemeinert und als Muster für das Schicksal aller Zivilisationen hingestellt, vorab unserer eigenen.

Stets entspringt das Deutungsproblem der Wechselbeziehung zwischen der gedeuteten Geschichte und der Geschichte des Deutenden. In der Regel wird eine Strukturverwandtschaft angenommen, die Spätantike erscheint als vorweggenommene Gegenwart, die Gegenwart als sich wiederholende Spätantike. Die Parallelität der eigenen Zeit mit dem ausgehenden Altertum war und ist das dominante Paradigma für das historische

Selbstverständnis, der klassische Krisenspiegel des modernen Betrachters. Vergleichszeit ist entweder der Hellenismus oder die ausgehende Republik, die Zeit nach Actium oder – am häufigsten – das diocletianisch-constantinische Zeitalter bis zur Auflösung des Imperiums. Als Tertium Comparationis dient die jeweils als bedrohlich empfundene Zeitkrankheit oder die als erklärungsbedürftig erachtete Zeiterscheinung, zu der man in der Spätphase der griechisch-römischen Kultur ein Analogon findet. Manchmal genügt schon ein diffuses Verwandtschaftsgefühl, eine Ahnung von *décadence*, die nicht näher ausgeführt wird. Die bisher dafür beigebrachten Belege sind keinesfalls vollständig. Immer wieder äußern sich Dichter, Gelehrte und Politiker dazu.

Als sich 1990 die Sowjetunion auflöste, wurde der Zusammenbruch von Großreichen komparatistisch thematisiert, vielfach im Vergleich zum Fall Roms. Aber auch die Vereinigten Staaten hat man bis in die jüngste Zeit mit dem Imperium Romanum parallelisiert. Vergleichspunkte der beiden Weltmächte bieten die militärische Dominanz, der Hegemonialanspruch, die Plutokratie, die zivilisatorische Führungsposition, das politische Sendungsbewußtsein und die innere Völkervielfalt. Diese Vergleiche verleihen dem Ende der Alten Welt eine dauernde Aktualität, bergen aber die Gefahr einer Übertreibung des Gemeinsamen auf Kosten der Unterschiede. Der Historiker hat das Verbindende und das Trennende in gleicher Weise zu würdigen.

2. Die Grundfragen

Im Verlaufe der Deutungsgeschichte haben sich mehrere Grundfragen herausgeschält, die jeweils Wesenszüge der Spätantike betreffen. Weitreichendes Einvernehmen besteht darin, daß wir es mit einer Übergangszeit zu tun haben, die vom griechisch-römischen Altertum ins romanisch-germanische bzw. byzantinisch-slawische Mittelalter herüberführt und demzufolge Kennzeichen beider Perioden verbindet. Zu den antiken Elementen zählen die von Diocletian geförderte Bürokratie, das von Theodosius II und Justinian kodifizierte römische Recht, das nur langsam schwindende Städtewesen und die heidnische Bildung. Zu den mittelalterlichen Elementen gehören die wachsende Eigenständigkeit der katholischen Kirche, die sich herausbildenden germanischen Königreiche, die Ablösung der Sklaverei durch die Hörigkeit und das feudalistische, auf Gefolgschaft und Schutz beruhende Sozialgefüge, für welches konkret-personale Bindungen wichtiger waren als abstrakt-institutionelle Ordnungen.

Voraussetzung dieser Charakterisierung der Spätantike als eigenständiger Übergangszeit ist das Dreiperiodenschema, das im Humanismus gegen die Weltreichslehre der orosianischen Tradition herausgebildet worden ist und

Ende des 17. Jahrhunderts durch die Lehrbücher von Christoph Cellarius Verbreitung fand. Darüber hinaus sind die fünf Grundfragen umstritten: erstens: ob und inwieweit ein Niedergang oder ein Neuaufstieg vorliege (a. das Dekadenzproblem), zweitens: wie die Zeit und der Staat des späten Rom zu kennzeichnen seien (b. das Wesensproblem) und drittens: wann die letzte Phase der römischen Geschichte beginne und ende, d. h. wo der Wendepunkt von der Antike zum Mittelalter anzusetzen sei (c. das Periodisierungsproblem). Viertens ist unklar, welche Traditionen abgebrochen, welche weitergelaufen seien (d. das Kontinuitätsproblem) und fünftens: worin die Gründe für den Wandel zu suchen wären (3 und 4 das Erklärungsproblem).

a) Das Dekadenzproblem

Die von Salvian und Zosimos überlieferte Vorstellung, daß die spätrömische Geschichte eine Zeit des Niedergangs sei, fand Anklang bei den Humanisten, so bei Bruni (k 1444) und Blondus (k 1463); die Aufklärer arbeiteten das aus, so Montesquieu (1734) und Gibbon (1776). Jacob Burckhardt (1853/1880) sprach von «Alterung der Kultur», «Verkommenheit der römischen Zustände», vom «Verfall» und «sinkender Zeit». Unter den jüngeren Autoren vertritt diesen Standpunkt niemand entschiedener als Chaunu (1981), während andere Gelehrte wie Riegl (1902) und Heichelheim (1938) auch in der Spätantike noch progressive Tendenzen erblickten, ersterer in der Kunst, letzterer in der Wirtschaft. Zu dem umstrittenen Thema *decline and fall*, emphatisch abgelehnt von Averil Cameron und MacMullen, hat sich jüngst abwägend Liebeschuetz geäußert. Es gilt zu differenzieren.

Die Dekadenzerscheinungen der Spätantike lassen sich weder bestreiten noch verallgemeinern. Der auf heidnischer Seite von Ammianus Marcellinus, auf christlicher von Johannes Chrysostomos und Salvian erhobene Vorwurf des Sittenverfalls ist die letzte Strophe eines Klageliedes, das bereits mit Cato maior anhebt und sich durch die Jahrhunderte hinzieht. Es trägt zur Erkenntnis der besonderen Lage in der Spätantike wenig bei. Ergiebiger sind die Nachrichten für einzelne Lebensbereiche. Die Einwohnerzahl des Reiches scheint abgenommen zu haben, angesichts der unerschlossenen Territorien innerhalb der Reichsgrenzen einerseits und im Hinblick auf den wachsenden Bevölkerungsdruck aus Germanien andererseits zweifellos ein Symptom des Niedergangs. Das militärische Versagen Roms gegenüber den Germanen beruht auf einer Entwicklung, in der sich das Kräfteverhältnis für Rom schrittweise verschlechtert hat. Die Abneigung gegen den Wehrdienst begann unter Augustus in der Senatorenschicht, verbreitete sich in den Städten und ist dann auch auf dem Lande erkennbar, wo die Grundherren ihre Kolonen nicht ziehen lassen wollten. Zeitgenossen wie Vegetius und Ammian, Synesios und Eunap (fr. 55 Bl.) haben das klar gesehen. Die Wehrunwilligkeit ging durch alle Schichten der römischen Gesellschaft, so daß der Anteil an barbarischen, insbesondere germanischen Söldnern immer weiter wuchs. Die Situation der Curialen, d. h. der Oberschicht in den Städten, war für diese selbst wie für den Staat, der auf ihre Leistungen angewiesen war, in gleicher Weise unerfreulich. Seit dem späten 4. Jahrhundert verloren die Städte an Glanz und Größe, nur Konstantinopel gedieh. Die Verödung nennenswerter Teile des ehemals bestellten Landes, die Bodenbindung der Bauern, der Erbzwang bei Schiffern, Bäckern, Soldaten und anderen lebenswichtigen Berufen, werden ebenfalls nicht ohne Grund als Verfallssymptome gedeutet. Diese als Notmaßnahme getroffenen regulativen Bestimmungen sind der Anlaß für die Rede vom spätrömischen «Zwangsstaat» (s. u.). Unbestreitbar sind die Rücknahme der Frauenemanzipation, der Niedergang der Bildung, der nun alle Schichten erfassende Aberglaube, die Verlotterung der Sprache, die Geldentwertung, die Primitivierung der Porträts, die Vulgarisierung des Rechts und die Brutalisierung der Strafjustiz. Folter, Verstümmelung und verschärfte Todesstrafe werden üblich. Alle mit der antik-heidnischen Stadtkultur verbundenen Lebensbereiche zeigen Krisensymptome. Die aufblühende Bürokratie kann man allenfalls unter etatistischem Aspekt als Fortschritt begrüßen; die um sich greifende Korruption jedoch belastete das Gemeinwesen schwer.

Auf der Gegenseite sind freilich auch aufstrebende Tendenzen erkennbar. Anstelle der Buchrolle hat sich der Codex, d. h. unsere heutige Buchform durchgesetzt (s. III 5); die Wassermühle gewann Verbreitung; Kummet und Steigbügel verbesserten die Nutzung des Pferdes. Die Eisenwerkzeuge werden häufiger und besser. In der Seidenverarbeitung entstand ein neuer Zweig der Textilindustrie (s. III 3 b). Die Zunahme der Hörigkeit auf Kosten der Sklaverei (s. III 3 a) wird von Max Weber (1896) als Schritt zur «Gesundung» gewertet.

Progressive Züge begegnen in allem, was mit der katholischen Kirche zusammenhing. Unter diesem Aspekt konnte man in der Spätantike geradezu den Gipfel der Geschichte der Alten Welt erblicken. Fortschritte machte die Bekehrung der Heiden, die Organisation der Gläubigen, die Versorgung der Armen und die Entwicklung der sakralen Kunst, insbesondere der Buchmalerei, des Mosaiks und der Architektur. Hier gelangen Schöpfungen von Weltrang. Freilich ist nicht zu übersehen, daß mit der constantinischen Wende auch Glaubenskriege und Glaubenszwang in die Welt gekommen sind und ein Vielfaches an Opfern gefordert haben verglichen mit den Christenverfolgungen. Insofern zeigen die Fortschritte der Kirche eine gewisse Ambivalenz.

Von einer dekadenten «Zeit» kann man bezüglich der Spätantike nicht reden, an Vitalität war kein Mangel. Die Interessen und Aktivitäten verlagerten sich, und diese Verschiebung führte zu einem Aufblühen all dessen, was für das Mittelalter kennzeichnend ist, und zu einem Abwelken all dessen, was für die Antike typisch war. Nur in diesem eingeschränkten Sinne kann von Dekadenz in der Spätantike gesprochen werden.

b) Das Wesensproblem

Die Vorstellung vom «gesunkenen» Reich, der «dekadenten» Zeit hat ihren Niederschlag in der Terminologie gefunden. Seit dem 18. Jahrhundert ist in der französischen Literatur von *bas-empire* die Rede, in der englischen von *lower empire*. Entsprechend verwenden die Italiener *basso impero*. Die an den «Abend» des Altertums gemahnende Wortprägung «Spätantike» geht zurück auf Jacob Burckhardts (1853, 313; 1880, 275) «spätantike Zeit». Die Formulierung wurde übernommen von Alois Riegl (1889, XV f.; XX), das Substantiv gebrauchte Max Weber (1909/1968, 58). Es ist seitdem gängig. Entsprechend verwendet die englische Fachsprache *Later Roman Empire* oder *Late Antiquity*, die italienische *tardo impero,* die französische *antiquité tardive.*

Die gegenläufige Rede vom «frühbyzantinischen Zeitalter», das chronologisch dieselbe Spanne umfaßt, ist wohl deswegen weniger verbreitet, weil sie nicht auf die Geschichte des lateinischen Westens im 4. und 5. Jahrhundert paßt. Zudem ist die Geschichte von Byzanz so stark durch die auslaufenden Entwicklungen des Altertums geprägt, daß sie vielfach mit Gibbon als Anhang zur Spätantike betrachtet wird. Eine entsprechende räumliche Begrenztheit macht den Terminus «frühmittelalterliche» oder gar «frühgermanische» Zeit untauglich für die gesamte Spätantike. Die Vorgänge in Syrien und Ägypten lassen sich durch diese Begriffe nicht abdecken.

Zur Charakterisierung der letzten Phase des Römischen Reiches wird oft auf dessen politische und militärische Verfassung abgehoben. Theodor Mommsen (1893/1974, 276) verwendete den Begriff «Dominat» für die Zeit nach Gallienus. Damals wurden die Senatoren von der Offizierslaufbahn ausgeschlossen, so daß die «Dyarchie» von *princeps* und *senatus,* nach Mommsen kennzeichnend für die vorangegangene Kaiserzeit, für den «Principat», aufgehoben war. Nach Mommsen war der *princeps* ein Magistrat, so daß Republik und Principat gemeinsam unter dem Zeichen der Volkssouveränität standen und daher enger miteinander verbunden schienen als der Principat mit dem Dominat, der als reines Gottesgnadentum aufgefaßt wurde. So kam Mommsen (1893/1974, 279) zu seiner scharfen Bemerkung über den diocletianischen Staat: «Neu ist darin sozusagen alles.»

Mommsens Kennzeichnung des spätrömischen Kaisertums verrät die liberale Einstellung des Autors, und dasselbe gilt für die gleichbedeutenden Begriffe *despotisme* (Ségur 1817), «Militärdespotismus» (Hirschfeld 1876), «orientalisches Sultanat» (Hartmann 1903), «orientalische Zwingherrschaft» (Rostovtzeff 1925), «Zwangsstaat» (Aubin 1925), «Autokratie» (Enßlin 1954) und für den Vergleich des spätrömischen Imperiums mit einem «großen Polypen, der seine Fangarme über das ganze Reich ausbreitet» bei dem entschiedensten Vertreter der Zwangsstaatsthese, bei Alfred Heuß.

Bereits 1897 wird das spätrömische System von Pfaff als Staatssozialismus bezeichnet, ein Begriff, der in England Anklang fand bei Hodgkin (1898) und Balfour (1908) und seit der Oktoberrevolution eine politisch-pejorative Note erhielt. Er erscheint für das constantinische Imperium 1939 bei Oertel, 1940 bei Kornemann, 1974 bei Max Kaser. Die damit angeprangerte allgemeine Reglementierung durch die Zentrale, wenn auch in fürsorglicher Absicht, gilt als wesentlicher Niedergangsfaktor. Oertel verwendete 1939 für Spätrom ebenso den Ausdruck «Staatskapitalismus», 1971 durch Elena Schtajerman präzisiert als «monopolistischer Staatskapitalismus».

Tatsächlich haben die Kaiser versucht, der Auflösungserscheinungen im Staat Herr zu werden, indem sie immer neue Bestimmungen erließen, immer strengere Bindungen verfügten. Die Glaubensvorschrift seit Theodosius zeigt totalitären Charakter. Die Vernichtung des Heidentums ist weitgehend gelungen, doch die übrigen Zwangsmaßnahmen blieben größtenteils wirkungslos. Der zunehmenden Berufsbindung stehen die fortschreitende Stadtflucht und die rückläufige Sklaverei gegenüber, dem absolutistischen Anspruch der Kaiser dessen Abhängigkeit von den Mitherrschern und dem oft eigenwilligen Verwaltungsapparat. Der gebieterische Tonfall der Erlasse und die vielfache Wiederholung derselben Befehle bezeugen deren manifeste Wirkungslosigkeit gerade dann, wenn es um Kontrolle und Stabilisierung ging. Immer weitere Kreise entzogen sich dem Zugriff der Zentralgewalt: Die Kirchen, die Großgrundbesitzer, die Bauern und das Heer fügten sich nicht. Im 5. Jahrhundert sind Feudalisierung und Regionalisierung in vollem Gang.

c) Das Periodisierungsproblem

Die Zeitgenossen selbst haben die Spätantike nicht als eigene Periode gesehen. Überhaupt wurde die Abstraktionsebene, auf der wir über Zeitalter und Zeitwenden diskutieren, von den antiken Autoren selten erreicht. Der Übergang von der Republik zur Monarchie war im historiographischen Bewußtsein fest verankert, doch sah man die Kaiserzeit in der Regel als Einheit. Mit Caesar oder Augustus begann die *Caesarum dictatura* und dauerte bis in die spätantike Gegenwart. Die *tempora Christiana* bei den Kirchenvätern bezeichnen die Zeit seit Christus, umfassen mithin ebenfalls die Kaiserzeit als ganze. Die Neuerungen, die Diocletian im Kaiserzeremoniell eingeführt hat, sind von mehreren spätrömischen Autoren bemerkt und als Anlehnung an persische Sitten verstanden worden (s. III 1 a). Die religionspolitische Wende Constantins fand in der Geschichtsschreibung ein erstaunlich geringes Echo, lediglich Zosimos meinte, daß die Vernachlässigung der alten Kulte durch und seit Constantin fatale Folgen für das Imperium Romanum gehabt hätte. In der neuzeitlichen Literatur wird die letzte Phase der römischen Geschichte sehr unterschiedlich eröffnet. Mehrere Autoren setzen die Schwelle von der guten zur schlechten Kaiserzeit in die Regierung Trajans oder Hadrians (Gibbon 1776; Schlosser 1846), unter Antoninus Pius (Yorck von Wartenburg 1897) oder die Antoninen allgemein (Kornemann 1939), in die Zeit von Marc Aurel (Ste. Croix 1981), Commodus (Taeger 1939) oder in die Severerzeit (Bianchi-Bandinelli 1970; René Martin 1976). Bisweilen wird der Beginn der Soldatenkaiserzeit 235 zum Anfang der Spätantike erklärt (Rostovtzeff 1924; Bengtson 1967) oder ein späterer Zeitpunkt dieser Periode (Mommsen 1886; Alföldy 1976). Die vor Diocletian ansetzenden Periodisierungen der Spätantike stammen überwiegend von Gelehrten, die keine eigene Darstellung dieser Zeit geliefert haben. Die dies getan haben, beginnen zumeist mit der Herrschaftsübernahme Diocletians 284, so nach Sigonius (1578) wieder Seeck (1895), Stein (1928) und Jones (1964).

Die mit Constantin verbundenen Epochenvorschläge gelten gewöhnlich nicht der Grenze zwischen hoher und später Kaiserzeit, sondern dem Übergang von der Antike zum Mittelalter. Die Bestimmung dieser Schwelle ist der wichtigste Streitpunkt in der Periodisierungsdiskussion. Constantin erscheint als Eröffner des Mittelalters bei zahlreichen Gelehrten seit dem 17. Jahrhundert. Châteaubriand (1831) führte neben der Anerkennung des Christentums auch die Heranziehung der Germanen durch den Kaiser als epochale Neuerung an, Schenk von Stauffenberg (1940), Hübinger (1952) und Kornemann (1946) übernahmen dies. Die ‹Cambridge Ancient History› endete in erster Auflage (1939) mit dem Sieg Constantins über Licinius 324; mit dem Konzil von Nicaea begann die ‹Cambridge Medieval History› (1911).

Weitverbreitet ist sodann die Gleichsetzung der Zeitenwende mit dem Auftauchen der Hunnen, dem Übergang der Westgoten über die Donau 376 und der Schlacht bei Adrianopel 378. Diese Periodisierung findet sich im ‹Ploetz› (1980, 321), sie wurde unterstrichen durch Mommsen (1886) und Straub (1943). Epochal war, daß die Germanen seitdem nicht mehr aus dem Reich verdrängt werden konnten. Dennoch blieb das Imperium noch 100 Jahre bestehen, und diese Schlußphase läßt sich nicht dem Mittelalter zurechnen.

Seit dem 17. Jahrhundert hat man mehrfach den Tod von Theodosius im Jahre 395 und die Teilung des Reiches unter seinen Söhnen als Epochenwechsel verstanden. 1838 wurde dieses Jahr in Frankreich für den Schulunterricht verbindlich und ist dort populär geblieben. 1978 hat Várady die Zäsur nachhaltig unterstrichen. Diese Auffassung beruht auf der Annahme, daß die «Reichsteilung» von 395 etwas Neues gewesen sei, doch kann davon keine Rede sein. Seit Diocletian wurde das Imperium normalerweise von mehreren Kaisern regiert, ohne daß der Reichsverband staatsrechtlich aufgegeben worden wäre. Dies geschah auch 395 nicht: Münzen, Gesetze und Konsulate galten reichsweit.

Marcellinus Comes und Prokop (BV. I 3,15) verbanden mit dem Tode des «letzten Römers» Aëtius 454 einen Einschnitt, als *chute de l'empire* übernommen 1817/1858 durch Louis Philippe de Ségur in seine ‹Histoire du Bas-Empire›. Doch das mit Abstand am häufigsten genannte Schlußereignis der antiken Geschichte ist die Absetzung des letzten Westkaisers Romulus Augustulus durch Odovacar 476. Diese Epoche erwähnt zuerst eher beiläufig 511 Eugippius in seiner Vita Severini (20), verfaßt in dem Kloster des Lucullanums auf dem Pizzo Falcone bei Neapel, wo auch Romulus Augustulus und seine Mutter Barbaria lebten (s. II 10). Um 520 erblickte Marcellinus Comes darin das Ende des *Hesperium Romanae gentis imperium* und den Anfang der Gotenherrschaft. Diese auch bei Prokop (BG. I 12,20) nachweisbare Periodisierung gelangte über Jordanes (Rom. 344; Get. 242) zu Beda und Paulus Diaconus (XV 10). In der mittelalterlichen Historiographie begegnet sie mehrfach, so bei Otto von Freising (Chron. IV 31 ff). Humanismus, Aufklärung und Historismus verwenden keine Zäsur häufiger. Für die Geschichte Italiens war der Staatsstreich Odovacars tatsächlich einschneidend, denn fortan herrschten Germanen. Odovacars Regime wurde durch Theoderich abgelöst, und die «Reconquista» Justinians unterbrach die germanische Vormacht nur für fünfzehn Jahre: von 553 bis 568, bis zum Einmarsch der Langobarden. Viele zuvor weitergeführten römischen Traditionen verschwinden unter ihnen, nicht zuletzt der Senat (s. III 2 a). Die Auflösung der römischen Herrschaft erfolgte in Stufen und fällt in jeder Provinz in eine andere Zeit.

Justinian hat den letzten, erfolglosen Versuch unternommen, die Reichseinheit wiederherzustellen. Es gelang ihm wenigstens, den Osten so weit zu stabilisieren, daß er dem Ansturm der Slawen und Bulgaren, der Perser und Araber noch Jahrhunderte standhielt. Darum rechnet Alfred von Gutschmid (1863), der die Periodisierungsdebatte eröffnet hat, Justinian noch zum Altertum, während er dessen griechisch redende Nachfolger der byzantinischen Zeit, dem Mittelalter zuschlug. Jones setzt den Schlußpunkt auf 602, den Herrschaftsantritt des Phokas, denn: *with the fall of Maurice came the deluge.* Dem folgte die Neuausgabe der Cambridge Ancient History (XIV 2000).

Der Vormarsch der Araber ist seit Melanchthon oft als Anbruch der neuen Zeit gewertet worden, im 19. Jahrhundert durch Friedrich Schlegel (1805) und Simonde di Sismondi (1835), im 20. Jahrhundert durch

Pirenne (1922) und Fueter (1923). Die arabische Eroberung war epoche-
setzend für alle Teile des Imperiums, die davon betroffen waren. Für die
übrige mediterrane Welt blieb das von geringer Bedeutung. Die Ansicht
von Pirenne, daß damals die Seefahrt unterbrochen worden sei, hat sich
nicht aufrechterhalten lassen.

Die Begründungen für die einzelnen Periodisierungsvorschläge beru-
hen auf unterschiedlichen Wertungen, über die kaum Einvernehmen zu
erzielen sein wird. Es handelt sich jeweils um Setzungen, die als praktische Arbeitshypothesen unentbehrlich sind, deren theoretischer Anspruch
indessen im Bereich des mehr oder weniger Plausiblen hängen bleibt und
sich einer zwingenden Beweisführung entzieht. Der Wechsel erfolgt nie
schlagartig, und darum ist Aubins (1948) Gedanke einer breiten Über-
gangszone zwischen der antiken und der mittelalterlichen Geschichte mit
Beifall aufgenommen worden. Eben dies hat die Spätantike als eigene Zwischenzeit konstituiert.

d) Das Kontinuitätsproblem

Da keine Zäsur für alle Lebensbereiche gilt, gibt es neben den abbrechen-
den Traditionen stets auch fortlaufende. Die Frage, welche das waren und
welche Bedeutung sie besaßen, bildet das Kontinuitätsproblem. Es wird
von ideologischen Vorgaben überschattet, indem Ansprüche auf das römische Kulturerbe zur Selbstlegitimation verwendet und zeitgenössische Kon-
frontationen in die Vergangenheit zurückgespiegelt werden. In Byzanz
dominierte trotz des Sprachwechsels die Vorstellung vom unveränderten
Fortbestand des constantinischen Imperium Romanum Christianum. Das
lateinische Mittelalter betonte die Fortdauer von Ecclesia und Imperium.
So wie die Päpste durchgezählt wurden, numerierte Otto von Freising 1146
die Kaiser durch, von Augustus als dem ersten bis zu Konrad III als dem 93.
Kaiser. Evident ist die spätantike Tradition in der Ikonographie der Herrscher, namentlich in der Buchmalerei. Die Abstammungssagen der Franken von den Trojanern, der Sachsen von den Makedonen, der Burgunder
von den Römern, der Briten von Brutus demonstrieren ein Bedürfnis nach
kultureller Kontinuität.

Während die Humanisten einen Bruch mit der antiken Tradition erkannten, betonten die Aufklärer wieder die durchgehenden Linien, wie die Fortschrittstheorie sie erforderte. Das 18. Jahrhundert unterstrich den Fortgang
der technischen Erfindungen (Gibbon 1776) und den über das Ende der
Antike geretteten «Keim der Aufklärung» (Kant 1784). Hegel sah im Pen-
delschwung des finstersten Mittelalters die dialektische Voraussetzung für
die Erleuchtung der Folgezeit.

Im 19. Jahrhundert wird der Nationalismus spürbar, wenn die Germanen in Deutschland als Bewahrer, in Frankreich als Zerstörer der Kultur

erscheinen. Sowohl der Deutsch-Französische Krieg von 1870/71 als auch der Erste Weltkrieg haben historische Urteile über die Spätantike bestimmt. Gegen die Betonung des Kultursturzes stellte Alfons Dopsch (1918/1924) seine Kontinuitätsthese. Er wandte sich gegen die von ihm so genannte «Katastrophentheorie», die einen Bruch aller Traditionen behauptete, und suchte zu zeigen, daß die Germanen als «Kulturbringer» allenthalben die gelehrigen Schüler der Römer gewesen seien. Darin ging er jedoch zu weit. Eine ausgewogene Synthese bot Marc Bloch. Fortgeführt wurden diese Forschungen durch Hermann Aubin. Er unterschied zwischen dem Andauern der elementaren handwerklichen Fertigkeiten und den Traditionsbrüchen im «Oberbau des römischen Lebens», teilweise mit Ausnahme der Kirche. Orte und Grenzen der Bistümer blieben erhalten, den Bischöfen wuchsen weitere weltliche Aufgaben zu, die Klöster gewannen an Zahl und Bedeutung. Gegen Dopschens Begriff des «Weiterlebens» setzte Aubin den des «Weitersterbens». Tatsächlich sind zahlreiche Rückentwicklungen in spät- und nachrömischer Zeit erkennbar (s. o.), die erst im Hohen Mittelalter oder noch später wettgemacht werden konnten, so daß nur im eingeschränkten Sinne von Kontinuität gesprochen werden darf.

Das städtische Leben ging weiter, wenn auch stark reduziert; die Ortsnamen blieben überwiegend in Gebrauch, wenn auch mehrfach durch alte Stammesnamen ersetzt (s. III 2 d). Sie verschwanden jedoch im alamannischen Dekumatland und in den slawisierten Donauländern. Reichsweit beträgt die Namenskontinuität der 2061 Orte des ‹Itinerarium Antonini› 43 Prozent, am höchsten ist sie in Westeuropa, geringer im Orient und in Nordafrika, am schwächsten auf dem Balkan. Auf dem Lande ist die Lage nur partiell erforscht. Von 350 kaiserzeitlichen Villen der Nordschweiz wurden von den Alamannen nur 30 weiterbewohnt.

Griechisch und Latein, allerdings verwildert, blieben Schriftsprachen. Romanische Sprachinseln gab es bis ins Hohe Mittelalter an der Mosel, noch heute spricht man Romanisch im Alpenraum und in Rumänien. Das Bildungswesen hielt sich in einzelnen Klöstern; Geldwirtschaft und Fernverkehr überdauerten auf schmaler Basis. Die Sozialstruktur blieb erhalten, es gab Minderfreie und eine Oberschicht, die sich auf die spätrömischen Senatorenfamilien zurückführte.

Die germanischen Fürsten des Frühmittelalters seit Theoderich dem Großen verwendeten Elemente imperialer Repräsentation, übernahmen einen rudimentären Verwaltungsstab vom kaiserlichen Hof, ließen Gesetze nach römischem Vorbild kodifizieren und konnten genealogische Verbindungen zum Militäradel des 4. Jahrhunderts nachweisen. Dies gilt noch für die Merowinger in Gallien. Die «Familie der Könige» war irgendwie, aber eben doch, mit den spätrömischen Kaisern bis zu den Tetrarchen verwandtschaftlich verknüpft. Wie die Trennung zwischen geistlichen und weltlichen Funktionen bei den Bischöfen so entfiel die zwischen militärischen und zivilen Aufgaben bei den *duces* und *comites*. Auffälliger als die durchlaufenden Überlieferungen waren die später wieder aufgenommenen Traditionen. Das Phänomen der Renaissance ist keine singuläre, sondern eine periodische Erscheinung der europäischen Geschichte. Die Kontinuitätsfrage läßt sich nur im einzelnen und im Vergleich, nicht pauschal lösen. Aufs ganze gesehen sind im 7. Jahrhundert n. Chr. doch wohl mehr Fäden abgerissen als in irgendeinem anderen Jahrhundert der europäischen Geschichte.

3. Die endogenen Erklärungsversuche

Von allen Grundfragen zur Spätantike ist keine häufiger und heftiger erörtert worden als das Erklärungsproblem. Wie konnte ein solches Staatswesen auseinanderfallen? Das Imperium Romanum war das größte und mächtigste Reich, das es je in Europa gegeben hatte. Nicht ohne Ursache hofften die Heiden auf seinen ewigen Bestand, glaubten die Christen an seine Dauer bis zum Jüngsten Gericht. Kein Zeitgenosse hat sich die Ablösung des Reiches durch eine neue, andere Ordnung vorstellen können. Eine politische Alternative zum Imperium hat niemand gesehen, am wenigsten die Germanen, die ihm bewaffnet entgegentraten. Im Reich hat man diese Gefahr nicht ernst genommen. Waren nicht die Barbaren von gestern die Sklaven von morgen? Jahrhundertelang war man mit diesen schlecht organisierten, primitiv ausgerüsteten Nordleuten fertig geworden – wie kam es, daß Rom ihnen schließlich nicht mehr standhielt?

Für die heidnischen Zeitgenossen bewiesen die Niederlagen gegen die Barbaren, daß die Römer ihrer Vätersitte untreu geworden waren. Die Christen sahen darin die Strafe Gottes oder die Zeichen des nahenden Endgerichts. Das Mittelalter ist über diese Erklärung nicht hinausgekommen, erst mit dem Humanismus beginnt die Debatte über die Untergangsgründe, und sie ist seitdem nicht mehr zur Ruhe gekommen. Unter den Aberhunderten von Erklärungsversuchen gleicht keiner dem anderen, doch lassen sie sich nach Typen ordnen.

Die Voraussetzung für eine Typisierbarkeit liegt darin, daß die Autoren die Schwächemomente des spätrömischen Reiches gewöhnlich nicht nur aufzählen, sondern auch gewichten. In der Regel entsteht dabei eine Faktorenpyramide, deren Spitze der jeweils für entscheidend erachtete Grund einnimmt. In der Polemik wird derartigen Begründungsfiguren häufig der Vorwurf der Monokausalität gemacht. Er ist jedoch so gut wie immer unbegründet, denn selbst da, wo ein Autor einen bestimmten Verfallsgrund besonders stark herausstellt, betont er meist nur den seiner Meinung nach wichtigsten Faktor im gesamten Faktorenbündel. Strittig ist

nicht die Zahl, sondern die Rangfolge der Verfallsgründe. Der im Begriff
«Monokausalität» enthaltene Vorwurf der unzulässigen Vereinfachung fällt
zumeist zurück auf den, der ihn erhebt.

Wie jede andere Typologie, so läßt sich auch die der Untergangstheorien nach Bedarf gröber oder feiner anlegen. Die einfachste Einteilung wäre
die nach innenbedingten und nach außenbedingten Ursachen. Die exo-
gene Deutung ist vergleichsweise einheitlich, sie nimmt an, daß die Völkerwanderung der wichtigste Faktor in der Auflösung des Reiches gewesen
sei (s. IV 4). Die endogenen Deutungen müssen indessen abermals unterteilt werden. Eine erste Gruppe von Autoren macht bestimmte Mißstände
im Inneren verantwortlich: die religiöse Hinwendung zu jenseitigen Ide-
alen oder die sozialökonomischen Spannungen oder das Versiegen der
natürlichen Lebensgrundlagen oder innenpolitische Fehlentscheidungen.
Eine andere Gruppe von Autoren erklärt dies alles zu bloßen Symptomen
eines tiefersitzenden Erschöpfungsprozesses, der aus einer kulturzyklischen
Eigendynamik heraus verstanden werden müsse. Daraus ergeben sich sechs
Typen.

a) Das Christentum

Autoren, die dem Christentum einen erheblichen Einfluß auf den Niedergang Roms zugeschrieben haben, gab es bereits in der Antike. Gegen
sie schrieb Augustinus seine ‹Civitas Dei›. Moderne Historiker haben die
Verlagerung aller Hoffnungen aufs Jenseits, den Rückzug aus dem bürgerlichen Leben und die Verweigerung von Staatsdienst und Wehrpflicht als
staatsschädigend erachtet. Schwächend wirkten die Kosten der Kirche (sie
verfügte über enorme private wie staatliche Zuwendungen), weiterhin die
oft bürgerkriegsähnlichen Auseinandersetzungen bei Glaubensspaltun-
gen (insbesondere im Ostteil des Reiches) und das Überwechseln aus dem
Staatsleben in den Kirchendienst (seit dem späteren 5. Jahrhundert gibt es
mehr Kleriker als Staatsbeamte).

Der Einfluß des Christentums auf den Niedergang Roms wird nur von
solchen neueren Autoren angenommen, die entweder dem Imperium oder
aber der Kirche distanziert gegenüberstehen. Wer dem Imperium wohlwill,
betrachtet die Rolle des Christentums im Zerfall des Reiches als bedauer-
lich, als Schuld (so Gibbon). Wer es mit dem Christentum hält, begrüßt
diese Wirkung, betrachtet sie als Verdienst (so Jean Paul).

Beide Positionen finden sich im 19. Jahrhundert mehrfach. Die romkri-
tische Variante liegt vor bei Novalis (1800), Fichte (1804), Görres (1808),
Hegel (1831) und bei einer Reihe konservativer Historiker wie Châte_au-
briand (1831), Bachofen (1851), de Broglie (1856), Boissier (1891) und
Harnack (1914). Die kirchenfeindliche Spielart begegnet am radikalsten
wohl bei Nietzsche (1888), ähnlich zuvor bei Proudhon (1854), danach

bei Ernst Haeckel (1879) und George Sorel (1901) sowie bei einer Gruppe liberaler Historiker wie Schlosser (1846), Lange (1866) und Renan (1863; 1871; 1881). Diese Positionen wurden auch nach dem Ersten Weltkrieg noch verfochten, von eher konservativer Warte durch Lietzmann (1927), Benedetto Croce (1938), Pfister (1942), Hitler (27. Januar 1942) und Stier (1947); von liberaler Seite durch Walter F. Otto (1923) und Arnaldo Momigliano (1960). Die Konfession der Autoren spielt in diesen Stellungnahmen insofern keine Rolle, als kirchenkritische Positionen auch von einzelnen Katholiken (Renan), antirömische Urteile auch von einzelnen Protestanten (Herder, Harnack) vertreten werden.

Im allgemeinen wird das Christentum in weiterreichende Zusammenhänge eingeordnet, es gilt als fällige Reaktion auf die grassierende Sittenlosigkeit, als Fortschritt zur Menschheitsidee, aber auch als bedenkliches Indiz einer Orientalisierung, als Ideologie entweder «progressiver» oder «primitiver» Unterschichten. Wilhelm von Humboldt meinte, das Christentum sei wohl nicht der Grund für das Ende Roms, wohl aber der tiefste Bruch mit dem Altertum, der die Voraussetzung für den Aufstieg Europas dargestellt habe. Humboldt hatte Recht. Der Erklärungsfaktor Christentum ist dem Einwand ausgesetzt, daß der christliche Osten überdauert hat und daß auch die Germanen Christen waren.

b) Soziale Spannungen

Der zweite Typus, der sozialökonomische Ansatz, ist der bisher am häufigsten verfochtene überhaupt und scheint namentlich in jüngerer Zeit beliebt. Er geht aus von den Gegensätzen zwischen Arm und Reich, von den Klassenkonflikten und Besitzunterschieden, von der Verelendung der Landbevölkerung und dem Luxusdasein senatorischer Magnaten. Die antiken Quellen sind voll von Klagen über derartige Mißstände. Bereits die Aufklärungshistorie hatte sie in Rom gebrandmarkt, um der Gegenwart einen Spiegel vorzuhalten. In dieser Tradition werden sozialökonomische Erklärungen überwiegend von solchen Autoren vertreten, die politisch dem progressiven, entweder liberalen oder sozialistischen Lager zuzurechnen sind. Aus der Zeit bis zum Ersten Weltkrieg wären hier zu nennen Sismondi (1829; 1835), Rodbertus (1865), Ludo Moritz Hartmann (1889; 1903) und Max Weber (1891; 1896; 1909).

Eine folgenreiche Variante dieser Strömung bezeichnen die Namen Marx (1859) und Engels (1884), danach Ciccotti (1899) und Salvioli (1906), Karl Kautsky (1912; 1927) und Arthur Rosenberg (1915). Alle genannten Autoren stimmen darin überein, daß die antike Zivilisation solch schwerwiegende Systemfehler enthielt, daß ein Fortbestehen des Imperium Romanum die Weiterentwicklung der Menschheit behindert hätte, so daß Rom dem Fortschritt zuliebe fallen mußte. Unterschiedlich sind nur die daraus

zu ziehenden politischen Konsequenzen: Ob so wie das römische Sklave-
reisystem auch der moderne Kapitalismus revolutionär zerschlagen werden müsse, oder aber ob er evolutionär so weit verbessert werden könne,
daß uns ein abermaliger Kulturtod erspart bleibt. Die marxistische Position
identifiziert sich gewöhnlich mit den Gegnern Roms, die bürgerliche Seite
hält es eher mit den Römern selbst.

Seit der Russischen Revolution teilen sich die beiden Stränge der sozialökonomischen Untergangsdeutung auch geographisch. In der westlichen
Literatur wird die Linie Max Webers weitergeführt durch Kahrstedt (1924;
1948) und Oertel (1934; 1939), durch Autoren der Zeitschrift ‹Annales›
wie Marc Bloch (1944) und Varagnac (1951) sowie Alföldy (1975; 1976).
Marxistische Positionen im Westen sind selten, in Frankreich mit Parain
(1953), in Italien mit Mazza (1970), in England mit Walbank (1944) und
Ste. Croix (1975; 1981) vertreten.

Als eigener Komplex stellt sich die Ostblockliteratur dar. Sie fußt im
wesentlichen auf Marxens Vorwort zur ‹Kritik der Politischen Ökonomie›
von 1859 und auf Engels Buch ‹Ursprung der Familie, des Privateigentums
und des Staates› von 1884. Die darin formulierten Ansichten zum Ende
Roms wurden 1933 und 1934 von Stalin unter das Etikett einer «Revolution der Sklaven» gestellt und durch sowjetische Autoren wie Kovalev,
Maschkin und Alpatow in Historiographie umgesetzt. Das bedeutendste
Werk stammt von Elena Schtajerman (1957/1964). Sie verstand die Wirren des 3. Jahrhunderts als «Klassenkämpfe» zwischen zwei Formationen,
zwischen munizipalen Sklavenhaltern und progressiven Latifundienbesit-
zern, wobei letztere mit Constantin gesiegt hätten. Wenn der progressive
Dominat gleichwohl durch die antike Internationale der Sklaven, Kolonen, Bagauden und Germanen gestürzt werden mußte, so deswegen, weil
das Imperium trotz der sozialen Revolution des 3. Jahrhunderts noch skla-
vistisch geprägt gewesen sei (s. II 1).

In der Deutschen Demokratischen Republik setzte eine breitere Diskussion erst mit dem Ende der Umschulung ein, zunächst im engen Anschluß
an die Sowjetliteratur. Ideologisch eindeutig sind bereits die Werke von
Welskopf (1957) und Dieter (1957), ihnen folgen Wolfgang Seyfarth,
Rigobert Günther, Ernst Engelberg und Joachim Herrmann. Daneben
zeichnet sich eine weniger dogmatische oder verkappt bürgerliche Linie
ab in den Schriften von Töpfer, Kreißig und Diesner. Unorthodox ist auch
die Schrift von Várady (1978). Mit dem Zusammenbruch des Kommunis-
mus verschwand der historische Materialismus aus der Diskussion über das
Ende Roms. Er überlebte nur bei Heiner Müller, der in den Sklaven die
Überwinder Roms erblickte (s. o.).

Die Vertreter des sozialökonomischen Erklärungsversuches übersehen
gewöhnlich, daß Wohlstand sich nicht ohne weiteres in Wehrkraft über-
setzen läßt. Die Wohlfahrt, insgesamt betrachtet, war auf römischer Seite

ganz erheblich höher als auf germanischer. Wenn Machiavelli (Discorsi II 10) gesagt hat, daß man mit Gold nicht unbedingt gute Soldaten gewinnen, wohl aber mit guten Soldaten Gold beschaffen kann, kennzeichnet dies auch das Verhältnis zwischen kriegerischen Germanen und begüterten Römern. Nicht die Verhältnisse, sondern die Erwartungen bestimmen das Verhalten. Der Hinweis auf die ungleiche Verteilung des Besitzes auf römischer Seite trägt nicht weit, denn einerseits lag der Lebenstandard des einfachen Provinzialen gewiß noch über dem des einfachen Barbaren, und andererseits gab es innerhalb der germanischen Gesellschaft ähnliche Besitzunterschiede wie bei den Römern. Die Ablehnung des Militärwesens ging auf römischer Seite ebenso durch alle sozialen Schichten, wie auf germanischer Seite alle sozialen Schichten dem Kriegerideal huldigten. Dies führt zu dem von Adam Smith bemerkten Unterschied zwischen zivilisierter und barbarischer Miliz.

c) Lebensbedingungen

Der dritte Deutungstypus versucht die Auflösung des Imperiums naturwissenschaftlich zu erklären. Drei Unterformen lassen sich auseinanderhalten. Die erste baut auf die Annahme einer Verschlechterung äußerer Lebensbedingungen. Justus von Liebig (1840) und Simkhowitch (1916) sahen in der Erschöpfung des Bodens, Ellsworth Huntington (1915; 1917) in der zunehmenden Trockenheit, Oliver Davies (1935) in den versiegenden Bodenschätzen die Wurzel allen Übels. Daneben steht als zweite Unterform die These des Bevölkerungsschwundes, zuweilen verbunden mit der Pest des Galen von 166, in den Jahren 1825 und 1829 von Niebuhr inauguriert, wiederholt von Zumpt (1841), Roscher (1854), Boak (1921; 1955) und Chaunu (1976), zuletzt bei Imanuel Geiss 1994. Dreihundert Jahre nach dem Wüten der Pest war die Bevölkerungszahl doch wohl wieder ausgeglichen! Eine Spielform hierzu ist die populäre Lehre von der Impotenz durch Bleivergiftung, nach Tanquerel des Planches (1839) und anderen durch Colum Gilfillan (1965) aufgenommen. Sie findet sich wieder bei Ernst Jünger (Eumeswil 1977, 261) und Jerome Nriagu (1983). Neu hinzugekommen sind als Verfallsgründe eine «Malaria-Epidemie» und der «Einschlag eines Kometen» im Jahre 540.

Neben der quantitativen spielte als dritte Unterform die qualitative Minderung der Reichsbevölkerung eine Rolle. Die auf Gobineau (1855) und Darwin (1871) zurückführende Rassentheorie, die in der Geschichte einen Daseinskampf zwischen höherwertigen und minderwertigen Rassen erblickt, hat den Fall Roms zum Musterbeispiel verderblicher Rassenmischung erhoben. In Deutschland taten dies Haeckel (1879), Chamberlain (1899) und Otto Seeck (1900), in Frankreich Lapouge (1887) und Le Bon (1894; 1895), in Italien Macchioro (1906), in Amerika David Starr Jordan

(1907), Madison Grant (1916) und Tenney Frank (1916), in Schweden Martin Nilsson (1921; 1926), in England Duff (1928). Zuweilen erscheint der Denkansatz nur in einer Formulierung wie der von Erwin Rohde, daß sich der «Marasmus des Greisenalters» um 300 n. Chr. in der Bevölkerung ankündigte, «in der das edle Blut des ächten und unverfälschten griechischen und römischen Stammes nur noch sparsam floß», so daß innere Entkräftung dem Barbarensturm nichts mehr entgegenzusetzen hatte.

Im Umkreis des Nationalsozialismus wurde Roms Rassentod verkündet durch Walter Darré (1928), Friedrich Karl Günther (1929), Alfred Rosenberg (1930) und natürlich von Hitler selbst, der auch das Christentum einmal haftbar machte (s. IV 3 a). Aus althistorischen Fachkreisen schlossen sich Berve (1934), Vogt (1935/1936) und Schachermeyr (1940) an. Die politische Entwicklung hat diesen Forschungsstrang abgeschnitten. Auch die Wissenschaft hat ihn verabschiedet. Er ist weder biologisch noch historisch fundiert.

d) Innenpolitik

Ein vierter Deutungstyp führt die Auflösung des Imperiums auf schuldhaftes Versagen der Innenpolitik zurück. Die Quellen zur Spätantike breiten vor uns eine Palette von Mißständen in Staat und Verwaltung aus. Unfähige Kaiser, bestechliche Beamte, Geldentwertung und Naturalwirtschaft, eigennützige und aufsässige Soldaten, Zwang von oben, Weigerung von unten, brutale Autokratie und chaotische Anarchie stehen nebeneinander.

Diese schon von den Aufklärern angeprangerten Übel erscheinen während des 19. Jahrhunderts überwiegend in den Untergangstheorien liberaler Historiker. Benjamin Constant (1813) macht den Anfang, in Frankreich gefolgt von Guizot (1820), Taine (1856), Littré (1867) und Waltzing (1895), der die despotische Bürokratie und die ungesunde Sozialordnung in Anschlag brachte. Liberale Theorien wurden vertreten in England von Sir Walter Raleigh (1829), der die *storms of ambition* monierte, von Hodgkin (1898) und MacMullen (1988), in Deutschland von Paul Hensel (1886), der den Wasserkopf Rom verantwortlich machte, von Mommsen (1893), Beloch (1900) und Wilcken (1915). In der Zeit zwischen den Weltkriegen wurde der spätantike Dominat von verschiedenen Positionen aus angegriffen. Ferrero (1922) tadelte den Ruin der Aristokratie, Kornemann (1922) die kurzsichtige Abrüstungspolitik, Heitland (1922) vermißte die parlamentarische Opposition. Bell (1922) und Homo (1925) monierten die Übersteuerung, Perrot (1937) beschuldigte die Staatsallmacht.

Nach 1945 wurde der Untergang Roms vielfach jenen Fehlern zur Last gelegt, an denen Hitler gescheitert sei, dem Ausgreifen nach Osten (Gigli 1947), dem Totalitarismus (v. Fritz 1948) oder dem Militarismus (Walser 1960, Barr 1967). Die Situation des Kalten Krieges wird fühlbar, wenn

Seston (1950) die versäumte römisch-germanische Zusammenarbeit herausstellte, wenn Elmer Davis (1953) die innere Solidarität gegen den Feind im Osten forderte, wenn Jacques Moreau (1961) in Rom eine starke Führung vermißte oder Michael Grant (1976) die freiheitliche Welt beschwor, sich nicht durch inneres Fehlverhalten dem östlichen Gegner auszuliefern, so wie einst Rom den Barbaren.

Innenpolitische Idiosynkrasien liegen vor, wenn als Hauptfaktor für den Niedergang Erscheinungen dingfest gemacht werden, wie ein vernachlässigtes Schulsystem bei Denk (1892, 154), die Errichtung fremder Götterbilder bei Friedrich Sieburg (1933), die in Rom praktizierte Abtreibung bei Fontanille (1977), die Erfordernisse der schweren Reiterei bei Dudley (1990), dysfunktionale Telekommunikation der Staatspost bei Siegert (1991) oder gar ein übermäßiger Fleischkonsum durch die männliche Bevölkerung. Stets fürchtet man eine Wiederholung des spätantiken Kulturverfalls und sucht aus den damals begangenen Fehlern zu lernen.

Die Argumentation mit dem innenpolitischen Versagen des spätrömischen Staates steht vor der doppelten Schwierigkeit, einerseits den Entscheidungsspielraum der spätrömischen Staatsmänner abzustecken und andererseits festzulegen, welcher Grad an Einsicht und Tatkraft ihnen zuzumuten war. Die meisten neuerdings erhobenen Reformpostulate spiegeln politische Ideen der Autoren, aber die von ihnen bei den Römern getadelten Reformversuche hatten in der jeweiligen Situation einen guten Sinn. Ein Quantum offenbarer Fehler liegt im Rahmen dessen, was immer passiert, auch auf germanischer Seite. Das gleicht sich weitgehend aus. Von einer plötzlichen Anhäufung von vermeidbaren Fehlentscheidungen auf römischer Seite ist kaum zu sprechen.

e) Kulturmorphologie

Die vier genannten Erklärungsversuche – mit Hilfe der religiösen, der sozialen, der naturbedingten und der innenpolitischen Defekte – betrachten jeweils eine bestimmte Kategorie innerer Schwächen als entscheidend für die Auflösung des Reiches. Die ideologische Abwendung vom Staat zugunsten der Religion, die Konflikte zwischen Reich und Arm, die Abnahme der Bevölkerung und ihrer Lebensgrundlagen und die Struktur- und Entscheidungsfehler der Innenpolitik – all dies sind faktische Übel gewesen, deren abträgliche Auswirkungen bereits den spätrömischen Beobachtern deutlich waren. Die Erhebung einer einzelnen dieser Schattenseiten zur entscheidenden Schwäche resultiert jedoch gewöhnlich aus einer privaten Sichtweise, die man bei genügender Personenkenntnis geradezu prognostizieren kann. In aller Regel kann man voraussagen, daß ein liberaler Autor den Zwangsstaat, ein marxistischer Autor den Klassenkampf, ein fortschrittsgläubiger Autor die Stagnation der technischen Entwicklung monieren wird. Da sich die Ansätze gegenseitig aufheben, ist es verständlich, wenn eine fünfte Gruppe von Autoren alle inneren Verfallsmerkmale als bloße Symptome einer tiefersitzenden, zentralen Erschöpfung der Lebenskraft interpretiert. Die Vorstellung der Kulturmorphologie, daß Kulturen dem Gesetz der Jahreszeiten und der Lebensalter unterliegen, daß sie wie Pflanzen wachsen, blühen und vergehen, ist im Altertum gelegentlich, in der Renaissance mehrfach ausgesprochen worden und findet sich zur Theorie erhoben in der Romantik.

Als erster hat der Marburger Staatsrechtler Karl Vollgraff 1828 eine Philosophie darauf gebaut. Ihm folgen mit je eigenen Varianten Wilhelm Roscher (1849), Bruno Bauer (1853), Ernst von Lasaulx (1856), Jacob Burckhardt (1853; 1868) und der Panslawist Danilewski (1871). Jeweils liefert der Untergang Roms das Normalschema für das Ende einer Kultur. Nach Eduard Meyer (1895), Wilamowitz (1897), Breysig (1901), Flinders Petrie (1911) und Rudolf Steiner (1916) hat dann 1917 Oswald Spengler seine Lehre daraus gewonnen. Spengler betrachtete allerdings nicht die Spätantike, sondern den Übergang von der römischen Republik zum Cäsarismus als das eigentliche Ende der antiken Kultur.

Spengler hat nicht nur zahlreiche Geschichtsphilosophen in ihrem Urteil über den Fall Roms beeinflußt, so Eduard Spranger, Ortega y Gasset, Emil Cioran und Christopher Dawson, sondern hat auch, teilweise in verwandelter Form, bedeutenden Autoren die Schlüsselkategorien geliefert oder begründet, nämlich Michael Rostovtzeff, Andreas Alföldi, Arnold Toynbee und dem Verhaltensforscher Konrad Lorenz. Johan Huizinga sah sich 1936 durch Spengler an die Endlichkeit von Kultur erinnert, an die «allgemeine, gründliche Barbarisierung» beim Untergang der antiken Kultur. Carl Schmitt entdeckte in der Zeit nach Actium mehr als eine «bloße Parallele» zu unserer Zeit und fand Spenglers Cäsarismus-These 1944 höchst aktuell. Diese Autoren interpretieren den Fall Roms mit den Begriffsinstrumenten der Kulturmorphologie und ihren organologischen Metaphern.

Das Problem dieser fatalistischen Dekadenztheorie, die schon 1911 angegriffen wurde, liegt darin, daß die tragende Kraft der Kultur nur durch metaphysische Begriffe wie Volksgeist, Kulturseele, Lebenskraft bezeichnet werden kann. Wer hingegen die Kultur als bloße Summe der kulturellen Phänomene begreift, wird die Idee einer steuernden Kultursubstanz für eine Chimäre erklären, so daß gerade für den zentralen Begriff keine Einigung zu erzwingen ist.

4. Der exogene Erklärungsversuch

Die behandelten Deutungstypen stimmen darin überein, daß die Auflösung des Imperiums ein innenbedingter Prozeß sei. Dem steht die Ansicht gegenüber, daß alle Meinungen defekt sind, die den Zerfall des Reiches ohne den Druck auf die Grenzen erklären. Die germanische Völkerwanderung, die in den fünf endogenen Erklärungen bloß den Rang eines zufälligen, beliebig ersetzbaren Anlasses hat, wird hier zur entscheidenden Kraft im Geschiebe der Mächte. Auch die Germanentheorie hat ideologische Wurzeln. Italienische Autoren wie Villani (k 1348), Bruni (1441) und Trissino (1547) haben die Germanen (zu allen Zeiten!) als kulturfeindliche Barbaren verurteilt. Giambattista Vico freilich lobte 1725 ihre überlegene «Reinheit und Wahrheit» im Gegensatz zu den lasterhaften Römern. Deutsche Humanisten wie Celtis (1492) und Wimpfeling (1505) haben in den Germanen die wackeren Überwinder einer dekadenten Zivilisation erblickt.

Die nördlich der Alpen verbreitete Bewunderung der taciteischen Germanen hat dieser Perspektive zunächst Erfolg verschafft. Sie gewann Auftrieb durch den Fortschrittsgedanken der Aufklärung und des Idealismus, so bei Herder und Hegel, sodann durch den Nationalismus der Romantik. In Deutschland schlug der Patriotismus der Freiheitskriege auf das Germanenbild durch. Luden (1814), Ranke (1854), Sybel (1857), Felix Dahn (1881), Friedrich Engels (1884) und Victor Hehn (1894, 491) lassen das erkennen. Kaiser Wilhelm II feierte 1902 in Aachen die «siegesfrohen Germanen», die das angeblich morsche Imperium zertrümmerten, um «der Weltgeschichte den neuen Lauf zu weisen». Auch englische Autoren des 19. Jahrhunderts stehen in dieser progermanischen Linie, so Palgrave (1831) und Kingsley (1853), während in Frankreich nach 1870/71 das negative Germanenbild italienischer Humanisten wieder hervortritt, so bei Fustel de Coulanges (1877) und Arsène Dumont (1890).

Die Weltkriege haben diese Gegensätze vertieft. Der Erste Weltkrieg bestimmt das bei Pirenne (1935) von den Deutschen auf die Germanen übertragene negative Bild, der Zweite Weltkrieg das bei Loyen (1942) und Courcelle (1948). Eine positive Identifikation liegt vor bei Miltner (1938) und Stier (1938). Graf Stauffenberg nimmt insofern eine Sonderstellung ein, als seine 1935 bis 1938 verfochtene These einer germanisch-romanischen Schicksalsverbundenheit in der Ära von Adenauer und de Gaulle wieder auflebte, so bei Piganiol (1950).

Eine nüchterne Beurteilung der Germanen zeigt sich in der englischen Literatur, bei Baynes (1943), Finley (1966; 1973), A.H.M. Jones (1955; 1964), Bryce Lyon (1972), Ferrill (1986) und Speidel (1996; 2004 bis). Sie haben jeweils in der außenpolitischen Bedrohung einen zum Verständnis unabdingbaren Faktor der Reichsaufteilung gesehen, und das mit Recht. Denn es gibt keinen hinreichenden Grund für die Annahme, daß der Westen zerfallen mußte, da bekanntlich Byzanz im Windschatten des Völkersturms überdauert hat.

Die Ansicht, daß im Zerfallsprozeß des Imperiums den Germanen entscheidende Bedeutung zukommt, muß sich mit dem Einwand auseinandersetzen, daß die Römer jahrhundertelang die nördlichen Barbaren abwehren konnten. Wenn dies in der Spätantike zunehmend schwierig wurde, so liegt das an einer Verschiebung des Kräfteverhältnisses, dessen beide Seiten für uns nicht in gleicher Weise erkennbar sind. Während uns die Quellen ein deutliches Bild von der geringen römischen Widerstandskraft vor Augen führen, sind die Zeugnisse für die wachsende Gefahr aus dem Norden weniger augenfällig. Und doch müssen wir sie zu fassen suchen, wenn wir die Veränderung der Lage begreifen wollen.

Die Germanen befanden sich seit dem ersten vorchristlichen Jahrtausend in einem Expansionsprozeß. Der Riegel, den der Limes ihrem Vordringen entgegensetzte, führte einerseits zu einem Ausweichen der Ostgermanen ins Schwarzmeergebiet und andererseits zu einem Bevölkerungsstau an Rhein und Donau. Voraussetzung für diese Entwicklung ist die den Germanen von den antiken Autoren immer wieder bescheinigte Lust am Kriegführen, sowohl gegen ihresgleichen als auch gegenüber Rom. Caesar (BG. I 1,4; VI 21,3) berichtet darüber: *vita omnis in venationibus atque in studiis rei militaris consistit* – «ihr ganzes Leben besteht aus Jagd und Wehrübungen»; Pomponius Mela (III 3,26 ff), Seneca (de ira I 11,3) und Flavius Josephus (Bell. Jud. II 16,4) bestätigen dies. Nicht der Wohlstand, sondern die Freiheit wird als Ideal der Germanen bezeichnet; und verständnislos bemerkt der ältere Plinius (NH. XVI 4) im Anschluß an die Beschreibung der einfachen germanischen Lebensverhältnisse: *et hae gentes, si vincantur hodie a populo Romano, servire se dicunt! ita est profecto: multis fortuna parcit in poenam.* Daß Fortuna die Germanen vor den Segnungen der römischen Herrschaft verschone, um sie zu strafen, war schwerlich die Ansicht der Verschonten selbst. Ihre Klage über den Verlust der Freiheit jedoch könnte Plinius zutreffend notiert haben. Wie die Germanen ihre Lebensweise im Verhältnis zur antiken einschätzten, erfahren wir nur gelegentlich, etwa in dem von Petrus Patricius (fr. 169) überlieferten Befehl des gotischen Königs aus dem Jahre 269, den Athenern nicht ihre Bücher zu verbrennen, weil das Studieren sie von der Kriegsübung fernhielte, oder aus der Tatsache, daß die Germanen das Leben in Städten verschmähten. Das verwunderte schon Tacitus (Germania 16) und später Julian (278 D) und Ammianus Marcellinus (XVI 2,12).

Das Kriegerideal hat die germanische Gesellschaft zu allen Zeiten bestimmt. Anders als die verbürgerlichte munizipale und senatorische Oberschicht war und blieb die Elite der Germanen ein Schwertadel. Der erwachsene Mann war lieber Krieger als Arbeiter. Weniges bezeichnet den Unterschied in der Haltung der beiden Völker besser als die wechselseitige Verwendung der Kriegsgefangenen. Die Römer haben gefangene Barbaren überwiegend ins eigene Heer eingereiht, um Arbeitskräfte zu sparen, während die Germanen viele Tausende von römischen Gefangenen in der Produktion verwendet haben, um eigene Leute für den Krieg zu gewinnen. Neben Kriegsgeist und Freiheitsdrang als konstanten Faktoren tritt als dynamisches Element die Bevölkerungszunahme der Germanen. Sie war für antike Beobachter stets ein bedrohlicher Vorgang. Schon Tacitus (Germ. 19,5) schreibt, daß die Germanen ihre Kinderzahl nicht künstlich begrenzten. Cassius Dio (73,2,1) vermerkt den Menschenreichtum der Marcomannen. In der Spätantike ist der auffallend reiche Nachwuchs germanischer Stämme für Franken, Alamannen und Burgunder bezeugt. Jordanes (Get. IV 25) nennt Skandinavien *quasi officina gentium aut certe velut vagina nationum,* und Isidor (etym. XIV 4,4) sah im Namen *Germania* den Hinweis auf die Fruchtbarkeit der Völker, vermutlich im Gedanken an *germen,* den sprießenden Keim. Die germanische Bevölkerungszunahme zeigt sich archäologisch in einer Vermehrung der Grabstätten und einer Vergrößerung des Siedlungsraumes auf dem Wege der Binnenkolonisation.

Die Gründe für dieses Wachstum sind in sozialen Verhaltensweisen zu suchen, die, wer will, als Ausdruck einer biologischen Volkskraft verstehen kann. Jedenfalls haben die Germanen ihre Kinder, sobald die Heimat zu eng wurde, ausgerüstet und in die Fremde geschickt, ähnlich wie Griechen und Römer das in ihrer Frühzeit auch getan haben. In der spätgriechischen und spätrömischen Gesellschaft läßt sich dagegen eine Beschränkung des Nachwuchses durch Abtreibung, Aussetzung und Empfängnisverhütung nachweisen. Die Gründe dafür liegen bei den Reichen den Quellen zufolge in dem Bestreben, das Erbe zusammenzuhalten und die Schmeichelei der Erbschleicher zu genießen, bei den Armen spielt die Not eine Rolle. Dennoch kann von einer physischen Unmöglichkeit, den Nachwuchs zu ernähren, in Rom kaum gesprochen werden. Land gab es im Reich genug. Welche Mühe haben die Kaiser aufgewendet, die *agri deserti* wieder fruchtbar zu machen! Seit Augustus wurden immer wieder große Gruppen von Germanen im Reich angesiedelt (s. III 2 d), um Soldaten und Bauern zu gewinnen: *impletae barbaris servis Scythicisque cultoribus Romanae provinciae, factus miles e barbaro, colonus e Gotho* (SHA. Claudius 9).

Die innergermanische Entwicklung ist nicht nur durch eine Bevölkerungszunahme, sondern auch durch einen Zivilisationsprozeß gekennzeichnet. Er steht unter römischem Einfluß. Durch Söldnerwesen und Handel haben die Germanen seit Caesar von den Römern gelernt. Das beweisen die Nachrichten der antiken Autoren, die archäologischen Funde und die frühen Lehnwortschichten. In besonderem Maße haben sich die Germanen die römische Kriegstechnik zu eigen gemacht. Eine hervorragend bestätigte

Erfahrungsregel der Zivilisationsentwicklung besagt, daß zuerst immer der Militärsektor modernisiert wird. Im Heer des Arminius war nur die erste Kampflinie vollständig mit Eisenwaffen gerüstet, die hinteren kämpften zumindesten teilweise mit feuergehärteten Holzspießen. Zur Zeit des Tacitus (Germ. 30) hatten die den Römern benachbarten Chatten die römische Kriegsweise übernommen. Im Verlaufe des 2. Jahrhunderts mehren sich die Eisenwaffen, und zwar proportional zum römischen Import. In der frühen Kaiserzeit übernahmen die Germanen zwar nicht den römischen Plattenplanzer, aber das Kettenhemd. Um 200 n. Chr. begegnen Pfeil und Bogen, und mit der Einführung der Fernwaffen konnten die Germanen die offene Feldschlacht wagen. Gegen die römischen Kettenpanzer wurden Nadelpfeilspitzen, gegen Plattenpanzer breite Lanzenblätter und Rapiere, gegen Metallhelme Streitäxte eingesetzt, so daß neben die bloße Nachahmung und Übernahme römischer Waffen die Herstellung eigener, weiterentwickelter Formen trat.

Seit dem 3. Jahrhundert ist die Offiziersausrüstung, seit dem 4. auch die der Mannschaften bei Römern und Germanen gleichwertig. Die sogenannte Laetenbewaffnung findet sich beiderseits des Limes. Mit dem Auftreten der Alamannen gewann die germanische Reiterei an Bedeutung; die Römer wurden ihrerseits genötigt, sich auf die Kampfesweise ihrer Gegner umzustellen. Gallienus schuf eine schwere Kavallerie. Gleichwohl lag die militärische Stärke bei Römern wie Germanen stets beim Fußvolk. Die Gelehrsamkeit der Germanen gerade in Fragen der Kriegstechnik war den Römern bewußt. Sie haben zu verhindern versucht, daß die Germanen sich die Errungenschaften des römischen Kriegswesens aneigneten. Dexippos (fr. 29) beweist das für das 3. Jahrhundert, der ‹Anonymus de rebus bellicis› (pr.) für das 4. Jahrhundert, der ‹Codex Theodosianus› (IX 40,24 von 419) für das 5. Jahrhundert. Die Waffen, mit denen die Germanen gegen die Römer kämpften, hatten letztere zu erheblichen Teilen selbst produziert, das kaiserliche Waffenembargo (s. III 1 d) hatte sichtlich wenig Erfolg.

Seit der Mitte des 4. Jahrhunderts boten auch die Stadtmauern den Römern keinen wirksamen Schutz mehr. 355 nahmen die Franken erstmalig Köln, 368 die Alamannen Mainz ein. Die Germanen waren in der Belagerungstechnik so weit, daß ihnen später in Gallien und an der Donau zahlreiche Städte in die Hände fielen. Das war der Auftakt zur Eroberung Roms 410.

Ein dritter Faktor germanischer Entwicklung, neben der wachsenden Bevölkerung und der fortschreitenden Kriegstechnik, war der politische Zusammenschluß zu größeren Kampfgemeinschaften gegen Rom. Was einzelne römisch geschulte Fürsten aus der Zeit der Kleinstämme bereits vermochten, lehren die Erfolge von Arminius und Marbod. Im 3. Jahrhundert veränderte sich die politische Landschaft, die westgermanischen Kleinstämme taten sich zusammen zu den sogenannten Stammesverbänden der

Franken, Alamannen und Sachsen. Bei ihnen überwog das genossenschaftliche Element, während die Ostgermanen weiterhin in Stammeskönigtümern organisiert waren. Es bildeten sich größere Aktionseinheiten mit der Stoßrichtung auf das Imperium. Die Erfolge dieser neuen Politik zeigt das Desaster des 3. Jahrhunderts.

Das demographische, militärische und politische Erstarken der Germanen hatte für Rom keineswegs nur negative Auswirkungen. Das Wort des Scipio Nasica, Rom brauche einen Wetzstein, gilt wie für die karthagische, so auch für die germanische Drohung. Das ihrethalben notwendige Heer war stets ein wesentliches Instrument der Romanisierung, der Zivilisation und der Integration der Völker ins Reich. Im Laufe der Zeit zeigte sich aber, daß der germanische Wetzstein härter war als das Schwert des Legionärs.

Diocletian und Constantin haben die Krise zunächst gemeistert. Dennoch enthalten ihre Reformen zugleich Momente, die den Auflösungsprozeß gefördert haben. Das lag weniger an den angeblich untauglichen Maßnahmen als an den gegebenen Rahmenbedingungen. Das für den Grenzschutz unabdingbare Mehrkaisertum bot die Gefahr des Bürgerkriegs. Die durch den äußeren Druck erforderliche Vergrößerung des Heeres wurde überwiegend durch Einstellung von Germanen bewältigt. Das ersparte den Bauern den verhaßten Wehrdienst, entzog dem Gegner Kräfte, führte aber zu einer Überfremdung des Heeres, das schließlich Politik auf eigene Faust machte. Zur Versorgung der Armee mußten die Steuern erhöht, mußte die Verwaltung ausgebaut werden. Sie entwickelte sich zu einem zusätzlichen Kostenfaktor. Je weniger der Staat die Sicherheit und den Wohlstand zu wahren vermochte, desto weiter verbreitete sich der Verdruß über eben diesen Staat. Immer mehr Menschen waren bereit, auf ihn zu verzichten, ja der Welt überhaupt den Rücken zu kehren und ihr Heil im Himmel zu suchen.

Niemand wird bestreiten, daß eine pflichtbewußte Verwaltung, ein zufriedenstellendes Sozialgefüge und tüchtige Kaiser an der Spitze die vorhandenen Ressourcen wirkungsvoller hätten einsetzen können, als es geschehen ist. Männer wie Julian und Valentinian zeigen, was möglich war. Aber mit menschlichen Unzulänglichkeiten müssen wir ebenso auf der anderen Seite rechnen: Den Germanen haben Disziplin- und Planlosigkeit, Ehrgeiz und Zwietracht geschadet. Hätten sie den Kaisern ihre Kriegsdienste verweigert, wären sie ihnen in geschlossenen Verbänden gegenübergetreten, so hätten sie das Reich schon sehr viel früher erobern können.

Jacob Burckhardt hat das Eindringen der Germanen ins menschenarm gewordene Mittelmeergebiet als «eine Art physiologischer Ausgleichung» verstanden, als eine Krise, die gewiß nicht abzuwenden, vielleicht zu mildern war. Zwei Formen sind denkbar. Die erste hat Ennodius gegenüber Theoderich ausgesprochen: Rom verjüngt sich, indem die alt und schlaff gewordenen Glieder, d. h. die entfernteren Provinzen, abgeschnitten werden. Man spricht von «Gesundschrumpfen». Hätte das Reich 100 Jahre zuvor die Provinzen an Rhein und Donau den Germanen geopfert, so hätten vielleicht die Goten aus Italien, die Sweben aus Spanien und die Vandalen aus Africa ferngehalten werden können. Das verbot sich, weil die schwach romanisierten illyrischen Länder als Rekrutierungsgebiete, das stark romanisierte Gallien wegen seines Städtenetzes wichtig waren. Der römischen Reichsidee hätte es widersprochen, Italien auf Kosten der Provinzen zu einem militärischen und ökonomischen Bollwerk auszubauen, das man dann über ein breites Glacis hinweg verteidigen konnte. Der römische Staatsgedanke überschritt die Völkergrenzen. Das war in Zeiten des Aufstiegs seine Stärke, in Zeiten des Niedergangs seine Schwäche.

Eine zweite Alternative wäre eine vermehrte Übernahme der Barbaren ins Reich gewesen. Sie waren ja keine Erbfeinde Roms, sondern haben den Kaisern immer wieder Achtung gezollt. Seit dem 4. Jahrhundert waren sie Stützen des Reiches. Inwieweit ihre Eingliederung gelingen würde, blieb umstritten. Seit der Niederlage von Adrianopel 378 stand die römische Germanenpolitik unter einer verhängnisvollen Antinomie: je schlimmer die Verluste waren, die man von den Barbaren erlitt, desto größere Anstrengungen mußten unternommen werden, sie als Krieger und Siedler zu gewinnen, um so die durch Germanen geschlagenen Lücken mit Germanen aufzufüllen. Der in senatorischen und kirchlichen Kreisen verbreitete Widerwille gegenüber den Barbaren (s. II 2 d) bot keine Grundlage für eine erfolgreiche Politik. Als Sklaven wie als Söldner waren Reichsfremde längst unentbehrlich. Niemand hat das besser gesehen als Theodosius, der «Freund des Friedens und der Goten», und Stilicho, sein germanischer Nachlaßverwalter. Die Romanen kämpften nicht mehr; sie waren seit Jahrhunderten gewöhnt, daß für sie gekämpft wurde. Als Geiserich 429 mit 80000 Menschen – nicht etwa Kriegern – in Africa erschien und die städte- und volkreiche Provinz unterwarf, fühlten sich die Provinzialen trotz ihrer gewiß zwanzigfachen Überlegenheit für die Verteidigung nicht zuständig. Sie schlossen die Stadttore und warteten darauf, daß der Kaiser ein Heer schickte oder aber Geiserich zum Heermeister ernannte und damit das Problem durch einen Federstrich löste. Bei Alarich war das möglich gewesen.

Die Anpassungsbereitschaft der Germanen ans römische System verminderte sich mit der wachsenden Zahl der Einwanderer. Sulpicius Severus (chron. II 3,6) sah in der Barbarisierung des Reiches die Vision Daniels vom letzten Weltreich bestätigt. So wie ein Koloß auf Füßen aus Eisen und Ton keinen Stand hat, so zerbreche das Imperium, seit die Fremden sich weigern, römische Sitten anzunehmen. Gleichwohl ist zu vermuten, daß sie weiter, als geschehen, ins Reich hätten hineinwachsen können. Wäre es gelungen, in großem Maßstab die landsuchenden Gruppen auf den brachliegenden Äckern Griechenlands, Italiens und Africas anzusiedeln, hätte sich der für das Reich verderbliche Zusammenstoß verzögern lassen. So wie die römischen Kaiser des 3. und 4. Jahrhunderts überwiegend Illyrier waren, hätten auch romanisierte Germanen Kaiser werden können. Es gab mehrere germanische Usurpatoren, einige Male sind Söhne germanischer Heermeister für die Thronfolge in Betracht gezogen worden (s. IV 4). Die Translatio Imperii hätte nicht erst 800 erfolgen müssen, sondern um drei bis vier Jahrhunderte vorgezogen werden können.

Somit läßt sich die Auflösung des Reiches nicht nur als gescheiterte Abwehr, sondern ebenso als mißglückte Einbürgerung der Germanen auffassen. Ob den Römern daraus ein Vorwurf gemacht werden kann, ist schwer zu entscheiden, denn die Integrationsfähigkeit eines zivilisatorisch noch so überlegenen, politisch noch so liberalen Systems findet irgendwo eine Grenze. In der unterschiedlichen Lebens- und Denkweise kulturell eigenständiger, aber zusammenwohnender Gruppen ist immer Stoff zum Streit verborgen. Für sich betrachtet, ist das Verhalten beider Seiten verständlich: auf römischer Seite der Wunsch, was man hatte, zu behalten (das konservative Prinzip), und auf germanischer Seite der Wunsch, die eigene Lage zu verbessern (das progressive Prinzip). Das Ende des Imperiums ist unter diesem Blickwinkel das Resultat des mißlungenen Ausgleichs der beiden Prinzipien. Mißlungen deswegen, weil die Römer schließlich doch das verloren, was sie hatten, die Germanen aber nicht das gewannen, was sie suchten. Die ihnen so begehrenswert erscheinende römische Kultur vermochten sie nicht fortzuführen, das eroberte Land haben sie nicht zu halten verstanden. Mit Ausnahme des Frankenreiches sind die germanischen Staatsbildungen auf Reichsboden wieder verschwunden.

Die Annahme einer innenbürtigen Dekadenz, derenthalben ein beliebiger Anstoß zum Kollaps führen mußte, überzeugt nicht. Die germanische Bedrohung war kein auswechselbarer Zufall. Dies mag man für die übrigen Barbarenangriffe behaupten. Berber und Blemmyer, Sarazenen, Sarmaten und Picten konnten sich mit den Germanen schon zahlenmäßig nicht messen. Nicht einmal die Perser, jene «mächtige Nation, die unter den Völkern nach Rom an zweiter Stelle steht», bildeten eine gleichrangige Gefahr. Zwar waren sie den Germanen kulturell überlegen, aber sie besaßen nicht dieselben Menschenreserven und suchten keinen Siedlungsraum.

Als auslösender Faktor kommt jedoch den Hunnen eine gewisse Bedeutung zu. Ihr Erscheinen am Schwarzen Meer war der Anlaß dafür, daß die Westgoten 376 Aufnahme ins Reich suchten und fanden. Insofern haben die Hunnen den Zeitpunkt bestimmt, zu dem die Donaugrenze fiel. Im Rahmen des *persistent hammering* der Germanen, die das Reich in einen dauernden «Belagerungszustand» versetzten, wird man den Hunnen allerdings nur eine momentan verstärkende Wirkung zusprechen können. Sie wurde durch die Germanen sogar noch abgeschwächt, weil diese um 370 den ersten hunnischen Stoß auffingen, der sonst das Imperium getrof-

fen hätte, und weil sie 451 die wichtigsten Truppen stellten, mit denen
Aëtius Attilas Einbruch nach Gallien abwehrte. Wenn wir das Auftreten
der Hunnen aus dem Kräftespiel wegdenken, ist allenfalls mit einer Verzö-
gerung der politischen Auflösung zu rechnen. Das lehren die Germanenangriffe des 3. Jahrhunderts. Eliminieren wir hingegen die Germanen, so ist
nicht ersichtlich, wer an ihrer Stelle die Auflösung der Reichseinheit hätte
erzwingen können. Es gibt keine nennenswerte römische Gruppe, die ein
Interesse daran besaß. Einen Ersatzagenten finden wir allenfalls in den Arabern des 7. oder in den Türken des 11. Jahrhunderts, aber ob sie das ungeteilte, ungeschwächte Imperium hätten sprengen können, ist zweifelhaft.
Der germanische Druck ist gewiß nicht der einzige, vermutlich aber der
wichtigste Faktor für den Zerfall des Imperiums.

Die Ablösung der römischen durch die germanische Herrschaft ist ein
Vorgang, zu dem wir aus der vorindustriellen Zeit mehrere Parallelen kennen. Die Kulturzonen des Mittelmeerraumes waren stets aus den Barbaren-
regionen bedroht. So haben aus der arabischen Wüste semitische Nomaden
die mesopotamischen und mediterranen Stadtkulturen überrannt: Das
beginnt mit den Akkadern und Amurritern im frühen 2. Jahrtausend
und endet mit den Arabern. Seit dem frühen 1. Jahrtausend geriet Ägypten unter die Herrschaft libyscher und nubischer Söldnerführer. Aus den
Wäldern des nördlichen Europa sind mehrfach landsuchende Indogerma-
nen in die Mittelmeerländer eingebrochen: die Mykenäer in die minoische
Welt, die Dorier in die mykenische Kultur, die Italiker auf die Apennin-
Halbinsel, Makedonen und Epiroten ins klassische Griechenland. Kelten, Germanen und Slawen sind zu verschiedenen Zeiten in den reicheren
und wärmeren Süden vorgedrungen. Schließlich fielen aus den asiatischen
Steppen immer wieder Reiternomaden über die südlichen Kulturlande her:
die Hunnen über das sassanidische und das römische Reich, die Avaren,
Bulgaren und Türken über das byzantinische Imperium. Der Machtübernahme ging gewöhnlich eine friedliche Einwanderung voraus, eine kulturelle Angleichung folgte.

Die für die Spätantike aufgeworfene Frage stellt sich in allen angeführ-
ten Fällen ähnlich. Stets zeigt sich bei den Kulturstaaten eine Tendenz zur
Abkapselung gegen das barbarische Ausland, die jedoch nie verhindern
konnte, daß die Barbaren sich in der Kriegstechnik auf die Höhe der Kul-
turvölker erhoben. Und indem bei den Barbaren der Wunsch nach dem
Reichtum der Kulturländer um so größer wurde, je mehr sie von ihm erfuhren, und in den Kulturländern die Wehrkraft sank, je länger das Leben im
friedlichen Wohlstand andauerte, erfolgte irgendwann der Einmarsch.

Erstaunlicher als der Fall Roms ist das Nachleben der Kultur des Altertums. Was wäre Europa ohne die Antike?

V. ANHANG

1. Herrscherlisten

a) Die Kaiser

Das erste Datum gibt die Erhebung zum Augustus oder Caesar. Das zweite Datum bezieht sich auf das Ende der Herrschaft, nicht unbedingt auf den Tod. Kaiser, deren Herrschaftsbereich sich verändert hat, und Frauen, die mit zwei Kaisern verheiratet waren, erscheinen mehrfach. Usurpatoren und Konkubinen sind *kursiv* gesetzt, ∞ steht für Heirat, (∞) bedeutet Verlöbnis. Die Zeiten der Herrschaftsunterbrechung bei Maximian, Attalus und Zeno sind nicht angegeben. Für die Zeit 284 bis 395 vgl. Kienast 1996. A. = Augusta.

Westen	Gesamtreich	Osten
	284–305 Diocletian († 316?) ∞ Prisca († 315)	

	Westen			Osten
284/285	*Sabinus Julianus*			
285/286	*Amandus*			
285–310	Maximian			
	∞ Eutropia († nach 325)			
286–293	*Carausius*			
293–296	*Allectus*	293/305–311		Galerius
				∞ Galeria Valeria
				A. 308 († 315?)
293/305–306	Constantius I	297		*Domitius Domitianus*
	∞ Helena A. 324 († 330?)	297		*Aurelius Achilleus (?)*
	∞ Theodora	298		*Julianus*
305/306–307	Severus	303		*Eugenius*
306–337	Constantin d. Gr.	305/310–313		Maximinus Daia
	∞ *Minervina*			
	∞ Fausta A. 324 († 326)			
306–312	*Maxentius*			
	∞ Valeria Maximilla († 312)			
308–324	Licinius († 325)			
	∞ Constantia			
309–310 (?)	*Domitius Alexander*			
		313–324		Licinius († 325)
				∞ Constantia
317–326	Crispus (Caesar)	316		*Aurelius Valerius Valens*
	∞ Helena	317–324		Licinius iunior
				(Caesar † 326)

	(324)–337 Constantin d. Gr.	

	Westen			Osten
		324		*Martinianus*
(317) 337–340	Constantin II	334		*Calocaerus*
(333) 337–350	Constans	335–337		Delmatius (Caesar)
	(∞) Olympias			

350–353	Magnentius	337–361	Constantius II
	∞ Justina († 388)		∞ Eusebia († 360?)
			∞ Faustina
350–353	Decentius (Caesar)		

(324/350)–361 Constantius II

350	Vetranio		
350	Nepotianus		
355	Silvanus	351–354	Gallus (Caesar)
			∞ Constantina
355–360	Julian (Caesar)		
	∞ Helena († 360)		

361–363 Julian

363–364 Jovian ∞ Charito

364–375	Valentinian I	364–378	Valens
	∞ Marina Severa		∞ Albia Domnica
	∞ Justina († 388)		
368	Valentin(ian)us		
375–383	Gratian	365–366	Procopius
	∞ Constantia		∞ Artemisia
	∞ Laeta		
370–374	Firmus	366	Marcellus
375–392	Valentinian II	379–395	Theodosius I
			∞ Aelia Flavia Flaccilla
			A. 384 († 386)
			∞ Galla († 394)
383–388	Maximus		
384–388	Victor		

(392)–395 Theodosius I

392–394	Eugenius		
395–423	Honorius	395–408	Arcadius
	∞ Maria († 408)		∞ Aelia Eudoxia A.
	∞ Thermantia († 415)		400 († 404)
			Pulcheria A. 414 († 453)
406–407	Marcus		
407	Gratianus		
407–411	Constantin III		
		408–450	Theodosius II
			∞ Athenais/Eudokia
			A. 423 († 460)
409–410	Priscus Attalus (und 414–415)		
409–411	Maximus (und 420–422)		
411–412	Sebastianus		
411–413	Jovinus		
413	?Heraclian		
421	Flavius Constantius III		
	∞ Galla Placidia A. 421 († 450)		
423–425	Johannes Primicerius		
425–455	Valentinian III		
	∞ Licinia Eudoxia A. 439 († 493)		

428	*Pirrus*		450–457	Marcianus
				∞ Pulcheria A. 414 († 453)
455	Petronius Maximus			
	∞ Licinia Eudoxia A. 439 († 493)			
455–456	Avitus			
457–461	Maiorianus		457–474	Leo
				∞ Aelia Verina A. 457?
				(† 484?)
461–465	Libius Severus			
467–472	Anthemius			
	∞ Aelia Marcia Euphemia			
	A. 467			
472	Olybrius			
	∞ Placidia († nach 480)			
473	*Glycerius*		474	Leo (II)
474–475	Nepos († 480)		474–491	Zeno
				∞ Aelia Ariadne A. 474
				(† 515)
475–476	*Romulus Augustulus*		475–476	*Basiliskos*
	(† nach 507/511)			∞ Zenonis A. 475 († 476)
			475–476	*Marcus*
			479	*Marcianus*
			484–488	*Leontius*
			491–518	Anastasius
				∞ Aelia Ariadne A. 474
				(† 515)
			518–527	Justin I
				∞ Lupicina/Euphemia
				A. 518 († 527?)
			527–565	Justinian
				∞ Theodora A. 527 († 548)
			532	*Hypatius*

b) Die römischen Päpste

Nach Kelly 1986. Die vom Kaiser nicht anerkannten «Gegenpäpste» erscheinen *kursiv*.

Caius	283–296		Coelestin I	422–432
Marcellinus	296–304		Sixtus III	432–440
Marcellus I	306–308		Leo I d. Gr.	440–461
Eusebius	310?		Hilarus	461–468
Miltiades	311–314		Simplicius	468–483
Silvester I	314–335		Felix III	483–492
Markus	336		Gelasius I	492–496
Julius I	337–362		Anastasius I	496–498
Liberius	352–366		Symmachus	498–514
Felix II	355–365		*Laurentius*	98–499, 501–506
Damasus I	366–384		Hormisdas	514–523
Ursinus	366–367		Johannes I	523–526
Siricius	384–399		Felix IV	526–530
Anastasius I	399–401		*Dioscurus*	530
Innocenz I	401–417		Bonifatius II	530–532
Zosimus	417–418		Johannes II von Kappadokien	533–535
Eulalius	418–419		Agapetus I	535–536
Bonifatius I	418–422		Silverius	536–537

Vigilius	537–555	Benedikt I	575–579
Pelagius I	556–561	Pelagius II	579–590
Johannes III	561–574	Gregor I d. Gr.	590–604

c) Die Patriarchen von Alexandria

Nach Grumel 1958, 442 f. *Kursiv* erscheinen bis 378 Arianer, danach Monophysiten.

Theonas	282–330	Timotheos II Salophakiolos	460–475
Petros I	300–311	*Timotheos II Ailuros*	
Achilas	312	(zum 2. Mal)	475–477
Alexander	?–328	*Petros III Mongos*	477
Athanasios	328–373	Timotheos II Salophakiolos	
Pistos	336 oder 338	(zum 2. Mal)	477–482
Gregorios	339 oder 341–	Johannes I Talaia	482
	344 oder 348	*Petros III Mongos*	
Georgios	357–361	(zum 2. Mal)	482–489
Lukios	365	*Athanasios II Kelites*	489–496
Petros II	373–380	*Johannes I*	496–505
Lukios (zum 2. Mal)	375–378	*Johannes II*	505–516
Timotheos I	380–384	Dioskuros II	516–517
Theophilos	384–412	*Timotheos III*	517–535
Kyrillos	412–444	Paulos von Tabennesis	537–540
Dioskoros	444–451	Zoilos	540–551
Proterios	451–457	Apollinarios	551–570
Timotheos II Ailuros	457–460		

d) Die Bischöfe und Patriarchen von Konstantinopel

Nach Grumel 1958, 434 f, abweichende Daten bei Beck 1959, 803. Arianer *kursiv*.

Bischöfe		*Patriarchen*	
Rufinos	284–293	Nektarios	381–397
Metrophanes	306/307–314	Johannes I Chrysostomos	398–404
Alexander	314–337	Arsakios	404–405
Paulos I	337–339	Attikos	406–425
Eusebios von Nikomedien	339–341	Sisinnios I	426–427
Paulos I (zum 2. Mal)	341–342	Nestorios	428–431
Makedonios I	342–346	Maximianos	431–434
Paulos I (zum 3. Mal)	346–352	Proklos	434–446
Makedonios I (zum 2. Mal)	351–360	Flavianos	446–449
Eudoxios von Antiochia	360–370	Anatolios	449–458
Demophilos	370–380	Gennadios I	458–471
Euagrios	370	Akakios	472–489
Gregor von Nazianz	379–381	Fravitas	489–490
Maximos	380	Euphemios	490–496
		Makedonios II	496–511
		Timotheos I	511–518
		Johannes II von Kappadokien	518–520
		Epiphanios	520–535
		Anthimos	535–536
		Menas	536–552
		Eutychios	552–565

e) Die Perserkönige

Nach Nöldeke 1879, 434; PLRE I pass.; II 1338; Frye 1984, 361.

Artaxerxes (Ardashir) I	226–242	Sapor III	383–388
Sapor (Shapur) I	240–272	Varanes IV	388–399
Hormisdas (Hormizd) I	272	Isdigerdes (Yazdagird) I	399–421
Varanes (Varahran/Bahram) I	273–276	Varanes V (Bahram Gor)	421–439
Varanes II	276–293	Isdigerdes II	439–457
Varanes III	293	Hormisdas III	457–459
Narses (Narseh)	293–302	Perozes	459–484
Hormisdas II	302–309	Valas (Valash)	484–488
Sapor II	309–379	Kabades (Kavad) I	488–531
Artaxerxes II	379–383	Chosroes I	
		(Khusro Anosharvan)	531–579

2. Stammtafeln

a) Die Tetrarchie

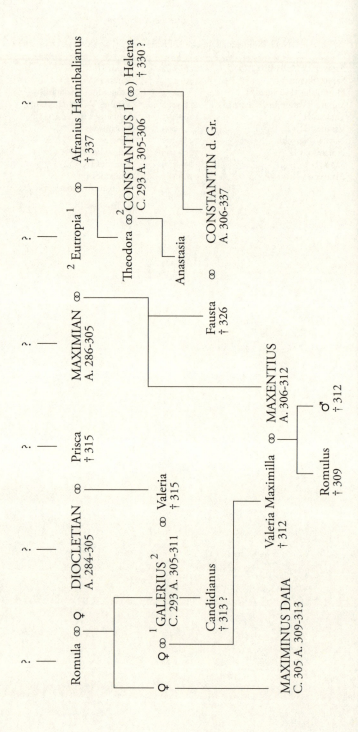

b) Die constantinische Dynastie

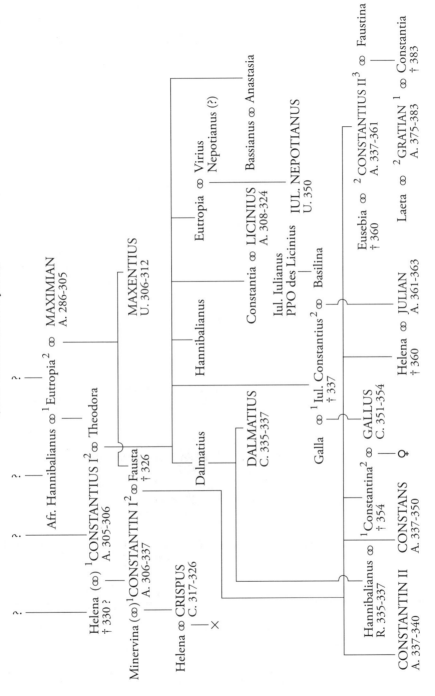

c) Die arsakidischen Könige Armeniens

(Daten nach PLRE II und D. Lang in Cambridge History of Iran III, 1983, 518,
Chronologie unsicher)

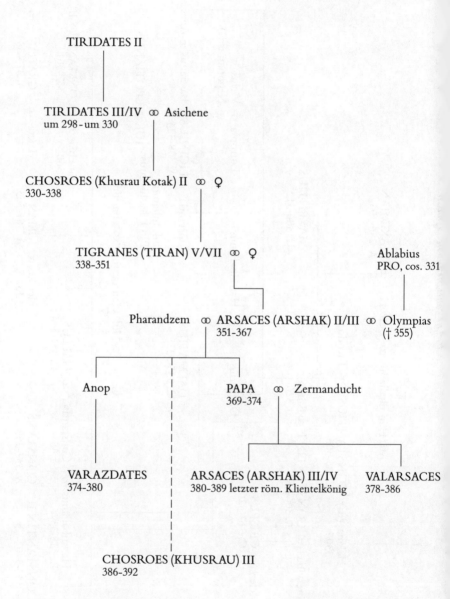

TIRIDATES II

TIRIDATES III/IV ∞ Asichene
um 298 - um 330

CHOSROES (Khusrau Kotak) II ∞ ♀
330-338

TIGRANES (TIRAN) V/VII ∞ ♀   Ablabius
338-351   PRO, cos. 331

Pharandzem ∞ ARSACES (ARSHAK) II/III ∞ Olympias
                351-367   († 355)

Anop   PAPA ∞ Zermanducht
                        369-374

VARAZDATES   ARSACES (ARSHAK) III/IV   VALARSACES
374-380   380-389 letzter röm. Klientelkönig   378-386

CHOSROES (KHUSRAU) III
386-392

d) Die theodosianische Dynastie

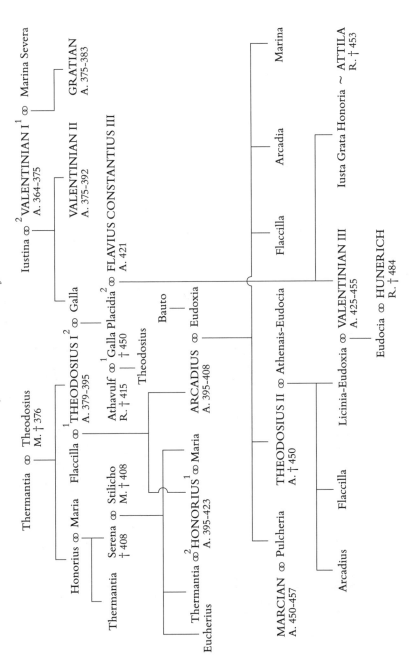

e) Theoderich und Justinian

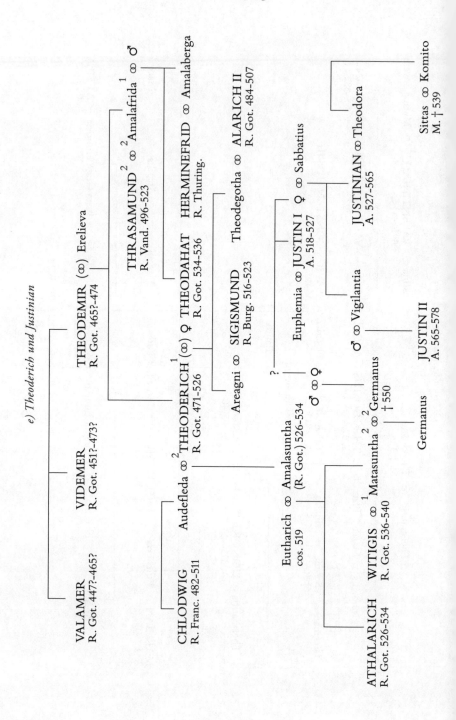

Die spätrömische Gesellschaft

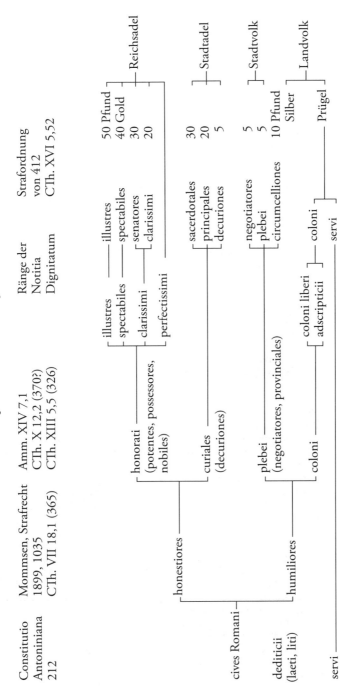

4. Zeittafel

314	Synode von Arles.
316	Constantin besiegt Licinius und nimmt ihm Illyrien.
324	Constantin besiegt Licinius bei Adrianopel und Chrysopolis. Constantin Alleinherrscher.
325	Erstes Ökumenisches Konzil von Nicaea.
326	Crispus und Fausta getötet.
328	Athanasios wird Patriarch von Alexandria.
330	Einweihung von Konstantinopel.
335	Tricennalienfeier Constantins.
336	Angriff des Perserkönigs Sapor II.
337	Taufe und Tod Constantins. Nachfolger werden seine Söhne Constantin II (Gallien), Constans (Italien), Constantius II (Orient) und ihr Vetter Dalmatius (Illyricum), der ermordet wird; sein Gebiet kommt an Constans.
340	Constantin II bricht in Italien ein, fällt aber bei Aquileia.
348	Sapor II vor Singara geschlagen.
350	Constans in Gallien von Magnentius gestürzt; in Illyrien erhebt sich Vetranio, in Rom Nepotianus.
351	Gallus wird Caesar im Osten. Magnentius unterliegt Constantius II bei Mursa.
353	Tod des Magnentius.
354	Gallus abgesetzt und hingerichtet.
355	Usurpation des Silvanus in Köln. Julian wird Caesar für Gallien.
357	Sieg Julians über die Alamannen bei Straßburg. Rombesuch des Constantius.
359	Sapor II erobert Amida.
360	Erhebung Julians durch das Heer zum Augustus in Paris.
361	Constantius stirbt.
362	Edikt Julians gegen die christlichen Rhetoren.
363	Julian fällt auf dem Perserfeldzug. Jovian wird Augustus.
364	Jovian stirbt. Valentinian wird Augustus und ernennt seinen Bruder Valens zum Augustus des Ostens.
365	Kampf in Rom um den Bischofsstuhl zwischen Damasus und Ursinus.
365–366	Usurpation des Procopius in Konstantinopel.
368–371	Zaubereiprozesse gegen Senatoren in Rom.
370–375	Aufstand des Firmus in Africa.
375	Valentinian stirbt. Nachfolger werden seine Söhne Gratian (Gallien) und Valentinian II (Italien).
376	Valens nimmt die von den Hunnen bedrängten Westgoten über die Donau.
378	Valens verliert bei Adrianopel Schlacht und Leben.
379	Theodosius I von Gratian zum Augustus des Ostens erhoben. Gratian verbietet die nicht-nicaenischen Glaubensrichtungen.
380	Theodosius befiehlt die Annahme des katholischen Glaubens.
381	Zweites Ökumenisches Konzil in Konstantinopel.
382	Verstaatlichung der Einkünfte der römischen Staatskulte durch Gratian. Theodosius siedelt Goten als *foederati* an der Donau an.
383	Gratian in Gallien von Maximus gestürzt.
384	Streit um die Victoria in der Senatscurie. Symmachus Stadtpräfekt in Rom; Themistios Stadtpräfekt in Konstantinopel.
385	Priscillian hingerichtet.
386	Streit um die Basilica Portiana in Mailand.
387	Aufstand in Antiochia.
388	Theodosius besiegt Maximus. Gallien kommt an Valentinian II, geleitet von dem fränkischen Heermeister Arbogast.

390	Aufstand in Thessalonike. Ambrosius zwingt den Kaiser zur Kirchenbuße.
391	Serapeion in Alexandria zerstört.
392	Selbstmord Valentinians II. Arbogast erhebt den Rhetor Eugenius zum Augustus. Letzte heidnische Feste in Rom.
393	Letzte Olympische Spiele.
394	Theodosius besiegt Eugenius am Frigidus (Wippach).
395	Theodosius stirbt. Nachfolger werden seine Söhne Honorius im Westen und Arcadius im Osten. Die politische Führung des Westreiches übernimmt Stilicho.
398	Gildo in Africa niedergeworfen.
399–400	Germanen-Aufstand unter Tribigild und Gainas in Kleinasien.
402	Stilicho besiegt Alarich bei Pollentia. Der Hof wird von Mailand nach Ravenna verlegt.
405	Stilicho besiegt den Goten Radagais bei Faesulae.
407	Einbruch der Vandalen, Alanen und Sweben über den Rhein nach Gallien. Usurpation von Constantin III in Britannien und Gallien.
408	Tod des Arcadius. Nachfolger wird sein Sohn Theodosius II. Sturz Stilichos.
409	Vandalen und Sweben besetzen Spanien. Alarich erhebt Attalus zum Gegenkaiser.
410	Alarich erobert Rom.
411	Fl. Constantius besiegt Constantin III.
415	Hypatia in Alexandria ermordet.
417	Heirat des Fl. Constantius mit Galla Placidia.
421	Fl. Constantius wird Mit-Augustus und stirbt.
423	Honorius stirbt. Johannes *(primicerius notariorum)* zum Kaiser ausgerufen.
425	Johannes in Ravenna von Truppen des Ostreiches gestürzt. Valentinian III, Sohn der Galla Placidia und des Constantius, wird Augustus des Westens.
429	Übergang der Vandalen unter Geiserich nach Africa.
430	Augustin stirbt bei der Belagerung von Hippo. Aëtius wird Reichsfeldherr im Westen.
431	Ökumenisches Konzil zu Ephesos.
438	Publizierung des ‹Codex Theodosianus›.
443	Aëtius siedelt die von den Hunnen bei Worms geschlagenen Burgunder in Savoyen an.
450	Theodosius II stirbt, Nachfolger im Osten wird Marcian.
451	Mit Hilfe der Westgoten besiegt Aëtius die Hunnen unter Attila auf den Katalaunischen Feldern. Das Vierte Ökumenische Konzil von Chalkedon verurteilt den Monophysitismus.
452	Attila plündert Aquileia und Mailand.
453	Tod Attilas.
454	Valentinian III tötet Aëtius.
455	Valentinian III getötet, Petronius Maximus wird Nachfolger im Westen. Die Vandalen plündern Rom, Petronius Maximus kommt um. In Gallien wird mit westgotischer Unterstützung Avitus Kaiser und zieht nach Rom.
456	Avitus geht zurück nach Gallien und wird bei Placentia vom Heermeister Rikimer geschlagen.
457	Maiorian von Rikimer zum Kaiser erhoben. Leo I wird nach dem Tode Marcians Augustus des Ostreichs.
460	Der Angriff Maiorians gegen die Vandalen scheitert.

461	Maiorian von Rikimer gestürzt. Sein Nachfolger ist Libius Severus.
465	Libius Severus stirbt.
466	Eurich wird König der Westgoten.
467	Leo I entsendet Anthemius als Westkaiser.
468	Ein großangelegter Vandalenfeldzug scheitert.
471	Leo tötet die Heermeister Aspar und Ardabur.
472	Rikimer stürzt Anthemius und erhebt Olybrius zum Kaiser; alle drei sterben.
473	Der Neffe und Nachfolger Rikimers, Gundobad, macht Glycerius zum Westkaiser.
	Leo entsendet Nepos als Westkaiser.
474	Tod Leos I; Nachfolger wird Zeno.
475	Zeno von Basiliskos verdrängt.
	Der Heermeister Orestes setzt Nepos ab und macht seinen Sohn Romulus zum Augustus.
476	Odovacar besiegt Orestes und setzt Romulus ab. Ende des weströmischen Kaisertums. Zeno stürzt Basiliskos.
477	Geiserich stirbt, sein Sohn Hunerich wird Vandalenkönig.
480	Nepos in Dalmatien ermordet.
486	Chlodwig besiegt Syagrius bei Soissons.
489	Theoderich zieht im Auftrage Zenos nach Italien.
491	Zeno stirbt, Nachfolger im Osten wird Anastasius.
493	Theoderich tötet Odovacar in Ravenna.
497 (?)	Taufe Chlodwigs.
500	Rombesuch Theoderichs.
507	Chlodwig siegt über Alarich II bei Vouillé. Pyrenäengrenze.
518	Anastasius stirbt. Nachfolger im Osten wird Justin I.
524	Theoderich läßt Boëthius wegen angeblichen Hochverrats hinrichten.
526	Theoderich stirbt in Ravenna.
527	Justin I stirbt. Nachfolger wird sein Neffe Justinian.
529	Justinian schließt die Akademie in Athen. Benedikt gründet das Kloster von Monte Cassino.
532	Friede mit Perserkönig Chosroes I. Nika-Aufstand in Konstantinopel.
533	Belisar erobert das Vandalenreich.
534	‹Corpus Iuris Civilis› publiziert.
	Die Franken erobern das Burgunderreich.
535	Beginn der Rückeroberung Italiens durch Belisar.
537	Hagia Sophia eingeweiht.
537/538	Belisar in Rom durch die Goten belagert.
540	Belisar gewinnt Ravenna. Zerstörung von Antiochia durch Chosroes I.
546	Totila erobert Rom.
552	Narses besiegt Teja am Mons Lactarius.
554	Eroberung des spanischen Südens durch die Byzantiner.
557 (?)	Justinian stiftet das Sinai-Kloster.
562	Friede mit Persien.
565	Tod Justinians.

5. Literatur

N. Adontz, Armenia in the Period of Justinian, 1908/1970

W. Affeldt (Hg.), Frauen in der Spätantike und Frühmittelalter, 1990

Die Alamannen. Begleitband zur Ausstellung 1997/98 in Stuttgart, Zürich u. Augsburg

K. Aland, Die religiöse Haltung Kaiser Konstantins (1957). In: Ders., Kirchengeschichtliche Entwürfe, 1960, 202 ff

G. Albert, Goten in Konstantinopel. Untersuchungen zur oströmischen Geschichte um das Jahr 400 n. Chr., 1984

A. Alföldi, Die Kontorniaten. Ein verkanntes Propagandamittel der stadtrömischen Aristokratie in ihrem Kampf gegen das christliche Kaisertum, 1943

Ders., The Conversion of Constantine and Pagan Rome, 1948

Ders., A Conflict of Ideas in the Late Roman Empire. The Clash between the Senate and Valentinian I, 1952

Ders., Die monarchische Repräsentation im römischen Kaiserreiche, 1970

A./E. Alföldi, Die Kontorniat-Medaillons, I 1976, II 1990

M. R.-Alföldi, Die constantinische Goldprägung, 1963

G. Alföldy, Römische Sozialgeschichte, 1979, 3. Aufl. 1984

B. Altaner/A. Stuiber, Patrologie. Leben, Schriften und Lehre der Kirchenväter, 8. Aufl. 1978

T. B. Andersen, Patrocinium. The Concept of Personal Protection and Dependence in the Later Roman Empire and the Early Middle Ages, 1979

G. Anderson, Sage, Saint and Sophist. Holy men and their associates in the Early Roman Empire, 1994

H. H. Anton, Trier im Übergang von der römischen zur fränkischen Herrschaft. In: Francia 12, 1994, 1 ff

A. Arjava, Women and Law in Late Antiquity, 1996

M. T. W. Arnheim, The Senatorial Aristocracy in the Later Roman Empire, 1972

C. J. Arnold, Roman Britain to Saxon England, 1984

U. Asche, Roms Weltherrschaftsidee und Außenpolitik in der Spätantike im Spiegel der Panegyrici Latini, 1983

R. Asmus, Das Leben des Philosophen Isidoros von Damaskios aus Damaskos, 1911

P. Athanassiadi(-Fowden), Julian and Hellenism. An Intellectual Biography, 1981/1992

Dies./M. Frede (edd.), Pagan Monotheism in Late Antiquity, 1999

H. W. Attridge/G. Hata (edd.), Eusebius, Christianity, and Judaism, 1992

H. Aubin, Vom Altertum zum Mittelalter. Absterben, Fortleben und Erneuerung, 1949

F. M. Ausbüttel, Die Verwaltung der Städte und Provinzen im spätantiken Italien, 1988

Ders., Theoderich der Große, 2003

M. Avi-Yonah, Geschichte der Juden im Zeitalter des Talmud, 1962

B. S. Bachrach, A History of the Alans in the West from their First Appearance in the Sources of Classical Antiquity through the Early Middle Ages, 1973

M. Back, Die sassanidischen Staatsinschriften, 1978

R. S. Bagnall u. a. (edd.), Consuls of the Later Roman Empire, 1987

Ders., Egypt in Late Antiquity, 1993

F. H. Bäuml/M. D. Birnbaum (edd.), Attila. The Man and his Image, Los Angeles/Budapest 1993

W. Ball, Rome in the East, 2000

E. Baltrusch, Die Christianisierung des Römischen Reiches. Eine Zäsur in der Geschichte des Judentums? Historische Zeitschrift 266, 1998, 23 ff

Ders., Die konstantinische lex generalis von 321 an die Stadt Köln und die Juden. In: K. Schulz (Fs.), Ein gefüllter Willkomm, 2002, 1 ff

J. Banaji, Agrarian Change in Late Antiquity: Gold, Labour and Aristocratic Dominance, 2002

P. Barceló, Roms auswärtige Beziehungen unter der constantinischen Dynastie (306–363), 1981

Ders., Constantius II und seine Zeit, 2004

O. Bardenhewer, Geschichte der altkirchlichen Literatur, I–V, 1913–32

J. W. Barker, Justinian and the Later Roman Empire, 1966

T. D. Barnes, Constantine and Eusebius, 1981

Ders., The New Empire of Diocletian and Constantine, 1982

Ders., Athanasius and Constantius, 1993

Ders., Representing Historical Reality. Ammianus and the Late Roman World, 1998

Ders., Ammianus Marcellinus and the Representation of Historical Reality, 1998

S. I. B. Barnish, Martianus Capella and Rome in the Late Fifth Century, Hermes 114, 1986, 98–111

Barrington-Atlas of the Greek and Roman World, ed. A. Talbert, Oxford 2000

R. H. Barrow, Prefect and Emperor. The Relationes of Symmachus A. D. 384, 1973

P. Batiffol, Saint Gregoire le Grand, 1928

A. Bauer/J. Strzygowski, Eine Alexandrinische Weltchronik, 1906

F. A. Bauer, Stadt, Platz und Denkmal in der Spätantike. Untersuchungen zur Ausstattung des öffentlichen Raums in den spätantiken Städten Rom, Konstantinopel und Ephesos, 1996

Ders., Das Bild der Stadt Rom im Frühmittelalter. Papststiftungen im Spiegel des Liber Pontificalis von Gregor III bis zu Leo III, 2004

W. Bauer, Rechtgläubigkeit und Ketzerei im ältesten Christentum, 1934/1964

Susanne Baumgart, Die Bischofsherrschaft im Gallien des 5. Jahrhunderts, 1995

A. Baumstark, Geschichte der syrischen Literatur, 1922

Chr. Baur, Der heilige Johannes Chrysostomus und seine Zeit, 1930

N. H. Baynes, Constantine the Great and the Christian Church, 1929

H.-G. Beck, Kirche und theologische Literatur im byzantinischen Reich, 1959

Ders. (Hg.), Studien zur Frühgeschichte Konstantinopels, 1973

Ders., Byzantinisches Erotikon, 1986

T. Beckert, Die Provinzen des Römischen Reiches. Einführung und Überblick, 1999

H. I. Bell (u. a.), The Abinnaeus-Archive, Papers of a Roman Officer in the Reign of Constantius II., 1962

H. Bellen, Studien zur Sklavenflucht im römischen Kaiserreich, 1971

D. van Berchem, L'armée de Dioclétien et la réforme Constantinienne, 1952

B. Berenson, The Arch of Constantine or The Decline of Form, 1954

A. Berger, Untersuchungen zu den Patria Konstantinupoleos, 1988

St. Berrens, Sonnenkult und Kaisertum von den Severern bis zu Constantin I (193–337 n. Chr.), 2004

V. Besevliev/W. Seyfarth (Hgg.), Die Rolle der Plebs im spätrömischen Reich, 1969

H. D. Betz, The Mithras Liturgy. Text, Translation and Commentary, 2003

R. Bianchi-Bandinelli, Rom. Das Ende der Antike, 1971

J. Bidez, Julian der Abtrünnige, 1932/1940

L. Bieler, Theios Aner. Das Bild des göttlichen Menschen in Spätantike und Frühchristentum, 1935

V. Bierbrauer, Archäologie und Geschichte der Goten vom 1. bis 7. Jh. Frühmittelalterliche Studien 28, 1994, 51 ff

H. W. Bird, Sextus Aurelius Victor, 1984

A. R. Birley, The Fasti of Roman Britain, 1981

T. H. Blair, Roman Britain and Early England 55 BC-AD 871, 1963

B. Bleckmann, Die Reichskrise des III. Jahrhunderts in der spätantiken und byzantinischen Geschichtsschreibung, 1992

Ders., Die Reichskrise des 3. Jhs. in der spätantiken und byzantinischen Geschichtsschreibung, 1992

Ders., Konstantin der Große, 1996/2003

J. Bleicken, Prinzipat und Dominat. Gedanken zur Periodisierung der römischen Kaiserzeit, 1978

Ders., Constantin der Große und die Christen. Überlegungen zur konstantinischen Wende, 1992

Ders., Constantin d. Gr. und die Christen, 1992

R. C. Blockley, The Fragmentary Classicising Historians of the Later Roman Empire. Eunapius, Olympiodorus, Priscus and Malchus, I 1981, II 1983

Ders.(ed.), The History of Menander the Guardsman, 1985

Ders., East Roman Foreign Policy. Formation and Conduct from Diocletian to Anastasius, 1992

W. Blum, Curiosi und regendarii. Untersuchungen zur geheimen Staatspolizei der Spätantike, 1969

A. E. R. Boak, Manpower Shortage and the Fall of the Roman Empire in the West, 1955/1974

Ders./H. C. Youtie, The Archive of Aurelius Isidorus, 1960

A. Böhlig, Der Manichäismus, 1980

H. W. Böhme, Germanische Grabfunde des 4. bis 5. Jh.s zwischen unterer Elbe und Loire, 1974

W. den Boer, Some Minor Roman Historians, 1972

H. de Boor, Das Attilabild in Geschichte, Legende und heroischer Dichtung, 1932/63

D. Boschung/W. Eck (Hgg.), Die Tetrarchie, 2006

L. Bosio, La Tabula Peutingeriana, 1983

P. du Bourget, Die Kopten, 1967

G. W. Bowersock, Julian the Apostate, 1978

K. Bowes/M. Kulikowski (edd.), Hispania in Late Antiquity, 2005

H. Brandenburg, Roms frühchristliche Basiliken des 4. Jhs., 1979

Ders., Die frühchristlichen Kirchen Roms vom 4. bis zum 7. Jahrhundert, 2004

G. Brands/H.-G. Severin (Hgg.), Die spätantike Stadt und ihre Christianisierung, 2003

H. Brandt, Zeitkritik in der Spätantike. Untersuchungen zu den Reformvorschlägen des Anonymus De rebus bellicis, 1988

Ders., Geschichte der römischen Kaiserzeit. Von Diokletian und Konstantin bis zum Ende der konstantinischen Dynastie (284–363), 1998

Ders., Das Ende der Antike. Geschichte des spätrömischen Reiches, 2001

Ders., Konstantin der Große. Der erste christliche Kaiser, 2006

R. Bratoz, Westillyricum und Nordostitalien in der spätrömischen Zeit. Ljubljana, 1996

Ders. (Hg.), Slowenien und die Nachbarländer zwischen Antike und karolingischer Epoche I/II, 2000

R. Braun/J. Richer (edd.), L'Empereur Julien, I De l'histoire à la légende (331–1751), 1978; II De la légende au mythe (de Voltaire à nos jours), 1981

J. Bregman, Synesius of Cyrene. Philosopher-Bishop, 1982

B. Brenk, Spätantike und frühes Christentum, 1977

Ders. (Hg.), Innovation in der Spätantike, 1996

Ders., Die Christianisierung der spätrömischen Welt. Stadt, Land, Haus, Kirche und Kloster in frühchristlicher Zeit, 2003

M. Bretone, Geschichte des römischen Rechts von den Anfängen bis zu Justinian, 1989/92

K. Bringmann, Die konstantinische Wende. Zum Verhältnis von politischer und religiöser Motivation, Historische Zeitschrift 260, 1995, 21 ff

Ders., Kaiser Julian, 2004

N. Brockmeyer, Antike Sklaverei, 1979 (Forschungsbericht)

K. Brodersen (Hg.), Antike Stätten am Mittelmeer, 1999

D. Brodka, Die Romideologie in der römischen Literatur der Spätantike, 1998

Ders./M. Stachura (Hgg.), Continuity and Change. Studies in Late Antique Historiography, 2007

Erika Brödner, Die römischen Thermen und das antike Badewesen, 1983

L. Brosch, Laeti, 1954

P. Brown, Augustine of Hippo, 1967

Ders., The World of Late Antiquity from Marcus Aurelius to Muhammad, 1971

Ders., Religion and Society in the Age of Saint Augustine, 1972

Ders., Divergent Christendoms. The Emergence of a Christian Europe 200-1000 AD, 1995

R. Browning, Justinian and Theodora, 1971/1981
Ders., The Emperor Julian, 1975
F. Brunhölzl, Geschichte der lateinischen Literatur des Mittelalters, I 1975
J. Burckhardt, Die Zeit Constantins des Großen, 1853/80
Ders., Weltgeschichtliche Betrachtungen, 1868/1955
Chr. Butterweck, Athanasius von Alexandrien, 1996
H. Cahn/A. Kaufmann-Heinimann, Der spätrömische Silberschatz von Kaiseraugst I/II, 1984
P.-Th. Camelot, Ephesus und Chalcedon, 1963
Al. Cameron, Claudian. Poetry and Propaganda at the Court of Honorius, 1970
Ders., Porphyrius the Charioteer, 1973
Ders., Circus Factions. Blues and Greens at Rome and Byzantium, 1976
Ders., The Greek Anthology, 1993
Averil Cameron, Agathias, 1970
Dies., Procopius and the Sixth Century, 1985
Dies. (u. a. Hgg.), Late Antiquity: Empire and Successors A. D. 425–600, Cambridge Ancient History XIV, 2000
H.v. Campenhausen, Ambrosius von Mailand als Kirchenpolitiker, 1929
W. Capelle, Das alte Germanien. Die Nachrichten der griechischen und römischen Schriftsteller, 1937
A. Cartellieri, Weltgeschichte als Machtgeschichte 382–911, 1927
L. Casson, Ships and Seamanship in the Ancient World, 1971
H. Castritius, Studien zu Maximinus Daia, 1969
Maria Cesa, Impero tardoantico e barbari. La crisi militare da Adrianopoli al 418, 1994
H. Chantraine, Die Nachfolgeordnung Constantins des Großen, 1992
G. Charles-Picard, La civilisation de l'Afrique romaine, 1959
L. M. Chassin, Bélisaire, généralissime byzantin, 1957
A. Chastagnol, La préfecture urbaine à Rome sous le Bas-Empire, 1960
Ders., Les fastes de la préfecture de Rome au Bas-Empire, 1962
Ders., Le sénat romain sous le règne d'Odoacre. Recherches sur l'épigraphie du Colisée au Ve siècle, 1966
Ders., Le bas-empire, 1969
Ders., La fin du monde antique. De Stilicon à Justinien, 1976
Ders., L'évolution politique, sociale et économique du monde romain de Dioclétien à Julien, 1982
H. Chadwick, Boethius. The consolations of music, logic, theology and philosophy, 1981
F. R. Châteaubriand, Études ou discours historiques sur la chute de l'Empire romain, 1831
G. F. Chesnut, The first Christian histories. Eusebius, Socrates, Sozomen, Theodoret, and Evagrius, 1978
K. Christ (Hg.), Der Untergang des Römischen Reiches, Wege der Forschung 269, 1970
Ders., Von Gibbon zu Rostovtzeff. Leben und Werk führender Althistoriker der Neuzeit, 1972
Ders., Römische Geschichte, 1980
A. Christensen, L'Iran sous les Sassanides, 1944
A. S. Christensen, Lactantius the Historian. An Analysis of De mortibus persecutorum, 1980
N. Christie/S. T. Loseby (edd.), Towns in Transition. Urban Evolution in Late Antiquity and the Early Middle Ages, 1996
Ders. (ed.), Landscapes of Change. Rural Evolutions in Late Antiquity and the Early Middle Ages, 2004
G. Clark, Women in Late Antiquity, 1993
P. Classen, Spätrömische Grundlagen mittelalterlicher Kanzleien (1974). In: Ders., Ausgewählte Aufsätze, 1983, 67 ff
Ders., Kaiserreskript und Königsurkunde, 1977
D. Claude, Die byzantinische Stadt im 6. Jh., 1969
Ders., Geschichte der Westgoten, 1970

R. Clausing, The Roman Colonate, 1925
M. Clauss, Der magister officiorum in der Spätantike (4.–6. Jh.), 1981
Ders., Mithras. Kult und Mysterien, 1990
Ders., Konstantin der Große und seine Zeit, 1996
Ders., Kaiser und Gott. Herrscherkult im römischen Reich, 1999
Ders., Alexandria. Eine antike Weltstadt, 2003
A. S. E. Cleary, The Ending of Roman Britain, 1989
L. Clemens, Tempore Romanorum Constructa. Zur Nutzung und Wahrnehmung römischer Überreste nördlich der Alpen während des Mittelalters, 2003
G. Clemente, La Notitia Dignitatum, 1968
F. M. Clover, Flavius Merobaudes. A Translation and Historical Commentary, 1971
Ders./R. S. Humphreys (edd.), Tradition and Innovation in Late Antiquity, 1989
F. Coarelli, Guida Archeologica di Roma, 1974
C. N. Cochrane, Christianity and Classical Culture, 1940/1944
P. Collinet, Histoire de l'École de droit de Beyrouth, 1925
R. G. Collingwood/J. N. L. Myres, Roman Britain and the English Settlements, 1937
C. Colpe (u. a. Hgg.), Spätantike und Christentum, 1992
S. Corcoran, The Empire of the Tetrarchs. Imperial Pronouncements and Government AD 284–324, 1996/2000
A. Coskun, Die gens Ausonia an der Macht, 2002
Ch. H. Coster, The Judicium Quinquevirale, 1935
Ders., Late Roman Studies, 1968
J. C. N. Coulston, Later Roman armour. Journal of Roman Military Equipment Studies, 1, 1990, 139 ff
Ch. Courtois (u. a.), Tablettes Albertini, 1952
Ders., Victor de Vita et son oeuvre. Étude critique, 1954
Ders., Les Vandales et l'Afrique, 1955
L. Cracco-Ruggini, Economia e società nell'Italia annonaria, 1961
F. H. Cramer, Astrology in Roman Law and Politics, 1954
J. L. Creed (ed.), Lactantius, De Mortibus Persecutorum, 1984
B. Croke/A. M. Emmett (edd.), History and Historians in the Late Antiquity, 1983
Ders./J. Harris, Religious Conflict in the Fourth-Century Rome. A Documentary Study, 1982
A. Crown, The Samaritans, 1989
M. Cullhed, Conservator urbis suae. Studies in the politics and propaganda of the emperor Maxentius, Stockholm 1994
O. Cullmann, Weihnachten in der Alten Kirche, 1947
F. Cumont, Die Mysterien des Mithra, 1911
Ders., Die orientalischen Religionen im römischen Heidentum, 1931/1972
B. Czúth, Die Quellen der Geschichte der Bagauden, 1965

G. Dagron, Naissance d'une capitale, Constantinople et ses institutions de 330 à 451, 1974
E. Dassmann, Ambrosius von Mailand, 2004
F. W. Deichmann, Ravenna, Hauptstadt des spätantiken Abendlandes I 1969, II 1 1974, II 2 1976, II 3 1989, III 1958
Ders., Die Spolien der spätantiken Architektur, 1975
Ders., Rom, Ravenna, Konstantinopel, Naher Osten. Gesammelte Studien zur spätantiken Architektur, Kunst und Geschichte, 1982
R. Delbrueck, Die Consulardiptychen und verwandte Denkmäler, I/II 1929
Ders., Antike Porphyrwerke, 1932
A. Demandt, Zeitkritik und Geschichtsbild im Werk Ammians, 1965
Ders., Metaphern für Geschichte. Sprachbilder und Gleichnisse im historisch-politischen Denken, 1978
Ders., Der Untergang Roms als Menetekel, Archiv für Kulturgesch. 61, 1979, 272–291
Ders., Der Fall Roms. Die Auflösung des römischen Reiches im Urteil der Nachwelt, 1984
Ders., Die Spätantike. Römische Geschichte von Diocletian bis Justinian, 284–565 n. Chr., 1989, 2. Aufl. 2007

Ders., Der Idealstaat. Die politischen Theorien der Antike, 1993
Ders., Das Privatleben der römischen Kaiser, 2. Aufl., 1997
Ders., Geschichte der Spätantike, 1998
Ders./A. Goltz/H. Schlange-Schöningen (Hgg.), Diocletian und die Tetrarchie. Aspekte einer Zeitenwende. Millennium-Studien 1, 2004
Ders./J. Engemann (Hgg.), Konstantin der Große. Geschichte – Archäologie – Rezeption, 2006
F. De Martino, Wirtschaftsgeschichte des Alten Rom, 1979/1985
E. Demougeot, De l'unité à la division de l'empire romain 395–410. Essai sur le gouvernement impérial, 1951
Dies., La formation de l'Europe et les invasions barbares, I 1969, II 1, 2 1979
H. Dessau (ed.), Inscriptiones Latinae Selectae, I–III, 1892–1916
H.-J. Diesner (Hg.), Afrika und Rom in der Antike, 1966
Ders., Das Vandalenreich. Aufstieg und Untergang, 1966
Ders., Die Völkerwanderung, 1976/81
C. Dirlmeier, Quellen zur Geschichte der Alamannen. I: Von Cassius Dio bis Ammianus Marcellinus mit Anmerkungen v. G. Gottlieb, 1976
F. Dölger, Die frühbyzantinische Stadt (1958). In: Ders., Paraspora, 1961, 107 ff
S. Döpp/W. Geerlings (Hgg.), Lexikon der antiken christlichen Literatur, 1999
H. Dörries, Das Selbstzeugnis Kaiser Konstantins, 1954
H. Donner, Pilgerfahrt ins Heilige Land, 1979
A. Dopsch, Wirtschaftliche und soziale Grundlagen der europäischen Kulturentwicklung aus der Zeit von Caesar bis auf Karl den Großen, I 2. Aufl. 1923
G. Downey, Ancient Antioch, 1963
H. A. Drake, In Praise of Constantine. A Historical Study and New Translation of Eusebius' Tricennial Orations, 1976
Ders., Constantine and the Bishops. The Politics of Intolerance, 2000
J. W. Drijvers, Helena Augusta, 1992
Maria Dsielska, Hypatia of Alexandria, 1995
F. H. Dudden, The Life and Times of St. Ambrose, I/II 1935
J. Dummer/M. Vielberg (Hgg.), Leitbilder der Spätantike, 1999
R. Duncan-Jones, The Economy of the Roman Empire, 1974
F. Dvornik, Early Christian and Byzantine Political Philosophy, 1966

D. Eibach, Untersuchungen zum spätantiken Kolonat in der kaiserlichen Gesetzgebung, 1977
St. Elbern, Usurpationen im spätrömischen Reich, 1984
Susanna Elm, Virgins of God. The Making of Asceticism in Late Antiquity, 1994
H. Elton, Warfare in Roman Europe A.D. 350–425, 1996
L. J. Engels/H. Hofmann (Hgg.), Neues Handbuch der Literaturwissenschaft, IV Spätantike, 1997
J. Engemann, Deutung und Bedeutung frühchristlicher Bildwerke, 1997
A. Enmann, Eine verlorene Geschichte der römischen Kaiser und das Buch De viris illustribus urbis Romae, Philologus Suppl. IV 1884, 335–501
E. Ennen, Frühgeschichte der europäischen Stadt, 1953/81
S. Ensoli/E. La Rocca (edd.), Aurea Roma. Dalla città pagana alla città cristiana, 2000 (Ausstellungskatalog Rom 2001)
W. Enßlin, Zur Ostpolitik des Kaisers Diokletian, 1942
Ders., Gottkaiser und Kaiser von Gottes Gnaden, 1943
Ders., Theoderich der Große, 1947/1959
J. W. Ermatinger, The Economic Reforms of Diocletian, 1996
J. A. Evans, The Age of Justinian, 1996
Ders., The Empress Theodora. Partner of Justinian, 2002
E. Ewig, Das Bild Constantins des Großen in den ersten Jahrhunderten des abendländischen Mittelalters (1956). In: Ders., Spätantikes und fränkisches Gallien, I 1976, 72–113
Ders., Résidence et capitale pendant le haut moyen âge. In: Ders., Spätantikes und fränkisches Gallien, I, 1976, 362–408

540 V. Anhang

G. Fatouros/T. Krischer (edd.), Libanios, 1983
H. Feld, Der Kaiser Licinius, 1960
K. Feld, Barbarische Bürger. Die Isaurier und das Römische Reich, 2005
E. Fenster, Laudes Constantinopolitanae, 1968
O. Fiebiger/L. Schmidt, Inschriftensammlung zur Geschichte der Ostgermanen, 1918,
    1939, 1944
M. I. Finley, Manpower and the Fall of Rome (1966). In: C. M. Cipolla (ed.), The Econo-
    mic Decline of Empires, 1970, 84–91
Ders., The Emperor Diocletian. In: Ders., Aspects of Antiquity, 1968/1972, 137–145
J. Fischer, Die Völkerwanderung im Urteil der zeitgenössischen kirchlichen Schriftsteller
    Galliens unter Einbeziehung des hl. Augustinus, 1948
E. Flaig, Den Kaiser herausfordern. Die Usurpation im römischen Reich, 1992
K. Flasch, Augustin. Einführung in sein Denken, 1980
R. I. Frank, Scholae Palatinae. The Palace Guards of the Later Roman Empire, 1969
T. Frank (ed.), An Economic Survey of Ancient Rome, 1933 ff
Ph. Freeman/D. Kennedy (edd.), The Defence of the Roman and Byzantine East, 1986.
W. H. C. Frend, The Donatist Church, 2. Aufl. 1985
S. Frere, Britannia, a History of Roman Britain, 1967/78
L. Friedländer, Darstellungen aus der Sittengeschichte Roms, 10. Aufl. besorgt v. G. Wis-
    sowa, I–IV, 1921–1923
R. N. Frye, The History of Ancient Iran, 1984
M. Fuhrmann, Rom in der Spätantike, 1994

J. Gagé, Les classes sociales dans l'Empire romain, 1964
I. Gardner/S. N. C. Lieu (edd.), Manichaean Texts from the Roman Empire, 2004
P. Garnsey, Ideas of Slavery from Aristotle to Augustine, 1996
P. Gaßmann, Der Episkopat in Gallien im 5. Jahrhundert, 1977
J. Geffcken, Der Ausgang des griechisch-römischen Heidentums, 1929
E. Gerland, Konstantin d. Gr. in Geschichte und Sage, 1937
W. Gernentz, Laudes Romae, 1918
D. Geuenich, Geschichte der Alamannen, 1997
M. Giacchero, Edictum Diocletiani et Collegarum de pretiis rerum venalium. I: Edictum
    1974 (Bibliographie, Text, Indices); II: Imagines 1974 (Karten, Photos, Zeichnungen)
E. Gibbon, The History of the Decline and Fall of the Roman Empire, I–XII 1838/1839
    (Chapter 1–16: 1776; Ch. 17–38: 1781; Ch. 39–71: 1788)
M. Gibson (ed.), Boethius. His Life, Thought and Influence, 1981
Marion Giebel, Kaiser Julian Apostata, 2002/2006
H. E. Giesecke, Die Ostgermanen und der Arianismus, 1939
K. M. Girardet, Kaisergericht und Bischofsgericht. Studien zu den Anfängen des Donatisten-
    streites (313–315) und zum Prozeß des Athanasius von Alexandrien (328–346),1975
Ders., Die Konstantinische Wende, 2006
Ders., Staat und Kirche in der Spätantike, 2007 (Aufsätze)
Ders. (Hg.), Kaiser Konstantin der Große. Historische Leistung und Rezeption in Europa,
    2007
W. A. Goffart, Caput and Colonate: Towards a History of Late Roman Taxation, 1974
Ders., Barbarians and Romans A. D. 418–584. The Techniques of Accommodation, 1980
Ders., Barbarian Tides. The Migration Age and the Later Roman Empire, 2006
A. Grabar, Die Kunst des frühen Christentums, 1967
Ders., Die Kunst im Zeitalter Justinians, 1967
E. L. Grasmück, Coercitio. Staat und Kirche im Donatistenstreit, 1964
G. Greatrex, Rome and Persia at war 502–532, 1998
F. Gregorovius, Geschichte der Stadt Rom im Mittelalter, 1859 (zitiert nach Bänden der
    5. Aufl. 1908/10)
Ders., Athenais. Geschichte einer byzantinischen Kaiserin, 1881/1926
Ders., Geschichte der Stadt Athen im Mittelalter, 1889/1990
M. Greschat (Hg.), Gestalten der Kirchengeschichte, I 1984, II 1984, III 1983
C. W. Griggs, Early Egyptian Christianity. From its Origins to 451 C. E. 1990

Th. Grünewald, Constantinus Maximus Augustus. Herrschaftspropaganda in der zeitgenössischen Überlieferung, 1990
V. Grumel, La chronologie. Bibliothèque byzantine, 1958
M. A. Guggisberg (Hg.), Der spätrömische Silberschatz von Kaiseraugst. Die neuen Funde,
2003
B. Gutmann, Studien zur römischen Außenpolitik in der Spätantike (364–395 n. Chr.),
1991
Ch. Haas, Alexandria in Late Antiquity, 1997
R. v. Haehling, Die Religionszugehörigkeit der hohen Amtsträger des Römischen Reiches
seit Constantins I. Alleinherrschaft bis zum Ende der Theodosianischen Dynastie (324–
450 bzw. 455 n. Chr.), 1977/1978
H. Hagendahl, Latin Fathers and the Classics, 1958
J. Hahn, Gewalt und religiöser Konflikt. Studien zu den Auseinandersetzungen zwischen
Christen, Heiden und Juden im Osten des Römischen Reiches von Konstantin bis Theo-
dosius II, 2004
R. P. C. Hanson, The Search for the Christian Doctrine of God. The Arian Controversy
318–381, 1988
L. Harmand, Libanius, Discours sur les patronages, Texte, traduit, annoté et commenté,
1955
Ders., Le patronat sur les collectives politiques des origines au Bas-Empire, 1957
W. V. Harris (ed.), The Transformations of Urbs Roma in Late Antiquity, 1999
F. Hartmann, Herrscherwechsel und Reichskrise. Untersuchungen zu den Ursachen und
Konsequenzen der Herrscherwechsel im Imperium Romanum der Soldatenkaiserzeit
(3. Jh. n. Chr.), 1982
L. M. Hartmann, Geschichte Italiens im Mittelalter, I 1897
U. Hartmann, Das palmyrenische Teilreich, 2001
E. R. Hayes, L'école d'Edesse, 1930
P. J. Heather, The Goths, 1996
Ders., Der Untergang des römischen Weltreiches, 2007
F. M. Heichelheim, Wirtschaftsgeschichte des Altertums, I–III 1938
H. Heinen, Frühchristliches Trier. Von den Anfängen bis zur Völkerwanderung, 1996
Ders., (u. a. Hgg.), Geschichte des Bistums Trier I, 2003
M. Heinzelmann, Bischofsherrschaft in Gallien. Zur Kontinuität römischer Führungsschich-
ten vom 4.–7. Jh., 1976
Ders., Gallische Prosopographie 260–527. Francia 10, 1982, 531 ff
R. Helm, Untersuchungen über den auswärtigen diplomatischen Verkehr des römischen
Reiches im Zeitalter der Spätantike (1932). In: E. Olshausen (Hg.), Antike Diplomatie,
1979, 321 ff
Elisabeth Herrmann(-Otto), Ecclesia in Re Publica. Die Entwicklung der Kirche von pseudo-
staatlicher zu staatlich inkorporierter Existenz, 1980
Dies., Ex ancilla natus. Untersuchungen zu den hausgeborenen Sklaven und Sklavinnen im
Westen des Römischen Kaiserreiches, 1994
Dies., Konstantin der Große, 2007
P. Herz, Studien zur römischen Wirtschaftsgesetzgebung. Die Lebensmittelversorgung, 1988
Reinhart Herzog (Hg.), Restauration und Erneuerung. Die lateinische Literatur von 284 bis
374 n. Chr., 1989
D. Hoffmann, Das spätrömische Bewegungsheer und die Notitia Dignitatum, I 1969, II 1970
K. G. Holum, Theodosian Empresses, 1982
H. Homeyer, Attila, der Hunnenkönig, von seinen Zeitgenossen dargestellt, 1951
E. Honigmann, Die Ostgrenze des byzantinischen Reiches von 363 bis 1071, 1935
J. Hoops (ed.), Reallexikon der germanischen Altertumskunde, 2. Aufl. 1973 ff
G. Horsmann, Die Wagenlenker der römischen Kaiserzeit, 1998
H. Horstkotte, Die Theorie vom spätrömischen «Zwangsstaat» und das Problem der Steu-
erhaftung, 1984/88
P. E. Hübinger (Hg.), Kulturbruch oder Kulturkontinuität im Übergang von der Antike zum
Mittelalter, 1968

Ders. (Hg)., Bedeutung und Rolle des Islams im Übergang vom Altertum zum Mittelalter, 1968
Sabine Hübner, Der Klerus in der Gesellschaft des spätantiken Kleinasiens, 2005
J. H. Humphrey, Roman circuses, 1986
H. Hunger (Hg.), Das byzantinische Herrscherbild, 1975
Ders., Die hochsprachliche profane Literatur der Byzantiner, I/II 1978

P. Isaac, Factors in the Ruin of Antiquity, 1971

K. Jäntere, Die römische Weltreichsidee und die Entstehung der weltlichen Macht des Papstes, Turku 1936
J. Jahn, Zur Entwicklung römischer Soldzahlungen von Augustus bis auf Diocletian, in: M. R.-Alföldi (Hg.), Studien zu Fundmünzen der Antike, II 1984, 53–74
R. Janin, Constantinople Byzantine, Développement urbain et répertoire topographique, 2. éd. 1964
T. Janßen, Stilicho, 2004
H. Jedin (Hg.), Handbuch der Kirchengeschichte, 1962 ff
Ders. (u. a.), Atlas zur Kirchengeschichte, 1970, 2. Aufl. 1987
K.-P. Johne, Neue Beiträge zur Historia-Augusta-Forschung, Klio 58, 1976, 255–262
Ders. (u. a.), Die Kolonen in Italien und den westlichen Provinzen des römischen Reiches, 1983
Ders., Das Geschichtsbild in der Historia Augusta, Klio 66, 1984, 631 ff
Ders., Colonus, Colonia, Colonatus. Philologus 132, 1988, 308 ff
Ders. (Hg.), Gesellschaft und Wirtschaft des Römischen Reiches im 3. Jahrhundert, 1993
Ders. (u. a. Hg.), Deleto paene imperio Romano. Transformationsprozesse des Römischen Reiches im 3. Jahrhundert, 2006
Ders. (u. a. Hg.), Die Zeit der Soldatenkaiser, 2008
A. H. M. Jones, Constantine and the Conversion of Europe, 1948
Ders., The Later Roman Empire 284–602, 1964
Ders., The Decline of the Ancient World, 1966
Ders. (u. a.), The Prosopography of the Later Roman Empire, I 1971
Ders., The Roman Economy, 1974 (Aufsatzsammlung)
C. Jullian, Histoire de la Gaule, VII 1926

W. E. Kaegi, Byzantium and the Decline of Rome, 1968
H. Kähler, Rom und seine Welt. Erläuterungen, 1960.
Ders., Die Villa des Maxentius bei Piazza Armerina, 1973
U. Kahrstedt, Das wirtschaftliche Gesicht Griechenlands in der Kaiserzeit, 1954
J. Karayannopulos/G. Weiß, Quellenkunde zur Geschichte von Byzanz (324–1453), I/II 1982
J. N. D. Kelly, Jerome, His Life, Writings and Controversies, 1975
Ders., The Oxford Dictionary of Popes, 1986
J. P. C. Kent/B. Overbeck/A. U. Stylow, Die römische Münze, 1973
D. Kienast, Römische Kaisertabelle, 1990/1996
C. E. King (ed.), Imperial Revenue, Expenditure and Monetary Policy in the Fourth Century A. D., 1980
R. Klein, Constantius II und die christliche Kirche, 1977
Ders.(ed.), Julianus Apostata, 1978
F. Klingner, Römische Geisteswelt, 1956
B. Kötting, Peregrinatio religiosa. Wallfahrt in der Antike und das Pilgerwesen in der Alten Kirche, 1950
Ders., Christentum und heidnische Opposition in Rom am Ende des 4. Jhs., 1961
H. P. Kohns, Versorgungskrisen und Hungerrevolten im spätantiken Rom, 1961
F. Kolb, Die Stadt im Altertum, 1984
Ders., Diocletian und die Erste Tetrarchie, 1987
Ders., Herrscherideologie in der Spätantike, 2001
H. Kraft, Kaiser Konstantins religiöse Entwicklung, 1955

Ders.(ed.), Konstantin d. Gr., 1974
J. U. Krause, Spätantike Patronatsformen im Westen des römischen Reiches, 1987
R. Krautheimer, Corpus Basilicarum I ff, 1937 ff
Ders., Early Christian and Byzantine Architecture, 2. Aufl. 1975
Ders., Rom, Schicksal einer Stadt. 312–1308, 1987
J. Kromayer/G. Veith, Heerwesen und Kriegführung der Griechen und Römer, 1928
H. Kruse, Studien zur offiziellen Geltung des Kaiserbildes im römischen Reiche, 1934
W. Kuhoff, Studien zur zivilen senatorischen Laufbahn im 4. Jh. n. Chr. Ämter und Amtsinhaber in Clarissimat und Spectabilität, 1983
Ders., Diokletian und die Epoche der Tetrarchie. Das Römische Reich zwischen Krisenbewältigung und Neuaufbau (284–313 n. Chr.), 2001

M. L. W. Laistner, Christianity and Pagan Culture in the Later Roman Empire, 1951
S. Lancel, Saint Augustin, 1999
B. Lançon, Rome das L'Antiquité tardive (312–604), 1995
E.v. Lasaulx, Der Untergang des Hellenismus und die Einziehung seiner Tempelgüter durch die christlichen Kaiser, 1854/1962
K. Latte, Römische Religionsgeschichte, 1960
S. Lauffer, Diokletians Preisedikt, 1971
J. G. Lautner, Zur Bedeutung des römischen Rechts für die europäische Rechtskultur, 1976
Y. Le Bohec/C. Wolff (edd.), L'armée romaine de Dioclétien à Valentinien Ier, 2002/2004
J. Leipoldt, Griechische Philosophie und frühchristliche Askese, 1961
H. Leppin, Von Constantin dem Großen zu Theodosius II. Das christliche Kaisertum bei den Kirchenhistorikern Socrates, Sozomenus und Theodoret, 1996
Ders., Die Kirchenväter und ihre Zeit, 2000
Ders., Theodosius der Große. Auf dem Weg zum christlichen Imperium, 2003
Lexikon des Mittelalters, 1999 ff
J. H. W. G. Liebeschuetz, Antioch, City and Imperial Administration in the Later Roman Empire, 1972
Ders., Barbarians and Bishops. Army, Church, and State in the Age of Arcadius and Chrysostom, 1990
Ders., Decline and Fall of the Roman City, 2001
D. Liebs, Die Jurisprudenz im spätantiken Italien (260–640 n. Chr.), 1987
Ders., Römische Jurisprudenz in Africa, 1993
Ders., Römische Jurisprudenz in Gallien (2. bis 8. Jh.), 2002
Ders., Römisches Recht, 2004
H. Lietzmann (Hg.), Lateinische altkirchliche Poesie, 1910
Ders. (Üs.), Byzantinische Legenden, 1911
Ders., Kleine Schriften, I 1958
Ders., Geschichte der Alten Kirche, I 2. Aufl. 1937, II 1936, III 1938, IV 1944
S. N. C. Lieu, Manichaeism in the Later Roman Empire and Medieval China, 1992
A. Linder, The Jews in Roman Imperial Legislation, 1987
A. Lippold, Theodosius der Große und seine Zeit, 2. Aufl. 1980
H. Löhken, Ordines Dignitatum, Untersuchungen zur formalen Konstituierung der spätantiken Führungsschicht, 1982
H. P. L'Orange, Das spätantike Herrscherbild von Diocletian zu den Konstantin-Söhnen, 284–361 n. Chr., 1984
Ders./A.v. Gerkan, Der spätantike Bildschmuck des Konstantinsbogens, 1939
F. Lot, Les invasions germaniques. La pénétration mutuelle du monde barbare et du monde romain, 1935
W. Lütkenhans, Constantius III. Studien zu seiner Tätigkeit und Stellung im Westreich (411–421), 1998

S. MacCormack, Art and Ceremony in Late Antiquity, 1981
R. MacMullen, Soldier and Civilian in the Later Roman Empire, 1963
Ders., Roman Government's Response to Crisis A.D. 235–337, 1976
Ders., Corruption and the Decline of Rome, 1988

Ders., Christianity and Paganism in the Fourth to Eighth Centuries, 1997
O. J. Maenchen-Helfen, Die Welt der Hunnen, deutschsprachige Ausgabe besorgt von R. Göbl, 1978
F.-G. Maier, Augustin und das antike Rom, 1955
Ders., Die Verwandlung der Mittelmeerwelt, 1968
A. Mandouze, Prosopographie de l'Afrique chrétienne (303–533), 1982
C. Mango, Byzantium, 1980
Ders., Le développement urbain de Constantinople (IV–VII siècles), 1985
M. Marin/C.Moreschini, Africa Cristiana. Storia, religione, letteratura, 2002
H. I. Marrou, Histoire de l'éducation dans l'antiquité, 6. Aufl. 1965
Ders., Décadence romaine ou antiquité tardive? 3.–6. siècle, 1977
Ders., Augustinus und das Ende der antiken Bildung, 1982
Jochen Martin, Spätantike und Völkerwanderung, 1987/2001
J. D. Martindale, The Prosopography of the Later Roman Empire, II 1980, III 1992
R. W. Mathisen, Roman Aristocrats in Barbarian Gaul. Strategies for Survival in an Age of Transition, 1993
Ders. (ed.), Law, Society and Authority in Late Antiquity, 2001
Ders.,/D. Shanzer (edd.), Society and Culture in Late Antique Gaul, 2001
Ders., People, Personal Expression and Social Relations in Late Antiquity I/II, 2003
J. F. Matthews, Western Aristocracies and Imperial Court A. D. 364–425, 1975
Ders., Laying down the laws: a study of the Theodosian Code, 2000
Emanuel Mayer, Rom ist dort, wo der Kaiser ist. Untersuchungen zu den Staatsdenkmälern des dezentralisierten Reiches von Diocletian bis zu Theodosius II, 2002
R. Mayer, Byzantion-Konstantinupolis-Istanbul, 1943
O. Mazal, Justinian und seine Zeit, 2001
Ders., Frühmittelalter. Geschichte der Buchkultur III 1, 2003
F.van der Meer/Ch. Mohrmann, Atlas of the Early Christian World, 1966
Mischa Meier, Das andere Zeitalter Justinians. Kontingenzerfahrung und Kontingenzbewältigung im 6. Jh. n. Chr., 2003
Ders., Justinian. Herrschaft, Reich und Religion, 2004
R. Merkelbach, Mithras, 1984
G. Mickwitz, Geld und Wirtschaft im Römischen Reich des 4. Jhs. n. Chr., 1932
Ders., Die Kartellfunktion der Zünfte und ihre Bedeutung bei der Entstehung des Zunftwesens, 1936
J. Migl, Die Ordnung der Ämter. Prätorianerpräfektur und Vikariat in der Regionalverwaltung des Römischen Reiches von Konstantin bis zur Valentinianischen Dynastie, 1994
F. Millar, The Emperor in the Roman World (31 BC–AD 337), 1977
C. Mirbt, Quellen zur Geschichte des Papsttums, 6. Aufl. bearbeitet v. K. Aland, 1967
Miroslava Mirkovic, The later Roman colonate and freedom, 1997
A. Momigliano, Cassiodorus and the Italian Culture of His Time (1955). In: Ders., Secondo contributo 1960, 191–230
Ders., Gli Anicii e la storiografia latina del VI sec. d. C. (1956). In: Ders., Secondo contributo 1960, 231–254
Ders. (ed.), The Conflict between Paganism and Christianity in the Fourth Century, 1963
Th. Mommsen, Römisches Staatsrecht, I 1871/87, II 1874/87, III 1887/88
Ders., Römische Kaisergeschichte. Nach den Vorlesungs-Mitschriften von Sebastian und Paul Hensel 1882/86, hgg. B. und A. Demandt 1992/2005
Ders., Abriß des Römischen Staatsrechts, 1893/1974
Ders., Römische Strafrecht, 1899
J. Moorhead, Justinian, 1994
E. Mühlenberg (Hg.), Die Konstantinische Wende, 1998
W. Müller-Wiener, Bildlexikon zur Topographie Istanbuls, 1977
M. Munzinger, Vincula deterrimae condicionis. Die rechtliche Stellung der spätantiken Kolonen, 1998
A. Murdoch, The Last Pagan. Julian the Apostate and the Death of the Ancient World, 2003
B. Näf, Senatorisches Standesbewußtsein in spätrömischer Zeit, 1995

A. Nagl, Galla Placidia, 1908
E. Nash, Pictorial Dictionary of Ancient Rome, 1968
G. S. Nathan, The Family in Late Antiquity, 2000
H. Nesselhauf, Die spätrömische Verwaltung der gallisch-germanischen Länder, 1938
M. J. Nicasie, Twilight of empire. The Roman army from the reign of Diocletian until the Battle of Adrianople, 1998
C. E. V. Nixon/B. S. Rodgers, In Praise of Later Roman Emperors. The Panegyrici Latini. Introduction, Translation and Historical commentary with the Latin Text of R. A. B. Mynors, 1994
Th. Nöldeke, Geschichte der Perser und Araber zur Zeit der Sasaniden. Aus der arabischen Chronik des Tabari, 1879
K. L. Noethlichs, Die gesetzgeberischen Maßnahmen der christlichen Kaiser des 4. Jhs. gegen Häretiker, Heiden und Juden, 1971
Ders., Beamtentum und Dienstvergehen. Zur Staatsverwaltung in der Spätantike, 1981
Ders., Das Judentum und der römische Staat. Minderheitenpolitik im antiken Rom, 1996
Ders., Die Juden im christlichen Imperium Romanum (4.–6. Jahrhundert), 2001
A. Nordh (ed.), Libellus de Regionibus Urbis Romae, 1949

St. I. Oost, Galla Placidia Augusta, 1968
G. Ostrogorsky, Geschichte des byzantinischen Staates, 3. Aufl. 1963
Mechthild Overbeck, Untersuchungen zum afrikanischen Senatsadel in der Spätantike, 1973

Angela Pabst, Divisio regni. Der Zerfall des Imperium Romanum in der Sicht der Zeitgenossen, 1986
J.-R. Palanque, Essai sur la préfecture du prétoire du Bas-Empire, 1933
Ders., Saint Ambroise et l'Empire romain, 1933
J. Palm, Rom, Römertum und Imperium in der griechischen Literatur der Kaiserzeit, 1959
A. M. Papini, Ricimero, 1959
H. M. D. Parker/B. H. Warmington, A History Of the Roman World from A. D. 136 to 337, 1935/58
F. Paschoud, Roma Aeterna. Études sur le patriotisme romain dans l'occident latin à l'époque des grandes invasions, 1967
Ders., Cinq études sur Zosime, 1975
Ders./J. Szidat (Hgg.), Usurpationen in der Spätantike, 1997
Th. Pekáry, Das römische Kaiserbildnis in Staat, Kult und Gesellschaft, dargestellt anhand der Schriftquellen, 1985
E. Peterson, Theologische Traktate, 1951
P. Petit, Libanius et la vie municipale à Antioche au IVe siècle après J.-C., 1955
Ch. Pietri, Roma Christiana, I/II 1976
A. Piganiol, L'Empire chrétien, 1947, 2. Aufl. 1972
N. Pigulewskaja, Byzanz auf den Wegen nach Indien, 1969
H. Pirenne, Mahomet et Charlemagne, 1937
S. B. Platner/Th. Ashby, A Topographical Dictionary of Ancient Rome, 1929
G. Podskalsky, Byzantinische Reichseschatologie, 1972
W. Pohl (ed.), Die Germanen, 2000
Ders., Die Völkerwanderung. Eroberung und Integration, 2003
H. A. Pohlsander, Helena. Empress and Saint, 1995
W. Portmann, Geschichte in der spätantiken Panegyrik, 1988
Ders., Athanasius. Zwei Schriften gegen die Arianer, 2006
Princeton Encyclopedia of Classical Sites s. Stillwell 1976
E. Pucciarelli, I cristiani e il servizio militare. Testimonianze dei primi tre secoli, 1987

H. Rahner, Griechische Mythen in christlicher Deutung, 1945/57
B. Ramsey, Ambrose, 1997
L. v. Ranke, Weltgeschichte, IV,1 1883
G. Rauschen, Das griechisch-römische Schulwesen zur Zeit des ausgehenden Heidentums, 1901
St. Rebenich, Hieronymus und sein Kreis, 1992

R. Rees, Diocletian and the Tetrarchy, 2004
W. Rehm, Der Untergang Roms im abendländischen Denken. Ein Beitrag zur Geschichtsschreibung und zum Dekadenzproblem, 1930
H. Reichert, Lexikon der altgermanischen Namen, 1987
M. Reinhold, History of Purple as Status Symbol in Antiquity, 1970
J. Rich (ed.), The City in Late Antiquity, 1992
G. Rickman, The Corn Supply of Ancient Rome, 1980
G. Rösch, Onoma Basileias. Studien zum offiziellen Gebrauch der Kaisertitel in spätantiker und frühbyzantinischer Zeit, 1978
D. Rohrbacher, The Historians of Late Antiquity, 2002
B.-A. Roos, Synesius of Cyrene. A study in his personality, 1991
D. Roques, Études sur la correspondance de Synésios de Cyrène, 1989
M. R. Rostovtzeff, Studien zur Geschichte des römischen Kolonates, 1910
Ders., Gesellschaft und Wirtschaft im römischen Kaiserreich, 1929
J. Rougé, Recherches sur l'organisation du commerce maritime Méditerranée sous l'Empire Romain, 1966
Ph. Rousseau, Basil of Caesarea, 1994
B. Rubin, Theoderich und Justinian, 1953
Ders., Das Zeitalter Justinians, I 1960, II 1995
K. Rudolph, Die Gnosis, 1980
S. Rugullis, Die Barbaren in den spätrömischen Gesetzen. Eine Untersuchung des Terminus barbarus, 1992
G. Ruhbach (ed.), Die Kirche angesichts der konstantinischen Wende, 1976
L. Rydén, Das Leben des heiligen Narren Symeon von Leontios von Neapolis, 1963

G. E. M.de Sainte Croix, The Class Struggle in the Ancient Greek World, 1981
M. Salamon (ed.), Paganism in the Later Roman Empire and in Byzantium, 1991
K. Sallmann (Hg.), Die Literatur des Umbruchs. Von der römischen zur christlichen Literatur 117 bis 284 n. Chr., 1997 (HdA. VIII. 4)
M. R. Salzman, On Roman Time. The Codex-Calendar of 354 and the Rhythms of Urban Life in Late Antiquity, 1990
Dies.,The Making of a Christian Aristocracy. Social and Religious Change in the Western Roman Empire, 2002
J. Sandwell/J. Huskinson, Culture and Society in Later Roman Antioch, 2004
P. Schäfer, Geschichte der Juden in der Antike, 1983
M. Schanz, Geschichte der römischen Literatur bis zum Gesetzgebungswerk des Kaisers Justinian, neubearbeitet von C. Hosius/G. Krüger, I–IV 1914/35
A. Schenk von Stauffenberg, Das Imperium und die Völkerwanderung, 1948 (Aufsätze)
H. Schlange-Schöningen, Kaisertum und Bildungswesen im spätantiken Konstantinopel, 1995
D. Schlinkert, Ordo senatorius und nobilitas. Die Konstitution des Senatsadels in der Spätantike, 1996
L. Schmidt, Die Westgermanen, I 1938, II 1940
Ders., Die Ostgermanen, 1941
Ders., Geschichte der Wandalen, 1942
P. L. Schmidt, Politik und Dichtung in der Panegyrik Claudians, 1976
H. Schneider (Hg.), Sozial- und Wirtschaftsgeschichte der römischen Kaiserzeit, 1981
M. Schönfeld, Wörterbuch der altgermanischen Personen- und Völkernamen, 1911
Helga Scholten, Der Eunuch in Kaisernähe. Zur politischen und sozialen Bedeutung des praepositus sacri cubiculi im 4. und 5. Jh. n. Chr., 1995
W. Schubart, Justinian und Theodora, 1943
F. Schuller/H. Wolff (Hg.), Konstantin der Große. Kaiser einer Epochenwende, 2007
A. Schulten, Die römischen Grundherrschaften, 1896
R. Schulz, Die Entwicklung des römischen Völkerrechts im vierten und fünften Jahrhundert n. Chr., 1993
K. H. Schwarte, Die Vorgeschichte der augustinischen Weltalterlehre, 1966
Ed. Schwartz, Kaiser Konstantin und die christliche Kirche, 2. Aufl. 1936

R. Seager, Ammianus Marcellinus. Seven Studies in His Language and Thought, 1986
O. Seeck, Geschichte des Untergangs der antiken Welt, I–VI 1895/1921
Ders., Regesten der Kaiser und Päpste für die Jahre 311–476 n. Chr., 1919
J. B. Segal, Edessa, the Blessed City, 1970
W. Selb/H. Kaufhold, Das syrisch-römische Rechtsbuch, 2002
W. Seston, Dioclétien et la Tétrarchie. Guerres et réformes 284–300, I 1946
I. Shahîd, Rome and the Arabs, 1984
Ders., Byzantium and the Arabs in the Fourth Century, 1984
Ders., Byzantium and the Arabs in the Fifth Century, 1989
Ders., Byzantium and the Arabs in the Sixth Century, 1995
G. R. Sievers, Das Leben des Libanius, 1868
D. Simon, Konstantinisches Kaiserrecht, 1977
A. J. B. Sirks, Food for Rome, 1991
H. Sivan, Ausonius of Bordeaux. Genesis of a Gallic Aristocracy, 1993
A. Smith, Philosophy in Late Antiquity, 2005
Spätantike und frühes Christentum. Ausstellung im Liebieghaus, Museum alter Plastik, Frankfurt a. Main, 1983/84
P. Speck, Die kaiserliche Universität von Konstantinopel, 1974
M. Speidel, Ancient Germanic Warriors, 2004
Splendeur des Sassanides. Ausstellung Brüssel 1993
D. Srejovic (ed.), The Age of Tetrarchs, Belgrad 1995
Monika Staesche, Das Privatleben der römischen Kaiser in der Spätantike, 1998
B. Stallknecht, Untersuchungen zur römischen Außenpolitik in der Spätantike 306–395 n. Chr., 1969
E. Stein, Untersuchungen über das officium der Prätorianerpräfektur seit Diocletian, 1922
Ders., Geschichte des spätrömischen Reiches, I 1928
Ders., Histoire du Bas-Empire II, De la disparition de l'empire d'occident à la mort de Justinien (476–565), 1949
G. Stemberger, Juden und Christen im Heiligen Land. Palästina unter Konstantin und Theodosius (II!), 1987
H. Stern, Le calendrier de 354, 1953
M. Stern, Greek and Latin Authors on Jews and Judaism II, 1980
T. Stickler, Aëtius, 2002
R. Stillwell (ed.), The Princeton Encyclopedia of Classical Sites, 1976
J. Straub, Vom Herrscherideal in der Spätantike, 1939
Ders., Regeneratio Imperii, Aufsätze über Roms Kaisertum und Reich im Spiegel der heidnischen und christlichen Publizistik, I 1972, II 1986
K. Strobel, Das Imperium Romanum im 3. Jahrhundert, 1993
K. F. Stroheker, Der senatorische Adel im spätantiken Gallien, 1948
Ders., Germanentum und Spätantike, 1965
Christine Strube, Die Toten Städte. Stadt und Land in Nordsyrien während der Spätantike, 1996
W. Suerbaum, Vom antiken zum frühmittelalterlichen Staatsbegriff, 3. Aufl. 1977
U. Süßenbach, Christuskult und kaiserliche Baupolitik bei Konstantin, 1977
S. Swain/M. Edwards (edd.), Approaching Late Antiquity, 2004
K. M. Swoboda, Römische und romanische Paläste, 3. Aufl. 1969
Syrien. Von den Aposteln zu den Kalifen, (Ausstellung Linz), 1993

G. Tchalenko, Villages antiques de la Syrie du nord, I–III 1953–1958
J. L. Teall, The Grain Supply of the Byzantine Empire 330–1025, DOP 13, 1959, 89–139
E. Tengström, Donatisten und Katholiken, Göteborg 1964
Ders., Bread for the People, Studies of the Corn-Supply of Rome during the Late Empire, 1974
Claudia Tiersch, Johannes Chrysostomus in Konstantinopel (398–404), 2000
E. A. Thompson, The Historical Work of Ammianus Marcellinus, 1947
Ders., Christianity and the Northern Barbarians, Nottingham Medieval Studies I, 1957, 3–21

Ders., Romans and Barbarians. The Decline of the Western Empire, 1982
Ders., The Huns, 1996
F. Tinnefeld, Die frühbyzantinische Gesellschaft, 1977
O. Treitinger, Die oströmische Kaiser- und Reichsidee nach ihrer Gestaltung im höfischen Zeremoniell, 1938/69
Trier – Kaiserresidenz und Bischofsstadt. Die Stadt in spätantiker und frühchristlicher Zeit, 1984 (Ausstellungskatalog)
Tübinger Atlas des Vorderen Orient (TAVO), 1977 ff

Th. Urbainczyk, Socrates of Constantinople. Historian of Church and State, 1997
R. Urban, Gallia rebellis. Erhebungen in Gallien im Spiegel antiker Zeugnisse, 1999
H. Usener, Das Weihnachtsfest, 1889/1911

Françoise Vallet/Michel Kazanski (edd.), L'armée romaine et les barbares du IIIe au VIIe siècle, 1993
L. Várady, Der Untergang Pannoniens, 1969
Ders., Epochenwechsel um 476. Odoakar, Theoderich d. Gr. und die Umwandlungen, 1984
M. J. Vermaseren, Mithras. Geschichte eines Kultes, 1965
Ders., Cybele and Attis. The Myth and the Cult, 1977
H. Vetters, Dacia Ripensis, 1950
H. D. L. Viereck, Die römische Flotte, 1975
A. Vööbus, History of the School of Nisibis, 1965
K. Vössing, Schule und Bildung im Nordafrika der römischen Kaiserzeit, 1997
M. Vogelstein, Kaiseridee, Romidee, 1930
Ch. Vogler, Constance II et l'administration impériale, 1979
J. Vogt, Constantin d. Gr. und sein Jahrhundert, 1949
Ders., Kulturwelt und Barbaren. Zum Menschheitsbild der spätantiken Gesellschaft, 1967
W. F. Volbach/M. Hirmer, Frühchristliche Kunst, 1958

M. Waas, Germanen im römischen Dienst im 4. Jh. n. Chr., 2. Aufl. 1971
F. W. Walbank, Trade and Industry under the Later Roman Empire. In: Cambridge Economic History of Europe, ed. M. M. Postan and E. E. Rich, 1952, 33 ff
M. Wallraff, Der Kirchenhistoriker Sokrates, 1997
J. P. Waltzing, Étude historique sur les corporations professionelles chez les Romains, I–IV, 1895/1900
U. Wanke, Die Gotenkriege des Valens. Studien zu Topographie und Chronologie im unteren Donauraum von 366 bis 378 n. Chr., 1990
B. H. Warmington, The North African Provinces from Diocletian to the Vandal Conquest, 1954
D. Watts, Religion in Late Roman Britain, 1998
G. Weber, Kaiser, Träume und Visionen in Prinzipat und Spätantike, 2000
M. Weber, Soziologie – Weltgeschichtliche Analysen – Politik, 1968
M. Weber, Die sozialen Gründe des Untergangs der antiken Kultur (1896). In: Ders., Gesammelte Aufsätze zur Sozial-und Wirtschaftsgeschichte, 1924, 289 ff
L. Webster/M. Brown (edd.), The Transformation of the Roman World AD 400–900, 1997
P. B. Weiß, Consistorium und comites consistoriani. Untersuchungen zur Hofbeamtenschaft des 4. Jh. n. Chr. auf prosopographischer Grundlage, 1975
M. W. Weithmann, Die slavische Bevölkerung auf der Griechischen Halbinsel, 1978
K. Weitzmann (ed.), Age of Spirituality, 1979 (Katalog der Ausstellung 1977/78 New York)
R. Wenskus, Stammesbildung und Verfassung. Das Werden der frühmittelalterlichen gentes, 1961
J. Werner,/E. Ewig (Hgg.), Von der Spätantike zum frühen Mittelalter, 1979
M. A. Wes, Das Ende des Kaisertums im Westen des römischen Reiches, 1967
M. Whitby (ed.), The Propaganda of Power. The Role of Panegyric in Late Antiquity, 1998
G. Widengren (ed.), Der Manichäismus, 1977
F. Wieacker, Vulgarismus und Klassizismus im Recht der Spätantike, 1955
Ders., Recht und Gesellschaft in der Spätantike, 1964

H. U. Wiemer, Libanios und Julian. Studien zum Verhältnis von Rhetorik und Politik im 4. Jh. n. Chr., 1995
Ders. (Hg.), Staatlichkeit und politisches Handeln in der römischen Kaiserzeit, 2006
J. Wiesehöfer, Das antike Persien von 550 v. Chr. bis 650 n. Chr., 1994
J. Wilkes, Dalmatia, 1969
Ders., Diocletian's Palace, Split. Residence of a Retired Roman Emperor, 1993
D. H. Williams, Ambrose of Milan and the end of the Nicene-Arian conflicts, 1995
S. Williams, Diocletian and the Roman Recovery, 1985
F. Winkelmann, Die östlichen Kirchen in der Epoche der christologischen Auseinandersetzungen (5. bis 7. Jahrhundert), 1980
Ders./W. Brandes (Hgg.), Quellen zur Geschichte des frühen Byzanz (4.–9. Jahrhundert), 1990
Ders., Euseb von Kaisareia. Der Vater der Kirchengeschichte, 1991
A. Winterling (Hg.), Comitatus. Beiträge zur Erforschung des spätantiken Kaiserhofes, 1998
J. Wintjes, Das Leben des Libanius, 2005
G. Wirth, Attila, Das Hunnenreich und Europa, 1999
F. J. Wiseman, Roman Spain, 1956
G. Wissowa, Religion und Kultus der Römer, 2. Aufl. 1912
H. Wolfram/F. Daim (Hgg.), Die Völker an der mittleren und unteren Donau im 5. u. 6. Jh., 1980
Ders./A. Schwarcz (Hgg.), Anerkennung und Integration. Zu den wirtschaftlichen Grundlagen der Völkerwanderungszeit 400–600, 1988
Ders., Die Goten, 2001
J. Wytzes, Der letzte Kampf des Heidentums in Rom, 1977

Z. Yavetz, Judenfeindschaft in der Antike, 1997

J. Zangenberg, Samareia. Antike Quellen zu Geschichte und Kultur der Samaritaner in deutscher Übersetzung, 1994
G. Zecchini, Aezio. L'ultima difesa dell' occidente Romano, 1983
C. Zintzen (Hg.), Die Philosophie des Neuplatonismus, 1977
E. Zöllner, Geschichte der Franken bis zur Mitte des 6. Jh., 1970

Literaturnachtrag

Bleckmann, B., Konstantin der Große, 2003
Brandt, H., Konstantin der Große. Der erste christliche Kaiser, 2. Aufl. 2006
Brodka, D./Stachura, M. (edd.), Continuity and Change. Studies in Late Antique Historiography, 2007
Clauss, M., Konstantin der Große und seine Zeit, 1996/2007
Dräger, P., Eusebios. Über das Leben des glückseligen Kaisers Konstantin, 2007
Fiedrowicz, M./Weber, W. (Hgg.), Konstantin der Große. Der Kaiser und die Christen, 2006
Girardet, K. M. (Hg.), Kaiser Konstantin der Große. Historische Leistung und Rezeption in Europa, 2007
Heinze, Traudel, Konstantin der Große und das konstantinische Zeitalter in der deutsch-italienischen Forschung, 2003
Herrmann-Otto, Elisabeth, Konstantin der Große, 2007
Leeb, R., Konstantin und Christus, 1992
Mühlenberg, E. (Hg.), Die Konstantinische Wende, 1998
Piepenbrink, Karen, Konstantin der Große und seine Zeit, 2007
Schlange-Schöningen, H. (Hg.), Konstantin und das Christentum, 2007
Schmitt, O., Constantin der Große, 2007
Schuller, F./Wolff, H. (Hgg.), Konstantin der Große. Kaiser einer Epochenwende, 2007.

6. Register

Die folgenden Stichworte erschließen den Text von S. 1 bis S. 518 Jahreszahlen nach Christus sind nicht besonders gekennzeichnet. Antike Orts- und Personennamen erscheinen in der jeweils gebräuchlicheren Form, eine schematische Vereinheitlichung ist nicht angestrebt. Einzelne Gebäude (z. B. Colosseum) stehen unter dem Namen der Stadt (Rom). Die Jahreszahlen hinter Amtsträgern (als Hauptstichwort) gelten der Amtsdauer, nicht der Lebenszeit.

VI. KARTEN

Das Imperium Romanum vor der Neuordnung Diocletians
Das Römerreich zur Zeit der «Reichsteilung» (395 n. Chr.)
Das Römerreich um 454 n. Chr.

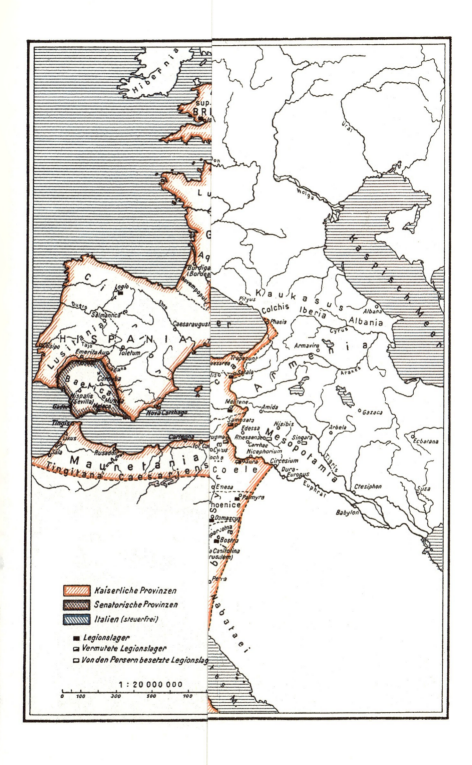

Hibernia

sup.
BRI

Lu

G

Aq

Burdiga
(Bordea

Novempopul.

Hiberia

Wolga

Ural

Kaspisch. Meer

Kaukasus

Colchis Iberia Albania

Albana

Pityus

Phasis

Cyrus

Armavira

Araxes

Trapezunt

Satala

C i

Legio

Durio

Salmantica

Caesaraugusta

HISPANIA

Lusitania

Tajo

Olisipo

Emerita Aug

Toletum

Baetica

Corduba

Hispalis
(Sevilla)

Munda

Italica

Gades

Nova Carthago

Tingis

Lixus

Sala

Rusaddir

Carteia

Mauretania

Tingitana

Caesariensis

Coele

Tiso

Caesarea

Melitene

Amida

Gazaca

Samosata

Edessa

Nisibis

Arbela

Rhesaena

Singara

Rugmae

Carrhae

Nicephorium

Mesopotamia

Cyrus

Sura

Circesium

Koch

Tol Col

Dura
Europus

Ecbatana

Ctesiphon

Susa

Babylon

Tigris

Euphrat

Emesa

Palmyra

hoenice

Damascus

parcotna

Bostra

Canitolina
rusalem)

Petra

N a b a t a e i

A r m e n i a

1 : 20 000 000

0   100   300   500   700

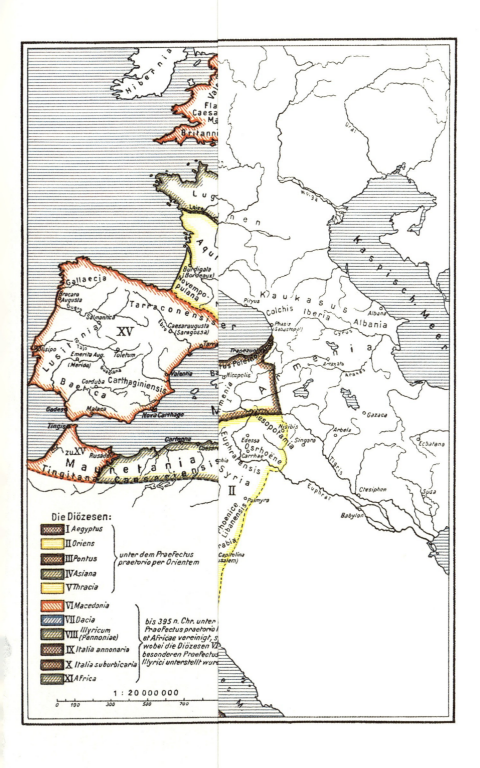

Die Diözesen:

- I *Aegyptus*
- II *Oriens*
- III *Pontus*
- IV *Asiana*
- V *Thracia*

unter dem Praefectus praetorio per Orientem

- VI *Macedonia*
- VII *Dacia*
- VIII *Illyricum (Pannoniae)*
- IX *Italia annonaria*
- X *Italia suburbicaria*
- XI *Africa*

bis 395 n. Chr. unter Praefectus praetorio [...] et Africae vereinigt, s[...] wobei die Diözesen VI [...] besonderen Praefectus Illyrici unterstellt wur[...]

1 : 20 000 000

0   100   300   500   700

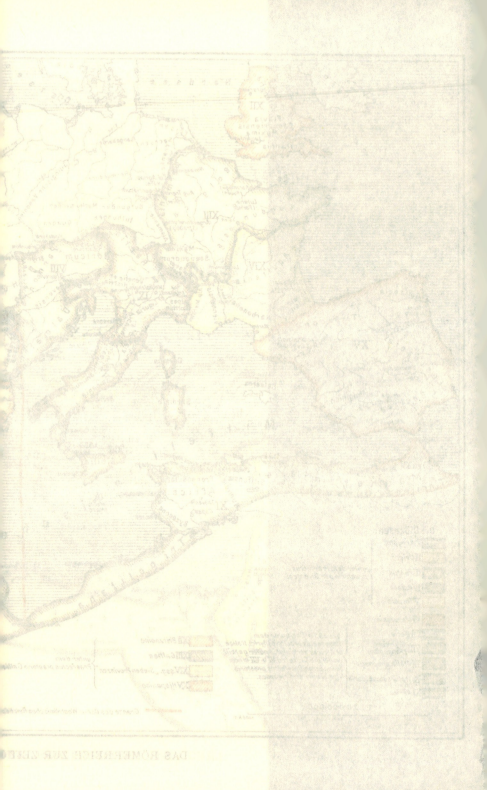

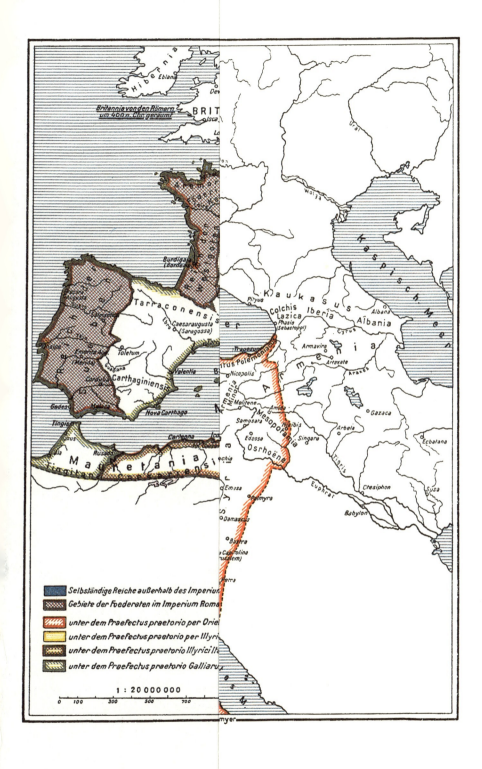

Selbständige Reiche außerhalb des Imperium...
Gebiete der Foederaten im Imperium Roma...
unter dem Praefectus praetorio per Orie...
unter dem Praefectus praetorio per Illyr...
unter dem Praefectus praetorio Illyrici Ita...
unter dem Praefectus praetorio Galliaru...

1 : 20 000 000
0   100   300   500   700

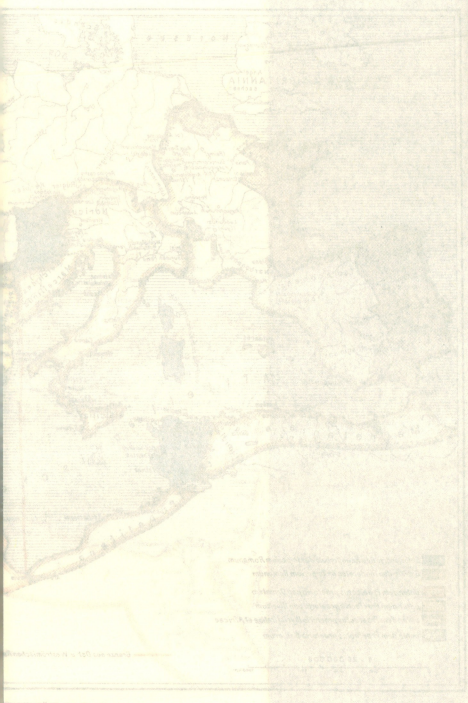